Ihrig/Schäfer

Rechte und Pflichten des Vorstands

Ihrig/Schäfer

Rechte und Pflichten des Vorstands

Rechte und Pflichten des Vorstands

von

Prof. Dr. Hans-Christoph Ihrig
Rechtsanwalt und Honorarprofessor
in Mannheim

Prof. Dr. Carsten Schäfer
Universitätsprofessor
in Mannheim

2. neu bearbeitete Auflage

2020

ottoschmidt

Zitierempfehlung:
Ihrig/Schäfer, Rechte und Pflichten des Vorstands,
2. Aufl. 2020, Rz. ...

Bibliografische Information
der Deutschen Nationalbibliothek

Die Deutsche Nationalbibliothek verzeichnet diese Publikation in der Deutschen Nationalbibliografie; detaillierte bibliografische Daten sind im Internet über http://dnb.d-nb.de abrufbar.

Verlag Dr. Otto Schmidt KG
Gustav-Heinemann-Ufer 58, 50968 Köln
Tel. 02 21/9 37 38-01, Fax 02 21/9 37 38-943
info@otto-schmidt.de
www.otto-schmidt.de

ISBN 978-3-504-31719-5

Das verwendete Papier ist aus chlorfrei gebleichten Rohstoffen hergestellt, holz- und säurefrei, alterungsbeständig und umweltfreundlich.

Einbandgestaltung: Lichtenford, Mettmann
Satz: Griebsch & Rochol, Hamm
Druck und Verarbeitung: Kösel, Krugzell
Printed in Germany

Vorwort

Der Vorstand der Aktiengesellschaft wird als ihr Leitungsorgan am wirtschaftlichen Erfolg des Unternehmens gemessen. Er trägt aber auch und vor allem die Verantwortung für die umfassende Erfüllung aller rechtlichen Anforderungen und die Einhaltung der Regeln guter Unternehmensführung. Seit Jahren steht der Vorstand verstärkt im Zentrum rechtlicher wie rechtspolitischer Entwicklung; Corporate Governance und Compliance sind nur zwei Stichwörter. Die Themen Vergütung und Haftung sind unverändert aktuell. Getrieben von europäischer Rechtssetzung warten das Aktien- und Kapitalmarktrecht und begleitend der Deutsche Corporate Governance Kodex beständig mit neuen Anforderungen an die Praxis auf.

Das vorliegende Werk nimmt diese und viele andere aktuelle Themen auf, wie etwa die Rechte und Pflichten in der Krise und die Besonderheiten im Konzern ebenso wie neue Entwicklungen bei den sich ständig weiter verdichtenden Berichts- und Publizitätspflichten. Das Programm des Buches ist auch in seiner zweiten Auflage unverändert: Es will eine umfassende, aber prägnante Darstellung der Rechtsstellung des Vorstands und seiner Mitglieder bieten. Die einzelnen Themen sind dabei nach Praxisrelevanz und Aktualität gewichtet. Wie sein seit Langem eingeführtes Parallelwerk zu den Rechten und Pflichten des Aufsichtsrats versteht sich das Buch in erster Linie als Handreichung an die Praxis, der es auf gesichertem wissenschaftlichen Fundament einen zuverlässigen und umfassenden Überblick ebenso bieten möchte wie eigene Stellungnahmen zu aktuellen Streitfragen, ohne den Leser dabei aber durch eine allzu breite Darstellung und einen überbordenden Fußnotenapparat von den praxisrelevanten Aspekten abzulenken.

Aus Gesetzgebung und Rechtsprechung waren für die Neuauflage viele aktuelle Entwicklungen aufzugreifen und zu kommentieren. Zu nennen sind u.a. das Gesetz zur gleichberechtigten Teilhabe von Frauen und Männern an Führungspositionen, die Aktienrechtsnovelle 2016, die Marktmissbrauchsverordnung und die sie begleitende nationale Rechtssetzung insbesondere im WpHG, das CSR-Richtlinie-Umsetzungsgesetz und zuletzt das ARUG II. Ganz aktuell liegt auch eine grundlegende Neufassung des DCGK (2020) vor. Daneben waren auch für die Neuauflage wiederum eine Vielzahl aktueller Judikate des BGH und der Obergerichte aufzunehmen und zu analysieren.

Das Buch befindet sich im Wesentlichen auf dem Stand von Dezember 2019.

Wir danken erneut Frau Natalie Hemberger für die Erstellung des Stichwortverzeichnisses. Überdies dankt Hans-Christoph Ihrig den wissenschaftlichen Mitarbeitern seiner Kanzlei für engagierte Mithilfe; Carsten Schäfer dankt den Mitarbeitern seines Lehrstuhls für wertvolle redaktionelle Unterstützung, stellvertretend Herrn Jakob Groh für seine umsichtige Koordinierung.

Anregungen aus dem Leserkreis, für die wir stets dankbar sind, erbitten wir an den Verlag (per Mail zu richten an lektorat@otto-schmidt.de).

Mannheim, im Februar 2020

Hans-Christoph Ihrig — Carsten Schäfer

Inhaltsübersicht

1. Abschnitt: Grundlagen

2. Abschnitt: Bestellung und Abberufung

3. Abschnitt: Rechtsstellung der Vorstandsmitglieder

4. Abschnitt: Binnenorganisation

5. Abschnitt: Allgemeine Geschäftsführungsaufgaben

6. Abschnitt: Verhältnis zum Aufsichtsrat

7. Abschnitt: Verhältnis zur Hauptversammlung

8. Abschnitt: Rechte und Pflichten des Vorstands im Unternehmensverbund

9. Abschnitt: Vorstandspflichten in der Krise

10. Abschnitt: Haftung des Vorstands

Inhaltsverzeichnis

1. Abschnitt: Grundlagen

2. Abschnitt: Bestellung und Abberufung

3. Abschnitt: Rechtsstellung der Vorstandsmitglieder

4. Abschnitt: Binnenorganisation

5. Abschnitt: Allgemeine Geschäftsführungsaufgaben

6. Abschnitt: Verhältnis zum Aufsichtsrat

7. Abschnitt: Verhältnis zur Hauptversammlung

8. Abschnitt: Rechte und Pflichten des Vorstands im Unternehmensverbund

9. Abschnitt: Vorstandspflichten in der Krise

10. Abschnitt: Haftung des Vorstands

Abkürzungsverzeichnis

a.A.	anderer Ansicht
ABl.	Amtsblatt
Abs.	Absatz
AcP	Archiv für die civilistische Praxis
a.E.	am Ende
AEUV	Vertrag über die Arbeitsweise der Europäischen Union
a.F.	alte Fassung
AG	Die Aktiengesellschaft (Zeitschrift), Aktiengesellschaft, Amtsgericht
AGB	Allgemeine Geschäftsbedingungen
AGG	Allgemeines Gleichbehandlungsgesetz
AktFoV	Verordnung über das Aktionärsforum
AktG	Aktiengesetz
Anm.	Anmerkung
arg.	argumentum
ARRL	Aktionärsrechterichtlinie
Art.	Artikel
ARUG	Gesetz zur Umsetzung der Aktionärsrechterichtlinie
ARUG II	Gesetz zur Umsetzung der zweiten Aktionärsrechterichtlinie
Aufl.	Auflage
AÜG	Arbeitnehmerüberlassungsgesetz
AuR	Arbeit und Recht (Zeitschrift)
BaFin	Bundesanstalt für Finanzdienstleistungsaufsicht
BAG	Bundesarbeitsgericht
BAnz	Bundesanzeiger
BayObLG	Bayrisches Oberstes Landesgericht
BB	Der Betriebs-Berater (Zeitschrift)
BC	Zeitschrift für Bilanzierung, Rechnungswesen und Controlling
Bd.	Band
Begr. RegE	Begründung zum Regierungsentwurf
BetrAVG	Gesetz zur Verbesserung der betrieblichen Altersversorgung
BetrVG	Betriebsverfassungsgesetz

BFuP	Betriebswirtschaftliche Forschung und Praxis (Zeitschrift)
BGB	Bürgerliches Gesetzbuch
BGBl.	Bundesgesetzblatt
BGE	Entscheidungen des Schweizerischen Bundesgerichts
BGH	Bundesgerichtshof
BGHSt	Entscheidungen des Bundesgerichtshofs in Strafsachen
BGHZ	Entscheidungen des Bundesgerichtshofs in Zivilsachen
BilMoG	Bilanzrechtsmodernisierungsgesetz
BilReG	Bilanzrechtsreformgesetz
BKR	Zeitschrift für Bank- und Kapitalmarktrecht
BörsG	Börsengesetz
BörsO	Börsenordnung
BR	Bundesrat
BT	Bundestag
BVerfGE	Entscheidungen des Bundesverfassungsgerichts
bzw.	beziehungsweise
CCO	Chief Customer Officer
CCZ	Corporate Compliance Zeitschrift
CESR	Committee of European Securities Regulators
CFL	Corporate Finance law (Zeitschrift)
D&O	Directors & Officers
DAV	Deutscher Anwaltverein
DB	Der Betrieb (Zeitschrift)
DCGK	Deutscher Corporate Governance Kodex
d.h.	das heißt
Diss.	Dissertation
DJT	Deutscher Juristentag
DrittelbG	Drittelbeteiligungsgesetz
DRS	Deutscher Standardisierungsrat
DRSC	Deutsche Rechnungslegungs Standards Committee
Drucks.	Drucksache
DStR	Deutsches Steuerrecht (Zeitschrift)
DZWiR	Deutsche Zeitschrift für Wirtschaftsrecht
ECFR	European Company and Financial Law Review
EG	Europäische Gemeinschaft

EHUG	Gesetz über elektronische Handelsregister und Genossenschaftsregister sowie das Unternehmensregister
Einl.	Einleitung
ESMA	European Securities and Markets Authority
ESUG	Gesetz zur weiteren Erleichterung der Sanierung von Unternehmen
EU	Europäische Union
EuGH	Europäischer Gerichtshof
EuZA	Europäische Zeitschrift für Arbeitsrecht
EuZW	Europäische Zeitschrift für Wirtschaftsrecht
EWiR	Entscheidungen zum Wirtschaftsrecht
EWR	Europäischer Wirtschaftsraum
f., ff.	folgende
FamFG	Gesetz über das Verfahren in Familiensachen und in Angelegenheiten der freiwilligen Gerichtsbarkeit
FinA	Finanzamt
FMStG	Finanzmarktstabilisierungsgesetz
Fn.	Fußnote
FS	Festschrift
GDV	Gesamtverband der Deutschen Versicherungswirtschaft
GenG	Gesetz betreffend die Erwerbs- und Wirtschaftsgenossenschaften
GeschGehG	Gesetz zum Schutz von Geschäftsgeheimnissen
GesR	Gesellschaftsrecht
GesRZ	Der Gesellschafter (Zeitschrift)
GG	Grundgesetz
ggf.	gegebenenfalls
GmbH	Gesellschaft mit beschränkter Haftung
GmbHG	Gesetz betreffend die Gesellschaften mit beschränkter Haftung
GmbHR	GmbH-Rundschau (Zeitschrift)
GNotKG	Gerichts- und Notarkostengesetz
GOB	Grundsätze ordnungsmäßiger Buchführung
Großkomm.	Großkommentar
GRUR	Gewerblicher Rechtsschutz und Urheberrecht (Zeitschrift)
GS	Gedächtnisschrift
GuV	Gewinn- und Verlustrechnung

GV NRW	Gesetz- und Verordnungsblatt für das Land Nordrhein-Westfalen
GVBl.	Gesetz- und Verordnungsblatt
GVG	Gerichtsverfassungsgesetz
GWB	Gesetz gegen Wettbewerbsbeschränkungen
GWR	Gesellschafts- und Wirtschaftsrecht (Zeitschrift)
Hdb.	Handbuch
HGB	Handelsgesetzbuch
h.L.	herrschende Lehre
h.M.	herrschende Meinung
Hrsg.	Herausgeber
IAS	International Accounting Standards
i.d.R.	in der Regel
IDW	Institut der Wirtschaftsprüfer
i.E.	im Ergebnis
IFRS	International Financial Reporting Standards
IRZ	Zeitschrift für Internationale Rechnungslegung
i.S.	im Sinne
i.V.m.	in Verbindung mit
KAGB	Kapitalanlagegesetzbuch
KapCoRiLiG	Kapitalgesellschaften- und Co.-Richtlinie-Gesetz
KG	Kommanditgesellschaft
KGaA	Kommanditgesellschaft auf Aktien
KölnKomm.	Kölner Kommentar
KonTraG	Gesetz zur Kontrolle und Transparenz im Unternehmensbereich
KSzW	Kölner Schrift zum Wirtschaftsrecht
KTS	Zeitschrift für Konkurs-, Treuhand- und Schiedsgerichtswesen
KWG	Kreditwesengesetz
LAG	Landesarbeitsgericht
LG	Landgericht
lit.	litera
MAR	Market Abuse Regulation (Marktmissbrauchsverordnung)
MitbestErgG	Gesetz zur Ergänzung des Gesetzes über die Mitbestimmung der Arbeitnehmer in den Aufsichtsräten und Vorständen der Unternehmen des Bergbaus und der Eisen und Stahl erzeugenden Industrie

MitbestG	Mitbestimmungsgesetz
MMVO	Marktmissbrauchsverordnung
MoMiG	Gesetz zur Modernisierung des GmbH-Rechts und zur Bekämpfung von Missbräuchen
MontanMitbestErgG	s. MitbestErgG
MontanMitbestG	Gesetz über die Mitbestimmung der Arbeitnehmer in den Aufsichtsräten und Vorständen der Unternehmen des Bergbaus und der Eisen und Stahl erzeugenden Industrie
MünchHdb. GesR AG	Münchener Handbuch des Gesellschaftsrechts Aktiengesellschaft
MünchKomm.	Münchener Kommentar
m.w.N./Nachw.	mit weiteren Nachweisen
NaStraG	Namensaktiengesetz
n.F.	neue Fassung
NJW	Neue Juristische Wochenschrift (Zeitschrift)
NJW-RR	NJW-Rechtsprechungs-Report
Nr.	Nummer
NZA	Neue Zeitschrift für Arbeitsrecht
NZG	Neue Zeitschrift für Gesellschaftsrecht
NZI	Neue Zeitschrift für Insolvenz und Sanierung
NZKart	Neue Zeitschrift für Kartellrecht
OGH	Oberster Gerichtshof (Österreich)
OHG	Offene Handelsgesellschaft
OLG	Oberlandesgericht
OWiG	Gesetz über Ordnungswidrigkeiten
RdA	Recht der Arbeit (Zeitschrift)
RegE	Regierungsentwurf
RGBl.	Reichsgesetzblatt
RIW	Recht der Internationalen Wirtschaft (Zeitschrift)
RL	Richtlinie
RPT	Related Party Transactions
Rz.	Randzahl
S.	Seite, Siehe
SE	Societas Europaea (Europäische Gesellschaft)
StGB	Strafgesetzbuch
str.	streitig

TÄG	Gesetz zur Umsetzung der Transparenzrichtlinie-Änderungsrichtlinie
TransPuG	Transparenz- und Publizitätsgesetz
TUG	Transparenzrichtlinie-Umsetzungsgesetz
u.a.	und andere, unter anderem
UG	Unternehmergesellschaft
UMAG	Gesetz zur Unternehmensintegrität und Modernisierung des Anfechtungsrechts
umstr.	umstritten
UmwG	Umwandlungsgesetz
unstr.	unstreitig
u.U.	unter Umständen
VAG	Versicherungsaufsichtsgesetz
VersR	Versicherungsrecht (Zeitschrift)
VG	Verwaltungsgericht
vgl.	vergleiche
VGR	Gesellschaftsrechtliche Vereinigung
VO	Verordnung
Vorb./Vorbem.	Vorbemerkung
VorstAG	Gesetz zur Angemessenheit der Vorstandsvergütung
VorstKoG	Gesetz zur Verbesserung der Kontrolle der Vorstandsvergütung und zur Änderung weiterer aktienrechtlicher Vorschriften
VorstOG	Vorstandsvergütungs-Offenlegungsgesetz
VVG	Versicherungsvertragsgesetz
WiB	Wirtschaftsrechtliche Beratung (Zeitschrift)
WM	Wertpapier-Mitteilungen (Zeitschrift)
WP	Wirtschaftsprüfer
WpAV	Wertpapierhandelsanzeigeverordnung
WpDVerVO	Wertpapierdienstleistungs-Verhaltens- und Organisationsverordnung
WPg	Die Wirtschaftsprüfung (Zeitschrift)
WpHG	Wertpapierhandelsgesetz
WpPG	Wertpapierprospektgesetz
WpÜG	Wertpapiererwerbs- und Übernahmegesetz
z.B.	zum Beispiel
ZBB	Zeitschrift für Bankrecht und Bankwirtschaft

ZCG	Zeitschrift für Corporate Governance
ZfbF	Schmalenbachs Zeitschrift für betriebswirtschaftliche Forschung
ZfK	Zeitung für kommunale Wirtschaft
ZGR	Zeitschrift für Unternehmens- und Gesellschaftsrecht
ZHR	Zeitschrift für das gesamte Handelsrecht und Wirtschaftsrecht
Ziff.	Ziffer
ZInsO	Zeitschrift für das gesamte Insolvenzrecht
ZIP	Zeitschrift für Wirtschaftsrecht
zit.	zitiert
ZNotP	Zeitschrift für die Notar-Praxis
ZPO	Zivilprozessordnung
z.T.	zum Teil
zutr.	zutreffend
ZWH	Zeitschrift für Wirtschaftsstrafrecht und Haftung im Unternehmen
ZZP	Zeitschrift für Zivilprozess

Allgemeines Literaturverzeichnis

Adler/Düring/Schmaltz, Rechnungslegung und Prüfung der Unternehmen, 6. Aufl. 1994 ff.

Assmann/Uwe H. Schneider/Mülbert, Wertpapierhandelsrecht, 7. Aufl. 2019

Baumbach/Hopt, HGB, 38. Aufl. 2018

Baumbach/Hueck, AktG, 13. Aufl. 1968

Baumbach/Hueck, GmbHG, 21. Aufl. 2017

Baums, Bericht der Regierungskommission Corporate Governance, 2001

Beck/Samm/Kokemoor, KWG (Loseblatt)

Binnewies, Die Konzerneingangskontrolle in der abhängigen Gesellschaft, 1996

Boos/Fischer/Schulte-Mattler, KWG, CRR-VO, 5. Aufl. 2016

Brouwer, Zustimmungsvorbehalte des Aufsichtsrats im Aktien- und GmbH-Konzernrecht, 2008

Bürgers/Körber, AktG, 4. Aufl. 2017

Dose, Die Rechtsstellung der Vorstandsmitglieder einer Aktiengesellschaft, 3. Aufl. 1975

Ebenroth/Boujong/Joost/Strohn, HGB, 4. Aufl. 2020 (Bd. I)/3. Aufl. 2015 (Bd. II)

Emmerich/Habersack, Aktien- und GmbH-Konzernrecht, 9. Aufl. 2019

Erfurter Kommentar zum Arbeitsrecht, 19. Aufl. 2019

Fleischer, Handbuch des Vorstandsrechts, 2006

Frodermann/Jannott, Handbuch des Aktienrechts, 9. Aufl. 2017

Fuchs, WpHG, 2. Aufl. 2016

Geßler/Hefermehl/Eckardt/Kropff, AktG, 1973 ff.

Goette/Habersack, Münchener Kommentar zum AktG, 3. Aufl. 2006 ff.; 4. Aufl. 2014 ff.

Grigoleit, AktG, 2013

Großkommentar zum AktG, s. Hopt/Wiedemann und Hirte/Mülbert/Roth

Großkommentar zum GmbHG, s. Ulmer/Habersack/Löbbe und Habersack/Casper/Löbbe

Großkommentar zum HGB, s. Staub

Haas/Ohlendorf, Anstellungsvertrag des Vorstandsmitglieds der Aktiengesellschaft, 2. Aufl. 2010

Habersack/Casper/Löbbe, Großkommentar zum GmbHG, 3. Aufl. 2019 ff.

Habersack/Henssler, Mitbestimmungsrecht, 4. Aufl. 2018

Habersack/Mülbert/Schlitt, Handbuch der Kapitalmarktinformation, 2. Aufl. 2013

Happ, Aktienrecht, Bd. I und II, 5. Aufl. 2019

Hauschka/Moosmayer/Lösler, Corporate Compliance. Handbuch der Haftungsvermeidung im Unternehmen, 3. Aufl. 2016

Heidel, Aktienrecht und Kapitalmarktrecht, 4. Aufl. 2014

Henssler/Willemsen/Kalb, Arbeitsrecht Kommentar, 8. Aufl. 2018

Hirte/Mülbert/Roth, Großkommentar zum AktG, 5. Aufl. 2016 ff.

Hoffmann-Becking, Münchener Handbuch des Gesellschaftsrechts, Bd. 4, Aktiengesellschaft, 4. Aufl. 2015

Hoffmann-Becking/Gebele, Beck´sches Formularbuch Bürgerliches Handels- und Wirtschaftsrecht, 12. Aufl. 2016

Hölters, AktG, 3. Aufl. 2017

Hommelhoff, Konzernleitungspflicht, 1982

Hopt/Wiedemann, Großkommentar zum AktG, 4. Aufl. 1992 ff., s. auch Hirte/Mülbert/Roth

Hüffer/Koch, AktG, 13. Aufl. 2018

Illert/Ghassemi-Tabar/Cordes, Vorstand und Aufsichtsrat in der Aktiengesellschaft, 2018

Kirchhof/Stürner/Eidenmüller, Münchener Kommentar zur InsO, 3. Aufl. 2013 ff.

Kölner Kommentar zum AktG, s. Zöllner und Zöllner/Noack

Kremer/Bachmann/Lutter/v. Werder, Deutscher Corporate Governance Kodex, 7. Aufl. 2018

Krieger/Uwe H. Schneider, Handbuch Managerhaftung, 3. Aufl. 2017

Kropff, Aktiengesetz, 1965

Leyens, Information des Aufsichtsrats, 2006

Liebscher, GmbH-Konzernrecht – Die GmbH als Konzernbaustein, 2006

Lieder, Der Aufsichtsrat im Wandel der Zeit, 2006

Lutter, Information und Vertraulichkeit im Aufsichtsrat, 3. Aufl. 2006

Lutter/Bayer, Holding-Handbuch, 5. Aufl. 2015

Lutter/Hommelhoff, GmbHG, 20. Aufl. 2020

Lutter/Krieger/Verse, Rechte und Pflichten des Aufsichtsrats, 7. Aufl. 2020

Marsch-Barner/Schäfer, Handbuch börsennotierte AG, 4. Aufl. 2018

Münchener Handbuch des Gesellschaftsrechts, s. Hoffmann-Becking

Münchener Kommentar zum AktG, s. Goette/Habersack

Münchener Kommentar zum BGB, s. Rixecker/Säcker/Oetker und Rixecker/Säcker/Oetker/Limperg

Münchener Kommentar zum HGB, s. Karsten Schmidt

Münchener Kommentar zur InsO, s. Kirchhof/Stürner/Eidenmüller

Pellens, Aktionärsschutz im Konzern, 1994

Raiser/Veil, Recht der Kapitalgesellschaften, 6. Aufl. 2015

Raiser/Veil/Jacobs, MitbestG und DrittelbG, 6. Aufl. 2015

Rieble/Schmittlein, Vergütung von Vorstand und Führungskräften, 2011

Rixecker/Säcker/Oetker, Münchener Kommentar zum BGB, 6. Aufl. 2012 ff.

Rixecker/Säcker/Oetker/Limperg, Münchener Kommentar zum BGB, 7. Aufl. 2014 ff.

Röhricht/Graf von Westphalen/Haas, HGB, 5. Aufl. 2019

Santelmann/Hoppe/Suerbaum/Bukowski, Squeeze out, 2010

Schaaf, Die Praxis der Hauptversammlung, 4. Aufl. 2018

Karsten Schmidt, Gesellschaftsrecht, 4. Aufl. 2002

Karsten Schmidt, Münchener Kommentar zum HGB, 3. Aufl. 2010 ff., 4. Aufl. 2016 ff.

Karsten Schmidt/Lutter, AktG, 3. Aufl. 2015; 4. Aufl. 2020

Karsten Schmidt/Uhlenbruck, Die GmbH in Krise, Sanierung und Insolvenz, 5. Aufl. 2016

Schwark/Zimmer, Kapitalmarktrechts-Kommentar, 4. Aufl. 2010

Scholz, Kommentar zum GmbH-Gesetz, Bd. I 12. Aufl. 2018, Bd. II 11. Aufl. 2014, Bd. III 11. Aufl. 2015, mit Online-Aktualisierungen 12. Aufl. 2020 (Bd. II und III)

Semler, Leitung und Überwachung der Aktiengesellschaft, 2. Aufl. 1996

Semler/Peltzer/Kubis, Arbeitshandbuch für Vorstandsmitglieder, 2. Aufl. 2015

Semler/Volhard/Reichert, Arbeitshandbuch für die Hauptversammlung, 4. Aufl. 2018

Seyfarth, Vorstandsrecht, 2016

Spindler/Stilz, AktG, 4. Aufl. 2019

Staub, Großkommentar zum HGB, 5. Aufl. 2008 ff.

Staudinger, BGB, 13. Bearbeitung 1993 ff.

Stein, Das faktische Organ, 1984

Tesch/Wißmann, Lageberichterstattung, 2. Aufl. 2009

Thümmel, Persönliche Haftung von Managern und Aufsichtsräten, 5. Aufl. 2016

Ulmer/Habersack/Löbbe, Großkommentar zum GmbHG, 2. Aufl. 2013/2014/2016

Wachter, AktG, 3. Aufl. 2018

Wettich, Vorstandsorganisation in der Aktiengesellschaft, 2008

Wiedemann, Gesellschaftsrecht, Bd. I, 1980

Wilsing, DCGK-Kommentar, 2012

Ziemons/Binnewies, Handbuch Aktiengesellschaft (Loseblatt)

Zöllner, Kölner Kommentar zum AktG, 2. Aufl. 1986 ff.

Zöllner/Noack, Kölner Kommentar zum AktG, 3. Aufl. 2006 ff.

1. Abschnitt: Grundlagen

Literaturübersicht: *Bachmann*, CSR-bezogene Vorstands- und Aufsichtsratspflichten und ihre Sanktionierung, ZGR 2018, 231; *Bezzenberger*, Der Vorstandsvorsitzende der Aktiengesellschaft, ZGR 1996, 661; DAV-Rechtsausschuss, Stellungnahme zum Referentenentwurf eines Gesetzes für die gleichberechtigte Teilhabe von Frauen und Männern an Führungspositionen in der Privatwirtschaft und im öffentlichen Dienst, NZG 2014, 1214; DAV-Handelsrechtsausschuss: Stellungnahme zu den Vorschlägen der Regierungskommission Deutscher Corporate Governance Kodex zu Kodexanpassungen und Änderungen für 2017, NZG 2017, 57; *Dose*, Die Rechtsstellung der Vorstandsmitglieder einer Aktiengesellschaft, 1975; *Drygala*, Harte Quote, weiche Quote und die Organpflichten von Vorstand und Aufsichtsrat, NZG 2015, 1129; *Empt*, Corporate Social Responsibility – Das Ermessen des Managements zur Berücksichtigung von Nichtaktionärsinteressen..., 2004, S. 199; *Erle*, Das Vetorecht des Vorstandsvorsitzenden in der AG, AG 1987, 7; *Fleischer*, Unternehmensspenden und Leitungsermessen des Vorstands, AG 2001, 171; *Fleischer*, Vorstandsverantwortlichkeit und Fehlverhalten von Unternehmensangehörigen – Von der Einzelüberwachung zur Errichtung einer Compliance-Organisation, AG 2003, 291; *Fleischer*, Zum Grundsatz der Gesamtverantwortung im Aktienrecht, NZG 2003, 449; *Fleischer*, Zur Leitungsaufgabe des Vorstands im Aktienrecht, ZIP 2003, 1; *Fleischer*, Corporate Social Responsibility – Vermessung eines Forschungsfeldes aus rechtlicher Sicht, AG 2017, 509; *Fleischer*, Vorstandsverantwortlichkeit in Spartenorganisation und virtueller Holding, BB 2017, 2499; *Fleischer*, Ehrbarer Kaufmann – Grundsätze der Geschäftsmoral – Reputationsmanagement: Zur „Moralisierung“ des Vorstandsrechts und ihren Grenzen, DB 2017, 2015; *Geßler*, Der Betriebsführungsvertrag im Lichte der aktienrechtlichen Zuständigkeitsordnung, in FS Hefermehl, 1976, S. 263; *Goette*, Leitung, Aufsicht, Haftung – zur Rolle der Rechtsprechung bei der Sicherung einer modernen Unternehmensführung, in FS 50 Jahre BGH, 2000, S. 123; *Graßl/Nikoleyczik*, Shareholder Activism und Investor Activism, AG 2017, 49; *Grigoleit*, Zivilrechtliche Grundlagen der Wissenszurechnung, ZHR 181 (2017), 160; *Groh*, Shareholder Value und Aktienrecht, DB 2000, 2153; *Habersack*, Die Teilhabe des Aufsichtsrats an der Leitungsaufgabe des Vorstands gemäß § 111 Abs. 4 Satz 2 AktG, dargestellt am Beispiel der Unternehmensplanung, in FS Hüffer, 2010, S. 259; *Habersack/Kersten*, Chancengleiche Teilhabe an Führungspositionen in der Privatwirtschaft – Gesellschaftsrechtliche Dimensionen und verfassungsrechtliche Anforderungen, BB 2014, 2819; *Henssler*, Die Unternehmensmitbestimmung, in FS 50 Jahre BGH, 2000, S. 387; *Henze*, Leitungsverantwortung des Vorstands – Überwachungspflicht des Aufsichtsrats, BB 2000, 209; *Hoffmann-Becking*, Vorstands-Doppelmandate im Konzern, ZHR 150 (1996), 570; *Hoffmann-Becking*, Zur rechtlichen Organisation der Zusammenarbeit im Vorstand der AG, ZGR 1998, 497; *Hommelhoff*, Die OECD-Principles on Corporate Governance – ihre Chancen und Risiken aus dem Blickwinkel der deutschen corporate governance-Bewegung, ZGR 2001, 238; *Hommelhoff*, CSR-Vorstands- und -Aufsichtsratspflichten, NZG 2017, 1361; *Hopt*, Gemeinsame Grundsätze der Corporate Governance in Europa?, ZGR 2000, 779; *Hüffer*, Aktienbezugsrechte als Bestandteil der Vergütung von Vorstandsmitgliedern und Mitarbeitern – gesellschaftsrechtliche Analyse, ZHR 161 (1997), 214; *Hüffer*, Die leistungsbezogene Verantwortung des Aufsichtsrates, NZG 2007, 47; *Hüffer*, Das Leitungsermessen des Vorstandes in der Aktiengesellschaft, in FS Raiser, 2005, S. 163; *Hüffer*, Minderheitsbeteiligungen als Gegenstand aktienrechtlicher Auskunftsbegehren, ZIP 1996, 401; *Hüffer*, Zur Holzmüller-Problematik: Reduktion des Vorstandsermessens oder Grundlagenkompetenz der Hauptversammlung?, in FS Ulmer, 2003, S. 279; *J. Hüffer*, Vorstandspflichten beim Zustimmungsvorbehalt für M&A-Transaktionen, in FS Hüffer, 2010, S. 365; *Ihrig*, Wissenszurechnung im Kapitalmarktrecht – untersucht anhand der Pflicht zur Ad-hoc-Publizität gemäß Art. 17 MAR,

ZHR 181 (2017), 381; *Klöhn/Schmolke*, Unternehmensreputation (Corporate Reputation) – Ökonomische Erkenntnisse und ihre Bedeutung im Gesellschafts- und Kapitalmarktrecht, NZG 2015, 689; *Krause*, Business Combination Agreements im Spiegel der Rechtsprechung, CFL 2013, 192; *Kocher*, Strategien im Umgang mit aktivistischen Aktionären und Investoren in Deutschland, DB 2016, 2887; *König*, Business Combination Agreements in der Rechtsprechung im Fall W. E. T., NZG 2013, 452; *Kumm/Woodtli*, Nachhaltigkeitsberichterstattung: Die Umsetzung der Ergänzungen der Bilanzrichtlinie um die Pflicht zu nichtfinanziellen Angaben im RefE eines CSR-Richtlinie-Umsetzungsgesetzes, Der Konzern 2016, 218; *Löbbe/Fischbach*, Die Business Judgment Rule bei Kollegialentscheidungen des Vorstands, AG 2014, 717; *Martens*, Aktienrechtliche Probleme eines Ausstiegs aus der Kernenergie, in FS Kellermann, 1991, S. 271; *Martens*, Der Grundsatz gemeinsamer Vorstandsverantwortung, in FS Fleck, 1988, S. 191; *Martens*, Die Vergleichs- und Abfindungsbefugnis des Vorstands gegenüber opponierenden Aktionären, AG 1988, 118; *Mertens*, Zur Auslegung und zum Verhältnis von § 76 und § 58 AktG im Hinblick auf uneigennützige Aktivitäten der AG, in FS Goerdeler, 1987, S. 349; *Mock*, Berichterstattung über Corporate Social Responsibility nach dem CSR-Richtlinie-Umsetzungsgesetz, ZIP 2017, 1195; *Mülbert*, Marktwertmaximierung als Unternehmensziel der Aktiengesellschaft, in FS Röhricht, 2005, S. 421; *Mülbert*, Shareholder Value aus rechtlicher Sicht, ZGR 1997, 129; *Mülbert*, Soziale Verantwortung von Unternehmen im Gesellschaftsrecht, AG 2009, 766; *Nietsch*, Überwachungspflichten bei Kollegialorganen, ZIP 2013, 1449; *Nietsch*, Compliance-Risikomanagement als Aufgabe der Unternehmensleitung, ZHR 180 (2016), 733; *Otto*, Obligatorische Bindungsverträge zwischen Aktionär und AG-Vorstand über die Ausübung von Mitgliedschaftsrechten und Organkompetenzen, NZG 2013, 930; *Priester*, Satzungsvorgaben zum Vorstandshandeln – Satzungsautonomie contra Leitungsautonomie, in FS Hüffer, 2010, S. 777; *Raiser*, Das Unternehmensinteresse, in FS R. Schmidt, 1976, S. 101; *Reichert*, Business Combination Agreements. Fallgruppen und Problemkreise, ZGR 2015, 1; *Reuter*, Der Einfluß der Mitbestimmung auf das Gesellschafts- und Arbeitsrecht, AcP 179 (1979), 509; *Rittner*, Zur Verantwortung des Vorstands nach § 76 Abs. 1 AktG, in FS Geßler, 1971, S. 139; *Röder/Arnold*, Zielvorgaben zur Förderung des Frauenanteils in Führungspositionen, NZA 2015, 1281; *Roth-Mingram*, Corporate Social Responsibility (CSR) durch eine Ausweitung der nichtfinanziellen Informationen von Unternehmen, NZG 2015, 1341; *Säcker/Rehm*, Grenzen der Mitwirkung des Aufsichtsrats an unternehmerischen Entscheidungen in der Aktiengesellschaft, DB 2008, 2814; *Schäfer*, Beschlussanfechtbarkeit bei Beschlussvorschlägen durch einen unterbesetzten Vorstand, ZGR 2003, 147; *Schäfer*, Gesellschaftsrechtliche Implikation bei der Durchsetzung einer menschenrechtskonformen Geschäftspolitik im Konzern, in FS Hopt, 2010, S. 1297; *Schäfer*, Variable Vorstandsvergütung als unzulässiges Mittel der Einflussnahme des Aufsichtsrats auf die Unternehmensleitung?, in Liber amicorum Martin Winter, 2011, S. 557; *Schiessl*, Gesellschafts- und mitbestimmungsrechtliche Probleme der Spartenorganisation (Divisionalisierung), ZGR 1992, 64; *Schilling*, Das Aktienunternehmen, ZHR 144 (1980), 136; *Schmidt/Spindler*, Shareholder-Value zwischen Ökonomie und Recht, in FG Kübler, 1997, S. 515; *Schockenhoff/Culmann*, Shareholder Activism in Deutschland, ZIP 2015, 297; *Schön*, Der Zweck der Aktiengesellschaft – geprägt durch europäisches Gesellschaftsrecht?, ZHR 189 (2016), 279; *Schulz/Ruf*, Zweifelsfragen der neuen Regelungen über die Geschlechterquote im Aufsichtsrat und die Zielgrößen für die Frauenbeteiligung, BB 2015, 1155; *Schwark*, Spartenorganisation in Großunternehmen und Unternehmensrecht, ZHR 142 (1978), 203; *Seibt*, Corporate Reputation Management: Rechtsrahmen für Geschäftsleiterhandeln, DB 2015, 171; *Seibt*, Geschlechterquote im Aufsichtsrat und Zielgrößen für die Frauenbeteiligung in Organen und Führungsebenen in der Privatwirtschaft, ZIP 2015, 1193; *Seibt*, Corporate Resilience Management: Rechtsrahmen für Geschäftsleiterhandeln, DB 2016, 1978; *Seibt*, CSR-Richtlinie-Umsetzungsgesetz: Berichterstattung über nichtfinanzielle Aspekte der Geschäftstätigkeit, DB 2016, 2707; *Semler*, Die Unternehmensplanung in der Aktiengesellschaft – eine Betrachtung unter rechtlichen Aspekten, ZGR 1983, 1; *Simon*, Corporate Social Responsibility und globales Wirtschaftsrecht, ZGR 2018, 316;

Stein, Konzernherrschaft durch EDV? – Gesellschaftsrechtliche und konzernrechtliche Probleme der EDV-Auslagerung auf ein konzernverbundenes Unternehmen, ZGR 1988, 163; *Spindler*, Wissenszurechnung in der GmbH, der AG und im Konzern, ZHR 181 (2017), 311; *Strohn*, Zur Zuständigkeit der Hauptversammlung bei Zusammenschlussvorhaben unter Gleichen, ZHR 182 (2018), 114; *Schürnbrand*, Wissenszurechnung im Konzern – unter besonderer Berücksichtigung von Doppelmandaten, ZHR 181 (2017), 357; *Ulmer*, Aktienrecht im Wandel, AcP 202 (2002), 143; *Verse*, Doppelmandate und Wissenszurechnung im Konzern, AG 2015, 413; *J. Vetter*, Geschäftsleiterpflichten zwischen Legalität und Legitimität, ZGR 2018, 338; *Wasmann/Rothenburg*, Praktische Tipps zum Umgang mit der Frauenquote, DB 2015 291; *Westermann*, Gesellschaftliche Verantwortung des Unternehmens als Gesellschaftsrechtsproblem, ZIP 1990, 771; *Wiedemann*, Organverantwortung und Gesellschafterklagen in der Aktiengesellschaft, 1989; *Zöllner*, Unternehmensinnenrecht: Gibt es das?, AG 2003, 2.

§ 1
Der Vorstand als Leitungsorgan

I. Allgemeines

§ 76 AktG, der die Kompetenzen des Vorstands regelt, weist diesem als Kollegialorgan die Leitung der Aktiengesellschaft *„unter eigener Verantwortung“* zu. Die Vorschrift bestimmt damit einerseits das Verhältnis des Vorstands gegenüber den anderen Organen – Aufsichtsrat und Hauptversammlung – andererseits das Verhältnis zwischen Gesamtvorstand und dessen einzelnen Mitgliedern (dazu näher § 4 Rz. 61). Der Vorstand ist als einziges Organ der AG befugt, aus eigener Initiative die Geschicke der AG zu lenken,[1] während Aufsichtsrat (§ 111 Abs. 4 AktG) und Hauptversammlung (§ 119 Abs. 2 AktG) grundsätzlich nur auf Betreiben des Vorstands mit Geschäftsführungsfragen befasst werden. Die Leitungsmacht ist unverzichtbar und, anders als in der GmbH, regelmäßig auch nicht durch Weisungen der Anteilseigner beschränkbar; außerhalb von Unternehmensverträgen (§ 291 Abs. 1 AktG) und Eingliederung (§ 323 Abs. 1 AktG) kann sie nicht auf Dritte übertragen werden. 1

Der **Deutsche Corporate Governance Kodex 2020 (DCGK 2020)** umschreibt die Leitungsaufgabe des Vorstands in A.I.mit folgenden fünf Grundsätzen (www.dcgk.de)[2]: 2

Grundsatz 1 Der Vorstand leitet das Unternehmen in eigener Verantwortung im Unternehmensinteresse. Die Mitglieder des Vorstands tragen gemeinsam die Verantwortung für die Unter-

1 *Spindler* in MünchKomm/AktG, 5. Aufl. 2019, § 76 AktG Rz. 1; *Hüffer/Koch*, § 76 AktG Rz. 2.

2 Näher zur Compliance-Verantwortung in § 22, zur Frauenquote s. den Hinweis in § 7 Rz. 105.

	nehmensleitung. Der Vorstandsvorsitzende bzw. Sprecher des Vorstands koordiniert die Arbeit der Vorstandsmitglieder.
Grundsatz 2	Der Vorstand entwickelt die strategische Ausrichtung des Unternehmens, stimmt sie mit dem Aufsichtsrat ab und sorgt für ihre Umsetzung.
Grundsatz 3	Der Vorstand legt für den Frauenanteil in den beiden Führungsebenen unterhalb des Vorstands Zielgrößen fest.
Grundsatz 4	Für einen verantwortungsvollen Umgang mit den Risiken der Geschäftstätigkeit bedarf es eines geeigneten und wirksamen internen Kontroll- und Risikomanagementsystems.
Grundsatz 5	Der Vorstand hat für die Einhaltung der gesetzlichen Bestimmungen und der internen Richtlinien zu sorgen und wirkt auf deren Beachtung im Unternehmen hin (Compliance).

3 Der aktienrechtliche **Leitungsbegriff** beinhaltet insbesondere die Geschäftsführung (§ 77 AktG, dazu § 2 Rz. 29 ff.) und Vertretung (§ 78 AktG, dazu § 3 Rz. 50 ff.), geht aber einerseits inhaltlich darüber hinaus. Andererseits kann naturgemäß nicht jedes einzelne Geschäft Sache des Vorstands sein; Leitungsfragen betreffen vielmehr nur solche Bereiche, die nicht auf eine nachgelagerte Unternehmensebene und erst recht nicht auf externe Dritte delegierbar sind (dazu näher Rz. 6). Demgemäß ist der Vorstand insbesondere berechtigt und verpflichtet, die Leitlinien der Unternehmenspolitik zu bestimmen und die unternehmerischen Funktionen wahrzunehmen.[3] Dies umfasst die Planung und Koordinierung der Unternehmenstätigkeit ebenso wie die Besetzung von Führungspositionen,[4] ferner sämtliche dem Vorstand als Kollegialorgan explizit zugewiesenen Aufgaben. Bei der Leitung muss der Vorstand die aktiengesetzlichen (Kompetenz-)Grenzen beachten und sich im Rahmen des in der Satzung bestimmten Unternehmensgegenstandes halten. Begriff und Bezugspunkt der Leitung werden unter II. 1. (Rz. 5 ff.) näher dargestellt.

4 Während die Vorgängervorschrift (§ 70 AktG 1937) noch eine generalklauselartige **Zielbestimmung für das Vorstandshandeln** enthalten hatte,[5] verzichtet das geltende Recht auf eine solche Festlegung, um eine „Politisierung“ der Unternehmensziele zu verhindern.[6] Die Motive zum AktG 1965 betonen, dass der Vorstand mit Selbstverständlichkeit dem Unternehmensinteresse dienen müsse und das Gemeinwohl nicht gefährden dürfe.[7] Für eine bestimmte Unternehmenspolitik, etwa die einseitige Orientierung an der Steigerung des Marktwerts des Unternehmens („shareholder value“), lässt sich dem AktG daher nichts entnehmen, falls es ihr nicht gar entgegen-

3 Zum Leitungsbegriff etwa *Semler*, ZGR 1983, 1; *Fleischer*, ZIP 2003, 1, 5; *Raiser/Veil*, Recht der Kapitalgesellschaften, § 14 Rz. 1.

4 *Hüffer/Koch*, § 76 AktG Rz. 9; näher sogleich unter Rz. 6.

5 Nämlich „die Gesellschaft so zu leiten, wie das Wohl des Betriebes und seiner Gefolgschaft und der gemeine Nutzen von Volk und Reich es erfordern“.

6 *Karsten Schmidt*, GesR, § 28 II 1a.

7 Begr. RegE, bei *Kropff*, AktG, 1965, S. 97.

steht.[8] Zwar betont der DCGK 2020 in der Präambel neben dem Unternehmensinteresse auch das Ziel der Steigerung des Unternehmenswertes; doch ist dieser eben nicht identisch mit dem *Markt*wert des Unternehmens und soll überdies „nachhaltig" verbessert werden – eine Politik zur kurzfristigen Steigerung des Börsenwertes kann sich daher weder auf die eine noch die andere Rechtsquelle stützen. Seit dem VorstAG 2009[9] soll das Ziel einer **„nachhaltigen Unternehmensentwicklung"** auch durch die Vorstandsvergütung gefördert werden – zumindest bei börsennotierten Gesellschaften (§ 87 Abs. 1 Satz 2 AktG). Hierauf ist unter II. 2. (Rz. 8 ff.) zurückzukommen.

II. Leitung „der Gesellschaft"

1. Begriff und Bezugspunkt der Leitung

Entgegen dem missverständlichen Wortlaut des § 76 Abs. 1 AktG bezieht sich die 5
Leitung naturgemäß nicht auf die Gesellschaft als solche, namentlich in Gestalt ihrer – übrigen – Organe (Aufsichtsrat, Hauptversammlung), sondern auf das von der Gesellschaft getragene **Unternehmen,**[10] womit das von der Aktiengesellschaft entsprechend ihrem satzungsmäßigen Unternehmensgegenstand konkret betriebene Unternehmen gemeint ist.[11] Demgemäß nehmen die Vorstandsmitglieder **Unternehmerfunktionen** wahr. Zwar sind sie weder Unternehmer noch Kaufleute,[12] weil sie selbst kein Gewerbe betreiben bzw. unternehmerisches Risiko tragen. Als gesetzliche Vertreter der Gesellschaft sind sie aber keine Arbeitnehmer (genießen also auch nicht deren Schutz), sondern üben die Funktion des Arbeitgebers aus.[13]

Sodann betrifft Leitung nur denjenigen **herausgehobenen Teil** der Geschäftsfüh- 6
rung, der nicht delegierbar ist[14] (zur Frage der Selbstbindung des Vorstands durch Verträge mit – künftigen – Aktionären vgl. noch Rz. 23). Insofern ist also die Abgrenzung zur reinen Geschäftsführungstätigkeit von Bedeutung, die sämtliches tatsächliches und rechtsgeschäftliches Handeln der Gesellschaft umfasst (näher § 2 Rz. 29) und die innerhalb des Unternehmens grundsätzlich auf andere Personen übertragen werden kann. Mangels einer subsumtionsfähigen Definition kann die Ab-

---

8 Skeptisch etwa *Karsten Schmidt*, GesR, § 26 II 3c; *Hüffer*, ZHR 161 (1997), 214, 216 f.; *Mülbert*, ZGR 1997, 129, 171 (weitergehend aber *Mülbert* in FS Röhricht, 2005, S. 421, 424 ff.).

9 VorstAG v. 31.7.2009 (BGBl. I 2009, 2509).

10 Unstr.; *Henze*, BB 2000, 209; *Fleischer* in Fleischer, Hdb. Vorstandsrecht, § 1 Rz. 2; *Hüffer/Koch*, § 76 AktG Rz. 10.

11 *Henze*, BB 2000, 209; *Fleischer* in Fleischer, Hdb. Vorstandsrecht, § 1 Rz. 2.

12 BGH v. 23.3.1988 – VIII ZR 175/87, BGHZ 104, 95, 98; BGH v. 5.6.1996 – VIII ZR 151/95, BGHZ 133, 71, 78; BGH v. 8.11.2005 – XI ZR 34/05, BGHZ 165, 43.

13 *Kort* in Großkomm/AktG, 5. Aufl. 2015, § 76 AktG Rz. 234; *Fleischer* in Fleischer, Hdb. Vorstandsrecht, § 1 Rz. 8.

14 S. etwa *Hüffer/Koch*, § 76 AktG Rz. 7; *Seibt* in FS Karsten Schmidt, 2009, S. 1463, 1464.

grenzung nur mittels **typologischer Zuordnung** erfolgen.[15] Es besteht insofern weitgehend Einvernehmen, dass sowohl die **Unternehmensplanung**, also die längerfristige Festlegung der Unternehmenspolitik, als auch die **Organisation** des Unternehmens umfasst werden (zur Schaffung funktions- oder spartenbezogener Teilbereiche s. Rz. 17; zu einzelnen Organisationsaufgaben s. § 21 [Risikomanagement], § 22 [Compliance], § 23 [Rechnungslegung], § 24 [Publizität]). Hinzu kommen die **Besetzung von Führungspositionen** sowie die Beseitigung erheblicher **Störungen** des laufenden Betriebs. Zentrale Planungsgegenstände spricht das Gesetz selbst in § 90 Abs. 1 Satz 1 Nr. 1 AktG an, der den Vorstand zu Berichten an den Aufsichtsrat über „die beabsichtigte Geschäftspolitik und andere grundsätzliche Fragen der Unternehmensplanung" verpflichtet und die Finanz-, Investitions- und Personalplanung besonders hervorhebt. Es liegt nahe, dass damit zugleich zentrale Leitungsfunktionen umschrieben werden;[16] und Entsprechendes gilt für die von § 116 HGB angesprochenen **ungewöhnlichen Geschäftsführungsmaßnahmen**, die ebenfalls zur Konkretisierung des Leitungsbegriffs herangezogen werden.[17] Insofern kommt es somit wesentlich auf den konkreten Zuschnitt des von der Gesellschaft geführten Unternehmens an (dazu § 16 Rz. 420 f.). Gegenüber der relativierenden Formulierung in Grundsatz 6 DCGK 2020, wonach der Aufsichtsrat den Vorstand bei der Leitung des Unternehmens „berät" und in Entscheidungen von grundlegender Bedeutung einzubinden ist, bleibt allerdings zu betonen, dass die Unternehmensplanung und Strategieentwicklung vom Vorstand als Teil seiner Leitungsaufgabe eigenverantwortlich festgesetzt werden.[18] Er muss sich insofern zwar vom Aufsichtsrat beraten lassen,[19] doch kann der Aufsichtsrat nicht im Wege der Beratung seine eigenen Zweckmäßigkeitsvorstellungen durchsetzen,[20] die verbindliche Entscheidung hierüber obliegt vielmehr dem Vorstand.[21] Die Praxis ist gelegentlich erfinderisch bei der „Entdeckung" neuer Leitungsaufgaben, so etwa in Bezug auf die Unternehmensreputation („Corporate Reputation Management")[22] oder gar (allgemein) die Stabilität („Corpo-

15 *Mertens/Cahn* in KölnKomm/AktG, 3. Aufl. 2010, § 76 AktG Rz. 5; *Hüffer/Koch*, § 76 AktG Rz. 9; *Fleischer* in Fleischer, Hdb. Vorstandsrecht, § 1 Rz. 15; aus der Rspr. z.B. OLG Schleswig v. 27.8.2008 – 2 W 160/05, ZIP 2009, 124, 126 = AG 2009, 374 (*„Bei typologischer Betrachtung geht es dabei um Unternehmensplanung, -koordination, -kontrolle und Besetzung der Führungsstellen."*).

16 Eingehend *Martens* in FS Fleck, 1988, S. 191, 197; *Hüffer/Koch*, § 76 AktG Rz. 9; *Fleischer* in Fleischer, Hdb. Vorstandsrecht, § 1 Rz. 15.

17 S. etwa *Dose*, Die Rechtsstellung der Vorstandsmitglieder einer Aktiengesellschaft, 3. Aufl. 1975, S. 41; zum Begriff der außergewöhnlichen Geschäfte s. nur *Schäfer* in Habersack/Schäfer, Recht der OHG, 2. Aufl. 2019, § 116 HGB Rz. 11.

18 S. nur *Spindler* in MünchKomm/AktG, 5. Aufl. 2019, § 76 AktG Rz. 16; *Mertens/Cahn* in KölnKomm/AktG, 3. Aufl. 2010, § 76 AktG Rz. 4 f.; *Hüffer/Koch*, § 76 AktG Rz. 9.

19 Prägnant etwa *Lutter/Krieger/Verse*, Rechte und Pflichten des Aufsichtsrats, § 3 Rz. 104.

20 *Habersack* in MünchKomm/AktG, 5. Aufl. 2019, § 111 AktG Rz. 29.

21 Dazu speziell in Bezug auf Vergütungsfragen *Schäfer* in Liber amicorum Martin Winter, 2011, S. 557 ff.

22 *Seibt*, DB 2015, 171; dazu auch *Klöhn/Schmolke*, NZG 2015, 689, 693 ff.; *Fleischer*, AG 2017, 509, 516.

rate Resilience Management").[23] Doch erscheint insofern eher Zurückhaltung geboten.[24]

7 Teilweise übernimmt das Aktiengesetz selbst die Konkretisierung des Leitungsbegriffs, indem es dem Vorstand als Kollegialorgan einzelne Aufgaben ausdrücklich zuweist. Zu diesen **gesetzlich angeordneten Leitungsaufgaben** gehören namentlich Vorbereitung und Einberufung der Hauptversammlung (§§ 83 Abs. 1, 121 Abs. 2 AktG)[25], die Unterbreitung von Beschlussvorschlägen zu jedem Tagesordnungspunkt (§ 124 Abs. 3 Satz 1 AktG),[26] die Ausführung von Hauptversammlungsbeschlüssen (§ 83 Abs. 2 AktG), die Berichterstattung an den Aufsichtsrat (§ 90 AktG), die Buchführung und die Einrichtung eines Überwachungssystems (§ 91 Abs. 1, 2 AktG) sowie die Auf- und ggf. auch Feststellung des Jahresabschlusses (§ 264 HGB, §§ 170, 172 AktG), ferner die Erklärung zum Deutschen Corporate Governance Kodex (§ 161 AktG) und das Stellen eines Insolvenzantrags (§ 15a InsO).[27] Auf die Einzelheiten ist im jeweiligen Kontext zurückzukommen.

2. Bindung an aktienrechtliche Zielvorgaben? – Die Auseinandersetzung um „stakeholder value" und „shareholder value" und ihre rechtspraktischen Folgen

8 Wie schon erwähnt, verzichtet das geltende Aktienrecht auf unmittelbare Zielvorgaben für das Vorstandshandeln, und die Motive erwähnen ausdrücklich nur das Unternehmensinteresse sowie das Verbot einer Gemeinwohlgefährdung (Rz. 4). Allerdings sahen es die Verfasser des Referentenentwurfs noch als selbstverständlich an, dass der Vorstand bei der Unternehmensleitung die Belange sowohl der **Aktionäre** als auch der **Arbeitnehmer** und der **Allgemeinheit** zu berücksichtigen habe.[28] Demgegenüber hielten andere die Arbeitnehmerinteressen durch zahlreiche spezielle Schutznormen für ausreichend gewahrt und den Bruch zur Vorgängerregelung deshalb für vollzogen.[29] Indes gilt der Streit aus den Anfangsjahren des AktG 1965 mittlerweile als überholt, zumal das Aktienrecht in der Folgezeit starken Wandlungen unterzogen war.[30] Von besonderer Bedeutung waren dabei in den 1970er Jahren die

---

23 *Seibt*, DB 2016, 1978.

24 *Nietsch*, ZHR 180 (2016), 733, 738; *Hüffer/Koch*, § 76 AktG Rz. 9.

25 Zur Kompetenz des Vorstands, eine einberufene Hauptversammlung wieder abzusagen, BGH v. 30.6.2015 – II ZR 142/14, BGHZ 206, 143 = AG 2015, 822 (möglich nur bis zum Eintreffen der Aktionäre am Versammlungsort; förmliche Eröffnung nicht erforderlich). Näher dazu § 28 Rz. 1039.

26 S. BGH v. 12.11.2001 – II ZR 225/99, BGHZ 149, 158 = AG 2002, 241 und dazu etwa *Schäfer*, ZGR 2003, 147.

27 Vgl. auch *Hoffmann-Becking*, ZGR 1998, 497, 508; *Schiessl*, ZGR 1992, 64, 67 f.; *Spindler* in MünchKomm/AktG, 5. Aufl. 2019, § 76 AktG Rz. 15. – Vollständige Liste und weit. Nachw. unter § 16 Rz. 418.

28 In diesem Sinne ausdrücklich noch § 71 Abs. 1 RefE 1958.

29 S. insbes. die Darstellung bei *Rittner* in FS Geßler, 1971, S. 139, 142; ferner *Kropff*, AktG, 1965, S. 97 (Ausschussbericht).

30 *Fleischer* in Fleischer, Hdb. Vorstandsrecht, § 1 Rz. 20; *Fleischer*, AG 2001, 171, 175; *Ulmer*, AcP 202 (2002), 149, 158; *Zöllner*, AG 2003, 2, 7.

Mitbestimmungsdebatte sowie namentlich die Folgewirkungen des MitbestG 1976, welches nach Meinung vieler zeitgenössischer Autoren zur Verankerung einer interessenpluralistischen Zielkonzeption im Aktienrecht geführt hat,[31] während andere die erwerbswirtschaftliche Ausrichtung der AG als die für den Vorstand letztverbindliche Richtschnur hervorhoben.[32] In jüngerer Zeit hat der Gesetzgeber als Reaktion auf die große Finanzkrise in den Jahren 2008/09 das Ziel einer „nachhaltigen Unternehmensentwicklung" bei börsennotierten Gesellschaften betont (§ 87 Abs. 1 Satz 2 AktG), allerdings nicht als unmittelbare Handlungsmaxime für den Vorstand, sondern indirekt als Verpflichtung des Aufsichtsrats, mittels der Vorstandsvergütung auf eine langfristige Prosperität des Unternehmens hinzuwirken. Die Vergütung und namentlich ihre variablen Bestandteile sollen so ausgestaltet werden, dass sie keine bloß kurzfristigen Anreize setzen, d.h. nicht überwiegend an Zielen orientiert sind, die innerhalb von 1–3 Jahren erreicht werden können (näher dazu § 12 Rz. 233 ff.). Bei nicht notierten Gesellschaften besteht zwar keine förmliche Verpflichtung des Aufsichtsrats auf die Nachhaltigkeit; doch ist § 87 Abs. 1 Satz 2 AktG hier zumindest als Anregung zu verstehen.[33]

9 Abgesehen hiervon steht das aktuelle Schrifttum zwingenden aktienrechtlichen Zielvorgaben überwiegend reserviert gegenüber und betont, dass der Vorstand die Interessen der Aktionäre, der Arbeitnehmer und der Allgemeinheit zu einem Ausgleich zu bringen habe, wofür ihm ein weiter Ermessensspielraum zustehe.[34] Auch den **BGH**, der bald von Unternehmens-, bald von Gesellschaftsinteresse spricht,[35] wird man im gleichen Sinne zu verstehen haben.[36] Der DCGK 2020 bewegt sich ebenfalls ganz auf der Linie der **h.M.**, wenn die Präambel gegenüber der Vorfassung (DCGK 2017) nicht nur „die Verpflichtung von Vorstand und Aufsichtsrat, im Einklang mit den Prinzipien der sozialen Marktwirtschaft unter Berücksichtigung der Belange der Aktionäre [...] für den Bestand des Unternehmens und seine nachhaltige Wertschöpfung zu sorgen (Unternehmensinteresse)" betont, sondern auch auf die Belange der „Belegschaft und der sonstigen dem Unternehmen verbundenen Gruppen (Stakeholder)" abstellt. Beibehalten wurde das Leitbild des „Ehrbaren Kaufmanns", welches auf berechtigte Kritik gestoßen war.[37] Im Übrigen hat der Vorstand nach h.M. zwar für die dauernde Rentabilität des Unternehmens zu sorgen, zumindest die *einseitige* Orientierung an einer – kurz oder langfristigen – Marktwertmaximierung, wie

31 *Raiser* in FS R. Schmidt, 1976, S. 114 ff.; *Reuter*, AcP 179 (1979), 509, 510 ff.; *Schilling*, ZHR 144 (1980), 136, 143.

32 *Wiedemann*, Gesellschaftsrecht, Bd. I, 1980, S. 338 f.; *Wiedemann*, Organverantwortung und Gesellschafterklagen in der Aktiengesellschaft, 1989, S. 36 f.

33 *Hüffer/Koch*, § 87 AktG Rz. 11.

34 *Hüffer/Koch*, § 76 AktG Rz. 28 ff.; *Mertens/Cahn* in KölnKomm/AktG, 3. Aufl. 2010, § 76 AktG Rz. 16; *Karsten Schmidt*, GesR, § 28 II 1a, alle m.w.N.

35 Vgl. einerseits etwa BGH v. 5.6.1975 – II ZR 156/73, BGHZ 64, 325, 331 = NJW 1975, 1412 = AG 1975, 219 (Unternehmensinteresse), andererseits BGH v. 7.3.1994 – II ZR 52/93, BGHZ 125, 239, 241 f. = AG 1994, 276, 277 (Gesellschaftsinteresse).

36 Vgl. *Goette* in FS 50 Jahre BGH, 2000, S. 123, 137; *Fleischer* in Fleischer, Hdb. Vorstandsrecht, § 1 Rz. 24.

37 Handelsrechtsausschuss, NZG 2017, 57; *Fleischer*, DB 2017, 2015, 2016.

sie sich mit dem Shareholder-Value-Ansatz verbindet, ist demnach aber mit dem geltenden Aktienrecht unvereinbar.[38] Das VorstAG bekräftigt dieses Verdikt durch seine Nachhaltigkeitsverpflichtung in § 87 Abs. 1 Satz 2 AktG in Bezug auf kurzfristige Wertsteigerungen.

Nach der Gegenauffassung sollen zwar Aktionärsinteressen unbedingten Vorrang genießen,[39] so dass der Vorstand schon deshalb dem **Shareholder-Value-Gedanken** uneingeschränkt Rechnung tragen dürfe, zumal dieser keineswegs auf eine kurzfristige Wertsteigerung ziele, sondern durch Berücksichtigung auch des Restwertes langfristig ausgerichtet sei.[40] Auch die h.M. akzeptiert indessen, dass der Vorstand die Steigerung des Unternehmenswertes als ein mögliches Ziel verfolgen darf, soweit dieser nicht zum Selbstzweck erhoben wird.[41] Nicht zu verkennen ist, dass sich das AktG diesem Gedanken immerhin punktuell geöffnet hat; denn es hat den Erwerb eigener Aktien etwas erleichtert (§ 71 Abs. 1 Nr. 8 AktG) und Aktienoptionen für Führungskräfte in gewissem Umfang anerkannt (§ 192 Abs. 2 Nr. 3 AktG).[42] Andererseits öffnet auch die Gegenauffassung den Shareholder-Value-Gedanken einer Berücksichtigung anderer Interessen.[43] Deshalb bleibt der Streit um diese Grundsatzfrage ohne erkennbare Auswirkung, und zwar auch für die – ganz überwiegend bejahte – Frage, ob der Shareholder-Value-Gedanke in der *Satzung* verankert werden darf;[44] umstritten ist die Zulässigkeit lediglich bei mitbestimmten Gesellschaften.[45] 10

Letztlich dürfte der durchaus lebhaft geführten theoretischen Kontroverse daher insgesamt keine messbare *praktische Relevanz* zukommen.[46] Denn wegen der Anerkennung eines weiten Vorstandsermessens ist die Abwägung widerstreitender Interessen nach beiden Auffassungen erforderlich.[47] Im Ergebnis sind die einzelnen **praktischen Folgerungen** auch kaum umstritten; so ist etwa anerkannt, dass die Beteiligung an einem Zwangsarbeiterfonds ebenso eine vertretbare Vorstandsentscheidung darstellt 11

---

38 *Raiser/Veil*, Recht der Kapitalgesellschaften, § 14 Rz. 14; *Karsten Schmidt*, GesR, § 26 II 3c; *Hüffer/Koch*, § 76 AktG Rz. 29; s. auch *Hommelhoff*, ZGR 2001, 238, 248 ff.

39 *Empt*, Corporate Social Responsibility – Das Ermessen des Managements zur Berücksichtigung von Nichtaktionärsinteressen im US-amerikanischen und deutschen Aktienrecht, 2004, S. 199 f.; *Fleischer* in Fleischer, Hdb. Vorstandsrecht, § 1 Rz. 30; *Zöllner*, AG 2003, 2, 7 f.; tendenziell auch *Mülbert* in FS Röhricht, 2005, S. 421, 424 ff.

40 *Fleischer* in Fleischer, Hdb. Vorstandsrecht, § 1 Rz. 27 m.w.N.

41 S. etwa *Hüffer/Koch*, § 76 AktG Rz. 30; *Ulmer*, AcP 202 (2002), 143, 159; *Karsten Schmidt*, GesR, § 26 II 3c.

42 Zur Verstärkung des Shareholder-Value-Gedankens durch das KonTraG s. insbes. *Mülbert* in FS Röhricht, 2005, S. 421, 433 ff.; zurückhaltend insoweit aber *Ulmer*, AcP 202 (2002), 143, 158 f.

43 Charakteristisch *Fleischer* in Fleischer, Hdb. Vorstandsrecht, § 1 Rz. 31.

44 *Groh*, DB 2000, 2153, 2158; *Mülbert* in FS Röhricht, 2005, S. 421, 440; *Schmidt/Spindler* in FG Kübler, 1997, S. 515, 540 ff.

45 Auch insoweit befürwortend *Fleischer* in Fleischer, Hdb. Vorstandsrecht, § 1 Rz. 32; a.A. *Ulmer*, AcP 202 (2002), 143, 149.

46 *Kort* in Großkomm/AktG, 5. Aufl. 2015, § 76 AktG Rz. 53; *Hopt*, ZGR 2000, 779, 799; *Fleischer* in Fleischer, Hdb. Vorstandsrecht, § 1 Rz. 36.

47 In diesem Sinne denn auch *Fleischer* in Fleischer, Hdb. Vorstandsrecht, § 1 Rz. 35; *Schmidt/Spindler* in FG Kübler, 1997, S. 515, 551.

wie die freiwillige Einhaltung höherer Umweltstandards oder die besondere Unterstützung der Arbeitnehmer durch übertarifliche Zulagen, eine betriebliche Altersversorgung etc.[48] Unstreitig ist der Vorstand auch befugt, Gesellschaftsmittel zur Förderung gemeinnütziger Ziele einzusetzen.[49] Er darf, um dies mit einem Schlagwort zu etikettieren, der sog. **Corporate Social Responsibility (CSR)** Rechnung tragen, selbst wenn dies mit höheren Kosten für das Unternehmen verbunden ist.[50] Das wird durch die neugeschaffenen CSR-Berichtspflichten (dazu sogleich) indirekt bestätigt.[51] Demgemäß stellen solche **Spenden** strafrechtlich auch keine Untreue dar,[52] sofern sie ihrem Umfang nach angemessen[53] sind und die Vergabeentscheidung nicht durch persönliche Präferenzen des (zuständigen) Vorstandsmitglieds beeinflusst ist.[54] Dass das – an sich zuständige – Vorstandsmitglied nicht allein darüber entscheiden darf, einen Millionenbetrag zu Lasten des Gesellschaftsvermögens für den Bau einer Kunsthalle zu spenden, die seinen Namen tragen soll, versteht sich im Grunde von selbst.[55] Mit solchen Fällen ist notwendigerweise der Gesamtvorstand zu befassen.[56] Diese Regeln gelten im Grundsatz auch für Parteispenden, die im Unternehmensinteresse liegen müssen und nicht lediglich den persönlichen Präferenzen der Vorstandsmitglieder entsprechen dürfen; doch ist insofern wegen immer möglicher Imageschäden besondere Zurückhaltung angezeigt.[57] Demgegenüber sind **Schmiergeldzahlungen**, auch an ausländische Amtsträger oder Privatpersonen, nach dem gegenwärtigen Stand der internationalen Antikorruptionsbemühungen (s. nur § 299 StGB) niemals mit dem Gesellschaftsinteresse zu vereinbaren,[58] Entsprechendes gilt – wegen §§ 57 f. AktG – für **Vergleichszahlungen** an klagende Aktionäre.[59]

---

48 Beispiele bei *Spindler* in MünchKomm/AktG, 5. Aufl. 2019, § 76 AktG Rz. 106 f.; *Kort* in Großkomm/AktG, 5. Aufl. 2015, § 76 AktG Rz. 82.

49 *Hopt/Roth* in Großkomm/AktG, 5. Aufl. 2015, § 93 AktG Rz. 210 f.; *Spindler* in MünchKomm/AktG, 5. Aufl. 2019, § 76 AktG Rz. 105 ff.; *Zöllner*, AG 2003, 2, 8; *Fleischer*, AG 2001, 171, 175.

50 *Mülbert*, AG 2009, 766 ff.; *Spindler* in MünchKomm/AktG, 5. Aufl. 2019, § 76 AktG Rz. 83; s. auch *Schäfer* in FS Hopt, 2010, S. 1297 ff.

51 *J. Vetter*, ZGR 2018, 338, 354; *Simon*, ZGR 2018, 316, 329 f.

52 Vgl. insbes. BGH v. 6.12.2001 – 1 StR 215/01, BGHSt 47, 187, 194 f. = AG 2002, 347 = NJW 2002, 1585.

53 Es bestehen aber keine Obergrenzen für Spenden, insbes. auch nicht aufgrund steuerlicher Grenzen der Abzugsfähigkeit, BGH v. 6.12.2001 – 1 StR 215/01, BGHSt 47, 187, 197 = AG 2002, 347; LG Essen v. 9.9.2013 – 44 O 164/10, juris Rz. 1029 ff.; *Kort* in Großkomm/AktG, 5. Aufl. 2015, § 76 AktG Rz. 108.

54 Eingehend *Fleischer* in Fleischer, Hdb. Vorstandsrecht, § 1 Rz. 39.

55 Vgl. den bei *Fleischer* in Fleischer, Hdb. Vorstandsrecht, § 1 Rz. 39 berichteten amerikanischen Fall *Cahn* vs. *Hammer*.

56 Vgl. BGH v. 6.12.2001 – 1 StR 215/01, BGHSt 47, 187, 196 = AG 2002, 347; *Mertens* in FS Goerdeler, 1987, S. 349, 358; *Westermann*, ZIP 1990, 771, 776.

57 *Kort* in Großkomm/AktG, 5. Aufl. 2015, § 76 AktG Rz. 114; *Fleischer* in Fleischer, Hdb. Vorstandsrecht, § 1 Rz. 42.

58 *Kort* in Großkomm/AktG, 5. Aufl. 2015, § 76 AktG Rz. 118; *Spindler* in MünchKomm/AktG, 5. Aufl. 2019, § 76 AktG Rz. 109.

59 *Spindler* in MünchKomm/AktG, 5. Aufl. 2019, § 76 AktG Rz. 110; *Martens*, AG 1988, 118, 119 ff. (vorbehaltlich der Abwendung eines irreparablen Schadens für die Gesellschaft).

Auf einem anderen Blatt stehen Vorstandspflichten, die sich mittlerweile (indirekt) aus der am 22.10.2014 verabschiedeten **CSR-Richtlinie** 2014/95/EU bzw. (unmittelbar) aus deren **UmsetzungsG** (BT-Drucks. 18/9982 v. 17.10.2016) ergeben. Es handelt sich hierbei um Berichtspflichten; denn nach der RL ist eine „nicht finanzielle Erklärung" abzugeben, die mindestens Angaben zu Umwelt-, Sozial- und Arbeitnehmerbelangen, zur Achtung der Menschenrechte und zur Bekämpfung von Korruption und Bestechung enthalten soll. Verankert wurden sie in den §§ 289b-289e HGB sowie in § 315b HGB für die Konzernebene; betroffen sind große (§ 267 Abs. 3 HGB) Kapitalgesellschaften, die kapitalmarkorientiert sind (§ 265d HGB) und im Jahresdurchschnitt mehr als 500 Arbeitnehmer beschäftigen (näher dazu § 24 Rz. 694).[60] Zweifelhaft ist, ob diese Berichtspflichten indirekte Auswirkungen auf die Corporate Governance haben, insbesondere ob sie eine inhaltliche Bindung an die Ziele oder eine Selbstbindung an eine abgegebene Erklärung bewirken. Dies ist grundsätzlich zu verneinen.[61]

3. Bindung an Satzung und Geschäftsordnung

Der Vorstand ist bei seiner Unternehmensleitung zunächst an die **Satzung** der Gesellschaft gebunden; denn ihre Gestaltung und Änderung steht allein den Aktionären zu (§§ 23, 28; 179 AktG). Demgemäß ist er namentlich verpflichtet, sich im Rahmen des in der Satzung festgelegten Unternehmensgegenstands zu halten (§ 23 Abs. 3 Nr. 2 AktG). Das ist deshalb eine durchaus erhebliche Beschränkung der Leitungsbefugnis, weil der **Unternehmensgegenstand** in der Satzung präzise zu umschreiben ist. Insbesondere sind Produkte, die erzeugt oder vertrieben werden sollen, genau zu bezeichnen und die Art einer betriebenen Dienstleistung exakt zu benennen.[62] Demgemäß ist der Vorstand auch nur dann befugt, Beteiligungen zu erwerben, Tochtergesellschaften zu gründen bzw. Unternehmensteile auszugliedern, wenn die Satzung ihm dies durch eine sog. **Konzernklausel** gestattet.[63] Erst recht steht der Gesellschaftszweck nicht zur Disposition des Vorstands; ihm steht bei dessen Verfolgung zwar ein weiter Ermessensspielraum zu (vgl. § 93 Abs. 1 Satz 2 AktG); über den Charakter der Gesellschaft als gewinnerzielend, gemeinnützig oder gemischtwirtschaftlich kann er aber nicht verfügen. Man mag erwägen, ob der Vorstand ausnahmsweise befugt ist, sich über einen besonders eng formulierten Unternehmensgegenstand hinwegzusetzen, damit er nicht zum bloßen Befehlsempfänger der Hauptversamm- 12

60 Allgemein zur Berichterstattung gem. CSR-RL bzw. UmsetzungsG *Mock*, ZIP 2017, 1195; *Seibt*, DB 2016, 2707.

61 *Mock*, ZIP 2017, 1195, 1196; *Fleischer*, AG 2017, 509, 522; *Schön*, ZHR 189 (2016), 279, 285 ff.; *Bachmann*, ZGR 2018, 231, 235 f.; *Kumm/Woodtli*, Der Konzern 2016, 218, 219; *Roth-Mingram*, NZG 2015, 1341, 1343; a.A. *Hommelhoff*, NZG 2017, 1361, 1362.

62 Vgl. nur *Hüffer/Koch*, § 23 AktG Rz. 24.

63 Str., großzügiger etwa *Raiser/Veil*, Recht der Kapitalgesellschaften, § 14 Rz. 10 (ohne Satzungsregelung ist Vorstand zu allen Maßnahmen befugt, die – wegen ihres Umfangs – den Charakter des Unternehmens nicht verändern); näher *Mertens/Cahn* in KölnKomm/AktG, 3. Aufl. 2010, § 76 AktG Rz. 51.

lung wird.[64] Praktische Bedeutung dürfte einer solchen Ausnahme indes kaum zukommen.

13 Außerdem obliegt es dem Vorstand, sich an die **Geschäftsordnung** zu halten,[65] welche die Geschäftsverteilung und die Zusammenarbeit im Vorstand regelt. Die Bindung folgt zwar nicht notwendig aus der Kompetenz eines anderen Organs; denn der **Aufsichtsrat** ist nur dann für den Erlass der Geschäftsordnung zuständig, wenn ihm die Satzung diese Kompetenz zuweist, anderenfalls ist der Vorstand gem. § 77 Abs. 2 Satz 1 AktG befugt, sich selbst eine Geschäftsordnung zu geben. Auch in diesem Falle ist aber das einzelne Vorstandsmitglied selbstverständlich an die (zwingend) vom Kollegialorgan einvernehmlich geschaffene Geschäftsordnung gebunden (§ 77 Abs. 2 Satz 3 AktG); hier geht es also um die Wahrung der Zuständigkeit des Gesamtorgans. Der Vorstand kann allerdings von einer durch ihn selbst aufgestellten Geschäftsordnung einvernehmlich abweichen, sei es im Einzelfall, sei es durch (einstimmige) Aufhebung der Ordnung[66] (näher zur Geschäftsordnung § 15 Rz. 364 ff.).

III. Eigenverantwortlichkeit und unternehmerisches Ermessen

1. Allgemeines

14 Eine zentrale Funktion des Leitungsbegriffs ist die Zusammenfassung derjenigen Führungsaufgaben, die dem Gesamtvorstand zur gemeinsamen Wahrnehmung vorzubehalten sind. Eigenverantwortlichkeit bedeutet in diesem Sinne also **Gesamtverantwortung**, die in einem Spannungsverhältnis zur Delegation von Aufgaben an interne Funktionsträger oder unternehmensfremde Dritte steht und dieser gewisse Grenzen setzt (dazu unter Rz. 15). Im Übrigen bedeutet Eigenverantwortlichkeit aber auch **Selbständigkeit** der Aufgabenwahrnehmung, d.h. Weisungsunabhängigkeit und eigenes Ermessen bei unternehmerischen Entscheidungen (§ 93 Abs. 1 Satz 2 AktG) mit entsprechend angepasster Haftung (dazu unter Rz. 23 f.).

2. Eigenverantwortlichkeit als Schranke für Delegation

a) Allgemeines

15 Schon § 76 Abs. 1 AktG drückt die Gesamtverantwortung des Vorstands bei der Leitung aus („der Vorstand"), und §§ 77 Abs. 1 Satz 1, 78 Abs. 2 Satz 1 AktG sehen als Regelfall die ***gemeinschaftliche*** **Geschäftsführung und Vertretung** vor, von der allerdings abgewichen werden kann. Während also bei der Leitung i.e.S. zwingend die

---

64 So *Martens* in FS Kellermann, 1991, S. 271, 277 ff.; mit Einschränkungen auch *Röhricht/Schall* in Großkomm/AktG, 5. Aufl. 2015, § 23 AktG Rz. 120; *Fleischer* in Fleischer, Hdb. Vorstandsrecht, § 1 Rz. 51; *Raiser/Veil*, Recht der Kapitalgesellschaften, § 14 Rz. 9.

65 Formular bei *Happ/Groß/Möhrle/Vetter*, Aktienrecht, Bd. 1, 5. Aufl. 2019, S. 817 ff. (Form 8.01); *Semler/Peltzer/Kubis*, Arbeitshdb. Vorstandsmitglieder, 2. Aufl. 2015, S. 78 ff., Anl. § 1–2.

66 *Spindler* in MünchKomm/AktG, 5. Aufl. 2019, § 77 AktG Rz. 41; *Hüffer/Koch*, § 77 AktG Rz. 22.

Gesamtverantwortung gilt, unterliegt die Gemeinschaftlichkeit in den Teilbereichen der Geschäftsführung und Vertretung der Satzungsdisposition. Eben aus diesem Grund ist es wichtig, die Leitung (i.e.S.) begrifflich zu isolieren (s. Rz. 5 ff.). Aber auch im Bereich der Geschäftsführung, für den das Gesetz eine Delegation innerhalb des Vorstands ausdrücklich gestattet, kann selbstverständlich nicht jede Aufgabe auf nachgelagerte Stellen (oder gar Dritte) delegiert werden; auch insofern bedarf es also der Bestimmung eines Kernbereichs. Andererseits liegt es auf der Hand, dass aus Kapazitäts- und Praktikabilitätsgründen viele Geschäftsführungsangelegenheiten delegiert werden müssen. Die hierzu anerkannten Grundsätze werden im Folgenden überblicksartig dargestellt; Näheres hierzu findet sich sodann in § 16 (Rz. 410 ff.). Dort finden sich auch die Einzelheiten zu der hier nicht weiter behandelten Frage der Vorstandsausschüsse (unter § 16 Rz. 433 ff.).

b) Delegation an einzelne Mitglieder des Vorstands

Die dem Vorstand als solchem gesetzlich zugewiesenen oder sonstigen Leitungsaufgaben (Rz. 5 ff.) dürfen diesem weder durch den Aufsichtsrat oder gar einzelner Vorstandsmitglieder entzogen noch können sie freiwillig an den Vorsitzenden oder einen Ausschuss delegiert werden, dem nicht sämtliche Vorstandsmitglieder angehören. Bei der Leitung i.e.S. gilt also das Prinzip der **zwingenden Gesamtverantwortung** (zu den einzelnen Bereichen näher § 16 Rz. 412, 435, 440, 444.), und zwar nach BGHZ 149, 158[67] selbst dann, wenn der Vorstand **unterbesetzt** ist, also nicht die in der Satzung (§ 23 Abs. 3 Nr. 6 AktG) bzw. gesetzlich (§ 76 Abs. 2 Satz 2 AktG) bestimmte Mindestmitgliederzahl erreicht. Jedenfalls Maßnahmen mit rechtsgeschäftlichem Charakter – konkret ging es um die Beschlussvorschläge nach § 124 Abs. 3 AktG – sind unwirksam, wenn sie von einem nicht vorschriftsmäßig besetzten Vorstand getroffen werden; der BGH hat darüber hinaus sogar den allgemeinen (Leit-) Satz formuliert, dass der Vorstand Aufgaben, die gesetzlich dem Gesamtvorstand zugewiesen sind, bei Unterbesetzung nicht wahrnehmen dürfe[68] (näher zur Unterbesetzung Rz. 26). Zur Bildung von Vorstandsausschüssen s. § 16 Rz. 433 ff.; zur vorstandsinternen Kontrolle und Überwachung als Teil der Gesamtverantwortung s. § 16 Rz. 445 ff. 16

Etwas anders sieht es im Bereich der Geschäftsführung aus; denn nicht in jeder Geschäftsführungsmaßnahme manifestiert sich auch eine Leitungsentscheidung (Rz. 5 ff.). Im Übrigen bedingt schon die von § 77 Abs. 1 Satz 2 AktG vorgesehene Möglichkeit der Einzelgeschäftsführung, dass **funktions- oder spartenbezogene Verantwortungsbereiche** geschaffen werden können, für die jeweils ein einzelnes Vorstandsmitglied verantwortlich ist (näher zum Folgenden unter § 16 Rz. 420 ff.).[69] 17

---

67 BGH v. 12.11.2001 – II ZR 225/99, BGHZ 149, 158 = AG 2002, 241.

68 BGH v. 12.11.2001 – II ZR 225/99, BGHZ 149, 158 (Leitsatz b), 161 = AG 2002, 241 = NJW 2002, 1128; näher dazu *Schäfer*, ZGR 2003, 147, 150 ff.; *Fleischer* in Fleischer, Hdb. Vorstandsrecht, § 1 Rz. 71 ff.; *Hüffer/Koch*, § 76 AktG Rz. 56; *Spindler* in MünchKomm/AktG, 5. Aufl. 2019, § 76 AktG Rz. 119.

69 Zum Erfordernis, klar abgegrenzte Verantwortungsbereiche zu schaffen, s. etwa LG München v. 10.12.2013 – 5HK O 1387/10, ZIP 2014, 570, 574 = AG 2014, 332: klare organisa-

Möglich (und auch gebräuchlich) ist daher namentlich die Einzelgeschäftsführung für bestimmte Funktionen (etwa Produktion, Vertrieb, Personal, Finanzen etc.) oder Sparten (etwa Vermögensverwaltung; Versicherungen; Privatkundengeschäft etc.) bzw. eine lokale Zuständigkeitsverteilung (etwa nach Filialen bzw. Tochtergesellschaften).[70] Anders als bei den gesetzlich zugewiesenen (Leitungs-)Aufgaben, ist es im sonstigen Geschäftsführungsbereich grundsätzlich unbedenklich, die regelmäßig anfallenden Entscheidungen dem einzelnen Vorstandsmitglied abschließend zu überlassen, ohne dass hierdurch allerdings die Gesamt*verantwortung* tangiert würde. Besonders eine spartenbezogene oder lokale Aufgabenverteilung ist zwar mit der Gefahr verbunden, dass sich die für diese – selbständigen – Bereiche zuständigen einzelnen Vorstandsmitglieder jeweils eine umfassende Leitungsmacht anmaßen, die mit dem Prinzip der Gesamtverantwortung unvereinbar ist. Doch akzeptiert die h.M. dieses Risiko, betont freilich zugleich, dass „echte" Führungsentscheidungen, also die unter § 1 II. 1. (Rz. 5 ff.) beschriebenen Leitungsaufgaben, vom Gesamtvorstand zu treffen sind.[71]

18 Hierzu passt auch **§ 77 Abs. 1 Satz 2 AktG**, der hervorhebt, dass – trotz zulässiger Einzelgeschäftsführung – Meinungsverschiedenheiten im Vorstand nicht gegen die Mehrheit der Mitglieder entschieden werden können, und folglich davon ausgeht, dass der Gesamtvorstand zwingend mit bestimmten (herausgehobenen) Geschäftsführungsaufgaben zu befassen ist. Damit ist zugleich ein weiterer Aspekt der Gesamtverantwortung angesprochen, nämlich die grundsätzliche **Gleichberechtigung** sämtlicher Vorstandsmitglieder.[72] Auch sie setzt einer Spartenorganisation oder dem – in neuerer Zeit ventilierten – Modell einer **virtuellen Holding** Grenzen: Denn nach der insoweit völlig eindeutigen Gesetzeslage müssen *sämtliche* Vorstandsmitglieder an den Leitungsentscheidungen beteiligt sein, und es darf keinem Mitglied ein erhöhtes Gewicht bei der Abstimmung zukommen – von dem in § 70 Abs. 2 Satz 2 AktG 1937 verankerten „Führerprinzip" in Gestalt eines Alleinentscheidungsrechts des Vorsitzenden ist das AktG 1965 dezidiert abgewichen. Ein sog. **„CEO-Modell"** mit genereller Letztentscheidungsbefugnis des Vorsitzenden ist mit dem AktG folglich unvereinbar.[73] Zulässig ist lediglich eine **Stichentscheidungsbefugnis** des Vorsitzenden (oder eines anderen Mitglieds) zur Auflösung von Pattsituationen,

---

torische Zuordnung der Compliance-Verantwortung „unerlässlich"; dazu auch *Urban*, GWR 2013, 106, 107: Aufgaben müssen „klar, eindeutig, lückenlos und überschneidungsfrei" verteilt werden. – Speziell zur Compliance-Verantwortung näher § 22 Rz. 593 ff.

70 S. nur *Hüffer/Koch*, § 76 AktG Rz. 25; *Fleischer* in Fleischer, Hdb. Vorstandsrecht, § 1 Rz. 54 f.

71 *Kort* in Großkomm/AktG, 5. Aufl. 2015, § 76 AktG Rz. 194; *Spindler* in MünchKomm/AktG, 5. Aufl. 2019, § 77 AktG Rz. 17 ff. (in Bezug auf ein Vetorecht zugunsten einzelner Mitglieder), Rz. 69 (kein „CEO-Modell"); *Hoffmann-Becking*, ZGR 1998, 497, 498.

72 Eingehend *Hoffmann-Becking*, ZGR 1998, 497, 514 f.; ferner nur *Hüffer/Koch*, § 77 AktG Rz. 18.

73 S. nur *Spindler* in MünchKomm/AktG, 5. Aufl. 2019, § 77 AktG Rz. 69 m.w.N.

auch dies jedoch nur, sofern der Vorstand nicht aus nur zwei Mitgliedern besteht.[74] Dazu auch § 2 Rz. 38.

19 Ein allgemeines **Vetorecht** des Vorsitzenden scheitert in mitbestimmten Gesellschaften nach ganz h.M. an § 33 MitbestG, der dem Arbeitsdirektor als gleichberechtigtes Mitglied des Vorstands eine Kernkompetenz in seinem Bereich garantiert,[75] und zwar selbst dann, wenn dem Arbeitsdirektor für seinen Geschäftsbereich ebenfalls ein Widerspruchsrecht eingeräumt wird.[76] Ob das Gleiche auch für **nicht mitbestimmte Gesellschaften** gilt, ist umstritten. Als zulässig wird man es jedenfalls anzusehen haben, dass die Satzung oder Geschäftsordnung *jedem* Vorstandsmitglied ein Widerspruchsrecht einräumt; denn nach der Regel des § 77 Abs. 1 Satz 1 AktG führt sogar die Stimmenthaltung dazu, dass eine Leitungsmaßnahme nicht wirksam beschlossen ist. Das Gleichbehandlungsgebot ist bei dieser Variante nicht berührt.[77] Durchaus problematisch sind dagegen Vetorechte nur *einzelner* Mitglieder des Vorstands; denn in einem solchen Falle kann der einzelne stets gegen die Mehrheit entscheiden.[78] Dass auch bei der Gesamtgeschäftsführung das einzelne Mitglied eine mehrheitlich gewünschte Maßnahme blockieren kann,[79] ergibt deshalb kein Gegenargument, weil diese Möglichkeit jedem Vorstandsmitglied gleichermaßen zusteht, die Blockademöglichkeit also nicht die Rechtsposition einzelner Mitglieder gegenüber den übrigen verstärkt. Eben diese herausgehobene Rechtsposition will § 77 Abs. 1 Satz 2 Halbs. 2 AktG aber verhindern.

c) Delegation an nachgeordnete Stellen

20 Die soeben dargestellten Grenzen für eine Delegation innerhalb des Vorstands gelten mutatis mutandis auch für die Aufgabenzuweisung an nachgeordnete Unternehmensebenen; denn wo nicht einmal eine Verlagerung auf (einzelne) Vorstandsmitglieder in Betracht kommt, kann die Delegation an nachgeordnete Stellen erst recht nicht zulässig sein. Andererseits ist eine vertikale Delegation im Ansatz selbstver-

74 BGH v. 14.11.1983 – II ZR 33/83, BGHZ 89, 48, 59 f. = AG 1984, 48 = NJW 1984, 733 (für mitbestimmte Gesellschaften); *Spindler* in MünchKomm/AktG, 5. Aufl. 2019, § 77 AktG Rz. 14.

75 BGH v. 14.11.1983 – II ZR 33/83, BGHZ 89, 48, 59 f. = AG 1984, 48; *Henssler* in FS 50 Jahre BGH, 2000, S. 387, 400 f.; *Henssler* in Habersack/Henssler, Mitbestimmungsrecht, § 33 MitbestG Rz. 40; *Lutter/Krieger/Verse*, Rechte und Pflichten des Aufsichtsrats, § 7 Rz. 487; *Spindler* in MünchKomm/AktG, 5. Aufl. 2019, § 77 AktG Rz. 19.

76 BGH v. 14.11.1983 – II ZR 33/83, BGHZ 89, 48, 60 = AG 1984, 48 = NJW 1984, 733.

77 OLG Karlsruhe v. 20.5.2000 – 8 U 233/99, AG 2001, 93, 94; *Spindler* in MünchKomm/AktG, 5. Aufl. 2019, § 77 AktG Rz. 17; *Hüffer/Koch*, § 77 AktG Rz. 12.

78 Darauf stützt *Bezzenberger*, ZGR 1996, 661, 668 f. seine ablehnende Stellungnahme; verneinend auch *Dose*, Rechtsstellung der Vorstandsmitglieder, S. 77 ff.; *Erle*, AG 1987, 7, 9; und ebenso jetzt auch *Hüffer/Koch*, § 77 AktG Rz. 12; abweichend die h.M., s. etwa *Mertens/Cahn* in KölnKomm/AktG, 3. Aufl. 2010, § 77 AktG Rz. 13; *Spindler* in MünchKomm/AktG, 5. Aufl. 2019, § 77 AktG Rz. 16; offen lassend aber BGH v. 14.11.1983 – II ZR 33/83, BGHZ 89, 48, 58 = AG 1984, 48; *Hoffmann-Becking*, ZGR 1998, 497, 519.

79 So die Argumentation bei *Mertens/Cahn* in KölnKomm/AktG, 3. Aufl. 2010, § 77 AktG Rz. 11; *Spindler* in MünchKomm/AktG, 5. Aufl. 2019, § 77 AktG Rz. 17.

ständlich ebenso zulässig wie unverzichtbar (dazu § 16 Rz. 430 ff.). Die eigentlichen **Leitungs*entscheidungen*** müssen also dem Vorstand **vorbehalten bleiben**, der aber sowohl zu deren *Vorbereitung* die in Betracht kommenden Varianten im Unternehmen erarbeiten lassen kann, als auch die *Ausführung* der vom Vorstand gefällten Entscheidung den zuständigen Abteilungen überlassen darf.[80] So reicht es etwa, wenn der Vorstand ein Kontroll- und Berichtssystem einrichtet, die konkrete Ausformung und Überwachung aber einer (untergeordneten) Abteilung überlässt.[81] § 91 Abs. 1 AktG drückt Gleiches für die Buchführung aus („hat dafür zu sorgen"). Zu den nicht übertragbaren Leitungsentscheidungen gehört – neben der Unternehmensplanung und -kontrolle etc. – insbesondere auch die Personalauswahl für die unmittelbar nachgeordnete Unternehmensebene, nicht jedoch das Controlling.[82] Für sie muss die Entscheidung des Gesamtvorstands jederzeit gewährleistet bleiben.

21 In welchem Maße der Vorstand Geschäftsführungsaufgaben an **untergeordnete Stellen** delegiert, unterliegt als unternehmerische Entscheidung seinem Ermessen; trotz Delegation bleibt ihm allemal die Verantwortung für Auswahl, Einweisung und Überwachung der Aufgabenträger.[83] Wegen der dann verbleibenden Überwachungs- und Kontrollverantwortung des Gesamtvorstands s. näher unter § 16 Rz. 444 ff.

d) Delegation an Dritte („outsourcing")

22 Auch in Bezug auf die Funktionsausgliederung auf Dritte gilt der Grundsatz: **Hilfsfunktionen können ausgelagert** werden, nicht jedoch Leitungsentscheidungen; auch Überwachung und Kontrolle der Dritten bleiben als Aufgaben des Gesamtvorstands unberührt (§ 16 Rz. 430 ff.). Für Art und Umfang möglicher Funktionsausgliederungen gilt also das zu Rz. 16 f. und Rz. 20 Gesagte entsprechend. Der Unterschied zur Delegation an nachgelagerte Stellen innerhalb des Unternehmens liegt vor allem darin, dass bei einer Ausgliederung von Funktionen die – bestehen bleibende – Verantwortlichkeit des Vorstands durch vertragliche Informations- und Zugriffsrechte eigens abgesichert werden muss, während sie innerhalb des Unternehmens durch Direktionsrechte ohne weiteres gewährleistet ist. Dies hat sich etwa bei der Diskussion um die Ausgliederung der Datenverarbeitung gezeigt: Wie § 25a KWG erkennen lässt, können auch wichtige Hilfsfunktionen bzw. Teilbereiche (z.B. Datenverarbeitung, Buchführung) ausgegliedert werden, solange ausreichende Informations- und Weisungsrechte vertraglich vereinbart werden und das Dienstleistungsunternehmen sorgfältig ausgewählt und eingewiesen wird.[84]

---

80 Näher etwa *Fleischer*, ZIP 2003, 1, 6; *Geßler* in FS Hefermehl, 1976, S. 263, 273; *Schwark*, ZHR 142 (1978), 203, 218 (insbes. zur Planungsverantwortung).

81 S. etwa das Beispiel bei BGH v. 11.5.1981 – II ZR 126/80, DB 1981, 1661, 1662 = AG 1982, 18 – Überprüfung einzelner Kreditakten ist Sache der Revisionsabteilung einer Bank.

82 *Spindler* in MünchKomm/AktG, 5. Aufl. 2019, § 77 AktG Rz. 63.

83 BGH v. 15.1.2013 – II ZR 90/11, ZIP 2013, 455, 457 Rz. 22; *Fleischer* in Fleischer, Hdb. Vorstandsrecht, § 1 Rz. 56; näher *Fleischer*, AG 2003, 291, 292 ff.

84 *Spindler* in MünchKomm/AktG, 5. Aufl. 2019, § 76 AktG Rz. 18 f.; *Fleischer* in Fleischer, Hdb. Vorstandsrecht, § 1 Rz. 57 f.; *Henze*, BB 2000, 209, 210; *Stein*, ZGR 1988, 163, 171; s. auch LG Darmstadt v. 6.5.1986 – 14 O 328/85, AG 1987, 218 = ZIP 1986, 1389. – Zur

3. Weisungsfreiheit und unternehmerisches Ermessen

23 Es ist völlig unbestritten, dass der Vorstand bei seiner Leitungsaufgabe im Grundsatz **keinerlei Weisungen** unterliegen darf, weder durch den Aufsichtsrat (vgl. § 111 Abs. 4 AktG) noch durch die Hauptversammlung oder einzelne **Aktionäre** (vorbehaltlich der Eingliederung, § 323 AktG, oder eines Beherrschungsvertrages, § 308 AktG). In jüngerer Zeit gerät dieses Verbot durch sogenannte **„aktivistische Aktionäre"** gelegentlich in bedenklicher Weise unter Druck; doch geht es insofern vor allem um Fragen einer berechtigten Informationsweitergabe sowie zulässiger Selbstbindung.[85] Die Rechtsprechung hat ausdrücklich klargestellt, dass zwischen Vorstand und (einzelnen) Aktionären kein auftragsähnliches Rechtsverhältnis (mit entsprechenden Informationspflichten) besteht.[86] Eben diese Weisungsfreiheit ist auch in dem von § 76 AktG verwendeten Begriff der *Eigenverantwortlichkeit* enthalten. Noch nicht definitiv geklärt ist die Bedeutung des § 76 AktG bei sog. **„Business Combination Agreements (BCA)"**, die der Vorbereitung von Übernahmen dienen und zwischen dem Bieter (als künftigem Aktionär) und dem Vorstand der Zielgesellschaft geschlossen werden. Das OLG München[87] hat insofern die Ansicht vertreten, dass jedenfalls ein dort vereinbarter Zustimmungsvorbehalt in Bezug auf die Ausübung eines genehmigten Kapitals zugunsten des Bieters als Verstoß gegen das Prinzip der Eigenverantwortlichkeit des Vorstands zu bewerten sei. In der Tat ist eine **Selbstbindung** des Vorstands auch in Bezug auf künftige Leitungsentscheidungen, wozu auch einzelne wesentliche Geschäftsführungsmaßnahmen gehören (Rz. 6), nicht unproblematisch, auch wenn sich die einzuhaltende Grenze kaum präzise umschreiben lässt.[88] Generell sind BCA allerdings durchaus zulässig, sofern die damit vorbereitete Unternehmenszusammenführung im Gesellschaftsinteresse liegt.[89]

24 Der Weisungsunabhängigkeit auf der einen Seite korrespondiert das **Leitungsermessen** auf der anderen; seit dem UMAG[90] ist dieses Ermessen in der zentralen Haftungsnorm des § 93 Abs. 1 Satz 2 AktG[91] auch positiv-rechtlich verankert. Demnach liegt keine Pflichtverletzung vor, „wenn das Vorstandsmitglied bei einer unterneh-

---

datenschutzrechtlichen Beurteilung der Übertragung von Kundendaten bei Spaltung etc. *Teichmann* in Lutter, 5. Aufl. 2014, § 131 UmwG Rz. 115 ff. mit zahlr. Nachw.

85 Dazu etwa *Graßl/Nikoleyczik*, AG 2017, 49; *Schockenhoff/Culmann*, ZIP 2015, 297; *Kocher*, DB 2016, 2887.

86 BGH v. 10.4.1967 – VIII ZR 27/65, NJW 1967, 1462; eingehend *Hüffer*, ZIP 1996, 401, 404 f.; *Spindler* in MünchKomm/AktG, 5. Aufl. 2019, § 76 AktG Rz. 24.

87 OLG München v. 14.11.2012 – 7 AktG 2/12, ZIP 2012, 2439, 2443 = AG 2013, 173; dazu *König*, NZG 2013, 452; *Krause*, CFL 2013, 192; *Otto*, NZG 2013, 930; näher zum Ganzen *Reichert*, ZGR 2015, 1, 21 ff. mit Hinweis auf die Bedeutung der Dauer einer vereinbarten Selbstbindung.

88 Vgl. etwa *Hüffer/Koch*, § 76 AktG Rz. 27, 41 und *Hüffer* in FS Schwark, 2009, S. 185, 196; *Mertens/Cahn* in KölnKomm/AktG, 3. Aufl. 2010, § 76 AktG Rz. 46; *Fleischer* in FS Schwark, 2009, S. 137, 149 ff.; a.A. im Ansatz offenbar *Krause*, CFL 2013, 192, 195.

89 OLG Stuttgart v. 2.12.2014 – 20 AktG 1/14, AG 2015, 163, 166 = ZIP 2015, 1120; *Reichert*, ZGR 2015, 1, 19 ff.

90 UMAG v. 22.9.2005 (BGBl. I 2005, 2802).

91 Vgl. aber auch *Hüffer* in FS Raiser, 2005, S. 163, 165 ff.: Bloßer Verschuldenstatbestand, weil die Pflicht zu sorgfältiger Unternehmensleitung schon aus § 76 AktG folge.

merischen Entscheidung vernünftigerweise annehmen durfte, auf der Grundlage angemessener Information zum Wohle der Gesellschaft zu handeln". Damit ist klargestellt, dass für unternehmerische Entscheidungen ein haftungsfester Freiraum existiert,[92] eine Haftung also insbesondere auch dann ausgeschlossen ist, wenn sich die Entscheidung ex post als falsch (insbes. verlustträchtig) erweist (zur Haftung des Vorstands ausführlich §§ 37 ff., Rz. 1590 ff.).

IV. Zusammensetzung des Vorstands

1. Zahl der Mitglieder

25 Die **Zahl der erforderlichen Mitglieder** bestimmt § 76 Abs. 2 Satz 2 AktG auf zwei, wenn die Gesellschaft ein Grundkapital über 3 Mio. Euro aufweist und die Satzung nichts anderes regelt; anderenfalls reicht nach Satz 1 auch ein Mitglied. Mitbestimmte Gesellschaften benötigen allerdings zwingend einen **Arbeitsdirektor**, weshalb in diesen Fällen zwingend zwei Mitglieder erforderlich sind. Näheres zur erforderlichen Anzahl bei § 7 Rz. 100 ff.

26 Ist der Vorstand **unterbesetzt**, so kann dies gravierende Konsequenzen haben. Liegt ein Verstoß gegen § 76 Abs. 2 Satz 2 AktG vor (der Vorstand besteht aus einer Person statt aus zweien) oder unterschreitet die Zahl der Mitglieder eine statutarische Mindestzahl, so soll der Vorstand nach der Rechtsprechung des **BGH** generell **handlungsunfähig** sein, soweit es um die gesetzlich dem Gesamtorgan zugewiesenen Aufgaben geht.[93] Um dieser Folge zu entgehen, ist es allemal sinnvoll, dem Aufsichtsrat gem. § 23 Abs. 3 Nr. 6 AktG zu überlassen, wie viele Vorstandsmitglieder es geben soll; empfehlenswert ist dabei die Klarstellung, dass der Aufsichtsrat auch von der Mindestzahl des § 76 Abs. 2 Satz 2 AktG abweichen darf (näher § 7 Rz. 107 f.).

2. Persönliche Anforderungen und Folgen einer Verfehlung

27 Das Gesetz enthält lediglich in **§ 76 Abs. 3 AktG** einige im Grunde selbstverständliche persönliche **Mindestanforderungen und Bestellungshindernisse**. Weitere persönliche Anforderungen (Eignungsmerkmale) kann die **Satzung** in Gestalt von Auswahlrichtlinien festsetzen, so etwa auch ein Mindest- oder Höchstalter (§ 7 Rz. 104).[94] Die Festlegung einer Altersgrenze (nicht aber unbedingt in der Satzung) sieht auch Empfehlung B.5 des **DCGK 2020** vor. Sinnvoll ist allein eine Regelaltersgrenze, von der im Einzelfall – mit Begründung – abgewichen werden kann (§ 7 Rz. 106). Ferner

92 *Hüffer/Koch*, § 93 AktG Rz. 9.

93 BGH v. 12.11.2001 – II ZR 225/99, BGHZ 149, 158, 160 f. = AG 2002, 241, 242; dazu *Mertens/Cahn* in KölnKomm/AktG, 3. Aufl. 2010, § 76 AktG Rz. 111; *Schäfer*, ZGR 2003, 147 ff.

94 *Hüffer/Koch*, § 76 AktG Rz. 73 f. mit Hinweisen zur Abstimmung mit Anforderungen des AGG.

soll der Aufsichtsrat auf **Vielfalt** („Diversity") achten, und seit 2015 muss er gem. **§ 111 Abs. 5 Satz1 AktG**[95] für den Frauenanteil im Vorstand „Zielgrößen" festlegen (sog. **Flexiquote**), sofern die Gesellschaft *entweder* börsennotiert ist *oder* der Mitbestimmung unterliegt (dazu näher § 7 Rz. 105). Auch der Vorstand selbst muss in diesem Falle gem. **§ 76 Abs. 4 Satz1 AktG** eine Frauen-„Zielgröße" für die beiden Führungsebenen unterhalb des Vorstands festsetzen (auch dazu Hinweise in § 7 Rz. 105a).

Der Verstoß gegen ein **Bestellungshindernis** nach § 76 Abs. 3 Satz 1 und 2 AktG macht die Bestellung nichtig; tritt ein Hindernis nachträglich ein, so endet das Vorstandsamt kraft Gesetzes[96], so dass der Vorstand ggf. nicht mehr vorschriftsmäßig besetzt ist. Die Bestellung ist in diesem Falle auch nicht nach der Lehre vom fehlerhaft bestellten Organ vorläufig wirksam (§ 6 Rz. 81). Ein Verstoß gegen **Satzungsbestimmungen** über Eignungsmerkmale begründet lediglich eine Pflichtverletzung des Aufsichtsrats; die Wirksamkeit der Bestellung bleibt in diesen Fällen also unberührt. Ein Verstoß gegen **Kodex-Empfehlungen** ist per se unbeachtlich; allerdings besteht das Risiko einer Anfechtung des nachfolgenden Entlastungsbeschlusses, wenn die Abweichung (des Aufsichtsrats) von der einschlägigen Empfehlung (z.B. zum Höchstalter) nicht gem. § 161 AktG (unterjährig) offen gelegt worden ist (§ 7 Rz. 111). 28

§ 2
Geschäftsführung

I. Begriff; Abgrenzung zur Leitung

Der Begriff der Geschäftsführung wird gesetzlich nicht definiert, auch nicht in § 77 AktG, der die Gesamtgeschäftsführungsbefugnis als Regelfall anordnet (dazu unter Rz. 32). Unter Geschäftsführung wird klassischerweise **jegliches Handeln für die Gesellschaft** verstanden, sei es rechtsgeschäftlicher, sei es rein tatsächlicher Art.[1] Die Geschäftsführungsbefugnis umfasst demgemäß den Bereich zulässigen Handelns für die Gesellschaft, gleichsam das rechtliche „Dürfen" des Vorstands. Dessen Handeln muss sich grundsätzlich im Rahmen des nach § 23 Abs. 3 Nr. 2 AktG zwingend in die Satzung aufzunehmenden **Unternehmensgegenstands** halten (§ 82 Abs. 2 29

95 Zur (berechtigten) Kritik am Frauenquoten-Gesetz (tw. noch zum RefE) s. DAV-Rechtsausschuss, NZG 2014, 1214; *Seibt*, ZIP 2015, 1193; *Röder/Arnold*, NZA 2015, 1281; *Wasmann/Rothenburg*, DB 2015 291; *Habersack/Kersten*, BB 2014, 2819; *Drygala*, NZG 2015, 1129; *Schulz/Ruf*, BB 2015, 1155.

96 OLG München v. 26.4.2016 – 31 Wx 117/16, AG 2016, 794, 795.

1 OLG Stuttgart v. 28.5.2013 – 20 U 5/12, AG 2013, 599, 603; *Mertens/Cahn* in KölnKomm/AktG, 3. Aufl. 2010, § 77 AktG Rz. 2; *Hüffer/Koch*, § 77 AktG Rz. 3.

AktG).[2] Insbesondere darf der Vorstand keine Geschäfte außerhalb des Unternehmensgegenstands schließen und Beteiligungen nur erwerben, wenn die Satzung eine sog. Konzernklausel enthält, wonach der Unternehmensgegenstand auch durch Tochter- und Enkelgesellschaften etc. verfolgt werden kann. Hilfsgeschäfte (z.B. der Erwerb eines Grundstücks zur Errichtung einer Fabrikanlage) und Nebengeschäfte (z.B. die Vermietung einer derzeit nicht benötigten Lagerhalle) sind damit selbstverständlich nicht ausgeschlossen.[3] Darüber zu entscheiden, mit welchen Mitteln der Unternehmensgegenstand verfolgt wird, welche Strategie also das Unternehmen einsetzt, ist Sache des Vorstands im Rahmen seines Leitungsermessens, der sich hierbei vom Aufsichtsrat (nur) beraten lässt (dazu § 1 Rz. 6). Unberührt bleibt freilich die Möglichkeit, bestimmte Arten von Einzelgeschäften – darunter auch einzelne Leitungsmaßnahmen – einem Zustimmungsvorbehalt gem. § 111 Abs. 4 AktG zu unterwerfen (dazu § 27 Rz. 1002 ff.).

30 Auch die von § 78 AktG besonders geregelte Vertretung der Gesellschaft (dazu § 3 Rz. 50) fällt unter diesen Begriff; sie ist ein Teilbereich der Geschäftsführung. Da es im Aktienrecht keine allgemeine Kompetenz der Hauptversammlung in Grundlagenfragen gibt, ist die Kategorie des **Grundlagengeschäfts** zur Abgrenzung vom Geschäftsführungsbereich im Aktienrecht nicht erforderlich.[4] Wohl aber kann die Frage auftreten, ob eine vom Vorstand allein zu entscheidende Geschäftsführungsmaßnahme vorliegt oder eine ungeschriebene Hauptversammlungskompetenz anzunehmen ist (dazu unter Rz. 46 f.).

31 Das Verhältnis zur **Leitung** ist einerseits durch Begriffsverschiedenheit andererseits durch Spezialität gekennzeichnet. Nach ganz h.M. bezeichnet Leitung denjenigen herausgehobenen Teilbereich der Geschäftsführung, der dem Vorstand als Kollegialorgan zugewiesen und nicht auf Dritte innerhalb oder außerhalb des Unternehmens delegiert werden kann (§ 1 Rz. 5 f.).

II. Gesamtgeschäftsführung und Modifikationen

1. Gesetzliche Regel: Gesamtgeschäftsführung

32 Für den – regelmäßig (s. § 1 Rz. 25) – mehrgliedrigen Vorstand sieht § 77 Abs. 1 AktG **Gesamtgeschäftsführung als Regelfall** vor; der Vorstand darf also nur handeln, wenn sämtliche Mitglieder der Maßnahme zugestimmt haben. Bei rechtsgeschäftlichem Handeln ist dessen Wirksamkeit freilich keine Frage der Geschäftsführungsbefugnis, sondern der (spezielleren) Vertretungsbefugnis (dazu § 78 AktG und § 3 Rz. 50). Es besteht **kein Formerfordernis** für Vorstandsbeschlüsse, nament-

---

2 BGH v. 3.11.1980 – II ZB 1/79, WM 1981, 163, 164; *Hüffer/Koch*, § 23 AktG Rz. 21; *Priester* in FS Hüffer, 2010, S. 777, 781; *Kort* in Fleischer, Hdb. Vorstandsrecht, § 2 Rz. 83.

3 Vgl. BGH v. 15.5.2000 – II ZR 359/98, BGHZ 144, 290, 293 = AG 2000, 475, 476 (Erwerb von Lizenzen) sowie zur Parallelfrage im GmbH-Recht etwa *Zöllner/Noack* in Baumbach/Hueck, § 35 GmbHG Rz. 30 f.

4 *Hüffer/Koch*, § 77 AktG Rz. 4.

lich müssen diese nicht protokolliert werden. Das erforderliche Einvernehmen kann vielmehr insbesondere auch (fern-)mündlich oder per Email hergestellt werden.[5] Eine unter Abwesenden erklärte Zustimmung wird durch Zugang bei allen übrigen Vorstandsmitgliedern (oder einem in der Geschäftsordnung dafür vorgesehenen Mitglied, insbesondere dem Vorsitzenden) **wirksam** und kann bis dahin widerrufen werden (§ 130 Abs. 1 Satz 2 BGB); nach Zugang beim letzten Mitglied kommt ein bis zur Vornahme der Geschäftsführungsmaßnahme möglicher Widerruf nurmehr aus wichtigem Grund in Frage.[6] Ein Widerspruch einzelner Mitglieder ist naturgemäß nicht erforderlich; die Geschäftsordnung kann aber die Zustimmung unwiderleglich vermuten, wenn das betreffende Mitglied sich nicht innerhalb einer bestimmten Frist *nach* Zugang im ablehnenden Sinne äußert. Zu weiteren Abweichungen vom Einstimmigkeitsprinzip s. sogleich unter Rz. 37 ff.

Da nach der gesetzlichen Regel stets sämtliche Vorstandsmitglieder an allen Beschlüssen mitwirken müssen und für jede Maßnahme die Zustimmung aller Mitglieder erforderlich ist, bedarf es einer **Ausnahmeregelung für Notfälle**. Muss dringlich eine Maßnahme beschlossen werden, weil es gilt, Schaden von der Gesellschaft abzuwenden, so muss auch ein einzelnes Mitglied handeln können, ohne allein deshalb Schadensersatzansprüche der Gesellschaft befürchten zu müssen, weil es seine Geschäftsführungsbefugnis überschreitet. Das Aktiengesetz regelt diesen Fall zwar nicht explizit, es besteht aber Einigkeit, dass § 115 Abs. 2 HGB und § 744 Abs. 2 BGB analog anzuwenden sind, so dass abwesende oder nicht erreichbare Vorstandsmitglieder dann übergangen werden können, wenn bei weiteren Verzögerungen mit einem nicht unerheblichen Schaden für die Gesellschaft zu rechnen ist.[7] Daraus kann aber nicht gefolgert werden, dass auch widersprechende Mitglieder übergangen werden können; die Maßnahme muss dann trotz Gefahr unterlassen werden.[8] Auch rechtmäßig übergangene Mitglieder müssen unverzüglich von der Maßnahme in Kenntnis gesetzt werden.[9] 33

Befangene Mitglieder dürfen sich analog §§ 28, 34 BGB nicht an der Abstimmung beteiligen; ihre (ablehnende) Stimme ist also irrelevant und beeinflusst das Abstimmungsergebnis nicht. Befangen ist ein Vorstandsmitglied danach allerdings nicht etwa bei jedem Interessenkonflikt, sondern nur dann, wenn die Beschlussfassung ein Rechtsgeschäft oder einen Rechtsstreit zwischen ihm und der Gesellschaft betrifft. Die analoge Anwendung auf Vorstandsdoppelmandate (bei Mutter und Tochter) wird erwogen, hat sich bislang aber nicht durchgesetzt.[10] 34

5 OLG Frankfurt v. 15.4.1986 – 3 U 191/84, AG 1986, 233; *Hüffer/Koch*, § 77 AktG Rz. 6.
6 *Mertens/Cahn* in KölnKomm/AktG, 3. Aufl. 2010, § 77 AktG Rz. 8; *Hüffer/Koch*, § 77 AktG Rz. 7.
7 *Mertens/Cahn* in KölnKomm/AktG, 3. Aufl. 2010, § 77 AktG Rz. 9; *Fleischer* in Spindler/Stilz, 4. Aufl. 2019, § 77 AktG Rz. 10; *Seibt* in K. Schmidt/Lutter, § 77 AktG Rz. 6.
8 *S. Schäfer* in Habersack/Schäfer, Recht der OHG, 2. Aufl. 2019, § 115 HGB Rz. 37.
9 *Hüffer/Koch*, § 77 AktG Rz. 6.
10 *Mertens/Cahn* in KölnKomm/AktG, 3. Aufl. 2010, § 77 AktG Rz. 39; anders *Hoffmann-Becking*, ZHR 150 (1996), 570, 580 ff.

2. Abweichungen von der gesetzlichen Regel (Allgemeines)

35 § 77 Abs. 1 Satz 2 AktG gestattet Abweichungen von der Gesamtgeschäftsführung durch die **Satzung** oder die – notwendig schriftliche – **Geschäftsordnung** des Vorstands (dazu Rz. 39 sowie eingehend § 15). Regelungen zur Vertretung der Gesellschaft (dazu § 3 Rz. 50) erlauben wegen des unterschiedlichen Gegenstands keinen Rückschluss auf die Geschäftsführung. In Betracht kommen sowohl das extreme Gegenstück, die unbeschränkte Einzelgeschäftsführungsbefugnis aller Vorstandsmitglieder, als auch Abstufungen zwischen Einzel- und Gesamtgeschäftsführung, namentlich Einzelgeschäftsführung mit sparten- bzw. funktionsbezogener und/oder regionaler bzw. lokaler Beschränkung (näher Rz. 39) sowie Gesamtgeschäftsführung mit mehrheitlicher Entscheidung (unter Rz. 37).

36 Auch ist es zulässig (beschließende oder beratende) **Vorstandsausschüsse** zu bilden.[11] Beschließende Ausschüsse können allerdings nicht mit Aufgaben betraut werden, die das Gesetz dem Vorstand zuweist (dazu § 1 Rz. 5 f.); denn diese Zuweisungen richten sich zwingend an das Gesamtorgan, das deshalb **als Kollegialorgan** tätig werden muss; das betrifft neben den eigentlichen Leitungsentscheidungen gem. § 76 Abs. 1 AktG (dazu § 1 Rz. 16 i.V.m. 5 ff.)[12] insbesondere auch sämtliche Beschlüsse, die der Vorstand in Bezug auf andere Organe trifft (z.B. § 119 Abs. 2 AktG [Vorlage einer Geschäftsführungsfrage an HV], § 121 Abs. 2 AktG [Einberufung der HV]; § 97 AktG [Bekanntmachung einer vorschriftswidrigen Besetzung des AR], § 98 AktG [Antrag auf gerichtliche Entscheidung über die Zusammensetzung des AR], § 104 Abs. 1, 2 AktG [Antrag auf gerichtliche Ergänzung des AR]; § 106 AktG [Bekanntmachung der geänderten Besetzung]).[13] Die zwingende (Mindest-)Zuständigkeit des Gesamtvorstands setzt sich im Übrigen auch gegenüber der Einzelgeschäftsführungsbefugnis durch.

3. Mehrheitsentscheidungen im Vorstand

37 In Angelegenheiten, in denen der Vorstand (zwingend) als Kollegialorgan beschließt, sieht für bestimmte Fällen ausnahmsweise schon das Gesetz eine Mehrheitsentscheidung vor (z.B. § 121 Abs. 2 Satz 1 AktG für den Beschluss über die Einberufung der Hauptversammlung). Im Übrigen gilt das Mehrheitsprinzip nur, soweit **Geschäftsordnung oder Satzung** es bestimmen (Rz. 35). Die bloße *Praxis* von Mehrheitsentscheidungen ist also unzureichend, doch können ohne vorherige Regelung gefasste Mehrheitsbeschlüsse wirksam werden, wenn die überstimmte Minderheit sie hinnimmt und damit als Entscheidung des Gesamtgremiums akzeptiert.[14] Mehrheitsentscheidungen können für sämtliche Beschlüsse vorgesehen werden, auch solche, für die aufgrund gesetzlicher Zuweisung eine zwingende **Zuständigkeit des Gesamtorgans** besteht (§ 1 Rz. 16 ff.). Für zweigliedrige Vorstände kann das Mehrheitsprinzip naturgemäß nicht vorgesehen werden, und zwar auch nicht in Verbindung mit

---

11 *Hoffmann-Becking*, ZGR 1998, 497, 509 ff.; *Hüffer/Koch*, § 77 AktG Rz. 10.

12 *Hüffer/Koch*, § 77 AktG Rz. 18; *Fleischer*, NZG 2003, 449, 450.

13 *Hüffer/Koch*, § 77 AktG Rz. 17.

14 *Mertens/Cahn* in KölnKomm/AktG, 3. Aufl. 2010, § 77 AktG Rz. 10.

dem Recht eines Mitglieds zum Stichentscheid. Dies wäre zwar funktionsfähig, liefe aber auf das Alleinentscheidungsrecht des berechtigten Mitglieds hinaus, das nach § 77 Abs. 1 Satz 2 Halbs. 2 AktG unzulässig ist.[15] Zur Willensbildung im Vorstand vgl. näher § 18.

Satzung oder Geschäftsordnung können die erforderliche Mehrheit (einfach/qualifiziert) und – außer beim zweiköpfigen Vorstand – den **Stichentscheid** durch ein Mitglied, im Zweifel durch den Vorsitzenden festlegen (s. schon § 1 Rz. 18),[16] im Falle eines Stimmengleichstands, der sonst zur Ablehnung des Antrags führt, der Stimme des Betreffenden also die ggf. ausschlaggebende Bedeutung beilegen. Für verschiedene Beschlussgegenstände können selbstverständlich auch unterschiedliche Quoren bzw. das Einstimmigkeitserfordernis vorgesehen werden.[17] Das **Vetorecht** einzelner Vorstandsmitglieder widerspricht bei mitbestimmten Gesellschaften § 33 MitbestG,[18] wird von der h.L. bei anderen Gesellschaftern aber zugelassen (s. § 1 Rz. 19 und § 18 Rz. 517 f.). Das ist zweifelhaft; denn sofern der Vorstand zwingend als Kollegialorgan handelt, müssen seine Mitglieder prinzipiell gleichberechtigt sein.[19] Es kommt daher nicht entscheidend darauf an, ob insofern bereits der Tatbestand des § 77 Abs. 1 Satz 2 Halbs. 2 AktG (keine Entscheidung gegen die Mehrheit) erfüllt ist. 38

4. Aufgabenzuweisung durch Geschäftsverteilung

Die Satzung oder (soweit diese nichts regelt) die Geschäftsordnung des Vorstands können für alle Bereiche, die nicht zwingend dem Gesamtorgan zugewiesen sind (Leitungsentscheidungen, gesetzliche Zuweisungen, s. unter § 1 Rz. 17), die Geschäftsführungsaufgaben auf die einzelnen Mitglieder des Vorstands verteilen, was regelmäßig und sinnvollerweise mit einer beschränkten Einzelgeschäftsführungsbefugnis verbunden wird. Es kommen sowohl die Zuweisung von **Funktionen** (Personal, Produktion, Vertrieb etc.) als auch **Sparten** (Chemie, Energie etc., sog. „divisionale" Organisation) als auch **Regionen** (Gebiete, Ländergruppen) oder Mischformen in Betracht, kombiniert mit einer auf den jeweiligen Bereich beschränkten Einzelgeschäftsführungsbefugnis (s. schon § 1 Rz. 17). Verbreitete Mischform ist die sog. **Matrixorganisation**, die Vorstandsmitgliedern sowohl eine zentrale Funktion (z.B. Recht und Personal) als auch eine bestimmte Geschäftssparte zuweist.[20] Möglich ist es auch, die einzelnen Mitglieder an die Zustimmung je eines anderen Mitglieds oder eines Prokuristen zu binden oder Widerspruchsrechte der übrigen Mitglieder einzuführen. Im Prinzip unproblematisch ist auch die Einrichtung einer sog. 39

15 OLG Hamburg v. 20.5.1985 – 2 W 49/84, AG 1985, 251 f.; OLG Karlsruhe v. 23.5.2000 – 8 U 233/99, AG 2001, 93, 94; *Spindler* in MünchKomm/AktG, 3. Aufl. 2019, § 77 AktG Rz. 14.

16 BGH v. 14.11.1983 – II ZR 33/83, BGHZ 89, 48, 59 = AG 1984, 48; *Hüffer/Koch*, § 77 AktG Rz. 11.

17 *Mertens/Cahn* in KölnKomm/AktG, 3. Aufl. 2010, § 77 AktG Rz. 11.

18 BGH v. 14.11.1983 – II ZR 33/83, BGHZ 89, 48, 59 = AG 1984, 48 (auch bei eigenem Widerspruchsrecht des Arbeitsdirektors für seinen Bereich).

19 Zum Grundsatz hier nur *Hoffmann-Becking*, ZGR 1998, 497, 514 ff., 519.

20 *Fleischer* in Spindler/Stilz, 4. Aufl. 2019, § 77 AktG Rz. 39; *Fleischer*, BB 2017, 2499, 2503.

virtuellen Holdingstruktur, wonach die einzelnen Geschäftsbereiche von Gremien geführt werden, denen außer Vorstandsmitgliedern auch weitere Führungskräfte angehören.[21] Es muss aber sichergestellt werden, dass die Leitungsentscheidungen ausschließlich vom (Gesamt-)Vorstand getroffen werden und es dürfen keine Vorstandsmitglieder zweiter Klasse geschaffen werden.[22]

40 Die Funktion eines **Vorstandsvorsitzenden** kann geschaffen, aber nicht mit Weisungsrechten gegenüber anderen Vorstandsmitgliedern ausgestattet werden; die Kompetenz zur Entscheidung gegen die Mehrheit wäre rechtswidrig (§ 77 Abs. 1 Satz 2 Halbs. 2 AktG). Zulässig ist hingegen die Einräumung eines Rechts zum Stichentscheid, nach herrschender, aber problematischer Ansicht auch ein Vetorecht (Rz. 38). Unproblematisch ist zudem eine herausgehobene Stellung im Verhältnis zum Aufsichtsrat und dessen Vorsitzenden. Eine darüber hinausgehende dominierende Stellung des Vorsitzenden nach Art eines amerikanischen CEO oder gar des französischen Président Directeur General ist mit deutschem Aktienrecht unvereinbar. Anderes gilt für die monistische SE.[23]

41 Die Geschäftsverteilung lässt die **Gesamtverantwortung** i.S.v. § 93 AktG auch außerhalb des Bereichs der zwingenden Kollegialverantwortung unberührt, modifiziert aber die Pflichten der nicht primär zuständigen Mitglieder in eine **Aufsichts- bzw. Beobachtungspflicht** auch in Bezug auf andere Ressorts bzw. in eine Pflicht des Kollegialorgans zur Selbstkontrolle.[24] Bei Spartenorganisation muss ein vorstandsinternes Informationssystem die zeitnahe Kontrolle und Überwachung der jeweils zuständigen Mitglieder durch das Gesamtorgan sicherstellen.[25] Der Überwachungspflicht entspricht ein **Interventionsrecht** der übrigen Mitglieder, das darauf gerichtet ist, eine problematische Angelegenheit aus einem anderen Ressort dem Gesamtvorstand zur verbindlichen Entscheidung vorzulegen.[26] Es kann sich im Einzelfall auch zu einer **Interventionspflicht** verdichten.[27]

---

21 Dazu *Mertens/Cahn* in KölnKomm/AktG, 3. Aufl. 2010, § 77 AktG Rz. 15; *Fleischer*, BB 2017, 2499, 2502 ff., und ausführlich *Wettich*, Vorstandsorganisation in der Aktiengesellschaft, S. 188 ff.

22 *Fleischer*, NZG 2003, 449, 452, *Fleischer*, BB 2017, 2499, 2504.

23 Zur möglichen Machtkonzentration beim Verwaltungsratsvorsitzenden im monistischen System s. etwa *Reichert/Brandes* in MünchKomm/AktG, 3. Aufl. 2012, Art. 45 SE-VO Rz. 18 ff. („CEO-Modell").

24 *Hüffer/Koch*, § 77 AktG Rz. 15; *Schiessl*, ZGR 1992, 64, 69 f.; *Fleischer*, NZG 2003, 449, 452; aus der Rspr. etwa OLG Hamm v. 12.7.2012 – 27 U 12/10, AG 2012, 683, 683. Zur Wirkweise der Business Jugdment Rule (dazu allgemein § 38 Rz. 1522 ff.) bei Kollegialentscheidungen *Löbbe/Fischbach*, AG 2014, 717.

25 *Mertens/Cahn* in KölnKomm/AktG, 3. Aufl. 2010, § 77 AktG Rz. 26 f.; *Nietsch*, ZIP 2013, 1449, 1451.

26 OLG Hamm v. 10.5.1995 – 8 U 59/94, AG 1995, 512, 513 f.; BGH v. 15.1.2013 – II ZR 90/11, ZIP 2013, 455, 457 = AG 2013, 259.

27 BGH v. 15.1.2013 – II ZR 90/11, ZIP 2013, 455 Rz. 22 = AG 2013, 259; BGH v. 28.4.2015 – II ZR 63/14, ZIP 2015, 1220 Rz. 27 = AG 2015, 535: Pflichtverletzung kommt auch dann in Betracht, wenn Vorstandsmitglieder pflichtwidrige Handlungen von Kollegen oder Mitarbeitern anregen oder pflichtwidrig nicht dagegen einschreiten (kompetenzwidriges Han-

Wie erwähnt, kann die Geschäftsverteilung nicht so ausgestaltet werden, dass dem jeweils zuständigen Vorstandsmitglied oder Vorstandsvorsitzenden auch Investitionsentscheidungen zur autonomen Entscheidung zugewiesen werden, die für das Gesamtunternehmen bedeutsam sind und daher in die Kategorie der **Leitungsentscheidungen** fallen. Hierher gehören ferner auch solche (Einzel-)Geschäfte, die dem Aufsichtsrat nach § 90 Abs. 1 Nr. 4 AktG zu berichten bzw. ihm nach § 111 Abs. 4 AktG zur Zustimmung vorzulegen sind.[28] Zu den Leitungsentscheidungen gehören ferner allgemein die Personalentscheidungen (mindestens) der nachfolgenden Führungsebene (§ 1 Rz. 6).[29] 42

III. Geschäftsführung und Aufsichtsrat

Nach § 90 Abs. 1 AktG hat der (Gesamt-)Vorstand dem Aufsichtsrat regelmäßig zu 43
berichten über die zukünftige Geschäftspolitik und andere wichtige Fragen der Unternehmensplanung (Nr. 1, mindestens jährlich), über die Rentabilität der Gesellschaft (Nr. 2, mindestens jährlich zur Debatte über den Jahresabschluss), über den Gang der Geschäfte und die Lage der Gesellschaft (Nr. 3, mindestens vierteljährlich) sowie über einzelne Geschäfte, die für die Rentabilität oder Liquidität der Gesellschaft von erheblicher Bedeutung sein können (Nr. 4, nach Anlass). Daneben kann der Aufsichtsrat jederzeit weitere Berichte über die Lage der Gesellschaft und der ihr verbundenen Unternehmen verlangen (§ 90 Abs. 3 AktG). Wegen der Einzelheiten ist auf § 25 zu verweisen.

Die Berichte dienen der **Überwachung der Geschäftsführung** durch den Aufsichts- 44
rat, die zu dessen Hauptpflichten gehört (§ 111 Abs. 1 AktG); die Überwachung bezieht sich nicht auf jedes Einzelgeschäft, so dass der Begriff nicht mit demjenigen des § 77 AktG übereinstimmt, sondern in erster Linie auf die Leitungsentscheidungen des Vorstands als herausgehobenen und nicht delegierbaren Teil der Geschäftsführung (zum Verhältnis zwischen Leitung und Geschäftsführung § 1 Rz. 5).[30] Geschäftsführung oder gar Leitung können dem Aufsichtsrat folglich nicht (teilweise) übertragen werden; denn dadurch würde eine wirksame Überwachung ausgeschlossen (§ 111 Abs. 4 Satz 1 AktG).

Nach § 111 Abs. 4 Satz 2 AktG *muss* aber seit dem TransPuG 2002[31] entweder die 45
Satzung einen Katalog von **Zustimmungsvorbehalten** enthalten oder der Aufsichtsrat einen solchen erlassen. Der Gesetzgeber will auf diese Weise gewährleisten, dass der Aufsichtsrat bei allen wesentlichen Maßnahmen eingebunden wird, was freilich

---

deln des Vorstands – statt des AR –, an dem das besonders interessierte Mitglied [Abschluss eines Beratervertrages] selbst nicht teilgenommen hatte).

28 *Mertens/Cahn* in KölnKomm/AktG, 3. Aufl. 2010, § 77 AktG Rz. 23 f.

29 *Spindler* in MünchKomm/AktG, 5. Aufl. 2019, § 76 AktG Rz. 15.

30 *Lutter/Krieger/Verse*, Rechte und Pflichten des Aufsichtsrats, § 3 Rz. 65, 70 f.; *Hüffer/Koch*, § 111 AktG Rz. 2.

31 TransPuG v. 26.7.2002 (BGBl. I 2002, 2681).

vordem schon als Maßstab für Zustimmungsvorbehalte galt.[32] Der Kodex bestätigt dieses Prinzip in **Grundsatz 6 Satz 2 DCGK 2020** unter Rückgriff auf den Begriff des „Geschäfts von grundlegender Bedeutung", was eine unternehmensbezogene Konkretisierung – und damit eben den angesprochenen spezifischen Katalog bestimmter unternehmenswesentlicher Geschäfte – erforderlich macht.[33] Wegen der Einzelheiten vgl. § 27 Rz. 1006 f.

IV. Geschäftsführung und Hauptversammlung

46 Über Fragen der Geschäftsführung entscheidet die Hauptversammlung grundsätzlich nur dann, wenn der Vorstand es will, **§ 119 Abs. 2 AktG**. Demgegenüber werden nicht nur Satzungsänderungen (§ 179 AktG), sondern auch strukturändernde Maßnahmen in der Regel nur wirksam, wenn die Hauptversammlung zugestimmt hat, so etwa beim Abschluss eines Beherrschungs- und Gewinnabführungsvertrages (§ 293 AktG) oder bei allen Umwandlungsmaßnahmen nach dem UmwG.

47 Ausnahmsweise kommt aber auch eine ungeschriebene Zuständigkeit der Hauptversammlung nach den sog. **Holzmüller-/Gelatine-Grundsätzen**, also aufgrund richterlicher Rechtsfortbildung, in Betracht.[34] Der dann mit Dreiviertelmehrheit zu fassende Zustimmungsbeschluss ist in diesen Fällen zwar keine Wirksamkeitsvoraussetzung; der Vorstand handelt aber pflichtwidrig, wenn er nicht zuerst die Hauptversammlung fragt. Es ist hier nicht der Ort, die Entwicklung im Einzelnen nachzuzeichnen (vgl. noch § 28 Rz. 1032 ff.). In *qualitativer* Hinsicht ist aber erforderlich, dass die Maßnahme zur Mediatisierung der Aktionärsrechte führt, was der BGH für die Ausgliederung (Holzmüller), aber auch für die Verlagerung eines Unternehmens von der Tochter- auf die Enkelebene bejaht hat (Gelatine). Noch immer umstritten ist, ob die *Veräußerung* von Beteiligungen generell auszunehmen ist,[35] während sich hinsichtlich des Erwerbs von Beteiligungen die klare Linie abzeichnet, dass ein Zustimmungserfordernis hier ausscheidet.[36] In *quantitativer* Hinsicht hat die Gelatine-Entscheidung klargestellt, dass ein Zustimmungserfordernis nur in Betracht kommt,

---

32 *Hüffer/Koch*, § 111 AktG Rz. 35.

33 *Habersack* in FS Hüffer, 2010, S. 259, 275 f.; *Hüffer*, NZG 2007, 47, 52 f.; *Hüffer/Koch*, § 111 AktG Rz. 36; *Säcker/Rehm*, DB 2008, 2814, 2816 f.; *J. Hüffer* in FS Hüffer, 2010, S. 365, 367 ff.

34 BGH v. 25.2.1982 – II ZR 174/80 (Holzmüller), BGHZ 83, 122 = AG 1982, 158; BGH v. 26.4.2002 – II ZR 155/02 (Gelatine), BGHZ 159, 30 = AG 2004, 384 = NJW 2004, 1860; *Strohn*, ZHR 182 (2018), 114 ff. (zur HV-Zuständigkeit bei Zusammenschlussvorhaben unter Gleichen).

35 So etwa *Habersack* in Emmerich/Habersack, Aktien- und GmbH-Konzernrecht, Vor § 311 AktG Rz. 43; anders die wohl h.L., vgl. *Kubis* in MünchKomm/AktG, 4. Aufl. 2018, § 119 AktG Rz. 67 f.

36 OLG Frankfurt v. 7.12.2010 – 5 U 29/10 (Commerzbank/Dresdner Bank), ZIP 2011, 75 = AG 2011, 173: Erwerb einer Beteiligung bedarf unabhängig von der hierbei geschaffenen Anteilsquote keiner Zustimmung, wenn eine satzungsmäßige Zulassung in Form einer Konzernöffnungsklausel vorliegt, die Erwerb von Beteiligungen erlaubt.

wenn der Schwerpunkt der Unternehmenstätigkeit betroffen ist, wobei die Entscheidung offenlässt, auf welche Kennzahlen insofern abzustellen ist. In Betracht kommen namentlich Vermögens-(Unternehmens-)Wert oder Umsatz im Anteil von wenigstens 75 % bezogen auf die Gesellschaft, in Konzernfällen (z.B. Verlagerung von der Tochter- auf die Enkelebene) bezogen auf den Gesamtkonzern.[37] *Keine* Hauptversammlungszuständigkeit besteht (mehr) im Falle eines **Delistings** (dazu sieht § 39 Abs. 2 BörsG aber ein zwingendes Abfindungsangebot vor), nachdem der BGH dies vorübergehend anders gesehen hatte.[38]

Einstweilen frei. 48–49

§ 3 Vertretung

I. Begriff; Allgemeines

Die Vertretung der Gesellschaft ist **rechtsgeschäftliches Handeln** in ihrem Namen gegenüber Dritten und damit Teil der Geschäftsführung (§ 164 BGB). Vertretungsmacht ist somit die Rechtsmacht, die Gesellschaft wirksam verpflichten zu können oder, anders gewendet, Wirksamkeitsvoraussetzung für die namens der Gesellschaft durch den Vertreter geschlossenen (Rechts-)Geschäfte (§§ 177 Abs. 1, 180 BGB). Die organschaftliche (= gesetzliche, vgl. § 26 Abs. 2 Satz 1 BGB) **Vertretungsmacht** des Vorstands stellt gem. § 78 Abs. 1 Satz 1 AktG den Regelfall dar; nur gegenüber den Vorstandsmitgliedern wird die AG gem. § 112 AktG durch den Aufsichtsrat vertreten (z.B. bei Abschluss des Anstellungsvertrages oder bei Geltendmachung von Schadensersatzansprüchen nach § 93 AktG). Der Aufsichtsrat ist ferner Empfangsvertreter, wenn die Gesellschaft keinen Vorstand (mehr) hat und in diesem Sinne führungslos ist (§ 78 Abs. 1 Satz 2 AktG). 50

Die organschaftliche Vertretungsmacht ist ihrem Umfang nach **unbeschränkt** und unbeschränkbar (§ 82 Abs. 1 AktG) und besteht für sämtliche gerichtliche und außergerichtliche Rechtshandlungen, für den Abschluss von Verträgen somit ebenso wie beispielsweise für die Erhebung von (Schieds-)Klagen oder die Zustimmung zu 51

---

37 *Hüffer* in FS Ulmer, 2003, S. 279, 295 f.; BGH v. 26.4.2004 – II ZR 155/02, BGHZ 159, 30, 44 f. = AG 2004, 384, 388, hat sich auf die Feststellung beschränkt, dass die entscheidende Schwelle bei weitem verfehlt worden sei, in BGH v. 25.2.1982 – II ZR 174/80, BGHZ 83, 122 = AG 1982, 158, ging es um einen Betrieb, der ca. 80 % der Aktiva des Unternehmens ausmachte.

38 BGH v. 25.11.2002 – II ZR 133/01 (Macrotron), BGHZ 153, 47, 53 = AG 2003, 273; aufgegeben durch BGH v. 8.10.2013 – II ZB 26/12 (Frosta), NJW 2014, 146 Rz. 3 ff. = AG 2013, 877.

Vergleichen. Allerdings handelt der Vorstand gegenüber der Gesellschaft pflichtwidrig, wenn er Beschränkungen seiner Vertretungsmacht nicht einhält (§ 82 Abs. 2 AktG). Eine gegen die Gesellschaft gerichtete **Klage** ist dem Vorstand zuzustellen (§ 170 ZPO); in Klagen und Schriftsätzen sind die einzelnen Mitglieder des Vorstands aufzuführen (§§ 253 Abs. 4, 130 Nr. 1 ZPO). Die Vertretungsmacht entsteht mit Wirksamwerden der Bestellung durch den Aufsichtsrat nach § 84 AktG bzw. (ausnahmsweise) durch das Gericht nach § 85 AktG.[1] Die **Zurechnung von Wissen** eines Vorstandsmitglieds gegenüber der AG erfolgt nach § 166 Abs. 1 BGB oder analog § 31 BGB,[2] soweit dieses am Rechtsgeschäft selbst beteiligt ist (was bei Gesamtvertretung nach gesetzlicher Regel notwendig der Fall ist, s. Rz. 53), aber auch darüber hinaus, sofern die unternehmensinterne Kommunikation nicht ausreichend organisiert ist.[3] Zugerechnet wird demgemäß dasjenige Wissen, das bei sachgerechter Organisation dokumentiert und dem handelnden Vertreter verfügbar gewesen wäre, ferner aber in jedem Falle auch das Wissen einzelner Vorstandsmitglieder um straf- oder bußgeldbewehrte Gesetzesverstöße.[4] Als besonderes Problemfeld hat sich dabei die Wissenszurechnung im Konzern, namentlich bei **Vorstandsdoppelmandaten** herausgestellt. Richtigerweise hat der BGH insofern entschieden, dass Wissen eines Vorstandsmitglieds (oder sonstigen Vertreters), das dieses im Aufsichtsrat einer anderen (typischerweise verbundenen) Gesellschaft erlangt hat, dann nicht zurechenbar ist, wenn es in der anderen Gesellschaft der Verschwiegenheitspflicht gem. § 116 Satz 1 i.V.m. § 93 Abs. 1 Satz 3 AktG unterliegt.[5] Damit ist zugleich einer pauschalen Wissenszurechnung aufgrund der bloßen Konzernierung (bzw. allein wegen des Doppelmandats) eine klare Absage erteilt worden. Die (allgemeine) Pflicht zur Organisation einer gesellschaftsinternen Kommunikation muss vielmehr das gesellschaftsrechtliche Trennungsprinzip beachten, so dass eine gesellschaftsübergreifende Kenntniszurechnung zwingend die Zulässigkeit eines Informationszugriffs auf die andere Gesellschaft voraussetzt, und zudem muss bei wertender Betrachtung erwartet werden können, dass von dieser Möglichkeit auch tatsächlich Gebrauch gemacht wird.[6]

52 Besondere Beschränkungen der Vertretungsmacht bestehen bei **mitbestimmten Gesellschaften** nach § 32 MitbestG und § 15 MontanMitbestErgG. Danach kann deren

---

1 BGH v. 6.3.1975 – II ZR 80/73, BGHZ 64, 72, 75 = NJW 1975, 1117.

2 Dafür z.B. *Mertens/Cahn* in KölnKomm./ktG, 3. Aufl. 2010, § 76 AktG Rz. 83; ausdrücklich offenlassend BGH v. 12.11.1998 – IX ZR 145/98, BGHZ 140, 54, 62.

3 BGH v. 2.2.1996 – V ZR 239/94, BGHZ 132, 30, 35 ff. = AG 1996, 220; BGH v. 15.4.1997 – XI ZR 105/96, BGHZ 135, 202, 206; *Mertens/Cahn* in KölnKomm/AktG, 3. Aufl. 2010, § 76 AktG Rz. 84; *Schürnbrand*, ZHR 181 (2017), 357, 359 f.

4 *Mertens/Cahn* in KölnKomm/AktG, 3. Aufl. 2010, § 76 AktG Rz. 85; eingehend und z.T. kritisch zu diesem Ausgangspunkt *Grigoleit*, ZHR 181 (2017), 160, 189 ff.

5 BGH v. 26.4.2016 – XI ZR 108/15, ZIP 2016, 1063, 1066 und eingehend zu Doppelmandaten *Verse*, AG 2015, 413; *Ihrig*, ZHR 181 (2017), 381, 410 ff. (speziell aus Sicht der MAR); *Schürnbrand*, ZHR 181 (2017), 357, 370 ff., *Spindler*, ZHR 181 (2017), 311, 341 ff.

6 *Habersack/Foerster* in Großkomm/AktG, 5. Aufl. 2015, § 78 AktG Rz. 44; *Mertens/Cahn* in KölnKomm/AktG, 3. Aufl. 2010, § 76 AktG Rz. 89; *Spindler*, ZHR 181 (2017), 311, 333 ff.; *Verse*, AG 2015, 413, 420; *Schürnbrand*, ZHR 181 (2017), 357, 360.

Vorstand in bestimmten Angelegenheiten (Bestellung, Entlastung von Aufsichtsratsmitgliedern; Zustimmung zu Unternehmensverträgen) das Stimmrecht aus einer Beteiligung an einer ebenfalls mitbestimmten Gesellschaft nur nach vorheriger Befassung des Aufsichtsrats und nach dessen Weisung ausüben, sofern die Beteiligung wenigstens 25 % der Anteile erfasst. Nach h.M. schränkt diese Regelung die Vertretungsmacht des Vorstands ein, sodass die Stimmabgabe ggf. unwirksam ist, eine gleichwohl mitgezählte Stimme den Beschluss anfechtbar macht, sofern sie für das Beschlussergebnis erheblich war.[7]

II. Gesamtvertretung und Modifikationen

1. Begriff, Bedeutung und Varianten

53 Hat der Vorstand, wie in der Regel, mehrere Mitglieder, so gilt nach § 78 Abs. 2 Satz 1 AktG das Prinzip der Gesamtvertretung, und zwar in der Weise, dass **sämtliche Vorstandsmitglieder** an dem jeweiligen Geschäft zu beteiligen sind. Hierfür können sie entweder unmittelbar am Vertragsschluss (z.B. durch ihre Unterschrift) mitwirken oder einzelne Vorstandsmitglieder zum konkreten Geschäft im Voraus ermächtigen (§ 78 Abs. 4 AktG, dazu unter Rz. 56) oder ein ohne ihre Mitwirkung geschlossenes Geschäft nachträglich genehmigen (§ 177 BGB),[8] ohne dass für Ermächtigung oder Genehmigung die ggf. für das Geschäft erforderliche Form einzuhalten ist (§ 182 Abs. 2 BGB).[9]

54 Die Satzung kann eine **andere Form** der Gesamtvertretung (zwei oder mehr Vorstandsmitglieder), auch eine gemischte = „unechte" Gesamtvertretung (Vorstandsmitglied mit Prokuristen), oder **Einzelvertretung** vorsehen (§ 78 Abs. 3 Satz 1 AktG). Die Satzung kann auch den Aufsichtsrat zu einer solchen Vertretungsregelung ermächtigen (§ 78 Abs. 3 Satz 2 AktG). Auch wenn Prokuristen mitwirken, richtet sich der Umfang der Vertretungsmacht nach §§ 78, 82 AktG, so dass der Prokurist z.B. auch bei Registeranmeldungen mitwirken kann. Die Vorstandsmitglieder können aber nicht insgesamt an die Mitwirkung eines Prokuristen gebunden werden; die gemischte Gesamtvertretung ist somit nur in der Weise möglich, dass entweder jeweils zwei (drei etc.) Vorstandsmitglieder *oder* ein (zwei etc.) Vorstandsmitglied (er) mit einem Prokuristen handeln.[10] Eine Einzelvertretungsmacht kann sich auch auf einzelne Mitglieder beschränken, etwa auf den Vorstandsvorsitzenden.

55 Jede Form der Gesamtvertretung dient dem Schutz der Gesellschaft vor Eigenmächtigkeiten und gilt demgemäß nur für die Aktivvertretung, während für die **Passivvertretung** Einzelvertretungsmacht besteht. Folglich werden Willenserklärungen oder

---

7 *Hüffer/Koch*, § 78 AktG Rz. 8a f.

8 *Mertens/Cahn* in KölnKomm/AktG, 3. Aufl. 2010, § 78 AktG Rz. 52.

9 BGH v. 22.4.2014 – XII ZR 55/14, ZIP 2015, 1177, 1178; BGH v. 23.1.2013 – XII ZR 35/11, ZIP 2013, 523, 524.

10 *Hüffer/Koch*, § 78 AktG Rz. 16; s. auch BGH v. 6.2.1958 – II ZR 210/56, BGHZ 26, 330, 333 = NJW 1958, 668.

geschäftsähnliche Handlungen auch bei Gesamtvertretung schon dann wirksam, wenn sie einem einzelnen Vorstandsmitglied zugehen oder dieser Kenntnis davon erhält. Auch Klagen brauchen nur einem Vorstandsmitglied zugestellt zu werden, § 170 Abs. 3 ZPO.

2. Die Einzelermächtigung

56 Sind mehrere Vorstandsmitglieder nur zur Gesamtvertretung ermächtigt, so brauchen sie gleichwohl nicht zwingend an jedem einzelnen Geschäft mitzuwirken, sondern können „einzelne von ihnen zur Vornahme bestimmter Geschäfte oder bestimmter Arten von Geschäften ermächtigen" (§ 78 Abs. 4 Satz 1 AktG). Das gilt auch bei gemischter Gesamtvertretung (§ 78 Abs. 4 Satz 2 AktG). Diese Einzelermächtigung entspricht der **vorherigen Zustimmung** (= Einwilligung) i.S.v. §§ 182, 183 BGB, so dass sie namentlich nicht der Form des von den handelnden Mitgliedern geschlossenen Geschäfts bedarf (§ 182 Abs. 2 BGB), also auch mündlich bzw. konkludent erklärt werden kann.[11] Die Ermächtigung muss von all jenen Mitgliedern erklärt werden, die nicht selbst handeln, deren Mitwirkung aber erforderlich ist (im Falle der Gesamtvertretung nach § 78 Abs. 2 Satz 1 AktG also aller nicht selbst handelnden Mitglieder, bei Gesamtvertretung von je zwei Mitgliedern eines weiteren Mitglieds bzw. Prokuristen, falls zugleich eine gemischte Vertretung vorliegt). Die Ermächtigung ist bis zur Vornahme des Geschäfts frei **widerruflich** (§ 183 BGB), und zwar durch jedes einzelne Mitglied, das an der Ermächtigung mitgewirkt hat; aber auch diejenigen, die nicht mitgewirkt haben, können einen Widerruf erklären, dies aber nur in vertretungsberechtigter Zahl.[12]

57 Möglich ist es nach § 78 Abs. 4 Satz 1 AktG, die Ermächtigung nicht nur für Einzelgeschäfte, sondern auch für bestimmte **Arten von Geschäften** vorab zu erklären; nicht zulässig ist hingegen eine Ermächtigung zur Vornahme *sämtlicher* Geschäfte, weil damit aus der Gesamt- wieder eine Einzelvertretung würde, was nur durch die Satzung, bei satzungsmäßiger Ermächtigung auch durch den Aufsichtsrat festgelegt werden kann. Nach h.M. bedarf es zwingend einer präzisen **gegenständlichen Bestimmung**, nicht also einer bloßen betragsmäßigen Beschränkung (z.B. „alle Geschäfte bis 5 Mio. Euro"). Zu unklar wäre auch eine Ermächtigung, die den gesamten Geschäftsverkehr zur Hausbank erfasst,[13] möglich aber etwa die Aufnahme von Darlehen bis zu einem bestimmten Betrag. Auch erstarkt eine Gesamtvertretungsmacht nicht schon deshalb zur Einzelvertretungsmacht, falls der oder die andere(n) Gesamtvertreter aus tatsächlichen Gründen gehindert ist (sind), ihre Funktion wahrzunehmen.[14] Es bedarf dann vielmehr eines Ersatzes, insbes. qua Entsendung gem. § 105 Abs. 2 AktG (§ 8 Rz. 114) durch den Aufsichtsrat; notfalls durch gerichtliche Bestellung gem. § 85 AktG (§ 6 Rz. 89).

58–59 Einstweilen frei.

11 Vgl. etwa OLG München v. 19.9.2013 – 23 U 1003/13, ZIP 2013, 1955, 1956.
12 *Hüffer/Koch*, § 78 AktG Rz. 22.
13 BGH v. 25.11.1985 – II ZR 115/85, WM 1986, 315, 316 = AG 1986, 259 (zu unpräzise).
14 BGH v. 12.12.1960 – II ZR 255/59, BGHZ 34, 27, 29.

§ 4
Der Vorstand als Kollegialorgan

Der folgende Abschnitt über den Vorstand als Kollegialorgan hat aufgrund der bisherigen Ausführungen in §§ 1–3 (Rz. 1–57) lediglich resümierenden Charakter. Nach der gesetzlichen Regel handelt der Vorstand stets als Kollegialorgan, zumal das Gesetz als Regelfall sowohl die Gesamtgeschäftsführung (dazu § 2 Rz. 32) als auch die Gesamtvertretung (dazu § 3 Rz. 53) vorsieht. Hiervon kann zwar bis hin zu einer Einzelgeschäftsführung bzw. Einzelvertretung abgewichen werden. Daran, dass der Vorstand **bestimmte Entscheidungen nur im Kollektiv** fassen kann, vermögen solche Regelungen aber nichts zu ändern. Hierunter fallen sowohl sämtliche, dem Vorstand gesetzlich zugewiesenen Einzelaufgaben (dazu § 1 Rz. 15), als auch alle (sonstigen) Leitungsentscheidungen (§ 1 Rz. 16 ff.), z.B. auch wichtige Einzelgeschäfte (§ 2 Rz. 42). Auch im Geschäftsführungsbereich bleibt das Kollektiv trotz Ressortzuweisungen zwingend für die (Selbst-)Kontrolle zuständig (§ 2 Rz. 41). 60

Nach gesetzlicher Regel sind sämtliche Vorstandsmitglieder **gleichberechtigt** (§§ 76 Abs. 2, 77 Abs. 1 AktG). Dennoch können alle Kollektiv-Entscheidungen durch die Geschäftsordnung (oder Satzung) dem Mehrheitsprinzip unterworfen werden (§ 2 Rz. 37). Hierbei muss aber die Gleichberechtigung aller Mitglieder gewahrt werden; eine wichtige Schranke markiert zudem § 77 Abs. 1 Satz 2 Halbs. 2 AktG, wonach Meinungsverschiedenheiten im Vorstand nicht gegen die Mehrheit entschieden werden können. Die beherrschende Stellung eines einzelnen Vorstandsmitglieds (namentlich des Vorsitzenden) ist dadurch ausgeschlossen. Möglich ist nach einhelliger Meinung aber das Recht eines Mitglieds zum Stichentscheid bei Stimmengleichheit, nach h.L. – außer in mitbestimmten Gesellschaften – auch ein Vetorecht (zw., dazu § 1 Rz. 18 f.). 61

Einstweilen frei. 62–64

§ 5
Rechtsgrundlagen der Vorstandstätigkeit

I. Aktiengesetz

Im Aktienrecht finden sich die Vorschriften über den Vorstand primär im Vierten Teil (Verfassung der AG), und zwar als Erster Abschnitt (**§§ 76–94 AktG**). 65

66 Daneben wird der Vorstand unmittelbar in einer Fülle von Einzelbestimmungen außerhalb dieses Abschnitts angesprochen, namentlich (ohne Anspruch auf Vollständigkeit) in:

- § 34 AktG – Gründungsprüfung;
- §§ 36, 37 AktG – Anmeldung der (neugegründeten) Gesellschaft;
- § 48 AktG – Gründungshaftung;
- § 58 Abs. 2, 2a AktG – Rücklagenbildung;
- § 104 Abs. 1 AktG – Antrag auf gerichtliche Bestellung von Aufsichtsrats-Mitgliedern;
- § 106 AktG – Bekanntmachung von Änderungen im Aufsichtsrats;
- § 110 AktG – Einberufung des Aufsichtsrats;
- § 111 Abs. 4 Satz 3 AktG – Vorlage an die Hauptversammlung bei Verweigerung der Zustimmung durch den Aufsichtsrat;
- § 119 Abs. 2 AktG – Vorlage einer Geschäftsführungsangelegenheit an die Hauptversammlung;
- § 121 Abs. 2 AktG – Einberufung der Hauptversammlung (allgemein);
- § 124 Abs. 3 AktG – Beschlussvorschläge zu allen TO-Punkten;
- § 125 AktG – Mitteilung der Einberufung;
- § 131 AktG – Auskunftspflicht gegenüber Aktionären;
- § 161 AktG – Erklärung zum Deutschen Corporate Governance Kodex;
- § 170 AktG – Vorlage des Jahresabschlusses und des Lageberichts an den Aufsichtsrat;
- § 172 AktG – Feststellung des Jahresabschlusses;
- § 175 AktG – Einberufung der ordentlichen Hauptversammlung;
- § 204 AktG – Ausübung eines genehmigten Kapitals;
- § 265 AktG – Abwicklung der Gesellschaft nach Auflösung;
- § 293a AktG – Bericht über Unternehmensvertrag;
- § 308 AktG (und § 323 AktG) – Folgepflicht bei Weisungen des herrschenden Unternehmens;
- § 318 AktG – Verantwortlichkeit bei Durchführung eines nachteiligen Geschäfts im faktischen Konzern;
- § 319 Abs. 3 Nr. 3 AktG – Eingliederungsbericht;
- §§ 399–404 AktG – Strafvorschriften;
- § 405 AktG – Ordnungswidrigkeiten.

Der Vorstand wird darüber hinaus auch in anderen Gesetzen angesprochen, z.B. in den kapitalmarktrechtlichen Gesetzen. 67

II. Deutscher Corporate Governance Kodex 2020 (Fassung vom 16.12.2019)

Auf die für börsennotierte Gesellschaften im Rahmen ihrer jährlichen Erklärung nach § 161 AktG primär relevanten Kodex-Bestimmungen zum Vorstand ist schon im jeweiligen Sachzusammenhang hingewiesen worden. Weitere Einzelbestimmungen finden sich auch in den übrigen Abschnitten, vor allem in Abschnitt A. II. (Überwachungsaufgaben des Aufsichtsrats) sowie D. II. (Zusammenarbeit im Aufsichtsrat und mit dem Vorstand). 68

Einstweilen frei. 69–79

2. Abschnitt: Bestellung und Abberufung

Literaturübersicht: *Bachmann*, Ad-hoc-Publizität nach „Geltl“, DB 2012, 2206; *Bauer/Arnold*, Vorstandsverträge im Kreuzfeuer der Kritik, DB 2006, 260; *Bauer/Arnold/Kramer*, Schiedsvereinbarungen mit Geschäftsführern und Vorstandsmitgliedern, AG 2014, 677; *Bauer/Krieger*, Formale Fehler bei Abberufung und Kündigung vertretungsbefugter Organmitglieder, ZIP 2004, 1247; *Behme/Zickgraf*, Rechtspflichten des Aufsichtsrats bei der Auswahl geeigneter Mitglieder von Vorstand und Aufsichtsrat, AG 2015, 841; *Brammsen*, Aufsichtsratsuntreue, ZIP 2009, 1504; *DAV*, Stellungnahme zum Referentenentwurf eines Gesetzes für die gleichberechtigte Teilhabe von Frauen und Männern an Führungspositionen in der Privatwirtschaft und im öffentlichen Dienst, NZG 2014, 1214; *Dörrwächter*, Die Suspendierung von Vorstandsmitgliedern, NZG 2018, 54; *Drygala*, Harte Quote, weiche Quote und die Organpflichten von Vorstand und Aufsichtsrat, NZG 2015, 1129; *Fleischer*, Gesundheitsprobleme eines Vorstandsmitglieds im Lichte des Aktien- und Kapitalmarktrechts, NZG 2010, 561; *Fleischer*, Zum Grundsatz der Gesamtverantwortung im Aktienrecht, NZG 2003, 449; *Fleischer*, Vorzeitige Wiederbestellung von Vorstandsmitgliedern, DB 2011, 861; *Fromholzer/Simons*, Die Festlegung von Zielgrößen für den Frauenanteil in Aufsichtsrat, Geschäftsleitung und Führungspositionen, AG 2015, 457; *Göpfert/Rottmeier*, Frauenquote aus arbeitsrechtlicher Sicht, ZIP 2015, 670; *Habersack*, Kirch/Deutsche Bank und die Folgen – Überlegungen zu § 100 Abs. 5 AktG und Ziff. 5.4 DCGK, in FS Goette, 2011, S. 120; *Habersack*, Verkleinerung des Vorstands durch Abberufung aus wichtigem Grund?, DB 2015, 787; *Habersack/Kersten*, Chancengleiche Teilhabe an Führungspositionen in der Privatwirtschaft – Gesellschaftsrechtliche Dimensionen und verfassungsrechtliche Anforderungen, BB 2014, 2819; *Habersack/Wasserbäch*, Organhandeln vor Schiedsgerichten, AG 2016, 2; *Herb*, Gleichberechtigte Teilnahme an Führungspositionen, DB 2015, 964; *Hohenstatt/Willemsen/Naber*, Zum geplanten Gesetz für die gleichberechtigte Teilhabe an Führungspositionen. Gut gemeint – aber auch gut gemacht?, ZIP 2014, 2220; *Hommelhoff*, Der aktienrechtliche Organstreit – Vorüberlegungen zu den Organkompetenzen und ihrer gerichtlichen Durchsetzbarkeit –, ZHR 143 (1979), 288; *Hüffer*, Zur Wahl von Beratern des Großaktionärs in den Aufsichtsrat der Gesellschaft, ZIP 2010, 1979; *Junker/Schmidt-Pfitzner*, Quoten und Zielgrößen für Frauen (und Männer) in Führungspositionen, NZG 2015, 929; *Koch*, Wissenszurechnung aus dem Aufsichtsrat, ZIP 2015, 1757; *Kocher*, Keine Abberufung von Vorstandsmitgliedern wegen Vorstandsverkleinerung?, BB 2014, 1235; *Krieger*, Personalentscheidungen des Aufsichtsrats, 1981, S. 221; *Löwisch*, Zielgrößen für den Frauenanteil auf Führungsebenen: Beteiligung von Betriebsrat und Sprecherausschuss, BB 2015, 1909; *Marsch-Barner*, Zur Anfechtung der Wahl von Aufsichtsratsmitgliedern, in FS Karsten Schmidt, 2009, S. 1109; *Mense/Klie*, Die Quote kommt – aber wie? Konturen der geplanten Neuregelungen zur Frauenquote, GWR 2015, 1; *Mense/Klie*, Update zur Frauenquote – Wie die Besetzungsziele für Aufsichtsrat, Geschäftsleitung und Führungsebenen in der Praxis umzusetzen sind, GWR 2015, 441; *Mielke*, Die Abberufung von Vorstandsmitgliedern wegen Vertrauensentzugs durch die Hauptversammlung – beweis- und verfahrensrechtliche Fragen, BB 2014, 1035; *Mohr*, Die Auswirkungen des arbeitsrechtlichen Verbots von Altersdiskriminierungen auf Gesellschaftsorgane, ZHR 178 (2014), 326; *Müller-Bonanni/Forst*, Frauenquoten in Führungspositionen der GmbH, GmbHR 2015, 621; *Niewiarra*, Verträge zwischen Vorstand und Aktionär, BB 1989, 1961, 1963 f.; *Ohmann-Sauer/Langemann*, Der Referentenentwurf zur Einführung einer „gesetzlichen Frauenquote“, NZA 2014, 1120; *Olbrich/Krois*, Das Verhältnis von „Frauenquote“ und AGG, NZA 2015, 1288; *Pattberg*, Zur Abberufung des Vorstands aus wichtigem Grund, hier: beabsichtigte Verkleinerung des Vorstands („Commerzbank“), EWiR 2015, 339; *Peltzer*, Handlungsbedarf in Sachen Corporate Governance, NZG 2002, 593; *Priester*, Aufstellung und Feststellung des

Jahresabschlusses bei unterbesetztem Vorstand, in FS Kropff, 1997, S. 591; *Röder/Arnold*, Zielvorgaben zur Förderung des Frauenanteils in Führungspositionen, NZA 2015, 1281; *Schäfer*, Beschlußanfechtbarkeit bei Beschlußvorschlägen durch einen unterbesetzten Vorstand, ZGR 2003, 147; *Schmolke*, Die Abberufung des Vorstandsmitglieds auf Verdacht, AG 2014, 377; *Schockenhoff*, Vorstände im Visier aktivistischer Aktionäre, ZIP 2017, 1785; *Schulz/Ruf*, Zweifelsfragen der neuen Regelungen über die Geschlechterquote im Aufsichtsrat und die Zielgrößen für die Frauenbeteiligung, BB 2015, 1155; *Seibert*, Frauenförderung durch Gesellschaftsrecht – Die Entstehung des Frauenfördergesetzes, NZG 2016, 16; *Seibt*, Geschlechterquote im Aufsichtsrat und Zielgrößen für die Frauenbeteiligung in Organen und Führungsebenen in der Privatwirtschaft, ZIP 2015, 1193; *Seibt/Scholz*, Rechtsstellung designierter Vorstandsmitglieder, AG 2016, 557; *Seidler*, Fehlende, unvollständige oder falsche Angaben eines Unternehmens zur Frauenquote: Pflichten des Abschlussprüfers?, BB 2016, 939; *Strohn*, Faktische Organe – Rechte, Pflichten, Haftung, DB 2011, 158; *Stüber*, Der Referentenentwurf zum Gesetz für die gleichberechtigte Teilhabe von Frauen und Männern an Führungspositionen in der Privatwirtschaft und im öffentlichen Bereich, CCZ 2014, 261; *Stüber*, Die Frauenquote ist da – Das Gesetz zur gleichberechtigten Teilhabe und die Folgen für die Praxis, DStR 2015, 947; *Stüber*, Regierungsentwurf zur sog. „Frauenquote" – Eine Übersicht der Neuerungen, CCZ 2015, 38; *Stüber*, Der Praxisleitfaden und weitere aktuelle Entwicklungen, BB 2015, 2243; *Teichmann/Rüb*, Der Regierungsentwurf zur Geschlechterquote in Aufsichtsrat und Vorstand, BB 2015, 259; *Teichmann/Rüb*, Die gesetzliche Geschlechterquote in der Privatwirtschaft, BB 2015, 898; *Thüsing/Fütterer*, Führungsebene im Sinne des § 76 IV AktG, NZG 2015, 778; *Tschöpe/Wortmann*, Der wichtige Grund bei Abberufungen und außerordentlichen Kündigungen von geschäftsführenden Organvertretern, NZG 2009, 161; *Wasmann/Rothenburg*, Praktische Tipps zum Umgang mit der Frauenquote, DB 2015, 291; *Wedemann*, Vorzeitige Wiederbestellung von Vorstandsmitgliedern: Gesetzesumgehung, Rechtsmissbrauch und intertemporale Organtreue auf dem Prüfstand, ZGR 2013, 316; *Weller/Benz*, Die Festlegung von Zielgrößen für den Frauenanteil in Aufsichtsrat, Geschäftsleitung und Führungspositionen, AG 2015, 467; *Westermann*, Schiedsgerichte in kapitalgesellschaftsrechtlichen Streitigkeiten, ZGR 2017, 38; *Winter/Marx/De Decker*, Zielgrößen für den Frauenanteil in Führungspositionen bei mitbestimmten Unternehmen, DB 2015, 1331.

§ 6
Bestellung

I. Allgemeines, rechtliche Bedeutung

80 Durch die Bestellung wird das **organschaftliche Rechtsverhältnis** zwischen Vorstandsmitglied und Gesellschaft und somit dessen Rechte und Pflichten als Organ begründet, wobei der Anstellungsvertrag diese ergänzen kann. Die Bestellung ist in diesem Sinne allein die Berufung in den Vorstand (ggf. als stellvertretendes Mitglied), **nicht** auch **die Zuweisung eines bestimmten Geschäftsbereichs**;[1] eine Ausnahme gilt insofern für den Arbeitsdirektor, der als solcher mit einer Mindestzustän-

1 Ganz h.M., s. nur *Hüffer/Koch*, § 84 AktG Rz. 3.

digkeit bestellt wird (dazu § 8 Rz. 115). Dogmatisch handelt es sich bei der Bestellung um einen einseitigen körperschaftlichen Organisationsakt, der aber der Zustimmung des Bestellten bedarf. Üblicherweise erfolgt die Bestellung in mehreren Teilschritten: Dem Bestellungsbeschluss des Aufsichtsrats folgt dessen Kundgabe an das (künftige) Vorstandsmitglied, das sich sodann mit der Bestellung einverstanden erklärt. Schließlich wird dieses Einverständnis dem Aufsichtsrat zur Kenntnis gebracht.[2] – Die Bestellung kann auch mit Wirkung für einen zukünftigen Zeitpunkt erfolgen; zur Rechtsstellung **designierter Vorstandsmitglieder** vgl. § 8 Rz. 119.

Ob auch die **fehlerhafte Bestellung** das Organverhältnis begründet, wird nicht einheitlich beurteilt. Nach der Lehre vom „faktischen" (besser: fehlerhaft bestellten) Organ wird die Bestellung grundsätzlich auch bei Mängeln zunächst wirksam, so dass die Organstellung erst durch – in diesem Falle jederzeit möglichen – Widerruf mit Wirkung ex nunc erlischt.[3] Dem hat sich der BGH in seiner **HVB-Entscheidung** für den besonderen Vertreter angeschlossen.[4] Der II. Senat hatte über die Anfechtung eines Beschlusses zur Bestellung eines besonderen Vertreters zu entscheiden, die aber im Folgejahr wieder (wirksam) aufgehoben worden war. Weil der besondere Vertreter Organ der Gesellschaft sei, gälten die Grundsätze über die fehlerhafte Organbestellung auch für ihn: Selbst im Falle einer Nichtigerklärung der Bestellung wären deshalb sämtliche bis zur Abberufung vorgenommenen Rechtshandlungen des Vertreters in jedem Falle wirksam geblieben. Man hätte deshalb annehmen sollen, dass sich die Entscheidung auf die fehlerhafte Bestellung anderer Organmitglieder auswirken würde. Durch ein neueres Urteil desselben Senats ist diese Erwartung indessen enttäuscht worden.[5] Darin hält der Senat ohne Abgrenzung zum früheren Fall am Nichtigkeitsdogma für die **Aufsichtsratswahl** fest mit der Folge, dass das nichtig oder anfechtbar gewählte Mitglied als „Nichtmitglied" zu behandeln sei. Damit sind alle Beschlüsse des Aufsichtsrats ihrerseits von Nichtigkeit bedroht, sofern es für die Beschlussfähigkeit auf das anfechtbar oder nichtig gewählte Mitglied oder auf dessen Stimme ankommt. Allerdings will der Senat alle Entscheidungen des Aufsichtsrats, die Anknüpfungspunkt für eine Beschlussfassung der Hauptversammlung sind (z.B. über Beschlussvorschläge gem. § 124 Abs. 3 AktG), von der Nichtigkeit ausnehmen, weil der Aufsichtsrat zur Zeit der Beschlussfassung im Falle einer – praktisch im Vordergrund stehenden Anfechtung – ordnungsgemäß besetzt gewesen sei; Entsprechendes soll offenbar auch für die Nichtigkeit des Jahresabschlusses gem. § 256 Abs. 2 AktG gelten.[6] Das ist in sich widersprüchlich; denn auch in allen anderen Fällen resultiert die nicht ordnungsgemäße Besetzung erst aus der Rückwirkung des Anfech- 81

2 Vgl. etwa OLG Nürnberg v. 20.12.2013 – 12 U 49/13, NZG 2014, 222, 225; *Hüffer/Koch*, § 84 AktG Rz. 3.

3 *Mertens/Cahn* in KölnKomm/AktG, 3. Aufl. 2010, § 84 AktG Rz. 30; *Fleischer* in Spindler/Stilz, 4. Aufl. 2019, § 84 AktG Rz. 20; *U. Stein*, Das faktische Organ, 1984, S. 126 ff.

4 BGH v. 27.9.2011 – II ZR 225/08, ZIP 2011, 2195 = AG 2011, 875.

5 BGH v. 19.2.2013 – II ZR 56/12 (IKB), ZIP 2013, 720 = AG 2013, 387 – mit zu Recht kritischer Bespr. von *Schürnbrand*, NZG 2013, 481; *Bayer/Lieder*, NZG 2012, 1, 6 f.; *Rieckers* in VGR (Hrsg.), Gesellschaftsrecht in der Diskussion 2013, 2014, S. 125, 132 ff.; *Rieckers*, AG 2013, 383, 384 f.

6 BGH v. 19.2.2013 – II ZR 56/12, ZIP 2013, 720, 722 = AG 2013, 387, Rz. 26.

tungsurteils (§§ 241 Nr. 5, 248 AktG), und ein Abgrenzungskriterium für die unterschiedliche Behandlung bzw. überhaupt ein zugrundeliegendes dogmatisches Konzept ist nicht ersichtlich. Immerhin ist zu begrüßen, dass der Senat die Konsequenzen seines insgesamt abzulehnenden Ansatzes nicht völlig aus dem Blick verloren hat und zumindest die am wenigsten tragbaren Folgen vermeiden will. Eine auch den Praxisbedürfnissen Rechnung tragende Lösung ist auf der Basis dieses Urteils aber noch nicht erkennbar. Nicht ganz eindeutig ist allerdings, was für die **fehlerhafte Vorstandsbestellung** gelten soll, wenn die Bestellung unter Mitwirkung anfechtbar oder nichtig gewählter Aufsichtsratsmitglieder erfolgt ist. Immerhin erwähnt der Senat explizit, dass *„der Vorstand ... hinsichtlich seiner Vergütung und seiner Befugnis zur Geschäftsführung durch die Grundsätze über die fehlerhafte Bestellung“* geschützt sei,[7] wodurch jedenfalls die Handlungsfähigkeit der Gesellschaft sichergestellt wird. Demnach dürfte die Bestellung also auch bei Mitwirkung fehlerhaft bestellter Aufsichtsratsmitglieder jedenfalls partiell vorläufig wirksam bleiben. Gleichwohl hält der Senat aber auch insofern die (von ihm sog.) „Lehre vom faktischen Organ“ für unanwendbar (offenbar in der unzutreffenden Annahme, dass der Aufsichtsrat danach ein fehlerhaft bestelltes Vorstandsmitglied wegen dieses Fehlers nicht ohne wichtigen Grund abberufen könnte). Vorzugswürdig ist und bleibt indessen die klare und einheitliche Anwendbarkeit der Regeln über die fehlerhafte Organbestellung. Auf dieser Basis mag man darüber entscheiden, ob für bestimmte Unwirksamkeitsgründe eine Ausnahme von der vorläufigen Wirksamkeit unwirksamer Bestellungsakte anzuerkennen ist. Dies soll in Bezug auf den Vorstand nach bislang überwiegender Ansicht für die **Bestellungshindernisse** nach § 76 Abs. 3 AktG gelten (dazu § 1 Rz. 28);[8] in diesen Fällen bleibt demnach nur der Drittschutz nach § 15 Abs. 3 HGB, wonach sich die Gesellschaft bei Eintragung des Vorstandsmitglieds gutgläubigen Dritten gegenüber nicht auf eine fehlende Vertretungsmacht des betreffenden Mitglieds berufen kann.

81a Nicht mit dem fehlerhaft bestellten Vorstand zu verwechseln ist das sog. **faktische Organ(mitglied)**, das sich, ohne bestellt zu sein, wie ein Organmitglied geriert. Es handelt sich in der Praxis eher um ein GmbH-Thema, namentlich um die Frage, ob die mit einer Bestellung normalerweise verbundenen Organpflichten (und ihrer Verletzung) auch einen nur faktischen Geschäftsführer treffen. Die Frage kann sich prinzipiell aber auch in Bezug auf Vorstandsmitglieder stellen. Die Rechtsprechung bejaht sie, sofern das nicht bestellte Organmitglied im Außenverhältnis wie ein Geschäftsführer (bzw. Vorstandsmitglied) auftritt und im Innenverhältnis als Organmitglied fungiert, ohne dass ein ordnungsgemäß bestelltes Organmitglied hierdurch vollständig verdrängt werden müsste.[9] Unter diesen Voraussetzungen trifft auch das nur faktische Organmitglied die Haftung aus § 93 Abs. 2 AktG gegenüber der Gesellschaft oder gegenüber Dritten (dazu allgemein § 38 Rz. 1539 ff.), insbes. wegen Verletzung der Insolvenzantragspflicht (§ 823 Abs. 2 BGB i.V.m. § 15a InsO). Hingegen

---

7 BGH v. 19.2.2013 – II ZR 56/12, ZIP 2013, 720, 722 = AG 2013, 387, Rz. 24.

8 Vgl. hier nur *Mertens/Cahn* in KölnKomm/AktG, 3. Aufl. 2010, § 84 AktG Rz. 31.

9 BGH v. 9.7.1979 – II ZR 118/77, BGHZ 75, 96, 106; BGH v. 21.3.1988 – II ZR 194/87, BGHZ 104, 44, 47 f.; BGH v. 25.2.2002 – II ZR 196/00, BGHZ 150, 61, 69; s. auch *Fleischer* in Spindler/Stilz, 4. Aufl. 2019, § 93 AktG Rz. 171 ff.; *Strohn*, DB 2011, 158, 160 f.

kommt, anders als beim fehlerhaft bestellten Organ, die Wirksamkeit der Rechtshandlungen des faktischen Organmitglieds nicht in Betracht; insofern bleibt es zum Schutz Dritter bei den allgemeinen Rechtsscheingrundsätzen, im Falle einer Eintragung ggf. bei § 15 Abs. 3 HGB.

Die Bestellung ist von der **Anstellung** strikt zu trennen,[10] so dass beide Rechtsakte 82
auch in ihrer Wirksamkeit voneinander unabhängig sind. Der Anstellungsvertrag (erwähnt in § 84 Abs. 1 Satz 5 AktG) ist Grundlage der schuldrechtlichen Beziehungen zwischen Vorstandsmitglied und Gesellschaft (zum Anstellungsverhältnis näher unter § 11 Rz. 160). Bei dessen Abschluss wird die Gesellschaft vom Aufsichtsrat vertreten (§ 112 AktG). Nach § 84 Abs. 3 Satz 5 AktG gelten für die Ansprüche aus dem Anstellungsvertrag grundsätzlich die allgemeinen Vorschriften, also das Schuld- bzw. Dienstvertragsrecht des BGB (§§ 675, 611 ff. BGB). Doch wird dieses durch aktienrechtliche Besonderheiten teilweise verdrängt. So regelt etwa § 87 AktG Grundsätze für die Festlegung der Vergütung sowie für deren Herabsetzung, Letzteres als Spezialfall eines Wegfalls der Geschäftsgrundlage (§ 87 Abs. 2 AktG).[11] Verstößt der Aufsichtsrat gegen diese Grundsätze, so begeht er – ggf. auch der Vorstand selbst – eine **Pflichtverletzung** mit möglicher Schadensersatzfolge (s. § 116 Satz 3 AktG, dazu eingehend § 12 Rz. 289). Für die Verlängerung des Anstellungsvertrages gelten die gleichen strengen Regeln wie für die Wiederbestellung (s. unter § 6 Rz. 87).

II. Bestellung durch den Aufsichtsrat

Gem. § 84 AktG ist die Bestellung durch den Aufsichtsrat der Regelfall; die Norm 83
begründet die **ausschließliche Personalkompetenz des Aufsichtsrates**[12] und ist zwingender Natur (§ 23 Abs. 5 AktG), so dass eine satzungsmäßig begründete Zuständigkeit der Hauptversammlung ausscheidet. Mit seiner Personalentscheidung trifft der Aufsichtsrat ein „Business Judgment" i.S.v. § 93 Abs. 1 Satz 2 AktG, übt also unternehmerisches Ermessen aus.[13] Der Bestellung durch den Aufsichtsrat muss eine förmliche **Beschlussfassung** des gesamten Gremiums vorausgehen (§ 108 AktG). Der Beschluss bedarf der einfachen Mehrheit; höhere Mehrheitserfordernisse kann die Satzung nicht aufstellen; denn für Beschlüsse, die der Aufsichtsrat kraft Gesetzes zu treffen hat, ist das in § 108 Abs. 1 AktG hineinzulesende Erfordernis einer

10 Sog. Trennungsprinzip; dazu aus der ständigen Rspr. nur BGH v. 14.7.1980 – II ZR 161/79, BGHZ 78, 82, 84 = GmbHR 1980, 270, 273; BGH v. 28.10.2002 – II ZR 146/02, NJW 2003, 351 = GmbHR 2003, 100.

11 H.L., *Weller*, NZG 2010, 7, 8; *Mertens/Cahn* in KölnKomm/AktG, 3. Aufl. 2010, § 87 AktG Rz. 94; *Fleischer* in Spindler/Stilz, 4. Aufl. 2019, § 87 AktG Rz. 60; a.A. *Hüffer/Koch*, § 87 AktG Rz. 24 („singuläre Sonderregelung/systematischer Fremdkörper").

12 Zur historischen Entwicklung dieser Kompetenz vgl. *Seibt* in K. Schmidt/Lutter, § 84 AktG Rz. 2.

13 OLG München v. 12.1.2017 – 23 U 3582/16, AG 2017, 750, 752; OLG Düsseldorf v. 13.7.2015 – 26 W 16/14 (AktE), AG 2015, 908, 910.

einfachen Mehrheit nach h.M. abschließend.[14] Für mitbestimmte Gesellschaften gelten Sonderregeln (dazu sogleich Rz. 86). Für jedes zu bestellende Vorstandsmitglied ist ein eigener Beschluss i.S.v. § 108 AktG erforderlich. Eine konkludente Bestellung ist daher in jedem Falle ausgeschlossen.[15] Zum Schutze der **Entschließungsfreiheit** der Aufsichtsratsmitglieder kommt ferner eine vorherige (anstellungsvertragliche) Verpflichtung der Gesellschaft zur Bestellung selbst dann nicht in Betracht, wenn der Gesamtaufsichtsrat dem Anstellungsvertrag zuvor zugestimmt hatte.[16] Im Übrigen sind auch Verträge zwischen Aktionär und Vorstandsmitglied, die eine (Wieder-)Bestellung zusagen, im Zweifel unwirksam (§§ 134, 138 BGB).[17] Umstritten ist, ob ein *unverbindliches* **Vorschlagsrecht** eines anderen Organs (insbes. des Vorstands) oder eines einzelnen Aktionärs (kraft Satzung oder Vereinbarung) zulässig ist.[18] Zwar mögen solche Vorschläge einen gewissen Erwartungsdruck ausüben; solange aber die Entschließungsfreiheit dadurch nicht spürbar eingeschränkt wird und somit Grundsatz, wird man solche Regelungen für zulässig erachten können, ohne dass hierfür eine Verankerung in der Satzung erforderlich wäre.[19] Ohnehin unproblematisch sind Vorschläge eines AR-internen (Personal-)Ausschusses, zumal § 107 Abs. 3 Satz 3 (i.V.m. § 84 Abs. 1 AktG) nur die verbindliche Entscheidung, nicht deren Vorbereitung betrifft.[20] Der **Gesamtaufsichtsrat** ist auch noch in der Insolvenz zuständig; seine Kompetenz kann nicht auf einen Ausschuss übertragen werden (§ 107 Abs. 3 Satz 4 AktG).

84 Die Bestellung umfasst grundsätzlich **nicht** auch einen bestimmten **Geschäftsbereich**; dessen Zuweisung liegt vielmehr in der Kompetenz des Gesamtvorstands: zur Geschäftsverteilung durch eine Geschäftsordnung nach § 77 Abs. 2 AktG (s. schon Rz. 80). Eine Ausnahme gilt für den Arbeitsdirektor (§ 8 Rz. 115). Außerdem kann nur der Aufsichtsrat den **Vorsitzenden** des Vorstands bestellen (§ 84 Abs. 2 AktG); er entscheidet hierüber – auch in mitbestimmten Gesellschaften – mit ein-

---

14 S. nur *Spindler* in MünchKomm/AktG, 5. Aufl. 2019, § 84 AktG Rz. 22; *Hüffer/Koch*, § 108 AktG Rz. 8.

15 Deutlich BGH v. 6.4.1964 – II ZR 75/62, BGHZ 41, 282, 286; OLG Dresden v. 31.8.1999 – 13 U 1215/99, AG 2000, 43, 44 (keine Bestellung durch Duldung der Vorstandstätigkeit).

16 BGH v. 29.5.1989 – II ZR 220/88, NJW 1989, 2683 = AG 1989, 437; *Mertens/Cahn* in KölnKomm/AktG, 3. Aufl. 2010, § 84 AktG Rz. 6; *Hüffer/Koch*, § 84 AktG Rz. 5.

17 *Hüffer/Koch*, § 84 AktG Rz. 5; *Niewiarra*, BB 1998, 1961, 1963 f.

18 Bejahend *Spindler* in MünchKomm/AktG, 5. Aufl. 2019, § 84 AktG Rz. 16 (bei Verankerung in der Satzung); *Dauner-Lieb* in Henssler/Strohn, § 84 AktG Rz. 6; *Hüffer/Koch*, § 84 AktG Rz. 5; *Seibt* in K. Schmidt/Lutter, § 84 AktG Rz. 11 (Satzung, Vertrag oder Ad-hoc-Vereinbarung); verneinend *Fleischer* in Spindler/Stilz, 4. Aufl. 2019, § 84 AktG Rz. 10; *Mertens/Cahn* in KölnKomm/AktG, § 84 AktG Rz. 9.

19 Zur Frage, ob eine sog. Russian-Roulette- oder shoot-out-Klausel den Aufsichtsrat in der Auswahl und Bestellung des Vorstands unzulässig einschränkt (verneinend OLG Nürnberg v. 20.12.2013 – 12 U 49/13, NZG 2014, 222, 225; diff. *Schmolke*, ZIP 2014, 897: nur zulässig, wenn shoot-out nicht an Auslöse-Ereignis geknüpft ist). – Der Fall betraf den Gesellschaftsvertrag einer KG, die Vorschaltgesellschaft einer AG war, und in der sich die beiden Gesellschafter verpflichteten, im Fall ihres Ausscheidens aus der KG auch ihr Vorstandsmandat in der AG niederzulegen (sog. „chinesische Klausel").

20 Wohl unstr., s. nur *Hüffer/Koch*, § 107 AktG Rz. 27 f.

facher Mehrheit.[21] Da es sich rechtlich auch dann um einen (selbständigen) Bestellungsakt handelt, wenn ein bereits vorhandenes Vorstandsmitglied zum Vorsitzenden ernannt wird, gelten auch insofern die Grundsätze des fehlerhaft bestellten Organs, soweit der BGH diese zur Erhaltung der Funktionsfähigkeit der Gesellschaft in Bezug auf den Vorstand akzeptiert (Rz. 81); die Rechtshandlungen eines fehlerhaft ernannten Vorsitzenden bleiben somit in jedem Falle wirksam, auch wenn seine Bestellung wegen des Fehlers später widerrufen wird. Unterlässt der Aufsichtsrat die Bestellung eines Vorsitzenden, kann der Vorstand selbst aufgrund seiner Geschäftsordnungskompetenz einen **Sprecher** vorsehen, und sodann auch auswählen bzw. „abberufen", und zwar entweder in der Geschäftsordnung nach § 77 Abs. 2 AktG oder durch einfachen Vorstandsbeschluss.[22]

Der Aufsichtsrat kann die Vorstandsmitglieder für eine **Amtszeit** von höchstens **fünf Jahren** bestellen (§ 84 Abs. 1 Satz 1 AktG). Wird die Befristung bei der Bestellung versäumt oder fehlt ein ausdrückliches Enddatum, führt die Auslegung gem. § 157 BGB i.d.R. zu fünfjähriger Amtszeit.[23] Die Frist läuft nicht schon ab Bestellung, sondern ab Beginn der Amtszeit. Während der DCGK 2017 in Nr. 5.1.2 Abs. 2 Satz 1 noch die Empfehlung enthielt, dass bei **Erstbestellungen** die maximal mögliche Bestelldauer von fünf Jahren „nicht die Regel sein sollte", rät der DCGK 2020 in Empfehlung B.3 nunmehr zu einer Erstbestellung für „längstens 3 Jahre". Außerdem empfiehlt er unter B.5 die Festlegung einer **Altersgrenze** für Vorstandsmitglieder, die sinnvollerweise als Regelgrenze ausgestaltet werden sollte (dazu § 1 Rz. 27 und § 7 Rz. 106). **Kürzere Amtszeiten** werden vom Gesetz ohne Weiteres zugelassen. Sie schwächen aber die Position des Vorstands gegenüber dem Aufsichtsrat und sind deshalb als Regelfall, zumal bei spürbarer Herabsenkung, nicht unbedenklich.[24] Bei übermäßig kurzen Fristen handelt der Aufsichtsrat zwar pflichtwidrig, die Bestellung ist aber dennoch wirksam.[25] 85

Unterfällt eine Gesellschaft dem **MitbestG**, gilt für die Bestellung sämtlicher Mitglieder des Vorstands, nicht nur für diejenige des Arbeitsdirektors (dazu § 8 Rz. 116), das besondere Wahlverfahren nach § 31 Abs. 2–4 MitbestG. Im ersten Wahlgang ist danach eine Zweidrittelmehrheit erforderlich, im zweiten Wahlgang reicht die absolute Mehrheit der im Aufsichtsrat vorhandenen Stimmen. Im dritten Wahlgang hat der Aufsichtsratsvorsitzende ein Zweitstimmrecht.[26] Demgegenüber gibt es in mon- 86

---

21 Es bleibt bei der allgemeinen Regel des § 29 MitbestG, da § 31 MitbestG nur für den Arbeitsdirektor gilt, s. nur *Hüffer/Koch*, § 84 AktG Rz. 28.

22 *Hüffer/Koch*, § 84 AktG Rz. 30.

23 OLG Stuttgart v. 28.5.2013 – 20 U 5/12, AG 2013, 599, 600; *Spindler* in MünchKomm/AktG, 5. Aufl. 2019, § 84 AktG Rz. 46.

24 Nach wohl h.L. soll – abgesehen von Überbrückungsfällen – 1 Jahr als Mindestzeit anzusehen sein (vgl. *Spindler* in MünchKomm/AktG, 5. Aufl. 2019, § 84 AktG Rz. 45 m.w.N.). Als Regelfall erscheint dies, jedenfalls in börsennotierten Gesellschaften, aber viel zu niedrig, und selbst dreijährige Amtszeiten sind keineswegs bedenkenfrei.

25 OLG München v. 12.1.2017 – 23 U 3582/16, AG 2017, 750, 752; *Hüffer/Koch*, § 84 AktG Rz. 7.

26 Näher *Habersack* in Habersack/Henssler, Mitbestimmungsrecht, § 31 MitbestG Rz. 17 ff., 22; *Thüsing* in Fleischer, Hdb. Vorstandsrecht, § 4 Rz. 24 f.

tanmitbestimmten Gesellschaften Sonderregeln in § 13 MontanMitbestG/§ 13 MitbestErgG nur für die Bestellung des Arbeitsdirektors (dazu § 8 Rz. 116).

87 Eine **Wiederbestellung** oder Verlängerung der Amtszeit um jeweils höchstens fünf Jahre ist möglich (§ 84 Abs. 1 Satz 2 AktG), bedarf aber naturgemäß wiederum eines Beschlusses des Gesamtgremiums nach § 108 AktG, der nur dann entbehrlich ist, wenn die Verlängerung einer zunächst kürzeren Amtszeit auf insgesamt fünf Jahre erfolgen soll (§ 84 Abs. 1 Satz 4 AktG). Eine automatische Verlängerung der Amtszeit scheidet damit im Allgemeinen aus. Der Wiederbestellungsbeschluss für eine weitere Amtszeit (nach Ablauf der vorangegangenen) kann nach § 84 Abs. 1 Satz 3 AktG frühestens **ein Jahr vor Ablauf der Amtszeit** gefasst werden. Es soll hiermit richtigerweise nicht nur gewährleistet werden, dass der Aufsichtsrat mindestens alle fünf Jahre erneut entscheidet, sondern auch, dass er die Gesellschaft nicht im Voraus für eine längere Zeit als fünf Jahre bindet, was zugleich die Entscheidungsfreiheit des neu gewählten Aufsichtsrats beeinträchtigt.[27] Eben deshalb darf der Aufsichtsrat seit 1965 einen Wiederbestellungsbeschluss ausdrücklich erst ein Jahr vor Ablauf der Amtszeit fassen. Vor diesem Hintergrund ist folgendes, in der Praxis verbreitetes Vorgehen überwiegend als unzulässige Gesetzesumgehung beurteilt worden:[28] Die Wiederbestellung auf abermals fünf Jahre erfolgt schon deutlich vor Ende der ersten Amtszeit (z.B. nach zwei Jahren), wird aber mit einer sofortigen Amtsniederlegung verbunden, so dass sie als Neubestellung sofort wirksam wird. Auch der Kodex sieht diese Praxis kritisch und rät in **Empfehlung B.4 DCGK 2020**: Eine Wiederbestellung vor Ablauf eines Jahres vor dem Ende der Bestelldauer bei gleichzeitiger Aufhebung der laufenden Bestellung soll nur bei Vorliegen besonderer Umstände erfolgen. Als besonderer Umstand kommt insbesondere in Betracht, dass ein regulärer Ablauf der Fünfjahresfrist, etwa wegen konkreter Alternativangebote des Vorstandsmitglieds, ohne sofortige Wiederbestellung nicht zu erwarten ist.[29] Dabei wird allemal voraus-

---

27 *Mertens/Cahn* in KölnKomm/AktG, 3. Aufl. 2010, § 84 AktG Rz. 23; zu Rechtsentwicklung und Normzweck *Fleischer*, DB 2011, 861, 862 f.; er selbst hält die Beeinträchtigung der Personalkompetenz eines späteren Aufsichtsrats allerdings nicht für einen relevanten Zweck (ebenso auch BGH v. 17.7.2012 – II ZR 55/11, ZIP 2012, 1750 = AG 2012, 677). Indessen wird man hierin durchaus einen – wenn auch begrenzten – Normzweck des § 84 Abs. 1 Satz 3 AktG sehen können; dass nämlich der Aufsichtsrat schon bis zu ein Jahr vor Ablauf der Amtszeit entscheiden darf, dient auch der Gewährleistung eines nahtlosen Anschlusses. Im Übrigen gilt: Dass ein Aufsichtsrat entscheiden muss, wenn die Entscheidung regulär ansteht, ist etwas anderes als die willentliche Herbeiführung eines solchen „Anstehens".

28 OLG Zweibrücken v. 3.2.2011 – 4 U 76/10, ZIP 2011, 617, 618 = AG 2011, 304, 305 (aufgehoben durch BGH v. 17.7.2012 – II ZR 55/11, ZIP 2012, 1750 = AG 2012, 677); *Mertens/Cahn* in KölnKomm/AktG, 3. Aufl. 2010, § 84 AktG Rz. 23; *Thüsing* in Fleischer, Hdb. Vorstandsrecht, § 4 Rz. 43; *Hüffer*, 10. Aufl. 2012, § 84 AktG Rz. 7; *Peltzer*, NZG 2002, 593, 596; a.A. aber z.B. *Hüffer/Koch*, § 84 AktG Rz. 8; *Lutter/Krieger/Verse*, Rechte und Pflichten des Aufsichtsrats, § 7 Rz. 358; *Bauer/Arnold*, DB 2006, 260, 261; *Wedemann*, ZGR 2013, 316; differenzierend *Fleischer*, DB 2011, 861, der auf einen Rechtsmissbrauch im Einzelfall abstellen will.

29 *Hüffer*, 10. Aufl. 2012, § 84 AktG Rz. 7; vgl. auch OLG Zweibrücken v. 3.2.2011 – 4 U 76/10, ZIP 2011, 617, 619 = AG 2011, 304, 306 in Hinblick auf eine drohende Abwanderung

gesetzt, dass die sofortige Wiederbestellung im Interesse des Unternehmens liegt.[30] Besondere Umstände sind hingegen stets zu verneinen, wenn gegen das fragliche Vorstandsmitglied bereits der (substantiierte) Vorwurf einer Pflichtverletzung erhoben worden ist.[31]

Demgegenüber nimmt der **BGH** einen großzügigeren Standpunkt ein; er hält **sachliche Umstände zur Rechtfertigung der vorzeitigen Neubestellung für eine volle Amtszeit nicht** für **erforderlich** und verweist nur allgemein auf das Institut des Rechtsmissbrauchs.[32] Eine Umgehung des § 84 AktG liege nicht vor, weil es danach ausreiche, wenn der Aufsichtsrat mindestens alle fünf Jahre über die Bestellung der Vorstandsmitglieder entscheide; ein nachfolgender Aufsichtsrat könne überdies bis zu 6 Jahre an eine Entscheidung eines Vorgängers gebunden sein. Dabei hätte der zugrunde liegende Fall durchaus Anlass gegeben, dass sich der BGH der eher restriktiven Linie anschließt; denn Amtsniederlegung und Neubestellung erfolgten nur einen Tag vor der Wahl eines neuen Aufsichtsrats, der in der Folgezeit vergeblich versuchte, sich der wiederbestellten Vorstandsmitglieder zu entledigen. Dem Einwand des Rechtsmissbrauchs begegnet der Senat im Übrigen mit dem Hinweis auf die Einstimmigkeit, mit der die Bestellung beschlossen worden war. Diese Betrachtung überzeugt nicht; denn sie ordnet dem Verbot frühzeitiger Wiederbestellung in § 84 Abs. 1 Satz 3 AktG neben der Höchstdauer der Amtszeit nach Satz 2 keinen eigenständigen Zweck zu und lehnt es namentlich ab, diesen in der Wahrung der Kompetenz des *nachfolgenden* Aufsichtsrats zu sehen. Für die Praxis ist die Frage indessen entschieden; sie hat jetzt freie Bahn für Rücktritt und (vorzeitige) Wiederbestellung, sofern es sich nicht um eine börsennotierte Gesellschaft handelt oder ausnahmsweise der Einwand des Rechtsmissbrauchs eingreift, für den freilich derjenige darlegungs- und beweispflichtig ist, der sich gegen die Bestellung wendet. Für **börsennotierte Gesellschaften** ist hingegen **Empfehlung B.4 DCGK 2020** zu beachten (s. oben); und bei dieser Empfehlung sollte es im Interesse guter Unternehmensführung auch bleiben.

Alle **Zusagen an das Vorstandsmitglied**, welche die Entscheidungsfreiheit des Auf- 88
sichtsrats bei der Wiederbestellung einschränken können, sind **unwirksam**. Das betrifft namentlich das Versprechen unangemessener Leistungen für die Zeit nach dem Ausscheiden oder gar der Fortzahlung der Vergütung bzw. eines Übergangsgeldes in

erfolgreicher Vorstandsmitglieder (im Fall aber nicht nachweisbar); strenger (keine besonderen Umstände als Ausnahmetatbestand) *Mertens/Cahn* in KölnKomm/AktG, 3. Aufl. 2010, § 84 AktG Rz. 23.

30 Daran bestanden in dem vom OLG Zweibrücken (v. 3.2.2011 – 4 U 76/10, ZIP 2011, 617 = AG 2011, 304) entschiedenen Fall erhebliche Zweifel; Wiederbestellung erfolgte schon nach 1 – bzw. 2-jähriger Amtszeit und einen Tag vor Hauptversammlung, auf der Neuwahl des Aufsichtsrats anstand (übereinstimmend *Fleischer*, DB 2011, 861, 864 f.).

31 *Brammsen*, ZIP 2009, 1504, 1509 (der in diesen Fällen sogar von einer Untreue des Aufsichtsrats ausgeht).

32 BGH v. 17.7.2012 – II ZR 55/11, ZIP 2012, 1750 = AG 2012, 677.

vergleichbarer Höhe.[33] Hiervon unberührt bleiben Ruhegehaltszusagen, sofern sie innerhalb der Grenzen des § 87 AktG erfolgen. – Zur umstrittenen Frage, ob Anerkennungsprämien anlässlich des Ausscheidens zulässig sind, vgl. § 12 Rz. 239.

III. Bestellung durch das Gericht

89 Nach § 85 AktG kann für den Fall, dass ein erforderliches Vorstandsmitglied fehlt, auf Antrag auch einzelner Vorstands- oder Aufsichtsratsmitglieder oder Aktionäre,[34] das **Amtsgericht** am Gesellschaftssitz gem. § 14 AktG[35] (§ 23a Abs. 1 Nr. 2, Abs. 2 Nr. 4 GVG i.V.m. § 375 Nr. 3 FamFG; §§ 376, 377 FamFG) ein Vorstandsmitglied bestellen, sofern ein „dringender Fall" vorliegt. Das Amtsgericht entscheidet durch Beschluss, der zu begründen ist (§ 38 Abs. 3 Satz 1 FamFG) und mit seiner Bekanntgabe wirksam wird (§§ 40 Abs. 1, 41 FamFG). Die Annahme durch den Bestellten ist auch hier erforderlich.[36] Dass der Aufsichtsrat seinerseits ein Mitglied bestellen könnte, steht dem Antrag nicht entgegen; allerdings **endet** das Amt des gerichtlich bestellten Mitglieds nach § 85 Abs. 2 AktG automatisch, sobald der Aufsichtsrat ein neues Vorstandsmitglied bestellt hat. Die Norm dient der Erhaltung der Handlungs- und Prozessfähigkeit der Gesellschaft, bis der Aufsichtsrat die Vakanz nach § 84 Abs. 1 AktG beseitigt.[37]

90 **„Fehlen"** eines Vorstandsmitglieds bedeutet mehr als bloße Verhinderung; denn das Gesetz unterscheidet klar zwischen beiden Fällen, wie § 105 Abs. 2 AktG erkennen lässt. Zugleich ergibt sich aus dieser Vorschrift, dass ein als stellvertretendes Vorstandsmitglied bestelltes Mitglied des Aufsichtsrates auch bei „Fehlen" eines Vorstandsmitglieds vorübergehend an dessen Stelle treten kann, so dass in diesem Falle keine gerichtliche Bestellung in Betracht kommt. Das Gleiche gilt im Ergebnis auch, wenn Dritte nach § 94 AktG zu stellvertretenden Vorstandsmitgliedern bestellt worden sind (dazu § 8 Rz. 112); hierdurch wird eine Unterbesetzung in der Regel von vornherein vermieden. Nicht zuletzt aus diesem Grund, hat die gerichtliche Bestellung nach § 85 AktG bislang kaum praktische Bedeutung erlangt.[38] Ein Vorstandsmitglied fehlt, wenn es sein Amt niedergelegt hat, verstorben ist oder trotz eines Be-

33 BGH v. 28.1.1953 – II ZR 265/51, BGHZ 8, 348, 360; BGH v. 10.1.1991 – IX ZR 247/90, WM 1991, 417 f.; BGH v. 25.11.1996 – II ZR 118/95, AG 1997, 265, 266 f.; *Mertens/Cahn* in KölnKomm/AktG, 3. Aufl. 2010, § 84 AktG Rz. 21.

34 Antragsberechtigt ist jeder, der ein berechtigtes Interesse hat, daher z.B. auch Arbeitnehmer oder andere Gläubiger, sowie einzelne Aktionäre, vgl. *Mertens/Cahn* in KölnKomm/AktG, 3. Aufl. 2010, § 85 AktG Rz. 7.

35 Zur Gerichtsbestimmung bei Notorganbestellung für Rest-/Spaltgesellschaften OLG Karlsruhe v. 17.4.2014 – 11 AR 2/14, AG 2014, 542 = NZG 2014, 667.

36 OLG Düsseldorf v. 22.2.2016 – 3 Wx 35/16, NZG 2016, 698, 699 (zum Notvorstand eines Vereins).

37 Begr. RegE *Kropff*, S. 107; *Hüffer/Koch*, § 85 AktG Rz. 1.

38 S. immerhin BGH v. 17.9.1984 – 2 ARZ 4/84, 2 ARZ 7/84, 2 ARZ 8/84, AG 1985, 53 und 54; BGH v. 10.3.1986 – II ARZ 1/86, AG 1986, 290 betr. sog. „Spaltgesellschaften", die infolge der deutschen Teilung entstanden waren.

stellungshindernisses nach § 76 Abs. 3 AktG bestellt wurde, so dass die Bestellung nichtig ist. Bei sonstigen Bestellungsmängeln „fehlt“ das betroffene Mitglied richtigerweise nicht; denn nach der Lehre vom „faktischen“ Organ ist die Bestellung gleichwohl bis zu ihrem Widerruf wirksam (str., dazu Rz. 81).

Das fehlende Vorstandsmitglied muss **erforderlich** sein. Das ist jedenfalls dann der Fall, wenn der Vorstand ohne das fehlende Mitglied aufgrund von § 76 Abs. 2 Satz 2 AktG oder aufgrund einer Satzungsbestimmung **unterbesetzt** ist, also aktuell zu wenige Mitglieder hat; denn nach der Rechtsprechung des BGH kann der Vorstand in diesem Falle keine Maßnahmen mehr wirksam vornehmen, die dem Gesamtvorstand vorbehalten sind (zur Unterbesetzung und ihren Folgen s. § 1 Rz. 26). Gleiches gilt, wenn ein Arbeitsdirektor entgegen § 76 Abs. 2 Satz 3 AktG fehlt.[39] Außerdem ist eine Erforderlichkeit zu bejahen, wenn das fehlende Mitglied für die **Vertretung** der Gesellschaft unerlässlich war. Sind Vorstandsressorts eingerichtet, ist das Mitglied ferner dann erforderlich, wenn seine Aufgaben nicht von anderen Mitgliedern des Vorstands wahrgenommen werden können. 91

Dringlich ist die Bestellung nur dann, wenn der Aufsichtsrat nicht rechtzeitig Abhilfe schaffen kann durch Bestellung eines neuen Vorstandsmitglieds. Ein nach § 57 ZPO bestellter Prozesspfleger lässt die Dringlichkeit – im Rahmen seines Zuständigkeitsbereichs – entfallen.[40] Ein Notvorstand kann namentlich erforderlich sein, um rechtzeitig die Hauptversammlung einzuberufen oder den Jahresabschluss zu erstellen. 92

Das gerichtlich ernannte Mitglied hat die gleiche **Rechtsstellung** wie das fehlende Mitglied bzw. die vom Aufsichtsrat bestellten Mitglieder; allerdings endet seine Mitgliedschaft nach § 85 Abs. 2 AktG automatisch, sobald der Aufsichtsrat ein neues Mitglied bestellt hat; zuvor kommt lediglich eine Abberufung durch das Gericht in Frage.[41] Nach § 85 Abs. 3 AktG hat das gerichtlich bestellte Mitglied Anspruch auf Ersatz angemessener barer Auslagen und auf Vergütung seiner Tätigkeit, die notfalls, wenn keine Einigung zwischen Gesellschaft und Mitglied gelingt, vom Gericht festzusetzen ist. 93

Einstweilen frei. 94–99

39 *Spindler* in MünchKomm/AktG, 5. Aufl. 2019, § 85 AktG Rz. 5 m.w.N.

40 S. nur *Hüffer/Koch*, § 84 AktG Rz. 3.

41 *Hüffer/Koch*, § 85 AktG Rz. 5.

§ 7
Zahl der Mitglieder und persönliche Voraussetzungen

I. Zahl der Mitglieder

100 Die Mitgliederzahl ist im AktG sehr liberal geregelt: Der Vorstand kann aus einer oder mehreren Personen bestehen (**§ 76 Abs. 2 Satz 1 AktG**). Zwar verlangt § 76 Abs. 2 Satz 2 AktG für Gesellschaften mit einem Grundkapital über 3 Mio. Euro ein zweites Mitglied, doch steht dies zur Disposition der Satzung (s. § 23 Abs. 3 Nr. 6 AktG: Satzung *muss* Regelung treffen), die sich im Übrigen auf eine Mindestzahl (oder Höchstzahl) beschränken und die nähere Bestimmung dem Aufsichtsrat überlassen kann.

101 Bei einigen **mitbestimmten Gesellschaften** (s. § 33 MitbestG 1976, § 13 MontanMitbestG 1951 bzw. § 13 MitbestErgG 1956) muss zu den Mitgliedern des Vorstands ein Arbeitsdirektor als gleichberechtigtes Mitglied gehören, der zwar ebenfalls vom Aufsichtsrat, aber in einem in den Mitbestimmungsgesetzen eigens geregelten Verfahren bestellt wird. Ihm obliegt insbesondere die Wahrnehmung der sozialen und wirtschaftlichen Belange der Arbeitnehmer.[1] In solchen Fällen kann die Satzung also nicht nur ein Vorstandsmitglied vorsehen, und wegen der Gleichberechtigung aller Mitglieder ist es in der Regel auch nicht sinnvoll, die Zahl auf zwei zu begrenzen.

102 Auch wenn es in der Praxis regelmäßig sinnvoll sein wird, den Vorstand mit mehr als den gesetzlich mindestens erforderlichen Mitgliedern zu besetzen, empfiehlt es sich wegen der schwerwiegenden rechtlichen Konsequenzen im Falle einer Unterbesetzung (dazu Rz. 107 f., § 1 Rz. 26) gleichwohl nicht, diese höhere Zahl (als Mindestzahl) in der Satzung zu verankern. Vielmehr sollte sich die **Satzung** auf die Festlegung beschränken, dass der Vorstand nach näherer Bestimmung durch den Aufsichtsrat aus einer (bei mitbestimmten Gesellschaften aus zwei) oder mehr Personen bestehen kann.

103 Einstweilen frei.

II. Persönliche Voraussetzungen

1. Mindestanforderungen und Bestellungshindernisse

104 Das Gesetz enthält lediglich in **§ 76 Abs. 3 AktG** einige im Grunde selbstverständliche persönliche **Mindestanforderungen und Bestellungshindernisse**. Darüber hinaus muss der Aufsichtsrat bei der Bestellung von Vorstandsmitgliedern aber auch auf deren fachliche und über diese Mindestanforderungen hinausgehende persönliche Eignung achten. Das Gesetz beschränkt sich auf die explizite Anforderung einer

1 Vgl. nur *Lutter/Krieger/Verse*, Rechte und Pflichten des Aufsichtsrats, § 7 Rz. 482.

natürlichen, unbeschränkt geschäftsfähigen Person, die ohne Betreuer und Vormundschaftsgericht handeln kann. Weitere persönliche Anforderungen (Eignungsmerkmale) kann die **Satzung** in Gestalt von Auswahlrichtlinien festsetzen, so etwa auch ein Mindest- oder Höchstalter.[2] Letzteres festzulegen (nicht aber unbedingt in der Satzung) empfiehlt auch der Kodex (s. sogleich). Die Altersgrenze muss sich am AGG messen lassen, auch die verbreitete Grenze von 60 Jahren ist danach freilich analog § 10 Satz 3 Nr. 5 AGG unter den dort genannten Voraussetzungen (Versorgungszusage oder Übergangsgeld) zulässig. Bestellungshindernisse ergeben sich aus einem einschlägigen, durch Urteil oder Verwaltungsakt angeordneten Berufsverbot oder aus rechtskräftigen Verurteilungen wegen einer Wirtschaftsstraftat i.S.v. § 76 Abs. 3 Satz 2 Nr. 3 AktG (Insolvenz-, Vermögensdelikte, Straftat nach AktG).

2. Frauenquote

Während in der 1. Auflage an dieser Stelle noch ausschließlich auf die Empfehlung 105
des DCGK 2017 in Nr. 5.1.2 Abs. 1 Satz 2 hinzuweisen war, die den Aufsichtsrat anhielt, bei der Zusammensetzung des Vorstands „auch auf Vielfalt“ zu achten (dazu schon § 1 Rz. 27), ist mittlerweile zusätzlich auf den durch das „Frauenquotengesetz“[3], eingefügten § 111 Abs. 5 AktG sowie Grundsatz 9 Satz 2 DCGK 2020 hinzuweisen. Er bedeutet zwar **keine starre Frauenquote für Vorstandsmitglieder**; **§ 111 Abs. 5 AktG** verpflichtet aber den Aufsichtsrat mitbestimmter oder börsennotierter Gesellschaften, „Zielgrößen“ für den Frauenanteil im Aufsichtsrat und Vorstand festzulegen, deren Nichterreichen aber folgenlos bleibt. Für sich selbst muss der Aufsichtsrat Zielgrößen nur formulieren, sofern er nicht bereits der starren Quotenregelung des § 96 Abs. 2 AktG unterliegt. Parallel dazu verpflichtet § 76 Abs. 4 AktG den Vorstand, Zielgrößen für den Frauenanteil in den beiden Führungsebenen unterhalb des Vorstands festzulegen (dazu Rz. 105c). Der Gesetzgeber wünscht sich langfristig die paritätische Besetzung der Führungsgremien mit Frauen und Män-

---

2 *Hüffer/Koch*, § 76 AktG Rz. 59.

3 In Langform: Gesetz für die gleichberechtigte Teilhabe von Frauen und Männern an Führungspositionen in der Privatwirtschaft und im öffentlichen Dienst, BGBl. I 2015, 642. Dazu ausführlich *Seibert*, NZG 2016, 16 (zur Entstehung des Frauenfördergesetzes); *Drygala*, NZG 2015, 1129; *Seibt*, ZIP 2015, 1193; *Fromholzer/Simons*, AG 2015, 457; *Weller/Benz*, AG 2015, 467; *Teichmann/Rüb*, BB 2015, 259; *Teichmann/Rüb*, BB 2015, 898; *Herb*, DB 2015, 964; *Schulz/Ruf*, BB 2015, 1155; *Junker/Schmidt-Pfitzner*, NZG 2015, 929; *Röder/Arnold*, NZA 2015, 1281; *Stüber*, CCZ 2015, 38; *Stüber*, BB 2015, 2243; *Stüber*, DStR 2015, 947; *Wasmann/Rothenburg*, DB 2015, 291; *Winter/Marx/De Decker*, DB 2015, 1331; *Göpfert/Rottmeier*, ZIP 2015, 670 (zur arbeitsrechtlichen Sicht); *Löwisch*, BB 2015, 1909 (zur Beteiligung von Betriebsrat und Sprecherausschuss); *Mense/Klie*, GWR 2015, 1 und 441; *Müller-Bonanni/Forst*, GmbHR 2015, 621 (zur Frauenquote in der GmbH); *Olbrich/Krois*, NZA 2015, 1288 (zum Verhältnis Frauenquote und AGG); *Seidler*, BB 2016, 939 (zu den Pflichten des Abschlussprüfers); zum Referentenentwurf: *Habersack/Kersten*, BB 2014, 2819; *Hohenstatt/Willemsen/Naber*, ZIP 2014, 2220; *Stüber*, CCZ 2014, 261; Stellungnahme *DAV*, NZG 2014, 1214; *Ohmann-Sauer/Langemann*, NZA 2014, 1120.

nern.[4] **Anwendbar** ist § 111 Abs. 5 AktG auf Aktiengesellschaften,[5] die **alternativ** (nicht kumulativ wie bei § 96 Abs. 2 Satz 1 AktG) börsennotiert oder mitbestimmt nach DrittelbG, MitbestG, Montan-MitbestG, MitbestErgG oder MgVG sind, wobei es hinsichtlich der Mitbestimmung ausschließlich auf den Ist-Zustand ankommt, weil anderenfalls ein Konflikt mit dem Statusverfahren einträte.[6] Wer sich freiwillig der Mitbestimmung unterworfen hat, braucht keine Zielgrößen festzulegen.[7] Für die Frage der Börsennotierung ist auf § 3 Abs. 2 AktG abzustellen. Für Gesellschaften, die dem **KWG** unterfallen, gilt § 25d Abs. 11 KWG als lex specialis fort.[8] Besonderheiten gelten auch bei der **KGaA**: Weil der Aufsichtsrat hier keine Personalkompetenz hat, kann eine Festlegung von Zielgrößen nur für den Aufsichtsrat selbst, nicht aber für die Geschäftsführung erfolgen.[9]

105a Bevor Zielgrößen festgelegt werden können, muss der Aufsichtsrat den aktuellen Frauenanteil in Vorstand und Aufsichtsrat ermitteln, wozu § 111 Abs. 5 AktG ihn implizit verpflichtet.[10] Es gibt **keine Mindestzielgröße**, doch müssen die Unternehmen das **sog. Verschlechterungsverbot**[11] berücksichtigen: Liegt der Frauenanteil im Vorstand oder Aufsichtsrat bei Festlegung der Zielgröße unter 30 %, so darf die festzusetzende Zielgröße nicht hinter dem Status quo zurückbleiben. Beträgt der Frauenanteil dagegen 30 % oder mehr, darf die festzulegende Zielgröße den erreichten Wert auch wieder unterschreiten; wird die 30 %-Schwelle allerdings unterschritten, gilt fortan wieder das Verschlechterungsverbot.[12] Demnach können in besonderen Konstellationen auch Quoten von 0 % oder 100 % möglich (und angemessen) sein.[13] Umstritten ist, ob eine Zielgröße von Null außerhalb der Sonderfälle eine Pflichtwidrigkeit begründen und dem Aufsichtsrat eine Begründungspflicht auferlegt. Richtigerweise ist dies zu verneinen, weil eine Abgrenzung zu den gesetzlich nicht definierten Sonderfällen kaum möglich ist und eine mögliche Pflichtwidrigkeit den gewählten Ansatz einer „Flexiquote" indirekt konterkarierte.[14] Die konkrete Festlegung kann in vielfältiger Weise erfolgen. Stufenweise zu erreichende Endgrößen sind ebenso denkbar wie eine Erhöhung Stufe um Stufe, die Festlegung von Zielgrößen

---

4 Begr. RegE, BT-Drucks. 18/3784, S. 123.

5 S. zu den weiteren, unter bestimmten Voraussetzungen erfassten Rechtsformen *Seibt*, ZIP 2015, 1193, 1204; *Schulz/Ruf*, BB 2015, 1155, 1159 f.

6 *Drygala* in K. Schmidt/Lutter, § 111 AktG Rz. 67a; *Fromholzer/Simons*, AG 2015, 457, 458; *Röder/Arnold*, NZA 2015, 1281, 1283.

7 *Seibt*, ZIP 2015, 1193, 1204; *Fromholzer/Simons*, AG 2015, 457, 458.

8 Begr. RegE, BT-Drucks. 18/3784, 124.

9 *Hüffer/Koch*, § 111 AktG Rz. 56; *Drygala* in K. Schmidt/Lutter, § 111 AktG Rz. 67c.

10 Begr. RegE, BT-Drucks. 18/3784, S. 124.

11 Vgl. zur Frage, ob daraus auch ein Verbesserungsverbot abgeleitet werden kann *Teichmann/Rüb*, BB 2015, 898, 903 (dafür); *Hüffer/Koch*, § 76 AktG Rz. 69; *Seibt*, ZIP 2015, 1193, 1205 sowie *Drygala*, NZG 2015, 1129, 1131 ff.; *Fromholzer/Simons*, AG 2015, 457, 459 f.; *Herb*, DB 2015, 964, 969 (letztere alle dagegen).

12 Begr. RegE, BT-Drucks. 18/3784, S. 123.

13 Exemplarisch dazu Begr. RegE, BT-Drucks. 18/3784, S. 123 (zwei Gründer, die zugleich einzige Vorstandsmitglieder sind).

14 Zutr. *Hüffer/Koch*, § 111 AktG Rz. 57; *Fromholzer/Simons*, AG 2015, 457; *Seibt*, ZIP 2015, 1193, 1207; abweichend hingegen *Weller/Benz*, AG 2015, 467, 471.

nur für einzelne Geschäftsjahre ebenso denkbar wie eine langfristige Festlegung über mehrere Jahre.[15] Die Festlegung der Zielgröße erfolgt **durch Beschluss** gem. § 108 Abs. 1 AktG (erstmalig bis spätestens 30.9.2015, § 25 Abs. 1 EGAktG). Die erste Periode durfte nicht länger als bis zum 30.6.2017 dauern; folgende Perioden dürfen jeweils nicht länger als fünf Jahre sein.[16]

Die **Verfehlung der Quote** in einem Berichtszeitraum zieht jedenfalls unmittelbar 105b
keine Rechtsfolgen nach sich. In der Begründung betont der Gesetzgeber ausdrücklich, dass es dem Ansatz einer freiwilligen („Flexi") Quote widerspräche, wenn ihre Verfehlung eine „scharfe gesetzliche Sanktion" nach sich zöge.[17] Vielmehr sei die mit der Berichtspflicht einhergehende negative Öffentlichkeitswirkung sowohl bei Quotenverfehlung als auch bei einer zu „unambitioniert" festgelegten Quote als die geeignete Sanktion anzusehen. Bei diesem Ansatz wäre es nicht überzeugend, den bewussten Sanktionsverzicht indirekt durch Konstruktion von Bemühenspflichten zu unterlaufen.[18] In Betracht kommt eine Pflichtverletzung aber in Bezug auf die **Pflicht zur Quotenfestlegung** als solcher, die RegBegr. weist insofern auf §§ 93 Abs. 2 Satz 1, 116 Satz 1 AktG hin.[19] Freilich ist ein hierdurch eintretender Schaden kaum vorstellbar.[20] Sanktionen anderer Art sind im Falle **unterlassener oder fehlerhafter Berichterstattung über die Zielgrößen** vorgesehen.[21] Gem. § 289f Abs. 2 Nr. 4 HGB muss die Gesellschaft sowohl über die Festlegung als auch über die (Nicht-)Erfüllung der festgelegten Zielgrößen jährlich (im Rahmen der Erklärung zur Unternehmensführung im Lagebericht) berichten und ggf. Gründe für die Nichterreichung angeben.[22] Verstöße hiergegen können gem. § 334 Abs. 1 Nr. 3 HGB als **Ordnungswidrigkeit** geahndet werden, ausnahmsweise, namentlich bei (vorsätzlich) unrichtiger Wiedergabe oder Verschleierung der Verhältnisse der Kapitalgesellschaft im Lagebericht, sogar als Straftaten gem. § 331 Nr.1 HGB.

Im Wege des Exkurses sei wegen des Sachzusammenhangs an dieser Stelle noch auf 105c
die **Pflicht des Vorstands gem. § 76 Abs. 4 AktG** (ebenso Grundsatz 3 des DCGK 2020) hingewiesen, eine Quote „für den Frauenanteil in den beiden Führungsebenen unterhalb des Vorstands" festzulegen, für die ebenfalls das Verschlechterungsverbot und eine Periodendauer von höchstens fünf Jahren gilt (Rz. 105a). Auch für die Berichtspflichten (und Verstöße hiergegen) gilt Entsprechendes wie zu § 111 Abs. 5 AktG (Rz. 105b). Der Anwendungsbereich entspricht demjenigen des § 111 Abs. 5 AktG (Rz. 105), es reicht also, wenn entweder Börsennotierung oder Mitbestimmung

15 Begr. RegE, BT-Drucks. 18/3784, S. 123.

16 Begr. RegE, BT-Drucks. 18/3784, S. 123.

17 Begr. RegE, BT-Drucks. 18/3784, S. 119 f.

18 *Hüffer/Koch*, § 111 AktG Rz. 58 mit Verweis auf § 76 AktG Rz. 72; *Fromholzer/Simons*, AG 2015, 457, 466; *Seibt*, ZIP 2015, 1193, 1207; a.A. *Weller/Benz*, AG 2015, 467, 472; *Stüber*, DStR 2015, 947, 954.

19 Begr. RegE, BT-Drucks. 18/3784, S. 123.

20 So auch *Hüffer/Koch*, § 111 AktG Rz. 58.

21 Eingehend dazu *Fromholzer/Simons*, AG 2015, 457, 466; *Weller/Benz*, AG 2015, 467, 473.

22 Beachte für Gesellschaften, die nicht zur Veröffentlichung eines Lageberichts verpflichtet sind, § 289f Abs. 4 Satz 2 und 3 HGB.

(im Aufsichtsrat) vorliegen. Ein Sonderproblem betrifft die Frage, wie die **„beiden Führungsebenen unterhalb des Vorstands“** zu bestimmen sind; die RegBegr. verweist (nicht sonderlich hilfreich) auf die „tatsächliche Unternehmenshierarchie“.[23] Konkreter ist der Hinweis, dass sich die Pflicht auf die Gesellschaft, nicht auf das Unternehmen oder den Konzern bezieht.[24] Das kann allerdings in offensichtlichem Konflikt mit der „tatsächlichen Hierarchie“ stehen, die im Konzern häufig über die Gesellschaftsgrenzen hinweggeht. Im Übrigen verfügt keineswegs jede Gesellschaft über einen Schichtenaufbau, wie er dem Gesetzgeber anscheinend vorgeschwebt ist.[25] Der Vorstand hat deshalb ein **weites Ermessen** darüber, wie die Ebenen konkret bestimmt werden. Anknüpfungspunkte können etwa sein: Berichtslinien an den Vorstand, Mitarbeiter- oder Budgetverantwortung, Vollmacht- und Prokuraerteilung, Teilnahme an Führungskreissitzungen, Gehalt.[26] Hat die Ebene unterhalb des Vorstands keine Führungsfunktion (namentlich bei Holdingfunktion der Gesellschaft), so entfällt die Festlegungspflicht.[27] Offen ist, ob auch Führungskräfte, die **in ausländischen Niederlassungen** beschäftigt werden, ebenfalls einzubeziehen sind. Da der Gesetzgeber die Frage nicht entschieden hat, wird man den Unternehmen auch insofern ein Wahlrecht zubilligen müssen.[28] Die Quoten brauchen für die beiden Ebenen nicht einheitlich festgesetzt zu werden. Das ergibt sich schon aus der Relevanz des Ist-Zustands.

3. Altersgrenze

106 Ferner regt Empfehlung B.5 DCGK 2020 dazu an, eine **Altersgrenze** für Vorstandsmitglieder festzulegen, wofür allerdings die (indirekten) Vorgaben das **AGG** zu beachten sind.[29] Erwägenswert erscheint die analoge Anwendung des **§ 10 Satz 3 Nr. 5 AGG**, wonach Altersgrenzen unter der Voraussetzung zulässig sind, wenn beim Erreichen der Grenze die für das Vorstandsmitglied maßgebende Versorgungszusage

23 Begr. RegE, BT-Drucks. 18/3784, S. 119.

24 BeschlE, BT-Drucks. 18/4227, S. 22. Dazu auch *Seibt*, ZIP 2015, 1193, 1204; *Fromholzer/Simons*, AG 2015, 457, 458; *Herb*, DB 2015, 964, 968.

25 S. nur *Seibt*, ZIP 2015, 1193, 1206 („praxisfern“); *Franzmann* in VGR, Gesellschaftsrecht in der Diskussion, Bd. 21 2015, S. 97, 106 ff.; *Göpfert/Rottmeier*, ZIP 2015, 670, 671 ff.

26 Näher zum Ganzen *Seibt*, ZIP 2015, 1193, 1206; *Thüsing/Fütterer*, NZG 2015, 778, 779 ff.; *Wasmann/Rothenburg*, DB 2015, 291, 294.

27 *Hüffer/Koch*, § 76 AktG Rz. 68.

28 *Herb*, DB 2015, 964, 969; *Röder/Arnold*, NZA 2015, 1281, 1284; gegen Einbeziehungspflicht auch *Hohenstatt/Willemsen/Naber*, ZIP 2014, 2220, 2225; *Thüsing/Fütterer*, NZG 2015, 778, 780 f.; a.A. *Hüffer/Koch*, § 76 AktG Rz. 68; *Fromholzer/Simons*, AG 2015, 457, 458; *Göpfert/Rottmeier*, ZIP 2015, 670, 672.

29 Zur Vereinbarkeit solcher Empfehlungen mit **§ 7 AGG** s. die Hinweise bei *Spindler* in MünchKomm/AktG, 5. Aufl. 2019, § 84 AktG Rz. 32 ff. und *Seibt* in K. Schmidt/Lutter, § 76 AktG Rz. 38; ferner *Mohr*, ZHR 178 (2014), 326, 327 ff.; *Lutter*, BB 2007, 725, 729: Unzulässig ist demnach tendenziell die Festlegung eines **Höchstalters unterhalb von 58–60 Jahren**, während ein **Mindestalter** gem. § 10 Satz 3 Nr. 2 AGG im Grundsatz unproblematisch ist. – Allgemein zur Beendigung eines Arbeitsverhältnisses durch obligatorischen Ruhestand in Bezug auf § 10 Satz 3 Nr. 5 AGG vgl. *Thüsing* in MünchKomm/BGB, 8. Aufl. 2018, § 10 AGG Rz. 28 ff.

der AG eingreift oder Übergangsgeld gewährt wird.[30] Auch soweit die Gesellschaft dieser Empfehlung folgt, bedeutet ein höheres Alter aber keineswegs ein absolutes Bestellungshindernis, weil die Kodexempfehlung naturgemäß kein Gesetz darstellt. Diskutiert wird allerdings die Möglichkeit der **Anfechtung eines Wahlbeschlusses** zum Aufsichtsrat für den Fall, dass die Abweichung von der Empfehlung nicht sogleich gem. § 161 AktG offengelegt worden ist. Das OLG München hat sie in seiner MAN-Entscheidung[31] obiter bejaht, zugleich aber betont, dass der Kodex eine flexible Lösung im Sinne einer Regelaltersgrenze erlaube, von der im Einzelfall (dort *Piëch*) abgewichen werden könne. Auch wenn die Anfechtung der Vorstandsbestellung mangels Hauptversammlungsbeschlusses naturgemäß von vornherein ausscheidet, sollte der Aufsichtsrat einen Beschluss des Inhalts fassen, dass dem Vorstand *in der Regel* nur Personen angehören sollen, die im Zeitpunkt ihrer (Wieder-)Bestellung nicht älter als 60, 65, 70 ... Jahre alt sind. Sinnvollerweise wird die Regelgrenze kombiniert mit einer Begründungspflicht für den Abweichungsfall. Alternativ kommt auch eine entsprechende Satzungsregelung in Frage (s. Rz. 104).

III. Folgen vorschriftswidriger Besetzung

1. Falsche Anzahl

Während die Überbesetzung des Vorstands ein bloß theoretisches Thema geblieben 107 ist, kann die **Unterbesetzung** zur Handlungsunfähigkeit des Vorstands führen. Diese Gefahr besteht zwar nicht für die Vertretung der Gesellschaft, sofern entweder Einzelvertretung zugelassen ist (durch Satzung oder Aufsichtsrat, vgl. § 78 Abs. 3 AktG) oder jedenfalls Vorstandsmitglieder in zur Vertretung berechtigender Anzahl vorhanden sind.[32]

Anderes gilt aber für Maßnahmen, die dem **Vorstand als Kollegialorgan** (dazu auch 108 § 4 Rz. 60) gesetzlich zugewiesen sind, zum Beispiel sind die Tagesordnungspunkte gem. § 124 Abs. 3 AktG mit einem Beschlussvorschlag zu versehen (weitere Beispiele: §§ 90–92; 121 Abs. 2; 170 Abs. 1, 2; 172 AktG). Insofern scheint der BGH der Ansicht zuzuneigen, dass ein unter Verstoß gegen § 76 Abs. 2 Satz 2 AktG oder eine statuarische Mindestgrenze besetzter Vorstand generell **handlungsunfähig** ist (s. schon § 1 Rz. 26).[33] Richtigerweise gilt dies jedoch nicht bei bloßen innergesell-

30 *Hüffer/Koch*, § 76 AktG Rz. 65; *Spindler* in MünchKomm/AktG, 5. Aufl. 2019, § 84 AktG Rz. 34 a.E.; ferner OLG Hamm v. 19.6.2017 – 8 U 18/17, NZG 2017, 1065, 1067 Rz. 27 ff. (zur GmbH).

31 OLG München v. 6.8.2008 – 7 U 5628/07, ZIP 2009, 133, 135 = AG 2009, 294, 295; im Schrifttum ist die Frage der Anfechtbarkeit von Wahlbeschlüssen bei Kodexabweichungen stark umstritten und wird überwiegend verneint, so etwa von *Hüffer*, ZIP 2010, 1979, 1980; *Marsch-Barner* in FS Karsten Schmidt, 2009, S. 1109, 1112 f.; grundsätzlich bejahend hingegen *Habersack* in FS Goette, 2011, S. 120 ff. (jew. m.w.N.).

32 *Spindler* in MünchKomm/AktG, 5. Aufl. 2019, § 76 AktG Rz. 118; *Hüffer/Koch*, § 76 AktG Rz. 56.

33 BGH v. 12.11.2001 – II ZR 225/99, BGHZ 149, 158, 161 = AG 2002, 241, 242 = NJW 2002, 1128; ebenso explizit etwa *Spindler* in MünchKomm/AktG, 5. Aufl. 2019, § 76 AktG Rz. 119 m.w.N.

schaftsrechtlichen Verfahrenshandlungen, bei denen die Besetzung von vornherein keine Auswirkung auf deren Inhalt haben kann.[34] Zur Vermeidung dieser Probleme ist es aber allemal sinnvoll, dem **Aufsichtsrat** gem. § 23 Abs. 3 Nr. 6 AktG zu überlassen, wie viele Vorstandsmitglieder es geben soll; empfehlenswert ist dabei die Klarstellung, dass der Aufsichtsrat auch von der Mindestzahl des § 76 Abs. 2 Satz 2 AktG abweichen darf.[35]

2. Ungeeignetheit und gesetzlicher Ausschlussgrund

109 Der Verstoß gegen ein **Bestellungshindernis** nach § 76 Abs. 3 Satz 1 und 2 AktG macht die Bestellung nichtig; tritt ein Hindernis nachträglich ein, so endet das Vorstandsamt kraft Gesetzes, so dass der Vorstand ggf. nicht mehr vorschriftsmäßig besetzt ist (dazu unter § 1 Rz. 28).[36] Nach wohl überwiegender Ansicht soll insofern auch die Lehre vom faktischen (besser: fehlerhaft bestellten) Organ nicht weiterhelfen, deren Anwendbarkeit auf die Vorstandsbestellung durch ein neueres Urteil des BGH aber ohnehin zweifelhaft geworden ist (§ 6 Rz. 81).[37] Dass der Mangel unbemerkt bleibt, vermag den Beteiligten danach also nicht zum Vorteil zu gereichen.

110 Ein Verstoß gegen **Satzungsbestimmungen** über Eignungsmerkmale begründet eine Pflichtverletzung des Aufsichtsrats und somit ggf. Schadensersatzansprüche gegen ihn, sofern man nicht mit einer Mindermeinung annehmen will, dass der Aufsichtsrat stets befugt sei, sich im Rahmen seines Auswahlermessens über die Satzung hinwegzusetzen.[38] Die Wirksamkeit der Bestellung bleibt hingegen unberührt.

111 Ein Verstoß gegen **Kodex-Empfehlungen** ist per se unbeachtlich; allerdings besteht das Risiko einer Anfechtung des nachfolgenden Entlastungsbeschlusses, wenn die Abweichung (des Aufsichtsrats) von der einschlägigen Empfehlung (z.B. zum Höchstalter) nicht gem. § 161 AktG (unterjährig) offen gelegt worden ist.[39] Die diskutierte Anfechtbarkeit von Bestellungsbeschlüssen (s. Rz. 106) beschränkt sich naturgemäß auf Wahlbeschlüsse zum Aufsichtsrat und kommt daher für die Vorstandsbestellung nach § 84 AktG nicht in Betracht; sie ist überdies auch zu verneinen.[40]

34 *Schäfer*, ZGR 2003, 147, 153 f.; ebenso auch *Fleischer*, NZG 2003, 449, 451; *Hüffer/Koch*, § 76 AktG Rz. 56; *Seibt* in K. Schmidt/Lutter, § 76 AktG Rz. 33; großzügiger *Priester* in FS Kropff, 1997, S. 591, 597 f.

35 Einzelheiten bei *Schäfer*, ZGR 2003, 147 ff.

36 S. nur OLG München v. 26.4.2016 – 31 Wx 117/16, AG 2016, 794, 795; BayObLG v. 16.7.1982 – BReg 3 Z 74/82, BB 1982, 1508; *Mertens/Cahn* in KölnKomm/AktG, 3. Aufl. 2010, § 76 AktG Rz. 126 m.w.N.

37 S. nur *Mertens/Cahn* in KölnKomm/AktG, 3. Aufl. 2010, § 84 AktG Rz. 30 f. (Lehre greift nur, sofern Mitglied überhaupt vorstandsfähig ist; Schutz Dritter richtet sich nach § 15 Abs. 3 HGB vorbehaltlich Geschäftsunfähigkeit).

38 So z.B. *Mertens/Cahn* in KölnKomm/AktG, 3. Aufl. 2010, § 76 AktG Rz. 116; *Lutter/Krieger/Verse*, Rechte und Pflichten des Aufsichtsrats, § 7 Rz. 341; *Behme/Zickgraf*, AG 2015, 841, 846 f.; dagegen zu Recht aber etwa *Hüffer/Koch*, § 76 AktG Rz. 60 m.w.N.

39 BGH v. 16.2.2009 – II ZR 185/07, BGHZ 180, 9 = NJW 2009, 2207 = AG 2009, 285.

40 *Hüffer*, ZIP 2010, 1979, 1980 (sehr str.), vgl. Rz. 106.

§ 8
Besondere Vorstandsmitglieder

I. Stellvertretende Vorstandsmitglieder

Nach § 94 AktG kann der Aufsichtsrat auch stellvertretende Vorstandsmitglieder bestellen und auf diese Weise eine gewisse – freilich recht begrenzte – Hierarchie innerhalb des Vorstands schaffen. Im Grundsatz werden aber auch die Stellvertreter, wie schon der Verweis auf die allgemeinen Vorstandsregeln (§§ 76–93 AktG) zeigt, durch ihre Bestellung sogleich **vollwertige Mitglieder** mit allen Rechten und Pflichten. Insbesondere kann ihre Vertretungsmacht nicht anders beschränkt werden als bei ordentlichen Mitgliedern, namentlich also nicht ausgeschlossen werden.[1] Ebenfalls zwingend sind ihre Mitwirkungsbefugnisse bei allen Aufgaben, die den Vorstand als Gesamtorgan treffen (dazu § 1 Rz. 1 und § 2 Rz. 37 ff.); die Stellvertreter nehmen somit stets an der Beschlussfassung teil.[2] Auch die den Vorstand allgemein treffenden gesetzlichen Pflichten gelten für sie uneingeschränkt. Die Geschäftsordnung kann lediglich die **Geschäftsführungsbefugnis** in der Weise **beschränken**, dass das stellvertretende Mitglied für bestimmte Vorstandsgeschäfte (z.B. die Leitung eines Ressorts) nur im Falle des Fehlens oder der Verhinderung eines ordentlichen Mitglieds zuständig ist. In der Praxis wird dem Stellvertreter jedoch häufig sogleich ein eigenes Ressort zugewiesen, ggf. unter der Schirmherrschaft eines ordentlichen Mitglieds.[3] Bei der Eintragung im **Handelsregister** wird die Eigenschaft als Stellvertreter nicht erwähnt.[4] 112

Aus dieser den ordentlichen Mitgliedern weitgehend vergleichbaren Rechtsstellung der Stellvertreter ergibt sich, dass ihre **Ernennung zum ordentlichen Mitglied** keine Bestellung im Rechtssinne ist,[5] die nur durch den Gesamtaufsichtsrat erfolgen könnte. Deshalb kommen richtigerweise in mitbestimmten Gesellschaften auch nicht die Regeln des § 31 Abs. 2–4 MitbestG zur Anwendung.[6] 113

Aufsichtsratsmitglieder, die vorübergehend für ein verhindertes oder fehlendes Vorstandsmitglied nach **§ 105 Abs. 2 AktG** vom Aufsichtsrat per Beschluss **in den Vorstand entsandt werden**, haben die Stellung eines ordentlichen Mitglieds, sind also keine Stellvertreter i.S.v. § 94 AktG. Sie können freilich auch für ein stellvertretendes Mitglied vom Aufsichtsrat bestellt werden und nehmen dann dessen Stellung 114

1 *Mertens/Cahn* in KölnKomm/AktG, 3. Aufl. 2010, § 94 AktG Rz. 3.
2 *Mertens/Cahn* in KölnKomm/AktG, 3. Aufl. 2010, § 94 AktG Rz. 4.
3 *Habersack/Foerster* in Großkomm/AktG, 5. Aufl. 2015, § 94 Rz. 6.
4 BGH v. 10.11.1997 – II ZB 6/97, NJW 1998, 1071, 1072 = AG 1998, 137.
5 BGH v. 10.11.1997 – II ZB 6/97, NJW 1998, 1071 = AG 1998, 137; *Mertens/Cahn* in KölnKomm/AktG, 3. Aufl. 2010, § 94 AktG Rz. 6.
6 Str., wie hier *Hüffer/Koch*, § 94 AktG Rz. 4 sowie auch *Mertens/Cahn* in KölnKomm/AktG, 3. Aufl. 2010, § 94 AktG Rz. 6; a.A. noch *Krieger*, Personalentscheidungen des Aufsichtsrats, 1981, S. 221.

ein.[7] Für die Dauer seiner Bestellung kann das entsandte Aufsichtsratsmitglied gem. § 105 Abs. 2 Satz 3 AktG seine Tätigkeit als Mitglied des Aufsichtsrats nicht ausüben; es wird vielmehr Vorstandsmitglied, wobei sich seine Geschäftsführungs- und Vertretungsmacht nach der Rechtsstellung des fehlenden bzw. verhinderten Mitglieds richtet.[8]

II. Arbeitsdirektor

115 Mitbestimmte Gesellschaften (§ 33 MitbestG, § 13 MontanMitbestG, § 13 MitbestErgG) müssen einen Arbeitsdirektor als **„gleichberechtigtes" Vorstandsmitglied** haben; dieser kann auch stellvertretendes Mitglied i.S.v. § 94 AktG sein, sofern seine Kernzuständigkeit für den Bereich **Arbeit und Soziales** gem. § 33 MitbestG unberührt bleibt;[9] dazu gehören die Bereiche Personalplanung und -entwicklung, Personalverwaltung, Bildungswesen, Gehaltsfindung und -abrechnung, Arbeitswirtschaft, Ergonomie, Arbeitsschutz, Gesundheitsvorsorge, Unfallverhütung, Altersvorsorge sowie sonstiges Betriebsverfassungsrecht (einschließlich Tarifvertragsrecht), nicht jedoch notwendig auch die Zuständigkeit für leitende Angestellte. Die genannten Mindestzuständigkeiten beziehen sich ausschließlich auf die Gesellschaft selbst, nicht auch auf konzernzugehörige Unternehmen.[10] Der „gleichberechtigten" Stellung des Arbeitsdirektors widerspricht es selbstverständlich nicht, dass ein anderes Mitglied zum Vorsitzenden bestellt und diesem ein Recht zum Stichentscheid eingeräumt wird.[11] Durch § 33 MitbestG **ausgeschlossen** wird aber ein **Vetorecht** zugunsten des Vorstandsvorsitzenden (oder eines anderen Mitglieds), und zwar selbst dann, wenn man es allgemein für zulässig hält (dazu § 1 Rz. 19).[12] Ohne Geschäftsordnung ist der Arbeitsdirektor Gesamtgeschäftsführer im gleichen Umfang wie die übrigen Mitglieder (§ 77 Abs. 1 AktG); wird eine Geschäftsordnung erlassen (§ 77 Abs. 2 AktG), so muss sie die zwingende Zuständigkeit des Arbeitsdirektors für den Kernbereich Arbeit und Soziales beachten.[13]

116 Der Arbeitsdirektor wird vom Aufsichtsrat nach § 84 AktG unter Beachtung der Vorschriften des § 31 MitbestG **bestellt**. Nach § 31 Abs. 2–4 MitbestG gelten besondere Mehrheitserfordernisse im Rahmen eines dreistufigen Abstimmungsverfah-

---

7 *Mertens/Cahn* in KölnKomm/AktG, 3. Aufl. 2010, § 94 AktG Rz. 8.

8 *Hüffer/Koch*, § 105 AktG Rz. 10.

9 *Hüffer/Koch*, § 94 AktG Rz. 4; *Mertens/Cahn* in KölnKomm/AktG, 3. Aufl. 2010, § 94 AktG Rz. 9.

10 S. nur *Kort* in Fleischer, Hdb. Vorstandsrecht, § 3 Rz. 19; vgl. ferner OLG Frankfurt v. 23.4.1985 - 5 U 149/84, AG 1985, 220 = BB 1985, 1286 = GmbHR 1986, 26.

11 *Hüffer/Koch*, § 77 AktG Rz. 11.

12 BGH v. 14.11.1983 – II ZR 33/83, BGHZ 89, 48, 59 = GmbHR 1984, 151, 153 – offenlassend, ob Gleiches gilt, falls Vetorecht durch weiteren Mehrheitsbeschluss überwunden werden kann.

13 *Hüffer/Koch*, § 77 AktG Rz. 23.

rens,[14] die es theoretisch erlauben, dass der Arbeitsdirektor auch gegen alle Stimmen der Arbeitnehmer bestellt wird (was aber in der Praxis kaum jemals geschehen dürfte). Anderes gilt im Rahmen der Montanmitbestimmung nach § 13 Abs. 1 Satz 2 MontanMitbestG (keine Bestellung gegen die Stimmen der Mehrheit der gewählten Aufsichtsratsmitglieder).[15] Die Bestellung umfasst ausnahmsweise auch die Ressortzuständigkeit (dazu allgemein § 6 Rz. 80), erfolgt also unmittelbar zum Arbeitsdirektor.

Abberufung (und Kündigung) des Arbeitsdirektors richten sich im Ausgangspunkt ebenfalls nach den allgemeinen Regeln (dazu § 9), die durch die eben genannten, entsprechend anzuwendenden Verfahrensregeln des Mitbestimmungsrechts ergänzt werden (§ 31 Abs. 5 MitbestG, § 13 Abs. 1 Satz 3 MontanMitbestG). Diese Vorschriften gelten auch, sofern dem Arbeitsdirektor lediglich seine (Kern-)Funktion entzogen wird; freilich bedarf es dafür keines wichtigen Grundes, weil dann nur die Geschäftsverteilung geändert wird.[16] 117

III. Vorstandsvorsitzender

Ein Vorstandsvorsitzender, den der (Gesamt-)Aufsichtsrat gem. § 84 Abs. 2 AktG bestellen kann, hat im Wesentlichen nur eine protokollarisch über die übrigen Mitglieder herausragende Position; namentlich ist er auf Geschäftsbriefen und im Anhang (§ 285 Nr. 10 Satz 2 HGB) als solcher zu bezeichnen (§ 80 Abs. 1 Satz 2 AktG) und repräsentiert den Vorstand als Kollegialorgan. Seine **Rechtsstellung** darf in Geschäftsordnung oder Satzung aber lediglich durch das Recht zum Stichentscheid bei Stimmengleichheit, bei nicht mitbestimmten Gesellschaften nach h.L. darüber hinaus auch durch ein **Vetorecht** verstärkt werden; keinesfalls ist es aber möglich, dass der Vorsitzende gegen die Mehrheit der Vorstandsmitglieder entscheidet (§ 77 Abs. 1 Satz 2 Halbs. 2 AktG; dazu § 4 Rz. 60 f.). Im Übrigen steht dem Vorsitzenden – auch ohne besondere Regelung in der Geschäftsordnung – das Recht zu, die Vorstandssitzungen einzuberufen und zu leiten und die Kommunikation zwischen Vorstand und Aufsichtsrat zu organisieren, ohne dass er freilich ausschließlich für den Informationsaustausch mit dem Aufsichtsrat bzw. seinem Vorsitzenden zuständig wäre.[17] Näher zu den Rechten und Pflichten eines Vorsitzenden oder Sprechers des Vorstands unter § 17 Rz. 481 ff. 118

14 Zum Verfahren ausführlich *Habersack* in Habersack/Henssler, Mitbestimmungsrecht, § 31 MitbestG Rz. 17 ff.

15 Vgl. *Thüsing* in Fleischer, Hdb. Vorstandsrecht, § 4 Rz. 26.

16 *Mertens/Cahn* in KölnKomm/AktG, 3. Aufl. 2010, § 84 AktG Rz. 187 f.; *Henssler* in Habersack/Henssler, Mitbestimmungsrecht, § 33 MitbestG Rz. 25.

17 *Mertens/Cahn* in KölnKomm/AktG, 3. Aufl. 2010, § 84 AktG Rz. 102; *Hüffer/Koch*, § 84 AktG Rz. 29.

IV. Designierte Vorstandsmitglieder

119 Bei designierten Vorstandsmitgliedern handelt es sich um **keinen gesetzlichen Sondertypus**. Die Bestellung von Vorstandsmitgliedern für die Zukunft ist nach allgemeiner Auffassung aber zulässig, sofern der Zeitraum zwischen Bestellungsbeschluss und Beginn der Amtszeit – entsprechend § 84 Abs. 1 Satz 3 AktG – nicht mehr als ein Jahr beträgt.[18] Problematisch, weil nicht gesetzlich geregelt, ist daher allein die **Rechtsstellung bis zum Wirksamwerden**.[19] Zweifelhaft ist insbesondere, ob designierte Vorstandsmitglieder bereits regelmäßig an Vorstandssitzungen teilnehmen, Einsicht in Gesellschaftsunterlagen nehmen sowie an Gesprächen mit Führungskräften und wesentlichen Stakeholdern teilnehmen können. Weil das Vorstandsamt erst mit Wirksamkeit der Bestellung erworben wird, ist jedenfalls Zurückhaltung geboten in Bezug auf die Begründung selbständiger Rechte des designierten Mitglieds.[20] Andererseits ist es Aufgabe des aktuellen Vorstands, designierte Mitglieder möglichst effizient in ihr jeweiliges Aufgabenfeld einzuführen, wofür ihm ein weiteres Ermessen hinsichtlich der gewählten Mittel und des Zeitpunkts zusteht. Designierten Mitgliedern darf daher grundsätzlich eine Sitzungsteilnahme ebenso ermöglicht werden wie ihnen vertrauliche Unterlagen zur Verfügung gestellt werden dürfen, freilich unter der Voraussetzung einer Verschwiegenheitspflicht, die durch eine entsprechende Vereinbarung ausgeformt werden sollte.[21]

120–129 Einstweilen frei.

§ 9
Abberufung

I. Allgemeines

130 Die Abberufung (= Widerruf der Bestellung, § 84 Abs. 3 AktG) ist **Komplementärakt der Bestellung**. Wie diese (s. § 6 Rz. 80) ist sie eine empfangsbedürftige[1], nur auf die Organstellung, hier auf deren Beendigung, zielende Willenserklärung. Die Kündigung des Anstellungsverhältnisses ist von ihr zu unterscheiden (§ 84 Abs. 3 Satz 5 AktG), auch wenn häufig im Widerruf der Bestellung zugleich die (konkludente) **Kündigung** des Anstellungsvertrages zu sehen ist. Das Vorstandsmitglied verliert seine (Vergütungs-)Ansprüche jedenfalls nur dann, wenn auch der Dienstvertrag wirksam gekündigt wurde. Hierfür ist zwingend die Zweiwochenfrist des § 626 Abs. 2 BGB einzuhalten, während für die Abberufungserklärung **keine** vergleichbare

18 *Hüffer/Koch*, § 84 AktG Rz. 3, 9; *Fleischer* in Spindler/Stilz, 4. Aufl. 2019, § 84 AktG Rz. 5.
19 Dazu eingehend *Seibt/Scholz*, AG 2016, 557.
20 Tendenziell zu weitgehend *Seibt/Scholz*, AG 2016, 557, 561 ff.
21 *Hüffer/Koch*, § 84 AktG Rz. 9; großzügiger wiederum *Seibt/Scholz*, AG 2016, 557, 558 ff.
1 Vgl. etwa OLG Karlsruhe v. 9.10.2013 – 7 U 33/13, AG 2014, 127, 128.

Frist gilt.[2] Das Recht zur Abberufung kann nicht vertraglich ausgeschlossen werden; auch die Vereinbarung von Abfindung oder Übergangsgeld für den Fall der Abberufung sind nach h.M. unzulässig, weil sie die Entscheidungsfreiheit des Aufsichtsrats einschränken (vgl. auch § 6 Rz. 88, zur vergleichbaren Frage in Bezug auf die Wiederbestellung).[3] Zulässig sind hingegen sog. **Koppelungsklauseln** im Anstellungsvertrag, wonach dieser zugleich mit der Bestellung endet (näher Rz. 140).

II. Verfahren

Zuständig für die Abberufung ist der **(Gesamt-)Aufsichtsrat** (s. § 107 Abs. 3 Satz 4 i.V.m. § 84 Abs. 3 Satz 1 AktG), der darüber gem. § 108 AktG zu **beschließen** hat (zu möglichen Ausschussentscheidungen über die Kündigung des Anstellungsvertrages s. unter Rz. 138); ohne Beschluss ist die Abberufung unwirksam. Für Gesellschaften, die dem MitbestG unterfallen, sind gem. § 31 Abs. 5 MitbestG die für die Bestellung geltenden besonderen Verfahrensregeln entsprechend anwendbar[4] (§ 6 Rz. 86). Üblicherweise **erklärt** der Vorsitzende die Abberufung als Vertreter des Gesamtorgans; er ist hierfür im Allgemeinen als ermächtigt anzusehen. Die Erklärung wird mit Zugang beim Vorstandsmitglied wirksam.[5] Mit Rücksicht auf die regelmäßig bestehende Ermächtigung des Vorsitzenden kann das Vorstandsmitglied die Erklärung nicht nach bzw. entsprechend § 174 Satz 1 BGB mit der Begründung zurückweisen, der Aufsichtsratsvorsitzende habe seine Vertretungsmacht nicht durch einen Aufsichtsratsbeschluss oder die Geschäftsordnung nachgewiesen.[6] Das Vorstandsmitglied braucht vor der Entscheidung nicht notwendigerweise **angehört** zu werden;[7] der Aufsichtsrat entscheidet vielmehr nach Ermessen, ob ihm dies tunlich erscheint. Oft wird er allerdings gut beraten sein, dem Mitglied Gelegenheit zur (kurzfristigen) Stellungnahme einzuräumen. 131

---

2 Vgl. OLG Frankfurt v. 17.2.2015 – 5 U 111/14, NZG 2015, 514, 515 Rz. 15 = AG 2015, 363. Zur Möglichkeit der Verwirkung der Abberufungsmöglichkeit BGH v. 12.7.1993 – II ZR 65/92, AG 1993, 514, 515 (zur GmbH).

3 BGH v. 17.3.2008 – II ZR 239/06, DB 2008, 1314, 1315 = AG 2008, 894, 896; *Mertens/Cahn* in KölnKomm/AktG, 3. Aufl. 2010, § 84 AktG Rz. 105.

4 Dazu exemplarisch OLG Frankfurt v. 17.2.2015 – 5 U 111/14, NZG 2015, 514 Rz. 9 ff. = AG 2015, 363.

5 OLG Frankfurt v. 7.7.2015 – 5 U 187/14, NZG 2015, 1112, 1114 Rz. 70 ff. = AG 2015, 787; *Hüffer/Koch*, § 84 AktG Rz. 33; *Bauer/Krieger*, ZIP 2004, 1247, 1248.

6 OLG Frankfurt v. 17.2.2015 – 5 U 111/14, NZG 2015, 514, 514 Rz. 13 = AG 2015, 363; OLG Düsseldorf v. 24.2.2012 – 16 U 177/10, AG 2012, 511; *Mertens/Cahn* in KölnKomm/AktG, 3. Aufl. 2010, § 84 AktG Rz. 105; unzutr. OLG Düsseldorf v. 17.11.2003 – 15 U 225/02, AG 2004, 321, 322.

7 BGH v. 15.11.2016 – II ZR 217/15, NZG 2017, 261, 263 Rz. 18 m.w.N. = AG 2017, 239. Der BGH lässt jedoch offen, ob eine Anhörung bei einer Verdachtsabberufung geboten ist.

III. Widerrufsgründe

1. Allgemeines

132 Zum Schutze der eigenverantwortlichen Leitungsfunktion des Vorstands bedarf dessen Abberufung zwingend eines **wichtigen Grundes** (§ 84 Abs. 3 Satz 1, 2 AktG). Hierunter versteht das Gesetz „namentlich“ eine grobe Pflichtverletzung, die Unfähigkeit zur ordnungsgemäßen Geschäftsführung sowie den nicht offensichtlich unsachlichen Entzug des Vertrauens durch die Hauptversammlung. Allgemein wird betont, dass die Fortsetzung des Amtsverhältnisses bis zum Ende der Amtszeit für die Gesellschaft unzumutbar sein muss, damit das Vorstandsmitglied abberufen werden kann.[8] In die (Un-)Zumutbarkeitsprüfung fließen nach h.M. auch die **Interessen des Vorstandsmitglieds** (Amtserhaltungsinteresse, [fehlende] Möglichkeit anderweitigen Erwerbs) ein,[9] während nach einer Gegenansicht diese Interessen allein für die Kündigung des Anstellungsvertrages von Bedeutung sein sollen.[10] Der h.M. ist zu folgen, zumal eine Fortsetzung der Anstellung nach Verlust des Amtes in aller Regel ausscheiden wird. Zudem kann zugunsten der Gesellschaft ggf. berücksichtigt werden, dass dem ausgeschiedenen Vorstandsmitglied seine Vergütung noch für den Rest der Amtszeit fortzuzahlen ist. Richtig ist demgemäß zwar, dass die Interessen der Gesellschaft bei der Entscheidung über die Abberufung schwerer wiegen,[11] nicht aber, dass diejenigen des Vorstandsmitglieds gar nicht in Betracht kämen. Ob ein wichtiger Grund vorliegt, kann gerichtlich in vollem Umfang nachgeprüft werden; dem Aufsichtsrat steht insofern **kein Beurteilungsspielraum** zu.[12] Soweit allerdings die Beurteilung des wichtigen Grunde mit unternehmerischen Entscheidungen zusammenhängt, ist auch das (nicht gerichtlich nachprüfbare) unternehmerische Ermessen des Aufsichtsrats zu respektieren (§ 116 Abs. 1 i.V.m. § 93 Abs. 1 Satz 2 AktG).[13]

---

8 BGH v. 23.10.2006 – II ZR 298/05, ZIP 2007, 119 = AG 2007, 125 Rz. 2; OLG Stuttgart v. 13.3.2002 – 20 U 59/01, AG 2003, 211, 212; OLG Frankfurt v. 17.2.2015 – 5 U 111/14, NZG 2015, 514, 515 Rz. 18 = AG 2015, 363; OLG München v. 28.4.2016 – 23 U 2314/15, AG 2016, 592, 593; *Hüffer/Koch*, § 84 AktG Rz. 34.

9 OLG Frankfurt v. 17.2.2015 – 5 U 111/14, NZG 2015, 514, 515 Rz. 19 = AG 2015, 363 (amtsbezogene) Interessen des betroffenen Vorstandsmitglieds; KG v. 3.5.2007 – 23 U 102/06, AG 2007, 745, 746 f.; *Mertens/Cahn* in KölnKomm/AktG, 3. Aufl. 2010, § 84 AktG Rz. 121; *Hüffer/Koch*, § 84 AktG Rz. 34.

10 *Fleischer* in Spindler/Stilz, 4. Aufl. 2019, § 84 AktG Rz. 101; *Seibt* in K. Schmidt/Lutter, § 84 AktG Rz. 49; *Thüsing* in Fleischer, Hdb. Vorstandsrecht, § 5 Rz. 9; *Schmolke*, AG 2014, 377, 383 f.; *Schockenhoff*, ZIP 2017, 1785, 1787.

11 *Mertens/Cahn* in KölnKomm/AktG, 3. Aufl. 2010, § 84 AktG Rz. 121; *Hüffer/Koch*, § 84 AktG Rz. 34.

12 OLG Frankfurt v. 17.2.2015 – 5 U 111/14, NZG 2015, 514, 515 Rz. 18 = AG 2015, 363; *Mertens/Cahn* in KölnKomm/AktG, 3. Aufl. 2010, § 84 AktG Rz. 122; *Hüffer/Koch*, § 84 AktG Rz. 34; *Spindler* in MünchKomm/AktG, 5. Aufl. 2019, § 84 AktG Rz. 130; a.A. *Krieger*, Personalentscheidungen des Aufsichtsrats, 1981, S. 138 ff.; einschränkend auch *Habersack*, DB 2015, 787, 790 f.; *Schockenhoff*, ZIP 2017, 1785, 1786 f.

13 *Habersack*, DB 2015, 787, 790; s. auch *Lieder*, ZGR 2018, 523, 540 ff. mit Hinweis auf das trotz wichtigem Grund bestehende Abberufungsermessen des Aufsichtsrats.

2. Grobe Pflichtverletzung

Eine zur Abberufung führende grobe Verletzung der Geschäftsleiterpflichten nach § 93 Abs. 1 AktG ist von der Rechtsprechung etwa bejaht worden bei strafbaren Handlungen aller Art (auch im Privatbereich),[14] bei Aneignung von Gesellschaftsvermögen,[15] bei Missachtung von Zustimmungsvorbehalten nach § 111 Abs. 4 AktG[16] oder Berichtspflichten nach § 90 AktG[17] sowie bei anderen groben Verstößen gegen die Kompetenzordnung[18] und bei Offenbarung von Geschäftsgeheimnissen.[19] Auch der bloße Verdacht einer schweren Pflichtverletzung kann unter bestimmten Voraussetzungen einen wichtigen Grund darstellen.[20] Eine – öffentlich gemachte – Strafanzeige gegen Aufsichtsratsmitglieder ist nur dann keine grobe Pflichtverletzung, wenn das anzeigende Vorstandsmitglied berechtigte Interessen wahrnimmt.[21] Die Pflichtverletzung braucht nicht notwendigerweise schuldhaft zu erfolgen, und auch ein zerrüttetes Vertrauensverhältnis zum Aufsichtsrat kann einen wichtigen Grund darstellen.[22] Entsprechendes gilt für die Verkleinerung des Vorstands im Zu- 133

14 BGH v. 13.7.1956 – VI ZR 88/55, LM BGB § 626 Nr. 8 = NJW 1956, 1513.

15 BGH v. 17.10.1983 – II ZR 31/83, WM 1984, 29 f.; OLG Stuttgart v. 13.3.2002 – 20 U 59/01, AG 2003, 211, 213; OLG Düsseldorf v. 24.2.2012 – 16 U 177/10, AG 2012, 511, 512 (Einsatz von Mitarbeitern der AG für private Belange); LG München I v. 19.2.2015 – 5HK O 830/13, AG 2015, 717, 718 f. (private Anschaffungen auf Kosten der AG, auch bei geringer Schadenshöhe).

16 BGH v. 5.11.1997 – VIII ZR 274/96, WM 1998, 519; OLG Stuttgart v. 28.5.2013 – 20 U 5/12, AG 2013, 599, 603; LG Duisburg v. 26.9.2013 – 21 O 130/11, Der Konzern 2014, 40, 57.

17 OLG München v. 14.3.2012 – 7 U 681/11, AG 2012, 753, 754 f.; OLG Stuttgart v. 23.1.1979 – 12 U 171/77, AG 1979, 200, 201; LG München v. 11.11.2004 – 5HK O 6764/04, AG 2005, 131, 132; *Hüffer/Koch*, § 84 AktG Rz. 36.

18 OLG Karlsruhe v. 4.5.1999 – 8 U 153/97, NZG 2000, 264, 266 ff.; OLG Hamburg v. 28.6.1991 – 11 U 148/90, ZIP 1991, 1430, 1432 f.; OLG Stuttgart v. 28.5.2013 – 20 U 5/12, AG 2013, 599, 600, 603 (Überschreitung der Geschäftsführungsbefugnis); OLG München v. 28.4.2016 – 23 U 2314/15, AG 2016, 592, 593 a.E. (Missachtung der Zuständigkeit des AR für die Aufklärung von Pflichtverletzungen der Vorstandsmitglieder durch einen Vorstand, wenn es sich um einen gravierenden Verstoß handelt).

19 BGH v. 13.7.1998 – II ZR 131/97, AG 1998, 519, 529; vgl. auch LG München v. 17.5.2001 – 5 HKO 1227/01, AG 2002, 104, 105 (sonstige Verletzung der Geheimhaltungspflicht).

20 Dazu näher *Fleischer* in Spindler/Stilz, 4. Aufl. 2019, § 84 AktG Rz. 112a; *Schmolke*, AG 2014, 377 ff.; *Hüffer/Koch*, § 84 AktG Rz. 36. Auch der BGH scheint von der Zulässigkeit auszugehen, wenn er ein Anhörungserfordernis bei Verdachtsabberufung diskutiert, aber letztlich offenlässt, BGH v. 15.11.2016 – II ZR 217/15, NZG 2017, 261, 263 Rz. 18 a.E. = AG 2017, 239.

21 BGH v. 7.6.1962 – II ZR 131/61, WM 1962, 811, 812; *Spindler* in MünchKomm/AktG, 5. Aufl. 2019, § 84 AktG Rz. 135; s. auch OLG München v. 28.4.2016 – 23 U 2314/15, AG 2016, 592, 594 (Inanspruchnahme von gerichtlichem Rechtsschutz, um eigene drohende Abberufung zu verhindern, stellt keine grobe Pflichtverletzung dar, sofern Klageerhebung nicht gänzlich unvertretbar und rechtsmissbräuchlich erscheint).

22 OLG München v. 28.4.2016 – 23 U 2314/15, AG 2016, 592, 594 (wenn Fortsetzung des Organverhältnisses unzumutbar); s. aber auch OLG München v. 28.4.2016 – 23 U 2314/15, AG 2016, 592, 594 (fehlenden Bereitschaft zur Erklärung des „Commitment“ kein Beleg für Zerrüttung des Vertrauensverhältnisses zum AR oder Lossagung von der AG).

sammenhang mit einem generellen Personalabbau.[23] Überdies kommen auch schwere Verfehlungen als Organ einer anderen Gesellschaft als wichtiger Grund in Betracht,[24] sofern sie dem Aufsichtsrat bei der Bestellung unbekannt waren.

3. Unfähigkeit zur Geschäftsführung

134 Als zur ordnungsgemäßen Geschäftsführung unfähig angesehen wurden beispielsweise Vorstandsmitglieder, denen notwendige Kenntnisse,[25] eine ausreichende körperliche Leistungsfähigkeit[26] oder gar gesetzliche Voraussetzungen fehlten, um im Rahmen des Unternehmensgegenstands Geschäfte tätigen zu können.[27] Als unfähig erweist sich ferner, wer Zerwürfnisse mit den Kollegen oder der nachfolgenden Führungsebene veranlasst und dadurch eine kollegiale Zusammenarbeit gefährdet,[28] oder wer nicht in der Lage ist, ein ausreichendes Risikomanagementsystem zu installieren.[29]

4. Vertrauensentzug durch die Hauptversammlung

135 Entzieht die Hauptversammlung dem Vorstand ihr Vertrauen, fehlt der weiteren Vorstandstätigkeit die legitimierende Grundlage.[30] Es kommt dann auch nicht mehr

---

23 OLG Frankfurt v. 17.2.2015 – 5 U 111/14, NZG 2015, 514, 515 Rz. 20 ff. = AG 2015, 363; LG Frankfurt v. 22.4.2014 – 3-05 O 8/14, NZG 2014, 706 – Commerzbank (Nichtzulassungsbeschwerde vor den [BGH II ZR 73/15] wurde zurückgenommen): wichtiger Grund, wenn weitere Tätigkeit des Vorstandsmitglieds bis zum Ende seiner Amtszeit für das Unternehmen unzumutbar, was auch bei Änderung der Unternehmens- und Vorstandskultur denkbar sei. Vgl. dazu auch *Hüffer/Koch*, § 84 AktG Rz. 35; *Fleischer* in Spindler/Stilz, 4. Aufl. 2019, § 84 AktG Rz. 113a (beide mit dem Hinweis, dass an die Umstrukturierungsmotive sehr strenge Anforderungen zu stellen sind); *Habersack*, DB 2015, 787, 789; *Kocher*, BB 2014, 1235; *Pattberg*, EWiR 2015, 339, 340; sehr zurückhaltend insofern *Spindler* in MünchKomm/AktG, 5. Aufl. 2019, § 84 AktG Rz. 137 (gewünschte Reduzierung der Vorstandsgröße oder Verkleinerung des Unternehmens grds. kein wichtiger Grund).

24 BGH v. 20.10.1954 – II ZR 280/53, BGHZ 15, 71, 76; *Mertens/Cahn* in KölnKomm/AktG, 3. Aufl. 2010, § 84 AktG Rz. 121.

25 OLG Stuttgart v. 9.10.1956 – 2 W 69/56, GmbHR 1957, 59, 60.

26 Zur Unfähigkeit aufgrund schwerer dauerhafter Erkrankung und suchtartiger Alkohol- und Medikamentenabhängigkeit *Fleischer*, NZG 2010, 561, 565 f.; *Hüffer/Koch*, § 84 AktG Rz. 36; ferner *Bayer* in FS Hommelhoff, 2012, S. 87, 93 f.

27 OLG Stuttgart v. 13.3.2002 – 20 U 59/01, AG 2003, 211, 212 f.

28 BGH v. 17.10.1983 – II ZR 31/83, WM 1984, 29 f.; BGH v. 24.2.1992 – II ZR 79/91, ZIP 1992, 760, 761 = GmbHR 1992, 299, 300 f.; BGH v. 13.7.1998 – II ZR 131/97, AG 1998, 519, 520; OLG Karlsruhe v. 4.5.1999 – 8 U 153/97, NZG 2000, 264, 265; s. aber auch LG Stuttgart v. 23.10.2001 – 31 KfH O 62/01, AG 2003, 53: Meinungsverschiedenheiten und „atmosphärische Störungen" ergeben keinen wichtigen Grund. Näher dazu auch *Mertens/Cahn* in KölnKomm/AktG, 3. Aufl. 2010, § 84 AktG Rz. 126.

29 LG Berlin v. 3.7.2002 – 2 O 358/01, AG 2002, 682, 683 f. – bezogen auf Kreditinstitut und § 25a KWG.

30 Vgl. BGH v. 28.4.1954 – II ZR 211/53, BGHZ 13, 188, 192 f.

darauf an, ob den Vorstand insofern ein Schuldvorwurf trifft;[31] vielmehr bedarf es keiner weiteren Gründe.[32] Regelmäßig notwendig ist aber ein vorheriger **Beschluss der Hauptversammlung** (auch als Vollversammlung gem. § 121 Abs. 6 AktG). Demgegenüber ist es nicht ausreichend, dass lediglich der (neue) Hauptaktionär kein Vertrauen mehr hat.[33] Weil das Misstrauensvotum im Übrigen aber nicht formalisiert ist, kann unter bestimmten Voraussetzungen auch die **Verweigerung der Entlastung** einen Vertrauensentzug darstellen.[34] „**Offenbar unsachliche Gründe**" hat ein Misstrauensvotum aber insbesondere, wenn der Vorstand sich zuvor geweigert hatte, rechtswidrigen Weisungen der Hauptversammlung zu folgen,[35] wenn es auf Gründe gestützt wird, deren ungeachtet zunächst Entlastung erteilt worden war,[36] oder es in der Befürchtung erklärt wird, dass sich die vom Aufsichtsrat zuvor vorgetragenen anderen Gründe als nicht stichhaltig erweisen werden.[37] Ausnahmsweise kann auch ein Vertrauensentzug **durch Dritte** die Abberufung rechtfertigen. Entschieden wurde dies in einem Fall, in dem die Hausbank sich geweigert hatte, die für die Gesellschaft lebenswichtige Kreditlinie zu verlängern, wenn nicht ein bestimmtes Vorstandsmitglied aus dem Amt entfernt wird.[38]

5. Nachschieben von Gründen

Grundsätzlich müssen die Gründe schon im Zeitpunkt der Widerrufserklärung vorliegen, können also unter dieser Voraussetzung – im Prozess – nachgeschoben werden, insbesondere wenn sie erst **später bekannt** werden[39] oder ein berechtigtes Interesse der Gesellschaft daran besteht, nicht sogleich sämtliche Gründe zu offen- 136

31 BGH v. 15.11.2016 – II ZR 217/15, NZG 2017, 261, 262 Rz. 12 = AG 2017, 239; BGH v. 3.7.1975 – II ZR 35/73, NJW 1975, 1657.

32 BGH v. 15.11.2016 – II ZR 217/15, NZG 2017, 261, 263 Rz. 15 = AG 2017, 369; *Hüffer/Koch*, § 84 AktG Rz. 37.

33 BGH v. 7.6.1962 – II ZR 131/61, WM 1962, 811; *Hüffer/Koch*, § 84 AktG Rz. 38; *Seibt* in K. Schmidt/Lutter, § 84 AktG Rz. 51.

34 KG v. 3.5.2007 – 23 U 102/06, AG 2007, 745, 746; *Spindler* in MünchKomm/AktG, 5. Aufl. 2019, § 84 AktG Rz. 141; *Hüffer/Koch*, § 84 AktG Rz. 38; *Mertens/Cahn* in KölnKomm/AktG, 3. Aufl. 2010, § 84 AktG Rz. 127; *Kort* in Großkomm/AktG, 5. Aufl. 2015, § 84 AktG Rz. 165; a.A. (generell bzw. regelmäßig kein Vertrauensentzug) LG München v. 28.7.2005 – 5 HKO 10485/04, AG 2005, 701, 702; *Seibt* in K. Schmidt/Lutter, § 84 AktG Rz. 51.

35 KG v. 3.12.2002 – 1 W 363/02, AG 2003, 500, 503. – Zur Beweislastverteilung insofern *Mielke*, BB 2014, 1035 ff. Dessen These, die Gesellschaft treffe bei Vorhandensein eines Mehrheitsaktionärs eine sekundäre Darlegungs- und Beweislast hinsichtlich des Nichtvorliegens offenbar unsachlicher Gründe, überzeugt allerdings nicht, s. *Hüffer/Koch*, § 84 AktG Rz. 37 a.E. m.w.N.

36 BGH v. 3.12.1973 – II ZR 85/70, WM 1974, 131, 133.

37 BGH v. 28.4.1954 – II ZR 211/53, BGHZ 13, 188, 192.

38 OLG München v. 13.10.2005 – 23 U 1949/05, NZG 2006, 313, 314 = AG 2006, 337, 339 (bestätigt durch BGH v. 23.10.2006 – II ZR 298/05, ZIP 2007, 119 = AG 2007, 125).

39 OLG Stuttgart v. 28.5.2013 – 20 U 5/12, AG 2013, 599, 601; OLG Hamm v. 7.7.2010 – 8 U 119/09, AG 2010, 789, 792.

baren.[40] Umstritten ist, ob es hierfür eines erneuten förmlichen Beschlusses des Aufsichtsrats bedarf;[41] eine Mindermeinung verneint das mit der beachtlichen Begründung, dass insofern nichts anderes gelten könne als beim Nachschieben von (wichtigen) Kündigungsgründen in Bezug auf das Anstellungsverhältnis. Hier wie dort fehle es am Bedarf für eine erneute Gestaltungsentscheidung.[42] **Entstehen** die Gründe erst **nachträglich**, also nach Ausspruch der (ersten) Abberufung ist aber in jedem Falle eine erneute Beschlussfassung sowie auch eine erneute Widerrufserklärung erforderlich.

IV. Wirkungen des Widerrufs

137 Mit dem Zugang der Abberufungserklärung beim betroffenen Vorstandsmitglied verliert es **sofort** sein Amt, sofern der Aufsichtsrat einen förmlichen Abberufungsbeschluss gefasst hat, und zwar selbst dann, wenn in Wahrheit kein wichtiger Grund vorliegt, im Nachhinein also die Unwirksamkeit der Abberufung festgestellt wird (§ 84 Abs. 3 Satz 4 AktG). Eine einstweilige Verfügung gegen die Abberufung ist unzulässig; das Vorstandsmitglied kann also nicht gerichtlich erreichen, dass es bis zur (Hauptsache-)Entscheidung über den wichtigen Grund vorläufig im Amt bleibt.[43] Anderes gilt für die Kündigung des Anstellungsvertrages, die nur dann wirksam wird, wenn der geltend gemachte wichtige Grund auch tatsächlich vorliegt.

V. Kündigung des Anstellungsvertrages

138 Für die Kündigung des Anstellungsvertrages ist nach §§ 675, 626 Abs. 1 BGB gleichfalls ein wichtiger Grund erforderlich, zumal der Vertrag wegen § 84 Abs. 1 Satz 5 AktG zu befristen ist, so dass eine ordentliche Kündigung ausscheidet (§ 620 Abs. 2 BGB),[44] sofern sie nicht ausnahmsweise vertraglich vereinbart wurde (dazu § 11 Rz. 170). Auch der Kündigung des Anstellungsverhältnisses muss notwendig ein **Aufsichtsratsbeschluss** vorausgehen;[45] die Beschlussfassung kann insoweit aber einem Ausschuss überlassen werden (s. § 107 Abs. 3 Satz 4 AktG, der nicht auf § 84 Abs. 3 Satz 5 AktG verweist). Um die Abberufung nicht zu präjudizieren, kann dieser freilich erst beschließen, wenn entweder der Abberufungsbeschluss schon vorliegt

---

40 BGH v. 14.10.1991 – II ZR 239/90, ZIP 1992, 32, 35 = GmbHR 1992, 38, 39 f.; *Mertens/Cahn* in KölnKomm/AktG, 3. Aufl. 2010, § 84 AktG Rz. 140.

41 So die wohl h.M., OLG Stuttgart v. 28.5.2013 – 20 U 5/12, AG 2013, 599, 601; OLG Hamm v. 7.7.2010 – 8 U 119/09, AG 2010, 789, 792; LG München v. 11.11.2004 – 5 HKO 6764/04, AG 2005, 131, 132; *Mertens/Cahn* in KölnKomm/AktG, 3. Aufl. 2010, § 84 AktG Rz. 140; *Hüffer/Koch*, § 84 AktG Rz. 42.

42 *Thüsing* in Fleischer, Hdb. Vorstandsrecht, § 5 Rz. 16.

43 *Mertens/Cahn* in KölnKomm/AktG, 3. Aufl. 2010, § 84 AktG Rz. 115; *Hüffer/Koch*, § 84 AktG Rz. 40.

44 *Hüffer/Koch*, § 84 AktG Rz. 48.

45 BGH v. 17.3.2008 – II ZR 239/06, AG 2008, 894, 895.

oder die Kündigung nur für den Fall der Abberufung erfolgen soll.[46] Die Kündigung – nicht aber die Abberufung (s. unter Rz. 130) – ist ausgeschlossen, wenn der Aufsichtsrat die **Zweiwochenfrist** des § 626 Abs. 2 BGB versäumt. Die Frist beginnt bei Kenntnis, das bedeutet umfassendes und sicheres Wissen um den Kündigungssachverhalt;[47] entscheidend ist die Kenntnis des Gesamtsachverhalts, Kenntnis einzelner seiner Aspekte ist unzureichend, ebenso auch die grobfahrlässige Unkenntnis.[48] Das Wissen einzelner Aufsichtsratsmitglieder setzt die Frist zwar nicht in Gang,[49] die Rechtsprechung verlangt aber, dass diejenigen Aufsichtsratsmitglieder, die Kenntnis von einem Kündigungsgrund erlangen, unverzüglich die Einberufung einer Sitzung des Gesamtaufsichtsrats veranlassen,[50] so dass die Frist sich letztlich um denjenigen Zeitraum verlängert, der für die Einberufung erforderlich ist (längstens 6–8 Wochen[51]). In der Literatur werden vier Wochen als ausreichend angesehen.[52] Unterbleibt die Einberufung oder wird sie verzögert, so muss sich die Gesellschaft so behandeln lassen, als sei der Aufsichtsrat bzw. der zuständige Ausschuss mit zumutbarer Beschleunigung einberufen worden.[53] Bei **mitbestimmten Gesellschaften**, für die nach Maßgabe des § 31 MitbestG ein mehrstufiges Beschlussverfahren einzuhalten ist, ist die Frist des § 626 Abs. 2 BGB **offensichtlich zu kurz** bemessen. Sie ist deshalb mit der zutreffenden h.M. teleologisch zu reduzieren, so dass der Fristablauf während des Verfahrens nach § 31 MitbestG gehemmt ist.[54] Auch unabhängig hiervon kommt eine Fristhemmung aus Treu und Glauben in Betracht, etwa wegen erforderlicher weiterer Ermittlungen bzw. Anhörungen des Aufsichtsrats.[55]

Der **wichtige Grund nach § 626 BGB** ist eigenständig zu beurteilen, kann also nicht 139
schon deshalb angenommen werden, weil ein Widerrufsgrund nach § 84 Abs. 3

46 BGH v. 23.10.1975 – II ZR 90/73, BGHZ 65, 190, 193; *Hüffer/Koch*, § 84 AktG Rz. 48.

47 BGH v. 26.2.1996 – II ZR 114/95, NJW 1996, 1403 f.

48 BGH v. 9.4.2013 – II ZR 273/11, NZG 2013, 615, 616 Rz. 15.

49 BGH v. 15.6.1998 – II ZR 318/96, BGHZ 139, 89, 92 = GmbHR 1998, 827, 828 f.; *Koch*, ZIP 2015, 1757, 1766 m.w.N.

50 BGH v. 15.6.1998 – II ZR 318/96, BGHZ 139, 89, 92 f. = GmbHR 1998, 827, 829; OLG Karlsruhe v. 28.4.2004 – 7 U 62/03, AG 2005, 210, 212; OLG München v. 14.7.2005 – 6 U 5444/04, AG 2005, 776, 777 f.; OLG Stuttgart v. 10.1.2014 – 20 U 8/13, AG 2015, 285, 287 f. (zur GmbH); OLG Stuttgart v. 25.3.2014 – 20 U 5/13, AG 2015, 281 f.

51 So OLG Karlsruhe v. 28.4.2004 – 7 U 62/03, AG 2005, 210, 212 (obiter).

52 *Mertens/Cahn* in KölnKomm/AktG, 3. Aufl. 2010, § 84 AktG Rz. 177 m.w.N.

53 *Fleischer* in Spindler/Stilz, 4. Aufl. 2019, § 84 AktG Rz. 160 spricht von Verwirkung, m.w.N.; *Hüffer/Koch*, § 84 AktG Rz. 54; *Wiesner* in MünchHdb. GesR AG, § 21 Rz. 116; *Mertens/Cahn* in KölnKomm/AktG, 2. Aufl. 2010, § 84 AktG Rz. 177.

54 *Fleischer* in Spindler/Stilz, 4. Aufl. 2019, § 84 AktG Rz. 96; *Wiesner* in MünchHdb. GesR AG, § 21 Rz. 119; *Spindler* in MünchKomm/AktG, 5. Aufl. 2019, § 84 AktG Rz. 124; *Hüffer/Koch*, § 84 AktG Rz. 33; *Thüsing* in Fleischer, Hdb. Vorstandsrecht, § 5 Rz. 4; a.A. *Mertens/Cahn* in KölnKomm/AktG, 2. Aufl. 2010, § 84 AktG Rz. 174; *Habersack* in Habersack/Henssler, Mitbestimmungsrecht, § 31 MitbestG Rz. 43.

55 LG München I v. 15.10.2010 – 5HK O 2122/09, AG 2011, 258, 261; vgl. auch *Mertens/Cahn* in KölnKomm/AktG, 2. Aufl. 2010, § 84 AktG Rz. 181 sowie *Hüffer/Koch*, § 84 AktG Rz. 54.

AktG vorliegt;[56] namentlich gilt insofern kein Interessenübergewicht zugunsten der Gesellschaft (Rz. 132). Freilich rechtfertigt eine grobe Pflichtverletzung als Widerrufsgrund regelmäßig zugleich die Kündigung nach § 626 BGB, und zwar ohne dass es einer vorherigen Abmahnung bedürfte.[57] Dem Vorstand Gelegenheit zur Stellungnahme zu geben, ist aber mindestens empfehlenswert, zumal ein Unterlassen zu Lasten der Gesellschaft gewertet werden kann.[58] Als wichtiger Grund, nämlich grobe Pflichtverletzung, wird auch die unberechtigte Amtsniederlegung angesehen.[59] Demgegenüber rechtfertigt ein Vertrauensentzug durch die Hauptversammlung die Kündigung nach § 626 BGB als solcher noch nicht; insofern kommt es also entscheidend auf die Gründe an.[60]

140 Möglich ist es, durch eine entsprechend eindeutige Vertragsregelung zu vereinbaren, dass das Anstellungsverhältnis stets bei einem Widerruf **gekündigt** werden kann; die Frist des § 626 Abs. 2 BGB beginnt dann mit der Widerrufserklärung.[61] Auch die Vereinbarung des Widerrufs als **auflösende Bedingung** des Anstellungsverhältnisses (sog. **Koppelungsklausel**) ist wirksam; doch endet das Anstellungsverhältnis in diesem Falle erst nach Ablauf der zwingenden Fristen des § 622 Abs. 1 und 2 BGB.[62] Demgemäß ist eine vorformulierte Koppelungsklausel wegen Verstoßes gegen die Mindestkündigungsfrist nach § 622 BGB für unwirksam erklärt worden, die eine sofortige Beendigung des Anstellungsvertrags mit Zugang der Bekanntgabe des Abberufungsbeschlusses vorsah, und zwar – aus AGB-rechtlichen Gründen – ohne die Möglichkeit zur geltungserhaltenden Reduktion.[63]

---

56 BGH v. 23.10.1995 – II ZR 130/94, WM 1995, 2064, 2065; OLG Karlsruhe v. 28.4.2004 – 7 U 62/03, AG 2005, 210 = ZIP 2004, 2377, 2379.

57 BGH v. 14.2.2000 – II ZR 218/98, NJW 2000, 1638 f. = GmbHR 2000, 431; BGH v. 10.9.2001 – II ZR 14/00, NZG 2002, 46, 47 = GmbHR 2001, 1158, 1159; BGH v. 9.7.2007 – II ZR 30/06, WM 2007, 1613; OLG Saarbrücken v. 31.7.2006 – 8 U 269/03, WM 2006, 2364; eingehend mit weiteren Beispielen aus der Rspr. *Mertens/Cahn* in KölnKomm/AktG, 3. Aufl. 2010, § 84 AktG Rz. 155 ff.

58 *Mertens/Cahn* in KölnKomm/AktG, 3. Aufl. 2010, § 84 AktG Rz. 164.

59 BGH v. 14.7.1980 – II ZR 106/79, BGHZ 78, 82, 85; BGH v. 9.2.1978 – II ZR 189/76, NJW 1978, 1435, 1437.

60 *Hüffer/Koch*, § 84 AktG Rz. 52.

61 BGH v. 29.5.1989 – II ZR 220/88, NJW 1989, 2683, 2684 = AG 1989, 437, 439; *Mertens/Cahn* in KölnKomm/AktG, 3. Aufl. 2010, § 84 AktG Rz. 165.

62 BGH v. 29.5.1989 – II ZR 220/88, NJW 1989, 2683 f. = AG 1989, 437; *Mertens/Cahn* in KölnKomm/AktG, 3. Aufl. 2010, § 84 AktG Rz. 55; s. auch *Tschöpe/Wortmann*, NZG 2009, 161 ff.

63 OLG Karlsruhe v. 25.10.2016 – 8 U 122/15, NZG 2017, 226 (zur GmbH); dazu eingehend *v. Westphalen*, BB 2015, 834 ff. und (mit erheblichen Wirksamkeitszweifeln auch bei Einmalverwendung) *Habersack* in FS Coester-Waltjen, 2015, S. 1097, 1103 ff.

VI. Rechtsschutz

Das Vorstandsmitglied kann gegen die AG, vertreten durch den Aufsichtsrat (§ 112 AktG),[64] Klage vor dem zuständigen Landgericht (das gilt auch, sofern es sich zugleich gegen die Kündigung wenden will)[65] erheben (§ 95 Abs. 1 Nr. 4a GVG). Wegen der (dann nur) vorläufigen Wirksamkeit der Abberufungserklärung (Rz. 137) ist sie Gestaltungsklage,[66] wenn sie auf die Feststellung zielt, dass kein wichtiger Grund vorgelegen habe (Feststellung der Nichtigkeit des Widerrufs), dagegen Feststellungsklage, soweit Fehlen oder Unwirksamkeit des Aufsichtsratsbeschlusses geltend gemacht wird.[67] Letzteres ist riskant, weil dieser Rüge durch einen bestätigenden Aufsichtsratsbeschluss analog § 244 AktG der Boden entzogen werden kann.[68] Eine einstweilige Verfügung gegen die Abberufung ist nur zulässig, sofern ein wirksamer Aufsichtsratsbeschluss fehlt.[69] Demgemäß kann auch nicht auf das Abstimmungsverhalten (nur) des Aufsichtsratsvorsitzenden mit den Mitteln des einstweiligen Rechtsschutzes eingewirkt werden.[70] Auch die gegen die Kündigung des Anstellungsverhältnisses gerichtete Klage ist Feststellungsklage.[71] Umstritten ist die Schiedsfähigkeit von Streitigkeiten aus dem Organ- und Anstellungsverhältnis. Zum Teil wird sie generell verneint,[72] inzwischen aber überwiegend bejaht.[73] Dieser bejahenden Auffassung ist zu folgen; Schiedsgerichte nehmen keine Organfunktion wahr, wie die Gegenauffassung ihnen unterstellt, sondern überprüfen nur anstelle eines staatlichen Gerichts die Rechtmäßigkeit einer getroffenen Entscheidung des Organs. Es bleibt dann die Frage, ob die Zuständigkeit des Schiedsgerichts auch durch die Satzung begründet werden kann, was für Streitigkeiten aus dem Organverhältnis ebenfalls zu 141

64 BGH v. 11.5.1981 – II ZR 126/80, NJW 1981, 2748, 2749 f. = AG 1982, 18 (überholt BGH v. 28.4.1954 – II ZR 211/53, BGHZ 13, 188, 191).

65 Näher *Mertens/Cahn* in KölnKomm/AktG, 3. Aufl. 2010, § 84 AktG Rz. 185; *Thüsing* in Fleischer, Hdb. Vorstandsrecht, § 5 Rz. 68; s. auch *Hüffer/Koch*, § 84 AktG Rz. 41 mit dem zutr. Hinweis, dass das vom BAG mit dem Ausscheiden eines GmbH-Geschäftsführers angenommene Ende der Fiktion des § 5 Abs. 1 Satz 3 ArbGG für Vorstandsmitglieder wegen der fehlenden Weisungsbindung irrelevant ist.

66 OLG Stuttgart v. 28.5.2013 – 20 U 5/12, AG 2013, 599, 600; *Spindler* in MünchKomm/AktG, 5. Aufl. 2019, § 84 AktG Rz. 146b.

67 OLG Stuttgart v. 13.3.2002 – 20 U 59/01, AG 2003, 211, 212; *Hüffer/Koch*, § 84 AktG Rz. 42.

68 OLG Stuttgart v. 13.3.2002 – 20 U 59/01, AG 2003, 211, 212.

69 OLG Stuttgart v. 15.4.1985 – 2 U 57/85, AG 1985, 193; *Hüffer/Koch*, § 84 AktG Rz. 42.

70 OLG München v. 16.10.2013 – 7 U 3018/13, AG 2013, 886 = ZIP 2013, 2200 (zugleich offenlassend, „ob die Untersagung eines bestimmten Abstimmungsverhaltens mit den Mitteln einer einstweiligen Verfügung in Ausnahmefällen statthaft ist").

71 *Mertens/Cahn* in KölnKomm/AktG, 3. Aufl. 2010, § 84 AktG Rz. 137.

72 *Seibt* in K. Schmidt/Lutter, § 84 AktG Rz. 53; *Wiesner* in MünchHdb. GesR AG, § 20 Rz. 63 a.E.; *Fleischer* in Spindler/Stilz, 4. Aufl. 2019, § 84 AktG Rz. 131; *Hommelhoff*, ZHR 143 (1979), 288, 312 f.

73 *Hüffer/Koch*, § 84 AktG Rz. 42; *Mertens/Cahn* in KölnKomm/AktG, 3. Aufl. 2010, § 84 AktG Rz. 99; *Spindler* in MünchKomm/AktG, 5. Aufl. 2019, § 84 AktG Rz. 146a; *Bauer/Arnold/Kramer*, AG 2014, 677 ff.; *Habersack/Wasserbäch*, AG 2016, 2, 10 ff.; *H.P. Westermann*, ZGR 2017, 38, 54 ff.

Recht bejaht wird,[74] während in Bezug auf das Anstellungsverhältnis eine Schiedsvereinbarung im Anstellungsvertrag erforderlich ist.[75]

VII. Die Abberufung als Vorstandsvorsitzender

142 Möglich, aber praktisch nicht relevant ist es, den Vorsitzenden des Vorstands lediglich vom Vorsitz abzuberufen, ohne ihn zugleich aus dem Vorstand zu entfernen. Das Gesetz (§ 84 Abs. 3 Satz 1 AktG) spricht vom Widerruf der Ernennung zum Vorsitzenden. Für sie reicht auch bei mitbestimmten Gesellschaften ein Mehrheitsbeschluss nach § 108 AktG; das Verfahren nach § 31 MitbestG braucht – ebenso wie bei der Ernennung (allg. zur Vorstandsbestellung in mitbestimmten Gesellschaften s. § 6 Rz. 86) – nicht eingehalten zu werden.[76] Der wichtige Grund braucht sich in diesem Falle nur auf die Amtsführung als Vorsitzender zu beziehen; der Vorsitzende ist also zwar durchaus noch als (einfaches) Mitglied des Vorstands tragbar, nicht mehr jedoch als dessen Vorsitzender – ein eher theoretischer Fall.[77]

143–149 Einstweilen frei.

§ 10
Beendigung des Amtes aus sonstigen Gründen

I. Suspendierung; Dienstbefreiung

150 Voraussetzungen und Verfahren einer nur vorläufigen Amtsenthebung (Suspendierung) sind umstritten; das Gesetz schweigt. Wollte man, wie einige Instanzgerichte und Autoren, eine solche, **vorläufig wirkende** Suspendierung nur unter den gleichen Voraussetzungen und im selben Verfahren wie eine Abberufung nach § 84 Abs. 3

74 *Bauer/Arnold/Kramer*, AG 2014, 677, 681 ff.; *Habersack/Wasserbäch*, AG 2016, 2, 6 ff.; *H. P. Westermann*, ZGR 2017, 38, 52 f.; wohl auch *Hüffer/Koch*, § 84 AktG Rz. 41; a.A. *Schlüter*, Schiedsbindung von Organmitgliedern, 2017, S. 206.

75 *Habersack/Wasserbäch*, AG 2016, 2, 13; *Bauer/Arnold/Kramer*, AG 2014, 677, 681; *Hüffer/Koch*, § 84 AktG Rz. 41.

76 *Hüffer/Koch*, § 84 AktG Rz. 31.

77 *Mertens/Cahn* in KölnKomm/AktG, 3. Aufl. 2010, § 84 AktG Rz. 148.

AktG zulassen,[1] wäre das Instrument nutzlos. Demgegenüber ist mit *Mertens/Cahn*[2] ebenso wie im allgemeinen Dienstvertragsrecht ein berechtigtes Interesse der Praxis anzuerkennen, die Amtsführung unter Beibehaltung der Bezüge auch dann vorläufig untersagen zu können, wenn ein Vorstandsmitglied im **Verdacht eines Verhaltens** steht, das die Abberufung voraussichtlich rechtfertigen wird, das aber noch nicht aufgeklärt werden konnte. Sind die Vorwürfe schwerwiegend, ihre Berechtigung aber nicht sofort zu klären, so stellt die bis zu einem Monat dauernde[3] Suspendierung eine angemessene Maßnahme zum Schutz der Interessen der Gesellschaft dar – sie liegt aber auch im Interesse des Vorstandsmitglieds, das auf diese Weise ohne größere Beschädigung seine Amtsführung fortsetzen kann, wenn sich der Verdacht als unberechtigt erwiesen hat, und im Übrigen in der Zwischenzeit weiterbezahlt wird. Ohne ein solches Instrument wäre die Gesellschaft zum Schutze ihrer Interessen ggf. auch in Verdachtsfällen gezwungen, die in jedem Falle sofort wirkende Abberufung (§ 84 Abs. 3 Satz 4 AktG, dazu § 9 Rz. 137) auszusprechen und sodann ein vom Vorstandsmitglied angestrengtes Verfahren zu verlieren, womit weder den Interessen der Gesellschaft noch denen des Vorstandsmitglieds gedient wäre. Wegen der unsicheren Rechtslage ist es freilich empfehlenswert, eine **Einigung** zwischen Vorstandsmitglied und Gesellschaft über das vorläufige Ruhen des Amtes herbeizuführen.[4] Auch in diesem Fall hat zuvor der gesamte Aufsichtsrat zu beschließen – in mitbestimmten Gesellschaften ggf. unter Beachtung des § 31 Abs. 5 MitbestG (dazu § 9 Rz. 131).

Kann ein Vorstandsmitglied sich voraussichtlich über längere Zeit als einem Monat 151
nicht voll seinen Aufgaben widmen – aber noch die Gesamtverantwortung wahrnehmen –, etwa weil es sich einem Strafverfahren aussetzen muss, so kommt eine einvernehmliche **Dienstbefreiung** in Betracht. Allerdings muss ein Ende der Verhinderung

---

1 OLG München v. 17.9.1985 – 7 W 1933/85, AG 1986, 234, 235; KG v. 8.7.1983 – 14 U 259/83, AG 1984, 24, 25 (vorläufiges Verbot der Amtsführung); LG München v. 27.6.1985 – 5 HKO 9397/85, AG 1986, 142 (zeitlich begrenzter Widerruf der Bestellung); s. auch *Spindler* in MünchKomm/AktG, 5. Aufl. 2019, § 84 AktG Rz. 157; *Hüffer/Koch*, § 84 AktG Rz. 43 und ihm zust. *Dörrwächter*, NZG 2018, 54, 55: Abberufungsvoraussetzungen nach § 84 Abs. 3 müssen tatbestandlich gegeben sein, dann könne Aufsichtsrat das ihm daraus erwachsende Ausübungsrecht zu bloß vorübergehender Suspendierung abschwächen.

2 *Mertens/Cahn* in KölnKomm/AktG, 3. Aufl. 2010, § 84 AktG Rz. 189; ebenso auch *Kort* in Großkomm/AktG, 5. Aufl. 2015, § 84 AktG Rz. 238; *Fleischer* in Spindler/Stilz, 4. Aufl. 2019, § 84 AktG Rz. 136, jew. m.w.N. (h.L.).

3 Für diese zeitliche Grenze etwa *Kort* in Großkomm/AktG, 5. Aufl. 2015, § 84 AktG Rz. 244; *Mertens/Cahn* in KölnKomm/AktG, 3. Aufl. 2010, § 84 AktG Rz. 189; *Dörrwächter*, NZG 2018, 54, 57.

4 Die Möglichkeit einer einvernehmlichen Suspendierung ist unstr., vgl. *Mertens/Cahn* in KölnKomm/AktG, 3. Aufl. 2010, § 84 AktG Rz. 196; *Hüffer/Koch*, § 84 AktG Rz. 43 a.E.; *Dörrwächter*, NZG 2018, 54, 58, *Spindler* in MünchKomm/AktG, § 84 AktG Rz. 157; hinsichtlich der Voraussetzungen einschränkend (nur unter denselben Bedingungen wie einseitige Suspendierung) aber *Lutter/Krieger/Verse*, Rechte und Pflichten des Aufsichtsrats, § 7 Rz. 383; *Kort* in Großkomm/AktG, 5. Aufl. 2015, § 84 AktG Rz. 258; *Fleischer* in Spindler/Stilz, 4. Aufl. 2019, § 84 AktG Rz. 140; *Mertens/Cahn* in KölnKomm/AktG, 3. Aufl. 2010, § 84 AktG Rz. 196.

absehbar sein und ein erhebliches Interesse der Gesellschaft am Erhalt des Vorstandsmitglieds bestehen.[5]

II. Amtsniederlegung

152 Amtsniederlegung ist die einseitige Erklärung eines Vorstandsmitglieds an die Gesellschaft, vertreten durch den Aufsichtsrat (§ 112 AktG), aus dem Organverhältnis auszuscheiden. Sie ist gesetzlich nicht geregelt, wird aber allgemein als zulässig anerkannt[6] und kann aufschiebend bedingt durch die Eintragung im Handelsregister erklärt werden.[7] Die Amtsniederlegung ist auch ohne gleichzeitige Kündigung des Anstellungsvertrages möglich,[8] freilich mindert sich dann der Vergütungsanspruch nach § 615 Satz 2 BGB, und sie ist **auch ohne wichtigen Grund wirksam**,[9] stellt in diesem Falle aber eine **Vertragsverletzung** dar, die zu Schadensersatzansprüchen der Gesellschaft führt und die sofortige Abberufung und fristlose Kündigung des Anstellungsvertrages durch den Aufsichtsrat rechtfertigt.[10] Ein **wichtiger Grund**, der die Amtsniederlegung (und auch die außerordentliche Kündigung des Anstellungsvertrages) rechtfertigt, liegt etwa in der grundlosen Verweigerung der Entlastung oder die unberechtigte und andauernde Weigerung der Gesellschaft, ihre Vertragspflichten zu erfüllen,[11] ferner das Vorenthalten amtswichtiger Informationen[12] oder persönliche Beleidigungen durch Mitglieder des Aufsichtsrats oder des Vorstands.[13] Ausnahmsweise kann die Amtsniederlegung wegen Rechtsmissbrauchs unwirksam sein; das soll auch der Fall sein, wenn sie zur Unzeit erfolgt.[14]

---

5 Dazu *Mertens/Cahn* in KölnKomm/AktG, 3. Aufl. 2010, § 84 AktG Rz. 197; *Lutter/Krieger/Verse*, Rechte und Pflichten des Aufsichtsrats, § 7 Rz. 384.

6 S. nur BGH v. 8.2.1993 – II ZR 58/92, BGHZ 121, 257, 260 = AG 1993, 280, 281 (zur GmbH); *Hüffer/Koch*, § 84 AktG Rz. 44.

7 BGH v. 21.6.2011 – II ZB 15/10, NZG 2011, 907, 908 Rz. 8; OLG Hamburg v. 27.6.2016 – 11 W 30/16, AG 2016, 756 = NZG 2016, 1070 Rz. 9.

8 *Hüffer/Koch*, § 84 AktG Rz. 45.

9 BGH v. 8.2.1993 – II ZR 58/92, BGHZ 121, 257, 261 f. = AG 1993, 280, 281 (GmbH); BGH v. 17.2.2003 – II ZR 340/01, WM 2003, 686 = GmbHR 2003, 544; BGH v. 17.9.2001 – II ZR 378/99, WM 2001, 2385 = GmbHR 2002, 26; OLG Stuttgart v. 15.2.2007 – 901 Kap 1/06, AG 2007, 250, 252; *Mertens/Cahn* in KölnKomm/AktG, 3. Aufl. 2010, § 84 AktG Rz. 199.

10 BGH v. 9.2.1978 – II ZR 189/76, NJW 1978, 1435, 1436 = GmbHR 1978, 85, 86; BGH v. 13.2.1984 – II ZR 2/83, AG 1984, 266; *Mertens/Cahn* in KölnKomm/AktG, 3. Aufl. 2010, § 84 AktG Rz. 200; *Hüffer/Koch*, § 84 AktG Rz. 45.

11 *Kort* in Großkomm/AktG, 5. Aufl. 2015, § 84 AktG Rz. 547; *Mertens/Cahn* in KölnKomm/AktG, 3. Aufl. 2010, § 84 AktG Rz. 200.

12 BGH v. 26.6.1995 – II ZR 109/94, NJW 1995, 2850, 2851 = AG 1996, 32 (GmbH).

13 BGH v. 9.3.1992 – II ZR 102/91, NJW-RR 1992, 992 f. = GmbHR 1992, 301 (GmbH).

14 Vgl. OLG Düsseldorf v. 6.12.2000 – 3 Wx 393/00, ZIP 2001, 25 (nach Insolvenzeröffnung bei einer GmbH); so auch *Seibt* in K. Schmidt/Lutter, § 84 AktG Rz. 56; a.A. *Mertens/Cahn* in KölnKomm/AktG, 3. Aufl. 2010, § 84 AktG Rz. 199 a.E. – Vgl. aber auch OLG Hamburg v. 27.6.2016 – 11 W 30/16, AG 2016, 756 = NZG 2016, 1070 Rz. 10 ff.: Kein Rechtsmissbrauch wegen Möglichkeit zur Ergänzung des Aufsichtsrats gem. § 104 AktG,

Keine Amtsniederlegung ist die Mitteilung des Wunsches, mit dem Aufsichtsrat zu einem **einvernehmlichen Ausscheiden** aus dem Amt zu gelangen. Eine solche einverständliche Beendigung des Organverhältnisses – regelmäßig verbunden mit der Aufhebung des Anstellungsvertrages – ist stets möglich und bedarf keines besonderen Grundes, wohl aber eines vorherigen Beschlusses des gesamten Aufsichtsrats gem. § 108 AktG, nicht bloß eines Ausschusses (s. § 107 Abs. 3 Satz 4 AktG).[15] Eine andere Frage ist, ob die Vereinbarung über das Ausscheiden schon vor Amtsantritt im Zusammenhang mit einer sog. Shoot Out Klauseln getroffen werden kann, was zweifelhaft erscheint.[16] – Seit der Daimler/Geltl-Entscheidung des EuGH können auch Zwischenschritte zur einvernehmlichen Beendigung als **Insiderinformationen** veröffentlichungspflichtig sein[17] (heute gem. Art. 17 MAR), dazu näher § 24 Rz. 706 ff. 153

Einstweilen frei. 154–159

---

wenn Alleinvorstand sein Amt niederlegt und nur noch ein Aufsichtsrats-Mitglied verblieben ist.

15 Vgl. OLG Karlsruhe v. 13.10.1995 – 10 U 51/95, AG 1996, 224, 227; *Hüffer/Koch*, § 84 AktG Rz. 47; dazu, dass eine Ausschussentscheidung unzureichend ist, s. auch BGH v. 24.11.1980 – II ZR 182/79, BGHZ 79, 38, 43 f. = AG 1981, 73.

16 Für Zulässigkeit: OLG Nürnberg v. 20.12.2013 – 12 U 49/13, NZG 2014, 222, 225; *Schockenhoff*, ZIP 2017, 1785, 1792; kritisch mit Hinweis auf schuldvertragliche Absenkung der Abberufungsschwelle nach § 84 Abs. 3 AktG: *Hüffer/Koch*, § 84 AktG Rz. 47; *Schmolke*, ZIP 2014, 897, 903 f.

17 EuGH v. 28.6.2012 – Rs. C-19/11, ZIP 2012, 1282 = AG 2012, 555.

3. Abschnitt: Rechtsstellung der Vorstandsmitglieder

Literaturübersicht: *Armbrüster*, Wettbewerbsverbote im Kapitalgesellschaftsrecht, ZIP 1997, 1269; *Banerjea*, Due Diligence beim Erwerb von Aktien über die Börse, ZIP 2003, 1730; *Bauer/Arnold*, Sind Abfindungs-Caps in Vorstandsverträgen wirklich zu empfehlen? – Zur Überarbeitung des Deutschen Corporate Governance Kodex, BB 2008, 1692; *Bauer/Diller*, Karenzentschädigung und bedingte Wettbewerbsverbote bei Organmitgliedern, BB 1995, 1134; *Bauer/Diller*, Nachvertragliche Wettbewerbsverbote: Änderungen durch die Schuldrechtsreform, NJW 2002, 1609; *Bayer*, Vertretung durch den Aufsichtsrat nach § 112 AktG und Rechtsirrtümer im Kernbereich des Aktienrechts, ZIP 2015, 1853; *Diekmann/Punte*, Aktuelles zu Drittanstellung, Drittvergütung und Haftung von Mitgliedern des AG-Vorstands – zugleich eine Einordnung des BGH-Urteils vom 28.4.2015 = WM 2015, 1197 –, WM 2016, 681; *Dreher*, Die kartellrechtliche Bußgeldverantwortlichkeit von Vorstandsmitgliedern – Vorstandshandeln zwischen aktienrechtlichem Legalitätsprinzip und kartellrechtlicher Unsicherheit, in FS Konzen, 2006, S. 85; *Fleischer*, Aktienrechtliche Zweifelsfragen der Kreditgewährung an Vorstandsmitglieder, WM 2004, 1057; *Fleischer*, Wettbewerbs- und Betätigungsverbote für Vorstandsmitglieder im Aktienrecht, AG 2005, 336; *Fleischer*, Haftungsfreistellung, Prozesskostenersatz und Versicherung für Vorstandsmitglieder – eine rechtsvergleichende Bestandsaufnahme zur Enthaftung des Managements, WM 2005, 909; *Hemeling*, Gesellschaftsrechtliche Fragen der Due Diligence beim Unternehmenskauf, ZHR 169 (2005), 274; *Hennrichs*, „Basel II" und das Gesellschaftsrecht, ZGR 2006, 563; *Hirte*, Die Entwicklung des Unternehmens- und Gesellschaftsrechts im Jahr 2015, NJW 2016, 1216; *Hoffmann-Becking*, Nachvertragliche Wettbewerbsverbote für Vorstandsmitglieder und Geschäftsführer, in FS Quack, 1991, S. 273; *Hoffmann-Becking*, Rechtliche Anmerkungen zur Vorstands- und Aufsichtsratsvergütung, ZHR 169 (2005), 155; *Hoffmann-Becking*, Abfindungsleistungen an ausscheidende Vorstandsmitglieder, ZIP 2007, 2101; *Hoffmann-Becking*, Übernahme von Geldbußen gegen Vorstandsmitglieder durch die Gesellschaft, ZGR 2015, 618; *Hohenstatt/Willemsen*, Abfindungsobergrenzen in Vorstandsverträgen, NJW 2008, 3462; *Hopt*, ECLR Interessenwahrung und Interessenkonflikte im Aktien-, Bank- und Berufsrecht – Zur Dogmatik des modernen Geschäftsbesorgungsrechts, ZGR 2004, 1; *Jäger*, Das nachvertragliche Wettbewerbsverbot und die Karenzentschädigung für Organmitglieder juristischer Personen, DStR 1995, 724; *Körner*, Die Angemessenheit von Vorstandsbezügen in § 87 AktG – Eine unbeachtete Vorschrift?, NJW 2004, 2697; *Kort*, Beziehungen des Vorstandsmitglieds der AG zu Dritten: Drittanstellung, Interim Management, Personalleasing und Vergütung durch Dritte, AG 2015, 531; *Krämer*, Nachvertragliche Wettbewerbsverbote im Spannungsfeld von Berufs- und Vertragsfreiheit, in FS Röhricht, 2005, S. 335; *Krieger*, Zahlungen der Aktiengesellschaft im Strafverfahren gegen Vorstandsmitglieder, in FS Bezzenberger, 2000, S. 211; *Linker/Zinger*, Rechte und Pflichten der Organe einer Aktiengesellschaft bei der Weitergabe vertraulicher Unternehmensinformationen, NZG 2002, 497; *Löw*, AGB-Kontrolle von Vorstandsverträgen, AG 2018, 837; *Lutter*, Due diligence des Erwerbers beim Kauf einer Beteiligung, ZIP 1997, 613; *Lutter*, Aktienrechtliche Aspekte der angemessenen Vorstandsvergütung, ZIP 2006, 733; *Martens*, Die Vorstandsvergütung auf dem Prüfstand, ZHR 169 (2005), 124; *Meincke*, Geheimhaltungspflichten im Wirtschaftsrecht, WM 1998, 749; *Menke*, Gestaltung nachvertraglicher Wettbewerbsverbote mit GmbH- Geschäftsführern – Verzicht statt Karenzentschädigung, NJW 2009, 636; *Meyer*, Das „Eintrittsrecht" der Aktiengesellschaft gemäß § 88 Abs. 2 Satz 2 Aktiengesetz, AG 1988, 259; *Mohr*, Die Auswirkungen des arbeitsrechtlichen Verbots von Altersdiskriminierungen auf Gesellschaftsorgane, ZHR 178 (2014), 326; *Müller*, Related Party Transactions im Konzern, ZGR 2019, 97; *Roschmann/Frey*, Geheimhaltungsverpflichtungen der Vorstandsmitglieder von Aktiengesellschaften bei Unternehmenskäufen, AG 1996, 449; *Schäfer*, Betriebsrentenanpassung im Konzern aus gesellschaftsrechtlicher Sicht, ZIP 2010, 2025; *Schiessl*, Die Wahrnehmung von Geschäftschancen der GmbH durch ihren Geschäftsführer, GmbHR 1988, 53; *Schmidt-Bendun*, Grenzen für die zulässige Übernahme von Geldauflagen für Vorstandsmitglieder durch eine AG, DB 2014, 2756; *Stoffels*, Grenzen der Informationsweitergabe durch den Vorstand einer Aktiengesellschaft im Rahmen einer „Due Diligence", ZHR 165 (2001), 362; *Talaska*, Übernahme einer Geldsanktion gegen ein Vorstandsmitglied durch die Aktiengesellschaft aus strafrechtlicher Perspektive, AG 2015, 118; *Thüsing*, Geltung und Abdingbarkeit des BetrAVG für Vorstandsmitglieder einer AG, AG 2003, 484; *Thüsing*, Nachorganschaftliche Wettbewerbsverbote bei Vorständen und Geschäftsführern – Ein Rundgang durch die neuere Rechtsprechung und Literatur, NZG 2004, 9; *Uffmann*, Interim Management in Zeiten nachhaltiger Unternehmensführung?, ZGR 2013, 273; *Ulmer*, Der Deutsche Corporate Governance Kodex – ein neues Regulierungsinstrument für börsennotierte Aktiengesellschaften, ZHR 166 (2002), 150; *E. Vetter*, Drittanstellung von Vorstandsmitgliedern, aktienrechtliche Kompetenzverteilung und Exkulpation des Vorstands bei rechtlicher Beratung, NZG 2015, 889; *Ziemons*, Angemessene Vorstandsvergütung und Change of Control Klauseln, in FS Huber, 2006, S. 1035; *Zöllner*, Lohn ohne Arbeit bei Vorstandsmitgliedern, in FS Koppensteiner, 2001, S. 291.

§ 11
Anstellungsverhältnis

I. Allgemeines

160 Das vom Organverhältnis sorgfältig zu unterscheidende Anstellungsverhältnis wird in der Regel durch Abschluss eines **Geschäftsbesorgungsvertrages** gem. §§ 611, 675 ff. BGB begründet; zur rechtlichen Trennung zwischen Organ- und Anstellungsverhältnis s. schon § 6 Rz. 80 ff. Die Gesellschaft wird beim Vertragsschluss vom Aufsichtsrat (dieser in der Regel durch seinen Vorsitzenden) vertreten (§ 112 AktG; zur Beschlussfassung s. Rz. 161). Der Anstellungsvertrag regelt nicht die durch die Bestellung begründeten und gesetzlich im Einzelnen ausgestalteten Organpflichten, sondern die dem Vorstandsmitglied vertraglich auferlegten Rechte und Pflichten. **Regelungsbedürftige Gegenstände** sind insbesondere Vergütung und Versorgung (dazu § 12), Nebenleistungen, Urlaub, (nachvertragliche) Wettbewerbsverbote (dazu § 13) sowie eine Spezifizierung der Leistungspflichten.[1] Im Anstellungsvertrag werden auch die den Vorstand betreffenden **Empfehlungen des DCGK 2020** verbindlich verankert, soweit ihnen die Gesellschaft folgen will.[2] Das gilt etwa für Grundsatz 5 (Pflicht für ausreichende „Compliance" zu sorgen), für Grundsatz 4 (Pflicht für ein angemessenes Risikomanagement und Risikocontrolling zu sorgen), für

1 Vgl. das Vertragsmuster bei *Happ/Groß/Möhrle/Vetter*, Aktienrecht, Bd. 1, 5. Aufl. 2019, S. 877 ff., Form 8.08.

2 Vgl. speziell zur Verankerung von DCGK-Empfehlungen auch *Ulmer*, ZHR 166 (2002), 150, 173.

Grundsatz 3 und Empfehlung A.1 (Pflicht auf Vielfalt und Frauen bei der Besetzung von Führungspositionen zu achten), für Grundsatz 19 und Empfehlung E.2 (Pflicht mögliche Interessenkonflikte offenzulegen) sowie für Empfehlung E.3 (Pflicht Nebentätigkeiten nur nach Zustimmung durch Aufsichtsrat aufzunehmen). Der Anstellungsvertrag kann auch eine D&O-Versicherung (mit Selbstbehalt) vorsehen (dazu näher § 41 Rz. 1622).

Der Anstellungsvertrag begründet **kein Arbeitnehmerverhältnis** der Vorstandsmit- 160a
glieder, die aufgrund ihrer Organstellung vielmehr die Arbeitgeberfunktion ausüben.[3] Das gilt auch im Bereich des AGG, wie der EuGH in Sachen Danosa mit Bezug auf die AntidiskriminierungsRL klargestellt hat.[4] Demnach können zwar Fremdgeschäftsführer einer GmbH als Arbeitnehmer anzusehen sein; dies jedoch nur mit Rücksicht auf deren Weisungsbindung gegenüber der Gesellschafterversammlung (§ 37 Abs. 1 GmbHG), die bei Vorstandsmitgliedern naturgemäß fehlt.[5] Allerdings gelten gem. **§ 6 Abs. 3 AGG** die arbeitsrechtlichen Vorschriften des AGG (§§ 6-18 AGG), nach h.M. auch die Beweislastregelung der § 22 AGG, für Vorstandsmitglieder entsprechend, freilich (nur) „soweit es die Bedingungen für den **Zugang** zur Erwerbstätigkeit sowie den beruflichen Aufstieg betrifft." Das umfasst neben dem Anstellungsvertrag auch den Bestellungsakt, einschließlich der Wiederbestellung.[6] Nicht erfasst wird demgegenüber die Beendigung des Amtes bzw. der Anstellung durch Kündigung des Anstellungsvertrages bzw. Widerruf der Bestellung.[7] Einer Anwendung der von Empfehlung B.5 DCGK 2020 angeratenen **Altersgrenzen** steht § 7 Abs. 1 i.V.m. § 1 AGG im Übrigen nicht entgegen, sofern beim Ausscheiden eine Versorgungszusage eingreift oder Überbrückungsgeld gezahlt wird.[8] Auch ohne Arbeitnehmereigenschaft der Vorstandsmitglieder können ausnahmsweise einzelne für Arbeitnehmer geltende Vorschriften analog anzuwenden sein, so etwa das Arbeitnehmerschutzrecht sowie § 622 Abs. 1 BGB (mangels abweichender Vereinbarung).[9]

Wird für den Anstellungsvertrag ein für eine Vielzahl von Vertragsschlüssen vorfor- 160b
muliertes **Muster** verwandt, handelt es sich um **allgemeine Geschäftsbedingungen**, so dass die §§ 305 ff. BGB anwendbar sind, zumal die auf Gesellschaftsverträge zielende Bereichsausnahme des § 310 Abs. 4 BGB für den (gegenseitigen) Anstellungs-

3 Ganz h.M., s. nur BGH v. 7.12.1961 – II ZR 117/60, BGHZ 36, 142; BGH v. 24.11.1980 – II ZR 182/79, BGHZ 79, 38, 41 = AG 1981, 73; BGH v. 10.9.2001 – II ZR 14/00, DStR 2001, 2166; *Hüffer/Koch*, § 84 AktG Rz. 11, *Spindler* in MünchKomm/AktG, § 84 AktG Rz. 60.

4 EuGH v. 11.11.2010 – C-232/09, Slg. 2010, I-11405.

5 *Hüffer/Koch*, § 76 AktG Rz. 63; *Spindler* in MünchKomm/AktG, § 84 AktG Rz. 30; *Hübner*, ZGR 2016, 897, 910; *Kort*, NZG 2013, 601, 605 ff.

6 BGH v. 23.4.2012 – II ZR 163/10, BGHZ 193, 110 ff. = ZIP 2012, 1291 (GmbH).

7 BGH v. 23.4.2012 – II ZR 163/10, BGHZ 193, 110 Rz. 20 ff.; *Hüffer/Koch*, § 76 AktG Rz. 63; *Jaeger* in FS Bauer, 2010, S. 495, 499; *Mohr*, ZHR 178 (2014), 326, 346.

8 OLG Hamm v. 19.6.2017 – 8 U 18/17, NZG 2017, 1065 Rz. 27 ff.; *Hüffer/Koch*, § 76 AktG Rz. 64; *Bauer/Arnold*, ZIP 2012, 597, 600 f.; s. schon die Hinweise in Rz. 1056.

9 Näher zum Ganzen *Hüffer/Koch*, § 84 AktG Rz. 24-26; zu § 622 Abs. 1 BGB s. BGH v. 26.3.1984 – II ZR 120/83, BGHZ 91, 217, 220 ff. (zur GmbH).

vertrag nicht eingreift.[10] In einem obiter dictum hat das OLG Frankfurt unlängst darüber hinaus auch die **Verbrauchereigenschaft** des Vorstands i.S.v. § 13 BGB bejaht, so dass § 310 Abs. 3 BGB anwendbar ist (worauf es für den Fall aber nicht ankam).[11] Anders wäre in der Tat nur dann zu entscheiden, wenn das Vorstandsmitglied mit seiner Vorstandstätigkeit gewerblich oder selbständig i.S.v. § 14 BGB wäre, was ebenso wenig wie beim GmbH-Geschäftsführer der Fall ist.[12] Auf die Eigenverantwortlichkeit der Leitung kann es insofern nicht ankommen; denn sie ändert nichts daran, dass allein die AG, nicht ihr Vorstand, Unternehmensträger ist. Mit Anwendbarkeit der §§ 305 ff. BGB ist der Weg frei zu einer **Inhaltskontrolle** der Vertragsbedingungen. Im Fall des OLG Frankfurt ging es um einen **Freiwilligkeitsvorbehalt**, unter den sämtliche variable Vergütungsbestandteile gestellt waren, auch soweit sie durch Erreichen von vereinbarten Bonuszielen als Teil der Gegenleistung bereits „verdient" waren. Eine unangemessene Benachteiligung sei jedenfalls dann anzunehmen, „wenn sich aus der unter Freiwilligkeitsvorbehalt gestellten nachträglichen Entscheidung des Dienstgebers über eine variable Vergütung erbrachter Leistungen in Anbetracht der Höhe möglicher freiwilliger Zahlungen eine willkürliche Verschiebung der Größenordnung des Verhältnisses zwischen Leistung und Gegenleistung ergeben kann."[13] Konsequentermaßen hat das Gericht, da die Entscheidung über den Bonus ins Ermessen des Aufsichtsrats gestellt war, dieser mit der Ausübung aber in Verzug war, über die Höhe des Bonus selbst nach billigem Ermessen entschieden (§ 315 Abs. 1, Abs. 3 Satz 2 BGB). Dem ist jedenfalls im Ansatz zuzustimmen; die Entscheidung verdeutlicht daher, dass keineswegs sämtliche variablen Vergütungsbestandteile kurzerhand unter Freiwilligkeitsvorbehalt gestellt werden können (näher § 12 Rz. 197, 226).

II. Beschlussfassung im Aufsichtsrat

161 Über Abschluss und Inhalt des Anstellungsvertrages muss zwingend zunächst der Aufsichtsrat gem. § 108 AktG beschließen (§ 84 Abs. 1 Satz 5 AktG), doch kann der Aufsichtsrat nicht nur die Vorbereitung, sondern auch die Beschlussfassung einem **Ausschuss** überlassen; denn § 84 Abs. 1 Satz 5 AktG ist in § 107 Abs. 3 Satz 2 AktG nicht aufgeführt.[14] Das gilt jedoch nicht für Entscheidungen über Art und Höhe der **Vergütung** gem. § 87 AktG, so dass eine Ausschussentscheidung erst nach vorheriger Klärung damit zusammenhängender Fragen durch das Gesamtgremium in Betracht kommt. Außerdem darf der Ausschuss nicht das Gesamtgremium hinsichtlich

10 Zutr. *Löw*, AG 2018, 837; ferner nur *Ulmer/Schäfer* in Ulmer/Brandner/Hensen, AGB-Recht, 12. Aufl. 2016, Rz. 122.

11 OLG Frankfurt v. 18.4.2018 – 4 U 120/17, AG 2018, 852 mit zust. Anm. *Löw*, AG 2018, 837, 838.

12 Zu diesem BAG v. 19.5.2010 – 5 AZR 253/09, GmbHR 2010, 1142; *Bauer/Arnold*, ZIP 2006, 2337, 2339.

13 OLG Frankfurt v. 18.4.2018 – 4 U 120/17, AG 2018, 852, 854 mit (auch insoweit) zust. Anm. *Löw*, AG 2018, 837, 839.

14 S. nur BGH v. 23.10.1975 – II ZR 90/73, BGHZ 65, 190, 191 = AG 1976, 22, 43 f.; *Hüffer/Koch*, § 84 AktG Rz. 15.

der Bestellung präjudizieren.[15] Regelmäßig dürfte es sich deshalb anbieten, den Ausschuss nur mit der Vorbereitung der Entscheidung zu befassen. Das Verfahren nach **§ 31 MitbestG** braucht auch bei mitbestimmten Gesellschaften in Bezug auf die Entscheidung über das Anstellungsverhältnis in keinem Falle eingehalten zu werden. Es gelten vielmehr gem. § 29 MitbestG die allgemeinen Regeln und daher im Rahmen des § 108 AktG das Prinzip der einfachen Mehrheit (vgl. § 6 Rz. 83). Die Freiheit der Entscheidung des Aufsichtsrats über Abschluss und Inhalt des Anstellungsvertrages ist unbedingt zu sichern; insofern gilt das Gleiche wie in Bezug auf die Bestellung (dazu § 6 Rz. 83). Namentlich sind Vereinbarungen von Kündigungsfristen unwirksam, deren Versäumen seitens der Gesellschaft zur Fortgeltung des Vertrages führen soll.[16] Zur Abgabe der entsprechenden Einigungserklärung für die Gesellschaft bevollmächtigt der Aufsichtsrat typischerweise seinen **Vorsitzenden**, was unproblematisch möglich ist.

III. Form und Dauer des Anstellungsvertrages

Schriftform ist für den Anstellungsvertrag zwar nicht vorgeschrieben, dominiert in der Praxis aber aus Gründen der Sicherheit und Klarheit. Hinsichtlich der Dauer gilt gem. § 84 Abs. 1 Satz 5 AktG die gleiche Frist (**5 Jahre**) wie für die Bestellung sowie im Grundsatz auch die gleichen Regeln wie für die Wiederbestellung (dazu § 6 Rz. 87). Wird eine längere Frist vereinbart, bleibt die Wirksamkeit des Vertrages hiervon zwar unberührt; seine Dauer verkürzt sich aber auf die Höchstzeit; auch als (inhaltsgleicher) Arbeitsvertrag kann der Vertrag nicht fortgelten.[17] 162

Zulässig ist es, die **Fortgeltung** des Anstellungsvertrages für den Fall der Wiederbestellung bzw. Verlängerung zu vereinbaren (§ 84 Abs. 1 Satz 5 Halbs. 2 AktG).[18] Ohne eine solche Klausel muss über die Verlängerung des Anstellungsvertrages zwar Beschluss gefasst werden (s. Rz. 161); doch wird mangels entgegenstehender Hinweise regelmäßig im Beschluss des Aufsichtsrats über die Wiederbestellung zugleich eine konkludente Verlängerung des Anstellungsvertrages zu sehen sein.[19] 163

IV. Anstellungsvertragliche Rechte und Pflichten

1. Rechte des Vorstandsmitglieds

Der wichtigste anstellungsvertragliche Anspruch ist gewiss derjenige auf die vereinbarte **Vergütung**, die der Gesamtaufsichtsrat unter Beachtung des § 87 AktG festset- 164

---

15 *Hüffer/Koch*, § 84 AktG Rz. 15.

16 BGH v. 26.3.1956 – II ZR 57/55, BGHZ 20, 239, 245; *Mertens/Cahn* in KölnKomm/AktG, 3. Aufl. 2010, § 84 AktG Rz. 53.

17 BAG v. 26.8.2009 – 5 AZR 522/08, NZA 2009, 1205 = AG 2009, 827.

18 *Lutter/Krieger/Verse*, Rechte und Pflichten des Aufsichtsrats, § 7 Rz. 393.

19 BGH v. 12.5.1997 – II ZR 50/96, NJW 1997, 2319; OLG Schleswig v. 16.11.2000 – 5 U 66/99, AG 2001, 651, 653.

zen muss (ausführlich dazu in § 12). Einen Anspruch auf Entgeltfortzahlung im **Krankheitsfall** hat das Vorstandsmitglied nur bei entsprechender Vereinbarung; § 616 BGB sichert lediglich die Fortzahlung für „verhältnismäßig nicht erhebliche Zeit", was jedenfalls deutlich kürzer ist als die für Arbeitnehmer geltende Sechswochenfrist nach dem EFZG.[20]

165 Auch eine **Ruhegehaltszusage** (meist als Alters-, Arbeitsunfähigkeits- und Hinterbliebenenrente)[21] wird häufig vereinbart; es gilt ebenfalls der Angemessenheitsmaßstab des § 87 AktG sowie die Möglichkeit zur nachträglichen Herabsetzung (dazu wiederum näher in § 12 Rz. 250 ff.). Durch Zusage eines **unangemessenen Ruhegehalts** verletzt der Aufsichtsrat nicht nur seine Pflichten aus § 87 AktG; vielmehr schränkt er seine Entscheidungsfreiheit hinsichtlich (Wieder-)Bestellung und Verlängerung des Anstellungsvertrages unzulässig ein; eine solche Zusage ist deshalb nichtig.[22] Ohne vertragliche Zusage gibt es keinen Anspruch auf Ruhegehalt; er lässt sich insbesondere nicht aus der Fürsorgepflicht herleiten.[23] Sofern eine Zusage vorliegt, gelten grundsätzlich auch für Vorstandsmitglieder, soweit sie keine Mehrheitsmacht (allein oder gemeinsam mit anderen) über die Gesellschaft ausüben, gem. § 17 Abs. 1 Satz 2 BetrAVG die gesetzlichen Regeln des **Betriebsrentenrechts** (§§ 1–16 ff. BetrAVG).[24] Das ist etwa bedeutsam für die Unverfallbarkeit der Rentenanwartschaft gem. §§ 1b, 2 BetrAVG oder für die Betriebsrentenanpassung nach § 16 BetrAVG, sofern der Vertrag keine eigenen Regeln hierfür enthält.[25] Ob der Anstellungsvertrag vom Betriebsrentenrecht zu Lasten der Vorstandsmitglieder abweichen kann, ist umstritten, richtigerweise aber zu bejahen.[26]

166 Der **Urlaubsanspruch** der Vorstandsmitglieder besteht ausschließlich auf vertraglicher Grundlage; das BUrlG ist nur auf Arbeitnehmer anwendbar. Doch hat der BGH auch ohne ausdrückliche Regelung einen konkludent vereinbarten Urlaubsanspruch anerkannt, und zwar nach den sonst für leitende Angestellte im Unternehmen gel-

---

20 *Thüsing* in Fleischer, Hdb. Vorstandsrecht, § 4 Rz. 78 (nur wenige Tage).

21 Ausführlich zu Regelungsmöglichkeiten *Mertens/Cahn* in KölnKomm/AktG, 3. Aufl. 2010, § 84 AktG Rz. 72 ff.

22 S. nur *Mertens/Cahn* in KölnKomm/AktG, 3. Aufl. 2010, § 84 AktG Rz. 21; sowie schon § 6 Rz. 82 (a.E.).

23 BGH v. 17.12.1956 – II ZR 47/56, BGHZ 22, 375, 380 f.; zu möglichen Ausnahmen in extrem gelagerten Fällen *Mertens/Cahn* in KölnKomm/AktG, 3. Aufl. 2010, § 84 AktG Rz. 66.

24 Dazu näher *Mertens/Cahn* in KölnKomm/AktG, 3. Aufl. 2010, § 84 AktG Rz. 68 ff.

25 *Spindler* in MünchKomm/AktG, 5. Aufl. 2019, § 84 AktG Rz. 227; zur konzernrechtlichen Dimension der Problematik *Schäfer*, ZIP 2010, 2025 und NZG 2016, 1321 mit Kritik an der neuen Beweislastverteilung beim sog. Berechnungsdurchgriff, die durch BGH v. 27.9.2016 – II ZR 57/16, NZG 2016, 1309 ohne Not vom BAG v. 10.03.2015 – 3 AZR 739/13, AG 2015, 539 = NZG 2015, 838 übernommen wurde.

26 *Mertens/Cahn* in KölnKomm/AktG, 3. Aufl. 2010, § 84 AktG Rz. 71; a.A. die h.M., vgl. nur *Spindler* in MünchKomm/AktG, 5. Aufl. 2019, § 84 AktG Rz. 219; *Thüsing*, AG 2003, 484, 487 f.

tenden Grundsätzen.[27] Nicht angetretene Urlaubstage sind entsprechend § 7 Abs. 3 BUrlG ins Folgejahr übertragbar, aber nicht in Geld zu kompensieren.

Der Anspruch auf ein **Zeugnis** ergibt sich schon aus § 630 BGB; er ist durch den Aufsichtsrat zu erfüllen. 167

Rückgriffs- und Freistellungsansprüche des Vorstandsmitglieds (§§ 675, 670 bzw. 168
§ 257 Satz 1 BGB) für Aufwendungen und Schäden aufgrund seiner Amtstätigkeit kommen grundsätzlich in Betracht – z.B. Kosten für notwendige Schutzmaßnahmen gegen Gefährdungen der persönlichen Sicherheit, die auf die Amtstätigkeit zurückgehen[28] –, sollten aber nach Möglichkeit anstellungsvertraglich geregelt werden. Das gilt namentlich für die Frage, wer Reise-, Bewirtungs- und allgemeine Repräsentationskosten zu tragen hat, weil hier über die Erforderlichkeit durchaus unterschiedliche Vorstellungen bestehen können. Grundsätzlich **nicht ersatzfähig** sind Aufwendungen, sofern sie in Zusammenhang mit einer Pflichtverletzung des Vorstandsmitglieds gegenüber der Gesellschaft stehen. Das gilt insbesondere und in aller Regel für **Geldstrafen**, und zwar unabhängig davon, dass deren Übernahme durch die Gesellschaft keine Strafvereitelung darstellt;[29] zumal die Begehung von Straftaten bei der Amtsführung zugleich eine Pflichtverletzung gegenüber der Gesellschaft ist.[30] Eine **freiwillige** nachträgliche Erstattung von Geldstrafen ist nach der im Ansatz zutr. Ansicht des BGH wegen „faktischer Verzichtswirkung" nur unter den Voraussetzungen des § 93 Abs. 4 Satz 3 AktG, insb. also mit Zustimmung der Hauptversammlung zulässig.[31] Kommt der Aufsichtsrat hingegen zur Einschätzung, dass keine Pflichtwidrigkeit vorliegt, so reicht sein Beschluss aus.[32] Problematisch an dieser Rechtsprechung ist freilich, dass sie den Aufsichtsrat zur Sachverhaltsaufklärung auch dort zwingt, wo die staatlichen Strafverfolgungsbehörden das Verfahren gegen Auflage einstellen und demgemäß von einer weiteren Aufklärung absehen möchten (insbes. nach § 153a StPO). Der II. Senat ist nämlich der Meinung, dass insofern allein die objektive Rechtslage zählt. Das erscheint problematisch, weil solche Einstellungen zwar regelmäßig im Unternehmensinteresse, nicht jedoch unbedingt auch im Interesse des Vorstandsmitglieds liegen, das von seiner Unschuld überzeugt ist und auf völlige Rehabilitierung dringt. Hier sollte der Aufsichtsrat auch ohne Einschaltung der Hauptversammlung die Möglichkeit haben, den Verzicht auf eine weitere Aufklärung durch Übernahme der Geldauflagen auszugleichen. Ohnehin müsste die Entscheidung hierüber nach pflichtgemäßem Ermessen getroffen werden. Im Übrigen sollte die Erstattung von **Geldbußen** angesichts der Tendenz zum reinen Erfolgs-

---

27 BGH v. 3.12.1962 – II ZR 201/61, NJW 1963, 535; *Spindler* in MünchKomm/AktG, 5. Aufl. 2019, § 84 AktG Rz. 99; teilw. abweichend *Zöllner* in FS Koppensteiner, 2001, S. 291, 294.

28 *Spindler* in MünchKomm/AktG, 5. Aufl. 2019, § 84 AktG Rz. 106.

29 So BGH v. 7.11.1990 – 2 StR 439/90, BGHSt 37, 226, 229 ff. = NJW 1991, 990.

30 *Mertens/Cahn* in KölnKomm/AktG, 3. Aufl. 2010, § 84 AktG Rz. 92; *Fleischer*, WM 2005, 909, 917; einschränkend aber *Dreher* in FS Konzen, 2006, S. 85, 100.

31 BGH v. 8.7.2014 – II ZR 174/13, BGHZ 202, 26, 31 f. = WM 2014, 1678, mit Bespr. *Hoffmann-Becking*, ZGR 2015, 618 sowie *Schmidt-Bendun*, DB 2014, 2756; aus strafrechtlicher Warte *Talaska*, AG 2015, 118.

32 BGH v. 8.7.2014 – II ZR 174/13, BGHZ 202, 26, 31, 33 = AG 2014, 751 = WM 2014, 1678.

unrecht im Ordnungswidrigkeitenrecht generell in Betracht kommen, insbesondere aber bei unklarer Rechtslage, sofern der Vorstand aufgrund eines vertretbaren Rechtsstandpunkts gehandelt hat.[33] Noch nicht eindeutig zu beantworten ist die Frage, ob die Gesellschaft dem Vorstandsmitglied **Erstattungszusagen** für den Fall machen kann, dass es einer Verfahrenseinstellung gegen Auflage oder einem Strafbefehl zustimmt, sofern überwiegende Gründe des Unternehmenswohls dafür sprechen, das Verfahren möglichst rasch zu erledigen.[34] Man wird dies in der Tat grundsätzlich bejahen können, zumal sich die Erledigung des Verfahrens mit einem Verzicht des Vorstands auf eine vollständige Rehabilitierung verbindet.

2. Pflichten des Vorstandsmitglieds

169 Im Wesentlichen resultieren die Pflichten des Vorstandsmitglieds schon aus seinem Organverhältnis (und die Haftung bei Pflichtverletzung aus § 93 Abs. 2 AktG, dazu Abschnitt 10, §§ 38 f.). Speziell aus dem Anstellungsvertrag ergibt sich eine **Auskunfts- und Rechenschaftspflicht aus § 666 BGB**, die zwar im Wesentlichen durch die organschaftliche Berichtspflicht abgedeckt wird, teilweise aber über diese hinausgeht und auch noch nach Ablauf des Anstellungsvertrages besteht.[35] Zu denken ist weiter an die **Herausgabepflicht** nach § 667 BGB[36] und die Verzinsungspflicht nach § 668 BGB. Zusätzliche Pflichten bestehen bei entsprechender Vereinbarung. Zum nachvertraglichen Wettbewerbsverbot s. § 13 Rz. 317 f. Weitere Pflichten können sein: Residenzpflicht, Pflicht zur Übernahme von Ämtern außerhalb der Gesellschaft (z.B. in Verbänden), Mindestarbeitszeit, Ortsanwesenheitspflicht etc.[37] Eine **Vertragsstrafe** für den Fall der Verletzung von organ- bzw. anstellungsvertraglichen Pflichten kann ebenfalls vereinbart werden.

V. Beendigung und Änderung des Anstellungsvertrages

1. Verhältnis von Abberufung und Kündigung

170 Aufgrund des **Trennungsprinzips** endet der Anstellungsvertrag nicht automatisch mit der Abberufung; es bedarf hierfür vielmehr regelmäßig einer **außerordentlichen Kündigung** und somit eines wichtigen Grundes gem. § 626 BGB (dazu näher § 9 Rz. 138 f.). Zwar ist es grundsätzlich auch bei befristeten Verträgen zulässig, die Möglichkeit einer **ordentlichen Kündigung** zu vereinbaren, für die dann die Fristen

---

33 *Mertens/Cahn* in KölnKomm/AktG, 3. Aufl. 2010, § 84 AktG Rz. 95.

34 So namentlich *Krieger* in FS Bezzenberger, 2000, S. 211, 216 f.; tendenziell auch *Mertens/Cahn* in KölnKomm/AktG, 3. Aufl. 2010, § 84 AktG Rz. 95, die zusätzlich verlangen, dass die Gesellschaft von Unschuld oder geringer Schuld des Vorstandsmitglieds ausgehen darf.

35 BGH v. 7.7.2008 – II ZR 71/07, ZIP 2008, 1821 = AG 2008, 743.

36 BGH v. 7.7.2008 – II ZR 71/07, ZIP 2008, 1821 = AG 2008, 743; s. auch BGH v. 11.7.1968 – II ZR 108/67, WM 1968, 1325, 1328 (Vorstand steht insofern kein Zurückbehaltungsrecht zu).

37 Näher *Mertens/Cahn* in KölnKomm/AktG, 3. Aufl. 2010, § 84 AktG Rz. 97.

des § 622 BGB gelten. Auch sie setzt nach überwiegender Ansicht aber eine wirksame Abberufung (und somit einen wichtigen Grund) voraus, weil der Aufsichtsrat anderenfalls im Wege der ordentlichen Kündigung indirekt eine Abberufung ohne wichtigen Grund herbeiführen könne.[38] Für die Praxis spielt die ordentliche Kündigung wegen der h.M. bislang keine große Rolle, zumal sie danach lediglich für den (Ausnahme-)Fall bedeutsam werden kann, dass zwar ein wichtiger Abberufungsgrund, nicht aber auch ein wichtiger Kündigungsgrund vorliegt (zur eigenständigen Prüfung des jeweiligen wichtigen Grundes, s. § 9 Rz. 139), ferner aber auch dann, wenn die Frist des § 626 Abs. 2 BGB versäumt wurde. Zweifelsfrei ist die h.M. freilich keineswegs, wenn man das Trennungsprinzip ernst nimmt. Aus Sicht der Gesellschaft ist es jedenfalls empfehlenswert, die Abberufung als **auflösende Bedingung** des Anstellungsvertrages zu vereinbaren (s. § 9 Rz. 140).[39] – Zur Zuständigkeit des Aufsichtsrats für die Kündigung s. § 9 Rz. 138.

2. Fortbestehen des Anstellungsverhältnisses nach Widerruf der Bestellung

Solange das Anstellungsverhältnis nicht wirksam gekündigt wurde – oder einvernehmlich aufgehoben (dazu sogleich unter 3. [Rz. 172 ff.]) –, bestehen die anstellungsvertraglichen Rechte und Pflichten, namentlich der **Vergütungsanspruch**, fort. Doch mindert er sich ggf. nach § 615 Satz 2 BGB.[40] Außerdem muss das Vorstandsmitglied eine andere zumutbare Position im Unternehmen akzeptieren.[41] Ausnahmsweise, nämlich bei entsprechendem Willen beider Seiten, kann sich das Anstellungsverhältnis in ein gewöhnliches Arbeitsverhältnis umwandeln, für dessen Kündigung dann der Vorstand zuständig ist.[42] 171

3. Aufhebungsvertrag

a) Zuständigkeit

Der Anstellungsvertrag kann – ebenso wie das Organverhältnis (§ 10 Rz. 153) – einvernehmlich aufgehoben werden; regelmäßig erfolgt beides gemeinsam. Die Entscheidung über den Aufhebungsvertrag – nur diese – kann einem **Aufsichtsratsausschuss** überlassen werden. Allerdings gilt dies nur dann unzweifelhaft, wenn der Vertrag keine Abfindungszahlung der Gesellschaft vorsieht (dazu sogleich). Eine Entscheidung des **Plenums** ist gem. § 107 Abs. 3 Satz 3 AktG jedenfalls dann erforderlich, wenn man § 87 Abs. 1 Satz 4 AktG auch auf die Entscheidung über die Ab- 172

38 *Mertens/Cahn* in KölnKomm/AktG, 3. Aufl. 2010, § 84 AktG Rz. 149; *Thüsing* in Fleischer, Hdb. Vorstandsrecht, § 5 Rz. 55.

39 Dazu auch BGH v. 29.5.1989 – II ZR 220/88, ZIP 1989, 1190, 1191 = AG 1989, 437; *Lutter/Krieger/Verse*, Rechte und Pflichten des Aufsichtsrats, § 7 Rz. 436.

40 BGH v. 9.2.1978 – II ZR 189/76, WM 1978, 319, 320.

41 *Lutter/Krieger/Verse*, Rechte und Pflichten des Aufsichtsrats, § 7 Rz. 437 (mit Hinweis auf BGH v. 14.7.1966 – II ZR 212/64, GmbHR 1966, 277).

42 BGH v. 4.10.1973 – II ZR 130/71, WM 1973, 1320, 1322 = AG 1974, 79, 80; BGH v. 27.3.1995 – II ZR 140/93, NJW 1995, 1750, 1751.

findung bei Aufhebung des Vertrages anwendet, was umstritten ist.[43] Unabhängig von der Frage des Maßstabes trifft jedenfalls der von § 107 Abs. 3 AktG verfolgte Transparenzzweck auch die Festsetzung einer Abfindung, sofern diese nicht schon abschließend durch den Anstellungsvertrag selbst definiert ist. Denn selbst wenn „nur" der Vertrag „ausbezahlt" werden soll, ist eine transparenzbedürftige Ermessensentscheidung über die Berücksichtigung variabler Bestandteile, über eine Abzinsung und über nach § 615 Satz 2 BGB anzurechnende Leistungen zu treffen. Das Delegationsverbot des § 107 Abs. 3 Satz 3 AktG gilt somit auch hier, so dass bei Vereinbarung einer Abfindung allemal das Plenum zu entscheiden hat.

b) Abfindung – materielle Anforderungen

173 Eine Abfindung anlässlich des Ausscheidens ist wegen § 615 Satz 1 BGB (Fortzahlung des Entgelts bei Annahmeverzug des Dienstherrn) insofern unproblematisch, als sie der **Abgeltung der Restlaufzeit** des – nicht fristlos gekündigten – Vertrages dient, insofern also die sicher ausstehenden Bezüge (unter Abzinsung) kapitalisiert werden sowie ein angemessener Abzug vorgenommen wird für den Verzicht auf die bei fortlaufendem Vertrag nach § 615 Satz 2 BGB geschuldete Anrechnung anderweitigen Einkommens.[44] Darüber **hinausgehende Zahlungen** dürfen nur geleistet werden, sofern dies in angemessener Weise durch den Anstellungsvertrag **vereinbart** ist, z.B. im Rahmen einer (wirksamen) Change of Control-Klausel (dazu sogleich). Nach überwiegender Ansicht darf in diesem Rahmen auch der Wegfall **variabler Vergütungsbestandteile** abgegolten werden, wenngleich sie ihre Leistungsanreize naturgemäß nicht mehr ausüben können und das Vorstandsmitglied keine Leistung für die Gesellschaft mehr erbringt. Selbstverständlich sollte allerdings sein, dass das Vorstandsmitglied in keinem Falle besser gestellt werden darf, als bei Durchführung des Vertrages, was aus den genannten Gründen regelmäßig zu Abschlägen gegenüber der Situation bei Fortsetzung der Anstellung führt.[45] Die bei der Berücksichtigung variabler Bestandteile für die Abfindung auftretenden Bewertungsfragen führen im Übrigen zwingend zur Zuständigkeit des Aufsichtsratsplenums (Rz. 172).

174 **Change of Control-Klauseln**[46] enthalten häufig Abfindungsregelungen für einen unfreiwilligen Amtsverlust des Vorstandsmitglieds infolge einer Übernahme, gelegentlich aber auch für den Fall, dass das Vorstandsmitglied ein ihm für den Fall des Kontrollwechsels eingeräumtes Sonderkündigungsrecht ausübt. Im erstgenannten Fall ist

43 Bejahend *Körner*, NJW 2004, 2697, 2699; *Thüsing* in Fleischer, Hdb. Vorstandsrecht, § 5 Rz. 71; verneinend *Mertens/Cahn* in KölnKomm/AktG, 3. Aufl. 2010, § 87 AktG Rz. 83; für §§ 116, 93 AktG als Maßstab auch *Hoffmann-Becking*, ZHR 169 (2005), 155, 169.

44 *Lutter/Krieger/Verse*, Rechte und Pflichten des Aufsichtsrats, § 7 Rz. 420.

45 Vgl. *Hoffmann-Becking*, ZHR 169 (2005), 155, 169 (auch 100%ige Abfindung nur ausnahmsweise); *Martens*, ZHR 169 (2005), 124, 141; großzügiger allerdings *Mertens/Cahn* in KölnKomm/AktG, 3. Aufl. 2010, § 87 AktG Rz. 83 m.w.N.

46 Dazu *Hoffmann-Becking*, ZIP 2007, 2101, 2104; *Lutter*, ZIP 2006, 733, 737; *Ziemons* in FS Huber, 2006, S. 1035.

die Vereinbarung einer Abfindung im Ansatz nicht als unzulässig anzusehen; es handelt sich dann um eine vertraglich im Voraus vereinbarte Abfindung (s. Rz. 173), die aber insgesamt noch angemessen i.S.v. § 87 Abs. 1 AktG sein muss und für die der DCGK deshalb eine Höchstgrenze empfiehlt (sogleich unter c). Eine solche Klausel dient der Absicherung des Vorstandsmitglieds vor einem **unfreiwilligen Amtsverlust** infolge einer Übernahme und gewährleistet auf diese Weise seine Unbefangenheit gegenüber Übernahmeversuchen.[47] Deshalb lässt sich für diesen Sonderfall ausnahmsweise eine höhere Abfindung rechtfertigen.[48] Anders sind hingegen Abfindungszusagen für den Fall zu beurteilen, dass das Vorstandsmitglied ein **Sonderkündigungsrecht** ausübt. Die Abfindung darf dann (insgesamt) nicht über die Abgeltung der Vergütung für die Restlaufzeit hinausgehen; denn anderenfalls würde ein schädlicher Anreiz für den Vorstand geschaffen, einen Kontrollwechsel (aus sachfremden Erwägungen) zu begünstigen.[49] Auch insofern sind Abzinsung und eine angemessene Berücksichtigung der sonst geltenden Anrechnung gem. § 615 Satz 2 BGB erforderlich (s. Rz. 173). Das Vorstandsmitglied erhält einen angemessenen Ausgleich schon dadurch, dass es ungeachtet seiner eigenen Kündigung bis zum Ende der Vertragslaufzeit fortbezahlt wird. Zulässig ist ein solches Sonderkündigungsrecht im Übrigen nur dann, wenn es für den Fall eingeräumt wird, dass die Stellung des Vorstandsmitglieds durch den Kontrollwechsel **erheblich beeinträchtigt** wird.[50] Der DCGK 2020 regt in G.14 generell an, von Change of Control-Abfindungen abzusehen (s. Rz. 177).

c) Abfindung – Kodexempfehlungen

aa) Wortlaut von Empfehlung G.13 DCGK 2020

Zusätzlich zu den unter Rz. 173 f. dargestellten allgemeinen Anforderungen enthält der **DCGK 2020** in **G.13 bzw. G.14** für börsennotierte Gesellschaften noch folgende Empfehlung bzw. Anregung, die sich als Konkretisierung des Angemessenheitsmaßstabs verstehen: 175

G.13 Zahlungen an ein Vorstandsmitglied bei vorzeitiger Beendigung der Vorstandstätigkeit sollen den Wert von zwei Jahresvergütungen nicht überschreiten (Abfindungs-Cap) und nicht mehr als die Restlaufzeit des Anstellungsvertrags vergüten. Im Falle eines nachvertraglichen Wettbewerbsverbots soll die Abfindungszahlung auf die Karenzentschädigung angerechnet werden.

47 *Mertens/Cahn* in KölnKomm/AktG, 3. Aufl. 2010, § 87 AktG Rz. 85; *Hoffmann-Becking*, ZHR 169 (2005), 155, 171.

48 *Mertens/Cahn* in KölnKomm/AktG, 3. Aufl. 2010, § 87 AktG Rz. 85; *Hüffer/Koch*, § 87 AktG Rz. 9.

49 Zutr. *Martens*, ZHR 169 (2005), 124, 141; *Lutter*, ZIP 2006, 733, 737; *Mertens/Cahn* in KölnKomm/AktG, 3. Aufl. 2010, § 87 AktG Rz. 86; großzügiger *Ziemons* in FS Huber, 2006, S. 1035, 1042 (bis zu einem Jahresgehalt zusätzlich); vgl. auch *Hoffmann-Becking*, ZHR 169 (2005), 155, 171 f.

50 *Mertens/Cahn* in KölnKomm/AktG, 3. Aufl. 2010, § 87 AktG Rz. 86; *Hoffmann-Becking*, ZHR 169 (2005), 155, 171.

G.14 Zusagen für Leistungen aus Anlass der vorzeitigen Beendigung des Anstellungsvertrags durch das Vorstandsmitglied infolge eines Kontrollwechsels (Change of Control) sollten nicht vereinbart werden.

bb) Auslegung von Empfehlung G.13 DCGK 2020

176 Die Bedeutung des ersten Satzes der Empfehlung G.13 ist deshalb unklar, weil die „Auszahlung" der Restlaufzeit nicht notwendigerweise vereinbart zu werden braucht, damit eine entsprechende Abfindung gewährt werden kann (Rz. 173), insofern ist der Abschlusszeitpunkt also auf den ersten Blick nicht ohne Weiteres nachvollziehbar. Zugleich steht wegen der Bezugnahme auf die „Restlaufzeit" aber fest, dass sich die Empfehlung nicht bloß auf *zusätzliche* Abfindungen beziehen kann, die über die Abgeltung der für die Restlaufzeit geschuldeten Vergütung hinausgehen (diese sind in der Regel schon als solche unangemessen), weswegen die vereinzelte Ansicht im Schrifttum, die Empfehlung könne sich nur auf *zusätzliche* Vergütung beziehen,[51] nicht überzeugt. Vielmehr lässt sich der Empfehlung ein Sinn dadurch beilegen, dass sie eine Abfindungsbegrenzung schon im Anstellungsvertrag empfiehlt. Diese besteht demnach aus drei Elementen: (1) Die mit den allgemeinen Regeln übereinstimmende Grundaussage, dass nur die Restlaufzeit des Vertrages abzugelten ist, (2) eine Begrenzung der Entschädigung für längere als zweijährige Restlaufzeiten auf zwei Jahresvergütungen und (3) einen Modus, wie der Wert von zwei Jahresvergütungen zu berechnen ist (nämlich bezogen auf die Gesamtvergütung des vorangegangenen und des laufenden Geschäftsjahrs). Warum die Parteien eine solche **Begrenzung der Abfindung** nicht sollten **im Anstellungsvertrag** vereinbaren können, ist nicht ersichtlich; und eben hierzu hält die Kodex-Empfehlung sie also an.[52] Es ist demnach eine Klausel etwa folgenden Inhalts in den Anstellungsvertrag aufzunehmen: Bei ein- bis zweijährigen Restlaufzeiten sind diese nach allgemeinen Regeln auszubezahlen, also unter Abzinsung, mit Berücksichtigung eines Abschlags für den Verzicht auf die Anrechnung nach § 615 Satz 2 BGB sowie mit einer angemessenen Abgeltung der nicht mehr verdienbaren variablen Vergütungsbestandteile. Bei Restlaufzeiten von über zwei Jahren greift die „Cap"-Empfehlung: Hier kann die Abfindung also ohne die genannten Abzüge bis zur Höhe der Gesamtvergütung von zwei Jahren bemessen werden. Im Übrigen wird in Satz 2 empfohlen, bei der Bemessung einer Karenzentschädigung aufgrund nachvertraglichen Wettbewerbsverbots – sofern eine solche überhaupt gewährt wird (Rz. 318) – die Abfindungszahlungen abzuziehen.

---

51 So *Hohenstatt/Willemsen*, NJW 2008, 3462, 3463; *Mertens/Cahn* in KölnKomm/AktG, 3. Aufl. 2010, § 87 AktG Rz. 86.

52 Ähnlich auch *Hüffer/Koch*, § 87 AktG Rz. 8, und *Hoffmann-Becking*, ZIP 2007, 2101, 2107; anders offenbar *Mertens/Cahn* in KölnKomm/AktG, 3. Aufl. 2010, § 87 AktG Rz. 86 (nur sinnvoll, wenn Anstellungsvertrag mit Widerruf endet, ohne dass wichtiger Kündigungsgrund vorliegt) sowie anscheinend *Bauer/Arnold*, BB 2008, 1692, 1695.

cc) „Change of Control"-Abfindung (Anregung G.14 DCGK 2020)

Nachdem der DCGK 2017 in Nr. 4.2.3 Abs. 5 im Falle eines Ausscheidens durch Kontrollwechsel noch einen Aufschlag von maximal 50 % auf die ordentliche Abfindungsleistung erlaubte, legt Anregung G.14 des DCGK 2020 nunmehr nahe, auf Change of Control-Abfindungen insgesamt zu verzichten. Dass solche Aufschläge in maßvollem Umfang durchaus gerechtfertigt werden können (nämlich zur Sicherung einer Unbefangenheit bei Übernahmeversuchen), hält der Kodexgeber also nicht mehr für ausschlaggebend. Unzulässig schon nach allgemeinen Regeln sind derart erhöhte Abfindungen im Übrigen dann, wenn das Vorstandsmitglied im Wege eines ihm für diesen Fall eingeräumten Sonderkündigungsrechts aus dem Amt scheidet (Rz. 174). 177

d) Sonstige Regelungsgegenstände

Häufiger Gegenstand von Aufhebungsverträgen ist ein nachvertragliches **Wettbewerbsverbot**, auf das in § 13 Rz. 317 eingegangen wird. Regelungen zu **Versorgungsbezügen** kommen anlässlich der Aufhebung nur insofern in Betracht, als sie eine schon im Anstellungsvertrag getroffene Regelung konkretisieren; eine Anspruchsbegründung anlässlich der Aufhebung scheidet dagegen in aller Regel aus, weil der Aufsichtsrat nach dem (strafrechtlichen) „Mannesmann"-Urteil des BGH[53] anlässlich des Ausscheidens keine Geschenke machen darf; **Belohnungen beim Ausscheiden** sind ihrer Art nach **unangemessen.**[54] Demnach können nur solche Versprechen gemacht werden, denen noch ein angemessener künftiger Vorteil der Gesellschaft gegenüber steht, etwa in Gestalt einer Anreizwirkung auf das Vorstandsmitglied. Als konkretisierende Regelung kommt namentlich die Kapitalisierung einer nach § 1b Abs. 1 Satz 1 BetrAVG unverfallbaren Versorgungsanwartschaft in Betracht. Sie darf nur unter den Voraussetzungen des § 3 BetrAVG erfolgen,[55] also entweder, wenn die Beiträge zur gesetzlichen Rentenversicherung erstattet werden (§ 3 Abs. 3 BetrAVG) oder wenn der Wert der Anwartschaft 1 % der monatlichen Bezugsgröße, bei Kapitalleistungen 12/10 der monatlichen Bezugsgröße nicht übersteigt (§ 3 Abs. 2 Satz 1 BetrAVG), somit nur bei Kleinstanwartschaften und bei Erstattung der Rentenversicherungsbeiträge.[56] 178

Auch **Übergangsgelder** können demgemäß nur dann gewährt werden, wenn dies schon im Anstellungsvertrag vereinbart worden ist. Angemessen sind sie zudem nur dann, wenn sie zeitlich begrenzt gezahlt werden; ferner ist die Anrechnung weiteren Einkommens zwingend zu vereinbaren.[57] Für den Fall einer Abberufung bzw. Kündi- 179

53 BGH v. 21.12.2005 – 3 StR 470/04, ZIP 2006, 72 = AG 2006, 110. Kritisch dazu aber viele Stimmen im Schrifttum, vgl. nur *Hüffer/Koch*, § 87 AktG Rz. 7 m.w.N.

54 So auch *Lutter/Krieger/Verse*, Rechte und Pflichten des Aufsichtsrats, § 7 Rz. 419.

55 *Thüsing* in Fleischer, Hdb. Vorstandsrecht, § 5 Rz. 76.

56 *Thüsing* in Fleischer, Hdb. Vorstandsrecht, § 6 Rz. 93 m.w.N. (*Thüsing* selbst plädiert für großzügigere Abfindungsmöglichkeiten).

57 *Lutter/Krieger/Verse*, Rechte und Pflichten des Aufsichtsrats, § 7 Rz. 418.

gung aus wichtigem Grund kann auch im Anstellungsvertrag nicht wirksam eine Abfindung vereinbart werden.[58]

VI. Drittanstellung („Konzernanstellung", „Interimsmanagement")

180 Die **Zulässigkeit** einer Anstellung des Vorstandsmitglieds bei einer anderen (Konzern-)Gesellschaft ist traditionell **umstritten**. Entsprechendes gilt für „geleaste" Vorstandsmitglieder, die bei einer „**Interim Management**"-Agentur angestellt bleiben.[59] Sie wird inzwischen überwiegend (unter bestimmten Voraussetzungen) bejaht,[60] nach wie vor stößt sie aber auch auf verbreitete Ablehnung.[61] Letzteres vor allem mit Hinweis auf die ausschließliche Kompetenz des Aufsichtsrats und die durch § 76 Abs. 1 AktG garantierte Eigenverantwortlichkeit bzw. Unabhängigkeit des Vorstands, die hierdurch ausgehebelt zu werden drohe. Der BGH geht in einer neueren Entscheidung ebenfalls von der grundsätzlichen Zulässigkeit einer Drittanstellung aus, sofern der Aufsichtsrat der Gesellschaft denjenigen Vertrag mit dem Drittansteller abschließt, der die Vorstandstätigkeit und ihre Bedingungen zum Gegenstand hat.[62] Unter die Vertretungsbefugnis des Aufsichtsrats gem. § 112 AktG falle „bei der Bestellung eines vorübergehenden Vorstandsmitglieds, das selbst in einem Vertragsverhältnis zu einem Dritten steht, auch der Abschluss eines Vertrags über die Vergütung dieses Dritten für die Vermittlung sowie Stellung des Vorstandsmitglieds und für seine Vorstandstätigkeit". In der Tat lassen sich beim Interimsmanagement, im Vertragskonzern und bei Eingliederung **Kompetenzbedenken** dadurch **ausräumen**, dass Abschluss, Änderung oder Beendigung des Anstellungsverhältnisses (bzw. eines Dienstvertrages, der die Vorstandstätigkeit regelt) an die Zustimmung der Gesellschaft geknüpft werden, für die der Aufsichtsrat zuständig ist (§ 112 AktG). Auf diese Weise kann der erforderliche Gleichlauf von Anstellungs- und Bestellungskompetenz, auf den auch der BGH entscheidend abstellt, gewahrt werden. Außerdem

---

58 BGH v. 3.7.2000 – II ZR 282/98, ZIP 2000, 1442 = AG 2001, 44; BGH v. 17.3.2008 – II ZR 239/06, NZG 2008, 471 = AG 2008, 894 – s. dazu schon § 9 Rz. 130 m.w.N.

59 Dazu *Uffmann*, ZGR 2013, 273 ff.; *Krieger* in FS Hoffmann-Becking, 2013, S. 711.

60 KG v. 28.6.2011 – 19 U 11/11, AG 2011, 758, 759; OLG Celle v. 10.2.2010 – 4 U 68/09, AG 2012, 41, 42; *Lutter/Krieger/Verse*, Rechte und Pflichten des Aufsichtsrats, § 7 Rz. 449; *Reuter*, AG 2011, 274, 276 ff.; *Seibt* in K. Schmidt/Lutter, § 84 AktG Rz. 26; *Wiesner* in MünchHdb. GesR AG, § 21 Rz. 3 ff.; *Hüffer/Koch*, § 84 AktG Rz. 17; *Diekmann/Punte*, WM 2016, 681, 684 f.; *Krieger* in FS Hoffmann-Becking, 2013, S. 711 ff.; so für die GmbH auch BGH v. 25.6.1979 – II ZR 219/78, BGHZ 75, 209, 210 = NJW 1980, 595.

61 Generell verneinend *Spindler* in MünchKomm/AktG, 5. Aufl. 2019, § 84 AktG Rz. 79; *Mertens/Cahn* in KölnKomm/AktG, 3. Aufl. 2010, § 84 AktG Rz. 56; nur für faktische Konzernverhältnisse ablehnend hingegen *Kort* in Großkomm/AktG, 5. Aufl. 2015, § 84 AktG Rz. 329; *Kort*, AG 2015, 531 f.; *Schüppen* in FS Tiedemann, 2008, S. 749, 755.

62 BGH v. 28.4.2015 – II ZR 63/14, NZG 2015, 792, 794 Rz. 24 = AG 2015, 535 = ZIP 2015, 1220 (im Fall hatte der Vorstand nach entsprechender Rechtsberatung selbst über den Vertrag beschlossen und durch dieses kompetenzwidrige Verhalten seine Pflichten verletzt; möglich blieb aber ein entschuldigender Rechtsirrtum nach den „ISION"-Grundsätzen, dazu Rz. 1532); zur BGH-Entscheidung näher *Bayer*, ZIP 2015, 1853; *E. Vetter*, NZG 2015, 889; *Kort*, AG 2015, 531; *Hirte*, NJW 2016, 1216.

sollte klargestellt werden, dass der Vertragspartner keinerlei Weisungen hinsichtlich der Geschäftsführung erteilen darf. Soll die Gesellschaft, wie regelmäßig, die an das Vorstandsmitglied gezahlte Vergütung erstatten, ist stets gewährleistet, dass die vom Aufsichtsrat zu beachtenden Vergütungsgrundsätze aus § 87 AktG ebenso zur Anwendung gelangen – nämlich hinsichtlich dieser Vereinbarung – wie bei einer Anstellung durch die Gesellschaft selbst. Werden diese Anforderungen beachtet, wird man Drittanstellungen **auch im faktischen Konzern** zulassen können.

Einstweilen frei. 181–184

§ 12
Vergütung des Vorstands

Literaturübersicht: *Abel*, Angemessene Vorstandsbezüge: Werden Benchmarks zum Alibi?, Der Aufsichtsrat 2010, 82; *Achleitner*, Ausgewählte Aspekte der Vorstandsvergütung in börsennotierten Unternehmen, ZCG 2010, 113; *Annuß/Theusinger*, Das VorstAG – Praktische Hinweise zum Umgang mit dem neuen Recht, BB 2009, 2434; *Anzinger*, Vorstands- und Aufsichtsratsvergütung: Kompetenzverteilung und Offenlegung nach der zweiten Aktionärsrechterichtlinie, ZGR 2019, 39; *Bachmann/Pauschinger*, Die Neuregelung der Vorstands- und Aufsichtsratsvergütung, ZIP 2019, 1; *Bauer/Arnold*, Mannesmann und die Folgen für Vorstandsverträge, DB 2006, 546; *Bauer/Arnold*, Sind Abfindungs-Caps in Vorstandsverträgen wirklich zu empfehlen? – Zur Überarbeitung des Deutschen Corporate Governance Kodex, BB 2008, 1692; *Bayer*, Die Vergütung von Vorstands- und Aufsichtsratsmitgliedern börsennotierter Gesellschaften nach dem RefE für das ARUG II, DB 2018, 3034; *Bebchuk/Fried/Walker*, Managerial Power and Rent Extraction in the Design of Executive Compensation, 69 U. Chi. L. Rev. 751 (2002); *Bosse*, Das Gesetz zur Angemessenheit der Vorstandsvergütung (VorstAG) – Überblick und Handlungsbedarf, BB 2009, 1650; *Brandes*, Rückzahlung überhöhter Vorstandsgehälter, ZIP 2013, 1107; *Cahn*, Vorstandsvergütung als Gegenstand rechtlicher Regelung, in FS Hopt, 2010, S. 431; *Cannivé/Seebach*, Vorstandsvergütung als neue Haftungsfalle für Aufsichtsratsmitglieder?, Der Konzern 2009, 593; *Dauner-Lieb*, Die Verrechtlichung der Vorstandsvergütung durch das VorstAG als Herausforderungen für den Aufsichtsrat, Der Konzern 2009, 583; *Dauner-Lieb/von Preen/Simon*, Das VorstAG – Ein Schritt auf dem Weg zum Board-System?, DB 2010, 377; *DAV-Handelsrechtsausschuss*, Stellungnahme zum Entwurf eines Gesetzes zur Angemessenheit der Vorstandsvergütung (VorstAG), NZG 2009, 612; *Deilmann/Otte*, Auswirkungen des VorstAG auf die Struktur der Vorstandsvergütung, GWR 2009, 261; *DIHK*, Stellungnahme zum Entwurf eines Gesetzes zur Angemessenheit der Vorstandsvergütung (VorstAG), NZG 2009, 538; *Diller*, Nachträgliche Herabsetzung von Vorstandsvergütungen und -ruhegeldern nach dem VorstAG, NZG 2009, 1006; *Drygala*, Die fehlende Verantwortung für sein Gehalt, oder: Ketzerische Gedanken zur Vergütungsdebatte, ZRP 2012, 161; *Dzida/Naber*, Risikosteuerung durch variable Vergütung, BB 2011, 2613; *Eichner/Delahaye*, Sorgfaltspflichten und Gestaltungsmöglichkeiten des Aufsichtsrats bei Vorstandsverträgen nach dem VorstAG, ZIP 2010, 2082; *Fleischer*, Aufsichtsratsverantwortlichkeit für die Vorstandsvergütung und Unabhängigkeit der Vergütungsberater, BB 2010, 67; *Fleischer*, Zur Regulierung der Vorstandsvergütung durch das Steuerrecht, DB 2010, 601; *Fleischer*, Das Gesetz zur Angemessenheit der Vorstandsvergütung (VorstAG), NZG 2009, 801;

Filbert/Klein/Kramarsch, Top-Managementvergütung – Status quo, regulatorisches Umfeld und notwendiger Evolutionen, ZfK 2009, 525; *Florstedt*, Die neuen Aktionärsvoten zur Organvergütung, ZGR 2019, 630; *Fonk*, Vergütungsrelevante Zielvereinbarungen und -vorgaben versus Leitungsbefugnis des Vorstands, NZG 2011, 321; *Gaul/Janz*, Wahlkampfgetöse im Aktienrecht: Gesetzliche Begrenzung der Vorstandsvergütung und Änderungen der Aufsichtsratstätigkeit, NZA 2009, 809; *Götz/Friese*, Empirische Analyse der Vorstandsvergütung im DAX und MDAX nach Einführung des VorstAG, CFB 2010, 410; *Götz/Friese*, Vorstandsvergütung im DAX und MDAX – Fortsetzung der empirischen Analyse 2013 nach Einführung des Vorstandsvergütungsangemessenheitsgesetz, Corporate Finance 2014, 370; *Goj*, Die Festlegung betragsmäßiger Höchstgrenzen der Vorstandsvergütung nach Ziff. 4.2.3 Abs. 2 Satz 6 DCGK, AG 2015, 173; *Hanau*, Der (sehr vorsichtige) Entwurf eines Gesetzes zur Angemessenheit der Vorstandsvergütung, NJW 2009, 1652; *Harbarth*, Aktienrecht, Gemeinwohl und Vergütungsparameter, ZGR 2018, 379; *Hecker*, Die aktuellen Änderungen des Deutschen Corporate Governance Kodex im Überblick, BB 2009, 1654; *Hennke*, Vorstandsvergütungs-Offenlegungsgesetz: erste Praxiserfahrungen und Stellungnahmen zu E-DRS 22, BB 2007, 1267; *Hesse*, Die Veröffentlichungspflicht für Vorstandsvergütung, 2013; *Hirte*, Neuzuordnung der Vorstandsvergütung durch das Gesetz zur Angemessenheit der Vorstandsvergütung (VorstAG), Status: Recht 2009, 140; *Hoffmann-Becking*, Abfindungsleistungen an ausscheidende Vorstandsmitglieder, ZIP 2007, 2101; *Hoffmann-Becking/Krieger*, Leitfaden zur Anwendung des Gesetzes zur Angemessenheit der Vorstandsvergütung (VorstAG), NZG 2009, Beil. Heft 26; *Hohaus/Weber*, Die Angemessenheit der Vorstandsvergütung gem. § 87 AktG nach dem VorstAG, DB 2009, 1515; *Hohenstatt*, Das Gesetz zur Angemessenheit der Vorstandsvergütung, ZIP 2009, 1349; *Hohenstatt/Seibt*, DCGK-Reform 2019, ZIP 2019, 11; *Hohenstatt/Wagner*, Zur Transparenz der Vorstandsvergütung – 10 Fragen aus der Unternehmenspraxis, ZIP 2008, 945; *Homann/Wolff*, Managerbezüge, ZGR 2010, 959; *Hüttenbrink/Kaserer/Rapp*, Vorstandsvergütung und geschäftspolitische Risiken bei Banken, ZBB 2012, 1; *Ihrig/Wandt/Wittgens*, Die angemessene Vorstandsvergütung drei Jahre nach Inkrafttreten des VorstAG, ZIP 2012, Beil. Heft 40; *Inwinkl/Schneider*, Überblick über das neue Gesetz zur Angemessenheit der Vorstandsvergütung (VorstAG), WPg 2009, 971; *Jaeger*, Zur Problematik der Einbeziehung von „good leaver“-Klausel in die Regelungen der variablen Vergütungen von Vorstandsmitgliedern, in Liber amicorum Martin Winter, 2011, S. 313; *Jaeger*, Die Auswirkungen des VorstAG für die Praxis von Aufhebungsvereinbarungen, NZA 2010, 128; *Jahn*, Das VorstAG: Neue Vorschriften gegen „unangemessene“ Managerbezüge, GWR 2009, 135; *Jooß*, Die Drittanstellung des Vorstandsmitglieds einer AG, NZG 2011, 1130; *van Kann/Keiluweit*, Das neue Gesetz zur Angemessenheit der Vorstandsvergütung – Wichtige Reform oder viel Lärm um nichts?, DStR 2009, 1587; *Keiser*, Die Herabsetzung von Managergehältern in der Krise als Organpflicht des Aufsichtsrats, RdA 2010, 280; *Klasen*, Vorstandsvergütungsangemessenheitsgesetz – viel Lärm um nichts?, Der Aufsichtsrat 2009, 69; *Klöhn*, Die Herabsetzung der Vorstandsvergütung gemäß § 87 Abs. 2 AktG in der börsennotierten Aktiengesellschaft, ZGR 2012, 1; *Koch*, Die Herabsetzung der Vorstandsbezüge gemäß § 87 Abs. 2 AktG nach dem VorstAG, WM 2010, 49; *Kocher/Bednarz*, Mehrjährigkeit der variablen Vorstandsvergütungen im Lichte der Nachhaltigkeit nach dem VorstAG, Der Konzern 2011, 77; *Kort*, Herabsetzung von Vorstandsbezügen gem. § 87 II AktG in der Insolvenz der AG, NZG 2015, 369; *Kort*, Kriterien der Herabsetzung der Vorstandsvergütung nach § 87 Abs. 2 Satz 1 AktG, AG 2016, 209; *Krieger*, Herabsetzung von Abfindungsleistungen nach § 87 Abs. 2 AktG, in Liber amicorum Martin Winter, 2011, S. 369; *Langenbucher*, Die bereicherungsrechtliche Rückforderung unangemessener Vorstandsbezüge, in FS Huber, 2006, S. 861; *Lieder/Fischer*, The Say-on-Pay Movement – Evidence From a Comparative Perspective, ECFR 2011, 376; *Lingemann*, Angemessenheit der Vorstandsvergütung – Das VorstAG ist in Kraft, BB 2009, 1918; *Löbbe/Fischbach*, Das Vergütungsvotum der Hauptversammlung nach § 120 Abs. 4 AktG n.F., WM 2013, 1625; *Löbbe/Fischbach*, Neuregelungen des ARUG II zur Vergütung von Vorstand und Aufsichtsrat börsennotierter Aktiengesellschaften, AG 2019, 373;

Lorenz, Entwurf für ein Gesetz zur Angemessenheit der Vorstandsvergütung, WM 2009, 674; *Lutter*, Das Abfindungs-Cap in Nummer 4.2.3 Abs. 3 und 4 des Deutschen Corporate Governance-Kodex, BB 2009, 1874; *Marsch-Barner*, Zum Begriff der Nachhaltigkeit in § 87 Abs. 1 AktG, ZHR 175 (2011), 737; *Martens*, Rechtliche Rahmenbedingungen der Vorstandsvergütung, in FS Hüffer, 2010, S. 647; *Mayer-Uellner*, Zur Zulässigkeit finanzieller Leistungen Dritter an die Mitglieder des Vorstands, AG 2011, 193; *Meier*, Der fehlerhafte Anstellungsvertrag von Organmitgliedern und die Rückabwicklung der Vergütung, NZA 2011, 267; *Melot de Beauregard*, Variable Vergütung im Trennungsprozess mit Geschäftsführern und Vorständen (Teil 1), DB 2012, 2792; *Melot de Beauregard/Schwimmbeck/Gleich*, Variable Vergütung im Trennungsprozess mit Geschäftsführern und Vorständen, DB 2012, 2792 (Teil 1) und DB 2012, 2853 (Teil 2); *Mertens*, Vorstandsvergütung in börsennotierten Aktiengesellschaften, AG 2011, 57; *Möllers/Christ*, Selbstprüfungsverbot und die zweijährige Cooling-off-Periode beim Wechsel eines Vorstandsmitglieds in den Aufsichtsrats nach dem VorstAG, ZIP 2009, 2278; *Niedereichholz*, Einflussfaktoren des deutschen Corporate Governance-Systems auf die Vorstandsvergütung, 2010; *Nikolay*, Die neuen Vorschriften zur Vorstandsvergütung – Detaillierte Regelungen und offene Fragen, NJW 2009, 2640; *Oetker*, Nachträgliche Eingriffe in die Vergütungen von Geschäftsführungsorganen im Lichte des VorstAG, ZHR 175 (2011), 527; *Poguntke*, Anerkennungsprämien, Antrittsprämien und Untreuestrafbarkeit im Recht der Vorstandsvergütungen, ZIP 2011, 893; *Raible/Schmidt*, Ist die Ausrichtung der Vergütungsstruktur auf eine nachhaltige Unternehmensführung mit einer Jahrestantieme vereinbar?, ZCG 2009, 249; *Reichert/Balke*, Die Berücksichtigung von Konzernzielen bei der variablen Vergütung des Vorstands einer abhängigen Gesellschaft im faktischen Konzern, in FS Hellwig, 2010, S. 285; *Rieckhoff*, Vergütung des Vorstands mit langfristiger Anreizwirkung, AG 2010, 617; *Reuter*, Die aktienrechtliche Zulässigkeit von Konzernanstellungsverträgen, AG 2011, 274; *Rieble/Schmidtlein*, Vergütung von Vorstand und Führungskräften, 2011; *Rimmelspacher/Kaspar*, Vergütungsbericht: Neue Anforderungen nach dem Deutschen Corporate Governance Kodex, DB 2013, 2785; *Roth*, Private Altersvorsorge als Aspekt der Corporate Governance, ZGR 2011, 516; *Schick*, Praxisfragen zum Vergütungssystem der Hauptversammlung nach § 120 Abs. 4 AktG, ZIP 2011, 593; *Schmidt*, Die Umsetzung der Aktionärsrechte-Richtlinie 2017: der Referentenentwurf für das ARUG II, NZG 2018, 1201; *Schmidt-Bendun*, Die Empfehlungen des Deutschen Corporate Governance Kodex zur Vorstandsvergütung – erste Antworten aus der Praxis auf neue Zweifelsfragen, AG 2014, 177; *Schockenhoff/Nußbaum*, Claw-Back-Klauseln in Vorstandsverträgen, AG 2018, 813; *Schüppen*, Vorstandsvergütung – (K)ein Thema für die Hauptversammlung?, ZIP 2010, 905; *Seibert*, Das VorstAG – Regelungen zur Angemessenheit der Vorstandsvergütung und zum Aufsichtsrat, WM 2009, 1489; *Seibert*, Die Koalitionsarbeitsgruppe „Managervergütungen“: Rechtspolitische Überlegungen zur Beschränkung der Vorstandsvergütung (Ende 2007 bis März 2009), in FS Hüffer, 2010, S. 955; *Semler*, Mitverantwortung der Vorstandsmitglieder einer Aktiengesellschaft für die eigenen Vergütungen – Grenzen der Vergütungskompetenz des Aufsichtsrats, in Liber amicorum *Wilhelm Happ*, 2006, S. 277; *Seyfarth*, Clawback-Vereinbarungen in Vorstandsverträgen, WM 2019, 521 ff., 569 ff.; *Spindler*, Rechtsfolgen einer unangemessenen Vorstandsvergütung, AG 2011, 725; *Spindler*, Angemessenheit und Zuständigkeit für Vergütungsfragen der Geschäftsführung einer GmbH nach dem VorstAG, in FS Uwe H. Schneider, 2011, S. 1287; *Spindler*, Die Herabsetzung von Vorstandsvergütungen in der Insolvenz, DB 2015, 908; *Stoll*, Die neuen Empfehlungen zur Vorstandsvergütung in der Kodexnovelle 2013 – Anwendung auch auf laufende Vorstandsverträge?, NZG 2014, 48; *Suchan/Winter*, Rechtliche und betriebswirtschaftliche Überlegungen zur Festsetzung angemessener Vorstandsbezüge nach Inkrafttreten des VorstAG, DB 2009, 2531; *Sünner*, Zum Ausweis betragsmäßiger Höchstgrenzen der Vorstandsvergütung in Ziff. 4.2.3 Abs. 2 Satz 6 DCGK, AG 2014, 115; *Süßmann*, Neue Kriterien für die Vergütung der Vorstände, BB 2009, 1481; *Thüsing*, Das Gesetz zur Angemessenheit der Vorstandsvergütung, AG 2009, 517; *Uckermann*, Versorgungszusagen an Gesellschafter-Geschäftsführer bzw. Vorstände von Kapitalgesellschaften,

NZA 2012, 434; *Velte*, Der Vergütungsbericht und die Vergütungsvoten nach dem ARUG II-RefE, DStR 2018, 2445; *E. Vetter*, Der kraftlose Hauptversammlungsbeschluss über das Vorstandsvergütungssystem nach § 120 Abs. 4 AktG, ZIP 2009, 2136; *Verse*, Regulierung der Vorstandsvergütung – mehr Macht für die Aktionäre? Überlegungen zur geplanten Reform des say on pay, NZG 2013, 921; *Wagner*, Nachhaltige Unternehmensentwicklung als Ziel der Vorstandsvergütung, AG 2010, 774; *Wagner*, Zur aktienrechtlichen Zulässigkeit von Share Matching-Plänen, BB 2010, 1739; *Wagner*, Das neue Mitspracherecht der Hauptversammlung bei der Vorstandsvergütung, BB 2013, 1731; *Wagner/Wittgens*, Corporate Governance als dauernde Reformanstrengung: Der Entwurf des Gesetzes zur Angemessenheit der Vorstandsvergütung, BB 2009, 906; *Waldenberger/Kaufmann*, Nachträgliche Herabsetzung der Vorstandsvergütung: Vermeidung von Haftungsrisiken für den Aufsichtsrat, BB 2010, 2257; *Waldhausen/Schüller*, Variable Vergütung von Vorständen und weiteren Führungskräften im AG-Konzern, AG 2009, 179; *Wandt*, Die Mustertabellen zur Offenlegung der Vorstandsvergütung nach dem DCGK in der Praxis, AG 2015, 303; *Weppner*, Vergütungsherabsetzung gem. § 87 II AktG – Leitlinien für die Praxis, NZG 2010, 1056; *Wettich*, Vorstandsvergütung: Bonus-Malus-System mit Rückforderungsmöglichkeit (claw back) und Reichweite des Zuständigkeitsvorbehalts zugunsten des Aufsichtsratsplenums, AG 2013, 374; *Wilsing/Paul*, Reaktionen der Praxis auf das Nachhaltigkeitsgebot des § 87 Abs. 1 Satz 2 AktG – Eine erste Zwischenbilanz, GWR 2010, 363; *Winter/Michels*, Mindestlöhne und Managerbezüge, NZA Beilage 2011 (Nr. 1), 22; *Wittuhn/Hamann*, Herabsetzung von Vorstandsvergütungen in der Krise, ZGR 2009, 847; *Ziemons*, Angemessene Vorstandsvergütung und Change of Control Klauseln, in FS Huber, 2006, S. 1035.

I. Grundlagen

1. Ausgangspunkt und rechtspolitischer Hintergrund

185 Die Bestimmungen über die Vergütung des Vorstands bilden den Kern des Anstellungsvertrages zwischen Gesellschaft und Vorstandsmitglied (dazu allgemein § 11). Für diesen gilt im Ausgangspunkt der Grundsatz der **Vertragsfreiheit**; der Inhalt des Anstellungsvertrages ist das Ergebnis der Verhandlungen zwischen dem (zukünftigen) Mitglied des Vorstands und der Gesellschaft. § 87 AktG setzt der Gestaltungsfreiheit der Parteien indessen zwingende Grenzen; das gilt nicht nur für börsennotierte Gesellschaften, sondern für jede Aktiengesellschaft unabhängig von der Zahl ihrer Aktionäre und ihrem Mitbestimmungsstatus.[1] Danach hat der Aufsichtsrat bei der Festsetzung der Verstandsbezüge dafür zu sorgen, dass diese in einem **angemessenen Verhältnis** zu den Aufgaben und Leistungen des Vorstandsmitglieds sowie zur Lage der Gesellschaft stehen und die übliche Vergütung nicht ohne besondere Gründe übersteigen.

186 Spätestens die Finanzmarktkrise 2008 hat den Fokus der öffentlichen Diskussion auf die verbreitet als unangemessen hoch empfundenen Vorstandsbezüge gelenkt. Seitdem sind Fragen der Managementvergütung ein Dauerthema sowohl auf nationaler

1 Dazu näher *Ihrig/Wandt/Wittgens*, Beilage zu ZIP 40/2012, 3 f.

Ebene als auch in Brüssel. Eine Folge dessen waren im Jahre 2009 auf **europäischer Ebene** die auf Grundlage des sog. De-Larosière-Berichts[2] ergangenen Empfehlungen der Europäischen Kommission.[3] In Deutschland wurde der Gesetzgeber 2009 mit dem Gesetz zur Angemessenheit der Vorstandsvergütung (VorstAG) tätig.[4] Er hat zudem mit § 25a Abs. 1 KWG und § 64b VAG Sonderregeln für die Managementvergütung im Finanz- und Versicherungssektor geschaffen.[5] Im Juni 2010 hat alsdann die Europäische Kommission **ein Grünbuch zur Corporate Governance veröffentlicht**, das einen Fokus auf Fragen der Managementvergütung legt.[6]

Darauf aufbauend ist am 17.5.2017 die **Zweite Aktionärsrechterichtlinie**[7] **(ARRL)** 187
zur Stärkung der Rechte der Anteilseigner verabschiedet worden. Die ARRL enthält eingehende Vorgaben an die Organvergütung in börsennotierten Gesellschaften.[8] Die deutsche Umsetzung der ARRL hat den Gesetzgeber vor einige wichtige Entscheidungen gestellt. Sollte er das deutsche Vergütungsrecht grundlegend ändern oder die ARRL möglichst schonend in das deutsche Aktienrecht einfügen?[9] Ein wesentlicher Konfliktpunkt dabei war, dass die ARRL maßgeblich auf dem monistischen System des englischen Rechts basiert.[10] Dort setzt die Hauptversammlung ei-

2 Bericht der „High Level Group on Financial Supervision in the EU" v. 25.2.2009, S. 34 ff., abrufbar unter http://ec.europa.eu/internal_market/finances/docs/de_larosiere_report_de.pdf.

3 Empfehlung 2009/384/EG der Kommission vom 30.4.2009 zur Vergütungspolitik im Finanzdienstleistungssektor, ABl. EU Nr. L 120 v. 15.5.2009, S. 22; Empfehlung 2009/385/EG der Kommission vom 30.4.2009 zur Ergänzung der Empfehlungen 2004/913/EG und 2005/162/EG zur Regelung der Vergütung von Mitgliedern der Unternehmensleitung börsennotierter Gesellschaften, ABl. EU Nr. L 120 v. 15.5.2009, S. 28. Zur Umsetzung der Empfehlung in anderen EU-Staaten s. Bericht der Kommission an den Rat, das Europäische Parlament, den Europäischen Wirtschafts- und Sozialausschuss und den Ausschuss der Regionen, KOM(2010) 284 endg.; bzw. Bericht über die Umsetzung der Empfehlung 2009/385/EG, KOM(2010) 285 endg.

4 VorstAG v. 31.7.2009, BGBl. I 2009, 2509. S. auch den Gesetzentwurf v. 17.3.2009, BT-Drucks. 16/12278 und den Bericht des Rechtsausschusses v. 17.6.2009, BT-Drucks. 16/13433; zu der Gesetzgebungsgeschichte *Seibert*, WM 2009, 1489. Eine empirische Analyse der Vorstandsvergütung nach dem VorstAG bieten *Götz/Friese*, CFB 2010, 410 ff.

5 § 25a Abs. 1 KWG und § 64b VAG wurden durch das Gesetz über die aufsichtsrechtlichen Anforderungen an die Vergütungssysteme von Instituten und Versicherungsunternehmen v. 21.7.2010 (BGBl. I 2010, 950) eingeführt; s. auch für Kredit- und Finanzdienstleistungsinstitute das Gesetz über die aufsichtsrechtlichen Anforderungen an die Vergütungssysteme von Instituten und Versicherungsunternehmen v. 26.7.2010, BGBl. I 2010, 50. Wegen der Einzelheiten sei auf die sektorspezifische Spezialliteratur verwiesen.

6 Grünbuch, Corporate Governance in Finanzinstituten und Vergütungspolitik v. 2.6.2010, KOM(2010) 285 endg. Allgemeiner: Grünbuch, Europäischer Corporate Governance-Rahmen, KOM(2011) 164/3, S. 10.

7 RL (EU) 2017/828 des Europäischen Parlaments und des Rates vom 17.5.2017 zur Änderung der RL 2007/36/EG im Hinblick auf die Förderung der langfristigen Mitwirkung der Aktionäre, ABl. EU Nr. L 132 v. 20.5.2017, S. 1.

8 *Schmidt*, NZG 2018, 1201, 1202.

9 *Löbbe/Fischbach*, ZIP 2019, 373, 375.

10 *Schmidt*, NZG 2018, 1201, 1202.

nen äußeren Rahmen für die Vergütungsentscheidungen, die dann durch ein anderes, unabhängiges Organ (*Board*) getroffen und umgesetzt werden.[11] Im dualistischen System des deutschen Rechts oblag es demgegenüber bisher ausschließlich dem Aufsichtsrat, über die Vergütung des Vorstands zu entscheiden. Die ARRL hat die möglichen Konflikte mit den nationalen Rechten nicht ignoriert, sondern den Mitgliedstaaten einen großen Umsetzungsspielraum gelassen. Der deutsche Gesetzgeber hat sich entschieden, diesen Spielraum zu nutzen und die ARRL mit dem ARUG II möglichst ohne Systembrüche in das deutsche Recht umzusetzen. Insbesondere ist nach dem ARUG II das Votum der Hauptversammlung zur Vorstandsvergütung auch weiterhin nicht bindend, sondern grundsätzlich nur mit empfehlendem Charakter ausgestaltet.[12] Abweichend vom bisherigen Recht ist die regelmäßige Befassung der Hauptversammlung mit der Vergütung des Vorstands aber nunmehr zwingend erforderlich; die Hauptversammlung muss mindestens alle vier Jahre über das System der Vorstandsvergütung Beschluss fassen (Rz. 194 ff.). Auf qualifizierten Minderheitenantrag nach § 122 Abs. 2 Satz 1 AktG kann sie zukünftig die vom Aufsichtsrat im Vergütungssystem für den Vorstand festzulegende Maximalvergütung herabsetzen und insoweit mit bindender Wirkung über die Gesamthöhe der Vorstandsbezüge entscheiden (Rz. 194c). Zudem entscheidet sie jährlich über die Billigung des Vergütungsberichts für das abgelaufene Geschäftsjahr (dazu eingeh. Rz. 278). Unmittelbar nach Vorlage des Regierungsentwurfs zum ARUG II hat die Regierungskommission eine aktualisierte und umfassend überarbeite Fassung des DCGK veröffentlicht. Der nach Inkrafttreten des ARUG II in Geltung gesetzte DCGK 2020 ist also bereits an das ARUG II angepasst.

188 Die Diskussion über die Organvergütung hat zwei Problemkreise herausgestellt: Es gehe *„zum einen um die oftmals übertriebene Höhe der Vergütungen im Finanzsektor und zum anderen um deren Struktur, insbesondere die Tatsache, dass diese zu überhöhten Risiken animiert und kurzfristiges Denken fördert, anstatt die langfristige Ertragsentwicklung in den Vordergrund zu stellen“*.[13] Mit dem **VorstAG** und nun auch mit dem **ARUG II** wurden diese Aspekte aufgenommen und die im Gesetz bereits enthaltenen Regelungsmechanismen schärfer konturiert, u.a. durch die Zuweisung der Entscheidung über die Vergütungshöhe an den Gesamtaufsichtsrat (dazu Rz. 189), durch die Verpflichtung, ein Vergütungssystem aufzustellen (dazu Rz. 193 ff.), durch die zwingende Abstimmung der Hauptversammlung hierüber im Rahmen des sog. „say on pay“ (Rz. 194 ff.), die Einschränkung der Vertragsfreiheit durch strengere inhaltliche Vorgaben an die Vergütung (dazu Rz. 199 ff.) und eine Verschärfung der Publizität (dazu Rz. 265 ff.). Schließlich kommt mit dem ARUG II der der Hauptversammlung zur Billigung vorzulegende Vergütungsbericht hinzu (Rz. 266 ff.). Offen bleiben auch nach den Neuregelungen zahlreiche Detailfragen,

11 *Schmidt*, NZG 2018, 1201, 1202.

12 Begr. RegE zum ARUG II, BT-Drucks. 19/9739, S. 34; kritisch dazu *Bachmann/Pauschinger*, ZIP 2019, 1, 5; zust. demgegenüber *Florstedt*, ZGR 2019, 630, 645.

13 De-Larosière-Bericht v. 25.2.2009, S. 35, abrufbar unter http://ec.europa.eu/internal_market/finances/docs/de_larosiere_report_de.pdf. Zum Konzept des VorstAG s. insb. *Dauner-Lieb*, Der Konzern 2009, 583, 584 f.; *Dauner-Lieb/von Preen/Simon*, DB 2010, 377, 378 f.; kritisch *Cahn* in FS Hopt, S. 431, 432.

u.a. die nach den Folgen einer gesetzeswidrigen Vergütungsvereinbarung für den Vorstand (dazu Rz. 286 ff.).

2. Grundlage des Vergütungsanspruchs

Grundlage für den Anspruch auf Vergütung des Vorstands ist der **Anstellungsvertrag**, für dessen Abschluss der Aufsichtsrat zuständig ist. Eine Zielsetzung des VorstAG war es, die Stellung des Aufsichtsrats als Sachwalter des Unternehmensinteresses zu stärken.[14] Deshalb ist nach § 107 Abs. 3 Satz 3 AktG die Festsetzung der Vergütung, abweichend von der früheren Rechtslage, zwingend dem **Aufsichtsratsplenum** vorbehalten, kann also nicht einem Ausschuss überlassen werden.[15] Ist eine variable Vergütung vereinbart, muss der Aufsichtsrat auch über die konkrete Höhe des auszuzahlenden Betrages Beschluss fassen und die Rechnungsschritte zu dessen Bestimmung überprüfen.[16] 189

Bei einem größeren Aufsichtsrat unverändert zulässig und sinnvoll ist aber die Vorbereitung der Beschlussfassung durch einen **Ausschuss.**[17] Außerdem will § 100 Abs. 2 AktG die Unabhängigkeit der Aufsichtsratsmitglieder im Verhältnis zum Vorstand festigen, und zwar auch im Hinblick auf die Festsetzung der Vorstandsvergütung. Danach ist grundsätzlich eine Karenzzeit von zwei Jahren nach Ausscheiden aus dem Vorstand abzuwarten, bevor ein vormaliges Vorstandsmitglied in den Aufsichtsrat eintreten kann (sog. „cooling off").[18] Im Übrigen kann der Aufsichtsrat einen Vergütungsberater zu seiner sachverständigen Unterstützung beiziehen. Tut er dies, soll der Aufsichtsrat nach der Empfehlung G.5 DCGK 2020 auf dessen Unab-

---

14 Gesetzentwurf v. 17.3.2009, BT-Drucks. 16/12278, S. 5; vgl. auch *Cannivé/Seebach*, Der Konzern 2009, 593, 595; *Thüsing* in Fleischer, Hdb. Vorstandsrecht, § 6 Rz. 16. Studien zeigen, dass die Eigentümerstruktur die Vergütungshöhe determiniert. So ist die Vergütungshöhe bei Aktiengesellschaften in der Hand von Großaktionären tendenziell geringer, *Rapp/Wolff*, Determinanten der Vorstandsvergütung – Eine empirische Untersuchung der deutschen Prime-Standard-Unternehmen, 2010, abrufbar auf SSRN Nr. 1555654. Kritisch zur Funktion des Aufsichtsrats, *Dauner-Lieb/von Preen/Simon*, DB 2010, 377, 381.

15 Zum Anwendungsbereich näher *Ihrig/Wandt/Wittgens*, Beilage zu ZIP 40/2012, 3 f.; *Wettich*, AG 2013, 374, 378 ff.

16 *Fonk*, NZG 2011, 321, 323.

17 Gesetzentwurf v. 17.3.2009, BT-Drucks. 16/12278, S. 7; zur aufwendigen Erörterung von Detailfragen im Plenum *Handelsrechtsausschuss des DAV*, NZG 2009, 612, 615; vgl. auch *Cannivé/Seebach*, Der Konzern 2009, 593, 596; *Fleischer*, NZG 2009, 801, 804; *Lingemann*, BB 2009, 1918, 1922. *Seibert*, WM 2009, 1489, 1491, regt Zwischenbeschlüsse des Plenums an, auf deren Basis der Personalausschuss die Verhandlungen mit dem designierten Vorstandsmitglied führen kann.

18 Zu § 100 Abs. 2 Nr. 4 AktG s. Bericht des Rechtsausschusses v. 17.6.2009, BT-Drucks. 16/13433, S. 17; ausführlich dazu *Möllers/Christ*, ZIP 2009, 2278 ff.; *Sünner*, AG 2010, 111 ff.; *Ihrig* in FS Hoffmann-Becking, 2013, S. 617. Zur rechtspolitischen Kritik vgl. namentlich *Krieger* in FS Hüffer, 2010, S. 521 f.; *Sünner*, AG 2010, 111, 112; *Schulenburg/Brosius*, WM 2011, 58, 59; befürwortend (mit dem Monitum, die Umsetzung des „Cooling-off"-Gebots durch das VorstAG greife zu kurz) etwa *Möllers/Christ*, ZIP 2009, 2278; zu den Vor- und Nachteilen des sofortigen Wechsels von Vorstandsmitgliedern in den Aufsichtsrat aus Sicht der empirischen Corporate Governance-Diskussion *Velte*, WM 2012, 537.

hängigkeit vom Vorstand und vom Unternehmen achten.[19] Schließlich hat das VorstAG die **Haftung des Aufsichtsrats** im Kontext der Vergütungsentscheidung durch eine (klarstellende) Ergänzung in § 116 AktG besonders herausgestellt.

190 Fehlt es an einem **wirksamen** Anstellungsvertrag insgesamt oder ist die im Vertrag enthaltene Vergütungsregelung unwirksam, steht dem Vorstandsmitglied neben Auslagenersatz unter den Voraussetzungen des § 612 Abs. 2 BGB ein Anspruch auf die „übliche" Vergütung zu,[20] wobei auch diese, ebenso wie im Falle vertraglicher Vereinbarung, wegen § 87 Abs. 1 AktG dem Maßstab der Angemessenheit genügen muss.[21]

191 Wird ein Vorstandsmitglied gerichtlich bestellt, hat es nach § 85 Abs. 3 Satz 1 AktG Anspruch auf den Ersatz angemessener barer **Auslagen** und auf die **übliche und angemessene Vergütung**. Höhe und Struktur der Vergütung sollen in diesem Fall zwischen Gesellschaft und Vorstandsmitglied vereinbart werden; ist eine Einigung nicht möglich, setzt das Gericht die Auslagen und die Vergütung fest.

3. Rahmensetzung durch das Vergütungssystem nach dem ARUG II

192 Die beiden Kernelemente der ARRL mit detaillierten Vorgaben an das nationale Recht sind die **Vergütungspolitik** und der **Vergütungsbericht** (dazu Rz. 266 ff.). Die Vergütungspolitik soll *ex ante* den Rahmen der Vorstandsvergütung vorgeben, während auf Grundlage des Vergütungsberichts *ex post* durch die Hauptversammlung beurteilt werden soll, wie diese Politik umgesetzt wurde.[22] Im Anschluss an Kritik im Schrifttum an der Terminologie der ARRL[23] wurde in Übereinstimmung mit §§ 289a Abs. 2, 315a Abs. 2 HGB[24] im ARUG II der Begriff „**Vergütungssystem**" an die Stelle von „Vergütungspolitik" gesetzt. Neu ist, dass die Hauptversammlung zwingend, mindestens alle vier Jahre, über das Vergütungssystem abstimmen muss, also nicht nur auf Verlangen mit der Vorstandsvergütung zu befassen ist. Damit soll das **say on pay**, also das Mitspracherecht der Anteilseigner, gestärkt werden. Freilich ist das Votum der Hauptversammlung für den Aufsichtsrat auch zukünftig nicht bindend. Punktuell anderes gilt nur insofern, als die Hauptversammlung die vom Aufsichtsrat im Vergütungssystem festzusetzende Maximalvergütung für die Vorstandsmitglieder herabsetzen kann; diese auf Minderheitenverlangen nach § 122 Abs. 2 Satz 1 AktG mögliche Entscheidung der Hauptversammlung hat bindende Wirkung für den Aufsichtsrat (näher Rz. 194c).

---

19 Kritisch zu Vergütungsberatern *Fleischer*, BB 2010, 67 ff.

20 Zum Fall des nur konkludent geschlossenen Anstellungsvertrags *Seibt* in K. Schmidt/Lutter, § 84 AktG Rz. 29.

21 Dies ist zur Vermeidung von Wertungswidersprüchen im Vergleich zu dem Fall, in dem die Vergütung konform mit § 87 AktG ausgehandelt wird, unerlässlich; vgl. auch *Seibt* in K. Schmidt/Lutter, § 87 AktG Rz. 5.

22 *Schmidt*, NZG 2018, 1201, 1202.

23 Vgl. *Bachmann/Pauschinger*, ZIP 2019, 1 f., die den Begriff „Vergütungspolitik" nicht für völlig verfehlt hielten.

24 Die Einführung eines Vergütungssystem ist also nicht grundsätzlich neu; s. dazu *Bayer*, DB 2018, 3034, 3037.

Zentrale Norm für das Vergütungssystem ist der neu eingefügte **§ 87a AktG i.d.F. des ARUG II**. Die Abstimmung über das Vergütungssystem ist im neuen **§ 120a AktG i.d.F. des ARUG II** geregelt.

a) Inhalt des Vergütungssystems

Nach § 87a Abs. 1 AktG i.d.F. des ARUG II muss der Aufsichtsrat einer börsenno- 193
tierten Gesellschaft ein „**klares und verständliches** Vergütungssystem" beschließen. So heißt es auch in Grundsatz 23 DCGK 2020. Die Gesetzesbegründung stellt ausdrücklich klar, dass sich *„klar und verständlich"* an einen *„durchschnittlich informierten, situationsadäquat aufmerksamen und verständigen"* Aktionär richtet.[25] Der Vergütungsbericht muss also **nicht allgemeinverständlich** sein.[26] Der übermäßige Gebrauch von Fachtermini sei zu vermeiden. Empfohlen wird der Einsatz von Grafiken und von Beispielen.[27]

§ 87a Abs. 1 Satz 2 Nr. 1-11 AktG i.d.F. des ARUG II listet die **Mindestbestandteile** 193a
des Vergütungssystems auf. Der Katalog ist Art. 9a ARRL nachgebildet. Im Wesentlichen kodifiziert § 87a Abs. 1 Satz 2 AktG i.d.F. des ARUG II viele schon bisher gängigen Elemente der nach bisheriger Rechtslage von den Gesellschaften präsentierten Vergütungssysteme.[28] Das Vergütungssystem stellt ein abstrakt-generelles System dar, auf dessen Grundlage die Vorstandsmitglieder zu vergüten sind.[29] Abweichungen sollen nur in einem begrenzten Maße zulässig sein (dazu Rz. 195). § 87a Abs. 1 Satz 2 AktG i.d.F. des ARUG II verlangt allerdings nicht, dass das Vergütungssystem verpflichtend alle in der Norm genannten Aspekte aufgreift. In Bezug auf Vergütungsbestandteile müssen Angaben nur dann gemacht werden, soweit diese tatsächlich im Vergütungssystem vorgesehen sind.[30] Zwingend erforderlich ist aber insbesondere die Festlegung einer **Maximalvergütung für die Verstandsmitglieder** nach § 87a Abs. 1 Satz 2 Nr. 1 AktG i.d.F. des ARUG II.[31]

Der Katalog von § 87a Abs. 1 Satz 2 AktG i.d.F. des ARUG II ist sehr detailliert.[32] 193b
Abgesehen von der zwingend festzulegenden Maximalvergütung (Nr. 1) sind darin Angaben zu machen zum Beitrag der Vergütung zur Förderung der Geschäftsstrategie und zur langfristigen Entwicklung der Gesellschaft (Nr. 2), zu festen und variablen Vergütungsbestandteilen (Nr.3), finanziellen und nichtfinanziellen Leistungskriterien (Nr. 4), Aufschubzeiten für die Auszahlung von Vergütungsbestandteilen (Nr. 5), Möglichkeiten der Gesellschaft, variable Vergütungsbestandteile zurückzufordern (Nr. 6), Fristen, Bedingungen und Erläuterung im Falle der aktienbasierten Vergütung (Nr. 7), des Weiteren hinsichtlich vergütungsbezogener Rechts-

25 Begr. RegE zum ARUG II, BT-Drucks. 19/9739, S. 109.
26 S. noch im RefE: S. 99: „allgemeinverständlich"; *Löbbe/Fischbach*, AG 2019, 373, 382 f.
27 Begr. RegE zum ARUG II, BT-Drucks. 19/9739, S. 73.
28 *Löbbe/Fischbach*, AG 2019, 373, 376.
29 *Löbbe/Fischbach*, AG 2019, 373, 376.
30 Begr. RegE zum ARUG II, BT-Drucks. 19/9739, S. 73 f.
31 Die Bestimmung beruht auf der Beschlussempfehlung des Ausschusses für Recht und Verbraucherschutz, BT-Drucks. 19/15153.
32 *Bayer*, DB 2018, 3034, 3037.

geschäfte Angaben zu Laufzeiten und Beendigungsvoraussetzungen und Kündigungsfristen, zugesagten Entlassungsentschädigungen sowie Ruhegehalts- und Vorruhestandsregelungen (Nr. 8). Zum Vergütungssystem gehören schließlich auch Erläuterungen, wie die Vergütungs- und Beschäftigungsbedingungen der Arbeitnehmer berücksichtigt wurden (Nr. 9), und Maßnahmen zur Vermeidung von Interessenkonflikten (Nr. 10). Soweit es sich dabei um Angaben zu Vergütungsbestandteile handelt, sind diese nach § 87a Abs. 1 Satz 2 AktG i.d.F. des ARUG II notwendig, sofern solche Bestandteile im System auch vorgesehen sind. Dies betrifft die Angaben nach § 87a Abs. 1 Satz 2 Nr. 3 bis Nr. 7 AktG i.d.F. des ARUG II. Beachtung verdient, dass § 87a Abs. 1 Satz 2 Nr. 6 AktG i.d.F. des ARUG II ausdrücklich von der Zulässigkeit der Rückforderung variabler Vergütungsbestandteile ausgeht.[33] Die Verbreitung so genannter **Claw-Back-Klauseln** in Vorstandsverträgen wird danach aller Erwartung nach zukünftig weiter zunehmen.[34]

193c Flankierend tritt zu dem Katalog in § 87a Abs. 1 Satz 2 AktG i.d.F. des ARUG II die Empfehlung **G.1 DCGK 2020** hinzu. Der Kodex geht teilweise noch über die Anforderungen von § 87a Abs. 1 Satz 2 AktG i.d.F. des ARUG II hinaus. Im Einzelnen soll danach im Vergütungssystem insbesondere festgelegt werden,

- wie für die einzelnen Vorstandsmitglieder die Ziel-Gesamtvergütung bestimmt wird und welche Höhe die Gesamtvergütung nicht übersteigen darf (Maximalvergütung),
- welchen relativen Anteil die Festvergütung einerseits sowie kurzfristig variable und langfristig variable Vergütungsbestandteile andererseits an der Ziel-Gesamtvergütung haben,
- welche finanziellen und nichtfinanziellen Leistungskriterien für die Gewährung variabler Vergütungsbestandteile maßgeblich sind,
- welcher Zusammenhang zwischen der Erreichung der vorher vereinbarten Leistungskriterien und der variablen Vergütung besteht,
- in welcher Form und wann das Vorstandsmitglied über die gewährten variablen Vergütungsbeträge verfügen kann.

193d Aus § 87a AktG i.d.F. des ARUG II ergeben sich **keine materiellen Anforderungen** an die Höhe und die Ausgestaltung der Vergütung.[35] Auch in Zukunft richten sich die inhaltlichen Anforderungen an die Vorstandsvergütung nach § 87 AktG.

---

33 *Löbbe/Fischbach*, AG 2019, 373, 377; Begr. RegE zum ARUG II, BT-Drucks. 19/9739, S. 73.

34 *Löbbe/Fischbach*, AG 2019, 373, 377; *Schockenhoff/Nußbaum*, AG 2018, 813 f., 822; krit. zu dieser Tendenz aber *Seyfarth*, WM 2019, 521, 576 f.

35 Begr. RegE zum ARUG II, BT-Drucks. 19/9739, S. 72.

b) Beschlussfassung der Hauptversammlung über das Vergütungssystem (Say on Pay)

Nach § 87a Abs. 2 Satz 1 AktG i.d.F.des ARUG II hat der Aufsichtsrat der börsenno- 194
tierten Gesellschaft die Vergütung der Vorstandsmitglieder in Übereinstimmung mit einem der Hauptversammlung zur Billigung vorgelegten Vergütungssystem festzusetzen. Diese Billigung der Hauptversammlung bestimmt sich nach dem neu in das Gesetz aufgenommenen § 120a AktG i.d.F. des ARUG II. § 120 Abs. 4 AktG a.F. wird mit dem ARUG II aufgehoben. Im Gegensatz zur bislang nur auf Verlangen durchzuführenden Abstimmung der Hauptversammlung über das Vergütungssystem nach § 120 Abs. 4 AktG a.F. muss nach § 120a Abs. 1 Satz 1 AktG i.d.F. des ARUG II die Hauptversammlung zukünftig zwingend in regelmäßigen Abständen von mindestens vier Jahren über das Vergütungssystem abstimmen.[36] Im Übrigen ist das Vergütungssystem nach § 120a Abs. 1 Satz 1 AktG i.d.F. des ARUG II der Hauptversammlung jeweils **bei wesentlichen Änderungen** zur Billigung vorzulegen.[37]

Der Beschluss der Hauptversammlung über die Billigung oder Nichtbilligung des 194a
vom Aufsichtsrat vorgelegten Vergütungssystems begründet allerdings, was § 120a Abs. 1 Satz 2 AktG i.d.F. des ARUG II ausdrücklich bestimmt, **weder Rechte noch Pflichten, noch** ist er **anfechtbar**.[38] Selbst Nichtigkeitsklagen sollen ausgeschlossen sein.[39] Unmittelbare rechtliche Folgen hat die Ablehnung des Vergütungssystems durch die Hauptversammlung also nicht. Grundsatz 23 Abs. 2 DCGK 2020 bestätigt dies und erläutert, dass die Hauptversammlung grundsätzlich mit **beratendem Charakter** über die Billigung des Vergütungssystems abstimmt. In der Praxis wird der Aufsichtsrat sich aber im Regelfall an dem Votum der Anteilseigner orientieren, jedenfalls aber dieses nicht schlichtweg ignorieren können.[40]

Aus einer Ablehnung des Vergütungssystems durch die Hauptversammlung ergeben 194b
sich für die Gesellschaft immerhin aber **mittelbare Folgen**: Der Aufsichtsrat muss der Hauptversammlung nach § 120a Abs. 3 AktG i.d.F. des ARUG II im Falle der Ablehnung ein überprüftes Vergütungssystem vorlegen. „Überprüft“ muss aber nicht „überarbeitet“ im Sinne von inhaltlichen Anpassungen bedeuten.[41] Es gilt der Ansatz **comply or explain**.[42] Die Vorlage des Vergütungssystems an die Hauptversammlung bezweckt eine **Selbstbindung** des Aufsichtsrats.[43] Er muss sich an ein von ihm vorgelegtes Vergütungssystem halten. Lehnt die Hauptversammlung das Vergütungssystem ab, kann die Gesellschaft zu einem alten, gebilligten Vergütungssystem zurück-

36 *Bayer*, DB 2018, 3034, 3037.
37 Begr. RegE zum ARUG II, BT-Drucks. 19/9739, S. 92.
38 *Bachmann/Pauschinger*, ZIP 2019, 1, 6.
39 *Löbbe/Fischbach*, AG 2019, 373, 378; *e-contrario* dagegen argumentierend *Bachmann/Pauschinger*, ZIP 2019, 1, 6.
40 *Bayer*, DB 2018, 3034, 3037.
41 Begr. RegE zum ARUG II, BT-Drucks. 19/9739, S. 93; *Bayer*, DB 2018, 3034, 3037; *Löbbe/Fischbach*, AG 2019, 373, 378.
42 *Bayer*, DB 2018, 3034, 3037.
43 *Bachmann/Pauschinger*, ZIP 2019, 1, 4.

kehren. Denkbar ist deshalb auch, dass ein von der Hauptversammlung abgelehntes Vergütungssystem umgesetzt wird, denn § 87a Abs. 2 Satz 1 AktG i.d.F. des ARUG II bindet den Aufsichtsrat nur an ein der Hauptversammlung zur Billigung „vorgelegtes" Vergütungssystem. Ob es Zustimmung gefunden hat oder nicht, ist irrelevant.[44] Gegen die Rückkehr zu einem früheren, gebilligten Vergütungssystem können zwei Argumente sprechen. Zum einen kann dabei den Gründen, die Anlass für die Änderung des Vergütungssystems gegeben haben, keine Rechnung getragen werden. Zum anderen können ggf. die Vorstandsanstellungsverträge nicht mehr mit dem alten Vergütungssystem übereinstimmen. Deshalb kann es auch sein, dass der Aufsichtsrat mit guten Gründen vom vorlegten Vergütungssystem abweichen will, nicht zuletzt, um die Einwendungen der Aktionäre zu berücksichtigen.[45] Diese Möglichkeit sehen aber weder die ARRL noch das ARUG II vor. Der Aufsichtsrat ist daran gebunden, ein von ihm der Hauptversammlung vorgelegtes Vergütungssystem umzusetzen.

194c Besonderheiten gelten allerdings für einen Beschluss der Hauptversammlung nach § 87 Abs. 4 AktG i.d.F. des ARUG II, mit dem die Hauptversammlung auf Verlangen einer Minderheit nach § 122 Abs. 2 Satz 1 AktG die vom Aufsichtsrat im Vergütungssystem festzusetzende Maximalvergütung für Vorstandsmitglieder herabsetzen kann. Ein solcher Herabsetzungsbeschluss ist für den Aufsichtsrat bindend. Er kann, anders als der Beschluss über die Billigung oder Nichtbilligung des Vergütungssystems nach § 120a AktG i.d.F. des ARUG II, nach den allgemeinen Vorschriften für Hauptversammlungsbeschlüsse auch angefochten werden.[46] Im Falle der Anfechtung soll es dann Aufgabe des Aufsichtsrats sein, nach pflichtgemäßem Ermessen über die Anwendung oder Nichtanwendung der Maximalvergütungshöhe zu entscheiden.[47]

194d Besondere Bedeutung hat die erste Abstimmung über ein Vergütungssystem nach neuer Rechtslage: Dann liegt erstmals ein der Hauptversammlung zur Abstimmung vorgelegtes Vergütungssystem vor. Dieses setzt dann, da *„vorgelegt"*, die Grundlage für die nachfolgenden Vergütungsentscheidungen des Aufsichtsrats unabhängig davon, ob die Hauptversammlung es billigt oder nicht.[48] Der Beschluss der Hauptversammlung und das Vergütungssystem sind nach § 120a Abs. 2 AktG i.d.F. des

---

44 In der Literatur wird aber darauf hingewiesen, dass es praktisch kaum vorkommen werde, dass der Aufsichtsrat ein von den Anteilseignern abgelehntes Vergütungssystem unverändert umsetzen wird, s. dazu *Löbbe/Fischbach*, AG 2019, 373, 379; *Bachmann/Pauschinger*, ZIP 2019, 1, 6. Auch der Regierungsentwurf zum ARUG II geht davon aus, dass die Frage, ob der Aufsichtsrat auch ein von der Hauptversammlung abgelehntes Vergütungssystem umsetzen könne, kaum relevant werden würde, Begr. RegE zum ARUG II, BT-Drucks. 19/9739, S. 74.

45 *Löbbe/Fischbach*, AG 2019, 373, 379.

46 Vgl. Begr. zur Beschlussempfehlung des Ausschusses für Recht und Verbraucherschutz, BT-Drucks. 19/1513, S. 63.

47 Begr. zur Beschlussempfehlung des Ausschusses für Recht und Verbraucherschutz, BT-Drucks. 19/1513, S. 63.

48 Begr. RegE zum ARUG II, BT-Drucks. 19/9739, S. 92 f.

ARUG II für den **Geltungszeitraum des Vergütungssystems**, mindestens aber **zehn Jahre lang**, auf der Internetseite der Gesellschaft kostenfrei zu veröffentlichen.

c) Vorübergehende Abweichung

Nach § 87a Abs. 2 Satz 2 AktG i.d.F. des ARUG II kann der Aufsichtsrat vorübergehend von dem der Hauptversammlung vorgelegten Vergütungssystem abweichen, wenn dies im Interesse des langfristigen Wohlergehens der Gesellschaft notwendig ist und der Aufsichtsrat das Verfahren des Abweichens sowie die Bestandteile des Vergütungssystems, von dem abgewichen wird, benennt. Die Möglichkeit eines vorübergehenden Abweichens besteht auch im Hinblick auf die festzusetzende Maximalvergütung der Vorstandsmitglieder.[49] 195

Zur Ausfüllung von § 87a Abs. 2 AktG i.d.F. des ARUG II verweist der Regierungsentwurf zum ARUG II auf **Erwägungsgrund 30 ARRL**. Hiernach sei ein Abweichen möglich, wenn eine Situation vorliegt, die die langfristige Tragfähigkeit und Rentabilität der Gesellschaft zu beeinträchtigen geeignet erscheint. Nach der Gesetzesbegründung soll ein Abweichen etwa bei einer der Finanzkrise von 2008/2009 vergleichbaren Lage oder in einer ernsten Unternehmenskrise denkbar sein.[50] Dann kann in der Tat das Anwerben eines besonders geeigneten Krisenmanagers, dessen Vergütungserwartung nicht in das vorgelegte Vergütungssystem passt, gerechtfertigt sein. Die Vorschrift ist aber ein Ausnahmetatbestand und deshalb **eng auszulegen.**

Ein Ausschluss der Herabsetzungsmöglichkeit nach § 87 Abs. 2 AktG im Vergütungssystem ist nicht möglich. § 87 Abs. 2 AktG ist nicht dispositiv.[51]

d) Übergangsfristen

Die erstmalige Beschlussfassung der Hauptversammlung nach §§ 87a Abs. 1, 113 Abs. 3 und 120a Abs. 1 AktG i.d.F. des ARUG II muss gem. Art. 2 des ARUG II bis zum Ablauf der ersten ordentlichen Hauptversammlung, die auf den 31.12.2020 folgt, erfolgen. Der Gesetzgeber gewährt also eine Übergangsfrist von wenigstens einem Jahr seit Inkrafttreten des Gesetzes am 1.1.2020. Die erstmalige Festsetzung der Vorstandsvergütung in Übereinstimmung mit einem der Hauptversammlung nach § 120a Abs. 1 AktG i.d.F. des ARUG II zur Billigung vorgelegten Vergütungssystems hat nach Art. 2 des ARUG II bis zum Ablauf von zwei Monaten nach erstmaliger Billigung des Vergütungssystems durch die Hauptversammlung zu erfolgen, wobei den gegenwärtigen und hinzutretenden Vorstandsmitgliedern bis zu diesem Zeitpunkt eine Vergütung nach der bestehenden Vergütungspraxis gewährt werden kann. Vor diesem Zeitpunkt geschlossene Verträge bleiben unberührt. 196

49 Vgl. Begr. zur Beschlussempfehlung des Ausschusses für Recht und Verbraucherschutz, BT-Drucks. 19/1513, S. 64.

50 Begr. RegE zum ARUG II, BT-Drucks. 19/9739, S. 75.

51 Begr. RegE zum ARUG II, BT-Drucks. 19/9739, S. 75.

4. Vergütungsbestandteile

197 Zu den Gesamtbezügen zählt jegliche vermögenswerte **Leistung**, die dem Vorstand als Gegenleistung für seine Tätigkeit gewährt wird. Dazu gehören das Festgehalt – bestehend aus Barbezügen und Sachbezügen (wie z.B. Dienstwagen zur privaten Nutzung, Dienstwohnung, Unterstützung bei der Finanzplanung durch einen unentgeltlich zur Verfügung gestellten Finanzberater, zinsloses oder zinsgünstiges Arbeitgeberdarlehen, Ruhegeldzusagen sowie Versicherungsentgelte) – ebenso wie variable Vergütungsbestandteile.[52] Der **Vergütungsbegriff** ist **weit** zu verstehen. Beispielhaft und ohne Anspruch auf Vollständigkeit zählt das Gesetz dazu Gehalt, Gewinnbeteiligungen, Aufwandsentschädigungen, Versicherungsentgelte, Provisionen, anreizorientierte Vergütungszusagen wie zum Beispiel Aktienbezugsrechte und Nebenleistungen jeder Art.[53] Die Zahlung der Prämien für eine angemessene D&O-Versicherung gehört dagegen nach richtiger Auffassung nicht dazu; sie hat keinen Vergütungscharakter, sondern ist Bestandteil der dienstlichen Fürsorgeaufwendungen der Gesellschaft für den Vorstand.[54] Das gilt auch dann, wenn der Anstellungsvertrag dem Vorstandsmitglied einen Anspruch auf diese Versicherungsdeckung im Rahmen einer D&O-Versicherung einräumt. Gelegentlich werden Vergütungsbestandteile, insbesondere variable, unter einen Freiwilligkeitsvorbehalt gestellt, der es dem Aufsichtsrat erlauben soll, im Nachhinein von der tatsächlichen Gewährung nach eigenem Ermessen abzusehen. Das ist problematisch, wenn sich hieraus eine willkürliche Verschiebung des Verhältnisses zwischen Leistung und Gegenleistung ergeben kann.

198 Die Erscheinungsformen der **variablen Vergütungsbestandteile** sind äußerst vielfältig.[55] Ihnen ist gemein, dass ihre Höhe von einem bei der Vereinbarung in seiner Höhe noch unbestimmten Bemessungsfaktor abhängt, wie insbesondere der individuellen Leistung des Berechtigten oder der wirtschaftlichen Entwicklung des Unternehmens insgesamt. **Tantiemen** sind variable Barvergütungen, deren Höhe sich an einer bestimmten Berechnungsgröße in einem bestimmten Bemessungszeitraum festmacht, zum Beispiel am Umsatz des Unternehmens (umsatzabhängige Tantiemen), an der Dividendenhöhe (dividendenabhängige Tantiemen), an dem Ergebnisbeitrag des einzelnen Vorstandsmitglieds (Performancetantiemen) oder am Überschuss des Gesamtkonzerns (konzernerfolgsabhängige Tantiemen).[56] Als **Bonus oder Anerkennungsprämie** bezeichnet man eine einmalige Barvergütung, die sich

52 Vgl. *Seibt* in K. Schmidt/Lutter, § 87 AktG Rz. 5; *Thüsing* in Fleischer, Hdb. Vorstandsrecht, § 6 Rz. 2. Zu den variablen Bestandteilen s. Rz. 198.

53 Vgl. auch § 285 Abs. 1 Nr. 9 HGB, der Gehälter, Gewinnbeteiligungen, Bezugsrechte und sonstige aktienbasierte Vergütung, Aufwandsentschädigungen, Versicherungsentgelte, Provisionen und Nebenleistungen aufzählt; zu unglücklichen Differenzen zwischen den Legaldefinitionen, s. *Bauer/Arnold*, AG 2009, 717, 718; vgl. auch *Hoffmann-Becking/Krieger*, NZG 2009, Beilage Heft 26, S. 1.

54 Zum Meinungsstand s. *Mertens/Cahn* in KölnKomm/AktG, 3. Aufl. 2010, § 87 AktG Rz. 20.

55 S. im Überblick *Götz/Friese*, CFB 2010, 410, 415 f.

56 Zu diesen *Mertens/Cahn* in KölnKomm/AktG, 3. Aufl. 2010, § 87 AktG Rz. 24, 26 ff.; *Spindler* in MünchKomm/AktG, 5. Aufl. 2019, § 87 AktG Rz. 100; *Thüsing* in Fleischer, Hdb. Vorstandsrecht, § 6 Rz. 49; ausführlich ferner *Hoffmann-Becking*, NZG 1999, 797,

an einem konkreten Ergebnis ausrichtet, wie etwa der Transaktionsbonus für den erfolgreichen Abschluss einer Akquisition.[57] **Aktienoptionen** berechtigen den Vorstand, Aktien des Unternehmens zu einem im Voraus festgelegten Preis nach Ablauf einer nach dem Gesetz mindestens vierjährigen Wartezeit[58] zu erwerben. Dabei begegnen im Einzelnen verschiedene Gestaltungen: *Stock Appreciation Rights* (SARs) erlauben es den Inhabern, zwischen dem Bezug von Aktien und dem Erhalt einer Geldsumme, etwa in Höhe der Differenz zwischen dem Bezugs- und dem Börsenkurs, zu wählen. Ein *Performance-Share-Plan* – auch Long Term Incentive Plan (LTIP) genannt – macht den Erhalt der Aktien oder Aktienoptionen von dem Erreichen eines genau definierten Ziels in einem gewissen Zeitraum abhängig.[59] Demgegenüber räumt der *Phantom-Stock-Options-Plan* dem Vorstand nicht die Aussicht auf den Erwerb von Aktien ein, sondern richtet sich nur rechnerisch nach der Entwicklung des Aktienkurses, indem er zur Auszahlung von Barleistungen in Höhe des Börsenkurses der Aktien zu einem im Voraus bestimmten Zeitpunkt berechtigt.[60] So genannte *Share Matching* – oder *Bonus Aktien-Pläne* gewähren dem Planteilnehmer den Anspruch auf den zuzahlungslosen Bezug einer *Matching*- oder *Bonusaktie* nach Ablauf einer Warteperiode, vorausgesetzt, er hat zunächst selbst Aktien der Gesellschaft zum Marktpreis oder verbilligt erworben (Investment-Aktien), hält diese seitdem ununterbrochen und ist zum Bezugszeitpunkt noch in Diensten der Gesellschaft.[61]

II. Vergütungshöhe

Die materiellen Anforderungen an die Vergütungshöhe ergeben sich auch nach dem 199
Inkrafttreten des ARUG II **weiterhin und unverändert aus § 87 AktG.** § 87 Abs. 1 Satz 1 AktG macht dem Aufsichtsrat für die Festsetzung der Vergütungshöhe bestimmte Vorgaben: Im Hinblick auf die Gesamtbezüge des einzelnen Vorstandsmitglieds hat der Aufsichtsrat dafür zu sorgen, dass diese in einem **angemessenen Verhältnis** zu den Aufgaben und Leistungen des Vorstandsmitglieds sowie zur Lage der Gesellschaft stehen und die **übliche Vergütung** nicht ohne besondere Gründe übersteigen.[62] Der Gesetzeswortlaut spricht klar dafür, dass der Aufsichtsrat die Höhe der

---

800 ff. Zur Berechnung bei Abstellen auf den EBIT KG v. 23.1.2017 – 23 U 79/15, AG 2018, 275.

57 Zu diesen *Mertens/Cahn* in KölnKomm/AktG, 3. Aufl. 2010, § 87 AktG Rz. 32 ff.

58 § 193 Abs. 2 Nr. 4 AktG.

59 Dazu *Mertens/Cahn* in KölnKomm/AktG, 3. Aufl. 2010, § 87 AktG Rz. 37 ff., 79 ff.; *Thüsing* in Fleischer, Hdb. Vorstandsrecht, § 6 Rz. 60.

60 *Spindler* in MünchKomm/AktG, 5. Aufl. 2019, § 87 AktG Rz. 117; *Thüsing* in Fleischer, Hdb. Vorstandsrecht, § 6 Rz. 60; vgl. insg. zu Stock Options *Hüffer/Koch*, § 87 AktG Rz. 19.

61 Eingeh. zur Ausgestaltung und zur aktienrechtlichen Zulässigkeit *Wagner*, BB 2010, 1739.

62 Vgl. auch § 25a Abs. 1 Satz 3 Nr. 4 KWG und § 64b VAG, die für Geschäftsleiter, Mitarbeiter und Aufsichtsratsmitglieder von Versicherungsunternehmen bzw. Kreditinstituten „angemessene, transparente und auf eine nachhaltige Entwicklung“ ausgerichtete Vergütungssysteme verlangen. Genauere Ausgestaltung des KWG in Verordnung über die

einzelnen Vergütungselemente frei bestimmen kann, die **Gesamtvergütung** aber an der üblichen und angemessenen Vergütung zu messen hat.[63] Einzelne Vergütungsbestandteile sind also im Rahmen des § 87 AktG nicht jeweils gesondert an dem Angemessenheitskriterium zu messen, sondern es ist eine Bewertung der Höhe der Vergütung in Summe geboten.[64] Dafür lässt sich dem Gesetz aber nichts entnehmen. Maßgeblich ist im Übrigen grundsätzlich der Betrag, der tatsächlich aus der Gesellschaft abfließt (**Bruttobetrachtung**).[65] Das schließt es nicht aus, dass der Aufsichtsrat im Einzelfall den konkreten steuerlichen Belangen eines Vorstandsmitglieds namentlich dann, wenn dieser den Besonderheiten eines ausländischen Steuerregimes unterliegt, bei der Ausgestaltung der Vergütung Rechnung tragen darf.

200 Bis zum Inkrafttreten des VorstAG wurde der Begriff der Angemessenheit überwiegend nach den Maßstäben der Üblichkeit[66] und nach dem Marktwert des Vorstandsmitglieds[67] konkretisiert. Nach der Neufassung von § 87 AktG durch das VorstAG sind die Üblichkeit und die Angemessenheit voneinander zu sondernde Maßstäbe.[68] Während die Üblichkeit auf eine bloß formale Vergleichbarkeit mit der Vergütung des Vorstandes anderer Unternehmen zielt, zwingt das Kriterium der Angemessenheit zu einer materiellen Würdigung. Der Aufsichtsrat muss daher die Gesamtvergütung des Vorstands in **zwei Schritten würdigen**: Zunächst ist auf die **Üblichkeit** einzugehen, im zweiten Schritt ist die **Angemessenheit** der Vergütung zu prüfen. Es empfiehlt sich, die der Vergütungsentscheidung zugrunde liegenden Erwägungen des Aufsichtsrats auch entsprechend differenziert zu dokumentieren.[69]

---

aufsichtsrechtlichen Anforderungen an Vergütungssysteme von Instituten (Institutsvergütungsverordnung) vom 6.10.2010 (BGBl. I 2010, 1374); dazu *Friebel/Langenbucher*, GWR 2011, 103; *Rubner*, NZG 2010, 1288 ff.; *Simon/Koschker*, BB 2011, 120 ff.; *Bartel/Bilobrk/Zopf*, BB 2011, 1269 ff.; *Annuß/Sammet*, BB 2011, 115 ff.

63 *Mertens/Cahn* in KölnKomm/AktG, 3. Aufl. 2010, § 87 AktG Rz. 6; *Seibt* in K. Schmidt/Lutter, § 87 AktG Rz. 6; *Spindler* in MünchKomm/AktG, 5. Aufl. 2019, § 87 AktG Rz. 249; vgl. wohl auch *Hüffer/Koch*, § 87 AktG Rz. 3.

64 Tendenziell anders aber wohl *Mertens/Cahn* in KölnKomm/AktG, 3. Aufl. 2010, § 87 AktG Rz. 7.

65 Dafür spricht u.a. die praktische Handhabbarkeit.

66 *Thüsing* in Fleischer, Hdb. Vorstandsrecht, § 6 Rz. 5. Dafür auch weiterhin *Abel*, Der Aufsichtsrat 2010, 82; *Mertens/Cahn* in KölnKomm/AktG, 3. Aufl. 2010, § 87 AktG Rz. 8; *Seibt* in K. Schmidt/Lutter, § 87 AktG Rz. 8, 10.

67 *Thüsing* in Fleischer, Hdb. Vorstandsrecht, § 6 Rz. 5.

68 *Hüffer/Koch*, § 87 AktG Rz. 3; s. auch *Bauer/Arnold*, AG 2009, 717, 719; *Cahn* in FS Hopt, S. 431, 433; *Suchan*, DB 2009, 2531, 2535. Kritisch zu der Aufteilung *Dauner-Lieb*, Der Konzern 2009, 583, 586, da die Angemessenheit die Üblichkeit indiziere.

69 *Cannivé/Seebach*, Der Konzern 2009, 593, 599; *Seibt* in K. Schmidt/Lutter, § 87 AktG Rz. 16.

1. Üblichkeit der Vergütung

a) Vergleichsmaßstab

Bei der Üblichkeit der Vergütung geht es sowohl um die **horizontale** als auch um die **vertikale Vergleichbarkeit**.[70] 201

Für die horizontale Betrachtung ist die Vergütung derjenigen Vorstände zu berücksichtigen, die ein in der Marktstellung **vergleichbares Unternehmen** führen. Damit ist die Landes-, Größen- und Branchenüblichkeit gemeint.[71] Grundsätzlich ist der Vergleich zwar auf Unternehmen im Geltungsbereich des AktG zu beschränken.[72] In vielen Fällen wird aber ein Vergleich mit ausländischen Vergütungsniveaus nicht nur zulässig, sondern geboten sein. Dies ist der Fall, wenn sich ein Unternehmen bei der Rekrutierung von Vorständen aus einem internationalen Markt für Führungspersönlichkeiten bedient und bedienen muss, also in einem grenzüberschreitenden Wettbewerb um die besten Führungskräfte steht.[73] Die Bestimmung der Vergleichsgruppe ist im Übrigen schon deshalb weitgehend dem **Ermessen des Aufsichtsrats** überlassen,[74] weil es ihm im Rahmen seiner Personalkompetenz obliegt, den Markt abzugrenzen, auf dem er die für die Leitungsaufgaben am besten geeigneten Führungspersönlichkeiten sucht. 202

Empfehlung G.3 DCGK 2020 spricht den horizontalen Vergleich betreffend von einem „**Peer-Group-Vergleich**". Nach Empfehlung G.3 Satz 2 DCGK 2020 soll der Peer-Group-Vergleich allerdings nur mit Bedacht genutzt werden, damit es nicht zu einer automatischen Aufwärtsentwicklung der Vergütung kommt. Empfehlung G.3 Satz 1 DCGK 2020 stellt ausweislich der Begründung des DCGK 2020 eine Erläuterung zu der Empfehlung dar, eine geeignete Vergleichsgruppe auszuwählen.[75] Danach wäre ein Unternehmen, das im Verhältnis zum eigenen Vergütungsniveau ex-

70 Gesetzentwurf v. 17.3.2009, BT-Drucks. 16/12278, S. 6; Bericht des Rechtsausschusses v. 17.6.2009, BT-Drucks. 16/13433, S. 15. Kritisch zu dem Konzept der üblichen Vergütung *Cahn* in FS Hopt, S. 431, 434; *Mertens/Cahn* in KölnKomm/AktG, 3. Aufl. 2010, § 87 AktG Rz. 16.

71 Gesetzentwurf v. 17.3.2009, BT-Drucks. 16/12278, S. 6; *Hüffer/Koch*, § 87 AktG Rz. 3; vgl. *Thüsing* in Fleischer, Hdb. Vorstandsrecht, § 6 Rz. 11. *Abel*, Der Aufsichtsrat 2010, 82, benennt ferner Internationalität, Tiefe und Breite der Wertschöpfungskette und Eigentümerstrukturen. S. *Götz/Friese*, CFB 2010, 410, 412, nach denen die Vergütungshöhe bei MDAX-Unternehmen wesentlich unter dem der DAX-Unternehmen liegt. Kritisch zu dem Begriff *Suchan*, DB 2009, 2531, 2534.

72 Bericht des Rechtsausschusses v. 17.6.2009, BT-Drucks. 16/13433, S. 15; *Annuß/Theusinger*, BB 2009, 2434, 2435; *Hohaus/Weber*, DB 2009, 1515, 1516. Vgl. auch *Lingemann*, BB 2009, 1918, 1999; *Suchan*, DB 2009, 2531, 2535, die dies für eine Frage der Rechtfertigung der Unüblichkeit halten.

73 Vgl. *Bauer/Arnold*, AG 2009, 717, 720; *Cannivé/Seebach*, Der Konzern 2009, 593, 597; *Dauner-Lieb*, Der Konzern 2009, 583, 587; ähnlich *Fleischer*, NZG 2009, 801, 802; *Hoffmann-Becking/Krieger*, NZG 2009, Beilage Heft 26, S. 1; *Inwinkl/Schneider*, WPg 2009, 971, 975; *Wagner/Wittgens*, BB 2009, 906, 907.

74 Im Ergebnis auch *Seibt* in K. Schmidt/Lutter, § 87 AktG Rz. 10.

75 Begr. DCGK 2020 Empfehlung G.3.

orbitant hohe Vorstandsvergütungen auszahlt, kein geeignetes Vergleichsunternehmen. Ob dies überzeugt, ist fraglich.[76]

203 Daneben soll – wenn auch nachrangig[77] –, die **vertikale Vergleichbarkeit**, also bei Berücksichtigung der Vergütungsstruktur innerhalb des Unternehmens, für die Ermittlung des Üblichen herangezogen werden. Dies schließt als Maßstab nicht nur die Vergütung der anderen Vorstandsmitglieder ein,[78] sondern auch das Verhältnis zur **ersten Führungsebene** unter dem Vorstand und gegebenenfalls auch das durchschnittliche Gehalt eines Arbeitnehmers der Gesellschaft.[79] Nach § 87a Abs. 1 Satz 2 Nr. 8 AktG i.d.F. des ARUG II ist eine Angabe zur vertikalen Vergleichbarkeit auch in das Vergütungssystem einzubeziehen. In diesem Sinne verlangt auch Empfehlung G.4 DCGK 2020, dass der Aufsichtsrat das Verhältnis der Vorstandsvergütung zur Vergütung des oberen Führungskreises und der Belegschaft insgesamt, einschließlich der zeitlichen Entwicklung, berücksichtigen soll. Dabei obliegt es dem Aufsichtsrat, festzulegen, wie der obere Führungskreis von der Belegschaft abzugrenzen ist und wie die Vergütung im Vergleich dazu beurteilt wird.[80]

b) Rechtfertigung der Unüblichkeit

204 Nicht jede unübliche Vergütung verstößt gegen die Vorgaben des § 87 Abs. 1 Satz 1 AktG. Sofern besondere Gründe eine Abweichung rechtfertigen, ist auch die Vereinbarung einer unüblichen Vergütung zulässig. Voraussetzung hierfür ist die begründete Darlegung, warum sich die **Situation des Unternehmens** und seines Vorstands von der der Vergleichsgruppe unterscheidet und warum eine abweichende Behandlung bei der Ausgestaltung der Vorstandsvergütung im **Unternehmensinteresse** geboten ist.

205 So kann etwa die Insolvenznähe oder die besondere örtliche Lage des Unternehmens eine besondere Vergütung rechtfertigen.[81] Bei der Begründung der Unüblichkeit mit der besonderen Größe des Unternehmens oder einer hervorragenden Performance

---

76 *Hohenstatt/Seibt*, ZIP 2019, 11, 17.

77 *Hüffer/Koch*, § 87 AktG Rz. 32; *Hoffmann-Becking/Krieger*, NZG 2009, Beilage Heft 26, S. 1, 2; *Fleischer*, NZG 2009, 801, 802; vgl. ferner *Annuß/Theusinger*, BB 2009, 2434, 2435; *Seibt* in K. Schmidt/Lutter, § 87 AktG Rz. 10; *Wagner/Wittgens*, BB 2009, 906, 907. A.A. mit guten Gründen gegen die Berücksichtigung der vertikalen Vergleichbarkeit *Thüsing*, AG 2009, 517, 518, der die Abweichung vom Lohngefüge der Gesellschaft für eine Frage der Rechtfertigung hält, so im Ergebnis auch als Praxisempfehlung formulierend *Wagner/Wittgens*, BB 2009, 906, 907.

78 *Thüsing* in Fleischer, Hdb. Vorstandsrecht, § 6 Rz. 12.

79 Gegen die Berücksichtigung aber *Hüffer/Koch*, § 87 AktG Rz. 3, da dies im Spannungsverhältnis zur horizontalen Vergleichbarkeit stehe. Vgl. auch *Winter/Michels*, NZA 2011, 22, 27 mit der Erwägung, der Vorstand könnte untere Lohngruppen aus dem Unternehmen auslagern. Kritisch auch *Annuß/Theusinger*, BB 2009, 2434, 2435; *Bauer/Arnold*, AG 2009, 717, 720; *Cahn* in FS Hopt, S. 431, 434; *Dauner-Lieb*, Der Konzern 2009, 583, 587; *Fleischer*, NZG 2009, 801, 802.

80 Begr. DCGK 2020 Empfehlung G.4.

81 Vgl. *Annuß/Theusinger*, BB 2009, 2434, 2435.

ist hingegen Zurückhaltung geboten, da diese Aspekte bereits in die Bestimmung der Vergleichsgruppe einfließen.[82]

2. Angemessenheit der Vergütung

Die Üblichkeit einer Vergütung indiziert nicht, dass diese auch angemessen ist.[83] 206
Versagt der Markt für Führungskräfte, folgt aus der Üblichkeit nichts für die Angemessenheit der Vergütung.[84] Dieses Defizit versucht das Tatbestandsmerkmal der Angemessenheit zu korrigieren, indem es – wenn auch unbestimmte – materielle Anforderungen hinzufügt.

a) Begriff der Angemessenheit

aa) Beurteilungsmaßstab

Als denkbar unbestimmter Rechtsbegriff ist der Maßstab der Angemessenheit nur 207
schwer zu konkretisieren. Mit einer Gleichsetzung von Angemessenheit und Erforderlichkeit[85] ist nicht viel gewonnen. Die Gesetzesformulierung *„in einem angemessenen Verhältnis stehen"* legt vielmehr eine **Verhältnismäßigkeitsprüfung** nahe. Geboten ist eine Einzelfallbetrachtung unter Abwägung sämtlicher Kriterien, die bei wertender Betrachtung in die Entscheidung über die Vergütungshöhe einfließen sollen.

Die Höhe der Vergütung ist anhand personenbezogener Kriterien auf der einen und 208
gesellschaftsbezogener Kriterien auf der anderen Seite (dazu Rz. 212 ff.) zu bemessen.[86] Diese Abwägung wird dadurch erschwert, dass eine verbale Konkretisierung der Angemessenheit kaum in die Festlegung einer konkreten monetären Vergütung zu übersetzen ist.[87] Deshalb kann es sich bei der Angemessenheitsprüfung nur um eine dem Aufsichtsrat obliegende **Evidenzkontrolle** in dem Sinne handeln, dass ganz offensichtlich überzogene Vergütungen auszuschließen sind. Die relevanten Abwägungsgesichtspunkte sollte der Aufsichtsrat detailliert festhalten, um belegen zu können, dass die Anforderungen des § 87 AktG beachtet wurden.

---

82 Vgl. *Suchan*, DB 2009, 2531, 2534, 2535.

83 Zutreffend *Hüffer/Koch*, § 87 AktG Rz. 3; vgl. dazu auch *Thüsing* in Fleischer, Hdb. Vorstandsrecht, § 6 Rz. 10; *Thüsing*, AG 2009, 517, 518; s. auch *Hohaus/Weber*, DB 2009, 1515, 1516.

84 Bericht des Rechtsausschusses v. 17.6.2009, BT-Drucks. 16/13433, S. 15 spricht von möglichen „Aufschaukelungseffekten"; s. auch die Stellungnahme des *Handelsrechtsausschusses des DAV*, NZG 2009, 612, 613.

85 In diesem Sinne *Goette* in BT-Protokoll Nr. 143 v. 25.5.2009.

86 Vgl. zu den Schwierigkeiten, die Leistung des Vorstands als Vergütungsmaßstab angemessen zu erfassen, *Spindler*, DStR 2004, 36, 40. Zu einer marktbezogenen Auslegung unter Anziehung angebots- und nachfrageorientierter Angemessenheitskriterien, vgl. *Dauner-Lieb*, Der Konzern 2009, 583, 586, die auf die „ausschlaggebende Bedeutung des Marktes für geeignete Führungskräfte" bei der Bestimmung des Angemessenheitskriteriums hinweist.

87 Vgl. *Spindler*, DStR 2004, 36, 40.

bb) Absolute Grenzen

209 Vom Gesetzgeber pauschal festgesetzte, **bezifferte Grenzen** der Vergütungshöhe sind schon methodisch wegen der in jedem Einzelfall gebotenen Verhältnismäßigkeitsprüfung fehl am Platz:[88] Das Gesetz bestimmt in § 5 Abs. 2 Nr. 4 lit. a FMStFV[89] gleichwohl eine absolute Grenze für den Fall, dass einem Unternehmen infolge der Inanspruchnahme des Finanzmarkstabilisierungsfonds Auflagen erteilt werden. Die Bestimmung basiert offensichtlich auf der Annahme, dass eine Vergütung von Organmitgliedern und Geschäftsleitern in allen vom Anwendungsbereich der Norm erfassten Unternehmen, die 500 000 Euro per annum übersteigt, unangemessen hoch ist. Das ist schon im Anwendungsbereich der Norm zweifelhaft, jedenfalls aber **nicht verallgemeinerungsfähig**. In der öffentlichen Diskussion sind darüber hinaus teilweise nach Unternehmensgröße abgestufte Regelhöchstgrenzen präsentiert worden: In Anlehnung an die Größenklassen des § 267 HGB soll in kleinen Aktiengesellschaften nur bei Gesamtbezügen bis zu 150 000 Euro, in mittleren Aktiengesellschaften nur bei Gesamtbezügen bis zu 350 000 Euro und in großen Aktiengesellschaften nur bei Gesamtbezügen bis zu 700 000 Euro eine (widerlegliche) Vermutung für die Angemessenheit der Vergütung bestehen.[90]

210 Diese Vorstöße hat der Gesetzgeber mit Recht bislang nicht aufgegriffen. Im Gesetz ist das Konzept strikter Höchstgrenzen (**Caps**) – abgesehen von der Sonderregelung in § 5 Abs. 2 Nr. 4 lit. a FMStFV – aber insofern reflektiert, als es den Aufsichtsrat börsennotierter Gesellschaften in zweierlei Hinsicht zur Festsetzung eines Caps anhält: Zum einen muss der Aufsichtsrat im Vergütungssystem einen Maximalbetrag für die Vergütung der Vorstandsmitglieder bestimmen (s. Rz. 193a). Zum anderen soll der Aufsichtsrat nach § 87 Abs. 1 Satz 3 AktG bei variablen Vergütungsbestandteilen grundsätzlich eine **Begrenzungsmöglichkeit vereinbaren**. Für Letzteres bedarf es aber nicht der Vereinbarung einer strikten Obergrenze im Sinne eines bezifferten Caps; vielmehr reicht es aus, wenn sich der Aufsichtsrat im Anstellungsvertrag die Möglichkeit vorbehält, bei **außergewöhnlichen Entwicklungen** den Vergütungsanspruch zu begrenzen.[91] Das kann auch in Gestalt von Rückforderungsklauseln (**Claw-Back-Klauseln**) geschehen.[92] Entsprechende Gestaltungen sind aber konfliktträchtig. Es empfiehlt sich deshalb im Regelfall, die Höchstgrenze von vornherein bereits unmittelbar im Vertrag festzusetzen.[93] Der Kodex empfiehlt ebenfalls von vornherein, ein Cap in Form einer Ziel- und Maximalvergütung für jedes Vorstandsmitglied festzulegen.[94] Die Ziel- und Maximalvorgaben sollen jeweils vor dem Beginn

---

88 *Hüffer/Koch*, § 87 AktG Rz. 5; *Thüsing* in Fleischer, Hdb. Vorstandsrecht, § 6 Rz. 9.

89 Verordnung zur Durchführung des Finanzmarktstabilisierungsfondsgesetzes (FMSTFV) v. 20.10.2008, BGBl. I 2008, 1980.

90 Vgl. die Fraktion Die Linke, BT-Drucks. 16/7743; *Keiser*, RdA 2010, 280, 284; zu weiteren Vorschlägen *Mertens/Cahn* in KölnKomm/AktG, 3. Aufl. 2010, § 87 AktG Rz. 8; *Thüsing* in Fleischer, Hdb. Vorstandsrecht, § 6 Rz. 9, 32.

91 Zu den begrifflichen Unterschieden zwischen Cap und Begrenzungsmöglichkeit, s. *Hohenstatt/Kuhnke*, ZIP 2009, 1981, 1988.

92 Eingehend dazu *Wettich*, AG 2013, 374 ff.

93 *Hoffmann-Becking/Krieger*, NZG 2009, Beilage Heft 26, S. 1, 4.

94 DCGK 2020 Empfehlung G.1.

des kommenden Geschäftsjahres festgelegt werden. Sie umfassen die Summe aller Leistungen einschließlich der Beiträge zur Altersvorsorge und Nebenleistungen.

Wann außerordentliche Entwicklungen eine Begrenzung der Vergütung oder Rückforderung bereits ausgezahlter Vergütungsbestandteile rechtfertigen, ist allerdings weder dem Gesetz noch dem DCGK zu entnehmen. Relevant sind insoweit insbesondere Sachverhalte, in denen etwa aufgrund von Unternehmensübernahmen, der Veräußerung von Unternehmensteilen, der Realisierung stiller Reserven oder aufgrund von anderen externen Einflüssen **besondere Kurseinflüsse** entstehen, deren Auswirkungen auf die variable Vergütung zu eliminieren sind.[95] Davon abgesehen können aber auch andere besondere Entwicklungen als außerordentlich eingestuft werden. Welche dies im Einzelfall sein können, entzieht sich einer generellen Aussage und hängt im Wesentlichen davon ab, was auf Basis der Unternehmensplanung und einer Vergangenheitsanalyse der Unternehmenswicklung der Gesellschaft als außergewöhnlich und deshalb vom Aufsichtsrat bei der Festsetzung der Vergütung nicht voraussehbar einzustufen ist. Wie schon nach dem Kodex in seiner alten Fassung (Nr. 4.2.3 Abs. 2 Satz 6 DCGK a.F.) die Vergütung insgesamt und hinsichtlich ihrer variablen Vergütungsteile betragsmäßige Höchstgrenzen aufweisen sollte,[96] geht auch der DCGK 2020 von einer im vornherein festgelegten Ziel- und Maximalvergütung aus. Die Ziel-Gesamtvergütung ist die Summe aller Vergütungsbeträge eines Jahres (einschließlich der Beiträge zur Altersversorgung und der Nebenleistungen) für den Fall einer hundertprozentigen Zielerreichung. Die Maximal-Gesamtvergütung entspricht dem Aufwands-Höchstbetrag der Gesellschaft aus der Summe aller Vergütungselemente für das betreffende Jahr.[97] Am Ende des Geschäftsjahres soll die Höhe der variablen und damit der Ist-Gesamtvergütung festgelegt werden. 211

Dies bereitet hinsichtlich der variablen Vergütungsbestandteile keine Probleme; sie müssen einen Cap beinhalten. Gewisse Schwierigkeiten verbinden sich indessen mit der Empfehlung, insgesamt eine Maximalvergütung festzulegen. Zur Gesamtvergütung zählen nämlich auch die an das jeweilige Vorstandsmitglied gewährten Nebenleistungen und sonstige sachlichen Zuwendungen (Dienstwagen, Firmenjet, Sicherheitsdienst, Versicherungen). In der Praxis ergeben sich hieraus gewisse Probleme, da derartige Zuwendungen naturgemäß stark schwanken und kaum jemals sicher vorhergesehen werden können, andererseits ihrer Höhe nach aber regelmäßig nicht ins Gewicht fallen.[98] Den Zielen des Kodex dürfte richtigerweise bereits dann gedient sein, wenn hier als Maximalbetrag an der Erfahrung orientierte Schätzwerte angegeben werden.[99]

95 Vgl. BT-Drucks. 16/13433, S. 10; *Fleischer*, NZG 2009, 801, 803.
96 Zur Problematik bei bereits laufenden Vorstandsverträgen s. *Stoll*, NZG 2014, 48 ff.
97 Begr. DCGK 2020 Empfehlung G.1.
98 Kritisch, noch auf Basis des alten Kodex, vor allem auch *Wilsing/von der Linden*, DStR 2013, 1291, 1293.
99 *Sünner*, AG 2014, 115, 116.

b) Kriterien der Angemessenheit

212 Zur Bestimmung der Angemessenheit nennt § 87 Abs. 1 AktG als zu berücksichtigende Kriterien einerseits **Aufgaben und Leistungen** des Vorstandsmitglieds und andererseits die **Lage der Gesellschaft**.[100] Es sollen also angebotsorientierte – damit ist die Seite der Vorstände angesprochen – und nachfrageorientierte – d.h. die Gesellschaft betreffende – Parameter Berücksichtigung finden.[101] Über die im Gesetz explizit genannten Kriterien hinaus dürfen und gegebenenfalls müssen nach allgemeiner Meinung weitere Gesichtspunkte bei der Angemessenheitsprüfung mitberücksichtigt werden, wozu namentlich besondere **Fähigkeiten**, Kenntnisse und Erfahrungen, das **Alter** und die **Reputation** des Vorstandsmitglieds, die Dauer seiner Zugehörigkeit zur Gesellschaft und die konkrete Verhandlungsposition zählen.[102] Die alte Fassung des Kodexes sprach in Nr. 4.2 Abs. 2 Satz 2 DCGK a.F. außerdem davon, dass der Erfolg und die Zukunftsaussichten des Unternehmens geeignete Kriterien zur Beurteilung der Angemessenheit darstellten. Eine generelle Aussage, welchen der vorstehend genannten und ggf. zusätzlich in Betracht kommenden weiteren Angemessenheitskriterien besonderes Gewicht zukommen soll, lässt sich nicht treffen. Der Aufsichtsrat kann und muss im konkreten Einzelfall im Rahmen einer Gesamtwürdigung entscheiden, welche Kriterien unter den gegebenen Voraussetzungen einzubeziehen und wie sie zu gewichten sind.[103]

aa) Aufgaben und Leistungen des Vorstandsmitglieds, Lage der Gesellschaft

213 Maßgebend sind etwa die **Umsatz- und Beschäftigtenzahl der Gesellschaft** sowie deren **Ertrag**.[104] Die Begründung des DCGK 2020 zu Empfehlung G.7 DCGK 2020 zählt langfristige finanzielle Erfolge, nichtfinanzielle Erfolge als Voraussetzung späterer finanzieller Erfolge, die Umsetzung der Unternehmensstrategie und Messgrößen für die absolute oder relative Aktienrendite als **typische Leitungskriterien** auf, um die Höhe der variablen Vergütung festzulegen. Empfehlung G.7 DCGK 2020 betrifft die variablen Bestandteile der Vorstandsvergütung.[105] Die Kriterien, nach denen die Leistungsfähigkeit des Vorstands bemessen werden, sollen von vornherein festgelegt werden.

---

100 *Thüsing* in Fleischer, Hdb. Vorstandsrecht, § 6 Rz. 7 unterteilt diese in materielle, relationale, funktionale und prozessuale Kriterien.

101 *Seibt* in K. Schmidt/Lutter, § 87 AktG Rz. 8; *Thüsing* in Fleischer, Hdb. Vorstandsrecht, § 6 Rz. 8. Kritisch zur Justiziabilität der Begriffe, *Cannivé/Seebach*, Der Konzern 2009, 593, 597.

102 S. zu diesen und weiteren Kriterien *Fleischer* in Spindler/Stilz, § 87 AktG Rz. 19; *Hohenstatt*, ZIP 2009, 1349, 1350; *Mertens/Cahn* in KölnKomm/AktG, 3. Aufl. 2010, § 87 AktG Rz. 14 f.; *Seibt* in K. Schmidt/Lutter, § 87 AktG Rz. 9; *Semler* in Liber amicorum *Wilhelm Happ*, 2006, S. 277, 291 ff.

103 Zutreffend *Seibt* in K. Schmidt/Lutter, § 87 AktG Rz. 9 („marktorientierte Einzelfallentscheidung").

104 *Seibt* in K. Schmidt/Lutter, § 87 AktG Rz. 9; *Spindler* in MünchKomm/AktG, 5. Aufl. 2019, § 87 AktG Rz. 53.

105 Begr. DCGK 2020 Empfehlung G.7.

Auf der anderen Seite soll der dem Vorstand im Anstellungsvertrag zugewiesene Aufgabenbereich berücksichtigt werden, so dass die Komplexität der **Aufgabenstellung, der Grad der Verantwortung**, die Anzahl der unterstellten Mitarbeiter und das potentielle Haftungsrisiko die Höhe der Vergütung beeinflussen können.

Die Darlegungslast, warum der Aufsichtsrat bestimmte Kriterien für geeignet hält, die langfristige Entwicklung der Gesellschaft zu fördern, liegt beim Aufsichtsrat.[106]

Dass die **Leistungen des Vorstandsmitglieds** bei der Bestimmung der Angemessenheit seiner Vergütung von Relevanz sind, bestimmt § 87 Abs. 1 AktG ausdrücklich erst seit der Reform durch das VorstAG; im Kern war dies aber schon zuvor allgemein anerkannt.[107] In jedem Fall sind die **fachliche Qualifikation**, die **Berufserfahrung** und die **Dauer der Zugehörigkeit** zur Gesellschaft in die Betrachtung einzubeziehen.[108] Die Konturen des Leistungsbegriffs sind jedoch bislang unscharf. So stellt sich etwa die Frage, inwieweit auch sog. **„soft skills“** Relevanz gewinnen können. Richtigerweise ist der Leistungsbegriff sowohl handlungs- als auch erfolgsbezogen zu verstehen. Daher sind Merkmale wie besondere Kenntnisse, Fähigkeiten, Erfahrungen des Vorstandsmitglieds jedenfalls dann zu berücksichtigen, wenn zu erwarten ist, dass sich diese in Handlungen oder Ergebnissen zugunsten des Unternehmens ausdrücken werden.[109] Sofern das Vorstandsmitglied bereits zuvor für das Unternehmen tätig war, muss der Aufsichtsrat auch auf hieraus gewonnene Leistungsbeurteilungen zurückgreifen; im Übrigen muss sich seine Prognose auf fremde Beurteilungen und gegebenenfalls öffentlich zugängliche Informationen stützen. Ob besondere persönliche oder **familiäre Verhältnisse** des Vorstands berücksichtigt werden dürfen, ist zweifelhaft[110] und dürfte allenfalls in besonderen Ausnahmefällen in Betracht kommen. 214

Weil § 87 Abs. 1 AktG auf die Aufgaben und Leistungen des einzelnen Vorstandsmitglieds verweist, gilt für den Aufsichtsrat bei der Festsetzung der Vergütung grundsätzlich ein **Individualisierungsgebot**. Das wirft die Frage auf, ob die in der Praxis nicht selten anzutreffende Gleichbehandlung aller ordentlichen Vorstandsmitglieder – bei Festsetzung einer erhöhten Vergütung lediglich für den Vorstandsvorsitzenden – mit dem Gesetz vereinbar ist. Das wird unter Betonung der Gesamtverantwortung aller Vorstandsmitglieder teils bejaht,[111] teils aber auch kritisch gese- 215

106 Begr. DCGK 2020 Empfehlung G.7.

107 *Mertens/Cahn* in KölnKomm/AktG, 3. Aufl. 2010, § 87 AktG Rz. 13; *Fonk*, NZG 2005, 248, 249; *Thüsing*, AG 2009, 517, 518.

108 *Hüffer/Koch*, § 87 AktG Rz. 3; *Seibt* in K. Schmidt/Lutter, § 87 AktG Rz. 9; *Spindler* in MünchKomm/AktG, 5. Aufl. 2019, § 87 AktG Rz. 45; mit weiteren Kriterien *Thüsing*, AG 2009, 517, 518.

109 Vgl. *Mertens/Cahn* in KölnKomm/AktG, 3. Aufl. 2010, § 87 AktG Rz. 14; ferner *Annuß/Theusinger*, BB 2009, 2434; kritisch zu dem Leistungsbezug *Suchan/Winter*, DB 2009, 2531, 2532 f.

110 Vgl. *Spindler* in MünchKomm/AktG, 5. Aufl. 2019, § 87 AktG Rz. 46.

111 Vgl. *Bauer/Arnold*, AG 2009, 717, 719.

hen.[112] Richtigerweise ist eine Gleichbehandlung bei Festsetzung der Vergütung zulässig, setzt aber voraus, dass die Anforderungen an die Vorstandsmitglieder im Wesentlichen auch vergleichbar sind und deren individuelle Leistungsfähigkeit übereinstimmt.

bb) Berücksichtigung der Lage der Konzernunternehmen

216 Im Konzern wirft die Bestimmung der angemessenen Vergütung der Vorstände besondere Fragen auf. Wenn der Vorstand eine AG leitet, die als Mutter- oder Tochterunternehmen konzernverbunden ist, stellt sich bei der Bestimmung der angemessenen Vergütung die Frage nach einer Einbeziehung der **Lage der Konzerngesellschaften**, mit denen das Vorstandsmitglied nicht durch Anstellungsvertrag verbunden ist, auf deren Entwicklung er aber in Ausübung der Konzernleitungsmacht Einfluss nimmt. Noch verschärft stellt sich die Frage im Falle des **Doppelmandats**. Wenn das Vorstandsmitglied mittelbar oder, wie im Falle eines Doppelmandats, unmittelbar die Verantwortung für nachgeordnete Konzernunternehmen trägt, muss deren Lage und Entwicklung Berücksichtigung finden. Ist ein Vorstandsmitglied nicht nur für eine Gesellschaft, sondern zugleich auch für die Mutter- bzw. die Tochtergesellschaft tätig, stellt sich darüber hinaus die Frage, ob die Bezüge für beide Tätigkeiten insgesamt an dem Angemessenheitsgebot zu messen sind. Nach ganz h.M. trägt der Aufsichtsrat der herrschenden Gesellschaft die Verantwortung für die Angemessenheit der Gesamtbezüge – d.h. der Bezüge unter Einschluss der von der abhängigen Gesellschaft geleisteten Bezüge.[113] Eine Doppelvergütung ist zu vermeiden.[114] Nach Empfehlung G.15 DCGK 2020 soll auch die Vergütung aus konzerninternen Aufsichtsratsmandaten auf die Festvergütung angerechnet werden, die Vorstandsmitglieder beziehen. Nimmt das Vorstandsmitglied ein Aufsichtsratsmandat in einem konzernfremden Unternehmen war, soll der Aufsichtsrat nach Empfehlung G.16 DCGK 2020 entscheiden, ob und wieweit die Vergütung anzurechnen ist.

217 Fraglich ist weiter, inwiefern **Verluste und Gewinne einzelner Konzernunternehmen** in die Bestimmung der Vergütung von Vorstandsmitgliedern einfließen sollten, die kein Doppelmandat innehaben. So lässt sich die Auffassung vertreten, dass Unternehmensergebnisse von „unten nach oben“,[115] nicht aber von „oben nach unten“ zuzurechnen sind. Denn wenn die Muttergesellschaft Verluste schreibt, ist dieser

---

112 *Rieble/Schmidtlein*, Vergütung von Vorstand und Führungskräften, 2011, Rz. 132 (S. 39): nur bei konkreter Begründbarkeit.

113 *Fonk*, NZG 2010, 368, 372; a.A. etwa *Traugott/Grün*, AG 2007, 761, 769. Vgl. *Spindler* in MünchKomm/AktG, 5. Aufl. 2019, § 87 AktG Rz. 54 (die Konzernbezüge seien einzubeziehen, maßgeblich blieb aber immer die jeweilige Gesellschaft).

114 So bereits RegE eines Gesetzes zur Kontrolle und Transparenz im Unternehmensbereich (KonTraG), BT-Drucks. 13/9712, S. 23 a.E. zu § 193 Abs. 2 Nr. 4 AktG.

115 Für die Zulässigkeit der Berücksichtigung der Lage der Untergesellschaft: *Fleischer* in Spindler/Stilz, § 87 AktG Rz. 14 (mit der Einschränkung, die Berücksichtigung dürfe keine Anreize dafür bieten, Interessen der Konzernobergesellschaft und ihrer Aktionäre zu vernachlässigen; dabei handelt es jedoch um eine Frage der Ausrichtung variabler Anteile an dem Kurs der Obergesellschaft, dazu Rz. 226 ff.).

Umstand nicht dem Vorstand der Tochtergesellschaft zuzurechnen, wohingegen im umgekehrten Fall der Vorstand der Muttergesellschaft im Zweifel auch für die wirtschaftliche Entwicklung der Tochtergesellschaften verantwortlich ist. Es spricht viel dafür, insoweit auf das gesetzliche Tatbestandsmerkmal der **Aufgaben und Leistungen** des Vorstandsmitglieds zurückzugreifen. Sofern die Leitung diverser Untergesellschaften zum jeweiligen konkreten Aufgabenbereich gehört, kann und muss die sachliche Komplexität dieser Leistungsaufgabe und das erwartete Geschäftsergebnis der Untergesellschaften bei der Bestimmung der Höhe der Vergütung berücksichtigt werden.[116] Umgekehrt ist es möglich, die auf der Ebene des Vorstands der Tochtergesellschaft bestehenden Besonderheiten im Konzern (z.B. Prüfung von Einflüssen nach §§ 308 Abs. 2, 311 AktG einerseits, Abgabe von Verantwortung im Vertragskonzern andererseits) bei der Festsetzung der Vergütung zu berücksichtigen.

3. Vorgaben in der Satzung

Die Satzung kann nur sehr begrenzt Vorgaben für die Festsetzung der Vergütung 218
statuieren. Die Kompetenz und die Pflicht zur Festsetzung der Vergütung ist allein dem Aufsichtsrat zugewiesen und nicht der Hauptversammlung. Anderes ergibt sich auch nicht aus dem ARUG II und der Regelung des say on pay in § 120a AktG i.d.F. des ARUG II, wie schon die mangelnde Verbindlichkeit des diesbezüglichen Hauptversammlungsbeschlusses bestätigt. Konkrete Vorgaben zur Vergütungshöhe in der Satzung widersprechen dieser Kompetenzverteilung in der AG.[117] Eine Satzungsbestimmung darf die **Entscheidungskompetenz des Aufsichtsrats** über Personalfragen (§ 84 Abs. 1 AktG) nicht aushöhlen.[118] Dies wäre etwa bei der Festlegung von festen Obergrenzen für die Vergütung des Vorstands der Fall.[119] Zulässig dürfte aber die Festsetzung einzelner Kriterien zur Bestimmung der Angemessenheit der Vergütung sein, da eine solche Ausrichtung die grundsätzliche Unternehmenszielbestimmung beeinflusst und nicht ausschließlich auf die Bestimmung der konkreten Vergütungshöhe gerichtet ist.[120]

III. Ausrichtung der Vergütungsstruktur

Nicht nur die Höhe der Vergütung ist Gegenstand gesetzlicher Vorgaben. Auch die 219
Zusammensetzung der Vergütungsbestandteile – also die Vergütungsstruktur – unterliegt besonderen Regelungen. Es war ein zentrales Anliegen des VorstAG, die Vereinbarung von langfristig orientierten, performanceabhängigen Vergütungselementen zu fördern und gleichzeitig diejenigen Vergütungsbestandteile, die Anreize

116 Vgl. *Spindler* in MünchKomm/AktG, 5. Aufl. 2019, § 87 AktG Rz. 54.

117 *Seibt* in K. Schmidt/Lutter, § 87 AktG Rz. 3; *Spindler* in MünchKomm/AktG, 5. Aufl. 2019, § 87 AktG Rz. 43.

118 H.M., s. *Hüffer/Koch*, § 87 AktG Rz. 4; *Leßmann*, S. 146; *Thüsing* in Fleischer, Hdb. Vorstandsrecht, § 6 Rz. 25; *Thüsing*, AG 2009, 517, 526 jew. m.w.N.

119 *Hüffer/Koch*, § 87 AktG Rz. 4.

120 Dagegen aber *Mertens/Cahn* in KölnKomm/AktG, 3. Aufl. 2010, § 87 AktG Rz. 4 m. umf. N. zum Meinungsstand.

für lediglich kurzfristige Unternehmenserfolge setzen, zurückzudrängen.[121] Börsennotierte Aktiengesellschaften müssen deshalb nach § 87 Abs. 1 Satz 2 AktG i.d.F. des ARUG II ihre Vergütungsstruktur auf eine nachhaltige und **langfristige Entwicklung der Gesellschaft** ausrichten. Grundlage dieser Ausrichtung ist nach § 87 Abs. 1 Satz 3 AktG eine grundsätzlich mehrjährige Bemessungsgrundlage für variable Vergütungsbestandteile.

1. Langfristige Entwicklung der Gesellschaft

220 Im Zentrum der gesetzlichen Zielbestimmung steht das Postulat der langfristigen Entwicklung der Gesellschaft. Das ARUG II ändert den Wortlaut von § 87 Abs. 1 Satz 2 AktG, um es an die Terminologie der ARRL anzupassen. § 87 Abs. 1 Satz 2 AktG i.d.F. des ARUG II spricht nicht mehr nur von einer „**nachhaltigen Unternehmensentwicklung**", sondern verlangt eine Ausrichtung auf eine „**nachhaltige und langfristige Entwicklung der Gesellschaft**". Damit sollte der Wortlaut von § 87 Abs. 1 Satz 2 AktG an den Wortlaut der richtlinienbasierenden Vorschriften von §§ 87a Abs. 1 Satz 2 Nr. 1, 162 Abs. 1 Satz 2 Nr. 1 AktG i.d.F. des ARUG II angepasst werden.[122] Die Dopplung der Begriffe „nachhaltig" und „langfristig" beruht auf der Beschlussempfehlung des Ausschusses für Recht und Verbraucherschutz. Damit soll deutlich gemacht werden, dass der Aufsichtsrat bei der Festsetzung der Vergütung, insbesondere der Wahl der Vergütungsanreize, auch „**soziale und ökologische Geschichtspunkte**" in den Blick zu nehmen habe.[123]

Ebenso wie im Hinblick auf den Begriff der Nachhaltigkeit ist die **Langfristigkeit** weder als eine pauschale Festlegung auf die Beibehaltung des *status quo* zu verstehen, noch ist damit eine Verpflichtung auf Wachstum, sei es den Ausbau des Marktanteils, die Einführung neuer Produkte oder die Steigerung des Umsatzes oder Ertrags, gemeint. Das Ziel des Unternehmens wird vielmehr auf der Grundlage der Vorgaben in der **Satzung** durch die jeweilige Unternehmensstrategie festgelegt.[124]

221 Es ist aber geboten, diese Unternehmensstrategie **langfristig** anzulegen, um den so genannten Effekt der Zeitpräferenz[125] auszuschalten. Für den zeitlichen Horizont bietet es sich an, auf den Zeitraum von wenigstens vier Jahren zurückzugreifen, der in § 193 Abs. 2 AktG als Mindestfrist für die Ausübbarkeit von Aktienoptionen bestimmt ist.[126] Die in diesem Sinne langfristige Ausrichtung soll auch die Berücksich-

---

121 Gesetzentwurf v. 17.3.2009, BT-Drucks. 16/12278, S. 6. Anschaulich zu weiteren Aspekten der Incentivierung *Cahn* in FS Hopt, S. 431, 436.

122 Begr. RegE zum ARUG II, BT-Drucks. 19/9739, S. 72.

123 S. Begr. zur Beschlussempfehlung des Ausschusses für Recht und Verbraucherschutz, BT-Drucks. 19/1513, S. 62.

124 Vgl. *Dauner-Lieb/von Preen/Simon*, DB 2010, 377, 379; *Hohenstatt/Kuhnke*, ZIP 2009, 1981, 1982; *Thüsing*, AG 2009, 517, 520.

125 Damit ist gemeint, dass zeitnahe Vermögenssteigerungen im Vergleich zu späteren, wenn auch höheren Steigerungen tendenziell als günstiger wahrgenommen werden, vgl. insb. *Fleischer*, NZG 2009, 801, 802; *Raible/Schmidt*, ZCG 2009, 249, 251.

126 Gesetzentwurf v. 17.3.2009, BT-Drucks. 16/12278, S. 6. Nach *Seibt* in K. Schmidt/Lutter, § 87 AktG Rz. 12 enthält diese Vorschrift eine bloße Konkretisierung.

tigung **sozialer, ökonomischer und ökologischer Aspekte** – wie z.B. Kundenbindung, Mitarbeiterzufriedenheit und -schulung sowie Energieeffizienz – bei der Verfolgung des Unternehmensziels mit einbeziehen.[127]

Vor diesem Hintergrund wirft die Pflicht des Aufsichtsrats, die Vergütungsstruktur auf eine „langfristige" Entwicklung des Unternehmens auszurichten, Zweifelsfragen auf. Auszugehen ist davon, dass der Begriff der Vergütungsstruktur die Zusammensetzung der verschiedenen Vergütungselemente und ihr Verhältnis zueinander bezeichnet, und zwar bezogen auf jedes einzelne Vorstandsmitglied und nicht etwa auf den Vorstand insgesamt.[128] Unstreitig ist im Übrigen, dass dem Gebot der Langfristausrichtung insbesondere bei der Ausgestaltung der **variablen Vergütungsbestandteile** Bedeutung zukommt: die näheren Anforderungen an die variablen Vergütungsbestandteile gem. § 87 Abs. 1 Satz 3 AktG dienen der Konkretisierung des Leitgedankens der langfristig orientierten Unternehmensentwicklung.[129] Daraus kann für die Praxis beispielsweise gefolgert werden, dass variable Vergütungen, die nur auf stichtagsbezogene Bemessungsmaßstäbe (etwa den Umsatz eines Jahres) bezogen sind, ohne dass nachfolgende Verschlechterungen Berücksichtigung finden, unzureichend sind. Stattdessen muss die variable Vergütung insgesamt an Parametern ausgerichtet werden, die die langfristige Entwicklung widerspiegeln.[130] 222

Mangels weiterer gesetzlicher Vorgaben und konkretisierender Hinweise in den Gesetzesmaterialien besteht keine Einigkeit darüber, ob sich in dieser Konkretisierung die Bedeutung des Gebots der langfristig orientierten Unternehmensentwicklung erschöpft[131] oder ob dem Gebot darüber hinaus eine eigenständige Bedeutung zukommt.[132] Die Vertreter der zweiten Auffassung leiten hieraus das vom Aufsichtsrat zu beachtende Ziel ab, die Vergütungsstruktur so auszurichten, dass der Vorstand auf die Sicherung des **dauerhaften Bestands** und die **dauerhafte Rentabilität** des 223

---

127 *Dauner-Lieb/von Preen/Simon*, DB 2010, 377, 379; *Hohenstatt/Kuhnke*, ZIP 2009, 1981, 1982; *Raible/Schmidt*, ZCG 2009, 249, 250; *Seibert*, WM 2009, 1489, 1490; *Thüsing*, AG 2009, 517, 520; eingeh. zuletzt *Harbarth*, ZGR 2018, 379 sowie bekräftigend die Begr. zur Beschlussempfehlung des Ausschusses für Recht und Verbraucherschutz zum ARUG II, BT-Drucks. 19/1513, S. 62.

128 *Hüffer/Koch*, § 87 AktG Rz. 10.

129 *Annuß/Theusinger*, BB 2009, 2434, 2435; *Marsch-Barner*, ZHR 175 (2011), 737, 745; *Mertens/Cahn* in KölnKomm/AktG, 3. Aufl. 2010, § 87 AktG Rz. 1, 22; *Seibt* in K. Schmidt/Lutter, § 87 AktG Rz. 12; *Wilsing/Paul*, GWR 2010, 363.

130 *Hohenstatt/Kuhnke*, ZIP 2009, 1981, 1984.

131 So *Marsch-Barner*, ZHR 175 (2011), 737, 745: *„blasses Postulat, das bis auf die Vorgaben für die variable Vergütung in § 87 Abs. 1 S. 3 AktG keine weitere Ausprägung erfahren hat"*; gegen eine eigenständige Bedeutung auch *Wilsing/Paul*, GWR 2010, 363, 364.

132 Für eine eigenständige Bedeutung ausdrücklich *Wagner*, AG 2010, 774 ff. und *Thüsing/Forst*, GWR 2010, 515 ff.; i.E. auch *Annuß/Theusinger*, BB 2009, 2434, 2435; *Bauer/Arnold*, AG 2009, 717, 721; *Hohenstatt/Kuhnke*, ZIP 2009, 1981, 1982; *Kocher/Bednarz*, Der Konzern 2011, 77, 78; *Seibert*, WM 2009, 1489, 1490; *Suchan/Winter*, DB 2009, 2531, 2537.

Unternehmens bedacht ist.[133] Dem wird entgegengehalten, dass die Pflicht zur dauerhaften Bestands- und Rentabilitätssicherung schon seit jeher zu den grundlegenden Vorstandspflichten gehört hat.[134]

224 Wesentliche praktische Bedeutung sollte diesem Meinungsstreit aber nicht zugemessen werden.[135] Zu Recht besteht nämlich jedenfalls Einverständnis darüber, dass die Ausgestaltung der Vergütung nicht zum Eingehen **unangemessener Risiken** verleiten darf, die die Existenz des Unternehmens gefährden können.[136] Außerdem sollen die Vorstandsmitglieder durch die Vergütungsstruktur nicht dazu verleitet werden, Investitionsobjekte mit kurzfristig hohen Überschüssen zu bevorzugen und so unternehmerische „Strohfeuer" zu produzieren, die auf Dauer nichts zum Unternehmenserfolg beitragen.[137]

225 **Ausnahmsweise** sind Situationen denkbar, in denen die Ausrichtung auf eine langfristige Unternehmensentwicklung nicht vorrangig ist, sondern **kurzfristige Erfolge** anzustreben sind. Wird etwa ein Vorstandsmitglied mit besonderer Restrukturierungsexpertise speziell zu dem Zweck bestellt, die zeitnah drohende Insolvenz des Unternehmens abzuwenden, ist ein Kurzfristanreiz erforderlich. Ähnlich liegt es bei von vorneherein auf kurze Zeiträume befristeten Vorstandsverträgen.[138] Da § 87 Abs. 1 Satz 3 AktG als Soll-Bestimmung Ausnahmen zulässt und die Langfristigkeit der Unternehmensentwicklung durch verschiedene Maßnahmen gewährleistet werden kann, spricht nichts dagegen, Vergütungsanreize ausnahmsweise auch auf ein

---

133 S. insbesondere mit ausführlicher Begründung *Wagner*, AG 2010, 774, 779; i.E. *Annuß/Theusinger*, BB 2009, 2434, 2435; *Bauer/Arnold*, AG 2009, 717, 721; s. auch *Hohenstatt/Kuhnke*, ZIP 2009, 1981, 1982: Zukunftsinvestitionen und die Förderung anderer für die Wertsteigerung relevanter Ziele sollen auch dann Priorität haben, wenn diese zunächst ohne Einfluss auf das Ergebnis sind oder den kurzfristigen Erfolg schmälern.

134 *Marsch-Barner*, ZHR 175 (2011), 737, 739 f. Eine solche Pflicht folgt in der Tat bereits aus allgemeinen Grundsätzen, s. OLG Hamm v. 10.5.1995 – 8 U 59/94, AG 1995, 512, 514; *Goette* in FS 50 Jahre BGH, 2000, S. 123, 127; *Hüffer*, § 76 AktG Rz. 13; *Kort* in Großkomm/AktG, 5. Aufl. 2015, § 76 AktG Rz. 53; *Mertens/Cahn* in KölnKomm/AktG, 3. Aufl. 2010, § 76 AktG Rz. 21; *Seibt* in K. Schmidt/Lutter, § 76 AktG Rz. 12; *Semler*, Leitung und Überwachung der Aktiengesellschaft, 2. Aufl. 1996, Rz. 40 ff.; *Spindler* in MünchKomm/AktG, 5. Aufl. 2019, § 76 AktG Rz. 73.

135 Tendenziell anders aber *Wilsing/Paul*, GWR 2010, 363 ff.

136 Zutreffend mit eingehender Analyse der Entstehungsgeschichte des VorstAG und der Motivlage des Gesetzgebers *Wagner*, AG 2010, 774, 776; i.E. ebenso *Annuß/Theusinger*, BB 2009, 2434, 2435; *Bauer/Arnold*, AG 2009, 717, 721; *Dauner-Lieb*, Der Konzern 2009, 1489, 1490; *Fleischer*, NZG 2009, 801, 802 f.; *Hoffmann-Becking/Krieger*, NZG-Beilage 2009, Heft 26, S. 1 f.; *Jahn*, GWR 2009, 135; *Lingemann*, BB 2009, 1918, 1919; *Seibert*, WM 2009, 1489, 1490; *Thüsing*, AG 2009, 517, 520.

137 BT-Drucks. 16/12278, S. 5; *Bürgers/Israel* in Bürgers/Körber, § 87 AktG Rz. 9b; *Dauner-Lieb*, Der Konzern 2009, 583, 586; *Dzida/Naber*, BB 2011, 2613; *Fleischer*, NZG 2009, 801, 802; *Fleischer* in Spindler/Stilz, § 87 AktG Rz. 27; *Gaul/Janz*, NZA 2009, 809, 810; *Hohenstatt*, ZIP 2009, 1349, 1351; *Lingemann*, BB 2009, 1918, 1919; *Mertens*, AG 2011, 57, 58 und 62; *Seibt* in K. Schmidt/Lutter, § 87 AktG Rz. 12; *Wagner*, AG 2010, 774, 776; *Weber* in Hölters, § 87 AktG Rz. 30.

138 Vgl. *Eichner/Delahaye*, ZIP 2010, 2082, 2084.

kurzfristiges Ziel auszurichten.[139] Im Einzelfall kann dies im Gegenteil im Unternehmensinteresse geboten sein.

2. Zusammensetzung der Vergütung

Die Ausgestaltung und Zusammensetzung der einzelnen Vergütungsbestandteile sollen darauf ausgerichtet sein, den Vorstand zu motivieren, sich am Ziel der langfristigen Unternehmensentwicklung zu orientieren. Entscheidend ist insoweit nicht nur das **Verhältnis** zwischen **fixen und variablen** Bestandteilen, sondern insbesondere auch die Ausrichtung und Bemessung der variablen Bestandteile. Der Kodex 2020 geht von einem dreistufigen Vorgehen zur Festlegung der Vergütung aus.[140] In einem ersten Schritt wird danach das Vergütungssystem aufgestellt und beschlossen. Sodann wird die individuelle Ziel-Gesamtvergütung für das kommende Geschäftsjahr festgelegt. Anschließend sind die variablen Vergütungsbestandteile festzulegen. Nach Empfehlung G.2 DCGK 2020 soll die individuelle Ziel-Gesamtvergütung in einem angemessenen Verhältnis zu den Aufgaben und Leistungen des Vorstandsmitglieds sowie zur Lage des Unternehmens stehen und die übliche Vergütung nicht ohne Grund übersteigen. Nach Empfehlung G.8 DCGK 2020 soll eine nachträgliche Änderung der Zielwerte oder der Vergleichsparameter ausgeschlossen sein. 226

a) Anteil fixer und variabler Bestandteile

Die Prinzipal-Agenten-Theorie geht davon aus, dass ein Gleichlauf der Interessen zwischen Prinzipal (AG) und Agent (Vorstand) am besten erreicht werden kann, wenn der Prinzipal ein Fixgehalt erhält und dem Agenten der übrige Erlös zusteht. Danach wäre eine **ausschließlich variable Vergütung** des Vorstands vorzugswürdig. Indessen kann auch ein Fixgehalt dem Ziel der nachhaltigen Unternehmensentwicklung dienen. Ein Fixgehalt appelliert an die intrinsischen Motive des Vorstandsmitglieds und garantiert dessen Grundversorgung. Eine variable Vergütung dagegen kann – sofern sie zu sehr dominiert – die Vorteile des Fixgehalts zunichtemachen.[141] Ob eine variable Vergütung die verbreitet angenommenen Vorteile überhaupt bewirkt, ist im Übrigen nach wie vor empirisch nicht belegt.[142] 227

Mit Recht ist deshalb anerkannt, dass dem Vorstandsmitglied in aller Regel auch eine **Festvergütung** gewährt werden muss, deren Anteil an der Gesamtvergütung nicht unwesentlich sein darf, sondern zumindest die Basisabsicherung des Vorstandsmitglieds gewährleisten muss.[143] Teilweise wird es für sinnvoll gehalten, dass 228

---

139 *Dauner-Lieb*, Der Konzern 2009, 583, 588; *Hohenstatt/Kuhnke*, ZIP 2009, 1981, 1987; vgl. auch *Wagner/Wittgens*, BB 2009, 906, 908.

140 Begr. DCGK 2020 Empfehlung G.1.

141 Vgl. *Fleischer*, NZG 2009, 801, 803 m.w.N.; vgl. i.E. *Hohenstatt/Kuhnke*, ZIP 2009, 1981, 1982; *Wittuhn/Hamann*, ZGR 2009, 847, 851.

142 Vgl. *Cahn* in FS Hopt, S. 431, 437 ff. m.w.N.

143 *Dauner-Lieb*, Der Konzern 2009, 583, 587; *Hohenstatt*, ZIP 2009, 1349, 1350.

der Anteil der Festvergütung etwa 30 % bis 50 % der Gesamtvergütung beträgt.[144] Zwingend vorgegeben ist dies aber nicht; in der Praxis finden sich auch geringere Anteile der fixen Bestandteile an der Gesamtvergütung. Die Untergrenze ist dort zu ziehen, wo im konkreten Einzelfall und unter Berücksichtigung der Vergütung insgesamt die gebotene Basisabsicherung des Vorstandsmitglieds nicht mehr gewährleistet erscheint.

229 Im Übrigen steht außer Zweifel, dass auch eine **reine Festvergütung** zulässig ist, zumal von dieser keine den Bestand und die Entwicklung der AG gefährdende Verhaltensanreize ausgehen.[145]

Die bis zur Kodexneufassung in Nr. 4.2.3 Abs. 2 Satz 2 DCGK a.F. enthaltene Empfehlung, wonach die monetären Vergütungsteile sowohl fixe als auch variable Bestandteile umfassen sollen, ist in dieser Deutlichkeit im DCGK 2020 nicht mehr enthalten. Auch der DCGK 2020 geht aber inzident von der Gewährung variabler Vergütungsbestandteile aus. Sie entspricht auch der verbreiteten Praxis.[146]

b) Anteil kurzfristiger und langfristiger variabler Bestandteile

230 Die in § 87 Abs. 1 Satz 2 AktG i.d.F. des ARUG II angesprochene Ausrichtung der Vergütung auf eine nachhaltige und langfristige Entwicklung der Gesellschaft zielt primär auf die Ausgestaltung variabler Vergütungsanteile ab: Während **kurzfristige Anreize** („Short Term Incentives", STI) den Vorstand auf ein zeitlich naheliegendes Ziel ausrichten, sollen längerfristig wirkende Anreize („Middle Term Incentives", MIT, und „Long Term Incentives", LTI) zu einer kontinuierlichen Unternehmensentwicklung motivieren. STI begegnen in Gestalt von **Tantiemen oder Boni**, wohingegen MIT und LTI vor allem durch Aktienoptionspläne oder vergleichbare virtuelle, häufig aktienbasierte Programme, aber auch durch ein auf mehrere Jahre angelegtes Bonussystem, verwirklicht werden.

231 Es besteht weitgehend Einigkeit, dass **nicht ausschließlich langfristig ausgerichtete Vergütungsbestandteile** vereinbart werden müssen.[147] Dies ergibt sich bereits aus dem Wortlaut des § 87 Abs. 1 Satz 3 AktG („sollen"). Teleologisch betrachtet schließt das Nachhaltigkeitsgebot die Belohnung beim Erreichen von Zwischenzielen auch nicht aus,[148] solange das übergeordnete Ziel nicht aus den Augen verloren wird und die mit kurzfristigen Anreizen verfolgten Ziele sich auf die langfristige Unterneh-

---

144 *Bauer/Arnold*, AG 2009, 717, 722 (50 %); *Lingemann*, BB 2009, 1918, 1919 und *Weber-Rey*, WM 2009, 2255, 2258 (40 %); *Deilmann/Otte*, GWR 2009, 261 (mindestens 30 %).

145 So auch *Eichner/Delahaye*, ZIP 2010, 2082, 2086; *Fleischer* in Spindler/Stilz, § 87 AktG Rz. 35; *Lingemann*, BB 2009, 1918, 1919; *Mertens/Cahn* in KölnKomm/AktG, 3. Aufl. 2010, § 87 AktG Rz. 22; *Riekhoff*, NZA 2010, 617, 620; *Weber* in Hölters, § 87 AktG Rz. 34.

146 *Mertens/Cahn* in KölnKomm/AktG, 3. Aufl. 2010, § 87 AktG Rz. 22.

147 Abweichend *Mertens/Cahn* in KölnKomm/AktG, 3. Aufl. 2010, § 87 AktG Rz. 24; anders aber *Mertens*, AG 2011, 57, 62.

148 *Bauer/Arnold*, AG 2009, 717, 721; *Suchan*, DB 2009, 2531, 2538.

mensplanung zurückführen lassen.[149] Im Einzelfall kann es der langfristigen Entwicklung der Gesellschaft sogar entsprechen, kurzfristige Anreize zu setzen.[150] Nach richtiger Auffassung hat auch das VorstAG an der Zulässigkeit von **Jahresboni**[151] und **Ermessenstantiemen**[152] grundsätzlich nichts geändert.

In der Summe muss aber die variable Vergütung so ausgestaltet sein, dass die **langfristige Incentivierung** überwiegt.[153] So lautet auch die Empfehlung G.6 DCGK 2020. Zwischen den kurzfristigen Anreizen und den langfristigen sollte deshalb regelmäßig ein **Verhältnis von etwa wenigstens 40 zu 60** bestehen.[154] Dies ist indes lediglich ein Richtwert, der es nicht ausschließt, weitere Faktoren, die die Anreize des Vorstands beeinflussen, ebenfalls zu berücksichtigen. So kann ausnahmsweise auch ein Anteil von nur 50 % oder weniger langfristig ausgerichteter Vergütungsbestandteile in Kombination mit anderen Aspekten, die die langfristige Ausrichtung sichern, ausreichen.[155] Das kann etwa dann angenommen werden, wenn das manifeste Interesse an der Wiederbestellung zum Vorstand nach Ablauf der Amtsperiode bereits eine Bindung an die nachhaltige Unternehmensentwicklung bewirkt. 232

Nach Empfehlung G.10 DCGK 2020 sollen die gewährten variablen Vergütungsbeträge von dem Vorstandsmitglied überwiegend in Aktien der Gesellschaft angelegt oder entsprechend aktienbasiert gewährt werden. Im Konsultationsentwurf hieß es noch, die langfristige, variable Vergütung solle ausschließlich in Aktien gewährt werden, die mindestens vier Jahre nicht veräußert werden können.[156] Hieran ist mit Recht breite Kritik geäußert worden, der die Regierungskommission Rechnung getragen hat. In seiner verabschiedeten Fassung erlaubt der DCGK 2020 nun insbesondere auch den Einsatz von aktienbasierten Vergütungselementen wie etwa Phantom Stocks.

149 *Raible/Schmidt*, ZCG 2009, 249, 251; eingehend *Eichner/Delahaye*, ZIP 2010, 2082, 2084.

150 Zu den Ausnahmefällen s. Rz. 225.

151 *Hoffmann-Becking/Krieger*, NZG 2009, Beilage Heft 26, S. 1, 2.

152 *Eichner/Delahaye*, ZIP 2010, 2082, 2084; *Hoffmann-Becking/Krieger*, NZG 2009, Beilage Heft 26, S. 1, 3. Zum Mannesmann-Urteil s. aber Rz. 240.

153 Bericht des Rechtsausschusses v. 17.6.2009, BT-Drucks. 16/13433, S. 16; *Bauer/Arnold*, AG 2009, 717; *Dauner-Lieb*, Der Konzern 2009, 583, 588; *Fleischer*, NZG 2009, 801, 803; *Gaul/Janz*, NZA 2009, 809, 811; *Hohaus/Weber*, DB 2009, 1515, 1517; *Hohenstatt/Kuhnke*, ZIP 2009, 1981, 1985; *Hoffmann-Becking/Krieger*, NZG 2009, Beilage Heft 26, S. 1, 2; *van Kann/Keiluweit*, DStR 2009, 1587, 1588; *Nikolay*, NJW 2009, 1641, 2642; *Seibert*, WM 2009, 1489, 1490; *Seibt* in K. Schmidt/Lutter, § 87 AktG Rz. 12; *Suchan*, DB 2009, 2531, 2537, 2538.

154 Vgl. *Lingemann*, BB 2009, 1918, 1999; anders *Hoffmann-Becking/Krieger*, NZG 2009, Beilage Heft 26, S. 1, 2 (50 % als Richtwert); von 50 % gehen auch *Eichner/Delahaye*, ZIP 2010, 2082, 2084 aus.

155 Vgl. *Bauer/Arnold*, AG 2009, 717, 722 unter Hinweis auf die gesetzliche „Soll-Bestimmung“. Im Ergebnis ebenfalls für eine einzelfallorientierte Betrachtung *Dauner-Lieb*, Der Konzern 2009, 583, 588/589; *Hoffmann-Becking/Krieger*, NZG 2009, Beilage Heft 26, S. 1, 2.

156 DCGK Konsultationsentwurf v. 6.11.2018, Empfehlung D.7.

3. Nachhaltigkeit bei variablen Anteilen

233 Die variablen Vergütungsanteile sind mit besonderer Sorgfalt am Nachhaltigkeitsgebot zu orientieren, da diese unmittelbar den Erfolg des Unternehmens einerseits und die Leistung des Vorstands andererseits verknüpfen. Anhand welcher Faktoren die Leistung des Vorstands gemessen wird, bildet die Kardinalfrage bei der Ausgestaltung der Vergütungsstruktur.

a) Mehrjährige Bemessungsgrundlage

234 Um die Bindung an eine nachhaltige Unternehmensentwicklung bei variablen Bestandteilen sicherzustellen, fordert § 87 AktG primär eine **„mehrjährige Bemessungsgrundlage"** für variable Vergütungskomponenten. Hierfür muss nicht nur die Fälligkeit von Teilen des Vergütungsanspruchs hinausgeschoben werden, sondern die Vergütung muss auch negative Entwicklungen in dem maßgeblichen Zeitraum reflektieren.[157] Die variablen Vergütungsbestandteile sollen also nicht punktuell zu einem kurzfristigen Verhalten incentivieren, sondern erst unter Einbeziehung ihrer längerfristigen Auswirkungen tatsächlich verdient werden. Mit der „mehrjährigen Bemessungsgrundlage" ist folglich der **Zeitraum** gemeint, über den hinweg die einzelnen Parameter gemessen werden, die die Höhe der Vergütung bestimmen.[158]

235 Es ist umstritten, was unter „mehrjährig" zu verstehen ist. Teilweise wird ein Zweijahreszeitraum für ausreichend gehalten.[159] Die wohl überwiegende Literatur geht indessen – der Gesetzesbegründung folgend – in Anlehnung an § 193 Abs. 2 Nr. 4 AktG von einem retrospektiv oder prospektiv zu betrachtenden[160] Zeitraum **zwischen drei und vier Jahren** aus.[161] Dem Wortlaut nach bilden zwei Jahre jedenfalls die unterste Grenze einer ausreichenden „mehrjährigen" Bemessungsgrundlage. Im Einklang mit der nachhaltigen Unternehmensentwicklung steht dagegen eine *langfristige* Ausrichtung, von der man – im Unterschied zu einer Mittelperspektive – erst ab einem Zeithorizont von wenigstens drei Jahren sprechen kann. Um Diskrepanzen

157 Bericht des Rechtsausschusses v. 17.6.2009, BT-Drucks. 16/13433, S. 16; *Hüffer/Koch*, § 87 AktG Rz. 4d.

158 *Hohenstatt/Kuhnke*, ZIP 2009, 1981, 1984.

159 *Annuß/Theusinger*, BB 2009, 2434, 2436; *Bauer/Arnold*, AG 2009, 717, 722 (über drei Jahre unpraktikabel); *Hohenstatt/Kuhnke*, ZIP 2009, 1981, 1985; *Hoffmann-Becking/Krieger*, NZG 2009, Beilage Heft 26, S. 1, 3 (mit Praxisempfehlung von wenigstens drei Jahren); ähnlich *Eichner/Delahaye*, ZIP 2010, 2082 (zwei bis drei Jahre); *Seibt* in K. Schmidt/Lutter, § 87 AktG Rz. 12; *Thüsing*, AG 2009, 517, 521 (hält die Zweijahresfrist für gesetzlich zulässig, aber eine Fünfjahresfrist für praktikabler).

160 Dazu *Hoffmann-Becking/Krieger*, NZG 2009, Beilage Heft 26, S. 1, 3.

161 *Hüffer/Koch*, § 87 AktG Rz. 12; *Deilmann/Otte*, GWR 2009, 261; *Gaul/Janz*, NZA 2009, 809, 810; *Seibert*, WM 2009, 1489, 1490; *Suchan*, DB 2009, 2531, 2537; vgl. auch Empfehlung 2009/385/EG der Kommission vom 30.4.2009 zur Ergänzung der Empfehlungen 2004/913/EG und 2005/162/EG zur Regelung der Vergütung von Mitgliedern der Unternehmensleitung börsennotierter Gesellschaften Text von Bedeutung für den EWR, ABl. EU Nr. L 120 v. 15.5.2009, S. 28, 29. Von mindestens vier Jahren sprechen *Fleischer*, NZG 2009, 801, 803; *Spindler*, NJOZ 2009, 3282, 3285; vgl. auch *Thüsing*, AG 2009, 517, 521.

zwischen den Begriffen zu vermeiden, sollte die Bemessung der variablen Anteile demnach über mindestens drei Jahre erfolgen. Infolge des übergeordneten Gebots der Nachhaltigkeit kann der Zeitraum aber nicht als absolute Grenze für jedes Unternehmen verstanden werden. Vielmehr ist die Situation des konkreten Unternehmens einzubeziehen.[162] Zu beachten ist im Übrigen, das nach der Empfehlung G.10 DCGK 2020 Vorstandsmitglieder über die langfristig variablen Gewährungsbeträge erst nach vier Jahren verfügen können sollen.

Die gesetzlichen Anforderungen lassen sich im Einzelnen durch folgende Instrumentarien umsetzen: Aktien können Haltefristen unterliegen;[163] in Bezug auf **Aktienoptionen** sieht § 193 Abs. 2 AktG eine Wartezeit für die erstmalige Ausübung von mindestens vier Jahren vor.[164] Inwieweit dies dem Rechtsgedanken entsprechend auch für virtuelle Aktienoptionsprogramme gilt, ist offen.[165] Ferner werden **Bonusbank-Modelle** etabliert, bei denen die Auszahlung eines Bonus zum Teil („deferral") nicht unmittelbar erfolgt, sondern zeitlich gestaffelt aufgeschoben wird und namentlich nach dem Kursverlauf der Aktie des Unternehmens erhöht oder vermindert zur Auszahlung kommt. Denkbar ist es daher auch, dass das deferral nach mehrjährigem Zeitraum ganz entfällt oder es zur Rückerstattung von bereits ausgezahlten Boni (**Claw-Back-Klauseln**) kommt.[166] Bonusmodelle können so ausgestaltet werden, dass die Auszahlung eines in einem Jahr etwa anhand des Jahresumsatzes verdienten Bonus von einem bestimmten Mindestgewinn in den Folgejahren abhängig gemacht wird.[167] Ob es dem Ziel der nachhaltigen Unternehmensentwicklung genügt, wenn nach der Vorgabe in mehreren Jahren bloß im Durchschnitt ein bestimmter Betrag erwirtschaftet werden soll, ist offen.[168] 236

b) Bindung an „weiche" Parameter

Neben der Mehrjährigkeit der Bemessungsgrundlage für variable Vergütungsbestandteile könnte auch eine Verknüpfung mit Zielen wie Mitarbeiterzufriedenheit und Umweltbewusstsein für eine Ausrichtung auf „Nachhaltigkeit" sorgen. Eine solche Anbindung der **variablen Vergütung an** entsprechende **„weiche Parameter"** ist 237

---

162 *Dauner-Lieb*, Der Konzern 2009, 583, 588; *Hoffmann-Becking/Krieger*, NZG 2009, Beilage Heft 26, S. 1, 3; vgl. *Eichner/Delahaye*, ZIP 2010, 2082, 2084.

163 Gesetzentwurf v. 17.3.2009, BT-Drucks. 16/12278, S. 6; vgl. dazu *Mertens/Cahn* in Köln-Komm/AktG, 3. Aufl. 2010, § 87 AktG Rz. 66; *Eichner/Delahaye*, ZIP 2010, 2082, 2083.

164 Gesetzentwurf v. 17.3.2009, BT-Drucks. 16/12278, S. 6.

165 *Hoffmann-Becking/Krieger*, NZG 2009, Beilage Heft 26, S. 1, 11; *Eichner/Delahaye*, ZIP 2010, 2082, 2086.

166 Eingeh. *Schockenhoff/Nußbaum*, AG 2018, 813; *Seyfarth*, WM 2019, 521 ff.; *Bauer/Arnold*, AG 2009, 717, 723; *Hohenstatt/Kuhnke*, ZIP 2009, 1981, 1985; *Lingemann*, BB 2009, 1918, 1999; *Raible/Schmidt*, ZCG 2009, 249, 252; *Thüsing*, AG 2009, 517, 521; *Wettich*, AG 2013, 374; *Wilsing/Paul*, GWR 2010, 363, 364.

167 *Hohenstatt/Kuhnke*, ZIP 2009, 1981, 1985.

168 Kritisch zu einer solchen Durchschnittsbetrachtung *Dauner-Lieb/von Preen/Simon*, DB 2010, 377, 379; *Hohenstatt/Kuhnke*, ZIP 2009, 1981, 1985.

zulässig.[169] § 87 Abs. 1 Satz 3 AktG schließt die Vereinbarung einer solchen Vergütung nicht aus. Da aber regelmäßig („sollen") eine mehrjährige Bemessungsgrundlage gefordert ist, müssen grundsätzlich auch diese Leistungsindikatoren über einen Zeitraum von mehreren Jahren gemessen werden.

c) Performance der einzelnen Vorstandsmitglieder

238 Die Ausgestaltung der variablen Vergütung muss nicht notwendig an die **individuelle Performance** des einzelnen Vorstandsmitglieds gebunden werden. Die gesonderte Ermittlung der von dem Einzelnen tatsächlich erbrachten Leistung ist bei einem aus mehreren Personen bestehenden Vorstand schwierig und nicht selten sogar unmöglich[170]; sie ist jedenfalls vom Gesetz auch **nicht gefordert**. Dies ergibt sich im Umkehrschluss aus § 5 Abs. 2 Nr. 1 Institutsvergütungsverordnung, wo explizit nur für bedeutende Institute i.S.d. KWG eine Aufschlüsselung der individuellen Erfolgsbeiträge zum Gesamtergebnis gefordert wird.

d) Ausscheiden eines Vorstandsmitglieds

239 Bei dem vorzeitigen Ausscheiden eines Vorstandsmitglieds muss darauf geachtet werden, dass keine ungerechtfertigte Belohnung trotz Misserfolges und ohne Rückbindung an das Unternehmensinteresse erfolgt. Deshalb sind nachträgliche Anerkennungsprämien (**appreciation awards**) für ausscheidende Vorstandsmitglieder an besonders strenge Zulässigkeitsvoraussetzungen geknüpft.[171] **Regelmäßig** unbedenklich ist lediglich eine **„ablösende Abfindung"**, mit der dem ausscheidenden Vorstandsmitglied nicht mehr als seine aus seinem Anstellungsvertrag bis zum Ende der regulären Vertragslaufzeit bestehenden Ansprüche abgegolten werden.[172] ***Change-of-Control*-Klauseln** regeln, wann und zu welchen Bedingungen ein Vorstandsmitglied seine Tätigkeit bei einem Kontrollwechsel – etwa infolge einer Übernahme – beenden kann und dennoch Anspruch auf eine Abfindung hat.[173] Empfehlung G.13 Satz 1 DCGK 2020 empfiehlt, feste Grenzen für Abfindungen bei vorzeitiger Beendigung der Vorstandstätigkeit vorzusehen; der Kodex sieht zwei Jahresvergütungen als regelmäßige Obergrenze, aber nicht mehr als die Restlaufzeit des Anstellungsvertrags

---

169 Vgl. *Harbarth*, ZGR 2018, 579, 389 ff.; *Wilsing/Paul*, GWR 2010, 363, 364. Verpflichtend ist dies nicht, vgl. aber § 5 Abs. 2 Nr. 2 Institutsvergütungsverordnung.

170 Innerhalb des Vorstands muss die individuelle Leistungsmessung nicht notwendig vorteilhaft sein. Dies ist von der Binnenstruktur abhängig. Ist diese ohne Ressortaufteilung auf Zusammenarbeit angelegt, kann die individuelle Performancemessung Konflikte und mangelnde Kooperation verursachen.

171 Grundlegend BGH v. 21.12.2005 – 3 StR 470/04 (Mannesmann), BGHSt 50, 331 ff. = NJW 2006, 522, 523 = AG 2006, 110; dazu *Leßmann*, S. 103 ff.

172 Zu den denkbaren Erscheinungsformen s. *Hoffmann-Becking*, ZIP 2007, 2101 ff.; *Mertens/Cahn* in KölnKomm/AktG, 3. Aufl. 2010, § 87 AktG Rz. 83 ff.; daneben können auch Übergangsgelder vereinbart werden, dazu *Leßmann*, S. 88 ff.

173 Zu Ausgestaltungsmöglichkeiten s. *Hoffmann-Becking*, ZIP 2007, 2101 ff.; *Leßmann*, S. 91 ff.; *Mertens/Cahn* in KölnKomm/AktG, 3. Aufl. 2010, § 87 AktG Rz. 85.

vor.[174] Im Falle eines Change of Control **sollen nach dem DCGK 2020 keine Leistungen** vereinbart werden.[175] Daher verzichtet der DCGK 2020 im Gegensatz zur alten Fassung insoweit auf eine Empfehlung eines Höchstbetrags.[176] Der Kodex 2020 räumt zugleich ein vermeintliches Missverständnis aus. Die Angabe eines Caps in der alten Fassung sei als Empfehlung verstanden worden, Change of Control Abfindungen zu zahlen. Das sei aber nie bezweckt gewesen.[177]

Nach dem „Mannesmann-Urteil" des BGH ist die Bewilligung einer nachträglichen Sonderprämie, d.h. einer vertraglich nicht vorgesehenen Vergütung für eine Leistung, die von einem Vorstandsmitglied bereits in Erfüllung seines Anstellungsvertrages erbracht worden ist, nur **zulässig**, wenn und soweit dem Unternehmen gleichzeitig **Vorteile** zufließen, die in einem angemessenen Verhältnis zu der mit der freiwilligen Zusatzvergütung verbundenen Minderung des Gesellschaftsvermögens stehen.[178] Dies gilt auch dann, wenn der Gewährung der Sonderprämie eine einvernehmliche Änderung des Anstellungsvertrags vorausgegangen ist. Wenn der Anstellungsvertrag des Vorstandsmitglieds im Vorfeld der Auszahlung der Sonderprämie zu diesem Zweck geändert wird, würde die Verletzung der Vermögensbetreuungspflicht damit lediglich von der Zahlung der Prämie auf die Vornahme der Vertragsänderung vorverlagert.[179] Eine für das Unternehmen vorteilhafte, die freiwillige Sonderzahlung rechtfertigende **Anreizwirkung** ist beispielsweise denkbar, wenn das Vorstandsmitglied weiter für die Gesellschaft tätig ist und die Sondervergütung ihm und anderen (potentiellen) Führungskräften signalisiert, dass sich außergewöhnliche Leistungen lohnen und im Nachhinein honoriert werden.[180] 240

174 Im Einzelnen bestimmt der Kodex 2020 in Empfehlung G.13: „Zahlungen an ein Vorstandsmitglied bei vorzeitiger Beendigung der Vorstandstätigkeit sollen den Wert von zwei Jahresvergütungen nicht überschreiten (Abfindungs-Cap) und nicht mehr als die Restlaufzeit des Anstellungsvertrags vergüten. Im Falle eines nachvertraglichen Wettbewerbsverbots soll die Abfindungszahlung auf die Karenzentschädigung angerechnet werden."

175 Empfehlung G.14 DCGK 2020 bestimmt: „Zusagen für Leistungen aus Anlass der vorzeitigen Beendigung des Anstellungsvertrags durch das Vorstandsmitglied infolge eines Kontrollwechsels (Change of Control) sollten nicht vereinbart werden.".

176 Begr. DCGK 2020 Empfehlung G.14.

177 Begr. DCGK 2020 Empfehlung G.14; *Hohenstatt/Seibt*, ZIP 2019, 11, 19, halten die Argumentation indes für nicht überzeugend, da im DCGK für den Positionswechsel keine Gründe angeführt werden und Change of Control-Abfindungen positive Effekte haben könnten.

178 BGH v. 21.12.2005 – 3 StR 470/04 (Mannesmann), BGHSt 50, 331 ff. = AG 2006, 110. Zu den Auswirkungen des Urteils auf die Vorstandsvergütung s. *Hoffmann-Becking*, NZG 2006, 127 ff. sowie *Kort*, DStR 2007, 1127 ff.

179 BGH v. 21.12.2005 – 3 StR 470/04 (Mannesmann), BGHSt 50, 331, 339 = AG 2006, 110; *Martens*, ZHR 169 (2005), 124, 133 ff.; *Mertens/Cahn* in KölnKomm/AktG, 3. Aufl. 2010, § 87 AktG Rz. 34; *Rönnau/Hohn*, NStZ 2004, 113, 120.

180 S. hierzu und zu weiteren berücksichtigungsfähigen Vorteilen *Lutter/Krieger/Verse*, Rechte und Pflichten des Aufsichtsrats, § 7 Rz. 416.

241 Im Einzelnen werden die **Zulässigkeitsgrenzen** nachträglicher Anerkennungsprämien allerdings nach wie vor **uneinheitlich** bestimmt.[181] Nachträgliche Sonderprämien sollten angesichts der bestehenden Rechtsunsicherheit deshalb nur in besonderen Ausnahmefällen und nur nach gründlicher Abwägung gewährt werden. Außerdem sollte der Aufsichtsrat die Gründe hierfür besonders sorgfältig dokumentieren.[182] Hierauf sollte im eigenen Interesse auch das begünstigte Vorstandsmitglied bedacht sein. Je höher die Sonderzuwendung bemessen sein soll, desto kritischer ist sie vom Aufsichtsrat zu hinterfragen.[183]

e) Eintritt eines Vorstandsmitglieds

242 Die Zulässigkeit der Zahlung von **Antrittsprämien** wird streitig diskutiert. Richtigerweise sind sie jedenfalls dann zulässig, wenn in der Gesamtsumme der variablen Vergütungsbestandteile die für die Aufnahme der Tätigkeit zugewendete Sonderzahlung zusammen mit anderen kurzfristig wirkenden Boni im Verhältnis zu den langfristigen Anreizen nicht mehr als etwa 40 % ausmacht, die langfristigen variablen Vergütungselemente also auch unter Berücksichtigung der Antrittsprämie nach wie vor überwiegen.

f) Variable Vergütung im Konzern

243 Für Konzernsachverhalte ist umstritten, inwieweit die variable Vergütung des Vorstands einer Tochtergesellschaft an die Performance der Muttergesellschaft gebunden werden kann. Der Meinungsstand ist sehr uneinheitlich.

244 Für den **Vertragskonzern** ist die Zulässigkeit einer Ausrichtung auf die Entwicklung des herrschenden Unternehmens mit der ganz herrschenden Ansicht ohne weiteres zu bejahen.[184] Das gilt auch dann, wenn die Bestellungsgesellschaft und das herrschende Unternehmen nicht durch einen Beherrschungsvertrag, sondern nur durch einen isolierten Gewinnabführungsvertrag miteinander verbunden sind.[185] Auch in

---

181 S. zum Meinungsstand *Fleischer* in Spindler/Stilz, § 87 AktG Rz. 47 ff.; *Hoffmann-Becking*, ZHR 169 (2005), 155, 161 ff.; *Mertens/Cahn* in KölnKomm/AktG, 3. Aufl. 2010, § 87 AktG Rz. 34 ff., jeweils m.w.N.

182 Ebenso *Fleischer* in Spindler/Stilz, § 87 AktG Rz. 51 sowie *Fonk* in Semler/v. Schenck, Arbeitshandbuch für Aufsichtsratsmitglieder, 4. Aufl. 2013, § 10 Rz. 149.

183 *Spindler* in MünchKomm/AktG, 5. Aufl. 2019, § 87 AktG Rz. 120.

184 Vgl. im Anschluss an die Regierungsbegründung zum KonTraG BT-Drucks. 13/9712, S. 23 f. aus dem vielfältigen Schrifttum insbesondere *Baums*, AG August-Sonderheft 1997, 26, 35; *Ihrig/Wandt/Wittgens*, Beil. ZIP 40/2012, 18; *Hüffer/Koch*, § 87 AktG Rz. 14 f. mit § 192 AktG Rz. 20; *Spindler* in MünchKomm/AktG, 5. Aufl. 2019, § 87 AktG Rz. 69; *Tröger*, ZGR 2009, 460 f.; *Wiesner* in MünchHdb. GesR AG, § 21 Rz. 42; a.A. aber *Mertens/Cahn* in KölnKomm/AktG, 3. Aufl. 2010, § 87 AktG Rz. 25, und *Ziemons* in Ziemons/Binnewies, Handbuch der Aktiengesellschaft, Rz. 8.333, 8.348; (Unzulässigkeit einer am Konzernergebnis orientierten Tantieme des Tochtervorstands selbst bei Bestehen eines Beherrschungsvertrages).

185 So jetzt auch *Hüffer/Koch*, § 87 AktG Rz. 14 mit § 192 AktG Rz. 20; ebenso schon *Ihrig/Wandt/Wittgens*, Beil. ZIP 40/2012, 18; krit. noch *Tröger*, ZGR 2009, 460 f.

diesem Fall bestehen aufgrund der Verlustausgleichspflicht nach § 302 AktG und der Vorgaben in den §§ 304 f. AktG hinreichende Schutzinstrumente zugunsten der außenstehenden Aktionäre und der Gesellschaftsgläubiger, die dem Risiko begegnen, dass sich der Vorstand der Untergesellschaft wegen der Incentivierung über Gebühr an den Interessen der Obergesellschaft orientiert.

Unverändert umstritten ist demgegenüber die Beurteilung im **faktischen Konzern** 245
i.S.d. §§ 311 ff. AktG, zu dem sich zunächst das OLG München in seinem **RWE/Energy-Urteil**[186] – jedenfalls für den seiner Entscheidung zugrundeliegenden, konkreten Sachverhalt – zur Zulässigkeit der Ausrichtung der variablen Vergütung des Vorstands an Konzernziele kritisch geäußert hat. Mit der Orientierung an der Entwicklung des Aktienkurses der Konzernobergesellschaft werde für die Vorstandsmitglieder nämlich ein Anreiz geschaffen, die Interessen der Anstellungsgesellschaft zu vernachlässigen. Der BGH hat sich in seiner in der Folge ergangenen Nichtannahmeentscheidung zwar nicht in der Sache geäußert, gleichwohl aber eine deutliche Distanz zu den Feststellungen des OLG München signalisiert.[187] Das Meinungsspektrum im Schrifttum reicht von der klaren Ablehnung einer Ausrichtung der variablen Vergütung auf die Entwicklung des herrschenden Unternehmens[188] bis hin zu Stimmen, die sich für die grundsätzliche Zulässigkeit einer solchen Vergütung aussprechen.[189] Vermittelnd wird die Zulässigkeit einer solchen Vergütung davon abhängig gemacht, dass von dieser kein Anreiz ausgeht, zum Nachteil der Bestellungsgesellschaft zu agieren.[190]

186 OLG München v. 7.5.2008 – 7 U 5618/07, ZIP 2008, 1237 = AG 2008, 593.

187 BGH v. 9.11.2009 – II ZR 154/08, AG 2010, 79.

188 *Baums*, AG Sonderheft 1997, 26, 35; *Baums* in FS Claussen, 1997, S. 3, 12; *Fonk*, NZG 2011, 321, 325; *Mertens/Cahn* in KölnKomm/AktG, 3. Aufl. 2010, § 87 AktG Rz. 25; *Schüller*, Vorstandsvergütung, 2002, S. 142; *Semler* in FS Budde, 1994, S. 599, 604 Fn. 12; *Spindler*, DStR 2004, 36, 39; *Tröger*, ZGR 2009, 447 ff.; *Wackerbarth*, Der Konzern 2010, 261, 263; *Wiesner* in MünchHdb. GesR AG, § 21 Rz. 42; *Ziemons* in Ziemons/Binnewies, Handbuch der Aktiengesellschaft, Rz. 8.333, 8.348; *Zitzewitz*, NZG 1999, 698, 700 f.; im Ausgangspunkt auch *Hüffer/Koch*, § 87 AktG Rz. 14 („rechtlich jedenfalls zweifelhaft"); tendenziell auch *Frey* in Großkomm/AktG, 4. Aufl. 2008, § 192 AktG Rz. 101, § 193 AktG Rz. 68 („*in der Regel*") und *Hoffmann-Becking*, NZG 1999, 797, 803 („... *kann es aber konzernrechtlich problematisch sein, ...*"); außerdem *Thüsing* in Fleischer, Hdb. Vorstandsrecht, § 6 Rz. 51.

189 *Apfelbacher/Niggemann* in Hölters, § 192 AktG Rz. 49; *Friedrichsen*, Aktienoptionsprogramme für Führungskräfte, 2000, S. 209 ff.; *Goette* in FS Hopt, 2010, S. 689, 693 ff.; *Habersack*, OLG München v. 7.5.2008 – 7 U 5618/07, NZG 2008, 631, 634 f. = AG 2008, 593; *Habersack* in FS Raiser, 2005, S. 111 ff.; *Martens* in FS Ulmer, 2003, S. 399, 416; *Reichert/Balke* in FS Hellwig, 2010, S. 285, 289 ff.; *J. Vetter* in K. Schmidt/Lutter, § 311 AktG Rz. 33; *Riecker* in Spindler/Stilz, § 192 AktG Rz. 61a mit umf. Nachw. in Fn. 238; *Veil* in K. Schmidt/Lutter, § 192 AktG Rz. 24 f. (freilich mit der Einschränkung, in der Kostentragung durch die Tochter liege ein vom herrschenden Unternehmen auszugleichender Nachteil).

190 *Arnold* in FS Bauer, 2010, S. 35, 47 f.; *Fuchs* in MünchKomm/AktG, 4. Aufl. 2016, § 192 AktG Rz. 90; *Hohenstatt/Seibt/Wagner*, ZIP 2008, 228 ff.; *Klawitter* in Achleitner/Wollmert, Stock Options, 2. Aufl. 2010, S. 71 f.; *Kutsch* in Schüppen/Schaub, MünchAnwaltshdb. Aktienrecht, 3. Aufl. 2018, § 32 Rz. 97; *Marsch-Barner* in Bürgers/Körber,

246 Richtigerweise ist davon auszugehen, dass eine Ausrichtung der Vorstandsvergütung (auch) auf die Entwicklung des herrschenden Unternehmens auch im **faktischen Konzern** jedenfalls dann zulässig ist, wenn die variablen Bezüge zu einem hinreichenden Anteil auch auf angemessene individuelle Erfolgsziele des Vorstandsmitglieds oder auf den Erfolg der Anstellungsgesellschaft bezogen sind. Das AktG stellt mit den §§ 311 ff. AktG ein funktionierendes Ausgleichssystem zur Verfügung, das den Interessen der außenstehenden Aktionäre und der Gläubiger der Bestellungsgesellschaft angemessen Rechnung trägt. Die Annahme, dass dieses Ausgleichssystem in den Fällen generell untauglich wäre, in denen der Vorstand (auch) auf die Erfolgsziele der Muttergesellschaft incentiviert wird, ist unzutreffend.[191] Eine solche pauschale Sichtweise vernachlässigt, dass auch von den weiteren, nicht auf die Muttergesellschaft bezogenen Erfolgszielen eine Incentivierung ausgeht. Zudem würde das Vorstandsmitglied seine organschaftlichen Pflichten verletzen, wenn es nicht für den gebotenen Nachteilsausgleich durch das herrschende Unternehmen Sorge trägt. Dem Risiko eines einseitigen Handelns zum Vorteil des herrschenden Unternehmens und zum Nachteil der Anstellungsgesellschaft kann (und muss) zunächst und vorrangig auf der Ebene der Vorstandsmitglieder der nachgeordneten Gesellschaft selbst begegnet werden.[192] Die Einflussnahme über die Vergütung des Vorstands unterscheidet sich nicht maßgeblich von anderen Einflussnahmen des herrschenden Unternehmens, etwa über Vorstandsdoppelmandate; deren Zulässigkeit hat der BGH aber mit Recht bestätigt.[193]

247 Demgegenüber setzt sich der restriktive Ansatz in der Literatur in Widerspruch zu der gesetzlichen Entscheidung für die Zulässigkeit des faktischen Konzerns. Nach inzwischen klar vorherrschender Auffassung gestattet das Konzernrecht die Ausübung faktischer Konzernleitung, indem es den Schutz der außenstehenden Aktionäre und der Gläubiger dem Schutz des Nachteilsausgleichssystems der §§ 311 ff. AktG überantwortet. Damit stünde es in Widerspruch, wenn man die (auch nur teilweise) Ausrichtung des Tochtervorstands auf Konzernziele kategorisch unterbinden wollte. Das Gegenteil ist richtig. Der Vorstand der abhängigen Gesellschaft kann sich am **Konzerninteresse** orientieren, wenn und solange er sicherstellt, dass Nachteile, die bei

---

§ 192 AktG Rz. 17; *Riekers* in Spindler/Stilz, § 192 AktG Rz. 61a, b; *Waldhausen/Schüller*, AG 2009, 179, 183 ff.; *Weber* in Hölters, § 87 AktG Rz. 40; im Ausgangspunkt wohl auch *Kallmeyer*, AG 1999, 97, 102 („*je nach dem, wie stark der Anreiz ist ...*") und *Spindler* in MünchKomm/AktG, 5. Aufl. 2019, § 87 AktG Rz. 74; außerdem *Spindler/Lönner*, WuB II A. § 192 AktG 1.08, S. 503 („*... wird zu raten sein, die Einräumung derartiger Optionen durch die Vereinbarung tochterspezifischer Erfolgsziele abzusichern und ein rein auf die Muttergesellschaft bezogenes Anreizsystem zu vermeiden ...*"); ferner *Hirte* in K. Schmidt/Riegger, RWS-Forum 15, Gesellschaftsrecht 1999, S. 215 und *Mertens/Cahn* in Köln-Komm/AktG, 3. Aufl. 2010, § 87 AktG Rz. 11.

191 So aber *Baums*, AG Sonderheft 1997, 35; *Fonk*, NZG 2011, 325 mit Fn. 72; *Wackerbarth*, Der Konzern 2010, 267; vgl. ferner *Tröger*, ZGR 2009, 454 f.

192 So richtig *Goette* in FS Hopt, 2010, S. 698, unter zutreffender Berufung auf BGH v. 9.3.2009 – II ZR 170/07, BGHZ 180, 105 = AG 2009, 500 zum Vorstandsdoppelmandat im Konzern.

193 BGH v. 9.3.2009 – II ZR 170/07, BGHZ 180, 105 = AG 2009, 500.

dem abhängigen Unternehmen eintreten, nach Maßgabe der §§ 311 ff. AktG von dem herrschenden Unternehmen ausgeglichen werden.[194]

Ersichtlich entspricht die restriktive Position auch nicht der Sichtweise des Gesetz- 248
gebers. Dem Gesetz lässt sich kein Anhalt dafür entnehmen, dass die Ausrichtung der variablen Vergütung an Konzernzielen etwa generell verboten wäre. Im Gegenteil ergibt sich aus § 192 Abs. 2 Nr. 3 AktG, dass der Gesetzgeber eine entsprechende **Incentivierung von Geschäftsführungsmitgliedern nachgeordneter Unternehmen** nicht nur in Kauf nimmt, sondern grundsätzlich billigt. Nach § 192 Abs. 2 Nr. 3 AktG kann die Hauptversammlung eine bedingte Kapitalerhöhung auch zu dem Zweck beschließen, Aktien zur Verfügung zu stellen, um Bezugsrechte auf neue Aktien an Mitglieder der Geschäftsführung *„eines verbundenen Unternehmens"* zu gewähren. Das Gesetz differenziert in diesem Zusammenhang nicht danach, ob das verbundene Unternehmen unternehmensvertraglich mit der Muttergesellschaft verbunden ist oder nicht, und auch nicht danach, ob es sich um eine 100%ige Konzerngesellschaft handelt oder ob an ihr außenstehende Gesellschafter beteiligt sind.

Nicht haltbar ist schließlich die These, dass mit der Anbindung der Vorstandsver- 249
gütung an den Geschäftserfolg des herrschenden Unternehmens der in § 87 Abs. 1 Satz 1 AktG rechtlich positiv vorgegebene Bezugspunkt, nämlich das *„angemessene Verhältnis [...] zur Lage der Gesellschaft"* unzulässigerweise verlassen würde.[195] Denn im Kern geht es bei § 87 Abs. 1 Satz 1 AktG mit der Bezugnahme auf die *„Lage der Gesellschaft"* darum, dass sich die Vergütungshöhe an der jeweiligen Situation und der **Leistungsfähigkeit der Anstellungsgesellschaft** orientieren soll. Das Kriterium der *„Lage der Gesellschaft"* hat mit anderen Worten zum Ziel, einer Vorstandsvergütung vorzubeugen, die außer Verhältnis zur Lage der Gesellschaft steht, namentlich deren finanzielle Verhältnisse ohne Rechtfertigung übersteigt. Mit der Verortung von Bezugspunkten für die Bestimmung von Erfolgszielen bei der variablen Vergütung hat dies nichts zu tun.[196]

---

194 Eingehend im vorliegenden Kontext und mit umfassenden Nachweisen zum Meinungsstand *Habersack* in FS Raiser, 2005, S. 120 ff.; s. auch *Goette* in FS Hopt, 2010, S. 699 mit zutreffendem Verweis auf BGH v. 1.12.2008 – II ZR 102/07 (MPS), BGHZ 179, 71 = AG 2009, 81; außerdem *Arnold* in FS Bauer, 2010, S. 45 f.; gegenläufig demgegenüber noch *Tröger*, ZGR 2009, 447, 460 ff. und *Wackerbarth*, Der Konzern 2010, 261, 264 ff.

195 So aber insbesondere *Tröger*, ZGR 2009, 447, 454; im Ausgangspunkt auch OLG München v. 7.5.2008 – 7 U 5618/07, ZIP 2008, 1237 = AG 2008, 593.

196 Zutreffend und mit eingehender Analyse der Entstehungsgeschichte der Norm insbesondere *Arnold* in FS Bauer, 2010, S. 35, 39 f.; *Goette* in FS Hopt, 2010, S. 693 f.; vgl. auch *Mertens/Cahn* in KölnKomm/AktG, 3. Aufl. 2010, § 87 AktG Rz. 11 zur grundsätzlichen Zulässigkeit einer Anknüpfung der Angemessenheitsprüfung auch an die Lage „verbundener Unternehmen".

IV. Anpassung der Vergütung

250 Ist eine Vergütung der Höhe und der Struktur nach vertraglich vereinbart, gilt der Grundsatz *pacta sunt servanda* bei Anstellungsverträgen von Vorstandsmitgliedern ebenso wie im allgemeinen Zivilrecht. Eine rückwirkende nachträgliche Anpassung einer nach Vertragsschluss als unangemessen erkannten Vergütung ist daher nicht möglich.[197] § 87 Abs. 2 AktG relativiert den Schutz des Vertrauens auf das einmal Vereinbarte indessen – ähnlich dem Wegfall der Geschäftsgrundlage nach § 313 Abs. 1 BGB – im Falle einer wesentlichen Verschlechterung der Lage der Gesellschaft. Nach Empfehlung G.11 DCGK 2020 soll der Aufsichtsrat die Möglichkeit haben, außergewöhnlichen Entwicklungen in einem angemessenen Rahmen Rechnung zu tragen. Er soll in begründeten Fällen variable Vergütungen einbehalten oder zurückfordern können. Empfehlung G.11 DCGK 2020 gestattet die Abweichung nach oben und nach unten. Allgemein ungünstige Marktsituationen hält der Kodex aber für eine Vertragsanpassung als nicht ausreichend.[198] Empfehlung G.11 Satz 2 DCGK 2020 spricht zudem ausdrücklich davon, dass Vergütungen zurückgefordert werden können (Claw Back). Die Möglichkeit der Rückforderung muss aber nach § 87a Abs. 1 Satz 2 AktG i.d.F. des ARUG II transparent im Vergütungssystem ausgewiesen werden. Sie muss außerdem im Anstellungsvertrag vorgesehen werden.

1. Herabsetzung

251 Nach § 87 Abs. 2 Satz 1 AktG ist die Herabsetzung der Vorstandsbezüge auf die angemessene Vergütungshöhe möglich, wenn sich die **Lage der Gesellschaft** so verändert, dass die Weitergewährung der Bezüge für die Gesellschaft **unbillig** wäre. Die Herabsetzung obliegt dem Aufsichtsrat (§ 107 Abs. 3 Satz 3 AktG). Er muss diese entweder nach § 315 Abs. 2 BGB gegenüber dem Vorstandsmitglied erklären[199] oder im Falle des § 85 Abs. 3 AktG bei Gericht einen Antrag auf Herabsetzung der Bezüge stellen.

a) Erfasste Bezüge

252 Seit dem VorstAG beschränkt sich das Herabsetzungsrecht des Aufsichtsrats nicht mehr nur auf Leistungen, die dem Vorstand als Vergütung für seine aktuelle Tätigkeit gewährt werden. § 87 Abs. 2 Satz 2 AktG erstreckt sich nach neuer Fassung auch auf Ansprüche auf **Ruhegehalt, Hinterbliebenenbezüge und Leistungen verwandter Art**. Sämtliche Zuwendungen der Gesellschaft, die als Gegenleistung für eine Vorstandstätigkeit gewährt werden, unterliegen der möglichen Herabsetzung. Zugleich begrenzt die Norm den zeitlichen Anwendungsbereich des Herabsetzungsrechts. Leistungen i.S.d. § 87 Abs. 2 Satz 2 AktG, also Ruhegehalt, Hinterbliebenenbezüge und verwandte Leistungen, können nur in den ersten drei Jahren nach Ausscheiden des bezugsberechtigten Vorstandsmitglieds aus der Gesellschaft herab-

---

197 S. zu den Folgen der fehlerhaften Vergütungsfestsetzung Rz. 286 ff.

198 Begr. DCGK 2020 Empfehlung G.11.

199 *Mertens/Cahn* in KölnKomm/AktG, 3. Aufl. 2010, § 87 AktG Rz. 99; *Thüsing* in Fleischer, Hdb. Vorstandsrecht, § 6 Rz. 28; vgl. auch *Hüffer/Koch*, § 87 AktG Rz. 30.

gesetzt werden. Die Rechtfertigung dieser Beschränkung soll darin zu sehen sein, dass die Verschlechterung der Lage der Gesellschaft den ausgeschiedenen Vorstandsmitgliedern nur im Rahmen eines begrenzten Zeitraums zugerechnet werden kann, nach dessen Ablauf das Vertrauen auf die Gewährung der Bezüge schützenswert ist.[200]

Das Herabsetzungsrecht stellt die bisher verbreitete Praxis, dem Vorstand ein Wahlrecht zwischen der schrittweisen Auszahlung von Ruhegehältern und der einmaligen, jedoch diskontierten Leistung der gesamten Höhe des Ruhegehalts einzuräumen, in Frage. Die Kapitalisierung des Ruhegehalts im Zuge einer **Einmalzahlung** unter Auszahlung eines Einmalbetrages kommt nämlich im Ergebnis einem Verzicht des Aufsichtsrats auf das Recht zur Herabsetzung gleich, ohne dass dem ein angemessener Gegenwert zugunsten der Gesellschaft gegenüberstünde. 253

b) Voraussetzungen einer Herabsetzung

Die Herabsetzung der Bezüge setzt die Verschlechterung der Lage der Gesellschaft 254 und die Unbilligkeit ihrer Weitergewährung voraus. Fraglich ist, ob dem Aufsichtsrat bei der Entscheidung über die Herabsetzung ein **Ermessensspielraum** zukommt. Das wird man wegen des mit der Herabsetzung verbundenen Eingriffs in die Vertragsfreiheit und in wohlerworbene Rechte i.S.d. **Art. 14 GG** im Ausgangspunkt zu bejahen haben; im Übrigen sind hohe Anforderungen an die Bejahung der Voraussetzungen des § 87 Abs. 2 AktG zu stellen.[201] Andererseits ist aber auch zu berücksichtigen, dass das **VorstAG** explizit darauf abzielte, die **Eingriffsschwelle zu senken**,[202] um der Norm zu einem weiteren Anwendungsbereich zu verhelfen. In diesem Spannungsverhältnis wird jeder Einzelfall zu betrachten sein. Bei einer wesentlichen Verschlechterung muss der Aufsichtsrat die Möglichkeit einer Herabsetzung der Bezüge deshalb jedenfalls prüfen und die seiner Entscheidung zugrundeliegenden Erwägungen sorgfältig dokumentieren. Ausnahmsweise, bei einer gravierenden Verschlechterung, die das betreffende Vorstandsmitglied eindeutig mit zu verantworten hat, kann sich das insoweit bestehende Ermessen auf Null reduzieren und der Aufsichtsrat zum Handeln verpflichtet sein (s. noch Rz. 260).

aa) Verschlechterung der Lage der Gesellschaft

Vor dem VorstAG bestand Einigkeit, dass von einer relevanten „Verschlechterung 255 der Lage der Gesellschaft“ nur im gravierenden Ausnahmefall ausgegangen werden

---

200 Bericht des Rechtsausschusses v. 17.6.2009, BT-Drucks. 16/13433, S. 16 f.

201 *Seibt* in K. Schmidt/Lutter, § 87 AktG Rz. 18; *Gaul/Janz*, NZA 2009, 809, 811; vgl. auch *Koch*, WM 2010, 49, 52; *Nikolay*, NJW 2009, 1641, 2643; abw. – kein Ermessensspielraum – jetzt aber explizit *Hüffer/Koch*, § 87 AktG Rz. 27 unter Berufung auf BGH v. 27.10.2015 – II ZR 296/14, BGHZ 207, 190 Rz. 45 f. = AG 2016, 214, 217; ebenso *Kort*, AG 2016, 209 f.

202 Zu rechtspolitischen Hintergründen *Keiser*, RdA 2010, 280, 282; *Mertens/Cahn* in KölnKomm/AktG, 3. Aufl. 2010, § 87 AktG Rz. 94. Eine Synopse ist bei *Wittuhn/Hamann*, ZGR 2009, 847, 850 zu finden.

kann. Seit Neufassung von § 87 Abs. 2 AktG **verzichtet** das Gesetz auf das **Wesentlichkeitserfordernis** mit dem Ziel, die Anforderungen an das Tatbestandsmerkmal zu senken.[203] Von einer Verschlechterung soll nicht mehr nur bei Wesentlichkeit ausgegangen werden.

256 Deshalb ist die Voraussetzung für eine hinreichende Verschlechterung der Lage der Gesellschaft auch nicht mehr, dass die Gesellschaft keinerlei operativen Gewinn mehr macht.[204] Die Gesetzesbegründung setzt die Schwelle niedriger an und nennt beispielhaft **Entlassungen oder Lohnkürzungen** sowie eine **Sperre für Gewinnausschüttungen** als bereits hinreichende Sachverhalte. Die **Insolvenz oder die Krise der Gesellschaft** sollen dagegen nicht erforderlich sein.[205] Umgekehrt dürfte der Eintritt der Insolvenzreife im Regelfall ausreichen.[206] Im Schrifttum findet sich dagegen überwiegend die Auffassung, dass diese Indizien für sich genommen nicht ausreichend sind; allenfalls kumulativ könnten sie eine Herabsetzung der Vergütung rechtfertigen.[207] In der Praxis wird es vorrangig Aufgabe des zweiten Tatbestandsmerkmals – das der Unbilligkeit – sein, die Fälle, in denen eine Herabsetzung gerechtfertigt erscheint, zu identifizieren.[208]

bb) Unbilligkeit der Weitergewährung

257 Nach alter Rechtslage war die „grobe Unbilligkeit" Voraussetzung einer nachträglichen Herabsetzung der Vergütung. Nach Neufassung des Gesetzes durch das VorstAG ist **schlichte Unbilligkeit** ausreichend.[209] Erforderlich ist das Bestehen eines besonders unangemessenen Verhältnisses zwischen der Lage der Gesellschaft und der Höhe der Vorstandsbezüge. Bei der wechselseitigen Abwägung der schutzwürdigen Belange ist nicht nur auf die Vermögenslage der Gesellschaft Rücksicht zu nehmen, sondern auch auf die Interessen und die individuelle Lage des Vorstandsmitglieds.[210]

---

203 Gesetzentwurf v. 17.3.2009, BT-Drucks. 16/12278, S. 7.

204 *Hüffer/Koch*, § 87 AktG Rz. 25; *Thüsing* in Fleischer, Hdb. Vorstandsrecht, § 6 Rz. 31.

205 Gesetzentwurf v. 17.3.2009, BT-Drucks. 16/12278, S. 7.

206 Vgl. BGH v. 27.10.2015 – II ZR 296/14, AG 2016, 214, 216.

207 *Annuß/Theusinger*, BB 2009, 2434, 2437; *Bauer/Arnold*, AG 2009, 717, 725 (Krise sei vorauszusetzen); *Seibt* in K. Schmidt/Lutter, § 87 AktG Rz. 18; zurückhaltend auch *Dauner-Lieb*, Der Konzern 2009, 583, 590; *Thüsing*, AG 2009, 517, 522; *Wagner/Wittgens*, BB 2009, 906, 910; *Waldenberger/Kaufmann*, BB 2010, 2257, 2258; *Weppner*, NZG 2010, 1056. Soweit eine Gesamtbetrachtung gefordert wird, nach der nicht vertretbar sein soll, die Gesellschaft an der bisherigen Vergütung festzuhalten, wird das Merkmal der Unbilligkeit mit dem der Verschlechterung vermischt, so *Annuß/Theusinger*, BB 2009, 2434, 2438.

208 *Koch*, WM 2010, 49, 51.

209 Gesetzentwurf v. 17.3.2009, BT-Drucks. 16/12278, S. 7. Kritisch dazu Stellungnahme des *Handelsrechtsausschusses des DAV*, NZG 2009, 612, 613; zurückhaltend auch *Koch*, WM 2010, 49, 52.

210 Gesetzentwurf v. 17.3.2009, BT-Drucks. 16/12278, S. 7; *Hüffer/Koch*, § 87 AktG Rz. 25; *Mertens/Cahn* in KölnKomm/AktG, 3. Aufl. 2010, § 87 AktG Rz. 95; *Seibt* in K. Schmidt/

258 Inwiefern die konkreten Ursachen für die Verschlechterung der Lage der Gesellschaft für die Herabsetzung der Vergütung relevant sind, ist offen. Die Begründung des Gesetzentwurfs verlangt **pflichtwidriges Verhalten des Vorstands oder die Zurechnung der Verschlechterung der Lage** zum Vorstand.[211] Das ist in der Literatur mit Recht kritisch aufgenommen worden. Es werde eine § 93 Abs. 2 AktG vorgelagerte Strafsanktion geschaffen, die Aufgaben übernehme, die originär das Institut der vorzeitigen Abberufung aus dem Amt erfülle.[212] Die Gesetzesbegründung beschreibt den Begriff der Unbilligkeit sowohl zu eng als auch zu breit: Einerseits muss Fehlverhalten nicht zwingend die Ursache der wirtschaftlichen Verschlechterung der Gesellschaftsverhältnisse sein; andererseits genügt ein solches alleine nicht, um die Unbilligkeit zu begründen. Das Unbilligkeitsurteil ist vielmehr aus einer Gesamtschau aller Umstände des Einzelfalls auf der Grundlage eines Vergleichs der Veränderung der Lage der Gesellschaft und der Leistungen und Aufgaben des Vorstands zu treffen.

259 So fehlt es etwa an der Unbilligkeit, wenn aufgrund der Entwicklung der Gesellschaft bereits infolge eines hohen Anteils variabler Vergütungsbestandteile die Höhe der Vorstandsbezüge stark vermindert ist.[213] Auch kann man keine Unbilligkeit annehmen, wenn die Verschlechterung der Wirtschaftslage bei Vertragsschluss bereits **voraussehbar** war, da dieser Umstand bei den Vertragsverhandlungen bereits Berücksichtigung gefunden haben sollte.[214] Bei Ruhegehältern wird die Herabsetzung der Bezüge regelmäßig dann unbillig und deshalb ausgeschlossen sein, wenn das Vorstandsmitglied in keiner Weise einen Beitrag zur Verschlechterung der Lage des Unternehmens geleistet hat, sondern im Gegenteil bis zu seinem Ausscheiden zum Erfolg des Unternehmens beigetragen hat.[215] Ferner sind auch **Wesen und Ausmaß der Verschlechterung** der Lage zu berücksichtigen; insbesondere kann, wenn eine Besserung der Lage absehbar ist, allenfalls eine befristete Herabsetzung der Bezüge in Betracht kommen.[216]

cc) Ermessensspielraum des Aufsichtsrats?

260 Liegen die Voraussetzungen für eine Herabsetzung vor, ist es Aufgabe des Aufsichtsrats, tätig zu werden. Dennoch ist der Aufsichtsrat nach dem Wortlaut des Gesetzes („soll") **nicht zwingend zur Herabsetzung** der Vergütung **verpflichtet**. Der Auffassung, nach der sich das Herabsetzungsrecht bei Erfüllung der gesetzlichen Tat-

---

Lutter, § 87 AktG Rz. 18; *Thüsing* in Fleischer, Hdb. Vorstandsrecht, § 6 Rz. 32; *Wittuhn/Hamann*, ZGR 2009, 847, 856.

211 Gesetzentwurf v. 17.3.2009, BT-Drucks. 16/12278, S. 7; dies aufnehmend *Gaul/Janz*, NZA 2009, 809, 811; *Weppner*, NZG 2010, 1056, 1057.

212 *Bauer/Arnold*, AG 2009, 717, 726; *Dauner-Lieb*, Der Konzern 2009, 583, 589.

213 *Thüsing* in Fleischer, Hdb. Vorstandsrecht, § 6 Rz. 31; *Gaul/Janz*, NZA 2009, 809, 811; *Waldenberger/Kaufmann*, BB 2010, 2257, 2260.

214 *Thüsing* in Fleischer, Hdb. Vorstandsrecht, § 6 Rz. 32.

215 *Seibert*, WM 2009, 1489.

216 *Thüsing* in Fleischer, Hdb. Vorstandsrecht, § 6 Rz. 32; *Weppner*, NZG 2010, 1056, hält dies dagegen für eine Frage des Merkmals der Verschlechterung der Lage der Gesellschaft. Zu weiteren Gesichtspunkten s. *Wittuhn/Hamann*, ZGR 2009, 847, 856 ff.

bestandsvoraussetzungen per se zur Pflicht verdichtet,[217] ist nicht zu folgen. Noch in dem Gesetzentwurf zum VorstAG war die Norm als zwingende Vorschrift ausgestaltet, wurde aber aufgrund einer Initiative des Rechtsausschusses so nicht Gesetz.[218] Richtigerweise ist von einem beschränkten Ermessensspielraum des Aufsichtsrats auszugehen. Auch wenn in der Regel die Vergütung bei Vorliegen der gesetzlichen Tatbestandsmerkmale herabzusetzen ist, kommt ausnahmsweise ein Verzicht auf die Herabsetzung in Betracht.[219] Ob allerdings die insoweit je nach Lage des Einzelfalles relevanten Gesichtspunkte nicht bereits bei der Prüfung der Unbilligkeit zu berücksichtigen sind und daher bei Bestimmung des Ermessensspielraums nicht noch einmal isoliert bewertet werden dürfen, ist fraglich. Faktisch dürfte die Regelung daher im Ergebnis auf eine **Ermessensreduzierung gegen Null** hinauslaufen.[220]

c) Folgen der Herabsetzung

261 Die Bezüge sind nur für die Zukunft, nicht aber für die Vergangenheit, auf die angemessene Höhe i.S.d. § 87 Abs. 1 AktG herabzusetzen. Der Vertrag bleibt im Übrigen wirksam, solange das betroffene Vorstandsmitglied nicht von seinem bei Herabsetzung seiner Bezüge allerdings bestehenden **außerordentlichen Kündigungsrecht** nach § 87 Abs. 2 AktG zur Loslösung vom Anstellungsverhältnis Gebrauch macht.[221]

262 Dem Vorstand steht die Möglichkeit offen, die Herabsetzung durch den Aufsichtsrat **gerichtlich überprüfen** zu lassen. Denn sind die Bezüge auf einen unangemessenen Betrag herabgesetzt oder liegen die Voraussetzungen des § 87 Abs. 2 AktG nicht vor, ist die Herabsetzung unwirksam. Die Gesellschaft schuldet dem Vorstand dann weiterhin die Zahlung des ursprünglich vereinbarten Gehalts bzw. des bei angemessener Bemessung der Herabsetzung verbleibenden Mehrbetrags.[222] In prozessualer Hinsicht ist daher eine Leistungsklage gerichtet auf die Zahlung der vereinbarten Bezüge oder – subsidiär – eine Feststellungsklage zu erheben.[223] Die Bestimmung der zutreffend herabgesetzten Höhe des Gehalts kann das Gericht nach § 315 Abs. 3 Satz 2 BGB vornehmen.[224]

---

217 *Thüsing* in Fleischer, Hdb. Vorstandsrecht, § 6 Rz. 34 m.w.N.

218 Beschlussempfehlung des Rechtsausschusses, BT-Drucks. 16/13433, S. 16.

219 Vgl. eingehend *Ihrig/Wandt/Wittgens*, ZIP 2012, Sonderbeilage zu Heft 40, 22; außerdem *Bauer/Arnold*, AG 2009, 717, 727; *Lingemann*, BB 2009, 1918, 1921; *Weppner*, NZG 2010, 1056, 1057; *Wittuhn/Hamann*, ZGR 2009, 847, 864; *Hoffmann-Becking/Krieger*, NZG 2009, Beilage Heft 26, S. 1, 5 nennt beispielsweise die Krise des Unternehmens.

220 So wohl auch *Seibt* in K. Schmidt/Lutter, § 87 AktG Rz. 19; *Thüsing*, AG 2009, 517, 523; *Waldenberger/Kaufmann*, BB 2010, 2257, 2261; vgl. ferner *Cannivé/Seebach*, Der Konzern 2009, 593, 598; *Keiser*, RdA 2010, 280, 281.

221 Vgl. dazu *Hüffer/Koch*, § 87 AktG Rz. 32 f.; *Seibt* in K. Schmidt/Lutter, § 87 AktG Rz. 21.

222 *Thüsing* in Fleischer, Hdb. Vorstandsrecht, § 6 Rz. 35.

223 *Thüsing* in Fleischer, Hdb. Vorstandsrecht, § 6 Rz. 36, der eine Feststellungsklage in jedem Fall für zulässig hält. Dagegen *Hüffer/Koch*, § 87 AktG Rz. 10, der meint, das Feststellungsinteresse sei fraglich.

224 *Hüffer/Koch*, § 87 AktG Rz. 30; *Mertens/Cahn* in KölnKomm/AktG, 3. Aufl. 2010, § 87 AktG Rz. 100.

2. Heraufsetzung

263 Einen **Anspruch auf Anpassung** der Bezüge bei wesentlicher Verbesserung der wirtschaftlichen Verhältnisse der Gesellschaft unabhängig von einer vorangegangenen Herabsetzung gibt es nicht.[225] § 87 Abs. 2 AktG greift korrigierend in das Vertragsgefüge ein, um die Gesellschaft und ihre Aktionäre vor Verlusten zu schützen, gewährt aber keinen Anpassungsanspruch in umgekehrter Richtung. Die Norm fungiert zugleich als Anreiz für den Vorstand, jedwede Verschlechterung der Lage der Gesellschaft zu vermeiden.

264 Ausnahmsweise besteht indes ein **Anspruch auf korrigierende Heraufsetzung** der Bezüge, wenn sich die Verhältnisse der Gesellschaft **nach erfolgter Herabsetzung gem. § 87 Abs. 2 AktG** wieder verbessert haben.[226] Dafür spricht die einschneidende Wirkung der Vorschrift, die in vertragliche Rechtspositionen eingreift. Um den Anspruch auf Heraufsetzung einzugrenzen und justiziabel zu machen, bietet es sich an, die Voraussetzungen des § 87 Abs. 2 AktG mit umgekehrten Vorzeichen heranzuziehen. Außerdem obliegt dem Aufsichtsrat die Heraufsetzung nach billigem Ermessen entsprechend dem Verfahren des § 87 Abs. 2 AktG.

V. Publizität

265 Dem Anliegen, die Angemessenheit und die Ausrichtung der Vorstandsvergütung auf eine langfristige Unternehmensentwicklung zu sichern, dienen auch die Regelungen über die Offenlegung von Vergütungshöhe und -struktur.[227] Die gesetzlich vorgeschriebene Transparenz soll Versuchen vorbeugen, unangemessen vorteilhafte Vergütungssysteme zu verschleiern.[228] Schon das VorstOG[229] verfolgte dieses Ziel, indem es den Katalog der in den Anhang des Jahresabschlusses aufzunehmenden Informationen nach §§ 285, 314 HGB erweiterte; daran anknüpfend hat das VorstAG weitere Informationspflichten geregelt und der Hauptversammlung das Recht zum Votum (say on pay) über das Vergütungssystem eingeräumt. Zu einer weitreichenden Änderung kommt mit dem ARUG II: nach § 162 AktG i.d.F. des ARUG II trifft Aufsichtsrat und Vorstand zukünftig die Pflicht, einen Vergütungsbericht zu erstellen, der der Hauptversammlung zur Billigung vorzulegen ist.

---

225 *Thüsing* in Fleischer, Hdb. Vorstandsrecht, § 6 Rz. 33.

226 *Dauner-Lieb*, Der Konzern 2009, 583, 591; *Koch*, WM 2010, 49, 58.

227 *Achleitner/Rapp/Schaller/Wolff*, ZCG 2010, 113, 118; *Baums*, ZIP 2004, 1877 ff.; *Baums*, ZHR 169 (2005), 299, 300; *Mertens/Cahn* in KölnKomm/AktG, 3. Aufl. 2010, § 87 AktG Rz. 88; *Thüsing* in Fleischer, Hdb. Vorstandsrecht, § 6 Rz. 17.

228 Kritisch dazu freilich *Dauner-Lieb*, Der Konzern 2009, 583, 592.

229 Gesetz über die Offenlegung der Vorstandsvergütungen v. 3.8.2005, BGBl. I 2005, 2267; zu diesem grundlegend *Baums*, ZHR 169 (2005), 299 ff.; *Fleischer*, DB 2005, 1611 ff. S. auch RegE, BT-Drucks. 398/05; Bericht des Rechtsausschusses, BT-Drucks. 15/5860. S. auch die Empfehlung der Kommission v. 14.12.2004 zur Einführung einer angemessenen Regelung für die Vergütung von Mitgliedern der Unternehmensleitung börsennotierter Gesellschaften, ABl. Nr. L 385 v. 29.12.2004, S. 55.

1. Vergütungsbericht

266 Vorstand und Aufsichtsrat **börsennotierter Gesellschaften** müssen nach § 162 Abs. 1 AktG i.d.F. des ARUG II einen Vergütungsbericht über die Vorstand und Aufsichtsrat in der Berichtsperiode gewährte oder zugesagte Vergütung erstellen. Vorstand und Aufsichtsrat erstellen den Vergütungsbericht **gemeinsam**. Das soll der gegenseitigen Kontrolle dienen.[230] Der Vergütungsbericht stellt das Pendant zum Vergütungssystem dar. Er soll *ex post* für Transparenz sorgen.[231]

a) Inhalt

267 Der Vergütungsbericht muss nach **§ 162 Abs. 1 AktG i.d.F. des ARUG II** die im letzten Geschäftsjahr von der Gesellschaft und von Unternehmen desselben Konzerns gewährten und geschuldeten Vergütungen jedes einzelnen gegenwärtigen und früheren Mitglieds des Vorstand und des Aufsichtsrats enthalten. Der Vorschrift liegt der **handelsrechtliche Konzernbegriff** zugrunde.[232] Leistungen Dritter, zu denen auch Leistungen von Konzernunternehmen zählen, sind gesondert anzugeben. Das soll der Transparenz dienen.

268 § 162 Abs. 1 Satz 2 Nr. 1 AktG i.d.F. des ARUG II verlangt, dass **alle festen und variablen Vergütungsbestandteile** sowie deren **jeweiliger relativer Anteil** dargelegt werden. Da der Bericht nach Ablauf des Geschäftsjahres vorzulegen ist, geht das ARUG II davon aus, dass sich in vielen Fällen bereits eine genaue Aussage über die Verwirklichung variabler Vergütungsbestandteile, die abhängig von der Erreichung bestimmter Zielvorgaben waren, treffen lasse.[233] Sollte dies etwa wegen einer mehrjährig angelegten Bemessungsgrundlage nicht möglich sein, soll die Gesellschaft die für die Ermittlung der variablen Vergütungsbestandteile notwendige feste Kenngröße unter Wahl eines ihr als geeignet erscheinenden Bezugspunkts ermitteln dürfen. Der Bezugspunkt ist jedoch im Bericht offenzulegen.[234]

269 § 162 Abs. 1 Satz 2 Nr. 2 AktG i.d.F. des ARUG II betrifft eine vergleichende Darstellung der jährlichen Veränderung der Vergütung, der Ertragsentwicklung der Gesellschaft sowie der über die letzten fünf Geschäftsjahre betrachteten durchschnittlichen Vergütung der Arbeitnehmer auf Vollzeitäquivalenzbasis. Der Gesellschaft ist freigestellt, wie sie die Vergleichsgruppen bildet.[235] Die Auswahl ist im Vergütungsbericht darzustellen und zu begründen.

270 Nach § 162 Abs. 1 Satz 2 Nr. 4 AktG i.d.F. des ARUG II muss die Gesellschaft im Bericht veröffentlichen, ob und wie von der Möglichkeit der Rückforderung von variablen Vergütungsbestandteilen Gebrauch gemacht wurde. Außerdem ist nach

230 *Schmidt*, NZG 2018, 1201, 1205.
231 *Schmidt*, NZG 2018, 1201, 1205.
232 Begr. RegE zum ARUG II, BT-Drucks. 19/9739, S. 111.
233 Begr. RegE zum ARUG II, BT-Drucks. 19/9739, S. 111.
234 Begr. RegE zum ARUG II, BT-Drucks. 19/9739, S. 112.
235 Begr. RegE zum ARUG II, BT-Drucks. 19/9739, S. 112.

§ 162 Abs. 1 Satz 2 Nr. 7 AktG i.d.F. des ARUG II eine Erläuterung aufzunehmen, wie die festgelegte Maximalvergütung der Vorstandsmitglieder eingehalten wurde.

Der Vergütungsbericht muss **klar und verständlich** sein. § 162 AktG i.d.F. des ARUG II greift damit den Wortlaut von § 87a Abs. 1AktG i.d.F. des ARUG II zum Vergütungssystem auf. Die Begründung zum Regierungsentwurf stellt ausdrücklich klar, dass sich „klar und verständlich" wie das Vergütungssystem an einen „durchschnittlich informierten, situationsadäquat aufmerksamen und verständigen" Aktionär richtet.[236] Der Vergütungsbericht muss also **nicht allgemeinverständlich** sein.[237] 271

§ 162 Abs. 2 AktG i.d.F. des ARUG II ergänzt die Berichtspflichten um zusätzliche Angaben zur Vergütung jedes einzelnen Vorstandsmitglieds. Die Grundsätze aus Abs. 1 sollen auch für Abs. 2 gelten.[238] Was bereits durch § 162 Abs. 1 AktG i.d.F. des ARUG II erfasst ist, muss nicht noch einmal nach Abs. 2 veröffentlicht werden. Die nach § 162 Abs. 2 AktG i.d.F. des ARUG II erforderlichen Angaben waren bisher im Jahres- bzw. Konzernabschluss zu machen. Für jedes Vorstandsmitglied sind die gesamten Bezüge individualisiert unter Namensnennung aufzulisten. Es reicht nicht, die Gesamtsumme der an ein einzelnes Vorstandsmitglied gezahlten Bezüge offen zu legen. Verlangt wird vielmehr die Aufschlüsselung in erfolgsunabhängige und erfolgsbezogene Komponenten sowie Komponenten mit langfristiger Anreizwirkung.[239] 272

Ein Teil der Vorschriften zur Rechnungslegung aus dem HGB verschiebt sich damit in das AktG. Der Aktionär soll sich allein anhand des Vergütungsberichts ein vollständiges Bild über die Organvergütung im jeweils abgelaufenen Geschäftsjahr verschaffen können.[240] Einer Verortung des Vergütungsberichts im HGB standen die im HGB in einigen Fällen geltenden Ausnahmetatbestände entgegen. Die zweite Aktionärsrechterichtlinie sah diese Ausnahmen nicht vor.[241] Um das Nebeneinander der bilanzrechtlichen Vorschriften aus dem HGB und den Bestimmungen zum Vergütungsbericht so gering wie möglich zu halten, werden einige Vorschriften aus dem HGB mit dem ARUG II aufgehoben. Dies betrifft §§ 285 Nr. 9 Buchst. a Satz 5-8, 286 Abs. 5, 289a Abs. 2, 314 Abs. 1 Nr. 6 Buchst. a Satz 5-8 und 315a Abs. 2 HGB. 273

§ 162 AktG i.d.F. des ARUG II bestimmt nur **Mindestanforderungen**. Die Gesellschaften können selbstverständlich darüber hinaus gehende Informationen veröffentlichen. Es müssen nur Angaben über vergütungsrelevante Aspekte gemacht werden, die tatsächlich vorliegen. Wenn ein Aspekt nicht im Bericht veröffentlicht wurde, darf von dessen Nichtvorliegen ausgegangen werden.[242] 274

---

236 RegE zum ARUG II, BT-Drucks. 19/9739, S. 109.

237 S. noch Begr. RefE zum ARUG II v. 11.10.2018: S. 99: „allgemeinverständlich"; *Löbbe/Fischbach*, AG 2019, 373, 382 f.

238 Begr. RegE zum ARUG II, BT-Drucks. 19/9739, S. 112 f.

239 *Thüsing* in Fleischer, Hdb. Vorstandsrecht, § 6 Rz. 107.

240 *Löbbe/Fischbach*, AG 2019, 373, 382 f.

241 Begr. RegE zum ARUG II, BT-Drucks. 19/9739, S. 110.

242 *Löbbe/Fischbach*, AG 2019, 373, 383.

275 Aufgrund der Einführung der umfangreichen gesetzlichen Berichtspflicht nach § 162 AktG i.d.F. des ARUG II schweigt der DCGK 2020 im Vergleich zur Vorgängerversion zu diesem Thema. Grundsatz 25 DCGK 2020 weist lediglich auf die gesetzlichen Bestimmungen hin, nämlich § 162 AktG i.d.F. des ARUG II. Die Mustertabellen zur Vergütung, wie sie noch Nr. 4.2.5. Abs. 3 DCGK a.F. vorgesehen hat, kennt der neue Kodex nicht mehr. Im Übrigen gehen die Anforderungen in § 162 AktG i.d.F. des ARUG II auch über die Tabellen aus dem Kodex in der alten Fassung hinaus.[243]

276 Der Vergütungsbericht unterliegt denselben Publizitätsvorschriften wie das Vergütungssystem.

277 Der Vergütungsbericht ist ein eigenständiger Bericht, der nicht Gegenstand der handelsrechtlichen Abschlussprüfung ist. § 162 Abs. 3 AktG i.d.F. des ARUG II ordnet deshalb eine **formelle** Prüfung durch den Abschlussprüfer an. Der Abschlussprüfer soll überprüfen, ob die Angaben nach § 162 Abs. 1 und 2 AktG i.d.F. des ARUG II gemacht wurden.[244] Darüber ist gem. § 162 Abs. 3 Satz 3 AktG i.d.F. des ARUG II ein Vermerk zu erstellen, der dem Vergütungsbericht beizufügen ist. Zusammen ist beides nach § 162 Abs. 4 AktG i.d.F. des ARUG II für **mindestens zehn Jahre** kostenfrei auf der Internetseite zu veröffentlichen.

Die **Erklärung zur Unternehmensführung** muss eine Bezugnahme auf die Internetseite einschließlich der Vergütungssysteme und des Vergütungsberichts enthalten, vgl. § 289f Abs. 2 Nr. 1 HGB i.d.F. des ARUG II.[245] Damit will der Gesetzgeber die Unannehmlichkeiten des Nebeneinanders der Berichte nach § 162 AktG i.d.F. des ARUG II und den §§ 289 ff. HGB möglichst klein halten.[246]

b) Beschlussfassung über die Billigung des Vergütungsberichts

278 Die Befassung der Hauptversammlung mit dem Vergütungsbericht ist in § 120a Abs. 4 und 5 AktG i.d.F. des ARUG II geregelt. Nach § 120a Abs. 4 AktG i.d.F. des ARUG II beschließt die Hauptversammlung über die Billigung des geprüften und bestätigten Vergütungsberichts des vorangegangenen Geschäftsjahrs. Gegenstand der Beschlussfassung ist allein der durch den Vorstand und den Aufsichtsrat vorgelegte Vergütungsbericht. Gegenanträge von Aktionären sind ausgeschlossen.[247] Der Beschluss begründet weder Rechte noch Pflichten.[248] Nach § 120a Abs. 4 Satz 3, Abs. 1 Satz 3 AktG i.d.F. des ARUG II ist der Beschluss der Hauptversammlung **unanfechtbar**. Lehnt die Hauptversammlung den Bericht ab, muss dieser auch nicht überarbeitet werden. Rechtlich bleibt die Ablehnung also zunächst **folgenlos**. Im nächsten Vergütungsbericht müssen Vorstand und Aufsichtsrat aber darauf eingehen, wie der ablehnende Beschluss in dem neuen Vergütungsbericht berücksichtigt wurde.

---

243 Begr. DCGK 2020 Grundsatz 25.
244 *Bachmann/Pauschinger*, ZIP 2019, 1, 9.
245 *Bachmann/Pauschinger*, ZIP 2019, 1, 6, 9.
246 Begr. RegE zum ARUG II, BT-Drucks. 19/9739, S. 120.
247 *Löbbe/Fischbach*, AG 2019, 373, 384.
248 Begr. RegE zum ARUG II, BT-Drucks. 19/9739, S. 94.

Lehnt die Hauptversammlung Vergütungssystem und -bericht ab, wird dies als deutliche Unzufriedenheit der Anteilseigner mit dem Vergütungspraxis insgesamt zu werten sein.[249] Wird das Vergütungssystem gebilligt und der Vergütungsbericht abgelehnt, kann dies ein Hinweis der Anteilseigner auf unzureichende Umsetzung des Vergütungssystems oder eine Kritik an der Transparenz der Berichterstattung sein.[250] 279

Nach § 120a Abs. 5 AktG i.d.F. des ARUG II ist bei kleinen und mittelgroßen Gesellschaften nach § 267 Abs. 1 und 2 HGB eine Beschlussfassung über den Vergütungsbericht entbehrlich. Hier genügt es, wenn der Vergütungsbericht im Rahmen eines geeigneten **Tagesordnungspunkts** der Hauptversammlung vorgelegt wird. 280

c) Übergangsfristen

§ 162AktG i.d.F. des ARUG II findet nach Art. 2 des ARUG II erstmals für das nach dem 31.12.2020 beginnende Geschäftsjahr Anwendung. Es findet keine Rückwirkung auf ein Geschäftsjahr statt, das bereits begonnen hat.[251] 281

2. Rechnungslegung

Durch die Einfügung des Vergütungsberichts nach § 162 AktG i.d.F. des ARUG II sind einige Aspekte aus dem HGB in das AktG überführt worden. Eine vollständige Inkorporation der handelsrechtlichen Vorschriften zur Rechnungslegung in das AktG war wegen des Europarechts nicht möglich. Soweit inhaltliche Überschneidungen bestehen, hebt das ARUG II die Vorschriften zur Rechnungslegung auf. Das Niveau der Berichtspflichten hat sich durch die Verlagerung in der Sache aber **nicht verändert**. 282

a) Anhang des Jahresabschlusses

§ 285 Nr. 9 Buchst. a Satz 5-8 HGB entfällt mit dem ARUG II. Der Teil der Vorschrift war autonomes deutsches Recht und konnte somit in das AktG verlagert werden. Die sich auf den Konzern beziehende parallele Regelung aus § 314 Abs. 1 Nr. 6 Satz 5-8 HGB entfällt ebenfalls. Auch § 286 Abs. 5 HGB wurde aufgehoben. 283

§ 285 Nr. 9 Buchst. a Satz 1-4 HGB bleibt anwendbar. Damit kann es zu Doppelungen in den Berichten kommen.[252]

b) Lagebericht

Um Verdopplungen bei der Veröffentlichung zu vermeiden, brauchen Informationen, die bereits im Anhang des Jahresabschlusses bzw. des Konzernabschlusses zu 284

249 *Löbbe/Fischbach*, AG 2019, 373, 384.
250 *Löbbe/Fischbach*, AG 2019, 373, 384.
251 Begr. RegE zum ARUG II, BT-Drucks. 19/9739, S. 118.
252 Begr. RegE zum ARUG II, BT-Drucks. 19/9739, S. 111.

finden sind, nicht erneut in den Lagebericht aufgenommen werden. Der Vergütungsbericht als Teil des Lageberichts nach § 289a Abs. 2 HGB entfällt.[253]

3. Auskunftsrecht in der Hauptversammlung

285 Wenn die Hauptversammlung nach § 120a Abs. 4 AktG i.d.F. des ARUG II einen Beschluss über die Billigung des Vergütungsberichts fassen soll, steht den Aktionären insoweit das Frage- und Auskunftsrecht nach § 131 AktG zu. Einzelheiten und Reichweite des **Informationsrechts** bestimmen sich nach den allgemeinen Grundsätzen. Demnach ist Auskunft zu geben, soweit diese zur sachgemäßen Beurteilung des Gegenstands der Tagesordnung erforderlich ist. In jedem Fall ist die Erforderlichkeit der Auskunft zu verneinen, wenn sich die gewünschte Information ohne weiteres aus den vorgelegten Informationen ergibt.[254] Weitere, über den Inhalt des Vergütungsberichts hinausgehende **Detailfragen** zur Vergütung können für die Entscheidung nach § 120a Abs. 4 AktG i.d.F. des ARUG II, aber auch für den Entlastungsbeschluss oder den Beschluss über ein Aktienoptionsprogramm, im Einzelfall relevant werden. Bei der Reichweite des Auskunfsrechts ist zu berücksichtigen, dass ein Wettbewerber aus Detailinformationen namentlich zu den Erfolgsparametern variabler Vergütungsbestandteile Rückschlüsse auf die Planungen, das Geschäftsmodell und die aktuelle Entwicklung des Unternehmens ziehen könnte, was einen nicht unerheblichen **Nachteil** für die Gesellschaft mit sich bringen kann. Im Zweifel ist dann das Auskunftsverweigerungsrecht nach § 131 Abs. 3 Satz 1 Nr. 1 AktG gegeben.

VI. Rechtsfolgen einer fehlerhaften Vergütungsvereinbarung

286 Vereinbart der Aufsichtsrat eine Vergütung, die gegen § 87 Abs. 1 AktG verstößt – sei es, weil die Vergütung nicht der Üblichkeit entspricht oder nicht angemessen ist (dazu Rz. 199 ff.), sei es, weil die Vergütungsstruktur nicht auf eine langfristige Unternehmensentwicklung ausgerichtet ist (dazu Rz. 219 ff.) oder eine erforderliche Anpassung unterblieben ist (dazu Rz. 250 ff.) – stellt sich die Frage, welche Rechtsfolgen der Verstoß nach sich zieht. Eine **zu niedrig** festgesetzte Vergütung bleibt jedenfalls **folgenlos**. Allenfalls bei einer offensichtlich zu hohen Vergütung oder einer nicht gesetzeskonform ausgerichteten Vergütungsstruktur kommen eine Unwirksamkeit der Vergütungsvereinbarung und eine Haftung in Betracht.[255]

1. Wirksamkeit der Vergütungsvereinbarung

287 Nach ganz herrschender und richtiger Auffassung **bleibt eine Vergütungsvereinbarung** auch bei einem Verstoß gegen § 87 Abs. 1 AktG **wirksam**. Allenfalls im Ausnahmefall kann von einer Sittenwidrigkeit nach § 138 BGB ausgegangen werden.[256]

---

253 *Velte*, DStR 2018, 2445, 2446.

254 *Hüffer/Koch*, § 131 AktG Rz. 26 m.w.N.; s. auch *Fleischer*, DB 2005, 1611, 1617.

255 *Thüsing* in Fleischer, Hdb. Vorstandsrecht, § 6 Rz. 26.

256 *Hüffer/Koch*, § 87 AktG Rz. 22; *Mertens/Cahn* in KölnKomm/AktG, 3. Aufl. 2010, § 87 AktG Rz. 5; *Seibt* in K. Schmidt/Lutter, § 87 AktG Rz. 17; *Spindler* in MünchKomm/

Teilweise vertretenen Ansätzen, § 87 Abs. 1 AktG als Verbotsgesetz i.S.d. § 134 BGB einzuordnen[257] oder die Unwirksamkeit der Vergütungsvereinbarung aus den aktienrechtlichen Normen selbst herzuleiten,[258] ist nicht zu folgen. Folgerichtig müsste man nämlich nicht nur einen Anspruch des Vorstands auf Zahlung der Bezüge für die Zukunft ablehnen, sondern auch die bereits ausgezahlten Leistungen wären Gegenstand eines Rückforderungsanspruchs der Gesellschaft gegen das Vorstandsmitglied nach § 812 Abs. 1 Satz 1 Alt. 1 BGB.

Dagegen spricht aber entscheidend die Kompetenzzuweisung an den Aufsichtsrat, 288
für eine angemessene Vergütung zu sorgen. Eine Nichtigkeit der Vergütungsvereinbarung würde primär den Vorstand belasten. Das VorstAG, das § 116 AktG zur Haftung des Aufsichtsrats ausdrücklich ergänzt hat, betont demgegenüber vorrangig die **Verantwortung des Aufsichtsrats**. Allenfalls kann man daher von einer abgestuften Verantwortlichkeit von Aufsichtsrat und Vorstand ausgehen. Wenn ein Vorstand selbst pflichtwidrig handelt, weil die Vergütungsstruktur *offensichtlich* gesetzwidrig ist,[259] lässt sich auf diese Pflichtverletzung angemessen und am Einzelfall orientiert mit einer Schadensersatzhaftung des Vorstands reagieren.

2. Haftungsfragen

Kommt eine Haftung ausnahmsweise in Betracht, ist zu beachten, dass primär der 289
Aufsichtsrat für einen Verstoß gegen § 87 Abs. 1 AktG nach § 116 Satz 3 AktG haftet.[260] Jedoch zieht nicht jede unangemessene Vergütungsvereinbarung zwingend diese Folge nach sich, denn bei der Festlegung der Vergütung des Vorstands handelt es sich um eine **unternehmerische Entscheidung** im Sinne der *Business Judgement Rule*.[261] Deshalb ist dem Aufsichtsrat bei der Festsetzung ein breiter Ermessensspielraum einzuräumen, der nur dann nicht in Anspruch genommen werden kann, wenn die Vergütungsentscheidung ohne ausreichende Informationsgrundlage oder unter offensichtlicher Missachtung der Interessen der Gesellschaft getroffen wird. Verstoßen der Vorstand oder der Aufsichtsrat gegen die Pflichten im Zusammenhang mit dem Vergütungsbericht, richtet sich die Haftung ebenfalls nach §§ 93 Abs. 2, 116 AktG.[262]

AktG, 5. Aufl. 2019, § 87 AktG Rz. 142; *Thüsing* in Fleischer, Hdb. Vorstandsrecht, § 6 Rz. 26.

257 S. etwa *Säcker/Stenzel*, JZ 2006, 1151 ff.; dagegen *Mertens/Cahn* in KölnKomm/AktG, 3. Aufl. 2010, § 87 AktG Rz. 5; *Seibt* in K. Schmidt/Lutter, § 87 AktG Rz. 17; *Spindler* in MünchKomm/AktG, 5. Aufl. 2019, § 87 AktG Rz. 142.

258 *Thüsing* in Fleischer, Hdb. Vorstandsrecht, § 6 Rz. 26; dagegen *Seibt* in K. Schmidt/Lutter, § 87 AktG Rz. 17.

259 Vgl. *Hüffer/Koch*, § 87 AktG Rz. 23.

260 Dazu *Cannivé/Seebach*, Der Konzern 2009, 593, 595; *Hüffer/Koch*, § 87 AktG Rz. 23; *Thüsing* in Fleischer, Hdb. Vorstandsrecht, § 6 Rz. 26.

261 *Mertens/Cahn* in KölnKomm/AktG, 3. Aufl. 2010, § 87 AktG Rz. 4; *Spindler* in MünchKomm/AktG, 5. Aufl. 2019, § 87 AktG Rz. 139; a.A. *Keiser*, RdA 2010, 280, 285.

262 *Bayer*, DB 2018, 3034, 3042.

a) Anknüpfungspunkte für eine Haftung

290 Dem Vorstand selbst droht seit der *Mannesmann*-Rechtsprechung eine Strafbarkeit wegen Untreue gem. § 266 StGB, wenn er kompensationslose Anerkennungsprämien annimmt.[263] In zivilrechtlicher Hinsicht kommt darüber hinaus in sämtlichen Fragen, die die Vergütung des Vorstands betreffen, eine Haftung nach § 93 Abs. 2 AktG in Betracht.[264] Auch eine Haftung des Vorstands gegenüber der Gesellschaft nach § 826 BGB wäre denkbar.[265] Teilweise lehnt die Literatur infolge der Betonung der Aufsichtsratshaftung im Gesetz aber mit beachtlichen Gründen eine Haftung des Vorstands gänzlich ab.[266]

291 Eine Haftung des Vorstands setzt in jedem Fall einen Pflichtverstoß des Vorstands voraus. Richtigerweise ist insoweit wie folgt zu differenzieren: Wenn **ein Bewerber mit dem Aufsichtsrat über die Bedingungen seiner zukünftigen Tätigkeit verhandelt**, ist er weder vertraglich noch organschaftlich mit der Gesellschaft verbunden, so dass es an einer Sonderrechtsbeziehung, aus der besondere Pflichten erwachsen, fehlt. Das Haftungsregime nach § 93 Abs. 2 AktG beginnt jedenfalls erst mit Wirksamwerden der Bestellung.[267] Grundsätzlich darf ein Bewerber folglich uneingeschränkt für seine Interessen eintreten. Allenfalls in extremen Fällen einer unangemessen hohen Vergütung könnte an eine Verwirkung der Organpflichten gedacht werden.

292 Anders ist dagegen die Lage zu beurteilen, wenn ein amtierendes Vorstandsmitglied **erneut** zum Vorstand bestellt werden soll. Einerseits ist dessen – berechtigtes – Eigeninteresse an einer möglichst hohen Vergütung ebenso betroffen, wie dies bei der Verhandlung im Rahmen einer Neueinstellung der Fall ist. Andererseits steht das Vorstandsmitglied aber nunmehr nicht mehr außerhalb der Gesellschaft; es ist vielmehr auch Treuhänder des Gesellschaftsvermögens und deshalb gehalten, Nachteile von dem Gesellschaftsvermögen fernzuhalten.[268] Dieses Spannungsverhältnis kann – auch unter Zugrundelegung der vorrangigen Verantwortlichkeit des Aufsichtsrats – dahingehend gelöst werden, dass nicht jede rechtswidrige Vergütungsvereinbarung eine Haftung begründet. Diese sollte neben der Verantwortlichkeit des Aufsichtsrats nur bei besonders grobem Pflichtverstoß, d.h. bei besonders unangemessener Vorstandsvergütung, angenommen werden.

293 Schließlich stellt sich die Frage, ob der Vorstand in seiner Gesamtheit auf die Wahrung des § 87 AktG bedacht sein muss. Auch wenn die Kompetenz zum Abschluss

---

263 S. zu den Voraussetzungen Rz. 240; vgl. ferner *Thüsing* in Fleischer, Hdb. Vorstandsrecht, § 6 Rz. 26.

264 Mit Recht einschränkend aber *Spindler* in MünchKomm/AktG, 5. Aufl. 2019, § 87 AktG Rz. 141; vgl. zur Problematik auch *Thüsing* in Fleischer, Hdb. Vorstandsrecht, § 6 Rz. 26.

265 Dazu *Semler* in Liber amicorum Happ, S. 277 ff.

266 So *Annuß/Theusinger*, BB 2009, 2434, 2440; *Hanau*, NJW 2009, 1652, 1653; *Hoffmann-Becking*, ZHR 169 (2005), 155, 157; dezidiert a.A. *Semler* in Liber amicorum Happ, S. 277 ff.; anders auch *Dauner-Lieb/von Preen/Simon*, DB 2010, 377, 382.

267 *Hüffer/Koch*, § 93 AktG Rz. 37.

268 *Spindler* in MünchKomm/AktG, 5. Aufl. 2019, § 93 AktG Rz. 24.

des Vorstandsvertrages bei dem Aufsichtsrat liegt, ist es doch auch Sache des Vorstands, die Rechtmäßigkeit der Aufsichtsratsentscheidungen zu überwachen. Insbesondere hat der Vorstand gem. § 78 Abs. 1 Satz 1 AktG die Aufgabe, Ersatzansprüche gegenüber dem Aufsichtsrat geltend zu machen. Die Grundsätze, die der BGH im ARAG/Garmenbeck-Urteil konkretisiert hat, sind insoweit zu beachten:[269] Sind dem Vorstand Anhaltspunkte für eine Haftung des Aufsichtsrats bekannt oder hätten solche bekannt sein müssen, ist er zur Ermittlung des Sachverhalts verpflichtet. Überwiegt nach erfolgter Aufklärung die Wahrscheinlichkeit für die Durchsetzbarkeit der Ansprüche, muss der Vorstand die Ansprüche geltend machen, um nicht selbst einer Haftung ausgesetzt zu sein. Dies gilt auch, soweit eine Haftung wegen gesetzwidriger Festsetzung der Vorstandsvergütung in Betracht kommt.

b) Schaden

Selbst wenn ausnahmsweise eine Haftung dem Grund nach in Betracht kommt, ist 294
regelmäßig zweifelhaft, ob und wenn ja in welcher Höhe der Gesellschaft durch eine fehlerhafte Vergütungsvereinbarung ein Schaden entstanden ist. Der ursprüngliche Gesetzentwurf zum VorstAG sah noch eine Schadenspauschalierung vor, nach der der „Mehrbetrag zu einer angemessenen Vergütung als Mindestschadensersatz zu erstatten" sein sollte.[270] Diese Regelung hat der Rechtsausschuss mit Recht gestrichen, weil dem deutschen Schadensersatz ein Strafschadensersatz fremd ist.[271] Es ist daher im Einzelfall und gegebenenfalls unter Zuhilfenahme des § 287 ZPO die Differenz zwischen dem Gesellschaftsvermögen ohne die fehlerhafte Vergütungsvereinbarung und der tatsächlichen Vermögenslage zu vergleichen.[272] Nach der Begründung des Gesetzentwurfs soll eine Vorteilsausgleichung – etwa im Falle einer günstigen Entwicklung des Unternehmens infolge der Vergütungsstruktur – nicht in Betracht kommen.[273]

c) Verstoß gegen die Veröffentlichungspflichten nach §§ 120a Abs. 2, 162 Abs. 3 AktG i.d.F. des ARUG II

Sollte die Gesellschaft gegen die Veröffentlichungspflichten aus §§ 120a Abs. 2, 162 295
Abs. 3 AktG i.d.F. des ARUG II verstoßen, greifen i neue Bußgeldtatbestände. Diese sind in § 405 Abs. 1 Nr. 5 und 6 AktG i.d.F. des ARUG II geregelt. Die Vorschriften basieren auf Art. 9b Abs. UAbs. 2 Satz 1 ARRL.

Einstweilen frei. 296–299

---

269 BGH v. 21.4.1997 – II ZR 175/95, BGHZ 135, 244 = AG 1997, 377; vgl. *Habersack* in MünchKomm/AktG, 5. Aufl. 2019, § 116 AktG Rz. 8; dazu *Thum/Klofat*, NZG 2010, 1087 ff. auch zum Folgenden.

270 Gesetzentwurf v. 17.3.2009, BT-Drucks. 16/12278, S. 8.

271 Bericht des Rechtsausschusses v. 17.6.2009, BT-Drucks. 16/13433, S. 18.

272 Vgl. etwa *Keiser*, RdA 2010, 280, 285; kritisch dazu zu Recht *Cahn* in FS Hopt, S. 431, 449 f.

273 Gesetzentwurf v. 17.3.2009, BT-Drucks. 16/12278, S. 8; so auch Bericht des Rechtsausschusses v. 17.6.2009, BT-Drucks. 16/13433, S. 18.

§ 13
Wettbewerbsverbot und Kreditgewährung an Vorstandsmitglieder

I. Wettbewerbsverbot

1. Überblick

300 Das gesetzliche Wettbewerbsverbot des § 88 AktG bezieht sich auf die Zeit der Amtsführung des Vorstands und ist Ausdruck seiner **Leitungsfunktion** (§§ 76 ff. AktG), die seine gesamte Arbeitskraft erfordert, wie auch Ausdruck seiner **Treupflicht** gegenüber der Gesellschaft.[1] Anders als im Personengesellschaftsrecht ist der Normzweck des Verbots demgemäß sowohl darauf gerichtet, die Gesellschaft vor Wettbewerbshandlungen als auch vor der Schwächung der Arbeitskraft ihrer Vorstandsmitglieder durch anderweitigen Einsatz zu schützen.[2] Ergänzt wird das Wettbewerbsverbot des § 88 AktG durch weitere, treupflichtgestützte Pflichten, namentlich zur Wahrnehmung von Geschäftschancen für die Gesellschaft (sog. **Geschäftschancenlehre**, dazu Rz. 309). § 88 AktG regelt kein **nachvertragliches Wettbewerbsverbot**; dieses kann aber für die Zeit nach dem Ende der Amtstätigkeit in gewissen Grenzen im Anstellungsvertrag vereinbart werden (näher Rz. 317). Während die mit dem gesetzlichen Wettbewerbsverbot einhergehende Einschränkung der Wettbewerbsfreiheit schon a limine keinen Verstoß gegen § 1 GWB bzw. Art. 101 AEUV darstellt, weil funktionsnotwendige Wettbewerbsbeschränkungen vom Kartellverbot ausgenommen sind (sog. Immanenztheorie),[3] bedarf es bei nachverträglichen Wettbewerbsverboten einer entsprechenden Abwägung zwischen Gesellschafts- und Wettbewerbsinteressen (Rz. 317).

301 **Grundsatz 19 DCGK 2020** leitet aus der strikten Interessenwahrungspflicht für Vorstandsmitglieder ein umfassendes Wettbewerbsverbot sowie die Geschäftschancenlehre (dazu Rz. 309) ab und gibt prozedurale Empfehlungen, etwa zur Offenlegung solcher Konflikte gegenüber dem Aufsichtsrat (E.2 DCGK 2020). Insbesondere wird in Empfehlung E.3 DCGK 2020 über § 88 Abs. 1 AktG hinausgehend dazu geraten, „Nebentätigkeiten, insbesondere konzernfremde Aufsichtsratsmandate" von der Zustimmung des Aufsichtsrats abhängig zu machen (Rz. 307).

---

1 *Spindler* in MünchKomm/AktG, 5. Aufl. 2019, § 88 AktG Rz. 1; *Hüffer/Koch*, § 88 AktG Rz. 1; *Fleischer*, AG 2005, 336, 337.

2 BGH v. 16.3.2017 – IX ZR 253/15, BGHZ 214, 220 = NZG 2017, 627, 629 Rz. 18 = AG 2017, 547; BGH v. 17.2.1997 – II ZR 278/95, NJW 1997, 2055, 2056 = WM 1997, 1015 = ZIP 1997, 1063 = AG 1997, 328; BGH v. 2.4.2001 – II ZR 217/99, NZG 2001, 800 = NJW 2001, 2476 = ZIP 2001, 958 = AG 2001, 468.

3 *Spindler* in MünchKomm/AktG, 5. Aufl. 2019, § 88 AktG Rz. 6.

2. Wettbewerbsverbot nach § 88 AktG

a) Tatbestand

Das Wettbewerbsverbot nach § 88 AktG gilt für **alle Vorstandsmitglieder** einschließlich ihrer Stellvertreter (§ 94 AktG),[4] nicht jedoch für nach § 105 Abs. 2 Satz 4 AktG vorübergehend zu Stellvertretern bestellte Aufsichtsratsmitglieder[5] sowie für ehemalige Vorstandsmitglieder als Abwickler (§ 268 Abs. 3 AktG);[6] möglich ist es jedoch, ein entsprechendes Verbot für die Dauer der Abwicklung im Anstellungsvertrag zu regeln.[7] 302

Das Verbot nach § 88 AktG gilt grundsätzlich nur für die **Dauer des Amtes**, also ab Wirksamwerden der Bestellung und bis zur Beendigung des Amtes, gleich aus welchem Grund. Es gilt auch schon dann, wenn die Bestellung noch vor Eintragung der Gesellschaft erfolgt, somit auch in der Vor-AG.[8] Bei **Widerruf der Bestellung** ist nach h.M. zu unterscheiden: Wird (ausnahmsweise) nicht zugleich der Anstellungsvertrag gekündigt und zahlt die AG Bezüge weiter, so gilt das Wettbewerbsverbot ohne Rücksicht auf die tatsächliche Beschäftigung fort.[9] Im Übrigen soll das Vorstandsmitglied selbst dann nicht mehr gebunden sein, wenn es auf Feststellung der Unwirksamkeit des Widerrufs klagt, weil es ihm nicht zuzumuten sei, den nicht mit Sicherheit voraussehbaren Ausgang des Prozesses abzuwarten.[10] Im Falle einer **Amtsniederlegung** kommt es nach h.M. entscheidend darauf an, ob diese berechtigt war. Nur in diesem Falle entfällt die Bindung an das Wettbewerbsverbot; das Vorstandsmitglied handelt demnach bei der Amtsniederlegung auf eigenes Risiko.[11] 303

Was den **Umfang** des Wettbewerbsverbots betrifft, so bezieht sich **§ 88 Abs. 1 Satz 1 Alt. 1 AktG** zwar nur auf ein **Handelsgewerbe** i.S.v. §§ 1 f. HGB, das ohne Einwilligung des Aufsichtsrats nicht betrieben werden darf. Mit Rücksicht auf den Normzweck (Erhaltung der Arbeitskraft, s. Rz. 300) kommt aber eine entsprechende Anwendung auf **nichtgewerbliche und freiberufliche Tätigkeiten** in Betracht, sofern 304

---

4 *Hüffer/Koch*, § 88 AktG Rz. 2.

5 *Mertens/Cahn* in KölnKomm/AktG, 3. Aufl. 2010, § 88 AktG Rz. 6.

6 *Koch* in MünchKomm/AktG, 4. Aufl. 2016, § 268 AktG Rz. 31; s. auch *Fleischer*, AG 2005, 336, 340.

7 *Mertens/Cahn* in KölnKomm/AktG, 3. Aufl. 2010, § 88 AktG Rz. 6; *Hüffer/Koch*, § 268 AktG Rz. 7.

8 *Armbrüster*, ZIP 1997, 1269, 1270.

9 OLG Frankfurt v. 5.11.1999 – 10 U 257/98, NZG 2000, 738, 739 = AG 2000, 518, 519 (zu § 88 Abs. 1 Satz 1 Alt. 2 AktG); *Mertens/Cahn* in KölnKomm/AktG, 3. Aufl. 2010, § 88 AktG Rz. 7; *Spindler* in MünchKomm/AktG, 5. Aufl. 2019, § 88 AktG Rz. 11; zweifelnd aber *Hüffer/Koch*, § 88 AktG Rz. 2: Fortgeltung fraglich, weil AG die Arbeitskraft nicht mehr in Anspruch nimmt; so wohl auch *Fleischer*, AG 2005, 336, 340.

10 OLG Frankfurt v. 5.11.1999 – 10 U 257/98, NZG 2000, 738, 740 = AG 2000, 518; *Spindler* in MünchKomm/AktG, 5. Aufl. 2019, § 88 AktG Rz. 11; *Fleischer*, AG 2005, 336, 340 f.

11 *Spindler* in MünchKomm/AktG, 5. Aufl. 2019, § 88 AktG Rz. 11; *Hüffer/Koch*, § 88 AktG Rz. 2; *Fleischer*, AG 2005, 336, 341; a.A. *Armbrüster*, ZIP 1997, 1269, 1270 f.: Verbot endet wg. Rechtssicherheit auch bei unberechtigter Amtsniederlegung; ähnlich auch *Mertens/Cahn* in KölnKomm/AktG, 3. Aufl. 2010, § 88 AktG Rz. 7.

sie das Vorstandsmitglied in vergleichbarer Weise beanspruchen, zumal das Verbot lediglich eine Ausprägung der Treuepflicht darstellt und diese somit nicht abschließend regelt.[12] Wegen des weiten Normzwecks (Rz. 300) ist es für diese Variante **unerheblich**, ob das Vorstandsmitglied eine **Konkurrenztätigkeit** aufnimmt; denn der Betrieb eines Handelsgewerbes ist dem Vorstandsmitglied ohne Rücksicht auf den Geschäftszweig untersagt. Eben hierin kommt zum Ausdruck, dass die Vorstandsmitglieder mit Rücksicht auf ihr herausragendes Amt ihre Arbeitskraft in vollem Umfang der Gesellschaft zur Verfügung stellen müssen.[13] Konsequentermaßen bezieht sich das Verbot daher nicht nur auf den Betrieb im eigenen Namen,[14] und auch auf die konkrete Stellung in der anderen Gesellschaft kommt es nicht an.[15] Unerheblich ist schließlich, ob die Gesellschaft das Geschäft bei entsprechender Information durch das Vorstandsmitglied selbst übernommen hätte oder ob ihr ein Schaden entstanden ist.[16]

305 Andererseits erfasst das Verbot grundsätzlich **nicht** die **Beteiligung** als **stiller Gesellschafter, Kommanditist, Aktionär, Kommanditaktionär oder GmbH-Gesellschafter**, wie § 88 Abs. 1 Satz 2 AktG zeigt (dazu sogleich Rz. 307), doch ist die Vorschrift entsprechend anzuwenden, wenn das Vorstandsmitglied – namentlich als Kommanditist – an der Geschäftsführung mitwirkt.[17] Beherrscht das Vorstandsmitglied die andere Gesellschaft, so kann ihm deren Tätigkeit als Betrieb eines Handelsgewerbes oder als Geschäftemachen im Geschäftszweig der Gesellschaft i.S.v. § 88 Abs. 1 Satz 1 AktG zugerechnet werden.[18]

306 Durch **§ 88 Abs. 1 Satz 1 Alt. 2 AktG** wird eine ohne Einwilligung des Aufsichtsrats ausgeübte **Konkurrenztätigkeit** besonders verboten; denn Voraussetzung dieser Variante ist, dass das Vorstandsmitglied im Geschäftszweig der Gesellschaft Geschäfte

---

12 OLG Frankfurt v. 5.11.1999 – 10 U 257/98, NZG 2000, 738 = AG 2000, 518; *Spindler* in MünchKomm/AktG, 5. Aufl. 2019, § 88 AktG Rz. 12; *Mertens/Cahn* in KölnKomm/AktG, 3. Aufl. 2010, § 88 AktG Rz. 10; kritisch *Hüffer/Koch*, § 88 AktG Rz. 3 (Verbotsumfang zu unbestimmt).

13 *Spindler* in MünchKomm/AktG, 5. Aufl. 2019, § 88 AktG Rz. 13; *Hüffer/Koch*, § 88 AktG Rz. 1, 4; *Armbrüster*, ZIP 1997, 1269, 1269 f.; *Fleischer*, AG 2005, 336, 342.

14 *Mertens/Cahn* in KölnKomm/AktG, 3. Aufl. 2010, § 88 AktG Rz. 10; zur Wirksamkeit des Verbots auch bei Einschaltung eines Strohmannes vgl. BGH v. 6.7.1970 – II ZR 18/69, WM 1970, 1339.

15 *Spindler* in MünchKomm/AktG, 5. Aufl. 2019, § 88 AktG Rz. 13; nach *Armbrüster*, ZIP 1997, 1269, 1270 ist die Einflussnahme auf die Geschäftsführung entscheidend; offen bei *Hüffer/Koch*, § 88 AktG Rz. 3 (wohl a.A.).

16 BGH v. 24.11.1975 – II ZR 104/73, BGHZ 66, 70 = NJW 1976, 797; *Mertens/Cahn* in KölnKomm/AktG, 3. Aufl. 2010, § 88 AktG Rz. 10.

17 *Mertens/Cahn* in KölnKomm/AktG, 3. Aufl. 2010, § 88 AktG Rz. 15; *Hüffer/Koch*, § 88 AktG Rz. 4; *Fleischer*, AG 2005, 336, 344; a.A. *Spindler* in MünchKomm/AktG, 5. Aufl. 2019, § 88 AktG Rz. 21.

18 *Mertens/Cahn* in KölnKomm/AktG. 3. Aufl. 2010, § 88 AktG Rz. 15; *Spindler* in MünchKomm/AktG, 5. Aufl. 2019, § 88 AktG Rz. 21 (unter Umgehungsaspekten Fall des § 88 Abs. 1 Satz 1 AktG möglich); strenger *Armbrüster*, ZIP 1997, 1269, 1270 (stets Fall des § 88 Abs. 1 Satz 1 AktG).

macht;[19] maßgebend ist der **tatsächliche Geschäftszweig**, der gelegentlich weiter, gelegentlich auch enger[20] ist als der statutarische Unternehmensgegenstand.[21] Erfasst wird jede auf Gewinnerzielung gerichtete Teilnahme am geschäftlichen Verkehr, mit der das Mitglied nicht ausschließlich private Bedürfnisse befriedigt, die also nicht bloß „persönlichen Charakter" trägt, wie etwa die bloße Anlage des Privatvermögens[22] oder das Handeln mit Aktien der Gesellschaft („director's dealings", dazu auch die kapitalmarktrechtliche Veröffentlichungspflicht nach Art. 19 der Marktmissbrauchsverordnung [**MMVO; MAR**] (VO (EU) Nr. 596/2014),[23] auch der bloße Erwerb eines Handelsgeschäfts ist nicht erfasst.[24] Andererseits gewährt das Verbot **abstrakten Schutz**; es kommt also für sein Eingreifen grundsätzlich nicht darauf an, ob der Gesellschaft aus der Tätigkeit tatsächlich Konkurrenz erwachsen oder gar ein Schaden entstanden ist,[25] zumal nach § 88 Abs. 2 Satz 2 AktG ein Anspruch auf Gewinnabschöpfung besteht. Allerdings hat der BGH entschieden, dass das Verbot nicht berührt ist, wenn dem Vorstand durch einen herrschenden Aktionär eine Provision für die Vermittlung eines Geschäfts bezahlt wird (Erwerb eines Grundstücks), das die Gesellschaft sodann selbst ausführt und aus der Weiterveräußerung einen Gewinn bezieht.[26] Dem lässt sich jedoch kein verallgemeinerungsfähiger Rechtssatz derart entnehmen, dass Geschäfte, die zur Mehrung des Gesellschaftsvermögens führen, grundsätzlich nicht unter § 88 Abs. 1 Satz 1 Alt. 2 AktG fallen können.[27] Der Verbotstatbestand erfasst im Übrigen sowohl Geschäfte für **eigene** wie für **fremde Rechnung**, das Vorstandsmitglied darf somit auch nicht als Prokurist, Handelsvertreter, Handelsmakler oder Kommissionär tätig werden.[28]

Endlich verbietet **§ 88 Abs. 1 Satz 2 AktG** eine **anderweitige Vorstands- oder Geschäftsführertätigkeit** ohne Einwilligung des Aufsichtsrats und will damit wiederum 307

19 Vgl. aus der Rspr. nur BGH v. 2.4.2001 – II ZR 217/99, AG 2001, 468 = NJW 2001, 2476.

20 Bei engerem tatsächlichen Geschäftszweig soll nach verbreiteter Ansicht allerdings auf den statutarischen Unternehmensgegenstand abgestellt werden, damit der Vorstand keine Anreize erhält, die tatsächliche Tätigkeit einzuschränken, so – wenig praktisch – *Fleischer*, AG 2005, 336, 343; *Spindler* in MünchKomm/AktG, 5. Aufl. 2019, § 88 AktG Rz. 17, jew. m.w.N.

21 BGH v. 21.2.1978 – KZR 6/77, BGHZ 70, 331, 332 f.; *Hüffer/Koch*, § 88 AktG Rz. 3.

22 BGH v. 17.2.1997 – II ZR 278/95, NJW 1997, 2055, 2056 = AG 1997, 328; BGH v. 2.4.2001 – II ZR 217/99, NJW 2001, 2476 = AG 2001, 468; *Mertens/Cahn* in KölnKomm/AktG, 3. Aufl. 2010, § 88 AktG Rz. 11; *Hüffer/Koch*, § 88 AktG Rz. 3; *Fleischer*, AG 2005, 336, 342 f.

23 *Spindler* in MünchKomm/AktG, 5. Aufl. 2019, § 88 AktG Rz. 14; *Fleischer*, AG 2005, 336, 343.

24 *Spindler* in MünchKomm/AktG, 5. Aufl. 2019, § 88 AktG Rz. 19.

25 Deutlich *Mertens/Cahn* in KölnKomm/AktG, 3. Aufl. 2010, § 88 AktG Rz. 12; s. auch *Spindler* in MünchKomm/AktG, 5. Aufl. 2019, § 88 AktG Rz. 14.

26 BGH v. 2.4.2001 – II ZR 217/99, NJW 2001, 2476 = AG 2001, 468; *Mertens/Cahn* in KölnKomm/AktG, 3. Aufl. 2010, § 88 AktG Rz. 12; a.A. OLG Köln v. 8.6.1999 – 22 U 269/98, AG 1999, 573, 574 als Vorinstanz und *Spindler* in MünchKomm/AktG, 5. Aufl. 2019, § 88 AktG Rz. 15.

27 Zutr. *Mertens/Cahn* in KölnKomm/AktG, 3. Aufl. 2010, § 88 AktG Rz. 12.

28 *Spindler* in MünchKomm/AktG, 5. Aufl. 2019, § 88 AktG Rz. 15.

vor allem die Arbeitskraft des Vorstandsmitglieds für die Gesellschaft sichern, weshalb es weder auf ein Wettbewerbsverhältnis zwischen den Gesellschaften noch auf deren Branchennähe ankommt.[29] Auch Vorstandsdoppelmandate im **Konzern** werden auf diese Weise erfasst, so dass es einer Zustimmung beider Aufsichtsräte bedarf, damit der Vorstand zugleich in Mutter- und Tochterunternehmen fungieren kann.[30] Auf geschäftsführende Kommanditisten ist das Verbot entsprechend anwendbar (Rz. 305). Nicht erfasst ist nach dem klaren Wortlaut die Übernahme einer Aufsichtsratsfunktion, doch rät **Empfehlung E.3 DCGK 2020** ausdrücklich, jedenfalls „konzernfremde Aufsichtsratsmandate" von der Zustimmung des Aufsichtsrats abhängig zu machen.

308 In allen Varianten des § 88 Abs. 1 Satz 1 und 2 AktG befreit die **Einwilligung des Aufsichtsrats** vom Verbot. Erforderlich ist demgemäß die **vorherige** Zustimmung (vgl. § 183 BGB). Die (nachträgliche) Genehmigung bleibt demnach wirkungslos, insbesondere auch in Bezug auf etwaige Ansprüche der AG gegen das Vorstandsmitglied (s. § 93 Abs. 4 Satz 2 AktG).[31] Der Aufsichtsrat muss folglich stets vorab gefragt werden. Erforderlich ist sodann ein **förmlicher Beschluss** des Aufsichtsrats gem. § 108 Abs. 1 AktG, der nicht durch konkludentes Verhalten und namentlich nicht durch widerspruchslose Duldung ersetzt werden kann.[32] Der Beschluss kann aber gem. § 107 Abs. 3 AktG an einen Ausschuss delegiert werden.[33] Zur Vermeidung von Missbräuchen und um die Aushöhlung des Verbots zu verhindern, untersagt § 88 Abs. 1 Satz 3 AktG ausdrücklich die „Blanketteinwilligung", namentlich auch im Anstellungsvertrag.[34]

b) Erweiterung durch die Geschäftschancenlehre

309 Aus der durch § 88 AktG betonten Treupflicht des Vorstandsmitglieds folgt außerdem, dass es seine Organstellung nicht zu eigenem Nutzen ausbeuten darf und daher der Gesellschaft zugeordnete Geschäftschancen – auch unabhängig vom Geschäftszweig – nicht im Eigeninteresse wahrnehmen oder Dritten zuwenden darf (sog. Geschäftschancenlehre).[35] Ohne Weiteres sind der Gesellschaft **Geschäftschancen zugeordnet**, soweit Gegenstände des Gesellschaftsvermögens betroffen sind (Veräußerungsfälle), zusätzlich aber in Erwerbsfällen o.Ä. auch dann, wenn die Erwerbsmög-

---

29 *Mertens/Cahn* in KölnKomm/AktG, 3. Aufl. 2010, § 88 AktG Rz. 15; *Hüffer/Koch*, § 88 AktG Rz. 4.
30 S. nur *Hüffer/Koch*, § 88 AktG Rz. 4.
31 *Spindler* in MünchKomm/AktG, 5. Aufl. 2019, § 88 AktG Rz. 27; *Hüffer/Koch*, § 88 AktG Rz. 5.
32 *Mertens/Cahn* in KölnKomm/AktG, 3. Aufl. 2010, § 88 AktG Rz. 16; *Hüffer/Koch*, § 88 AktG Rz. 5.
33 *Hüffer/Koch*, § 88 AktG Rz. 5.
34 *Spindler* in MünchKomm/AktG, 5. Aufl. 2019, § 88 AktG Rz. 26; *Hüffer/Koch*, § 88 AktG Rz. 5.
35 Vgl. nur *Mertens/Cahn* in KölnKomm/AktG, 3. Aufl. 2010, § 88 AktG Rz. 5; *Fleischer*, AG 2005, 336, 337 f.; Beispielsfälle: BGH v. 22.5.1989 – II ZR 211/88, NJW 1989, 2687; BGH v. 10.2.1977 – II ZR 79/75, BB 1977, 465; KG v. 11.5.2000 – 2 U 4203/99, NZG 2001, 129.

lichkeit dem Organmitglied in seiner Eigenschaft als Vorstand bekannt wird.[36] Ferner sind Geschäftschancen der Gesellschaft zugeordnet, sofern für ihre Wahrnehmung Wissen oder Sachmittel der Gesellschaft genutzt werden oder die Chance in einem engen Zusammenhang mit den Geschäften der Gesellschaft steht.[37] Das Verbot der Wahrnehmung von Geschäftschancen endet nicht automatisch mit dem Amt. Seine **Rechtsfolgen** richten sich nach § 88 Abs. 2 AktG, so dass der Gesellschaft namentlich auch das Recht zur Gewinnabschöpfung nach § 88 Abs. 2 Satz 2 AktG zur Verfügung steht (dazu näher Rz. 312 ff.).[38] – Auch **Grundsatz 19 des DCGK 2020** weist (ohne inhaltliche Abweichung) noch einmal ausdrücklich auf das Verbot, Geschäftschancen der Gesellschaft auszubeuten, mit den Worten hin: „Sie dürfen bei ihren Entscheidungen weder persönliche Interessen verfolgen noch Geschäftschancen für sich nutzen, die dem Unternehmen zustehen."

c) Rechtsfolgen

aa) Unterlassung und Schadensersatz

Das gesetzliche Wettbewerbsverbot begründet (ebenso wie ein vertragliches) eine selbstständige **Unterlassungspflicht** des Vorstandsmitglieds, die naturgemäß nicht von einem Verschulden abhängt. Je nach Art des Verstoßes kann es auf die Aufgabe des Handelsgewerbes und Löschung der Firma, auf Nichtvornahme von Geschäften im Geschäftszweig der Gesellschaft, auf Niederlegung eines Vorstands- oder Geschäftsführeramtes oder auf Ausscheiden aus einer Handelsgesellschaft gerichtet sein.[39] 310

Der **Schadensersatzanspruch** gem. § 88 Abs. 2 AktG setzt zwar Verschulden voraus; dieses wird aber gem. § 93 Abs. 2 Satz 2 AktG vermutet. Ein Gegenbeweis dürfte in der Regel fehlschlagen, wenn der objektive Tatbestand erfüllt ist. Demgegenüber trägt die Gesellschaft die Beweislast hinsichtlich des Schadens, für dessen Kompensation die §§ 249 ff. BGB gelten; entsprechend gelten ferner § 93 Abs. 4 Satz 3 und Abs. 5 AktG.[40] Der Gehaltsanspruch bleibt naturgemäß bis zur eventuellen Kündigung des Vertrages unberührt, die Gesellschaft kann aber mit ihrem Schadensersatzanspruch aufrechnen.[41] 311

bb) Eintrittsrecht

Statt Schadensersatz kann die Gesellschaft auch das Eintrittsrecht nach § 88 Abs. 2 Satz 2 AktG geltend machen und auf diese Weise den treuwidrig erlangten **Gewinn abschöpfen**. Dass nur ein schuldhafter Verstoß gegen § 88 AktG bzw. die Geschäft- 312

36 BGH v. 23.9.1985 – II ZR 246/84, NJW 1986, 585, 586 (GmbH-Geschäftsführer); OLG Frankfurt v. 13.5.1997 – 11 U (Kart) 68/96, GmbHR 1998, 376, 378.
37 Vgl. nur *Schiessl*, GmbHR 1988, 53 f.
38 *Mertens/Cahn* in KölnKomm/AktG, 3. Aufl. 2010, § 88 AktG Rz. 5; *Hüffer/Koch*, § 88 AktG Rz. 3 a.E.
39 *Spindler* in MünchKomm/AktG, 5. Aufl. 2019, § 88 AktG Rz. 29.
40 *Hüffer/Koch*, § 88 AktG Rz. 6.
41 BGH v. 19.10.1987 – II ZR 97/87, ZIP 1988, 47 = WM 1988, 165 = AG 1988, 75.

schancenlehre das Eintrittsrecht begründet,[42] wird zunehmend in Frage gestellt.[43] Wegen der für das Verschulden geltenden Beweislastumkehr (Rz. 311) dürfte sich dieser Streit freilich nur selten praktisch auswirken.[44] Es besteht hinsichtlich des Umfangs durchaus ein nicht unerheblicher Überschneidungsbereich zwischen Eintrittsrecht und Schadensersatzanspruch, insofern sich der abzuschöpfende Gewinn als eine Berechnungsform für den Schadensausgleich darstellen lässt. Das Eintrittsrecht geht aber insofern darüber hinaus, als es nicht darauf ankommt, ob die Gesellschaft das verbotswidrige Geschäft selbst hätte durchführen können oder wollen.[45] Zwischen Schadensersatz und Eintrittsrecht kann der für die Gesellschaft handelnde Aufsichtsrat (§ 112 AktG) **frei wählen**; eine einmal erklärte Wahl bindet ihn grundsätzlich nicht; § 263 Abs. 2 BGB ist unanwendbar.[46] § 93 Abs. 4 Satz 3 und Abs. 5 AktG sind anwendbar;[47] der Anspruch ist also erst **nach drei Jahren verzichtbar** und kann notfalls von Gesellschaftsgläubigern geltend gemacht werden.

313 Im Einzelnen hat ein Eintritt der Gesellschaft bei **Geschäften für eigene Rechnung** zur Folge, dass das Vorstandsmitglied das Geschäft als für Rechnung der Gesellschaft eingegangen gelten lassen muss, so dass also der daraus bezogene Gewinn (aber auch sonstige „Ergebnisse") an die Gesellschaft herauszugeben oder der entsprechende Anspruch abzutreten ist. Das Eintrittsrecht hat allerdings keine Außenwirkung in dem Sinne, dass die Gesellschaft Vertragspartnerin würde; vielmehr bleibt allein das Vorstandsmitglied Vertragspartei – mit allen Rechten und Pflichten.[48] Bei **für fremde Rechnung** eingegangenen **Geschäften** muss das Vorstandsmitglied die erhaltene Vergütung herausgeben oder den Vergütungsanspruch abtreten.[49] Darüber hinaus schuldet das Vorstandsmitglied **Auskunft** und Rechnungslegung (§ 666 BGB); umgekehrt sind Aufwendungen des Vorstandsmitglieds durch die AG zu ersetzen (§§ 687 Abs. 2, 684 BGB), zumal das Eintrittsrecht eben lediglich den Gewinn abschöpfen möchte.

314 Nach seinem Wortlaut bezieht sich das Eintrittsrecht nur auf vom Vorstandsmitglied gemachte „Geschäfte", **unklar** ist deshalb seine Geltung für die **Fälle von § 88 Abs. 1 Satz 2 AktG**, also bei Beteiligung des Vorstandsmitglieds an einer anderen Handelsgesellschaft als **Organmitglied** oder **persönlich haftender Gesellschafter**. Überwie-

42 H.M. *Kort* in Großkomm/AktG, 5. Aufl. 2015, § 88 AktG Rz. 74; *Spindler* in MünchKomm/AktG, 5. Aufl. 2019, § 88 AktG Rz. 33.

43 Für verschuldensunabhängigen Anspruch *Fleischer*, AG 2005, 336, 346 f.; *Fleischer* in Spindler/Stilz, 4. Aufl. 2019, § 88 AktG Rz. 37; *Mertens/Cahn* in KölnKomm/AktG, 3. Aufl. 2010, § 88 AktG Rz. 23; *Hüffer/Koch*, § 88 AktG Rz. 7.

44 Offenlassend z.B. OLG Köln v. 8.6.1999 – 22 U 269/98, AG 1999, 573, 574.

45 *Mertens/Cahn* in KölnKomm/AktG, 3. Aufl. 2010, § 88 AktG Rz. 22; s. zur parallelen Vorschrift des § 113 HGB auch *Schäfer* in Habersack/*Schäfer*, Recht der OHG, 2. Aufl. 2019, § 113 HGB Rz. 16.

46 *Mertens/Cahn* in KölnKomm/AktG, 3. Aufl. 2010, § 88 AktG Rz. 20; *Hüffer/Koch*, § 88 AktG Rz. 6.

47 *Spindler* in MünchKomm/AktG, 5. Aufl. 2019, § 88 AktG Rz. 30.

48 S. nur BGH v. 5.12.1983 – II ZR 242/82, BGHZ 89, 162, 171 = NJW 1984, 1351; *Spindler* in MünchKomm/AktG, 5. Aufl. 2019, § 88 AktG Rz. 34.

49 *Spindler* in MünchKomm/AktG, 5. Aufl. 2019, § 88 AktG Rz. 35.

gend wird das Eintrittsrecht auf die Beteiligungsfälle erstreckt, sofern die Gesellschaft im Handelszweig der AG tätig ist, dieser also Konkurrenz macht, weil und soweit das Vorstandsmitglied hieraus – als Gesellschafter oder Organmitglied – Gewinne bezieht; herauszugeben ist dann der **gesamte Gewinn**.[50] Ebenfalls umstritten ist, ob verbotswidrig erzielte (reine) **Vergütungen für eine Tätigkeit** als Organmitglied herausverlangt werden können.[51] Während die h.M. dies ablehnt, sprechen die besseren Gründe für die bejahende Gegenauffassung.[52] Die h.M. stützt ihre insofern verneinende Auffassung u.a. auf die Parallele zu § 113 HGB,[53] die hier aber versagt, weil das Verbot des § 112 HGB – anders als § 88 AktG – allein auf die Konkurrenzvermeidung, nicht auch auf die Erhaltung der Arbeitskraft gerichtet ist.

d) Verjährung

Die Ansprüche nach § 88 Abs. 2 AktG verjähren gem. Abs. 3 in **drei Monaten ab Kenntnis** sämtlicher Vorstands- und Aufsichtsratsmitglieder. Eine Obliegenheit zur sofortigen Einberufung einer Vorstands- bzw. Aufsichtsratssitzung ist insofern nicht anzuerkennen; jedoch wird der Fristbeginn rechtsmissbräuchlich vereitelt, wenn Vorstands- oder Aufsichtsratsmitglieder ihre Kollegen deshalb nicht informieren, um die Frist hinauszuzögern.[54] Das ist auch deshalb unproblematisch, weil die Ansprüche **spätestens nach fünf Jahren** unabhängig von jeder Kenntnis verjähren (§ 88 Abs. 3 Satz 2 AktG). Die Verjährungsfrist gilt auch für eventuelle Ansprüche auf Vertragsstrafe sowie für den Unterlassungsanspruch.[55] Nach Ausübung des Eintrittsrechts gelten für die eventuell abgetretenen Ansprüche aus den verbotswidrigen Geschäften keine besonderen, sondern die allgemeinen Verjährungsfristen. Auch für ggf. konkurrierende Ansprüche aus unerlaubter Handlung bleibt es bei der eigenständigen Verjährung nach §§ 195, 199 Abs. 1 BGB.[56] 315

3. Rechtsgeschäftliche Ergänzungen des Wettbewerbsverbots

a) Allgemeine Verschärfungen im Anstellungsvertrag

§ 88 AktG ist keine zwingende Vorschrift, daher kommen insbesondere Verschärfungen durch Satzung oder Anstellungsvertrag in Betracht; namentlich kann der Anstellungsvertrag eine **Vertragsstrafenregelung**[57] und ein Wettbewerbsverbot für die Zeit nach dem Ausscheiden aus dem Amt vorsehen (dazu unter Rz. 317). Eine von 316

50 *Mertens/Cahn* in KölnKomm/AktG, 3. Aufl. 2010, § 88 AktG Rz. 24; *Hüffer/Koch*, § 88 AktG Rz. 8; *Meyer*, AG 1988, 259, 260 f.; a.A. *Spindler* in MünchKomm/AktG, 5. Aufl. 2019, § 88 AktG Rz. 37 (nicht zu berechnen).

51 So etwa auch *Hüffer/Koch*, § 88 AktG Rz. 8.

52 *Mertens/Cahn* in KölnKomm/AktG, 3. Aufl. 2010, § 88 AktG Rz. 24.

53 Dazu eingehend *Schäfer* in Habersack/*Schäfer*, Recht der OHG, 2. Aufl. 2019, § 113 HGB Rz. 19.

54 *Mertens/Cahn* in KölnKomm/AktG, 3. Aufl. 2010, § 88 AktG Rz. 30.

55 *Spindler* in MünchKomm/AktG, 5. Aufl. 2019, § 88 AktG Rz. 44.

56 *Mertens/Cahn* in KölnKomm/AktG, 3. Aufl. 2010, § 88 AktG Rz. 29.

57 S. nur *Hüffer/Koch*, § 88 AktG Rz. 10; vgl. ferner BGH v. 26.3.1984 – II ZR 229/83, BGHZ 91, 1, 3 ff. (Beschränkungen der §§ 74 ff. HGB unanwendbar).

Empfehlung E.3 des DCGK 2020 vorgesehene – und selbstverständlich mögliche – Verschärfung des § 88 AktG besteht darin, auch „**konzernfremde Aufsichtsratsmandate**" von der Zustimmung des Aufsichtsrats abhängig zu machen. Auch sonstige, nicht von § 88 Abs. 1 AktG erfasste **gewerbliche oder freiberufliche Tätigkeiten** können von der vorherigen Zustimmung des Aufsichtsrats abhängig gemacht werden, der sie aber bei fehlendem Interesse der AG an der Untersagung nicht versagen darf.[58] Bloß deklaratorischen Charakter – und daher ebenfalls unproblematisch zulässig – hat eine Erweiterung des Verbots auf Geschäftsfelder, die zwar nicht von der (anstellenden) Muttergesellschaft, wohl aber von anderen Konzernunternehmen wahrgenommen werden; denn auf deren Interessen muss jedenfalls ein Vorstandsmitglied der herrschenden Gesellschaft schon aufgrund seiner Leitungs- und Treupflicht Rücksicht nehmen.[59] Endlich kann das Verbot generell auf den Erwerb von Anteilen an konkurrierenden Gesellschaften erstreckt werden, der vom gesetzlichen Verbot nicht erfasst wird (s. Rz. 305). – Während das Wettbewerbsverbot des § 88 AktG nach dem Ausscheiden erlischt (s. Rz. 303), bleibt die unbefugte Offenbarung von Betriebs- und **Geschäftsgeheimnissen** selbstverständlich auch nach dem Ausscheiden pflichtwidrig (und strafbar nach § 404 AktG).

b) Nachvertragliche Wettbewerbsverbote insbesondere

317 Das Wettbewerbsverbot kann auch auf die Zeit nach dem Ausscheiden erweitert werden, doch ergeben sich hier Grenzen aus § 138 BGB i.V.m. Artt. 2, 12 GG[60] sowie aus dem Konflikt mit § 1 GWB bzw. Art. 101 AEUV. **Kartellrechtliche Verbote** wettbewerbsbeschränkender Vereinbarungen greifen allerdings nur in Bezug auf die selbständige geschäftliche Tätigkeit des Vorstandsmitglieds ein.[61] Kartellrechtlich unbedenklich sind unabhängig von einer (potentiellen) Marktbeeinflussung nach der sog. **Immanenztheorie** (s. schon Rz. 300) solche Verbote, die sich in gegenständlicher, räumlicher und zeitlicher Hinsicht auf den notwendigen Schutz der Gesellschaft vor der Konkurrenz durch ihr ehemaliges Vorstandsmitglied beschränken. Im Ergebnis gelten daher im Wesentlichen die gleichen Grundsätze wie zu **§ 138 BGB** in Bezug auf die danach geschützte Berufs- und wettbewerbliche Betätigungsfreiheit des ehemaligen Vorstandsmitglieds. Demnach sind Verbote in der Regel nicht zu beanstanden, wenn sie **zwei Jahre** nicht überschreiten und sich in gegenständlich-räumlicher Hinsicht auf den **Schwerpunkt der tatsächlichen geschäftlichen Tätigkeit** der Gesellschaft konzentrieren und sich zusätzlich am konkreten Aufgaben-

---

58 *Spindler* in MünchKomm/AktG, 5. Aufl. 2019, § 88 AktG Rz. 7.

59 *Spindler* in MünchKomm/AktG, 5. Aufl. 2019, § 88 AktG Rz. 7.

60 Vgl. BGH v. 26.3.1984 – II ZR 229/83, BGHZ 91, 1, 5; BGH v. 14.7.1997 – II ZR 238/96, NJW 1997, 3089; OLG Hamm v. 9.11.1988 – 8 U 295/87, GmbHR 1989, 259; *Mertens/Cahn* in KölnKomm/AktG, 3. Aufl. 2010, § 88 AktG Rz. 34; eingehender Rspr.-Bericht bei *Krämer* in FS Röhricht, 2005, S. 335, 337 ff.

61 *Hüffer/Koch*, § 88 AktG Rz. 10; *Mertens/Cahn* in KölnKomm/AktG, 3. Aufl. 2010, § 88 AktG Rz. 43.

bereich des Vorstandsmitglieds orientieren.[62] Ein wegen seiner Dauer unwirksames nachverträgliches Verbot kann auf eine angemessene Frist geltungserhaltend reduziert werden,[63] bei anderen Gründen, namentlich bei Überschreitung der räumlich-gegenständlichen Grenzen, scheidet eine geltungserhaltende Reduktion hingegen aus.[64]

Eine **Karenzentschädigung** ist **nicht** geschuldet; § 74 Abs. 2 HGB findet keine Anwendung.[65] Für ihre Bemessung gibt es also keine zwingende Untergrenze: Anderweitig erzielte Verdienste[66] können ebenso angerechnet werden wie Abfindungsleistungen – Letzteres wird von Empfehlung G.13 Satz 2 DCGK 2020 ausdrücklich angeraten. Wird sie jedoch freiwillig gezahlt oder nimmt der Anstellungsvertrag die §§ 74 ff. HGB in Bezug,[67] so ist dies bei der Interessenabwägung (Rz. 317) zu berücksichtigen.[68] Die Gesellschaft kann sich vertraglich vorbehalten, auf das Wettbewerbsverbot mit der Folge zu verzichten, dass die Karenzentschädigung sogleich entfällt.[69] Ohne Regelung gilt § 75a HGB entsprechend,[70] so dass die Gesellschaft erst mit dem Ablauf eines Jahres seit der Erklärung frei wird. Nicht eindeutig geklärt ist bislang, ob das Vorstandsmitglied sich nach dem Rechtsgedanken des § 75 HGB durch schriftliche Erklärung vom Verbot **lösen** kann, wenn die Gesellschaft es zu Unrecht abberufen hat oder für eine Amtsniederlegung berechtigte Gründe bestanden haben.[71] 318

62 *Hüffer/Koch*, § 88 AktG Rz. 10; *Mertens/Cahn* in KölnKomm/AktG, 3. Aufl. 2010, § 88 AktG Rz. 35; *Hoffmann-Becking* in FS Quack, 1991, S. 273, 275 f.; zur Zweijahresgrenze etwa BGH v. 19.10.1993 – KZR 3/92, AG 1994, 130 = NJW 1994, 384, 385 f.

63 BGH v. 8.5.2000 – II ZR 308/98, NJW 2000, 2584, 2585; BGH v. 18.7.2005 – II ZR 159/03, NJW 2005, 3061, 3062.

64 BGH v. 14.7.1997 – II ZR 238/96, NJW 1997, 3089, 3090; *Mertens/Cahn* in KölnKomm/AktG, 3. Aufl. 2010, § 88 AktG Rz. 36.

65 BGH v. 26.3.1984 – II ZR 229/83, BGHZ 91, 1, 3 ff.; BGH v. 4.3.2002 – II ZR 77/00, NJW 2002, 1875, 1876; BGH Hinweisbeschluss v. 7.7.2008 – II ZR 81/07, NZG 2008, 753.

66 Näher *Mertens/Cahn* in KölnKomm/AktG, 3. Aufl. 2010, § 88 AktG Rz. 39.

67 Ausführlich *Menke*, NJW 2009, 636 ff.

68 Zur angemessenen Höhe einer Karenzentschädigung vgl. nur *Thüsing* in Fleischer, Hdb. Vorstandsrecht, § 4 Rz. 118 (bei einschneidenden Verboten könnten bis zu 50 % der Bezüge angemessen sein, s. auch § 74 Abs. 2 HGB). Maßgeblich sind regelmäßig die festen Bezüge, *Jäger*, DStR 1995, 724, 728 f.; *Hoffmann-Becking* in FS Quack, 1991, S. 273, 278; anders für den Fall, dass der Anstellungsvertrag die §§ 74 ff. HGB in Bezug nimmt, *Spindler* in MünchKomm/AktG, 5. Aufl. 2019, § 88 AktG Rz. 57: auf Festbezüge nur beschränkbar, wenn variable Anteile nicht überwiegen.

69 OLG Düsseldorf v. 22.8.1996 – 6 U 150/95, NJW-RR 1997, 164, 166; *Spindler* in MünchKomm/AktG, 5. Aufl. 2019, § 88 AktG Rz. 55; *Bauer/Diller*, BB 1995, 1134, 1138 ff.; *Jäger*, DStR 1995, 724, 729; *Thüsing*, NZG 2004, 9, 11.

70 BGH v. 17.2.1992 – II ZR 140/91, NJW 1992, 1892 f.

71 *Mertens/Cahn* in KölnKomm/AktG, 3. Aufl. 2010, § 88 AktG Rz. 40; *Spindler* in MünchKomm/AktG, 5. Aufl. 2019, § 88 AktG Rz. 59; *Bauer/Diller*, NJW 2002, 1609, 1612; *Thüsing*, NZG 2004, 9, 12 f.

II. Kreditgewährung an Vorstandsmitglieder

1. Überblick

319 Die Kreditvergabe der AG an Vorstandsmitglieder ist nicht per se verboten; um Missbrauch zu vermeiden und Schäden von der Gesellschaft abzuwenden, macht **§ 89 Abs. 1 AktG** sie wie im Falle des Wettbewerbsverbots (dazu unter Rz. 308) aber davon abhängig, dass der Aufsichtsrat vorher seine Zustimmung erteilt. Auf diese Weise soll die Gesellschaft vor überhöhter Kreditaufnahme geschützt und **vor nicht marktgerechten Konditionen** (Zinsen, Tilgung, Sicherheiten) **bewahrt** werden. Zugleich dient der Zustimmungsvorbehalt durch das Erfordernis eines förmlichen Beschlusses der **Transparenz** sowie der Anlegerinformation, dient daneben aber auch dem Gläubigerschutz.[72] Die Gewährung eines Kredits ohne vorherige Zustimmung des Aufsichtsrats stellt eine zum Schadensersatz führende Pflichtverletzung dar (näher Rz. 330).

320 Während Nr. 3.9 DCGK 2017 noch den konkreten Fall der Kreditgewährung an Vorstandsmitglieder in den Blick nahm, haben die **Geschäfte mit sog. „nahestehenden Personen“ (sog. Related Party Transactions)** in Satz 3 des Grundsatzes 6 des DCGK 2020 eine abstraktere Regelung erfahren. Hingewiesen wird dort darauf, dass sie „unter Umständen von Gesetzes wegen der vorherigen Zustimmung des Aufsichtsrats“ bedürfen. Das bezieht sich auf die durch ARUG II eingefügten §§ 111a–c AktG (dazu näher Rz. 1238 ff.), welche das Zustimmungserfordernis von weiteren Voraussetzungen (etwa Schwellenwerten) abhängig machen.[73] Auch ohne spezielle Kodexregelung bleibt es für die Kreditgewährung an Vorstandsmitglieder aber „von Gesetzes wegen“ beim Zustimmungserfordernis kraft § 89 Abs. 1 AktG.

2. Kredit

321 § 89 AktG definiert den Kreditbegriff nicht, es besteht aber Einigkeit, dass nicht nur Darlehen i.S.v. §§ 488, 607 BGB erfasst werden, § 89 AktG sich vielmehr auf **jede Art einer zeitweisen Überlassung von Geld oder Sachmitteln** bezieht, und zwar ohne Rücksicht auf die Konditionen.[74] Kontokorrent, Waren- und Effektenkredite sowie Abzahlungskredite werden deshalb ebenso erfasst wie die Verlängerung oder Erhöhung bereits gewährter Kredite, aber auch die unüblich lange Nichtgeltendmachung von Ersatzansprüchen und die vorfällige Auszahlung geschuldeter Leistungen durch die Gesellschaft, einschließlich unüblicher Anzahlungen (§ 89 Abs. 1 Satz 4 AktG).[75] Ferner ist auch die Bereitstellung von personalen oder dinglichen **Sicherheiten** zugunsten des Vorstandsmitglieds als Kredit zu werten, also etwa eine Bürg-

---

72 *Spindler* in MünchKomm/AktG, 5. Aufl. 2019, § 89 AktG Rz. 2; *Hüffer/Koch*, § 89 AktG Rz. 1; vgl. auch *Fleischer*, WM 2004, 1057, 1057; *Hopt*, ZGR 2004, 1, 10.

73 Vor dem Hintergrund des Referentenentwurfs zu Related Party Transactions im Konzern ausführlich *Müller*, ZGR 2019, 97.

74 *Mertens/Cahn* in KölnKomm/AktG, 3. Aufl. 2010, § 89 AktG Rz. 13; *Spindler* in MünchKomm/AktG, 5. Aufl. 2019, § 89 AktG Rz. 9; *Hüffer/Koch*, § 89 AktG Rz. 2.

75 *Mertens/Cahn* in KölnKomm/AktG, 3. Aufl. 2010, § 89 AktG Rz. 13; *Hüffer/Koch*, § 89 AktG Rz. 2.

schaft, Schuldübernahme oder Garantie der Gesellschaft.[76] Übernimmt die Gesellschaft die Darlehensforderung eines Dritten gegen das Vorstandsmitglied, so ist auch dies als (mittelbare) Kreditgewährung einzuordnen.[77] Endlich ist es auch als Kreditgewährung anzusehen, wenn das Vorstandsmitglied in ein von der Gesellschaft abgeschlossenes Geschäft eintritt, bei dem die Gesellschaft die Gegenleistung schon (teilweise) erbracht hat.[78]

Kein Kredit und damit nicht zustimmungspflichtig sind demgegenüber Vorschüsse auf **künftige Auslagen** (z.B. Reisekostenvorschuss),[79] freilich sind Aufwendungen und Auslagen unverzüglich abzurechnen. Kein Kredit wird auch durch die Vorverlegung der Fälligkeit durch das zuständige Organ gewährt.[80] 322

3. Ausnahme für Kleinkredite

Kleinkredite in Höhe eines **Brutto-Monatsgehalts** nimmt § 89 Abs. 1 Satz 5 AktG von der Zustimmungsbedürftigkeit aus. Es kommt auf die Gesamtbezüge i.S.v. § 87 Abs. 1 AktG an, so dass Sachbezüge ebenso (anteilig) einzurechnen sind wie Urlaubs- und Weihnachtsgeld sowie eine garantierte Tantieme o.Ä.[81] Die Grenze gilt auch für Kredite an Ehegatten und minderjährige Kinder, sowie an Dritte, die für Rechnung dieser Personen handeln (§ 89 Abs. 2 und 3 AktG). Demgegenüber gilt keine Bagatellgrenze für Kredite an Unternehmen, bei denen das Vorstandsmitglied ebenfalls Organmitglied ist (§ 89 Abs. 4 AktG). Für die Grenze sind sämtliche Kredite an ein Vorstandsmitglied (oder nahe Angehörige) gem. § 89 Abs. 3 AktG zusammenzuzählen.[82] Überschreitet ein Kredit die Gehaltsgrenze, ist er in jedem Falle insgesamt zustimmungsbedürftig. 323

4. Betroffener Personenkreis

In personeller Hinsicht sind alle Kredite an **im Amt befindliche Vorstandsmitglieder** zustimmungsbedürftig, auch sofern es sich um gerichtlich nach § 85 AktG bestellte Mitglieder oder um Stellvertreter (§ 94 AktG) handelt, nicht jedoch Kredite an ehemalige Vorstandsmitglieder. § 89 Abs. 2 Satz 2 AktG erfasst zudem Kredite der herrschenden AG (oder KGaA) an Organmitglieder einer abhängigen Gesellschaft, und zwar unabhängig von deren Rechtsform.[83] Damit Umgehungsgeschäfte vermieden werden, unterwirft § 89 Abs. 3 Satz 1 AktG auch Kredite an **nahe Angehörige** der Vorstandsmitglieder (Ehegatten, Lebenspartner oder minderjährige Kinder) dem Zustimmungserfordernis. Aus dem gleichen Grund bezieht § 89 Abs. 3 Satz 2 AktG 324

---

76 *Spindler* in MünchKomm/AktG, 5. Aufl. 2019, § 89 AktG Rz. 14; *Hüffer/Koch*, § 89 AktG Rz. 2.
77 *Spindler* in MünchKomm/AktG, 5. Aufl. 2019, § 89 AktG Rz. 18.
78 Beispiel bei *Spindler* in MünchKomm/AktG, 5. Aufl. 2019, § 89 AktG Rz. 19.
79 *Mertens/Cahn* in KölnKomm/AktG, 3. Aufl. 2010, § 89 AktG Rz. 13.
80 OLG Stuttgart v. 28.7.2004 – 20 U 5/04, AG 2004, 678, 679; *Hüffer/Koch*, § 89 AktG Rz. 2.
81 *Mertens/Cahn* in KölnKomm/AktG, 3. Aufl. 2010, § 89 AktG Rz. 15; *Hüffer/Koch*, § 89 AktG Rz. 3.
82 *Hüffer/Koch*, § 89 AktG Rz. 3.
83 *Hüffer/Koch*, § 89 AktG Rz. 5.

ferner Kredite an Dritte (**Strohmänner**) ein, die für Rechnung eines Vorstandsmitglieds oder nahen Angehörigen handeln. Schließlich erstreckt § 89 Abs. 4 AktG das Zustimmungserfordernis auf Kredite, welche die AG anderen Gesellschaften gewährt, bei denen ihre Vorstandsmitglieder Organmitglied oder Prokurist oder Generalbevollmächtigter sind. Bezweckt wird ein Schutz vor Umgehung der Kreditbeschränkungen des § 89 AktG durch Einschaltung einer anderen Gesellschaft.[84] Ausgenommen sind Kredite innerhalb eines Konzerns sowie geschäftsübliche Warenkredite (§ 89 Abs. 4 Satz 2 AktG).

5. Erteilung der Zustimmung

325 Die Zustimmung ist im Wege eines förmlichen **Aufsichtsratsbeschlusses** i.S.v. § 108 AktG **vor** Gewährung des Kredits zu erteilen; möglich ist auch die Zuweisung an einen Ausschuss gem. § 107 Abs. 3 AktG. Nicht in Betracht kommt damit eine bloße Duldung der Kreditgewährung;[85] nicht ausreichend ist aber auch der bloße Abschluss des Kreditvertrags ohne vorherigen Beschluss.[86]

326 Der Beschluss muss sich entweder auf **bestimmte**, nach Grund und Höhe genau festgelegte Kreditgeschäfte beziehen oder jedenfalls auf bestimmte Arten von Kreditgeschäften (§ 89 Abs. 1 Satz 2 AktG), wofür ein Höchstumfang anzugeben ist.[87] **Verzinsung und Rückzahlung** müssen im Beschluss ausdrücklich geregelt werden (§ 89 Abs. 1 Satz 3; § 89 Abs. 2 Satz 3; § 89 Abs. 3 und Abs. 4 Satz 1 Halbs. 2 AktG), allerdings reicht die Bezugnahme auf einen konkreten Vertragsentwurf.[88]

327 Der Zustimmungsbeschluss hat eine **Geltungsdauer** von höchstens drei Monaten (§ 89 Abs. 1 Satz 2 AktG), d.h. zwischen Beschluss und Abschluss des Kreditvertrags dürfen maximal drei Monate liegen.

6. Kreditgewährung bei Kreditinstituten nach § 15 KWG

328 Nach § 89 Abs. 6 AktG gelten für Kredite von Kredit- und Finanzdienstleistungsinstituten i.S.v. § 1 Abs. 1 und 1a KWG **ausschließlich die Spezialregeln** des § 15 KWG, die teils milder, teils strenger sind. Außerhalb des Anwendungsbereichs des § 15 KWG (durch § 2 Abs. 1–8 KWG) bleibt es bei § 89 AktG. Nach § 15 KWG bedarf die Kreditgewährung an Vorstandsmitglieder eines einstimmigen Beschlusses aller Geschäftsleiter sowie der Zustimmung des Aufsichtsrats, und zwar ebenfalls vor Zusage und Inanspruchnahme des Kredits. Die BaFin kann gem. § 15 Abs. 2 KWG eine Obergrenze festsetzen. Wegen der Einzelheiten ist auf die einschlägigen Kom-

---

84 *Hüffer/Koch*, § 89 AktG Rz. 7.

85 BGH v. 11.7.1953 – II ZR 126/52, BGHZ 10, 187 = NJW 1953, 1465; BGH v. 6.4.1964 – II ZR 75/62, BGHZ 41, 282, 286 = NJW 1964, 1367; BGH v. 27.5.1991 – II ZR 87/90, NJW-RR 1991, 1187 = AG 1991, 398 = ZIP 1991, 869.

86 *Mertens/Cahn* in KölnKomm/AktG, 3. Aufl. 2010, § 89 AktG Rz. 17; *Hüffer/Koch*, § 89 AktG Rz. 4.

87 *Spindler* in MünchKomm/AktG, 5. Aufl. 2019, § 89 AktG Rz. 41.

88 *Hüffer/Koch*, § 89 AktG Rz. 4.

mentierungen zum KWG zu verweisen.[89] Auch die Verstoßfolgen sind teilweise abweichend geregelt; es besteht eine besondere Schadensersatzpflicht nach § 17 KWG[90] sowie ein Ersatzanspruch der Gesellschaftsgläubiger nach § 17 Abs. 2 KWG.[91]

7. Rechtsfolgen von Verstößen

329 Hat der Aufsichtsrat die Gesellschaft entgegen § 112 AktG beim Abschluss des Kreditvertrages nicht vertreten, ist dieser **nichtig** und nach Bereicherungsrecht rückabzuwickeln. Fehlt es hingegen allein an einem, den Vorgaben des § 89 Abs. 1 Satz 2, 3 AktG entsprechenden vorherigen Zustimmungsbeschluss, so lässt dies die Wirksamkeit des Vertrages nach h.M. unberührt.[92] Es besteht dann aber nach § 89 Abs. 5 AktG ein Anspruch der Gesellschaft auf **sofortige Rückgewähr** des Kredits,[93] der nicht (im Voraus) abbedungen werden kann. Die Gesellschaft ist so zu stellen, als hätte sie niemals einen Kredit gewährt.[94] Erfolgt die verbotene Kreditgewährung an einen Dritten, besteht der Anspruch nicht gegen diesen, sondern gegen das Vorstandsmitglied.[95] Hat die Gesellschaft verbotswidrig eine Bürgschaft gestellt, schuldet das Vorstandsmitglied Leistung an den Gläubiger oder Schuldbefreiung.[96]

330 Gem. § 89 Abs. 5 AktG entfällt der Rückgewähranspruch, wenn der Aufsichtsrat nachträglich der Kreditgewährung zustimmt.[97] Hiervon unberührt bleiben nach h.L. aber **Schadensersatzansprüche** gegen die beteiligten Vorstands- und ggf. auch Aufsichtsratsmitglieder gem. § 93 Abs. 2, 3 Nr. 8 AktG (§ 93 Abs. 4 Satz 2 und 3 AktG).[98] Dies steht auch im Einklang mit der **„Fresenius"-Entscheidung** des BGH zu § 114 AktG (Verträge mit Aufsichtsratsmitgliedern). Darin hatte der II. Senat – entgegen der bis dahin h.M. – eine nachträgliche Zustimmung des Aufsichtsrats aus Präventionsgründen grundsätzlich ausgeschlossen.[99] Schon wegen § 114 Abs. 2 Satz 1 AktG, wonach die Pflicht zur Herausgabe einer Vergütung durch eine Genehmigung des Aufsichtsrats erlischt, bezog sich diese Aussage aber gleichfalls nur auf die Schadensersatzpflicht des Vorstands wegen kompetenzwidriger Auszahlung der Vergütung, die von der Genehmigung unberührt bleibt (Urt., Rz. 19). Dies entspricht somit der Rechtslage zu § 89 AktG, wie sie sich nach h.M. darstellt.

331–339 Einstweilen frei.

---

89 Z.B. *Groß* in Boos/Fischer/Schulte-Mattler, KWG, 5. Aufl. 2016, § 15; *Früh* in Beck/Samm, KWG, Stand 2018.

90 Dazu *Meyer-Ramloch* in Boos/Fischer/Schulte-Mattler, 5. Aufl. 2016, § 17 KWG Rz. 2 ff.

91 Vgl. *Meyer-Ramloch* in Boos/Fischer/Schulte-Mattler, 5. Aufl. 2016, § 17 KWG Rz. 4.

92 *Mertens/Cahn* in KölnKomm/AktG, 3. Aufl. 2010, § 89 AktG Rz. 22; *Hüffer/Koch*, § 89 AktG Rz. 8.

93 Dazu näher etwa *Spindler* in MünchKomm/AktG, 5. Aufl. 2019, § 89 AktG Rz. 52 ff.

94 *Spindler* in MünchKomm/AktG, 5. Aufl. 2019, § 89 AktG Rz. 53.

95 *Hüffer/Koch*, § 89 AktG Rz. 8.

96 *Hüffer/Koch*, § 89 AktG Rz. 8.

97 *Mertens/Cahn* in KölnKomm/AktG, 3. Aufl. 2010, § 89 AktG Rz. 23; *Hüffer/Koch*, § 89 AktG Rz. 8.

98 *Spindler* in MünchKomm/AktG, 5. Aufl. 2019, § 89 AktG Rz. 57; *Hüffer/Koch*, § 89 AktG Rz. 8.

99 BGH v. 10.7.2012 – II ZR 48/11 (Fresenius), ZIP 2012, 1807 = AG 2012, 712.

§ 14
Verschwiegenheitspflicht

I. Überblick

340 Gem. § 93 Abs. 1 Satz 3 AktG haben Vorstandsmitglieder über **vertrauliche Angaben und Geheimnisse** der Gesellschaft, die ihnen durch ihre Tätigkeit im Vorstand bekannt geworden sind, Stillschweigen zu bewahren. Diese Verschwiegenheitspflicht ist Ausdruck der Treupflicht und **nicht auf die Amtszeit beschränkt**; sie besteht im Interesse der Gesellschaft und aus Gründen der Rechtssicherheit nach deren Ende fort.[1] Satzung oder Geschäftsordnung können die Pflicht weder abmildern (auch nicht teilweise) noch verschärfen (§ 23 Abs. 5 AktG), wohl aber durch Richtlinien o. Ä. konkretisieren.[2] Eine zusätzliche Verschwiegenheitspflicht für Vorstandsmitglieder einer **börsennotierten** AG ergibt sich aus **Art. 14** der Marktmissbrauchsverordnung [**MMVO; MAR**] (VO (EU) Nr. 596/2014), wonach die unrechtmäßige Offenlegung von Insiderinformationen i.S.v. Art. 7 MAR (dazu § 24 Rz. 703 ff.) verboten ist.

II. Geschützte Informationen

341 Die Verschwiegenheitspflicht bezieht sich zunächst auf **vertrauliche Angaben** und Geheimnisse (zu letzteren s. sogleich). Vertraulich sind alle Angelegenheiten, deren Mitteilung sich für die Gesellschaft nachteilig auswirken kann, selbst wenn sie nicht mehr geheim sind; allein das **objektive Interesse der AG an vertraulicher Behandlung** ist entscheidend.[3] Unerheblich ist deshalb, ob der Informant seine Angaben als vertraulich bezeichnet. Auch Meinungsäußerungen oder Stimmverhalten in Organsitzungen können selbstverständlich vertrauliche Angaben sein.[4] In **Zweifelsfällen** hat das auskunftsbereite Organmitglied eine klärende Entscheidung des Gesamtvorstandes über den vertraulichen Charakter herbeizuführen; denn der Vorstand kann

---

1 *Hüffer/Koch*, § 93 AktG Rz. 31 (unstr.).

2 BGH v. 26.4.2016 – XI ZR 108/15, ZIP 2016, 1064, 1067 Rz. 34 = AG 2016, 493, auch „bereichsweise" Befreiung ist unzulässig; zum Aufsichtsrat; zuvor bereits BGH v. 5.6.1975 – II ZR 156/73, BGHZ 64, 325, 326 ff. = NJW 1975, 1412 = AG 1975, 219; *Spindler* in MünchKomm/AktG, 5. Aufl. 2019, § 93 AktG Rz. 131.

3 OLG Stuttgart v. 7.11.2006 – 8 W 388/06, AG 2007, 218; *Hüffer/Koch*, § 93 AktG Rz. 30.

4 BGH v. 5.6.1975 – II ZR 156/73, BGHZ 64, 325, 332 = NJW 1975, 1412, 1413 = AG 1975, 219, 220; *Hüffer/Koch*, § 93 AktG Rz. 30.

verbindlich feststellen, ob eine Tatsache als vertraulich zu qualifizieren ist.[5] Im Übrigen kann aber jedes Vorstandsmitglied im Rahmen seines Ressorts grundsätzlich allein entscheiden, ob ein Geheimnis an ihrerseits zur Verschwiegenheit verpflichtete Dritte offenbart wird; es sei denn, das Geheimnis ist von entscheidender Bedeutung für die (gesamte) Gesellschaft (vgl. noch Rz. 342).[6]

Geheimnisse der Gesellschaft sind Tatsachen, die **nur einem eng begrenzten Personenkreis bekannt**, also nicht offenkundig sind, und die nach dem – bekundeten oder mutmaßlichen – **Willen** der Gesellschaft geheim gehalten werden sollen.[7] Soweit die h.M. verlangt, dass an der Geheimhaltung überdies ein berechtigtes wirtschaftliches Interesse besteht, kann dies nur für die Ermittlung des mutmaßlichen Willens erheblich sein.[8] Hat also der Vorstand eine Tatsache (mehrheitlich) als Geheimnis qualifiziert, so kommt es auf diese zusätzliche Voraussetzung nicht an; jedes einzelne Mitglied ist dann zur Verschwiegenheit verpflichtet. Die Meinung(säußerung) eines Dritten bzw. die Mehrheitsmeinung eines Organs ist selbstverständlich ihrerseits eine Tatsache; auch Werturteile können ein Geheimnis sein.[9] Das Gesetz hebt besonders **Betriebs- oder Geschäftsgeheimnisse** hervor, wozu Kundenlisten ebenso gehören wie Produktionsverfahren, Konstruktionspläne, Know How, Planungsdaten aller Art usw. 342

III. Umfang der Verschwiegenheitspflicht

Vertrauliche Tatsachen oder Geheimnisse dürfen **Dritten** nicht offenbart werden, auch nicht dem **Betriebsrat** oder Wirtschaftsausschuss (§ 106 Abs. 2 BetrVG) und den [Mehrheits-]**Aktionären**.[10] Verpflichtet sind alle Vorstandsmitglieder, auch gerichtlich bestellte (§ 104 AktG), stellvertretende (§ 94 AktG), vom Aufsichtsrat entsandte Stellvertreter (§ 105 Abs. 2 AktG) und Arbeitsdirektoren.[11] Die Art des Offenbarens ist gleichgültig, verboten sind Erklärungen ebenso wie die Weitergabe von Schriftstücken oder die Ermöglichung einer Einsichtnahme.[12] 343

Keine Dritten in diesem Sinne sind andere **Vorstandsmitglieder** oder der Aufsichtsrat.[13] Gegenüber dem **Abschlussprüfer** besteht keine Verschwiegenheitspflicht im 344

5 Vgl. *Spindler* in MünchKomm/AktG, 5. Aufl. 2019, § 93 AktG Rz. 136 mit Hinweis auf den Vorstand als „Herren der Gesellschaftsgeheimnisse".
6 *Spindler* in MünchKomm/AktG, 5. Aufl. 2019, § 93 AktG Rz. 158.
7 BGH v. 5.6.1975 – II ZR 156/73, BGHZ 64, 325 = NJW 1975, 1412 = AG 1975, 219; *Spindler* in MünchKomm/AktG, 5. Aufl. 2019, § 93 AktG Rz. 134; *Hüffer/Koch*, § 93 AktG Rz. 30; *Meincke*, WM 1998, 749, 750.
8 So deutlich auch *Hüffer/Koch*, § 93 AktG Rz. 30.
9 *Spindler* in MünchKomm/AktG, 5. Aufl. 2019, § 93 AktG Rz. 134.
10 *Spindler* in MünchKomm/AktG, 5. Aufl. 2019, § 93 AktG Rz. 141 ff.; *Mertens/Cahn* in KölnKomm/AktG, 3. Aufl. 2010, § 93 AktG Rz. 119.
11 *Hüffer/Koch*, § 93 AktG Rz. 31.
12 *Spindler* in MünchKomm/AktG, 5. Aufl. 2019, § 93 AktG Rz. 141.
13 *Hüffer/Koch*, § 93 AktG Rz. 31.

Umfang seines aus § 320 Abs. 2 HGB folgenden Informationsrechts.[14] Auch ihrerseits zur Verschwiegenheit verpflichteten **Beratern** dürfen, soweit erforderlich, Geheimnisse offenbart werden, nicht aber Finanzanalysten.[15] Auch einzelne Arbeitnehmer dürfen eingeweiht werden, sofern dies erforderlich ist und sie zur Verschwiegenheit verpflichtet sind (§ 23 GeschGehG) bzw. vertraglich hierzu verpflichtet werden.[16] Die Verschwiegenheitspflicht tritt ferner zurück, soweit Dritte besondere Informationsansprüche haben, Behörden Auskunftsrechte geltend machen oder gesetzliche Veröffentlichungspflichten bestehen (z.B. nach § 26 WpHG).[17]

345 Im Einzelfall kann die Erfüllung der Verschwiegenheitspflicht für das einzelne Vorstandsmitglied **unzumutbar** sein, etwa weil es der Offenlegung bedarf, um eigene Rechte gegenüber der Gesellschaft zu wahren.[18] Ein **Zeugnisverweigerungsrecht** besteht nicht im Strafprozess (arg. §§ 52 ff. StPO); im Zivilprozess ist ein amtierender Vorstand Partei, ausgeschiedene Mitglieder haben das Zeugnisverweigerungsrecht nach § 383 Abs. 1 Nr. 6 ZPO.[19]

IV. Rechtsfolgen von Verstößen

346 Verletzt das Vorstandsmitglied seine Schweigepflicht, schuldet es **Schadensersatz** nach § 93 Abs. 2 AktG, wobei schuldhaftes Verhalten vermutet wird. In schwerwiegenden Fällen liegt zugleich ein die **Abberufung** und Entlassung rechtfertigender wichtiger Grund (§ 84 Abs. 3 AktG bzw. § 626 Abs. 1 BGB) vor.[20] **Strafbar** ist ein Geheimnisverrat nach § 404 AktG sowie nach § 119 Abs. 3 Nr. 3 WpHG (betr. unbefugte Mitteilung von Insiderinformationen gem. Art. 14 MAR).[21]

V. Verschwiegenheit und Due Diligence

347 Die Weitergabe von Geheimnissen und vertraulichen Informationen im Rahmen einer Due Diligence Prüfung an ihrerseits **der Verschwiegenheit unterliegende Berater etc.** kommt in Betracht, wenn eine wesentliche Beteiligung an der AG z.B. an einen Ankeraktionär veräußert werden soll, und die Veräußerung im Interesse der Ge-

---

14 *Hüffer/Koch*, § 93 AktG Rz. 31.

15 *Hüffer/Koch*, § 93 AktG Rz. 31; *Spindler* in MünchKomm/AktG, 5. Aufl. 2019, § 93 AktG Rz. 152; zur Weitergabe von Informationen an Finanzanalysten vgl. *Spindler* in MünchKomm/AktG, 5. Aufl. 2019, § 93 AktG Rz. 145.

16 *Spindler* in MünchKomm/AktG, 5. Aufl. 2019, § 93 AktG Rz. 151.

17 *Spindler* in MünchKomm/AktG, 5. Aufl. 2019, § 93 AktG Rz. 159; *Hüffer/Koch*, § 93 AktG Rz. 31.

18 *Spindler* in MünchKomm/AktG, 5. Aufl. 2019, § 93 AktG Rz. 150; *Hüffer/Koch*, § 93 AktG Rz. 31.

19 OLG Koblenz v. 5.3.1987 – 6 W 38/87, AG 1987, 184 f.

20 *Hüffer/Koch*, § 93 AktG Rz. 35.

21 Vgl. *Roschmann/Frey*, AG 1996, 449.

sellschaft liegt.[22] Wird dies durch Vorstandsbeschluss bejaht,[23] können Informationen an einen (potentiellen) Erwerber gegeben werden, soweit die Verhandlungen fortgeschritten sind, eine Due Diligence für das Zustandekommen des Geschäfts unumgänglich ist und neben einem „Letter of Intent“ eine mit wirksamen Sanktionen versehene Verschwiegenheitserklärung abgegeben wird; besonders heikle Informationen dürfen dabei nur an beruflich zur Verschwiegenheit verpflichtete Personen weitergeben werden.[24] Außerdem muss die **Durchführbarkeit** der Transaktion **abgesichert** sein, namentlich in Bezug auf das mögliche Eingreifen des Kartellverbots. In entsprechenden Fällen muss daher eine materielle Kartellrechtsprüfung durchgeführt werden (naturgemäß aber keine Entscheidung der zuständigen Kartellbehörde eingeholt werden). Eine Vereinbarung, die den Vorstand gegenüber dem (potentiellen) Unternehmenserwerber **pauschal zur Mitteilung geheimer Informationen** verpflichtet, verstößt hingegen eindeutig gegen § 93 Abs. 1 Satz 3 AktG und ist deshalb gem. §§ 134, 138 BGB **nichtig.**[25]

Einstweilen frei. 348–359

22 *Spindler* in MünchKomm/AktG, 5. Aufl. 2019, § 93 AktG Rz. 154; *Hüffer/Koch*, § 93 AktG Rz. 32; *Banerjea*, ZIP 2003, 1730; *Hemeling*, ZHR 169 (2005), 274, 278 ff.; sehr zurückhaltend *Lutter*, ZIP 1997, 613, 617.

23 Dieser ist mindestens empfehlenswert (vgl. *Hüffer/Koch*, § 93 AktG Rz. 32), auch wenn er nicht in jedem Falle für erforderlich gehalten wird (s. *Hennrichs*, ZGR 2006, 563, 574).

24 *Spindler* in MünchKomm/AktG, 5. Aufl. 2019, § 93 AktG Rz. 155; *Stoffels*, ZHR 165 (2001), 362, 373 ff.; enger *Lutter*, ZIP 1997, 613, 617 f. (heikle Informationen nur an neutrale und zur Verschwiegenheit verpflichtete sachverständige Dritte).

25 *Spindler* in MünchKomm/AktG, 5. Aufl. 2019, § 93 AktG Rz. 155; *Linker/Zinger*, NZG 2002, 497, 500.

4. Abschnitt: Binnenorganisation

§ 15 Ordnung der Geschäftsführungsbefugnis

Literaturübersicht: *Bender*, Fortbildung des Aktienrechts: Verbesserung der Funktionsfähigkeit der Gesellschaftsorgane notwendig, DB 1994, 1965; *G. Bezzenberger*, Die Geschäftsordnung der Hauptversammlung, ZGR 1998, 352; *Dreher*, Unternehmensbeauftragte und Gesellschaftsrecht – Der gesetzliche Bestellungszwang für Unternehmensbeauftragte, die gesellschaftsrechtliche Organisationsfreiheit und die Zuständigkeits-, Informations- und Haftungsordnung der Gesellschaften, in FS C. P. Claussen, 1997, S. 69; *Endres*, Organisation der Unternehmensleitung aus Sicht der Praxis, ZHR 163 (1999), 441; *Fleischer*, Zur Leitungsaufgabe des Vorstands im Aktienrecht, ZIP 2003, 1; *Frels*, Die Geschäftsverteilung im Vorstand der Aktiengesellschaft, ZHR 122 (1959), 8; *Frühauf*, Geschäftsleitung in der Unternehmenspraxis, ZGR 1998, 407; *Haas/Ohlendorf*, Anstellungsvertrag des Vorstandsmitglieds der Aktiengesellschaft, 2. Aufl. 2010, Formular Geschäftsordnung für den Vorstand, S. 202; *Happ*, Aktienrecht, Handbuch – Mustertexte – Kommentar, 5. Aufl. 2019, Formulare 8.01 (Geschäftsordnung für den Vorstand), 8.02 (Geschäftsverteilungsplan für den Vorstand), 8.03 (Bestellung von Vorstandsmitgliedern und stellvertretenden Vorstandsmitgliedern durch den Aufsichtsrat und Ernennung eines Vorsitzenden des Vorstands), 8.07 (Niederschrift über die Sitzung des Vorstands); *v. Hein*, Vom Vorstandsvorsitzenden zum CEO?, ZHR 166 (2002), 464; *Heller*, Unternehmensführung und Unternehmenskontrolle unter besonderer Berücksichtigung der Gesamtverantwortung des Vorstands, 1998; *Hoffmann-Becking*, Zur rechtlichen Organisation der Zusammenarbeit im Vorstand der AG, ZGR 1998, 497; *Langer/Peters*, Rechtliche Möglichkeiten einer unterschiedlichen Kompetenzzuweisung an einzelne Vorstandsmitglieder, BB 2012, 2575; *Martens*, Der Grundsatz gemeinsamer Vorstandsverantwortung in FS Fleck, 1988, S. 191; *Obermüller*, Gültigkeitsdauer der Geschäftsordnung für den Vorstand und den Aufsichtsrat, DB 1971, 952; *Priester*, Aufstellung und Feststellung des Jahresabschlusses bei unterbesetztem Vorstand, in FS Kropff, 1997, S. 591; *Säcker*, Die Geschäftsordnung für das zur gesetzlichen Vertretung eines mitbestimmten Unternehmens befugte Organ, DB 1977, 1993; *Schiessl*, Leitungs- und Kontrollstrukturen im internationalen Wettbewerb, ZHR 167 (2003), 235; *Schwarz*, Rechtsfragen der Vorstandsermächtigung nach § 78 Abs. 4 AktG, ZGR 2001, 744; *Semler*, Rechtsvorgabe und Realität der Organzusammenarbeit in der Aktiengesellschaft, in FS Lutter, 2000, S. 721; *Thamm*, Die rechtliche Verfassung des Vorstands in der AG, 2008; *Wettich*, Vorstandsorganisation in der Aktiengesellschaft, 2008.

I. Satzung, Geschäftsordnung und Geschäftsverteilungsplan

§ 77 Abs. 1 Satz 1 AktG bestimmt für den Vorstand den **Grundsatz der Gesamtgeschäftsführung**, sofern der Vorstand aus mehreren Vorstandsmitgliedern besteht. Die Beteiligung aller Vorstandsmitglieder an sämtlichen Geschäftsführungsmaßnahmen wird indessen dem praktischen Bedürfnis nach einer effizienten Unternehmens- 360 führung regelmäßig nicht gerecht. An die Stelle einer zeitintensiven und kostenträchtigen Beteiligung des gesamten Vorstands an allen Entscheidungsprozessen tritt deshalb, unbeschadet der fortbestehenden Gesamtverantwortung aller Vorstandsmitglieder (dazu § 16 Rz. 444 ff.), sachgerechterweise eine **arbeitsteilige Geschäftsführung**. Voraussetzung hierfür ist nach § 77 Abs. 1 Satz 2 AktG eine Bestimmung in der Satzung oder der Geschäftsordnung für den Vorstand, die die anderenfalls geltende Gesamtgeschäftsführung aufhebt. In der Satzung kann eine solche Regelung etwa dahin lauten, dass einzelnen Vorstandsmitgliedern Geschäftsbereiche zugeteilt werden können, die von dem jeweiligen Vorstandsmitglied selbständig und eigenverantwortlich geleitet werden, soweit nicht die Gesamtheit der Vorstandsmitglieder zur Entscheidung berufen ist. In der Satzung oder der Geschäftsordnung ist auch das Verhältnis zwischen den Vorstandsmitgliedern untereinander zu regeln, das das Gesetz nur rudimentär in § 77 AktG anspricht. Weitergehende gesetzliche Bestimmungen über die Willensbildung im Vorstand fehlen. Es ist deshalb erforderlich, in der Satzung der Gesellschaft oder in einer Geschäftsordnung für den Vorstand Verfahrensregeln über die Zusammenarbeit im Vorstand zu treffen.

1. Verhältnis von Satzung und Geschäftsordnung

361 § 77 Abs. 1 Satz 2 AktG bestimmt, dass die Satzung oder die Geschäftsordnung des Vorstands den Grundsatz der Gesamtgeschäftsführung aufheben und Abweichendes bestimmen kann. Die Binnenorganisation des Vorstands kann also auf zwei Regelungsebenen eine nähere Ausgestaltung erfahren, nämlich in der Satzung der AG und in der Geschäftsordnung für den Vorstand. Dabei ergänzt die Geschäftsordnung im Regelfall die Satzung. Detailregelungen werden sachgerechterweise schon deshalb in die Geschäftsordnung verwiesen, weil die Änderung der Satzung deutlich aufwendiger ist als eine Anpassung der Geschäftsordnung.[1] Aus § 77 Abs. 2 Satz 2 AktG ergibt sich im Übrigen, dass die Satzung nicht sämtliche Regelungsaufgaben erfüllen kann; kraft Satzungsbestimmung ist, abgesehen von der Abweichung vom Prinzip der Gesamtgeschäftsführung, lediglich die Regelung von Einzelfragen der Geschäftsordnung möglich. Das umfasst auch die Möglichkeit, in der Satzung die Einrichtung von Vorstandsausschüssen vorzusehen.[2] Die **Satzung** darf dem Vorstand aber nicht sämtliche für ihn maßgeblichen Verfahrensvorschriften diktieren, weil andernfalls die gebotene organisatorische Flexibilität unerträglich eingeengt und der Vorstand in seiner Befugnis, seine Arbeit selbst zu organisieren, unzulässig weit beschränkt wäre.[3] Die Satzung darf also kein umfassendes und abschließendes Regelwerk zu Fragen der Organisation des Vorstands und der Abläufe seiner Willensbildung enthalten. Sie

---

1 *Richter* in Semler/Peltzer/Kubis, Arbeitshdb. Vorstandsmitglieder, § 5 Rz. 21; *Säcker*, DB 1977, 1993.

2 Trotz Bedenken dagegen im Ergebnis auch *Mertens/Cahn* in KölnKomm/AktG, 3. Aufl. 2010, § 77 AktG Rz. 52.

3 *Hüffer/Koch*, § 77 AktG Rz. 20; *Kort* in Großkomm/AktG, 5. Aufl. 2015, § 77 AktG Rz. 72 (kein Gesamtsystem schaffen); *Mertens/Cahn* in KölnKomm/AktG, 3. Aufl. 2010, § 77 AktG Rz. 61; *Spindler* in MünchKomm/AktG, 5. Aufl. 2019, § 77 AktG Rz. 51; *Oltmanns* in Heidel, § 77 AktG Rz. 12; *Fleischer* in Spindler/Stilz, § 77 AktG Rz. 67; *Hoffmann-Becking*, ZGR 1998, 497, 505; *Seibt* in K. Schmidt/Lutter, § 77 AktG Rz. 27.

muss sich auf punktuelle Vorgaben zu den grundlegenden Einzelaspekten beschränken. So kann die Satzung zwar vorgeben, dass die Geschäftsführungskompetenzen im Vorstand auf der Grundlage von **Ressortzuweisungen** bestimmt werden sollen, sie kann aber nicht selbst einzelnen Vorstandsmitgliedern bestimmte Ressorts unmittelbar zuweisen.

Umgekehrt darf die **Geschäftsordnung** Festlegungen, die von Gesetzes wegen der 362
Satzung vorbehalten sind oder die in der Satzung bereits zulässigerweise abschließend geregelt wurden, nicht treffen.[4] So muss die Satzung die Zahl der Vorstandsmitglieder oder zumindest die Regeln, nach denen diese Zahl festgelegt wird, bestimmen, § 23 Abs. 3 Nr. 6 AktG; eine Regelung in der Geschäftsordnung reicht insoweit nicht aus.[5]

2. Geschäftsordnung und Geschäftsverteilungsplan

An die Seite einer Geschäftsordnung tritt, sofern nicht Gesamtgeschäftsführung be- 363
steht, ein Geschäftsverteilungsplan für den Vorstand, in dem die dem Vorstand als Kollegialorgan zugewiesenen Aufgaben verteilt werden und entsprechende Zuweisungen erfolgen. Dies kann im Wege einer an Geschäftsbereichen orientierten Ressortzuweisung, nach Maßgabe spezifischer Leitungsaufgaben oder etwa aufgeteilt nach Regionen geschehen; regelmäßig findet sich einer Kombination im Sinne einer Matrixorganisation.[6] Als **Annex zu der Geschäftsordnung** unterliegt der Geschäftsverteilungsplan den gleichen inhaltlichen und formalen Anforderungen wie diese.[7] Sind bereits in der Geschäftsordnung einzelne Geschäftsbereiche bestimmten Vorstandsmitgliedern zugewiesen, kann der Geschäftsverteilungsplan diese Regelung näher erläutern. Es ist auch denkbar, dass die Geschäftsordnung die Ressortaufteilung enthält; dann bedarf es keines gesonderten Geschäftsverteilungsplans.

II. Formale Anforderungen an die Geschäftsordnung

1. Erlasskompetenz

Der **Vorstand** kann sich selbst eine Geschäftsordnung geben. Allerdings besteht sei- 364
ne **Erlasskompetenz nur subsidiär.**[8] Primär weist § 77 Abs. 2 Satz 1 AktG dem Aufsichtsrat die Befugnis zu, die Binnenordnung des Vorstands bindend festzulegen.

---

4 *Mertens/Cahn* in KölnKomm/AktG, 3. Aufl. 2010, § 77 AktG Rz. 51.

5 Vgl. BGH v. 17.12.2001 – II ZR 288/99 (Sachsenmilch IV), NZG 2002, 817 f. = AG 2002, 289 zur Zulässigkeit einer Satzungsbestimmung, die es dem Aufsichtsrat überträgt, die Zahl der Vorstandsmitglieder zu bestimmen; ausführlich dazu *C. Schäfer*, ZGR 2003, 147 ff.

6 Dazu *Richter* in Semler/Peltzer/Kubis, Arbeitshdb. Vorstandsmitglieder, § 5 Rz. 27 ff.

7 *Kort* in Großkomm/AktG, 5. Aufl. 2015, § 77 AktG Rz. 24; *Wettich*, S. 82 ff.

8 *Hüffer/Koch*, § 77 AktG Rz. 19; *Fleischer* in Spindler/Stilz, § 77 AktG Rz. 66; *Kort* in Großkomm/AktG, 5. Aufl. 2015, § 77 AktG Rz. 65; *Illert* in Illert/Ghassemi-Tabar/Cordes, Vorstand und Aufsichtsrat in der AG, § 1 Rz. 12; *Hoffmann-Becking*, ZGR 1998, 497, 501; *Seibt* in K. Schmidt/Lutter, § 77 AktG Rz. 25 (unter Hinweis auf die Personalkompetenz

Wenn die **Satzung**, wie häufig, dem Aufsichtsrat den Erlass der Geschäftsordnung aufgegeben hat, darf der Vorstand nicht tätig werden, und zwar selbst dann nicht, wenn der Aufsichtsrat den ihm erteilten Satzungsauftrag missachtet. Sofern die Satzung keine Regelung enthält, darf der Vorstand sich nur solange eine eigene Geschäftsordnung geben, wie der Aufsichtsrat noch nicht tätig geworden ist. Erlässt der Aufsichtsrat eine Geschäftsordnung, nachdem der Vorstand selbst eine solche beschlossen hat, tritt diese an die Stelle des vom Vorstand erlassenen Regelwerks. In der Praxis empfiehlt es sich, eine Geschäftsordnung für den Vorstand im Konsens zwischen Vorstand und Aufsichtsrat zu statuieren.

365 Eine vom **Aufsichtsrat** erlassene Geschäftsordnung ist grundsätzlich auch abschließend;[9] einzelne durch den Aufsichtsrat unbeachtet gelassene Regelungsgegenstände kann der Vorstand nicht in einer ergänzenden, eigenen Geschäftsordnung behandeln.[10] Etwas anderes gilt nur dann, wenn der Aufsichtsrat den Vorstand ausdrücklich oder konkludent zur Konkretisierung ermächtigt, sich also auf den Erlass einer **Rahmengeschäftsordnung** beschränkt.[11] Nach h.M. ist es umgekehrt dem Aufsichtsrat versagt, einzelne Regelungen einer vom Vorstand erlassenen Geschäftsordnung abzuändern oder zu ergänzen.[12] Sein Recht, selbst eine Geschäftsordnung zu erlassen und dabei überwiegend diejenige des Vorstands zu übernehmen, bleibt indessen unberührt.

366 Bei dem umfassenden und **abschließenden Vorrang** einer vom Aufsichtsrat erlassenen Geschäftsordnung für den Vorstand bleibt es selbst dann, wenn diese in wesentlichen Teilen **lückenhaft** ist.[13] Soweit die vom Aufsichtsrat vorgegebene Geschäftsordnung keine Regelungen trifft, bleibt es bei den aus dem Gesetz abzuleitenden Verfahrensregelungen. Andernfalls würde die primäre Zuständigkeit des Aufsichtsrats unterlaufen. Falls dieser eine bestimmte Frage keiner Regelung zugeführt hat, ist anzunehmen, dass das Gesetz gelten soll.

---

des Aufsichtsrats). Vgl. aber auch Begr. RegE AktG 1965, bei *Kropff*, S. 99 („... in erster Linie der Vorstand sich selbst eine Geschäftsordnung geben kann").

9 *Fleischer* in Spindler/Stilz, § 77 AktG Rz. 64; abw. aber *Seibt* in K. Schmidt/Lutter, § 77 AktG Rz. 26 (lediglich Sperrwirkung im Umfang des inhaltlich sachlichen Anwendungsbereichs der vom Aufsichtsrat erlassenen Geschäftsordnung).

10 *Fleischer* in Spindler/Stilz, § 77 AktG Rz. 64; *Mertens/Cahn* in KölnKomm/AktG, 3. Aufl. 2010, § 77 AktG Rz. 58; *Oltmanns* in Heidel, § 77 AktG Rz. 12.

11 *Kort* in Großkomm/AktG, 5. Aufl. 2015, § 77 AktG Rz. 68, der dies zwar befürwortet, aber zugleich für nicht unbedenklich hält; so auch *Hoffmann-Becking*, ZGR 1998, 497, 504, und *Fleischer* in Spindler/Stilz, § 77 AktG Rz. 65 wegen Begr. RegE *Kropff*, S. 99 (folgende Fn.).

12 Ausdrücklich Begr. RegE Aktiengesetz 1965, bei *Kropff*, S. 99 mit der Begründung, es solle keine teilweise vom Aufsichtsrat und teilweise vom Vorstand erlassene Geschäftsordnung geben; *Kort* in Großkomm/AktG, 5. Aufl. 2015, § 77 AktG Rz. 70; *Mertens/Cahn* in KölnKomm/AktG, 3. Aufl. 2010, § 77 AktG Rz. 60; *Fleischer* in Spindler/Stilz, § 77 AktG Rz. 64; *Spindler* in MünchKomm/AktG, 5. Aufl. 2019, § 77 AktG Rz. 49; *Hoffmann-Becking*, ZGR 1998, 497, 503; a.A. wohl *Seibt* in K. Schmidt/Lutter, § 77 AktG Rz. 26. Im Ergebnis unterscheiden sich die Auffassungen wegen der Umgehungsmöglichkeit kaum.

13 Für Zulässigkeit einer Konkretisierung *Kort* in Großkomm/AktG, 5. Aufl. 2015, § 77 AktG Rz. 68.

2. Beschlussfassung über den Erlass der Geschäftsordnung

Sofern der Vorstand über die Geschäftsordnung beschließt, verlangt § 77 Abs. 2 Satz 3 AktG im Hinblick darauf, dass jedes einzelne Vorstandsmitglied hiervon betroffen ist, einen **einstimmigen Beschluss.**[14] Daraus ergibt sich zugleich, dass der gesamte Vorstand an dem Beschluss mitwirken muss.[15] Das Einstimmigkeitserfordernis gilt nicht nur für die erstmalige Verabschiedung der Geschäftsordnung, sondern auch für alle nachfolgenden Änderungen. Für die Beschlussfassung im Aufsichtsrat gelten demgegenüber die allgemeinen Regeln, also grundsätzlich die einfache Stimmenmehrheit. 367

Die **Regelungskompetenz des Vorstands** ist im Vergleich zu der des Aufsichtsrats 368
eingeschränkt. Der Aufsichtsrat kann beispielsweise nach § 78 Abs. 3 AktG bestimmen, dass einzelne Vorstandsmitglieder allein oder in Gemeinschaft mit einem Prokuristen zur Vertretung der Gesellschaft befugt sind, sofern die Satzung ihn dazu ermächtigt. Auch kann ein Vorstandsvorsitzender nur vom Aufsichtsrat ernannt werden, § 84 Abs. 2 AktG. Dasselbe gilt für die Bestimmung des Kreises zustimmungspflichtiger Geschäfte nach § 111 Abs. 4 Satz 2 AktG.

3. Abfassung der Geschäftsordnung

Spezifische Formvorschriften für die Niederlegung der Geschäftsordnung enthält das 369
Gesetz nicht, insbesondere gilt für sie nicht das Schriftformgebot nach § 126 BGB. Eine bloße ständige Übung der Vorstandsmitglieder genügt allerdings nicht. Weil § 77 Abs. 2 AktG vom „Erlass der Geschäftsordnung“ spricht, liegt dem Gesetz ein formaler Begriff der Geschäftsordnung zugrunde. Eine **dauerhafte Verkörperung des Regelwerks** im Sinne einer schriftlichen Niederlegung ist daher erforderlich.[16] Eine räumliche Zusammenfassung in einer einheitlichen Urkunde ist jedoch nicht zwingend. Einzelne, hinreichend dokumentierte Beschlüsse des Vorstands über die Modalitäten seiner Zusammenarbeit können, sofern nicht der Aufsichtsrat eine Geschäftsordnung für den Vorstand erlassen hat, auch ohne textliche Zusammenfas-

---

14 *Spindler* in MünchKomm/AktG, 5. Aufl. 2019, § 77 AktG Rz. 39; Kritisch zu der eigenständigen Regelung etwa der Geschäftsverteilung durch den Vorstand *Mertens/Cahn* in KölnKomm/AktG, 3. Aufl. 2010, § 77 AktG Rz. 52; vgl. auch Begr. RegE *Kropff*, S. 99.

15 *Mertens/Cahn* in KölnKomm/AktG, 3. Aufl. 2010, § 77 AktG Rz. 58; *Fleischer* in Spindler/Stilz, § 77 AktG Rz. 66.

16 Vgl. näher *Hüffer/Koch*, § 77 AktG Rz. 21; *Fleischer* in Spindler/Stilz, § 77 AktG Rz. 68; *Mertens/Cahn* in KölnKomm/AktG, 3. Aufl. 2010, § 77 AktG Rz. 56; *Oltmanns* in Heidel, § 77 AktG Rz. 12; *Seibt* in K. Schmidt/Lutter, § 77 AktG Rz. 28; *Spindler* in MünchKomm/AktG, 5. Aufl. 2019, § 77 Rz. 53. Enger wohl noch Ausschussbericht *Kropff*, S. 100 („nach einmütiger Auffassung [bedarf] die Geschäftsordnung des Vorstands ihrer Natur nach der Schriftform“). Demgegenüber hat der BGH in einer allerdings zur GmbH ergangenen Entscheidung festgestellt, dass es bei einer Ressortaufteilung nicht stets einer schriftlich fixierten Verteilung der Aufgaben bedarf, BGH v. 6.11.2018 – II ZR 11/17, WM 2019, 265 = GmbHR 2019, 227 (Rz. 22 der Entscheidungsgründe); dem ist jedenfalls für die AG nicht zu folgen.

sung in ihrer Summe eine Geschäftsordnung bilden oder eine bestehende Geschäftsordnung ergänzen.[17]

370 Beschließt der Aufsichtsrat über die Geschäftsordnung, muss diese nach **§ 107 Abs. 2 AktG** in die Sitzungsniederschrift aufgenommen oder als Anlage beigefügt werden. Regelmäßig wird deshalb die vom Aufsichtsrat erlassene Geschäftsordnung in einem **zusammenhängenden Dokument** verabschiedet.

371 Die Geschäftsordnung begründet einen organbezogenen Organisationsrahmen. Sie ist von der konkreten personellen Zusammensetzung des Vorstands ebenso unabhängig wie von der jeweiligen Bestellungsperiode der einzelnen Vorstandsmitglieder. Ihre **Geltungsdauer** ist deshalb, solange sie nicht explizit auf eine bestimmte begrenzte Dauer befristet wird, grundsätzlich unbegrenzt; die Geschäftsordnung bleibt ungeachtet etwaiger Veränderungen in der Zusammensetzung des Vorstandes solange in Geltung, bis sie, was jederzeit möglich ist, geändert oder aufgehoben wird.

III. Inhaltliche Anforderungen an die Geschäftsordnung

372 Das Gesetz normiert den möglichen Inhalt der Geschäftsordnung nur punktuell (vgl. **§ 77 AktG**). Im Umkehrschluss ergibt sich u.a. aus **§ 84 Abs. 2 AktG** (Bestimmung eines Vorsitzenden bei einem mehrköpfigen Vorstand) und **§ 111 Abs. 4 Satz 2 AktG** (Zustimmungsvorbehalte für bestimmte Geschäftsführungsmaßnahmen), was Gegenstand der Geschäftsordnung sein darf. Einen weiteren Anhaltspunkt für die Gestaltung der Geschäftsordnung gab **Nr. 4.2.1 Satz 2 DCGK 2017**, in seiner bis 2020 geltenden Fassung, wonach die Geschäftsordnung die Arbeit des Vorstands, insbesondere die Ressortzuständigkeiten einzelner Vorstandsmitglieder, die dem Gesamtvorstand vorbehaltenen Angelegenheiten sowie die erforderliche Beschlussmehrheit bei Vorstandsbeschlüssen regeln soll.[18] In der aktuellen Fassung des DCGK 2020 ist diese Empfehlung nicht mehr enthalten. Entscheidend für die Gestaltung der Geschäftsordnung sind aber die von der Lehre herausgearbeiteten Anforderungen an Vollständigkeit (dazu Rz. 373) und bestimmte Grenzen der Regelungsmöglichkeiten (dazu Rz. 374 ff.).

1. Vollständigkeit der Geschäftsordnung

373 Die Geschäftsordnung ist **objektiv auszulegen**, so dass außerhalb ihrer selbst liegende Umstände bei der Auslegung nicht berücksichtigt werden dürfen.[19] Ihre Regelungen sollten bereits aus diesem Grund abschließend sein. Nach verbreiteter Auffassung ist eine bloße Teilregelung unzulässig; Vorstand und Aufsichtsrat sind gehalten,

---

17 *Mertens/Cahn* in KölnKomm. AktG, 3. Aufl. 2010, § 77 Rz. 56.

18 Vgl. auch *Bender*, DB 1994, 1965, 1967 (de lege ferenda für Pflicht zum Erlass einer Geschäftsordnung).

19 *Fleischer* in Spindler/Stilz, § 77 AktG Rz. 61; *Mertens/Cahn* in KölnKomm/AktG, 3. Aufl. 2010, § 77 AktG Rz. 55; *Spindler* in MünchKomm/AktG, 5. Aufl. 2019, § 77 AktG Rz. 38. *Seibt* in K. Schmidt/Lutter, § 77 AktG Rz. 24.

entweder eine vollständige Geschäftsordnung zu erlassen oder sich einer solchen ganz zu enthalten.[20] Das Regelwerk muss sich danach als **Versuch der Regelung einer umfassenden Ordnung** zwischen den Vorstandsmitgliedern darstellen. Das ist insoweit folgerichtig, als andernfalls der Aufsichtsrat aufgrund seiner Primärkompetenz durch einzelne Teilregelungen den Vorstand an dem Erlass einer umfassenden Geschäftsordnung hindern könnte.[21] Es bleibt aber dabei, dass auch eine unvollständige Geschäftsordnung, die der Aufsichtsrat erlassen hat, den Vorstand an einer Lückenfüllung hindert, sofern sich hieraus nicht zumindest konkludent die Ermächtigung des Vorstands ergibt, selbst ergänzend tätig zu werden (s. schon Rz. 365 f.).

2. Grenzen der Regelungsmöglichkeiten

Auch wenn inhaltliche Vorgaben für die Geschäftsordnung grundsätzlich fehlen und 374
daher eine scheinbar unbegrenzte Gestaltungsfreiheit besteht, lassen sich doch aus Begriff und Gesetzessystematik einige zwingend zu beachtende Anhaltspunkte für die Ausgestaltung der Geschäftsordnung entnehmen.

a) Begrenzung auf Verfahrensvorschriften

Aus dem Begriff der Geschäftsordnung folgt, dass sie **keine materiellen Regelungen**, 375
etwa über die Ausrichtung der Unternehmenspolitik, enthalten darf.[22] Sie soll lediglich ordnend das Verfahren bei der Zusammenarbeit zwischen mehreren Vorstandsmitgliedern regeln und das formelle Gefüge für einen sicheren Geschäftsgang bieten. Für den Erlass einer Geschäftsordnung durch den Aufsichtsrat ergibt sich dies bereits aus dem Verbot, die Geschäftsführung an sich zu ziehen, vgl. § 111 Abs. 4 Satz 1 AktG.

b) Beachtung zwingenden Rechts

Zwingende **Gesetzesvorgaben und Satzungsregelungen** gehen etwa abweichenden 376
Regelungen in der Geschäftsordnung vor und verdrängen diese. Insbesondere hat die Geschäftsordnung die im AktG festgelegte **Kompetenzverteilung** zwischen Aufsichtsrat, Hauptversammlung und Vorstand zu respektieren.[23] Deswegen wäre zum Beispiel eine Bestimmung, nach der der Aufsichtsrat ein Teilnahmerecht an Vor-

---

20 *Fleischer* in Spindler/Stilz, § 77 AktG Rz. 65; *Kort* in Großkomm/AktG, 5. Aufl. 2015, § 77 AktG Rz. 69; *Mertens/Cahn* in KölnKomm/AktG, 3. Aufl. 2010, § 77 AktG Rz. 56; *Illert* in Illert/Ghassemi-Tabar/Cordes, Vorstand und Aufsichtsrat in der AG, § 1 Rz. 11.

21 In diesem Sinne wohl *Kort* in Großkomm/AktG, 5. Aufl. 2015, § 77 AktG Rz. 69.

22 *Mertens/Cahn* in KölnKomm/AktG, 3. Aufl. 2010, § 77 AktG Rz. 51; i.E. auch *Spindler* in MünchKomm/AktG, 5. Aufl. 2019, § 77 AktG Rz. 35; vgl. auch *Seibt* in K. Schmidt/Lutter, § 77 AktG Rz. 24. Vgl. *G. Bezzenberger*, ZGR 1998, 352, 353 und *Hoffmann-Becking*, ZGR 1998, 497, 499 zum Begriff der Geschäftsordnung.

23 Allg. M. *Spindler* in MünchKomm/AktG, 5. Aufl. 2019, § 77 AktG Rz. 35 und *Fleischer* in Spindler/Stilz, § 77 AktG Rz. 80; *G. Bezzenberger*, ZGR 1998, 352, 355 statt aller.

standssitzungen hat, nichtig.[24] Ferner darf die Geschäftsordnung nichts regeln, was auch in der Satzung nicht geregelt werden darf.[25]

377 Eine vom Vorstand erlassene Geschäftsordnung darf sich nicht in Widerspruch zu den **Anstellungsverträgen** der Vorstandsmitglieder setzen.[26] Bei dem Erlass der Geschäftsordnung durch den Aufsichtsrat beeinträchtigt die Abweichung von Bestimmungen im Anstellungsvertrag des Vorstands die Wirksamkeit der Geschäftsordnung jedoch nicht. Eine Diskrepanz zwischen den Anstellungsverträgen der Vorstandsmitglieder und ihren in der Geschäftsordnung festgelegten Aufgaben und Pflichten kann aber eine Verletzung des Anstellungsvertrags darstellen und den Vorstand gegebenenfalls zur Kündigung und zum Schadensersatz berechtigen. Wenn der Vorstand die Geschäftsordnung erlassen hat, sind vorrangig die Aufgabenzuweisungen aus dem Anstellungsvertrag zu beachten, da dem Aufsichtsrat die Personalkompetenz vorbehalten ist.[27]

c) Vorstand als Leitungsorgan

378 Die Geschäftsordnung muss das Leitbild vom Vorstand als Leitungsorgan, wie es im AktG zum Ausdruck kommt, im Blick behalten. Zu den maßgeblichen Grundsätzen gehört zum einen die **Gesamtverantwortung** des Vorstands, wonach jedes Vorstandsmitglied die Verantwortung für die Geschäftsleitung im Ganzen trägt,[28] und zum anderen die **Gleichberechtigung** jedes einzelnen Vorstandsmitglieds.[29] Inwiefern die Geschäftsordnung von diesen Grundgedanken abweichen darf, ist im Einzelnen streitig (zu den Ressortzuständigkeiten und Vorstandsausschüssen genauer § 16 Rz. 411, 433 ff.; zum Vorstandsvorsitzenden § 17 Rz. 480 ff., zu den Mehrheitserfordernissen § 18 Rz. 511 f.).

---

24 *Kort* in Großkomm/AktG, 5. Aufl. 2015, § 77 AktG Rz. 71; *Mertens/Cahn* in KölnKomm/AktG, 3. Aufl. 2010, § 77 AktG Rz. 51. S. auch im Übrigen zu den Teilnahmerechten an den Sitzungen § 18 Rz. 505.

25 Vgl. § 111 Abs. 4 Satz 5 AktG, wonach die Satzung weder eine andere Mehrheit noch weitere Erfordernisse für Beschlüsse der Hauptversammlung über zustimmungsbedürftige Geschäfte bestimmen kann.

26 *Mertens/Cahn* in KölnKomm/AktG, 3. Aufl. 2010, § 77 AktG Rz. 64.

27 *Mertens/Cahn* in KölnKomm/AktG, 3. Aufl. 2010, § 77 AktG Rz. 64; *Seibt* in K. Schmidt/Lutter, § 77 AktG Rz. 25.

28 S. § 1 Rz. 14 ff. Dazu allgemein *Hüffer/Koch*, § 77 AktG Rz. 1; *Fleischer* in Spindler/Stilz, § 77 AktG Rz. 44 ff.; *Mertens/Cahn* in KölnKomm/AktG, 3. Aufl. 2010, § 77 AktG Rz. 8; *Meyer* in Illert/Ghassemi-Tabar/Cordes, Vorstand und Aufsichtsrat in der AG, § 1 Rz. 91; *Seibt* in K. Schmidt/Lutter, § 77 AktG Rz. 5. Anschaulich *Frühauf*, ZGR 1998, 407, 410: *„Die historischen (...) Wurzeln der Vorstandslösung lassen sich auf die Erwartung zurückführen, dass eine im Konsens gefundene gemeinsam getragene Politik ausgewogener und stabiler sei als die des einsamen Mannes an der Spitze."* Zur geschichtlichen Entwicklung ausführlich *v. Hein*, ZHR 166 (2002), 464, 472 ff.; zur dogmatischen Herleitung *Wettich*, S. 28 ff.

29 *Hoffmann-Becking*, ZGR 1998, 497, 514; *Meyer* in Illert/Ghassemi-Tabar/Cordes, Vorstand und Aufsichtsrat in der AG, § 1 Rz. 68.

3. Einzelne Regelungsgegenstände

Zu den typischen, regelmäßig in die Geschäftsordnung aufgenommene Gegenständen gehören:[30] 379

a) Geschäftsführungsbefugnis und Vertretungsmacht

Nach § 77 Abs. 1 AktG kann die Geschäftsordnung von dem Grundsatz der **Gesamtgeschäftsführung** abweichen. Neben der Anordnung von **Einzelgeschäftsführung** sind verschiedene **Kombinationen** der beiden Grundgestaltungen denkbar. So kann eine Gruppe von Vorstandsmitgliedern mit einer Gesamtgeschäftsführung betraut werden, wohingegen andere Mitglieder Einzelgeschäftsführungsbefugnis innehaben. Auch eine Aufteilung der Geschäftsführung nach Ressorts oder Geschäftsbereichen – etwa dergestalt, dass für bestimmte Geschäftsbereiche Gesamtgeschäftsführung besteht und andere Ressorts einzelnen Vorstandsmitgliedern speziell zugeordnet werden – ist denkbar. Regelmäßig ist die Aufteilung nach Ressorts und die Aufgaben des Gesamtvorstands Inhalt einer Geschäftsordnung für den Vorstand. Die Gestaltungsmöglichkeiten finden ihre Grenze an dem **Kernbereich** der Zuständigkeit des Gesamtvorstands (dazu näher § 16 Rz. 414 ff.). Die Geschäftsordnung kann aber auch über den zwingend dem Gesamtvorstand zugewiesenen Kernbereich hinaus für bestimmte Maßnahmen und Entscheidungsgegenstände die **Zuständigkeit des Gesamtvorstands** anordnen. 380

Für die Vertretungsmacht sieht § 78 Abs. 2 Satz 1 AktG im Ausgangspunkt ebenfalls **Gesamtvertretungsmacht** vor. Die Satzung kann nach § 78 Abs. 3 AktG aber anderes bestimmen. Hieran ist die Geschäftsordnung gebunden, sie kann für die Geschäftsführungsbefugnisse im Binnenbereich aber abweichende Regelungen treffen. Die Verteilung der Vertretungsmacht muss also nicht notwendig bei der Ausgestaltung der Geschäftsführungsbefugnisse nachgezeichnet werden. Vertretungsmacht und Geschäftsführungsbefugnis können auseinander fallen. So findet Einzelgeschäftsführungsbefugnis eines für ein bestimmtes Ressort zuständigen Vorstandsmitglieds regelmäßig keine Entsprechung in einer deckungsgleichen Einzelvertretungsmacht; im Außenverhältnis bleibt es vielmehr regelmäßig bei dem üblichen Vier-Augenprinzip, also der echten oder unechten Gesamtvertretung (dazu näher § 3 Rz. 53). 381

b) Konkretisierung der Rechte und Pflichten der Vorstandsmitglieder in der Geschäftsordnung

Die Geschäftsordnung kann grundsätzlich Rechte und Pflichten der Vorstandsmitglieder konkretisieren. Die Regelungen dürfen aber keinen materiellen Gehalt haben, also die gesetzlichen Vorgaben einschränken oder von diesen abweichen. Die Ge- 382

30 Formularbeispiele bei *Happ*, Aktienrecht, Handbuch – Mustertexte – Kommentar, 5. Aufl. 2019, Formulare 8.01 (Geschäftsordnung für den Vorstand), 8.02 (Geschäftsverteilungsplan für den Vorstand); *Haas/Ohlendorf*, Anstellungsvertrag des Vorstandsmitglieds der Aktiengesellschaft, 2. Aufl. 2010, Formular Geschäftsordnung für den Vorstand S. 202 ff.

schäftsordnung ist auf die Regelung der **Binnenordnung des Vorstands** verwiesen. Sie soll sich daher auf organisatorische Fragen der Zusammenarbeit einzelner Vorstandsmitglieder konzentrieren. Typisch ist etwa die Festlegung eines Informationssystems (dazu § 16 Rz. 450). Regelmäßig gehört dazu auch die Zuweisung von Ressortverantwortlichkeiten durch einen Geschäftsverteilungsplan. Sie setzt eine klare und eindeutige Verteilung aller Geschäftsführungsaufgaben voraus. Zweifel über die Abgrenzung einzelner Aufgaben oder über die Person des für die Erledigung jeweils Verantwortlichen dürfen dabei nicht entstehen.[31]

c) Vorstandsvorsitzender/Vorstandssprecher

383 Falls die Geschäftsordnung vom Aufsichtsrat erlassen wird, kann diese die Funktion eines Vorstandsvorsitzenden festlegen und ihm besondere Rechte und Pflichten zuschreiben; näher dazu § 17 Rz. 485. Alternativ kann die Geschäftsordnung einen Vorstandssprecher vorsehen;[32] näher dazu § 17 Rz. 488.

d) Vorstandssitzungen

384 Die Geschäftsordnung kann Bestimmungen zu den Sitzungen des Vorstands treffen, namentlich deren Durchführung regeln. Regelmäßig sind der Turnus von Sitzungen, bestimmte Sitzungstermine im Jahr und besondere Anlässe der Sitzungseinberufung Gegenstand der Regelung. Darüber hinaus sollte der Ablauf der Sitzungen festgelegt werden, beginnend mit der Einberufung, Leitung der Sitzung, Abstimmungsmodalitäten bis hin zu der Führung von Protokollen.[33] Außerdem empfiehlt sich die Bestimmung der erforderlichen Mehrheiten bei Beschlussfassungen des Vorstands in der Geschäftsordnung. Näher zur Willensbildung im Vorstand § 18 Rz. 500 ff.

e) Ausschüsse des Vorstands

385 Die Bildung von Vorstandsausschüssen in der Geschäftsordnung ist zulässig, solange die Kernbereichskompetenz des Gesamtorgans und die Gleichberechtigung der Vorstandsmitglieder beachtet werden;[34] näher dazu § 16 Rz. 433 ff.

f) Verhältnis zum Aufsichtsrat

386 Ferner kann das Verhältnis zwischen Vorstand und Aufsichtsrat, insbesondere die Kommunikation zwischen den Organen in der Geschäftsordnung näher geregelt werden. Dabei sind die zwingenden Vorgaben des Gesetzes zu beachten. Insbesondere darf die Funktion des Aufsichtsrats als überwachendes und beratendes Organ

---

31 BGH v. 6.11.2018 – II ZR 11/17, WM 2019, 265, 267 = GmbHR 2019, 227 (Rz. 22 der Entscheidungsgründe).

32 *Fleischer* in Spindler/Stilz, § 77 AktG Rz. 61; *Spindler* in MünchKomm/AktG, 5. Aufl. 2019, § 77 AktG Rz. 37.

33 Zum Ganzen *Fleischer* in Spindler/Stilz, § 77 AktG Rz. 61; *Spindler* in MünchKomm/AktG, 5. Aufl. 2019, § 77 AktG Rz. 37; *G. Bezzenberger*, ZGR 1998, 352, 354.

34 *Hüffer/Koch*, § 77 AktG Rz. 10; kritisch aber *Mertens/Cahn* in KölnKomm/AktG, 3. Aufl. 2010, § 77 AktG Rz. 19 ff.

nicht beschnitten werden. Es ist zulässig und üblich, den Kreis der nach § 111 Abs. 4 AktG **zustimmungspflichtigen Geschäfte** in der Geschäftsordnung zu bestimmen, sofern diese vom Aufsichtsrat erlassen wird.[35]

g) Mitbestimmte AG und Verhältnis zum Arbeitsdirektor

Nach § 33 Abs. 2 Satz 2 MitbestG bestimmt die Geschäftsordnung Näheres über die 387
Zusammenarbeit zwischen dem Vorstand und dem Arbeitsdirektor. Dem Arbeitsdirektor muss von Gesetzes wegen ein **Kernbereich der Personal- und Sozialangelegenheiten verbleiben**, in den die Geschäftsordnung grundsätzlich nicht eingreifen darf.[36] Die alleinige Zuständigkeit für diesen Bereich muss ihm nicht zugestanden werden; umgekehrt dürfen dem Arbeitsdirektor insoweit aber nicht nur untergeordnete Geschäftsentscheidungen überlassen sein.

IV. Wirkung der Geschäftsordnung

Die Geschäftsordnung ist **bindend**; die Vorstandsmitglieder haben sich grundsätz- 388
lich an die darin niedergelegten Vorschriften zu halten.

1. Unwirksame Klauseln

Unzulässige Klauseln der Geschäftsordnung entfalten demgegenüber **keine Bin-** 389
dungswirkung. Sofern einzelne Klauseln nichtig sind, ist über die Wirksamkeit der übrigen Regelungen nach § 139 BGB zu entscheiden.

2. Personelle Reichweite

Alle Mitglieder des Vorstands müssen sich an die rechtmäßig erlassenen Teile der 390
Geschäftsordnung halten. Ihre **Bindungswirkung** ist insbesondere von der konkreten Besetzung des Vorstands zum Zeitpunkt ihres Erlasses unabhängig, so dass auch ein neu eintretendes Vorstandsmitglied die Geschäftsordnung beachten muss.[37] Die Ansicht, dass eine vom Vorstand beschlossene Geschäftsordnung der Zustimmung des neu eintretenden Mitglieds bedarf, wird heute mit Recht nicht mehr vertreten.[38] Dem Regelwerk kommt vielmehr wegen der kontinuierlichen Fortwirkung **Normcharakter** zu; deshalb bleibt die Geschäftsordnung selbst dann in Geltung, wenn der

---

35 *Spindler* in MünchKomm/AktG, 5. Aufl. 2019, § 77 AktG Rz. 37; vgl. zu Zustimmungspflichten bei der Unternehmensplanung *Kropff*, NZG 1998, 613, 616. Dies kann jedoch nur in der Geschäftsordnung, die der Aufsichtsrat erlässt, geschehen.

36 *Illert* in Illert/Ghassemi-Tabar/Cordes, Vorstand und Aufsichtsrat in der AG, § 1 Rz. 44; *Hoffmann-Becking*, ZGR 1998, 497, 505; *Säcker*, DB 1977, 1993, 1994; *Schiessl*, ZGR 1992, 64, 72 f.; großzügiger *Annuß* in MünchKomm/AktG, 5. Aufl. 2019, § 33 MitbestG Rz. 24 f.

37 *Mertens/Cahn* in KölnKomm/AktG, 3. Aufl. 2010, § 77 AktG Rz. 65; *Hüffer/Koch*, § 77 AktG Rz. 22; *Spindler* in MünchKomm/AktG, 5. Aufl. 2019, § 77 AktG Rz. 45; *Seibt* in K. Schmidt/Lutter, § 77 AktG Rz. 25.

38 Vgl. *Hoffmann-Becking*, ZGR 1998, 497, 500 mit Nachw. zu dieser Ansicht.

gesamte Vorstand neu bestellt wird.[39] Klauseln mit ausdrücklich individuellem Personenbezug, wie etwa die Ressortzuteilung an ein namentlich bestimmtes Vorstandsmitglied, werden mit dessen Ausscheiden aus dem Vorstand allerdings gegenstandslos.

391 Teilweise wird angenommen, ein Mitglied dürfe mit Zustimmung des Aufsichtsrats von den Bestimmungen der Geschäftsordnung **abweichen.**[40] Dies ist jedenfalls unzutreffend, wenn der Vorstand die Geschäftsordnung erlassen hat, da der Aufsichtsrat nicht befugt ist, einzelne Regelungen einer vom Vorstand erlassenen Geschäftsordnung abzuändern. Hierauf würde die Sonderbehandlung eines Vorstandsmitglieds indessen hinauslaufen. Auch im Übrigen steht regelmäßig der Gleichbehandlungsgrundsatz (dazu näher § 17 Rz. 484) einer entsprechenden Handhabung entgegen.

3. Rechtsfolgen eines Verstoßes gegen die Geschäftsordnung

392 Verstöße gegen die Geschäftsordnung können die **Wirksamkeit** eines Vorstandsbeschlusses oder sonstiger Vorstandsmaßnahmen im Innenverhältnis der Gesellschaft berühren (s. dazu § 18 Rz. 521).

393 Daneben kann ein Verstoß gegen die Geschäftsordnung zur **Haftung** eines Vorstandsmitglieds nach § 93 Abs. 2 AktG führen, da die Legalitätspflicht des Vorstands verletzt ist.[41] In Betracht kommt dies insbesondere bei der Überschreitung von Kompetenzen nach der Ressortaufteilung oder des Zuständigkeitsbereichs eines Vorstandsvorsitzenden bzw. -sprechers sowie bei einer Missachtung von Zustimmungsvorbehalten des Aufsichtsrats.[42] Dann ist den Mitgliedern die Berufung auf das Privileg der Business Judgement Rule verwehrt. Entgegen der im Schrifttum vorherrschenden Auffassung kann nach der jüngeren Rechtsprechung des BGH der Einwand des **rechtmäßigen Alternativverhaltens** bei Missachtung eines Zustimmungsvorbehalts aber erhoben werden.[43]

394–409 Einstweilen frei.

39 *Hoffmann-Becking*, ZGR 1998, 497, 500; a.A. *Säcker*, DB 1977, 2031, 2035.

40 Vgl. auch *Spindler* in MünchKomm/AktG, 5. Aufl. 2019, § 77 AktG Rz. 56.

41 *Wettich*, S. 83.

42 S. zur Haftung der Vorstandsmitglieder bei Ressortaufteilung § 16 Rz. 444 ff.; zum Vorstandssprecher und -vorsitzenden § 17 Rz. 490.

43 BGH v. 10.7.2018 – II ZR 24/17, DStR 2018, 2222, 2226 = NZG 2018, 1189 = AG 2018, 841.

§ 16 Delegation von Vorstandsaufgaben und Arbeitsteilung im Vorstand

Literaturübersicht: Allg. Literatur zur Binnenorganisation s. bei § 15.

Besondere Literatur: *Dreher*, Die persönliche Verantwortlichkeit von Geschäftsleitern nach außen und die innergesellschaftliche Aufgabenteilung, ZGR 1992, 22; *Dreher*, Nicht delegierbare Geschäftsleiterpflichten, in FS Hopt, 2010, S. 517; *Druey*, Wo hört das Prüfen auf? Das Misstrauensprinzip – insbesondere im Gesellschaftsrecht, in FS Koppensteiner, 2001, S. 3; *Fleischer*, Zur Verantwortlichkeit einzelner Vorstandsmitglieder bei Kollegialentscheidungen im Aktienrecht, BB 2004, 2645; *J. Götz*, Gesamtverantwortung des Vorstands bei vorschriftswidriger Unterbesetzung, ZIP 2002, 1745; *Habersack*, Gesteigerte Überwachungspflichten des Leiters eines „sachnahen" Vorstandsressorts?, WM 2005, 2360; *Schiessl*, Gesellschafts- und mitbestimmungsrechtliche Probleme der Spartenorganisation (Divisionalisierung), ZGR 1992, 64; *Schäfer*, Beschlussanfechtbarkeit bei Beschlussvorschlägen durch einen unterbesetzten Vorstand, ZGR 2003, 147; *Schönbrod*, Die Organstellung von Vorstand und Aufsichtsrat in der Spartenorganisation, 1987; *Schwark*, Spartenorganisation in Großunternehmen und Unternehmensrecht, ZHR 142 (1978), 203; *Schwark*, Virtuelle Holding und Bereichsvorstände – eine aktien- und konzernrechtliche Betrachtung, in FS Ulmer, 2003, S. 605; *Thuriaux/Knigge*, Vorstandshaftung ohne Grenzen? – Rechtssichere Vorstands- und Unternehmensorganisation als Instrument der Risikominimierung, DB 2004, 2199; *Weber/Kiefner/Jobst*, Künstliche Intelligenz und Unternehmensführung, NZG 2018, 1131; *Wilde*, Informationsrechte und Informationspflichten im Gefüge der Gesellschaftsorgane, ZGR 1998, 423; *Wolf*, Wider eine Misstrauenspflicht im Kollegialorgan „Vorstand", VersR 2005, 1042.

I. Arbeitsteilung im Vorstand

Die komplexen Anforderungen an eine effektive Unternehmensführung zwingen den Vorstand zu arbeitsteiligem Zusammenwirken. Regelmäßig ist es **zweckmäßig**, wenn nicht unverzichtbar, die Erfahrung und die spezifischen Kenntnisse der einzelnen Mitglieder des Vorstands zu nutzen und ihnen bestimmte Teilbereiche der Vorstandstätigkeit zuzuteilen (Geschäftsverteilung oder horizontale Delegation). 410

1. Inhalt und Wirkung der Aufgabenzuweisung

a) Ressortzuweisung und Geschäftsführungsbefugnis

Die Aufteilung der Aufgaben im Vorstand erfolgt im Kern durch die Zuweisung von 411
inhaltlich bestimmten Tätigkeitsbereichen an einzelne Vorstandsmitglieder (**Ressortzuständigkeit**). Diese Aufgabenzuweisung im Sinne einer Geschäftsverteilung im engeren Sinne geht regelmäßig einher mit der Befugnis, die Geschäfte in dem zugewiesenen Bereich auch alleine zu führen (**Einzelgeschäftsführungsbefugnis**).[1] Prinzi-

1 *Kort* in Großkomm/AktG, 5. Aufl. 2015, § 77 AktG Rz. 46; *Kort* in Fleischer, Hdb. Vorstandsrecht, § 3 Rz. 4. Teilweise wird Geschäftsverteilung und Geschäftsführungsbefugnis

piell denkbar ist es aber auch, trotz Ressortzuständigkeit die Entscheidungskompetenz beim Gesamtgremium zu belassen.[2] Die Ressortzuweisung beschränkt sich dann auf die Verantwortung für die Vorbereitung und die Ausführung von Beschlüssen des Vorstands. Im Zweifel zielt die Geschäftsverteilung aber zugleich auch auf die Zuteilung der Einzelgeschäftsführungsbefugnis für das jeweilige Ressort.[3] Davon zu sondern ist die Vertretungsbefugnis im Außenverhältnis. Häufig besteht trotz ressortbezogener Einzelgeschäftsführung im Außenverhältnis lediglich Gesamtvertretungsbefugnis oder Vertretungsbefugnis durch jeweils zwei Vorstandsmitglieder oder ein Vorstandsmitglied gemeinsam mit einem Prokuristen (näher zur Ausgestaltung der Vertretungsmacht s. § 3 Rz. 53 ff.).

b) Konsequenzen der Aufgabenzuweisung

412 Die Zuweisung eines Ressorts und die damit regelmäßig einhergehende Aufteilung der Geschäftsführungsbefugnis bewirkt indessen keine vollständige Lösung des Aufgabenbereichs von dem Kollegialorgan. Ein einzelnes, für bestimmte Bereiche zuständiges Vorstandsmitglied darf zwar **selbstständig handeln**, muss sich aber dennoch **immer im Rahmen der Gesamtverantwortung des Vorstands** halten.[4] Lediglich die Ausübung von Aufgaben wird von der Ressortaufteilung geschützt; diese muss dem zuständigen Vorstandsmitglied grundsätzlich ohne Einmischung seitens der anderen Vorstandsmitglieder möglich sein (zur verbleibenden Verantwortung des Gesamtvorstands s. Rz. 444 ff.). Umgekehrt wird die Zuständigkeit des Gesamtvorstands für Einzelentscheidungen, die den besonderen Zuständigkeitsbereich betreffen, nicht völlig ausgeschaltet: Möglich bleibt weiterhin, dass das zuständige Vorstandsmitglied einzelne Fragen dem Gesamtvorstand vorlegt und hierzu im Einzelfall auch verpflichtet ist.[5] Vom Prinzip der Gesamtleitung wird also auch bei bestehender Geschäftsverteilung nicht vollständig abgewichen.[6]

2. Regelungsgrundlage

413 Ohne eine Regelung, die ausdrücklich eine Aufteilung der Aufgaben innerhalb des Gesamtvorstands vornimmt, gibt es keine Ressortzuständigkeit. Ressortzuweisungen können in einem **Geschäftsverteilungsplan** näher umschrieben werden. Sind in der

---

gleichgesetzt, *Seibt* in K. Schmidt/Lutter, § 77 AktG Rz. 16. Zu der Willensbildung im Vorstand § 18 Rz. 500 ff.

2 Zu weiteren Kombinationsmöglichkeiten *Kort* in Großkomm/AktG, 5. Aufl. 2015, § 77 AktG Rz. 46; *Seibt* in K. Schmidt/Lutter, § 77 AktG Rz. 16. Zu der Willensbildung im Vorstand § 18 Rz. 500 ff.

3 *Kort* in Großkomm/AktG, 5. Aufl. 2015, § 77 AktG Rz. 47; *Mertens/Cahn* in KölnKomm/AktG, 3. Aufl. 2010, § 77 AktG Rz. 16 für den Zusammenhang zwischen Ressortzuständigkeit und Einstimmigkeit bei Beschlussfassung.

4 *Spindler* in MünchKomm/AktG, 5. Aufl. 2019, § 77 AktG Rz. 57; *Kort* in Großkomm/AktG, 5. Aufl. 2015, § 77 AktG Rz. 31. Zur haftungsrechtlichen Konsequenz Rz. 444 ff.

5 *Spindler* in MünchKomm/AktG, 5. Aufl. 2019, § 77 AktG Rz. 60. Zur Vorlagepflicht Rz. 452.

6 Vgl. BGH v. 6.11.2018 – II ZR 11/17, WM 2019, 265 Rz. 19 der Entscheidungsgründe (zur Rechtslage bei der GmbH).

Geschäftsordnung einzelne Geschäftsbereiche bestimmten Vorstandsmitgliedern zugewiesen, kann der Geschäftsverteilungsplan diese Regelung näher erläutern; denkbar ist es auch, dass die Geschäftsordnung die Ressortaufteilung ganz dem Geschäftsverteilungsplan überlässt. Auch die **Satzung** selbst kann Einzelfragen der Ressortaufteilung regeln (dazu § 15 Rz. 360). Ohne eine entsprechende Regelung ist eine Ressortaufteilung auch dann unzulässig, wenn sie tatsächlich praktiziert wird (zu den Haftungsrisiken s. Rz. 456 ff.). Es gibt keine Geschäftsverteilung kraft praktischer Übung.

3. Dem Gesamtvorstand vorbehaltene Kernbereiche

Nicht alle Vorstandsaufgaben sind einer Ressortaufteilung zugänglich (dazu allgemein § 15 Rz. 374 ff.). Einzelne Bereiche sind als Kernangelegenheiten der Geschäftsleitertätigkeit zwingend dem **Gesamtvorstand vorbehalten**. Zu diesen gehören erstens die Aufgaben, die dem Vorstand explizit von Gesetzes wegen zugewiesen sind (dazu Rz. 417 ff.), und zweitens alle zentralen Themen der Unternehmensleitung (dazu vgl. Rz. 419 ff.). 414

Auch wenn ein Geschäftsbereich oder eine konkrete Geschäftsführungsmaßnahme zum Kernbereich gehört, der eine Befassung des Gesamtvorstands verlangt, schließt dies nicht aus, dass einzelne Mitglieder insoweit mit der **Vorbereitung der Vorstandstätigkeit** betraut werden.[7] Die Zusammenarbeit zwischen den Vorstandsmitgliedern muss dann aber enger sein, als in den Bereichen, die nicht zu den Kerngebieten gehören, so dass beispielsweise höhere Informationspflichten des vorbereitenden Vorstandsmitglieds bestehen. Das **Letztentscheidungsrecht** bleibt im Übrigen jedenfalls dem Gesamtvorstand vorbehalten. 415

Die zwingende Zuständigkeit des gesamten Vorstands im Rahmen seiner Kernbereichszuständigkeit führt zur **Handlungsunfähigkeit des Vorstands**, sobald dieser unterbesetzt ist; ihm also nicht mehr die nach Gesetz oder Satzung erforderliche Anzahl von Mitgliedern angehören (dazu näher § 18 Rz. 507). Über Gegenstände, die zum Kernbereich der Gesamtvorstandstätigkeit zählen, kann der Vorstand dann keine wirksamen Beschlüsse fassen, solange ihm nicht die hinreichende Zahl an Mitgliedern angehört.[8] 416

7 *Hüffer/Koch*, § 77 AktG Rz. 17; wohl weitergehend noch *Kort* in Großkomm/AktG, 5. Aufl. 2015, § 77 AktG Rz. 36 (es gebe noch Spielraum hinsichtlich der Zuweisung von Aufgaben); vgl. auch *Mertens/Cahn* in KölnKomm/AktG, 3. Aufl. 2010, § 77 AktG Rz. 24; *Fleischer*, ZIP 2003, 1, 6; *Wettich*, S. 66. Zur Delegation auf Dritte Rz. 430 ff.

8 BGH v. 12.11.2001 – II ZR 225/99 (Sachsenmilch III), BGHZ 149, 158, 161 f. = AG 2002, 241, 242. Zustimmend *Wettich*, S. 80; a.A. *J. Götz*, ZIP 2002, 1745, 1746; *Illert* in Illert/Ghassemi-Tabar/Cordes, Vorstand und Aufsichtsrat in der AG, § 1 Rz. 37; differenzierend *Hüffer/Koch*, § 76 AktG Rz. 56 (dies gelte nicht bei innergesellschaftlichen Verfahrenshandlungen); ebenso *Schäfer*, ZGR 2003, 147, 153 f.; *Fleischer*, NZG 2003, 449, 451. Zum Meinungsstand *Wettich*, S. 70 ff. Zum erforderlichen Quorum bei Vorstandsbeschlüssen § 18 Rz. 507.

a) Gesetzliche Aufgabenzuweisungen

417 Das Aktiengesetz adressiert in zahlreichen Vorschriften ausdrücklich den Vorstand. Es weist ihm einzelne **spezielle Aufgaben** zu und regelt insbesondere das Verhältnis zwischen den Organen der AG. Da dem Gesetz das Prinzip der Gesamtgeschäftsführung zu Grunde liegt, ist damit jeweils der Vorstand als **Gesamtorgan** gemeint. Insoweit werden zwingend Rechte und Pflichten des Gesamtvorstands begründet.

418 Zu den im Gesetz ausdrücklich dem **Kollegialorgan** zugewiesenen Aufgaben gehören danach namentlich:[9]

- der Erlass, die Änderung und die Ergänzung einer Geschäftsordnung (§ 77 Abs. 1 Satz 2, Abs. 2 Sätze 1 und 3 AktG),
- die Einrichtung des Aktienregisters (§ 67 AktG),[10]
- das Verlangen des Vorstands, dass die Hauptversammlung über Fragen der Geschäftsführung entscheidet (§ 119 Abs. 2 AktG), die Einberufung der Hauptversammlung (§ 121 Abs. 2 AktG),[11]
- die Pflicht zur Vorbereitung (etwa nach §§ 118 Abs. 2, 124 Abs. 3 AktG) und Ausführung von Hauptversammlungsbeschlüssen gem. § 83 Abs. 2 AktG,[12]
- die Auskunftserteilung in der Hauptversammlung nach § 131 AktG,
- die Anfechtung eines Hauptversammlungsbeschlusses nach § 245 Nr. 4 AktG,[13]
- die laufende Berichterstattung an den Aufsichtsrat (§ 90 AktG), Bekanntmachung der nicht vorschriftsmäßigen Besetzung des Aufsichtsrats (§§ 97 Abs. 1, 98 AktG), Bestellung von Aufsichtsratsmitgliedern durch Gericht (§ 104 Abs. 1 und Abs. 2 AktG) und Bekanntmachung der Änderungen im Aufsichtsrat gem. § 106 AktG,[14]

---

9 Bildung von Kategorien bei *v. Hein*, ZHR 166 (2002), 464, 485 f. (Verhältnis zu anderen Organen und öffentliches Interesse); *Wettich*, S. 50 f. (Verhältnis zu Hauptversammlung, Aufsichtsrat und öffentliches Interesse).

10 *Mertens/Cahn* in KölnKomm/AktG, 3. Aufl. 2010, § 77 AktG Rz. 24.

11 *Hüffer/Koch*, § 77 AktG Rz. 17; *Spindler* in MünchKomm/AktG, 5. Aufl. 2019, § 77 AktG Rz. 63; *Kort* in Großkomm/AktG, 5. Aufl. 2015, § 77 AktG Rz. 34; *Mertens/Cahn* in KölnKomm/AktG, 3. Aufl. 2010, § 77 AktG Rz. 24; *Schiessl*, ZGR 1992, 64, 67; *Thuriaux/Knigge*, DB 2004, 2199, 2201 f.

12 BGH v. 12.11.2001 – II ZR 225/99 (Sachsenmilch III), BGHZ 149, 158, 160 = AG 2002, 241, 242, m. Anm. *J. Götz*, ZIP 2002, 1745; *Hüffer/Koch*, § 77 AktG Rz. 17; *Kort* in Großkomm/AktG, 5. Aufl. 2015, § 77 AktG Rz. 33; *Fleischer*, ZIP 2003, 1, 6; *Thuriaux/Knigge*, DB 2004, 2199, 2201.

13 *Hüffer/Koch*, § 77 AktG Rz. 17; *Kort* in Großkomm/AktG, 5. Aufl. 2015, § 77 AktG Rz. 33; *Mertens/Cahn* in KölnKomm/AktG, 3. Aufl. 2010, § 77 AktG Rz. 24; *Schiessl*, ZGR 1992, 64, 67.

14 *Hüffer/Koch*, § 77 AktG Rz. 17; *Kort* in Großkomm/AktG, 5. Aufl. 2015, § 77 AktG Rz. 34; *Mertens/Cahn* in KölnKomm/AktG, 3. Aufl. 2010, § 77 AktG Rz. 24; vgl. *Fleischer*, ZIP 2003, 1, 6; *Hoffmann-Becking*, ZGR 1998, 497, 508; *Schiessl*, ZGR 1992, 64, 67; *Thuriaux/Knigge*, DB 2004, 2199, 2201.

- die Vorlage von zustimmungspflichtigen Geschäften an den Aufsichtsrat (§ 111 Abs. 4 AktG),[15]
- die Erfüllung der Buchführungs- und Steuerpflichten nach § 91 AktG,[16]
- die Verlustanzeige nach § 92 Abs. 1 AktG und die Beantragung des Insolvenzverfahrens nach § 15a Abs. 1 InsO,[17]
- die Vorlage des Jahresabschlusses und des Geschäftsberichts nach §§ 242, 264 Abs. 1 HGB,[18]
- die Erstellung des Abhängigkeitsberichts (§ 312 AktG),[19]
- die Erklärung zum Corporate Governance Kodex (§ 161 AktG),[20]
- der Vorschlag über die Verwendung des Bilanzgewinns nach § 170 Abs. 2 AktG.[21]

b) Unternehmensleitung

Kernaufgabe des Gesamtvorstands ist die nach § 76 Abs. 1 AktG dem Vorstand zu- 419
gewiesene Unternehmensleitung. Dazu gehören die **Unternehmensplanung, koordination und -kontrolle und die Besetzung der Führungspositionen**; diese Angelegenheiten sind zwingend Aufgaben des Gesamtorgans und können nicht auf einzelne Mitglieder übertragen werden.[22] Es bedarf deshalb jeweils der Abgrenzung, ob ein Geschäft die Unternehmensleitung betrifft oder lediglich als einfache Geschäftsmaßnahme einzustufen ist.

---

15 *Mertens/Cahn* in KölnKomm/AktG, 3. Aufl. 2010, § 77 AktG Rz. 24; *Hoffmann-Becking*, ZGR 1998, 497, 508.

16 *Hüffer/Koch*, § 77 AktG Rz. 17; *Kort* in Großkomm/AktG, 5. Aufl. 2015, § 77 AktG Rz. 33; *Mertens/Cahn* in KölnKomm/AktG, 3. Aufl. 2010, § 77 AktG Rz. 24; *Fleischer*, ZIP 2003, 1, 6; *Schiessl*, ZGR 1992, 64, 67; *Thuriaux/Knigge*, DB 2004, 2199, 2201.

17 Für § 92 AktG: *Hüffer/Koch*, § 77 AktG Rz. 17; *Kort* in Großkomm/AktG, 5. Aufl. 2015, § 77 AktG Rz. 33; *Mertens/Cahn* in KölnKomm/AktG, 3. Aufl. 2010, § 77 AktG Rz. 24; *Fleischer*, ZIP 2003, 1, 6; *Hoffmann-Becking*, ZGR 1998, 497, 508; *Schiessl*, ZGR 1992, 64, 67; *Thuriaux/Knigge*, DB 2004, 2199, 2201.

18 *Hüffer/Koch*, § 77 AktG Rz. 17; *Hoffmann-Becking*, ZGR 1998, 497, 508; *Spindler* in MünchKomm/AktG, 5. Aufl. 2019, § 77 AktG Rz. 64.

19 *Hoffmann-Becking*, ZGR 1998, 497, 508.

20 *Mertens/Cahn* in KölnKomm/AktG, 3. Aufl. 2010, § 77 AktG Rz. 24.

21 *Hüffer/Koch*, § 77 AktG Rz. 17; *Kort* in Großkomm/AktG, 5. Aufl. 2015, § 77 AktG Rz. 33; *Mertens/Cahn* in KölnKomm/AktG, 3. Aufl. 2010, § 77 AktG Rz. 24; *Fleischer*, ZIP 2003, 1, 6; *Schiessl*, ZGR 1992, 64, 67; *Thuriaux/Knigge*, DB 2004, 2199, 2202.

22 *Hüffer/Koch*, § 77 AktG Rz. 18; vgl. auch *Spindler* in MünchKomm/AktG, 5. Aufl. 2019, § 77 AktG Rz. 63, 61; *Kort* in Großkomm/AktG, 5. Aufl. 2015, § 77 AktG Rz. 31; *Seibt* in K. Schmidt/Lutter, § 77 AktG Rz. 19; vgl. auch *Mertens/Cahn* in KölnKomm/AktG, 3. Aufl. 2010, § 77 AktG Rz. 23; *Schwark* in FS Ulmer, 2003, S. 605, 613; *Thuriaux/Knigge*, DB 2004, 2199, 2200; *Wolf*, VersR 2005, 1042, 1043; *Wettich*, S. 54 ff. Diese Einteilung ist betriebswirtschaftlich bedingt, dazu *Wettich*, S. 52 f. Zum früher vertretenen Abgrenzungskriterium des Personengesellschaftsrechts – außergewöhnliches Geschäft, *Hoffmann-Becking*, ZGR 1998, 497, 509 (Fn. 34); ähnlich auch *Schiessl*, ZGR 1992, 64, 68; wiederum etwas abweichend *Fleischer*, ZIP 2003, 1, 5.

aa) Abgrenzung der Leitungsaufgaben nach der Bedeutung der Maßnahme

420 Für die Abgrenzung zwischen den Leitungsaufgaben einerseits und der Wahrnehmung sonstiger Geschäftsführung andererseits ist die **Bedeutung des Geschäfts** nach Art und Umfang **im Verhältnis zu der konkreten Unternehmensstruktur und -lage** entscheidend.[23] Als Anhaltspunkt können die in § 90 Abs. 1 AktG aufgezählten Gegenstände, die zur Berichtspflicht des Vorstands an den Aufsichtsrat gehören, dienen.[24] Danach fallen die beabsichtigte Geschäftspolitik, grundsätzliche Fragen der Unternehmensführung, die Rentabilität der Gesellschaft und der Umsatz sowie für die Rentabilität oder die Liquidität der Gesellschaft besonders relevante Geschäfte in die Zuständigkeit des Gesamtvorstands. Abgrenzungszweifel in Randbereichen sind wegen der in § 77 Abs. 1 AktG eröffneten Abweichung von der Gesamtgeschäftsführung grundsätzlich **zugunsten einer Zulässigkeit von Einzelgeschäftsführung** aufzulösen.[25]

421 Bei **sehr großen Unternehmen** beschränkt sich der Vorstand auf die Formulierung der Unternehmensziele – wie langfristige Kundenbindung, Energieeffizienz, Gewinnvorgabe – und die Festlegung der organisatorischen Rahmenbedingungen, beispielsweise durch ein Berichtssystem, an denen sich die nachgeordneten Führungskräfte auszurichten haben.[26] **Je kleiner das Unternehmen**, desto eher muss sich der Gesamtvorstand mit Einzelfragen befassen. Wenn eine Frage mehrere Ressorts berührt, kann sie von einem Vorstandsmitglied allein nicht entschieden werden. Wenn die Geschäftsordnung nichts anderes bestimmt, muss sich dann der Gesamtvorstand mit der Angelegenheit befassen.[27] Auch steigern sich die Befassungs- und Entscheidungspflichten des Gesamtvorstands bei zunehmender **Krise des Unternehmens**. Er muss dann unbeschadet der grundsätzlich fortbestehenden Einzelgeschäftsführungsbefugnis als Gesamtorgan die wesentlichen Entscheidungen an sich ziehen.

bb) Einzelfragen

422 Grundsätzlich obliegen dem Gesamtvorstand die **Personalentscheidungen** betreffend die nachgeordnete Führungsebene[28] und folglich regelmäßig auch die Vergabe von Prokuren (vgl. § 49 HGB).[29] Ferner gehören die Gründung, der Erwerb oder die Veräußerung von Unternehmen,[30] die Umstellung der Arbeitsmethoden oder des

---

23 *Kort* in Großkomm/AktG, 5. Aufl. 2015, § 77 AktG Rz. 31; *Mertens/Cahn* in KölnKomm/AktG, 3. Aufl. 2010, § 77 AktG Rz. 23; *Wettich*, S. 62 ff.

24 *Kort* in Großkomm/AktG, 5. Aufl. 2015, § 77 AktG Rz. 31; *Mertens/Cahn* in KölnKomm/AktG, 3. Aufl. 2010, § 77 AktG Rz. 23.

25 Zum Ausgleich wird die Überwachungs- und Kontrollpflicht der übrigen Vorstandsmitglieder dann intensiver, dazu Rz. 445 ff.

26 Vgl. ausführlich *Wettich*, S. 54 ff.

27 Vgl. *Mertens/Cahn* in KölnKomm/AktG, 3. Aufl. 2010, § 77 AktG Rz. 16.

28 *Kort* in Großkomm/AktG, 5. Aufl. 2015, § 77 AktG Rz. 32; *Mertens/Cahn* in KölnKomm/AktG, 3. Aufl. 2010, § 77 AktG Rz. 23.

29 *Haas/Ohlendorf*, Anstellungsvertrag des Vorstandsmitglieds, S. 204.

30 Begr. RegE *Kropff*, S. 117 für § 90 Abs. 1 AktG; *Haas/Ohlendorf*, Anstellungsvertrag des Vorstandsmitglieds, S. 204.

Herstellungsprogramms und die **Änderung der Vertriebsformen** des Unternehmens grundsätzlich zu seinen Kernaufgaben.[31]

Jenseits dieser im Zweifel das gesamte Unternehmen betreffenden Entscheidungen ist eine allgemeine Einordnung einzelner Geschäfte schwierig. Verträge mit **besonderem Risiko** (wie Bürgschaften, Garantien außerhalb des laufenden Geschäfts),[32] die Einleitung und Beendigung von **Prozessen** ab einem bestimmten Wert[33] sowie der Abschluss von Dauerschuldverhältnissen (z.B. Mietverträge ab einer bestimmten Höhe) sind grundsätzlich geeignet, die Geschäftspolitik maßgeblich mitzubestimmen. Je nach Größe und Struktur des Unternehmens hat der Gesamtvorstand derartige Vorgänge folglich im Blick zu behalten. 423

4. Auswahl der Vorstandsmitglieder

Neben der Frage, ob ein Ressort einem Vorstand zur Entscheidung zugewiesen werden kann, ist auch entscheidend, wem ein bestimmter Bereich zugewiesen wird. Zum einen kann es dazu Regelungen in den **Arbeitsverträgen** der Vorstandsmitglieder geben. Daneben ist der **Gleichbehandlungsgrundsatz** im Blick zu behalten. Die Zuweisung darf nicht dazu führen, dass ein oder mehrere Vorstandsmitglieder keine oder nur noch unwesentliche Aufgabenbereiche verwalten.[34] Jedoch ist großzügig zu verfahren: Der Gleichbehandlungsgrundsatz ist bereits wegen der gesetzlichen Zulassung von Disparitäten unter den Vorstandsmitgliedern in § 84 Abs. 2 AktG nicht immer strikt einzuhalten. Es wird insofern teilweise auch für zulässig gehalten, einem Vorstandsmitglied überhaupt kein Ressort zuzuweisen.[35] Dem ist nicht zu folgen. Für ein **ressortloses Vorstandsmitglied** kann in einem funktionierenden Vorstand **kein Raum** sein. 424

5. Verschiedene Organisationsformen der Praxis

In der Praxis haben sich verschiedene Organisationsformen herausgebildet, nach denen die Vorstandsaufgaben im Sinne einer **horizontalen Delegation** unter den Vorstandsmitgliedern verteilt werden. 425

31 Begr. RegE *Kropff*, S. 116 für § 90 Abs. 1 AktG.
32 *Haas/Ohlendorf*, Anstellungsvertrag des Vorstandsmitglieds, S. 204.
33 *Haas/Ohlendorf*, Anstellungsvertrag des Vorstandsmitglieds, S. 254.
34 *Fleischer* in Spindler/Stilz, § 77 AktG Rz. 36; *Schwark* in FS Ulmer, 2003, S. 605, 615 f.; *Wettich*, S. 88. S. zum Arbeitsdirektor § 15 Rz. 387.
35 *Wettich*, S. 84, der andererseits wiederum abstrakt auf den Gleichbehandlungsgrundsatz verweist, S. 88.

a) Funktionale Organisation

426 Die funktionale Organisation orientiert sich an **aufgabenbezogenen** unternehmerischen Teilbereichen (Verrichtungsprinzip),[36] zu denen traditionell Beschaffung, Produktion, Vertrieb, Personal, Finanzen und Forschung gehören.[37]

b) Divisionale Organisation

427 Bei der divisionalen Organisation[38] erfolgt die Ressortaufteilung, indem das Unternehmen in **Sparten** wie Produkt- und Dienstleistungsbereiche oder nach **Regionen** oder nach Kundengruppen aufgeteilt wird. Dabei ist die Verselbstständigung der einzelnen Bereiche größer, da sie in größerer Eigenständigkeit geführt werden und häufig als selbstständige „Profitcenter" operieren. Wegen der großen Unabhängigkeit der Vorstandsmitglieder werden teilweise in der Literatur in diesem Fall höhere Anforderungen an die übergeordnete Zusammenarbeit gestellt.[39] Richtigerweise ist es in diesen Fällen geboten, insbesondere zentrale Finanzentscheidungen auf den Gesamtvorstand zu übertragen und insgesamt ein engermaschiges Informationssystem zu etablieren.

c) Matrixorganisation

428 Bei der so genannten Matrixorganisation werden mehrere Organisationsprinzipien, wie beispielsweise **bestimmte Leitungsaufgaben** (etwa Vertrieb und Marketing) und **regionale Abgrenzung** (z.B. Europa und Asien), kombiniert.[40] Die damit einher-

36 *Fleischer* in Spindler/Stilz, § 77 AktG Rz. 37; *Mertens/Cahn* in KölnKomm/AktG, 3. Aufl. 2010, § 77 AktG Rz. 15; *Seibt* in K. Schmidt/Lutter, § 77 AktG Rz. 20; *Spindler* in MünchKomm/AktG, 5. Aufl. 2019, § 77 AktG Rz. 65; *Richter* in Semler/Peltzer/Kubis, Arbeitshdb. Vorstandsmitglieder, § 5 Rz. 24; *Schiessl*, ZGR 1992, 64; *Wiesner* in MünchHdb. GesR AG, § 22 Rz. 13; ausführlich *Wettich*, S. 14 ff.; *Meyer* in Illert/Ghassemi-Tabar/Cordes, Vorstand und Aufsichtsrat in der AG, § 1 Rz. 84.

37 *Schiessl*, ZGR 1992, 64; vgl. auch *Fleischer* in Spindler/Stilz, § 77 AktG Rz. 37.

38 *Fleischer* in Spindler/Stilz, § 77 AktG Rz. 38; *Mertens/Cahn* in KölnKomm/AktG, 3. Aufl. 2010, § 77 AktG Rz. 15; *Seibt* in K. Schmidt/Lutter, § 77 AktG Rz. 20; *Spindler* in MünchKomm/AktG, 5. Aufl. 2019, § 77 AktG Rz. 66; *Richter* in Semler/Peltzer/Kubis, Arbeitshdb. Vorstandsmitglieder, § 5 Rz. 25; ausführlich *Schiessl*, ZGR 1992, 64 ff. und *Wettich*, S. 16 ff.; *Meyer* in Illert/Ghassemi-Tabar/Cordes, Vorstand und Aufsichtsrat in der AG, § 1 Rz. 86.

39 *Spindler* in MünchKomm/AktG, 5. Aufl. 2019, § 77 Rz. 66; *Richter* in Semler/Peltzer/Kubis, Arbeitshdb. Vorstandsmitglieder, § 5 Rz. 26; *Mertens/Cahn* in KölnKomm/AktG, 3. Aufl. 2010, § 77 AktG Rz. 27; *Fleischer*, ZIP 2003, 1, 7; *Habersack*, WM 2005, 2360, 2362; vgl. auch *v. Hein*, ZHR 166 (2002), 464, 485. Vgl. auch zur Beeinträchtigung des Kompetenzbereich des Arbeitsdirektors *Schiessl*, ZGR 1992, 64, 66 (Fn. 8)/72 ff.; *Meyer* in Illert/Ghassemi-Tabar/Cordes, Vorstand und Aufsichtsrat in der AG, § 1 Rz. 86.

40 *Fleischer* in Spindler/Stilz, § 77 AktG Rz. 39; *Mertens/Cahn* in KölnKomm/AktG, 3. Aufl. 2010, § 77 AktG Rz. 15; *Seibt* in K. Schmidt/Lutter, § 77 AktG Rz. 20; *Richter* in Semler/Peltzer/Kubis, Arbeitshdb. Vorstandsmitglieder, § 5 Rz. 27; *Kort* in Fleischer, Hdb. Vorstandsrecht, § 3 Rz. 3; *Schiessl*, ZGR 1992, 64, 65; *Wettich*, S. 26 ff.; *Meyer* in Illert/Ghassemi-Tabar/Cordes, Vorstand und Aufsichtsrat in der AG, § 1 Rz. 87.

gehende, teilweise Überschneidung der Kompetenzbereiche kann zu Kompetenzkonflikten führen, die im Zweifel durch Vorlage an den Gesamtvorstand zu lösen sind.[41]

d) Virtuelle Holding

Eine spezifische Ausprägung einer nach Geschäftsbereichen gegliederten Spartenorganisation begegnet bei einer virtuellen Holding. Bei ihr sind die Geschäftsbereiche so genannten **Bereichsvorständen** unterstellt, denen neben Mitgliedern der zweiten Führungsebene jeweils auch ein Mitglied des Vorstands angehören. Die Aufgabe des Gesamtvorstands beschränkt sich darauf, die Bereiche wie Tochtergesellschaften zu koordinieren und strategisch auszurichten.[42] 429

II. Delegation von Vorstandsaufgaben auf Dritte

Ist dem Gesamtvorstand oder einem einzelnen Vorstandsmitglied als Ressortverantwortlichen eine Aufgabe zugewiesen, muss dieser nicht sämtliche Angelegenheiten der Geschäftsführung bis hin zur Ausführung der Entscheidungen alleine vornehmen. Während ihm die zentrale „Entscheidungsverantwortung"[43] verbleibt, darf er die Bestimmung von Einzelfragen, die nicht zum Kernbereich der Vorstandstätigkeit gehören, ebenso wie die Vorbereitung und Ausführung von Entscheidungen Dritten überlassen. Die **vertikale Delegation** insbesondere an Mitarbeiter des Unternehmens ist **selbstverständlich zulässig** und praktisch unumgänglich. Die rechtliche Absicherung ergibt sich bereits *e contrario* aus § 111 Abs. 5 AktG, der es dem Aufsichtsrat untersagt, seine Aufgaben an Dritte zu übertragen, während eine vergleichbare Regelung für den Vorstand fehlt. Beispielsweise ist die Delegation bei der Erteilung von Auskünften in der Hauptversammlung nach § 131 AktG und bei der Erfüllung der Buchführungspflichten gem. § 91 AktG möglich.[44] Denkbar ist auch eine **mehrstufige Delegation**.[45] 430

Die ausführenden Personen müssen nicht notwendig als Angestellte dem Unternehmen angehören; sie können auch als **Dritte am Markt** verpflichtet werden.[46] Die Personen müssen sorgfältig ausgesucht, instruiert und angemessen überwacht wer- 431

---

41 *Schiessl*, ZGR 1992, 64, 71 f. mit Beispielen (etwa Finanzvorstand widerspricht Investitionsplänen einer Sparte).

42 Dazu *Schiessl*, ZGR 1992, 64, 65; *Wiesner* in MünchHdb. GesR AG, § 22 Rz. 14; *Meyer* in Illert/Ghassemi-Tabar/Cordes, Vorstand und Aufsichtsrat in der AG, § 1 Rz. 88.

43 Begriff nach *Fleischer*, ZIP 2003, 1, 6; diesen aufnehmend *Wettich*, S. 66. *Thuriaux/Knigge*, DB 2004, 2199, 2204.

44 *Kubis* in MünchKomm/AktG, 4. Aufl. 2018, § 131 AktG Rz. 21; *Fleischer*, ZIP 2003, 1, 6.

45 *Fleischer* in Fleischer, Hdb. Vorstandsrecht, § 8 Rz. 27; *Meyer* in Illert/Ghassemi-Tabar/Cordes, Vorstand und Aufsichtsrat in der AG, § 1 Rz. 92.

46 Nach *Fleischer*, ZIP 2003, 1, 9 f. ist dabei eine weitere Grenze zu ziehen. Die Verbandsautonomie verbiete die Auslagerung einiger Aufgaben; nur laufende Geschäfte seien von Dritten zu erfüllen; so auch *Meyer* in Illert/Ghassemi-Tabar/Cordes, Vorstand und Aufsichtsrat in der AG, § 1 Rz. 121. Ähnlich *Thuriaux/Knigge*, DB 2004, 2199, 2206 mit weiteren Anforderungen an die Gestaltung des Vertrages.

den; auch ist es erforderlich, dass der Vorstand ihnen gegenüber weisungsbefugt ist.[47] Inwieweit diese Grundsätze bei dem Einsatz von Systemen sog. „künstlicher Intelligenz", die den Vorstand bei seiner Geschäftsführung unterstützen, entsprechend heranzuziehen sind, bleibt abzuwarten.[48]

432 Im Einzelfall bereitet die Bestimmung einzelner Aufgaben, die **nicht delegierbar** sind, sondern zum Bereich der unübertragbaren Entscheidungsverantwortung des zuständigen Ressortvorstands gehören, Schwierigkeiten. Mit Recht wird dem Vorstand bei der unternehmerischen Entscheidung über die Delegation weitreichendes Ermessen eingeräumt.[49] Richtigerweise gilt Entsprechendes auch für das einzelne Vorstandsmitglied im Rahmen seiner Ressortzuständigkeit. Im Zweifel ist deshalb von einer Delegierbarkeit auszugehen.

III. Vorstandsausschüsse

433 Nicht selten ist in großen Unternehmen eine Ausschussbildung im Vorstand anzutreffen. Sie ist bei **vielköpfigen Vorständen** im Sinne einer effektiven Arbeitsteilung häufig auch **zweckmäßig**. So kann einem aus mehreren Vorstandsmitgliedern gebildeten Vorstandsausschuss ein besonders wichtiger Geschäftsbereich oder eine bestimmte Funktion zugewiesen werden.[50] Beispielsweise wären ein Ausschuss für Corporate Finance sowie Koordinations-, Lenkungs- und Synergieausschüsse (sog. *„Steering Committees"*) denkbar.[51] Es kommen auch Ausschüsse in Betracht, die nicht ausschließlich mit Vorstandsmitgliedern besetzt sind, sondern denen zusätzlich nicht zum Vorstand gehörende Personen beigeordnet sind.

1. Grenzen der Ausschussbildung

434 Die Ausschussbildung unterliegt allerdings Grenzen, die je nach Beteiligung der verschiedenen Personenkreise unterschiedliche Ausprägungen haben.

a) Reichweite der Delegation

435 Bei der Einrichtung von Vorstandsausschüssen ist ebenso wie bei der Übertragung von Vorstandsaufgaben auf Einzelpersonen der Grundsatz der **Gesamtverantwortung** zu beachten. Vorstandsausschüsse sind folglich nur insoweit zulässig, als sie die Kernbereiche der Vorstandstätigkeit bei dem Gesamtvorstand belassen.[52] Auch der zweite gesetzliche Leitgedanke für den Vorstand kann mit der Ausschussbildung kollidieren: Die **Gleichbehandlung der Vorstandsmitglieder** kann nicht gewahrt sein,

---

47 Dies ist bei Auslagerung von Aufgaben auf Dritte problematisch.

48 Zu diesem Themenkreis vgl. *Weber/Kiefner/Jobst*, NZG 2018, 1131 m. Nachw. zum Diskussionsstand.

49 *Fleischer*, ZIP 2003, 1, 8; *Wettich*, S. 178.

50 *Kort* in Großkomm/AktG, 5. Aufl. 2015, § 77 Rz. 43.

51 *Kort* in Großkomm/AktG, 5. Aufl. 2015, § 77 Rz. 43.

52 *Spindler* in MünchKomm/AktG, 5. Aufl. 2019, § 77 Rz. 71.

wenn einem Teil des Vorstands wesentlich weitergehende Entscheidungsbefugnisse im Rahmen einer Ausschussbildung zugewiesen werden, während andere Vorstandsmitglieder hieran nicht partizipieren.[53] Können sich auf diesem Wege wenige Mitglieder des Vorstands die Entscheidungsbefugnis weitgehend aneignen, ist die zwingende Vorschrift des § 77 Abs. 1 a.E. AktG verletzt. Es ist daher im Ausgangspunkt richtig, dass sich die Ausschussbildung in das System des § 77 Abs. 1 AktG einfügen muss.[54] Je weiter die Befugnisse der Ausschüsse gehen, ohne dass für eine gleichberechtigte Mitwirkung aller Vorstandsmitglieder an der Ausschlussarbeit Sorge getragen wird, desto eher ist von der Unzulässigkeit der Ausschussbildung auszugehen. Wegen der bereits von Gesetzes wegen zulässigen Abweichungen von dem Leitbild der Gesamtgeschäftsführung (dazu § 15 Rz. 360 und Rz. 380) kommt dies aber nur bei krasser Ungleichbehandlung in Betracht.[55]

436 Aus diesen Grundsätzen folgt beispielsweise, dass **Kontroll- und Überwachungsausschüsse** nicht an Stelle einzelner ressortverantwortlicher Vorstandsmitglieder die Überwachung übernehmen und gegenüber den primär zuständigen Vorstandsmitgliedern entscheidungsbefugt sein dürfen.[56] Demgegenüber ist es zulässig, die **Ressortverantwortung statt einem einzelnen Mitglied jeweils zwei oder drei Vorstandsmitgliedern zuzuweisen** und diesen insoweit gemeinsam Gesamtgeschäftsführungsbefugnis einzuräumen; dies gilt erst recht, wenn analog § 109 Abs. 2 AktG in der Geschäftsordnung die Teilnahme ausschussfremder Vorstandsmitglieder an den Sitzungen zugelassen wird. Indem die Ausschussentscheidung im Konfliktfall immer unter Vorbehalt einer Entscheidung des Gesamtgremiums gestellt wird, lassen sich weitere Bedenken gegen die Ausschussbildung ausräumen.[57]

b) Beteiligung von nachgeordneten Führungskräften

437 Wirken nicht nur Vorstandsmitglieder, sondern auch leitende Angestellte in einem gemeinsamen Gremium des Vorstands mit, stellt sich die Frage der zulässigen Aufgabenzuweisung an den Ausschuss verschärft. Entsprechende Ausschüsse werden infolge ihrer tatsächlichen Bedeutung in der Unternehmenshierarchie zuweilen „Be-

---

53 *Kort* in Großkomm/AktG, 5. Aufl. 2015, § 77 Rz. 43; vgl. *Mertens/Cahn* in KölnKomm/AktG, 3. Aufl. 2010, § 77 Rz. 21; *Fleischer* in Spindler/Stilz, § 77 AktG Rz. 41; *Hoffmann-Becking*, ZGR 1998, 497, 509/515; *Wettich*, S. 127.

54 Vgl. zum Meinungsstand *Kort* in Großkomm/AktG, 5. Aufl. 2015, § 77 AktG Rz. 44; *Fleischer* in Spindler/Stilz, § 77 AktG Rz. 41; *Mertens/Cahn* in KölnKomm/AktG, 3. Aufl. 2010, § 77 AktG Rz. 19; auch *Schwark* in FS Ulmer, 2003, S. 605, 616; *Hoffmann-Becking*, ZGR 1998, 497, 510.

55 *Hoffmann-Becking*, ZGR 1998, 497, 515; vgl. auch *Schiessl*, ZGR 1992, 64, 78.

56 *Kort* in Großkomm/AktG, 5. Aufl. 2015, § 77 AktG Rz. 45; *Mertens/Cahn* in KölnKomm/AktG, 3. Aufl. 2010, § 77 AktG Rz. 17; *Spindler* in MünchKomm/AktG, 5. Aufl. 2018, § 77 AktG Rz. 71; *Hoffmann-Becking*, ZGR 1998, 497, 516; *Martens* in FS Fleck, S. 205. Vgl. auch *Schiessl*, ZGR 1992, 64, 79, der es für unproblematisch hält, wenn das für ein Ressort zuständige Mitglied am Ausschuss mitwirkt; ebenso *Mertens/Cahn* in KölnKomm/AktG, 3. Aufl. 2010, § 77 AktG Rz. 19; ausführlich *Wettich*, S. 163.

57 Vgl. *Schiessl*, ZGR 1992, 64, 79, der dann auch zentrale Konfliktentscheidungen einem Koordinationsausschuss überlassen möchte; kritisch dazu aber *Mertens* in FS Fleck, S. 205 ff.

reichsvorstände" genannt, obwohl sie unterhalb der Vorstandsebene angesiedelt sind.[58] Jedenfalls die **Kernbereiche der unternehmerischen** Leitung, die im Rahmen der Geschäftsverteilung auch nicht auf einzelne Vorstandsmitglieder übertragen werden können, können **nicht in einen solchen Ausschuss verwiesen werden**.[59]

438 Es stellt sich darüber hinaus die Frage, ob neben den Kernbereichen des Gesamtvorstands auch die übrige Geschäftstätigkeit des Vorstands diesem vorbehalten sein muss. Eine rein beratende oder auf sonstige Art vorbereitende Tätigkeit eines Ausschusses ist jedenfalls zulässig.[60] Da die Geschäftsführung außerhalb des Bereichs des § 76 AktG kaum von der Entscheidung von Einzelfragen innerhalb jedes Ressorts zu trennen ist und es einen fließenden Übergang zur oberen Leitungsebene gibt, können einem entsprechenden Gremium grundsätzlich eigene Entscheidungsbefugnisse übertragen werden.[61] Wie für die Delegation auf Dritte gilt auch hier, dass außerhalb der Kernaufgaben des Gesamtvorstands keine originären Vorstandstätigkeiten bestehen (s. dazu Rz. 430 ff.).

439 Jedoch sind bei der Ausschussbildung einzelne Leitlinien zu beachten: Es ist erforderlich, dass die zentrale Funktion des Vorstands innerhalb der Unternehmensstruktur gewahrt bleibt. Daher muss **dem Vorstand die Letztentscheidungskompetenz zustehen** und es darf innerhalb des Ausschusses nicht zu einer Mehrheitsbildung zu Lasten des Vorstands kommen.[62] Des Weiteren ist das Verhältnis zu dem **Gewicht der Vorstandsstimmen im Gesamtvorstand** auszutarieren; am Ausschuss nicht beteiligte Vorstandsmitglieder dürfen nicht ausgeschaltet werden. Ferner darf der **Informationsfluss innerhalb des Vorstands** nicht vollständig auf Mitarbeiter erstreckt werden, da die unbeeinflusste Meinungsbildung im Vorstand Vertraulichkeit erfordert.[63] Eine Möglichkeit, die genannten Voraussetzungen einzuhalten, liegt etwa darin, die Entschließungen des Gremiums als bloße Richtschnur im Abwägungsprozess der grundsätzlich zuständigen Vorstandsmitglieder zu sehen und ihren Entscheidungen lediglich Vorschlagsfunktion ohne präjudizierende Wirkung einzuräumen.

c) Aufsichtsratsmitglieder in Ausschüssen

440 Ob auch die Möglichkeit besteht, einen Ausschuss unter Mitwirkung von Aufsichtsratsmitgliedern einzurichten, ist fraglich. Allenfalls kann einem Aufsichtsratsmitglied in einem Ausschuss beratende Funktion zukommen. Im Übrigen setzen die Grund-

58 *Endres*, ZHR 163 (1999), 441, 449; *Schwark* in FS Ulmer, S. 605, 616; vgl. zur Organisation der Deutschen Bank *v. Hein*, ZHR 166 (2002), 464, 468.

59 *Mertens/Cahn* in KölnKomm/AktG, 3. Aufl. 2010, § 77 AktG Rz. 15.

60 *Mertens/Cahn* in KölnKomm/AktG, 3. Aufl. 2010, § 77 AktG Rz. 15.

61 *Mertens/Cahn* in KölnKomm/AktG, 3. Aufl. 2010, § 77 AktG Rz. 15.

62 *Mertens/Cahn* in KölnKomm/AktG, 3. Aufl. 2010, § 77 AktG Rz. 15; großzügiger *Wettich*, S. 178, der aus der Zulässigkeit der vertikalen Delegation (s. dazu Rz. 430) folgert, dass nur die zentralen Leitungsaufgaben nicht dem Ausschuss zu übertragen sind.

63 *Mertens/Cahn* in KölnKomm/AktG, 3. Aufl. 2010, § 77 AktG Rz. 15; vgl. *Hoffmann-Becking*, ZGR 1998, 497, 511.

sätze der Gesamtverantwortung des Vorstands und die Gleichbehandlung der Vorstandsmitglieder einer solchen Gestaltung Grenzen.[64]

Zudem ist **§ 111 Abs. 4 Satz 1 AktG** zu beachten, wonach der Aufsichtsrat nicht geschäftsführend tätig sein darf. Der Aufsichtsrat darf nicht auf Entscheidungen der Geschäftsführung Einfluss nehmen. Auf der anderen Seite kann ein Ausschuss unter Beteiligung von Aufsichtsratsmitgliedern die gesetzliche Aufgabenerfüllung des Aufsichtsrats institutionalisieren. Die Berichterstattung an den Aufsichtsrat – beispielsweise unter Beteiligung des Vorsitzenden des Aufsichtsrats nach § 90 Abs. 1 Satz 3 AktG -[65]und die Einsichtnahme in Bücher gem. § 111 Abs. 2 AktG innerhalb eines dafür eingerichteten Ausschusses ist ebenso möglich wie die beratende Tätigkeit durch Mitglieder des Aufsichtsrats. Zu beachten ist jedoch, dass der Aufsichtsrat bei der Berichterstattung grundsätzlich als Kollegialorgan tätig wird und die engere Einbindung Einzelner nur in Grenzen zulässig ist (vgl. § 90 Abs. 3 Satz 2 AktG; anders § 111 Abs. 2 Satz 2 AktG). 441

2. Organisation von Vorstandsausschüssen

Aus dem Grundsatz der Gleichbehandlung folgt, dass die **Besetzung der Ausschüsse** und deren **formelle Arbeitsabläufe** nicht willkürlich festgelegt werden dürfen. Die Geschäftsordnung soll sich an den für Aufsichtsratsausschüsse entwickelten Leitlinien orientieren, so dass Vorstandsmitglieder nach sachlichen Gründen für die jeweilige Ausschussarbeit auszuwählen sind.[66] 442

Die Willensbildung innerhalb des Ausschusses einschließlich der Häufigkeit seiner Sitzungen und des Prozederes kann in der Geschäftsordnung für den Ausschuss den Abläufen innerhalb des Gesamtvorstands nachgebildet werden.[67] Auch eine Aufteilung der Geschäftsführungsbefugnis innerhalb der Ausschüsse ist zulässig.[68] 443

IV. Verbleibende Verantwortung des Gesamtvorstands

Auch im Falle einer Ressortaufteilung, bei Zuständigkeitszuweisung an einen Vorstandsausschuss für bestimmte Geschäftsführungsaufgaben und bei der Delegation von Geschäftsführungsaufgaben an Dritte können sich die Vorstandsmitglieder ihrer Verantwortung für die Geschäftsführung nicht etwa entziehen. Der Grundsatz der Gesamtverantwortung manifestiert sich dann insbesondere in der unabdingbaren 444

64 Dazu Rz. 435 zu Vorstandsausschüssen und Rz. 437 ff. zur Beteiligung Angestellter.
65 Vgl. *Hoffmann-Becking*, ZGR 1998, 497, 511.
66 *Spindler* in MünchKomm/AktG, 5. Aufl. 2019, § 77 AktG Rz. 71.
67 *Hoffmann-Becking*, ZGR 1998, 497, 510; *Schiessl*, ZGR 1992, 64, 78; *Wettich*, S. 127. Zu der Willensbildung § 18 Rz. 500 ff.
68 *Hoffmann-Becking*, ZGR 1998, 497, 510; *Schiessl*, ZGR 1992, 64, 78.

wechselseitigen Aufsichtspflicht (dazu Rz. 445 ff.) und in der Haftung (dazu Rz. 456 ff. und Rz. 461 f.).[69]

1. Vorstandsinterne Überwachung und Kontrolle

a) Intensität der gegenseitigen Kontrolle

445 Die Aufteilung der Geschäftsführungsbefugnisse im Rahmen einer Ressortzuweisung hat zur Folge, dass einzelne Vorstandsmitglieder selbstständig tätig werden dürfen. Dass es zum Ausgleich der selbstständigen Aufgabenverteilung eine allgemeine wechselseitige Aufsichtspflicht innerhalb des Gesamtvorstands gibt, ist unstreitig. Es besteht jedoch keine Einigkeit darüber, wie intensiv einzelne Vorstandsmitglieder andere Mitglieder des Kollegialorgans überwachen und kontrollieren müssen. Dabei stehen sich das Vertrauen und die Zulässigkeit der Ressortaufteilung auf der einen Seite und Misstrauen und Gesamtverantwortung auf der anderen Seite als gegenläufige Grundprinzipien gegenüber.[70] Die Grenzziehung zwischen diesen gegensätzlichen Leitlinien ist unscharf. Erschwerend tritt hinzu, dass jede Aufsichtsmaßnahme eine Einzelfallentscheidung ist, deren Rechtmäßigkeit nur hinterfragt wird, wenn eine Haftung des Vorstands droht.

446 Es lassen sich indes Eckpunkte der erforderlichen Intensität der Aufsichtspflicht herausarbeiten. Der Pflichtenumfang steigert sich zum einen mit zunehmender **finanzieller oder ökonomischer Krise.**[71] Zum zweiten ist die Aufsichtspflicht intensiver, je **zentraler das jeweilige Geschäft für das Unternehmen** ist.[72] Es kommt dann auf Art und Umfang des Geschäfts sowie auf die Struktur des Unternehmens an. Drittens ist nach **sachnäheren und sachferneren Ressorts** zu differenzieren; Vorstandsmitgliedern, denen die Sachwaltung ersterer Bereiche obliegt, kommt eine höhere

69 *Hüffer/Koch*, § 77 AktG Rz. 15; *Kort* in Großkomm/AktG, 5. Aufl. 2015, § 77 AktG Rz. 35; *Spindler* in MünchKomm/AktG, 5. Aufl. 2019, § 77 AktG Rz. 56; *Richter* in Semler/Peltzer/Kubis, Arbeitshdb. Vorstandsmitglieder, § 5 Rz. 48; *Meyer* in Illert/Ghassemi-Tabar/Cordes, Vorstand und Aufsichtsrat in der AG, § 1 Rz. 102; *Seibt* in K. Schmidt/Lutter, § 77 AktG Rz. 18; *Habersack*, WM 2005, 2360, 2361; *Hoffmann-Becking*, ZGR 1998, 497, 512; *v. Hein*, ZHR 166 (2002), 464, 487; *Wolf*, VersR 2005, 1042, 1043; *Schiessl*, ZGR 1992, 64, 68; *Wiesner* in MünchHdb. GesR AG, § 22 Rz. 15.

70 Zum Spannungsfeld Misstrauen und Vertrauen *Wolf*, VersR 2005, 1042, 1043 f. und *Druey* in FS Koppensteiner, 2001, S. 3 ff. Plastisch für eine starke Zusammenarbeit eintretend *Frühauf*, ZGR 1998, 407, 410: *„Ein Kollege benutzte einmal das Bild der nebeneinander herlaufenden Schildkröten, die sich alle nicht weh tun und leben und leben lassen."*

71 *Mertens/Cahn* in KölnKomm/AktG, 3. Aufl. 2010, § 77 AktG Rz. 24; *Fleischer* in Spindler/Stilz, § 77 AktG Rz. 51 ff.; *Meyer* in *Illert/Ghassemi-Tabar/Cordes*, Vorstand und Aufsichtsrat in der AG, § 1 Rz. 107; *Habersack*, WM 2005, 2360, 2362, aber zurückhaltend auf das gegenseitige Vertrauen verweisend. Dagegen *Wolf*, VersR 2005, 1042, 1044, der in jeder Unternehmenslage nur eine Plausibilitätskontrolle verlangt.

72 Vgl. *Mertens/Cahn* in KölnKomm/AktG, 3. Aufl. 2010, § 77 AktG Rz. 24; *Fleischer* in Spindler/Stilz, § 77 AktG Rz. 51; *Habersack*, WM 2005, 2360, 2362; *Meyer* in Illert/Ghassemi-Tabar/Cordes, Vorstand und Aufsichtsrat in der AG, § 1 Rz. 107.

Verantwortung zu.[73] Viertens ist entscheidend, **wie offen welche Mängel** der Geschäftsleitung zu Tage treten.[74] Fünftens lässt sich die These aufstellen, dass die Überwachungspflicht intensiver wird, je **verselbstständigter die Organisation** ist.[75] Die Kriterien decken sich überwiegend mit den für die Identifizierung des Kernbereichs des Gesamtvorstands entscheidenden Maßstäben; anders als in diesem Zusammenhang gibt es jedoch keine klare Zuordnung, dass eine Pflicht besteht oder nicht. Vielmehr ist die Aufsichtspflicht eine auf einer Skala zu definierende Verantwortlichkeit und daher flexibel zu beurteilen.

Auch die Einrichtung eines **Kontrollausschusses** entbindet die Vorstandsmitglieder nicht von ihrer individuellen Aufsichtspflicht. Zumindest dessen Tätigkeit ist wiederum Gegenstand der Vorstandskontrolle;[76] die Überwachungspflicht orientiert sich auch insoweit an den soeben dargestellten Kriterien. Eine erhöhte Überwachungspflicht kommt im Übrigen dem **Vorstandsvorsitzenden** zu. 447

b) Ausprägungen der Überwachung und Kontrolle im Vorstand

Im Einzelnen findet die Pflicht zur Überwachung und Kontrolle innerhalb des Gesamtvorstands die folgenden Ausprägungen. 448

aa) Informationsfluss

Im Grundsatz darf sich ein Vorstandsmitglied auf die Informationen, die ihm von dem zuständigen Ressortvorstand bei Sitzungen des Gesamtvorstands gegeben werden, verlassen. Es ist Aufgabe jedes Mitglieds, über den Gang der wesentlichen Geschäfte zu berichten. Ergänzend darf jedes Vorstandsmitglied weitere Informationen verlangen, und der Ressortzuständige ist zur Auskunft verpflichtet.[77] Auf dieser In- 449

---

73 VG Frankfurt/M. v. 8.7.2004 – 1 E 7363/03 (1), AG 2005, 264 = WM 2004, 2157. Dagegen *Habersack*, WM 2005, 2360, 2363 f. und *Wolf*, VersR 2005, 1042, 1045 wegen der mangelnden Konkretisierung des Begriffs. Anders *T. Bezzenberger*, ZGR 1996, 661, 671: „*Je notwendiger und verfeinerter die Arbeitsteilung*", desto geringer sei die Aufsichtspflicht. Dagegen zeigt die Diskussion um die Spartenaufteilung, dass bei größerer Verselbstständigung der Unternehmensteile gerade eine gesteigerte Informationspflicht besteht.

74 Vgl. für die Informationspflicht *Hüffer/Koch*, § 77 AktG Rz. 15; *Fleischer* in Spindler/Stilz, § 77 AktG Rz. 55; *Kort* in Großkomm/AktG, 5. Aufl. 2015, § 77 AktG Rz. 37; *Meyer* in Illert/Ghassemi-Tabar/Cordes, Vorstand und Aufsichtsrat in der AG, § 1 Rz. 105 f.; *Mertens/Cahn* in KölnKomm/AktG, 3. Aufl. 2010, § 77 AktG Rz. 25; *Hoffmann-Becking*, ZGR 1998, 497, 512.

75 *Schiessl*, ZGR 1992, 64, 69. A.A. wohl *T. Bezzenberger*, ZGR 1996, 661, 671; *Fleischer* in Spindler/Stilz, § 77 AktG Rz. 51. Vgl. auch die Diskussion zu der Spartenaufteilung Rz. 427.

76 *Mertens/Cahn* in KölnKomm/AktG, 3. Aufl. 2010, § 77 AktG Rz. 25; *Schiessl*, ZGR 1992, 64, 69; a.A. *Martens* in FS Fleck, S. 196 ff.

77 *Hüffer/Koch*, § 77 AktG Rz. 15; *Fleischer* in Spindler/Stilz, § 77 AktG Rz. 49; *Kort* in Großkomm/AktG, 5. Aufl. 2015, § 77 AktG Rz. 35; *Richter* in Semler/Peltzer/Kubis, Arbeitshdb. Vorstandsmitglieder, § 5 Rz. 50; *Mertens/Cahn* in KölnKomm/AktG, 3. Aufl. 2010, § 77 AktG Rz. 25; *Hoffmann-Becking*, ZGR 1998, 497, 512; *v. Hein*, ZHR 166 (2002), 464, 487; *Wolf*, VersR 2005, 1042, 1043; *Schiessl*, ZGR 1992, 64, 68.

formationsgrundlage beschränkt sich die Aufsichtspflicht auf der untersten Stufe auf eine bloße **Plausibilitätskontrolle**, die sich erst bei greifbaren Anhaltspunkten für bestehende besondere Sachlagen (zu den Kriterien Rz. 446) intensiviert.[78] Bei zentralen Fragen besteht eine Nachfragepflicht.[79]

450 Die **Einrichtung eines Informationssystems** jedenfalls zur Abdeckung der allgemeinen Berichtspflichten ist vor diesem Hintergrund zweckmäßig.[80] Es empfiehlt sich, Häufigkeit der Berichte und Ablauf der Berichterstattung im Rahmen der Vorstandssitzung in der Geschäftsordnung zu regeln.

bb) Intervention

451 Eine weitere Ausprägung der Kontrollpflicht liegt in der Pflicht zur Intervention der Vorstandsmitglieder in anderen Ressorts. Grundsätzlich besteht eine solche nicht. Bei schwerwiegenden Fällen einer rechtswidrigen oder zweckwidrigen Ressortentscheidung intensiviert sich jedoch die Informations- zu einer Interventionspflicht.[81] Vorstandsmitglieder sind dann gehalten, einzuschreiten. In welcher Form das geschehen muss, hängt wiederum von der Reichweite des pflichtwidrigen Vorstandsverhaltens ab. Während zunächst die Unterrichtung des Gesamtvorstands und eine Aussprache mit dem Ressortverantwortlichen im Rahmen einer Vorstandssitzung ausreichen kann,[82] kann es in gravierenden Fällen, insbesondere in Fällen schwerer Pflichtverletzung oder des Risikos eines nachhaltigen Schadens für die Gesellschaft notwendig sein, den Aufsichtsrat von den Vorgängen zu unterrichten.

452 Im Übrigen hat das für ein Ressort zuständige Vorstandsmitglied bei wichtigen Entscheidungen eine Vorlagepflicht an den Gesamtvorstand.[83]

---

78 Dazu ausführlich mit Rechtsprechungsbeispielen *Fleischer* in Spindler/Stilz, § 77 AktG Rz. 52; *Habersack*, WM 2005, 2360, 2362; *Wolf*, VersR 2005, 1042, 1043.

79 *Mertens/Cahn* in KölnKomm/AktG, 3. Aufl. 2010, § 77 AktG Rz. 26.

80 *Kort* in Großkomm/AktG, 5. Aufl. 2015, § 77 AktG Rz. 40; *Fleischer* in Spindler/Stilz, § 77 AktG Rz. 54; *Hoffmann-Becking*, ZGR 1998, 497, 513. Vgl. etwa *Martens* in FS Fleck, S. 196 ff., der vorschlägt, ein Vorstandsmitglied als Kontrollorgan einzusetzen; dieses entlastet die anderen Mitglieder aber nicht, s. Rz. 447.

81 *Hüffer/Koch*, § 77 AktG Rz. 15; *Kort* in Großkomm/AktG, 5. Aufl. 2015, § 77 AktG Rz. 38; *Spindler* in MünchKomm/AktG, 5. Aufl. 2019, § 77 AktG Rz. 58; *Meyer* in Illert/Ghassemi-Tabar/Cordes, Vorstand und Aufsichtsrat in der AG, § 1 Rz. 108; *Richter* in Semler/Peltzer/Kubis, Arbeitshdb. Vorstandsmitglieder, § 5 Rz. 51; *Mertens/Cahn* in KölnKomm/AktG, 3. Aufl. 2010, § 77 AktG Rz. 28; *Schiessl*, ZGR 1992, 64, 68; *Wolf*, VersR 2005, 1042, 1043. Darauf, dass die Hinterfragung der wirtschaftlichen Unzweckgemäßheit ausreichen kann, weist *Hoffmann-Becking*, ZGR 1998, 497, 512 ausdrücklich hin.

82 *Kort* in Großkomm/AktG, 5. Aufl. 2015, § 77 AktG Rz. 38; *Richter* in Semler/Peltzer/Kubis, Arbeitshdb. Vorstandsmitglieder, § 5 Rz. 51*T. Bezzenberger*, ZGR 1996, 661, 671.

83 *Kort* in Großkomm/AktG, 5. Aufl. 2015, § 77 AktG Rz. 42; *Kort* in Fleischer, Hdb. Vorstandsrecht, § 3 Rz. 5; *Hoffmann-Becking*, ZGR 1998, 497, 512.

cc) Widerspruchsrecht

453 Ein Widerspruchsrecht gegen Geschäftsführungsmaßnahmen eines Ressortzuständigen etwa nach dem Vorbild des § 115 Abs. 1 Halbs. 2 HGB gibt es im Vorstand von Gesetzes wegen nicht.[84] Es kann aber in der Geschäftsordnung zugunsten des Vorstandsvorsitzenden oder jedes Vorstandsmitglieds vorgesehen werden.[85] Ob dies sinnvoll ist, hängt von den Umständen des Einzelfalles ab.

454 Das Widerspruchsrecht ist von dem nicht unbegrenzt zulässigen **Vetorecht** eines Vorstandsmitglieds bei Mehrheitsbeschlüssen oder einem Alleinentscheidungsrecht zu trennen. Es betrifft nicht Aufgaben des Gesamtvorstands oder Beschlüsse des Gesamtvorstands, sondern die Tätigkeit eines einzelnen, ressortzuständigen Vorstandsmitglieds. Ein Widerspruchsrecht relativiert lediglich die Einzelgeschäftsführungsbefugnis. Wird dieser im Rahmen seiner durch die Ressortaufteilung übertragenen Einzelzuständigkeit tätig, kann ein Widerspruchsrecht einzelnen Entscheidungen des Vorstandsmitglieds Einhalt gebieten mit der Folge, dass dann eine Entscheidung des Gesamtvorstands herbeigeführt werden muss.

455 Das Widerspruchsrecht darf in Anlehnung an die zu § 115 HGB entwickelten Grundsätze nicht ohne sachlichen Grund ausgeübt werden. Damit es dem betroffenen Vorstandsmitglied möglich ist, die Sachgründe zu überprüfen, besteht für den Ausübenden zudem eine Begründungspflicht.[86]

2. Haftung bei horizontaler Delegation

a) Grundsatz der Eigenverantwortung

456 Die Ressortaufteilung wirkt sich auch im Rahmen der Haftung des Vorstands aus. Im Grundsatz ist der Gesamtvorstand nicht für die Handlungen und Unterlassungen jedes seiner Mitglieder im Bereich der Ressortaufgaben verantwortlich. Soweit die Geschäftsverteilung die Aufgaben festlegt, ist ein Vorstandsmitglied für die Tätigkeit in diesem Kontext verantwortlich.[87] Jedes Vorstandsmitglied steht somit primär für eigene Pflichtverletzungen hinsichtlich seines Ressorts ein (näher dazu § 37 Rz. 1507 ff.).

84 *Spindler* in MünchKomm/AktG, 5. Aufl. 2019, § 77 AktG Rz. 61.

85 *Kort* in Großkomm/AktG, 5. Aufl. 2015, § 77 AktG Rz. 39; *Meyer* in Illert/Ghassemi-Tabar/Cordes, Vorstand und Aufsichtsrat in der AG, § 1 Rz. 81; *Richter* in Semler/Peltzer/Kubis, Arbeitshdb. Vorstandsmitglieder, § 5 Rz. 52; *Mertens/Cahn* in KölnKomm/AktG, 3. Aufl. 2010, § 77 AktG Rz. 29; *Schiessl*, ZGR 1992, 64, 72; *Spindler* in MünchKomm/AktG, 5. Aufl. 2019, § 77 AktG Rz. 33, 61.

86 *Mertens/Cahn* in KölnKomm/AktG, 3. Aufl. 2010, § 77 AktG Rz. 30; *Spindler* in MünchKomm/AktG, 5. Aufl. 2019, § 77 AktG Rz. 33; *Richter* in Semler/Peltzer/Kubis, Arbeitshdb. Vorstandsmitglieder, § 5 Rz. 52.

87 *Spindler* in MünchKomm/AktG, 5. Aufl. 2019, § 77 AktG Rz. 58 f.; *Seibt* in K. Schmidt/Lutter, § 77 AktG Rz. 18; *T. Bezzenberger*, ZGR 1996, 661, 671; *Habersack*, WM 2005, 2360, 2361; *Schwark* in FS Ulmer, 2003, S. 605, 618.

b) Haftung außerhalb der Ressortzuweisung

457 Jedoch bestehen drei Ansatzpunkte für eine Pflichtverletzung und eine daran anknüpfende Haftung außerhalb der Tätigkeit des Vorstandsmitglieds im eigenen Ressort.

458 Zum einen ist von einer Pflichtverletzung auszugehen, wenn die Geschäftsverteilung die **Grenzen der Ressortaufteilung** nicht beachtet hat. Das Organ, das eine Geschäftsordnung erlassen hat, steht für die Ordnungsgemäßheit der Aufteilung ein. Eine unzulässige Delegation durch den Gesamtvorstand – etwa bei Verletzung des Gleichbehandlungsgrundsatzes, einer unsachgemäßen Auswahl des ausführenden Vorstandsmitglieds oder bei fehlerhafter Begründung einer Ausschusszuständigkeit – kann eine Haftung begründen.[88]

459 Ein weiterer Anknüpfungspunkt für eine Haftung des Vorstands kann darin liegen, dass ein Vorstandsmitglied die zulässige **Ressortaufteilung nicht beachtet** und außerhalb seines Verantwortungsbereichs agiert.

460 Praktisch relevant ist vor allem die dritte Form der Pflichtverletzung des Vorstands. Aus der **Kontroll- und Aufsichtspflicht** jedes einzelnen Vorstandsmitglieds resultiert eine Verantwortlichkeit. Unterlässt ein Mitglied die erforderlichen Aufsichtsmaßnahmen, handelt er sorgfaltswidrig i.S.d. § 93 Abs. 1 AktG. Allerdings ist zu beachten, dass auch auf der Geschäftsführungsebene eine Ressortaufteilung zu einer Umgestaltung der Kontroll- und Aufsichtspflichten und somit der Haftung führen kann (dazu Rz. 393).

3. Haftung bei vertikaler Delegation

461 Auch bei Übertragung von Ressortaufgaben auf Dritte oder Angestellte verringert sich das Haftungsrisiko eines Vorstandsmitglieds. Hat ein Vorstandsmitglied zulässigerweise die Vorbereitung, Ausführung von Beschlüssen oder Einzelentscheidungen auf Dritte delegiert (dazu Rz. 430 ff.), steht er nicht mehr selbst für die Ausführung ein. Die Angestellten treten nicht als Erfüllungsgehilfen des Vorstands auf, da die Tätigkeit infolge der Übertragung der Aufgaben nicht mehr in seinen Verantwortungsbereich fällt, so dass eine Zurechnung von Fehlverhalten Angestellter nach **§ 278 BGB ausscheidet**.[89]

462 Die Verantwortung des Vorstands reduziert sich auf die sorgfältige Auswahl, Instruktion und Überwachung.[90] Handelt er dabei pflichtwidrig, begründet dies eine Haftung nach § 93 Abs. 2 AktG. Zu den Einzelheiten der Haftung s. 10. Abschnitt Rz. 1500 ff.

463–479 Einstweilen frei.

---

88 *Habersack*, WM 2005, 2360, 2362.

89 *Fleischer* in Fleischer, Hdb. Vorstandsrecht, § 8 Rz. 26.

90 *Fleischer* in Fleischer, Hdb. Vorstandsrecht, § 8 Rz. 26; *Thuriaux/Knigge*, DB 2004, 2199, 2201.

§ 17
Vorstandsvorsitzender und Vorstandssprecher

Literaturübersicht: Allg. Literatur zur Binnenorganisation s. § 15.

Besondere Literatur: *Bachmann*, Doppelspitze in Vorstand und Aufsichtsrat, in FS Baums, Bd. I, 2017, S. 107; *T. Bezzenberger*, Der Vorstandsvorsitzende der Aktiengesellschaft, ZGR 1996, 661; *Fleischer*, Vorstandsvorsitzender oder CEO?, NZG 2003, 745; *Gehrlein*, Grenzen der Geschäftsführungsbefugnisse - Stichentscheid bei Dissens innerhalb des Geschäftsführungsorgans?, WM 2018, 1865; *v. Hein*, Vom Vorstandsvorsitzenden zum CEO?, ZHR 166 (2002), 464; *v. Hein*, Die Rolle des US-amerikanischen CEO gegenüber dem Board of Directors im Lichte neuerer Entwicklungen, RIW 2002, 501; *Simons/Hanloser*, Vorstandsvorsitzender und Vorstandssprecher, AG 2010, 641; *Wicke*, Der CEO im Spannungsverhältnis zum Kollegialprinzip, NJW 2007, 3755.

I. Grundlagen

Mehrköpfige Gremien bedürfen der **Organisation und Leitung** im Innenverhältnis 480
und der Repräsentation nach außen. Das Gesetz trägt dem für den Vorstand in § 84 Abs. 2 AktG Rechnung. Danach kann der Aufsichtsrat bei einem aus mehreren Personen bestehenden Vorstand ein Mitglied zum **Vorsitzenden** ernennen. Auch die Bildung einer Doppelspitze durch Bestellung von zwei Vorstandsmitgliedern zu Vorstandsvorsitzenden ist hentgegen dem Wortlaut des Gesetzes(„ein“ Mitglied) nach h.M. möglich.[1] Neben dem Vorstandsvorsitzenden hat sich in der Praxis auch die Rolle eines **Vorstandssprechers** etabliert; das gilt namentlich dort, wo eine Doppelspitze gewollt ist und jedweder Zweifel an der Zulässigkeit von zwei Vorstandvorsitzenden vermieden werden soll. Die beiden Funktionen schließen sich gegenseitig aus. Es kann nur entweder einen Vorstandsvorsitzenden oder einen Vorstandssprecher geben.[2] Generell gilt, dass die Funktionen sich dahingehend unterscheiden, dass einem Vorstandssprecher regelmäßig weniger Rechte zukommen als einem Vorstandsvorsitzenden.[3] Auch kann nur der Aufsichtsrat einen Vorstandsvorsitzenden bestimmen, während ein Vorstandssprecher aus der Mitte des Vorstands von diesem bestimmt werden kann. Die Entscheidung muss vom Gesamtaufsichtsrat getroffen werden; die Delegation auf einen Ausschuss ist ausgeschlossen, § 107 Abs. 3 Satz 4 AktG. § 31 MitbestG ist nach richtiger Auffassung auf die Bestellungsentscheidung nicht anwendbar. Der Vorstand selbst kann keinen Vorstandsvorsitzenden bestellen.

---

1 *Kort* in Großkomm/AktG, 5. Aufl. 2015, § 77 AktG Rz. 49; *Bachmann* in FS Baums, 2017, S. 107.

2 *Kort* in Großkomm/AktG, 5. Aufl. 2015, § 77 AktG Rz. 57; *Fleischer* in Spindler/Stilz, § 84 AktG Rz. 91. In der Praxis wird grundsätzlich die Benennung eines Vorstandsvorsitzenden favorisiert, *Simons/Hanloser*, AG 2010, 641. Es gibt aber prominente Ausnahmefälle, z.B. Deutsche Bank und SAP.

3 *Kort* in Großkomm/AktG, 5. Aufl. 2015, § 77 AktG Rz. 57; *Fleischer* in Spindler/Stilz, § 84 AktG Rz. 89; *Wettich*, S. 113.

II. Rechte und Pflichten eines Vorstandsvorsitzenden

1. Rechte

481 Ausgangspunkt der Bestimmung des besonderen Zuständigkeitskreises des Vorstandsvorsitzenden ist § 84 Abs. 2 AktG. Mit der darin nominierten Befugnis des Aufsichtsrats, einen Vorstandsvorsitzenden zu bestimmen, setzt das Gesetz voraus, dass diesem eine Sonderposition zugewiesen werden kann, die den **Grundsatz der Gleichbehandlung** der Vorstandsmitglieder **relativiert**. Es ergeben sich also aus der Natur der Sache bestimmte Rechte des Vorsitzenden. Zunächst steht dem Vorsitzenden **die Repräsentation des Vorstands** nach innen, namentlich gegenüber dem Aufsichtsrat, und nach außen zu.[4] Dies unterstreicht die Empfehlung D.6 DCGK 2020, wonach es dem Aufsichtsratsvorsitzenden obliegt, mit dem Vorstand, insbesondere mit dem Vorsitzenden des Vorstands, regelmäßig Kontakt zu halten und mit ihm Fragen der Strategie, der Planung, der Geschäftsentwicklung, der Risikolage, des Risikomanagements und der Compliance des Unternehmens zu beraten. Als Repräsentant des Gesamtorgans ist der Vorstandsvorsitzende vorrangiger Ansprechpartner des Aufsichtsrats und federführend bei der Berichterstattung an diesen.[5] Zweitens hat der Vorstandsvorsitzende **primär administrative Befugnisse**:[6] Ihm obliegt die Einberufung der Sitzungen des Vorstands und deren Leitung, außerdem die Koordination der Vorstandsarbeit insgesamt.[7] Drittens stehen dem Vorstandsvorsitzenden **Einflussmöglichkeiten auf die Entscheidungsfindung** innerhalb des Vorstands zu. Dazu gehören, sofern sich der Aufsichtsrat hierfür entscheidet, das Stichentscheidsrecht und das Vetorecht bei Beschlüssen des Vorstands.[8] Ferner hat der Vorstandsvorsitzende im Zweifel das letzte Wort bei Auslegungszweifeln über die Geschäftsordnung.[9]

482 Diese besondere Aufgabenzuteilung prädestiniert den Vorstandsvorsitzenden als **Zuständigen für bestimmte Ressorts**: das gilt insbesondere für solche Bereiche, die

4 *Kort* in Großkomm/AktG, 5. Aufl. 2015, § 77 AktG Rz. 50; *Kort* in Fleischer, Hdb. Vorstandsrecht, § 3 Rz. 8; *Mertens/Cahn* in KölnKomm/AktG, 3. Aufl. 2010, § 84 AktG Rz. 102; *Fleischer* in Spindler/Stilz, § 84 AktG Rz. 89; *Illert* in Illert/Ghassemi-Tabar/Cordes, Vorstand und Aufsichtsrat in der AG, § 1 Rz. 42; *T. Bezzenberger*, ZGR 1996, 661, 662.

5 *Kort* in Großkomm/AktG, 5. Aufl. 2015, § 77 AktG Rz. 50; *Kort* in Fleischer, Hdb. Vorstandsrecht, § 3 Rz. 8; *Mertens/Cahn* in KölnKomm/AktG, 3. Aufl. 2010, § 84 AktG Rz. 102; *Fleischer* in Spindler/Stilz, § 84 AktG Rz. 89.

6 Zur materiellen Bedeutung der administrativen Rechte s. *T. Bezzenberger*, ZGR 1996, 661, 664.

7 *Kort* in Großkomm/AktG, 5. Aufl. 2015, § 77 AktG Rz. 50; *Mertens/Cahn* in KölnKomm/AktG, 3. Aufl. 2010, § 84 AktG Rz. 102; *Fleischer* in Spindler/Stilz, § 84 AktG Rz. 89; *T. Bezzenberger*, ZGR 1996, 661, 662; *Haas/Ohlendorf*, Anstellungsvertrag des Vorstandsmitglieds, S. 205; *Hoffmann-Becking*, ZGR 1998, 497, 517.

8 *Kort* in Großkomm/AktG, 5. Aufl. 2015, § 77 AktG Rz. 56; *Mertens/Cahn* in KölnKomm/AktG, 3. Aufl. 2010, § 77 AktG Rz. 18; *Fleischer* in Spindler/Stilz, § 84 AktG Rz. 89. In Bezug auf das Vetorecht ist manches umstritten, dazu § 19 Rz. 516.

9 *Fleischer* in Spindler/Stilz, § 77 AktG Rz. 61.

sich ihrer Natur nach oft mit anderen überschneiden. Dazu gehören etwa Strategie und Unternehmensentwicklung, Öffentlichkeitsarbeit, Personalpolitik und Controlling.[10]

Fraglich ist, welche Befugnisse sich bereits **kraft Natur der Sache** allein aus der Ernennung zum Vorstandsvorsitzenden ergeben und welche Rechte ihm die Geschäftsordnung erst ausdrücklich zuweisen muss.[11] Die Beantwortung dieser Frage kann im Hinblick auf die das Amt lediglich voraussetzende Bestimmung in § 84 Abs. 2 AktG nur aus allgemeinen Grundsätzen abgeleitet werden. Der Vorstandsvorsitzende wird bei mehrgliedrigem Vorstand benötigt. Er soll das **Kollegialorgan funktionsfähig** machen. Dies gelingt ihm der Natur der Sache nach nur, wenn ihm zumindest die Repräsentation und auch der Kernbestand der die Gremienarbeit verwaltenden Aufgaben zustehen (s. soeben Rz. 481).[12] Dazu gehört insbesondere die **Sitzungsleitung** und die Rolle als erster Ansprechpartner für den Aufsichtsrat, nicht jedoch das Recht, die Entscheidungsfindung des Gesamtvorstands zu dominieren.[13] Dem Vorsitzenden zugewiesen ist eine Koordinierungsaufgabe, die dazu dient, Überschneidungen in den Einzelressorts aufzulösen, Lücken zu schließen und eine flächendeckende Bearbeitung der gesamten Aufgaben sicherzustellen. Demgegenüber kann die Koordinationsbefugnis nicht in dem Sinne verstanden werden, dass der Vorsitzende in die Aufgaben ressortzuständiger Vorstandsmitglieder eingreifen oder diese an sich ziehen kann; ihm steht insbesondere auch kein Weisungsrecht gegenüber den anderen Vorstandsmitgliedern zu. 483

Grenzen der zulässigen Rechtezuweisung an den Vorstandsvorsitzenden sind aus dem **Grundsatz der Gleichbehandlung** abzuleiten. Dabei ist jedoch auf der einen Seite die besondere Funktion zu berücksichtigen, die dem Vorstandsvorsitzenden nach § 84 Abs. 2 AktG zukommt und ihn von den anderen Vorstandsmitgliedern unterscheidet[14] und zugleich auf der anderen Seite die Gleichbehandlung aller Mitglieder des Vorstands im Blick zu behalten. In diesem Sinne wird zutreffend formuliert, der Vorstandsvorsitzende solle *primus inter pares* sein.[15] Die Grenzziehung ist im Einzelfall aber unscharf; sie wird in der Praxis zumeist und bislang ohne Bean- 484

10 *Kort* in Großkomm/AktG, 5. Aufl. 2015, § 77 AktG Rz. 51; *T. Bezzenberger*, ZGR 1996, 661, 664.

11 *T. Bezzenberger*, ZGR 1996, 661, 664, der meint, die Sonderbefugnisse ergeben sich *„schon aus der Sachlogik des Amtes"*; s. auch *Wettich*, S. 97.

12 *T. Bezzenberger*, ZGR 1996, 661, 664; *Hüffer/Koch*, § 84 AktG Rz. 29 (Satzung kann Stichentscheid und Vetorecht vorsehen, im Übrigen von Gesetzes wegen); so wohl auch *Spindler* in MünchKomm/AktG, 5. Aufl. 2019, § 84 AktG Rz. 117; *Simons/Hanloser*, AG 2010, 641, 643; *Gehrlein*, WM 2018, 1865, 1871.

13 Weitergehend *Wettich*, S. 97, nach dem sämtliche Befugnisse von Gesetzes wegen bestehen. Vgl. jedoch *v. Hein*, ZHR 166 (2002), 464, 488 f.: Die Ernennung betreffe die Stellung zum Aufsichtsrat und nicht das Verhältnis zu den Vorstandsmitgliedern. Der Vorsitzende sei Mediator, nicht Schiedsrichter.

14 Vgl. zu der Rolle des § 84 Abs. 2 AktG, *Simons/Hanloser*, AG 2010, 641, 643.

15 *Kort* in Großkomm/AktG, 5. Aufl. 2015, § 77 AktG Rz. 51 f.

standungen im Zweifel zugunsten des *„primus"* gelöst.[16] Insbesondere ist in diesem Zusammenhang die Koordination der Zuständigkeitsressorts der einzelnen Vorstandsmitglieder durch den Vorsitzenden nicht unproblematisch. Die Zuordnung der Zuständigkeiten muss erfolgen, ohne dass der Vorsitzende in die Arbeit seiner Mitvorstände hineinregiert, so dass ihm auf keinen Fall ein Weisungsrecht oder auch nur ein Recht, Rahmenrichtlinien aufzustellen, zustehen darf.[17] Auch hat er eine besondere Informationsherrschaft, um seiner Koordinationsaufgabe gerecht werden zu können, ohne dass aber der Informationsfluss innerhalb des Vorstands nur über ihn laufen dürfte.

485 Umgekehrt wird postuliert, dass der Vorsitzende grundsätzlich die gleichen Rechte wie andere Vorstandsmitglieder hat, seine Aufgaben also nicht auf die Koordination beschränkt oder er von der Zuweisung eines Ressorts ausgeschlossen werden darf, wobei ihm zugleich Sonderaufgaben und -befugnisse zugestanden werden können;[18] teilweise wird jedoch angenommen, dass die Geschäftsführungs- und Vertretungsbefugnisse des Vorsitzenden im Einzelfall auch schwächer ausgestaltet sein können.[19]

Die Praxis nimmt für sich jedoch mit Recht einen **großen Gestaltungsspielraum** in Anspruch, ohne dass dies bislang zu greifbaren Problemen geführt hätte.

2. Verantwortung

486 Dem Vorstandsvorsitzenden kommt im Regelfall eine gesteigerte Überwachungsaufgabe und -verantwortung zu.[20] Dies gilt zumindest dann, wenn er mit besonderen, die Vorstandsentscheidungen beeinflussenden Rechten wie dem Vetorecht, der Befugnis zum **Stichentscheid** und weitgehenden Informations- und Koordinationsbefugnissen ausgestattet ist. Eine entsprechende gesteigerte Pflichtenlage und Verantwortlichkeit ist Korrelat der weitergehenden Einflussnahme- und Gestaltungsbefugnisse. Während die Kontrollpflicht für andere Mitglieder lediglich eine „Sekundärpflicht" sein soll, ist diese bei dem Vorsitzenden zur „Primärpflicht" erhoben.[21] Insbesondere bei einem stark arbeitsteilig organisierten Vorstand trägt der Vorsit-

---

16 *Semler* in FS Lutter, 2000, S. 727 ff.; vgl. auch *v. Hein*, ZHR 166 (2002), 464, 482 f. Kritisch *T. Bezzenberger*, ZGR 1996, 661, 664; *Hoffmann-Becking*, ZGR 1998, 497, 517; *Schwark* in FS Ulmer, 2003, S. 605, 617; so auch *Baums* (Hrsg.), Bericht der Regierungskommission Corporate Governance, Rz. 36.

17 *Kort* in Großkomm/AktG, 5. Aufl. 2015, § 77 AktG Rz. 51 f.; *Kort* in Fleischer, Hdb. Vorstandsrecht, § 3 Rz. 9; *Mertens/Cahn* in KölnKomm/AktG, 3. Aufl. 2010, § 77 AktG Rz. 18; vgl. *Seibt* in K. Schmidt/Lutter, § 77 AktG Rz. 18; *Fleischer* in Spindler/Stilz, § 84 AktG Rz. 90; *Fleischer*, ZIP 2003, 1, 8; *Habersack*, WM 2005, 2360, 2362; *Wettich*, S. 114 ff.

18 *Kort* in Großkomm/AktG, 5. Aufl. 2015, § 77 AktG Rz. 50.

19 *Fleischer* in Spindler/Stilz, § 84 AktG Rz. 89.

20 *Mertens/Cahn* in KölnKomm/AktG, 3. Aufl. 2010, § 84 AktG Rz. 102; *Hoffmann-Becking*, ZGR 1998, 497, 517; kritisch *v. Hein*, ZHR 166 (2002), 464, 488, der meint, aus § 80 Abs. 1 Satz 2 AktG und § 285 Nr. 10 Satz 2 HGB ergebe sich keine Hervorhebung des Vorstandsvorsitzenden.

21 *T. Bezzenberger*, ZGR 1996, 661, 662.

zende daher im Vergleich zu den einfachen Vorstandsmitgliedern eine deutlich größere Verantwortung.

3. CEO-Modell des U.S.-amerikanischen Rechts

Das Leitungsmodell des U.S.-amerikanischen Rechts mit einem omnipotenten CEO 487
ist infolge der dargestellten Grenzen der Kompetenzzuweisung an den Vorsitzenden nicht ohne Modifikationen in das deutsche Recht übertragbar.[22] Das U.S.-amerikanische Recht kennt keinen Aufsichtsrat, sondern überlässt im einstufigen System einem *Board of Directors* die gesamte Unternehmensführung.[23] Des Weiteren sind *Officers* ressortbezogen für die Erfüllung einzelner Geschäftsführungsaufgaben zuständig; das Board ernennt einen *Chief Executive Officer* (CEO), der den *Officers* gegenüber uneingeschränkt weisungsbefugt ist, ohne dass der CEO dem *Board* notwendig als *Chairman of the Board* vorsitzt.[24] In der Literatur wird die Möglichkeit einer Annäherung an das CEO-Modell *de lege ferenda* mit Recht kritisch beurteilt.[25]

III. Funktion des Vorstandssprechers

Der Vorstandssprecher ist grundsätzlich auf die **Repräsentation** nach außen **be-** 488
schränkt, wohingegen ihm die Rechte, die einem Vorstandsvorsitzenden kraft Natur der Sache zukommen, wie die Sitzungsleitung, Überwachung und Koordination der Vorstandsmitglieder, grundsätzlich nicht zustehen.[26] Dies folgt daraus, dass der Vorstand sich zwar selbst einen Vorstandssprecher, aber nicht einen Vorstandsvorsitzenden geben darf.[27] Der Vorstand hat keine Befugnis, mit dem Gleichordnungsgrundsatz stärker zu brechen, als es unbedingt nötig ist, um den Sprecher von den anderen abzuheben.

---

22 *Fleischer* in Spindler/Stilz, § 77 AktG Rz. 42; *Spindler* in MünchKomm/AktG, 5. Aufl. 2019, § 77 AktG Rz. 69; *Kort* in Großkomm/AktG, 5. Aufl. 2015, § 77 AktG Rz. 54; *Mertens/Cahn* in KölnKomm/AktG, 3. Aufl. 2010, § 77 AktG Rz. 18; *Meyer* in Illert/Ghassemi-Tabar/Cordes, Vorstand und Aufsichtsrat in der AG, § 1 Rz. 90; *Richter* in Semler/Peltzer/Kubis, Arbeitshdb. Vorstandsmitglieder, § 5 Rz. 36 ff.; *Seibt* in K. Schmidt/Lutter, § 77 AktG Rz. 21; *Hüffer/Koch*, § 84 AktG Rz. 29.

23 Näher dazu und zum Folgenden *v. Hein*, RIW 2002, 501 ff.

24 Näher zum CEO-Modell etwa *Schwark* in FS Ulmer, 2003, S. 605, 613 f.; *Schiessl*, ZHR 167 (2003), 235, 243 ff.; *v. Hein*, ZHR 166 (2002), 464, 467 ff.

25 *Fleischer* in Spindler/Stilz, § 77 AktG Rz. 43; vgl. auch *Baums* (Hrsg.), Bericht der Regierungskommission Corporate Governance, Rz. 36. Kritisch zu der Konzentration aller Macht auf den CEO *Frühauf*, ZGR 1998, 407, 408; ebenso zurückhaltend *v. Hein*, ZHR 166 (2002), 464, 501.

26 *Kort* in Großkomm/AktG, 5. Aufl. 2015, § 77 AktG Rz. 57; *Kort* in Fleischer, Hdb. Vorstandsrecht, § 3 Rz. 15; *Fleischer* in Spindler/Stilz, § 84 AktG Rz. 91; auch die Sitzungsleitung soll ihm zustehen nach *Wettich*, S. 112; nach *Hüffer/Koch*, § 84 AktG Rz. 30 kann dem Vorstandssprecher dieses Recht zugewiesen werden; so auch *Illert* in Illert/Ghassemi-Tabar/Cordes, Vorstand und Aufsichtsrat in der AG, § 1 Rz. 43.

27 *Hoffmann-Becking*, ZGR 1998, 497, 517; *Spindler* in MünchKomm/AktG, 5. Aufl. 2019, § 84 AktG Rz. 115.

489 Demgegenüber hat aber der Aufsichtsrat, wenn er den Sprecher ernennt, im Rahmen seiner Personalkompetenz weitergehende Befugnisse zur Ausgestaltung der Rechtsposition; er kann dem Sprecher annähernd dieselben Kompetenzen zuweisen wie einem Vorstandsvorsitzenden. Demgemäß ist es eine Frage der konkreten Geschäftsordnung, welche Rechte dem Vorstandssprecher zustehen. Ihm können insbesondere auch **Koordinationsbefugnisse** zugewiesen werden.[28]

IV. Haftung

490 Die Haftung des Vorstandsvorsitzenden und des -sprechers folgt ihrer Verantwortlichkeit. Für den **Sorgfaltsmaßstab** ist auf das pflichtgemäße Handeln eines Vorstandsvorsitzenden oder -sprechers in vergleichbarer Lage abzustellen. Eine spezifische Haftung kommt zum einen bei Überschreitung der Befugnisse im Rahmen der Funktionsausübung in Betracht. Zum anderen ist eine Haftung infolge von Unterlassen insbesondere im Hinblick auf die gesteigerten Überwachungspflichten des Vorstandsvorsitzenden denkbar.[29]

491 –499 Einstweilen frei.

§ 18
Willensbildung im Vorstand

Literaturübersicht: Allg. Literatur zur Binnenorganisation s. § 15.

Besondere Literatur: *T. Bezzenberger*, Der Vorstandsvorsitzende der Aktiengesellschaft, ZGR 1996, 661; *Erle*, Das Vetorecht des Vorstandsvorsitzenden in der AG, AG 1987, 7; *Gehrlein*, Grenzen der Geschäftsführungsbefugnisse – Stichentscheid bei Dissens innerhalb des Geschäftsführungsorgans?, WM 2018, 1865; *Priester*, Stichentscheid beim zweiköpfigen Vorstand, AG 1984, 253; *Riegger*, Der Stichentscheid im zweigliedrigen Vorstand einer Aktiengesellschaft, BB 1972, 592; *Schäfer*, Beschlussanfechtbarkeit bei Beschlussvorschlägen durch einen unterbesetzten Vorstand, ZGR 2003, 147.

---

28 Differenzierend *Hüffer/Koch*, § 84 AktG Rz. 30; *Fleischer* in Spindler/Stilz, § 84 AktG Rz. 91; begrenzt auf sachliche Koordinationsbefugnisse *Hoffmann-Becking*, ZGR 1998, 497, 517; jedenfalls a.A. *Simons/Hanloser*, AG 2010, 641, 644 (die aber die Zuordnung eines Stichentscheid- oder Vetorechts zum Sprecher für zulässig halten).

29 *T. Bezzenberger*, ZGR 1996, 661, 670; *Simons/Hanloser*, AG 2010, 641, 647. Zur Haftung der Vorstandsmitglieder bei Ressortaufteilung s. Rz. 456 ff.

I. Verfahrensgrundsätze

Gibt es mehr als ein Vorstandsmitglied, bedarf es eines Verfahrens, das die **Willensbildung** im Gesamtvorstand bestimmt. Dies gilt nicht nur für die Beschlussfassung in einer Vorstandssitzung, sondern generell für jede Entscheidungsfindung des Vorstands. Dasselbe gilt für die Beschlussfassung in Ausschüssen, die der Vorstand gebildet hat; die folgenden Ausführungen gelten für Vorstandsausschüsse grundsätzlich entsprechend. 500

1. Grundsatz der Formlosigkeit

Im Gegensatz zu den recht detaillierten Vorschriften zur **inneren Ordnung** des Aufsichtsrats (§§ 107, 108, 110 AktG), die u.a. bestimmen, dass über die Sitzungen eine Niederschrift zu fertigen ist, fehlen vergleichbare Regelungen für den Vorstand. Regelmäßig enthalten indessen zumindest die **Geschäftsordnung**, vereinzelt auch die Satzung, detaillierte Verfahrensregelungen für die Willensbildung im Vorstand. 501

2. Verfahrensablauf

a) Ladung

Nach einhelliger und richtiger Auffassung sind für die Ladung der Vorstandsmitglieder zum Zwecke der Beschlussfassung – sei es in einer Sitzung oder außerhalb einer solchen – die allgemeinen Grundsätze über die **Einladung von Gremien** heranzuziehen.[1] Das Erfordernis der Ladung ergibt sich aus den Mitwirkungsbefugnissen eines jeden Vorstandsmitglieds bei der Beschlussfassung. Wurde ein Vorstandsmitglied über die anstehende Beschlussfassung nicht informiert und konnte es nicht teilnehmen, ist sein **Mitwirkungsrecht** verletzt (zu den Folgen Rz. 521). Eine bestimmte Form der Ladung ist jedoch nicht einzuhalten, es sei denn, die Satzung oder die Geschäftsordnung sehen eine solche vor. 502

Ausnahmsweise kann bei **Gefahr im Verzug** (§ 115 Abs. 2 HGB analog) auf die Mitwirkung eines oder mehrerer Mitglieder des Vorstands verzichtet werden. Ist eine schnelle Entscheidung des Gesamtvorstands oder eines Gremiums notwendig und kann ein Vorstandsmitglied auch bei Nutzung aller angesichts des Zeitfensters zumutbaren Kommunikationswege nicht erreicht werden, ist eine **fehlende Mitwirkung** desselben bei der Willensbildung **unschädlich**.[2] Es muss aber unverzüglich nach der Beschlussfassung über die Vorgänge unterrichtet werden. 503

---

1 *Kort* in Großkomm/AktG, 5. Aufl. 2015, § 77 AktG Rz. 9; *Mertens/Cahn* in KölnKomm/AktG, 3. Aufl. 2010, § 77 AktG Rz. 34; *Seibt* in K. Schmidt/Lutter, § 77 AktG Rz. 8; *Fleischer* in Spindler/Stilz, § 77 AktG Rz. 21.

2 *Hüffer/Koch*, § 77 AktG Rz. 6; *Oltmanns* in Heidel, § 77 AktG Rz. 5; *Fleischer* in Spindler/Stilz, § 77 AktG Rz. 9; *Meyer* in Illert/Ghassemi-Tabar/Cordes, Vorstand und Aufsichtsrat in der AG, § 1 Rz. 60.

b) Vorstandssitzung

504 Die Willensbildung des Vorstands kann und wird im Regelfall im Rahmen einer Vorstandssitzung stattfinden; zwingend ist dies indessen nicht.[3] Der Vorstand kann auch **außerhalb von Sitzungen** Beschlüsse fassen; regelmäßig enthalten die Geschäftsordnungen hierzu nähere Regelungen.

505 Die **Beteiligung Dritter** an Vorstands- oder Ausschusssitzungen ist möglich, unterliegt aber Schranken. § 109 Abs. 1, 3 AktG ist analog anzuwenden. Deshalb müssen die dort niedergelegten Voraussetzungen für die Sitzungsteilnahme von nicht dem Vorstand angehörenden Personen beachtet werden.[4] Grundsätzlich dürfen danach an den Sitzungen des Vorstands und seiner Ausschüsse Personen, die nicht dem Vorstand angehören, nicht teilnehmen. Daraus ist insbesondere zu folgern, dass eine Geschäftsordnung keine Anwesenheit – beispielsweise des Aufsichtsratsvorsitzenden – institutionalisieren darf. Dieses Prinzip dient der vertraulichen und freien Willensbildung im Vorstand. Bei berechtigtem Anlass können aber Sachverständige und Auskunftspersonen zur Beratung über einzelne Gegenstände zugezogen werden. Nicht zu beanstanden ist es deshalb, wenn der Vorstand regelmäßig Hilfspersonen, etwa zur Führung des Protokolls, beizieht. Auch ist die in der Praxis übliche und sachgerechte Praxis, die Leiter zentraler Stabsressorts wie etwa Controlling, Recht oder Unternehmenskommunikation regelmäßig zur Teilnahme an den Vorstandssitzungen einzuladen, unbedenklich, soweit es bei der Unterstützung der laufenden Vorstandsarbeit bewendet und der Vorstand je nach Sachthema in Sondersituationen unter sich bleibt.

c) Beschluss

506 Sobald mehrere Personen den Vorstand bilden, entscheidet dieser im Gesamtvorstand oder auch in seinen Ausschüssen durch **Beschluss**.[5]

aa) Quorum

507 Ein besonderes Quorum für die Beschlussfassung des Vorstands ist **grundsätzlich nicht erforderlich**. Die Geschäftsordnung kann aber ein solches vorsehen. Im Rahmen einer ordnungsgemäß einberufenen Sitzung genügt grundsätzlich die Anwesenheit eines Vorstandsmitglieds.[6] Davon gibt es zwei Ausnahmen: Bei Einstimmigkeitserfordernis müssen im Ergebnis alle Mitglieder des Vorstands zustimmend mitwirken (s. dazu sogleich Rz. 512 ff.). Außerdem führt die zwingende Zuständigkeit des Gesamtorgans dazu, dass ein Vorstand, der nicht mehr vorschriftsmäßig besetzt ist,

---

3 *Fleischer* in Spindler/Stilz, § 77 AktG Rz. 21; *Oltmanns* in Heidel, § 77 AktG Rz. 4, s. Rz. 501 zum Grundsatz der Formlosigkeit.

4 *Fleischer* in Spindler/Stilz, § 77 AktG Rz. 61.

5 *Mertens/Cahn* in KölnKomm/AktG, 3. Aufl. 2010, § 77 AktG Rz. 33; *Seibt* in K. Schmidt/Lutter, § 77 AktG Rz. 8; *Oltmanns* in Heidel, § 77 AktG Rz. 4; *Fleischer* in Spindler/Stilz, § 77 AktG Rz. 21.

6 *Fleischer* in Spindler/Stilz, § 77 AktG Rz. 23.

handlungsunfähig wird, da Beschlüsse des unterbesetzten Vorstands unwirksam sind.[7]

bb) Stimmabgabe

508 Die Stimmabgabe ist – vorbehaltlich einer Vorschrift in der Geschäftsordnung – **formlos möglich**; sie kann mündlich, telegraphisch, per E-Mail oder konkludent erfolgen.[8] Sie wird als empfangsbedürftige Willenserklärung mit Zugang an die übrigen Vorstandsmitglieder wirksam.[9] Ein Widerruf der Stimmabgabe ist aber auch danach noch aus wichtigem Grund möglich, solange der Beschluss noch nicht als zustande gekommen festgestellt ist.[10] Als höchstpersönliches Rechtsgeschäft, das einem einseitigen Willensakt nahe steht, sind nach h.M. die Stimmabgabe unter einer **Bedingung**[11] und die **Stellvertretung unzulässig.**[12] Der Beschluss wird mit Zugang der letzten abgegebenen Stimme wirksam.[13]

509 Ein Vorstandsmitglied darf bei der Willensbildung in entsprechender Anwendung der §§ 28, 34 BGB **nicht mitwirken**, wenn der Beschluss die Vornahme eines Rechtsgeschäfts mit ihm oder die Einleitung oder Erledigung eines Rechtsstreits zwischen ihm und der Gesellschaft betrifft.[14]

cc) Niederschrift

510 Anders als § 107 Abs. 2 AktG für den Aufsichtsrat schreibt das Gesetz keine Niederschrift des Beschlusses oder der Sitzung des Vorstands vor. Daraus folgt, sofern nicht Satzung oder Geschäftsordnung Verfahrensregelungen enthalten, dass die Willens-

---

7 BGH v. 12.11.2001 – II ZR 225/99 (Sachsenmilch III), BGHZ 149, 158, 161 f. = AG 2002, 241, 242. S. dazu § 16 Rz. 416.

8 *Hüffer/Koch*, § 77 AktG Rz. 6; *Oltmanns* in Heidel, § 77 AktG Rz. 4; *Fleischer* in Spindler/Stilz, § 77 AktG Rz. 22; *Spindler* in MünchKomm/AktG, 5. Aufl. 2019, § 77 AktG Rz. 24.

9 *Hüffer/Koch*, § 77 AktG Rz. 7; *Mertens/Cahn* in KölnKomm/AktG, 3. Aufl. 2010, § 77 AktG Rz. 35; *Oltmanns* in Heidel, § 77 AktG Rz. 4; *Seibt* in K. Schmidt/Lutter, § 77 AktG Rz. 9; *Fleischer* in Spindler/Stilz, § 77 AktG Rz. 24. Möglicherweise kann die Geschäftsordnung den Vorsitzenden als Zugangsberechtigten benennen.

10 *Fleischer* in Spindler/Stilz, § 77 AktG Rz. 24.

11 *Spindler* in MünchKomm/AktG, 5. Aufl. 2019, § 77 AktG Rz. 21; *Fleischer* in Spindler/Stilz, § 77 AktG Rz. 24; *Seibt* in K. Schmidt/Lutter, § 77 AktG Rz. 9; a.A. *Mertens/Cahn* in KölnKomm/AktG, 3. Aufl. 2010, § 77 AktG Rz. 35.

12 *Spindler* in MünchKomm/AktG, 5. Aufl. 2019, § 77 AktG Rz. 21; *Fleischer* in Spindler/Stilz, § 77 AktG Rz. 24; *Mertens/Cahn* in KölnKomm/AktG, 3. Aufl. 2010, § 77 AktG Rz. 36; *Oltmanns* in Heidel, § 77 AktG Rz. 4; *Seibt* in K. Schmidt/Lutter, § 77 AktG Rz. 9.

13 *Mertens/Cahn* in KölnKomm/AktG, 3. Aufl. 2010, § 77 AktG Rz. 45; *Seibt* in K. Schmidt/Lutter, § 77 AktG Rz. 9.

14 OLG Karlsruhe v. 23.5.2000 – 8 U 233/99, NZG 2001, 30 = AG 2001, 93; *Hüffer/Koch*, § 77 AktG Rz. 8; *Mertens/Cahn* in KölnKomm/AktG, 3. Aufl. 2010, § 77 AktG Rz. 38; *Oltmanns* in Heidel, § 77 AktG Rz. 6; *Fleischer* in Spindler/Stilz, § 77 AktG Rz. 25.

bildung des Vorstands **grundsätzlich formfrei** ist.[15] Auch eine Feststellung des Beschlusses ist wegen der Formlosigkeit nicht erforderlich.[16] Freilich empfiehlt sich namentlich im Hinblick auf die Risiken, für Fehlentscheidungen in die Verantwortung genommen zu werden, dringend eine gründliche **Dokumentation** der Informationsgrundlagen und Erwägungsgründe der Entscheidungsfindung sowie des genauen Beschlussinhalts im Rahmen eines schriftlichen Protokolls.

II. Mehrheitserfordernisse

511 Wie viele Vorstandsmitglieder bei der Beschlussfassung mitwirken müssen und ab welcher Anzahl an bejahenden Stimmen der Beschluss zustande kommt, ist eine Frage der Mehrheitserfordernisse. Die folgenden Grundsätze gelten sowohl für den Gesamtvorstand als auch für die Vorstandsausschüsse.

1. Einstimmigkeitsprinzip und Mehrheitsentscheidungen

512 Im Grundsatz verlangt die Gesamtverantwortung des Vorstands, dass tatsächlich alle Mitglieder des Vorstands am Willensbildungsprozess teilhaben. Die **Einstimmigkeit** bei Abstimmungen ist daher, wenn Satzung oder Geschäftsordnung nichts anderes vorschreiben, die Regel. Daraus folgt auch, dass alle Mitglieder des Vorstands mitwirken müssen; Abwesende müssen nachträglich ihre Zustimmung erklären.[17]

513 Davon macht das Gesetz in **§ 121 Abs. 2 Satz 1 AktG** eine Ausnahme, wonach der Vorstand über die Einberufung der Hauptversammlung mit einfacher Mehrheit beschließt. Des Weiteren ist es nach § 77 Abs. 1 Satz 2 AktG der **Satzung oder der Geschäftsordnung** gestattet, eine vom Einstimmigkeitsprinzip abweichende Regelung zu treffen. Sie kann die **einfache oder eine qualifizierte Mehrheit** verlangen. Eine solche Regelung sollte zugleich festlegen, anhand welcher Gesamtzahl sich die Mehrheiten berechnen. Möglich ist es, die Mehrheitsreferenz an der Zahl der amtierenden oder der anwesenden Vorstandsmitglieder oder der Zahl der abgegebenen Stimmen festzumachen.[18] Ist eine Ressortzuständigkeit vorgesehen, ist im Zweifel anzunehmen, dass auch das Gesamtgremium durch einfache Mehrheit entscheiden darf. Eine Mehrheitsentscheidung durch das Gremium ist auch bei den Kernaufgaben des Gesamtvorstands denkbar.

---

15 *Hüffer/Koch*, § 77 AktG Rz. 6; *Seibt* in K. Schmidt/Lutter, § 77 AktG Rz. 8; *Oltmanns* in Heidel, § 77 AktG Rz. 4.

16 *Fleischer* in Spindler/Stilz, § 77 AktG Rz. 22; *Seibt* in K. Schmidt/Lutter, § 77 AktG Rz. 8.

17 *Seibt* in K. Schmidt/Lutter, § 77 AktG Rz. 8; *Kort* in Großkomm/AktG, 5. Aufl. 2015, § 77 AktG Rz. 12, dieser ist der Auffassung, dass im Urlaub befindliche Mitglieder im Zweifel konkludent die Zustimmung erteilt haben.

18 *Mertens/Cahn* in KölnKomm/AktG, 3. Aufl. 2010, § 77 AktG Rz. 11; *Seibt* in K. Schmidt/Lutter, § 77 AktG Rz. 10; *Fleischer* in Spindler/Stilz, § 77 AktG Rz. 12; zur Zulässigkeit des Mehrheitsstimmrechts schon Begr. RegE *Kropff*, S. 99; außerdem *Kort* in Großkomm/AktG, 5. Aufl. 2015, § 77 AktG Rz. 21; *Wettich*, S. 12 f.

Enthält die Satzung zu der Frage, anhand welcher Größe die Mehrheit zu berechnen ist, keine Festlegung, wird teilweise die Zahl der amtierenden Vorstandsmitglieder und teilweise die Zahl der abgegebenen Stimmen für ausschlaggebend gehalten.[19] Vorzugswürdig ist Letzteres. 514

2. Besondere Konstellationen

Einschränkende Vorgaben für die Willensbildung des Vorstands macht lediglich § 77 Abs. 1 AktG a.E., der es der Satzung oder der Geschäftsordnung **verbietet**, zu bestimmen, „dass ein oder mehrere Vorstandsmitglieder Meinungsverschiedenheiten im Vorstand gegen die Mehrheit seiner Mitglieder entscheiden." 515

a) Stichentscheid

Unbeschadet der Vorgabe in § 77 Abs. 1 AktG ist das Vorsehen eines Stichentscheids in der Geschäftsordnung **grundsätzlich möglich**. Falls der Vorstand aus einer geraden Anzahl an Mitgliedern besteht, können Patt-Situationen auftreten. Je nach Modus der Stimmauszählung sind bei Stimmenthaltungen oder Abwesenheiten auch bei Vorständen mit einer ungeraden Mitgliederzahl Pattsituationen denkbar. Weil es dann an einer Mehrheit fehlt, kommt kein Beschluss zustande. Um dem abzuhelfen, kann die Satzung oder die Geschäftsführung einem Vorstandsmitglied, typischerweise dem Vorstandsvorsitzenden, die **Befugnis zum Stichentscheid** einräumen.[20] Dann gibt seine Stimme den Ausschlag. Auch in Gesellschaften, die der Mitbestimmung unterliegen, kann dem Vorstandsvorsitzenden ein Stichentscheidsrecht eingeräumt werden.[21] Die Möglichkeit zum Stichentscheid gilt jedoch **nicht**, wenn dem Vorstand lediglich **zwei Mitglieder** angehören, da einem Beteiligten ansonsten faktisch ein Alleinentscheidungsrecht zugesprochen würde.[22] Ausgeschlossen ist es auch in diesem Fall, zur Auflösung einer Pattsituation dem Aufsichtsrat ein Recht zum 516

---

19 Amtierende Mitglieder: *Hoffmann-Becking*, ZGR 1998, 497, 510. Zahl der abgegebenen Stimmen: *Spindler* in MünchKomm/AktG, 5. Aufl. 2019, § 77 AktG Rz. 13; *Kort* in Großkomm/AktG, 5. Aufl. 2015, § 77 AktG Rz. 21; *Fleischer* in Spindler/Stilz, § 77 AktG Rz. 12; offen lassend *Mertens/Cahn* in KölnKomm/AktG, 3. Aufl. 2010, § 77 AktG Rz. 11; *Oltmanns* in Heidel, § 77 AktG Rz. 10.

20 Begr. RegE *Kropff*, S. 99; *Hüffer/Koch*, § 77 AktG Rz. 11; *Fleischer* in Spindler/Stilz, § 77 AktG Rz. 13; *Mertens/Cahn* in KölnKomm/AktG, 3. Aufl. 2010, § 77 AktG Rz. 12; *Kort* in Fleischer, Hdb. Vorstandsrecht, § 3 Rz. 13; *Oltmanns* in Heidel, § 77 AktG Rz. 10; *Seibt* in K. Schmidt/Lutter, § 77 AktG Rz. 12; *Schiessl*, ZGR 1992, 64, 70; einschränkend für paritätisch mitbestimmte Gesellschaften *T. Bezzenberger*, ZGR 1996, 661, 670; *Gehrlein*, WM 2018, 1865, 1871.

21 S. die Nachw. § 17 Rz. 481; *Gehrlein*, WM 2018, 1865, 1871; einschränkend für paritätisch mitbestimmte Gesellschaften aber *Kort* in Großkomm/AktG, 5. Aufl. 2015, § 77 AktG Rz. 56 und *T. Bezzenberger*, ZGR 1996, 661, 670, bei Entscheidungen, die die zwingende Zuständigkeit des Arbeitsdirektors berühren, indessen nicht ausüben darf.

22 *Hüffer/Koch*, § 77 AktG Rz. 11; *Mertens/Cahn* in KölnKomm/AktG, 3. Aufl. 2010, § 77 AktG Rz. 12; *Seibt* in K. Schmidt/Lutter, § 77 AktG Rz. 12; *Spindler* in MünchKomm/AktG, 5. Aufl. 2019, § 77 AktG Rz. 14; *Wettich*, S. 99; a.A. *Riegger*, BB 1972, 592; *K. Schmidt*, GesR, § 28 II 3a.

Stichentscheid zuzuweisen, weil damit der Grundsatz der alleinigen Verantwortlichkeit des Vorstandes unterlaufen werden würde. Stattdessen kann der Aufsichtsrat nur indirekt durch die Androhung der Abberufung Einfluss nehmen.[23] Das Gleiche gilt für die Hauptversammlung, die grundsätzlich nicht berechtigt ist, Einfluss auf die Geschäftsführungsmaßnahmen zu nehmen.[24]

b) Vetorecht

517 Inwiefern der Stimme eines Vorstandsmitglieds oder einer qualifizierten Minderheit über Patt-Situationen hinaus eine ausschlaggebende Bedeutung eingeräumt werden darf, ist umstritten. Nach richtiger und h.M. ist es jedenfalls in nicht mitbestimmten AGs **zulässig**, dass einem Mitglied ein Vetorecht zukommt, mit dem er eine nochmalige Entscheidung des Gremiums erzwingen kann (Veto mit aufschiebender Wirkung) oder sogar endgültig eine ablehnende Entscheidung herbeiführen darf.[25] § 77 Abs. 1 AktG a.E. steht dem nicht entgegen, da sich diese Norm nur gegen die positive Entscheidungskompetenz einer Minderheit wendet.[26] Der Gegenansicht, die generell, auch in nicht der Mitbestimmung unterliegenden Gesellschaften, zumindest ein endgültiges Vetorecht für unzulässig hält,[27] ist nicht zu folgen.

518 Auch nach der vorherrschenden Auffassung ist indessen, sofern ein Arbeitsdirektor zu bestellen ist, in mitbestimmten AGs ein Vetorecht mit der gesetzlich gebotenen **Gleichberechtigung des Arbeitsdirektors** unvereinbar.[28]

---

23 *Gehrlein*, WM 2018, 1865, 1871.

24 *Gehrlein*, WM 2018, 1865.

25 *Hüffer/Koch*, § 77 AktG Rz. 12; *Mertens/Cahn* in KölnKomm/AktG, 3. Aufl. 2010, § 77 AktG Rz. 13; *Kort* in Großkomm/AktG, 5. Aufl. 2015, § 77 AktG Rz. 28; *Kort* in Fleischer, Hdb. Vorstandsrecht, § 3 Rz. 14; *Fleischer* in Spindler/Stilz, § 77 AktG Rz. 16 f.; *Gehrlein*, WM 2018, 1865, 1871.

26 OLG Karlsruhe v. 23.5.2000 – 8 U 233/99, AG 2001, 93, 94; *Kort* in Großkomm/AktG, 5. Aufl. 2015, § 77 AktG Rz. 27 f.; *Mertens/Cahn* in KölnKomm/AktG, 3. Aufl. 2010, § 77 AktG Rz. 13; *Spindler* in MünchKomm/AktG, 5. Aufl. 2019, § 77 AktG Rz. 18; *Fleischer* in Spindler/Stilz, § 77 AktG Rz. 16; *Oltmanns* in Heidel, § 77 AktG Rz. 11; *Seibt* in K. Schmidt/Lutter, § 77 AktG Rz. 14; *Schiessl*, ZGR 1992, 64, 70; offen lassend BGH v. 14.11.1983 – II ZR 33/83, BGHZ 89, 48, 58 = GmbHR 1984, 151, 152 f. = AG 1984, 48.

27 *T. Bezzenberger*, ZGR 1996, 661, 665 f.; *Erle*, AG 1987, 7; *Hoffmann-Becking*, ZGR 1998, 497, 519; *Hoffmann-Becking*, NZG 2003, 745, 748; *Wettich*, S. 105; *Simons/Hanloser*, AG 2010, 641, 646; kritisch auch § 1 Rz. 19 unter Berufung auf BGH v. 14.11.1983 – II ZR 33/83, BGHZ 89, 48, 59 = GmbHR 1984, 151, 153 = AG 1984, 48.

28 *Hüffer/Koch*, § 77 AktG Rz. 13; *Mertens/Cahn* in KölnKomm/AktG, 3. Aufl. 2010, § 77 AktG Rz. 14; *Oltmanns* in Heidel, § 77 AktG Rz. 11; *Seibt* in K. Schmidt/Lutter, § 77 AktG Rz. 15 (nur für mitbestimmte Gesellschaften); *Schiessl*, ZGR 1992, 64, 70. S. zu diesem § 15 Rz. 387.

c) Alleinentscheidungsrecht

Eindeutig unzulässig ist nach § 77 Abs. 1 AktG a.E. ein **Alleinentscheidungsrecht** eines Vorstandsmitglieds; das gilt auch für den Vorsitzenden.[29] Ein Vorstandsmitglied allein kann nicht die Befugnis haben, eine positive Entscheidung durchzusetzen. 519

III. Mängel der Willensbildung

Sofern ein Beschluss des Vorstands gegen die Satzung oder das Gesetz verstößt, stellt sich die Frage, wie sich dieser Rechtsmangel auswirkt. Dabei ist zwischen **formalen und materiellen Mängeln** des Beschlusses zu unterscheiden. 520

1. Formelle Beschlussmängel

Beschlüsse, die den formalen Anforderungen der Satzung oder der Geschäftsordnung nicht genügen, sind nicht automatisch nichtig. Zu den formalen Beschlussmängeln zählen auch Mängel der einzelnen Stimmabgabe. Nur wenn ein solcher Mangel alsbald nach der Beschlussfassung **gerügt** wird, kann dies die Nichtigkeit des Beschlusses nach sich ziehen. Sofern beispielsweise eine einzelne Stimmabgabe wegen Anfechtung oder fehlender Geschäftsfähigkeit entfällt, ist entscheidend, ob der Beschluss auch ohne die fehlerhafte Stimmabgabe zustande gekommen wäre.[30] Ist ein Beschluss unter **Verletzung von Mitwirkungsrechten** eines einzelnen Vorstandsmitglieds zustande gekommen, kann nur dieses die Nichtigkeit geltend machen, indem es sich auf sein verletztes Recht beruft.[31] Geeigneter Rechtsbehelf ist im Streitfall die Feststellungsklage, gerichtet gegen die Gesellschaft.[32] 521

2. Materielle Beschlussmängel

Wie bei allen Rechtsgeschäften unterliegen auch Vorstandsbeschlüsse einer **Inhaltskontrolle** namentlich nach §§ 134, 138, 242 BGB.[33] Ein Verstoß gegen materielles Recht führt daher regelmäßig zur Nichtigkeit des Beschlusses. Derartige Verstöße können von jedem Vorstandsmitglied geltend gemacht werden.[34] Geeigneter Rechts- 522

---

29 *Hüffer/Koch*, § 77 AktG Rz. 16; *Seibt* in K. Schmidt/Lutter, § 77 AktG Rz. 13; *Fleischer* in Spindler/Stilz, § 77 AktG Rz. 14.

30 *Mertens/Cahn* in KölnKomm/AktG, 3. Aufl. 2010, § 77 AktG Rz. 46.

31 *Mertens/Cahn* in KölnKomm/AktG, 3. Aufl. 2010, § 77 AktG Rz. 47. Anders aber für die fehlende Ladung (Nichtigkeit) *Seibt* in K. Schmidt/Lutter, § 77 AktG Rz. 8; *Kort* in Großkomm/AktG, 5. Aufl. 2015, § 77 AktG Rz. 18; *Spindler* in MünchKomm/AktG, 5. Aufl. 2019, § 77 AktG Rz. 25; *Fleischer* in Spindler/Stilz, § 77 AktG Rz. 28; zugleich gehen diese aber von einem konkludenten Verzicht auf die Geltendmachung des Mangels aus, wenn alle Mitglieder erschienen sind.

32 *Spindler* in MünchKomm/AktG, 5. Aufl. 2019, § 77 AktG Rz. 29.

33 *Sack/Seibl* in Staudinger, Neubearb. 2017, § 134 BGB Rz. 11.

34 *Fleischer* in Spindler/Stilz, § 77 AktG Rz. 28; *Spindler* in MünchKomm/AktG, 5. Aufl. 2019, § 77 AktG Rz. 29.

behelf ist auch hier die Feststellungsklage. Nach richtiger h.M. haben demgegenüber der Aufsichtsrat sowie die Aktionäre kein Feststellungsinteresse.[35]

523–539 Einstweilen frei.

35 *Mertens/Cahn* in KölnKomm/AktG, 3. Aufl. 2010, § 77 AktG Rz. 48; *Kort* in Großkomm/AktG, 5. Aufl. 2015, § 77 AktG Rz. 18; *Spindler* in MünchKomm/AktG, 5. Aufl. 2019, § 77 AktG Rz. 29; *Fleischer* in Spindler/Stilz, § 77 AktG Rz. 28c.

5. Abschnitt: Allgemeine Geschäftsführungsaufgaben

Literaturübersicht: *Altmeppen*, Haftung für Delikte „aus dem Unternehmen", dargestellt am Fall „Dieselgate", ZIP 2016, 97; *Altmeppen*, Grenzen der Zustimmungsvorbehalte des Aufsichtsrats und die Folgen ihrer Verletzung durch den Vorstand, in FS Karsten Schmidt, 2009, S. 23; *Arnold*, Verantwortung und Zusammenwirken des Vorstands und Aufsichtsrats bei Compliance-Untersuchungen, ZGR 2014, 76; *Bachmann*, Interne Ermittlungen – ohne Grenzen?, ZHR 180 (2016), 563; *Bachmann*, Anmerkung zum Urteil des LG München I vom 10.12.2013 – 5 HK O 1387/10 – Zur Haftung des Vorstands für Mängel des Compliance-Systems, ZIP 2014, 579; *Bachmann/Baums/Goette* in VGR, Gesellschaftsrecht in der Diskussion 2007, 2008; *Baums*, Risiko und Risikosteuerung im Aktienrecht, ZGR 2011, 218; *Baur*, Neues zum strafprozessualen Schutz interner Ermittlungen?, NZG 2018, 1092; *Baur/Holle*, Compliance-Defense bei der Bußgeldbemessung und ihre Einpassung in das gesellschaftsrechtliche Pflichtenprogramm, NZG 2018, 14; *Baur/Holle*, Bußgeldregress im Kapitalgesellschaftsrecht nach der (Nicht-)Entscheidung des BAG, ZIP 2018, 459; *Becker/Janker/Müller*, Die Optimierung des Risikomanagements als Chance für den Mittelstand, DStR 2004, 1578; *Behling*, Die datenschutzrechtliche Compliance-Verantwortung der Geschäftsleitung, ZIP 2017, 697; *Berenbrok*, Risikomanagement im Aktienrecht mit bank- und versicherungsaufsichtsrechtlichen sowie betriebswirtschaftlichen Grundlagen, 2016; *Binder*, „Prozeduralisierung" und Corporate Governance, ZGR 2007, 745; *Bischke/Brack*, Neuere Entwicklungen im Kartellrecht, NZG 2015, 349; *Brebeck/Herrmann*, Zur Forderung des KonTraG-Entwurfs nach einem Frühwarnsystem und zu den Konsequenzen für die Jahres- und Konzernabschlussprüfung, WPg 1997, 381; *Bunte*, Regress gegen Mitarbeiter bei kartellrechtlichen Unternehmensgeldbußen, NJW 2018, 123; *Bunting*, Das Früherkennungssystem des § 91 Abs. 2 AktG in der Prüfungspraxis – eine kritische Betrachtung des IDW PS 340, ZIP 2012, 357; *Bürgers*, Compliance in Aktiengesellschaften, ZHR 179 (2015), 173; *Bürkle*, Compliance als Aufgabe des Vorstands der AG – Die Sicht des LG München I, CCZ 2015, 52; *Bürkle*, Die Compliance-Praxis im Finanzdienstleistungssektor nach Solvency II, CCZ 2008, 50; *Bussmann/Matschke*, Die Zukunft der unternehmerischen Haftung bei Compliance-Verstößen, CCZ 2009, 132; *Canzler/Hammermaier*, Die Verfolgung und Ahndung wertpapierrechtlicher Delinquenz durch die Wertpapieraufsicht der BaFin: Das kapitalmarktrechtliche Bußgeldverfahren, AG 2014, 57; *Casper*, Der Compliancebeauftragte – unternehmensinternes Aktienamt, Unternehmensbeauftragter oder einfacher Angestellter?, in FS Karsten Schmidt, 2009, S. 199; *Dann/Mengel*, Tanz auf dem Pulverfass – oder: wie gefährlich leben Compliance-Beauftragte?, NJW 2010, 3267; *Dreher*, Die Vorstandsverantwortung im Geflecht von Risikomanagement, Compliance und interner Revision, in FS Hüffer, 2010, S. 161; *Drinhausen*, Unabhängige Untersuchung durch Sachverständige, ZHR 179 (2015), 226; *Drygala/Drygala*, Wer braucht ein Frühwarnsystem? – Zur Ausstrahlungswirkung des § 91 Abs. 2 AktG, ZIP 2000, 297; *Endres*, Organisation der Unternehmensleitung aus der Sicht der Praxis, ZHR 163 (1999), 441; *Ehnert*, Standardisierung mit Variablen, CCZ 2015, 6; *Eufinger*, Verbandsgeldbuße nach § 30 OWiG und Compliance, ZIP 2018, 615; *Eufinger*, Arbeitsrechtliche Aspekte der Aufklärung von Compliance-Verstößen, BB 2016, 1973; *Fett/Theusinger*, Konzeption und Durchführung von „Internal Investigations", KSzW 2016, 253; *Fleischer*, Aktienrechtliche Compliance-Pflichten im Praxistest: Das Siemens/Neubürger-Urteil des LG München I, NZG 2014, 321; *Fleischer*, Vorstandsverantwortlichkeit und Fehlverhalten von Unternehmensangehörigen – Von der Einzelüberwachung zur Errichtung einer Compliance-Organisation, AG 2003, 291; *Fleischer*, Der deutsche „Bilanzeid" nach § 264 II S. 3 HGB, ZIP 2007, 97; *Fleischer*, Kartellrechtsverstöße und Vorstandsrecht, BB 2008, 1070; *Fleischer*, Investor Relations und informationelle Gleichbehandlung im Aktien-, Konzern- und Kapitalmarktrecht, ZGR 2009, 505; *Fonk*, Zustimmungsvorbehalte des AG-Aufsichtsrats, ZGR 2006, 841; *Fuhrmann*, Internal Investigations: Was dürfen und müssen Organe beim Verdacht von Compliance Verstößen tun?, NZG 2016, 881; *Gleißner*, Risikomanagement, KonTraG und IDW PS 340, WPg 2017, 158; *Goette*, Organisationspflichten in Kapitalgesellschaften zwischen Rechtspflicht und Opportunität, ZHR 175 (2011), 388; *Gößwein/Hohmann*, Modelle der Compliance-Organisation in Unternehmen – Wider den Chief Compliance Officer als „Überoberverantwortungsnehmer", BB 2011, 963; *Greco/Caracas*, Internal investigations und Selbstbelastungsfreiheit, NStZ 2015, 7; *Grützner*, LG München I: Die Einrichtung eines funktionierenden Compliance-Systems gehört zur Gesamtverantwortung des Vorstands, BB 2014, 850; *Habersack*, Zur Aufklärung gesellschaftsinternen Fehlverhaltens durch den Aufsichtsrat der AG, in FS Stilz, 2014, S. 191; *Habersack*, Grund und Grenzen der Compliance-Verantwortung des Aufsichtsrats der AG, AG 2014, 1; *Habersack*, Die Teilhabe des Aufsichtsrats an der Leitungsaufgabe des Vorstands gemäß § 111 Abs. 4 S. 2 AktG, dargestellt am Beispiel der Unternehmensplanung, in FS Hüffer, 2010, S. 259; *Habersack/Zickgraf*, Deliktsrechtliche Verkehrs- und Organisationspflichten im Konzern, ZHR 182 (2018), 252; *Harbarth*, Anforderungen an die Compliance-Organisation in börsennotierten Unternehmen, ZHR 179 (2015), 136; *Harbarth/Brechtel*, Rechtliche Anforderungen an eine pflichtgemäße Compliance-Organisation im Wandel der Zeit, ZIP 2016, 241; *Hauger/Palzer*, Kartellbußen und gesellschaftsrechtlicher Innenregress, ZGR 2015, 33; *Hauschka*, Compliance, Compliance-Manager, Compliance-Programme: Eine geeignete Reaktion auf gestiegene Haftungsrisiken für Unternehmen und Management?, NJW 2004, 257; *Hauschka*, Fünf Jahre Siemens-Entscheidung des LG München I, CCZ 2018, 159; *Heldt/Ziemann*, Sarbanes-Oxley in Deutschland? Zur geplanten Einführung eines strafbewehrten „Bilanzeides" nach dem Regierungsentwurf eines Transparenzrichtlinie-Umsetzungsgesetzes, NZG 2006, 652; *Hemeling*, Organisationspflichten des Vorstands zwischen Rechtspflicht und Opportunität, ZHR 175 (2011), 368; *Hoffmann-Becking*, Zur rechtlichen Organisation der Zusammenarbeit im Vorstand der AG, ZGR 1998, 497; *Hommelhoff/Mattheus*, Corporate Governance nach dem KonTraG, AG 1998, 249; *Hoven*, Aktuelle rechtspolitische Entwicklungen im Korruptionsstrafrecht – Bemerkungen zu den neuen Strafvorschriften über Mandatsträgerbestechung und Bestechung im geschäftlichen Verkehr, NStZ 2015, 553; *Hugger*, Unternehmensinterne Untersuchungen – Erfahrungen und Standards der Praxis, ZHR 179 (2015), 214; *Hüffer*, Informationen zwischen Tochtergesellschaft und herrschendem Unternehmen im vertragslosen Konzern, in FS Schwark, 2009, S. 185; *Jacob*, KonTraG und KapAEG – die neuen Entwürfe des Hauptfachausschusses zum Risikofrüherkennungssystem, zum Bestätigungsvermerk und zum Prüfungsbericht, WPg 1998, 1043; *Jansen*, Publizitätsverweigerung deutscher GmbH und ihre Sanktionen im Lichte des KapCoRiLiG, DStR 1999, 1490; *Jenne*, Die Überprüfung und Zertifizierung von Compliance Management Systemen, 2017; *Kasiske*, Mitarbeiterbefragungen im Rahmen interner Ermittlungen – Auskunftspflichten und Verwertbarkeit im Strafverfahren, NZWiSt 2014, 262; *Klengel/Buchert*, Zur Einstufung der Ergebnisse einer „Internal Investigation" als Verteidigungsunterlagen im Sinne der §§ 97, 148 StPO, NStZ 2016, 383; *Klöhn*, Kapitalmarktinformationshaftung für Corporate-Governance-Mängel?, ZIP 2015, 1145; *Koch*, Compliance-Pflichten im Unternehmensverbund?, WM 2009, 1013; *Kort*, Informationsrechte des Betriebsrats nach § 80 II BetrVG bei Mitarbeitergesprächen, Zielvereinbarungen und Talent Management, NZA 2015, 520; *König*, Haftung für Cyberschäden – Auswirkungen des neuen Europäischen Datenschutzrechts auf die Haftung von Aktiengesellschaften und ihrer Vorstände, AG 2017, 262; *Krause*, Unternehmen und Organmitglieder im Strafverfahren, ZGR 2016, 335; *Kremer/Klahold*, Compliance-Programme in Industriekonzernen, ZGR 2010, 113; *Krug/Skoupil*, Befragungen im Rahmen von internen Untersuchungen – Vorbereitung, Durchführung und Umgang mit den Ergebnissen, NJW 2017, 2374; *Kuhlen*, Zum Verhältnis von strafrechtlicher und zivilrechtlicher Haftung für Compliance-Mängel, Teil 1, NZWiSt 2015, 121; *Langer/Peters*, Rechtliche Möglichkeiten einer unterschiedlichen Kompetenzzuweisung an einzelne Vorstandsmitglieder, BB 2012, 2575; *Lösler*, Das moderne Verständnis von Compliance im Finanzmarktrecht, NZG 2005, 104; *Lück*, Elemente eines Risiko-Managementsystems, DB 1998, 8; *Lück*, Der Umgang mit unternehmerischen Risiken durch ein Risikomanagementsystem und durch ein Überwachungssystem, DB 1998, 1925; *Lüneborg/Resch*, Die Ersatzfähigkeit von Kosten interner Ermittlungen und sonstiger Rechtsberatung im Rahmen der Organhaftung, NZG 2018, 209; *Makowicz*, Integration neuer normativer, judikativer und administrativer Anforderungen in ein Compliance-Management-System, BB 2018, 556; *Makowicz/Wüstemann*, Betriebswirtschaftlicher und juristischer Nutzen der Ausgestaltung von Compliance-Management-Systemen nach dem globalen Leitfaden ISO 19600, BB 2015, 1195; *Maume/Haffke*, Whistleblowing als Teil der Unternehmenscompliance – Rechtlicher Rahmen und Best Practice, ZIP 2016, 199; *Menger*, Internal Investigations – Arbeitsrechtliche Lessons Learned und Forderungen an den Gesetzgeber, NZA 2017, 1494; *Merkt*, Compliance und Risikofrüherkennung in kleinen und mittleren Unternehmen, ZIP 2014, 1705; *Merkt*, Überprüfung des Compliance-Management-Systems zwischen Wirtschaftsprüfern und Juristen (Teil 2), DB 2014, 2331; *Mertens*, Politisches Programm in der Satzung der Aktiengesellschaft?, NJW 1970, 1718; *Momsen/Grützner*, Gesetzliche Regelung unternehmensinterner Untersuchungen – Gewinn an Rechtsstaatlichkeit oder unnötige Komplikation?, CCZ 2017, 242; *Moosmayer/Petrasch*, Gesetzliche Regelungen für Internal Investigations – Koalitionsvertrag 2018 (19. Legislaturperiode), ZHR 182 (2018), 504; *Mühl*, Internal Investigations: die ersten 72 Stunden nach dem „Knall“, BB 2016, 1992; *Müller*, Die Änderung von Jahresabschlüssen – Möglichkeiten und Grenzen in FS Quack, 1991, S. 359; *Mülbert/Wilhelm*, Risikomanagement und Compliance im Finanzmarktrecht – Entwicklung der aufsichtsrechtlichen Anforderungen, ZHR 178 (2014), 502; *Naumann/Siegel*, Wissensorganisation, ZHR 181 (2017), 273; *Naumann/Siegel*, Wissensorganisation, ZHR 181 (2017), 273; *Nietsch*, Compliance-Risikomanagement als Aufgabe der Unternehmensleitung, ZHR 180 (2016), 733; *Nietsch*, Geschäftsleiterermessen und Unternehmensorganisation bei der AG – Zur haftungsbegrenzenden Wirkung des § 93 Abs. 1 Satz 2 AktG im Bereich gesetzlicher Pflichtaufgaben unter besonderer Berücksichtigung von Compliance, ZGR 2015, 631; *Oppenheim*, Die Pflicht des Vorstands zur Einrichtung einer auf Dauer angelegten Compliance-Organisation, DStR 2014, 1063; *Ott*, Anwendungsbereich der Business Judgment Rule aus Sicht der Praxis – Unternehmerische Entscheidungen und Organisationsermessen des Vorstands, ZGR 2017, 149; *Ott/Klein*, Hindsight Bias bei der Vorstandshaftung wegen Compliance-Verstößen – Auswirkungen und Methoden des „Debiasing“, AG 2017, 209; *Ott/Lüneborg*, Internal Investigations in der Praxis – Umfang und Grenzen der Aufklärungspflicht, Mindestaufgriffsschwelle und Verdachtsmanagement, CCZ 2019, 71; *Paefgen*, „Compliance“ als gesellschaftsrechtliche Organpflicht?, WM 2016, 433; *Pahlke*, Risikomanagement nach KonTraG – Überwachungspflichten und Haftungsrisiken für den Aufsichtsrat, NJW 2002, 1680; *Preußner*, Deutscher Corporate Governance Kodex und Risikomanagement, NZG 2004, 303; *Preußner/Becker*, Ausgestaltung von Risikomanagementsystemen durch die Geschäftsleitung – Zur Konkretisierung einer haftungsrelevanten Organisationspflicht, NZG 2002, 846; *Priester*, Aufstellung und Feststellung des Jahresabschlusses bei unterbesetztem Vorstand, in FS Kropff, 1997, S. 591; *Priester*, Satzungsvorgaben zum Vorstandshandeln – Satzungsautonomie contra Leitungsautonomie, in FS Hüffer, 2010, S. 777; *Passarge*, Compliance bei Unternehmen der öffentlichen Hand, NVwZ 2015, 252; *Passarge/Graf*, Das Hamburger Compliance-Zertifikat, CCZ 2014, 119; *Ransiek*, Zur strafrechtlichen Verantwortung des Compliance Officers, AG 2010, 147; *Reichert/Ott*, Die Zuständigkeit von Vorstand und Aufsichtsrat zur Aufklärung von Non Compliance in der AG, NZG 2014, 241; *Reichert/Ott*, Non Compliance in der AG – Vorstandspflichten im Zusammenhang mit der Vermeidung, Aufklärung und Sanktionierung von Rechtsverstößen, ZIP 2009, 2173; *Rönnau*, Haftung für unterlassene Aufsicht nach § 130 OWiG und strafrechtlicher (Drittempfänger-) Verfall gemäß § 73 Abs. 3 StGB – zwei bedeutsame Bedrohungsszenarien für Unternehmen, ZGR 2016, 277; *Rübenstahl*, Zur „regelmäßigen“ Garantenstellung des Compliance Officers, NZG 2009, 1341; *Schall*, Die Mutter-Verantwortlichkeit für Menschenrechtsverletzungen ihrer Auslandstöchter, ZGR 2018, 479; *Scheben/Geschoneck/Klos*, Unternehmensinterne Ermittlungen im Rahmen datenschutzrechtlicher Grenzen, ZHR 179 (2015), 240; *Schmidt/Wermelt/Eibelshäuser*, ISO 19600 aus der Sicht der Wirtschaftsprüfung, CCZ 2015, 18; *Schön*, Der Einfluß öffentlich-rechtlicher Zielsetzungen auf das Statut privatrechtlicher Eigengesellschaften der öffentlichen Hand: Gesellschaftsrechtliche Analyse, ZGR 1996, 429; *Schrader/Mahler*, Interne Ermittlungen des Arbeitgebers und Auskunftsgrenzen des Arbeitnehmers, NZA-RR 2016, 57; *Schreitter*, Die kartellordnungswidrigkeitenrechtliche Haftung nach § 130 OWiG – ein Risiko für Konzernobergesellschaften?, NZKart 2016, 253; *Seibert*, Die Entstehung des § 91 Abs. 2 AktG im KonTraG – „Risikomanagement“ oder „Frühwarnsystem“?, in FS Bezzenberger, 2000, S. 427; *Seibt/Cziupka*, Rechtspflichten und Best Practices für Vorstands- und Aufsichtsratshandeln bei der Kapitalmarktrecht-Compliance, AG 2015, 93; *Seibt/Cziupka*, 20 Thesen zur Compliance-Verantwortung im System der Organhaftung aus Anlass des Siemens/Neubürger-Urteils, DB 2014, 1598; *Seibt/Wollenschläfer*, Revision des Marktmissbrauchsrechts durch Marktmissbrauchsverordnung und Richtlinie über strafrechtliche Sanktionen für Marktmanipulation, AG 2014, 593; *Thüsing/Fütterer*, Whistleblowing im Spannungsfeld von Gesellschaftsrecht Arbeitsrecht und Datenschutz, in VGR, Gesellschaftsrecht in der Diskussion 2017, 2018, S. 29; *Uwe H. Schneider*, Compliance als Aufgabe der Unternehmensleistung, ZIP 2003, 645; *Uwe H. Schneider/Sven H. Schneider*, Konzern-Compliance als Aufgabe der Konzernleitung, ZIP 2007, 2061; *Unmuth*, Die Entwicklung der Corporate Compliance in Recht und Praxis, AG 2017, 249; *Verse*, Compliance im Konzern, Zur Legalitätskontrollpflicht der Geschäftsleiter einer Konzernobergesellschaft, ZHR 175 (2011), 401; *E. Vetter*, Die Änderungen 2007 des Deutschen Corporate Governance Kodex DB 2007, 1963; *Weller/Kaller/Schulz*, Haftung deutscher Unternehmen für Menschenrechtsverletzungen im Ausland, AcP 216 (2016), 388; *Wettner/Mann*, Informationsrechte und Informationspflichten bei internen Untersuchungen, DStR 2014, 655; *Wilken/Hagedorn*, Compliance-Verstöße und Insiderrecht, BB 2016, 67; *Winter*, Die Verantwortlichkeit des Aufsichtsrats für „Corporate Compliance“, in FS Hüffer, 2010, S. 1103; *Withus/Kunz*, Auswirkungen des neuen ISO 19600:2014 zu Compliance-Management-Systemen auf die Prüfung nach IDW PS 980, BB 2015, 685; *Wolf*, Der Compliance-Officer – Garant, hoheitlich Beauftragter oder Berater im Unternehmensinteresse zwischen Zivil-, Straf- und Aufsichtsrecht?, BB 2011, 1353; *Wolf/Runzheimer*, Risikomanagement KontraG, 2009.

§ 19
Grundsatz

540 Wegen des **Begriffs der Geschäftsführung** und der Abgrenzung zur Leitung ist auf § 2 (Rz. 29 ff.) zu verweisen: Geschäftsführung ist umfassend zu verstehen und beinhaltet jegliches tatsächliches oder rechtliches Handeln für die Gesellschaft im Rahmen des satzungsmäßigen Unternehmensgegenstands und damit auch ihre Vertretung gegenüber Dritten (dazu § 3). Demgegenüber bezeichnet **Leitung** denjenigen herausgehobenen Teil der Geschäftsführung, den der Vorstand nicht auf nachgelagerte (Führungs-)Ebenen und erst recht nicht auf Dritte delegieren kann (dazu § 1 Rz. 6). Leitungsaufgaben betreffen insbesondere die Unternehmensplanung (Finanz-, Investitions- und Personalplanung) sowie die strategische Entwicklung des Unternehmens, ferner seine Organisation sowie die Besetzung von Führungspositionen.

Zu den Leitungsaufgaben, über die stets der gesamte Vorstand zu entscheiden hat, gehören ferner sämtliche gesetzlich zugewiesenen Aufgaben (§ 1 Rz. 7), wie z.B. die Berichterstattung an den Aufsichtsrat (§ 90 AktG), die Auf- und Feststellung des Jahresabschlusses und die Einrichtung eines Überwachungssystems (§ 91 Abs. 1, 2 AktG). Im Rahmen seiner Organisationsaufgaben hat der Vorstand unter bestimmten Umständen auch ein Risikomanagement-System (dazu § 21) sowie eine Compliance-Struktur (dazu § 22) zu schaffen.

Entsprechend dieses umfassenden Begriffs ist der **Vorstand im Bereich der Geschäftsführung allzuständig**, begrenzt lediglich durch Zustimmungsvorbehalte zugunsten des Aufsichtsrats (§ 111 Abs. 4 AktG, dazu § 2 Rz. 45 und näher § 27 Rz. 1002 ff.) sowie ausnahmsweise durch eine außergesetzliche Hauptversammlungskompetenz in besonders einschneidenden Geschäftsführungsmaßnahmen nach der sog. „Holzmüller"- bzw. „Gelatine-Doktrin" (dazu § 2 Rz. 47). Wegen der allgemeinen Überwachungsaufgabe des Aufsichtsrats in Geschäftsführungsangelegenheiten s. die Hinweise in § 2 Rz. 43 f. 541

Einstweilen frei. 542–549

§ 20
Umfang der Geschäftsführungsbefugnis

I. Begriff der Geschäftsführungsbefugnis

Die Geschäftsführungsbefugnis wird in § 77 AktG allgemein vorausgesetzt und in § 76 AktG explizit in Bezug auf die Leitungsaufgaben dem Vorstand zugewiesen. Sie bezeichnet die Befugnis, **sämtliche Geschäfte der Gesellschaft zu führen** (zum Begriff § 19) und umfasst damit selbstverständlich und insbesondere **auch die Leitungsaufgaben**. Die Geschäftsführungsbefugnis bezieht sich allgemein, und so auch im Aktienrecht, auf das **rechtliche Dürfen** im Verhältnis zur Gesellschaft: Hält sich der Vorstand bzw. halten sich seine Mitglieder im Rahmen ihrer Geschäftsführungsbefugnis, so begehen sie insofern keine Pflichtverletzung gegenüber der Gesellschaft. Überschreiten sie hingegen ihre Geschäftsführungsbefugnis, so verletzten sie ihre Pflichten (sog. Übernahmeverschulden) und haften schon deshalb auf Ersatz des gesamten Schadens (§ 82 Abs. 2 i.V.m. § 93 Abs. 2 AktG), falls sich die eigenmächtig durchgeführte Maßnahme für die Gesellschaft als Fehlschlag erweist.[1] Missachten Vorstandsmitglieder einen **Zustimmungsvorbehalt** zugunsten des Aufsichtsrats, kann die Entlastung rechtmäßig verweigert werden, eventuell auch ein wichtiger Grund für die Abberufung vorliegen (dazu § 9 Rz. 133). 550

1 S. nur *Spindler* in MünchKomm/AktG, 5. Aufl. 2019, § 82 AktG Rz. 46.

551 Demgegenüber wird die **Befugnis zur Vertretung** der Gesellschaft gem. §§ 78 Abs. 1, 82 Abs. 1 AktG nicht durch die internen Grenzen der Geschäftsführungsbefugnis belastet; zum Schutze des Rechtsverkehrs ist sie vielmehr inhaltlich **unbeschränkt und unbeschränkbar**, allerdings ebenfalls grundsätzlich als **Gesamt**befugnis ausgestaltet (§ 78 Abs. 2 AktG), so dass für das Handeln einzelner Vorstandsmitglieder eine Ermächtigung erforderlich ist, sofern nicht Satzung oder Geschäftsordnung Einzelvertretung anordnen (zur Vertretung näher § 3). Aus der Vertretungsbefugnis, die ausschließlich für die Wirksamkeit eines im Namen der Gesellschaft geschlossenen Vertrages bedeutsam ist, kann somit nichts für den konkreten Umfang der Geschäftsführungsbefugnis hergeleitet werden; dieser ergibt sich aus dem Gesetz (§ 77 Abs. 1 AktG) und sodann ggf. aus Satzung, Geschäftsordnung, Erklärungen des Aufsichtsrats sowie aus dem Anstellungsvertrag (s. § 82 Abs. 2 AktG und dazu näher unter Rz. 554 ff.).

II. Gesamtgeschäftsführung

552 Dazu, dass § 77 Abs. 1 AktG bei einem mehrköpfigen Vorstand Gesamtgeschäftsführung als Regel anordnet, s. schon § 2 Rz. 32. Die Vornahme einer Geschäftsführungsmaßnahme bedarf demnach der ausdrücklichen oder konkludenten **Zustimmung aller Vorstandsmitglieder**; die Willensbildung erfolgt also regelmäßig durch einstimmigen Beschluss, für den aber keine besonderen Formvorschriften bestehen und der auch nicht notwendigerweise protokolliert werden muss.[2] Die Zustimmung kann für eine Reihe gleichartiger Geschäfte **auch im Voraus** erteilt werden, nicht jedoch als Generaleinwilligung für sämtliche Geschäfte; denn dies widerspräche § 77 Abs. 1 Satz 2 Halbs. 2 AktG,[3] so dass eine solche Übertragung der Befugnis auch nicht durch Satzung oder Geschäftsordnung bestimmt werden könnte. **Ausnahmen** von der Gesamtgeschäftsführung gelten bei Gefahr im Verzug (§ 2 Rz. 33) sowie in Fällen, in denen das Gesetz eine Mehrheitsentscheidung ausreichen lässt (s. § 121 Abs. 2 Satz 1 AktG für die Einberufung der Hauptversammlung).

553 **Abweichungen** von der gesetzlichen Regel, namentlich durch die Geschäftsverteilung, sind in vielfältiger Weise möglich, müssen aber die zwingende gesetzliche Zuständigkeit des Vorstands als Kollegialorgan für bestimmte Angelegenheiten wahren; näher dazu unter § 2 Rz. 39 ff., zu Abweichungen durch die Geschäftsordnung vgl. auch Rz. 558.

---

2 *Hüffer/Koch*, § 77 AktG Rz. 6.

3 *Spindler* in MünchKomm/AktG, 5. Aufl. 2019, § 77 AktG Rz. 11.

III. Beschränkungen der Geschäftsführungsbefugnis

1. Beschränkungen durch Satzung oder Geschäftsordnung

a) Satzungsmäßige Beschränkungen

Wie schon erwähnt (Rz. 551), kann die Geschäftsführungsbefugnis inhaltlich durch Satzung oder Geschäftsordnung beschränkt werden (§§ 77 Abs. 1 Satz 2, 82 Abs. 2 AktG). Die bedeutsamste satzungsmäßige Beschränkung erfolgt über die Festlegung des **Unternehmensgegenstands** (§ 23 Abs. 3 Nr. 2 AktG);[4] denn Geschäftsführung ist Handeln *im Rahmen* des Unternehmensgegenstands (§ 19 Rz. 540). Je präziser somit der Gegenstand gefasst ist, desto enger sind die dem Vorstand gesetzten Grenzen. Enthält beispielsweise die Gegenstandsbestimmung keine sog. **Konzernklausel** („... auch durch Beteiligungen an anderen Gesellschaften ..."), kommt die Bildung von Tochter- oder Enkelgesellschaften nicht in Betracht. Änderungen der **Identität** des Unternehmens bzw. erhebliche **Veränderungen der Risikostruktur** sind allgemein nur zulässig, nachdem zuvor der Unternehmensgegenstand durch die Hauptversammlung geändert worden ist. So kann der Vorstand eine „Textilfabrikation" nicht eigenmächtig zugunsten der Herstellung von Maschinen aufgeben.[5] Demgegenüber liegen ein **Wechsel der Produktionsmethoden** (Atomstrom statt Windenergie), zusätzliche geschäftliche Aktivitäten zu Abrundungszwecken (Lizenzerwerb)[6] und die Erschließung neuer (räumlicher) Märkte typischerweise in der Eigenverantwortung des Vorstands, sofern nicht die Gegenstandsklausel ausdrücklich und zulässigerweise eine bestimmte Produktionsmethode von vornherein ausschließt (näher sogleich).[7] Das Gleiche gilt – sofern die Satzung eine Konzernklausel enthält – für **Beteiligungserwerb oder -veräußerung**. Endlich kann die Gegenstandsklausel nach wohl überwiegender Lehre auch **negative Bestimmungen** enthalten und beispielsweise die Produktion bestimmter Güter („Rüstungsproduktion") ausschließen; unzulässig sind aber jedenfalls Klauseln, die dem Vorstand die Produktion einzelner Produkte oder Produktlinien verbieten wollen; denn hierin läge eine unzulässige Handlungsanweisung an den Vorstand.[8] 554

Auch die **Unterschreitung des Unternehmensgegenstands**, also die Aufgabe von Geschäftsbereichen, kann satzungswidrig sein, sofern die Gegenstandsklausel nicht 555

---

4 Beispiel bei BGH v. 15.1.2013 – II ZR 90/11, AG 2013, 259 = ZIP 2013, 445: Zinsderivatgeschäfte nicht vom Unternehmensgegenstand „Hypothekenbank" erfasst.

5 *Spindler* in MünchKomm/AktG, 5. Aufl. 2019, § 82 AktG Rz. 34.

6 BGH v. 15.5.2000 – II ZR 359/98, BGHZ 144, 290, 292 = NJW 2000, 2356 = AG 2000, 475; *Mertens/Cahn* in KölnKomm/AktG, 3. Aufl. 2010, § 82 AktG Rz. 33; *Hüffer/Koch*, § 82 AktG Rz. 9.

7 *Priester* in FS Hüffer, 2010, S. 777, 786; unzulässig demgegenüber der „Ausstieg aus der Atomkraft" durch Satzungsänderung, s. *Hüffer/Koch*, § 82 AktG Rz. 10.

8 Vgl. zum Ansatz *Mertens/Cahn* in KölnKomm/AktG, 3. Aufl. 2010, § 82 AktG Rz. 27 m.w.N. (jedoch im Detail zu großzügig); zur Abgrenzung s. die zutreffende Entscheidung OLG Stuttgart v. 22.7.2006 – 8 W 271, 272/06, ZIP 2007, 231 = AG 2006, 727 (Satzung darf kein Produktionsverbot für die Marken „Maybach" und „Smart" aussprechen); zum Ganzen *Priester* in FS Hüffer, 2010, S. 777, 785 f.

nur eine Obergrenze formuliert, sondern als Verpflichtung an den Vorstand aufzufassen ist, den Gegenstand insgesamt auszufüllen.[9] Je präziser der Gegenstand gefasst wird, desto eher wird man dies annehmen können. Andererseits ist bei Aufzählung verschiedener Aktivitäten für jede einzelne im Auslegungswege zu ermitteln, ob der Vorstand insofern **zur Aufrechterhaltung verpflichtet** werden soll. Ist dies der Fall, ist der vollständige Rückzug aus dem Bereich nur im Wege der Satzungsänderung möglich.[10] Entsprechendes gilt allgemein für die Aufgabe einer tatsächlich ausgeübten Tätigkeit, sofern diese für die Gesellschaft **prägend** war.[11]

556 Selbstverständlich ist der Vorstand nicht nur an den Unternehmensgegenstand, sondern – erst recht – an den **Zweck** der Gesellschaft gebunden, der im Zweifel auf Gewinnerzielung und damit eine erwerbswirtschaftliche Zielsetzung gerichtet ist.[12] Die Satzung kann dem Vorstand im Rahmen einer solchen erwerbswirtschaftlichen Ausrichtung nicht vorschreiben, in welchem Umfang er **sozialen Aufwand** zu betreiben oder sich „politisch" zu betätigen habe.[13]

557 Schwierig zu bestimmen ist, **wie konkret die Satzung** den Unternehmensgegenstand umschreiben darf, ohne in die ihrerseits durch § 23 Abs. 5 AktG geschützte **Leitungsautonomie** des Vorstands (§ 76 Abs. 1 AktG) einzugreifen. Die Frage ist besonders in Hinblick auf bestimmte **politisch-weltanschauliche Vorgaben** an den Vorstand (z.B. Ausstieg aus der Kernenergie) oder entsprechend motivierte Verbote bestimmter Aktivitäten (z.B. keine Herstellung von Atomstrom; keine Verwendung von „Gentechnologie") diskutiert worden. Solche Bestimmungen sind grundsätzlich **problematisch**, sofern nicht ein sog. Tendenzbetrieb (Presse) vorliegt,[14] bei dem die Festlegung auf eine bestimmte Zielsetzung von prägender Bedeutung für das Unternehmen ist. Die wohl überwiegende Lehre billigt der **Hauptversammlung** zu, das Unternehmensinteresse definieren zu können, und toleriert daher auch politisch motivierte Handlungsge- oder -verbote (etwa den Ausschluss bestimmter Produktionsmethoden, s. schon Rz. 554).[15] Übereinstimmend als **unzulässig** angesehen werden aber satzungsmäßige Anweisungen an den Vorstand, bestimmte Bereiche vorrangig zu behandeln, bestimmte absatzpolitische Grundsätze einzuhalten, den Schwerpunkt auf bestimmte Teile des Konzerns zu legen, bestimmte Produktionsverfahren („erneuerbare Energien") vor anderen (Atomkraft) zu fördern oder Anteile der Produk-

9 OLG Stuttgart v. 22.7.2006 – 8 W 271, 272/06, ZIP 2007, 231 = AG 2006, 727 und OLG Stuttgart v. 13.7.2005 – 20 U 1/05, ZIP 2005, 1415, 1419 = AG 2005, 693, 695 f.; *Mertens/Cahn* in KölnKomm/AktG, 3. Aufl. 2010, § 82 AktG Rz. 34; *Habersack/Foerster* in Großkomm/AktG, 5. Aufl. 2015, § 82 AktG Rz. 25.

10 OLG Stuttgart v. 13.7.2005 – 20 U 1/05, ZIP 2005, 1415, 1419 = AG 2003, 693, 695 f. und AG 2003, 527, 532; OLG Celle v. 7.3.2001 – 9 U 137/00, AG 2001, 357, 358; *Mertens/Cahn* in KölnKomm/AktG, 3. Aufl. 2010, § 82 AktG Rz. 34.

11 OLG Hamburg v. 5.9.1980 – 11 U 1/80, AG 1981, 344, 346 (Vorstand gibt Vertrieb auf und beschränkt sich auf Warenproduktion).

12 *Hüffer/Koch*, § 82 AktG Rz. 9.

13 *Mertens/Cahn* in KölnKomm/AktG, 3. Aufl. 2010, § 82 AktG Rz. 21.

14 Dazu *Mertens*, NJW 1970, 1718 ff. (Springer Verlag).

15 *Hüffer/Koch*, § 82 AktG Rz. 10; *Priester* in FS Hüffer, 2010, S. 777, 782 ff.; teilweise großzügiger *Mertens/Cahn* in KölnKomm/AktG, 3. Aufl. 2010, § 82 AktG Rz. 27.

tionsarten am Gesamtergebnis zu definieren (35 % Atomstrom, 65 % Kohlestrom etc.).[16] Allgemein unzulässig sind konkrete Anweisungen, durch welche Maßnahmen der Unternehmensgegenstand zu verwirklichen sei; Entsprechendes gilt für die Ausrichtung auf bestimmte „Managementphilosophien“ und Geschäftsführungsgrundsätze.[17] Solche konkreten Handlungsanweisungen widersprechen klar der Leitungsautonomie des Vorstands.

b) Beschränkungen durch die Geschäftsordnung

Mit „Geschäftsordnungen des Vorstands und des Aufsichtsrats“ meint § 82 Abs. 2 558 AktG die von Aufsichtsrat oder Vorstand *für den Vorstand* getroffene(n) Ordnung (en). Der Vorstand kann also auch selbst eine Abweichung von § 77 Abs. 1 AktG (einstimmig) beschließen (§ 77 Abs. 2 Satz 3 AktG), allerdings nur dann, wenn die Satzung den Erlass der Geschäftsordnung nicht exklusiv dem Aufsichtsrat übertragen hat und dieser auch von sich aus keine Ordnung für den Vorstand erlassen hat, es sei denn der Aufsichtsrat ermächtigt den Vorstand zu konkretisierenden Bestimmungen (§ 77 Abs. 2 AktG, zur Geschäftsordnung näher § 15; zu Kompetenzfragen Rz. 364 f.). Da die Geschäftsordnung im Vergleich zur Satzung naturgemäß flexibler ist, dominiert diese Regelungsform in der Praxis.[18] Beschränkungen der Geschäftsführungsbefugnis können sich namentlich aus der **Geschäftsverteilung** ergeben, die diejenigen Vorstandszuständigkeiten, für die keine zwingende Gesamtkompetenz besteht, einzelnen Mitgliedern nach Funktionen, Sparten oder Regionen zuweist (§ 2 Rz. 39 ff.). Grenzen der Regelungsbefugnis ergeben sich insofern insbesondere aus dem Grundsatz der Gleichbehandlung der Vorstandsmitglieder, der jedenfalls krassen Ungleichgewichten („Zweiklassensystem“) unter den Vorstandsmitgliedern bei der Aufgabenteilung entgegensteht.[19] – Beschränkungen, die der Aufsichtsrat in der Geschäftsordnung vornimmt, kann er (zusätzlich oder stattdessen) auch in den **Anstellungsverträgen** der Vorstandsmitglieder verankern.[20]

2. Beschränkungen gegenüber dem Aufsichtsrat

In **einzelnen Fällen** ist der Vorstand schon **kraft Gesetzes** an die Zustimmung des 559 Aufsichtsrats gebunden, insbesondere bei **Geschäften mit sog. „nahestehenden Personen“ (sog. „Related Party Transactions“**, näher hierzu § 31 Rz. 1238 ff.). Neben der diesbezüglich im Zuge des ARUG II eingefügten Grundregel der §§ 111a ff. AktG bedarf namentlich der Abschluss von Verträgen mit einzelnen Mitgliedern des Aufsichtsrats (§§ 114 Abs. 1, 115 AktG), sowie eine Kreditgewährung an Vorstandsmitglieder (§ 89 AktG, hierzu bereits § 13 Rz. 320) der Zustimmung des Kontrollorgans. Weitere praxisrelevante Zustimmungsvorbehalte finden sich etwa auch in

16 *Mertens/Cahn* in KölnKomm/AktG, 3. Aufl. 2010, § 82 AktG Rz. 29.
17 *Mertens/Cahn* in KölnKomm/AktG, 3. Aufl. 2010, § 82 AktG Rz. 29; *Seibt* in K. Schmidt/Lutter, § 82 AktG Rz. 15; *Schön*, ZGR 1996, 429, 443; teilweise großzügiger *Fleischer* in Spindler/Stilz, 4. Aufl. 2019, § 82 AktG Rz. 33.
18 S. etwa *Langer/Peters*, BB 2012, 2575, 2576 f.
19 Dazu *Hoffmann-Becking*, ZGR 1998, 497, 515; *Langer/Peters*, BB 2012, 2575, 2577.
20 *Hüffer/Koch*, § 82 AktG Rz. 13.

§§ 59 Abs. 3 AktG (Zahlung einer Abschlagsdividende), 246 Abs. 2, 249 Abs. 1 AktG (passive Doppelvertretung bei Anfechtungs- und Nichtigkeitsklage) sowie § 32 MitbestG (Verwaltung von Beteiligungen an gleichfalls mitbestimmten Unternehmen).

560 Im Übrigen ist der Vorstand an die Zustimmung des Aufsichtsrats gem. § 111 Abs. 4 Satz 1 AktG gebunden, soweit die Satzung und/oder der Aufsichtsrat bestimmte Arten von Geschäften unter **Zustimmungsvorbehalt** stellt (dazu schon § 2 Rz. 45 und näher § 27 Rz. 1002 f., 1006 f.). Der Aufsichtsrat kann einen von der Hauptversammlung in der Satzung verankerten Zustimmungskatalog zwar nicht aufheben; er kann aber – per Beschluss des Gesamtorgans – zusätzliche Geschäftsarten von seiner Zustimmung abhängig machen.[21] Zustimmungsvorbehalte müssen einerseits **ausreichend konkret** sein (kein Generalvorbehalt für alle „wesentlichen Geschäfte"), dürfen sich aber andererseits **nur ausnahmsweise** auf ein (besonders bedeutsames) **Einzelgeschäft** beziehen.[22] Typische Zustimmungsvorbehalte beziehen sich auf den Erwerb von Beteiligungen, auf Kreditaufnahmen in bestimmter Größenordnung oder die Einrichtung neuer Unternehmensteile. Nach h.M. dürfen auch **einzelne Leitungsmaßnahmen** unter Zustimmungsvorbehalt gestellt werden, nicht jedoch die Mehrjahresplanung,[23] weil dann die Leitungsautonomie des Vorstands unzulässig beschränkt würde.

561 Der Zustimmungsvorbehalt wirkt wie ein **Vetorecht** des Aufsichtsrats: Der Vorstand muss eine zustimmungsbedürftige Maßnahme so lange zurückstellen bis der Aufsichtsrat (ggf. ein Ausschuss) entschieden hat.[24] Verweigert dieser die Zustimmung, muss die Maßnahme unterbleiben. Anderenfalls handelt der Vorstand **pflichtwidrig** und macht sich schadensersatzpflichtig wegen Überschreitung seiner Geschäftsführungsbefugnis. Sofern schon eine Zustimmung erteilt wurde, muss die geplante Maßnahme, sofern der Zustimmungsbeschluss keine andere Aussage hierzu erhält, bei wesentlichen Änderungen im Zweifel nochmals vorgelegt werden[25] (näher § 38 Rz. 1524 ff., dort auch zum Zusammenhang mit dem Einwand rechtmäßigen Alternativverhaltens). Nach verbreiteter Auffassung reicht bei **Eilbedürftigkeit** einer Maßnahme ausnahmsweise auch die (nachträgliche) Genehmigung des Geschäfts;[26] dies ist zwar nicht völlig zweifelsfrei, weil hierdurch ein gewisser faktischer Zwang

---

21 H.M., s. nur *Lutter/Krieger/Verse*, Rechte und Pflichten des Aufsichtsrats, § 3 Rz. 114; *Habersack* in FS Hüffer, 2010, S. 259 ff.; *Altmeppen* in FS Karsten Schmidt, 2009, S. 23 ff.

22 BGH v. 15.11.1993 – II ZR 235/92, BGHZ 124, 111, 127 = AG 1994, 124; *Hüffer/Koch*, § 111 AktG Rz. 39; *Habersack* in FS Hüffer, 2010, S. 259, 266 f.

23 *Hüffer/Koch*, § 111 AktG Rz. 41; *Altmeppen* in FS Karsten Schmidt, 2009, S. 23, 29; a.A. *Habersack* in FS Hüffer, 2010, S. 259, 268 ff.

24 Zum grds. Erfordernis *vor* Ausführung des zustimmungspflichten Geschäfts erteilten Zustimmung BGH v. 10.7.2018 – II ZR 24/17, AG 2018, 841 = ZIP 2018, 1923 Rz. 15 ff.

25 BGH v. 10.7.2018 – II ZR 24/17, AG 2018, 841 = ZIP 2018, 1923 Rz. 14; *Schäfer* in FS E. Vetter, 2019, S. 645.

26 Vgl. *Mertens/Cahn* in KölnKomm/AktG, 3. Aufl. 2013, § 111 AktG Rz. 82; *Fonk*, ZGR 2006, 841, 871.

zur Zustimmung erzeugt wird.[27] Es liegt aber durchaus in der Konsequenz der Entscheidung des BGH v. 10.7.2018 und ist im Ergebnis zu befürworten.[28]

3. Beschränkungen gegenüber der Hauptversammlung

Durch Hauptversammlungsbeschlüsse kann die Geschäftsführungsbefugnis **nur ausnahmsweise** aufgrund einer außerordentlichen Zuständigkeit nach der sog. **„Holzmüller“**- bzw. „Gelatine“-Rechtsprechung[29] sowie dann beschränkt sein, wenn der Vorstand von sich aus eine Geschäftsführungsmaßnahme nach **§ 119 Abs. 2 AktG** der Hauptversammlung vorgelegt hat, wodurch er an deren Entscheidung gebunden wird. Vgl. zur Hauptversammlungszuständigkeit in Geschäftsführungsangelegenheiten näher die Hinweise bei § 2 Rz. 46 f. 562

Einstweilen frei. 563–569

§ 21
Risikomanagement

I. Einführung

Seit dem KonTraG von 1998 trifft den Vorstand nach § 91 Abs. 2 AktG explizit eine **Bestandssicherungsverantwortung**, bei der es sich aber lediglich um eine Konkretisierung der Leitungspflichten aus § 76 Abs. 1 AktG handelt; demnach hat er „geeignete Maßnahmen zu treffen, insbesondere ein Überwachungssystem einzurichten“, damit existenzgefährdende Risiken frühzeitig erkannt werden. Die Pflicht trifft den Vorstand in **Gesamtverantwortung**,[1] d.h. die Einrichtung eines konkreten Systems ist vom Gesamtvorstand zu beschließen und regelmäßig auf seine Wirksamkeit zu überprüfen. Ob das eingerichtete Überwachungssystem tauglich ist, muss nach § 317 Abs. 4 HGB bei börsennotierten Aktiengesellschaften der Abschlussprüfer beurteilen und im Prüfungsbericht nach § 321 Abs. 4 HGB vermerken.[2] 570

---

27 Zutr. *Lutter/Krieger/Verse*, Rechte und Pflichten des Aufsichtsrats, § 3 Rz. 124; *Habersack* in MünchKomm/AktG, 5. Aufl. 2019, § 111 AktG Rz. 141; *Hüffer/Koch*, § 111 AktG Rz. 47.

28 Näher *Schäfer* in FS E. Vetter, 2019, S. 645, auch zur Frage, in welchem Rahmen das Zustimmungserfordernis allgemein durch ein Genehmigungserfordernis ersetzt werden kann.

29 BGH v. 26.4.2004 – II ZR 155/02 (Gelatine I), BGHZ 159, 30 = NJW 2004, 1860 = AG 2004, 384; BGH v. 26.4.2004 – II ZR 154/02 (Gelatine II), ZIP 2004, 1001; BGH v. 25.2.1982 – II ZR 174/80 (Holzmüller), BGHZ 83, 122 = AG 1982, 158 = ZIP 1982, 568.

1 LG Berlin v. 3.7.2002 – 2 O 358/01, AG 2002, 682; *Mertens/Cahn* in KölnKomm/AktG, 3. Aufl. 2010, § 91 AktG Rz. 15; *Hüffer/Koch*, § 91 AktG Rz. 4.

2 Dazu *Jacob*, WPg 1998, 1043, 1045.

571 Die Vorschrift verpflichtet **nicht** zur Einrichtung eines **allgemeinen Risikomanagementsystems**, wie es aus betriebswirtschaftlicher Sicht teilweise für sinnvoll gehalten und von der Prüfungspraxis empfohlen wird[3] und das von einem umfassenden Risikobegriff ausgeht.[4] Ziel ist es, sämtliche Risiken ohne Rücksicht auf ihr Schadenspotential zu identifizieren und zu bewerten. Dies entspricht indessen nicht dem auf Existenzrisiken bezogenen Begriff des § 91 Abs. 2 AktG, auch wenn der Vorstand rechtlich (selbstverständlich) nicht gehindert ist, ein umfassenderes System zu installieren. Zunächst scheint der Kodex über den beschränkten Ansatz des § 91 Abs. 2 AktG hinauszugehen, wenn er in **Grundsatz 4 DCGK 2020** bestimmt: *„Für einen verantwortungsvollen Umgang mit den Risiken der Geschäftstätigkeit bedarf es eines geeigneten und wirksamen internen Kontroll- und Risikomanagementsystems.“* Es handelt sich dabei indessen weder um eine Empfehlung (die mit „soll“ gekennzeichnet wäre) noch um eine Anregung (die mit „sollte“ umschrieben wäre), sondern vielmehr um einen Grundsatz, der – gem. Präambel des DCGK 2020 – „wesentliche rechtliche Vorgaben“ und damit schlicht das geltende Recht abbilden soll. Wenn dies auch nicht vollständig gelungen ist, soll der Regelungsgehalt des Kodex demnach nicht über § 91 Abs. 2 AktG hinausgehen.

572 Besondere Anforderungen gelten nach **§ 25a KWG** bzw. **Art. 435 CRR** (VO (EU) Nr. 575/2013) für Finanzdienstleistungs- und Kreditinstitute;[5] sie sind auf die speziellen Verhältnisse in dieser Branche zugeschnitten und lassen sich nach zutreffender h.M. nicht auf die allgemeinen Anforderungen gem. § 91 Abs. 2 AktG übertragen.[6] Weitere Sonderregeln finden sich in Hinblick auf Versicherungsunternehmen in **§ 23 VAG**; für sie gilt das Gleiche.[7]

---

3 Vgl. etwa *Lück*, DB 1998, 8 ff. und 1925 ff.; *Brebeck/Herrmann*, WPg 1997, 381, 383; *Bunting*, ZIP 2012, 357; *Gleißner*, WPg 2017, 158; *Berenbrok*, Risikomanagement im Aktienrecht mit bank- und versicherungsaufsichtsrechtlichen sowie betriebswirtschaftlichen Grundlagen, 2016; zahlreiche weit. Nachw. bei *Mertens/Cahn* in KölnKomm/AktG, 3. Aufl. 2010, § 91 AktG Rz. 20; speziell zum US-amerikanischen COSO-II-Rahmenwerk *Naumann/Siegel*, ZHR 181 (2017), 273, 288 ff. zum „Enterprise Risk Management“, das weltweit als „Orientierungshilfe“ akzeptiert wird.

4 Begr. RegE, BT-Drucks. 13/9712, S. 15; OLG Celle v. 28.5.2008 – 9 U 184/07, AG 2008, 711, 712; *Mertens/Cahn* in KölnKomm/AktG, 3. Aufl. 2010, § 91 AktG Rz. 14, 20; *Hüffer/Koch*, § 91 AktG Rz. 9; *Baums*, ZGR 2011, 218, 270 ff.; *Dreher* in FS Hüffer, 2010, S. 161, 162; *Hommelhoff/Mattheus*, AG 1998, 249, 251.

5 Dazu näher etwa *Mertens/Cahn* in KölnKomm/AktG, 3. Aufl. 2010, § 91 AktG Rz. 32; zur finanzrechtlichen Compliance nach CRD IV und KWG, *Mülbert/Wilhelm*, ZHR 178 (2014), 502; zum Compliance-/Risikomanagement aus bankenaufsichts- und versicherungsaufsichtsrechtlicher Sicht, *Nietsch*, ZHR 180 (2016), 733, 746 ff.

6 *Mertens/Cahn* in KölnKomm/AktG, 3. Aufl. 2010, § 91 AktG Rz. 30; *Spindler* in MünchKomm/AktG, 5. Aufl. 2019, § 91 AktG Rz. 38; *Kort* in GroßkommAktG, 5. Aufl. 2015, § 91 AktG Rz. 57; *Bürkle*, CCZ 2008, 50, 55 f.; a.A. LG Berlin v. 3.7.2002 – 2 O 358/01, AG 2002, 682, 683 f. (aufgehoben durch KG v. 27.9.2004 – 2 U 191/02, AG 2005, 205); VG Frankfurt v. 8.7.2004 – 1 E 7363/03, AG 2005, 264, 265; *Preußner*, NZG 2004, 303, 305.

7 S. dazu auch den Überblick bei *Mertens/Cahn* in KölnKomm/AktG, 3. Aufl. 2010, § 91 AktG Rz. 32.

II. Anforderungen an das Risikomanagementsystem

1. Die erste Stufe: Das Früherkennungssystem

In Übereinstimmung mit der Gesetzgebungsgeschichte[8] bedeutet die Verpflichtung aus § 91 Abs. 2 AktG nach h.M.[9] zweierlei: Zunächst ist ein Früherkennungssystem einzurichten, das sodann laufend auf seine Funktionsfähigkeit zu überprüfen ist (Überwachungssystem, dazu unter Rz. 576). Im Folgenden geht es zunächst um das Früherkennungssystem. 573

Der Gesetzestext spricht von der Erkennung existenzgefährdender „Entwicklungen", was die **systematische und dauerhafte Erfassung von Einzelrisiken** voraussetzt, die entweder schon für sich oder in Kumulation bestandsgefährdend sein können.[10] Die Gesetzesmotive[11] zählen hierzu die Ausführung besonders risikobehafteter Geschäfte (z.B. Derivatehandel, Termingeschäfte), Verstöße gegen Vorschriften zur Rechnungslegung oder gegen andere Gesetze. Die Risiken sind in Übereinstimmung mit der Gesetzesbegründung dann **bestandsgefährdend**, wenn sie sich im Falle ihrer Realisierung wesentlich auf die Vermögens-, Finanz- und Ertragslage des Unternehmens auswirken würden, und zwar im Sinne einer dauerhaften Beeinträchtigung der Rentabilität der Gesellschaft;[12] sie müssen folglich für die Darstellung nach § 264 Abs. 2 HGB relevant sein.[13] Eine Präzisierung hierzu enthält der **IDW Standard Nr. 340**,[14] der das WP-Prüfungsprogramm zu § 317 Abs. 4 HGB konkretisiert und auf eine Systemprüfung beschränkt, allerdings – insofern über die gesetzliche Verpflichtung hinausgehend (Rz. 571) – eine vollständige Risikoerfassung verlangt und somit allemal auch die Erfassung von Einflüssen auf die Vermögens- und Ertragslage der Gesellschaft.[15] 574

8 Dazu *Seibert* in FS Bezzenberger, 2000, S. 427, 428 f.

9 Vgl. nur *Hüffer/Koch*, § 91 AktG Rz. 8 f.; *Spindler* in MünchKomm/AktG, 5. Aufl. 2019, § 91 AktG Rz. 29; *Dreher* in FS Hüffer, 2010, S. 161, 173 ff.; in diesem Sinne auch schon *Endres*, ZHR 163 (1999), 441, 451 f.; *Drygala/Drygala*, ZIP 2000, 297, 299.

10 Vgl. *Mertens/Cahn* in KölnKomm/AktG, 3. Aufl. 2010, § 91 AktG Rz. 21; *Spindler* in MünchKomm/AktG, 5. Aufl. 2019, § 91 AktG Rz. 20; etwas andere Akzentuierung z.B. bei *Hüffer/Koch*, § 91 AktG Rz. 6, der unter Entwicklung eine nachteilige Veränderung von „Risikozuständen" versteht, was aber wohl keinen Unterschied ausmacht.

11 Begr. RegE, BT-Drucks. 13/9712, S. 15.

12 Begr. RegE, BT-Drucks. 13/9712, S. 7; *Spindler* in MünchKomm/AktG, 5. Aufl. 2019, § 91 AktG Rz. 21.

13 *Hommelhoff/Mattheus* in Dörner u.a. (Hrsg.), Praxis des Risikomanagements, 2000, S. 5, 16; a.A. *Hüffer/Koch*, § 91 AktG Rz. 6; *Spindler* in MünchKomm/AktG, 5. Aufl. 2019, § 91 AktG Rz. 21; *Mertens/Cahn* in KölnKomm/AktG, 3. Aufl. 2010, § 91 AktG Rz. 23 (erhebliche Steigerung des Insolvenzrisikos erforderlich).

14 Dazu *Becker/Janker/Müller*, DStR 2004, 1578, 1579; *Gleißner*, WPg 2017, 158; teilweise kritisch *Bunting*, ZIP 2012, 357, 359: die wichtige „Liquiditätssteuerung" werde ausgeblendet.

15 Dazu näher auch *Fleischer* in Fleischer, Hdb. Vorstandsrecht, § 19 Rz. 16 f.

575 Der Vorstand muss Maßnahmen treffen, die zur **Früherkennung** der beschriebenen „Entwicklungen" geeignet sind. Erkennen setzt Bekanntwerden beim Vorstand voraus,[16] und „frühzeitig" ist das Erkennen, wenn es so rechtzeitig erfolgt, dass noch Gegenmaßnahmen ergriffen werden können, die eine Bestandsgefährdung abzuwenden geeignet sind.[17] Es müssen folglich die unternehmensspezifischen Risiken in der konkreten Gesellschaft erfasst werden,[18] was eine Art **„Risikoinventur"** verlangt, die von historischen Schadensfällen ausgeht,[19] deren Risikopotential analysiert und für Kommunikation und Dokumentation dieser Risiken sorgt, namentlich also für ein **unternehmensinternes Berichtswesen**. Solche Maßnahmen sind zur Früherkennung geeignet, wenn erfahrungsgemäß erwartet werden darf, dass der Vorstand die erforderlichen Informationen auch tatsächlich rechtzeitig erhält.[20] Bei der Beurteilung dieser Eignung und somit bei der konkreten Ausgestaltung des Berichtswesens handelt es sich jeweils um eine unternehmerische Entscheidung i.S.v. § 93 Abs. 1 Satz 2 AktG,[21] so dass dem Vorstand ein entsprechender Ermessensspielraum zusteht.

2. Die zweite Stufe: Das Überwachungssystem

576 Das Überwachungssystem dient der **laufenden Überprüfung**, ob das Früherkennungssystem tatsächlich funktioniert, die angeordneten Maßnahmen also durchgeführt werden und auch ihre Ziele erreichen.[22] Insbesondere sind nicht nur zwingend Abteilungen für interne Revision und Controlling einzurichten, sondern es ist auch zu gewährleisten, dass Vorstand und Aufsichtsrat **rechtzeitig informiert** werden, so dass Art und Form der Berichterstattung zu regeln sind, also ein Berichtswesen zu schaffen ist.[23] Hierbei ist der Grundsatz der **Funktionstrennung** einzuhalten, so dass keine Personenidentität zwischen Prüfern und Geprüften bestehen darf; Früherkennungssystem und Überwachungssystem dürfen mit anderen Worten nicht in die Zuständigkeit derselben Personen fallen.[24] Interne Revision und Controlling

16 *Hüffer/Koch*, § 91 AktG Rz. 7.

17 Begr. RegE, BT-Drucks. 13/9712, S. 15; *Mertens/Cahn* in KölnKomm/AktG, 3. Aufl. 2010, § 91 AktG Rz. 24.

18 Allgemein hierzu auch *Wolf/Runzheimer*, Risikomanagement und KonTraG, 5. Aufl. 2009, S. 35 ff.

19 S. auch *Preußner/Becker*, NZG 2002, 846, 848; *Becker/Janker/Müller*, DStR 2004, 1578, 1579.

20 *Hüffer/Koch*, § 91 AktG Rz. 7.

21 *Spindler* in MünchKomm/AktG, 5. Aufl. 2019, § 91 AktG Rz. 28.

22 *Hüffer/Koch*, § 91 AktG Rz. 8 f.; *Spindler* in MünchKomm/AktG, 5. Aufl. 2019, § 91 AktG Rz. 29; *Seibert* in FS Bezzenberger, 2000, S. 427, 437; *Hommelhoff/Mattheus*, AG 1998, 249, 251; abweichend *Mertens/Cahn* in KölnKomm/AktG, 3. Aufl. 2010, § 91 AktG Rz. 26 (Überwachung Teil der Früherkennung [Bedeutung dieser Hervorhebung indessen unklar]).

23 *Hüffer/Koch*, § 91 AktG Rz. 10; vgl. auch *Spindler* in Fleischer, Hdb. Vorstandsrecht, § 19 Rz. 17.

24 *Spindler* in Fleischer, Hdb. Vorstandsrecht, § 19 Rz. 17; *Preußner/Becker*, NZG 2002, 846, 850.

sind somit organisatorisch zu separieren. Unerlässlich ist zudem eine ausreichende **Dokumentation** der gewonnenen Erkenntnisse.[25] Die Praxis empfiehlt bisweilen ein sog. Risikohandbuch,[26] doch lässt sich ein solches Erfordernis nicht aus § 91 Abs. 2 AktG herleiten.[27]

Erfährt der Vorstand von bestandsgefährdenden Risiken (Rz. 574), so hat er unverzüglich geeignete **Maßnahmen zur Risikobewältigung** zu treffen. Diese Pflicht ist zwar nicht eigentlich Gegenstand von § 91 Abs. 2 AktG, ergibt sich aber mit Selbstverständlichkeit aus § 93 Abs. 1 AktG. Hieraus wird man auch eine Pflicht zur Vorsorge für ein (konkretes) Krisenmanagement ableiten können,[28] so dass namentlich bereits im Vorfeld eines konkreten Störfalls entsprechende Funktionen zu besetzen und ein Krisenstab („*task force*") einzurichten ist, der bei Bedarf durch jeweilige Spezialisten ad hoc ergänzt werden kann. Ein **Abschlussbericht** zur jeweiligen Krise, ihrer Bewältigung und den hieraus gezogenen Konsequenzen dient sodann der Verfeinerung des Risikoerkennungssystems. 577

3. Insbesondere Berichterstattung und Prüfung (§ 317 Abs. 4 HGB)

Bei börsennotierten Gesellschaften ist im Rahmen der Abschlussprüfung vom Abschlussprüfer zu beurteilen, ob der Vorstand ein geeignetes und funktionsfähiges Frühwarnsystem eingerichtet hat. Das Ergebnis dieser Beurteilung ist in einem gesonderten Teil des Prüfungsberichts darzustellen, wobei auch auf erforderliche Verbesserungsmaßnahmen einzugehen ist, vgl. § 321 Abs. 4 HGB.[29] 578

III. Folgen eines unzureichenden Risikomanagements

Die Einrichtung eines ausreichenden Risikomanagements ist **Vorstandspflicht**, so dass die einzelnen Mitglieder bei Verletzung als Gesamtschuldner nach § 93 Abs. 2 Satz 1 AktG **haften**, wenn der Gesellschaft ein Schaden entstanden ist.[30] Bei Vernachlässigung seiner Überwachungspflicht, kommt darüber hinaus auch eine Haftung der Aufsichtsratsmitglieder nach § 116 AktG in Betracht.[31] Bei andauernder Weigerung oder schweren Fällen einer Nichtbeachtung der gesetzlichen Anforderun- 579

25 S. dazu auch LG München I v. 5.4.2007 – 5 HKO 15964/06, AG 2007, 417, 418: Anfechtbarkeit des Entlastungsbeschlusses, wenn keine klar abgegrenzten Zuständigkeiten geschaffen und nicht für Berichtswesen und Dokumentation gesorgt wurde.

26 *Preußner/Becker*, NZG 2002, 846, 851.

27 Zutr. *Spindler* in Fleischer, Hdb. Vorstandsrecht, § 19 Rz. 28.

28 *Preußner/Becker*, NZG 2002, 846, 850.

29 Vgl. hierzu *Endres*, ZHR 163 (1999), 441, 451; allgemein zu § 317 Abs. 4 HGB auch *Habersack/Schürnbrand* in Staub, 5. Aufl. 2010, § 317 HGB Rz. 29 ff.; zu § 321 Abs. 4 HGB ebd. Rz. 52 f.

30 *Spindler* in MünchKomm/AktG, 5. Aufl. 2019, § 91 AktG Rz. 75; *Mertens/Cahn* in KölnKomm/AktG, 3. Aufl. 2010, § 91 AktG Rz. 27; vgl. auch VG Frankfurt v. 8.7.2004 – 1 E 7363/03 (1), WM 2004, 2157 = AG 2005, 264 und LG Berlin v. 3.7.2002 – 2 O 358/01, AG 2002, 682 (Gesamtverantwortung).

31 *Pahlke*, NJW 2002, 1680.

gen kann dies auch die **Abberufung** von Vorstandsmitgliedern rechtfertigen.[32] Ein trotz Verletzung der Pflichten aus § 91 Abs. 2 AktG gefasster **Entlastungsbeschluss** ist anfechtbar.[33] Entsprechend den allgemeinen Regeln (§ 93 Abs. 2 Satz 2 AktG) ist das Vorstandsmitglied darlegungs- und beweispflichtig dafür, dass es sich dafür eingesetzt hat, die nach § 91 Abs. 2 AktG gebotenen Maßnahmen einzuleiten und durchzuführen.[34] Sofern bei Finanzdienstleistern und Kreditinstituten die **Sonderregeln nach § 25a KWG** eingreifen, kann auch die BaFin Geschäftsleiter nach § 36 Abs. 2 KWG abberufen, was aber einen fortwährenden und leichtfertigen Verstoß voraussetzt. Entsprechendes gilt in Hinblick auf § 23 **VAG** für Vorstände von Versicherungen (§ 303 Abs. 2 VAG).

580–589 Einstweilen frei.

§ 22
Compliance

I. Begriff und praktische Bedeutung

590 Der Modebegriff „Compliance“, also wörtlich „Befolgung“, steht für ein Konzept, das die **Regelbefolgung** innerhalb eines Unternehmens bzw. durch das Unternehmen gewährleisten soll, wobei vor allem an **gesetzliche Regeln**, aber auch an **unternehmensinterne Standards** gedacht wird.[1] Soweit sich aus Regelverstößen bestandsgefährdende Risiken i.S.v. § 91 Abs. 2 AktG ergeben (dazu § 21 Rz. 570 ff.), überschneidet sich die Pflicht zur Compliance mit derjenigen zur Einrichtung eines Risikoüberwachungssystems,[2] doch geht es bei der Compliance nicht lediglich um bestandsgefährdende Risiken, sondern allgemein um die **Sicherstellung regelkonformen Verhaltens** durch (sämtliche) Mitarbeiter des Unternehmens. Der Vorstand ist aufgrund seiner allgemeinen Leitungspflicht (§§ 76 Abs. 1, 93 Abs. 1 AktG) gehalten, für eine ausreichende Compliance-Organisation, auch als „Compli-

32 LG Berlin v. 3.7.2002 – 2 O 358/01, AG 2002, 682, 683 f.; *Spindler* in MünchKomm/AktG, 5. Aufl. 2019, § 91 AktG Rz. 75; *Preußner/Becker*, NZG 2002, 846.

33 Vgl. *Spindler* in MünchKomm/AktG, 5. Aufl. 2019, § 91 AktG Rz. 75; nach LG München v. 5.4.2007 – 5 HKO 15964/06, BB 2007, 2171, 2172 = AG 2007, 417, 418 gilt dies auch, wenn nur die Dokumentation des Risikomanagementsystems unterlassen wird (zw.).

34 BGH v. 1.12.2008 – II ZR 102/07, NJW 2009, 850, 853 = AG 2009, 81; OLG Frankfurt v. 12.12.2007 – 17 U 111/07, AG 2008, 453, 454; *Mertens/Cahn* in KölnKomm/AktG, 3. Aufl. 2010, § 91 AktG Rz. 39.

1 S. nur *Mertens/Cahn* in KölnKomm/AktG, 3. Aufl. 2010, § 91 AktG Rz. 34 und aus der Frühphase der deutschen Compliance-Debatte etwa *Fleischer*, AG 2003, 291, 299; *Hauschka*, NJW 2004, 257; *Lösler*, NZG 2005, 104; *Uwe H. Schneider*, ZIP 2003, 645, 646; zur historischen Entwicklung *Unmuth*, AG 2017, 249; *Harbarth/Brechtel*, ZIP 2016, 241.

2 S. z.B. *Fleischer*, AG 2003, 291, 299.

ance Management System" bezeichnet, zu sorgen.[3] Er muss sich also nicht nur selbst rechtmäßig verhalten, sondern – infolge zulässiger Delegation – im Rahmen seines unternehmerischen Ermessens und unter dem Vorbehalt der Verhältnismäßigkeit (Rz. 592) auch für rechtmäßiges Verhalten aller Mitarbeiter sorgen (Legalitätskontrollpflicht).[4] Und dies beinhaltet namentlich die Pflicht, im angemessenen Umfang Verantwortung, Kontrollbefugnisse und Berichtspflichten klar zuzuordnen, Mitarbeiter zu schulen und für die Aufklärung von Verstößen[5] zu sorgen. Letzteres wird zunehmend mit dem neudeutschen Begriff der **„Internal Investigations"** bezeichnet,[6] die der Vorstand ggf. zu veranlassen und zu überwachen habe (dazu noch unter Rz. 594).[7] Ein indirekter Zwang zur Einrichtung eines Compliance-Systems könnte zudem von einer neueren Entscheidung des **BGH zu § 130 OWiG**, also zum Tatbestand der Aufsichtspflichtverletzung, ausgehen; dort hat der 1. Strafsenat[8] erstmals – und im Gegensatz zur bisherigen Behördenpraxis des BKartA – in einem obiter dictum angedeutet, dass bei der Verhängung einer Geldbuße nach § 130 OWiG (dort: im Steuerstrafverfahren) Bemühungen zur Verhinderung oder zur Ahndung von Verstößen durch ein effizientes Compliance-System **bußgeldmindernd** zu berücksichtigen seien.[9]

Die **erste und bislang einzige Gerichtsentscheidung**, die eine „Compliance-Organi- 591
sationspflicht" des Vorstands anerkannt und ausformuliert hat, ist eine Entscheidung des **LG München I** in Sachen **Siemens/Neubürger**:[10] Der Vorstand habe dafür zu sorgen, „dass das Unternehmen so organisiert und beaufsichtigt wird, dass keine Gesetzesverletzungen wie beispielsweise Bestechungshandlungen im Ausland stattfinden." Es ging um die Haftung von Herrn Neubürger, dem für „Reporting und die

3 Vgl. etwa (mit Abweichungen im Detail) *Hüffer/Koch*, § 76 AktG Rz. 11 f.; *Fleischer*, BB 2008, 1070; *E. Vetter*, DB 2007, 1963 f.; *Reichert/Ott*, ZIP 2009, 2173; *Reichert/Ott*, NZG 2014, 241, 242; *Winter* in FS Hüffer, 2010, S. 1103; *Harbarth*, ZHR 179 (2015), 136, 144 ff.; *Bachmann*, ZHR 180 (2016), 563; *Bachmann*, ZIP 2014, 579, 581.

4 Vgl. etwa *Hemeling*, ZHR 175 (2011), 368, 369 ff.; *Goette*, ZHR 175 (2011), 388, 390 ff. und aus konzernrechtlicher Sicht *Verse*, ZHR 175 (2011), 401 ff., alle mit zahlr. Nachw.

5 Dazu *Kremer/Klahold* in Krieger/Uwe H. Schneider, Hdb. Managerhaftung, Rz. 25.40.

6 Dazu *Wilsing/Goslar* in Krieger/Uwe H. Schneider, Hdb. Managerhaftung, § 15; *Hugger*, ZHR 179 (2015), 214; *Fuhrmann*, NZG 2016, 881; *Arnold*, ZGR 2014, 76; zur Arbeitsteilung bei Complianceaufgaben innerhalb des Vorstands und Kompetenzüberschneidungen von Vorstand und Aufsichtsrat, *Bürgers*, ZHR 179 (2015), 173, 178 ff., 193 ff.

7 S. hier nur *Reichert/Ott*, NZG 2014, 241, 242 ff.; *Grunewald*, NZG 2013, 841; weitere Nachw. bei Rz. 594 f.

8 BGH v. 9.5.2017 – 1 StR 265/16, AG 2018, 39.

9 Zust. *Eufinger*, ZIP 2018, 615, 620; *Eufinger*, NZG 2018, 327, 330; demgegenüber betonen *Baur/Holle*, NZG 2018, 14, 19 größere Haftungsrisiken für Organe als Folge dieser Rspr., weil im Falle mangelhafter Compliance die dann ausbleibende Bußgeldreduktion einen deutlich messbaren Schaden ergebe. Vgl. auch die *Reformvorschläge zu den §§ 30, 130 OWiG* des Bundesverbands der Unternehmensjuristen (BUJ) für ein einheitliches Unternehmenssanktionsrecht zur Konkretisierung der Anforderungen an ein Compliance-System und seine mildernde Berücksichtigung bei der Bußgeldbemessung sowie den Koalitionsvertrag zwischen CDU und SPD v. 12.3.2018, Rz. 5915 ff., der insofern „gesetzliche Anreize" schaffen möchte; weit. Hinweise bei *Ott/Lüneborg* CCZ 2019, 71 (72 f.).

10 LG München I v. 10.12.2013 – 5 HK O 1387/10 (Siemens/Neubürger), ZIP 2014, 570.

Rechtsabteilung“ zuständigen Vorstandsmitglied der Siemens AG. Gegen diese waren wegen „systematisch betriebener Schmiergeldzahlungen“ in Afrika im Zeitraum von 1999-2005 in den Jahren 2007/08 Sanktionen i.H.v. mehr als 1 Mrd. € verhängt worden, überwiegend durch US-amerikanische Behörden. Das LG verurteilte Herrn Neubürger zum Schadensersatz i.H.v. 15 Mio. €, weil er die beschriebene Organisationspflicht dadurch verletzt habe, dass er „trotz wiederholter ihm zur Kenntnis gebrachter Gesetzesverletzungen keine ... ausreichenden Maßnahmen zur Aufklärung und Untersuchung von Verstößen, deren Abstellen und Ahndung der betroffenen Mitarbeiter eingeleitet“ habe; die Einrichtung eines mangelhaften Compliance-Systems und auch dessen unzureichende Überwachung bedeute eine (vermutete) Pflichtverletzung, von der er sich nicht habe entlasten können.[11] Weder sei eine klare organisatorische Zuordnung der Compliance-Funktion erfolgt, noch hätten die mit der Überwachung betrauten Personen über ausreichende Befugnisse verfügt, „Konsequenzen aus den Verstößen“ zu ziehen. Insbesondere habe der Vorstand eine „Berichtslinie mit daraus abzuleitenden Kompetenzen für disziplinarische Maßnahmen“ schaffen und sich „fortlaufend über Vorfälle informieren“ müssen. Außerdem hätten sämtliche Beraterverträge zentral erfasst und bei konkretem Verdacht überprüft werden müssen. Der Beklagte habe deshalb kein funktionierendes System zur Vermeidung von Rechtsverstößen errichtet, die von ihm ergriffenen (durchaus erheblichen) Maßnahmen seien nicht „ausgefeilt“ und nicht „streng“ genug gewesen.[12]

592 Das Urteil hat erwartungsgemäß ein erhebliches Echo im Schrifttum ausgelöst und ist dabei im Grundsätzlichen auf Zustimmung, hinsichtlich einzelner Ableitungen jedoch auf entschiedene (und **berechtigte**) **Kritik** gestoßen.[13] Insbesondere wurde dem Gericht zu Recht vorgeworfen, das unternehmerische Ermessen bei Einrichtung des Compliance-Systems in der Vergangenheit nicht zutreffend gewürdigt und erhebliche **Rückschaufehler** begangen zu haben.[14] Denn als Organisationspflicht stehen Compliance-Maßnahmen stets unter dem doppelten **Vorbehalt der Erforderlichkeit und der Zumutbarkeit**, die naturgemäß aus ex-ante-Sicht, also bezogen auf den Zeitpunkt der getroffenen Maßnahme zu beurteilen ist,[15] wobei, wie bei Anwendung des § 130 OWiG (Unterlassung von Aufsichtsmaßnahmen zur Verhinderung von Straftaten und Ordnungswidrigkeiten durch Unternehmer), dem Vertrauens-

---

11 LG München I v. 10.12.2013 – 5 HK O 1387/10, ZIP 2014, 570, 573 f.

12 LG München I v. 10.12.2013 – 5 HK O 1387/10, ZIP 2014, 570, 574 f.

13 Eher darstellend *Fleischer*, NZG 2014, 321; *Merkt*, ZIP 2014, 1705, 1708 ff.; *Bürkle*, CCZ 2015, 52, 55; rückblickend *Hauschka*, CCZ 2018, 159 (zum 5. Jahrestag); zur Kritik insbes. *Kuhlen*, NZWiSt 2015, 121, 126 ff.; *Bachmann*, ZIP 2014, 579, ferner *Grützner*, BB 2014, 850, 851; *Paefgen*, WM 2016, 433, 437; *Seibt/Cziupka*, DB 2014, 1598.

14 *Bachmann*, ZIP 2014, 580 f.; *Kuhlen*, NZWiSt 2015, 121, 126 ff. („massiv von Rückschaufehlern bedroht“); s. auch *Oppenheim*, DStR 2014, 1063, 1065; *Seibt/Cziupka*, DB 2014, 1598; *Paefgen*, WM 2016, 433. Eingehend zum Eingreifen der Business Judgment Rule bei Einrichtung („ob“) und Ausgestaltung („wie“) des Compliance-Systems *Harbarth*, ZHR 179 (2015), 136, 151 ff.; *Paefgen*, WM 2016, 433, 435 ff.; *Nietsch*, ZGR 2015, 631, 634 ff.; *Ott*, ZGR 2017, 149, 163 ff.; *Hüffer/Koch*, § 76 AktG Rz. 14 ff.

15 *Fleischer*, AG 2003, 291, 300; *Reichert/Ott*, ZIP 2009, 2173, 2174; *Reichert* in FS Hoffmann-Becking, 2013, S. 943, 951 f.; *Verse*, ZHR 175 (2011), 401, 407; *Harbarth*, ZHR 179 (2015), 136, 148 f.

grundsatz eine besondere Bedeutung zukommt.[16] Auch zum **gegenwärtigen Zeitpunkt** begegnen die z.T. sehr detaillierten Anforderungen, die das LG München I an ein pflichtgemäßes Compliance-System gestellt hat, erheblichen Bedenken. Man mag noch annehmen, dass eine Gesellschaft vom Zuschnitt der Siemens AG mit entsprechenden Risiken als verpflichtet anzusehen ist, eine Compliance-Organisation zu schaffen, dies gilt aber gewiss nicht für alle AGen. *Kuhlen* hat darüber hinaus zu Recht in Frage gestellt, dass eine Compliance-Zuständigkeit in jedem Falle gerade beim Vorstand anzusiedeln sei, ferner dass dieser sich umfassend und fortlaufend über Vorfälle zu informieren habe und dass die Compliance-Überwachung notwendig mit Sanktionsbefugnissen gegenüber den Mitarbeitern verbunden werden müsse.[17] Die vom LG München I angenommene Sanktionspflicht widerspreche mit ihrer verbreiteten, aber unzutreffenden „zero tolerance"-Annahme dem Umstand, dass das Legalitätsprinzip selbst im Strafrecht (abseits von Kapitalverbrechen) kaum noch durchgeführt werde. Dass ein Staat, der vor allem aus ökonomischen Gründen auf die Ahndung kleiner und mittlerer Straftaten weithin verzichte, von den Unternehmen gleichwohl eine lückenlose Verfolgung verlangen könne, lasse sich nicht begründen.[18] Generell könnten Vorstandsmitglieder überdies nur zu Maßnahmen gegen betriebsbezogene Gesetzesverstöße verpflichtet sein, und auch dies nur bei Berücksichtigung der Kosten und entgegenstehender normativer Aspekte wie dem Schutz von Mitarbeiterrechten. – Diese Skepsis gegenüber dem vom LG München I postulierten Pflichtenkatalog deckt sich vollauf mit dem **weiten unternehmerischen Ermessen**, das dem Vorstand bei Einrichtung und Ausgestaltung eines Compliance-Systems richtigerweise zusteht,[19] und das durch einschlägige Standards wie IdW PS 980 (dazu Rz. 593 a.E.) rechtlich nicht gebunden wird,[20] mögen diese in der Praxis auch etabliert sein.[21] Der Vorstand trifft seine Ermessensentscheidungen im Übrigen regelmäßig mit Mehrheit, sofern nämlich Satzung oder Geschäftsordnung dies bestimmen (vgl. § 77 Abs. 1 Satz 2 AktG und dazu § 18 Rz. 513); fernliegend ist unter diesen Umständen die Annahme, dass jedes einzelne Vorstandsmitglied verpflichtet sei, bei jedem (möglicherweise) das Ermessen überschreitenden und daher pflichtwidrigen Beschluss den Aufsichtsrat einzuschalten, falls es sich mit seinen Vorstellungen nicht durchgesetzt hat.[22] Die somit insgesamt erheblichen Vorbehalte gegen das Urteil haben freilich nichts daran zu ändern vermocht, dass die Praxis die vom

---

16 *Verse*, ZHR 175 (2011), 401, 407; *Reichert* in FS Hoffmann-Becking, 2013, S. 943, 952 ff.; *Harbarth*, ZHR 179 (2015), 136, 149.

17 Dazu und zum Folgenden *Kuhlen*, NZWiSt 2015, 121, 128 f.

18 Vgl. dazu auch *Bachmann*, ZHR 180 (2016), 568 mit dem zutr. Hinweis, dass keineswegs sämtliche Rechtsnormen den gleichen Aufwand zu ihrer Durchsetzung erfordern; der unterschiedlichen Verfolgungspflicht der öffentlichen Behörden vielmehr auch ein unterschiedlicher Aufklärungsaufwand entspricht, den der Vorstand zu betreiben hat.

19 Dazu die Nachweise in Fn. 15.

20 S. nur *Hüffer/Koch*, § 76 AktG Rz. 17.

21 *Harbarth*, ZHR 179 (2015), 143 hält deshalb eine indirekte Verbindlichkeit als „State of the Art"-Maßstab zukünftig für denkbar, sofern Gerichte hierauf künftig verbreitet zurückgreifen würden.

22 So aber LG München v. 10.12.2013 – 5HK O 1387/10, ZIP 2014, 570, 575 = AG 2014, 332 und dazu deutlich *Kuhlen*, NZWiSt 2015, 121, 129.

LG München I postulierten Pflichten zur Einrichtung und Überwachung einer Compliance-Organisation umstandslos aufgegriffen[23] und diese als geltendes Recht unterstellt hat, obwohl sie bislang weder durch ein Obergericht noch durch den BGH bestätigt wurden, geschweige denn unumstritten sind.

593 Unabhängig von der eher vagen rechtlichen Grundlage (Rz. 592) haben ein immer dichter werdendes Netz vielfältigster Normen und insbesondere die zunehmende Sensibilität in Bezug auf alle Arten von „Korruption (vgl. §§ 299, 335a StGB)[24], aber auch Themen wie „Kartell" und Datenschutz[25] den **Bedarf nach einer professionellen Compliance-Organisation** in den letzten Jahren immer weiter steigen lassen, was auch in der Vielfalt unterschiedlicher Standards zum Ausdruck kommt (dazu s. unten). Zudem hat nicht zuletzt das Siemens/Neubürger-Urteil (Rz. 591) die Erkenntnis genährt, dass es mit der Einrichtung einer Compliance-Organisation nicht getan ist, diese vielmehr ständig weiterzuentwickeln und ausreichend auszustatten ist. Eine von A&M schon 2011 durchgeführte **Studie**[26] hat u.a. ergeben, dass in über 50 % der teilnehmenden Unternehmen Compliance als spezifische Vorstandsangelegenheit in dem Sinne aufgefasst wird, dass sie entweder einem eigenen Vorstandsressort (nicht mehr, wie bislang überwiegend, dem Finanzressort) oder unmittelbar dem Vorsitzenden zugeordnet wird.[27] Die Zahlen für die Ausstattung der Compliance-Abteilung (im Verhältnis zur Gesamtmitarbeiterzahl) variieren, wie die Studie zeigt, stark nach Branchen und reichen von einem Verhältnis von 1:240 (Banken) bis zu 1:11300 (Logistik). Für Compliance-Meldungen halten große Unternehmen (ab 100 000 Mitarbeiter) zu über 80 % zumindest eine sog. **„Whistleblowing-Hotline"** für anonyme Hinweise (überwiegend unternehmensintern) und ein **„Consultation Desk"** vor.[28] Dass das Denunziantentum in Gestalt des „Whistleblowing" zur Zeit offenbar eine erhebliche Umwertung erfährt, erscheint gerade in Deutschland vor

---

23 Willkürlich herausgegriffenes Beispiel: *Maume/Haffke*, ZIP 2016, 199, 201.

24 Zur Neuregelung durch das Antikorruptionsgesetz 2015 etwa *Hoven*, NStZ 2015, 553.

25 Speziell mit Bezug auf die EU-DSGVO *Behling*, ZIP 2017, 697; *König*, AG 2017, 262.

26 Die Studie „Compliance" von Alvarez & Marsal, 2011 wertet die Antworten von Leitenden Compliance Mitarbeitern in 67 Unternehmen, davon zwei Drittel der Dax-Gesellschaften aus (u.a.: Gibt es Anlaufstelle für Mitarbeiter [Stichwort: „Whistleblowing"]? – Wie stark ist die Compliance-Abteilung im Verhältnis zur Mitarbeiterzahl besetzt? – Welche Befugnisse hat die Compliance-Abteilung und wie laufen die Berichtslinien? – Wie geht das Unternehmen mit Fällen von Fehlverhalten um?); vgl. zu Modellen des Compliance Managements außerdem z.B. *Gößwein/Hohmann*, BB 2011, 963; *Hauschka*, NJW 2004, 257, 260 zum (damaligen) Compliance-Programm der Deutschen Bahn AG.

27 Aus rechtlicher Sicht zur Arbeitsteilung bei Compliance-Aufgaben innerhalb des Vorstands und zu Kompetenzüberschneidungen von Vorstand und Aufsichtsrat, *Bürgers*, ZHR 179 (2015), 173, 178 ff., 193 ff.; zur Zusammenarbeit von Vorstand und Aufsichtsrat bei internen Untersuchungen, *Arnold*, ZGR 2014, 76; zur Bildung eines Steuerungsgremiums mit unabhängigen Personen zur Leitung solcher Untersuchungen: *Drinhausen*, ZHR 179 (2015), 226, 231 ff.

28 Zur Situation in den DAX-30-Unternehmen s. die Hinweise bei *Thüsing/Fütterer* in VGR, Gesellschaftsrecht in der Diskussion 2017, 2018, S. 29 f.

dessen historischem Hintergrund nicht selbstverständlich.[29] Mit den zweifelhaften Erfahrungen aus zwei Diktaturen scheint man sich indessen nicht mehr belasten zu wollen; die EU plant sogar ein „Maßnahmenpaket" zum besseren Schutz von Informanten und auch hierzulande dominieren Handlungsempfehlungen an die Praxis,[30] zumal A.2 DCGK 2020 nicht nur empfiehlt, Beschäftigten die Möglichkeit einzuräumen, „geschützt Hinweise auf Rechtsverstöße im Unternehmen" zu geben, sondern kurzerhand Gleiches auch noch für Dritte (!) anregt (Rz. 592).[31] In über 20 % der von A&M befragten Unternehmen gibt es – teilweise alternativ – eine **Ombudsstelle**, so dass geschützte Hinweise hier flächendeckend möglich zu sein scheinen. Bei kleineren Unternehmen (unter 10 000 Mitarbeiter) liegen die Zahlen deutlich darunter (ca. 30–40 %), hier wird überwiegend eine externe Ombudsstelle bevorzugt. Die Studie hat außerdem gezeigt, dass in einigen Branchen schon ein erheblicher Anteil (ca. 40 %) der Unternehmen, das Erreichen von Compliance-Zielen zum variablen Vergütungsbestandteil machen und so die klassischen Folgen bei Verstößen (Abmahnung oder Kündigung) ergänzen. Eine durchaus beachtliche Zahl von Unternehmen (z.B. ca. 30 % der Banken) lassen ihre Compliance-Organisation von Wirtschaftsprüfern o.a., z.B. nach dem **IDW PS 980**[32], zertifizieren; nachgefragt ist vor allem eine Prüfung, ob die Angaben des Unternehmens zum Compliance Management System zutreffend sind und ob das System ausreichend wirksam ist, um Regelverstöße rechtzeitig aufzudecken. Mittlerweile versuchen sich weitere Compliance-Standards wie **ISO 19600**[33] und **ISO 37001** am Markt zu etablieren, letzterer bezieht sich speziell auf die Korruptionsbekämpfung, ob hierfür ein eigener Standard sinnvoll ist, darf bezweifelt werden.[34]

---

29 S. auch *Thüsing/Fütterer* in VGR, Gesellschaftsrecht in der Diskussion 2017, 2018, S. 23 ff. („Vom neunten Kreis der Hölle in den DCGK").

30 Etwa *Maume/Haffke*, ZIP 2016, 199 ff., die völlig selbstverständlich (aber zu Unrecht) von einer durch das LG München I begründeten Pflicht zur Einrichtung eines Hinweisgeber-Systems („Ermessensreduktion auf Null") ausgehen und Empfehlungen zu dessen Ausgestaltung und zum Schutz der Informanten geben. – Gegen die Pflicht zur Einrichtung eines Informanten-Schutzsystems z.B. *Thüsing/Fütterer* in VGR, Gesellschaftsrecht in der Diskussion 2017, 2018, S. 32 ff., die zugleich auf den bestehenden arbeitsrechtlichen (Kündigungs-)Schutz der Informanten eingehen, S. 44 ff.

31 Kritisch zur Neuformulierung der insoweit wortgleichen Vorfassung des DCGK 2017 in Hinblick auf das Hinweisgebersystem *Baur/Holle*, NZG 2017, 170, 174; s. auch Stellungnahme der VGR zum Entwurf der Kodex-Änderungen, AG 2017, 1, 2 f. zu Nr. 4.1.3 DCGK 2017.

32 Dazu *Merkt*, DB 2014, 2331 ff.; *Schmidt/Wermelt/Eibelshäuser*, CCZ 2015, 18 (im Vergleich mit ISO 19600); eingehend *Jenne*, Die Überprüfung und Zertifizierung von Compliance Management Systemen, 2017, S. 287 ff., 331 ff.

33 Dazu *Withus/Kunz*, BB 2015, 685 und *Makowicz/Wüstemann*, BB 2015, 1195, 1198 f.

34 Insofern kritisch (noch zur Entwurfsfassung von ISO 37001) *Ehnert*, CCZ 2015, 6, 9. – Zum „Hamburger Compliance Zertifikat", was von der Hamburger Handelskammer für mittelständische Unternehmen entwickelt wurde, s. *Passarge/Graf*, CCZ 2014, 119.

594 Nach einigen spektakulären Fällen[35] geraten immer mehr auch **interne Ermittlungen** („internal investigations") und die insofern zu beachtenden (rechtlichen) Anforderungen in den Fokus. Einerseits wird der dringende Handlungsbedarf nach Aufdeckung eines „Anfangsverdachts" betont,[36] andererseits wird auf die vielfältigen Probleme des Arbeitnehmer- und Datenschutzes[37] ebenso hingewiesen wie auf die Frage einer Selbstauslieferung durch Kooperation mit staatlichen Ermittlungsbehörden,[38] ein Thema, das vor allem durch die **Ablehnung eines generellen Beschlagnahmeverbots** von Ergebnissen interner Untersuchungen bei der damit beauftragten Anwaltskanzlei durch das **BVerfG**[39] zusätzliche Brisanz erhalten hat.[40] Die Entscheidung betraf die Durchsuchung der US-Kanzlei Jones Day durch die Staatsanwaltschaft München II am 15.3.2017 im Rahmen ihrer Ermittlungen gegen Volkswagen wegen Abgasmanipulationen an Dieselfahrzeugen der Audi AG. Die Kanzlei war von der Volkswagen AG zur „Beratung zu bestimmten Fragen im Zusammenhang mit den bei Dieselmotoren bekannt gewordenen Unregelmäßigkeiten" beauftragt worden. Von der Beschlagnahme betroffen waren Unterlagen aus den Büros der sachbearbeitenden Rechtsanwälte sowie aus einem eigens für das Mandat eingerichteten Aktenraum bei der Audi AG. Nach § 160a Abs. 1 Satz 1 StPO sind zwar Ermittlungsmaßnahmen, die sich gegen einen Rechtsanwalt richten, unzulässig. Davon ausgenommen sind nach Ansicht des BVerfG aber Durchsuchungen und Beschlagnahmen von Mandantenunterlagen. Deren Zulässigkeit sei allein an § 97 StPO zu messen, der aber nur das Vertrauensverhältnis zwischen Anwalt und einem im Strafverfahren konkret Beschuldigten schütze.[41] Das Beschlagnahmeverbot des **§ 97 StPO**

35 *Bachmann*, ZHR 180 (2016), 563 erwähnt Siemens und VW als die wohl prominentesten Fälle. – Die praktische Bedeutung geht aber weit darüber hinaus, einer aktuellen Studie zufolge haben 60 % der untersuchten Unternehmen bereits mindestens eine interne Untersuchung durchgeführt, vgl. *Block/Teicke*, CB 2018, 103 (105); *Ott/Lüneborg*, CCZ 2019, 71.

36 S. etwa *Mühl*, BB 2016, 1992: Zehn konkrete Maßnahmen zur Durchführung von Internal Investigations, die das Management in den ersten 72 Std nach „dem Knall" vornehmen sollte (z.B. Bildung einer „Task Force" und Festlegung einer Informationsstrategie, falls sich der Verdacht erhärten sollte). Ferner z.B. *Scheben/Geschoneck/Klos*, ZHR 179 (2015), 240, 259 ff. (mit Fokus auf Email-Auswertung); *Fett/Theusinger*, KSzW 2016, 253 (ebenfalls mit Fokus auf „e-search"); *Krug/Skoupil*, NJW 2017, 2374 (mit Fokus auf Mitarbeiterbefragungen); zu möglichen Vorteilen interner Ermittlungen in Hinblick auf die Bußgeldzumessung *Ott/Lüneborg*, CCZ 2019, 71, 72 f.

37 Dazu im Überblick *Bachmann*, ZHR 180 (2016), 570 ff.; näher *Menger*, NZA 2017, 1494; *Eufinger*, BB 2016, 1973; *Schrader/Mahler*, NZA-RR 2016, 57; ferner *Kort*, NZA 2015, 520 (zu Mitwirkungsbefugnissen des Betriebsrats); speziell zu datenschutzrechtlichen Grenzen *Scheben/Geschonnek/Klos*, ZHR 179 (2015), 240 ff.

38 *Hugger*, ZHR 179 (2015), 214; *Wettner/Mann*, DStR 2014, 655.

39 BVerfG v. 27.6.2018 – 2 BvR 1287/17, NJW 2018, 2385 = ZIP 2018, 1411, dazu näher *Baur*, NZG 2018, 1092.

40 Allgemein zu den Beschlagnahmeverboten in der Instanzrechtsprechung *Momsen/Grützner*, CCZ 2017, 242.

41 Dazu auch LG Bochum v. 16.3.2016 – II-6 Qs 1/16, NStZ 2016, 500, wonach Ombudsleute das Beschlagnahmeverbot nach § 97 Abs. 1 Nr. 3 StPO nicht für anonyme Quellen in Anspruch nehmen dürfen.

wäre demnach nur dann einschlägig gewesen, wenn die Volkswagen AG der Kanzlei Jones Day ein konkretes Mandat für die Vertretung eines Beschuldigten in einem Strafverfahren oder Bußgeldverfahren gegen leitende Personen erteilt hätte. Das war nicht der Fall. Die Untersuchung, so das BVerfG, habe eine dem deutschen Recht fremde „External Investigation" dargestellt, auf die der Mandant nur geringen Einfluss habe und im Wesentlichen dem Interesse von US-Behörden diene. Ein weiteres Problem ergab sich daraus, dass eine ausländische juristische Person eine Verletzung von Grundrechten der Entscheidung zufolge nur dann geltend machen kann, wenn sie über eine „tatsächliche Hauptverwaltung" mit selbständiger Verantwortung verfügt (was nicht zutraf). Unberührt bleibt auch nach der Entscheidung des BVerfG das Beschlagnahmeverbot nach **§ 148 StPO**, das sich auf sog. **Verteidigungsunterlagen** bei einem (vom Unternehmen mandatierten) Rechtsanwalt bezieht.[42] Es ist regelmäßig einschlägig, wenn das Unternehmen Nebenbeteiligter oder Nebeninteressent im Strafverfahren ist oder dies zu werden droht.[43] Nach Auffassung der Erstinstanz war diese Voraussetzung aber nicht erfüllt, weil die staatsanwaltschaftliche Ermittlung zu § 130 OWiG im Zeitpunkt der Durchsuchung noch gegen „Unbekannt" geführt worden war – eine nach Ansicht des BVerfG jedenfalls nicht willkürliche Auslegung.[44] Die Entscheidung hat somit verdeutlicht, dass mangels generellen Beschlagnahmeverbots bei internen Untersuchungen das Bestehen eines solchen Verbots im Einzelfall zwar möglich, aber letztlich schwer kalkulierbar ist. Im Ergebnis ist sie somit ein schwerer Schlag für interne Untersuchungen. Offen ist derzeit, ob der Gesetzgeber reagiert, wie von der Praxis angemahnt; immerhin stellt der Koalitionsvertrag 2018 gesetzliche „Vorgaben und Anreize für interne Untersuchungen" in Aussicht.[45] Umso wichtiger ist einstweilen die Feststellung, dass es nach deutschem Recht **weder** eine generelle **Anzeigepflicht von Straftaten** gibt (§ 138 StGB bezieht sich nur auf Kapitalverbrechen) noch – erst recht – die Pflicht besteht, intern ermittelte Verdachtsmomente (oder gar den Beginn interner Ermittlungen) oder Straftaten von sich aus offenzulegen. Die praktischen Probleme beginnen indessen, wenn die ermittelnden Behörden für eine „Kooperation" durch Selbstauslieferung eine erhebliche Reduktion der verhängten Bußgelder in Aussicht stellen.[46] Hin-

42 Dazu auch LG Braunschweig v. 21.7.2015 – 6 Qs 116/15, NStZ 2016, 308 m. krit. Anm. *Schneider* = BB 2015, 2771 m. zust. Anm. *Szesny*, wonach sich das Beschlagnahmeverbot nach § 148 StPO auch auf Unterlagen im Gewahrsam des beschuldigten Unternehmens beziehen kann. Zu § 148 StPO im vorliegenden Kontext etwa *Krause*, ZGR 2016, 335, 349 ff.; *Klengel/Buchert*, NStZ 2016, 383.

43 Auch insofern LG Braunschweig v. 21.7.2015 – 6 Qs 116/15, NStZ 2016, 308 = BB 2015, 2771.

44 Sie steht freilich in gewissem Widerspruch zu der Entscheidung des LG Braunschweigs (v. 21.7.2015 – 6 Qs 116/15, NStZ 2016, 308 = BB 2015, 2771), wonach es für § 148 StPO ausreicht, dass eine Beteiligung des Unternehmens droht.

45 Zum gesetzgeberischen Bedarf eingehend: *Moosmayer/Petrasch*, ZHR 182 (2018), 504.

46 Kritik an dieser „bequemen und ressourcenschonenden" Verwaltungspraxis etwa bei *Bachmann*, ZHR 180 (2016), 569 f. – Sie führt immerhin dazu, dass dem Vorstand eine auf Druck der Behörden durchgeführte Untersuchung i.d.R. nicht als pflichtwidrig vorgehalten werden kann. – Das rechtsstaatliche Problem wird hierdurch freilich nicht gelöst. S. auch die neue BGH-Rspr. zum Strafrabatt: BGH v. 9.5.2017 – 1 StR 265/16, AG 2018, 39.

zu kommt, dass nach § 46b StGB auch im deutschen Recht eine Kronzeugenregelung geschaffen wurde, die zu einem Offenlegungs-Wettlauf führen kann.[47] Auch in Bezug auf **Mitarbeiter** herrscht eine noch weitgehend ungelöste **Kollision** aus arbeitsrechtlicher Aufklärungspflicht und Schutz vor strafrechtlicher Selbstbelastung durch Zeugnisverweigerungsrechte, die durch die Beschlagnahmemöglichkeiten unterwandert zu werden drohen.[48]

595 Aus **gesellschaftsrechtlicher Sicht** geht es bei **internen Ermittlungen** zum einen um die Frage, wann der **Vorstand verpflichtet** ist, sie einzuleiten. Dies wird angenommen bei Verdachtsfällen, aus denen sich erhebliche materielle oder immaterielle Schäden für das Unternehmen ergeben können.[49] Hinsichtlich der konkreten Durchführung (eigene Rechts- bzw. Compliance-Abteilung oder externe Berater; Bildung eines Steuerungsausschusses; Umfang der Untersuchung, Untersuchungsprogramm und eingesetzte Mittel [z.B. Sachverständige[50]; technische Email-Auswertung[51]]) besteht sodann richtigerweise und (nahezu) unstreitig ein **weites unternehmerisches Ermessen**,[52] das, wie bei allen Compliance-Maßnahmen, notwendigerweise eine Kosten-Nutzen-Abwägung umfasst. Eine Pflicht zur Aufklärung „um jeden Preis" gibt es deshalb nicht, insbesondere nicht in Bezug auf in der Vergangenheit liegende Einzelfälle. Ein weiteres Problem ergibt sich aus der **Zuständigkeit des Vorstands** bei (möglichen) strafbewehrten Pflichtverletzungen durch einzelne Vorstandsmitglieder oder gar den gesamten Vorstand. Wann wird in solchen Fällen ein Handeln des Aufsichtsrats erforderlich? Insgesamt ist hier Zurückhaltung geboten, zumal nach der (freilich zu kritisierenden) Siemens-Neubürger-Entscheidung (Rz. 591) bei *jedem* Mitarbeiterverstoß zugleich eine Organisationspflichtverletzung des Vorstands in Betracht kommt. Es ist deshalb gewiss zutreffend, dass der **Aufsichtsrat** zunächst abzuwarten hat, was die durch den Vorstand veranlasste Untersuchung ergibt.[53] Anderes

---

47 Dazu *Wettner/Mann*, DStR 2014, 655 ff.; *Seibt/Cziupka*, AG 2015, 93, 104 ff.; *Reichert/Ott*, NZG 2014, 214, 243; *Ott/Lüneborg*, CCZ 2019, 71, 72.

48 *Krause*, ZGR 2016, 335, 351 f.; *Bachmann*, ZHR 180 (2016), 571 mit Hinweis auf die Praxis, die bei internen Ermittlungen sich „eher lose" an den Belehrungspflichten über Zeugnisverweigerungsrechte orientiere und die Hinzuziehung von Rechtsbeiständen zugestehe; aus strafrechtlicher Sicht *Greco/Caracas*, NStZ 2015, 7; *Kasiske*, NZWiSt 2014, 262.

49 Vgl. etwa *Reichert/Ott*, NZG 2014, 241, 243; *Hugger*, ZHR 179 (2015), 214, 219; *Bachmann*, ZHR 180 (2016), 564 f., 568 (Aufklärungspflicht grds. nur bei Straftaten); *Reichert* in FS Hoffmann-Becking, 2013, S. 943, 953 ff.; *Ott/Lüneborg*, CCZ 2019, 71, 72 ff. betonen, dass eine vorgelagerte Plausibilitätsprüfung auf Ebene der Fachabteilung den Verdacht einer „systemischen Compliance-Verstoßes" ergeben haben muss; zur Beschreibung der „Aufgriffsschwelle", S. 76 f., und relevanter „Verdachtsquellen", S. 77 f. sowie zu den Grenzen der Aufklärungspflicht, S. 78 f.

50 Vgl. *Drinhausen*, ZHR 179 (2015), 226.

51 *Scheben/Geschonnek/Klos*, ZHR 179 (2015), 240 ff. mit Schwerpunkt auf datenschutzrechtliche Grenzen.

52 *Reichert/Ott*, NZG 2014, 241, 243; *Hugger*, ZHR 179 (2015), 214, 219; *Hüffer/Koch*, § 76 AktG Rz. 16c; zu Unrecht von einer Pflicht zur Einbeziehung externer Berater ausgehend *Fuhrmann*, NZG 2016, 881, 886.

53 *M. Arnold*, ZGR 2014, 76, 100 f.; *Bachmann*, ZHR 180 (2016), 573 und 576; *Ott/Lüneborg*, CCZ 2019, 71, 74 f.

wird freilich zu gelten haben, falls sich der Verdacht von vornherein und unmittelbar gegen einzelne (oder sämtliche) Vorstandsmitglieder richtet. Auch hier wird sich der Aufsichtsrat zwar auf schon vorhandene Untersuchungsergebnisse stützen, schon um keine unnötigen Kosten zu verursachen. Ergänzend muss er dann aber auch selbst tätig werden.[54] Hierbei sind aber insbesondere Doppelbefragungen von Mitarbeitern nach Möglichkeit zu vermeiden.[55]

596 Der **Kodex** wiederholt die aktienrechtliche Verpflichtung, eine ausreichend wirksame Compliance Organisation zu schaffen, freilich in sehr starker Verkürzung, und gibt seit der Neufassung 2019 die Empfehlung, Mitarbeitern und Dritten, eine Möglichkeit für „geschützte Hinweise" zu gewähren (dazu bereits Rz. 593).[56] In **Grundsatz 5 DCKG 2019** heißt es: *Der Vorstand hat für die Einhaltung der gesetzlichen Bestimmungen und der unternehmensinternen Richtlinien zu sorgen und wirkt auf deren Beachtung durch die Konzernunternehmen hin (Compliance).* Ergänzt wird der Grundsatz durch Empfehlung und Anregung A.2 DCGK 2020: *Der Vorstand soll für ein an der Risikolage des Unternehmens ausgerichtetes Compliance Management System sorgen und dessen Grundzüge offenlegen. Beschäftigten soll auf geeignete Weise die Möglichkeit eingeräumt werden, geschützt Hinweise auf Rechtsverstöße im Unternehmen zu geben; auch Dritten sollte diese Möglichkeit eingeräumt werden.* Dem Aufsichtsrat, der die Wahrnehmung dieser Compliance-Aufgabe gem. § 111 Abs. 1 AktG zu überwachen hat, rät **Empfehlung D.3 DCKG 2019** hiermit den Prüfungsausschuss zu befassen.[57]

II. Die Ausgestaltung einer Compliance-Organisation im Einzelnen

1. Mindestanforderungen an eine ordnungsgemäße Compliance-Organisation

597 Dass der Vorstand als Ausdruck seiner Leitungspflicht grundsätzlich eine Compliance-Organisation einrichten muss, wurde bereits betont (unter Rz. 590). Demgegenüber besteht, wie schon in Rz. 592 betont, hinsichtlich der konkreten Ausgestaltung der Organisation ein **weites unternehmerisches Ermessen** i.S.v. § 93 Abs. 1 Satz 2 AktG.[58] Dies wurde vom LG München I in seiner Siemens/Neubürger-Entscheidung

---

54 Eingehend dazu *M. Arnold*, ZGR 2014, 76, 103 ff.; *Habersack* in FS Stilz, 2014, S. 191, 197 ff.; *Habersack*, AG 2014, 1, 6; *Reichert/Ott*, NZG 2014, 241, 250; *Ott/Lüneborg*, CCZ 2019, 71, 75.

55 Zutr. *Hugger*, ZHR 179 (2015), 214, 218; *Habersack* in FS Stilz, 2013, S. 191, 196; *Bachmann*, ZHR 180 (2016), 575.

56 Kritisch zur Neuformulierung der insoweit wortgleichen Vorfassung des DCGK 2017 in Hinblick auf das Hinweisgebersystem *Baur/Holle*, NZG 2017, 170, 174; s. auch Stellungnahme der VGR zum Entwurf der Kodex-Änderungen, AG 2017, 1, 2 f. zu Nr. 4.1.3 DCGK 2017.

57 S. nur *Hüffer/Koch*, § 111 AktG Rz. 24, 22.

58 Vgl. etwa *Fleischer*, AG 2003, 291, 300; *Harbarth*, ZHR 179 (2015), 136, 148 f.; *Hauschka*, ZIP 2004, 877, 878; *Dreher* in FS Hüffer, 2010, S. 161, 172 f.; *Goette*, ZHR 175 (2011), 388, 392 ff.; *Winter* in FS Hüffer, 2010, S. 1103, 1104 ff.; *Reichert/Ott*, ZIP 2009, 2173, 2174; *Reichert* in FS Hoffmann-Becking, 2013, S. 943, 951 f.; *Verse*, ZHR 175 (2011), 401, 407;

nicht hinreichend berücksichtigt (dazu und zur Kritik Rz. 591 f.). Vorschlägen zur Ausgestaltung der Compliance-Organisation, wie unter I. (Rz. 593 f.) beschrieben,[59] korrespondiert daher in der Regel keine Rechtspflicht, so dass der Vorstand frei ist, ob er ihnen für ein bestimmtes Unternehmen folgt. Auch sind **aufsichtsrechtliche Vorgaben** (z.B. durch § 25a KWG, § 80 WpHG i.V.m. Art. 22 der Delegierten Verordnung (EU) 2017/565)[60] nicht verallgemeinerungsfähig.[61] Art und Ausgestaltung der Compliance-Organisation stehen demgemäß im Ermessen des Vorstands und hängen wesentlich von Größe und Art des Unternehmens, namentlich seiner Anfälligkeit für Verstöße durch die Mitarbeiter, ab, was einerseits durch Zahl und Gewicht der zu beachtenden Vorschriften, andererseits durch bereits eingetretene Schadensfälle wesentlich beeinflusst wird.[62] Das unternehmerische Ermessen bei der Ausgestaltung umfasst **wichtige Details** wie die Einrichtung einer „Whistleblower-Hotline" ebenso wie die Ausgestaltung der Organisation (zentral/dezentral) und der Berichtswege im Einzelnen, die Aufstellung unternehmensspezifischer Ethik-Richtlinien oder von Amnestieprogrammen, die Einführung bestimmter Schulungs- oder Auditprogramme. **Kosten** und Wirtschaftlichkeit einzelner Maßnahmen sind hierbei ein wesentlicher Aspekt (s. schon Rz. 592).[63]

598 Immerhin werden als **generelle Leitlinien** neben einem Bekenntnis zur Rechtstreue häufig genannt: die Schaffung klarer Verantwortlichkeiten, eine sorgfältige Risiko-

---

Spindler in MünchKomm/AktG, 5. Aufl. 2018, § 91 AktG Rz. 67; *Mertens/Cahn* in KölnKomm/AktG, 3. Aufl. 2010, § 91 AktG Rz. 36; *Hüffer/Koch*, § 76 AktG Rz. 14; abweichend im Sinne recht detaillierter Vorgaben aber *Uwe H. Schneider*, ZIP 2003, 645, 648 f.

59 Das betrifft auch die von *Uwe H. Schneider* (ZIP 2003, 645, 649) beschriebenen Mindestanforderungen, zu denen er rechnet: Aufstellung und Kommunikation unternehmensbezogener Compliance-Standards; Compliance-Trainingsprogramm; besonderes Compliance Auditprogramm; Bestellung eines Compliance-Beauftragten; Einrichtung einer „Helpline"; Disziplinarmaßnahmen; „Internal control report".

60 Zum Compliance-Beauftragten (i.S.v. § 12 Abs. 4 Satz 1 WpDVerVO a.F. (heute: Art. 22 Abs. 3 lit. b der Delegierten Verordnung (EU) 2017/565) näher *Casper* in FS Karsten Schmidt, 2009, S. 199; *Kremer/Klahold*, ZGR 2010, 113, 125; allgemein zu Anforderungen und Auswahl *Harbarth*, ZHR 179 (2015), 136, 164 f.

61 Wohl unstr., s. nur *Hüffer/Koch*, § 76 AktG Rz. 13; *Bachmann* in VGR, Gesellschaftsrecht in der Diskussion 2007, 2008, S. 80 ff.; *Harbarth*, ZHR 179 (2015), 136, 142; *Winter* in FS Hüffer, 2010, S. 1103, 1105.

62 Dazu, dass schon Verdachtsfälle zur gesteigerten Überwachungspflicht führen, s. nur *Fleischer*, AG 2003, 291, 295; *Bachmann* in VGR, Gesellschaftsrecht in der Diskussion 2007, 2008, S. 83.

63 Zu den einzelnen in Betracht kommenden Elementen etwa *Kremer/Klahold* in Krieger/Uwe H. Schneider, Hdb. Managerhaftung, Rz. 25.15 ff.; *Harbarth*, ZHR 179 (2015), 136, 151 ff.; *Makowicz*, BB 2018, 556; *Passarge*, NVwZ 2015, 252 (speziell zu öffentlichen Unternehmen); *Hemeling*, ZHR 175 (2011), 368, 386 f.; *Mertens/Cahn* in KölnKomm/AktG, 3. Aufl. 2010, § 91 AktG Rz. 37; *Hüffer/Koch*, § 76 AktG Rz. 18 f.; mit besonderem Bezug auf die Standards *Withus/Kunz*, BB 2015, 685; *Makowicz/Wüstemann*, BB 2015, 1195, 1198 f. (zu ISO 19600); *Schmidt/Wermelt/Eibelshäuser*, CCZ 2015, 18 (Vergleich zw. ISO 19600 und IDW PS 980); speziell zur Einrichtung von Informations- und Berichtspflichten *Naumann/Siegel*, ZHR 181 (2017), 273, 295 ff., auch zum amerikanischen COSO I Rahmenwerk (288 ff.).

analyse, die sorgfältige Auswahl und Schulung der Mitarbeiter, die (stichprobenartige) Überwachung sowie Aufklärung und Ahndung festgestellter Rechtsverstöße.[64] Darüber hinaus beginnt sich im juristischen Schrifttum die Ansicht durchzusetzen, dass in der Regel ein **Compliance-Beauftragter** zu bestellen und angemessen organisatorisch auszustatten ist, der direkt dem Vorstand berichtet (wenn nicht ein Vorstandsmitglied die Funktion selbst übernimmt).[65] Ob den Compliance-Beauftragten eine erhöhte strafrechtliche Verantwortung im Sinne einer Garantenstellung trifft, wie ein Strafsenat des BGH im Fall Berliner Stadtwerke in einem obiter dictum angedeutet hat,[66] ist zwar noch nicht mit letzter Sicherheit ausgemacht; eine neuere Entscheidung des **VI. Zivilsenats des BGH**[67] spricht aus zivilrechtlicher Sicht aber dagegen. Der Senat betont darin zu Recht, dass aus der Stellung als Geschäftsführer oder Vorstandsmitglied als solcher **keine deliktische Garantenpflicht gegenüber Dritten** folgt. Entsprechendes muss wegen seiner nur abgeleiteten Verantwortlichkeit dann erst recht auch für den Compliance-Officer gelten. In dem entschiedenen Fall hatte der Vorstandsvorsitzende einer AG seine Gesellschaft durch Begleichung bloßer Scheinrechnungen an eine GmbH geschädigt, die er indirekt selbst veranlasst hatte. Die Vorinstanz hatte zwei Geschäftsführer der Empfänger-GmbH als Beihelfer auf Schadensersatz nach § 823 Abs. 2 BGB i.V.m. Untreue (§ 266 StGB) verurteilt. Weil sich die Geschäftsführer nicht aktiv an den Handlungen des Vorstands beteiligt hatten, kam nur Beihilfe durch Unterlassen in Frage. Die hierfür erforderliche Garantenpflicht gegenüber der AG, also einem Vertragspartner der GmbH, verneinte der BGH entgegen der Vorinstanz: Die aus § 43 GmbHG bzw. § 93 AktG folgende Legalitätspflicht der Organmitglieder bestehe nur der Gesellschaft, nicht aber unmittelbar den Gläubigern gegenüber. Dem ist aus der zivilrechtlichen Perspektive uneingeschränkt zuzustimmen. Aus **strafrechtlicher Sicht** ist allerdings zu berücksichtigen, dass eine aus der Geschäftsleiterposition abgeleitete Garantenstellung, die sich auf die Verhinderung „betriebsbezogener Straftaten" beziehe, bereits in verschiedenen (anderen) Entscheidungen des BGH angenommen wurde.[68] Konsequentermaßen kommt dann auch eine auf den Compliance-Beauftragten übertragene Garantenstel-

64 S. z.B. *Kremer/Klahold*, ZGR 2010, 113 ff.; *Bussmann/Matschke*, CCZ 2009, 132, 136 f.; *Verse*, ZHR 175 (2011), 401, 414 f.

65 Vgl. *Reichert/Ott*, ZIP 2009, 2173, 2174; *Harbarth*, ZHR 179 (2015), 136, 164 f.; *Hüffer/Koch*, § 76 AktG Rz. 19; *Hauschka*, NJW 2004, 257, 259 f.; *Uwe H. Schneider*, ZIP 2003, 645, 649; auch eine solche Pflicht ablehnend aber z.B. *Spindler* in MünchKomm/AktG, 5. Aufl. 2018, § 91 AktG Rz. 71; zurückhaltend auch *Bachmann* in VGR, Gesellschaftsrecht in der Diskussion 2007, 2008, S. 80 ff.; *Hemeling*, ZHR 175 (2011), 368, 386 f.

66 BGH v. 17.7.2009 – 5 StR 394/08, BGHSt 54, 44 = ZIP 2009, 1867 (Pflicht zur Unterbindung betrügerischer Abrechnungen gegenüber Geschäftspartner); dazu kritisch z.B. *Goette*, ZHR 175 (2011), 388, 398 f.; *Hüffer* in FS Roth, 2011, S. 299, 305 f.; *Wolf*, BB 2011, 1353, 1358 ff.; *Grau/Blechschmidt*, DB 2009, 2143, 2145; *Rieble*, CCZ 2010, 1 ff.; *Rübenstahl*, NZG 2009, 1341; zust. *Ransiek*, AG 2010, 147; *Dann/Mengel*, NJW 2010, 3267 f.

67 BGH v. 10.7.2012 – VI ZR 341/10, BGHZ 194, 26 Rz. 20 ff. = ZIP 2012, 1553; zust. *Hüffer/Koch*, § 76 AktG Rz. 19; *Grützner/Behr*, DB 2013, 561, 565.

68 BGH v. 20.10.2011 – 4 StR 71/11, JR 2012, 303 Rz. 13 ff. – Mobbing (darunter versteht der Senat solche, die ein Mitarbeiter nicht lediglich „bei Gelegenheit seiner Tat im Betrieb" begehe); grundlegend BGHSt 37, 106, 113 f. – Lederspray. – Zum Ganzen näher *Kuhlen*, NZWiSt 2015, 121, 123 ff.

lung kraft Übernahme in Betracht. Weil die Pflicht zur Verhinderung „betriebsbezogener“ Straftaten auf den Schutz Dritter *vor* dem Unternehmen zielt, steht die Entscheidung des VI. Strafsenats prima vista im Widerspruch zur Rechtsprechung seiner strafrechtlichen Kollegen, auch soweit entscheidungserheblich. Im Strafrecht lässt sich dieser Widerspruch aber zumindest teilweise durch eine deutliche Reduktion des mit der Compliance-Funktion einhergehenden Pflichtenumfangs auflösen,[69] und im Zivilrecht ist dem Ausgangspunkt des VI. Zivilsenats allemal zuzustimmen, da er ganz auf der Linie des Binnenhaftungskonzepts (§ 93 Abs. 2 AktG) liegt, das anderenfalls erheblich relativiert zu werden droht. Selbst wenn man im Übrigen entgegen dem VI. Zivilsenat eine Garantenpflicht für möglich hielte, wären Mängel der Organisation als solche zur Begründung einer Garantenstellung jedenfalls unzureichend.[70] Die oberste Organisations- und Koordinationsverantwortung liegt beim Vorstand (als Gesamtorgan).[71] Unabhängig hiervon, ist es in jedem Falle gewiss ratsam, für eine ausreichende Dokumentation sowohl der Organisation wie auch der einzelnen getroffenen Maßnahmen zu sorgen.

2. Konzerndimensionalität

599 Die Einrichtung der Compliance-Organisation muss sich nicht nur auf sämtliche Unternehmenszweige der Gesellschaft, sondern nach wohl einhelliger Ansicht auch auf konzernzugehörige Unternehmen erstrecken.[72] Aus der **Schadensabwendungspflicht** gegenüber der Obergesellschaft ergibt sich auch eine Pflicht des Vorstands, seine Gesellschaft vor Schäden aus Rechtsverletzungen **in den einzelnen Konzernunternehmen** zu schützen.[73] Es besteht jedoch keine generelle Pflicht der Vorstandsmitglieder der Obergesellschaft, auch unabhängig von einem Eigeninteresse ihrer Gesellschaft, in den Konzerngesellschaften für rechtmäßige Zustände zu sorgen (Trennungsprinzip).[74] Demgemäß hat der Vorstand der Obergesellschaft die Einrichtung der Compliance-Organisation – nach den unter Rz. 597 f. beschriebenen Grundsätzen – in den Konzerngesellschaften nur **insofern zu überwachen**, als die

69 *Kuhlen*, NZWiSt 2015, 126 ff., 161 ff.

70 *Mertens/Cahn* in KölnKomm/AktG, 3. Aufl. 2010, § 91 AktG Rz. 36.

71 S. nur *Mertens/Cahn* in KölnKomm/AktG, 3. Aufl. 2010, § 91 AktG Rz. 36; *Uwe H. Schneider/Sven H. Schneider*, ZIP 2007, 2061, 2065; *Fleischer*, BB 2008, 1070, 1072.

72 *Uwe H. Schneider/Sven H. Scheider*, ZIP 2007, 2061, 2063; *Winter* in FS Hüffer, 2010, S. 1103, 1106; allgemein zu Verkehrs- und Organisationspflichten im Konzern und zur Haftung des herrschenden Gesellschafters *Habersack/Zickgraf*, ZHR 182 (2018), 252, 279 ff. S. auch *Weller/Kaller/Schulz*, AcP 216 (2016), 388, 407 ff.; *Schall*, ZGR 2018, 479, 506 ff.: Grds. keine (deliktsrechtliche) Haftung der Muttergesellschaft für Menschenrechtsverletzungen durch Tochtergesellschaften. – In Bezug auf Verstöße gegen §§ 30, 130 OWiG gerät dieser eindeutige Ausgangspunkt inzwischen jedoch unter Druck, grundsätzlich Konzerndimensionalität bejahend OLG München v. 23.9.2014 – 3 Ws 599, 600/14, BB 2015. 2004 mit Anm. *Behr*; dagegen etwa v. *Schreitter*, NZKart 2016, 253, 258.

73 Dazu und zum Folgenden eingehend *Verse*, ZHR 175 (2011), 401, 407 ff.

74 Überzeugend *Verse*, ZHR 175 (2011), 401, 411 ff.; *Koch*, WM 2009, 1013, 1014 f.; *Habersack* in FS Möschel, 2011, S. 1175, 1177 ff.; *Hüffer/Koch*, § 76 AktG Rz. 21 (a.E.); a.A. *Uwe H. Schneider/Sven H. Schneider*, ZIP 2007, 2061, 2063 f.; *Bunting*, ZIP 2012. 1543, 1545 ff.

Obergesellschaft hieran ein **eigenes Interesse** (an Schadensverhinderung) hat. Die Einrichtung eines konzernweiten Kontrollsystems, das auf die Wahrung des Eigeninteresses der Gesellschaft gerichtet ist, ist ihrerseits unternehmerische Entscheidung i.S.v. § 93 Abs. 1 Satz 2 AktG. Die Kontrolle wird sich aber regelmäßig zumindest auf die (Tatsache der) Einrichtung einer Compliance-Organisation in den Tochtergesellschaften, eines Compliance-Berichtswesens und einer Wirksamkeitskontrollfunktion zu beziehen haben.[75]

Die konzernweite Kontrollpflicht kann naturgemäß nur so weit reichen wie die **gesellschaftsrechtlichen Einflussmöglichkeiten** der Ober- in der Untergesellschaft. Im faktischen Konzern trifft den Vorstand der Obergesellschaft daher nur eine Bemühenspflicht, die Kontrollmaßnahmen – in den Grenzen der §§ 311, 317 AktG – durchzusetzen. Der Vorstand der Tochter handelt auch bei Weitergabe von **vertraulichen Informationen** in der Regel nicht pflichtwidrig, sofern er nämlich davon ausgehen kann, dass die Informationen allein zur internen Kontrolle verwendet werden und die Vertraulichkeit gewahrt wird. Er ist allerdings nicht verpflichtet, die Informationen weiterzuleiten.[76] 600

III. Haftungsfolgen mangelhafter Compliance-Organisation

Fehlt eine ausreichende Compliance-Organisation i.S.d. unter I. (Rz. 590) und II. (Rz. 597 f.) geschilderten Vorgaben, begeht der Vorstand eine **Pflichtverletzung**, die im Falle eines Schadens die Ersatzpflicht gem. § 93 Abs. 2 Satz 1 AktG zur Folge hat (dazu allgemein Rz. 1520 ff.).[77] Insofern hat das kritikwürdige Siemens-Neubürger-Urteil des LG München I (näher dazu Rz. 591 f.) freilich noch keine hinreichend ausgewogenen Ansätze erkennen lassen, zumal die Materie in hohem Maße durch das potentielle Auftreten von Rückschaufehlern gekennzeichnet ist.[78] Und allemal führt eine mangelhafte Compliance-Organisation nicht allein deshalb zur Haftung, weil im Unternehmen Rechtsverstöße vorgekommen sind. Vielmehr ist zunächst *ex ante* das konkret Erforderliche zu bestimmen und sodann muss eine **Kausalität** zwischen dem festgestellten Organisationsmangel und den Verstößen nachgewiesen, also gefragt werden, ob der Verstoß ohne den Mangel wirksam verhindert worden wäre.[79] Nur wenn überhaupt keine oder offensichtlich unzureichende Maßnahmen zur Compliance unternommen wurden, kommt insofern eine Beweiserleichterung in Be- 601

75 *Verse*, ZHR 175 (2011), 401, 416 f.

76 *Verse*, ZHR 175 (2011), 401, 422 f.; *Hüffer* in FS Schwark, 2009, S. 185, 189 ff.; *Fleischer*, ZGR 2009, 505, 532 f., jew. mit Nachw. zu abweichenden Ansichten.

77 Instruktiv zu den Rechtsfolgen *Bachmann* in VGR, Gesellschaftsrecht in der Diskussion 2007, 2008, S. 82 ff.; *Gebauer/Fett* in Krieger/Uwe H. Schneider, Hdb. Managerhaftung, Rz. 24.65 ff.; speziell zur Haftung etwa *Altmeppen*, ZIP 2016, 97.

78 Zur Gefahr des Hindsight-Bias bei Compliance Verstößen und Vorschläge zur Vermeidung bei *Ott/Klein*, AG 2017, 209, 218 ff.

79 *Bachmann* in VGR, Gesellschaftsrecht in der Diskussion 2007, 2008, S. 83; *Binder*, ZGR 2007, 745, 781.

tracht.[80] Für das Versagen von Mitarbeitern hat der Vorstand allgemein nur insofern einzustehen, als er *eigene* (Auswahl-, Einweisungs- oder Überwachungs-)Pflichten verletzt,[81] und dies gilt auch in Bezug auf die Einrichtung einer ausreichenden Compliance-Organisation.

602 Als **Schaden** der Gesellschaft kommen nicht nur Kompensationszahlungen an Dritte oder **Bußgelder**[82] in Betracht; vielmehr stellen auch die regelmäßig mit der Aufklärung eines Sachverhalts verbundenen erheblichen **Aufklärungskosten** einen ersatzfähigen Schadensposten dar.[83] In gravierenden Fällen kann das Versagen auch einen Abberufungsgrund darstellen. Auf eine mögliche erhöhte strafrechtliche Verantwortlichkeit eines Compliance-Beauftragten für die Vergehen anderer Mitarbeiter ist bereits unter Rz. 598 hingewiesen worden. Die Verletzung von Compliance-Pflichten kann zudem eine Ordnungswidrigkeit wegen Aufsichtspflichtverletzung nach § 130 Abs. 1 OWiG darstellen (dazu schon Rz. 590 a.E.).[84]

603–609 Einstweilen frei.

§ 23
Rechnungslegung/Bilanz/Publizitätspflichten

I. Allgemeines

610 § 264 Abs. 1 Satz 3 HGB bzw. § 170 Abs. 1 AktG verpflichtet den Vorstand, einen **Jahresabschluss** (Bilanz, GuV und Anhang) sowie einen Lagebericht aufzustellen

80 *Bachmann* in VGR, Gesellschaftsrecht in der Diskussion 2007, 2008, S. 84 mit Hinweis auf BGH v. 4.11.2002 – II ZR 224/00, BGHZ 152, 280, 284 = AG 2003, 381 f.

81 S. im vorliegenden Zusammenhang nur *Fleischer*, AG 2003, 291 f., ferner *Spindler* in MünchKomm/AktG, 5. Aufl. 2019, § 91 AktG Rz. 75.

82 Sehr umstritten ist die Abwälzbarkeit von Unternehmensgeldbußen auf die Vorstandsmitglieder, zumal eine Entscheidung des BGH (Kartellsenat) aussteht; LAG Düsseldorf v. 20.1.2015 – 16 Sa 459/14, ZIP 2015, 829 hat sie generell ausgeschlossen; die h.L. tendiert eher zur Regresskürzung (s. etwa *Hauger/Palzer*, ZGR 2015, 33, 56; vgl. auch die Anmerkungen von *Bischke/Brack*, NZG 2015, 349; *Schwarz*, CCZ 2015, 185, 189 f.; abweich. *Bunte*, NJW 2018, 123; *Baur/Holle*, ZIP 2018, 459, 464 ff.); das BAG v. 29.6.2017 – 8 AZR 189/15, BAGE 159, 316-333 = ZIP 2017, 2424 hob die Entscheidung des LAG auf, weil es sich um eine kartellrechtliche Vorfrage gem. § 87 GWB gehandelt habe. – Zu von der BaFin verhängten Bußgeldern etwa *Canzler/Hammermaier*, AG 2014, 57, 66 ff.; *Seibt/Wollenschläfer*, AG 2014, 593, 602 ff. – Speziell zu Bußgeldsanktionen bei Ad-hoc-Verstößen *Klöhn*, ZIP 2015, 1145 und *Wilken/Hagedorn*, BB 2016, 67.

83 Hierauf besonders hinweisend *Goette*, ZHR 175 (2011), 388, 398 f.; eingehend unter Berücksichtigung von Kausalitäts- und Zurechnungsfragen sowie des Mitverschuldenseinwands *Lüneborg/Resch*, NZG 2018, 209 ff.

84 Zur Möglichkeit der Vermögensabschöpfung in diesem Rahmen § 29a OWiG *Rönnau*, ZGR 2016, 277, 295 ff.

und dem Aufsichtsrat zur internen Prüfung vorzulegen. Der Vorstand ist demgemäß im Verhältnis zur Gesellschaft für die ordnungsgemäße Rechnungslegung der Gesellschaft bzw. die Führung der **Handelsbücher** i.S.v. §§ 238 ff. HGB verantwortlich. Hierbei sind nicht nur die (quasi-)gesetzlichen Vorschriften (HGB, AktG, PublG, IFRS/IAS i.V.m. § 315a HGB bzw. IAS-VO), sondern auch die sog. Grundsätze ordnungsgemäßer Buchführung (GoB) zu beachten (vgl. §§ 264 Abs. 2, 297 Abs. 2 HGB), ferner die vom Deutschen Rechnungslegungs Standards Committee e.V. (DRSC) für die Konzernrechnungslegung gem. § 342 Abs. 1 Nr. 1 HGB entwickelten Deutschen Rechnungslegungsstandards (DRS), die mit offizieller Bekanntmachung wie GoB wirken (§ 342 Abs. 2 HGB).[1] Seit dem CSR-RichtlinienumsetzungsG[2] muss der **Lagebericht** (dazu näher Rz. 677 ff.) einer kapitalmarktorientierten oder mitbestimmten Gesellschaft gem. § 289b Abs. 1 HGB grundsätzlich um eine sog. **nichtfinanzielle Erklärung** mit dem Inhalt des § 289c HGB erweitert werden. Sie muss sich „zumindest" auf folgende Aspekte beziehen: Umweltbelange, Arbeitnehmerbelange (z.B. Arbeitsbedingungen, Gleichstellungsfragen), Sozialbelange (z.B. Dialog auf kommunaler oder regionaler Ebene); Achtung der Menschenrechte (z.B. Vermeidung von Menschenrechtsverletzungen); Bekämpfung von Korruption und Bestechung.[3]

611 Die Verpflichtung zur **Aufstellung** des Jahresabschlusses trifft den Vorstand im Rahmen seiner Gesamtverantwortung als Organisationspflicht, die Buchführung kann hingegen selbstverständlich delegiert werden. Demgegenüber muss die **Feststellung** des Jahresabschlusses, die nach § 172 AktG regelmäßig durch Aufsichtsrat und Vorstand erfolgt, unmittelbar vom Vorstand vorgenommen werden, der durch Beschluss entscheidet (s. Rz. 612). Die Pflicht beinhaltet auch Entscheidungsvorlagen zu den sog. bilanzpolitischen Ermessensentscheidungen sowie zur Ausschüttungs- und Thesaurierungspolitik der Gesellschaft, namentlich durch offene Rücklagen.[4] Der (durch Billigung des Aufsichtsrats) festgestellte und damit verbindliche Jahresabschluss ist im (elektronischen) Bundesanzeiger bekanntzumachen (§ 325 HGB, dazu unter Rz. 629). Weitere Publizitätspflichten, insbesondere zur Zwischenberichterstattung, ergeben sich für börsennotierte Aktiengesellschaften aus dem Kapitalmarktrecht (näher § 24 m.w.N.).

---

1 Dazu nur *Merkt* in Baumbach/Hopt, § 342 HGB Rz. 4.

2 BT-Drucks. 18/9982.

3 Näher dazu *Mock*, ZIP 2017, 1197 (umfassend zu Anwendungsbereich, Beschränkungsmöglichkeiten und der Prüfung des CSR-Berichts); *Hennrichs*, NZG 2017, 841, 845 ff. (insbes. zur Prüfungspflicht des Aufsichtsrats).

4 Überblick bei *Hüffer/Koch*, § 171 AktG Rz. 7; eingehend *Hennrichs/Pöschke* in MünchKomm/AktG, 4. Aufl. 2018, § 172 AktG Rz. 14 ff.

II. Aufstellung und Feststellung des Jahresabschlusses

1. Zuständigkeit

612 Wie erwähnt (Rz. 611), trifft den Vorstand als gesetzlichen Vertreter der AG gem. § 264 Abs. 1 Satz 3 HGB die Pflicht zur **Aufstellung** des Jahresabschlusses (einschließlich Anhang und Lagebericht), und zwar, weil es sich um eine gesetzliche Pflichtaufgabe im Rahmen seiner **Gesamtverantwortung** handelt.[5] Der Vorstand kann sich zur Vorbereitung des Abschlusses selbstverständlich der Mitwirkung – auch externer – Hilfspersonen bedienen; erst recht ist es unproblematisch und typisch, Fragen der Rechnungslegung bei einem Vorstandsressort zu konzentrieren. Sowohl die gesellschaftsrechtliche als auch die öffentlich-rechtliche Verantwortlichkeit aller Vorstandsmitglieder für die Rechnungslegung bleibt hiervon aber unberührt. Deshalb muss sich **jedes Vorstandsmitglied einen Überblick** über die entscheidenden wirtschaftlichen und finanziellen Eckpunkte verschaffen, das zuständige Vorstandsmitglied „kontinuierlich und angemessen überwachen" und die technische Anfertigung des Jahresabschlusses bei Anhaltspunkten für Unregelmäßigkeiten ggf. auch durch Dritte überprüfen lassen.[6] Die Erfüllung dieser Pflichten sollte zu Nachweiszwecken stets ausreichend dokumentiert werden. Treten hinreichend konkrete Anhaltspunkte für Fehler auf, so muss sich der Vorstand als Gesamtorgan mit der Sache befassen (zum Verhältnis zwischen Ressortaufteilung und Gesamtverantwortlichkeit s. näher unter § 37 Rz. 1507 ff.).

613 Endlich ist die Entscheidung über die bilanzpolitischen Ermessensentscheidungen (Rz. 611) sowie über Konsolidierungsmethode und Abgrenzung des Konsolidierungskreises[7] als solche nicht delegierbar; hieran müssen somit alle Vorstandsmitglieder mitwirken.[8] Es handelt sich gewissermaßen um die **Feststellungsentscheidung** des Vorstands im Rahmen des § 172 AktG,[9] der ein (rechtsgeschäftliches) Zusammenwirken von Vorstand und Aufsichtsrat verlangt.[10] Zur Vermeidung der Nichtigkeit des Jahresabschlusses nach § 256 Abs. 2 AktG bedarf es daher eines **Beschlusses des Gesamtorgans** einschließlich seiner stellvertretenden Mitglieder (§ 94 AktG); das Handeln in vertretungsberechtigter Zahl (§ 78 AktG) genügt nicht.[11] Auch darf der Vorstand bei diesem Beschluss nicht unterbesetzt (§§ 76 Abs. 2, 23 Abs. 3 Nr. 6 AktG) sein, weil der Entscheidung rechtsgeschäftliche Natur zukommt.[12] Unterbesetzung meint richtigerweise aber lediglich den Fall des völligen

---

5 Dazu § 1 Rz. 15 ff.

6 BGH v. 26.6.1995 – II ZR 109/94, ZIP 1995, 1334, 1336 = AG 1996, 32; vgl. ferner BGH v. 8.7.1985 – II ZR 198/84, NJW 1986, 54, 55; *Hüttemann/Meyer* in Staub, 5. Aufl. 2014, § 264 HGB Rz. 7.

7 Dazu *Müller* in Semler/Peltzer/Kubis, ArbeitsHdb. Vorstandsmitglieder, § 10 Rz. 37 ff.

8 S. nur *Merkt* in Baumbach/Hopt, § 264 HGB Rz. 8.

9 *Hüffer/Koch*, § 256 AktG Rz. 18.

10 S. nur BGH v. 15.11.1993 – II ZR 235/92, BGHZ 124, 111, 116 = AG 1994, 124; *Hüffer/Koch*, § 172 AktG Rz. 3.

11 *Koch* in MünchKomm/AktG, 4. Aufl. 2016, § 256 AktG Rz. 35.

12 H.M., s. nur *Hüffer/Koch*, § 256 AktG Rz. 18 und § 76 AktG Rz. 23 m.w.N.; a.A. z.B. *Priester* in FS Kropff, 1997, S. 591, 603 f.

Fehlens eines erforderlichen Vorstandsmitglieds; kein Fall von Unterbesetzung liegt deshalb vor, wenn das Vorstandsmitglied zwar bestellt, die **Bestellung** aber **fehlerhaft** ist; denn nach den Regeln des fehlerhaft bestellten Organs bleibt die Bestellung bis zur Abberufung auch in diesem Falle wirksam.[13] Zwar ist der BGH dieser Lehre für die fehlerhafte Bestellung des Aufsichtsrats nicht gefolgt (§ 6 Rz. 81); eine Nichtigkeit des Jahresabschlusses gem. § 256 Abs. 2 AktG will der Senat aber dennoch ausschließen.[14] Wie sonst auch entscheidet der Vorstand ohne abweichende Regelung in Geschäftsordnung oder Satzung (§ 77 Abs. 1 Satz 2 AktG) **einstimmig**, im Übrigen, je nach Regelung, mit einfacher oder qualifizierter Mehrheit.

2. Frist zur Aufstellung des Jahresabschlusses

Der Jahresabschluss und der Lagebericht sind grundsätzlich in den **ersten drei Monaten des neuen Geschäftsjahrs** (also regelmäßig bis Ende März des Folgejahres) für das vergangene Geschäftsjahr aufzustellen, § 264 Abs. 1 Satz 2 HGB. Für die rechtzeitige Aufstellung des Jahresabschlusses kommt es bei der prüfungspflichtigen AG auf die Übergabe an den Abschlussprüfer, bei den übrigen Gesellschaften auf die Übergabe an den Aufsichtsrat an; nachträgliche Änderungen und Ergänzungen haben regelmäßig keinen Einfluss auf die Aufstellungsfrist.[15] Für **kleine Gesellschaften** i.S.v. § 267 Abs. 1 HGB gelten etwas großzügigere Fristen gem. § 264 Abs. 1 Satz 4 HGB. Auch sie müssen aber spätestens nach sechs Monaten einen Jahresabschluss aufgestellt haben (Lagebericht ist bei ihnen nicht erforderlich); dies ist aber im Sinne einer äußersten Grenze zu verstehen. Die Satzung kann diese Frist daher nicht generell auf sechs Monate festsetzen.[16] Für **Konzernabschlüsse** gelten allgemein etwas großzügigere Fristen (vgl. § 290 Abs. 1 HGB: vier bzw. fünf Monate). 614

3. Vorlage an den Aufsichtsrat; Feststellung des Jahresabschlusses

Nach seiner Aufstellung, namentlich nach unterschriftsreifer Erstellung, hat der Vorstand den Jahresabschluss (Bilanz, GuV und Anhang) sowie den Lagebericht (§ 289 ff. HGB, näher Rz. 677 ff.), ggf. auch den Konzernabschluss, **unverzüglich** dem Aufsichtsrat vorzulegen, § 170 Abs. 1 AktG. Zugleich hat der Vorstand dem Aufsichtsrat einen **Gewinnverwendungsvorschlag** zu unterbreiten, § 170 Abs. 2 Satz 1 AktG. Vorzulegen ist grundsätzlich dem Aufsichtsrat als solchem, weil die Prüfung Sache des Gesamtorgans ist (vgl. § 171 AktG). Die Übermittlung zu Händen des Aufsichtsratsvorsitzenden oder an den Vorsitzenden des Prüfungsausschusses (Audit Committee) wird aber allgemein als ausreichend angesehen.[17] 615

---

13 Zutr. etwa *Hüffer/Koch*, § 256 AktG Rz. 18 und § 84 AktG Rz. 10 unter Hinweis auf die früher abweichende Ansicht; allgemein zur fehlerhaften Bestellung § 6 Rz. 81.

14 BGH v. 19.2.2013 – II ZR 56/12, ZIP 2013, 780 = AG 2013, 387 Rz. 26 (für das anfechtbar bestellte Mitglied).

15 Näher *Hüttemann/Meyer* in Staub, 5. Aufl. 2014, § 264 HGB Rz. 9.

16 BayObLG v. 5.3.1987 – BReg 3 Z 29/87, AG 1988, 18 = WM 1987, 502; *Merkt* in Baumbach/Hopt, § 264 HGB Rz. 9.

17 *Hüffer/Koch*, § 170 AktG Rz. 4; *Hennrichs/Pöschke* in MünchKomm/AktG, 4. Aufl. 2018, § 172 AktG Rz. 30.

616 Die Vorlage des (vom Vorstand gebilligten) Jahresabschlusses etc. an den Aufsichtsrat gem. § 170 AktG ist einfache **Geschäftsführungsmaßnahme** und kann daher auch vom zuständigen Vorstandsmitglied oder Vorstandsvorsitzenden allein vorgenommen werden.[18] Sie enthält üblicherweise die (konkludente) Aufforderung, den notwendigen Billigungsbeschluss des Aufsichtsrats i.S.v. § 172 Abs. 1 AktG herbeizuführen.[19] Erst mit dieser **Billigung** des Aufsichtsrats ist die **Feststellung** des Jahresabschlusses perfekt. Mit der Feststellung ist die Rechnungslegung für das zurückliegende Geschäftsjahr regelmäßig beendet, die Eröffnungsbilanz für das neue Geschäftsjahr ergibt sich aus den festgestellten Bilanzkonten, gleichzeitig werden die Konten der Gewinn- und Verlustrechnung auf Null zurückgesetzt.

617 Zwar hat die Vorlage **unverzüglich** zu erfolgen; als unschädlich wird es aber angesehen, wenn einzelne Unterlagen zwecks gleichzeitiger Versendung zunächst noch zurückgehalten, aber rechtzeitig bis zur Bilanzsitzung vorgelegt werden.[20] Kommt der Vorstand seiner Vorlagepflicht nicht nach, so kann gegen ihn ein Zwangsgeld festgesetzt werden, § 407 Abs. 1 AktG i.V.m. § 170 Abs. 1 AktG. Zugleich verletzt er seine Organpflichten, was ihn ggf. zum Schadensersatz verpflichtet.[21]

618 In seltenen Fällen wird die **Feststellung** gem. § 173 AktG der **Hauptversammlung** übertragen. Hierfür bedarf es grundsätzlich eines Beschlusses sowohl des Aufsichtsrats wie auch des Vorstands (§ 173 Abs. 1 Alt. 1 AktG). Hat allerdings der Aufsichtsrat den Jahresabschluss nicht gebilligt, so entscheidet die Hauptversammlung kraft Gesetzes (§ 173 Abs. 1 Alt. 2 AktG); Entsprechendes gilt, wenn sich der Aufsichtsrat nicht binnen einer ihm gesetzten Nachfrist äußert (§ 171 Abs. 3 Satz 3 AktG).

619 Der einmal festgestellte Jahresabschluss ist **verbindlich**. Er kann daher grundsätzlich nur noch ausnahmsweise geändert werden. Die Bindung tritt allerdings erst ab Einberufung der Hauptversammlung ein, § 175 Abs. 4 AktG. Zuvor können deshalb Vorstand und Aufsichtsrat den Jahresabschluss noch einvernehmlich ändern.[22] **Nach der Einberufung** scheiden jedenfalls Willküränderungen aus. Solange der Abschluss jedoch Dritten noch nicht zur Kenntnis gegeben wurde (z.B. durch Pressekonferenz, Ad-hoc-Mitteilung oder Homepage), ist aber auch in diesem Stadium noch die Berichtigung von Fehlern zulässig, sofern sie keine Nichtigkeit i.S.v. § 256 AktG begründen; denn ein entsprechendes Vertrauen in den Bestand des Abschlusses ist dann noch nicht erweckt worden.[23]

4. Unterzeichnung des Jahresabschlusses und „Bilanzeid"

620 Nach der Feststellung haben alle Mitglieder des Vorstands (auch die stellvertretenden i.S.v. § 94 AktG) den festgestellten Jahresabschluss (Bilanz, GuV und Anhang)

---

18 *Hüffer/Koch*, § 170 AktG Rz. 3.
19 *Hennrichs/Pöschke* in MünchKomm/AktG, 4. Aufl. 2018, § 172 AktG Rz. 26.
20 *Hennrichs/Pöschke* in MünchKomm/AktG, 4. Aufl. 2018, § 170 AktG Rz. 33.
21 *Hennrichs/Pöschke* in MünchKomm/AktG, 4. Aufl. 2018, § 170 AktG Rz. 36.
22 H.M., *Hüffer/Koch*, § 172 AktG Rz. 10; *Müller* in FS Quack, 1991, S. 359, 363.
23 Näher *Hennrichs/Pöschke* in MünchKomm/AktG, 4. Aufl. 2018, § 172 AktG Rz. 47; *Hüffer/Koch*, § 172 AktG Rz. 10.

unter Angabe des Datums (Tag/Monat/Jahr) zu **unterschreiben** (§§ 245 Satz 1, 264 Abs. 1 Satz 1 HGB); es handelt sich um eine öffentlich-rechtliche Pflicht.[24] Mit der Unterschrift wird dokumentiert, dass es sich um den ordnungsgemäß festgestellten und damit für Gesellschaft und Gesellschafter verbindlichen Jahresabschluss handelt.[25] Gleichwohl kommt der Unterschrift als solcher keine materiellrechtliche Bedeutung zu. Ihr Fehlen stellt lediglich eine **Ordnungswidrigkeit** gem. § 334 Abs. 1 Nr. 1 lit. a HGB dar, nicht bewirkt es die Nichtigkeitsfolge nach § 256 Abs. 2 AktG.[26]

Die Pflicht zur Unterschrift trifft auch solche Mitglieder des Vorstands, die bei der Beschlussfassung über den Jahresabschluss **überstimmt** wurden, es sei denn, sie halten diesen für nichtig.[27] Auch **ehemalige** Vorstandsmitglieder müssen unterzeichnen, soweit sie erst nach dem Bilanzstichtag aus dem Amt ausgeschieden sind. Eine Vertretung bei der Unterschrift ist nicht zulässig. 621

Zu unterzeichnen ist der Jahresabschluss regelmäßig vor dem Lagebericht **am Ende des Anhangs**. Beim **Konzernabschluss** (§ 298 Abs. 1 HGB) erfolgt die Unterschrift zweckmäßigerweise am Ende des Konzernanhangs.[28] Damit schließt die Unterschrift den Jahresbericht räumlich ab. Der mit dem Anhang der Muttergesellschaft zusammengefasste Konzernanhang braucht nur einmal unterschrieben zu werden. Demgegenüber sind die einzelnen Teile des Jahresabschlusses (nicht aber der Lagebericht) jeweils dann gesondert zu unterschreiben, wenn sie nicht so miteinander verbunden werden, dass eine spätere Trennung sichtbar würde.[29] 622

Seit dem Transparenzrichtlinie-Umsetzungsgesetz (TUG) von 2007 muss der Vorstand einer börsennotierten AG gem. § 264 Abs. 2 Satz 3 HGB einen sog. **„Bilanzeid“** leisten, d.h. „bei der Unterzeichnung schriftlich [...] versichern, dass nach bestem Wissen der Jahresabschluss ein den tatsächlichen Verhältnissen entsprechendes Bild [...] vermittelt“. Entsprechende Erklärungen müssen auch in Bezug auf Lagebericht, Konzernabschluss und Konzernlagebericht abgegeben werden (§§ 289 Abs. 1 Satz 5, 297 Abs. 2 Satz 4, 315 Abs. 1 Satz 6 HGB). Hierfür muss der Vorstand sich um möglichst vollständiges Wissen bemühen.[30] Die Abgabe des Bilanzeids durch sämtliche Vorstandsmitglieder (auch stv. Mitglieder i.S.v. § 94 AktG) ist **höchstpersönlich** und nach § 331 Nr. 3a HGB **strafbewehrt**.[31] 623

5. Verhältnis des Vorstands zum Abschlussprüfer

Im Regelfall einer bestehenden Prüfungspflicht gem. §§ 267 Abs. 1, 316 Abs. 1 Satz 1 HGB wird seit dem KonTraG von 1998 der Abschlussprüfer, nicht mehr vom Vor- 624

24 *Hüffer/Koch*, § 172 AktG Rz. 6; *Merkt* in Baumbach/Hopt, § 245 HGB Rz. 1.
25 *Hennrichs/Pöschke* in MünchKomm/AktG, 4. Aufl. 2018, § 172 AktG Rz. 51.
26 *Hüffer/Koch*, § 172 AktG Rz. 6; *Merkt* in Baumbach/Hopt, § 245 HGB Rz. 1.
27 *Hennrichs/Pöschke* in MünchKomm/AktG, 4. Aufl. 2018, § 172 AktG Rz. 52.
28 *Müller* in Semler/Peltzer/Kubis, Arbeitshdb. Vorstandsmitglieder, § 10 Rz. 51 f.
29 *Pöschke* in Staub, 5. Aufl. 2014, § 245 HGB Rz. 11.
30 Begr. FinA, BT-Drucks. 16/3444, S. 80.
31 Näher dazu *Fleischer*, ZIP 2007, 97 und aus strafrechtlicher Sicht *Heldt/Ziemann*, NZG 2006, 652; vgl. im Übrigen die Kommentierungen zu § 264 Abs. 3 HGB.

stand, sondern **vom Aufsichtsrat beauftragt** (§ 111 Abs. 2 Satz 3 AktG). Der Prüfer legt sodann seinen Bericht gem. § 321 Abs. 5 Satz 2 HGB unmittelbar dem Aufsichtsrat vor, der die Gesellschaft insofern vertritt (vgl. § 321 Abs. 5 Satz 1 HGB). Nach § 321 Abs. 5 Satz 2 Halbs. 2 HGB hat der **Vorstand** vor der Zuleitung des Prüfungsberichts an den Aufsichtsrat Gelegenheit zur **Stellungnahme**, die jedoch selbst nicht Bestandteil des Prüfungsberichts wird.[32] Die in der Praxis früher übliche Übersendung eines *Entwurfs*exemplars des Berichts an den Vorstand, steht mit der aktuellen Gesetzesfassung nicht mehr in Einklang; der Vorstand erhält danach vielmehr **ausschließlich die endgültige**, d.h. abgeschlossene und unterzeichnete Berichtsfassung.[33] Der Abschlussprüfer unterstützt den Aufsichtsrat bei dessen Prüfung nach § 171 Abs. 1 AktG; er hat gem. § 171 Abs. 1 Satz 2 AktG an den Verhandlungen des Aufsichtsrats bzw. seines Prüfungsausschusses teilzunehmen.

625 Ungeachtet der Beauftragung des Abschlussprüfers durch den Aufsichtsrat wird der **Vorstand** als gesetzlicher Vertreter i.S.v. § 320 HGB angesehen.[34] Daher trifft ihn die Pflicht, Jahresabschluss und Lagebericht unverzüglich nach der Aufstellung, spätestens drei Monate nach Geschäftsjahresbeginn dem Abschlussprüfer **vorzulegen** (§ 320 Abs. 1 Satz 1 HGB). Sind einzelne in sich abgeschlossene Teile des Jahresabschlusses bereits fertiggestellt, müssen diese ohne weiteres Zuwarten vorgelegt werden. Die mit der Vorlagepflicht korrespondierende Berechtigung des Abschlussprüfers auf Einsicht und Prüfung (§ 320 Abs. 1 Satz 2 HGB) umfasst dabei vor allem die Gestattung auf Einsichtnahme in Unterlagen, insbesondere in die gesamte Buchhaltung und in Sitzungsprotokolle der Organe etc. Aus § 320 Abs. 2 HGB ergibt sich ferner ein Auskunftsrecht des Abschlussprüfers und ein Recht auf Mithilfe gegenüber dem Vorstand auf Vorlage der jeweiligen Nachweise und Erteilung von Auskünften, die i.d.R. mündlich erfolgen.[35]

626 Die **Grenzen der Auskunftspflicht** des Vorstands (bzw. des Fragerechts des Prüfers) ergeben sich aus dem **Prüfungsauftrag**, der von vornherein allein die für die Rechnungslegung (und damit die Abschlussprüfung) bedeutsamen Themen erfasst, vgl. § 320 Abs. 2 Satz 3 HGB. Erforderlich ist daher in jedem Falle ein Zusammenhang der begehrten Auskunft mit dem Prüfungsauftrag; ferner sind das Schikaneverbot (§ 226 BGB) und das Gebot der Wirtschaftlichkeit der Abschlussprüfung zu beachten, das einem exzessiven Einsichts- und Prüfungsbegehren des Prüfers entgegensteht.[36] Geheimhaltungsinteressen sind gegenüber dem Prüfer allerdings nicht relevant, weil dieser seinerseits gesetzlich zur Berufsverschwiegenheit verpflichtet ist, vgl. §§ 323, 333 HGB. „Vor dem Abschlussprüfer gibt es **kein Geheimnis** bezüglich der

32 Vgl. *Hüffer/Koch*, § 170 AktG Rz. 2; Begr. RegE, BT-Drucks. 13/9712, S. 22.

33 *Habersack/Schürnbrand* in Staub, 5. Aufl. 2010, § 321 HGB Rz. 57 m.w.N.

34 Vgl. nur *Habersack* in MünchKomm/AktG, 5. Aufl. 2019, § 111 AktG Rz. 99.

35 Näher *Habersack/Schürnbrand* in Staub, 5. Aufl. 2010, § 320 HGB Rz. 11; s. auch *Habersack* in MünchKomm/AktG, 4. Aufl. 2019, § 111 AktG Rz. 99.

36 Näher zu Inhalt und Schranken des Informationsrechts *Habersack/Schürnbrand* in Staub, 5. Aufl. 2010, § 320 HGB Rz. 5, 26.

Gegenstände der Prüfung!“[37] Allerdings muss der Prüfer auf schutzwürdige Belange der Gesellschaft möglichst Rücksicht nehmen.[38]

6. Pflicht zur Aufbewahrung

Der Vorstand als solcher ist gem. § 257 HGB zur Aufbewahrung bestimmter Dokumente gesetzlich verpflichtet, das gilt namentlich für die Handelsbücher sowie für den festgestellten und unterschriebenen Jahresabschluss (§ 257 Abs. 1 Nr. 1 HGB), der **zusammen mit dem Bestätigungs- oder Versagungsvermerk** des Abschlussprüfers aufzubewahren ist, § 257 Abs. 1 HGB.[39] Darüber hinaus ist gem. § 257 Abs. 1 Nr. 2, 3 HGB der gesamte (Handels-)Briefverkehr und sind gem. § 257 Abs. 1 Nr. 4 HGB die Buchungsbelege aufzubewahren, wobei § 257 Abs. 3 HGB auch die Speicherung auf einem „Bild- oder anderen Datenträger“ zulässt. Der Briefverkehr ist sechs Jahre, Handelsbücher und Abschlüsse sind zehn Jahre lang aufzubewahren (§ 257 Abs. 4 HGB). 627

7. „Enforcement“

Ein noch relativ junges, 2004 geschaffenes Aufsichtsinstrument über **börsennotierte Aktiengesellschaften** stellt das Prüfverfahren durch die (private) **Deutsche Prüfstelle für Rechnungslegung (DPR)** gem. §§ 342b f. HGB dar (sog. Enforcement). Dabei werden ohne besonderen Anlass stichprobenartig oder bei konkreten Anhaltspunkten die zuletzt festgestellten Jahresabschlüsse, Lageberichte, Konzernabschlüsse bzw. Konzernlageberichte auf Einhaltung gesetzlicher Rechnungslegungsvorschriften bzw. internationaler Standards geprüft (§ 342b Abs. 2 HGB). Beteiligt sich die Gesellschaft freiwillig an der Prüfung, so sind Vorstand und Abschlussprüfer der Prüfstelle gem. § 342b Abs. 2 HGB zur Auskunft verpflichtet; ihnen steht allerdings ein Auskunftsverweigerungsrecht zu, falls sie sich selbst mit dem Verdacht einer Ordnungswidrigkeit oder Straftat belasten würden (§ 342b Abs. 4 Satz 2 HGB). Andererseits muss die Prüfstelle den Verdacht einer Straftat nach § 342b Abs. 8 HGB der zuständigen Staatsanwaltschaft mitteilen. Beteiligt sich die Gesellschaft *nicht* freiwillig an der Prüfung, so geht die Verfahrenszuständigkeit auf die BaFin über (§§ 106 ff. WpHG), der gegenüber eine Pflicht zur Mitwirkung besteht. Stellt die BaFin einen Fehler in der Rechnungslegung fest, so ordnet sie grundsätzlich dessen Veröffentlichung im (elektronischen) Bundesanzeiger und ggf. in einem anderen Börsenpflichtblatt oder elektronischen Informationsmedium an (§ 109 Abs. 2 WpHG). 628

---

37 Vgl. *Ebke* in MünchKomm/HGB, 3. Aufl. 2013, § 320 HGB Rz. 22; *Habersack/Schürnbrand* in Staub, 5. Aufl. 2010, § 320 HGB Rz. 27.

38 *Habersack/Schürnbrand* in Staub, 5. Aufl. 2010, § 320 HGB Rz. 27.

39 Näher zur Art und Weise der Aufbewahrung *Pöschke* in Staub, 5. Aufl. 2014, § 257 HGB Rz. 25 ff.

III. Offenlegung des Jahresabschlusses etc.

1. Allgemeines; Folgen der Nichtoffenlegung

629 Nach § 325 HGB muss der Vorstand Jahresabschluss und Lagebericht samt Bestätigungsvermerk dem **Bundesanzeiger** in elektronischer Form übermitteln, wo sie bekannt gemacht werden. Diese Pflicht zur Information durch Offenlegung schützt sowohl die Funktionsfähigkeit des Marktes als auch den einzelnen Marktteilnehmer.[40] Die Offenlegung kann an ein Vorstandsmitglied delegiert werden, muss also nicht durch sämtliche Mitglieder höchstpersönlich erfolgen; da es sich um eine gesetzliche Pflicht handelt, bleiben die übrigen Mitglieder jedoch für die ordnungsgemäße Offenlegung mitverantwortlich; sie müssen also ggf. auf die Offenlegung durch das zuständige Mitglied hinwirken.[41]

630 Die Verletzung von Offenlegungspflichten hat grundsätzliche keine Auswirkungen auf die Wirksamkeit der jeweiligen Beschlüsse, stellt aber eine **Ordnungswidrigkeit** nach § 334 Abs. 1 Nr. 5 HGB dar, für deren Verfolgung das Bundesamt für Justiz zuständig ist (§ 334 Abs. 4 HGB). Die Verschärfung der Sanktion durch Ablösung des zuvor nicht ausreichend funktionsfähigen Zwangsgeldverfahrens war nach EuGH-Urteilen, unter anderem aus dem Jahre 1997 in Sachen Daihatsu,[42] erforderlich geworden.[43] Das jetzige Ordnungsgeldverfahren wird von Amts wegen eingeleitet (§ 335 Abs. 1, 2 HGB i.V.m. § 388 FamFG). Außerdem werden Offenlegungspflichten in zivilrechtlicher Hinsicht regelmäßig als drittschützend i.S.v. § 823 Abs. 2 BGB betrachtet, so dass den Vorstandsmitgliedern im Verletzungsfalle Schadensersatzansprüche drohen.[44]

2. Gegenstände der Offenlegung(spflicht)

631 Die offen zu legenden Unterlagen sind von der Größe der offenlegungspflichtigen Gesellschaft abhängig. Sie umfassen gem. § 325 Abs. 1 Satz 1, 3 HGB **regelmäßig** den **Jahresabschluss** (also Bilanz, GuV und Anhang), den **Bestätigungs- bzw. Versagungsvermerk** des Abschlussprüfers (§ 322 HGB), den **Lagebericht**, den Bericht des **Aufsichtsrats**, den **Gewinnverwendungsvorschlag**, den Gewinnverwendungsbeschluss sowie die **Erklärung nach § 161 AktG** darüber, ob den Empfehlungen des Corporate Governance Kodex entsprochen wurde.[45] Nach § 325 Abs. 3 HGB muss außerdem ein nach § 290 HGB zu erstellender **Konzernabschluss** bzw. -lagebericht nebst zugehörigem WP-Vermerk (§ 322 HGB) offengelegt werden; bei gemeinsamer Offenlegung mit einem Jahres- bzw. Einzelabschluss können die WP-Vermerke gem.

---

40 Vgl. nur *Merkt* in Baumbach/Hopt, § 325 HGB Rz. 1.

41 *Kersting* in Staub, 5. Aufl. 2010, § 325 HGB Rz. 46.

42 EuGH v. 4.12.1997 – C-97/96, ZIP 1997, 2155 (in Sachen Daihatsu); EuGH v. 29.9.1998 – C-191/95, ZIP 1998, 1716.

43 Näher zur Entwicklung *Kersting* in Staub, 5. Aufl. 2010, § 325 HGB Rz. 110.

44 Wohl h.M., s. nur *Merkt* in Baumbach/Hopt, § 325 HGB Rz. 14 (m.w.N.); eingehend *Jansen*, DStR 1999, 1490, 1495 ff.; a.A. *Kersting* in Staub, 5. Aufl. 2010, § 325 HGB Rz. 113.

45 Zu den Einzelheiten s. nur *Kersting* in Staub, 5. Aufl. 2010, § 325 HGB Rz. 19 ff.; Grundsatz 21 DCGK 2020 stellt besonders auf den Konzernabschluss sowie -lagebericht ab.

§ 325 Abs. 3a HGB zusammengefasst werden. Anstelle des HGB-Jahresabschlusses kann gem. § 325 Abs. 2a HGB unter bestimmten, in Abs. 2b genannten Voraussetzungen ein nach **IAS/IFRS** erstellter Einzelabschluss mit befreiender Wirkung offengelegt werden. Der nach § 315a HGB (von börsennotierten [„kapitalmarktorientierten"] Unternehmen) verpflichtend zu erstellende IAS/IFRS-Konzernabschluss ist nach § 325 Abs. 3 HGB offenzulegen.

Gewisse **Erleichterungen** sehen die §§ 326 f. HGB vor. Nach § 326 HGB können 632
kleine Gesellschaften i.S.v. § 267 Abs. 1 HGB die Offenlegung auf die (verkürzte) Bilanz und den Anhang beschränken, der folgerichtig keine die GuV betreffenden Angaben zu enthalten braucht. **Mittelgroße** Gesellschaften (§ 267 Abs. 2 HGB) müssen die Bilanz grundsätzlich nur in der verkürzten Form offenlegen, wie sie für die Erstellung bei kleinen Gesellschaften gilt; allerdings müssen bestimmte Angaben zusätzlich aufgenommen werden (§ 327 HGB); auch der Anhang kann in verkürzter Form beim Bundesanzeiger eingereicht werden. Umgekehrt gilt für **große und mittelgroße kapitalmarktorientierte** Gesellschaften i.S.v. § 264d HGB gem. § 325 Abs. 4 Satz 1 HGB eine verkürzte Frist von vier Monaten; dies gilt nicht für Gesellschaften i.S.v. § 327a HGB (Inanspruchnahme des Kapitalmarkts nur für bestimmte Schuldtitel).

3. Form der Offenlegung

Sämtliche offenzulegenden Unterlagen sind von allen publizitätspflichtigen Gesell- 633
schaften beim (elektronischen) Bundesanzeiger (BAnz) in ausschließlich elektronischer Form[46] einzureichen (§ 325 Abs. 1 Satz 1 HGB) und dort zu veröffentlichen (§ 325 Abs. 2 HGB); die Einzelheiten zur **Einreichung** ergeben sich aus § 328 HGB. Nach § 329 HGB prüft der Betreiber des Bundesanzeigers, ob die einzureichenden Unterlagen vollständig und fristgemäß vorgelegt worden sind. § 328 Abs. 1 HGB betrifft alle Fälle der Pflichtpublizität und ordnet insofern den Grundsatz der vollständigen und richtigen Wiedergabe der einzureichenden Abschlüsse in der festgestellten Fassung an. Kürzungen oder Änderungen sind unzulässig, soweit nicht die Publizitätspflicht selbst eingeschränkt ist (also in den Fällen der §§ 326, 327 HGB). Die einzureichenden Unterlagen müssen in deutscher Sprache vorgelegt werden; eine zusätzliche Version kann in jeder Amtssprache eines EU-Mitgliedstaats eingereicht werden (§ 325 Abs. 6 i.V.m. § 11 Abs. 1 HGB).

Die Verpflichtung der Vorstandsmitglieder erlischt erst, wenn die Unterlagen auch 634
bekanntgemacht worden sind. Die **gesonderte Bekanntmachungspflicht** stammt noch aus der alten Rechtslage, wonach Einreichungs- und Bekanntmachungsort getrennt waren. Heute spielt die Unterscheidung wegen der elektronischen Bekanntmachung für den Normalfall **keine Rolle mehr**; der Betreiber des Bundesanzeigers trennt deshalb auch nicht mehr zwischen Einreichung und Bekanntmachung. Die Einreichung wird vielmehr stets auch als Auftrag zur Bekanntmachung aufgefasst und führt zur unverzüglichen Veröffentlichung.[47] Hiervon geht offenbar auch § 325

46 Einzelheiten dazu bei *Kersting* in Staub, 5. Aufl. 2010, § 325 HGB Rz. 31 ff.
47 Vgl. *Kersting* in Staub, 5. Aufl. 2010, § 325 HGB Rz. 38.

Abs. 4 Satz 2 HGB aus, wonach für die Fristwahrung allein auf die Einreichung abzustellen ist.

635 Pflichten im Zusammenhang mit der **Zwischenberichterstattung** (Kapitalmarktrecht bzw. Kodex) werden in § 24 Rz. 663 ff. dargestellt.

636–649 Einstweilen frei.

§ 24
Mitteilungs- und Veröffentlichungspflichten

Literaturübersicht: *Bachmann*, Die Erklärung zur Unternehmensführung (Corporate Governance Statement), ZIP 2010, 1517; *Cahn/Götz*, Ad-hoc-Publizität und Regelberichterstattung, AG 2007, 221; *Cervellini*, Der Bericht des Aufsichtsrats – Element guter Corporate Governance, 2011; *Dreibus/Schäfer*, Mitteilungspflichten über Stimmrechte gem. §§ 21, 22 WpHG bei inländischen Investmentfonds, NZG 2009, 1289; *Drygala*, Aufsichtsratsbericht und Vertraulichkeit im System der Corporate Governance, AG 2007, 381; *Engelhart*, Meldepflichtige und meldefreie Geschäftsarten bei Directors′ Dealings (§ 15a WpHG), AG 2009, 856; *Ernstberger/Pfauntsch*, Die Qualität von Zwischenberichten börsennotierter Unternehmen in Deutschland, IRZ 2008, 195; *Fleischer*, Directors′ Dealings, ZIP 2002, 1217; *Groß*, Befreiung von der Ad-hoc-Publizitätspflicht nach § 15 Abs. 3 WpHG, in FS Uwe H. Schneider, 2011, S. 385; *Habersack*, Marktmissbrauchsrecht und Aktienrecht – Zielkonflikte im zusammnehang mit der Ad hoc-Publizitätspflicht, in FS 25 Jahre WpHG, 2019, S. 217; *Harbarth*, Ad-hoc-Publizität beim Unternehmenskauf, ZIP 2005, 1898; *Hägele*, Praxisrelevante Probleme der Mitteilungspflichten nach §§ 20, 21 AktG, NZG 2000, 726; *Heider/Hirte*, Ad-hoc-Publizität bei zeitlich gestreckten Vorgängen, GWR 2012, 429; *Herfs*, Weiter im Blindflug – Zur ad-hoc-Publizität bei gestreckten Geschehensabläufen aus Sicht der Praxis, DB 2013, 1350; *Hitzer*, Zum Begriff der Insiderinformation, NZG 2012, 860; *Ihrig*, Wissenszurechnung im Kapitalmarktrecht – untersucht anhand der Pflicht zur Ad-hoc-Publizität gemäß Art. 17 MAR, ZHR 181 (2017), 381; *Ihrig*, Ad-hoc-Pflichten bei gestreckten Geschehensabläufen, in VGR, Gesellschaftsrecht in der Diskussion 2012, 2013, S. 113; *Ihrig/Kranz*, EuGH-Urteil Geltl/Daimler: „Selbstbefreiung“ von der Ad-hoc-Publizitätspflicht, BB 2013, 451; *Ihrig/Kranz*, Das Geltl/Daimler-Verfahren in der nächsten Runde – Keine abschließende Weichenstellung des BGH für die Ad-hoc-Publizität bei gestreckten Geschehensabläufen, AG 2013, 515; *Janert*, Veröffentlichungspflicht börsennotierter Gesellschaften bei unterlassener Mitteilung nach § 21 WpHG?, BB 2004, 169; *Kellner/Maume*, Directors' Dealings unter der EU-Marktmissbrauchsverordnung, ZGR 2017, 273; *Kleefass*, Die Anfechtbarkeit von Hauptversammlungsbeschlüssen aufgrund fehlerhafter Entsprechenserklärungen: eine Bestandssaufnahme, NZG 2019, 298; *Klöhn*, Das deutsche und europäische Insiderrecht nach dem Geltl-Urteil des EuGH, ZIP 2012, 1885; *Klöhn*, Insiderinformation – Entwicklung und Lehren nach 25 Jahren, in FS 25 Jahre WpHG, 2019, S. 523; *Koch*, Investorengespräche des Aufsichtsrats, AG 2017, 129; *Kocher*, Ungeklärte Fragen der Erklärung zur Unternehmensführung nach § 289a HGB, DStR 2010, 1034; *Kocher/Schneider*, Zuständigkeitsfragen im Rahmen der Ad-hoc-Publizität, ZIP 2013, 1607; *Kocher/Widder*, Die Bedeutung von Zwischenschritten bei der Definition von Insiderinformationen, BB 2012, 2837; *Krause/Brellochs*, Insiderrecht und Ad-hoc-Publizität bei M&A- und Kapitalmarkttransaktionen im europäischen Rechtsvergleich, AG 2013, 309; *Kumm*, Praxisfragen bei der Regelpublizität nach Inkrafttreten des TUG, BB 2009, 1118; *Kuthe/Geiser*, Die neue Corporate Governance Erklärung, NZG 2008, 172; *Lutter*, Der Bericht des Aufsichtsrats an die Hauptversammlung, AG 2008, 1; *Merkt*, Unternehmenspublizität – Die Offenlegung von Unternehmensdaten als Korrelat der Marktteilnahme, 2001; *Möllers/Kernchen*, Information Overload am Kapitalmarkt, ZGR 2011, 1; *Mülbert*, Die Selbstbefreiung nch § 15 Abs. 3 WpHG durch den Aufsichtsrat, in FS Stilz, 2014, S. 411; *Pattberg/Bredol*, Der Vorgang der Selbstbefreiung von der Ad-hoc-Publizitätspflicht, NZG 2013, 87; *Poelzig*, Private enforcement im deutschen und europäischen Kapitalmarktrecht – Eine Untersuchung anhand des Marktmanipulationsverbots unter Berücksichtigung der Entwicklungen im europäischen Kartellrecht, ZGR 2015, 801; *Portisch*, Überwachung und Berichterstattung des Aufsichtsrats im Stakeholder-Modell, 1997; *Schlitt/Mildner*, Ad-hoc-Publizität im Zusammenhang mit (vorläufigen) Geschäftszahlen und Prognosen, in FS 25 Jahre WpHG, 2019, S. 363; *Seibt*, Europäische Finanzmarktregulierung zu Insiderrecht und Ad-hoc-Publizität, ZHR 177 (2013), 388; *Seibt/Danwerth*, Ad-Hoc-Publizitätspflichten beim Vorstandswechsel zwischen Börsenunternehmen, NZG 2019, 121; *Sünner*, Der Bericht des Aufsichtsrats an die Hauptversammlung nach § 171 Abs. 2 AktG, AG 2008, 411; *Tesch/Wißmann*, Lageberichterstattung, 2. Aufl. 2009; *Vaupel/Oppenauer*, Zur Strafbarkeit eines unterlassenen, verspäteten oder verfrühten Aufschubs von der Ad-hoc-Veröffentlichungsplicht, AG 2019, 502; *Veil*, Der Schutz des verständigen Anlegers durch Publizität und Haftung im europäischen und nationalen Kapitalmarktrecht, ZBB 2006, 162; *Vetter/Engel/Lauterbach*, Zwischenschritte als ad-hoc-veröffentlichungspflichtige Insiderinformation, AG 2019, 160; *Vocke*, Zum Rechtsverlust nach § 28 WpHG bei Verstößen gegen Stimmrechtsmitteilungspflichten, BB 2009, 1600; *Walla/Knierbein*, „State of the Art"-Compliance für Emittenten im Zeitalter der MAR, WM 2018, 2349; *Widder*, Vorsorgliche Ad-hoc-Meldungen und vorsorgliche Selbstbefreiungen nach § 15 Abs. 3 WpHG, DB 2008, 1480 *Wilsing/Winkler*, Deutscher Corporate Governance Kodex 2019 – ein Überblick, BB 2019, 1603; *Zöllner*, Vereinheitlichung der Informationswege bei Aktiengesellschaften?, NZG 2003, 354.

I. Grundlagen

Die unternehmensrechtlichen Publizitätspflichten zur Offenlegung von Informationen über das eigene Unternehmen dienen dem Abbau von Informationsasymmetrien.[1] Maßgeblich beeinflusst von europäischem Recht[2] ist die Transparenz der 650

---

1 Monographisch *Merkt*, S. 8.

2 RL 2007/36/EG des Europäischen Parlaments und des Rates vom 11.7.2007 über die Ausübung bestimmter Rechte von Aktionären in börsennotierten Gesellschaften, ABl. EU Nr. L 184 v. 14.7.2007, S. 17 (Aktionärsrechterichtlinie); RL 2004/109/EG des Europäischen Parlaments und des Rates vom 15.12.2004 zur Harmonisierung der Transparenzanforderungen in Bezug auf Informationen über Emittenten, deren Wertpapiere zum Handel auf einem geregelten Markt zugelassen sind, und zur Änderung der Richtlinie 2001/34/EG, ABl. EU Nr. L 390 v. 31.12.2004, S. 38 (Transparenzrichtlinie); RL (EU) 2017/828 des Europäischen Parlaments und des Rates vom 17.5.2017 zur Änderung der Richtlinie 2007/36/EG im Hinblick auf die Förderung der langfristigen Mitwirkung der Aktionäre, ABl. EU Nr. L 132 v. 20.5.2017, S. 1 (2. Aktionärsrechterichtlinie); RL 2013/50/EU des Europäischen Parlaments und des Rates vom 22.10.2013 zur Änderung der Richtlinie 2004/109/EG des Europäischen Parlaments und des Rates zur Harmonisierung der Transparenzanforderungen in Bezug auf Informationen über Emittenten, deren Wertpapiere zum Handel auf einem geregelten Markt zugelassen sind, ABl. EU Nr. L 294 v.

innergesellschaftlichen Vorgänge **zugunsten der Aktionäre** und, soweit es um börsennotierte Unternehmen geht, des **Kapitalmarktes** in den letzten Jahren deutlich erhöht worden.[3] Die insoweit bestehenden Veröffentlichungspflichten sollen den Aktionären die Überwachung der Verwaltungsorgane erleichtern.[4] Daneben geht es um die Selbstkontrolle der Organe. Im Außenverhältnis dient die Publizität insbesondere dem **Schutz der Gläubiger** und möglicher **Investoren.**[5] Die Regelungen des AktG werden bei börsennotierten Gesellschaften durch zusätzliche Veröffentlichungspflichten ergänzt, deren vorrangiges Schutzgut die **Funktionsfähigkeit des Kapitalmarkts** sowie, freilich nur als Reflex, der Anlegerschutz ist.[6] Aus Sicht der Gesellschaft schließlich kann Publizität gezielt genutzt werden, um den Informationsfluss aus unternehmenseigenen Gründen zu lenken und die Außenwahrnehmung des Unternehmens positiv zu beeinflussen (sog. **Signaling**).[7] Dogmatisch sind die Maßnahmen zur Erfüllung der Mitteilungspflichten als rechtsgeschäftsähnliche Handlungen einzuordnen: Sie sind in die Vorstandsverantwortung gestellt, aber grundsätzlich der Delegation und Stellvertretung zugänglich.[8]

1. Regelungsstrukturen

651 Mit diesen vielschichtigen Zielen korrespondieren verschiedene **Regelungsebenen** der Publizität: für die nicht börsennotierten Gesellschaften bestehen insbesondere die Rechnungslegungsvorschriften nach HGB. Für börsennotierte Gesellschaften kommen das Wertpapierrecht (WpHG, WpPG), das Marktmissbrauchsrecht (MAR), das Börsenrecht (insb. die BörsO der Frankfurter Wertpapierbörse) und der Corporate Governance Kodex (DCGK) mit vielfältigen Bestimmungen hinzu, die der (börsennotierten) AG Veröffentlichungen vorschreiben oder zumindest empfehlen. Die

---

6.11.2013, S. 13 (Transparenzrichtlinie); VO (EU) 596/2014 des Europäischen Parlaments und des Rates vom 16.4.2014 über Marktmissbrauch (Marktmissbrauchsverordnung, kurz MAR) und zur Aufhebung der Richtlinie 2003/6/EG des Europäischen Parlaments und des Rates und der Richtlinie 2003/124/EG, 2003/125/EG und 2004/72/EG der Kommission, ABl. EU Nr. L 173 v. 12.6.2014, S. 1.

3 Zuletzt durch die MAR (s. vorherige Fn.). Vgl. zuvor schon RegE ARUG I, BT-Drucks. 16/11642, S. 1; ferner RegE EHUG 2006, BT-Drucks. 16/960, S. 1; RegE TUG 2006, BR-Drucks. 579/06, S. 1; RegE ARUG II, BT-Drucks. 19/9739, S. 1. Vgl. ferner RegE TÄG 2015, BT-Drucks. 18/5010, S. 1.

4 S. zum Verhältnis zwischen Vorstand und Aufsichtsrat § 25 Rz. 850 ff.; ferner zur Bedeutung der Publizität bei der Hauptversammlung § 29 Rz. 1110 ff.

5 *Kersting* in Staub, 5. Aufl. 2010, § 325 HGB Rz. 8.

6 Wohl h.M., vgl. *Riehmer* in Habersack/Mülbert/Schlitt, Hdb. Kapitalmarktinformation, 2. Aufl. 2013, § 15 Rz. 2;*Schüppen* in Schüppen/Schaub, Münchener Anwaltshdb. Aktienrecht, 3. Aufl. 2018, Rz. 26; kritisch aber *Hopt*, ZHR 159 (1995), 159 (Funktionen- und Individualschutz als „zwei Seiten derselben Medaille"); *Hopt/Kumpan* in Schimansky/Bunte/Lwowski, Bankrechts-Hdb. Bd. II, 5. Aufl. 2017, § 107 Rz. 4.

7 Zu der Rolle der Medien *Rudolf* in Habersack/Mülbert/Schlitt, Hdb. Kapitalmarktinformation, 2. Aufl. 2013, § 1 Rz. 1 ff.; *Merkt*, S. 24 ff. zur Abgrenzung von Information und Werbung.

8 Vgl. für die aktienrechtlichen Mitteilungspflichten *Hüffer/Koch*, § 20 AktG Rz. 8 (unzureichend sind Meldungen Dritter, es sei denn, Zurechnung ist möglich).

unterschiedlichen Regelungen überschneiden sich teilweise und sind gesetzestechnisch unübersichtlich durch Verweise ineinander verschränkt.[9] Als wesentliches Kommunikationsinstrument für die Außendarstellung hat sich bei den meisten börsennotierten AGs die Veröffentlichung eines im Gesetz freilich nicht vorgesehenen Geschäftsberichts (dazu Rz. 687) etabliert, in dem regelmäßig auch nicht zwingend erforderliche Informationen über das Unternehmen im jeweiligen Berichtsjahr enthalten sind. Seit Inkrafttreten der verpflichtenden Bestimmungen über eine CSR-Berichterstattung (dazu Rz. 694 f.) ist der Geschäftsbericht inzwischen bei manchen Unternehmen in einen zusammengefassten oder integrierten Bericht überführt worden, teilweise erfolgt auch eine Zweiteilung in einen Finanzbericht und einen nichtfinanziellen Bericht.

Im **Emittentenleitfaden der BaFin**[10] werden Umfang und Inhalt der Publizitäts- 652
pflichten der börsennotierten Unternehmen näher konkretisiert. Einzelne von der BaFin praktisch gehandhabte Normauslegungen werden aber mit Recht kritisiert. Da der Leitfaden für Gerichte als bloß intern wirkende normkonkretisierende Verwaltungsvorschrift keine Bindungswirkung entfaltet, sollte in Zweifelsfällen stets die Abstimmung und im Fall einer streitigen Auslegung auch die sachliche Auseinandersetzung mit der BaFin gesucht werden. Im Regelfall dürfte bei einer Befolgung des Emittentenleitfadens und erst recht bei einer mit der BaFin konkret getroffenen Vorabstimmung jedenfalls ein Verschuldensvorwurf nicht zu erheben sein; zur Vermeidung von Haftungsrisiken ist ein solches Verhalten und dessen sorgfältige Dokumentation deshalb zu empfehlen.[11]

Überragenden Einfluss hat inzwischen das Europäische Recht. Mit dem Inkrafttreten 653
der Marktmissbrauchsverordnung[12] (MAR) am 3.7.2016 sind weitreichende Compliance-Vorschriften für börsennotierte Unternehmen auf die Ebene des unmittelbar geltenden Europäischen Rechts gehoben worden. Das betrifft insbesondere Ad-hoc-Publizitätspflichten, das Bekanntgeben von Wertpapiergeschäften der Führungskräfte und mit diesen eng verbundenen Personen (Directors' Dealings bzw. Managers' Transactions) und das Verwalten von Insiderlisten. Angesichts der mit dem Inkrafttreten der MAR drastisch erhöhten Bußgeldrahmen bei Verstößen ist dem Vorstand der kapitalmarktorientierten Gesellschaft eine besondere Sorgfalt bei der Beachtung der gesetzlichen Bestimmungen und der Einrichtung und Aufrechterhaltung der zu ihrer Erfüllung erforderlichen Informations- und Überwachungssysteme dringend zu empfehlen.

---

9 Vgl. etwa *Bachmann*, ZIP 2010, 1517, 1518. Rechtspolitische Überlegungen zur Schaffung eines einheitlichen Informationssystems bei *Zöllner*, NZG 2003, 354, 357; vgl. auch *Möllers/Kernchen*, ZGR 2011, 1 ff. aus verhaltensökonomischer Perspektive.

10 In der jeweils geltenden Fassung auf der Homepage der BaFin unter www.bafin.de abrufbar.

11 Vgl. *Bedkowski*, BB 2009, 1482, 1483.

12 VO (EU) 596/2014 des Europäischen Parlaments und des Rates vom 16.4.2014 über Marktmissbrauch (Marktmissbrauchsverordnung) und zur Aufhebung der Richtlinie 2003/6/EG des Europäischen Parlaments und des Rates und der Richtlinie 2003/124/EG, 2003/125/EG und 2004/72/EG der Kommission, ABl. EU Nr. L 173 v. 12.6.2014, S. 1.

654 Die Informationspflichten zielen auf die Unterrichtung unterschiedlicher **Adressaten**. Während einige Pflichten zumindest implizit der Information der Aktionäre dienen, geht es bei der Mehrzahl der Regelungen um Transparenz gegenüber allen Kapitalmarktteilnehmern. Daneben sind auch die Geschäftsführungen der Börsen und die BaFin Informationsempfänger. Ebenso vielfältig sind die **Veröffentlichungsarten**: Handelsregister, Bundesanzeiger, Unternehmensregister, Internetseite der Gesellschaft und Medien zur Verbreitung in der EU stehen dabei im Zentrum. Die **Sanktionen** bei Verstoß sind durch Ordnungswidrigkeiten geprägt, aber auch börsen-, haftungs-, aufsichts- und strafrechtliche Konsequenzen sind zu beachten. Je nach **Veröffentlichungsrhythmus** schließlich knüpfen die Publizitätspflichten an regelmäßig wiederkehrende Tatbestände an (zur Regelpublizität s. Rz. 663 ff.) oder zielen auf anlassbezogene Veröffentlichungen in Sondersituationen (zur Anlasspublizität Rz. 699 ff.). Daneben sind Dokumente zu erstellen, in denen bestimmte zu veröffentlichenden Informationen zusammengefasst werden (dazu Rz. 675 ff.). Zu Publizitätspflichten speziell im Zusammenhang mit der Hauptversammlung s. im Übrigen § 29 Rz. 1110 ff.

2. Publizität als Vorstandspflicht

655 Adressat der Offenlegungspflichten ist grundsätzlich die Gesellschaft; ihre Erfüllung ist alsdann Sache des Vorstands.[13] Die Einreichung der Unterlagen nach § 325 HGB, die Aufstellung des Jahresabschlusses und des Lageberichts gem. § 264 Abs. 1 Satz 3 HGB, die Veröffentlichungen bei Organänderungen (§§ 106, 81 AktG) und die Abgabe der Erklärung zum Corporate Governance Kodex (§ 161 AktG) sind ausdrücklich als Aufgaben des **Gesamtvorstands** ausgewiesen. Daneben gibt es Pflichten, deren Adressat jeweils die **einzelnen Vorstandsmitglieder** sind, wie etwa die Offenlegungspflichten bei Directors' Dealings nach § 26 Abs. 1 WpHG i.V.m. Art. 19 MAR.

656 Abgesehen von den Fällen, in denen der Gesamtvorstand Adressat der Publizitätspflicht ist (Rz. 655), gehört die Einhaltung der Veröffentlichungspflichten nicht zu den nicht delegierbaren **Kernaufgaben des Gesamtvorstands**,[14] sondern kann einem ressortzuständigen Vorstandsmitglied anvertraut werden, der sich seinerseits im Wege der Delegation und Beauftragung der Unterstützung durch Dritte bedienen kann. Es ist aber unverzichtbar, dass sich der Gesamtvorstand von der Einrichtung und Aufrechterhaltung eines funktionierenden Informationssystems vergewissert. Das gilt insbesondere im Hinblick auf die scharf sanktionierten Pflichten zur Ad-hoc-Publizität nach Art. 17 MAR (dazu Rz. 702 ff.).

657 Dem Vorstand obliegt der **Aufbau** und die Aufrechterhaltung **eines funktionierenden Organisationssystems**, das die Informationsbeschaffung und -veröffentlichung

13 Ungeachtet dessen kann die Erfüllung durch Bußgeldandrohung gegenüber der Gesellschaft durchgesetzt werden, vgl. exemplarisch zu § 325 HGB *Kersting* in Staub, 5. Aufl. 2010, § 325 HGB Rz. 47.

14 Allgemein zu den Grundsätzen der Vorstandszuständigkeit im Kernbereich vgl. § 16 zur Binnenorganisation, Rz. 414.

sicherstellt.[15] Dabei geht es um die sichere Ermittlung, **ob** ein Sachverhalt eingetreten ist, der als Information publiziert werden muss. Die tatsächlichen Geschehnisse müssen zu diesem Zweck fortlaufend mit den unterschiedlichen gesetzlichen Pflichten abgeglichen werden (zur Check-Liste der gesetzlichen Pflichten Rz. 664). In welcher Form und mit welchen Mitteln dies zuverlässig geschehen kann, ist eine Frage der konkreten Unternehmensstruktur und unterliegt dem unternehmerischen Einschätzungsermessen des Vorstands. Eine Hilfestellung für die Erfüllung der regelmäßig wiederkehrenden Veröffentlichungspflichten ist ein für börsennotierte Gesellschaften zu führender Kalender, in den alle relevanten Termine für die Erfüllung der Regelpublizität eingetragen werden (dazu Rz. 696). Die Bestellung eines Informationsbeauftragten, der diese Aufgabe übernimmt, kann geboten sein. Weiter ist im Blick zu behalten, *was* veröffentlicht werden muss. Der Informationsfluss innerhalb der Gesellschaft ist so zu organisieren, dass die einzelnen sachlich zuständigen Abteilungen angehalten sind, alle relevanten Informationen von sich aus weiterzugeben. Die Einhaltung muss von einer zentral zuständigen Stelle – etwa dem Informationsbeauftragten – sichergestellt werden. Die gesammelten **Informationen müssen aufbereitet** und an die Publikationsstelle – etwa Handelsregister oder Internet – verschickt oder dort eingestellt werden. Schließlich sollten zu Dokumentationszwecken über die Sammlung und Behandlung der Informationen Protokolle geführt werden, um im Zweifelsfall Rechenschaft ablegen zu können und zugleich eine **regelmäßige Überprüfung** des Organisationssystems im Hinblick auf seine Funktionsfähigkeit zu ermöglichen.[16]

Die **Festlegung der Informationspolitik** des Unternehmens obliegt auch jenseits der gesetzlichen Pflichten dem Vorstand, soweit es um die grundsätzliche Ausrichtung der Informationspolitik geht. Auch in Fällen, in denen das Gesetz keine Verpflichtung zur Offenlegung statuiert, kann die Bindung des Vorstands an das Unternehmenswohl eine Offenlegung – oder gegebenenfalls umgekehrt die vertrauliche Behandlung – verlangen.[17] Abgesehen von das Unternehmen als Ganzes betreffenden Einzelfragen oder besonderen Ausnahmetatbeständen wie die Erfüllung der Adhoc-Publizität kann und wird der Vorstand Entscheidungen im Einzelfall im Zweifel nachgeordneten Führungskräften überlassen.[18] Verstärkt ist in der jüngeren Diskus- 658

15 Allgemein *Fleischer*, ZIP 2003, 1, 5; *Sven H. Schneider* in Habersack/Mülbert/Schlitt, Hdb. Kapitalmarktinformation, 2. Aufl. 2013, § 3 Rz. 79.

16 *Sven H. Schneider* in Habersack/Mülbert/Schlitt, Hdb. Kapitalmarktinformation, 2. Aufl. 2013, § 3 Rz. 82 f.

17 Grenzen werden hier insbesondere von der Verschwiegenheitspflicht des Vorstands in Bezug auf Geschäftsgeheimnisse gezogen, vgl. hierzu *Spindler* in MünchKomm/AktG, 5. Aufl. 2019, § 93 AktG Rz. 130 ff.

18 Publizitätspflichten können vom Vorstand in der Regel vollständig an eine nachgeordnete Stelle im Unternehmen, etwa an ein speziell hierzu gebildetes „Publizitätsgremium" delegiert werden; vgl. hierzu *Gutzy/Märzheuser*, Praxis-Handbuch Ad-hoc-Publizität, 2007, S. 168 ff.; *Bedkowski*, BB 2009, 394, 398 f.; *Frowein* in Habersack/Mülbert/Schlitt, Hdb. Kapitalmarktinformation, 2. Aufl. 2013, § 10 Rz. 75; *Eufinger/Teigelack* in Hopt/Veil/Kämmerer, Kapitalmarktgesetzgebung im Europäischen Binnenmarkt, 2008, S. 76; speziell für die Erfüllung der Ad-hoc-Publizitätspflichten *Seibt/Danwerth*, NZG 2019, 121, 125 m.w.N.; die Position der BaFin, die jedenfalls für die Entscheidung über einen vorüber-

sion die **Kommunikation mit Aktionären** und möglichen **Investoren** auch zur Sache des Aufsichtsrats gemacht worden; danach soll der Aufsichtsratsvorsitzende stärker in den Dialog mit Investoren einbezogen werden.[19] Der DCGK 2020 enthält in diesem Sinne eine Anregung A.3, nach der der Aufsichtsratsvorsitzende in angemessenem Rahmen bereit sein sollte, mit Investoren über **aufsichtsratsspezifische Themen** zu sprechen. Gegenüber diesen Tendenzen erscheint Zurückhaltung angebracht.[20] Aus Sicht des Vorstands ist insoweit auf eine enge Abstimmung mit dem Aufsichtsrat und speziell dessen Vorsitzenden zu achten, um eine einheitliche Kommunikation nach außen zu gewährleisten. Darüber hinaus ist die Kommunikation durch den Aufsichtsratsvorsitzenden in der Sache auf die Themen zu beschränken, die dem Aufsichtsrat zur Behandlung anvertraut sind, wie etwa Fragen der Vorstandsvergütung und der Nachfolgeplanung für Vorstandsmitglieder. Demgegenüber ist zum Beispiel die Darstellung und Erläuterung der Unternehmensstrategie primär Sache des Vorstands.

3. Sanktionen

a) Haftung

659 Soweit die Gesellschaft wegen Verletzung ihrer Publizitätspflichten zur Zahlung von Bußgeld verpflichtet wird oder einen sonstigen Schaden erleidet, kann sie die verantwortlichen Vorstandsmitglieder bei einer schuldhaften Verletzung ihrer Pflichten nach **§ 93 Abs. 2 AktG** in Regress nehmen. Wegen **§ 9 OWiG** kann auch dem Vorstandsmitglied selbst ein Bußgeld auferlegt werden. Vor allem im Zusammenhang mit der Ad-hoc-Publizität wird eine Haftung der verantwortlichen Vorstandsmitglieder auch gegenüber Dritten nach **§ 826 BGB** diskutiert.[21] Denkbar ist auch ein Schadensersatzanspruch gegen den Vorstand aus **§ 823 Abs. 2 BGB**, sofern die verletzten Normen als Schutzgesetze einzuordnen sind.[22] Insbesondere im Rahmen des Marktmissbrauchsrechts wird der Schutz von Individualinteressen der einzelnen Anleger

---

gehenden Aufschub der Ad-hoc-Veröffentlichung unverändert die Beteiligung eines Vorstandsmitglieds fordert, überzeugt nicht.

19 S. insbesondere die 2016 vorgelegten Leitsätze einer Arbeitsgruppe „Developing Shareholder Communication", wiedergegeben in AG 2016, R 300 ff.

20 Unter Rückbesinnung auf das aktienrechtliche Kompetenzgefüge mit Recht krit. *Koch*, AG 2017, 129; s. auch *Ihrig* in BZ v. 29.10.2016, S. 13.

21 Eingehend und mit umf. Nachw. zum Meinungsstand *Assmann* in Assmann/Uwe H. Schneider/Mülbert, Wertpapierhandelsrecht, Art. 17 VO Nr. 596/2014 Rz. 312; aus der Rechtsprechung vgl. die Infomatec-Entscheidungen des BGH: BGH v. 19.7.2004 – II ZR 218/03, NJW 2004, 2664 = AG 2004, 543; BGH v. 19.7.2004 – II ZR 217/03, NJW 2004, 2668; BGH v. 19.7.2004 – II ZR 402/02, AG 2004, 546; instruktiv dazu *Weller* in FS Hoffmann-Becking, 2013, S. 1341 ff.; *Körner*, NJW 2004, 3386; *Fleischer*, DB 2004, 2031; *Leisch*, ZIP 2004, 1573.

22 Für die Pflicht zur Ad-Hoc-Publizität nach § 15 WpHG verneinend schon BGH v. 19.7.2004 – II ZR 218/03, NJW 2004, 2664 = AG 2004, 543; gleichlautend zu Art. 17 MAR mit Recht *Assmann* in Assmann/Uwe H. Schneider/Mülbert, Wertpapierhandelsrecht, Art. 17 VO Nr. 596/2014 Rz. 308 m.w.N.

im Regelfall aber nur als eine mittelbare Folge betrachtet und die Schutzgesetzqualität deshalb mit Recht verneint.[23]

b) Entlastungsbeschlüsse

660 Teilweise wird im Zusammenhang mit der Erklärung zur Unternehmensführung nach § 289f HGB diskutiert, ob grobe Fehler die **Anfechtbarkeit der Beschlüsse** über die Entlastung der Vorstandsmitglieder begründen können.[24] Richtigerweise ist nicht zwischen Rechtsfolgen einer Verletzung von § 289f HGB und anderer Publizitätspflichten zu differenzieren. Der BGH hat für den Fall des nicht ordnungsgemäß ausgelegten und unterschriebenen **Aufsichtsratsberichts** (dazu Rz. 685 f.) entschieden, dass der Gesetzesverstoß relevant sei und zur Anfechtung des Entlastungsbeschlusses berechtige.[25] Darüber hinaus ist ein Entlastungsbeschluss nach der Rechtsprechung des BGH bei **Informationsmängeln** anfechtbar, wenn einem Aktionär die zur Stimmrechtsausübung erforderlichen Auskünfte unberechtigt verweigert werden, was voraussetzt, dass das Auskunftsbegehren auf Vorgänge von einigem Gewicht gerichtet ist, die für die Beurteilung der Vertrauenswürdigkeit der Verwaltung von hinreichender Bedeutung sind (hier: Verletzung des § 131 AktG).[26]

661 In der Entscheidung „Kirch/Deutsche Bank" hat der BGH in Bezug auf die von Vorstand und Aufsichtsrat nach § 161 AktG abzugebende Entsprechenserklärung festgestellt, dass eine Unrichtigkeit der Erklärung wegen der „darin liegenden Verletzung von Organpflichten" zur **Anfechtbarkeit** der gleichwohl gefassten **Entlastungsbeschlüsse** führe, soweit die Organmitglieder, die die Erklärung abgegeben haben, die Unrichtigkeit kannten oder kennen mussten.[27] Daraus wird zu folgern sein, dass die Anfechtung der Entlastung erstens in Betracht kommt, wenn die Erklärungen nach § 161 AktG, § 289f HGB zur Gänze fehlen, zweitens, falls ihr Inhalt in einem gewichtigen Punkt unzureichend ist, wobei insoweit bei unbestimmten Rechtsbegriffen insbesondere des § 289f HGB ein Ermessensspielraum des Vorstands bestehen

---

23 Dazu aus verfassungsrechtlicher Sicht BVerfG v. 24.9.2002 – 2 BvR 742/02, NJW 2003, 501; der Meinungsstand ist aber vielfältig, vgl. z.B. *Poelzig*, ZGR 2015, 801, 829, die bei Markmanipulation individuellen Schutz befürwortet.

24 In Betracht ziehend *Kuthe/Geiser*, NZG 2008, 172, 175; verneinend *Kocher*, DStR 2010, 1034, 1037; diff. *Bachmann*, ZIP 2010, 1517, 1524 f. Vgl. zur Anfechtbarkeit anderer Hauptversammlungsbeschlüsse wegen Verstoßes gegen § 161 AktG *Waclawik*, ZIP 2011, 885 ff.; zur Anfechtbarkeit von Entlastungsbeschlüssen wegen Verstoßes gegen § 161 AktG *Bayer/Scholz* in Spindler/Stilz, § 161 AktG Rz. 91 m.w.N.; *Bayer/Scholz*, ZHR 181 (2017), 861; abweichend *Krieger*, ZGR 2012, 202, 219ff;

25 BGH v. 21.6.2010 – II ZR 24/09 (Aufsichtsratsbericht), NZG 2010, 943, 945 = AG 2010, 632.

26 BGH v. 18.10.2004 – II ZR 250/02 (Thyssen/Krupp), BGHZ 160, 385 = AG 2005, 87.

27 BGH v. 16.2.2009 – II ZR 185/07 (Kirch/Deutsche Bank), BGHZ 180, 9 = AG 2009, 285; bestätigt in BGH v. 21.9.2009 – II ZR 174/08 (Umschreibestopp), NZG 2009, 1270 = AG 2009, 824; a.A. noch LG München v. 22.11.2007 – 5 HK O 10614/07, NZG 2008, 150 = AG 2008, 90; *Leuering*, DStR 2010, 2255 ff. (Anwendung des § 30g WpHG analog); dagegen wiederum *Kiefner*, NZG 2011, 201, 204. Übersicht zur Entwicklung der Rechtsprechung bei *Mutter*, ZGR 2009, 788, 789 ff.

sollte, und drittens bei falschen Informationen.[28] Grenzen sind der Anfechtbarkeit aber immer durch die Relevanzprüfung gesetzt (dazu sogleich).

662 In der Literatur sind mit Recht einige **Unschärfen** dieser Rechtsprechung aufgezeigt worden. Fraglich ist insbesondere, ob es sich bei der Verletzung des § 161 AktG um einen inhaltlichen Mangel handelt[29] oder ob nicht eher von einem Verfahrensfehler auszugehen ist.[30]

II. Regelpublizität

663 Gegenstand der Regelpublizität sind verschiedene Themenbereiche. Im Ausgangspunkt sind Jahres- und Konzernabschlüsse (***financial reporting***, dazu Rz. 665 ff., 675) offenzulegen. Ergänzend gewinnt die Information über Hintergründe des Jahresergebnisses – also der Geschäftsverlauf des Unternehmens – durch Anhang und Lagebericht (dazu Rz. 677 ff.) zunehmend an Bedeutung. Ferner ist ein Trend erkennbar, der Öffentlichkeit auch Informationen über die Unternehmensentwicklung in den Bereichen Corporate Governance, Umwelt- und Arbeitnehmerbelange, Sozialbelange, Achtung der Menschenrechte und Bekämpfung von Korruption und Bestechung in den Erklärungen nach § 161 AktG, § 289f HGB (Rz. 682 ff.), §§ 289b ff., 315b HGB und zur Nachhaltigkeit (Rz. 694 f.) zur Verfügung zu stellen.

1. Check-Liste

664 Zur Regelpublizität der börsennotierten AG gehören die folgenden Informationspflichten:

- Jahresabschlussunterlagen nach § 325 Abs. 1 HGB;
- Jahresfinanzbericht und Hinweisbekanntmachung nach §§ 114 Abs. 1 Satz 1 und 2, 117 WpHG;
- Jahresfinanzbericht nach § 51 BörsO FWB;
- Halbjahresfinanzbericht nach §§ 115 Abs. 1, 117 WpHG, § 52 BörsO FWB;
- Quartalsmitteilung nach § 53 Abs. 1 BörsO FWB;
- Konzernabschluss und Zwischenfinanzberichte nach Grundsatz 21 DCGK 2020;
- Analystenveranstaltung nach § 55 BörsO FWB;
- Entsprechenserklärung zum Corporate Governance Kodex nach § 161 AktG;

28 OLG Celle v. 27.6.2018 – 9 U 78/17, NZG 2018, 904 = AG 2018, 631; zusammenfassende Bestandsaufnahme bei *Kleefass*, NZG 2019, 298.

29 Von „Gesetzesverstoß" sprechen OLG München v. 6.8.2008 – 7 U 5628/07, NZG 2009, 508, 510 = AG 2009, 294; BGH v. 7.12.2009 – II ZR 63/08, DStR 2010, 1039, 140 = AG 2010, 452; vgl. ferner BGH v. 16.2.2009 – II ZR 185/07 (Kirch/Deutsche Bank), BGHZ 180, 9 = AG 2009, 285 Rz. 28.

30 So *Decher* in FS Hopt, S. 499, 506; *Goslar/von der Linden*, NZG 2009, 1337, 1339.

- Corporate Governance Bericht nach Grundsatz 22 DCGK 2020;
- Vergütungsbericht nach § 162 AktG i.d.F. des ARUG II, Grundsatz 25 DCGK 2020;[31]
- Unternehmens- bzw. Finanzkalender nach § 54 BörsO FWB;
- CSR-Bericht nach §§ 289b ff. HGB, Grundsatz 21 DCGK 2020.

2. Rechnungslegungsunterlagen

a) Jahresabschlussunterlagen

665 Im Zentrum der rechnungslegungsbezogenen Offenlegungspflichten steht die Publikation des Jahres- und Konzernabschlusses sowie der entsprechenden Lageberichte. Zu den Abschlüssen gehören neben der Bilanz und der Gewinn- und Verlustrechnung auch die Anhänge nach §§ 264 Abs. 1, 284 ff. HGB. Nach **§ 325 Abs. 1 und 3 HGB**sind die Jahresabschlussunterlagen der AG und des Konzerns,[32] also Bilanz, GuV und Anhang – neben Lagebericht, Bericht des Aufsichtsrats, Vermerk des Abschlussprüfers, Entsprechenserklärung nach § 161 AktG, Vorschlag für die Verwendung des Bilanzgewinns und der Beschluss über seine Verwendung, soweit sich dies nicht aus Jahresabschluss ergibt – in der durch § 328 HGB bestimmten Form einzureichen.[33] Inhaltlich ergeben sich aus § 326 HGB für kleine (§ 267 Abs. 1 HGB) und gem. § 327 HGB für mittelgroße AGs (§ 267 Abs. 2 HGB) als auch für kapitalmarktorientiere Kapitalgesellschaften (§ 264d HGB) gem. § 327a HGB Erleichterungen. Die Unterlagen sind spätestens vor Ablauf des zwölften Monats[34] des dem Abschlussstichtag nachfolgenden Geschäftsjahres in **elektronischer Form** zum **Bundesanzeiger** einzureichen.[35]

666 Börsennotierte Aktiengesellschaften müssen darüber hinaus weitere Pflichten, die sich hinsichtlich Zeitpunkt, Ort und Umfang der Veröffentlichung von der handelsrechtlichen Offenlegung unterscheiden, beachten. Nach **§§ 114 Abs. 1 Satz 2, 117 Nr. 1 WpHG** ist die Veröffentlichung des sog. Jahresfinanzberichts im **Internet** erforderlich.[36] Das Verhältnis dieser Norm zu der handelsrechtlichen Publizität ist

31 Kritisch dazu *Velte*, NZG 2019, 335.

32 Alternativ ist unter den Voraussetzungen des § 325 Abs. 2a/b HGB die Veröffentlichung eines Einzelabschlusses nach IFRS zulässig.

33 § 325 Abs. 2 HGB sieht daneben eine Bekanntmachungspflicht vor; diese wird nur dann relevant, wenn nicht mit der Einreichung zugleich auch die Bekanntmachung angestoßen wird, für sinnlos hält die Vorschrift daher *Kersting* in Staub, 5. Aufl. 2010, § 325 HGB Rz. 36.

34 Verkürzung auf vier Monate bei kapitalmarktorientierten Gesellschaften (§ 264d HGB) nach § 325 Abs. 4 Satz 1 HGB.

35 Eine handschriftliche Unterschrift ist wegen der elektronischen Form nicht erforderlich, *Kersting* in Staub, 5. Aufl. 2010, § 325 HGB Rz. 35; s. zu den zulässigen Dokumentstypen sowie Terminen und Fristen die AGB des Bundesanzeigerverlags, abrufbar unter https://www.bundesanzeiger.de/ebanzwww/i18n/doc//D042.pdf?document=D5&language=de.

36 Zu dem ab 2020 einheitlichen, neuen elektronischen Berichtsformat (European Single Electronic Format, ESEF) s. den Überblick bei *Zwirner/Lindmayr*, IRZ 2019, 284 ff.

zwar unklar, weil § 114 Abs. 1 Satz 1 WpHG ausdrücklich vorsieht, dass die Veröffentlichung nur erforderlich ist, wenn nicht bereits eine Veröffentlichungspflicht nach HGB besteht.[37] Da diese Einschränkung in Satz 2 der Bestimmung jedoch fehlt und dort weitergehend der Hinweis verlangt wird, unter welcher Internetadresse die Unterlagen einsehbar sind, sollte § 114 Abs. 1 Satz 2 WpHG vorsorglich beachtet werden.[38]

667 Der Jahresfinanzbericht umfasst neben dem Jahresabschluss auch den Lagebericht, die Eintragungsbescheinigung der Abschlussprüfer (§ 134 Abs. 2a WPO) und die Bilanzeide (§§ 264 Abs. 2 Satz 3, 289 Abs. 1 Satz 5 HGB). Die Veröffentlichung muss **spätestens vier Monate** nach Abschluss des Geschäftsjahres erfolgen. Daneben ist eine **Hinweisbekanntmachung** gegenüber der BaFin,[39] zum Unternehmensregister und in zur Verbreitung in der EU geeigneten Medien nach §§ 22, 3a, 3b WpAV notwendig, in der Zeitpunkt und Internetadresse der Veröffentlichung mitgeteilt werden.

668 Nach der Empfehlung F.2 **DCGK** 2020 soll der Konzernabschluss binnen **90 Tagen** nach Geschäftsjahresende öffentlich zugänglich sein. Da Form und Veröffentlichungsort nicht näher vorgeschrieben sind, empfiehlt es sich zur Vermeidung von Mehrfachveröffentlichungen, der Pflicht aus **§ 117 Nr. 1 WpHG** schon vor Ablauf der dort genannten Höchstfrist von vier Monaten nachzukommen und die Unterlagen bereits 90 Tage nach Geschäftsjahresende in das Internet einzustellen.

669 Daneben ist von den Aktiengesellschaften, die beim regulierten Markt an der Frankfurter Börse im Prime Standard[40] notiert sind, **§ 51 BörsO FWB**[41] einzuhalten. Die

---

37 Gegen Pflicht zur zusätzlichen Veröffentlichung *Rabenhorst* in Marsch-Barner/Schäfer, Hdb. börsennotierte AG, 4. Aufl. 2017, § 59 Rz. 59.23.

38 Vgl. *Walz* in Schüppen/Schaub, Münchener Anwaltshdb. Aktienrecht, 3. Aufl. 2018, § 48 Rz. 229; *Kumm*, BB 2009, 1118, 1119.

39 Zur Form s. §§ 23, 3c WpAV (Verordnung zur Konkretisierung von Anzeige-, Mitteilungs- und Veröffentlichungspflichten nach dem Wertpapierhandelsgesetz – Wertpapierhandelsanzeigeverordnung – WpAV) v. 13.12.2004, BGBl. I 2004, 3376; zuletzt geändert durch Art. 1 der Verordnung v. 19.10.2018, BGBl. I 2018, 1758.

40 Dazu *Benz/Kiwitz*, DStR 1999, 1162 ff.; *Mitental/Anders*, DStR 2003, 1893 ff.; allgemein zur Börsenordnung *Hammen*, WM 2007, 1297 ff.

41 Abrufbar auf www.deutsche-boerse.com, § 51 Jahresfinanzbericht:
(1) Der Emittent der Aktien oder der Emittent der vertretenen Aktien muss für den Schluss eines jeden Geschäftsjahres einen Jahresfinanzbericht, in Form eines Einzeldokuments oder mehrerer Dokumente, nach den Vorgaben des § 114 Absatz 2 und 3 WpHG oder – falls er verpflichtet ist, einen Konzernabschluss und Konzernlagebericht aufzustellen – nach den Vorgaben des § 117 Nr. 1 WpHG erstellen. Der Jahresfinanzbericht muss in deutscher und englischer Sprache abgefasst sein. Emittenten mit Sitz im Ausland können den Jahresfinanzbericht ausschließlich in englischer Sprache abfassen.
(2) Der Emittent der Aktien oder der Emittent der vertretenen Aktien hat den Jahresfinanzbericht spätestens vier Monate nach Ablauf eines jeden Geschäftsjahres der Geschäftsführung in elektronischer Form zu übermitteln. Die Art und Weise der elektronischen Übermittlung wird von der Geschäftsführung bestimmt. Die Geschäftsführung stellt den Jahresfinanzbericht dem Publikum elektronisch oder in anderer geeigneter Wei-

nach **§§ 114 Abs. 1 Satz 2, 117 WpHG** zu erstellenden Unterlagen – ausdrücklich wird **englische und deutsche** Sprache verlangt – sind spätestens binnen vier Monaten nach Ablauf des Geschäftsjahres der **Geschäftsführung der Börse** in elektronischer Form zu übermitteln.

Werden die handels- und wertpapierrechtlichen Veröffentlichungspflichten nicht beachtet, droht der Gesellschaft ein **Ordnungsgeld** gem. § 334 Abs. 1 Nr. 5 HGB bzw. § 120 Abs. 2 Nr. 2 Buchst. k, Nr. 4 Buchst. e WpHG. Bei einem Verstoß gegen die börsenrechtliche Pflicht kommt nach § 57 Abs. 2 i.V.m. § 47 Abs. 1 BörsO FWB der **Widerruf der Börsenzulassung** zum Prime Standard in Betracht. Außerdem muss gegebenenfalls eine Abweichung von der Empfehlung F.2 DCGK 2020 in der Entsprechenserklärung nach § 161 AktG bekannt gemacht werden. Bei unterlassener Offenlegung kommt außerdem ein deliktischer Schadensersatzanspruch von Gläubigern gegen die Mitglieder des Vorstands in Betracht.[42] 670

b) Zwischenfinanzberichte und -mitteilungen

Börsennotierte Gesellschaften sind verpflichtet, **zwischenjährlich** Rechnungslegungsunterlagen zu erstellen und zu veröffentlichen. 671

Gem. **§§ 115 Abs. 1, Abs. 2, 117 Nr. 2 WpHG** ist ein **Halbjahresfinanzbericht**, der einen verkürzten Abschluss (§ 115 Abs. 3 WpHG), einen Zwischenlagebericht (§ 115 Abs. 4 WpHG) und die Bilanzeide enthält, zu erstellen. Er ist **unverzüglich**, spätestens aber zwei Monate nach Ablauf des Berichtszeitraums, im **Internet** und im **Unternehmensregister** zu veröffentlichen. Daneben ist eine Hinweisbekanntmachung zu Zeitpunkt und Internetadresse, unter der der Bericht verfügbar ist, an die BaFin sowie das Unternehmensregister zu übermitteln. Der Kodex empfiehlt die Veröffentlichung der Zwischenberichte in F.2 **DCGK** 2020 binnen 45 Tagen nach Ende des Berichtszeitraums. Ferner sind die Unterlagen nach **§ 52 BörsO FWB** in englischer und deutscher Sprache und in elektronischer Form an die Geschäftsleitung der **Deutschen Börse** zu übermitteln. 672

---

se zur Verfügung.
(3) Gesetzliche Vorschriften über den Jahresfinanzbericht bleiben unberührt. Von der Bundesanstalt für Finanzdienstleistungsaufsicht gewährte Ausnahmen gelten unmittelbar, es sei denn, die gewährten Ausnahmen widersprechen tragenden Gedanken des Prime Standard. Der Emittent der Aktien oder der Emittent der vertretenen Aktien hat die Geschäftsführung über gewährte Ausnahmen nach Satz 2 zu informieren. Auf Verlangen hat der Emittent der Aktien oder der Emittent der vertretenen Aktien der Geschäftsführung sämtliche Unterlagen, die die Ausnahmegewährung betreffen, zur Verfügung zu stellen. Darüber hinaus kann die Geschäftsführung für Emittenten mit Sitz in einem Staat außerhalb der Europäischen Union oder außerhalb eines anderen Vertragsstaates des Abkommens über den Europäischen Wirtschaftsraum Ausnahmen von den Anforderungen des § 48 zulassen, soweit die Emittenten gleichwertigen Regeln eines Drittstaates unterliegen oder sich solchen Regeln ganz oder teilweise unterwerfen.

42 Vgl. *Merkt* in Baumbach/Hopt, 38. Aufl. 2018, § 325 HGB Rz. 14.

673 Für an der Deutschen Börse (Prime Standard) gelistete Aktiengesellschafen ist die Erstellung einer Quartalsmitteilung gem. § 53 Abs. 1 BörsO FWB zum Stichtag des ersten und dritten Quartals eines jeden Geschäftsjahres verpflichtend. Wird ein solcher Bericht abgefasst, ist die Empfehlung in F.2, F.3 DCGK 2020 zu beachten. Inhaltlich präzisiert § 53 Abs. 2 BörsO FWB, dass wesentliche Ereignisse und Geschäfte, deren Auswirkung auf die Finanzlage sowie die Geschäfts- und Finanzlage zu erläutern sind. Alternativ kann zur Quartalsmitteilung ein sog. befreiender Quartalsfinanzbericht nach § 53 Abs. 6 BörsO FWB erstellt werden. Das Veröffentlichungsverfahren entspricht demjenigen für Halbjahresberichte.

3. Analystenveranstaltung

674 Ist eine Gesellschaft an der Deutschen Börse (Prime Standard) gelistet, hat sie nach **§ 55 BörsO FWB** jährlich eine Analystenveranstaltung abzuhalten. Diese Veranstaltung ist von der Pressekonferenz zur Bekanntgabe der Jahresabschlusszahlen zu unterscheiden. **Finanzanalysten** soll Gelegenheit gegeben werden, die **Entwicklung der Gesellschaft** im Einzelnen zu hinterfragen. Aufgrund der direkten Kommunikation zwischen Finanzexperten und Gesellschaften hat die Veranstaltung für die Außendarstellung des Unternehmens große Bedeutung. Findet eine solche Veranstaltung nicht statt, kann die Börsenzulassung zum Prime Standard nach § 57 Abs. 2 i.V.m. § 47 Abs. 1 BörsO FWB widerrufen werden.

4. Insbesondere: Berichte und Erklärungen

675 Das Gesetz und der DCGK sehen in zahlreichen Bestimmungen die Veröffentlichung von Berichten vor, deren Inhalte sich teilweise überschneiden. Von Gesetzes wegen ist die **zentrale Berichtsform der Lagebericht** (dazu Rz. 677). Die vergangenheits- und ergebnisbezogene Darstellung im Jahresabschluss (*financial reporting*) wird durch den Lagebericht einschließlich des Anhangs um prognostische Elemente und geschäftsbezogene Informationen (*business reporting*) ergänzt.[43] Börsennotierte Gesellschaften haben in den Lagebericht die Erklärung zur Unternehmensführung nach § 289f HGB zu integrieren, die wiederum die Erklärung gem. § 161 AktG umfasst (dazu Rz. 682 ff.) sowie Überschneidungen mit dem Corporate Governance Bericht aufweist[44], als auch den Lagebericht um eine nichtfinanzielle Erklärung nach § 289b HGB zu erweitern. Die Veröffentlichung des Lageberichts selbst erfolgt nach Maßgabe der § 325 Abs. 1 HGB, §§ 114, 115, 117 WpHG, §§ 51 f. BörsO FWB. Zudem verpflichtet § 162 Abs. 4 AktG n.F. (ARUG II) börsennotierte Gesellschaften dazu, den Vergütungsbericht zehn Jahre lang auf ihrer Internetseite zugänglich zu machen.

676 Daneben wird von vielen Gesellschaften insbesondere auch ein **Geschäftsbericht** erstellt (dazu Rz. 687 ff.), dessen Schwerpunkt auf der übersichtlichen Darstellung der Unternehmenstätigkeit in seiner Gesamtheit liegt und primär als Kommunikations-

---

43 Zu den Funktionen der Lageberichterstattung *Tesch/Wißmann*, Lageberichterstattung, S. 24 ff.

44 S. *v. Werder* in Kremer/Bachmann/Lutter/v. Werder, Deutscher Corporate Governance Kodex, 7. Aufl. 2018, Ziff. 3.10, Rz. 707.

medium mit Aktionären und Kapitalanlegern genutzt wird. In diesen Bericht gehörte bisher insbesondere auch der Corporate Governance Bericht (dazu Rz. 690 ff.). Inzwischen soll nach Grundsatz 22 DCGK 2020 über die Corporate Governance der Gesellschaft in der Erklärung zur Unternehmensführung „berichtet werden".[45]

a) Lagebericht

Der Lagebericht ist innerhalb der ersten drei Monate des Geschäftsjahres zu erstellen, 677 § 264 Abs. 1 Satz 3 HGB. Er muss nach **§ 325 Abs. 1 Nr. 1HGB**, §§ 114, 115, 117 WpHG, §§ 51 f. BörsO FWB ebenso wie die Rechnungsunterlagen (dazu Rz. 665) **jährlich** – bei börsennotierten Unternehmen mindestens halbjährlich – im Handelsregister und von börsennotierten AGs außerdem im Internet veröffentlicht werden. Dies schließt den Bestätigungsvermerk des Abschlussprüfers mit ein.

Zum **notwendigen Inhalt** eines Lageberichts gehören: 678

- das Geschäftsergebnis einschließlich der bedeutsamsten finanziellen Leistungsindikatoren (§ 289 Abs. 1 Satz 1 und 3 HGB);
- die Lage der Kapitalgesellschaft (§ 289 Abs. 1 Satz 1 HGB);
- die voraussichtliche Entwicklung einschließlich Erläuterung und Beurteilung der prognostizierten Chancen und Risiken (§ 289 Abs. 1 Satz 4 HGB);
- die nichtfinanzielle Erklärung, § 289b HGB;
- die Erklärung zur Unternehmensführung, § 289f HGB (s. Rz. 682 ff.).[46]

Daneben sind zusätzliche Inhalte des Lageberichts in § 289 Abs. 2 HGB aufgeführt. 679 Namentlich betreffen diese Angaben zu Risiken der Finanzinstrumente, Forschung und Entwicklung als auch Zweigniederlassungen der Gesellschaft. Möglich ist auch die Aufnahme des Corporate Governance Berichts in den Lagebericht (s. Rz. 690).[47]

Differenzierend nach Unternehmensgröße werden an den Lagebericht weitere An- 680 forderungen gestellt. **Große Gesellschaften** i.S.d. § 267 Abs. 3 HGB müssen auch nichtfinanzielle Leistungsindikatoren in den Bericht aufnehmen. Dann ist insbesondere zu sozialen und ökologischen Bemühungen der Gesellschaft Stellung zu nehmen, soweit diese den Geschäftsverlauf berühren (dazu auch Rz. 694 f.). Daneben nennt die Gesetzesbegründung zum BilReG den Kundenstamm, das Humankapital, die Forschung und Entwicklung und die gesellschaftliche Reputation der Gesellschaft.[48] Außerdem müssen **kapitalmarktorientierte Gesellschaften** i.S.d. § 264d HGB i.V.m. § 2 Abs. 11 WpHG nach § 289 Abs. 4 HGB Auskunft über das interne Kontroll- und Risikomanagementsystem geben.

---

45 Dazu *Wilsing/Winkler*, BB 2019, 1603, 1607.

46 Im Einzelnen dazu *Tesch/Wißmann*, Lageberichterstattung, S. 43 ff.

47 Dazu *v. Werder* in Kremer/Bachmann/Lutter/v. Werder, Deutscher Corporate Governance Kodex, 7. Aufl. 2018, Rz. 709 ff.; kritisch zu Recht noch *Bachmann*, ZIP 2010, 1517, 1518 (Pflichtangaben und freiwillige Angaben ließen sich nicht mehr unterscheiden).

48 Begr. RegE BilReG, BT-Drucks. 15/3419, S. 31.

681 Die Anforderungen an die Qualität der Berichterstattung sind im Gesetz nur teilweise geregelt. § 289 Abs. 1 Satz 1 HGB verlangt, dass der Bericht ein den tatsächlichen Verhältnissen entsprechendes Bild („**true and fair view**“) zeichnet. § 289 Abs. 1 Satz 2 HGB nennt **Vollständigkeit und Ausgewogenheit** der Berichterstattung als grundlegende Prinzipien. Was im Einzelfall als umfassende Information gelten kann, ist anhand des Umfangs und der Komplexität der Geschäfte zu ermitteln. Während auf Detailinformationen zu einzelnen Vorgängen verzichtet werden kann, sind alle wesentlichen Vorgänge mitzuteilen.[49] Im Kern ist daher über alle Geschäfte zu berichten, die auf die Kursentwicklung oder Ausschüttungen Auswirkungen haben können. Daneben sind Gläubiger des Unternehmens im Blick zu behalten, für die die Zahlungsfähigkeit der Gesellschaft von zentraler Bedeutung ist.[50] Die §§ 243 Abs. 2, 265 Abs. 1 HGB gelten analog, der Bericht muss also **klar und übersichtlich** und mit den Vorjahresberichten vergleichbar sein (**Grundsatz der Stetigkeit**).[51] Die **Verständlichkeit** der Berichterstattung ist am Maßstab eines verständigen Dritten entsprechend § 238 Abs. 1 Satz 2 HGB auszurichten.

b) Erklärungen nach § 161 AktG, § 289f HGB

682 Die Entsprechenserklärung zum DCGK nach § 161 AktG ist gem. § 325 Abs. 1 Nr. 2 HGB elektronisch zur Veröffentlichung im Bundesanzeiger einzureichen. Sie ist zugleich **Bestandteil der Erklärung zur Unternehmensführung**, § 289f Abs. 2 Nr. 1 HGB, welche wiederum zum Lagebericht gehört, der ebenfalls nach § 325 Abs. 1 Nr. 2 HGB offenzulegen ist. Ein Verweis im **Lagebericht** wird dennoch teilweise für unzulässig gehalten; danach wäre die doppelte Veröffentlichung der Entsprechenserklärung erforderlich.[52] Richtigerweise ist es nach § 289f Abs. 1 Satz 2 HGB zulässig – und zur Vermeidung von Doppelungen zu empfehlen,[53] die Erklärung zur Unternehmensführung lediglich im Internet einzustellen. Darüber hinaus ist im Anhang zum Jahresabschluss mitzuteilen, dass und wo die Erklärung nach § 161 AktG abgegeben wurde, § 285 Nr. 16 HGB. Zur Relevanz eines Mangels für den Entlastungsbeschluss der Hauptversammlung s. Rz. 660 ff.

683 Die Entsprechenserklärung nach § 161 Abs. 1 Satz 1 AktG ist von Vorstand und Aufsichtsrat eines börsennotierten Unternehmens[54] gemeinsam oder auf Grund ge-

---

49 *Lange* in MünchKomm/HGB, 3. Aufl. 2013, § 289 HGB Rz. 29; *Morck/Drüen* in Koller/Kindler/Roth/Drüen , 9. Aufl. 2019, § 289 HGB Rz. 1.

50 Vgl. *Tesch/Wißmann*, Lageberichterstattung, S. 18.

51 *Lange* in MünchKomm/HGB, 3. Aufl. 2013, § 289 HGB Rz. 32; ausf. zur Klarheit und Übersichtlichkeit *Tesch/Wißmann*, Lageberichterstattung, S. 31 ff.; *Morck/Drüen* in Koller/Kindler/Roth/Drüen, 9. Aufl. 2019, § 289 HGB Rz. 1.

52 *Kersting* in Staub, 5. Aufl. 2010, § 325 HGB Rz. 21; vgl. aber *Bachmann*, ZIP 2010, 1517, 1518.

53 Vgl. in Bezug auf die doppelte Veröffentlichung des § 161 AktG im Internet und in § 289a Abs. 1 HGB, freilich noch nach alter Rechtslage, *Kuthe/Geiser*, NZG 2008, 172, 175.

54 Ferner sind nach § 161 Abs. 1 Satz 2 AktG auch Unternehmen erklärungspflichtig, die andere Wertpapiere als Aktien zum Handel an einem organisierten Markt nach § 2 Abs. 11 WpHG ausgegeben haben und deren ausgegebenen Aktien auf eigene Veranlassung über ein multilaterales Handelssystem i.S.d. § 2 Abs. 8 Satz 1 Nr. 8 WpHG gehandelt werden.

trennter Beschlüsse und ohne Einigungszwang[55] jährlich abzugeben und auf der Internetseite der Gesellschaft „dauerhaft" zugänglich zu halten, § 161 Abs. 2 AktG. Der Kodex konkretisiert dies in seiner Empfehlung F.5 DCGK 2020 dahingehend, dass nicht mehr aktuelle Entsprechenserklärung für mindestens fünf Jahre auf der Internetseite der Gesellschaft zugänglich sein sollen. Das **Comply or explain-Prinzip** erfordert entweder die uneingeschränkte, pauschale Erklärung, dass die Empfehlungen des DCGK in der Vergangenheit eingehalten wurden, womit dann alle Empfehlungen gemeint sind. Bei Abweichungen von Empfehlungen des DCGK muss dies demgegenüber unter Angabe der jeweiligen Empfehlung im Einzelnen erklärt und begründet werden.[56] Neben der Erklärung zur bisherigen Praxis ist in einer zukunftsgerichteten Absichtserklärung die zukünftige Handhabung – ohne Bindungswirkung für die Organe – offenzulegen.[57] Wird davon alsdann in der Folge abgewichen, ist eine unterjährige Aktualisierung der Entsprechenserklärung erforderlich.[58] Bei Änderungen des Kodex selbst bedarf es demgegenüber keiner unterjährigen Abweichenserklärung, wenn der geänderten Kodexempfehlung nicht sofort gefolgt wird; ein Erklärungsbedarf besteht in diesem Fall erst bei der nächsten, turnusgemäßen Entsprechenserklärung.

684 Die **Erklärung zur Unternehmensführung** obliegt dem Vorstand als Annexkompetenz seiner Zuständigkeit für den Lagebericht.[59] Der zwingende Inhalt geht über die Angaben in der Entsprechenserklärung zu den Empfehlungen des DCGK hinaus. § 289f Abs. 2 Nr. 2 HGB fordert auch die Offenlegung relevanter Angaben zu Unternehmensführungspraktiken, die die gesetzlichen Anforderungen übersteigen,[60] nebst Hinweis, wo sie öffentlich zugänglich sind.[61] Die Gesellschaft soll dabei auf **interne ausformulierte oder gelebte Standards und Regelungswerke** Bezug nehmen – etwa einen unternehmenseigenen Corporate Governance Kodex – sofern diese für das gesamte Unternehmen Bedeutung haben.[62] Ferner ist nach § 289f Abs. 2 Nr. 3 HGB die Beschreibung der **Arbeitsweise von Vorstand und Aufsichtsrat** sowie der Zusammensetzung und Arbeitsweise von Ausschüssen notwendig. Die Gesetzesbegründung zum BilMoG empfiehlt insoweit die Orientierung an § 285 Nr. 10 HGB sowie

---

55 *Hüffer/Koch*, § 161 AktG Rz. 11.

56 Dazu *Bachmann*, ZIP 2010, 1517, 1518 m.w.N.

57 *Hüffer/Koch*, § 161 AktG Rz. 20.

58 BGH v. 16.2.2009 – II ZR 185/07 (Kirch/Deutsche Bank), BGHZ 180, 9 = AG 2009, 285; bestätigt in BGH v. 21.9.2009 – II ZR 174/08 (Umschreibestopp), NZG 2009, 1270 = AG 2009, 824.

59 *Handelsrechtsausschuss des DAV*, NZG 2008, 612, 616; i.E. ebenso *Kocher*, DStR 2010, 1034; *Bachmann*, ZIP 2010, 1517, 1521 m.N. zur Gegenauffassung.

60 Zum Begriff der gesetzlichen Anforderungen instruktiv *Bachmann*, ZIP 2010, 1517, 1519.

61 Dies bedingt nach e.A. zugleich, dass die Praktiken tatsächlich veröffentlicht werden müssen, *Kocher*, DStR 2010, 1034, 1036; a.A. gegen eine Dokumentationspflicht *Bachmann*, ZIP 2010, 1517, 1519, jew. m.w.N.

62 *Merkt* in Baumbach/Hopt, 38. Aufl. 2018, § 289f HGB Rz. 4; *Handelsrechtsausschuss des DAV*, NZG 2008, 612, 616; *Kuthe/Geiser*, NZG 2008, 172, 173 (nennen interne Compliance-Richtlinien). Zum Erfordernis des Textzusammenhangs *Bachmann*, ZIP 2010, 1517, 1519; mit Erkenntnissen dazu aus der empirischen Untersuchung der DAX – 30 – und MDAX- Gesellschaften s. *Demir/Needham/Müller*, IRZ 2019, 337.

an der den Aufsichtsrat betreffenden Empfehlung der Europäischen Kommission vom 15.2.2005.[63] Die damit einhergehende Doppelinformation im Anhang und in der Erklärung wird in Kauf genommen. Die Empfehlung der Kommission bezieht sich im Wesentlichen auf die Arbeitsweise der Aufsichtsratsausschüsse und die Unabhängigkeit von Aufsichtsratsmitgliedern; ihr lassen sich demgegenüber kaum Hinweise für die Darstellung der Vorstandstätigkeit entnehmen. Übertragen ließe sich etwa die Empfehlung, dass der Aufsichtsrat jährlich eine Selbstbeurteilung über die Leistung der einzelnen Organmitglieder abzugeben hat.[64] Naheliegend und einfach zu bewerkstelligen ist die **Veröffentlichung der Geschäftsordnungen** der Organe.[65]

c) Bericht des Aufsichtsrats

685 Nach § 325 Abs. 1 Nr. 2 HGB ist auch der Bericht des Aufsichtsrats im Bundesanzeiger zu veröffentlichen. Der Bericht nach § 171 Abs. 2 AktG gibt über die Tätigkeit des Aufsichtsrats Rechenschaft und informiert zugleich über die Ergebnisse der Überprüfung des Vorstands durch den Aufsichtsrat.[66] Darüber hinaus soll der Aufsichtsrat nach der Empfehlung E.1 Satz 2 DCGK 2020 in seinem Bericht an die Hauptversammlung auch Angaben zu Interessenkonflikten im Aufsichtsrat machen und nach der Empfehlung D.8 DCGK 2020 außerdem mitteilen, an wie vielen Sitzungen des Aufsichtsrats und seiner Ausschüsse die einzelnen Mitglieder des Aufsichtsrats jeweils teilgenommen haben.

686 Der **Normzweck** des Aufsichtsratsberichts liegt neben seiner *Informationsfunktion* gegenüber den Aktionären[67] auch in einer *Rechenschaftsfunktion*, wonach der Bericht den Aktionären als qualifizierte Entscheidungsgrundlage über die Entlastung bzw. die (Wieder)-Wahl der einzelnen Aufsichtsratsmitglieder dient.[68] Hinzu kommt eine ex ante wirkende *Anreizsteuerungsfunktion*, weil davon auszugehen ist, dass der

---

63 ABl. EU Nr. L 52 v. 25.2.2005, S. 51. RegE BilMoG, BT-Drucks. 16/10067, S. 78; vgl. auch *Merkt* in Baumbach/Hopt, § 289f HGB Rz. 5, der zudem auf § 171 Abs. 2 Satz 2 AktG Bezug nimmt.

64 Vgl. *Kuthe/Geiser*, NZG 2008, 172, 174; ebenso *Bachmann*, ZIP 2010, 1517, 1520.

65 *Bachmann*, ZIP 2010, 1517, 1520.

66 *Hüffer/Koch*, § 171 AktG Rz. 15; *Drygala* in K. Schmidt/Lutter, § 171 AktG Rz. 15, 16; *Gernoth/Wernicke*, NZG 2010, 531, 532; *Liese/Theusinger*, BB 2007, 2528, 2530; *Lutter*, AG 2008, 1 ff.; *Hennrichs/Pöschke*, NZG 2017, 121, 123.

67 Daneben kommt dem Bericht des Aufsichtsrats über § 325 Abs. 1 Nr. 2 HGB zugleich auch eine mittelbar marktschützende Bedeutung zu. Zur Funktion des § 325 HGB als objektiv marktschützend und zugleich als Individualschutz der Marktteilnehmer *Merkt* in Baumbach/Hopt, § 325 HGB Rz. 1. *Portisch*, Überwachung und Berichterstattung des Aufsichtsrats im Stakeholder-Modell, 1997, S. 154 ff., unterteilt die Zwecke neben der Informations- und Rechenschaftsfunktion in Überwachungsfunktion, Präventionsfunktion und Schutzfunktion; s. *Euler/Klein* in Spindler/Stilz, 4. Aufl. 2019, § 171 AktG Rz. 2.

68 Allg. M., vgl. nur *Adler/Düring/Schmaltz*, Rechnungslegung und Prüfung der Unternehmen, 6. Aufl. 1997, § 171 AktG Rz. 66; *Ekkenga* in KölnKomm/AktG, 3. Aufl. 2012, § 171 AktG Rz. 65; *Hennrichs/Pöschke* in MünchKomm/AktG, 4. Aufl. 2018, § 171 AktG Rz. 184; *Lutter*, AG 2008, 1; *Drygala* in K. Schmidt/Lutter, § 171 AktG Rz. 16; *Drygala*, AG 2007, 381, 382.

Aufsichtsrat seine Überwachungstätigkeit in verstärktem Maße am Interesse derjenigen ausrichtet, denen er am Ende Rechenschaft schuldet.[69] Die **inhaltlichen Anforderungen an den Bericht** sind in der Vergangenheit **zunehmend gestiegen.**[70] Waren Berichte des Aufsichtsrats früher oft weniger als eine Seite lang,[71] hat der Detaillierungsgrad seit geraumer Zeit unter dem Druck der Rechtsprechung deutlich zugenommen.[72] Die h.M. fordert eine ausführliche Berichterstattung bislang jedoch nur in der **wirtschaftlichen Krise** des Unternehmens.[73] Gerät die Gesellschaft unter wirtschaftlichen Druck, habe der Aufsichtsrat über die Ausübung bzw. Nichtausübung von besonderen, über das normale Maß hinausgehenden Kontrollbemühungen ausführlich Rechenschaft abzulegen.[74] Eine stark im Vordringen befindliche Mindermeinung stellt demgegenüber generell hohe Anforderungen an den Inhalt des Berichts.[75]

---

69 *Ekkenga* in KölnKomm/AktG, 3. Aufl. 2012, § 171 AktG Rz. 65; *Drygala* in K. Schmidt/Lutter, § 171 AktG Rz. 16 (dort als „Rechtfertigungsdruck" bezeichnet); *Drygala*, AG 2007, 381, 382; s. auch *Adler/Düring/Schmaltz*, Rechnungslegung und Prüfung der Unternehmen, 6. Aufl. 1997, § 171 AktG Rz. 66.

70 Eingehend hierzu *Cervellini*, Der Bericht des Aufsichtsrats – Element guter Corporate Governance, 2011, S. 71 ff.; *Ekkenga* in KölnKomm/AktG, 3. Aufl. 2012, § 171 AktG Rz. 64; *Drygala* in K. Schmidt/Lutter, § 171 AktG Rz. 13 ff.; *Drygala*, AG 2007, 381 ff.; *Hennrichs/Pöschke* in MünchKomm/AktG, 4. Aufl. 2018, § 171 AktG Rz. 181 ff.; *Priester*, ZIP 2011, 2081 ff.; *Lutter*, AG 2008, 1 ff.; *Sünner*, AG 2008, 411 ff.; *Sünner*, AG 2006, 450 ff.; *Maser/Bäumker*, AG 2005, 906; *Kiethe*, NZG 2006, 888 ff.; *Gernoth/Wernicke*, NZG 2010, 531 ff.; *Liese/Theusinger*, BB 2007, 2528 ff.; *E. Vetter*, ZIP 2006, 257 ff.

71 Vgl. *Lutter*, AG 2008, 1.

72 *Lutter* spricht von dem Einfluss „von einigen energischen gerichtlichen Entscheidungen", vgl. *Lutter*, AG 2008, 1; hierzu sind zu zählen: OLG Hamburg v. 12.1.2001 – 11 U 162/00, AG 2001, 359; LG Berlin v. 13.12.2004 – 101 O 124/04, DB 2005, 1320 f.; LG München v. 10.3.2005 – 5 HK O 18110/04, AG 2005, 408 ff.; bestätigt durch OLG München v. 25.7.2005 – 7 U 2759/05, AG 2006, 592 ff.; LG München v. 5.4.2007 – 5 HK O 15964/06, AG 2007, 417; LG München v. 23.8.2007 – 5 HK O 10734/07, AG 2008, 133; OLG Stuttgart v. 15.3.2006 – 20 U 25/05, AG 2006, 379 ff.; s. demgegenüber aber OLG Celle v. 23.12.2008 – 9 U 119/08, BeckRS 2009, 25686: „Bericht hat nur das Wesentliche mitzuteilen und soll einen Überblick verschaffen".

73 OLG Hamburg v. 12.1.2001 – 11 U 162/00, AG 2001, 359 ff.; OLG Stuttgart v. 15.3.2006 – 20 U 25/05, AG 2006, 379 ff.; ferner aus der Literatur *Ekkenga* in KölnKomm/AktG, 3. Aufl. 2012, § 171 AktG Rz. 67; *Hennrichs/Pöschke* in MünchKomm/AktG, 4. Aufl. 2018, § 171 AktG Rz. 198; *Reichert/Balke* in Semler/Volhard/Reichert, Arbeitshdb. Hauptversammlung, 4. Aufl. 2018, § 5 Rz. 86; *Hoffmann-Becking* in MünchHdb. GesR AG, 4. Aufl. 2015, § 44 Rz. 18; *E. Vetter* in Marsch-Barner/Schäfer, Hdb. börsennotierte AG, 4. Aufl. 2018, § 26 Rz. 26.57; *Sünner*, AG 2006, 450, 451; *Maser/Bäumker*, AG 2005, 906, 908; *Kiethe*, NZG 2006, 888, 890; *Gernoth/Wernicke*, NZG 2010, 531, 532; *E. Vetter*, AG 2006, 257, 262; *Liese/Theusinger*, BB 2007, 2528, 2530; *Voßen*, DStR 2006, 1287, 1288 f.

74 Exemplarisch OLG Stuttgart v. 15.3.2006 – 20 U 25/05, AG 2006, 379, 381 m.w.N.; *Ekkenga* in KölnKomm/AktG, 3. Aufl. 2012, § 171 AktG Rz. 67 m.w.N.

75 OLG Frankfurt v. 5.7.2011 – 5 U 104/10, AG 2011, 713 ff.; OLG München v. 13.9.2005 – 7 U 2759/05, AG 2006, 592 ff.; LG München v. 10.3.2005 – 5 HK O 18110/04, AG 2005, 408 ff.; LG München v. 23.8.2007 – 5 HK O 10734/07, AG 2008, 133 ff.; LG München v. 5.4.2007 – 5 HK O 15964/06, AG 2007, 417 ff.; LG Berlin v. 13.12.2004 – 101 O 124/04, DB 2005, 1320 f.; s. ferner *Theisen*, Die Überwachung der Unternehmensführung, 1987, S. 155 ff.; *Theisen*, Information und Berichterstattung des Aufsichtsrates, 4. Aufl. 2007;

Überzeugen können indes weder die h.M. noch die im Vordringen befindliche Ansicht. Das von der h.M. verwendete Kriterium der Krise ist einerseits zu faktensensitiv und andererseits zu statisch, um die Informationspflichten des Aufsichtsrats sinnvoll zu steuern. Gerichtliche Auseinandersetzungen über den Eintritt der Krise sind so vorprogrammiert. In der Diskussion wird zudem überwiegend übersehen, dass der Aufsichtsrat kein „Publizitätsorgan" wie der Vorstand ist und insbesondere mit Blick auf das in § 116 Satz 2 AktG enthaltene Verschwiegenheitsgebot regelmäßig keine ausführlichen Angaben zu Zweckmäßigkeitserwägungen, Abstimmungsverhalten u.Ä. machen darf.[76] Vorzugswürdig ist daher die traditionelle Ansicht, die an den Inhalt des Aufsichtsratsberichts keine übermäßig hohen Anforderungen stellt und die Aktionäre stattdessen bei einem weitergehenden Informationsinteresse auf das Auskunftsrecht nach § 131 Abs. 1 Satz 1 AktG verweist.[77]

d) Geschäftsbericht

687 Die Erstellung eines Geschäftsberichts ist im Gesetz nicht mehr vorgesehen. Der Begriff ist § 160 AktG 1965 entnommen, der die Darlegung des Geschäftsverlaufs und die Lage der Gesellschaft erforderte, aber auch die heute im Anhang zum Lagebericht integrierte Erläuterung des Jahresabschlusses enthielt.[78] Nach § 148 AktG 1965 war er neben dem Jahresabschluss zu erstellen und nach § 177 AktG 1965 zum Handelsregister einzureichen. Im Jahre 1985 wurde aufgrund europäischer Vorgaben das heutige, rechtsformneutral verortete und inhaltlich das *business reporting* stärker berücksichtigende Regelungssystem von Jahresabschluss, Anhang und Lagebericht eingeführt.[79] Die Erstellung eines Geschäftsberichts ist in der Praxis dennoch unverändert der Regelfall. Vor allem börsennotierte Unternehmen nutzen den „Geschäftsbericht" zur **Kommunikation mit den Aktionären**[80] und dem Finanzmarkt. Inhalt-

---

Theisen, BB 1988, 705 ff.; *Theisen/Salzberger*, DB 1997, 105 ff.; *Theisen/Linn/Schöll*, DB 2007, 2493 ff.; *Portisch*, Überwachung und Berichterstattung des Aufsichtsrats im Stakeholder-Modell, 1997, S. 227 f.; *Krasberg*, Der Prüfungsausschuss des Aufsichtsrats einer Aktiengesellschaft nach dem BilMoG, 2010, S. 144; *Cervellini*, Der Bericht des Aufsichtsrats – Element guter Corporate Governance, 2011, S. 71; *Brönner* in Großkomm/AktG, 4. Aufl. 2006, § 171 AktG Rz. 29; wohl auch *Waclawik* in Hölters, § 171 AktG Rz. 18 f.

76 Zutreffend *Drygala* in K. Schmidt/Lutter, § 171 AktG Rz. 14 ff.; *Drygala*, AG 2007, 381 ff.

77 S. andeutungsweise BGH v. 10.7.2012 – II ZR 48/11 (Fresenius), ZIP 2012, 1807 ff. = AG 2012, 1807 Rz. 30 ff.; OLG Celle v. 23.12.2008 – 9 U 119/08; einschränkend auch OLG München v. 24.9.2008 – 7 U 4230/07, AG 2009, 121 ff.; ferner *Drygala* in K. Schmidt/Lutter, § 171 AktG Rz. 18 (Einschränkung durch das Beratungsgeheimnis); *Drygala*, AG 2007, 381, 384 ff.; aus der älteren Literatur *Claussen/Korth* in KölnKomm/AktG, 2. Aufl. 1991, § 171 AktG Rz. 14; *v. Godin/Wilhelmi*, 4. Aufl. 1971, § 171 AktG Anm. 3; zurückhaltend auch *Adler/Düring/Schmaltz*, Rechnungslegung und Prüfung der Unternehmen, 6. Aufl. 1997, § 171 AktG Rz. 69.

78 Abgedruckt bei *Kropff*, Aktiengesetz, S. 245 ff.

79 Ersetzt durch das heutige System durch das Bilanzrichtlinien-Gesetz vom 19.12.1985 (BGBl. I 1985, 2355) zur Umsetzung der sog. 4. (Einzelabschluss), 7. (Konzernabschluss) und 8. (Prüfer) Gesellschaftsrechlichen EU-Richtlinien.

80 Empirische Untersuchung zur tatsächlichen Nutzung des Geschäftsberichts bei *Pellens/Schmidt*, 2014, Verhalten und Präferenzen Deutscher Aktionäre, abrufbar unter https://

lich lehnt sich der Bericht zumeist an den Pflichtangaben des Lageberichts und des Anhangs an; jedoch werden diese aktionärsfreundlich präsentiert.[81]

Der aktuelle **DCGK 2020** nimmt, abweichend von seiner Vorgängerfassung, auf den Geschäftsbericht **keinen unmittelbaren Bezug** mehr. Ungeachtet dessen dürfte er neben dem Lagebericht, der sich seit der Einführung des § 289f HGB ebenfalls stärker an Gesichtspunkten der Corporate Governance orientiert, unverändert das primäre Informationsmittel für Unternehmensführungsstrukturen sein. 688

Üblicherweise werden u.a. folgende **Inhalte** in den Geschäftsbericht aufgenommen: Anschreiben des Vorstandsvorsitzenden an die Aktionäre, Vorstellung der Mitglieder der Organe einschließlich ihrer sonstigen Mandate, Bericht des Aufsichtsrats, Corporate Governance Bericht (s. Rz. 690 ff.) mit Erklärung zur Unternehmensführung, Lagebericht mit Übersicht über Gewinne, Umsatz und Dividenden, Risiko- und Chancenbericht, Jahresabschluss mit Anhang, Bestätigungsvermerk der Wirtschaftsprüfer, Vorschlag zur Gewinnverwendung. Ferner sind häufig eine **Vorstellung der Konzernorganisation** und der Tätigkeitsbereiche des Unternehmens, Angaben zur Aktionärsstruktur und Aktienkursentwicklung sowie aktuelle Produktentwicklungen im Geschäftsbericht zu finden. 689

e) Corporate Governance-Bericht

Nach der Empfehlung in Nr. 3.10 Satz 1 DCGK in seiner Fassung bis 2020 sollten Vorstand und Aufsichtsrat eines börsennotierten Unternehmens jährlich einen Corporate Governance Bericht aufstellen. Inzwischen sind Angaben zur Corporate Governance eines Unternehmens in einer Zusammenstellung gesetzlich verankerter Berichte enthalten. Gemäß Grundsatz 22 DCGK 2020 sollen deshalb Vorstand und Aufsichtsrat eines börsennotierten Unternehmens zukünftig jährlich in der **Erklärung zur Unternehmensführung** über die Corporate Governance der Gesellschaft berichten. Damit soll die Corporate Governance-Berichterstattung vereinfacht werden, nachdem nach Wahrnehmung der Corporate Governance-Kommission ohnedies zahlreiche Gesellschaften bereits dazu übergegangen sind, den Corporate Governance-Bericht und die Erklärung zur Unternehmensführung zusammenzufassen.[82] 690

Der Corporate Governance-Bericht soll Aktionären Auskunft über die **Corporate Governance-Praxis** des Unternehmens geben. Hinsichtlich der internen Leitungsstrukturen umfasst der Bericht deshalb regelmäßig eine Beschreibung der Funktionszuweisungen an die Organe der Gesellschaft und deren Arbeitsabläufe; in Bezug auf das Verhältnis der Gesellschaft zu Aktionären und Dritten sollte dargestellt werden, wie deren Interessen Beachtung finden.[83] 691

---

www.dai.de/files/dai_usercontent/dokumente/studien/2014-11-02 %20Studie%20Aktionaersverhalten.pdf, S. 39.

81 Zu Gestaltungsempfehlungen für den Geschäftsbericht s. *Müller/Needham*, BC 2017, 504.

82 Vgl. die Pressemitteilung der Regierungskommission Corporate Governance v. 22.5.2019, S. 3; *v. Werder*, DB 2019, 41, 43.

83 Vgl. *v. Werder* in Kremer/Bachmann/Lutter/v. Werder, Deutscher Corporate Governance Kodex, 7. Aufl. 2018, Rz. 1.

692 An näheren Hinweisen zum Inhalt des Berichts fehlt es im Übrigen.[84] Anhaltspunkte zu weiteren Inhalten sollen etwa **§ 289f Abs. 2 Nr. 2 und 3 HGB** zu entnehmen sein.[85]

f) Vergütungsbericht

693 Die Berichterstattung über die Vergütung von Vorstand und Aufsichtsrat erfolgt nach dem ARUG II gem. § 162 AktG i.d.F. des ARUG II im Rahmen des **Vergütungsberichts**, was Grundsatz 25 DCGK 2020 bestätigend wiederholt (näher zum Vergütungsbericht s. § 12 Rz. 266 ff.).

g) Nachhaltigkeitsbericht

694 Nach neuer Rechtslage zwingend ist inzwischen die Berichterstattung über die Corporate Social Responsibility der Gesellschaft. Das Postulat der Corporate Soical Responsibility beruht auf der Erkenntnis, dass aus unternehmerischem Handeln gesellschaftliche Verantwortung folgt.[86] Besondere Bedeutung hat in diesem Kontext die europäische Richtlinie (RL 2014/95/EU) erlangt, die durch das **CSR-Richtlinie-Umsetzungsgesetz** im nationales Recht ihre Umsetzung gefunden hat.[87] Die CSR-Richtlinie will den Zuspruch zur sozialen Marktwirtschaft innerhalb der Union und das Vertrauen von Investoren in die Integrität der Unternehmen erhöhen.[88] Teilweise waren Angaben zu Umwelt- und Arbeitnehmerbelangen schon bisher gem. **§ 289 Abs. 3 HGB** gesetzlicher Pflichtbestandteil des Lageberichts für große Gesellschaften i.S.d. § 267 Abs. 3 HGB. Nunmehr knüpft § 289b HGB als Grundpfeiler der CSR-Berichterstattung an jene bereits bestehenden Pflichten großer Gesellschaften nach § 289 Abs. 3 HGB an,[89] in ihrem Lagebericht nichtfinanzielle Leistungsindikatoren (sog. **nichtfinanzielle Erklärung**) zusammenzutragen, freilich nur, soweit sie für das Verständnis des Geschäftsverlaufs oder der Lage der Gesellschaft von Bedeutung sind.[90] Im Einzelnen hat der deutsche Gesetzgeber den insoweit maßgeblichen „Pflichtrahmen" in den §§ 289b-e HGB ausgestaltet.[91]

---

84 *v. Werder* in Kremer/Bachmann/Lutter/v. Werder, Deutscher Corporate Governance Kodex, 7. Aufl. 2018, Rz. 711.

85 Vgl. *v. Werder* in Kremer/Bachmann/Lutter/v. Werder, Deutscher Corporate Governance Kodex, 7. Aufl. 2018, Rz. 710 mit Verweis auf 4. Aufl. 2010, Rz. 540.

86 *Morck/Drüen* in Koller/Kindler/Roth/Drüen, 9. Aufl. 2019, § 289b HGB Rz. 1.

87 RL (EU) 2014/95 des Europäischen Parlaments und des Rates vom 22.10.2014 zur Änderung der Richtlinie 2013/34/EU im Hinblick auf die Angabe nichtfinanzieller und die Diversität betreffender Informationen durch bestimmte große Unternehmen und Gruppen, ABl. EU Nr. L 330 v. 15.11.2014, S.1 (CSR-Richtlinie); BGBl. I 2017, 802.

88 *Morck/Drüen* in Koller/Kindler/Roth/Drüen, 9. Aufl. 2019, § 289b HGB Rz. 1; zusammenfassend *Klene*, WM 2018, 308; eine empirische Untersuchung im HDAX und SDAX für das Geschäftsjahr 2017, vgl. *Velte/Scheid*, DStR 2018, 1681.

89 Näheres zum Anwendungsbereich s. *Illert/Meyer* in Illert/Ghassemi-Tabar/Cordes, Vorstand und Aufsichtsrat in der AG, § 1 Rz. 424 ff.

90 *Morck/Drüen* in Koller/Kindler/Roth/Drüen, 9. Aufl. 2019, § 289b HGB Rz. 2.

91 *Landfermann*, BB 2017, 747, 749.

Die Umweltangaben im Lagebericht nach § 289 Abs. 3 HGB sind funktionell begrenzt auf solche Faktoren, die geeignet sind, die finanzielle Lage der Gesellschaft zu beeinflussen.[92] Dies ist beispielsweise denkbar, wenn die Gesellschaft verpflichtet ist, Umweltschäden auszugleichen oder Aufwendungen zum Schutz der Umwelt zu tätigen. Entsprechendes gilt für Aufwendungen zum Arbeitnehmerschutz. Anknüpfungspunkt der gesetzlichen **Inhalte der nichtfinanziellen Berichterstattung** ist im Übrigen nunmehr § 289c HGB. Eine kurze Erläuterung zum Geschäftsmodell der Kapitalgesellschaft ist in § 289c Abs.1 HGB vorgeschrieben. Daneben sind in Abs. 2 der Norm die vom Gesetzgeber als wesentlich angesehenen Belange aufgeführt, zu denen zwingend Stellung bezogen werden muss. Danach hat sich die nichtfinanzielle Erklärung insbesondere zu beziehen auf Umwelt-, Arbeitnehmer- und Sozialbelange, Angaben zur Achtung der Menschenrechte und zur Bekämpfung von Korruption sowie Bestechung. Nähere Ausgestaltungshinweise dazu sind in § 289c Abs. 3 HGB enthalten.[93] Zu beachten ist, dass **Verstöße** gegen die CSR-Berichtspflicht erhebliche Rechtsfolgen nach sich ziehen können.[94] 695

5. Unternehmens- oder Finanzkalender

Eine im Prime Standard der Deutschen Börse notierte AG muss nach **§ 54 Abs. 1 BörsO FWB** einen sog. Unternehmens- oder Finanzkalender in englischer und deutscher Sprache unterhalten und mindestens für die Dauer des jeweiligen Geschäftsjahres fortlaufend aktualisieren. Nach § 54 Abs. 2 BörsO FWB umfasst der Kalender Angaben über die wesentlichen Termine des Unternehmens. Beispielhaft aufgeführt sind Hauptversammlung, Pressekonferenzen und Analystenveranstaltungen, wobei daneben alle regelmäßig verpflichtend einzuhaltenden Termine wie die Veröffentlichung der Berichte eingetragen werden sollten. 696

Nach § 54 Abs. 3 BörsO FWB ist der Finanzkalender im **Internet** unter der Adresse des Emittenten zu veröffentlichen; außerdem hat eine Übermittelung an die Geschäftsführung der Börse zu erfolgen. 697

6. Aktionärsfreundliches Verhalten

Nr. 2.3.2 und Nr. 2.3.3 des DCGK in seiner Fassung bis 2020 haben die börsennotierte AG zu einem aktionärsfreundlichem Verhalten angehalten. Der DCGK 2020 sieht von einer Fortführung dieser Kodexbestimmungen ab. Ungeachtet dessen dürfte es unverändert guter Corporate Governance entsprechen, den Aktionären die Wahr- 698

92 Vgl. Nr. 1.1 des Anhangs der Empfehlung der Kommission vom 30.5.2001 zur Berücksichtigung von Umweltaspekten in Jahresabschluss und Lagebericht von Unternehmen: Ausweis, Bewertung und Offenlegung (Bekannt gegeben unter Aktenzeichen K (2001) 1495), ABl. Nr. L 156 v. 13.6.2001, S. 33; auf diese Empfehlung verweist Begr. RegE BilReG, BT-Drucks. 15/3419, S. 31.

93 Näheres zum Inhalt der CSR-Pflichten bei *Illert/Meyer* in Illert/Ghassemi-Tabar/Cordes, Vorstand und Aufsichtsrat in der AG, § 1 Rz. 427 ff.

94 Vgl. dazu *Illert/Meyer* in Illert/Ghassemi-Tabar/Cordes, Vorstand und Aufsichtsrat in der AG, § 1 Rz. 432 ff.

nehmung ihrer Rechte und die **Stimmrechtsvertretung** zu erleichtern. So können beispielsweise die Satzung, die Geschäftsordnungen von Vorstand und Aufsichtsrat oder Vorabauskünfte zur Hauptversammlung im Internet bereitgestellt werden. Aktionärsfreundliches Verhalten kann ggf. auch durch die Art und Weise der Informationsdarstellung verwirklicht werden. Auch die in Nr. 2.3.2 Satz 2 DCGK bis 2020 noch ausdrücklich angsprochene Bereitstellung eines weisungsgebundenen Vertreters für die Ausübung des Stimmrechts der Aktionäre (**proxy voting**) entspricht inzwischen der geübten Praxis der Gesellschaften.

III. Anlasspublizität

699 Während die Regelpublizität kontinuierliche, zeitlich regelmäßig wiederkehrende Publizitätspflichten statuiert, knüpft die Anlasspublizität Veröffentlichungspflichten an den Eintritt bestimmter Sachverhalte. Ihre besondere Bedeutung hat sie im Bereich der börsennotierten Gesellschaften. Dort zielt sie wie die Regelpublizität darauf, die **Funktionsfähigkeit des Kapitalmarkts** sicherzustellen. Mit der vollständigen Information der Marktteilnehmer soll eine sachgerechte Preisgestaltung beim Börsenhandel gefördert und so langfristig das Vertrauen in den Markt als Institution gewährleistet werden.[95] Im Zentrum steht die Pflicht zur so genannten Ad-hoc-Publizität nach Art. 17 Abs. 1 MAR, also die Verpflichtung zur unverzüglichen Veröffentlichung von Insiderinformationen i.S.v. Art. 7 MAR. Zu publizieren ist danach grundsätzlich jede nicht öffentlich bekannte Information, die den Emittenten unmittelbar betrifft und den Börsenkurs erheblich beeinflussen kann (eingeh. Rz. 702 ff.). Insoweit dient die **Anlasspublizität der Ergänzung der Offenlegung der Rechnungsunterlagen**. Die Ad-hoc-Publizität nach Art. 17 MAR und die Regelpublizität können sich inhaltlich überschneiden.[96] Hinzu treten insbesondere stimmrechts- oder kapitalanteilsbezogene Offenlegungspflichten (§§ 33 ff. WpHG), die an Veränderungen der Kapitalbeteiligung und der Stimmrechtsanteile anknüpfen (Rz. 723 ff.).

700 Die einzelnen **Pflichten der anlassbezogenen Publizität** stehen selbständig nebeneinander und knüpfen teilweise an die Verwirklichung desselben Sachverhaltes an. Neben Insiderinformationen (dazu Rz. 702 ff.) sind beteiligungsbezogene Informationen zu veröffentlichen, wozu insbesondere der Erwerb von Aktien durch den Vorstand (dazu Rz. 725 ff.), der Erwerb eigener Aktien durch die Gesellschaft (Rz. 756) und der Erwerb fremder Kapitalanteile durch die Gesellschaft (dazu Rz. 748 f.) zu zählen sind. Auch spezifische gesellschaftsrechtliche Informationen, wie die Erhebung von Aktionärsklagen und Veränderungen der Aufsichtsratszusammensetzung (dazu Rz. 763 ff.), sind Gegenstand anlassbezogener Offenlegungspflichten. Ein Sachverhalt kann dabei von **mehreren Informationspflichten erfasst** sein. So steht der

95 Vgl. *Assmann* in Assmann/Uwe H. Schneider/Mülbert, Wertpapierhandelsrecht, 7. Aufl. 2019, Art. 17 VO Nr. 596/2014 Rz. 7 ff., 11.

96 *Assmann* in Assmann/Uwe H. Schneider/Mülbert, Wertpapierhandelsrecht, 7. Aufl. 2019, Art. 17 VO Nr. 596/2014 Rz. 9.

Tatbestand des Directors' Dealings neben den Stimmrechtsmitteilungen mit der Folge, dass bei Erreichen der relevanten Schwellenwerte im Einzelfall neben der Mitteilungspflicht nach Art. 19 MAR auch die §§ 33 ff. WpHG zu beachten sind. Stimmrechtsveränderung können bei entsprechender Bedeutung grundsätzlich auch als Insiderinformation im Rahmen des Art. 17 MAR zu behandeln sein.

1. Check-Liste

Zur Anlasspublizität gehören im Einzelnen Offenlegungspflichten bei den nachfol- 701
genden Tatbeständen:

- Insiderinformationen, sog. Ad-hoc-Publizität, nach Art. 17 MAR;
- Directors' Dealings nach Art. 19 MAR;
- Stimmrechtsanteile an einer anderen börsennotierten Gesellschaft nach § 33 Abs. 1 WpHG und § 43 WpHG;
- Halten von auf börsennotierte Aktien bezogenen Finanzinstrumenten nach § 38 Abs. 1 WpHG,
- Zielmitteilungen nach § 43 Abs. 1 WpHG und deren Veröffentlichung nach § 42 WpHG;
- Halten von Anteilen an einer anderen nicht börsennotierten Gesellschaft nach §§ 20, 21 AktG;
- Veränderung im Bestand an eigenen Aktien nach § 40 Abs. 1 Satz 2 WpHG;
- Stimmrechtsmitteilungen bezüglich eigener Aktien nach § 40 Abs. 1 Satz 1 WpHG;
- Gesamtzahl der Stimmrechte nach § 41 Abs. 1 Satz 1 WpHG;
- Ausschüttungen und Aktienausgaben nach § 49 Abs. 1 Satz 1 Nr. 2 WpHG;
- Unmittelbarer oder mittelbarer Erwerb der Kontrolle über eine Zielgesellschaft nach § 35 Abs. 1 WpÜG;
- sonstige bedeutsame Informationen nach § 50 WpHG;
- Veröffentlichung von Stimmrechtsmitteilungen nach § 20 Abs. 6 AktG;
- Bekanntmachung von Änderungen in der Zusammensetzung des Aufsichtsrats nach § 106 AktG;
- Veränderungen hinsichtlich der Vorstandsmitglieder, § 81 AktG;
- Bestellung eines Aufsichtsratsmitglieds nach Mitbestimmungsrecht nach § 19 MitbestG, § 8 DrittelbG;
- Anwendbarkeit anderer Vorschriften über die Aufsichtsratsbesetzung nach § 97 Abs. 1 AktG;
- Haftungsklage nach § 149 AktG;
- Beschlussmängelklagen nach § 246 Abs. 4 Satz 1 AktG.

2. Ad-hoc-Publizität

702 Die Verpflichtung zur unverzüglichen Veröffentlichung von Insiderinformationen ist zentraler Teil der Insiderregeln der Marktmissbrauchsverordnung (MAR)[97], mit der der europäische Gesetzgeber weite Teile der bis dahin richtlinienbasierten Marktmissbrauchsgesetze der Mitgliedstaaten auf die Ebene des gemeinschaftsweit einheitlichen, unmittelbar verbindlichen Verordnungsrechts gehoben hat. Art. 17 MAR bestimmt zur **anlassbezogenen „Ad-hoc"-Publizität**: „*Emittenten geben der Öffentlichkeit Insiderinformationen, die unmittelbar diesen Emittenten betreffen, unverzüglich bekannt*". Trotz der lediglich deskriptiven Formulierung in der deutschen Sprachfassung[98] steht außer Zweifel, dass Art. 17 Abs. 1 MAR eine Handlungspflicht des Emittenten begründet,[99] wie sie in Umsetzung der Marktmissbrauchsrichtlinie[100] zuvor bereits in § 15 Abs. 1 Satz 1 Halbs. 1 WpHG a.F. bestimmt war.[101] Die Unterlassung der (rechtzeitigen) Ad-hoc-Meldung kann unter den Voraussetzungen von **§ 97 WpHG Schadensersatzansprüche** von Anlegern gegen den Emittenten in summenmäßig nicht begrenzter, im Einzelfall existenzgefährdender Höhe[102] nach sich ziehen und ist öffentlich-rechtlich scharf sanktioniert: es drohen empfindliche **Bußgelder** nach näherer Maßgabe von § 120 WpHG und der öffentliche Pranger des so genannten „Naming and Shaming" gem. § 125 WpHG.[103] Darüber hinaus drohen Sanktionen nach dem Ordnungswidrigkeitenrecht; unter bestimmten Voraussetzungen kommt auch eine Strafbarkeit der verantwortlichen Organmitglieder in Betracht.[104] Die Einhaltung der Pflicht ist aufgrund der weitreichenden Sanktionen bei Missachtung für die Gesellschaft von besonderer Relevanz. Die Sicherstellung, dass die Ad-hoc-Publizitätspflichten erfüllt werden, ist zuvörderst Aufgabe des Vorstands.

---

97 Verordnung (EU) Nr. 596/2014 des europäischen Parlaments und des Rates vom 16.4.2014 über Marktmissbrauch (Marktmissbrauchsverordnung) und zur Aufhebung der Richtlinie 2003/6/EG des Europäischen Parlaments und des Rates und der Richtlinien 2003/124/EG, 2003/125/EG und 2004/72/EG der Kommission, ABl. Nr. L 173 v. 12.6.2014, S. 1.

98 Deutlicher demgegenüber die englischsprachige Fassung: „*... issuers shall inform ...*".

99 Das ergibt sich mit Deutlichkeit aus Erwägungsgrund Nr. 49 MAR: „*Die öffentliche Bekanntgabe von Insiderinformationen durch Emittenten ist von wesentlicher Bedeutung, um Insidergeschäften und der Irreführung von Anlegern vorzubeugen. Die Emittenten sollten daher **verpflichtet** werden, der Öffentlichkeit Insiderinformationen so bald wie möglich bekanntzugeben. Diese **Verpflichtung** kann...*".

100 Richtlinie 2003/6/EG des Europäischen Parlaments und des Rates vom 28.1.2003 über Insider-Geschäfte und Marktmanipulation (Marktmissbrauch), ABl. Nr. L 96 v. 12.4.2003, S. 16.

101 „*Ein Inlandsemittent ... muss Insiderinformationen, die ihn unmittelbar betreffen, unverzüglich veröffentlichen.*"

102 So sollen sich etwa die in Folge der Dieselaffäre gegen die VW AG erhobenen Schadenersatzklagen, die auf den Vortrag verspäteter Ad-hoc-Publizität gestützt sind, nach Presseberichten auf einen deutlich zweistelligen Milliarden EURO- Betrag belaufen.

103 Eingehend zum Sanktionenregime unter dem neuen Marktmissbrauchsrecht *Veil*, ZGR 2016, 305 ff.; *Szesny*, DB 2016, 1420, 1423.

104 Dazu *Klöhn* in Klöhn, Marktmissbrauchsverordnung, Art. 17 MAR Rz. 579 ff.; *Vauperl/Oppenauer*, AG 2019, 502, 511 ff.

Die Verpflichtung zur Ad-hoc-Publizität nach Art. 17 Abs. 1 MAR trifft alle Gesellschaften, die als **Emittent**[105] über **Finanzinstrumente** verfügen, die zum Handel an einem geregelten Markt in der EU zugelassen sind oder für die ein Zulassungsantrag gestellt ist. Dazu gehören also insbesondere auch alle **in Deutschland börsennotierten Aktiengesellschaften**. Zu den Finanzinstrumenten gehören aber nicht nur Aktien, sondern alle übertragbaren Wertpapiere, Geldmarktinstrumente, Fondsanteile, Derivate und Emissionszertifikate.[106] Gesellschaften, die solche Finanzinstrumente als Emittent an einen geregelten Markt in der EU zugelassen haben, unterliegen deshalb ebenfalls der Verpflichtung zur Ad-hoc-Publizität. Sie sind nach Art. 17 Abs. 1 MAR verpflichtet, Insiderinformationen i.S.v. Art. 7 MAR, die sie als Emittent unmittelbar betreffen, unverzüglich zu veröffentlichen.[107]

a) Insiderinformation i.S.d. Art. 7 MAR

Der Tatbestand der Insiderinformation ist in Art. 7 Abs. 1 Buchst. a MAR, im Wesentlichen in Übereinstimmung mit dem schon bisher geltenden Begriffsverständnis, definiert.[108] Danach muss eine **nicht öffentlich bekannte, präzise Information** vorliegen, welche einen Emittenten oder ein Finanzinstrument direkt oder indirekt betrifft. Außerdem muss die Information im Fall ihres öffentlichen Bekanntwerdens geeignet sein, den Kurs des Finanzinstruments **erheblich zu beeinflussen**. Ad-hoc zu veröffentlichen sind nach Art. 17 MAR allerdings nur diejenigen Insiderinformationen, die den Emittenten „unmittelbar", d.h. „direkt", betreffen.[109] Der Begriff der Insiderinformation erfasst einen weiten Kreis unterschiedlicher Sachverhalte. Gegenstand der zu veröffentlichenden Information kann nicht nur ein einzelnes Ereignis – wie etwa ein Geschäftsabschluss –, sondern auch eine sich aus der Summe von Ereignissen ergebende Tatsache sein;[110] ferner können Prognosen über künftige Tatsachen,[111] wenn sich diese hinreichend konkret und bestimmt verdichtet haben, die 703

105 S. zum Emittentenbegriff die Legaldefinition in Art. 3 Abs. 1 Nr. 21 MAR.

106 Zum genauen Anwendungsbereich s. die Legaldefinition in Art. 3 Abs. 1 Nr. 1 MAR i.V.m. Art. 4 Abs. 1 Nr. 15 MiFID II.

107 Zu § 15 Abs. 1 Satz 4 und 5 WpHG instruktiv *Klöhn*, WM 2010, 1869.

108 Zur Entwicklung des Begriffs der Insiderinformation unter Aufarbeitung des Fallmaterials aus der Rechtsprechung eingeh. *Klöhn* in FS 25 Jahre WpHG, 2019, S. 523 ff.

109 Insiderinformationen, die den Emittenten nur indirekt betreffen, sind zwar nicht nach Art. 17 MAR zu veröffentlichen, sind aber für das Weitergabe- und Insiderhandelsverbot nach Art. 14 MAR relevant.

110 S. dazu Frage 1 des Vorlagebeschlusses zum EuGH des BGH v. 22.11.2010 - II ZB 7/09 (OLG Stuttgart), AG 2011, 84 = NJW 2011, 309; m. Anm. *Klöhn*, NZG 2011, 166; *Mennicke*, NZG 2009, 1059; *Fleischer*, NZG 2007, 401 ff.

111 Zur Unternehmensplanung eingehend *Reichert/Ott* in FS Hopt, S. 2385; zu Geschäftszahlen und Prognosen *Schlitt/Mildner* in FS 25 Jahre WpHG, S. 363; es kann in der Mitteilung klargestellt werden, dass es sich um eine Prognose handelt, etwa wie folgt: *„Diese Mitteilung enthält Aussagen über die zukünftige Entwicklung. Die Inhalte der Aussagen können nicht garantiert werden, da sie auf Annahmen und Schätzungen beruhen, die gewisse Risiken und Unsicherheiten beinhalten."*

Offenlegungspflicht auslösen.[112] Für die Beurteilung, ob bereits die Schwelle zur relevanten Tatsache überschritten wurde, ist in erster Linie entscheidend, inwiefern ein verständiger Anleger (*reasonable investor*) die fragliche Information aus seiner ex ante Perspektive wahrscheinlich bei seiner **Anlageentscheidung** berücksichtigen würde (Eignung zur Kursbeeinflussung, Art. 7 Abs. 1 Buchst. a MAR).[113]

704 Enger als der weitere Begriff der Insiderinformation gem. Art. 7 Abs. 1 MAR setzt die Veröffentlichungspflicht nach Art. 17 Abs. 1 MAR voraus, dass die Information **die AG unmittelbar betrifft**. Das ist insbesondere der Fall, wenn die Information im Tätigkeitsbereich der Gesellschaft entstanden ist, während etwa reine Marktdaten und Markterwartungen nicht ausreichen. Es können ausnahmsweise aber auch von außen kommende Umstände, die nicht aus dem Tätigkeitsbereich des Emittenten stammen, diesen unmittelbar betreffen und deshalb nach Art. 17 MAR zu veröffentlichen sein.

705 Veröffentlichungspflichtige Informationen sind beispielsweise intern ausgelöste Informationen mit Bezug auf die **Führungsebene** (Organwechsel,[114] Vorstandsbeschlüsse[115]), das Gesamtunternehmen betreffende **Geschäftsführungsentscheidungen,**[116] **Geschäftsergebnisse**[117] und **Produktentwicklungen**. Zu den extern ausgelösten Umständen mit spezifischem Bezug auf die AG können die **Einleitung eines Straf-, Bußgeld- oder Gerichtsverfahrens** gegen die Gesellschaft oder ihre Organmitglieder,[118] wesentliche Veränderungen der **Beteiligungsverhältnisse in der AG** und maßgebliche Veränderungen im **Kundenstamm** oder im **Vermögen der Gesellschaft** gehören.[119] Dasselbe gilt etwa für die Information über eine den Emittenten treffende negative oder positive Behördenentscheidung, über eine Änderung des **externen Ratings**, über die Erhebung einer Klage durch einen Dritten oder über

---

112 Näher *Assmann* in Assmann/Uwe H. Schneider/Mülbert, Wertpapierhandelsrecht, 7. Aufl. 2019, Art. 7 VO Nr. 596/2014 Rz. 42 ff.

113 Näher dazu *Hopt/Kumpan* in Schimansky/Bunte/Lwowski, Bankrechts-Hdb. Bd. II, 5. Aufl. 2017, § 107 Rz. 54 ff.; *Assmann* in Assmann/Uwe H. Schneider/Mülbert, Wertpapierhandelsrecht, 7. Aufl. 2019, Art. 7 VO Nr. 596/2014 Rz. 78 ff.; zum verständigen Anleger s. auch *Langenbucher*, BKR 2012, 145 ff..

114 Dies wird teilweise auf Vorstandsmitglieder in „Schlüsselpositionen" eingegrenzt, zum Meinungsstand mit enger eigener Auffassung *Fleischer*, NZG 2007, 401, 402 f.

115 *Assmann* in Assmann/Uwe H. Schneider/Mülbert, Wertpapierhandelsrecht, 7. Aufl. 2019, Art. 17 VO Nr. 596/2014 Rz. 36.

116 Insbesondere Aktienrückkaufaktionen, um zukünftige Mitarbeiterbeteiligungsprogramme zu bedienen; Abschluss von Unternehmensverträgen; Unternehmensumwandlungen; Zustimmungen des Aufsichtsrats. Zu veröffentlichen ist auch die Bestätigung des Insolvenzplans.

117 Bei den Geschäftsentscheidungen wird es sich regelmäßig um Kernaufgaben des Vorstands handeln. Hinsichtlich der Geschäftsergebnisse ergeben sich Überschneidungen mit der Regelpublizität, s. Rz. 663 ff.

118 Etwa Anfechtungsklagen gegen Beschlüsse der Hauptversammlung.

119 Z.B. kann die Insolvenz von zentralen Gläubigern oder aufgrund äußerer Umstände eintretende Wertverluste von Sach- oder Umlaufvermögen Veröffentlichungspflichten begründen.

die **Ausübung von Aktionärsrechten** wie etwa die Entscheidung des Mehrheitsaktionärs, ein Squeeze-Out-Verfahren einzuleiten.[120]

Besondere Bedeutung hat die Bestimmung des publizitätspflichtigen Umstandes typischerweise bei **gestreckten Geschehensabläufen**, wenn bereits ein oder mehrere Zwischenschritte eingetreten sind, deren Vollendung jedoch noch von einer Weiterentwicklung des Sachverhalts, etwa in Form einer notwendigen Mitwirkung eines Gesellschaftsorgans, abhängt.[121] Nach der Entscheidung des **EuGH in Sachen *Geltl/ Daimler***[122], die die MAR durch teilweise wörtliche Übernahme der Entscheidungsgründe bestätigt hat, ist geklärt, dass eine Veröffentlichung nicht pauschal unter Hinweis auf die (noch zu geringe) Eintrittswahrscheinlichkeit des Endereignisses unterlassen werden darf.[123] Vielmehr muss stets geprüft werden, ob der bereits realisierte Zwischenschritt nach dem *reasonable investors' test* schon eine hinreichende Eignung zur Kursbeeinflussung aufweist. Ob insoweit eine **überwiegende Wahrscheinlichkeit des Endereignisses** gefordert werden muss, war nach den, freilich nur *obiter*, erfolgten Aussagen des EuGH im *Geltl/Daimler*-Urteil[124] indessen fraglich geworden. Einige Autoren haben die Aussagen des EuGH im Sinne der aus dem US-Recht bekannten *probability-magnitude-Formel* verstanden, bei der im Einzelfall auch eine geringe Eintrittswahrscheinlichkeit ausreichen kann, solange diese durch die möglichen Auswirkungen des Ereignisses auf den Börsenkurs aus Sicht des Investors ausgeglichen wird.[125] Daraus kann je nach Lage des Falles eine starke Vorverlagerung der Publizi- 706

---

120 Eingeh. und mit zahlreichen Fallbeispielen zur unmittelbaren Betroffenheit des Emittenten *Assmann* in Assmann/Uwe H. Schneider/Mülbert, Wertpapierhandelsrecht, 7. Aufl. 2019, Art. 7 VO Nr. 596/2014 Rz. 35 ff.; *Hopt/Kumpan* in Schimansky/Bunte/Lwowski, Bankrechts-Hdb. Bd. II, 5. Aufl. 2017, § 107 Rz. 140 ff.

121 Zusammenfassung des Diskussionsstandes bei *Vetter/Engel/Lauterbach*, AG 2019, 160.

122 EuGH v. 28.6.2012 – C-19/11, ZIP 2012, 1282 ff., bei Rz. 54 f., m. Anm. von *Schall*; das Urteil wird ferner besprochen von *Apfelbacher/Pohlke* in Corporate Finance Law 2012, 275 ff.; *Bachmann*, DB 2012, 2206 ff.; *Bingel*, AG 2012, 685 ff.; *Heider/Hirte*, GWR 2012, 429 ff.; *Hitzer*, NZG 2012, 860 ff.; *Klöhn*, ZIP 2012, 1885 ff.; *Mock*, ZBB 2012, 286 ff.; *Möllers/Seidenschwann*, NJW 2012, 2762 ff.; *v. Bonin/Böhmer*, EuZW 2012, 694 ff.; *Wilsing/Goslar*, DStR 2012, 1709 ff.; s. zudem *Ihrig* in VGR, Gesellschaftsrecht in der Diskussion 2012, 2013, S. 113 ff.

123 EuGH v. 28.6.2012 – C-19/11, ZIP 2012, 1282 ff., bei Rz. 27–39.

124 EuGH v. 28.6.2012 – C-19/11, ZIP 2012, 1282 ff., bei Rz. 54 f.: „Wie dem ersten Erwägungsgrund der Richtlinie 2003/124 zu entnehmen ist, stützen zwar verständige Investoren ihre Anlageentscheidungen auf alle verfügbaren Ex-ante-Informationen. Sie müssen somit nicht nur *die ‚möglichen Auswirkungen' eines Ereignisses* auf den Emittenten in Betracht ziehen, sondern *auch den Grad der Wahrscheinlichkeit* des Eintritts dieses Ereignisses. Anhand solcher Erwägungen lässt sich jedoch ermitteln, ob eine Information geeignet ist, den Kurs der Finanzinstrumente des Emittenten spürbar zu beeinflussen." *(Hervorh. d. Verf.).*

125 S. insb. *Klöhn*, ZIP 2012, 1885, 1891; allgemein zu den Vorteilen dieses Ansatzes: *Klöhn*, NZG 2011, 166, 167 ff.; wohl auch *Schall*, ZIP 2012, 1282, 1286; *Wilsing/Goslar*, DStR 2012, 1709, 1711; *Bingel*, AG 2012, 685, 690; *Hitzer*, NZG 2012, 860, 862; dagegen: *Bachmann*, DB 2012, 2206, 2209; *Kocher/Widder*, BB 2012, 2837, 2839 ff.; *Kocher/Widder*, BB 2012, 1820, 1821; wohl auch *Heider/Hirte*, GWR 2012, 429, 431; differenzierend: *Ihrig* in VGR, Gesellschaftsrecht in der Diskussion 2012, 2013, S. 113 ff.

tätspflicht folgen. Der **BGH** hat die mehrdeutigen Aussagen des EuGH zur Bestimmung der Kursrelevanz bei Zwischenschritten in seiner das EuGH-Urteil umsetzenden Entscheidung vom 23.4.2013[126] keiner letztverbindlichen Klärung zugeführt.[127] Nach Ansicht des BGH muss bei der Beurteilung der Kursrelevanz von Zwischenschritten zwar stets auch die Eintrittswahrscheinlichkeit des Endereignisses herangezogen werden.[128] Darauf soll es jedoch nicht ausschließlich ankommen. Welche anderen Umstände mit Kursbeeinflussungspotential neben der Eintrittswahrscheinlichkeit eine Rolle spielen und in welchem Verhältnis derartige Umstände zur Eintrittswahrscheinlichkeit heranzuziehen sind, sagt der BGH nicht. Richtigerweise wird es entgegen der „reinen" *probability-magnitude-Formel* auf eine **Abwägung** sämtlicher ex-ante[129] verfügbarer Umstände ankommen, wobei die Bejahung der Kurserheblichkeit eines Zwischenschrittes maßgeblich davon abhängen wird, dass zum Verhältnis von Eintrittswahrscheinlichkeit/prognostizierter Kursausausschlag weitere, davon unabhängige kursbeeinflussende Umstände hinzutreten, die ein verständiger Anleger berücksichtigt.[130] Allein auf das Verhältnis Eintrittswahrscheinlichkeit zu erwartetem Kursausschlag abzustellen, erscheint demgegenüber als zu eng.[131]

707 Zur Vermeidung von Risiken einer Fehleinschätzung in dieser für die Praxis eminent wichtigen Frage sollte zur Sicherheit stets eine **frühzeitige Selbstbefreiung** nach Art. 17 Abs. 4 MAR in Betracht gezogen werden.[132]

708 Der Verordnungsvorschlag der EU-Kommission für eine **Marktmissbrauchsverordnung (MAR)** hatte ursprünglich noch eine neuartige Definition der Insiderinformation (sog. „Insiderinformation light") vorgesehen, bei der auf das bisher begriffsprägende Merkmal der „präzisen Information" verzichtet werden sollte.[133] Es sollte stattdessen nur noch darauf ankommen, ob ein verständiger Investor die Information als für seine Anlageentscheidung „relevant" ansehen würde.[134] Davon ist der Rat jedoch

126 BGH v. 23.4.2013 - II ZB 7/09, AG 2013, 518 m. Anm. *Ihrig/Kranz*, AG 2013, 515 ff. = ZIP 2013, 1165 m. Anm. *Brellochs* = BB 2013, 1483 m. Anm. *Widder* = DB 2013, 1350 m. Anm. *Herfs*, DB 2013, 1650 ff. = DStR 2013, 1613 m. Anm. *Wilsing/Goslar*, DStR 2013, 1610 ff.

127 So auch *Herfs*, DB 2013, 1650, der davon ausgeht, dass das Urteil des BGH die Diskussion eher noch weiter anfachen wird.

128 BGH v. 23.4.2013 - II ZB 7/09, AG 2013, 518, Rz. 24, im Anschluss an Rz. 16.

129 Der BGH betont als Beurteilungsgrundlage ausdrücklich die objektive ex-ante Sicht des verständigen Anlegers; vgl. BGH v. 23.4.2013 - II ZB 7/09, AG 2013, 518, Rz. 22; so schon die IKB-Entscheidung des XI. Senats, BGH v. 13.12.2011 - XI ZR 51/10, ZIP 2012, 318, 322 = AG 2012, 209.

130 *Ihrig/Kranz*, AG 2013, 515, 516 f.; ähnlich *Brellochs*, ZIP 2013, 1165, 1171; *Herfs*, DB 2013, 1650; anders *Wilsing/Goslar*, DStR 2013, 1610, 1611, wonach der BGH dem *probability-magnitude-Ansatz* zuneige.

131 Wie hier bereits *Ihrig* in VGR, Gesellschaftsrecht in der Diskussion 2012, 2013, S. 113 ff. m. zahlr. w.N. zum Meinungsstand in Fn. 15 (S. 123).

132 Ausführlich zu deren Zweckmäßigkeit nach dem Geltl/Daimler Urteil des EuGH *Ihrig/Kranz*, BB 2013, 451 ff.; *Pattberg/Bredol*, NZG 2013, 87 ff.; *Herfs*, DB 2013, 1650, 1655 ff.

133 Dazu *Seibt*, ZHR 177 (2013), 388, 412 ff.; *Merkner/Sustmann*, AG 2012, 315, 319 ff.

134 Vgl. Art. 6 Abs. 1 lit. e MMVO-KomE.

nach eingehender Konsultation abgerückt.[135] Das schon bisherig maßgebliche Verständnis der Insiderinformation bleibt auch nach Inkrafttreten der Markmissbrauchsverordnung (MAR) erhalten. Die MAR spricht die Berücksichtigung von einzelnen **Zwischenschritten** als potentiell kursrelevante Insiderinformationen ausdrücklich an und übernimmt die **Entscheidung des EuGH in der Rechtssache Geltl/Daimler**[136] teilweise wortgleich in den Verordnungstext (ausf. zur Entscheidung des EuGH bei Rz. 706).[137] Die mit der EuGH-Entscheidung verbundenen Auslegungsschwierigkeiten, insb. hinsichtlich der Kriterien für die Bestimmung der Kursrelevanz von einzelnen bereits eingetretenen Zwischenschritten, werden aber auch durch die MAR nicht ausgeräumt.

b) Wissenszurechnung und unternehmensinternes Organisationssystem

Der die Ad-hoc-Publizitätspflicht begründende Tatbestand ist nach dem Wortlaut von Art. 17 MAR, wie schon bisher in § 15 WpHG, **objektiv formuliert**. Danach knüpft die Norm an das Vorliegen einer (den Emittenten unmittelbar betreffenden) Insiderinformation an. Weitere Tatbestandsmerkmale, insbesondere subjektive Umstände auf Seiten des Emittenten, enthält die Norm ihrem Wortlaut nach nicht, auch nicht in dem Teilsatz, dass die Insiderinformation „unverzüglich" zu veröffentlichen ist. Damit wird nicht der pflichtbegründende Tatbestand beschrieben, sondern dessen Rechtsfolge, nämlich das Pflichtenprogramm des publizitätspflichtigen Emittenten, konkretisiert.[138] Die Ad-hoc-Pflicht des Emittenten scheint danach prima facie also schon dann zu entstehen, wenn objektiv Umstände gegeben sind, die eine Insiderinformation begründen, ohne dass es auf ein Wissen des Emittenten um diese tatbestandsbegründenden Umstände ankäme. 709

Tatsächlich wird in der Literatur zum Teil angenommen, der die Pflicht zur Ad-hoc-Publizität begründende Tatbestand sei rein objektiv zu bestimmen und die Offenlegungsverpflichtung des Emittenten unabhängig von dessen Kenntnis bereits ab dem Zeitpunkt gegeben, zu dem die Insiderinformation vorliegt.[139] Dass dies keine ledig- 709a

---

135 Ausf. Schilderung des Verfahrensablaufs bei *Seibt*, ZHR 177 (2013), 388, 415 ff.

136 EuGH v. 28.6.2012 – C-19/11, AG 2012, 555 ff.

137 Vgl. *Seibt*, ZHR 177 (2013), 388, 416 ff.

138 Dass eine Veröffentlichungspflicht unverzüglich zu erfüllen ist, setzt ja gerade voraus, dass die Pflicht bereits entstanden ist. Zutr. zum pflichtenkonkretisierenden Charakter des Merkmals „unverzüglich" *Assmann* in Assmann/Uwe H. Schneider/Mülbert, Wertpapierhandelsrecht, 7. Aufl. 2019, Art. 7 VO Nr. 596/2014 Rz. 64.

139 *Klöhn* in Klöhn, Marktmissbrauchsverordnung, Art. 17 MAR Rz. 105, 111 ff.; *Schäfer* in Marsch-Barner/Schäfer, Hdb. börsennotierte AG, 4. Aufl. 2018, § 15 Rz. 15.20; zust. *Schlitt/Mildner* in FS 25 Jahre WpHG, S. 363, 370; ebenso zur alten Rechtslage nach § 15 WpHG a.F. schon *Braun* in Möllers/Rotter, Ad-hoc-Publizität, 2003, § 8 Rz. 47; ebenso im Ausgangspunkt *Spindler/Speier*, BB 2005, 2031, 2032 bei Fn. 21; *Ziemons*, NZG 2004, 537, 541; *Lebherz*, Emittenten-Compliance – Organisation zur Sicherstellung eines rechtskonformen Publizitätsverhaltens, 2008, S. 102; wohl für möglich haltend, im Ergebnis aber offen lassend *Buck-Heeb*, WM 2016, 1469, 1472; dagegen schon nach alter Rechtslage zutr. *Leyendecker-Langner/Kleinhenz*, AG 2015, 72, 76; sowie – freilich unter Bezugnahme auf die Pflicht zur *unverzüglichen* Veröffentlichung in § 15 WpHG a.F. –

lich theoretische Konstellation ist, belegt etwa der **Beispielsfall** der – bislang unbemerkten – Ansammlung einer großvolumigen, hochexplosiven Gasmischung unter der Produktionsanlage des Pharmaunternehmens, oder derjenige der zuständigen Zulassungsbehörde, die gerade beschlossen hat, einem mit großem Aufwand entwickeltem Arzneimittelpräparat des Unternehmens die EU-weite Zulassung zu erteilen.[140] Während im ersten Fall-Beispiel noch die Frage gestellt werden kann, ob es sich überhaupt schon um eine Insider*information* handelt, weil noch niemand von der exorbitanten Gefährdung Kenntnis hat und demgemäß mangels Wissensträgers auch noch kein Insidergeschäft droht,[141] handelt es sich im zweiten Beispiel ohne weiteres um eine Insiderinformation, die den Emittenten auch unmittelbar betrifft, obwohl er von dem Erfolg seines Zulassungsantrags vor Erhalt der Zulassungsentscheidung nichts weiß und aus eigener Kraft selbst bei bester Anstrengung auch nichts wissen kann.

709b Eine Rechtsnorm, die zu Lasten ihres Adressaten eine von diesem zu erfüllende Pflicht auch in Fällen begründet, in denen er von dem pflichtbegründenden Umstand keine Kenntnis hat und sich diese selbst bei gehöriger Sorgfalt und entsprechender Vorkehrungen auch nicht verschaffen könnte, bedürfte aber auch auf Ebene des EU-Rechts der besonderen Legitimation, weil sie andernfalls dem Grundsatz des „*ultra posse nemo obligatur*" widerspricht.[142] Das gilt umso mehr dann, wenn, wie im Rahmen der Ad-hoc-Publizität, die Darlegungs- und Beweislast für die entlastende, eine Schadensersatzhaftung nach § 97 WpHG abwendende Einrede, es habe weder Vorsatz noch grobe Fahrlässigkeit vorgelegen, bei dem Emittenten liegt. Richtigerweise muss deshalb zum objektiven Vorliegen der eine Insiderinformation begründenden Umstände das **Wissen des Emittenten** um diese Umstände hinzutreten, bevor die Verpflichtung zur Ad-hoc-Veröffentlichung entsteht.[143] Wissen des Emittenten von der Insiderinformation ist deshalb ungeschriebenes, pflichtbegründendes

---

Pfüller in Fuchs, 2. Aufl. 2016, § 15 WpHG Rz. 328; *Sajnovits*, WM 2016, 765 f.; *Habersack*, DB 2016, 1551, 1554.

140 Weitere praktische Beispiele für gänzlich außerhalb der Sphäre des Emittenten entstehende Insiderinformationen sind etwa: die Entscheidung des Bieters, vorbehaltlich der Zustimmung des eigenen Aufsichtsrats ein Übernahmeangebot für den Emittenten abzugeben, diejenige eines wichtigen Zulieferers, einen auf lange Frist abgeschlossenen, für das Unternehmen außerordentlichen wichtigen Rahmenvertrag aus wichtigem Grund fristlos zu kündigen, diejenige der Aufsichtsbehörde, die der Publizitätspflicht unterliegende Bank als systemrelevant einzustufen, diejenige der Rating-Agentur, das rating des Emittenten massiv zu korrigieren, oder diejenige der Börse, den Emittenten in den DAX aufzunehmen.

141 Zum primären Zweck der Ad-hoc-Publizität, neben der Sicherstellung ordnungsgemäßer Marktpreisbildung Insiderdelikten vorzubeugen, vgl. nur *Hopt/Kumpan* in Schimansky/Bunte/Lwowski, Bankrechts-Hdb. Bd. II, 5. Aufl. 2017, § 107 Rz. 133; außerdem Erwägungsgrund 49 MAR.

142 Zur Anwendung des „*ultra posse nemo obligatur*" Grundsatzes bei der Anwendung von Verordnungsrecht vgl. EUGH v. 15.7.2010 – C-234/09, Slg 2010, I-7333, Leitsätze und Rz. 34.

143 Eingeh. *Ihrig*, ZHR 181 (2017), 381, 384 ff.; außerdem, mit umf. Nachw und überzeugender Auseinandersetzung mit der Gegenauffassung, *Assmann* in Assmann/Uwe H. Schnei-

Tatbestandsmerkmal von Art. 17 MAR. Die Bestimmung ist also *Wissensnorm*[144] in dem Sinne, dass die Verpflichtung des Emittenten, ihn unmittelbar betreffende Insiderinformationen so bald wie möglich („*Ad-hoc*")[145] zu publizieren, Wissen von der Existenz der betreffenden Insiderinformation voraussetzt.[146] Wissen des Emittenten ist jedenfalls gegeben, wenn der Vorstand Kenntnis von der Insiderinformation hat. Wissen des Emittenten ist aber auch gegeben, wenn er sich die Kenntnis anderer Wissensträger in der Unternehmensorganisation zurechnen lassen muss. Das bestimmt sich nach den **Grundsätzen der Wissenszurechnung** in der arbeitsteilig agierenden juristischen Person.[147] Zuzurechnen ist der Aktiengesellschaft auch Wissen, das genuin im Aufsichtsrat entsteht.[148] Das entspricht, jedenfalls insoweit, als es um im originären Aufgabenbereich des Aufsichtsrats entstehende Informationen geht, der ganz vorherrschenden Auffassung im Schrifttum.[149] Aus der Wissenszurechnung folgt die Verpflichtung des Vorstands, für eine umfassende **Wissensorganisation** im Unternehmen Sorge zu tragen (Rz. 709c).[150]

Die Überwachung der Pflichten aus § 26 WpHG i.V.m. Art. 17 MAR macht es notwendig, ein unternehmensinternes **Informationssystem zu implementieren**, in dem die unternehmensbezogenen Geschehnisse gesammelt und möglichst schnell auf ihre Insiderrelevanz hin untersucht werden. Zweckmäßig ist die Einrichtung eines Komitees, dem namentlich Vertreter der Compliance-Abteilung und der Rechtsabteilung sowie des Bereichs Investor Relations angehören sollten.[151] Wegen der Bedeutung der Ad-hoc-Publizität ist es Kernaufgabe des Gesamtvorstandes, die grundsätzlichen 709c

---

der/Mülbert, Wertpapierhandelsrecht, 7. Aufl. 2019, Art. 7 VO Nr. 596/2014 Rz. 34, 50 ff.

144 *Assmann* in Assmann/Uwe H. Schneider/Mülbert, Wertpapierhandelsrecht, 7. Aufl. 2019, Art. 7 VO Nr. 596/2014 Rz. 34, 51; *Ihrig*, ZHR 181 (2017), 381, 384 ff.; grundlegend zur Kategorie der „Wissensnorm" vgl. *Buck*, Wissen der juristischen Person, 2001, S. 16 ff.

145 Dazu, dass die Terminologie „Ad-hoc" auch unter dem Regime der MAR weiterhin treffend ist, zutr. *Klöhn*, AG 2016, 423, 430.

146 Zutr. *Frowein* in Habersack/Mülbert/Schlitt, Hdb. Kapitalmarktinformation, 2. Aufl. 2013, § 10 Rz. 24; *Buck-Heeb*, CCZ 2009, 18, 20; *Sajnovits*, WM 2016, 765, 766 f. (Kenntnis oder Kennenmüssen).

147 Eingeh. zum Ganzen *Ihrig*, ZHR 181 (2017), 381, 384 ff.; zustimmend *Assmann* in Assmann/Uwe H. Schneider/Mülbert, Wertpapierhandelsrecht, 7. Aufl. 2019, Art. 7 VO Nr. 596/2014 Rz. 34, 51 ff.; *Schnorbus/Klormann*, WM 2018, 1069, 1075; im Ergebnis auch *Habersack* in FS 25 Jahre WpHG, 2019, S. 217, 228 f.

148 Dazu, unter Entwicklung der verschiedenen Fallkonstellationen, im Einzelnen *Ihrig*, ZHR 181 (2017), 381, 404 ff.; strikt ablehnend („*verfehlte und erschreckend effet utile-orientierte Auslegung*") *Assmann* in Assmann/Uwe H. Schneider/Mülbert, Wertpapierhandelsrecht, 7. Aufl. 2019, Art. 7 VO Nr. 596/2014 Rz. 57 f.

149 Vgl. *Mertens/Cahn* in KölnKomm/AktG; 3. Aufl. 2013, § 116 AktG Rz. 47; *Ihrig/Kranz*, BB 2013, 451, 456; im Ergebnis auch *Mülbert* in FS Stilz, S. 411, 422; wohl auch insoweit abl. aber *Assmann* in Assmann/Uwe H. Schneider/Mülbert, Wertpapierhandelsrecht, 7. Aufl. 2019, Art. 7 VO Nr. 596/2014 Rz. 57 f.

150 Zu den Konsequenzen im Einzelnen *Ihrig*, ZHR 181 (2017), 381, 386 ff.

151 Eingehend *Ihrig/Kranz*, BB 2013, 451, 454 ff.; außerdem *Kocher/Schneider*, ZIP 2013, 1607 ff.; *Walla/Knierbein*, WM 2018, 2349, 2351 f.

Zuständigkeiten und Informationswege festzulegen (dazu allgemein Rz. 655 ff.). Ein solches System muss nicht nur für die Einhaltung der Primärpflicht aus § 26 Abs. 1 WpHG i.V.m. Art. 17 MAR Sorge tragen (dazu Rz. 702 ff.), sondern auchzur Entscheidung über die Befreiung von der Veröffentlichungspflicht gem. Art. 17 Abs. 4 MAR ermächtigt sein (dazu Rz. 713 ff.). Die Entscheidung über die Veröffentlichung oder deren Aufschub selbst stellt nämlich richtigerweise – entgegen der insoweit nicht überzeugenden Auffassung der BaFin – keine Leitungsaufgabe des Vorstands dar und kann daher an eine nachgeordnete Unternehmensebene (z.B. ein Ad-hoc-Committee oder den CCO) delegiert werden.[152] In **speziell gelagerten Konstellationen** kommt auch eine **originäre Zuständigkeit des Aufsichtsrats** anstelle des Vorstands in Betracht. Das ist dann zu bejahen, wenn innerhalb der Einflusssphäre des Aufsichtsrats ad-hoc pflichtige Umstände zur Entstehung gelangen. So liegt es namentlich in Fällen, in denen der Vorstand wegen der Natur der Information nicht einbezogen werden kann, wie etwa bei den Vorstand selbst negativ betreffenden Personalentscheidungen des Aufsichtsrats. Dann kann nach richtiger Auffassung auch der Aufsichtsrat über die Veröffentlichung von Insiderinformationen und deren Aufschub eigenverantwortlich entscheiden. Vordergründig scheint dies zwar **mit § 111 Abs. 4 Satz 1 AktG nicht vereinbar** zu sein, wonach der Aufsichtsrat keine Geschäftsführungsaufgaben übernehmen darf. Die Norm ist **jedoch teleologisch zu reduzieren**, wenn es im originären Kompetenzbereich des Aufsichtsrats für eine Entscheidung anstelle des Vorstands bzw. der vom Vorstand eingesetzten Stelle einen **besonderen Grund** gibt. Bei zunächst vertraulichen Personalentscheidungen innerhalb des Aufsichtsrats ist das regelmäßig anzunehmen.[153]

aa) Unverzügliche Veröffentlichung

710 Insiderinformationen sind gem. § 26 Abs. 1 WpHG i.V.m. Art. 17 MAR grundsätzlich unverzüglich, also ohne schuldhaftes Zögern i.S.v. § 121 Abs. 1 BGB, zu veröffentlichen.[154] Die BaFin erwartet von den Gesellschaften, dass die **Veröffentlichung frühzeitig vorbereitet** wird, sofern die Entstehung der jeweiligen Tatsachen voraussehbar ist. Die Börsenhandelszeiten sind dabei irrelevant, so dass auch schon vor Handelsschluss eine Veröffentlichung notwendig sein kann.[155] Mit einer Veröffentlichung bis nach Börsenschluss zuzuwarten, wie dies früherer Handhabung in der Praxis entsprach, ist unzulässig. Die Erstellung einer erforderlichen oder von der Gesellschaft gewünschten Übersetzung in eine andere Sprache, namentlich Englisch, darf die Veröffentlichung nicht verzögern. Es bleibt somit im Wesentlichen lediglich

---

152 *Ihrig/Kranz*, BB 2013, 451, 454 ff. m. ausf. Begr.; s. auch *Kocher/Schneider*, ZIP 2013, 1607, 1609, die den Vorstand lediglich bei Maßnahmen von außergewöhnlicher Bedeutung verpflichten wollen, die Entscheidungsgewalt ggf. wieder an sich zu ziehen.

153 S. bereits *Ihrig/Kranz*, BB 2013, 451, 456; *Ihrig* in VGR, Gesellschaftsrecht in der Diskussion 2012, 2013, S. 113, 131; *Groß* in FS Uwe H. Schneider, 2011, S. 385, 392; stärker differenzierend *Kocher/Schneider*, ZIP 2013, 1607, 1610 ff.

154 Näher dazu *Assmann* in Assmann/Uwe H. Schneider/Mülbert, Wertpapierhandelsrecht, 7. Aufl. 2019, Art. 7 VO Nr. 596/2014 Rz. 63 ff. .

155 Vgl. *Assmann* in Assmann/Uwe H. Schneider/Mülbert, Wertpapierhandelsrecht, 7. Aufl. 2019, Art. 17 VO Nr. 596/2014 Rz. 66.

Zeit für die Ermittlung des relevanten Sachverhaltes und die rechtliche Prüfung, ob dieser eine Veröffentlichung erfordert, wozu auch **externer Rechtsrat** eingeholt werden darf.[156]

Die hohen Anforderungen werden weiter dadurch verschärft, dass eine **Haftung nach § 97 Abs. 1 WpHG** wegen pflichtwidriger Nichtveröffentlichung schon bei grob fahrlässigem Fehlverhalten droht. Nach § 97 Abs. 2 WpHG muss der Emittent, will er eine Schadensersatzhaftung vermeiden, nämlich nachweisen, dass die unterlassene Veröffentlichung nicht auf Vorsatz oder grober Fahrlässigkeit beruht; die **Beweislast** liegt insoweit also bei der Gesellschaft, die von Anlegern in Anspruch genommen wird.[157] 711

Diese Eckpunkte veranschaulichen, dass die möglichst **frühe Einbindung** einer für die Überprüfung der Insiderrelevanz zuständigen Stelle und sonstiger Unternehmensabteilungen unerlässlich ist. Bei entsprechend großer Bedeutung darf nicht erst das Ergebnis der Geschäftsentscheidung, der Vertragsabschluss oder die Abberufung des Vorstands als Information an die Compliance-Abteilung weitergeleitet werden. Vielmehr ist diese bereits im Vorfeld darüber zu unterrichten, dass mit ad-hoc relevanten Entscheidungen, Neuentwicklungen oder Ähnlichem gerechnet werden muss. Dabei sind die einzelnen Abteilungen zur Weitergabe von Informationen anzuhalten. Durch ein **Managementsystem** müssen Berichtspflichten, Auskunftsrechte, Übersetzungsmöglichkeiten sowie Prüfungs- und Entscheidungsbefugnisse klar und unzweideutig bestimmt sein. 712

bb) Befreiung von der Veröffentlichungspflicht

Nach Art. 17 Abs. 4 MAR kann der Emittent unter bestimmten Voraussetzungen die Offenlegung der Insiderinformation auf **eigene Verantwortung aufschieben**. Das entspricht im Grundsatz der bisherigen Rechtslage nach § 15 Abs. 3 Satz 1 WpHG a.F. Der Aufschub der Veröffentlichung setzt dreierlei voraus: erstens muss unverzügliche Veröffentlichung geeignet sein, die berechtigten Interessen des Emittenten zu beeinträchtigen, zweitens darf der Aufschub der Offenlegung nicht geeignet sein, die Öffentlichkeit irrezuführen, und drittens muss der Emittent in der Lage sein, die Geheimhaltung der Insiderinformation sicherzustellen.[158] 713

Die beiden erstgenannten Tatbestandsmerkmale erfordern eine rechtliche Überprüfung des Sachverhalts und gewähren grundsätzlich keinen Beurteilungsspielraum. Im Kern geht es um ein das Informationsinteresse überwiegendes Geheimhaltungsinteresse des Emittenten.[159] Notwendig ist eine **Güterabwägung** zwischen den Interessen 714

156 *Assmann* in Assmann/Uwe H. Schneider/Mülbert, Wertpapierhandelsrecht, 7. Aufl. 2019, Art. 17 VO 596/2014 Rz. 66.

157 Dazu, mit umf. Nachw. zum Meinungsstand, *Hellgardt* in Assmann/Uwe H. Schneider/Mülbert, Wertpapierhandelsrecht, 7. Aufl. 2019, § 97 WpHG Rz. 107 ff.

158 Dazu näher *Hopt/Kumpan* in Schimansky/Bunte/Lwowski, Bankrechts-Hdb. Bd. II, 5. Aufl. 2017, § 107 Rz. 151 ff.; *Mülbert/Sajjnovits*, WM 2017, 2001 ff.

159 Zutr. zur alten Rechtslage, *Fleischer*, NZG 2007, 401, 404.

der AG einerseits und der des Kapitalmarkts andererseits, für die § 6 WpAV konkretisierend weitere Anhaltspunkte liefert.[160] Schutzwürdig sind insbesondere das Ergebnis oder der Gang laufender Verhandlungen; ferner in bestimmten Fällen mehrstufige Entscheidungsprozesse (dazu Rz. 706). Weitere Beispielsfälle sind Sanierungskonzepte, Personalentscheidungen sowie Produktentwicklungen.

715 Für die gebotene Sicherstellung der Vertraulichkeit können verschiedene Gestaltungsmöglichkeiten nutzbar gemacht werden. Dabei kommt es auf die interne Organisation der Informationsbehandlung und -wege an. Auf der **Ebene der Arbeitsorganisation** müssen Vorkehrungen getroffen werden, um den Kreis der mit der Information befassten Personen möglichst klein zu halten. Es darf nur, auf Basis einer „need-to-know"-Abgrenzung, eine Einbeziehung derjenigen erfolgen, die aus betrieblichen Gründen Kenntnis von der Insiderinformation benötigen. Zweitens ist die **technische Seite der Informationsverarbeitung** im Blick zu behalten. Die Zirkulierung und elektronische Speicherung von Dokumenten sind sicher zu gestalten. Drittens ist die **Vertraulichkeit im Einzelfall rechtlich abzusichern**. Im kleinen Kreis der Vorstandsmitglieder untereinander soll ein gegenseitiges Versprechen ausreichen;[161] wohingegen bei Beteiligung anderer Angestellter oder Dritter der Abschluss von Geheimhaltungsvereinbarungen notwendig wird. Erforderlich ist darüber hinaus, dass Insider eine **Belehrung** erhalten haben, wozu Art. 18 Abs. 2 Satz 1 MAR die Emittenten ausdrücklich verpflichtet.

716 Schließlich muss die AG die Einhaltung der Vertraulichkeit überprüfen und Vorkehrungen für eine **unverzügliche Veröffentlichung** (§ 121 BGB) treffen, sobald diese nicht mehr gewährleistet ist . Dies setzt die ständige Prüfung voraus, ob die getroffenen Vorkehrungen ausreichend und wirksam sind. Es entspricht ordnungsgemäßer Geschäftsführung, diese Veröffentlichung soweit wie möglich vorzubereiten, um jederzeit handlungsfähig zu sein.

c) Entscheidung des Vorstands über den Aufschub der Offenlegung

717 Auch nach Inkrafttreten der MAR wird kopntrovers diskutiert, ob bei Vorliegen der Voraussetzungen für einen Aufschub der Offenlegung der Insiderinformation die Pflicht zur Veröffentlichung nur dann entfällt, wenn der Vorstand **eine konkrete Befreiungsentscheidung getroffen hat**. Der **BGH**[162] hatte diese Frage zur alten Rechtslage **offen gelassen**[163] und dem Emittenten stattdessen eine Berufung auf das Rechtsinstitut des **rechtmäßigen Alternativverhaltens** zugebilligt. Das löst das Problem in-

---

160 *Assmann* in Assmann/Uwe H. Schneider/Mülbert, Wertpapierhandelsrecht, 7. Aufl. 2019, Art. 17 VO Nr. 596/2014 Rz. 120 f.

161 *Assmann* in Assmann/Uwe H. Schneider/Mülbert, Wertpapierhandelsrecht, 7. Aufl. 2019, Art. 17 VO Nr. 596/2014 Rz. 128.

162 BGH v. 23.4.2013 – II ZB 7/09, AG 2013, 518 m. Anm. *Ihrig/Kranz*, AG 2013, 515 ff., bei Rz. 33 f.

163 Dazu *Ihrig/Kranz*, AG 2013, 515, 517; *Wilsing/Goslar*, DStR 2013, 1610, 1611; *Brellochs*, ZIP 2013, 1165, 1173; a.A. *Herfs*, DB 2013, 1650, 1653, der davon ausgeht, der BGH habe sich indirekt für eine bewusste Befreiungsentscheidung ausgesprochen.

dessen nur teilweise.[164] Die Berufung auf das rechtmäßige Alternativverhalten ist schadensrechtlicher Natur und damit nur bei der Frage von Bedeutung, ob den Emittenten eine Haftung aus § 97 WpHG trifft.

Die vorherrschende Auffassung in der Literatur geht im Einklang mit der BaFin davon aus, dass ein derartiger Beschluss notwendig ist.[165] Dies hat zur Folge, dass Unternehmen, die bereits den Grundtatbestand einer Offenlegungspflicht für nicht einschlägig gehalten haben, sich nicht auf die Möglichkeit einer Aufschubentscheidung berufen können, obwohl die Voraussetzungen hierfür vorgelegen haben. Sie können dem Risiko lediglich dadurch vorbeugen, dass sie, insbesondere bei mehraktigen Geschehensabläufen, über den Aufschub in einem frühen Stadium bereits einen **„vorsorglichen" Beschluss** fassen, was nach h.M. und der bisherigen praktischen Handhabung der BaFin jedenfalls dann zulässig ist, wenn der Emittent aus seiner Sicht mit dem Vorliegen einer zu veröffentlichenden Insiderinformation zumindest rechnen muss. Sofern also die Möglichkeit im Raum steht, dass ein Umstand insiderrelevant sein kann, empfiehlt es sich, ohne weiteres Zuwarten eine Entscheidung über einen „vorsorglichen" Aufschub der Offenlegung zu fassen. 718

Hält man eine aktive Entscheidung über den Aufschub der Offenlegung, ob nun „vorsorglich" oder endgültig getroffen, für erforderlich, so stellt sich die Folgefrage, ob für die Entscheidung ein förmlicher Beschluss der **geschäftsführenden Organe** erforderlich ist. Nach gegenüber der alten Rechtslage unveränderter Auffassung der BaFin soll zwar die Möglichkeit bestehen, dass der Vorstand die Entscheidung auf ein untergeordnetes, von ihm kontrolliertes Ad-hoc-Gremium delegiert, doch soll an der Entscheidung über den Aufschub grundsätzlich zumindest ein ordentliches Vorstandsmitglied mitwirken müssen.[166] Das ist widersprüchlich,[167] da es nach allgemeiner Ansicht nur Kernaufgaben des Gesamtvorstands (§ 76 AktG) oder aber vollständig an eine nachgeordnete Unternehmensebene delegierbare Aufgaben gibt (s. § 1 Rz. 16 f., § 16 Rz. 410 ff., 438). Aufgaben, an denen notwendig ein Mitglied eines mehrköpfigen Vorstands mitwirken muss, sind dem Aktienrecht demgegenüber fremd. Es gibt auch keine Anhaltspunkte, dass für die Selbstbefreiung von den allgemeinen Grundsätzen zur Vorstandszuständigkeit abzuweichen ist. Selbst bei In- 719

---

164 Eingeh. zur Problemlage *Assmann* in Assmann/Uwe H. Schneider/Mülbert, Wertpapierhandelsrecht, 7. Aufl. 2019, Art. 17 VO Nr. 596/2014 Rz. 91; zur alten Rechtslage wie hier auch *Brellochs*, ZIP 2013, 1165, 1173.

165 *Hopt/Kumpan* in Schimansky/Bunte/Lwowski, Bankrechts-Hdb. Bd. II, 5. Aufl. 2017, § 107 Rz. 151; *Buck-Heeb*, Kapitalmarktrecht, Rz. 431; *Klöhn* in Klöhn, Marktmissbrauchsverordnung, Art. 17 MAR Rz. 184, jew. m.w.N.; zur alten Rechtslage ebenso schon BaFin, Emittentenleitfaden 2013, S. 59; *Pfüller* in Fuchs, § 15 WpHG Rz. 343; *Frowein* in Habersack/Mülbert/Schlitt, Hdb. Kapitalmarktinformation, 2. Aufl. 2013, § 10 Rz. 74; *Widder*, BB 2008, 1480, 1481; *Mennicke*, NZG 2009, 1059, 1061.

166 S. Modul C zum Enturf des neuen Emittentenleitfadens nach der BaFin.Konsultation Nr. 14/2019, S. 54, ebenso schon die BaFin im Emittentenleitfaden 2013, S. 59.

167 Mit Recht krit. *Assmann* in Assmann/Uwe H. Schneider/Mülbert, Wertpapierhandelsrecht, 7. Aufl. 2019, Art. 17 VO Nr. 596/2014 Rz. 92; ausführlich hierzu bereits *Ihrig/Kranz*, BB 2013, 451, 455 f.; s. zudem *Herfs*, DB 2013, 1650, 1655; *Kocher/Schneider*, ZIP 2013, 1607, 1609 (jew. auf Basis der alten Rechtslage).

siderinformationen, die wegen ihrer Bedeutung für das Unternehmen grundsätzlich in die dem Gesamtvorstand obliegende Führungsverantwortung einzuordnen sind, kann die Entscheidung über die Selbstbefreiung, die strukturell ein aliud darstellt, von jedem sachkundigen Dritten, etwa dem CCO oder dem Rechtsabteilungsleiter getroffen werden, vorausgesetzt, auf diesen wurde die Kompetenz zur Ad-hoc-Veröffentlichung formell ordnungsgemäß durch den Vorstand delegiert.[168] Ein Beschluss unter Mitwirkung eines Vorstandsmitglieds ist daher, entgegen der nicht überzeugenden Auffassung der BaFin, bei ordnungsgemäßer Delegation nicht geboten. Zur richtigerweise zu bejahenden Frage, ob eine Aufschubentscheidung im Ausnahmefall auch vom **Aufsichtsrat** in eigener Regie getroffen werden kann, s. bereits Rz. 709.

720 Die **Gegenauffassung**, nach der sich die AG *ipso iure* unabhängig von einer bewussten Entscheidung auf die Aufschubmöglichkeit berufen darf, sofern deren Voraussetzungen gegeben sind,[169] ist vorzugswürdig. Auch teleologisch ist ein Beschluss nicht erforderlich, da das von Art. 17 MAR geschützte Rechtsgut bei Vorliegen der objektiven Voraussetzungen von Art. 17 Abs. 4 MAR nicht negativ tangiert ist. Liegen die Aufschubvoraussetzungen nämlich objektiv vor, kann keine gesetzlich missbilligte Fehlinformation des Marktes eintreten, und zwar unabhängig davon, ob der Emittent dies erkennt oder nicht.[170]

721 Dieser Meinungsstreit darf allerdings nicht darüber hinwegtäuschen, dass praktisch die **Notwendigkeit** besteht, die materiellen Voraussetzungen der Befreiung zu prüfen und sich für oder gegen die Veröffentlichung zu entscheiden, um sicher eine Haftung der AG und des Vorstands selbst[171] ausschließen zu können. Der dargestellte Meinungsstreit wirkt sich nämlich nur dann aus, wenn tatsächlich die **Voraussetzungen der Selbstbefreiung** gegeben waren, der Eintritt der Veröffentlichungspflicht vom Emittenten jedoch unzutreffend eingeschätzt wurde. Prüft der Emittent demgegenüber den Sachverhalt nicht oder nur oberflächlich und liegen die materiellen Voraussetzungen der Selbstbefreiung tatsächlich nicht vor, hilft ihm auch die vorzugswürdige Mindermeinung im Ergebnis nicht weiter.

d) Veröffentlichungsschritte

722 Die Veröffentlichung einer Insiderinformation selbst vollzieht sich in folgenden Schritten:

---

168 *Ihrig/Kranz*, BB 2013, 451, 455 f.; s. auch *Groß* in FS Uwe H. Schneider, 2011, S. 391.

169 Überzeugend und mit umf. Nachw. zum Meinungsstand *Assmann* in Assmann/Uwe H. Schneider/Mülbert, Wertpapierhandelsrecht, 7. Aufl. 2019, Art. 17 VO Nr. 596/2014 Rz. 91; zur alten Rechtslage schon OLG Stuttgart v. 22.4.2009 – 20 Kap 1/08, NZG 2009, 624 = AG 2009, 454; *Ihrig/Kranz*, BB 2013, 451, 452 ff. m.w.N.

170 Ausführlich *Ihrig/Kranz*, BB 2013, 451, 453 f.

171 S. bspw. die Infomatec-Entscheidungen, in denen eine Haftung nach § 826 BGB bejaht wurde: BGH v. 19.7.2004 – II ZR 218/03, NJW 2004, 2664 = AG 2004, 543; BGH v. 19.7.2004 – II ZR 217/03, NJW 2004, 2668; BGH v. 19.7.2004 – II ZR 402/02, AG 2004, 546; dazu *Körner*, NJW 2004, 3386; *Fleischer*, DB 2004, 2031; *Leisch*, ZIP 2004, 1573.

- Rechtzeitig vor der Veröffentlichung[172] Mitteilung der zu veröffentlichenden Information an die **Geschäftsführungen der Börsen** sowie die **BaFin,** § 26 Abs. 4 WpHG; gegebenenfalls einschließlich der Gründe für eine zuvor erfolgte Befreiung, § 26 WpHG i.V.m. Art. 17 MAR;
- **Veröffentlichung**[173] in zur europaweiten Verbreitung geeigneten Medien sowie in einem bei Marktteilnehmern verbreiteten elektronischen Informationssystem und (aber erst nach vorstehender Veröffentlichung) auf der Internetseite der Gesellschaft, § 26 Abs. 1 WpHG i.V.m. Art. 17 MAR; anschließend Aufnahme auf die Website des Emittenten nach Art. 17 Abs. 1 Unterabs. 2 Satz 3, Abs. 9 MAR;
- Zeitgleich Veröffentlichung in **englischer Sprache** nach § 56 BörsO FWB, vgl. § 3b WpAV;
- zeitgleich Übersendung des **Belegs** der Veröffentlichung an die **Geschäftsführungen der Börsen und die BaFin;**
- unverzügliche Übermittlung (§ 121 Abs. 1 BGB), jedoch nicht vor der Veröffentlichung, an das **Unternehmensregister,** § 26 Abs. 1 WpHG.

3. Beteiligungsbezogene Mitteilungspflichten

Zahlreiche Vorschriften, die Mitteilungspflichten bei der Veränderung der Inhaberschaft an Aktien börsennotierter Gesellschaften begründen, schränken bei börsennotierten Gesellschaften die **Anonymität und Fungibilität der Aktie zugunsten der Transparenz des Kapitalmarkts** ein. Daneben stehen die alle Gesellschaften betreffenden Offenlegungspflichten nach den §§ 20 und 21 AktG. Es werden dabei unterschiedliche Sachverhalte erfasst: Zum einen geht es um den praktisch wichtigen Fall des Erwerbs oder der Veräußerung von Aktien eines Emittenten durch seine Führungspersonen bzw. durch zu diesen in enger persönlicher Verbindung stehenden Personen (*Directors' Dealings* bzw. *Managers' Transactions*, dazu Rz. 725 ff.). Des Weiteren muss von der Gesellschaft selbst der Bestand der von ihr gehaltenen eigenen Aktien gemeldet werden (dazu Rz. 755 ff.). Schließlich unterliegt der Erwerb und die Veräußerung von Aktien anderer Gesellschaften durch eine AG unter bestimmten Voraussetzungen der Offenlegung (dazu Rz. 747 ff.). Neben das Ziel der Kapitalmarkttransparenz treten dabei oft weitere vom Gesetz verfolgte Funktionen. Die Meldungen nach den §§ 21, 20 AktG dienen etwa auch dazu, die **Abhängigkeit eines Unternehmens** offenzulegen.[174] Die Meldepflicht nach Art. 19 MAR (*Directors' Dealings* bzw. *Managers' Transactions*) erfüllt neben der Transparenzfunktion auch 723

172 Die BaFin geht von einer Vorlaufzeit von wenigstens 30 Min. aus, vgl. Modul C zum Entwurf des neuen Emittentenleitfadens nach der BaFin.Konsultation Nr. 14/2019, S. 68, in Übereinstimmung mit dem Emittentenleitfaden 2013, S. 65; dort auch im Einzelnen zur Form der Mitteilung.

173 Zu Form und Aufbau im Einzelnen BaFin Modul C zum Entwurf des neuen Emittentenleitfadens nach der BaFin.Konsultation Nr. 14/2019, S. 61 ff.

174 *Kropff*, Textausgabe Aktiengesetz 1965, S. 38 ff. (auch zu den damals erhobenen Bedenken); *Emmerich* in Emmerich/Habersack, Aktien- und GmbH-Konzernrecht, 9. Aufl. 2019, § 20 AktG Rz. 2; *Hägele*, NZG 2000, 726, 727.

die wichtige Aufgabe, **Anreize zum Insiderhandel** einzudämmen und damit einhergehend das Vertrauen in die Funktionsfähigkeit der Kapitalmärkte zu stärken.[175]

724 Sämtliche Mitteilungspflichten richten sich grundsätzlich an denjenigen, der die erforderlichen Informationen mit dem geringsten Aufwand ermitteln und veröffentlichen kann, so dass nicht nur der an der Transaktion beteiligte **Aktionär**, sondern zugleich unterstützend auch die **Gesellschaft** selbst in die Pflicht genommen wird. Die Normen werden mithilfe von Ordnungswidrigkeitssanktionen durchgesetzt (§ 120 Abs. 2 WpHG); ihre Nichteinhaltung kann ferner einen Rechtsverlust gem. §§ 20 Abs. 7, 21 Abs. 4 AktG, § 44 WpHG nach sich ziehen.[176]

a) Directors' Dealings bzw. Managers' Transactions

aa) Überblick

725 Art. 19 MAR verpflichtet **Personen, die bei einem Emittenten Führungsaufgaben wahrnehmen**, sowie die zu diesen Führungskräften in enger Beziehung stehenden Personen zur Veröffentlichung von Geschäften mit Anteilen oder Schuldtiteln des Emittenten. Dazu gehören namentlich Aktien. Da hiervon insbesondere (s. zum persönlichen Anwendungsbereich Rz. 732 ff.) Vorstandsmitglieder und die Mitglieder des Aufsichtsrats betroffen sind, hat sich hierfür auch in Deutschland der aus dem anglo-amerikanischen Rechtskreis stammende Begriff der *Directors' Dealings* eingebürgert, an dessen Stelle in der englischsprachigen Textfassung der MAR der Begriff *„Managers' Transactions"* getreten ist.[177] Die Norm verfolgt den **Zweck**,[178] sämtliche Personen, die aufgrund ihrer herausgehobenen Stellung im Unternehmen regelmäßig über Insiderwissen verfügen, zu veranlassen, bei Eigengeschäften in Aktien ihrer Gesellschaft ihren dem Geschäft womöglich zugrunde liegenden Informationsvorsprung an den Kapitalmarkt weiterzugeben.[179] Bei den zu diesen Führungskräften in enger Beziehung stehenden Personen vermutet das Gesetz, dass ein bei der jeweiligen Führungsperson bestehender Informationsvorsprung mit der eng verbundenen Person geteilt wird. Mit der Offenlegungspflicht soll die **Kapitalmarkttransparenz gesteigert** und das Risiko des **Insiderhandels eingedämmt** werden. Der Veröffentlichungspflicht liegt auch die Überlegung zu Grunde, dass den von ihr erfassten Wertpapiergeschäften eine *Indikatorwirkung* für das Anlageverhalten der sonstigen

---

175 Vgl. zum Regelungszweck *Semrau* in Klöhn, Markmissbrauchsverordnung, Art. 19 MAR Rz. 4 ff.; *Pfüller* in Habersack/Mülbert/Schlitt, Hdb. Kapitalmarktinformation, 2. Aufl. 2013, § 23 Rz. 2.

176 Dazu *Hägele*, NZG 2000, 726, 727; *Vocke*, BB 2009, 1600 ff.

177 Zum Begriffswandel *Semrau* in Klöhn, Markmissbrauchsverordnung, Art. 19 MAR Rz. 13; in der deutschen Fassung der MAR heißt es „Eigengeschäfte von Führungskräften".

178 Zum Normzweck *Semrau* in Klöhn, Markmissbrauchsverordnung, Art. 19 MAR Rz. 4 ff. sowie ausf. *Kellner/Maume*, ZGR 2017, 273, 275; *Engelhart*, AG 2009, 856 f.; *Fleischer*, ZIP 2002, 1217, 1218 ff.

179 *Semrau* in Klöhn, Marktmissbrauchsverordnung, Art. 19 MAR Rz. 4; *Poelzig*, NZG 2016, 761, 767; *Pfüller* in Habersack/Mülbert/Schlitt, Hdb. Kapitalmarktinformation, 2. Aufl. 2013, § 23 Rz. 1.

Marktteilnehmer zukommt, die sich bei ihrem Anlageverhalten typischerweise an den Entscheidungen der potentiellen Insider orientieren werden. Insofern verfolgt die Norm auch den Zweck, die **Gleichbehandlung aller Marktteilnehmer** zu gewährleisten.[180]

726 Art. 19 MAR wird durch § 26 WpHG sowie eine EU-Durchführungsverordnung[181] ergänzt, die Einzelheiten zur Art und Weise der Offenlegung und ein hierfür zu verwendendes **Meldeformular** vorgeben. Die Meldepflicht nach Art. 19 MAR verdrängt nicht eine etwa daneben bestehende Pflicht zur Ad-hoc-Veröffentlichung von Insiderinformationen nach Art. 17 MAR, sofern das meldepflichtige Geschäft zugleich eine Insiderinformation begründet. Beide Normen finden grundsätzlich **nebeneinander Anwendung.**[182] Auch die Meldepflichten nach §§ 33 ff. WpHG bestehen neben Art. 19 MAR und Art. 17 MAR.

bb) Sachlicher Anwendungsbereich

727 Art. 19 Abs. 1 MAR verpflichtet Personen, die bei einem Emittenten i.S.v. Art. 3 Abs. 1 Nr. 21 MAR Führungsaufgaben wahrnehmen bzw. mit einer solchen Person in einer engen Beziehung stehen, eigene Geschäfte mit Finanzinstrumenten dieses Emittenten, also insbesondere Aktien, Schuldtitel oder damit verbundenen Derivate,[183] gegenüber dem **Emittenten** sowie gegenüber der **BaFin** innerhalb von fünf Tagen offenzulegen.

728 Der **Emittentenbegriff** in **Art. 19 MAR** ist gegenüber der bisherigen Rechtslage mit der MAR deutlich **weiter gefasst** worden.[184] Emittent i.S.v. Art. 19 MAR wird in Art. 3 Abs. 1 Nr. 21 MAR definiert als jede „juristische Person des privaten oder öffentlichen Rechts, die Finanzinstrumente emittiert oder deren Emission vorschlägt, wobei der Emittent im Fall von Hinterlegungsscheinen, die Finanzinstrumente repräsentieren, der Emittent des repräsentierten Finanzinstruments ist". Unter den Regelungsgegenstand von Art. 19 Abs. 4 MAR fallen auch solche Emittenten, die für ihre Finanzinstrumente eine Zulassung zum Handel an einem geregelten Markt beantragt oder genehmigt haben. Ferner sind auch Emittenten von Instrumenten er-

---

180 Vgl. Erwägungsgrund 58 MAR; zur alten Rechtslage auch schon Begr. RegE 4. FMFG, BT-Drucks. 14/8017, S. 87 f.; *Fleischer*, ZIP 2002, 1217, 1220; *Pfüller* in Habersack/Mülbert/Schlitt, Hdb. Kapitalmarktinformation, 2. Aufl. 2013, § 23 Rz. 7.

181 Durchführungsverodnung (EU) 2016/523.

182 *Sethe/Hellgardt* in Assmann/Uwe H. Schneider/Mülbert, Wertpapierhandelsrecht, 7. Aufl. 2019, Art. 19 VO Nr. 596/2014 Rz. 207; *Klöhn* in Klöhn, Marktmissbrauchsverodnung, Art. 17 MAR Rz. 45 m.w.N.; zu einer Rückausnahme *Klöhn* in Klöhn, Marktmissbrauchsverodnung, Art. 17 MAR Rz. 410.

183 Die Bestimmung, was Finanzinstrument i.S.d. MAR ist, ergibt sich aus dem Verweis von Art. 3 Abs. 1 Nr. 1 MAR i.V.m. Art. 4 Abs. 1 Nr. 15 MiFID II auf Anhang I Abschnitt C MiFID II mit einer typologischen Aufzählung der Finanzinstrumente.

184 Zu den Einzelheiten s. *Sethe/Hellgardt* in Assmann/Uwe H. Schneider/Mülbert, Wertpapierhandelsrecht, 7. Aufl. 2019, Art. 19 VO Nr. 596/2014 Rz. 21.

fasst, für die der Emittent eine Zulassung zum Handel auf einem multilateralen oder organisierten Handelssystem beantragt oder genehmigt hat.[185]

729 Nach **§ 26 WpHG** sind Emittent insbesondere alle inländischen und ausländischen Emittenten von Aktien, die **an einer inländischen Börse zum Markt zugelassen** sind. Erfasst werden danach auch Emittenten, deren Sitz (Hauptniederlassung) sich im Ausland befindet. Erfasst werden auch Emittenten, deren Aktien an einem ausländischen organisierten Markt zugelassen sind. Das gilt aber nur, wenn sich der **Sitz des Unternehmens im Inland** befindet oder, soweit das Unternehmen einen Sitz außerhalb der EU bzw. des EWR aufweist, Deutschland der Herkunftsstaat im Sinne des Wertpapierprospektgesetzes ist. Damit stellt das WpHG sicher, dass bei der Bestimmung der zur Veröffentlichung verpflichteten Emittenten ein **hinreichender Inlandsbezug** vorliegt.[186]

730 Der Zulassung zum Börsenhandel steht es nach § 26 WpHG gleich, wenn ein **Antrag auf Zulassung gestellt** oder zumindest **öffentlich angekündigt** worden ist. Von einer rechtlich relevanten Ankündigung wird man indessen nur ausgehen können, wenn sie durch die dafür funktional verantwortliche Person im Organisationsgefüge des Emittenten in der Absicht der öffentlichen Ankündigung erfolgt ist.[187] Nebensächliche Äußerungen oder Andeutungen können die Rechtsfolge dagegen nicht auslösen.

731 Über die deutliche Erweiterung des Emittentenbegriffs hinaus ergibt sich mit der MAR auch insofern eine signifikante Änderung der Rechtslage, als Art. 19 Abs. 11 MAR ein umfassendes **Handelsverbot** während des Zeitraums von **30 Kalendertagen** vor der Ankündigung eines Zwischenberichts oder eines Jahresabschlussberichts bestimmt. Diese gesetzliche **Closed Period** bezieht sich dem Wortlaut der MAR nach nur auf die Führungskräfte selbst, nicht aber auch auf die mit diesen in enger Beziehung stehenden Personen. Für die Bestimmung des Beginns der jeweiligen Closed Period ist richtigerweise auf den **angekündigten** Tag der anstehenden Veröffentlichung des Finanzberichts abzustellen. Der Emittent kann nach Art. 19 Abs. 12 MAR unter bestimmten engen Voraussetzungen im Einzelfall ein Eigengeschäft auch während der Closed Period erlauben.

---

185 Näher dazu *Semrau* in Klöhn, Marktmissbrauchsverordnung, Art. 19 MAR Rz. 15 f.; außerdem BaFin FAQ zu Art. 19 Nr. II. 1 MAR, in der jeweils aktuellen Fassung abrufbar auf der Webseite der BaFin.

186 Vgl. *Pfüller* in Habersack/Mülbert/Schlitt, Hdb. Kapitalmarktinformation, 2. Aufl. 2013, § 23 Rz. 14.

187 *Sethe/Hellgardt* in Assmann/Uwe H. Schneider/Mülbert, Wertpapierhandelsrecht, 7. Aufl. 2019, Art. 19 VO Nr. 596/2014 Rzn. 20; *Pfüller* in Habersack/Mülbert/Schlitt, Hdb. Kapitalmarktinformation, 2. Aufl. 2013, § 23 Rz. 15.

cc) Persönlicher Anwendungsbereich

732 Art. 19 MAR erfasst alle Personen mit Führungsaufgaben beim Emittenten. Art. 3 Abs. 1 Nr. 25 Buchst. a MAR bestimmt den erfassten Personenkreis[188] folgendermaßen: betroffen sind zunächst alle **Führungspersonen im formellen Sinne**: Mitglieder der Leitungs-, Verwaltungs- und Aufsichtsorgane. Das schließt insb. **alle Vorstands- und Aufsichtsratsmitglieder** in der AG ein, unabhängig von ihrer konkreten Zuständigkeit oder ihrer Stellung als Arbeitnehmer- oder Anteilseignervertreter.[189] Wegen § 94 AktG sind auch die Stellvertreter von Vorstandsmitgliedern erfasst. Dasselbe gilt für **faktische Organmitglieder**.[190]

733 Neben den Führungspersonen im formellen Sinne erfasst sind auch alle Personen, die regelmäßig Zugang zu Insiderinformationen des Emittenten haben und – kumulativ hierzu – zur Vornahme wesentlicher unternehmerischer Entscheidungen befugt sind, also die sog. **Führungskräfte im materiellen Sinne**. Der Anwendungsbereich dieser Fallgruppe ist eng. Gemeint sind nur Führungskräfte der obersten Ebene (*top executives*), nicht jedoch sämtliche leitenden Angestellten.[191] Sobald die Person einem Zustimmungsvorbehalt des Vorstands vorliegt, soll keine Mitteilungspflicht bestehen. Damit dürften lediglich Generalbevollmächtigte ohne Zustimmungsvorbehalt bzw. Mitglieder eines erweiterten Führungsgremiums mit eigener Entscheidungsgewalt (z.B. eines *Steering Commitees* oder eines *Executive Commitees*), die nicht zugleich dem Vorstand angehören, verbleiben.[192] Personen mit Führungsaufgaben bei Tochtergesellschaften werden der Muttergesellschaft regelmäßig nicht zugerechnet. Umgekehrt können Organmitglieder der Muttergesellschaft ausnahmsweise Führungspersonen einer Tochter sein, wenn sie deren Vorstand umfassend Weisungen erteilen können (vgl. § 308 AktG bei Bestehen eines Beherrschungsvertrages).[193]

734 **Art. 19 Abs. 1 i.V.m. Art. 3 Nr. 26 Buchst. a-c MAR** erfasst zusätzlich die mit den o.g. Führungskräften eng verbundenen Personen. Dazu gehören insbesondere **Ehepartner** (einschl. eingetragene Lebenspartner), unterhaltsberechtigte **Kinder** sowie andere **Verwandte**, die mit der Führungsperson in einem Haushalt leben. Damit sollen **Umgehungsgeschäfte** unter Einbeziehung von Verwandten und Ehegatten verhindert werden. Die Unterhaltsberechtigung richtet sich ausschließlich nach den jeweils anwendbaren gesetzlichen Bestimmungen. Ob tatsächlich Unterhalt gezahlt

---

188 Bislang angewandte Kriterien zur Bestimmung des meldepflichtigen Personenkreises können beigehalten werden, s. BaFin FAQ zu Art. 19 Nr. II. 2; *Hitze/Wasmann*, DB 2016, 1483, 1483; *Kiesewetter/Parmentier*, BB 2013, 2371, 2377; *von der Linden*, DStR 2016, 1036, 1039.

189 *Pfüller* in Habersack/Mülbert/Schlitt, Hdb. Kapitalmarktinformation, 2. Aufl. 2013, § 23 Rz. 16.;

190 Ausführlich zum einbezogenen Personenkreis *Semrau* in Klöhn, Marktmissbrauchsverordnung, Art. 19 MAR Rz. 20 ff.

191 *Pfüller* in Habersack/Mülbert/Schlitt, Hdb. Kapitalmarktinformation, 2. Aufl. 2013, § 23 Rz. 19.

192 Vgl. näher *Semrau* in Klöhn, Marktmissbrauchsverordnung, Art. 19 MAR Rz. 26 f.

193 *Pfüller* in Habersack/Mülbert/Schlitt, Hdb. Kapitalmarktinformation, 2. Aufl. 2013, § 23 Rz. 21.

wird, ist irrelevant. Ein gemeinsamer Haushalt liegt bei einer echten Wohn- und Wirtschaftsgemeinschaft vor, d.h. wenn eine Wohnung geteilt und der Haushalt gemeinsam verrichtet wird. **Die Ehepartner und Verwandten sind selbst meldepflichtig.** Dagegen muss die Führungsperson nichts melden. Art. 19 Abs. 5 Unterabs. 2 MAR enthält ergänzend die Verpflichtung, dass Führungspersonen die mit ihnen in enger Beziehung stehenden Personen schriftlich über deren Verpflichtungen belehren. Die Emittenten trifft nach Art. 19 Abs. 5 Unterabs. 2 MAR die Pflicht über diesen Personenkreis eine **Liste** anzulegen.[194]

735 **Art. 3 Nr. 26 Buchst. d MAR** erstreckt den Anwendungsbereich von Art. 19 MAR auf **juristische Personen, Gesellschaften** und **sonstige Einrichtungen**. Voraussetzung ist, dass entweder (i) dort eine Führungsperson des Emittenten (bzw. eine ihr nahestehende Person) Führungsaufgaben wahrnimmt, (ii) sie direkt von einer solchen Person kontrolliert wird,[195] (iii) sie zugunsten einer derartigen Person gegründet wurde oder (iv) ihre wirtschaftlichen Interessen weitgehend einer derartigen Person entsprechen.[196] **Der Wortlaut ist zu weit geraten.** Klar ist, dass der Emittent selbst nicht darunter fällt.[197] Die BaFin schränkt den Anwendungsbereich zudem durch das **Merkmal des nennenswerten wirtschaftlichen Vorteils** ein.[198]

dd) Mitteilungspflichtige Rechtsgeschäfte

736 Von der Veröffentlichungspflicht betroffen sind (i) nach Art. 19 Abs. 1 Buchst. a MAR in Bezug auf Emittenten jedes Eigengeschäft mit Anteilen oder Schuldtiteln dieses Emittenten oder damit verbundenen Derivaten oder anderen damit verbundenen Finanzinstrumenten.[199] Erfasst sind nach näherer Maßgabe von Art. 19 Abs. 1 Buchst. a MAR auch sog. **Baskets** und Anteile an **Investmentfondss**, sofern das Finanzinstrument des Emittenten darin eine Risikoposition von 20 % bezogen auf die insgesamt in dem Basket oder Fonds gehaltenen Vermögenswerte übersteigt.

---

194 Ausf. *Semrau* in Klöhn, Marktmissbrauchsverordnung, Art. 19 MAR Rz. 37.

195 Der Begriff der Kontrolle ist nicht abschließend geklärt. Zum einen wird auf §§ 22, 29 Abs. 2 WpÜG zurückgegriffen, so *Sethe* in Assmann/Uwe H. Schneider, § 15a WpHG Rz. 58. Andere wenden § 1 Abs. 8 KWG, § 290 Abs. 2 HGB an, *Zimmer/Osterloh* in Schwark/Zimmer, § 15a WpHG Rz. 81.

196 Um den weiten Begriff einzuschränken wird vertreten, dass etwa 50 % Gewinn- und Verlustbeteiligung der Führungsperson an der AG bestehen müsse; vgl. *Semrau* in Klöhn, Marktmissbrauchsverordnung, Art. 19 MAR Rz. 39 f.

197 Vgl. FAQ Nr. I Ziff. 7 der BaFin zu Eigengeschäften, in der aktuellen Fassung abrufbar auf der Webseite der BaFin.

198 Zur alten Rechtslage BaFin, Emittentenleitfaden 2013, S. 75; *Sethe/Hellgardt* in Assmann/Uwe H. Schneider/Mülbert, Wertpapierhandelsrecht, 7. Aufl. 2019, Art. 19 VO Nr. 596/2014 Rz. 52; krit. *Zimmer/Osterloh* in Schwark/Zimmer, § 15a WpHG Rz. 75; *Pfüller* in Habersack/Mülbert/Schlitt, Hdb. Kapitalmarktinformation, 2. Aufl. 2013, § 23 Rz. 30 (Abstellen auf Umgehungsgefahr); zustimmend für das „neue" Recht nach der MAR *Hitzer/Wasmann*, DB 2016, 1483, 1484; *Semrau* in Klöhn, Marktmissbrauchsverordnung, Art. 19 MAR Rz. 39.

199 Zu allen Einzelheiten s. *Sethe/Hellgardt* in Assmann/Uwe H. Schneider/Mülbert, Wertpapierhandelsrecht, 7. Aufl. 2019, Art. 19 VO Nr. 596/2014 Rz. 61 ff.

Die Mitteilungspflicht entsteht bereits mit **Abschluss des schuldrechtlichen Verpflichtungsgeschäfts.**[200] Dahinter steht die Wertung, dass nur eine möglichst zeitnahe Information des Kapitalmarkts geeignet ist, die Zielsetzung des Gesetzgebers (zum Ziel der Norm Rz. 725) zu verwirklichen.[201] Wird das Verpflichtungsgeschäft unter einer **aufschiebenden Bedingung** abgeschlossen, tritt die Mitteilungspflicht schon zum Zeitpunkt des Geschäftsabschlusses ein; auf den Bedingungseintritt kommt es nicht an.[202] In der Sache lösen nicht nur Verpflichtungsgeschäfte über den Kauf oder Verkauf von Wertpapieren des Emittenten die Mitteilungspflicht aus, sondern auch vollständige Depotübertragungen.[203] Abweichend vom alten Recht sind nach Art. 19 Abs. 7 MAR auch **Schenkungen und Erbschaften** mitteilungspflichtig,[204] außerdem grundsätzlich auch von einem Vermögensverwalter der Führungsperson getätigte Geschäfte, selbst wenn dieser ein eigenes Ermessen ausübt, sowie Geschäfte einer Lebensversicherung, bei denen die Führungskraft das Investitionsrisiko trägt und zu Investitionsentscheidungen befugt ist.[205] 737

Abweichend von der alten Rechtslage löst auch der Erwerb von Aktien im Zusammenhang mit einem **Mitarbeiterbeteiligungsprogramm** die Meldepflicht aus.[206] Daran soll der Umstand, dass die Zuteilung der Finanzinstrumente hierbei langfristig auf Grundlage des Arbeits- oder Dienstvertrages erfolgt und nicht durch einen isolierten Kauf oder Verkauf, nichts ändern, obwohl die Gefahr des Insiderhandels in diesen Fällen regelmäßig nicht gegeben sein wird. Eine Mitteilungspflicht soll auch bei **Aktienoptionen** bestehen.[207] 738

Nach neuer Rechtslage mitteilungspflichtig ist ferner die **Gewährung von Bezugsrechten** bei der Kapitalerhöhung.[208] 739

Art. 19 Abs. 8 MAR sieht einen jährlichen Wert als **Bagatellgrenze** vor. Meldungen von Geschäften unterhalb dieser Schwelle sind nach Auffassung der BaFin möglich, 740

200 Vgl. *Sethe/Hellgardt* in Assmann/Uwe H. Schneider/Mülbert, Wertpapierhandelsrecht, 7. Aufl. 2019, Art. 19 VO Nr. 596/2014 Rz. 72; ebenso, nach alter Rechtslage, auch *Engelhart*, AG 2009, 856, 858 f.

201 S. auch *Engelhart*, AG 2009, 856, 858.

202 *Sethe/Hellgardt* in Assmann/Uwe H. Schneider/Mülbert, Wertpapierhandelsrecht, 7. Aufl. 2019, Art. 19 VO Nr. 596/2014 Rz. 76.

203 *Pfüller* in Habersack/Mülbert/Schlitt, Hdb. Kapitalmarktinformation, 2. Aufl. 2013, § 23 Rz. 35.

204 *Sethe/Hellgardt* in Assmann/Uwe H. Schneider/Mülbert, Wertpapierhandelsrecht, 7. Aufl. 2019, Art. 19 VO Nr. 596/2014 Rz. 71.

205 Eingeh. zum Kreis der meldepflichtigen Geschäfte *Sethe/Hellgardt* in Assmann/Uwe H. Schneider/Mülbert, Wertpapierhandelsrecht, 7. Aufl. 2019, Art. 19 VO Nr. 596/2014 Rz. 69 ff.

206 *Sethe/Hellgardt* in Assmann/Uwe H. Schneider/Mülbert, Wertpapierhandelsrecht, 7. Aufl. 2019, Art. 19 VO Nr. 596/2014 Rz. 74.

207 *Sethe/Hellgardt* in Assmann/Uwe H. Schneider/Mülbert, Wertpapierhandelsrecht, 7. Aufl. 2019, Art. 19 VO Nr. 596/2014 Rz. 75.

208 *Sethe/Hellgardt* in Assmann/Uwe H. Schneider/Mülbert, Wertpapierhandelsrecht, 7. Aufl. 2019, Art. 19 VO Nr. 596/2014 Rz. 63, 65.

aber nicht notwendig.[209] Wird die Grenze im Laufe des Kalenderjahrs überschritten, muss nur das Geschäft mitgeteilt werden, mit dem der Schwellenwert erreicht wird, sowie alle nachfolgenden Geschäfte.[210]

741 Der **Kommissionsentwurf der MAR** sah in Art. 14 Abs. 3 noch eine Anhebung der Bagatellgrenze auf 20 000 Euro vor. Die MAR verfolgt in Art. 19 Abs. 8 und 9 demgegenüber eine Kompromisslösung: Im Grundsatz bleibt es bei der Grenze von 5.000 Euro; die zuständige Behörde (BaFin) kann diese Grenze jedoch bei Bedarf auf 20.000 Euro anheben. Von dieser Möglichkeit hat die BaFin im Wege einer Allgemeinverfügung vom 24.10.2019 Gebrauch gemacht, so dass ab dem 1.1.2020 ein erhöhter Schwellenwert von 20.000 Euro gilt.[211]

ee) Inhalt, Form und Frist der Meldung

742 Die Meldung hat dem Emittenten und der BaFin gegenüber zu erfolgen. Dafür stellt die BaFin ein **Musterformular** auf ihrer Website zur Verfügung.[212] Die Meldung hat schriftlich zu erfolgen. Meldungen per Fax werden nach bisheriger Verwaltungspraxis nicht beanstandet. Die Mindestanforderungen an die Meldung ergeben sich aus Art. 19 Abs. 6 MAR, der durch die aufgrund von Art. 19 Abs. 15 Unterabs. 3 MAR ergangene Durchführungsverordnung (EU) 2016/523 präzisiert wird. Eine Übermittlung an die BaFin durch Stellvertreter (i.d.R. wird es sich dabei um den Emittenten handeln) ist zulässig. Verzögerungen gehen jedoch stets zu Lasten des Meldepflichtigen.

743 Die Meldung hat nach Art. 19 Abs. 1 Unterabs. 2 MAR unverzüglich und spätestens **drei Geschäftstage** nach dem Datum des Geschäfts zu erfolgen. Maßgeblich für den Fristbeginn ist das schuldrechtliche Geschäft.[213] Am Ende des dritten Geschäftstages nach dem Geschäft endet die Höchstfrist.[214] Zu vermeiden ist eine Kollision zwischen der Meldefrist der meldepflichtigen Person und der Veröffentlichungsfrist des Emittenten nach Art. 19 Abs. 3 MAR.[215]

ff) Veröffentlichungspflicht des Emittenten

744 Art. 19 Abs. 3 MAR verpflichtet den Emittenten neben der mitteilungspflichtigen Führungskraft ebenfalls zur Veröffentlichung und Mitteilung hierüber an die BaFin. Betroffen sind allerdings **nur Inlandsemittenten** i.S.v. § 2 Abs. 14 WpHG. Die

---

209 Vgl. BaFin, FAQ Managers' Transactions zu Art. 19 Nr. III. 3.

210 Vgl. BaFin, FAQ Managers' Transactions zu Art. 19 Nr. III. 2.

211 S. https://www.bafin.de/SharedDocs/Veroeffentlichungen/DE/Aufsichtsrecht/Verfuegung/vf_191024_erhoehung_schwelle_dd.html.

212 Abrufbar unter https://www.bafin.de/SharedDocs/Downloads/DE/Formular/WA/fo_Art_19MAR_doc.html.

213 *Poelzig*, NZG 2016, 761, 767; *Hitzer/Wasmann*, DB 2016, 1483, 1486 m.w.N.

214 Samstage sind nicht als „Geschäftstage" zu betrachten, vgl. BaFin FAQ Managers' Transactions zu Art. 19 Nr. IV. 4.

215 Kritisch hierzu *Semrau* in Klöhn, Marktmissbrauchsverordnung, Art. 19 MAR Rz. 64.

Pflicht zur Veröffentlichung besteht somit nicht bei allen Emittenten, für deren Finanzinstrumente die Mitteilungspflicht besteht.[216] Die Veröffentlichung hat unverzüglich, d.h. ohne schuldhaftes Zögern (§ 121 BGB) zu erfolgen. Die zur Veröffentlichung geeigneten Medien ergeben sich aus § 3a WpAV. Eine Einstellung auf der Unternehmenshomepage ist üblich, jedoch nicht zwingend vorgeschrieben.

gg) Rechtsfolgen

Ein Verstoß des Meldepflichtigen gegen die Pflichten aus Art. 19 MAR begründet 745
ggf. eine Ordnungswidrigkeit nach § 120 Abs. 2 Nr. 2d WpHG. Der Emittent begeht nach Maßgabe des § 120 Abs. 2 Nr. 5b WpHG ggf. eine Ordnungswidrigkeit, wenn er nicht oder nicht rechtzeitig veröffentlicht. Zudem kann in der Nichtveröffentlichung unter Umständen sogar eine Marktmanipulation nach Art. 15 MAR zu sehen sein.[217]

In zivilrechtlicher Hinsicht scheidet mangels Schutzgesetzeigenschaft der Norm eine 746
Berufung § 823 Abs. 2 BGB indessen aus.[218] Der Individualschutz der übrigen Marktteilnehmer ist bloßer Reflex.[219] Möglich bleibt jedoch der Vorwurf einer vorsätzlichen, sittenwidrigen Schädigung nach Maßgabe des § 826 BGB.

b) Bestand fremder Aktien

Die Aktiengesellschaft ist häufig selbst an einer anderen Gesellschaft beteiligt. Inso- 747
weit unterliegt sie bestimmten aktien- und wertpapierrechtlichen Mitteilungspflichten, insbesondere, um konzernrelevante Abhängigkeiten, geplante Übernahmen und Verflechtungen von Investitionen offen zu legen.

---

216 *Pfüller* in Habersack/Mülbert/Schlitt, Hdb. Kapitalmarktinformation, 2. Aufl. 2013, § 23 Rz. 53.

217 *Pfüller* in Habersack/Mülbert/Schlitt, Hdb. Kapitalmarktinformation, 2. Aufl. 2013, § 23 Rz. 67.

218 *Sethe/Hellgardt* in Assmann/Uwe H. Schneider/Mülbert, Wertpapierhandelsrecht, 7. Aufl. 2019, Art. 19 VO Nr. 596/2014 Rz. 204; *Pfüller* in Habersack/Mülbert/Schlitt, Hdb. Kapitalmarktinformation, 2. Aufl. 2013, § 23 Rz. 68.

219 *Pfüller* in Habersack/Mülbert/Schlitt, Hdb. Kapitalmarktinformation, 2. Aufl. 2013, § 23 Rz. 68.

aa) Aktienrechtliche Pflichten

748 Eine AG,[220] die **Kapitalanteile**[221] **einer nicht börsennotierten Kapitalgesellschaft** mit Satzungssitz im Inland[222] hält, muss §§ 20, 21 AktG beachten. Es sind nach beiden Normen Veränderungen der Beteiligung der betreffenden Gesellschaft bei Über- oder Unterschreiten der Schwellenwerte von 25 % und 50 % mitzuteilen. Die beiden Tatbestände überschneiden sich jedoch: § 21 AktG gilt für die Beteiligung an Kapitalgesellschaften und § 20 AktG für solche an einer AG (sog. Schachtelbeteiligung). Sofern die Vorschriften zusammentreffen, soll der wegen der Zurechnungsbestimmungen des § 20 Abs. 2 AktG strengere § 20 AktG Vorrang haben,[223] was auch beim Erwerb sämtlicher Aktien im Rahmen der Gesellschaftsgründung oder -übernahme erforderlich ist.[224]

749 In **formeller Hinsicht** sind stichwortartig folgende Eckpunkte zu beachten: Die Mitteilung muss unverzüglich (§ 121 BGB),[225] schriftlich (§ 126 BGB),[226] klar und ein-

---

220 Bei § 21 AktG muss der Mitteilungspflichtige einen Satzungssitz im Inland haben, *Emmerich* in Emmerich/Habersack, Aktien- und GmbH-Konzernrecht, § 21 AktG Rz. 5; *Hüffer/Koch*, § 21 AktG Rz. 2. Dagegen gilt § 20 AktG mit Ausnahme des Abs. 3 auch für Unternehmen mit Satzungssitz im Ausland, *Hüffer/Koch*, § 20 AktG Rz. 2; *Petersen* in Spindler/Stilz, Vorb. §§ 20 bis 22 AktG Rz. 20.

221 Zu berücksichtigen sind grundsätzlich die Kapitalanteile, sobald sie dinglich von einem Rechtsträger übertragen werden, *Petersen* in Spindler/Stilz, § 20 AktG Rz. 8 (Anteilsübertragung, Verschmelzung, Spaltung i.S.v. § 123 UmwG oder Erbfolge; nicht bei Formwechsel oder Delisting). Abweichend ist bei der Ermittlung der Mehrheitsbeteiligung nach §§ 20 Abs. 4, 16 AktG auch auf die Stimmrechte abzustellen, da nach § 16 AktG entweder Stimmen- oder Kapitalmehrheit ausreicht, *Emmerich* in Emmerich/Habersack, Aktien- und GmbH-Konzernrecht, § 20 AktG Rz. 28; *Petersen* in Spindler/Stilz, § 20 AktG Rz. 18.

222 H.M. wegen der Terminologie des § 5 AktG richtigerweise der Satzungssitz, *Petersen* in Spindler/Stilz, Vorb. §§ 20 bis 22 AktG Rz. 19; a.A. Verwaltungssitz *Hüffer/Koch*, § 21 AktG Rz. 3. Bei § 21 Abs. 2 AktG ist das Erfordernis des inländischen Satzungssitzes umstritten; der Wortlaut enthält anders als in den anderen Absätzen eine solche Einschränkung nicht, zutr. ist dies bloßes Redaktionsversehen, dazu *Petersen* in Spindler/Stilz, Vorb. §§ 20 bis 22 AktG Rz. 18.

223 *Petersen* in Spindler/Stilz, Vorb. §§ 20 bis 22 AktG Rz. 8: Für einen Hinweis, nach welcher Vorschrift die Meldung erfolgt, hilfsweise klarstellend, dass sie auf beiden §§ beruht: *Emmerich* in Emmerich/Habersack, Aktien- und GmbH-Konzernrecht, § 21 AktG Rz. 4.

224 Zum 100 %-Erwerb *Hägele*, NZG 2000, 726, 729.

225 Eine Woche wird grundsätzlich noch als ausreichend angesehen, *Emmerich* in Emmerich/Habersack, Aktien- und GmbH-Konzernrecht, § 20 AktG Rz. 32a. Sofern man sich an § 21 WpHG a.F. oder § 33 Abs. 1 WpHG n.F. orientiert, sind vier Handelstage ausreichend.

226 *Emmerich* in Emmerich/Habersack, Aktien- und GmbH-Konzernrecht, § 20 AktG Rz. 31; *Hüffer/Koch*, § 20 AktG Rz. 8 (ausreichend auch handschriftliche Unterschrift und Versendung per Fax); *Petersen* in Spindler/Stilz, § 20 AktG Rz. 22; *Hägele*, NZG 2000, 726, 727 (insbesondere zum Fax).

deutig[227] erfolgen. **Inhaltlich** sind Aktieninhaber (Firma, Sitz oder Anschrift)[228] und die genaue Vorschrift, die die Mitteilungspflicht statuiert,[229] zu benennen; nicht dagegen die genaue Höhe der Beteiligung.[230]

bb) Wertpapierrechtliche Pflichten

Sofern die AG **Anteile an einer börsennotierten AG** i.S.d. § 33 Abs. 4 WpHG hält, 750 sind zur Vermeidung von Doppelungen nach §§ 21 Abs. 5, 20 Abs. 8 AktG ausschließlich die im WpHG geregelten Publizitätspflichten zu befolgen, obwohl die Voraussetzungen nicht identisch sind. Insbesondere stellen die §§ 33 ff. WpHG primär auf die Stimmrechte ab.

Stimmrechtsanteile an anderen börsennotierten Gesellschaften sind nach **§ 33 Abs. 1** 751 **WpHG** zu melden; für das Halten von auf börsennotierte Aktien bezogenen Finanzinstrumenten gilt **§ 38 Abs. 1 WpHG.**[231] Das Gesetz zur Stärkung des Anlegerschutzes vom 5.4.2011 hat die Pflichten auf „sonstige Instrumente" erweitert, um bisher bestehende Lücken zu schließen und das Anschleichen an eine Gesellschaft zu verhindern.[232] Die Mitteilungspflicht wird ausgelöst, sofern die aufgeführten **Schwellenwerte** (3 %, 5 %, 10 %, 15 %, 20 %, 25 %, 30 %, 50 % oder 75 %) erreicht, über- oder unterschritten werden. Dieser Umstand muss unverzüglich (§ 121 BGB) – spätestens innerhalb von vier Handelstagen – der anderen Gesellschaft und der BaFin mitgeteilt werden. Einzelheiten zu Inhalt und Form der Mitteilung ergeben sich aus den §§ 12 ff. WpAV und dem dort in Bezug genommenen Formular. Zugleich sind übernahmerechtliche Pflichten aus § 35 Abs. 1 WpÜG im Blick zu behalten, wonach der unmittelbare oder mittelbare Erwerb der Kontrolle über eine Zielgesellschaft unverzüglich gem. § 10 Abs. 3 Satz 1 und 2 WpÜG zu veröffentlichen ist.

---

227 *Emmerich* in Emmerich/Habersack, Aktien- und GmbH-Konzernrecht, § 21 AktG Rz. 7. Ggf. auch Vertretung anzugeben, *Petersen* in Spindler/Stilz, § 20 AktG Rz. 23.

228 Vgl. *Emmerich* in Emmerich/Habersack, Aktien- und GmbH-Konzernrecht, § 20 AktG Rz. 33; *Petersen* in Spindler/Stilz, § 20 AktG Rz. 26 (bei Zurechnung der Aktien soll sich auch die Nennung des Dritten, dessen Aktien zugerechnet werden, empfehlen).

229 S. BGH v. 22.4.1991 – II ZR 231/90, NJW 1991, 2765, 2767 = AG 1991, 270 (zur kumulativen Benennung der unterschiedlichen Absätze); vgl. ferner *Emmerich* in Emmerich/Habersack, Aktien- und GmbH-Konzernrecht, § 21 AktG Rz. 4; *Hüffer/Koch*, § 20 AktG Rz. 8.

230 *Petersen* in Spindler/Stilz, § 20 AktG Rz. 25.

231 Vgl. dazu auch *Dreibus/Schöfer*, NZG 2009, 1289.

232 Dazu eingehend *Krause*, AG 2011, 469. Erfasst werden daher auch Stillhalterpositionen von Verkaufsoptionen (Put Optionen und Call-Optionen mit Cash Settlement), Rückforderungsansprüche des Darlehensgebers eines Wertpapierdarlehens, Rückkaufvereinbarungen bei Repo-Geschäften (Repurchase Agreement), Finanzielle Differenzgeschäfte (Contracts for Difference), Swaps (insb. Cash Settled Equity Swaps), Kettenerwerb von Finanzgeschäften (Finanzinstrumente, die zum Erwerb von Finanzinstrumenten berechtigen, die ihrerseits zum Erwerb von mit Stimmrechten verbundenen Aktien berechtigen) und sonstige Fälle, in welchen es Dritten aufgrund der Ausgestaltung des zugrundeliegenden Finanzinstruments ermöglicht wird, Stimmrechte zu erlangen.

752 **§ 43 Abs. 1 WpHG** ergänzt die Pflichten aus §§ 33 f. WpHG. Sofern die Schwelle von 10 % der Stimmrechte aus Aktien oder eine höhere Schwelle erreicht oder überschritten wird, müssen zusätzlich die mit dem Erwerb der Stimmrechte verfolgten **Ziele** – diese sind in der abschließenden Aufzählung[233] des § 43 Abs. 1 Satz 3 WpHG konkretisiert – und die **Herkunft** der für den Erwerb verwendeten Mittel – Eigen- oder Fremdkapital, § 43 Abs. 1 Satz 4 WpHG – mitgeteilt werden. Schlagwortartig werden diese Angaben als Strategie- und Mittelherkunftsbericht bezeichnet. Für diese steht ein Zeitrahmen von 20 Handelstagen zur Verfügung. Von der Mitteilungspflicht können Ausnahmen gemacht werden: Die **Satzung des Emittenten** darf gem. § 43 Abs. 3 WpHG vorsehen, dass es der Mitteilung nicht bedarf. Dies ist nur zulässig, wenn die Satzung die Pflicht insgesamt ausschließt und nicht partiell einzelne Inhalte regelt.[234] Rechtspraktisch mag jedoch bezweifelt werden, ob eine Satzungsklausel sinnvoll ist.[235] Der Finanzausschuss wollte mit der Bestimmung verhindern, dass nur die dem Management des Emittenten kritisch gegenüber stehenden Anteilseigner gezielt die Meldung verlangen.[236] Wie Aktionäre in diesem Sinne auf die AG einwirken können, bleibt unklar. Allenfalls theoretisch wäre es denkbar, dass die Aktionäre des Emittenten die Diskussion über eine Meldung im Wege des Minderheitenverlangens nach § 122 Abs. 2 AktG herbeiführen können; die Hauptversammlung wäre zur Beschlussfassung jedoch allenfalls im Rahmen ihrer Zuständigkeit für die Entlastung des Vorstands nach § 119 Abs. 1 Nr. 3 AktG befugt. Der Ausschluss begünstigt dagegen das Anschleichen an ein Unternehmen und verwehrt der AG selbst wertvolle Informationen und ist aus diesen Gründen in der Regel nicht zu empfehlen.

cc) Treuepflicht und DCGK

753 Die Mitteilungspflichten nach dem AktG und dem WpHG sind grundsätzlich abschließend. Eine Herleitung weiterer Pflichten, etwa aus der **Treuepflicht**, ist wegen der Sperrwirkung der im Gesetz enthaltenen ausführlichen Tatbestände abzulehnen.[237]

754 Nach der Empfehlung in Nr. 7.1.4 DCGK in der bis 2020 geltenden Fassung sollten börsennotierte Gesellschaften zu weitergehenden Veröffentlichungen angehalten werden und die Beziehungen zu Aktionären im Konzernabschluss näher erläutern, die im Sinne der anwendbaren Rechnungslegungsvorschriften als nahestehende Per-

233 Vgl. RegE RisikobegrenzungsG, BT-Drucks. 16/7438, S. 12.

234 Finanzausschuss, BT-Drucks. 16/9821, S. 17. Sofern dagegen verstoßen wird, dürfte allerdings nach allgemeinen Grundsätzen nur der satzungsändernde Beschluss anfechtbar sein. Sofern eine Klage gegen den Beschluss wegen Verfristung nicht mehr möglich ist, dürfte auch die Satzungsklausel nicht mehr angreifbar sein.

235 Als aus dogmatischer Sicht überraschende Norm wird die Bestimmung von *Uwe H. Schneider* in Assmann/Uwe H. Schneider/Mülbert, Wertpapierhandelsrecht, 7. Aufl. 2019, § 43 WpHG Rz. 31 bezeichnet.

236 Finanzausschuss, BT-Drucks. 16/9821, S. 16.

237 Dazu *Petersen* in Spindler/Stilz, Vorb. §§ 20 bis 22 AktG Rz. 11.

son zu qualifizieren sind. Die aktuelle Fassung des DCGK 2020 hat von einer Fortführung dieser Empfehlung mit Recht abgesehen.

c) Bestand eigener Aktien

755 Die AG ist verpflichtet, Angaben zur **Verteilung ihres Grundkapitals** zu veröffentlichen. Dies betrifft den Bestand der eigenen Aktien (dazu Rz. 756 ff.) sowie die Weiterleitung von Stimmrechtsmitteilungen ihrer Aktionäre (dazu Rz. 759 ff.).

aa) Bestand und Rechte an eigenen Aktien

756 Die AG hat, sofern sie Inlandsemittent (§ 2 Abs. 14 WpHG) ist, Veränderung im **Bestand an eigenen Aktien** i.S.d. § 71 AktG nach **§ 40 Abs. 1 Satz 2 WpHG** zu veröffentlichen. Dies gilt bei Erreichen, Über- oder Unterschreiten eines Bestandes an eigenen Aktien von 3 %,[238] 5 % oder 10 %, was durch Erwerb, Veräußerung oder auf sonstige Weise erfolgen kann. Die AG hat dabei dreierlei Melde- und Veröffentlichungswege einzuhalten: Zunächst ist unverzüglich (§ 121 BGB) – spätestens jedoch vier Handelstage nach der Schwellenveränderung – die Veröffentlichung in zur europaweiten Verbreitung geeigneten **Medien** in Form der §§ 15, 16 WpAV notwendig. Gleichzeitig ist die Veröffentlichung der **BaFin mitzuteilen** (§ 40 Abs. 2 WpHG, §§ 17, 3c WpAV); schließlich muss die Informationen unverzüglich, jedoch nicht vor ihrer Veröffentlichung dem **Unternehmensregister** zur Speicherung übermittelt werden.

757 Die gleiche dreifache Veröffentlichungs- bzw. Mitteilungspflicht besteht für die **Gesamtzahl der Stimmrechte** nach **§ 41 WpHG**. Am Ende des Kalendermonats, in dem es zu einer Zu- oder Abnahme der Gesamtzahl der Stimmrechte gekommen ist, muss die neue Gesamtzahl veröffentlicht werden. Die Bedeutung dieser Veröffentlichungspflicht erschließt sich im Zusammenhang mit § 12 Abs. 3 WpAV: Die nach § 33 WpHG meldepflichtigen Aktionäre (vgl. dazu Rz. 750 f.) dürfen für die Zwecke der Berechnung ihres Stimmrechtsanteils die letzte Veröffentlichung nach § 41 WpHG zugrunde legen. Die Vorschrift ist somit eine Hilfsnorm zu §§ 33, 38 WpHG und erleichtert die erforderlichen Meldungen. Daher nimmt der Tatbestand mit dem Begriff Gesamtzahl auch auf die Gesamtmenge i.S.d. § 33 Abs. 1 Satz 1, Abs. 2 WpHG Bezug.

758 Sonstige bedeutsame Informationen in Bezug auf die Rechte, die mit den Aktien verbunden sind, müssen gem. **§ 50 WpHG** veröffentlicht werden; § 49 Abs. 1 Satz 1 Nr. 2 WpHG sieht die Veröffentlichung der Gewinnausschüttungen vor.[239] Die Normen greifen auf die gleichen dreifachen Veröffentlichungs- und Mitteilungswege zurück wie § 40 Abs. 1 Satz 2 WpHG.

---

238 Nur bei Aktiengesellschaften i.S.d. § 40 Abs. 1 Satz 2 WpHG (Herkunftsstaat Deutschland).

239 Zum Verhältnis zu aktienrechtlichen Veröffentlichungspflichten s. Verhältnis zur Hauptversammlung Rz. 1030 ff.

bb) Weiterleitung von Mitteilungen

759 Verschiedene Vorschriften ordnen die Weiterleitung von Aktionärsmeldungen an. Die Offenlegung der Aktienbewegungen erfolgt in zwei Schritten. Zunächst sind die Aktionäre angehalten, ihre eigenen An- und Verkäufe zu überblicken und offenzulegen, sodann ist der Gesellschaft die Verbreitung der Information auf den üblichen Wegen leichter möglich. Den Regelungen ist gemeinsam, dass die Pflichten der AG durch eine vorhergehende – formell und inhaltlich ordnungsgemäße[240] – Mitteilung der Aktionäre ausgelöst werden. Die AG treffen **grundsätzlich keine Ermittlungspflichten**. Auch hat sie keine Berichtigung zu veröffentlichen, sobald sie auf anderem Wege von der Unrichtigkeit einer Mitteilung Kenntnis erlangt.[241] Auf der anderen Seite sind die Veröffentlichungspflichten keine Grundlage für Informationsrechte der AG gegenüber Aktionären. Dies kann im Einzelfall wegen § 22 AktG und § 42 WpHG anders zu beurteilen sein; diese Vorschriften räumen der AG einen Nachweisanspruch ein. Daraus folgt, dass der Vorstand die Geltendmachung dieses Anspruchs dann erwägen sollte, wenn Anlass besteht, an der Richtigkeit der Mitteilung zu zweifeln.[242] Systematisch betrachtet muss dies auch deswegen möglich sein, um den Verlust der aus der Aktie resultierenden Rechte – insbesondere während der Hauptversammlung und bei Gewinnausschüttungen – durchzusetzen. Eine generelle Nachforschungspflicht des Vorstands ist dem aber wegen des zweistufigen Modells, das auf eine Aufgabenteilung angelegt ist, nicht zu entnehmen.[243]

760 In diesem Sinne enthält die Veröffentlichungspflicht des § 40 Abs. 1 Satz 1 WpHG eine Fortschreibung der §§ 33, 38 WpHG (dazu Rz. 750 f.). Ein Inlandsemittent muss danach Informationen über die Aktionärsstruktur der eigenen Gesellschaft veröffentlichen, sofern er **Stimmrechtsmitteilungen von Aktionären** gem. §§ 33, 38 WpHG erhält. Die AG muss die Informationen unverzüglich (§ 121 BGB) – spätestens drei Handelstage – nach Zugang der Mitteilung des Aktionärs formgerecht in zur europaweiten Verbreitung geeigneten Medien nach §§ 15, 16 WpAV veröffentlichen. Ebenso ist die Veröffentlichung der BaFin mitzuteilen (§ 40 Abs. 2 WpHG, §§ 17, 3c WpAV) und schließlich unverzüglich, jedoch nicht vor ihrer Veröffentlichung, dem Unternehmensregister zur Speicherung zu übermitteln.

761 **§ 20 Abs. 6 AktG** ordnet die Weiterleitung einer Stimmrechtsmitteilung von Aktionären gem. § 20 Abs. 1, 4, 5 AktG an (dazu Rz. 748 f.). Das Prozedere ist im Vergleich zum Wertpapierhandelsrecht wesentlich einfacher ausgestaltet: Das Bestehen einer Beteiligung muss im Bundesanzeiger und sonstigen Gesellschaftsblättern (§ 25

---

240 Vgl. *Petersen* in Spindler/Stilz, § 20 AktG Rz. 29, der betont, dass die Mitteilung schriftlich eingegangen sein muss.

241 Vgl. OLG Stuttgart v. 15.10.2008 – 20 U 19/07, AG 2009, 124; für § 20 Abs. 6 AktG *Petersen* in Spindler/Stilz, § 20 AktG Rz. 29; *Janert*, BB 2004, 169, 172.

242 OLG Stuttgart v. 15.10.2008 – 20 U 19/07, AG 2009, 124; *Petersen* in Spindler/Stilz, § 20 AktG Rz. 30 (generell für eine Pflicht des Vorstands, sich gesicherte Kenntnis über Einhaltung der Pflichten zu verschaffen).

243 OLG Stuttgart v. 15.10.2008 – 20 U 19/07, AG 2009, 124.

AktG) bekannt gemacht werden, wohingegen nach dem Wortlaut die genaue Beteiligungshöhe nicht angegeben werden muss.[244]

An § 43 Abs. 1 WpHG (dazu Rz. 752) knüpft **§ 43 Abs. 2 WpHG** an. Infolge des Verweises auf § 40 Abs. 1 Satz 1 WpHG ist erstens eine unverzügliche Mitteilung an zur europaweiten Verbreitung geeigneten Medien entsprechend §§ 15, 16 WpAV, zum zweiten eine Mitteilung der Veröffentlichung an die BaFin gem. § 40 Abs. 2 WpHG, §§ 17, 3c WpAV und drittens die Zuleitung an das Unternehmensregister erforderlich. In einem entscheidenden Punkt geht § 43 WpHG über die vorher behandelten Weiterleitungspflichten hinaus: Der Emittent muss auf dem gleichen Wege auch die Tatsache, dass die **Mitteilungspflicht nach § 43 Abs. 1 WpHG nicht erfüllt** wurde, veröffentlichen. Die AG ist also auch gehalten, den Inhalt der Stimmrechtsmitteilungen zu prüfen. Denn nach Wortlaut sowie Sinn und Zweck kann nicht nur die Veröffentlichung des Fehlens einer solchen Mitteilung, sondern auch der inhaltliche oder formelle Mangel einer Mitteilung zu veröffentlichen sein; in diesem Fall wird die Pflicht aus § 43 Abs. 1 WpHG ebenso wie bei der Unterlassung der Mitteilung nicht erfüllt. 762

4. Organbezogene Mitteilungspflichten

In Bezug auf Personenwechsel innerhalb der Organe der AG verlässt sich das AktG auf das Handelsregister, wobei eine breite Öffentlichkeit erst durch die sich anschließende Hinweisbekanntmachung des Handelsregisters gem. § 10 HGB erreicht wird. Ergänzend ist bei börsennotierten Gesellschaften häufig eine ad hoc-Mitteilung notwendig (dazu Rz. 702 ff.). Aktienrechtlich sind jedenfalls Änderungen bezüglich der **Mitglieder des Aufsichtsrats** nach § 106 AktG bekannt zu machen. Der Gesamtvorstand hat ohne schuldhaftes Zögern (§ 121 BGB) eine aktuelle Liste der Mitglieder des Aufsichtsrats zum Handelsregister einzureichen. Entsprechend muss der Gesamtvorstand nach § 81 AktG jede personelle Änderung innerhalb **des Vorstands** und der Vertretungsbefugnis eines Vorstandsmitglieds anzeigen. Unter Berücksichtigung des interessierten Kreises der Arbeitnehmer nutzen **§ 19 MitbestG, § 8 DrittelbG** bei einer Bestellung eines Aufsichtsratsmitglieds nach Mitbestimmungsrecht weitere Veröffentlichungswege. Die Bestellung ist unverzüglich im Bundesanzeiger zu veröffentlichen. Ferner ist eine Bekanntmachung in den Betrieben der Gesellschaft, sowie ggf. in weiteren Betrieben, wenn die dort Tätigen an der Wahl beteiligt waren, vorgeschrieben, was in der Praxis regelmäßig durch Aushang erfüllt wird. Zum Statusverfahren nach § 97 AktG s. § 26 Rz. 940 ff. 763

Die Organe der Gesellschaft sind auch in Fällen einer **Haftungsklage** betroffen, bei der **§ 149 AktG** zu beachten ist. Der Antrag von Aktionären auf Zulassung einer Klage, die auf die Geltendmachung von Schadensersatzansprüchen gegen Organmitglieder gerichtet ist, ist unverzüglich bekannt zu machen, ebenso eine Verfahrensbeendigung sowie Vereinbarungen zur Vermeidung eines Prozesses. Die Norm verweist auf die Gesellschaftsblätter und damit auf den Bundesanzeiger (§ 25 AktG). 764

244 *Emmerich* in Emmerich/Habersack, Aktien- und GmbH-Konzernrecht, § 20 AktG Rz. 35.

Die Bekanntmachung einer Verfahrensbeendigung hat deren Art, alle mit ihr im Zusammenhang stehenden Vereinbarungen einschließlich Nebenabreden sowie die Namen der Beteiligten zu nennen; Leistungen der Gesellschaft und ihr zurechenbarer Dritter sind gesondert zu beschreiben und hervorzuheben.

765 Die vormals nach § 30 WpHG a.F. bestehende Verpflichtung, geplante Änderungen der **Satzung oder Rechtsgrundlagen** unverzüglich nach der letzten Organentscheidung über den Beschlussvorschlag für die Hauptversammlung, spätestens aber zum Zeitpunkt der Einberufung des Beschlussvorganges durch Mitteilung gegenüber der BaFin und der Börse offenzulegen, ist entfallen.

IV. Sekundärpublizität und Unternehmensregister

766 Bisher gültige Veröffentlichungspflichten, nach denen sämtliche zuvor behandelten Informationen einheitlich zusammengefasst werden mussten (**„Sekundärpublizität“**),[245] sind zwischenzeitlich aufgehoben worden. Damit wurde insbesondere auf die in der Literatur geäußerte Kritik reagiert, wonach die Zusammenfassung von ohnehin bereits im Kapitalmarkt befindlichen Informationen einen aus funktionaler Sicht unnötigen und letztlich überflüssigen Aufwand hervorrufe.[246] Danach sind entfallen:

- Das „Jährliches Dokument“ nach § 10 WpPG a.F.;
- die Bereitstellung von Informationen über das Internet nach Nr. 6.8 DCGK a.F.

Es bewendet nunmehr bei den Meldungen zum Unternehmensregister:

767 Das Unternehmensregister nach § 8b HGB dient dazu, dass veröffentlichungspflichtige Unternehmensdaten anders als zuvor nicht mehr auf viele verschiedene Register und Datenbanken verteilt sind. Dabei hat das Unternehmensregister eine Portalfunktion, d.h. es müssen nicht alle Daten selbst in das Register eingestellt werden, sondern es genügt, wenn diese über Datenbestände aus den Handels-, Genossenschafts- und Partnerschaftsregistern sowie für bestimmte Bekanntmachungen nach § 9 InsO, § 8b Abs. 3 Nr. 1–3, 11 HGB zugänglich gemacht werden. Das Unternehmensregister ist also der Ort, über das alle Informationen zugänglich werden, die durch die Unternehmen aufgrund anderer gesetzlicher Vorschriften veröffentlicht werden müssen.[247] Deshalb ergeben sich durch das Unternehmensregister grundsätzlich keine zusätzlichen Meldepflichten. Eine Ausnahme gibt es für kapitalmarktorientierte Unternehmen, die das nach § 8b Abs. 3 Nr. 2 HGB; § 26 Abs. 1 Satz 1 Halbs. 2, 4 WpHG, § 40 Abs. 1 Satz 1 Halbs. 2 WpHG, § 41 Abs. 1 Satz 2 WpHG, § 46 Abs. 2 Satz 2 WpHG, § 114 Abs. 1 Satz 2 WpHG, § 115 Abs. 1 Satz 3 WpHG, § 116 Abs. 1 Satz 1 WpHG

245 Vgl. zum Begriff *Heidelbach* in Schwark/Zimmer, § 10 WpPG Rz. 1 für das Jährliche Dokument.

246 S. zusammenfassend zur Kritik *Götze/Wunderlich* in Habersack/Mülbert/Schlitt, Hdb. Kapitalmarktinformation, 2. Aufl. 2013, § 11 Rz. 1.

247 *Schaub* in Ebenroth/Boujong/Joost/Strohn, § 8b HGB Rz. 2 f.

Geforderte sowohl an die BaFin als auch an das Unternehmensregister melden müssen.[248]

Einstweilen frei. 768–849

248 *Schaub* in Ebenroth/Boujong/Joost/Strohn, § 8b HGB Rz. 8 f.

6. Abschnitt: Verhältnis zum Aufsichtsrat

§ 25 Information und laufende Unterrichtung des Aufsichtsrats

Literaturübersicht: *Albach*, Strategische Unternehmensplanung und Aufsichtsrat, ZGR 1997, 32; *Ambrosius*, Der Berichtsanspruch des Aufsichtsrats nach § 90 III AktG – sein Umfang und seine Grenzen, DB 1979, 2165; *Bea/Scheurer*, Die Kontrollfunktion des Aufsichtsrats, DB 1994, 2145; *Bernhardt*, Vorstand und Aufsichtsrat (unter Einschluss des Verhältnisses zum Abschlussprüfer), in Corporate Governance (ZHR-Beiheft 71) 2002, 119; *Bosse*, TransPuG: Änderungen zu den Berichtspflichten des Vorstands und zur Aufsichtsratstätigkeit, DB 2002, 1592; *Brouwer*, Zustimmungsvorbehalte des Aufsichtsrates im Aktien- und GmbH-Recht, 2008; *Campos Nave*, Effiziente Unternehmenskontrolle durch ein vorstandsunabhängiges Informationsrecht des Aufsichtsrats, Der Aufsichtsrat 2009, 6; *Dreher*, Direktkontakte des Aufsichtsrats in der Aktiengesellschaft zu dem Vorstand nachgeordneten Mitarbeitern, in FS Ulmer, 2003, S. 87; *Dreyer*, Zum Ausbau der Informationsbestandteile des § 90 Abs. 1 Satz 1 AktG zu Informationskonzeptionen, BB 1981, 1436; *Elsing/Schmidt*, Individuelle Informationsrechte von Aufsichtsratsmitgliedern einer Aktiengesellschaft, BB 2002, 1705; *Fischer/Beckmann*, Inhalt und Qualität der Regelberichterstattung für die Mitglieder von Aufsichtsräten, DB 2009, 1661; *Gerberich/Griesheimer*, Neue Herausforderungen an die Aufsichtsratsberichterstattung, Der Aufsichtsrat 2010, 156; *Goette*, Zum Zusammenwirken von Vorstand und Aufsichtsrat im Spannungsfeld von Informationsordnung und Zustimmungsvorbehalt, in FS Baums, Bd. I, 2017, S. 475; *Götz*, Die Überwachung der Aktiengesellschaft im Lichte jüngerer Unternehmenskrisen, AG 1995, 337; *Götz*, Rechte und Pflichten des Aufsichtsrats nach dem Transparenz- und Publizitätsgesetz, NZG 2002, 599; *Hirte* (Hrsg.), Das Transparenz- und Publizitätsgesetz, 2003; *Hüffer*, Die leitungsbezogene Verantwortung des Aufsichtsrats, NZG 2007, 47; *Ihrig/Wagner*, Die Reform geht weiter: Das Transparenz- und Publizitätsgesetz kommt, BB 2002, 789; *Kallmeyer*, Pflichten des Vorstands der Aktiengesellschaft zur Unternehmensplanung, ZGR 1993, 104; *Knigge*, Änderungen des Aktienrechts durch das Transparenz- und Publizitätsgesetz, WM 2002, 1729; *Kropff*, Die Unternehmensplanung im Aufsichtsrat, NZG 1998, 613; *Kropff*, Informationspflichten des Aufsichtsrats, in FS Raiser, 2005, S. 225; *Lieder*, Der Aufsichtsrat im Wandel der Zeit, 2006; *Leyens*, Information des Aufsichtsrats, 2006; *Lutter*, Unternehmensplanung und Aufsichtsrat, AG 1991, 249; *Lutter*, Defizite für eine effiziente Aufsichtsratstätigkeit und gesetzliche Möglichkeiten der Verbesserung, ZHR 159 (1995), 287; *Lutter*, Information und Vertraulichkeit im Aufsichtsrat, 3. Aufl. 2006; *Manger*, Das Informationsrecht des Aufsichtsrats gegenüber dem Vorstand – Umfang und Grenzen, NZG 2010, 1255; *Marsch-Barner*, Zur Information des Aufsichtsrates durch Mitarbeiter des Unternehmens, in FS Schwark, 2009, S. 219; *Roth*, Möglichkeiten vorstandsunabhängiger Information des Aufsichtsrats, AG 2004, 1; *v. Schenck*, Die laufende Information des Aufsichtsrats einer Aktiengesellschaft durch den Vorstand, NZG 2002, 64; *Schwark*, Corporate Governance: Vorstand und Aufsichtsrat, in Corporate Governance (ZHR-Beiheft 71), 2002, S. 75; *Sven H. Schneider*, Informationspflichten und Informationssystemeinrichtungspflichten im Aktienkonzern, 2006; *Semler*, Leitung und Überwachung der Aktiengesellschaft, 2. Aufl. 1996; *Semler*, Schwerpunkte der Unternehmensaufsicht durch den Aufsichtsrat – Öffentlichkeitsvorstellung, Gesetzesvorgabe und Alltagsanforderung, BFuP 29 (1977), 519; *Staake*, Die

Vorverlagerung der Ad-hoc-Publizität bei mehrstufigen Entscheidungsprozessen – Hemmnis oder Gebot einer guten Corporate Governance?, BB 2007, 1573; *Theisen*, Grundsätze einer ordnungsmäßigen Informationsversorgung des Aufsichtsrates, 4. Aufl. 2007; *Weißhaupt*, „Form follows function" bei unternehmerischen Ermessensentscheidungen im Kompetenzgefüge der AG, ZIP 2019, 202; *Wilde*, Informationsrechte und Informationspflichten im Gefüge der Gesellschaftsorgane, ZGR 1998, 423.

I. Grundlagen

1. Funktion des Aufsichtsrats im Organgefüge

850 Nach Grundsatz 13 DCGK 2020 arbeiten Vorstand und Aufsichtsrat zum Wohle des Unternehmens eng zusammen. Ihre jeweiligen Kompetenzbereiche sind indessen strikt zu trennen. Nach § 111 Abs. 4 Satz 1 AktG ist der Aufsichtsrat von der Geschäftsführung ausgeschlossen; ihm ist stattdessen gem. § 111 Abs. 1 AktG primär die **Überwachung** der Geschäftsführung zugewiesen.[1]

a) Überwachung und Beratung

851 Im Rahmen seiner Kontrollaufgaben hat der Aufsichtsrat nicht nur die **Rechtmäßigkeit und Ordnungsmäßigkeit**, sondern auch die **Wirtschaftlichkeit und Zweckmäßigkeit der Unternehmensleitung** im Blick zu behalten.[2] Hinzu kommt, dass die Vertretung der Gesellschaft gegenüber dem Vorstand nach § 112 AktG dem Aufsichtsrat obliegt.[3] Es ist Sache des Aufsichtsrats, Pflichtverstöße des Vorstands nicht nur aufzudecken, sondern diesen auch vorzubeugen.[4] Diesen Aufgaben kann der Aufsichtsrat nur auf der Grundlage umfassender Informationen Rechnung tragen. Das Gesetz statuiert deshalb weitgehende Informationsrechte zugunsten des Aufsichtsrats und spiegelbildlich entsprechende Informationspflichten des Vorstands.

---

1 Monographisch zur Historie des Rechts des Aufsichtsrat *Lieder*, Der Aufsichtsrat im Wandel der Zeit, S. 39 ff.

2 Vgl. BGH v. 25.3.1991 – II ZR 188/89, BGHZ 114, 127, 130 = NJW 1991, 1830, 1831 = AG 1991, 312 (Rechtmäßigkeit, Zweckmäßigkeit, Wirtschaftlichkeit); *Lutter/Krieger/Verse*, Rechte und Pflichten des Aufsichtsrats, § 3 Rz. 73; vgl. zum Umfang der Überwachungspflicht eingehend *Semler*, Leitung und Überwachung, S. 53 ff.; ferner *Bea/Scheurer*, DB 1994, 2145 ff.

3 Systematisierung bei *Semler*, Leitung und Überwachung, S. 56 ff. Weitere Ausflüsse der spezifischen Funktionszuweisung an den Aufsichtsrat sind sein Recht zur Außenvertretung der Gesellschaft gem. § 111 Abs. 2 Sätze 2 und 3 AktG, zur Einberufung der Hauptversammlung nach § 111 Abs. 3 AktG, zur Bestimmung zustimmungspflichtiger Geschäfte nach § 111 Abs. 4 Satz 2 AktG, zur Vertretung der Gesellschaft bei Anfechtungs- und Nichtigkeitsklagen nach §§ 246 Abs. 2 Satz 2, 249 Abs. 1 Satz 1 AktG und zum Erlass einer Vorstandsgeschäftsordnung nach § 77 Abs. 2 Satz 1 AktG. Keine dieser Kompetenzen ist als Durchbrechung der Trennung der Organkompetenzen zu betrachten, sondern Ausdruck intensivierter Kontrolle bis zur Grenze der Mitwirkung an der Geschäftsführung, anders aber *Pentz* in Fleischer, Hdb. Vorstandsrecht, § 16 Rz. 5.

4 *Pentz* in Fleischer, Hdb. Vorstandsrecht, § 16 Rz. 52.

Grundsatz 2DCGK 2020 hebt eine weitere zentrale Funktion des Aufsichtsrats hervor. Danach obliegt es ihm, die vom Vorstand entwickelte strategische Ausrichtung des Unternehmens mit diesem abzustimmen. Dem Aufsichtsrat kommt auch und vor allem die Aufgabe zu, den Vorstand bei der Leitung des Unternehmens zu beraten.[5] Die Beratungsfunktion[6] unterscheidet sich von der Überwachungsaufgabe im Wesentlichen durch ihre präventive Wirkung. Dabei geht es nach dem BGH um eine „in die Zukunft gerichtete Kontrolle“[7]. 852

b) Sicherung der unterschiedlichen Funktionen

Damit der Aufsichtsrat seine Kontroll- und Beratungsaufgabe effektiv wahrnehmen 853 kann, unternimmt es das Gesetz zum einen, die **organisatorische und tatsächliche Unabhängigkeit** des Aufsichtsrats vom Vorstand mithilfe einer Reihe von Vorschriften zu gewährleisten. Dazu gehören u.a. das Verbot der gleichzeitigen Mitgliedschaft in Vorstand und Aufsichtsrat nach § 105 Abs. 1 AktG und die zweijährige Karenzzeit („cooling off“) für den Wechsel vom Vorstand in den Aufsichtsrat nach § 100 Abs. 2 Nr. 4 AktG bei börsennotierten Aktiengesellschaften.[8]

Zum anderen begegnet das Gesetz dem aus der Sonderung der Kompetenzbereiche 854 notwendig resultierenden **Informationsdefizit** des Aufsichtsrats mit dezidierten Informationspflichten des Vorstands gegenüber dem Aufsichtsrat, um diesem die sachgerechte Überwachung und Beratung des Vorstands zu ermöglichen.[9] Die in der Praxis bisweilen sehr enge Zusammenarbeit zwischen Vorstand und Aufsichtsrat und die aktive Begleitung unternehmerischer Entscheidungen des Vorstands durch Aufsichtsräte oder zumindest Aufsichtsratsvorsitzende führen tendenziell allerdings zu einer Annäherung der Funktionen der beiden Organe.[10] An der dem dualistischen System eigenen Sonderung zwischen dem Vorstand als Geschäftsführung und Lei-

---

5 BGH v. 25.3.1991 – II ZR 188/89, BGHZ 114, 127, 130 = NJW 1991, 1830, 1831 = AG 1991, 312; *Lutter/Krieger/Verse*, Rechte und Pflichten des Aufsichtsrats, § 3 Rz. 103 ff.

6 Dazu *Lieder*, Der Aufsichtsrat im Wandel der Zeit, S. 651. Vgl. ferner *Hüffer/Koch*, § 111 AktG Rz. 33; *Pentz* in Fleischer, Hdb. Vorstandsrecht, § 16 Rz. 38.

7 BGH v. 25.3.1991 – II ZR 188/89, BGHZ 114, 127, 130 = NJW 1991, 1830, 1831 = AG 1991, 312.

8 S. dazu auch *Seyfarth*, Vorstandsrecht, § 1 Rz. 138 f.

9 *Lieder*, Der Aufsichtsrat im Wandel der Zeit, S. 638 f. im Kontext eines Vergleichs von monistischem und dualistischem Organaufbau der Aktiengesellschaft. Daneben schafft die Information die Grundlage für eine Haftung des Aufsichtsrats nach § 116 AktG, *Hüffer/Koch*, § 90 AktG Rz. 1a; ebenso *Spindler* in MünchKomm/AktG, 5. Aufl. 2019, § 90 AktG Rz. 1.

10 Vgl. *Fleischer* in Spindler/Stilz, § 90 AktG Rz. 6 m.w.N. Vor diesem Hintergrund stellen *Leyens*, Information des Aufsichtsrats, S. 20 und *Lieder*, Der Aufsichtsrat im Wandel der Zeit, S. 641 eine (funktionelle) Konvergenz des im anglo-amerikanischen Recht vorherrschenden monistischen Systems und des dualistischen Organmodells deutscher Prägung fest. Dazu tragen auch die festzulegenden zustimmungspflichtigen Geschäfte nach § 111 Abs. 4 AktG bei; s. auch *Brouwer*, Zustimmungsvorbehalte des Aufsichtsrates im Aktien- und GmbH-Recht, 2008, S. 37 ff., der den Aufsichtsrat in diesem Zusammenhang treffend als „kooperatives Überwachungsorgan“ beschreibt. Vgl. ferner zur Beteiligung von Aufsichtsratsmitgliedern an Ausschüssen des Vorstands § 16 Rz. 440 f.

tungsorgan und dem Aufsichtsrat als Kontroll- und Überwachungsgremium ändert dies indessen nichts.

855 Die Informationspflichten des Vorstands sind durch das KonTraG[11] und das TransPuG[12] verschärft worden. Die immer wieder bemängelten **Defizite der Aufsichtsratsinformation**[13] dürften sich in der Praxis inzwischen deutlich relativiert haben. Vereinzelt ist stattdessen eine Informationsdichte festzustellen, die dem Aufsichtsrat die Erfüllung seiner Aufgaben eher erschwert denn erleichtert. So liegt es etwa, wenn dem Aufsichtsrat über eine digitale Plattform fortlaufend bis ins Detail aufgegliederte Unternehmenskennzahlen „realtime" zugänglich gemacht werden, deren sachgerechte Verarbeitung der Aufsichtsrat nicht leisten kann und nicht leisten sollte. Es ist alsdann aber Sache des Aufsichtsrats, für eine sachgerechte Berichterstattung des Vorstands, gegebenenfalls im Rahmen einer Informationsordnung, Sorge zu tragen. Mit Recht hebt Grundsatz 15 Satz 2 DCGK 2020 hervor, dass der Aufsichtsrat seinerseits sicherzustellen hat, dass er angemessen informiert wird. Dazu kann auch gehören, sich selbst vor einem Übermaß an Informationsdichte zu schützen.[14] Ohnedies lässt sich ein allumfassendes „Management-Informationssystem" kaum verwirklichen.[15]

2. Rechtsgrundlagen der Informationspflichten

856 § 90 AktG bestimmt die zentralen Informationspflichten des Vorstands gegenüber dem Aufsichtsrat. Die Vorschrift ist nach allgemeiner und richtiger Ansicht **nicht abschließend**, da der Vorstand in sämtlichen Fällen, in denen der Aufsichtsrat über Maßnahmen der Geschäftsführung Beschluss zu fassen hat, durch aussagekräftige Vorlageberichte eine hinreichende Informationsgrundlage für den Aufsichtsrat schaffen muss.[16] Über die Informationsversorgung des Aufsichtsrats hinaus kommt dem Vorstandsbericht auch **Selbstkontroll- und Beweisfunktion** für den Vorstand zu. Namentlich gibt die Berichtspflicht dem Vorstand kontinuierlich Anlass, sich Rechenschaft über seine Tätigkeit abzulegen und die Ergebnisse seiner Maßnahmen und die Auswirkungen auf die Unternehmensentwicklung eng zu beobachten. Für

---

11 Gesetz zur Kontrolle und Transparenz im Unternehmensbereich (KonTraG) v. 27.4.1998, BGBl. I 1998, 786. Begr. RegE, BT-Drucks. 13/9712.

12 Gesetz zur weiteren Reform des Aktien- und Bilanzrechts, zu Transparenz und Publizität (TransPuG) v. 19.7.2002, BGBl. I 2002, 2681; Begr. RegE, BT-Drucks. 14/8769; die Reform griff namentlich auf Empfehlungen von *Baums* (Hrsg.), Bericht der Regierungskommission Corporate Governance, Rz. 19 ff. zurück.

13 *Götz*, NZG 2002, 599, 600; *v. Schenck*, NZG 2002, 64, 66; *Theisen*, S. 3; eine empirische Studie bei *Fischer/Beckmann*, DB 2009, 1661, 1662; zu weiteren Studien *Theisen*, Grundsätze einer ordnungsmäßigen Informationsversorgung des Aufsichtsrates, S. 95 ff.

14 Zutr. dazu, dass die Arbeitsfähigkeit des Aufsichtsrats sowohl durch ein Zuwenig als auch durch ein Zuviel gefährdet werden kann, *Goette* in FS Baums, 2017, S. 477.

15 Vgl. für eine umfassendere Information *v. Schenck*, NZG 2002, 64, 67 (insb. Einrichtung von shared documents). Ablehnend demgegenüber *Spindler* in MünchKomm/AktG, 5. Aufl2019, § 90 AktG Rz. 19.

16 *Hüffer/Koch*, § 90 AktG Rz. 2; *Spindler* in MünchKomm/AktG, 5. Aufl. 2019, § 90 AktG Rz. 3; *Sailer-Coceani* in K. Schmidt/Lutter, § 90 AktG Rz. 3; *Mertens/Cahn* in KölnKomm/AktG, 3. Aufl. 2010, § 90 AktG Rz. 4. Zu den Gegenständen im Einzelnen Rz. 887 ff.

die Überwachung und Beratung als Kernaufgaben des Aufsichtsrats stellt das Berichtswesen des Vorstands das zentrale Mittel dar.[17]

Die **Satzung und die Geschäftsordnung für den Vorstand** können weitere Bestimmungen über die Information des Aufsichtsrats enthalten. In diesem Rahmen können aber nur Festlegungen getroffen werden, die § 90 AktG verschärfen oder ergänzen; der Mindeststandard der Informationsversorgung nach § 90 AktG kann nicht unterschritten werden; er ist zwingend.[18] Eine häufigere Berichterstattung, das Verlangen von Schriftform oder die Zurverfügungstellung auf digitalem Wege, die Konkretisierung der Informationsaufbereitung und -dichte sowie die Präzisierung der Berichtsgegenstände sind mögliche Regelungsgegenstände.[19] Auch die Pflicht, einen Regelbericht über Compliance und Risikomanagement zu erstellen, ist angesichts von Grundsatz 15 Satz 3 DCGK 2020 sinnvollerweise in der Satzung oder der Geschäftsordnung festzusetzen.[20] 857

Nach der Empfehlung in Nr. 3.4 Abs. 3 Satz 1 DCGK in seiner Fassung bis 2020 sollte der Aufsichtsrat das Berichtswesen in einer **„Informationsordnung“**[21] regeln, bei der es sich um ein eigenständiges Regelwerk handeln soll,[22] die der Sache nach aber gesonderter Teil der Geschäftsordnung für den Vorstand ist.[23] Diese Empfehlung ist mit dem DCGK 2020 zwar aufgegeben worden. Ungeachtet dessen ist es 858

17 Vgl. *Theisen*, Grundsätze einer ordnungsmäßigen Informationsversorgung des Aufsichtsrates, Vorwort, S. V.; *Goette* in FS Baums, 2017, S. 475 f.

18 *Pentz* in Fleischer, Hdb. Vorstandsrecht, § 16 Rz. 53; *Sailer-Coceani* in K. Schmidt/Lutter, § 90 AktG Rz. 5; *Lutter* in Kremer/Bachmann/Lutter/v. Werder, DCGK, 7. Aufl. 2018, Rz. 530; *Spindler* in MünchKomm/AktG, 5. Aufl. 2019, § 90 AktG Rz. 8; *Fleischer* in Spindler/Stilz, § 90 AktG Rz. 12; *Lutter/Krieger/Verse*, Rechte und Pflichten des Aufsichtsrats, § 6 Rz. 207. A.A. für den Rentabilitätsbericht nach § 90 Abs. 1 Satz 1 Nr. 2 AktG *Mertens/Cahn* in KölnKomm/AktG, 3. Aufl. 2010, § 90 AktG Rz. 53, das Gesetz habe insoweit eine abschließende Regelung getroffen.

19 Vgl. zur Schriftform *Spindler* in MünchKomm/AktG, 5. Aufl. 2019, § 90 AktG Rz. 14; *Kort* in Großkomm/AktG, 5. Aufl. 2015, § 90 AktG Rz. 141; s. dazu auch *Mertens/Cahn* in KölnKomm/AktG, 3. Aufl. 2010, § 90 AktG Rz. 54: der Ausschluss der Textform schränke die Schnelligkeit der Berichterstattung zu sehr ein.

20 Vgl. *Kropff*, NZG 2003, 346, 347. Im Übrigen sind die Gegenstände Teil des Vorlageberichts zu § 170 AktG, dazu Rz. 905.

21 Dazu *Lutter* in Kremer/Bachmann/Lutter/v. Werder, DCGK, 7. Aufl. 2018, Rz. 533; *Spindler* in MünchKomm/AktG, 5. Aufl. 2019, § 90 AktG Rz. 9; *Fleischer* in Spindler/Stilz, § 90 AktG Rz. 13.

22 Vgl. *Spindler* in MünchKomm/AktG, 5. Aufl. 2019, § 90 AktG Rz. 9; *Sailer-Coceani* in K. Schmidt/Lutter, § 90 AktG Rz. 59; vgl. auch *Fleischer* in Spindler/Stilz, § 90 AktG Rz. 13. Ob die Informationsordnung auch durch einen Ausschuss des Aufsichtsrats festgelegt werden kann, ist zweifelhaft, dafür aber *Kort* in Großkomm/AktG, 5. Aufl. 2015, § 90 AktG Rz. 35.

23 Zutr. *Hüffer/Koch*, § 90 AktG Rz. 1a und *Hüffer*, NZG 2007, 47, 51; ebenso *Lutter/Krieger/Verse*, Rechte und Pflichten des Aufsichtsrats, § 6 Rz. 317.

sinnvoll, wenn sich Aufsichtsrat und Vorstand über die Details des Berichtswesens abstimmen und diese in geeigneter Form niederlegen.[24]

859 Für börsennotierte AGs enthält darüber hinaus der DCGK 2020 in seinen Grundsätzen 15 und 16 weitere Eckpunkte zur Informationsversorgung des Aufsichtsrats.

II. Berichterstattung

1. Form und Verfahren

860 § 90 AktG enthält detaillierte Vorgaben für die Berichterstattung, die deren Form, die Inhalte und die Zeitpunkte konkretisieren.

a) Initiativzuständigkeit

861 Während der Kodex in seiner Fassung bis 2020 in Nr. 3.4 DCGK die Information des Aufsichtsrats noch als eine gemeinsame Aufgabe von Vorstand und Aufsichtsrat bezeichnete,[25] stellt Grundsatz 15 Satz 1 DCGK 2020 zutreffend fest, dass die Information des Aufsichtsrats „Aufgabe des Vorstands" ist. Satz 2 von Grundsatz 15 DCGK 2020 ergänzt aber mit Recht, dass der Aufsichtsrat seinerseits sicherzustellen hat, dass er angemessen informiert wird. Die Initiativzuständigkeit für die Berichterstattung an den Aufsichtsrat liegt nach § 90 Abs. 1 AktG aber grundsätzlich bei dem Vorstand. § 90 Abs. 3 AktG erlaubt es dem Aufsichtsrat jedoch, jederzeit weitere Informationen anzufordern.

aa) Vorstand

862 Die Berichte an den Aufsichtsrat werden vom Vorstand in eigener Verantwortung erstellt. Zuständig ist der **Gesamtvorstand**, wobei grundsätzlich jedes Vorstandsmitglied eine Mitwirkungspflicht trifft.[26] Der Gesamtvorstand beschließt über den Bericht und legt ihn dem Aufsichtsrat vor. Dafür ist nach § 77 Abs. 1 AktG Einstimmigkeit erforderlich, sofern die Satzung oder die Geschäftsordnung für die Beschlussfassung im Vorstand nicht das Mehrheitsprinzip anordnet.[27]

---

24 *Lutter/Krieger/Verse*, Rechte und Pflichten des Aufsichtsrats, § 6 Rz. 191, 317 ff.; *Mertens/Cahn* in KölnKomm/AktG, 3. Aufl. 2010, § 90 AktG Rz. 30; *Manger*, NZG 2010, 1255, 1256.

25 Dazu *Hüffer*, NZG 2007, 47, 48 f.

26 *Pentz* in Fleischer, Hdb. Vorstandsrecht, § 16 Rz. 55; *Spindler* in MünchKomm/AktG, 5. Aufl. 2019, § 90 AktG Rz. 6; *Sailer-Coceani* in K. Schmidt/Lutter, § 90 AktG Rz. 55; *Fleischer* in Spindler/Stilz, § 90 AktG Rz. 8; *Mertens/Cahn* in KölnKomm/AktG, 3. Aufl. 2010, § 90 AktG Rz. 20 (es käme nicht auf die Vollständigkeit des Vorstands an); ebenso *Kort* in Großkomm/AktG, 5. Aufl. 2015, § 90 AktG Rz. 5. S. im Detail dazu § 16 Rz. 414 ff., insb. Rz. 418.

27 *Pentz* in Fleischer, Hdb. Vorstandsrecht, § 16 Rz. 55; *Spindler* in MünchKomm/AktG, 5. Aufl. 2019, § 90 AktG Rz. 7; *Fleischer* in Spindler/Stilz, § 90 AktG Rz. 9.

Entscheiden sich die Vorstandsmitglieder nicht mit der erforderlichen Mehrheit darüber, dass ein Bericht an den Aufsichtsrat erstellt werden muss, unterbleibt (vorbehaltlich einer Remonstrationspflicht einzelner Vorstandsmitglieder) die Berichterstattung.[28] Besteht Uneinigkeit über den Inhalt der Berichterstattung, müssen die Meinungsdifferenzen, wenn sie nicht ausgeräumt werden können, in einem gemeinsam vorzulegenden Bericht aufgezeigt werden.[29] Wenn der Vorstand über die Berichterstattung mit der erforderlichen Mehrheit ordnungsgemäß Beschluss gefasst hat und ein Vorstandsmitglied eine andere oder eine weitergehende Information für geboten hält, ist es fraglich, ob das einzelne Vorstandsmitglied den Aufsichtsrat neben dem Gesamtvorstand unterrichten kann, um diesem Anlass zu geben, gegebenenfalls vom Vorstand einen ergänzenden Bericht nach § 90 Abs. 3 AktG anzufordern.[30] Richtigerweise ist wie folgt zu differenzieren: Kommt (i) eine Entscheidung über den Inhalt der Berichterstattung im Vorstand mangels Einigkeit der Mitglieder nicht zustande, so ist der Vorstand verpflichtet, anstelle eines einheitlichen Berichts die divergierenden Einzelauffassungen der Vorstandsmitglieder an den Aufsichtsrat weiterzuleiten. Das genügt den gesetzlichen Anforderungen, denn auch die Darlegung von divergierenden Meinungen ist ein Bericht i.S.v. § 90 AktG.[31] Bleibt der Vorstand demgegenüber untätig, so verhält er sich rechtswidrig, was zur Folge hat, dass jedes einzelne Mitglied berechtigt ist, dem Aufsichtsrat anstelle des Kollegialorgans aus seinem Tätigkeitsbereich zu berichten.[32] Hat sich (ii) der Gesamtvorstand demgegenüber jedoch mit der hinreichenden Mehrheit für oder gegen die Mitteilung einer bestimmten Information im Bericht an den Aufsichtsrat ausgesprochen, hat das überstimmte Vorstandsmitglied dies zu akzeptieren. Insbesondere kann diese kollektive Willensbildung nicht dadurch unterlaufen werden, dass ein einzelnes Vorstandsmitglied, das die Information gleichwohl für berichtenswert hält, diese eigenmächtig und gegen den Willen des Gesamtvorstands an den Aufsichtsrat heranträgt, es sei denn, die mehrheitliche Ablehnung der Mitteilung durch den Gesamtvorstand wäre wiederum ihrerseits rechtswidrig, etwa weil sie erkennbar dem Wohl der Gesellschaft zuwiderläuft.[33] 863

---

28 *Mertens/Cahn* in KölnKomm/AktG, 3. Aufl. 2010, § 90 AktG Rz. 21.

29 *Spindler* in MünchKomm/AktG, 5. Aufl. 2019, § 90 AktG Rz. 7; *Sailer-Coceani* in K. Schmidt/Lutter, § 90 AktG Rz. 53; *Kort* in Großkomm/AktG, 5. Aufl. 2015, § 90 AktG Rz. 7.

30 S. dazu *Fleischer* in Spindler/Stilz, § 90 AktG Rz. 10 („Remonstrationspflichten überstimmter Vorstandsmitglieder"). Vgl. ferner *Spindler* in MünchKomm/AktG, 5. Aufl. 2019, § 90 AktG Rz. 7; *Mertens/Cahn* in KölnKomm/AktG, 3. Aufl. 2010, § 90 AktG Rz. 22 f. Information durch ein Mitglied nur dann, wenn Unterlassung dem Wohl des Unternehmens zuwiderlaufen würde oder der Mehrheitsbeschluss des Vorstands rechtswidrig ist.

31 *Kort* in Großkomm/AktG, 5. Aufl. 2015, § 90 AktG Rz. 9; *Mertens/Cahn* in KölnKomm/AktG, 3. Aufl. 2010, § 90 AktG Rz. 21.

32 *Fleischer* in Spindler/Stilz, § 90 AktG Rz. 10; *Spindler* in MünchKomm/AktG, 5. Aufl. 2019, § 90 AktG Rz. 7.

33 *Mertens/Cahn* in KölnKomm/AktG, 3. Aufl. 2010, § 90 AktG Rz. 22; *Spindler* in MünchKomm/AktG, 4. Aufl. 2014, § 90 AktG Rz. 7, jew. m.w.N. zum Meinungsstand.

bb) Aufsichtsrat

864 Nach § 90 Abs. 3 Satz 1 AktG kann der Aufsichtsrat von sich aus Berichte vom Vorstand einfordern. Grundsätzlich beschließt der **Gesamtaufsichtsrat** über das Informationsverlangen (§ 108 AktG), wobei er den Gegenstand der angeforderten Berichterstattung hinreichend genau umschreiben[34] und das Verlangen analog § 78 Abs. 2 Satz 2 AktG dem Vorstand zuleiten muss.[35] Nach § 90 Abs. 3 Satz 2 AktG darf auch ein **einzelnes Aufsichtsratsmitglied** einen Bericht des Vorstands (an den Gesamtaufsichtsrat) verlangen – seit der Neufassung der Norm durch das TransPuG ohne besondere Einschränkungen.[36] Folgerichtig steht dieses Recht auch **Aufsichtsratsausschüssen** zu.[37] Es empfiehlt sich dennoch der Klarheit halber, dieses Recht in der Geschäftsordnung oder einer Berichtsordnung für den Vorstand zu verankern.

865 Ist ein Informationsverlangen gestellt, obliegt es dem Vorstand, über dessen Behandlung einen Beschluss zu fassen, wofür für das Verfahren die o.g. Grundsätze gelten (s. soeben Rz. 862 f.). Da § 90 Abs. 3 AktG dem Aufsichtsrat eine weite Befugnis zur Berichtsanforderung gewährt, ist der Vorstand bei der Entscheidung, ob er einen Bericht erstellt, stark eingeschränkt. Grundsätzlich hat der Vorstand insoweit **keine eigene Prüfungskompetenz**; es gilt der Grundsatz der unbedingten Offenheit gegenüber dem Aufsichtsrat. Dieser darf nur ausnahmsweise, nämlich in offensichtlichen Missbrauchsfällen, durchbrochen werden.[38] Über die Verweigerung der verlangten Berichterstattung entscheidet der Vorstand im Übrigen nach pflichtgemäßem Ermessen.[39]

---

34 *Hüffer/Koch*, § 90 AktG Rz. 11; *Spindler* in MünchKomm/AktG, 5. Aufl. 2019, § 90 AktG Rz. 34; *Sailer-Coceani* in K. Schmidt/Lutter, § 90 AktG Rz. 37; *Fleischer* in Spindler/Stilz, § 90 AktG Rz. 41.

35 *Hüffer/Koch*, § 90 AktG Rz. 11; *Spindler* in MünchKomm/AktG, 5. Aufl. 2019, § 90 AktG Rz. 38; *Fleischer* in Spindler/Stilz, § 90 AktG Rz. 41. Es handelt sich um ein „Pflichtrecht", so dass der Aufsichtsrat nicht nur berechtigt, sondern auch verpflichtet ist, Auskunft zu verlangen, *Hüffer/Koch*, § 90 AktG Rz. 12; *Fleischer* in Spindler/Stilz, § 90 AktG Rz. 46; *Kort* in Großkomm/AktG, 5. Aufl. 2015, § 90 AktG Rz. 9.

36 Vgl. dazu Begr. RegE TransPuG, BT-Drucks. 14/8769, S. 14; Empfehlung von *Baums* (Hrsg.), Bericht der Regierungskommission Corporate Governance, Rz. 30; zuvor musste bei Ablehnung des Verlangens durch den Vorstand dasselbe durch ein weiteres Aufsichtsratsmitglied unterstützt werden. Das Recht erlischt, wenn ein inhaltsgleicher Bericht an den Aufsichtsrat zugeleitet wurde, BayObLG v. 25.4.1968, BayObLGZ 1968, 118, 120.

37 Vgl. *Lutter/Krieger/Verse*, Rechte und Pflichten des Aufsichtsrats, § 6 Rz. 213; *Sailer-Coceani* in K. Schmidt/Lutter, § 90 AktG Rz. 40.

38 *Spindler* in MünchKomm/AktG, 5. Aufl. 2019, § 90 AktG Rz. 57; ausf. *Mertens/Cahn* in KölnKomm/AktG, 3. Aufl. 2010, § 90 AktG Rz. 18 f.; *Fleischer* in Spindler/Stilz, § 90 AktG Rz. 56; *Kort* in Großkomm/AktG, 5. Aufl. 2015, § 90 AktG Rz. 110. Zum Missbrauch sogleich Rz. 866 f.

39 *Hüffer/Koch*, § 90 AktG Rz. 12a; *Kort* in Großkomm/AktG, 5. Aufl. 2015, § 90 AktG Rz. 115; *Spindler* in MünchKomm/AktG, 5. Aufl. 2019, § 90 AktG Rz. 41; *Sailer-Coceani* in K. Schmidt/Lutter, § 90 AktG Rz. 49; *Fleischer* in Spindler/Stilz, § 90 AktG Rz. 47; *Elsing/Schmidt*, BB 2002, 1705, 1706; *Manger*, NZG 2010, 1255, 1258; vgl. auch Begr. RegE TransPuG, BT-Drucks. 14/8769, S. 14 für das Verlangen eines einzelnen Aufsichtsratsmitglieds. A.A. Entscheidung durch den Aufsichtsratsvorsitzenden *Mertens/Cahn* in Köln-

Bei **missbräuchlicher Ausübung des Anforderungsrechts** durch den Aufsichtsrat kann der Vorstand die Informationserteilung verweigern. Praktisch ist dies aber nur in gravierenden Ausnahmefällen denkbar. Ein Missbrauch kommt nur bei konkreten Anhaltspunkten für eine Verletzung organschaftlicher Treuepflichten in Betracht.[40] Richtschnur für die Bestimmung des Inhalts und der Grenzen der Treuepflicht des Aufsichtsrats ist seine Überwachungsfunktion. Nur dann, wenn sich das Auskunftsverlangen offensichtlich nicht mit der ordnungsgemäßen Überwachung des Vorstands in Einklang bringen lässt, kommt ein missbräuchliches Verlangen in Betracht. So kann es beispielsweise liegen, wenn wiederholt und in engen zeitlichen Abständen ein Bericht zu demselben Thema verlangt wird oder wenn der Gegenstand des Berichts offensichtlich über den Kompetenzbereich des Aufsichtsrats hinausgeht, ohne dass das Informationsverlangen mit der allgemeinen Überwachungsaufgabe des Aufsichtsrats gerechtfertigt werden kann.[41] Ob auch Gründe der Geheimhaltung die Vorenthaltung von Informationen rechtfertigen können, ist demgegenüber zweifelhaft. Keine Berichtspflicht des Vorstands besteht aber dann, wenn sich der Vorstand durch die Mitteilung an den Aufsichtsrat strafbar machen würde.[42] Im Übrigen wird teilweise angenommen, dass eine Informationsverweigerung schon dann zulässig ist, wenn die konkrete Gefahr besteht, dass der Aufsichtsrat die Geheimhaltung nicht wahren wird und die Überwachung des Vorstands nicht über Gebühr erschwert wird (Gedanke des § 131 Abs. 3 AktG).[43] Das wird aber nur in Ausnahmefällen, wenn der Gesellschaft ein greifbarer Schaden droht, anzunehmen sein; im Zweifel muss die Vorlage des angeforderten Berichts erfolgen.[44] 866

Bei dem Auskunftsverlangen eines einzelnen Aufsichtsratsmitglieds ist das Missbrauchspotential im Vergleich zu dem des Gesamtorgans größer.[45] Die Bejahung eines Missbrauchs kommt deshalb auch eher in Betracht. Es genügt bereits, dass konkrete Anhaltspunkte bestehen, dass das Aufsichtsratsmitglied **Eigeninteressen** zu Lasten von Gesellschaftsinteressen verfolgt.[46] Die Regierungsbegründung zum TransPuG nennt außerdem das Risiko „Ausplaudern von Interna und Geschäftsgeheim- 867

Komm/AktG, 3. Aufl. 2010, § 90 AktG Rz. 16; *Wiesner* in MünchHdb. GesR AG, § 25 Rz. 88.

40 *Fleischer* in Spindler/Stilz, § 90 AktG Rz. 47; *Sailer-Coceani* in K. Schmidt/Lutter, § 90 AktG Rz. 45 ff. (Aufteilung der Grenzen der Information in 1. Verletzung von Strafvorschriften 2. Missbrauchsgefahr 3. Schikaneverbot 4. Fehlender Gesellschaftsbezug); ebenso *Manger*, NZG 2010, 1255, 1257. Die Beweislast für das Vorliegen der Ausnahme trägt der Vorstand, *v. Schenck*, NZG 2002, 64, 66; zur Vollständigkeit der Berichte s. Rz. 881 ff.

41 Vgl. *Spindler* in MünchKomm/AktG, 5. Aufl. 2019, § 90 AktG Rz. 34/36/57 (wiederholtes Verlangen könne abgelehnt werden); vgl. *Sailer-Coceani* in K. Schmidt/Lutter, § 90 AktG Rz. 37 und *Mertens/Cahn* in KölnKomm/AktG, 3. Aufl. 2010, § 90 AktG Rz. 11.

42 *Spindler* in MünchKomm/AktG, 5. Aufl. 2019, § 90 AktG Rz. 54.

43 *Mertens/Cahn* in KölnKomm/AktG, 3. Aufl. 2008, § 90 AktG Rz. 16; *Wiesner* in MünchHdb. GesR AG, § 25 Rz. 93; vgl. sympathisierend wohl *Sailer-Coceani* in K. Schmidt/Lutter, § 90 AktG Rz. 46.

44 Vgl. *Semler*, Leitung und Überwachung, S. 89; *Kropff*, NZG 1998, 613, 615.

45 Ausdrücklich Begr. RegE TransPuG, BT-Drucks. 14/8769, S. 14.

46 *Hüffer/Koch*, § 90 AktG Rz. 12a; *Spindler* in MünchKomm/AktG, 5. Aufl. 2019, § 90 AktG Rz. 41; *Sailer-Coceani* in K. Schmidt/Lutter, § 90 AktG Rz. 45; wohl *Mertens/Cahn* in

nissen (Beispiel: Aufsichtsratsmitglied kraft Entsendungsrechts eines mit den anderen zerstrittenen Familienstamms)".[47]

b) Textform

868 Berichte[48] des Vorstands an den Aufsichtsrat sind gem. § 90 Abs. 4 Satz 2 AktG „in der Regel" in Textform zu erstatten. Die mit dem TransPuG eingefügte Bestimmung nimmt Bezug auf § 126b BGB, so dass auch die **elektronische Übermittlung** zulässig ist.[49]

869 Da Textform nur die Regel ist, sind **Ausnahmen** denkbar. In Betracht kommt dies beispielsweise, wenn der Aufsichtsrat kurz vor der Aufsichtsratssitzung ergänzend zu einem bereits vorliegenden schriftlichen Bericht über neue Entwicklungen informiert werden soll.[50] Umgekehrt bedarf es bei dringenden Geschäften einer sofortigen **mündlichen Information**, wobei die unverzügliche Nachreichung eines Berichts in Textform geboten ist.[51] Daraus folgt aber auch, dass die Entgegennahme einer mündlichen Information durch den Vorstand in den genannten Fällen vom Aufsichtsrat nicht unter Hinweis auf das Formerfordernis verweigert werden darf.[52] Auch die besondere Vertraulichkeit einzelner Informationen kann die mündliche Berichterstattung rechtfertigen, wenn nicht gebieten.[53] Schließlich ist auch ein Verzicht seitens

---

KölnKomm/AktG, 3. Aufl. 2010, § 90 AktG Rz. 17; *Fleischer* in Spindler/Stilz, § 90 AktG Rz. 47; *Kort* in Großkomm/AktG, 5. Aufl. 2015, § 90 AktG Rz. 114.

47 Begr. RegE TransPuG, BT-Drucks. 14/8769, S. 14.

48 Es wäre vertretbar, die Vorlageberichte von dem Anwendungsbereich des § 90 Abs. 4 AktG auszunehmen, da dieser auf „die Berichte" und somit auf die Berichte des § 90 Abs. 1 AktG Bezug nimmt. Dagegen zu Recht *Kort* in Großkomm/AktG, 5. Aufl. 2015, § 90 AktG Rz. 123. Die Vorschrift normiert lediglich einen allgemeinen Grundsatz der ordnungsgemäßen Berichterstattung, der die Zusammenarbeit der Organe ermöglicht und erleichtert.

49 Begr. RegE TransPuG, BT-Drucks. 14/8769, S. 15; *Hüffer/Koch*, § 90 AktG Rz. 13; *Spindler* in MünchKomm/AktG, 5. Aufl. 2019, § 90 AktG Rz. 12 (der in Rz. 13 zugleich die Notwendigkeit der technischen Absicherung der Vertraulichkeit betont); ebenso *Mertens/Cahn* in KölnKomm/AktG, 3. Aufl. 2010, § 90 AktG Rz. 29; *Sailer-Coceani* in K. Schmidt/Lutter, § 90 AktG Rz. 57; *Fleischer* in Spindler/Stilz, § 90 AktG Rz. 49; *Ihrig/Wagner*, BB 2002, 789, 793. Kritisch zum Begriff *Kort* in Großkomm/AktG, 5. Aufl. 2015, § 90 AktG Rz. 135.

50 Begr. RegE TransPuG, BT-Drucks. 14/8769, S. 15; *Hüffer/Koch*, § 90 AktG Rz. 13; *Pentz* in Fleischer, Hdb. Vorstandsrecht, § 16 Rz. 54; *Lutter* in Kremer/Bachmann/Lutter/v. Werder, DCGK, 7. Aufl. 2018, Rz. 537; vgl. bereits *Baums* (Hrsg.), Bericht der Regierungskommission Corporate Governance, Rz. 25; *Spindler* in MünchKomm/AktG, 5. Aufl. 2019, § 90 AktG Rz. 11; *Sailer-Coceani* in K. Schmidt/Lutter, § 90 AktG Rz. 58; *Fleischer* in Spindler/Stilz, § 90 AktG Rz. 49; *Lutter/Krieger/Verse*, Rechte und Pflichten des Aufsichtsrats, § 6 Rz. 226.

51 *Spindler* in MünchKomm/AktG, 5. Aufl. 2019, § 90 AktG Rz. 11.

52 *Hüffer/Koch*, § 90 AktG Rz. 13; *Sailer-Coceani* in K. Schmidt/Lutter, § 90 AktG Rz. 58.

53 Begr. RegE TransPuG, BT-Drucks. 14/8769, S. 15; *Hüffer/Koch*, § 90 AktG Rz. 13; *Lutter* in Kremer/Bachmann/Lutter/v. Werder, DCGK, 7. Aufl. 2018, Rz. 538; *Spindler* in MünchKomm/AktG, 5. Aufl. 2019, § 90 AktG Rz. 11; *Sailer-Coceani* in K. Schmidt/Lutter,

des Aufsichtsrats auf die Textform möglich.[54] Das Textformerfordernis gilt wegen § 90 Abs. 4 Satz 2 Halbs. 2 AktG im Übrigen nicht für Berichte an den Aufsichtsratsvorsitzenden nach § 90 Abs. 1 Satz 3 AktG.[55]

c) Sprache

In welcher Sprache der Bericht abzufassen ist, ist nach den Gegebenheiten der Gesellschaft zu entscheiden. Dem Aufsichtsrat muss die Überwachung des Vorstands ermöglicht werden. Daraus folgt, dass die Berichte grundsätzlich in deutscher Sprache zu erstellen sind, aber bei **Zustimmung des Aufsichtsrats** auch auf eine Fremdsprache zurückgegriffen werden darf. Wenn dem Aufsichtsrat auch fremdsprachige Mitglieder angehören, ist eine Übersetzung notwendig.[56] Umgekehrt kann ein Mitglied des Aufsichtsrats eine Übersetzung in die deutsche Sprache verlangen, wenn sich der Aufsichtsrat mehrheitlich für eine Berichterstattung in einer Fremdsprache entscheidet. 870

d) Zeitpunkt der Zuleitung zum Aufsichtsrat

Wann der vom Vorstand erstellte Bericht dem Aufsichtsrat zugeleitet werden muss, hängt von der Art und dem Anlass des Berichtes ab. § 90 AktG macht dazu folgende Vorgaben: Die Berichte nach § 90 Abs. 1 Satz 1 Nr. 4 AktG (Geschäfte von besonderer Bedeutung) sind **möglichst so rechtzeitig** zu erstatten, dass der Aufsichtsrat vor der Vornahme der Geschäfte durch den Vorstand Gelegenheit hat, zu ihnen Stellung zu nehmen, vgl. § 90 Abs. 2 Nr. 4 AktG. Dem Aufsichtsrat muss daher hinreichend Zeit eingeräumt werden, um die Unterlagen durchzusehen und sich eine eigene Meinung zu bilden. Der Vorstand muss vor einem Tätigwerden grundsätzlich die Reaktion des Aufsichtsrats abwarten.[57] In **Ausnahmefällen** ist ihm aber gestattet, von der frühen Zuleitung zum Aufsichtsrat abzusehen. Insbesondere, wenn das Zuwarten einen Verstoß gegen die Leitungssorgfalt bedeuten würde, kann sich der Vorstand auf die Information des Aufsichtsratsvorsitzenden beschränken.[58] Falls auch dies nicht 871

---

§ 90 AktG Rz. 58; *Fleischer* in Spindler/Stilz, § 90 AktG Rz. 49; *Götz*, NZG 2002, 599, 601; *Lutter/Krieger/Verse*, Rechte und Pflichten des Aufsichtsrats, § 6 Rz. 226.

54 Begr. RegE TransPuG, BT-Drucks. 14/8769, S. 15; *Baums* (Hrsg.), Bericht der Regierungskommission Corporate Governance, Rz. 25; *Kort* in Großkomm/AktG, 5. Aufl. 2015, § 90 AktG Rz. 137; *Götz*, NZG 2002, 599, 601.

55 *Sailer-Coceani* in K. Schmidt/Lutter, § 90 AktG Rz. 57; *Mertens/Cahn* in KölnKomm/AktG, 3. Aufl. 2010, § 90 AktG Rz. 29.

56 *Kort* in Großkomm/AktG, 5. Aufl. 2015, § 90 AktG Rz. 142.

57 *Hüffer/Koch*, § 90 AktG Rz. 13b; *Sailer-Coceani* in K. Schmidt/Lutter, § 90 AktG Rz. 56; vgl. *Hirte*, Das Transparenz- und Publizitätsgesetz, 2003, Rz. 7.

58 *Hüffer/Koch*, § 90 AktG Rz. 10; *Spindler* in MünchKomm/AktG, 5. Aufl. 2019, § 90 AktG Rz. 31; *Sailer-Coceani* in K. Schmidt/Lutter, § 90 AktG Rz. 29; *Mertens/Cahn* in KölnKomm/AktG, 3. Aufl. 2010, § 90 AktG Rz. 38; *Fleischer* in Spindler/Stilz, § 90 AktG Rz. 37.

möglich ist, kann er die Berichterstattung verzögern.[59] Wenn die rechtzeitige Unterrichtung nicht möglich ist, muss der Vorstand die Berichterstattung unmittelbar, also unverzüglich,[60] nachholen.

872 **Anlassberichte** nach § 90 Abs. 1 Satz 3 AktG sind nach verbreiteter Auffassung **unverzüglich** i.S.d. § 121 Abs. 1 BGB nach Eintritt des Anlasses zum Bericht zu erstatten.[61] Für börsennotierte Gesellschaften bestätigt dies Grundsatz 16 Satz 1 DCGK 2020, wonach der Aufsichtsratsvorsitzende über wichtige Ereignisse, die für die Beurteilung der Lage und Entwicklung sowie für die Leitung des Unternehmens von wesentlicher Bedeutung sind, unverzüglich durch den Vorsitzenden bzw. Sprecher des Vorstands informiert wird.

873 Im Übrigen gilt für sämtliche Berichte des Vorstands[62] § 90 Abs. 4 Satz 2 AktG. Danach sind Vorstandsberichte **möglichst rechtzeitig** zu erstatten.[63] Die Rechtzeitigkeit ist im Einzelfall danach auszurichten, ob dem Aufsichtsrat vor seinen Sitzungen (vgl. z.B. § 90 Abs. 2 Nr. 2 AktG zur Verhandlung über den Jahresabschluss) genügend Zeit bleibt, die Unterlagen zu lesen.[64] In einer empirischen Erhebung bei börsennotierten AGs aus dem Jahre 2009 wurde eine Vorlaufzeit der Berichterstattung an den Aufsichtsrat von überwiegend 7–13 Tagen ermittelt.[65] Gerade bei besonders wichtigen Anlässen wie etwa die Entscheidung über bedeutsame Akquisitionen ist die Vorlaufzeit jedoch häufig deutlich kürzer.

874 Nicht nur die Berichte des Vorstands sind dem Aufsichtsrat möglichst rechtzeitig zuzuleiten.[66] Auch sämtliche damit **verbundenen Unterlagen** müssen dem Aufsichtsrat rechtzeitig zur Verfügung gestellt werden. Dies gilt naturgemäß insbesondere dann, wenn der Vorstand auf die Unterlagen in seinen Berichten verweist.

---

59 *Hüffer/Koch*, § 90 AktG Rz. 13b; *Sailer-Coceani* in K. Schmidt/Lutter, § 90 AktG Rz. 56; vgl. *Hirte*, Das Transparenz- und Publizitätsgesetz, 2003, Rz. 7. Davon ist zurückhaltend Gebrauch zu machen; vgl. *Ihrig/Wagner*, BB 2002, 789, 793.

60 *Mertens/Cahn* in KölnKomm/AktG, 4. Aufl. 2006, § 90 AktG Rz. 38.

61 *Spindler* in MünchKomm/AktG, 5. Aufl. 2019, § 90 AktG Rz. 31; *Sailer-Coceani* in K. Schmidt/Lutter, § 90 AktG Rz. 35; *Mertens/Cahn* in KölnKomm/AktG, 3. Aufl. 2010, § 90 AktG Rz. 45; *Kort* in Großkomm/AktG, 5. Aufl. 2015, § 90 AktG Rz. 67.

62 Zu der Relevanz für Vorlageberichte *Kort* in Großkomm/AktG, 5. Aufl. 2015, § 90 AktG Rz. 132.

63 Der Kodex spricht in Grundsatz 15 Satz 3 DCGK 2020 von „zeitnah", vgl. dazu *Lutter* in Kremer/Bachmann/Lutter/v. Werder, DCGK, 7. Aufl. 2018, Rz. 539; ferner *Pentz* in Fleischer, Hdb. Vorstandsrecht, § 16 Rz. 54.

64 Begr. RegE TransPuG, BT-Drucks. 14/8769, S. 15; *Spindler* in MünchKomm/AktG, 5. Aufl. 2019, § 90 AktG Rz. 15; *Hirte*, Das Transparenz- und Publizitätsgesetz, 2003, Rz. 7; *Sailer-Coceani* in K. Schmidt/Lutter, § 90 AktG Rz. 56; *Mertens/Cahn* in KölnKomm/AktG, 3. Aufl. 2010, § 90 AktG Rz. 29; *Fleischer* in Spindler/Stilz, § 90 AktG Rz. 50; *Ihrig/Wagner*, BB 2002, 789, 793.

65 *Fischer/Beckmann*, DB 2009, 1661, 1667 (die zugleich davon ausgehen, dass zumindest zwei Wochen Vorlauf notwendig seien).

66 Vgl. empirisch *Fischer/Beckmann*, DB 2009, 1661, 1668 (Hälfte der befragten Aufsichtsratsmitglieder bekamen die Unterlagen max. 6 Tage vor der Sitzung).

e) Verhältnis zum Insiderrecht nach MAR

Nach Art. 17 Abs. 1 MAR muss ein Inlandsemittent von Finanzinstrumenten Insiderinformationen unverzüglich veröffentlichen; ein Aufschieben der Veröffentlichung ist nur unter den Voraussetzungen von Art. 17 Abs. 4 MAR denkbar (dazu § 24 Rz. 713 ff.). Im Übernahmerecht sieht § 10 Abs. 1 Satz 1 WpÜG vor, dass der Bieter seine Entscheidung zur Abgabe eines Angebots unverzüglich zu veröffentlichen hat. In beiden Fällen kann eine **Berichtspflicht des Vorstands** an den Aufsichtsrat bestehen oder die in Rede stehende Maßnahme oder Beschlussfassung sogar einem Zustimmungsvorbehalt unterliegen, so dass aus gesellschaftsrechtlicher Sicht auf die Reaktion oder sogar die **Zustimmung des Aufsichtsrat** zu warten ist. 875

Ob der möglichst schnellen Information des Kapitalmarkts oder der Sicherstellung einer unbefangenen, ohne Vorabinformation der Öffentlichkeit belasteten Mitwirkung des Aufsichtsrats der Vorrang einzuräumen ist, ist intensiv und streitig diskutiert worden.[67] Inzwischen dürfte anerkannt sein, dass trotz einer noch ausstehenden Entscheidung des Aufsichtsrats bereits eine Insiderinformation vorliegen und demgemäß eine sofortige Unterrichtung des Kapitalmarkts geboten sein kann, bei Vorliegen der gesetzlichen Voraussetzungen aber eine Selbstbefreiung nach Art. 17 Abs. 4 MAR in Betracht kommt, die einen Aufschub der Ad hoc-Mitteilung bis zur Entscheidung des Aufsichtsrats rechtfertigt.[68] Hat der Vorstand zulässigerweise eine Selbstbefreiungsentscheidung getroffen, liegt in der Berichterstattung an den Aufsichtsrat auch keine unrechtmäßige Offenlegung einer Insiderinformation im Sinne von Art. 10 MAR. Der für die Praxis maßgebende Emittentenleitfaden der BaFin nimmt zur Thematik interner Gremienvorbehalte wie folgt Stellung: Die Ad hoc-Publizitätspflicht entsteht bei **mehrstufigen Entscheidungsprozessen** nicht erst mit der Zustimmung des Aufsichtsrats. Vielmehr können Beschlüsse des Vorstands bei Vorliegen interner Gremienvorbehalte schon vor der Entscheidung des entsprechenden Gremiums, also insbesondere des Aufsichtsrats, eine Insiderinformation in Form eines Zwischenschritts sein. Es ist dafür auch nicht erforderlich, dass die Zustimmung des Aufsichtsrats mit überwiegender Wahrscheinlichkeit zu erwarten ist. Die Frage, ob bereits die Entscheidung des Vorstands eine Insiderinformation begründet, ist also unabhängig von der Eintrittswahrscheinlichkeit des zukünftigen Ereignisses nach allgemeinen Grundsätzen zu beurteilen. Das zukünftige Ereignis selbst kann aber unabhängig davon ebenfalls eine Insiderinformation sein, wenn zum Zeitpunkt 876

67 Eingehend zum Meinungsstand und zur Entwicklung der Diskussion *Assmann* in Assmann/Uwe H. Schneider/Mülbert, Wertpapierhandelsrecht, 7. Aufl. 2019, Art. 7 VO Nr. 596/2014 Rz. 49 ff., Art. 17 VO Nr. 596/2014 Rz. 69, 89 ff., m. umf. Nachw.

68 S. schon die grundlegende Entscheidung des EuGH in der Rechtssache Geltl/Daimler, EuGH (Zweite Kammer) v. 28.6.2012 – C-19/11, ECLI:EU:C:2012:397, NZG 2012, 784 = AG 2012, 555, wonach jeder einzelne Zwischenschritt eines mehrstufigen Entscheidungsverfahrens als „präzise Information" einzuordnen ist, und zwar unabhängig von der Wahrscheinlichkeit der Zustimmung eines weiteren Gesellschaftsorgans. Die Problematik verlagert sich danach folglich in die Prüfung der Kurserheblichkeit des Zwischenschritts aus der Sicht eines „reasonable investors"; vgl. zum Meinungsstand ausführlich *Ihrig* in VGR, Gesellschaftsrecht in der Diskussion 2012, 2013, S. 113 ff. m.w.N.; Übersicht auch bei *Ihrig/Kranz*, BB 2013, 451 ff.

der Vorstandsentscheidung bereits mit überwiegender Wahrscheinlichkeit damit zu rechnen ist, dass der Aufsichtsrat der Maßnahme zustimmen wird. Unabhängig von der Frage, ob schon aufgrund der Vorstandsentscheidung bei isolierter Betrachtung als Zwischenschritt oder aber wegen überwiegender Wahrscheinlichkeit des Eintritts des zukünftigen Ereignisses (aufgrund zu erwartender Zustimmung des Aufsichtsrats) bereits eine Insiderinformation begründet worden ist, ist, so auch die BaFin, die Möglichkeit eines Aufschubs der Ad hoc-Veröffentlichung zu prüfen. Unter Bezugnahme auf Erwägungsgrund 50 MAR sowie die auf Art. 17 Abs. 11 MAR gestützten konkretisierenden MAR-Leitlinien der ESMA geht die BaFin im Ausgangspunkt von der Möglichkeit einer Selbstbefreiung, die den Aufschub der Ad hoc-Publikation rechtfertigt, aus. Allerdings habe der Emittent dafür zu sorgen, dass die endgültige Entscheidung so schnell wie möglich getroffen wird.[69] Das entspricht schon bislang der Handhabung der Praxis, die Entscheidungen von Vorstand und Aufsichtsrat, wenn nicht gleichzeitig, so zumindest in unmittelbarer zeitlicher Abfolge herbeizuführen.

f) Empfänger

877 Adressat des Berichts ist auch in den Fällen, in denen ein einzelnes Aufsichtsratsmitglied den Bericht angefordert hat, der **Gesamtaufsichtsrat**; es besteht eine Pflicht des Vorstands zur gleichmäßigen Information aller Aufsichtsratsmitglieder.[70] Der Bericht kann an den Aufsichtsratsvorsitzenden erfolgen, der ihn sodann den übrigen Mitgliedern des Aufsichtsrats zugänglich macht.[71]

878 Berichte aus besonderem Anlass sind gem. § 90 Abs. 1 Satz 3 AktG dem Aufsichtsratsvorsitzendem bzw. seinem Vertreter nach § 107 AktG zu erstatten,[72] der die anderen Aufsichtsratsmitglieder über diese nach § 90 Abs. 5 Satz 3 AktG spätestens in der nächsten Aufsichtsratssitzung zu unterrichten hat.

2. Allgemeine inhaltliche Anforderungen

879 Inhaltlich unterscheiden sich die Berichte zwar durch ihre verschiedenen Gegenstände (vgl. § 90 Abs. 1 AktG, dazu sogleich). Jedoch gelten für sie allgemeine inhaltliche Anforderungen. § 90 Abs. 4 Satz 1 AktG bestimmt, dass die Berichte den Grundsätzen einer **gewissenhaften und getreuen Rechenschaft** zu entsprechen haben. Zur Konkretisierung dieser Generalklausel hat sich ausgehend von dem Ziel der Bericht-

---

69 Vgl. den Konsultationsentwurf für den neuen Emittentenleitfaden, Modul C, Regelungen aufgrund der Marktmissbrauchsverordnung (MAR) (Stand nach BaFin-Konsultation Nr. 14/2019 vom 1.7.2019), Abschn. I.2.1.5.11 (interne Gremienvorbehalte) und Abschn. I.3.3. I.2 (berechtigtes Interesse).

70 *Mertens/Cahn* in KölnKomm/AktG, 3. Aufl. 2010, § 90 AktG Rz. 12; zu möglichen Ausnahmen *Kort* in Großkomm/AktG, 5. Aufl. 2015, § 90 AktG Rz. 117.

71 *Hüffer/Koch*, § 90 AktG Rz. 14; *Mertens/Cahn* in KölnKomm/AktG, 3. Aufl. 2010, § 90 AktG Rz. 24; *Pentz* in Fleischer, Hdb. Vorstandsrecht, § 16 Rz. 56.

72 *Spindler* in MünchKomm/AktG, 5. Aufl. 2019, § 90 AktG Rz. 32; *Sailer-Coceani* in K. Schmidt/Lutter, § 90 AktG Rz. 34; *Mertens/Cahn* in KölnKomm/AktG, 3. Aufl. 2010, § 90 AktG Rz. 45.

erstattung der Überwachung des Vorstands als Grundsatz herausgebildet, dass die Berichte **übersichtlich, vollständig, nachvollziehbar und vergleichbar** sein müssen.

a) Übersichtlichkeit

Zur gebotenenÜbersichtlichkeit eines Berichts gehört in erster Linie eine **klare Gliederung.**[73] Dafür kann die Zusammenfassung der Darstellungen in Tabellen und Übersichten wenn nicht veranlasst, so zumindest hilfreich sein. Je nach Größe und Struktur des Unternehmens ist eine Unterteilung der Berichte nach Sparten, Produkten, Geschäftsfeldern und/oder Märkten geboten.[74] 880

b) Vollständigkeit

Die Berichte müssen vollständig sein;[75] Grundsatz 15 Satz 3 DCGK 2020 spricht von „umfassend". Dies schließt Verweise auf andere Unterlagen, die dem Aufsichtsrat zur Verfügung stehen, nicht aus,[76] sofern der Bericht dadurch nicht an Übersichtlichkeit verliert. Die **mündliche Ergänzung** in der Aufsichtsratssitzung ist möglich. 881

Ob ein Bericht vollständig ist, richtet sich danach, ob der Aufsichtsrat **sämtliche Informationen** erhält, um seiner **Überwachungs- und Beratungsfunktion** nachkommen und seine Entscheidung auf hinreichend informierter Grundlage treffen zu können. Es muss zwar nicht jedes Detail der Geschäftsführung wiedergegeben werden. Im Gegenteil würde die Mitteilung zu vieler Informationen dem Überwachungszweck zuwiderlaufen. Es ist aber erforderlich, dass die wesentlichen Informationen mitgeteilt werden. Der Vorstand hat den Aufsichtsrat also über alle für das Unternehmen relevanten Fragen zu informieren.[77] 882

Teilweise wird angenommen, dass der Vorstand sich nicht selbst der Strafbarkeit oder der Pflichtverletzung bezichtigen müsse.[78] Da die Aufdeckung von pflichtwid- 883

73 *Hüffer/Koch*, § 90 AktG Rz. 13; *Pentz* in Fleischer, Hdb. Vorstandsrecht, § 16 Rz. 54; vgl. *Spindler* in MünchKomm/AktG, 5. Aufl. 2019, § 90 AktG Rz. 50 „verständlich"; ähnlich *Kort* in Großkomm/AktG, 5. Aufl. 2015, § 90 AktG Rz. 122; *Sailer-Coceani* in K. Schmidt/Lutter, § 90 AktG Rz. 52; *Mertens/Cahn* in KölnKomm/AktG, 3. Aufl. 2010, § 90 AktG Rz. 28; *Fleischer* in Spindler/Stilz, § 90 AktG Rz. 48.

74 *Sailer-Coceani* in K. Schmidt/Lutter, § 90 AktG Rz. 11; vgl. für den Quartalsbericht *Mertens/Cahn* in KölnKomm/AktG, 3. Aufl. 2010, § 90 AktG Rz. 37; *Fleischer* in Spindler/Stilz, § 90 AktG Rz. 27; *Wiesner* in MünchHdb. GesR AG, § 25 Rz. 90; vgl. *Semler*, Leitung und Überwachung, 1996 S. 85; *Lutter/Krieger/Verse*, Rechte und Pflichten des Aufsichtsrats, § 6 Rz. 194; aus ökonomischer Sicht *Theisen*, S. 136 f.

75 *Pentz* in Fleischer, Hdb. Vorstandsrecht, § 16 Rz. 54 *Sailer-Coceani* in K. Schmidt/Lutter, § 90 AktG Rz. 52; *Fleischer* in Spindler/Stilz, § 90 AktG Rz. 48.

76 *Spindler* in MünchKomm/AktG, 5. Aufl. 2019, § 90 AktG Rz. 29 für Bezugnahme auf den Prüfungsbericht des Abschlussprüfers nach § 170 AktG; ebenso *Sailer-Coceani* in K. Schmidt/Lutter, § 90 AktG Rz. 26; *Mertens/Cahn* in KölnKomm/AktG, 3. Aufl. 2010, § 90 AktG Rz. 36.

77 Vgl. *v. Schenck*, NZG 2002, 64, 66.

78 Vgl. *Sailer-Coceani* in K. Schmidt/Lutter, § 90 AktG Rz. 54. Der Sache nach *Mertens/Cahn* in KölnKomm/AktG, 3. Aufl. 2010, § 90 AktG Rz. 28.

rigen Handlungen des Vorstands aber zu der Kernaufgabe des Aufsichtsrats gehört, schuldet der Vorstand die **Darlegung aller Fakten**; dem Vorstand ist es aber gestattet, auf die Wertung zu verzichten.[79]

c) Nachvollziehbarkeit

884 Die präsentierten Fakten müssen nachvollziehbar sein. Dies setzt voraus, dass die Berichte in erster Linie als **Erläuterung der Vorgänge der Geschäftsführung** verstanden werden; es dürfen nicht etwa nur mathematische Rechnungen oder Tabellen präsentiert werden, ohne diese zugleich einzuordnen und zu erläutern.[80] Die Prämissen und Quellen der Erläuterungen sind offenzulegen. Sofern der Vorstand neben von ihm gesammeltem und an den Aufsichtsrat weitergegebenem Datenmaterial auf eigene Wertungen zurückgreift, sind Tatsachen und Bewertungen im Bericht voneinander deutlich zu trennen.[81]

d) Vergleichbarkeit

885 § 90 Abs. 1 Satz 1 Nr. 1 AktG und Grundsatz 15 Satz 4 DCGK 2020 verlangen vom Vorstand neben der Darstellung der aktuellen **Pläne und Ziele** des Unternehmens einen Vergleich der Pläne und Ziele des Vorberichts mit dem tatsächlichen Geschäftsverlauf (sog. **Follow-up**).[82] Gefordert ist ein Soll-Ist Vergleich.[83] Der Vorstand hat Abweichungen des tatsächlichen Geschäftsverlaufs von der Unternehmensplanung zu begründen, wobei ausdrücklich auf Gründe für die Abweichung von früher berichteten Zielen einzugehen ist.[84]

886 Ein Ist-Soll Vergleich ist richtigerweise nicht nur bei Berichten nach § 90 Abs. 1 Satz 1 Nr. 1 AktG erforderlich. Auch bei Berichten gem. § 90 Abs. 1 Satz 1 Nr. 3

---

79 *Sailer-Coceani* in K. Schmidt/Lutter, § 90 AktG Rz. 54; ebenso *Mertens/Cahn* in Köln-Komm/AktG, 3. Aufl. 2010, § 90 AktG Rz. 28.

80 *Kort* in Großkomm/AktG, 5. Aufl. 2015, § 90 AktG Rz. 51; *Sailer-Coceani* in K. Schmidt/Lutter, § 90 AktG Rz. 18; diff. *Semler*, Leitung und Überwachung, 1996, S. 87 (in Ausnahmefällen sei die bloße Wiedergabe von Zahlen zulässig).

81 *Hüffer/Koch*, § 90 AktG Rz. 13; *Spindler* in MünchKomm/AktG, 5. Aufl. 2019, § 90 AktG Rz. 50; *Sailer-Coceani* in K. Schmidt/Lutter, § 90 AktG Rz. 52; *Mertens/Cahn* in Köln-Komm/AktG, 3. Aufl. 2010, § 90 AktG Rz. 28; *Fleischer* in Spindler/Stilz, § 90 AktG Rz. 48; *Kort* in Großkomm/AktG, 5. Aufl. 2015, § 90 AktG Rz. 122.

82 Vgl. Begr. RegE TransPuG, BT-Drucks. 14/8769, S. 13; Einfügung aufgrund der Empfehlung der Kodex-Kommission, s. *Baums* (Hrsg.), Bericht der Regierungskommission Corporate Governance, Rz. 24 (Es handele sich um eine bloße Klarstellung, da eine zur Überwachung geeignete Information dies umfasse); ebenso zur Klarstellung *Hüffer/Koch*, § 90 AktG Rz. 4c; *Spindler* in MünchKomm/AktG, 5. Aufl. 2019, § 90 AktG Rz. 20; *Ihrig/Wagner*, BB 2002, 789, 793. Empirisch zur Häufigkeit der vergleichenden Darstellungen in den Berichten mit eher kritischem Befund, *Fischer/Beckmann*, DB 2009, 1661, 1667.

83 *Lutter* in Kremer/Bachmann/Lutter/v. Werder, DCGK, 7. Aufl. 2018, Rz. 533 (Fn. 48); *Spindler* in MünchKomm/AktG, 5. Aufl. 2019, § 90 AktG Rz. 21.

84 *Hirte*, Das Transparenz- und Publizitätsgesetz, 2003, Rz. 4; *Hüffer/Koch*, § 90 AktG Rz. 4c; *Spindler* in MünchKomm/AktG, 5. Aufl. 2019, § 90 AktG Rz. 21; vgl. *Sailer-Coceani* in K. Schmidt/Lutter, § 90 AktG Rz. 21.

AktG (Gang der Geschäfte)[85] und § 90 Abs. 1 Satz 1 Nr. 2 AktG (Rentabilität)[86] wird teilweise eine vergleichende Darstellung des **Geschäftsverlaufs** seit dem letzten Bericht, der gegenwärtigen Lage und der geplanten Geschäfte für notwendig erachtet. Ferner ist die Begründung von Abweichungen und Diskrepanzen erforderlich.[87]

3. Gegenstände der Berichte

Die verschiedenen Berichte des Vorstands lassen sich nach Zeitpunkt und Grund ihrer Erstellung unterteilen. Die **periodischen Berichte** sind von Gesetzes wegen in bestimmten Abständen (auch Regelberichte, dazu Rz. 888 ff.), die **Anlassberichte** infolge situativer Geschehnisse (auch Sonderberichte, dazu Rz. 897 ff.), die **Anforderungsberichte** nach Aufforderung des Aufsichtsrats (dazu Rz. 904) und die **Vorlageberichte** bei vom Vorstand nachgefragten Beschlüssen des Aufsichtsrats über Fragen der Geschäftsführung (dazu Rz. 905). 887

a) Periodische Berichte

Für einige Berichte legt § 90 Abs. 2 AktG Turnus und Häufigkeit ihrer Erstellung fest: Die Berichte nach § 90 Abs. 1 Satz 1 Nr. 1 AktG – beabsichtigte Geschäftspolitik und andere grundsätzliche Fragen der Unternehmensplanung – sind mindestens einmal **jährlich** (dazu Rz. 889 ff.) zu erstatten, die Berichte nach § 90 Abs. 1 Satz 1 Nr. 2 AktG – Rentabilität der Gesellschaft – in der Sitzung des Aufsichtsrats, in der der Jahresabschluss behandelt wird (dazu Rz. 894) und die Berichte nach § 90 Abs. 1 Satz 1 Nr. 3 AktG – Gang der Geschäfte, insbesondere den Umsatz, und die Lage der Gesellschaft – regelmäßig, mindestens **vierteljährlich** (dazu Rz. 895 f.). 888

aa) Jahresbericht § 90 Abs. 2 Nr. 1 AktG

Im Jahresbericht muss der Vorstand über die beabsichtigte Geschäftspolitik und grundsätzliche Fragen der Unternehmensplanung informieren. Da der Bericht „mindestens“ einmal jährlich zu erstellen ist, hat der Vorstand nach pflichtgemäßem Ermessen zu entscheiden, ob Änderungen der Lage der Gesellschaft oder ein Wechsel 889

---

85 Teilweise wird dies auch als „Follow-up“ eingeordnet *Hüffer/Koch*, § 90 AktG Rz. 6 („Follow-up“-Berichterstattung (...) hat vor allem hier praktische Bedeutung“); *Sailer-Coceani* in K. Schmidt/Lutter, § 90 AktG Rz. 21; ebenso *Mertens/Cahn* in KölnKomm/AktG, 3. Aufl. 2010, § 90 AktG Rz. 37; *Fleischer* in Spindler/Stilz, § 90 AktG Rz. 27; vgl. wohl auch *Götz*, NZG 2002, 599, 600; *Lutter/Krieger/Verse*, Rechte und Pflichten des Aufsichtsrats, § 6 Rz. 195; a.A. wohl *Kort* in Großkomm/AktG, 5. Aufl. 2015, § 90 AktG Rz. 46 f. (kein Follow-up, da § 90 Abs. 1 Satz 1 Nr. 1 AktG den Anwendungsbereich beschränke; aber Rz. 57: es müsse die Vergleichbarkeit zum letzten Bericht und zur Zukunftsplanung gegeben sein); vgl. auch Begr. RegE TransPuG, BT-Drucks. 14/8769, S. 13 („Dies fokussiert die Pflicht zum Follow-up Bericht auf ganz konkrete und bedeutsame Zielfestlegungen.“).

86 *Sailer-Coceani* in K. Schmidt/Lutter, § 90 AktG Rz. 18; a.A. wohl *Kort* in Großkomm/AktG, 5. Aufl. 2015, § 90 AktG Rz. 46 f. (Beschränkung des § 90 Abs. 1 Satz 1 Nr. 1 AktG).

87 *Sailer-Coceani* in K. Schmidt/Lutter, § 90 AktG Rz. 21.

der Unternehmensplanung gegebenenfalls unterjährig eine vorzeitige, **sofortige Berichterstattung** gebieten.[88]

890 Welche Berichtsgegenstände im Einzelnen unter die Geschäftspolitik in Abgrenzung zur Unternehmensplanung fallen, ist nicht eindeutig; jedenfalls erstreckt sich die Berichtspflicht auf Fragen der **Unternehmensplanung i.S.d. § 76 AktG.**[89] Dies lässt sich aus der nicht abschließenden Aufzählung des Klammerzusatzes – Finanz-, Investitions- und Personalplanung – schließen.[90]

891 Die Planung erstreckt sich in zeitlicher Hinsicht nicht nur auf das **laufende Jahr** sondern hat auch die **Mehrjahresplanung** (mittelfristig und langfristig) zu umfassen.[91]

892 In welchem Umfang die Darstellung der Unternehmensplanung in die **Tiefe und ins Detail** gehen muss, ist **von Größe und Marktsituation des Unternehmens abhängig.**[92] Grundsätzlich lässt sich festhalten, dass Berichtsgegenstand und Kernaufgaben des Gesamtvorstands, soweit sie auf die zukünftige Entscheidung des Unternehmens gerichtet sind, sich decken. Geboten ist, je nach Unternehmensgröße, eine gesonderte Produktions-, Absatz-, Beschaffungs-, Entwicklungs-, Kosten-, oder Ergebnisplanung.[93] Die Darstellung des Risikofrühwarnsystems nach § 91 AktG und dessen Funktionsweise sowie alle insoweit manifest gewordenen Sachverhalte im Rahmen des Jahresberichts ist empfehlenswert.[94] Dasselbe gilt für das Compliance System.[95]

---

88 *Fleischer* in Spindler/Stilz, § 90 AktG Rz. 33; *Wiesner* in MünchHdb. GesR AG, § 25 Rz. 19.

89 *Hüffer/Koch*, § 90 AktG Rz. 4a; *Spindler* in MünchKomm/AktG, 5. Aufl. 2019, § 90 AktG Rz. 17 f.; *Fleischer* in Spindler/Stilz, § 90 AktG Rz. 17; *Kropff*, NZG 1998, 613, 614; a.A. *Kort* in Großkomm/AktG, 5. Aufl. 2015, § 90 AktG Rz. 23 (das Verhältnis der Tatbestandsmerkmale sei klar, wenn man die Geschäftspolitik als Teil der Unternehmensplanung verstehe).

90 Zu behandeln sind daher wesentliche Probleme der Organisation, Finanzierung und Strukturierung, Besetzung des Vorstands, vgl. *Mertens/Cahn* in KölnKomm/AktG, 3. Aufl. 2010, § 90 AktG Rz. 33; *Kort* in Großkomm/AktG, 5. Aufl. 2015, § 90 AktG Rz. 31; vgl. *Fleischer* in Spindler/Stilz, § 90 AktG Rz. 17.

91 Begr. RegE KonTraG, BT-Drucks. 13/9712, S. 15; *Sailer-Coceani* in K. Schmidt/Lutter, § 90 AktG Rz. 8; vgl. *Mertens/Cahn* in KölnKomm/AktG, 3. Aufl. 2010, § 90 AktG Rz. 33 (Rz. 34 nicht berichtspflichtig seien Planungen, die sich erst im Entwicklungsstadium befänden); *Kort* in Großkomm/AktG, 5. Aufl. 2015, § 90 AktG Rz. 25; *Wiesner* in MünchHdb. GesR AG, § 25 Rz. 19.

92 *Spindler* in MünchKomm/AktG, 5. Aufl. 2019, § 90 AktG Rz. 18.

93 Begr. RegE KonTraG, BT-Drucks. 13/9712, S. 15; *Fleischer* in Spindler/Stilz, § 90 AktG Rz. 19; *Kropff*, NZG 1998, 613, 614. Ferner für eine Darstellung der Umstellung von Arbeitsmethoden, Herstellungsprogrammen oder Vertriebsformen *Kort* in Großkomm/AktG, 5. Aufl. 2015, § 90 AktG Rz. 27; *Spindler* in MünchKomm/AktG, 5. Aufl. 2019, § 90 AktG Rz. 17 f. unter Berufung auf die Begr. RegE zum KonTraG, BT-Drucks. 13/9712, S. 15; a.A. *Mertens/Cahn* in KölnKomm/AktG, 3. Aufl. 2010, § 90 AktG Rz. 33.

94 *Lutter/Krieger/Verse*, Rechte und Pflichten des Aufsichtsrats, § 6 Rz. 203.

95 Vgl. *Lutter/Krieger/Verse*, Rechte und Pflichten des Aufsichtsrats, § 6 Rz. 203.

In Bezug auf die korrespondierenden Planrechnungen ist die Darstellung der wesentlichen Ergebnisse ausreichend.[96] Für die **kurzfristige Jahresplanung** ist aber regelmäßig die Offenlegung der zugrundeliegenden Planrechnungen geboten. Der seit dem TransPuG neue Wortlaut des § 90 Abs. 1 Satz 1 Nr. 1 AktG unterstreicht im Übrigen, dass die grundsätzliche Zielausrichtung des Unternehmens bei dem Jahresbericht im Vordergrund steht.[97] 893

bb) Rentabilitätsbericht § 90 Abs. 2 Nr. 2 AktG

Der Rentabilitätsbericht ist nach § 90 Abs. 2 Nr. 2 AktG in der Sitzung des Aufsichtsrats, in der über den Jahresabschluss verhandelt wird, zu erstatten. Er hat die Rentabilität der Gesellschaft zum Gegenstand, wobei das Gesetz die Rentabilität des Eigenkapitals besonders hervorhebt. Generell lässt sich die Rentabilität des Unternehmens durch das Verhältnis des Unternehmensgewinns zu sämtlichen Faktoren, die zur Erwirtschaftung des Gewinns beigetragen haben, messen.[98] Die Berichtspflicht umfasst **alle entscheidenden Kennziffern**, die **zur Bewertung des Unternehmensgewinns** in der Betriebswirtschaftslehre herausgearbeitet wurden.[99] Dazu gehören namentlich 894

- Eigenkapitalrentabilität (die Division des erzielten Gewinns durch das Eigenkapital i.S.d. § 266 Abs. 3 HGB weist auf die prozentuale Verzinsung des Eigenkapitals hin),[100]
- Cash-flow (Jahresergebnis nach Steuern, aber vor Abschreibungen und Rückstellungen, abzüglich nicht einnahmewirksamer Erträge wie Auflösung von Rückstellungen, Buchgewinn aus Anlagenveräußerung),[101]

96 *Hüffer/Koch*, § 90 AktG Rz. 4b; *Mertens/Cahn* in KölnKomm/AktG, 3. Aufl. 2010, § 90 AktG Rz. 33; *Spindler* in MünchKomm/AktG, 5. Aufl. 2019, § 90 AktG Rz. 19; *Kort* in Großkomm/AktG, 5. Aufl. 2015, § 90 AktG Rz. 26; *Kropff*, NZG 1998, 613, 614; strenger noch *Lutter*, Information und Vertraulichkeit, 1984, S. 13; *Semler*, ZGR 1983, 1, 23.

97 *Hüffer/Koch*, § 90 AktG Rz. 4b.

98 Vgl. *Fleischer* in Spindler/Stilz, § 90 AktG Rz. 25; *Kort* in Großkomm/AktG, 5. Aufl. 2015, § 90 AktG Rz. 49.

99 Empirisch zu dem Aufsichtsrat präsentierten Kennzahlen zur Erfolgsermittlung, *Fischer/Beckmann*, DB 2009, 1661, 1665.

100 *Hüffer/Koch*, § 90 AktG Rz. 5; *Spindler* in MünchKomm/AktG, 5. Aufl. 2019, § 90 AktG Rz. 26; *Sailer-Coceani* in K. Schmidt/Lutter, § 90 AktG Rz. 16; *Mertens/Cahn* in KölnKomm/AktG, 3. Aufl. 2010, § 90 AktG Rz. 36; *Lutter/Krieger/Verse*, Rechte und Pflichten des Aufsichtsrats, § 6 Rz. 204; vgl. *Groll*, Das Kennzahlensystem zur Bilanzanalyse, 2. Aufl. 2004, S. 31 ff.

101 *Hüffer/Koch*, § 90 AktG Rz. 5; *Spindler* in MünchKomm/AktG, 5. Aufl. 2019, § 90 AktG Rz. 26; *Sailer-Coceani* in K. Schmidt/Lutter, § 90 AktG Rz. 17; *Mertens/Cahn* in KölnKomm/AktG, 3. Aufl. 2010, § 90 AktG Rz. 36; *Kort* in Großkomm/AktG, 5. Aufl. 2015, § 90 AktG Rz. 50; *Lutter/Krieger/Verse*, Rechte und Pflichten des Aufsichtsrats, § 6 Rz. 204; vgl. *Groll*, Das Kennzahlensystem zur Bilanzanalyse, 2. Aufl. 2004, S. 59 ff.

- Gesamtkapitalrentabilität (Verhältnis zwischen dem erzielten Gewinn zuzüglich der Fremdkapitalkosten und dem Gesamtkapital),[102]
- Umsatzrentabilität (Verhältnis zwischen dem erzielten Gewinn und dem Gesamtumsatz),[103]
- Rentabilität wesentlicher Investitionen (Return on Investment [ROI] Verhältnis zwischen dem erzielten Gewinn und den getätigten Informationen),[104]
- bei börsennotierten Gesellschaften der Gewinn pro Aktie (dies dient der Beurteilung der Aktienkurse),[105]
- Wertschöpfungsrechnungen (Verhältnis zwischen von anderen Unternehmen bezogenen Leistungen und dem Unternehmensertrag),[106]
- sonstige Faktoren, die das Betriebsergebnis wesentlich beeinflusst haben.[107]

cc) Quartalsbericht § 90 Abs. 2 Nr. 3 AktG

895 Der Vorstand hat dem Aufsichtsrat vierteljährlich[108] über den **Gang der Geschäfte**, insbesondere den **Umsatz**, und die **Lage** der Gesellschaft zu unterrichten. Eine häufigere Berichterstattung kann notwendig sein, wenn die Unternehmenszahlen stark

---

102 *Hüffer/Koch*, § 90 AktG Rz. 5; *Spindler* in MünchKomm/AktG, 5. Aufl. 2019, § 90 AktG Rz. 26; *Sailer-Coceani* in K. Schmidt/Lutter, § 90 AktG Rz. 17; *Mertens/Cahn* in KölnKomm/AktG, 3. Aufl. 2010, § 90 AktG Rz. 36.

103 *Hüffer/Koch*, § 90 AktG Rz. 5; *Spindler* in MünchKomm/AktG, 5. Aufl. 2019, § 90 AktG Rz. 26; *Sailer-Coceani* in K. Schmidt/Lutter, § 90 AktG Rz. 17; *Lutter/Krieger/Verse*, Rechte und Pflichten des Aufsichtsrats, § 6 Rz. 204; *Mertens/Cahn* in KölnKomm/AktG, 3. Aufl. 2010, § 90 AktG Rz. 36; vgl. *Groll*, Das Kennzahlensystem zur Bilanzanalyse, 2. Aufl. 2004, S. 42 ff.

104 *Hüffer/Koch*, § 90 AktG Rz. 5; *Spindler* in MünchKomm/AktG, 5. Aufl. 2019, § 90 AktG Rz. 26; *Sailer-Coceani* in K. Schmidt/Lutter, § 90 AktG Rz. 17; *Mertens/Cahn* in KölnKomm/AktG, 3. Aufl. 2010, § 90 AktG Rz. 36; *Kort* in Großkomm/AktG,5. Aufl. 2015, § 90 AktG Rz. 49; *Lutter/Krieger/Verse*, Rechte und Pflichten des Aufsichtsrats, § 6 Rz. 204.

105 *Spindler* in MünchKomm/AktG, 5. Aufl. 2019, § 90 AktG Rz. 26; *Sailer-Coceani* in K. Schmidt/Lutter, § 90 AktG Rz. 17; *Mertens/Cahn* in KölnKomm/AktG, 3. Aufl. 2008, § 90 AktG Rz. 36; *Kort* in Großkomm/AktG, 5. Aufl. 2015, § 90 AktG Rz. 48; *Lutter/Krieger/Verse*, Rechte und Pflichten des Aufsichtsrats, § 6 Rz. 204.

106 *Sailer-Coceani* in K. Schmidt/Lutter, § 90 AktG Rz. 17; *Mertens/Cahn* in KölnKomm/AktG, 3. Aufl. 2010, § 90 AktG Rz. 36; *Kort* in Großkomm/AktG, 5. Aufl. 2015, § 90 AktG Rz. 50; vgl. *Groll*, Das Kennzahlensystem zur Bilanzanalyse, 2. Aufl. 2004, S. 54 ff.

107 *Kort* in Großkomm/AktG, 5. Aufl. 2015, § 90 AktG Rz. 50; *Sailer-Coceani* in K. Schmidt/Lutter, § 90 AktG Rz. 17.

108 Das entspricht im Ausgangspunkt der Frequenz der Aufsichtsratssitzungen nach § 110 Abs. 3 AktG. Es wurde die monatliche Berichterstattung vorgeschlagen, von der Baums-Kommission aber abgelehnt, da die erforderliche Frequenz von Struktur und Größe des Unternehmens abhängen dürfte, *Baums* (Hrsg.), Bericht der Regierungskommission Corporate Governance, Rz. 19.

schwanken;[109] dafür bedarf es einer Entscheidung des Vorstands.[110] Unabhängig davon kann der Aufsichtsrat von sich aus eine häufigere Berichterstattung verlangen.

Der Gang der Geschäfte umfasst die **gesamte operative Tätigkeit** der Gesellschaft und der von ihr abhängigen Unternehmen.[111] Der Bericht darf sich nicht mit lediglich allgemeinen Feststellungen zu dem Geschäftsverlauf begnügen, er muss andererseits aber nicht den Detailgrad der Anhangangaben für den Geschäftsbericht nach § 160 AktG erreichen.[112] Für die Darlegung der Liquidität und der Ertragslage des Unternehmens ist die Darstellung von Planrechnungen erforderlich.[113] Die Auftragslage ist ebenfalls darzustellen.[114] Daneben sind auf Besonderheiten des Marktes und der Gesellschaft einzugehen; genannt werden beispielsweise Verlust wichtiger Märkte, Rechtsstreitigkeiten und Kündigungen wichtiger Mitarbeiter.[115] 896

b) Anlassberichte

Die Anlassberichte müssen nicht zu festgelegten Terminen erstellt werden, sondern sind **fallbezogen** zu erstatten. 897

aa) Geschäftsbezogene Unterrichtung § 90 Abs. 1 Satz 1 Nr. 4 AktG

Nach § 90 Abs. 1 Satz 1 Nr. 4 AktG lösen solche Geschäfte eine Berichtspflicht aus, die für die Rentabilität oder Liquidität der Gesellschaft von erheblicher Bedeutung sein können.[116] 898

---

109 *Sailer-Coceani* in K. Schmidt/Lutter, § 90 AktG Rz. 24; vgl. auch *Kort* in Großkomm/AktG, 5. Aufl. 2015, § 90 AktG Rz. 80.

110 *Fleischer* in Spindler/Stilz, § 90 AktG Rz. 35; vgl. *Kort* in Großkomm/AktG, 5. Aufl. 2015, § 90 AktG Rz. 81.

111 *Hüffer/Koch*, § 90 AktG Rz. 6; *Spindler* in MünchKomm. AktG, 5. Aufl. 2019, § 90 Rz. 28; *Sailer-Coceani* in K. Schmidt/Lutter, § 90 AktG Rz. 21; *Mertens/Cahn* in KölnKomm/AktG, 3. Aufl. 2010, § 90 AktG Rz. 37; *Kort* in Großkomm/AktG, 5. Aufl. 2015, § 90 AktG Rz. 54.

112 *Spindler* in MünchKomm/AktG, 5. Aufl. 2019, § 90 AktG Rz. 28; *Sailer-Coceani* in K. Schmidt/Lutter, § 90 AktG Rz. 23; *Mertens/Cahn* in KölnKomm/AktG, 3. Aufl. 2010, § 90 AktG Rz. 37; *Kort* in Großkomm/AktG, 5. Aufl. 2015, § 90 AktG Rz. 59.

113 *Hüffer/Koch*, § 90 AktG Rz. 6; *Spindler* in MünchKomm/AktG, 5. Aufl. 2019, § 90 AktG Rz. 28; *Fleischer* in Spindler/Stilz, § 90 AktG Rz. 27; *Kort* in Großkomm/AktG, 5. Aufl. 2015, § 90 AktG Rz. 56; vgl. auch *Sailer-Coceani* in K. Schmidt/Lutter, § 90 AktG Rz. 22.

114 *Semler*, Leitung und Überwachung, 1996, S. 86.

115 Vgl. *Mertens/Cahn* in KölnKomm/AktG, 3. Aufl. 2010, § 90 AktG Rz. 37, die Gegenstände sollen zudem auch Teil des Anlassberichts nach § 90 Abs. 1 Satz 3 AktG sein; vgl. auch *Fleischer* in Spindler/Stilz, § 90 AktG Rz. 27.

116 Da die Berichte nach § 90 Abs. 2 Nr. 4 AktG möglichst so rechtzeitig erstellt werden müssen, dass der Aufsichtsrat vor Vornahme der Geschäfte Gelegenheit hat, zu ihnen Stellung zu nehmen, handelt es sich um eine gegenstandsbezogene Berichterstattung; dezidiert *Mertens/Cahn* in KölnKomm/AktG, 3. Aufl. 2010, § 90 AktG Rz. 38; *Fleischer* in Spindler/Stilz, § 90 AktG Rz. 28; *Kort* in Großkomm/AktG, 5. Aufl. 2015, § 90 AktG Rz. 60; vgl. auch *Hüffer/Koch*, § 90 AktG Rz. 10 („fallweise“).

899 Ob ein Geschäft – als Gegenstand der Geschäftsführung – in negativer oder positiver Hinsicht **erhebliche Auswirkungen** hat, hängt einerseits von der Lage der Gesellschaft und andererseits von der Bedeutung des Geschäfts ab.[117] Neben Ausmaß und Einfluss des Geschäfts auf Ertrags- oder Liquiditätslage der Gesellschaft wird teilweise auch die fehlende Üblichkeit des Geschäfts für wesentlich gehalten,[118] was sich jedoch mit dem Wortlaut des Gesetzes nicht vereinbaren lässt. Die Bedeutung des Geschäfts muss nicht zweifelsfrei berechnet und festgestellt werden. Die Berichtspflicht wird bereits ausgelöst, wenn die Bedeutung nach „vernünftiger kaufmännische Prognose" weitreichend sein kann.[119]

900 Beispielhaft zu nennen sind langfristige Liefergeschäfte, Übernahme größerer Aufträge, Veräußerung von Beteiligungen und Gründung von Zweigniederlassungen.[120] Eine Präzisierung dieses Katalogs in der Geschäfts- bzw. Informationsordnung für den Vorstand ist zu erwägen, wobei sich diese an dem **Katalog der Kernaufgaben** des Vorstands orientieren kann.

bb) Wichtige Anlässe § 90 Abs. 1 Satz 3 AktG

901 Dem Vorsitzenden des Aufsichtsrats ist nach § 90 Abs. 1 Satz 3 AktG auch aus **sonstigen wichtigen Anlässen** zu berichten. Ausdrücklich bestimmt das Gesetz, dass als wichtiger Anlass auch ein dem Vorstand bekanntgewordener geschäftlicher Vorgang bei einem verbundenen Unternehmen anzusehen ist, der auf die Lage der Gesellschaft von erheblichem Einfluss sein kann.

902 In Abgrenzung zu § 90 Abs. 1 Satz 1 Nr. 4 AktG geht es bei der anlassbezogenen Berichtspflicht gegenüber dem Aufsichtsratsvorsitzenden nach § 90 Abs. 1 Satz 3 AktG vor allem um **Ereignisse, die von außen** an die AG herangetragen werden und nachteilig auf sie einwirken können.[121] Dazu gehören etwa: Erhebliche Betriebsstörung, Arbeitskampf, empfindliche behördliche Auflagen oder gerichtliche Verfahren, wesentliche Steuernachforderungen, Gefährdung größerer Außenstände, zentrale

---

117 *Lutter/Krieger/Verse*, Rechte und Pflichten des Aufsichtsrats, § 6 Rz. 208; *Mertens/Cahn* in KölnKomm/AktG, 3. Aufl. 2010, § 90 AktG Rz. 39; *Fleischer* in Spindler/Stilz, § 90 AktG Rz. 28 („Quantifizierungsverbot" der Rechtsprechung für Gegenstände der Berichtspflicht); *Kort* in Großkomm/AktG, 5. Aufl. 2015, § 90 AktG Rz. 61.

118 *Sailer-Coceani* in K. Schmidt/Lutter, § 90 AktG Rz. 26.

119 *Hüffer/Koch*, § 90 AktG Rz. 7; *Kort* in Großkomm/AktG, 5. Aufl. 2015, § 90 AktG Rz. 61; vgl. *Fleischer* in Spindler/Stilz, § 90 AktG Rz. 28.

120 Vgl. RegE, *Kropff*, S. 117; *Spindler* in MünchKomm/AktG, 5. Aufl. 2019, § 90 AktG Rz. 29; *Sailer-Coceani* in K. Schmidt/Lutter, § 90 AktG Rz. 26; vgl. auch *Mertens/Cahn* in KölnKomm/AktG, 3. Aufl. 2010, § 90 AktG Rz. 39; *Fleischer* in Spindler/Stilz, § 90 AktG Rz. 28; *Wiesner* in MünchHdb. GesR AG, § 25 Rz. 78. Genannt werden ferner teilweise Geschäfte, die über den Unternehmensgegenstand hinausreichen, *Sailer-Coceani* in K. Schmidt/Lutter, § 90 AktG Rz. 26.

121 *Hüffer/Koch*, § 90 AktG Rz. 8; *Spindler* in MünchKomm/AktG, 5. Aufl. 2019, § 90 AktG Rz. 31; *Sailer-Coceani* in K. Schmidt/Lutter, § 90 AktG Rz. 33; *Fleischer* in Spindler/Stilz, § 90 AktG Rz. 31 (vornehmlich externe Ereignisse); *Kort* in Großkomm/AktG, 5. Aufl. 2015, § 90 AktG Rz. 67.

Unfälle, Liquiditätsprobleme, grundlegender Dissens im Vorstand und § 92 AktG (Verlust Grundkapital und drohende Zahlungsunfähigkeit).[122] § 90 Abs. 1 Satz 3 AktG erfasst daher weitergehend als § 90 Abs. 1 Satz 1 Nr. 4 AktG nicht nur Fragen der Geschäftstätigkeit des Unternehmens, sondern sämtliche Vorgänge.

Grundsätzlich ist der anlassbezogene **Regelbericht** nach § 90 Abs. 1 Satz 1 Nr. 4 903
AktG an den Gesamtaufsichtsrat vorrangig, jedoch ist, wenn der Gesamtaufsichtsrat nicht rechtzeitig erreichbar ist, zumindest **der Bericht an den Aufsichtsratsvorsitzenden** geboten.[123]

c) Anforderungsberichte § 90 Abs. 3 AktG

Der Aufsichtsrat kann gem. § 90 Abs. 3 Satz 1 AktG vom Vorstand jederzeit einen 904
Bericht verlangen (zum Procedere s. Rz. 864). Dem kommt in erster Linie die Aufgabe der **Lückenfüllung bei unvollständiger Berichterstattung** des Vorstands zu, der Anforderungsbericht kann aber auch neben den Gegenständen des § 90 Abs. 1 AktG auf andere Inhalte gerichtet sein. Das Gesetz präzisiert, dass der Aufsichtsrat über Angelegenheiten der Gesellschaft und über ihre rechtlichen und geschäftlichen Beziehungen zu verbundenen Unternehmen Auskunft verlangen darf. Im Hinblick auf geschäftliche Vorgänge, die auf die Lage der Gesellschaft von erheblichem Einfluss sein können, ergeben sich dabei Überschneidungen mit § 90 Abs. 1 Satz 1 Nr. 4 AktG.[124] Die zulässigen Gegenstände des Berichtsverlangens reichen so weit, wie die Überwachungsaufgabe des Aufsichtsrats; § 90 Abs. 3 AktG ist daher weit zu verstehen.[125]

d) Vorlageberichte

Neben den gesetzlich ausdrücklich normierten Fällen des § 90 AktG besteht eine Be- 905
richtspflicht des Vorstands, wenn dieser einen **Beschluss des Aufsichtsrats** zu Fra-

122 Vgl. *Hüffer/Koch*, § 90 AktG Rz. 8; *Sailer-Coceani* in K. Schmidt/Lutter, § 90 AktG Rz. 33; *Mertens/Cahn* in KölnKomm/AktG, 3. Aufl. 2010, § 90 AktG Rz. 45; *Fleischer* in Spindler/Stilz, § 90 AktG Rz. 31; *Kort* in Großkomm/AktG, 5. Aufl. 2015, § 90 AktG Rz. 67; einige der genannten Gegenstände werden teilweise auch als Gegenstand des Quartalsberichts gesehen, *Mertens/Cahn* in KölnKomm/AktG, 3. Aufl. 2010, § 90 AktG Rz. 37.

123 *Sailer-Coceani* in K. Schmidt/Lutter, § 90 AktG Rz. 34; *Mertens/Cahn* in KölnKomm/AktG, 3. Aufl. 2010, § 90 AktG Rz. 46; *Kort* in Großkomm/AktG, 5. Aufl. 2015, § 90 AktG Rz. 68.

124 *Hüffer/Koch*, § 90 AktG Rz. 11; vgl. *Mertens/Cahn* in KölnKomm/AktG, 3. Aufl. 2010, § 90 AktG Rz. 48.

125 *Mertens/Cahn* in KölnKomm/AktG, 3. Aufl. 2010, § 90 AktG Rz. 48; *Fleischer* in Spindler/Stilz, § 90 AktG Rz. 40; *Kort* in Großkomm/AktG, 5. Aufl. 2015, § 90 AktG Rz. 88; *Manger*, NZG 2010, 1255, 1257. Vgl. aber zu Missbrauchsgrenzen und Grenzen aus Gründen der Geheimhaltung Rz. 865 ff.

gen der Geschäftsführung herbeiführen will oder muss.[126] Dazu zählen insbesondere Beschlüsse des Aufsichtsrats nach folgenden Vorschriften:

- Jahres- und Konzernabschluss sowie die Lageberichte nach § 170 AktG;[127] der Lagebericht schließt die Darlegung der Risikoüberwachung und der Compliance mit ein (vgl. auch Grundsatz 15 Satz 3 DCGK 2020),[128]
- Einstellung von Gewinnrücklagen und Abschlagszahlung auf Bilanzgewinn (§§ 58 Abs. 2, 59 Abs. 3 AktG),[129]
- Berichte wegen zustimmungsbedürftiger Maßnahmen (§ 111 Abs. 4 AktG),[130]
- Kreditgewährung an den Vorstand (§ 89 AktG),[131]
- Befreiung vom Wettbewerbsverbot (§ 88 AktG),[132]
- Abschluss von Verträgen mit Aufsichtsratsmitgliedern (§§ 114, 115 AktG),[133]
- Ausnutzung genehmigten Kapitals (§§ 203 Abs. 3 Satz 2, 204 Abs. 1 AktG),[134]
- Mitbestimmung bei der Ausübung von Beteiligungsrechten (§ 32 MitbestG, § 15 MontanMitbestErgG),[135]

---

126 *Hüffer/Koch*, § 90 AktG Rz. 2; *Spindler* in MünchKomm/AktG, 5. Aufl. 2019, § 90 AktG Rz. 3; *Fleischer* in Spindler/Stilz, § 90 AktG Rz. 14; *Lutter/Krieger/Verse*, Rechte und Pflichten des Aufsichtsrats, § 6 Rz. 216; *Wiesner* in MünchHdb. GesR AG, § 25 Rz. 83.

127 *Hüffer/Koch*, § 90 AktG Rz. 2; *Spindler* in MünchKomm/AktG, 5. Aufl. 2019, § 90 AktG Rz. 3; *Sailer-Coceani* in K. Schmidt/Lutter, § 90 AktG Rz. 3; *Mertens/Cahn* in Köln-Komm/AktG, 3. Aufl. 2010, § 90 AktG Rz. 4; *Fleischer* in Spindler/Stilz, § 90 AktG Rz. 14; *Lutter/Krieger/Verse*, Rechte und Pflichten des Aufsichtsrats, § 6 Rz. 217.

128 *Hüffer/Koch*, § 90 AktG Rz. 2; *Mertens/Cahn* in KölnKomm/AktG, 3. Aufl. 2010, § 90 AktG Rz. 4; a.A. auch im Jahresbericht *Lutter/Krieger/Verse*, Rechte und Pflichten des Aufsichtsrats, § 6 Rz. 203.

129 *Fleischer* in Spindler/Stilz, § 90 AktG Rz. 14.

130 *Spindler* in MünchKomm/AktG, 5. Aufl. 2019, § 90 AktG Rz. 3; *Sailer-Coceani* in K. Schmidt/Lutter, § 90 AktG Rz. 3; *Mertens/Cahn* in KölnKomm/AktG, 3. Aufl. 2010, § 90 AktG Rz. 4; *Fleischer* in Spindler/Stilz, § 90 AktG Rz. 14; *Lutter/Krieger/Verse*, Rechte und Pflichten des Aufsichtsrats, § 6 Rz. 220; *Weißhaupt*, ZIP 2019, 202, 207 f.

131 *Spindler* in MünchKomm/AktG, 5. Aufl. 2019, § 90 AktG Rz. 3; *Sailer-Coceani* in K. Schmidt/Lutter, § 90 AktG Rz. 3; *Mertens/Cahn* in KölnKomm/AktG, 3. Aufl. 2010, § 90 AktG Rz. 4; *Fleischer* in Spindler/Stilz, § 90 AktG Rz. 14.

132 *Spindler* in MünchKomm/AktG, 5. Aufl. 2019, § 90 AktG Rz. 3; *Sailer-Coceani* in K. Schmidt/Lutter, § 90 AktG Rz. 3; *Mertens/Cahn* in KölnKomm/AktG, 3. Aufl. 2010, § 90 AktG Rz. 4; *Fleischer* in Spindler/Stilz, § 90 AktG Rz. 14.

133 *Sailer-Coceani* in K. Schmidt/Lutter, § 90 AktG Rz. 3.

134 *Sailer-Coceani* in K. Schmidt/Lutter, § 90 AktG Rz. 3; vgl. *Fleischer* in Spindler/Stilz, § 90 AktG Rz. 14.

135 *Spindler* in MünchKomm/AktG, 5. Aufl. 2019, § 90 AktG Rz. 3; vgl. *Sailer-Coceani* in K. Schmidt/Lutter, § 90 AktG Rz. 3; *Mertens/Cahn* in KölnKomm/AktG, 3. Aufl. 2010, § 90 AktG Rz. 4; *Fleischer* in Spindler/Stilz, § 90 AktG Rz. 14.

- Information des Aufsichtsrats, wenn dieser bei der Vertretung oder bei Handelsregistereintragungen mitwirken muss,[136]
- Abhängigkeitsbericht (§ 312 AktG).[137]

III. Sonstige Informationsflüsse

1. Information durch den Vorstand

Auch jenseits der Erstattung von Berichten ist die kontinuierliche Information des Aufsichtsrats eine zentrale Aufgabe des Vorstands. So trifft den Vorstand eine **Anwesenheitspflicht bei Aufsichtsratssitzungen**, wenn der Aufsichtsrat die Anwesenheit verlangt.[138] Dies schafft die Grundlage für eine Informationskultur innerhalb des Unternehmens, wie sie Nr. 3.5 Abs. 1 DCGK in seiner bis 2020 geltenden Fassung noch explizit einforderte,[139] während der aktuelle DCGK 2020 auf entsprechende Bestimmungen verzichtet. Dabei geht es im Kern um die über die Kontrolle des Vorstands hinausgehende Funktion des Aufsichtsrats als Berater.[140] Insoweit ist es zutreffend, dass gute Unternehmensführung eine offene Diskussion zwischen Vorstand und Aufsichtsrat voraussetzt, wie sie der DCGK 2020 in seinem Grundsatz 13 Satz 2 explizit adressiert. 906

2. Information am Vorstand vorbei

a) Einsichtnahme und Sachverständige

Der Aufsichtsrat muss sich nicht auf die Vollständigkeit der Berichterstattung des Vorstands verlassen. Er hat das vorbehaltlich der Missbrauchsgrenze unbeschränkte Recht, in alle schriftlichen **Unterlagen** der Gesellschaft **einzusehen**; diese hat ihm der Vorstand vorzulegen, § 111 Abs. 2 AktG.[141] 907

---

136 *Mertens/Cahn* in KölnKomm/AktG, 3. Aufl. 2010, § 90 AktG Rz. 4.

137 *Hüffer/Koch*, § 90 AktG Rz. 2; *Spindler* in MünchKomm/AktG, 5. Aufl. 2019, § 90 AktG Rz. 3; *Sailer-Coceani* in K. Schmidt/Lutter, § 90 AktG Rz. 3; *Mertens/Cahn* in KölnKomm/AktG, 3. Aufl. 2010, § 90 AktG Rz. 4; *Fleischer* in Spindler/Stilz, § 90 AktG Rz. 14; *Lutter/Krieger/Verse*, Rechte und Pflichten des Aufsichtsrats, § 6 Rz. 218.

138 *v. Schenck*, NZG 2002, 64, 66.

139 Dazu *v. Werder* in Kremer/Bachmann/Lutter/v. Werder, DCGK, 7. Aufl. 2018, Rz. 541 ff.

140 Vgl. zum Aufsichtsrat als „institutioneller Ratgeber und Gesprächspartner des Vorstands" *Lutter/Krieger/Verse*, Rechte und Pflichten des Aufsichtsrats, § 3 Rz. 103.

141 Vgl. dazu eingehend *Semler*, Leitung und Überwachung, 1996, S. 95 ff.; *Lutter/Krieger/Verse*, Rechte und Pflichten des Aufsichtsrats, § 5 Rz. 172 ff.; *Hüffer*, NZG 2007, 47, 53; zur möglichen Einsicht in Berichte der internen Revision und des Controlling *Kropff*, NZG 2003, 346, 348.

908 Daneben informiert sich der Aufsichtsrat gem. § 170 Abs. 3 AktG durch den Prüfungsbericht des **Abschlussprüfers.**[142] Außerdem ist ihm die Hinzuziehung **Sachverständiger** nach § 109 Abs. 1 Satz 2 AktG erlaubt.[143]

b) Angestellte

909 Dem Aufsichtsrat steht es nach h.M. und richtiger Auffassung grundsätzlich nicht zu, sich **am Vorstand vorbei bei** Angestellten der AG zu informieren.[144] Eine im Vordringen befindliche Ansicht hält die vorstandsunabhängige Information indessen aus beachtlichen Gründen für notwendig.[145] Unverzichtbar ist aber jedenfalls die vorgängige Unterrichtung des Vorstands über die beabsichtigte Kontaktnahme mit Mitarbeitern, um diesem Gelegenheit zur Stellungnahme und zum Widerspruch zu geben.

910 Nur ausnahmsweise ist die Einholung von Informationen bei Angestellten ohne Einbeziehung des Vorstands denkbar, nämlich dann, wenn ein dringender Verdacht einer erheblichen Pflichtverletzung des Vorstands besteht.[146] Mit dem Einverständnis des Vorstands kann auch routinemäßig, etwa im Hinblick auf die Leiter bestimmter Stabsfunktionen wie Recht oder Controlling, eine unmittelbare Kontaktnahme mit Angestellten erfolgen.[147]

---

142 Vgl. dazu eingehend *Leyens*, Information des Aufsichtsrats, S. 201 ff.; *Lutter/Krieger/Verse*, Rechte und Pflichten des Aufsichtsrats, § 6 Rz. 245b; ferner *Hüffer*, NZG 2007, 47, 53; *Kropff*, NZG 2003, 346, 347.

143 Vgl. dazu *Leyens*, Information des Aufsichtsrats, S. 222 ff.; *Hüffer*, NZG 2007, 47, 53.

144 *Hüffer/Koch*, § 90 AktG Rz. 11; *Spindler* in MünchKomm/AktG, 5. Aufl. 2019, § 90 AktG Rz. 39; *Sailer-Coceani* in K. Schmidt/Lutter, § 90 AktG Rz. 39; *Mertens/Cahn* in KölnKomm/AktG, 3. Aufl. 2010, § 90 AktG Rz. 52; wohl auch *Fleischer* in Spindler/Stilz, § 90 AktG Rz. 43 f.; *Kort* in Großkomm/AktG, 5. Aufl. 2015, § 90 AktG Rz. 94; *Elsing/Schmidt*, BB 2002, 1705, 1706; *Manger*, NZG 2010, 1255, 1256.

145 *Leyens*, Information des Aufsichtsrats, S. 182 ff., 191 ff.; *Kropff*, NZG 2003, 346; *Campos Nave*, Der Aufsichtsrat 2009, 6 ff.; vgl. auch *Semler*, Leitung und Überwachung, 1996, S. 99 f. Diff. *Lutter/Krieger/Verse*, Rechte und Pflichten des Aufsichtsrats, § 6 Rz. 246 ff.: nutzt der Aufsichtsrat sein Recht nach § 111 Abs. 2 AktG oder soll er Vorwürfe gegenüber dem Vorstand klären, sei eine Befragung der Mitarbeiter zulässig; bei Geschäftsführungsfragen sei dagegen eine Kooperation mit dem Vorstand notwendig.

146 *Hüffer/Koch*, § 90 AktG Rz. 11; *Spindler* in MünchKomm/AktG, 5. Aufl. 2019, § 90 AktG Rz. 39; *Sailer-Coceani* in K. Schmidt/Lutter, § 90 AktG Rz. 39; *Mertens/Cahn* in KölnKomm/AktG, 3. Aufl. 2010, § 90 AktG Rz. 52; *Kort* in Großkomm/AktG, 5. Aufl. 2015, § 90 AktG Rz. 99; wohl auch *Fleischer* in Spindler/Stilz, § 90 AktG Rz. 43; *Manger*, NZG 2010, 1255, 1256.

147 *Sailer-Coceani* in K. Schmidt/Lutter, § 90 AktG Rz. 39; *Mertens/Cahn* in KölnKomm/AktG, 3. Aufl. 2010, § 90 AktG Rz. 52 (Vereinbarung mit dem Vorstand); *Kort* in Großkomm/AktG, 5. Aufl. 2015, § 90 AktG Rz. 101.

IV. Verstoß gegen Informationspflichten

911 Da die Anforderungen an eine ordnungsgemäße Informationsversorgung des Aufsichtsrats in den letzten Jahren gestiegen sind und die vermeintlich fehlerhafte oder unterlassene Information in Krisensituationen ein in der Öffentlichkeit gern aufgegriffenes Thema ist,[148] sollte sich der Vorstand der Rechtsfolgen einer unzureichenden Information kontinuierlich und sorgfältig vergewissern. Ein **Verstoß** gegen die **Informationspflichten** kann nicht nur auf die Beschlüsse des Aufsichtsrats einwirken (dazu Rz. 912), sondern namentlich auch eine Haftung des Vorstands nach sich ziehen (dazu Rz. 913 f.). Präventiv stehen dem Aufsichtsrat im Übrigen Möglichkeiten offen, den Vorstand zu einer ordnungsgemäßen Berichterstattung anzuhalten (dazu Rz. 915 ff.).

1. Beschlüsse des Aufsichtsrats

912 Fasst der Aufsichtsrat einen Beschluss auf einer unzureichenden Informationsgrundlage, soll dieser **nichtig** sein.[149] Dem ist zuzustimmen, sofern es sich um eine gravierende Informationspflichtverletzung handelt, weil dann der Rechtsverstoß zu einem **schwerwiegenden Verfahrensfehler** führt.[150] Die Nichtigkeit kann weit reichende Folgen haben, sofern der Beschluss des Aufsichtsrats für den weiteren Geschäftsgang wesentliche Voraussetzung ist, wie dies insbesondere bei zustimmungsbedürftigen Geschäften oder der Feststellung des Jahresabschlusses der Fall ist.[151] Praktisch gibt es allerdings bislang kaum Rechtsprechung, die sich zur Nichtigkeit eines Aufsichtsratsbeschlusses wegen einer Informationspflichtverletzung des Vorstands verhält.[152]

2. Haftung und Kündigung

913 Kommt der Vorstand seinen Berichtspflichten nicht nach, kann er sich nach § 93 Abs. 2 AktG **Schadensersatzansprüchen** ausgesetzt sehen.[153] Ob die Entstehung eines Schadens nachgewiesen werden kann, ist aber fraglich, wenn die Einwendung zugelassen würde, dass die Entscheidung des Vorstands auch bei ordnungsgemäßer

148 Vgl. *v. Schenck*, NZG 2002, 64 f.

149 *Lutter/Krieger/Verse*, Rechte und Pflichten des Aufsichtsrats, § 6 Rz. 224 (mit Verweis auf LG Hannover v. 27.6.1989 – 7 O 214/89, DB 1989, 1816 = AG 1989, 448); *Hirte*, Das Transparenz- und Publizitätsgesetz, 2003, Rz. 8 (formuliert vorsichtiger: Beschluss kann nichtig sein).

150 Zu Verfahrens- und Inhaltsfehlern bei der Beschlussfassung des Aufsichtsrats *Spindler* in Spindler/Stilz, § 108 AktG Rz. 69; *Habersack* in MünchKomm/AktG, 5. Aufl. 2019, § 108 AktG Rz. 79 und 80.

151 Vgl. zum Umfang der Nichtigkeit eines Jahresabschlusses i.S.d. § 256 AktG s. BGH v. 15.11.1993 – II ZR 235/92, AG 1994, 124, NJW 1994, 520 ff.

152 Eine Ausnahme ist LG Hannover v. 27.6.1989 – 7 O 214/89, DB 1989, 1816 = AG 1989, 448 (insb. LS).

153 *Hüffer/Koch*, § 90 AktG Rz. 15; *Spindler* in MünchKomm/AktG, 5. Aufl. 2019, § 90 AktG Rz. 48; *Sailer-Coceani* in K. Schmidt/Lutter, § 90 AktG Rz. 60; *Mertens/Cahn* in KölnKomm/AktG, 3. Aufl. 2010, § 90 AktG Rz. 67; *Fleischer* in Spindler/Stilz, § 90 AktG Rz. 65; *Kort* in Großkomm/AktG, 5. Aufl. 2015, § 90 AktG Rz. 187.

Berichterstattung nicht anders getroffen worden wäre. Indessen ist dem Vorstand der **Einwand des rechtmäßigen Alternativverhaltens** richtigerweise **abgeschnitten**. Deshalb kommt eine Haftung des Vorstands immer dann in Betracht, wenn ein Geschäft, bei dem eine Berichtspflicht bestand, zu einem Schaden der Gesellschaft führt.[154]

914 Bei gewichtigen Verstößen gegen die Berichtspflicht kann auch die **Kündigung** des Vorstandsmitglieds gem. § 626 BGB und seine Abberufung nach § 84 Abs. 3 AktG gerechtfertigt sein. Das gilt jedenfalls dann, wenn der Vorstand zuvor eine Abmahnung erhalten hat.[155] Ferner soll ein Verstoß gegen Berichtspflichten Einfluss auf Pensionszusagen haben können.[156] Schließlich droht dem Vorstand eine Strafbarkeit aus § 400 Nr. 1 AktG, wenn er die Verhältnisse der Gesellschaft unrichtig wiedergibt oder verschleiert.[157]

3. Erzwingung

915 Der Aufsichtsrat muss eine unzureichende Berichterstattung oder eine Weigerung des Vorstands, angeforderte Berichte zu erstellen, nicht hinnehmen. Zur **Erzwingung** einer ordnungsgemäßen **Berichterstattung** des Vorstands nach § 90 AktG stehen dem Aufsichtsrat zwei Wege zur Verfügung, die in der Praxis aber bislang kaum je genutzt worden sind.[158]

916 Erstens kann dem Vorstand nach § 407 AktG i.V.m. §§ 388 ff. FamFG ein **Zwangsgeld** auferlegt werden,[159] wobei es dem Aufsichtsrat möglich ist, die Durchführung des entsprechenden Verfahrens anzuregen (§ 24 FamFG). Erhält das Registergericht gem. § 388 Abs. 1 FamFG von dem Verstoß gegen eine Berichtspflicht glaubhafte Kenntnis, gibt es dem Vorstand unter Androhung eines Zwangsgelds auf, entweder seiner gesetzlichen Verpflichtung nachzukommen oder die Unterlassung mittels Einspruchs zu rechtfertigen. Geschieht dies nicht, setzt das Registergericht nach § 399 FamFG durch Beschluss ein Zwangsgeld fest, das nach Maßgabe der §§ 86 f. FamFG vollstreckt wird, solange die Berichtspflicht nicht erfüllt wird.

---

154 *Mertens/Cahn* in KölnKomm/AktG, 3. Aufl. 2010, § 90 AktG Rz. 67; *Kort* in Großkomm/AktG, 5. Aufl. 2015, § 90 AktG Rz. 188.

155 LG München v. 11.11.2004 – 5HK O 6764/04, AG 2005, 131 f.; *Hüffer/Koch*, § 90 AktG Rz. 15; *Spindler* in MünchKomm/AktG, 5. Aufl. 2019, § 90 AktG Rz. 49 (ohne Erwähnung der Abmahnung); *Sailer-Coceani* in K. Schmidt/Lutter, § 90 AktG Rz. 60; *Mertens/Cahn* in KölnKomm/AktG, 3. Aufl. 2010, § 90 AktG Rz. 67; *Fleischer* in Spindler/Stilz, § 90 AktG Rz. 66; *Kort* in Großkomm/AktG, 5. Aufl. 2015, § 90 AktG Rz. 188.

156 *Spindler* in MünchKomm/AktG, 5. Aufl. 2019, § 90 AktG Rz. 49; *Sailer-Coceani* in K. Schmidt/Lutter, § 90 AktG Rz. 60.

157 *Pentz* in Fleischer, Hdb. Vorstandsrecht, § 16 Rz. 169; *Schaal* in MünchKomm/AktG, 4. Aufl. 2017, § 400 AktG Rz. 22.

158 Vgl. *Manger*, NZG 2010, 1255, 1258.

159 Vgl. dazu *Hüffer/Koch*, § 90 AktG Rz. 15; *Pentz* in Fleischer, Hdb. Vorstandsrecht, § 16 Rz. 169.

Zweitens ist die Erfüllung der Berichtspflicht nach richtiger Auffassung auf Initiative des Aufsichtsrats im Klageweg durch Erhebung einer Leistungsklage gegen die Mitglieder des Vorstands, die notwendige Streitgenossen sind,[160] möglich. Mit einem solchen **Interorganstreit** verbinden sich in allen Einzelheiten Schwierigkeiten bei der zivilprozessualen Einordnung, bei der Identifizierung der Parteien und hinsichtlich der Notwendigkeit einer solchen Klagemöglichkeit. Während nach einer Auffassung der Aufsichtsrat, mit Unterschieden im Detail, als Partei im Rechtsstreit auftreten darf,[161] gehen andere von einer Prozessstandschaft oder einer Klage der Gesellschaft selbst, nach § 112 AktG durch den Aufsichtsrat vertreten, aus.[162] Teilweise wird generell das Bedürfnis für einen Interorganstreit in Abrede gestellt, u.a. mit dem Argument, dass die Personalkompetenz des Aufsichtsrats zur Überwachung des Vorstands ausreiche.[163] Richtigerweise ist der Anspruch auf Erfüllung der Berichtspflichten aus § 90 Abs. 1 und Abs. 3 Satz 1 AktG vom Aufsichtsrat gegen den Vorstand und aus § 90 Abs. 3 Satz 2 AktG von dem einzelnen, die Unterrichtung begehrenden Aufsichtsratsmitglied gegen den Vorstand geltend zu machen, wobei die beteiligten Organe und Organmitglieder aus eigenem Recht klagen.[164] 917

Gegen die Zulässigkeit einer Klage des Aufsichtsrats oder einzelner Aufsichtsratsmitglieder spricht zwar, dass das AktG ausdrücklich zahlreiche Wege zur **Durchsetzung von Ansprüchen** im Verhältnis der Organe untereinander regelt (§ 147 AktG Geltendmachung von Schadensersatzansprüchen infolge Hauptversammlungsbeschluss, § 148 Abs. 1 AktG Klagemöglichkeit der Aktionäre, § 245 Nr. 5 AktG Anfechtungsberechtigung von einzelnen Aufsichtsratsmitgliedern, §§ 97 ff. AktG Statusverfahren). Daraus folgt aber nicht notwendig, dass das Gesetz sämtliche Konstellationen abschließend erfasst. Die Frage, ob eine Klage des Aufsichtsrats zulässig ist, sollte differenziert je nach konkreter Interessenlage beantwortet werden. Die **gerichtliche Geltendmachung** eines bestimmten Handelns oder Unterlassens des Vorstands kann sinnvoll sein:[165] Der drastischen Maßnahme der Abberufung, die zudem nur bei deutlichen, dem einzelnen Vorstandsmitglied konkret zurechenbaren Verstößen zulässig ist, sollte eine weniger eingriffsintensive Möglichkeit zur klageweisen Durchsetzung der Berichtspflicht an die Seite gestellt werden.[166] Die Klage auf Schadensersatz oder die Anregung eines Verfahrens der freiwilligen Gerichtsbarkeit schließt 918

---

160 *Hüffer/Koch*, § 90 AktG Rz. 15; *Spindler* in MünchKomm/AktG, 5. Aufl. 2019, § 90 AktG Rz. 61; *Sailer-Coceani* in K. Schmidt/Lutter, § 90 AktG Rz. 70.

161 *Kort* in Großkomm/AktG, 5. Aufl. 2015, Vor § 76 AktG Rz. 56 und § 90 AktG Rz. 183; *K. Schmidt*, GesR, S. 422 (der dies als institutionellen Fortschritt bezeichnet); *Fleischer* in Spindler/Stilz, § 90 AktG Rz. 70.

162 *Hüffer/Koch*, § 90 AktG Rz. 15 (m.w.N. zum Streitstand Rz. 18); *Spindler* in MünchKomm/AktG, 5. Aufl. 2019, § 90 AktG Rz. 61; *Sailer-Coceani* in K. Schmidt/Lutter, § 90 AktG Rz. 70.

163 *Mertens/Cahn* in KölnKomm/AktG, 3. Aufl. 2010, Vor § 76 AktG Rz. 4 f.

164 Eingehend *Schwab*, Das Prozessrecht interner Streitigkeiten, 2005, § 10, C, 578 ff., 722 f.

165 Zur Konstellationen der Leistungsklage des Vorstands gegen den Aufsichtsrat auf Handeln § 27 Rz. 1013 ff.; zur Klage des Vorstands auf Feststellung der Rechtswidrigkeit der Aufsichtsratstätigkeit § 27 Rz. 1009 ff.

166 Vgl. *Fleischer* in Spindler/Stilz, § 90 AktG Rz. 70.

diese Lücke nur unzureichend, da damit nur mittelbar – vermittelt durch das Schadenserfordernis bzw. das von Amts wegen geführte Verfahren der freiwilligen Gerichtsbarkeit – eine Einflussnahme auf den Vorstand ermöglicht wird. Wer Klage erheben darf (AG oder Aufsichtsrat), dürfte dagegen praktisch eine nur sekundäre Frage sein: Auf Hinweis des Gerichts (§ 139 ZPO) kann ein Klägerwechsel vom Aufsichtsrat erklärt werden, der als stets sachdienliche Klageänderung nach § 263 ZPO der Einwilligung des Beklagten nicht bedarf.[167]

919–939 Einstweilen frei.

§ 26 Statusverfahren

Literaturübersicht: *Göz*, Statusverfahren bei Änderungen in der Zusammensetzung des Aufsichtsrats, ZIP 1998, 1523; *Heinsius*, Die Amtszeit des Aufsichtsrats mitbestimmter Gesellschaften mit beschränkter Haftung und mitbestimmter Aktiengesellschaften bei formwechselnder Umwandlung, in FS Stimpel, 1985, S. 571; *Hellwig/Behme*, Die Verpflichtung von Vorstand und Aufsichtsrat zur Einleitung des Statusverfahrens (§§ 97, 98 AktG), in FS Hommelhoff, 2012, S. 343; *Hellwig/Behme*, Zur grenzüberschreitenden Dimension der deutschen Konzernmitbestimmung und ihren rechtspraktischen Konsequenzen, AG 2015, 333; *Hoffmann-Becking*, Amtszeit und Vergütung des Aufsichtsrats nach formwechselnder Umwandlung einer GmbH in eine Aktiengesellschaft, AG 1980, 269; *Kiem/Uhrig*, Der umwandlungsbedingte Wechsel des Mitbestimmungsstatuts – am Beispiel der Verschmelzung durch Aufnahme zwischen AGs, NZG 2001, 680; *Kowalski/Schmidt*, Das aktienrechtliche Statusverfahren nach §§ 96 Abs. 2, 97 ff. AktG – (k)ein Fallstrick im Gesellschaftsrecht, DB 2009, 551; *Martens*, Das aktienrechtliche Statusverfahren und der Grundsatz der Amtskontinuität, DB 1978, 1065; *Nießen/Sandhaus*, Das Statusverfahren, NJW-Spezial 2008, 687; *Oetker*, Der Anwendungsbereich des Statusverfahrens nach den §§ 97 ff. AktG, ZHR 149 (1985), 575; *Parmentier*, Das Statusverfahren beim Formwechsel in eine Aktiengesellschaft, AG 2006, 476; *Rosendahl*, Unternehmensumgliederungen und ihre Auswirkungen auf die Arbeitnehmer vertreter im Aufsichtsrat, AG 1985, 325; *M. Roth*, Zur Antragsrücknahme im aktienrechtlichen Statusverfahren, EWiR 2008, 257; *Schnitker/Grau*, Aufsichtsratsneuwahlen und Ersatzbestellung von Aufsichtsratsmitgliedern im Wechsel des Mitbestimmungsmodells, NZG 2007, 486; *Staake*, Der unabhängige Finanzexperte im Aufsichtsrat, ZIP 2010, 1013; *Wansleben*, Deutsche Unternehmensmitbestimmung und Unionsrecht – Ausgangs- und Folgefragen, WM 2017, 785; *Wulff/Buchner*, Sicherung der Amtskontinuität des mitbestimmten Aufsichtsrats bei Verschmelzung und Formwechsel, ZIP 2007, 314.

167 Zusammenfassung der Rspr. bei BGH v. 13.11.1975 – VII ZR 186/73 (KG), NJW 1976, 239, 240.

I. Grundlagen

Der Aufsichtsrat muss zu jeder Zeit nach den für ihn maßgebenden gesetzlichen Vorschriften zusammengesetzt sein. Im Zentrum steht dabei insbesondere die Gewährleistung der korrekten Arbeitnehmermitwirkung im Aufsichtsrat. Probleme können sich in dieser Hinsicht vor allem durch einen nachträglichen Wechsel des Mitbestimmungsstatus des Unternehmens ergeben. Mit dem **Status- oder Überleitungsverfahren** nach den §§ 97–99 AktG steht ein Verfahren zur Verfügung, dass notwendig gewordene Veränderungen der Aufsichtsratszusammensetzung rechtssicher begleitet.[1] § 97 Abs. 1 Satz 1 AktG verpflichtet den Vorstand zur Einleitung des Statusverfahrens, wenn er der Ansicht ist, dass der Aufsichtsrat nicht (mehr) nach den für seine Zusammensetzung maßgeblichen gesetzlichen Bestimmungen zusammengesetzt ist. Dem **Vorstand** obliegt also eine eigene **Überwachungs- und Handlungspflicht** zur Sicherstellung der gesetzmäßigen Zusammensetzung des Aufsichtsrats. 940

Außerhalb des Statusverfahrens ist, wie § 96 Abs. 2 AktG sicherstellt, grundsätzlich keine Veränderung der Zusammensetzung des Aufsichtsrats möglich. Deshalb verbleiben bei materiellen Rechtsänderungen sämtliche Aufsichtsratsmitglieder solange im Amt und der Aufsichtsrat kann unverändert wirksam Beschlüsse fassen, bis ein Statusverfahren durchgeführt und rechtskräftig abgeschlossen worden ist (**Status quo-Prinzip oder Kontinuitätsgrundsatz**).[2] Auch müssen die materiell-rechtlich überholten, bislang geltenden Rechtsgrundlagen bei Neuwahlen von Aufsichtsratsmitgliedern auch weiterhin noch beachtet werden, andernfalls ist die Wahl nach §§ 250 Abs. 1 Nr. 1, 96 Abs. 2 AktG nichtig. Das gilt auch für das Ergebnis des Statusverfahrens. Die Regelungen, die in einer nicht angefochtenen Bekanntmachung des Vorstands nach § 97 AktG oder in einer rechtskräftig gewordenen Entscheidung des Gerichts nach § 98 AktG für anwendbar erklärt worden sind, bleiben unabhängig davon, ob sie materiell zutreffend sind oder nicht, solange anwendbar, bis in einem neuerlichen Statusverfahren abweichende Bestimmungen als maßgeblich festgestellt worden sind.[3] 941

Hauptanwendungsfall des Statusverfahren ist deshalb die Änderung des mitbestimmungsrechtlichen Status der Gesellschaft und der dadurch bedingte Wechsel des maßgeblichen Aufsichtsratssystems (Rz. 943) sowie Veränderungen der relevanten Schwellenzahlen innerhalb desselben Aufsichtsratssystems (Rz. 946).[4] Nicht anwendbar ist das Statusverfahren demgegenüber bei Änderungen der Bestimmungen über die Zusammensetzung des Aufsichtsrats in der Satzung, insbesondere über die An- 942

---

1 Zum Zweck der Rechtssicherheit *Hüffer/Koch*, § 97 AktG Rz. 1; *Hoffmann-Becking* in MünchHdb. GesR AG, § 28 Rz. 50; ausführlich zum Normzweck *Hopt/Roth* in Großkomm/AktG, 5. Aufl. 2019, § 97 AktG Rz. 3 f.

2 *Hoffmann-Becking* in MünchHdb. GesR AG, § 28 Rz. 50; *Hopt/Roth* in Großkomm/AktG, 5. Aufl. 2019, § 97 AktG Rz. 4; *Parmentier*, AG 2006, 476, 477 f. Vgl. dazu OLG Düsseldorf v. 10.10.1995 – 19 W 5/95 AktE, NJW-RR 1996, 677, 678 = AG 1996, 87.

3 *Hopt/Roth* in Großkomm/AktG, 5. Aufl. 2019, § 97 AktG Rz. 4.

4 *Habersack* in MünchKomm/AktG, 5. Aufl. 2019 § 97 AktG Rz. 12, 14.

zahl der Aufsichtsratsmitglieder (Rz. 951). Prozedural zielt das Statusverfahren auf die Neuzusammensetzung des Aufsichtsrats in zwei voneinander zu sondernden Schritten. Zunächst ist in einem ersten Schritt außergerichtlich (§ 97 AktG) oder gerichtlich (§ 98 AktG) verbindliche Feststellung darüber zu treffen, welche Vorschriften zukünftig für die Zusammensetzung des Aufsichtsrats maßgeblich sind. Alsdann ist in einem zweiten Schritt der Aufsichtsrat nach den neuen Regeln zusammenzusetzen.

II. Anwendungsbereich

1. Wechsel des Aufsichtsratsmodells

943 Der wichtigste Fall der Änderung der Rechtsgrundlagen, nach denen der Aufsichtsrat zusammenzusetzen ist, ist der Wechsel des maßgeblichen **Mitbestimmungsregimes.**[5] Je nach Anzahl der Arbeitnehmer des Unternehmens und dem Unternehmenszweck bzw. der Betriebstätigkeit sind die verschiedenen Gesetze über die Mitbestimmung zu berücksichtigen. Während das Mitbestimmungsgesetz (MitbestG)[6] gem. dessen § 1 Abs. 1 Nr. 2 anwendbar ist, wenn mehr als **2000 Arbeitnehmer** beschäftigt sind, greift das Drittelbeteiligungsgesetz (DrittelbG)[7] nach § 1 Abs. 1 des Gesetzes schon bei AGs mit mehr als **500 Arbeitnehmern.** Das Montanmitbestimmungsgesetz (MontanMitbestG)[8] stellt kumulativ auf den **Betriebszweck und die Anzahl der Arbeitnehmer** nach § 1 Abs. 2 MontanMitbestG ab. Das dazugehörige Ergänzungsgesetz (MontanMitbestGErgG)[9] enthält besondere Vorschriften für den Aufsichtsrat der herrschenden AG, wenn diese gem. §§ 2, 3 des Gesetzes durch den besonderen Betriebszweck des Montanmitbestimmungsgesetzes gekennzeichnet sind.

944 Ändert sich ein Parameter, der den Anwendungsbereich eines Gesetzes begründet, und hat dies zu Folge, dass sich die Mitbestimmung nach anderen Vorschriften als bisher bestimmt, wird ein Statusverfahren erforderlich. Das ist insbesondere dann der Fall, wenn die Anzahl der regelmäßig von dem Unternehmen beschäftigten Ar-

---

5 *Hüffer/Koch*, § 97 AktG Rz. 3; *Drygala* in K. Schmidt/Lutter, § 97 AktG Rz. 5; *Habersack* in MünchKomm/AktG, 5. Aufl. 2019, § 97 AktG Rz. 12.

6 Mitbestimmungsgesetz v. 4.5.1976 (BGBl. I 1976, 1153), zuletzt geändert durch Art. 7 des Gesetzes v. 24.4.2015 (BGBl. I 2015, 642).

7 Drittelbeteiligungsgesetz v. 18.5.2004 (BGBl. I 2004, 974 zuletzt geändert durch Art. 8 des Gesetzes v. 24.4.2015 (BGBl. I 2015, 642).

8 Gesetz über die Mitbestimmung der Arbeitnehmer in den Aufsichtsräten und Vorständen der Unternehmen des Bergbaus und der Eisen und *Stahl* erzeugenden Industrie in der im Bundesgesetzblatt Teil III, Gliederungsnummer 801-2, veröffentlichten bereinigten Fassung zuletzt geändert durch Art. 5 des Gesetzes v. 24.4.2015 (BGBl. I 2015, 642).

9 Gesetz zur Ergänzung des Gesetzes über die Mitbestimmung der Arbeitnehmer in den Aufsichtsräten und Vorständen der Unternehmen des Bergbaus und der Eisen und *Stahl* erzeugenden Industrie in der im Bundesgesetzblatt Teil III, Gliederungsnummer 801-3, veröffentlichten bereinigten Fassung, zuletzt geändert durch Art. 6 des Gesetzes v. 24.4.2015 (BGBl. I 2015, 642).

beitnehmer unter 2000 sinkt, des Weiteren auch dann, wenn die Anzahl der der Arbeitnehmer unter 500 sinkt, da dann Mitbestimmungsfreiheit eintritt.[10] Dasselbe gilt in umgekehrter Richtung, wenn die relevanten Schwellenwerte überschritten werden.[11] Ein Statusverfahren ist auch durchzuführen, wenn ein bislang paritätisch mitbestimmtes Unternehmen seinen Unternehmenszweck auf eine überwiegend politische oder karitative Tätigkeit umstellt und deshalb als sogenanntes „Tendenzunternehmen" gem. 1 Abs. 4 MitbestG nicht mehr der Mitbestimmung unterliegt.[12]

Sind nach Maßnahmen nach dem **Umwandlungsrecht** für die Zusammensetzung des Aufsichtsrats andere als die bisherigen Vorschriften anwendbar, gelten die §§ 97 ff. AktG ebenfalls.[13] Dies ist in verschiedenen Konstellationen möglich: Infolge einer Spaltung kann die maßgebliche Arbeitnehmerzahl bei dem übertragenden Rechtsträger unterschritten werden, umgekehrt kann aufgrund einer Verschmelzung bei dem übernehmenden Rechtsträger die relevante Schwelle von 500 bzw. 2000 Arbeitnehmern überschritten werden.[14] Dabei sind jedoch die speziellen Übergangsregelungen des Umwandlungsrechts für die Mitbestimmung der Arbeitnehmer in den §§ 325 Abs. 1 (Abspaltung oder Ausgliederung)[15] sowie 203 (Formwechsel)[16] UmwG zu berücksichtigen. Bei einem Formwechsel von Vereinen, Stiftungen oder Personengesellschaften in eine der Mitbestimmung unterliegende Kapitalgesellschaft muss ein Aufsichtsrat neu gebildet und ein Statusverfahren durchgeführt werden.[17] Bei dem **Formwechsel in die SE** ist kein Statusverfahren durchzuführen.[18] Demgegenüber ist bei der grenzüberschreitenden Verschmelzung auf eine deutsche Ak- 945

---

10 LAG Hessen v. 29.7.2010 – 9 TaBVGa 116/10 (abrufbar bei juris); OLG Frankfurt v. 2.11.2010 – 20 W 362/10, NJW-Spezial 2011, 145 = ZIP 2011, 21; LG Berlin v. 19.12.2006 – 102 O 59/06 AktG, ZIP 2007, 424, 425 = AG 2007, 455, 456; *Hüffer/Koch*, § 97 AktG Rz. 3; *Hopt/Roth* in Großkomm/AktG, 5. Aufl. 2019, § 97 AktG Rz. 10; *Spindler* in Spindler/Stilz, § 97 AktG Rz. 6; *Weiler*, NZG 2004, 988.

11 BAG v. 16.4.2008 – 7 ABR 6/07, NZA 2008, 1025, 1026 = AG 2008, 708, 709; *Hopt/Roth* in Großkomm/AktG, 5. Aufl. 2019, § 97 AktG Rz. 10.

12 Vgl. *Habersack* in MünchKomm/AktG, 5. Aufl. 2019, § 97 AktG Rz. 12 f.; *Spindler* in Spindler/Stilz, § 97 AktG Rz. 6.

13 Vgl. *Habersack* in Habersack/Henssler, Mitbestimmungsrecht, § 6 MitbestG Rz. 7; *Hoffmann-Becking* in MünchHdb. GesR AG, § 28 Rz. 52.

14 Vgl. *Habersack* in Habersack/Henssler, Mitbestimmungsrecht, § 6 MitbestG Rz. 9; zur Verschmelzung einer GmbH auf eine GmbH & Co. KG und die darauf folgende Umwandlung der KG in eine GmbH s. *Wulff/Buchner*, ZIP 2007, 314 ff. Zur Verschmelzung s. *Kiem/Uhrig*, NZG 2001, 680, 682.

15 S. aber die wiederum spezielleren Normen des § 1 Abs. 1 Satz 2 MontanMitbestG; vgl. zu dem Verfahren *Hopt/Roth* in Großkomm/AktG, 5. Aufl. 2019, § 97 AktG Rz. 14 ff.

16 Solange § 203 UmwG die Zusammensetzung des Aufsichtsrats bestimmt, ist kein Statusverfahren möglich, *Kowalski/Schmidt*, DB 2009, 551, 554; a.A. *Hopt/Roth* in Großkomm/AktG, 5. Aufl. 2019, § 97 AktG Rz. 19 f. (das Statusverfahren sei immer durchzuführen); a.A. *Parmentier*, AG 2006, 476, 482 (es sei nie ein Statusverfahren durchzuführen).

17 Vgl. zur Neubildung des Aufsichtsrats *Hopt/Roth* in Großkomm/AktG, 5. Aufl. 2019, § 97 AktG Rz. 27.

18 Zutr. *Habersack*, Der Konzern 2008, 67; *Reichert/Brandes* in MünchKomm/AktG, 4. Aufl. 2014, Art 40 SE-VO Rz. 54 f.; *Eberspächer* in Spindler/Stilz, AktG, Bd. 2, 4. Aufl. 2019, Art. 40 SE-VO Rz. 8; *Teichmann* in MünchHdb. GesR, Bd. 6, 4. Aufl. 2013, § 49 Rz. 62;

tiengesellschaft als aufnehmender Rechtsträger ein Statusverfahren erforderlich, weil sich die Rechtsgrundlagen für die Zusammensetzung des Aufsichtsrats nach Wirksamwerden der Verschmelzung nicht mehr nach den deutschen Mitbestimmungsvorschriften richten.[19]

2. Veränderungen innerhalb des Aufsichtsratsmodells

946 Im Rahmen der paritätischen Mitbestimmung kann es, auch wenn der Anwendungsbereich des MitbestG weiterhin unverändert eröffnet ist, zu einer Veränderung der Anzahl der Aufsichtsratsmitglieder kommen mit der Folge, dass ein Statusverfahren durchzuführen ist. Nach § 7 Abs. 1 Satz 1 MitbestG bestimmt sich die Größe des Aufsichtsrats nach der **Anzahl der Arbeitnehmer**. Das Über- oder Unterschreiten der insoweit maßgeblichen Schwellenwerte hat nach richtiger und ganz h.M. die Konsequenz, dass ein Statusverfahren durchzuführen ist, um den Aufsichtsrat zukünftig mit der dann gebotenen Mitgliederzahl zusammenzusetzen.[20] Dieser Fall ist von einer Veränderung der Anzahl der Aufsichtsratsmitglieder im Wege der Satzungsänderung zu sondern (dazu Rz. 951).

947 Wenn erstmals nach § 5 Abs. 1 MitbestG Arbeitnehmer von **Konzernunternehmen** berücksichtigt werden müssen, ist die Durchführung eines Statusverfahrens nicht per se erforderlich, sondern nur dann, wenn die **Zurechnung** zu einem Überschreiten der nach § 7 Abs. 1 Satz 1 MitbestG maßgeblichen Arbeitsnehmerzahl führt und deshalb eine Vergrößerung des Aufsichtsrats geboten ist.[21] Demgegenüber ist eine Verkleinerung des Aufsichtsrats bei einem Unterschreiten des maßgeblichen Schwellenwerts nicht in jedem Fall zwingend notwendig, weil nach § 7 Abs. 1 Satz 2 MitbestG nach der Satzung gleichwohl eine höhere Anzahl an Aufsichtsratsmitgliedern vorgesehen sein kann, solange nur die Anzahl der Arbeitnehmer nicht unter die nach § 1 Abs. 1 Nr. 2 MitbestG erforderliche Grundschwelle von 2000 Arbeitnehmern absinkt und sich deshalb das Mitbestimmungsregime ändert.[22]

948 Ändert sich das Grundkapital und in der Folge die vorgegebenen **Höchstzahlen** der Aufsichtsratsmitglieder **nach § 95 AktG**, ist das Statusverfahrens grundsätzlich nicht anzuwenden.[23] Überzählige Aufsichtsratsmitglieder können nach § 103 AktG abberufen werden; neue Mitglieder können im Wege einer Ergänzungswahl bestellt werden. Wenn die Gesellschaft der Mitbestimmung unterliegt, ist bei Unterschreitung

---

a.A. *Jannott/Frodermann*, Handbuch der Europäischen Aktiengesellschaft, Kap. 3 Rz. 86; *Paefgen* in KölnKomm/AktG, 3. Aufl. 2012, Bd. 8/1, Art. 40 SE-VO Rz. 74.

19 Vgl. *Habersack* in MünchKomm/AktG, 5. Aufl. 2019, § 96 Rz. 63; *R. Krause* in Happ, Konzern- und Umwandlungsrecht, 2012, Abschn. 8.03 Rz. 45.1 ff.

20 Vgl. *Hüffer/Koch*, § 97 AktG Rz. 3; *Hopt/Roth* in Großkomm/AktG, 5. Aufl. 2019, § 97 AktG Rz. 11; *Habersack* in MünchKomm/AktG, 5. Aufl. 2019, § 97 AktG Rz. 14; *Martens*, DB 1978, 1065, 1068 f.; *Oetker*, ZHR 149 (1985), 575, 577 ff.; a.A. *Göz*, ZIP 1998, 1523, 1525 f.

21 *Hoffmann-Becking* in MünchHdb. GesR AG, § 28 Rz. 53.

22 *Hoffmann-Becking* in MünchHdb. GesR AG, § 28 Rz. 53.

23 *Hopt/Roth* in Großkomm/AktG, 5. Aufl. 2019, § 95 AktG Rz. 105; *Habersack* in MünchKomm/AktG, 5. Aufl. 2019, § 97 AktG Rz. 11.

der Schwellenzahlen aber ein Statusverfahren durchzuführen.[24] Dagegen genügt auch bei mitbestimmten Gesellschaften bei einer relevanten Erhöhung des Grundkapitals die Durchführung einer Ergänzungswahl.

3. Weitere Anwendungsfälle

Das Statusverfahren wird unabhängig von der materiellen Unrichtigkeit der Zusammensetzung des Aufsichtsrats gem. § 30 Abs. 3 AktG herangezogen, um den **ersten Aufsichtsrat** zu ersetzen. Da dieser nur für eine begrenzte Zeitspanne im Amt bleiben darf, wird die Neuzusammensetzung nach deren Ablauf zwingend erforderlich.[25] § 30 Abs. 3 Satz 2 AktG bestimmt zur Gewährleistung der Rechtssicherheit,[26] dass der Vorstand rechtzeitig vor Ablauf der Amtszeit des ersten Aufsichtsrats bekanntzumachen hat, nach welchen gesetzlichen Vorschriften der nächste Aufsichtsrat nach seiner Ansicht zusammenzusetzen ist. Das Verfahren bestimmt sich nach den §§ 96 ff. AktG. 949

Das Statusverfahren ist nach der ausdrücklichen Anordnung des § 31 Abs. 3 AktG auch in einem speziellen Fall der Sachgründung der AG entsprechend anzuwenden. Bestimmt die Satzung als Gegenstand einer Sacheinlage oder Sachübernahme die **Einbringung oder Übernahme eines Unternehmens** oder eines Teils eines Unternehmens, hat der Vorstand unverzüglich nach der Einbringung oder Übernahme eine Bekanntmachung über die Rechtsgrundlagen des Aufsichtsrats zu veröffentlichen. Im weiteren Verlauf des Verfahrens gelten die §§ 97 ff. AktG entsprechend. 950

Im Rahmen der gesetzlichen Vorgaben kann auch die Satzung Bestimmungen über die Zusammensetzung des Aufsichtsrats treffen. Nach § 95 Satz 2 AktG kann die **Satzung** die Anzahl der Aufsichtsratsmitglieder über die gesetzlich zwingend erforderlichen drei Mitglieder hinaus erweitern.[27] Den Gestaltungsmöglichkeiten der Satzung sind jedoch durch die einschlägigen Mitbestimmungsgesetze Schranken gezogen. Eine Erweiterung der Mitgliederzahl durch Satzung ist etwa im Anwendungsbereich des MitbestG nur nach Maßgabe des § 7 Abs. 1 Satz 2 MitbestG möglich. Die Erweiterung darf daher im Einzelfall die dort genannten Größen weder über- noch unterschreiten.[28] Nach richtiger und ganz h.M. **erfassen die §§ 97 ff. AktG** die Veränderung der Aufsichtsratsgröße durch bloße **Satzungsänderung nicht**; in diesen Fällen bedarf es also keines Statusverfahrens.[29] Der Mindermeinung, die für eine analoge 951

---

24 *Hüffer/Koch*, § 95 AktG Rz. 5; *Hopt/Roth* in Großkomm/AktG, 5. Aufl. 2019, § 95 AktG Rz. 106; *Spindler* in Spindler/Stilz, § 97 AktG Rz. 6, 15.

25 Dazu *Habersack* in MünchKomm/AktG, 5. Aufl. 2019, § 97 AktG Rz. 5 f.

26 Zum Gesetzeszweck, dass der Aufsichtsrat von vornherein ohne Widerspruch zusammengesetzt werden soll, *Hopt/Roth* in Großkomm/AktG, 5. Aufl. 2019, § 97 AktG Rz. 27.

27 Vgl. *Hoffmann-Becking* in MünchHdb. GesR AG, § 28 Rz. 54; demgegenüber ist eine Verkleinerung des Aufsichtsrates durch die Satzung im Umkehrschluss zu § 95 Satz 2 AktG und § 7 Abs. 1 Satz 2 MitbestG nicht möglich; vgl. *Annuß* in MünchKomm/AktG, 5. Aufl. 2019, § 7 MitbestG Rz. 3.

28 *Henssler* in Habersack/Henssler, Mitbestimmungsrecht, § 7 MitbestG Rz. 17.

29 *Habersack* in Habersack/Henssler, Mitbestimmungsrecht, § 6 MitbestG Rz. 15; *Hellwig/Behme* in FS Hommelhoff, 2012, S. 343, 353; *Hüffer/Koch*, § 97 AktG Rz. 3; *Hoffmann-*

Anwendung der §§ 97 ff. AktG plädiert, ist nicht zu folgen.[30] Sachgründe für die Notwendigkeit eines Statusverfahrens sind nicht ersichtlich. Unklarheiten bezüglich des Inkrafttretens der Satzungsänderung werden durch das Eintragungserfordernis im Handelsregister nach § 181 Abs. 3 AktG ausgeschlossen und Streitfragen hinsichtlich der Wirksamkeit der Satzungsänderung können nach Maßgabe der §§ 241 ff. AktG geklärt werden. Bei einer **Vergrößerung** der in der Satzung bestimmten Anzahl der Aufsichtsratsmitglieder bleibt die Organstellung der bereits amtierenden Aufsichtsräte unberührt und es sind Ergänzungswahlen durchzuführen; dabei ist der mitbestimmungsrechtliche Gruppenproporz zu wahren.[31] Bei einer **Verkleinerung** des Aufsichtsrats hat die Satzungsänderung auf die bestehenden Mandate zunächst keine Auswirkungen. Sämtliche Aufsichtsratsmitglieder, also auch die „Überzähligen", bleiben bis zu der dem Wirksamwerden der Satzungsänderung folgenden nächsten, regulären Neuwahl im Amt, und zwar auch dann, wenn die Aufsichtsratsmitglieder bereits gewählt, aber noch nicht im Amt sind.[32] Eines Statusverfahrensverfahrens bedarf es in diesen Fällen nicht.[33]

952 Fraglich ist, ob die Anwendung des Statusverfahrens geboten ist, wenn dem Aufsichtsrat entgegen **§ 100 Abs. 5 AktG** kein unabhängiges Mitglied mit Sachverstand auf dem Gebiet der Rechnungslegung oder der Abschlussprüfung angehört. Zwar ist das Verfahren grundsätzlich bei bloß personellen Anforderungen an die Zusammensetzung des Aufsichtsrats nicht anwendbar.[34] Jedoch handelt es sich bei § 100 Abs. 5 AktG um eine **objektive Besetzungsregel**, für deren Überprüfung es nach einer teilweise vertretenen Ansicht eines Beanstandungsverfahrens in analoger Anwendung der §§ 97 ff. AktG bedarf.[35] Dieser Auffassung ist nicht zu folgen. Das Statusverfahren ist auf die **mitbestimmungsrechtlichen Vorschriften zugeschnitten**, was sich insbesondere in den gesteigerten Transparenzanforderungen nach § 97 Abs. 1 AktG

Becking in MünchHdb. GesR AG, § 28 Rz. 54; *Hopt/Roth* in Großkomm/AktG, 5. Aufl. 2095, § 97 AktG Rz. 13; *Habersack* in MünchKomm/AktG, 5. Aufl. 2019, § 97 AktG Rz. 14; *Drygala* in K. Schmidt/Lutter, § 97 AktG Rz. 6; *Spindler* in Spindler/Stilz, § 97 AktG Rz. 8; OLG Hamburg v. 26.8.1988 – 11 W 53/88, ZIP 1988, 1192 = AG 1989, 64; OLG Dresden v. 18.2.1997 – 14 W 1396/96, ZIP 1997, 590 f.; LAG Düsseldorf v. 18.12.1987 – 10 TaBV 132/87, AG 1989, 67.

30 *Oetker*, ZHR 149 (1985), 575, 584 f.; für Anwendung der §§ 97 ff. AktG auch noch das BAG v. 3.10.1989 – 1 ABR 12/88, DB 1990, 1142 = AG 1990, 361 in einer Entscheidung, in der es um eine Verminderung der in der Satzung bestimmten Zahl der Aufsichtsratsmitglieder auf drei Personen ging.

31 *Hüffer/Koch*, § 97 AktG Rz. 5; *Habersack* in MünchKomm/AktG, 5. Aufl. 2019, § 97 AktG Rz. 14.

32 Vgl. *Habersack* in MünchKomm/AktG, 5. Aufl. 2019, § 95 AktG Rz. 19 mit weiteren Nachweisen in Fn. 63; OLG Dresden v. 18.2.1997 – 14 W 1396/96, ZIP 1997, 589, 591; *Mertens/Cahn* in KölnKomm/AktG, 3. Aufl. 2013, § 95 AktG Rz. 26; *Hoffmann-Becking* in MünchHdb. GesR AG, 4. Aufl. 2015, § 28 Rz. 16 und § 30 Rz. 89.

33 *Habersack* in Habersack/Henssler, Mitbestimmungsrecht, § 6 MitbestG Rz. 15; *Hüffer/Koch*, § 97 AktG Rz. 1.

34 *Parmentier*, AG 2006, 476, 479.

35 *Drygala* in K. Schmidt/Lutter, § 97 AktG Rz. 7, § 100 AktG Rz. 64; *Staake*, ZIP 2010, 1013, 1018 ff.; ebenso zur Rechtsnatur des § 100 Abs. 5 AktG *Gruber*, NZG 2008, 12, 14.

(Aushang in sämtlichen Betrieben) sowie in der sehr weitgehenden Antragsberechtigung nach § 98 Abs. 2 AktG widerspiegelt. Insbesondere die Ausweitung der rechtlichen Überprüfungsmöglichkeiten auf Gewerkschaften (§ 98 Abs. 2 Nr. 10 AktG) und auf die betrieblichen Sozialpartner (§ 98 Abs. 2 Nr. 4 und 5 AktG) lässt sich in erster Linie sozialpolitisch anhand der Zwecke der Unternehmensmitbestimmung erklären und folglich nicht ohne weiteres auf sonstige Fälle der objektiv fehlerhaften Besetzung des Aufsichtsrates übertragen. Im Übrigen bleibt ein Verstoß gegen § 100 Abs. 5 AktG auch nicht gänzlich **sanktionslos**. Zwar sind die Wahlen zum Aufsichtsrat richtigerweise nicht anfechtbar.[36] Der Aufsichtsrat handelt aber pflichtwidrig, wenn er keine vorschriftsmäßige Besetzung des Gremiums herbeiführt, so dass ihm neben einer möglichen Sorgfaltshaftung nach §§ 116 Satz 1, 93 AktG bei einem schwerwiegenden Verstoß auch eine Anfechtung des Entlastungsbeschlusses in der Hauptversammlung droht.[37] Es bestehen daher bereits de lege lata genügend Anreize für eine ordnungsgemäße Besetzung des Aufsichtsrates, so dass es keiner analogen Anwendung der §§ 97 ff. AktG bedarf.

Streitig wird schließlich diskutiert, ob das Statusverfahreneröffnet ist, wenn die **unionsrechtswidrige Zusammensetzung des Aufsichtsrates** geltend gemacht wird.[38] 953
Grundlage dessen ist die inzwischen wohl vorherrschende Ansicht in der Literatur, wonach das in Deutschland geltende Aufsichtsrats-Wahlrecht, dass bei europaweit agierenden Unternehmen nur die inländischen Arbeitnehmer aktiv wie passiv zur Aufsichtsratswahl zulässt, als Verstoß gegen primäres Unionsrecht (Artt. 18 und 45 AEUV) zu werten ist.[39] Aufgrund des Anwendungsvorrangs des Unionsrechts müsse das nationale Recht daher außer Betracht bleiben, mit der Konsequenz, dass jeder unter unionsrechtswidrigem Ausschluss ausländischer Arbeitnehmer gebildete Aufsichtsrat „nicht nach den für ihn maßgebenden gesetzlichen Vorschriften" im Sinne von § 97 Abs. 1 Satz 1 AktG zusammengesetzt worden sei. Die einzige Möglichkeit diesem Umstand abzuhelfen, liege in der Einleitung des Statusverfahrens.[40] Auf Grundlage dieser Auffassung ist es in der jüngeren Vergangenheit zu einer Vielzahl von Fällen gekommen, in denen ein Antrag auf Einleitung eines Statusverfahrens mit der Behauptung der unionsrechtswidrigen Zusammensetzung des Aufsichtsrats gestellt worden ist. Materiellrechtlich ist diesem Ansatz mit der Entscheidung des

36 *Hüffer/Koch*, § 100 AktG Rz. 28; *Gruber*, NZG 2008, 12, 14; ohne Festlegung in LG München v. 5.11.2009 – 5HK O 15312/09, NZG 2010, 464 = AG 2010, 339; sowie OLG München, Hinweisbeschluss v. 28.4.2010 – 23 U 5517/09, NZG 2010, 784 = AG 2010, 639.

37 *Hüffer/Koch*, § 100 AktG Rz. 28.

38 Ausführlich *Hellwig/Behme* in FS Hommelhoff, 2012, S. 343, 355 ff.

39 *Drygala* in K. Schmidt/Lutter, § 96 AktG Rz. 28 ff.; *Wansleben*, WM 2017, 785 ff.; *Hellwig/Behme*, AG 2009, 261; *Hellwig/Behme*, ZIP 2009, 1791, 1793; *Hellwig/Behme*, ZIP 2010, 871; *Habersack*, AG 2007, 641, 647; *Habersack*, AG 2009, 1, 12; *Habersack*, Beilage ZIP 48/2009, 1, 3; *Rieble/Latzel*, EuZA 2011, 145; eingeh. zum Meinungsstand *Henssler* in Habersack/Henssler, Mitbestimmungsrecht, § 3 MitbestG Rz. 47 ff. mit umf. Nachw. und Reformvorschlägen; a.A. *Teichmann*, Beilage ZIP 48/2009, 10, 12; *Teichmann*, ZIP 2010, 874; *Heuschmidt/Ulber*, NZG 2016, 103.

40 *Hellwig/Behme* in FS Hommelhoff, 2012, S. 343, 357.

EuGH vom 18.7.2017[41] zunächst der Boden entzogen worden. Auch wenn man dieser Ansicht in ihrem Ausgangspunkt aber folgen will, wonach die deutschen Wahlvorschriften für den Aufsichtsrat partiell unionsrechtswidrig sind, wenn sie im Einzelfall ausländische Arbeitnehmer vom Wahlverfahren ausschließen, folgt daraus aber nicht auch die Anwendung des Statusverfahrens, da der damit einhergehende Mangel lediglich die **Wahlmodalitäten auf der Arbeitnehmerseite** betrifft und folglich ebenso wenig wie Verstöße gegen den Gruppenproporz auf Arbeitnehmerseite nach § 15 Abs. 2 MitbestG die Zusammensetzung des Aufsichtsrates im Sinne von § 96 AktG tangieren kann. Das Statusverfahren dient demgegenüber der Gewährleistung der in § 96 AktG festgelegten Sitzverteilung zwischen Anteilseignern und Arbeitnehmervertretern,[42] die von der behaupteten Unionsrechtswidrigkeit des geltenden Wahlrechts auf der Arbeitnehmerseite nicht berührt wird.

III. Verfahren

954 Das Statusverfahren ist der Sache nach **zweistufig** – es bedarf zunächst einer Bestimmung der anwendbaren Gesetze und im zweiten Schritt der Neuordnung des Aufsichtsrats.[43] Zeitlich betrachtet sind jedoch bis zu drei Verfahrensstationen zu durchlaufen, bevor der Aufsichtsrat neu zusammengesetzt wird. Es sind drei verschiedene Abläufe denkbar: Wenn, erstens, der Vorstand die Initiative mit einer Bekanntmachung nach § 97 AktG ergreift, kann deren Inhalt nach § 98 AktG gerichtlich überprüft werden; wird das Gericht angerufen, bestimmt die gerichtliche Entscheidung die zukünftige Zusammensetzung des Aufsichtsrats. Zweitens kann das Statusverfahren von den in § 98 Abs. 2 AktG benannten Antragsberechtigten ausgehen und in der Folge die Zusammensetzung des Aufsichtsrats von vornherein gemäß der Entscheidung des Gerichts erfolgen. Schließlich ist denkbar, dass die Vorstandsbekanntmachung gem. § 97 AktG nicht gerichtlich angefochten wird und dann ohne weiteres umzusetzen ist.

---

41 EuGH v. 18.7.2017 – v. 4.5.2017 – C-566/15, ECLI:EU:C:2017:347 (TUI), AG 2017, 577 (s. dazu auch die Schlussanträge *Saugmandsgaard* in AG 2017, 387 m. Anm. *Kruchen*, AG 2017, 385); davor schon LG Berlin v. 1.6.2015 – 102 O 65/14 AktG, AG 2015, 587;LG Landau/Pfalz v. 18.9.2013 – HK O 27/13, AG 2014, 376; LG München I v. 27.8.2015 – 5HK O 20285/14, AG 2016, 49; im Anschluss LG München I v. 23.3.2018 – 38 O 14696/17, AG 2018, 495; LG Dortmund v. 22.2.2018 – 18 O 71/17 (AktE), AG 2018, 546; OLG Frankfurt v. 25.5.2018 – 21 W 32/18, AG 2018, 578; aus der umfangreichen Literatur *Heuschmid/Videbaek/Munkholm*, EuZW 2017, 419; *Ott/Goette*, NZG 2018, 281.

42 *Spindler* in Spindler/Stilz, § 97 AktG Rz. 16; *Hüffer/Koch*, § 97 AktG Rz. 3; gegen Zulässigkeit des Statusverfahrens im Ergebnis auch OLG Zweibrücken v. 20.2.2014 – 3 W 150/13, AG 2014, 629, 630; a.A. aber *Drygala* in K. Schmidt/Lutter, § 96 AktG Rz. 30; *Hellwig/Behme* in FS Hommelhoff, 2012, S. 343, 357.

43 Statt aller *Hoffmann-Becking* in MünchHdb. GesR AG, § 28 Rz. 51; *Drygala* in K. Schmidt/Lutter, § 97 AktG Rz. 2 f.

1. Erste Stufe: Bekanntmachung durch den Vorstand

a) Zuständigkeit

955 Nach § 97 Abs. 1 AktG ist der **Vorstand** dazu **verpflichtet**, eine Bekanntmachung zu veröffentlichen, wenn er der Ansicht ist, dass der Anwendungsbereich des Statusverfahrens eröffnet ist.[44] Alternativ kann er nach § 98 AktG vorgehen und eine Entscheidung des Gerichts herbeiführen.[45]

956 Entgegen dem weiten Wortlaut von § 97 Abs. 1 Satz 1 AktG („Ansicht") kann sich der Vorstand dabei nicht auf einen Entscheidungsspielraum berufen. Einziger Maßstab für die Einleitung des Verfahrens durch den Vorstand ist die Prüfung der objektiv-ordnungsgemäßen Zusammensetzung des Aufsichtsrates. § 97 AktG verpflichtet den Vorstand dazu, **sämtliche Tatsachen**, die für die Voraussetzungen der Mitbestimmungsgesetze relevant sind, einer fortlaufenden **Überprüfung** zu unterziehen.[46] Als Anhaltspunkt für die Prüfung kann wegen § 285 Nr. 7 HGB der Jahresabschluss dienen.[47]

957 Zuständig für die Entscheidung über die Vorgehensweise ist der **Gesamtvorstand.**[48] Einzelne Vorstandsmitglieder können nicht eigenverantwortlich tätig werden. Sie haben weder ein Recht zur Einleitung des Verfahrens nach § 97 AktG noch sind sie im gerichtlichen Verfahren nach § 98 Abs. 2 AktG antragsberechtigt, und zwar selbst dann nicht, wenn sie anderer Auffassung sind, als es der Vorstand in einem zulässigen Mehrheitsbeschluss entschieden hat.[49]

b) Zeitpunkt

958 Muss der Vorstand aufgrund der ihm vorliegenden Informationen zu dem Schluss gelangen, dass der Aufsichtsrat aufgrund einer Änderung der Rechtsgrundlagen nicht mehr ordnungsgemäß besetzt ist, so hat er das Statusverfahren nach § 97 Abs. 1 Satz 1 AktG „unverzüglich", d.h. **ohne schuldhaftes Zögern** im Sinne von § 121 Abs. 1 BGB, **einzuleiten.**[50] Die Bezugnahme auf § 121 BGB erlaubt es, subjektive

---

44 *Hüffer/Koch*, § 97 AktG Rz. 2.

45 Begr. RegE *Kropff*, S. 127; *Hüffer/Koch*, § 98 AktG Rz. 3; *Drygala* in K. Schmidt/Lutter, § 97 AktG Rz. 2 (Ermessen des Vorstands). Teilweise wird angenommen, der Weg über § 98 AktG sei dem Vorstand verwehrt, wenn er nicht mit Widerspruch gegen die Bekanntmachung rechnet. Dazu Rz. 967.

46 *Hopt/Roth* in Großkomm/AktG, 5. Aufl. 2019, § 97 AktG Rz. 39; *Mertens/Cahn* in Köln-Komm/AktG, 3. Aufl. 2013, §§ 97–99 AktG Rz. 3; *Spindler* in Spindler/Stilz, § 97 AktG Rz. 3 ff.

47 *Hopt/Roth* in Großkomm/AktG, 5. Aufl. 2019, § 97 AktG Rz. 39.

48 *Hüffer/Koch*, § 97 AktG Rz. 2; *Drygala* in K. Schmidt/Lutter, § 97 AktG Rz. 9; *Hopt/Roth* in Großkomm/AktG, 5. Aufl. 2019, § 97 AktG Rz. 45; *Habersack* in MünchKomm/AktG, 5. Aufl. 2019, § 97 AktG Rz. 17. Vgl. generell zur Gesamtvorstandszuständigkeit § 16 Rz. 414 ff.

49 Vgl. *Hopt/Roth* in Großkomm/AktG, 5. Aufl. 2019, § 97 AktG Rz. 45.

50 *Hüffer/Koch*, § 97 AktG Rz. 4; *Drygala* in K. Schmidt/Lutter, § 97 AktG Rz. 11; *Habersack* in MünchKomm/AktG, 5. Aufl. 2019, § 97 AktG Rz. 20; *Spindler* in Spindler/Stilz, § 97 AktG Rz. 18.

Momente („schuldhaft“) zu berücksichtigen. Die sorgfältige Prüfung der Sach- und Rechtslage und gegebenenfalls die Konsultation der Antragsberechtigten nach § 98 Abs. 2 AktG ist daher nicht nur zugelassen[51] sondern auch geboten, um die sachgerechte Entscheidung treffen zu können.

959 Die dem Vorstand zur Verfügung stehende **Zeitspanne** berechnet sich ab dem Zeitpunkt, in dem der Aufsichtsrat nicht mehr nach den richtigen Rechtsgrundlagen **„zusammengesetzt ist“**. § 97 Abs. 1 Satz 1 AktG begründet eine Handlungspflicht des Vorstands erst dann, wenn die Änderung der Rechtslage bereits eingetreten sein muss. Davon zu sondern ist die richtigerweise zu bejahende Berechtigung des Vorstands, das Verfahren bereits dann einzuleiten, wenn die Veränderung sich hinreichend konkret abzeichnet.[52] Teilweise wird eine solche frühere Anknüpfung nur dann für möglich gehalten, wenn die Wahl der Arbeitnehmervertreter sonst nicht innerhalb von sechs Monaten nach § 97 Abs. 2 Satz 2 AktG durchführbar ist.[53] Dem ist nicht zu folgen.

c) Ort und Inhalt der Bekanntmachung

960 Die Bekanntmachung hat in den Gesellschaftsblättern zu erfolgen, also jedenfalls im **Bundesanzeiger (§ 25 AktG)**[54] und im Übrigen auf den sonstigen von der Satzung bestimmten Kommunikationswegen.[55] Sie muss **drei Informationen** enthalten:

- Es ist festzustellen, dass der Aufsichtsrat nach Ansicht des Vorstands **nicht gesetzmäßig zusammengesetzt** ist (§ 97 Abs. 1 Satz 1 AktG).[56]
- Es muss hinreichend konkret angegeben werden, welche **gesetzlichen Vorschriften** nach Ansicht des Vorstands maßgebend sind (§ 97 Abs. 1 Satz 2 AktG), so dass keine Unklarheit darüber eintreten kann, welche Anzahl von Aufsichtsrats-

---

51 *Hopt/Roth* in Großkomm/AktG, 5. Aufl. 2019, § 97 AktG Rz. 56; *Hüffer/Koch*, § 97 AktG Rz. 4 (für Aufsichtsrat); vgl. *Kiem/Uhrig*, NZG 2001, 680, 68; *Hoffmann-Becking* in MünchHdb. GesR AG, § 28 Rz. 59; *Hüffer/Koch*, § 97 AktG Rz. 4; *Habersack* in MünchKomm/AktG, 5. Aufl. 2019, § 97 AktG Rz. 20.

52 *Hopt/Roth* in Großkomm/AktG, 5. Aufl. 2019, § 97 AktG Rz. 56 f. (aber nicht früher als zwei Monate vor Veränderung); *Habersack* in MünchKomm/AktG, 5. Aufl. 2019, § 97 AktG Rz. 20 (aber keine Pflicht); *Drygala* in K. Schmidt/Lutter, § 97 AktG Rz. 8; a.A. *Hoffmann-Becking* in MünchHdb. GesR AG, § 28 Rz. 59 (unzulässig) einerseits; *Mertens/Cahn* in KölnKomm/AktG, 3. Aufl. 2013, §§ 97–99 AktG Rz. 3 (Pflicht) andererseits.

53 *Hoffmann-Becking* in MünchHdb. GesR AG, § 28 Rz. 5.

54 *Hüffer/Koch*, § 97 AktG Rz. 4; *Hoffmann-Becking* in MünchHdb. GesR AG, § 28 Rz. 57; *Drygala* in K. Schmidt/Lutter, § 97 AktG Rz. 11; *Hopt/Roth* in Großkomm/AktG, 5. Aufl. 2019, § 97 AktG Rz. 58.

55 *Drygala* in K. Schmidt/Lutter, § 97 AktG Rz. 11.

56 *Hüffer/Koch*, § 97 AktG Rz. 4; *Hoffmann-Becking* in MünchHdb. GesR AG, § 28 Rz. 58; *Drygala* in K. Schmidt/Lutter, § 97 AktG Rz. 12; *Hopt/Roth* in Großkomm/AktG, 5. Aufl. 2019, § 97 AktG Rz. 48.

mitgliedern bestellt werden darf.[57] Zu den anzugebenden Vorschriften zählen auch die für die Größe des Aufsichtsrats maßgeblichen Schwellenzahlen innerhalb des einschlägigen Mitbestimmungsmodells.[58] Es sind (nur) die Normen mitzuteilen, die für die Anwendung des Statusverfahrens relevant sind (s. oben) und die **Satzungsbestimmungen**, die auf die Zahl der Aufsichtsratsmitglieder nach § 7 Abs. 1 Satz 2 MitbestG Einfluss haben.[59] Im Rahmen des § 7 Abs. 1 MitbestG ist somit stets die jeweils einschlägige Alternative konkret anzugeben.[60] Keiner Angabe bedürfen demgegenüber die Zurechnungsnormen der §§ 4, 5 MitbestG.[61] Es genügt stets die Angabe der „Vorschriften“, so dass die Überschriften nicht mitgeteilt werden müssen.[62]

- Schließlich muss die Bekanntmachung darauf hinweisen, dass der Aufsichtsrat nach Maßgabe der angegebenen Rechtsgrundlage zusammengesetzt wird, wenn nicht **innerhalb eines Monats** das gerichtliche Verfahren nach § 98 AktG angestrengt wird. Nach zutreffender h.M. bedarf es keiner Angabe des Tages des Fristablaufs und der konkreten Bezeichnung des zuständigen Gerichts.[63]

Gleichzeitig ist gem. § 97 Abs. 1 Satz 1 a.E. AktG ein **Aushang** in sämtlichen Betrieben der AG und ihrer Konzernunternehmen erforderlich.[64] Wegen der Monatsfrist des § 97 Abs. 2 AktG sollte der Aushang datiert sein.[65] Er muss ferner erkennen lassen, dass er vom Vorstand herrührt.[66] 961

57 *Hüffer/Koch*, § 97 AktG Rz. 4; *Drygala* in K. Schmidt/Lutter, § 97 AktG Rz. 12; *Hoffmann-Becking* in MünchHdb. GesR AG, § 28 Rz. 58; *Habersack* in MünchKomm/AktG, 5. Aufl. 2019, § 97 AktG Rz. 23.

58 *Habersack* in Münchkomm/AktG, 5. Aufl. 2019, § 97 AktG Rz. 14; *Hellwig/Behme* in FS Hommelhoff, 2012, S. 343, 353.

59 Vgl. teleologische Auslegung, *Hopt/Roth* in Großkomm/AktG, 5. Aufl. 2019, § 97 AktG Rz. 51; ebenso *Habersack* in MünchKomm/AktG, 5. Aufl. 2019, § 97 AktG Rz. 23; *Mertens/Cahn* in KölnKomm/AktG, 3. Aufl. 2013, §§ 97–99 AktG Rz. 10.

60 *Hoffmann-Becking* in MünchHdb. GesR AG, § 28 Rz. 58; *Habersack* in MünchKomm/AktG, 4. Aufl. 2014, § 97 AktG Rz. 23.

61 *Habersack* in MünchKomm/AktG, 5. Aufl. 2019, § 97 AktG Rz. 24.

62 *Hopt/Roth* in Großkomm/AktG, 5. Aufl. 2019, § 97 AktG Rz. 49.

63 *Hüffer/Koch*, § 97 AktG Rz. 4; *Hoffmann-Becking* in MünchHdb. GesR AG, § 28 Rz. 58 (Bezeichnung des Gerichts sei aber empfehlenswert); *Drygala* in K. Schmidt/Lutter, § 97 AktG Rz. 12; *Hopt/Roth* in Großkomm/AktG, 5. Aufl. 2019, § 97 AktG Rz. 54 f.; *Habersack* in MünchKomm/AktG, 5. Aufl. 2019, § 97 AktG Rz. 24.

64 *Hüffer/Koch*, § 97 AktG Rz. 4; *Hoffmann-Becking* in MünchHdb. GesR AG, § 28 Rz. 57; *Drygala* in K. Schmidt/Lutter, § 97 AktG Rz. 11; *Habersack* in MünchKomm/AktG, 5. Aufl. 2019, § 97 AktG Rz. 21.

65 Monat genügt *Hoffmann-Becking* in MünchHdb. GesR AG, § 28 Rz. 57; vgl. auch *Hopt/Roth* in Großkomm/AktG, 5. Aufl. 2019, § 97 AktG Rz. 59; *Habersack* in MünchKomm/AktG, 5. Aufl. 2019, § 97 AktG Rz. 22.

66 *Hüffer/Koch*, § 97 AktG Rz. 4; *Hoffmann-Becking* in MünchHdb. GesR AG, § 28 Rz. 57 (Namen bräuchten nicht angegeben zu werden); *Hopt/Roth* in Großkomm/AktG, 5. Aufl. 2019, § 97 AktG Rz. 59.

962 Die **Rechtsfolgen** der unzureichenden Bekanntmachung sind nicht für alle denkbaren Mängel einheitlich zu bestimmen und in den Einzelheiten hoch umstritten. Im Ausgangspunkt ist jedenfalls zu differenzieren, welche Formfehler begangen wurden, ob inhaltliche Mängel bestehen und ob das Gericht rechtzeitig angerufen wurde oder nicht. Ein verspäteter, nicht erfolgter oder inhaltlich unzureichender **Aushang** in Betrieben macht die Bekanntmachung nicht unwirksam, kann aber eine Haftung des Vorstands nach sich ziehen.[67] Die **Bekanntmachung im Bundesanzeiger** ist hingegen Voraussetzungen für die Wirksamkeit nach § 97 Abs. 2 AktG, wobei inhaltlich die Mindestangaben, die eine spätere Zusammensetzung des Aufsichtsrats erst ermöglichen (Rz. 960), zwingend erforderlich sind.[68] Die Nichtigkeit schlägt nicht nach § 250 Abs. 1 Nr. 1 AktG auf die Wahl der Aufsichtsratsmitglieder durch.[69] Wenn dagegen das **Gericht** fristgemäß nach § 98 AktG **angerufen** wird, sind sämtliche Mängel der Bekanntmachung irrelevant, da das Gericht diese durch die eigene Beurteilung der Rechtslage ersetzt.[70]

d) Bekanntmachungssperre

963 Solange ein **gerichtliches Verfahren anhängig** ist, darf der Vorstand gem. § 97 Abs. 3 AktG nicht nach § 97 Abs. 1 AktG vorgehen (Bekanntmachungssperre). Die Anhängigkeit beginnt nach mit dem Eingang des Antrags bei Gericht (vgl. § 25 Abs. 3 FamFG) und endet mit Unanfechtbarkeit der Entscheidung.

964 Die gerichtliche Entscheidung erlangt nach § 45 FamFG Rechtskraft und bindet den Vorstand daher grundsätzlich auch für die Zeit nach Abschluss des Verfahrens.[71] Umstritten ist jedoch, wie weit diese **Bindungswirkung** im Falle der Bekanntmachung nach § 97 AktG reicht.[72] Teilweise wird vertreten, dass eine erneute Bekanntmachung durch den Vorstand nur zulässig sei, wenn sie sich auf neue Tatsachen stützt, die nicht bereits im gerichtlichen Verfahren vorgebracht werden konnten.[73] Die h.M. wendet sich jedoch mit Recht gegen eine derart weitgehende Präklusionswirkung, so dass jederzeit die Einleitung eines neuen Verfahrens zulässig ist.[74]

---

67 *Hopt/Roth* in Großkomm/AktG, 5. Aufl. 2019, § 97 AktG Rz. 63; *Habersack* in MünchKomm/AktG, 5. Aufl. 2019, § 97 AktG Rz. 25. Zu den Haftungsfolgen § 25 Rz. 913 f.

68 Im Einzelnen bestehen zum unverzichtbaren Mindestinhalt Differenzen in der Literatur: vgl. *Hopt/Roth* in Großkomm/AktG, 5. Aufl. 2019, § 97 AktG Rz. 64 m. umf. Nachw.

69 *Habersack* in MünchKomm/AktG, 5. Aufl. 2019, § 97 AktG Rz. 26; *Mertens/Cahn* in KölnKomm/AktG, 3. Aufl. 2013, §§ 97–99 AktG Rz. 13; *Spindler* in Spindler/Stilz, § 97 AktG Rz. 23; a.A. *Hopt/Roth* in Großkomm/AktG, 5. Aufl. 2019, § 97 AktG Rz. 66.

70 *Hopt/Roth* in Großkomm/AktG, 5. Aufl. 2019, § 97 AktG Rz. 65; *Habersack* in MünchKomm/AktG, 5. Aufl. 2019, § 97 AktG Rz. 26.

71 *Spindler* in Spindler/Stilz, § 97 AktG Rz. 36.

72 *Hopt/Roth* in Großkomm/AktG, 5. Aufl. 2019, § 97 AktG Rz. 89; *Mertens/Cahn* in KölnKomm/AktG, 3. Aufl. 2013, §§ 97–99 AktG Rz. 6; wohl auch *Spindler* in Spindler/Stilz, § 97 AktG Rz. 36. Die Wirkungen des § 97 Abs. 2 AktG sollen trotzdem eintreten, *Hopt/Roth* in Großkomm/AktG, 5. Aufl. 2019, § 97 AktG Rz. 90.

73 In diese Richtung *Spindler* in Spindler/Stilz, § 97 AktG Rz. 36 m.w.N.

74 *Hüffer/Koch*, § 97 AktG Rz. 7; *Drygala* in K. Schmidt/Lutter, § 97 AktG Rz. 18; *Habersack* in MünchKomm/AktG, 5. Aufl. 2019, § 97 AktG Rz. 39 (im gerichtlichen Verfahren seien

2. Erste oder zweite Stufe: Gerichtsentscheidung

Anstelle einer Bekanntmachung nach § 97 AktG steht dem Vorstand und anderen Antragsberechtigten ein **gerichtliches Verfahren** zur Überprüfung der Zusammensetzung des Aufsichtsrats zur Verfügung. Eine vorherige Bekanntmachung ist dafür nicht Voraussetzung.[75] Es genügt gem. § 98 Abs. 1 AktG, wenn streitig oder ungewiss ist, nach welchen Vorschriften der Aufsichtsrat zusammenzusetzen ist.[76] 965

Auf Eröffnung und Ablauf des Gerichtsverfahrens findet gem. § 99 Abs. 1 AktG grundsätzlich das **FamFG** Anwendung, soweit in § 99 Abs. 2–5 AktG keine spezielleren Regelungen vorgesehen sind. 966

a) Verhältnis zu § 97 AktG

Teilweise wird angenommen, dass dem Vorstand das Gerichtsverfahren nicht offensteht, sondern er vorrangig auf die Bekanntmachung nach § 97 AktG verwiesen ist, wenn weder mit Widerspruch gegen die von ihm für richtig gehaltene Art der Zusammensetzung zu rechnen ist, noch Zweifel über die Rechtsgrundlagen bestehen.[77] Da aber auch der Vorstand im Zweifel sein kann, welche Vorschriften im konkreten Fall greifen, sollte ihm zumindest ein **weiter Entscheidungsspielraum** bei der Wahl zwischen den beiden Verfahren eingeräumt werden.[78] Umgekehrt ist auch nicht von einem Vorrang des § 98 AktG auszugehen, wenn der Vorstand Zweifel hinsichtlich der Rechtsgrundlagen hat oder mit Widerspruch zu rechnen ist.[79] Das Bekanntmachungsverfahren berücksichtigt mit der Möglichkeit des Widerspruchs § 97 Abs. 2 AktG den Fall, dass die ordnungsgemäße Zusammensetzung des Aufsichtsrats in Streit steht und stellt es den Antragsberechtigten anheim, auf die Bekanntmachung des Vorstands zu reagieren. Aus dem Wortlaut des § 98 AktG („ungewiss") lässt sich nichts anderes herleiten, da § 97 AktG nicht dessen Gegenstück enthält; die Vorschrift spricht neutral von der Ansicht des Vorstands und trifft keine Aussage darüber, wie gefestigt diese sein muss. 967

---

aber sämtliche Tatsachen, die zuvor hätten vorgetragen werden können, präkludiert); *Mertens/Cahn* in KölnKomm/AktG, 3. Aufl. 2013, §§ 97–99 AktG Rz. 20 (ebenso für Präklusion).

75 *Hoffmann-Becking* in MünchHdb. GesR AG, § 28 Rz. 60; *Hüffer/Koch*, § 98 AktG Rz. 3.

76 Es soll an einem Rechtsschutzbedürfnis fehlen, wenn diese Voraussetzungen nicht dargelegt werden, *Spindler* in Spindler/Stilz, § 98 AktG Rz. 7.

77 So *Hopt/Roth* in Großkomm/AktG, 5. Aufl. 2019, § 97 AktG Rz. 41; *Habersack* in MünchKomm/AktG, 5. Aufl. 2019, § 97 AktG Rz. 15 f.; wohl auch *Spindler* in Spindler/Stilz, § 98 AktG Rz. 7; vgl. ferner *Drygala* in K. Schmidt/Lutter, § 97 AktG Rz. 2 (sollte Weg der Bekanntmachung wählen); dagegen *Spindler* in Spindler/Stilz, § 97 AktG Rz. 3 (freies Ermessen).

78 Vgl. RegE *Kropff*, S. 127, 130 stellt § 97 AktG als das Verfahren im Falle einer Einigung der Beteiligten und § 98 AktG als das streitige Verfahren dar; aber RegE *Kropff*, S. 127 „Auch dem Vorstand ist es unbenommen, statt der Bekanntmachung die Entscheidung dieses Gerichts zu beantragen. Das wird vor allem dann in Betracht kommen, wenn die Rechtslage zweifelhaft ist oder wenn von vornherein feststeht, dass ein Beteiligter das Gericht anrufen wird (...)."

79 So *Mertens/Cahn* in KölnKomm/AktG, 3. Aufl. 2013, §§ 97–99 AktG Rz. 3, 5.

968 In keinem Fall darf sich der Vorstand kurzerhand für das Verfahren nach § 98 AktG entscheiden, um einer eigenständigen Prüfung aus dem Weg zu gehen.[80] Es handelt sich um eine **Ermessensentscheidung**. Die Bindung des Vorstands an das Unternehmensinteresse hat zur Folge, dass er sich bei seiner Entscheidungsfindung an der für die AG günstigsten Lösung orientieren muss. Diese Erwägung wird wegen der **Kostenfolge** (§ 99 Abs. 6 AktG) im Zweifel vorrangig zu einem Bekanntmachungsverfahren führen. Muss der Vorstand indessen mit einem Widerspruch gegen das von ihm für maßgeblich gehaltene Regelungsregime rechnen, kann und sollte er sofort das gerichtliche Verfahren nach § 98 AktG einleiten.[81]

b) Antrag

969 Das Statusverfahren nach § 98 Abs. 1 AktG wird durch einen **Antrag** auf Änderung der Zusammensetzung des Aufsichtsrats eröffnet. Gem. §§ 23, 25 Abs. 1 FamFG muss dieser bei dem zuständigen Gericht schriftlich oder zur Niederschrift der Geschäftsstelle abgegeben werden.[82] Das Landgericht hat den Antrag in den Geschäftsblättern (s. Rz. 960) bekanntzumachen, § 99 Abs. 2 Satz 1 AktG.

970 **Die Antragsberechtigung ist abschließend[83] in § 98 Abs. 2 AktG geregelt.** Neben dem Gesamtvorstand ist jedes Aufsichtsratsmitglied, jeder Aktionär, der (Gesamt-) Betriebsrat und weitere Arbeitnehmerorganisationen befugt, einen Antrag auf Einleitung eines Statusverfahrens zu stellen. Die Möglichkeit, das Verfahren einzuleiten, ist insbesondere für die Arbeitnehmerseite ein wirksames Mittel zur gerichtlichen Überprüfung des angewendeten Mitbestimmungsstatuts, wenn sie der Überzeugung sind, dass ein anderes Mitbestimmungsstatut, als derzeit zugrunde gelegt, einschlägig ist. Diese Antragsberechtigten haben insbesondere bei dem Wechsel von dem DrittelbG auf das MitbestG ein eigenes Interesse an der Durchführung des Statusverfahrens.

971 Die in § 98 Abs. 2 Nr. 6 bis Nr. 10 AktG bestimmten Antragsberechtigten müssen weitere Voraussetzungen erfüllen, um einen hinreichenden Bezug zwischen der betroffenen AG und dem Antragsteller nachzuweisen. So ist es etwa bei Spitzenorganisationen der **Gewerkschaften** gem. § 98 Abs. 2 Nr. 9 AktG notwendig, dass diese nach den gesetzlichen Vorschriften, deren Anwendung streitig oder ungewiss ist, ein Vorschlagsrecht hätten. Ein unmittelbares Vorschlagsrecht für die Besetzung des Aufsichtsrats steht diesen Organisationen indessen nach keinem Mitbestimmungsstatut zu. § 6 MontanMitbestG und das MitbestErgG räumen ihnen jedoch ein Vorschlagsrecht gegenüber den **Betriebsräten** ein. Die Bezugnahme hierauf soll nach wohl h.M. ausreichend sein, um die Antragsbefugnis zu begründen.[84]

---

80 *Spindler* in Spindler/Stilz, § 97 AktG Rz. 3 (freies Ermessen), aber zurückhaltender § 98 AktG Rz. 7; vgl. *Hopt/Roth* in Großkomm/AktG, 5. Aufl. 2019, § 97 AktG Rz. 42.

81 *Hopt/Roth* in Großkomm/AktG, 5. Aufl. 2019, § 97 AktG Rz. 41 f.

82 Zu Details der Antragstellung s. *Habersack* in MünchKomm/AktG, 4. Aufl. 2014, § 98 AktG Rz. 3. Zur Antragsrücknahme ohne Einwilligung des Antragsgegners s. OLG Frankfurt v. 8.4.2009 – 20 W 106/09, AG 2009, 701, NZG 2009, 1185 ff.

83 *Drygala* in K. Schmidt/Lutter, § 97 AktG Rz. 5.

84 *Hoffmann-Becking* in MünchHdb. GesR AG, § 28 Rz. 60; *Habersack* in MünchKomm/AktG, 5. Aufl. 2019, § 98 AktG Rz. 21; *Spindler* in Spindler/Stilz, § 98 AktG Rz. 12.

c) Zuständigkeit

Für das Statusverfahren ist grundsätzlich **das Landgericht**, in dessen Gerichtsbezirk die AG ihren **statuarischen Sitz** hat, zuständig. Infolge der Ermächtigung in § 71 Abs. 4 GVG, landesrechtlich eine Zuständigkeitskonzentration vorzusehen, sind in einigen Ländern besondere Landgerichte für Verfahren nach § 98 AktG bestimmt.[85] Die ausschließliche funktionelle Zuständigkeit ist der Kammer für Handelssachen zugeordnet (KfH), sofern eine solche Kammer bei dem örtlich zuständigen Landgericht gebildet wurde (§ 71 Abs. 2 Nr. 4 lit. b i.V.m. § 95 Abs. 2 Nr. 2 GVG).[86] 972

d) Frist

Eine Frist gibt es für das Verfahren nach § 98 AktG **grundsätzlich nicht**. Wird eine Bekanntmachung des Vorstands nach § 97 Abs. 1 AktG angegriffen, muss dies allerdings nach § 97 Abs. 2 AktG **innerhalb eines Monats** nach ihrer ordnungsgemäßen Veröffentlichung geschehen. Entscheidend ist die Bekanntmachung im Bundesanzeiger, wohingegen die Veröffentlichung in anderen Gesellschaftsblättern für den Fristbeginn unerheblich ist.[87] Auch nach Fristablauf ist ein Gerichtsantrag jedoch nicht unzulässig; zwar wird das Verfahren nach § 97 Abs. 2 AktG in Gang gesetzt, ohne aber eine gerichtliche Überprüfung zu sperren.[88] Auch bei Anrufung des örtlich unzuständigen Gerichts wird die Frist nach dem Rechtsgedanken des §§ 99 Abs. 1, 2 Abs. 3 FamFG gewahrt.[89] 973

e) Entscheidung

Vor der gerichtlichen Entscheidung sind der Vorstand, jedes Aufsichtsratsmitglied und die sonstigen Antragsberechtigten zu hören (§ 99 Abs. 2 Satz 2 AktG). Die Entscheidung ergeht nach **§ 99 Abs. 3 Satz 1 AktG** durch einen **mit Gründen versehenen Beschluss**. Der Antrag wird darin entweder abgewiesen oder das Gericht spricht aus, nach welchen Vorschriften der Aufsichtsrat neu zusammenzusetzen ist.[90] 974

Gegen die Entscheidung steht jedem nach § 98 Abs. 2 AktG Antragsberechtigten (Rz. 970) die **Beschwerde** zu (§ 99 Abs. 3 Satz 1 Halbs. 2 AktG). Abweichend von den sonstigen Verfahrensvorschriften der §§ 58 ff. FamFG regelt das AktG einige Be- 975

---

85 Vgl. *Hoffmann-Becking* in MünchHdb. GesR AG, § 28 Rz. 61. Baden-Württemberg, VO v. 20.11.1998, GBl. 680 (LG Mannheim, LG Stuttgart); Bayern, VO v. 16.11.2004, GVBl. 471 (LG München I, LG Nürnberg-Fürth); Hessen, VO v. 10.5.1977 (LG Frankfurt a.M.); Niedersachsen, VO v. 22.1.1998, GVBl. I, 183 (LG Hannover); Nordrhein-Westfalen, VO v. 31.5.2005, GV NRW, 625 (LG Dortmund, LG Düsseldorf, LG Köln); Sachsen, VO v. 10.12.2004, GVBl. 582 (LG Leipzig).

86 Noch anders Ausschussbericht, *Kropff*, S. 130 (es sei wegen der „Eigenart der Streitigkeiten" zweckmäßiger, eine Zivilkammer entscheiden zu lassen).

87 RegE *Kropff*, S. 127; *Drygala* in K. Schmidt/Lutter, § 97 AktG Rz. 13; *Hopt/Roth* in Großkomm/AktG, 5. Aufl. 2019, § 97 AktG Rz. 58.

88 H.M. *Habersack* in MünchKomm/AktG, 5. Aufl. 2019, § 97 AktG Rz. 30; *Hopt/Roth* in Großkomm/AktG, 5. Aufl. 2019, § 97 AktG Rz. 81 f. m.w.N.

89 *Hüffer/Koch*, § 97 AktG Rz. 6; *Spindler* in Spindler/Stilz, § 97 AktG Rz. 27.

90 *Hüffer/Koch*, § 98 AktG Rz. 6.

sonderheiten des Rechtsmittels. Zum einen dürfen mit der Beschwerde nur Rechtsverletzungen gerügt werden. Zum anderen sind aufgrund des Verweises des § 99 AktG auf §§ 72 Abs. 1 Satz 2, 74 Abs. 2 und 3 FamFG und § 547 ZPO Vorschriften, die die Rechtsbeschwerde betreffen, für das Beschwerdeverfahren maßgeblich. Ferner ist die Postulationsfähigkeit gem. § 99 Abs. 3 Satz 2 AktG beschränkt. Die einmonatige Beschwerdefrist des § 63 Abs. 1 FamFG beginnt mit Bekanntmachung der Entscheidung im (elektronischen) Bundesanzeiger, für Antragssteller aber nicht vor Zustellung der Entscheidung, § 99 Abs. 4 Satz 3 AktG. Im Anschluss ist die **Rechtsbeschwerde** zum BGH gem. § 70 Abs. 1 FamFG, § 133 GVG grundsätzlich statthaft.

976 Der Beschluss des Gerichts wird mit Rechtskraft wirksam, § 99 Abs. 5 Satz 1 AktG. Sodann hat der Vorstand die rechtskräftige Entscheidung nach § 99 Abs. 5 Satz 3 AktG unverzüglich i.S.d. § 121 Abs. 1 BGB zum **Handelsregister** einzureichen.

3. Letzte Stufe: Anpassung

977 Steht fest, welche Rechtsgrundlagen zukünftig für die Zusammensetzung des Aufsichtsrats maßgeblich sind – sei es infolge des Ablaufs der Monatsfrist nach der Bekanntmachung des Vorstands gem. § 97 Abs. 1 AktG, sei es auf Grund rechtskräftiger gerichtlicher Entscheidung nach § 98 AktG – muss in einem weiteren Schritt die Zusammensetzung des Aufsichtsrats an die gesetzlichen Grundlagen angepasst werden.

a) Bekanntmachung

978 Falls die Grundlage der Neuordnung eine Bekanntmachung des Vorstands ist, regelt § 97 Abs. 2 AktG den Wechsel des Aufsichtsratsregimes. Sobald die Monatsfrist nach § 97 Abs. 2 Satz 1 AktG verstrichen ist (Rz. 973), ist der Aufsichtsrat neu zu bilden. Als Rechtsgrundlage ist zwingend die in der Bekanntmachung genannte Vorschrift zu beachten. Der Vorstand **ist an die Bekanntmachung gebunden**, wenn die Monatsfrist verstrichen ist; demgegenüber darf er sie vor dem Ablauf der Frist widerrufen.[91] Die Bindungswirkung tritt wegen der gebotenen Rechtssicherheit selbst dann ein, wenn sich der Vorstand über die Rechtsgrundlagen geirrt hat.[92] In dem Fall kann bzw. muss aber sofort ein neues Statusverfahren initiiert werden (s. zur Bekanntmachungssperre Rz. 963).[93]

979 Zur Anpassung des Aufsichtsrats sind **grundsätzlich drei Schritte** notwendig:

- Erstens muss die **Satzung** angepasst werden.[94] Die Hauptversammlung kann über die Satzungsänderung schon vor Ablauf der Monatsfrist des § 97 Abs. 2 AktG beschließen, falls dies mit der Anweisung geschieht, dass die Satzungsänderung erst nach Ablauf der Frist und für den Fall, dass kein Widerspruch eingegangen ist,

91 *Hüffer/Koch*, § 97 AktG Rz. 5; *Habersack* in MünchKomm/AktG, 5. Aufl. 2019, § 97 AktG Rz. 27.
92 RegE *Kropff*, S. 127; *Hopt/Roth* in Großkomm/AktG, 5. Aufl. 2019, § 97 AktG Rz. 62.
93 *Hopt/Roth* in Großkomm/AktG, 5. Aufl. 2019, § 97 AktG Rz. 62.
94 *Hüffer/Koch*, § 97 AktG Rz. 5.

zum Handelsregister anzumelden ist.[95] Ausnahmsweise bedarf es für den satzungsändernden Beschluss der Hauptversammlung gem. § 97 Abs. 2 Satz 4 AktG lediglich der einfachen Mehrheit.

- Die **neuen Aufsichtsratsmitglieder** sind zu bestellen.[96] Die Wahl ist, sofern die Neuwahl unter der aufschiebenden Bedingung der Eintragung der Satzungsänderung erfolgt, gleichzeitig mit dem Beschluss über die Satzungsänderung möglich, obwohl zu diesem Zeitpunkt noch anderweitige Satzungsbestimmungen gelten.[97] Das Wahlverfahren für die Arbeitnehmermitbestimmung ist durch den Vorstand einzuleiten.[98]
- Das Mandat der **bisherigen Aufsichtsratsmitglieder** wird mit Eintragung der Satzungsänderung im Handelsregister beendet.[99]

Es ist umstritten, ob bereits **vor dem Ablauf der Monatsfrist** nach § 97 Abs. 2 AktG 980
eine Neubestellung zulässig ist. Es wird vertreten, dass eine Neuwahl schon vor Monatsfrist erfolgen darf, so dass die neu bestellten Aufsichtsratsmitglieder ihre Amtszeit mit Eintragung der Satzungsänderung beginnen und die bisherigen Mandate analog § 97 Abs. 2 Satz 3 AktG zu diesem Zeitpunkt erlöschen.[100] Die wohl überwiegende Auffassung differenziert danach, ob ein einzelnes Aufsichtsratsmitglied vor Ablauf der Frist nach den bisherigen Vorschriften zu bestellen ist.[101] Die in der Bekanntmachung benannten Rechtsgrundlagen sind dagegen bei Wahl des gesamten Aufsichtsrats anzuwenden.[102]

Falls die AG keine Schritte unternimmt, um die Anpassung des Aufsichtsrats zu voll- 981
ziehen, gilt nach § 97 Abs. 2 AktG Folgendes: Widersprechende Bestimmungen der **Satzung** treten mit Beendigung der ersten Hauptversammlung, die nach Ablauf der

95 *Hoffmann-Becking* in MünchHdb. GesR AG, § 28 Rz. 63; *Hopt/Roth* in Großkomm/AktG, 5. Aufl. 2019, § 97 AktG Rz. 70 ff. A.A. vor der Bekanntmachung *Kiem/Uhrig*, NZG 2001, 680, 687.

96 *Hoffmann-Becking* in MünchHdb. GesR AG, § 28 Rz. 62.

97 Vgl. Wahl sei schon vor Satzungsänderung möglich *Mertens/Cahn* in KölnKomm/AktG, 3. Aufl. 2013, §§ 97–99 AktG Rz. 25; ausführlich zur Zwischenperiode zwischen Statusfeststellung und Satzungsanpassung *Schnitker/Grau*, NZG 2007, 486, 487.

98 *Drygala* in K. Schmidt/Lutter, § 97 AktG Rz. 14.

99 *Hoffmann-Becking* in MünchHdb. GesR AG, § 28 Rz. 62, 63. Wegen § 96 Abs. 2 AktG nicht zuvor, d.h. sämtliche Mitglieder sind bis dahin uneingeschränkt an den Aufsichtsratssitzungen zu beteiligen, vgl. OLG Düsseldorf v. 10.10.1995 – 19 W 5/95 AktE, NJW-RR 1996, 677, 678 = AG 1996, 87.

100 *Hoffmann-Becking* in MünchHdb. GesR AG, § 28 Rz. 63; vgl. auch *Mertens/Cahn* in KölnKomm/AktG, 3. Aufl. 2013, §§ 97–99 AktG Rz. 27.

101 Vgl. RegE *Kropff*, S. 128; ausdrücklich *Drygala* in K. Schmidt/Lutter, § 97 AktG Rz. 16; *Habersack* in MünchKomm/AktG, 5. Aufl. 2019, § 97 AktG Rz. 32; *Hopt/Roth* in Großkomm/AktG, 5. Aufl. 2019, § 97 AktG Rz. 75; *Spindler* in Spindler/Stilz, § 97 AktG Rz. 31.

102 *Drygala* in K. Schmidt/Lutter, § 97 AktG Rz. 16; *Habersack* in MünchKomm/AktG, 5. Aufl. 2019, § 97 AktG Rz. 32; a.A. *Spindler* in Spindler/Stilz, § 97 AktG Rz. 31 (mit der Begründung, dass die alten Vorschriften maßgeblich seien).

Monatsfrist einberufen wird,[103] **außer Kraft**, § 97 Abs. 2 Satz 2 AktG. Davon sind sämtliche Regelungen zur Zusammensetzung, d.h. Zahl, Wahlmodus, Abberufung und Entsendung erfasst, falls sie im nicht in Einklang mit den anwendbaren Rechtsgrundlagen stehen, erfasst.[104] Zugleich **erlischt das Amt** aller bisherigen Aufsichtsratsmitglieder (§ 97 Abs. 2 Satz 3 AktG). Die AG ist sodann aufsichtsratlos;[105] eine Ersatzbestellung nach § 104 AktG ist möglich.[106] Falls die Hauptversammlung neue Satzungsvorschriften beschließen möchte, kommt ihr das Mehrheitsprivileg des § 97 Abs. 2 Satz 4 AktG nach dessen Wortlaut nicht mehr zugute; es bedarf sodann einer satzungsändernden Mehrheit.[107]

b) Gerichtsbeschluss

982 Ist anstelle einer Vorstandsbekanntmachung ein Gerichtsbeschluss nach § 98 AktG für die Zusammensetzung des Aufsichtsrats maßgebend gilt das **Verfahren nach Bekanntmachung** gem. § 98 Abs. 4 AktG entsprechend. Falls die gerichtliche Entscheidung im Anschluss an eine angefochtene Bekanntmachung des Vorstands gefällt wurde, wird letztere unwirksam und es tritt der Gerichtsbeschluss an deren Stelle.[108]

IV. Pflichtenbindung des Vorstands

983 Kommt der Vorstand seinen aus §§ 97 ff. AktG Pflichten nicht nach, macht er sich möglicherweise nach § 93 Abs. 2 AktG gegenüber der Gesellschaft **schadensersatzpflichtig.**[109] Demgegenüber sind die Vorschriften des Statusverfahrens nach allgemeiner Meinung keine Schutzgesetze zugunsten Dritter, auch nicht zugunsten von Arbeitnehmern des Unternehmens.[110] Eine Pflichtverletzung des Vorstands ist in dreierlei Hinsicht denkbar. Eine Pflicht verletzt der Vorstand zum einen, wenn das Statusverfahren notwendig ist und er nicht tätig wird. Daneben stellt es sich als Pflichtverletzung dar, wenn er das Verfahren zu Unrecht einleitet. Schließlich ist es ebenfalls als Pflichtverletzung einzuordnen, wenn der Vorstand nicht das im Einzelfall für das Unternehmen vorteilhaftere Verfahren nach § 97 AktG oder § 98 AktG wählt.

---

103 *Hopt/Roth* in Großkomm/AktG, 5. Aufl. 2019, § 97 AktG Rz. 78; ebenso *Spindler* in Spindler/Stilz, § 97 AktG Rz. 29; *Habersack* in MünchKomm/AktG, 5. Aufl. 2019, § 97 AktG Rz. 32.

104 RegE *Kropff*, S. 128.

105 *Drygala* in K. Schmidt/Lutter, § 97 AktG Rz. 16.

106 *Hopt/Roth* in Großkomm/AktG, 5. Aufl. 2019, § 97 AktG Rz. 76.

107 RegE *Kropff*, S. 128.

108 *Hüffer/Koch*, § 97 AktG Rz. 6.

109 *Hopt/Roth* in Großkomm/AktG, 5. Aufl. 2019, § 97 AktG Rz. 29, 67.

110 *Drygala* in K. Schmidt/Lutter, § 97 AktG Rz. 10; *Hopt/Roth* in Großkomm/AktG, 5. Aufl. 2019, § 97 AktG Rz. 684; *Habersack* in MünchKomm/AktG, 5. Aufl. 2019, § 97 AktG Rz. 28; *Mertens/Cahn* in KölnKomm/AktG, 3. Aufl. 2013, §§ 97–99 AktG Rz. 7 f.; *Spindler* in Spindler/Stilz, § 97 AktG Rz. 37; *Hellwig/Behme* in FS Hommelhoff, 2012, S. 343, 363.

Ein **Schadensersatzanspruch** aus § 93 Abs. 2 AktG wird **mangels** eines konkreten Schadens der Gesellschaft in der Praxis aber kaum jemals in Betracht kommen.[111] Insbesondere die Weiterbezahlung der Aufsichtsratsmitglieder ist nicht als Schadensposten einzuordnen, da diese bei rechtmäßigem Verhalten ebenfalls zu entrichten gewesen wären; allenfalls bei Verkleinerung des Aufsichtsrats wären bei pflichtgemäßem Handeln Vergütungskosten entfallen.[112] Denkbar ist es allerdings, dass **Gerichtskosten**, die die Gesellschaft nach § 99 Abs. 6 AktG zu tragen hat, zu ersetzen sind. Hat der Vorstand zu Unrecht das Verfahren nach § 98 AktG anstrengt oder das Gerichtsverfahren nach § 98 AktG zu Unrecht dem Bekanntmachungsverfahren vorgezogen, entstehen der Gesellschaft überflüssige Kosten. Als weitere Rechtsfolge kommt zumindest theoretisch auch eine Abberufung des Vorstands infolge der Pflichtverletzungen in Betracht; dabei dürfte es jedoch regelmäßig an der hierfür erforderlichen Schwere fehlen. 984

Nicht gänzlich ausgeschlossen ist eine **Verweigerung der Entlastung** oder die Anfechtung des Entlastungsbeschlusses in der Hauptversammlung.[113] Nach der Rechtsprechung des BGH sind Entlastungsbeschlüsse dann materiell rechtswidrig und folglich nach den §§ 243 ff. AktG anfechtbar, wenn der Gegenstand der Entlastung ein Verhalten ist, das eindeutig einen schweren Gesetzes- oder Satzungsverstoß darstellt.[114] Ob ein Verstoß gegen die Vorschriften des Statusverfahrens wegen ihrer grundlegenden Bedeutung für die Binnenorganisation der Gesellschaft den hiernach erforderlichen Schweregrad erfüllt, erscheint indes fraglich.[115] 985

Schließlich wird der Vorstand bei Unklarheiten in Bezug auf die Voraussetzungen und die Notwendigkeit der Durchführung eines Statusverfahrens mit **Fragen** von Aktionären **in der Hauptversammlung** zu rechnen haben. Dies gilt insbesondere dann, wenn in der Vergangenheit in dieser Hinsicht in dem konkreten Unternehmen Konfliktpotential entstanden war.[116] 986

Einstweilen frei. 987–999

---

111 *Drygala* in K. Schmidt/Lutter, § 97 AktG Rz. 10; *Mertens/Cahn* in KölnKomm/AktG, 3. Aufl. 2013, §§ 97–99 AktG Rz. 7; *Spindler* in Spindler/Stilz, § 97 AktG Rz. 37; *Hellwig/Behme* in FS Hommelhoff, 2012, S. 343, 363.

112 Vgl. *Hopt/Roth* in Großkomm/AktG, 5. Aufl. 2019, § 97 AktG Rz. 67 (mit der Begründung, dass eine gleichwertige Gegenleistung in das Vermögen der Gesellschaft fließt); *Mertens/Cahn* in KölnKomm/AktG, 3. Aufl. 2013, §§ 97–99 AktG Rz. 6; *Habersack* in MünchKomm/AktG, 5. Aufl. 2019, § 97 AktG Rz. 28 (der zu Recht auf die Ausnahme hinweist: Verkleinerung des Aufsichtsrats).

113 Vgl. hierzu *Hellwig/Behme* in FS Hommelhoff, 2012, S. 343, 362.

114 Vgl. BGH v. 30.1.2012 – II ZB 20/11, AG 2012, 248; BGH v. 21.9.2009 – II ZR 174/08, BGHZ 182, 272 = AG 2009, 824, 826; BGH v. 25.11.2002 – II ZR 133/01, BGHZ 153, 47, 50 f. = AG 2003, 273, 274.

115 Bejahend aber *Hellwig/Behme* in FS Hommelhoff, 2012, S. 343, 362.

116 *Hellwig/Behme* in FS Hommelhoff, 2012, S. 343, 362.

§ 27
Sonstige Fragen der Zusammenarbeit von Vorstand und Aufsichtsrat

Literaturübersicht *Altmeppen*, Organhaftung wegen des Verjährenlassens von Ansprüchen der Kapitalgesellschaft, ZIP 2019, 1253; *Bayer/Scholz*, Organhaftung wegen Nichtdurchsetzung von Ansprüchen der Gesellschaft, NZG 2019, 201; *Brouwer*, Zustimmungsvorbehalte des Aufsichtsrates im Aktien- und GmbH-Recht, 2008; *Cahn*, Aufsichtsrat und Business Judgement Rule, WM 2013, 1293; *Fleischer*, Aufsichtsratshaftung – Anspruchsverjährung – Selbstbezichtigung: Das Easy-Software-Urteil des BGH, ZIP 2018, 341; *Koch*, Die Überwachung des Aufsichtsrats durch den Vorstand, ZHR 180 (2016), 578; *Leyendecker-Langner*, Rechte und Pflichten des Vorstands bei Kompetenzüberschreitungen des Aufsichtsratsvorsitzenden, NZG 2012, 721; *Säcker/Rehm*, Grenzen der Mitwirkung des Aufsichtsrats an unternehmerischen Entscheidungen in der Aktiengesellschaft, DB 2008, 2814.

I. Gemeinsame Aufgaben

1000 In einer Reihe von Fällen ordnet das Gesetz ein gemeinsames Tätigwerden von Aufsichtsrat und Vorstand an. Dies ist insbesondere der Fall bei:

- der Gründungsprüfung (§ 33 Abs. 1 AktG),
- der Entscheidung über die Dotierung der Gewinnrücklagen (§ 58 Abs. 2, 2a AktG),
- der gemeinsamen Erklärung zum Corporate Governance Kodex (§ 161 AktG),[1]
- den Beschlussvorschlägen an die Hauptversammlung (§ 124 Abs. 3 AktG),
- der Feststellung des Jahresabschlusses (§ 172 AktG),
- der Anmeldung der Kapitalerhöhung zum Handelsregister durch Vorstand und Aufsichtsratsvorsitzenden (§ 188 Abs. 1 AktG),
- der Vertretung der Gesellschaft bei Anfechtungs- und Nichtigkeitsklagen (§ 246 Abs. 2 Satz 2 AktG),
- der gemeinsamen Stellungnahme zu Übernahmeangeboten (§ 27 Abs. 1, 3 WpÜG).

1001 Das Zusammenwirken von Vorstand und Aufsichtsrat muss nicht in allen Fällen, in denen es gesetzlich angeordnet ist, im beiderseitigen Einvernehmen und damit inhaltlich deckungsgleich erfolgen. Gegebenenfalls sind gesonderte Erklärungen und Berichte zulässig und im Einzelfall auch geboten. So können bei der Gründungsprü-

1 Ergänzend stellt Grundsatz 22 des DCGK 2020 fest, dass Aufsichtsrat und Vorstand jährlich in der Erklärung zur Unternehmensführung über die Corporate Governance der Gesellschaft berichten.

fung sowie der Abgabe der mit ihr im Zusammenhang stehenden Erklärungen und Berichte (vgl. § 34 Abs. 2 AktG) Vorstand und Aufsichtsrat zwar gemeinsam handeln, ein jeweils **separater, eigenständiger Bericht** ist regelmäßig aber praktikabler.[2] Auch bei den Beschlussvorschlägen zu den Tagesordnungspunkten der Hauptversammlung (vgl. § 124 Abs. 3 AktG) ist keine inhaltliche Übereinstimmung zwischen Vorstand und Aufsichtsrat notwendig; schließt sich der Aufsichtsrat den Beschlussvorschlägen des Vorstands nicht an, hat er einen eigenen Vorschlag zu unterbreiten, der gesondert in die Tagesordnung aufzunehmen ist.[3] Entsprechendes gilt für die Entsprechenserklärung nach § 161 AktG und die Berichterstattung zum Kodex. **Anders** verhält es sich jedoch bei der Doppelvertretung im Prozess, der Feststellung des Jahresabschlusses, der Dotierung der Gewinnrücklagen und der Anmeldung des Kapitalerhöhungsbeschlusses zum Handelsregister; insoweit sind **inhaltlich übereinstimmende Erklärungen** von Vorstand und Aufsichtsrat unverzichtbar.

II. Zustimmungspflichtige Geschäfte

1. Grundlagen

Das Gesetz macht Handlungen des Vorstands in einer Reihe von Fällen von der **Zustimmung** des Aufsichtsrats abhängig. Das Gesetz hält beispielsweise Abschlagszahlungen auf den Bilanzgewinn aufgrund einer entsprechenden statutarischen Ermächtigung des Vorstands (§ 59 Abs. 3 AktG) für so bedeutsam, dass sie der Zustimmung des Aufsichtsrats bedürfen. Einem zwingenden Zustimmungsvorbehalt des Aufsichtsrats unterliegen bei börsennotierten Gesellschaften des Weiteren Rechtsgeschäfte mit nahestehenden Personen, sofern sie als sog. Related Party Transaction im Sinne von § 111a AktG i.d.F. des ARUG II qualifizieren (dazu § 31 Rz. 1238 ff.). Darüber hinaus „soll" bei der Kapitalerhöhung nach § 202 Abs. 1 AktG die Entscheidung des Vorstands über die Ausgabe der neuen Aktien gem. § 202 Abs. 3 Satz 2 AktG nur mit Zustimmung des Aufsichtsrats erfolgen. Für die Entscheidung des Vorstands über die Ausgabe neuer Aktien gegen Sacheinlagen gilt nach § 202 Abs. 2 Satz 2 AktG dasselbe. Die Entscheidung des Vorstands, neue Aktien gegen Sacheinlagen auszugeben, ist nach § 204 Abs. 1 Satz 2 AktG zwingend von der Zustimmung des Aufsichtsrats abhängig; diese ist Wirksamkeitsvoraussetzung. Über die gesetzlich statuierten Zustimmungsvorbehalte hinaus bestimmt § 111 Abs. 4 Satz 2 AktG, dass die Satzung oder der Aufsichtsrat zustimmungsbedürftige Rechtsgeschäfte festzulegen haben. Der im Gesetz, in der Satzung oder durch den Aufsichtsrat bestimmte Zustimmungsvorbehalt zu Gunsten des Aufsichtsrats ist in erster Linie **Ausprägung der Kontrollaufgabe** des Aufsichtsrats, schützt aber auch dessen Beratungsfunktion. Die Kontrolle soll *ex ante* stattfinden, um den irreversiblen Eintritt der Folgen einer aus Sicht des Aufsichtsrats nicht im Interesse der Gesellschaft liegenden Handlung 1002

2 Für die Gründungsprüfung *Pentz* in Fleischer, Hdb. Vorstandsrecht, § 16 Rz. 135 (für den Bericht nach DCGK Rz. 149; zum Beschlussvorschlag zu einem Tagesordnungspunkt Rz. 151); zur Corporate Governance Erklärung *Lutter/Krieger/Verse*, Rechte und Pflichten des Aufsichtsrats, § 8 Rz. 510.

3 *Hüffer/Koch*, § 124 AktG Rz. 16; *Ziemons* in K. Schmidt/Lutter, § 124 AktG Rz. 23.

des Vorstands von vornherein zu verhindern (vorbeugende Überwachung). Deshalb ist die Zustimmung des Aufsichtsrats einzuholen, bevor der Vorstand handelt und vollendete Tatsachen schafft; ob ausnahmsweise, namentlich bei Gefahr in Verzug, eine ex post-Behandlung durch den Aufsichtsrat in Betracht kommt, ist zweifelhaft.[4]

1003 Die Zustimmungsvorbehalte zugunsten des Aufsichtsrats dürfen wegen des in § 111 Abs. 4 Satz 1 AktG auf die Überwachung beschränkten Zuständigkeitsbereichs des Aufsichtsrats nicht so weit gehen, dass damit de facto die Unternehmensleitung durch den Vorstand in weiten Bereichen vom Votum des Aufsichtsrats abhängig gemacht wird.[5] Die Funktionsbereiche von Vorstand und Aufsichtsrat müssen vielmehr klar voneinander abgrenzbar bleiben. Dies ist im Hinblick auf in der Satzung oder durch den Aufsichtsrat begründete Zustimmungsvorbehalten zu berücksichtigen. Zustimmungsbedürftige Handlungen müssen entweder von **besonderer Bedeutung** für die Gesellschaft sein oder einen zumindest latenten **Interessenkonflikt** mit sich bringen, so dass es gerechtfertigt ist, sie der vorherigen Überprüfung durch den Aufsichtsrat zu unterwerfen und von dessen Zustimmung abhängig zu machen. Anders als bloße Beanstandungen oder Stellungnahmen des Aufsichtsrats binden Zustimmungsvorbehalte den Vorstand unmittelbar, freilich, wie § 82 Abs. 2 AktG bestätigt, nur mit Wirkung im Innenverhältnis.[6] Die uneingeschränkte Vertretungsmacht des Vorstands im Außenverhältnis bleibt von der Verweigerung einer erforderlichen Zustimmung unberührt.

2. Gesetzliche Zustimmungsvorbehalte

1004 Mit dem Zustimmungsvorbehalt zu Gunsten des Aufsichtsrats nach dem § 111b Abs. 1 AktG i.d.F. des ARUG II bei sog. Related Party Transactions hat der Gesetzgeber – in Umsetzung der 2. Aktionärsrechterichtlinie[7] mit dem ARUG II[8] – ein neues, für die Praxis außerordentlich relevantes Zustimmungsregime etabliert, das für börsennotierte Gesellschaften gilt (dazu eingeh. § 31 Rz. 1238 ff.). In der Praxis wichtige gesetzliche Zustimmungsvorbehalte des Aufsichtsrats enthalten außerdem die §§ 114, 115 AktG. Danach ist ein Dienst- oder Werkvertrag, in der Praxis häufig ein Beratungsvertrag, der zwischen der Gesellschaft und einem amtierenden Aufsichtsratsmitglied abgeschlossen wird, oder eine Kreditgewährung an einen amtierenden Aufsichtsrat bzw. eine mit ihm verbundene Person nur mit vorheriger Zustimmung

4 Mit Recht zurückhaltend *Habersack* in MünchKomm/AktG, 5. Aufl. 2019, § 111 AktG Rz. 114, 141; *Lutter/Krieger/Verse*, Rechte und Pflichten des Aufsichtsrats, § 3 Rz. 124; *Spindler* in Spindler/Stilz, § 111 AktG Rz. 76; großzügiger die wohl h.M., vgl. *Mertens/Cahn* in KölnKomm/AktG, 3. Aufl. 2013, § 111 AktG Rz. 84, 108 m. umf. Nachw. zum Meinungsstand; *Säcker/Rehm*, DB 2008, 2814, 2817.

5 *Mertens/Cahn* in KölnKomm/AktG, 3. Aufl. 2013, § 111 AktG Rz. 84; *Säcker/Rehm*, DB 2008, 2814, 2816 ff.

6 Vgl. *Lutter/Krieger/Verse*, Rechte und Pflichten des Aufsichtsrats, § 3 Rz. 123.

7 2. ARRL, EU-Richtlinie 2017/828 des EU-Parlaments und des Rates vom 17.5.2017 zur Änderung der RL 2007/36/EG im Hinblick auf die Förderung der langfristigen Mitwirkung der Aktionäre, ABl. EU Nr. L 132 v. 20.5.2017, S. 1.

8 Gesetz zur Umsetzung der zweiten Aktionärsrechterichtlinie (ARUG II) v. 12.12.2019, BGBl. I 2019, 2637.

des Aufsichtsrats zulässig. Eine ohne vorherige Zustimmung gezahlte Vergütung oder Kreditgewährung muss von dem Aufsichtsratsmitglied sofort zurückgewährt werden, es sei denn, dass der Aufsichtsrat den Vertrag nachträglich gem. § 184 BGB genehmigt (vgl. § 114 Abs. 2 Satz 1, § 115 Abs. 4 AktG). Die Geltendmachung des Rückzahlungsanspruchs obliegt dem Vorstand.

Der Zweck der Zustimmungsvorbehalte in den §§ 114, 115 AktG liegt darin, die an dem Vertragsschluss Beteiligten zu zwingen, den Vertrag im Aufsichtsrat offen zu legen, um dadurch der Gefahr von „sachlich ungerechtfertigten Sonderleistungen der AG an einzelne Aufsichtsratsmitglieder, etwa in Form überhöhter Vergütungen", wirksam zu begegnen „und damit im Ergebnis eine denkbare unsachliche, der Erfüllung seiner Kontrollaufgabe abträgliche Beeinträchtigung des Aufsichtsratsmitglieds durch den Vorstand zu verhindern".[9] Nach Maßgabe der **Fresenius-Entscheidung** des BGH dient die Zustimmungspflicht des Aufsichtsrats zu derartigen Beratungs- oder Kreditverträgen mit einzelnen Aufsichtsratsmitgliedern in erster Linie der Behandlung von **Interessenkonflikten**, in die sich ein finanziell vom Vorstand abhängiges Aufsichtsratsmitglied begeben könnte, ohne dass dieser Interessenkonflikt dem Gesamtaufsichtsrat bekannt ist.[10] Darüber hinaus muss bei der Erfassung des Normzwecks von § 114 AktG aber auch und insbesondere die Rückwirkung von Beratungsverträgen auf die Tätigkeit des Aufsichtsrats im Rahmen seiner Kontroll- und Beratungspflichten Berücksichtigung finden. Insoweit geht es darum, einer inhaltlichen Voreingenommenheit des Aufsichtsratsmitglieds vorzubeugen, das sich im Rahmen seiner Beratung mit einer der Geschäftsführung des Vorstands obliegenden Maßnahme befasst und deshalb dem Risiko der „Vorbefasstheit" ausgesetzt ist. Daraus folgt, dass der Vorstand, bevor der Aufsichtsrat dem Beratungsvertrag nicht zugestimmt hat, Zahlungen an das beratende Aufsichtsratsmitglied nicht auskehren darf und grundsätzlich auch dessen Beratungsleistungen noch nicht in Anspruch nehmen darf.[11] Zu beachten ist dabei insbesondere, dass eine nachträgliche Genehmigung des Vertrages durch den Aufsichtsrat zwar nach § 114 Abs. 2 Satz 1 Halbs. 2, § 115 Abs. 4 AktG zu einem Behaltensgrund hinsichtlich der gewährten Leistungen führt, die Pflichtwidrigkeit der vor Zustimmung des Aufsichtsrats erfolgten Zahlung durch den Vorstand indessen nicht beseitigt.[12] 1005

9 Vgl. ausführlich die Leitentscheidung BGH v. 10.7.2012 – II ZR 48/11 (Fresenius), ZIP 2012, 1807, 1808 f. = AG 2012, 712.

10 Der BGH bejaht einen Interessenkonflikt auch dann, wenn das betroffene Aufsichtsratsmitglied nur mittelbar als Mitglied einer weiteren Dritt-Gesellschaft an dem Vertrag partizipiert; vgl. BGH v. 10.7.2012 – II ZR 48/11 (Fresenius), ZIP 2012, 1807, 1809 = AG 2012, 712; s. auch den in § 115 Abs. 3 Satz 1 AktG geregelten Fall.

11 *Ihrig*, ZGR 2013, 418, 430 f. in krit. Auseinandersetzung mit der insoweit abweichenden Auffassung des BGH in BGH v. 10.7.2012 – II ZR 48/11 (Fresenius), ZIP 2012, 1807, 1808 = AG 2012, 712.

12 BGH v. 10.7.2012 – II ZR 48/11 (Fresenius), ZIP 2012, 1807, 1809 = AG 2012, 712; eingeh. dazu *Ihrig*, ZGR 2013, 417 ff.

3. Statutarische oder vom Aufsichtsrat bestimmte Zustimmungsvorbehalte

1006 Als Grundlage für einen Zustimmungsvorbehalt kommt neben dem Gesetz auch die **Satzung** der AG oder ein **Plenarbeschluss des Aufsichtsrats** in Betracht. Während § 111 Abs. 4 Satz 2 AktG dazu verpflichtet, in der Satzung oder durch Beschluss des Aufsichtsrats einen **Katalog zustimmungsbedürftiger Geschäfte** festzulegen, ohne deren Inhalt näher zu bestimmen,[13] verlangt Grundsatz 6 DCGK 2020 dies für „Geschäfte von grundlegender Bedeutung". Unabhängig davon wird durch die vorab erfolgte Erstellung eines Katalogs[14] von zustimmungsbedürftigen Handlungen in der Satzung jedenfalls nicht die jederzeit bestehende Kompetenz des Aufsichtsrats zur Ergänzung einschließlich der „fließenden Überwachung" des Vorstands durch ad hoc definierte Zustimmungsvorbehalte eingeschränkt.[15] Der Aufsichtsrat kann jederzeit nach eigenem Ermessen über den Inhalt des bereits in der Satzung festgelegten Katalogs hinausgehen und Handlungen des Vorstands beschränken, die im Katalog nicht ausdrücklich genannt sind, und zwar gegebenenfalls auch spontan aus Anlass eines Einzelfalles.[16] Die Satzung kann es dem Aufsichtsrat auch insgesamt überlassen, einen Katalog zustimmungspflichtiger Geschäfte zu definieren; der Aufsichtsrat muss dann zur Vermeidung von Regelungslücken tätig werden. Er muss im Übrigen nach pflichtgemäßem Ermessen regelmäßig prüfen, ob die sachgerechte Wahrnehmung seiner Überwachungsaufgabe ggf. eine Ergänzung des Zustimmungskatalogs erforderlich macht;[17] dieses Recht kann ihm von der Satzung nicht genommen werden.[18] Das Gesetz will damit erreichen, dass sich der Aufsichtsrat bei zentralen Leitungsmaßnahmen in den Willensbildungsprozess der Gesellschaft aktiv einschalten kann.[19] Die Funktion des Aufsichtsrats ist in diesen Fällen auf die **Übernahme von unternehmerischer Mitverantwortung** ausgeweitet.[20]

1007 Das Recht des Aufsichtsrats zur Begründung von Zustimmungsvorbehalten besteht wegen der grundsätzlichen Zuweisung der Leitungsaufgabe an den Vorstand (§§ 76,

---

13 Dazu unter Hinweis auf die Regierungsbegründung zum TransPuG, BT-Drucks. 14/8769, S. 17, *Habersack* in MünchKomm/AktG, 5. Aufl. 2019, § 111 AktG Rz. 116; *Brouwer*, Zustimmungsvorbehalte des Aufsichtsrates im Aktien- und GmbH-Recht, 2008, S. 96 ff.; *Säcker/Rehm*, DB 2008, 2814 f.; krit. dazu *Mertens/Cahn* in KölnKomm/AktG, 3. Aufl. 2013, § 111 AktG Rz. 104, die darin einen unnötigen Formalismus sehen, der die Qualität der Kontrolle durch den Aufsichtsrat nicht erhöht.

14 *Säcker/Rehm* schlagen insoweit eine Orientierung an § 90 Abs. 1 Nr. 4 AktG vor, vgl. DB 2008, 2814, 2817.

15 *Habersack* in MünchKomm/AktG, 5. Aufl. 2019, § 111 AktG Rz. 116.

16 *Mertens/Cahn* in KölnKomm/AktG, 3. Aufl. 2013, § 111 AktG Rz. 103.

17 *Hüffer/Koch*, § 111 AktG Rz. 37: „Ermessensschrumpfung" bei eindeutig unvertretbarem Vorstandshandeln.

18 H.M., vgl. *Lutter/Krieger/Verse*, Rechte und Pflichten des Aufsichtsrats, § 3 Rz. 114; *Hüffer/Koch*, § 111 AktG Rz. 38.

19 *Hüffer/Koch*, § 111 AktG Rz. 35.

20 S. ausführlich zur Funktion des Aufsichtsrates als „Überwachungsorgan mit unternehmerischer Mitverantwortung" *Brouwer*, Zustimmungsvorbehalte des Aufsichtsrates im Aktien- und GmbH-Recht, 2008, S. 39; ferner *Säcker/Rehm*, DB 2008, 2814, 2815: „mitverantwortliches unternehmerisches Führungsorgan"; zur business judgement rule bei Entscheidungen des Aufsichtsrats s. *Cahn*, WM 2013, 1293 ff.

111 Abs. 4 AktG) nicht unbegrenzt. Es ist zunächst vom Grundsatz auszugehen, dass **nur Geschäfte von grundlegender bzw. existenzieller Bedeutung** von einem Zustimmungsvorbehalt erfasst werden sollen.[21] Dieser Grundsatz bedarf einer weiteren Präzisierung dahingehend, dass die Benennung des jeweiligen Vorbehalts vom Aufsichtsrat stets **unternehmensbezogen auszuformen** ist; die Bedeutung der Maßnahme für die Gesellschaft und ihre konkrete Geschäftstätigkeit muss im Vordergrund stehen.[22] Darüber hinaus kann immer nur eine Handlung der Zustimmung bedürfen, nicht aber ein Unterlassen, was bereits aus § 111 Abs. 4 Satz 1 AktG deutlich wird, der die Übertragung von „Maßnahmen" zum Gegenstand hat.[23] Infolge der notwendigen rechtssicheren Bestimmbarkeit der Geschäfte muss zudem eine vom Aufsichtsrat geschaffene Zustimmungsregelung inhaltlich derart **präzisiert** sein, dass ohne weitreichende Prüfung ersichtlich ist, ob der Vorstand die Zustimmung einholen muss oder nicht.[24] In der Praxis werden häufig beispielsweise Budgetplanung, Konzernierung, Kreditaufnahmen, Erwerb von Unternehmen, Aufnahme neuer oder Aufgabe bestehender Geschäftsfelder, Bestellung und Abberufung von Organmitgliedern in wesentlichen Konzerngesellschaften und ähnliche Geschäfte von grundsätzlicher Bedeutung in den Katalog zustimmungspflichtiger Geschäfte aufgenommen.

III. Tätigwerden des Vorstands gegen den Aufsichtsrat

Angesichts der weitreichenden Befugnisse des Aufsichtsrats, auf die Tätigkeit des Vorstands Einfluss zu nehmen, stellt sich in der Praxis nicht selten die Frage, ob und auf welchem Wege der Vorstand sich einer Einflussnahme des Aufsichtsrats entziehen kann (dazu Rz. 1009 ff.). Des Weiteren kann es in umgekehrter Richtung jenseits des Statusverfahrens (dazu § 26) auch Überwachungskompetenzen des Vorstands gegenüber dem Aufsichtsrat geben (dazu Rz. 1013 ff. und Rz. 1018 ff.). 1008

1. Abwehr von Aufsichtsratseinflüssen

Sämtlichen Einflussnahmerechten des Aufsichtsrats steht grundsätzlich eine **Pflicht des Vorstands** gegenüber, diese zu dulden, zu respektieren und bei seiner Tätigkeit zu berücksichtigen. Mit der Aufgabe des Aufsichtsrats, den Vorstand neben seiner Kernaufgabe der Überwachung auch begleitend in den wesentlichen Leitungsaufgaben des Unternehmens zu beraten, korrespondiert die Pflicht des Vorstands, sich auch beraten zu lassen.[25] Wenn der Vorstand einen Zustimmungsvorbehalt des Aufsichtsrats nicht beachtet oder die Verweigerung der erforderlichen Zustimmung 1009

21 Allg. M., vgl. nur *Mertens/Cahn* in KölnKomm/AktG, 3. Aufl. 2013, § 111 AktG Rz. 85; *Habersack* in MünchKomm/AktG, 5. Aufl. 2019, § 111 AktG Rz. 120; *Säcker/Rehm*, DB 2008, 2814, 2816 f.; s. auch Grundsatz 6 DCGK 2020.

22 *Lutter/Krieger/Verse*, Rechte und Pflichten des Aufsichtsrats, § 3 Rz. 115.

23 *Hüffer/Koch*, § 111 AktG Rz. 37.

24 *Mertens/Cahn* in KölnKomm/AktG, 3. Aufl. 2013, § 111 AktG Rz. 85, wonach die vom Zustimmungsvorbehalt erfassten Geschäfte „präzise zu definieren und enumerativ zu erfassen" seien.

25 *Pentz* in Fleischer, Hdb. Vorstandsrecht, § 16 Rz. 38.

nicht respektiert,[26] einen angeforderten Bericht nicht erstattet oder etwa die Einsichtnahme in Bücher nach § 111 Abs. 2 AktG nicht duldet, handelt er pflichtwidrig. Entsteht der Gesellschaft hieraus ein Schaden, kann sich der Vorstand nicht auf den Einwand des rechtmäßigen Alternativverhaltens zurückziehen (näher § 25 Rz. 913; § 38 Rz. 1530).

1010 Die **Befolgungspflicht entfällt** jedoch, wenn der Aufsichtsrat seine Befugnisse überschreitet.[27] Wie oben ausgeführt (Rz. 1002 ff.), fallen grundsätzlich nur Maßnahmen von grundlegender Bedeutung in den Anwendungsbereich des § 111 Abs. 4 AktG. **Lediglich unwichtige Geschäfte** von untergeordneter Bedeutung dürfen nicht an die Zustimmung des Aufsichtsrats gebunden werden. Bewegt sich der Aufsichtsrat bei der Inanspruchnahme von Zustimmungsvorbehalten außerhalb des Anwendungsbereichs von § 111 Abs. 4 AktG, so sind seine unzulässigerweise auf eine Mitwirkung abzielenden Beschlüsse nichtig.[28] Die betreffenden Geschäfte sind dann auch im Innenverhältnis ohne weiteres bereits mit der Entscheidung des Vorstands wirksam. Auf die Zustimmung des Aufsichtsrats kommt es nicht an; eine verweigerte Zustimmung ist unbeachtlich.

1011 Entsprechendes gilt, wenn der Aufsichtsrat seine Befugnisse überschreitet, für die übrigen Einflussnahmerechte des Aufsichtsrats. So ist es denkbar, dass die Beratungstätigkeit des Aufsichtsrats so intensiv wahrgenommen wird, dass dies funktional einer Beteiligung an dem Entscheidungsprozess über allgemeine Geschäftsentscheidungen des Vorstands gleichsteht und somit in der Sache den Aufgabenbereich der Beratung des Vorstands zugunsten einer unzulässigen Einmischung in die Kompetenzen des Vorstands verlässt; der Vorstand muss dies nicht dulden.[29] Im Einzelfall ist es auch denkbar, dass etwa die Anforderung eines Berichts nach § 90 Abs. 3 AktG missbräuchlich ist,[30] so dass der Bericht nicht erstellt zu werden braucht. Schließlich ist es denkbar, dass der Aufsichtsrat seine Überwachungstätigkeit grob überdehnt, die hierfür getroffenen Maßnahmen erkennbar unverhältnismäßig sind oder, auch im Hinblick auf die der Gesellschaft entstehenden Kosten, das Handeln des Aufsichtsrats offensichtlich dem Unternehmensinteresse zuwiderläuft.[31]

1012 Ob die Nichtigkeit entsprechender Aufsichtsratsbeschlüsse im Wege der Interorganklage **festgestellt werden** kann oder ob der Vorstand **Unterlassungsklage** gegen den

26 *Habersack* in MünchKomm/AktG, 5. Aufl. 2019, § 111 AktG Rz. 147.

27 Zu den Schranken des Zustimmungsvorbehalts s. *Hüffer/Koch*, § 111 AktG Rz. 40 ff.; speziell zu den Grenzen der Beratungspflicht vgl. *Pentz* in Fleischer, Hdb. Vorstandsrecht, § 16 Rz. 40.

28 *Hopt/Roth* in Großkomm/AktG, 5. Aufl. 2019, § 111 AktG Rz. 748, außerdem Rz. 749 zur Möglichkeit der Nichtigkeitsklage bei unzulässigen Zustimmungsvorbehalten in der Satzung; *Brouwer*, Zustimmungsvorbehalte des Aufsichtsrats, S. 182 ff.

29 S. zum Verbot des kompetenzwidrigen „Hineinregierens" in die Leitungsverantwortlichkeit des Vorstands, sowie zu den Abwehrmöglichkeiten *Leyendecker-Langner*, NZG 2012, 721, 722 m.w.N.

30 Dazu § 25 Rz. 865.

31 Instruktiv dazu *Koch*, ZHR 180 (2016), 578, 585 ff.

Aufsichtsrat erheben darf, ist nicht abschließend geklärt.[32] Der Nutzen einer Interorganklage könnte bezweifelt werden: Sofern der Vorstand den vermeintlich bestehenden Zustimmungsvorbehalt ignoriert und der Aufsichtsrat hierauf mit Schadensersatzverlangen oder Abberufung reagiert, kann der Vorstand dagegen vorgehen, wobei *incidenter* dann auch die Wirksamkeit des Zustimmungsvorbehalts zu überprüfen ist. Dem Vorstand bleibt zudem alternativ die Möglichkeit, bei Verweigerung der Zustimmung durch den Aufsichtsrat die Hauptversammlung anzurufen (vgl. § 111 Abs. 4 Satz 3 AktG). Gleichwohl sprechen die besseren Gründe dafür, dem Vorstand die Unsicherheit, ob seine Einschätzung über die Unbeachtlichkeit des Aufsichtsratshandelns zutrifft, nicht aufzubürden und ihn nicht allein auf das öffentlichkeitswirksame, kostspielige und möglicherweise langwierige Hauptversammlungsverfahren zu verweisen, sondern ihm die Möglichkeit einer eigenständigen Klage zur Klärung der Sachlage zu eröffnen, zumal das in § 111 Abs. 4 Satz 3 AktG bestimmte Verfahren sich auf einen tatsächlich existierenden Zustimmungsvorbehalt bezieht und daher nicht ohne Weiteres auf die Klärung der Vorfrage, ob eine Zustimmungspflicht vom Aufsichtsrat überhaupt wirksam in Anspruch genommen werden kann, übertragbar ist. Dagegen spricht, dass die Hauptversammlung regelmäßig nicht der richtige Ort ist, derartige Fragen zu klären. Der Zweck des § 111 Abs. 4 Satz 3 AktG liegt darin, einen Dissens zwischen Vorstand und Aufsichtsrat über die Art und Weise der Leitung der Gesellschaft von den hiervon im Ergebnis wirtschaftlich betroffenen Aktionären letztverbindlich zugunsten der einen oder anderen Vorgehensweise aufzulösen. Im Ergebnis sollte dem Vorstand daher der Weg, über eine Feststellungs- oder Unterlassungsklage in Form einer **Interorganklage** gegen ein **kompetenzrechtlich unzulässiges Verhalten** des Aufsichtsrats vorzugehen, eingeräumt werden.[33] Zwar kann die bloße Existenz einer Organkompetenz für sich genommen kein subjektives Abwehrrecht begründen. Anderes gilt jedoch, wenn ein Organ seinen Kompetenzbereich zu Lasten eines anderen Organs überschreitet und dadurch die organschaftliche Aufgabenverteilung innerhalb der Gesellschaft mehr als nur geringfügig stört. In diesem Fall droht die Machtbalance innerhalb der Gesellschaft nachhaltig beeinträchtigt zu werden, wenn die Kompetenzüberschreitung sanktionslos hingenommen werden müsste.[34] Wie im Kommunalverfassungsstreit sind daher auch hinsichtlich der Organverfassung der Aktiengesellschaft durchsetzbare Organrechte anzuerkennen, auf die das betroffene Organ einen **Abwehr- bzw. Unterlassungsanspruch** gegen unzulässige Einmischungen anderer Organe stützen kann.

---

32 Eingeh. und im Ergebnis mit guten Gründen bejahend *Brouwer*, Zustimmungsvorbehalte des Aufsichtsrats, S. 183 ff.; zum Streitstand der Zulässigkeit einer Interorganklage s. die umf. Nachw. bei *Hüffer/Koch*, § 90 AktG Rz. 18; außerdem *Leyendecker-Langner*, NZG 2012, 721, 723 m.w.N.; *Hopt/Roth* in Großkomm/AktG, 5. Aufl. 2019, § 111 AktG Rz. 749; *Koch*, ZHR 180 (2016), 578, 599.

33 So auch *Leyendecker-Langner*, NZG 2012, 721, 723.

34 *Leyendecker-Langner*, NZG 2012, 721, 723.

2. Erzwingung von Aufsichtsratshandeln

1013 Ob der Vorstand Beschlüsse oder ein sonstiges aktives Handeln des Aufsichtsrats erzwingen kann, ist weitgehend ungeklärt. Die Erörterung der Zulässigkeit des **Interorganstreits** wird zumeist auf die Durchsetzung der Berichtspflicht des Vorstands nach § 90 AktG durch den Aufsichtsrat beschränkt (dazu § 25 Rz. 915 ff.) oder lediglich vor dem Hintergrund des § 111 Abs. 4 AktG betrachtet.[35] Ersichtlich fehlt ein praktisches Bedürfnis für entsprechende Klagemöglichkeiten des Vorstands im umgekehrten Verhältnis, bei dem es nicht um die Abwehr eines kompetenzwidrigen Verhaltens (dazu Rz. 1009 ff.), sondern um die Erzwingung einer bestimmten Erklärung oder Handlung des Aufsichtsrats geht. Immerhin stellt das AktG in zwei Fällen Surrogate für eine solche Klage zur Verfügung:

1014 Für eine zentrale Aufgabe des Aufsichtsrats, der Erstattung des **Berichts zum Jahresabschluss**, trifft das Gesetz eine Regelung über die Vorstandsbefugnisse gegenüber dem Aufsichtsrat. § 171 Abs. 3 AktG stellt insoweit zunächst klar, dass der Vorstand auf die Erstattung des Berichts des Aufsichtsrats hinzuwirken hat. Dies soll nach § 171 Abs. 3 Satz 2 AktG geschehen, indem der Vorstand dem Aufsichtsrat eine Frist setzt, wenn dieser die gesetzliche Maximalfrist von einem Monat ab Zuleitung der Jahresabschlussunterlagen nicht einhält. Sofern diese weitere Frist nicht eingehalten wird, fingiert das Gesetz, dass der Jahresabschluss vom Aufsichtsrat nicht gebilligt wurde (§ 171 Abs. 3 Satz 3 AktG), um anschließend die Kompetenz zur Feststellung des Jahresabschlusses der Hauptversammlung zu überantworten, § 173 Abs. 1 Alt. 2 AktG. Dies hat ausweislich der Gesetzesmaterialien die Funktion, zu gewährleisten, dass die Vorlage des Jahresabschlusses an die Hauptversammlung nicht verzögert wird.[36] Der Regelung kommt daher primär eine Schutzfunktion zugunsten der Hauptversammlung zu; zugleich ist sie aber auch ein Beispiel für die Überwachungsmöglichkeiten des Vorstands gegenüber dem Aufsichtsrat.

1015 Dem ähnlich ist bei **Verweigerung der Zustimmung durch den Aufsichtsrat** zu zustimmungsbedürftigen Maßnahmen nach § 111 Abs. 4 Satz 3 AktG subsidiär die Hauptversammlung zur Entscheidung berufen, sofern der Vorstand dies verlangt. Für eine Related Party Transaction bestimmt § 111a Abs. 4 AktG i.d.F. des ARUG II dasselbe. Der Vorstand kann also die Zustimmung zu einem dem Aufsichtsratsvorbehalt unterliegenden Geschäft auf die Tagesordnung der Hauptversammlung setzen. Die Gesetzesbegründung zu § 111 AktG 1965 weist ausdrücklich darauf hin, dass der Aufsichtsrat insoweit nicht das „letzte Wort" haben soll, der Vorstand sich also nicht der Entscheidung des Aufsichtsrats beugen muss, „ohne etwas dagegen unternehmen zu können".[37]

1016 Ungeregelt ist demgegenüber der Fall der bloßen **Untätigkeit des Aufsichtsrats** bei zustimmungspflichtigen Geschäften. Richtigerweise ist anzunehmen, dass auch in diesem Fall der Vorstand das zustimmungsbedürftige Geschäft der Hauptversamm-

35 Dazu *Hopt/Roth* in Großkomm/AktG, 5. Aufl. 2019, § 111 AktG Rz. 749 m.N.

36 *Kropff*, AktG 1965, S. 278.

37 *Kropff*, AktG 1965, § 111 Ausschussbericht, S. 156.

lung zur Entscheidung vorlegen kann. Die Befugnis besteht dann, wenn der Aufsichtsrat sich nicht in angemessenem zeitlichen Rahmen mit der ihm vom Vorstand vorgelegten Angelegenheit befasst. Die Untätigkeit steht dann der Verweigerung der Zustimmung i.S.v. § 111 Abs. 4 Satz 3 AktG gleich.

Auch andere Fälle haben im Gesetz keine Regelung gefunden, wie etwa die Prüfung 1017
eines Abhängigkeitsberichts nach § 312 AktG und die Erstellung der Erklärungen und Berichte im Rahmen der gemeinsamen Aufgaben, die dem Aufsichtsrat in eigener Verantwortung überlassen sind. Eine entsprechende Anwendung des in § 111 Abs. 4 Satz 3 AktG vorgesehenen Verfahrens, bei dem die Hauptversammlung an Stelle des Aufsichtsrats zur Zustimmung aufgefordert werden kann, passt in diesen Fällen nicht. Man sollte dem Vorstand stattdessen auch hier eine Leistungs- oder Feststellungsklage im Wege des Interorganstreits ermöglichen. In der Praxis hat freilich schon die Anrufung der Hauptversammlung nach § 111 Abs. 4 Satz 3 AktG bislang keine nennenswerte Bedeutung erlangt.[38]

3. „Überwachung" der Aufsichtsratstätigkeit und Anspruchsverfolgung

Im Ausnahmefall kann es auch Bestandteil der Geschäftsführungsaufgabe des Vor- 1018
stands sein, **Ansprüche** der Gesellschaft **gegen den Aufsichtsrat** bzw. einzelne Aufsichtsratsmitglieder geltend zu machen. Unabdingbare Aufgabe ist es deshalb, dass sich der Vorstand über den Aufsichtsrat informiert und dessen Tun oder Unterlassen im Blick hat. Indessen kann es eine umfassende Überwachung der Tätigkeit des Aufsichtsrats durch den Vorstand schon deshalb nicht geben, weil damit der Überwachte (der Vorstand) zum Überwacher des Überwachenden (der Aufsichtsrat) würde, was der grundsätzlichen Struktur der Corporate Governance in der AG widerspricht.[39] Dementsprechend sind die Instrumentarien, die das Gesetz dem Vorstand für eine etwaige Kontrolle der Tätigkeit des Aufsichtsrats an die Hand gibt, auch denkbar eingeschränkt. Der Aufsichtsrat unterliegt in keiner Hinsicht einer Direktive des Vorstands, selbst Informationsrechte stehen dem Vorstand gegenüber dem Aufsichtsrat nicht zu: Er kann auch nicht nach § 103 AktG die gerichtliche Abberufung einzelner Aufsichtsratsmitglieder betreiben. Die Teilnahme des Vorstands an Aufsichtsratssitzungen ist zwar möglich und wird der Regelfall sein (s. § 109 Abs. 1 Satz 1 AktG), doch kann der Vorstand bei Verweigerung durch den Aufsichtsrat hierauf nicht bestehen.[40] Auch für ein Recht, die Aufsichtsratsprotokolle einzusehen, fehlen im Gesetz Anhaltspunkte. Daher ist der Vorstand im Wesentlichen auf die Unterlagen und Informationen verwiesen, die ihm im Rahmen seiner eigenen Aufgabenwahrnehmung offenstehen und zugänglich werden.

Nach ganz einhelliger Auffassung ist es Aufgabe des Vorstands, als Vertreter der AG 1019
nach § 78 Abs. 1 AktG **Ansprüche** der Gesellschaft gegen die Aufsichtsratsmitglieder aus §§ 116 Satz 1, 93 Abs. 2 AktG geltend zu machen.[41] Gleiches gilt für die Verfol-

38 *Lutter/Krieger/Verse*, Rechte und Pflichten des Aufsichtsrats, § 3 Rz. 123.
39 Dazu ausf. *Koch*, ZHR 180 (2016), 578 ff. („Endlosschleife gegenseitiger Überwachung").
40 *Hüffer/Koch*, § 109 AktG Rz. 3.
41 *Habersack* in MünchKomm/AktG, 5. Aufl. 2019, § 116 AktG Rz. 8, 77.

gung von Rückgewähransprüchen der Gesellschaft gegen Aufsichtsratsmitglieder wegen fehlender Zustimmung nach §§ 114 Abs. 2, 115 Abs. 4 AktG. Im Falle der Nichtgeltendmachung droht dem Vorstand selbst die eigene Inanspruchnahme nach § 93 AktG spätestens dann, wenn die Ansprüche gegen den Aufsichtsrat wegen Verjährung nicht mehr durchgesetzt werden können. Soweit die Haftung des Aufsichtsrats nach § 116 AktG sich auf die unzureichende Überwachung rechtswidriger Vorstandstätigkeit bezieht, führt die Kette von Ansprüchen und die Befugnisse zu deren Geltendmachung freilich zu einem zirkulären Anspruchskarussell.[42] Der Vorstand, der selbst pflichtvergessen gehandelt hat, ist naturgemäß nicht daran interessiert, die Haftung des Aufsichtsrats aus § 116 AktG zu realisieren.[43] Bei einem Wechsel in der Person der jeweils zur Anspruchsverfolgung aufgerufenen Organwalter und in der Insolvenz der Gesellschaft, aber auch aufgrund einer Initiative der Hauptversammlung oder einzelner Aktionäre nach §§ 147, 148 AktG ist mit einer Anspruchsverfolgung zu rechnen. Unabhängig davon ist im Lichte der Rechtsprechung des BGH[44] jedenfalls festzuhalten, dass sich der zur Anspruchsverfolgung verpflichtete Vorstand nicht darauf berufen kann, er müsse sich, wollte er die Ansprüche gegen den Aufsichtsrat geltend machen, selbst einer Pflichtwidrigkeit bezichtigen, wozu er nicht verpflichtet sei.[45]

1020 Die Vorstandspflichten zur Anspruchsverfolgung stellen grundsätzlich einen breiten Anknüpfungspunkt dafür dar, um die gesamte, gegebenenfalls haftungsrelevante **Tätigkeit des Aufsichtsrats** daraufhin zu **kontrollieren**, ob sich hieraus Vermögensnachteile der Gesellschaft ergeben und Ersatzansprüche gegen Aufsichtsratsmitglieder in Betracht kommen. Wegen der grundsätzlichen Trennung der Organfunktionen ist dies dem Vorstand freilich nur sehr eingeschränkt möglich (Rz. 1018).

1021–1029 Einstweilen frei.

---

42 Instruktiv insoweit die Entscheidung des BGH v. 18.9.2018 – II ZR 152/17, AG 2018, 893 = ZIP 2018, 2117; dort ging es zwar um die umgekehrte Konstellation der Verfolgung von Ansprüchen gegen den Vorstand durch den Aufsichtsrat, wobei die pflichtbegründende Vorstandshandlung zugleich auch eine Pflichtverletzung des Aufsichtsrats darstellte. Die Entscheidung ist aber ohne weiteres auf die Pflicht des Vorstands, Ansprüche gegen den Aufsichtsrat zu verfolgen, entsprechend anwendbar. Der BGH erkannte in dem Verjährenlassen von Ansprüchen eine eigenständige Pflichtwidrigkeit, die zu dem Entstehen eines Anspruchs der Gesellschaft führt, der der eigenständigen Verjährung unterliegt, deren Frist mit dem Zeitpunkt zu laufen beginnt, zu dem der Erstanspruch verjährt. Der Umstand, dass an der pflichtbegründenden Tat des Vorstands der Aufsichtsrat selbst (nämlich als Empfänger von verbotenen Zuwendungen) beteiligt war, ändert an diesem späteren Beginn der Verjährungsfrist nichts. Zu der Entscheidung eingeh. *Fleischer*, ZIP 2018, 2341; *Bayer/Scholz*, NZG 2019, 201; *Altmeppen*, ZIP 2019, 1253.

43 Dazu *Koch*, ZHR 180 (2016), 578, 582 („zirkuläres Überwachungsszenario"); für die SE *Merkt*, ZGR 2003, 650, 674 f.; *Ihrig* in Bachmann/Casper/C. Schäfer/Veil (Hrsg.), Steuerungsfunktionen des Haftungsrechts im Gesellschafts- und Kapitalmarktrecht, S. 17, 27.

44 BGH v. 18.9.2018 – II ZR 152/17, AG 2018, 893 = ZIP 2018, 2117.

45 Eingeh. mit Nachw. zum dissonanten Meinungsstand *Fleischer*, ZIP 2018, 2341, 2346 ff.; *Altmeppen*, ZIP 2019, 1253, 1257; *Bayer/Scholz*, NZG 2019, 201, 206.

7. Abschnitt: Verhältnis zur Hauptversammlung

§ 28 Vorbereitung der Hauptversammlung

Literaturübersicht: *Arnold*, Aktionärsrechte und Hauptversammlung nach dem ARUG, Der Konzern 2009, 88; *Arnold/Carl/Götze*, Aktuelle Fragen bei der Durchführung der Hauptversammlung, AG 2011, 349; *Baums*, Der Eintragungsstopp bei Namensaktien, in FS Hüffer, 2010, S. 15; *Behrends*, Einberufung der Hauptversammlung gem. § 121 IV AktG (mittels eingeschriebenem Brief) trotz abweichender Satzungsbestimmung, NZG 2000, 578; *Bork*, Die Regelungen zu „know-your-shareholder" im Regierungsentwurf des ARUG II, NZG 2019, 738 *Butzke*, Die Hauptversammlung der Aktiengesellschaft, 5. Aufl. 2011; *Butzke*, Hinterlegung, Record Date und Einberufungsfrist, WM 2005, 1981; *DAV-Handelsrechtsausschuss*, Stellungnahme zum Referentenentwurf eines Gesetzes zur Umsetzung der Aktionärsrechte-Richtlinie (ARUG), NZG 2008, 534; *Drinhausen/Keinath*, Regierungsentwurf eines Gesetzes zur Umsetzung der Aktionärsrechterichtlinie (ARUG) – Überblick über die Änderungen gegenüber dem Referentenentwurf, BB 2009, 64; *Göhmann/v. Oppen*, Das Leica-Urteil, die Nachfolgeentscheidungen und ihre Auswirkungen auf die Praxis, BB 2009, 513; *Grobecker*, Beachtenswertes zur Hauptversammlungssaison, NZG 2010, 165; *Halberkamp/Gierke*, Das Recht der Aktionäre auf Einberufung einer Hauptversammlung, NZG 2004, 494; *Happ/Bednarz*, Zu Beschlussvorschlägen von Vorstand und Aufsichtsrat nach § 124 Abs. 3 AktG, in FS Marsch-Barner, 2018, S. 215; *Heidinger/Blath*, Die Legitimation zur Teilnahme an der Hauptversammlung nach Inkrafttreten des UMAG, DB 2006, 2275; *Happ/Freitag*, Die „Mitternachtsstund" als Nichtigkeitsgrund?, AG 1998, 493; *Horn*, Änderungen bei der Vorbereitung und Durchführung der Hauptversammlung nach dem Referentenentwurf zum ARUG, ZIP 2008, 1558; *Ihrig/Wagner*, Rechtsfragen bei der Vorbereitung von Hauptversammlungen börsennotierter Gesellschaften, in FS Spiegelberger, 2009, S. 722; *Mimberg*, Bekanntmachung der Einberufung spätestens am 31. Tag vor der Hauptversammlung?, ZIP 2006, 649; *Nagel/Ziegenhahn*, Die Dauer von Hauptversammlungen als Rechtsproblem, WM 2010, 1005; *Noack*, ARUG: das nächste Stück der Aktienrechtsreform in Permanenz, NZG 2008, 441; *Noack*, Das neue Recht der Gegenanträge nach § 126 AktG, BB 2003, 1393; *Noack/Zetzsche*, Die Legitimation der Aktionäre bei Globalaktien und Depotverbuchung, AG 2002, 651; *Paschos/Goslar*, Der Regierungsentwurf des Gesetzes zur Umsetzung der Aktionärsrechterichtlinie (ARUG), AG 2009, 14; *Pentz*, Nochmals: Gegenanträge – was sind 5000 Zeichen?, ZIP 2003, 1925; *Reppen*, Der Sonntag und die Berechnung rückwärts laufender Fristen im Aktienrecht, ZGR 2006, 121; *Schaaf*, Praxis der Hauptversammlung, 4. Aufl. 2018; *J. Schmidt*, Die Umsetzung der Aktionärsrechte-Richtlinie 2017: der Referentenentwurf für das ARUG II, NZG 2018, 1201; *Seibert*, UMAG und Hauptversammlung – Der Regierungsentwurf eines Gesetzes zur Unternehmensintegrität und Modernisierung des Anfechtungsrechts (UMAG), WM 2005, 157; *Seibert/Florstedt*, Der Regierungsentwurf des ARUG – Inhalt und wesentliche Änderungen gegenüber dem Referentenentwurf, ZIP 2008, 2145; *Simon/Zetzsche*, Aktionärslegitimation und Satzungsgestaltung – Überlegungen zu § 123 AktG i.d.F. des UMAG, NZG 2005, 369; *Wilm*, Beobachtungen der Hauptversammlungssaison 2010, DB 2010, 1686; *Zetzsche*, Die Aktionärslegitimation durch Berechtigungsnachweis – von der Verkörperungs- zur Registertheorie, Der Konzern 2007, 180 und 251; *Zetzsche*, Die nächste „kleine" Aktienrechtsreform: Der Referentenentwurf eines Gesetzes zur Umsetzung der Aktionärsrechterichtlinie (ARUG), Der Konzern 2008, 321.

I. Grundlagen zum Verhältnis zwischen Vorstand und Hauptversammlung

1030 Die Aktionäre üben ihre Rechte in Angelegenheit der Gesellschaft im Wesentlichen, nämlich soweit das Gesetz nicht ausnahmsweise etwas anderes bestimmt, in der Hauptversammlung aus, § 118 Abs. 1 Satz 1 AktG. Die in ihre Entscheidungskompetenz gestellten Maßnahmen sind im Wesentlichen in § 119 Abs. 1 AktG enumerativ aufgelistet. Von der Geschäftsführung ist die Hauptversammlung grundsätzlich ausgeschlossen; diese obliegt dem Vorstand in eigener Verantwortung. Über Fragen der Geschäftsführung kann die Hauptversammlung nur ausnahmsweise entscheiden, wenn der Vorstand es nach § 119 Abs. 2 AktG verlangt. Zwar ist die Hauptversammlung danach von der laufenden Geschäftsführung ausgeschlossen; dennoch stellt das AktG ihr einige Instrumente zur Verfügung, die eine Einflussnahme auf den Vorstand ermöglichen. Zu nennen ist hier insbesondere die unmittelbare **Entscheidungskompetenz** der Hauptversammlung bei **Grundlagenentscheidungen** hinsichtlich des Gesellschaftsverhältnisses.[1] Darüber hinaus kann die Hauptversammlung nach § 83 Abs. 1 AktG dem Vorstand Weisungen zur Vorbereitung von Maßnahmen erteilen, die in die Zuständigkeit der Hauptversammlung fallen. Des Weiteren sind als Einflussmöglichkeiten der Hauptversammlung der Vertrauensentzug nach § 84 Abs. 3 Satz 2 AktG, der Entlastungsbeschluss gem. § 120 Abs. 1 AktG und bei börsennotierten Gesellschaften das „Say on Pay", d.h. die Entscheidung über die Billigung oder Ablehnung des Vergütungssystems der Vorstandsmitglieder nach § 120a Abs. 1 AktG i.d.F. des ARUG II und des Vergütungsberichts nach § 120a Abs. 4 AktGi.d.F. des ARUG II, relevant, außerdem die Befugnis nach § 87 Abs. 4 AktG i.d.F. des ARUG II, die Höhe der vom Aufsichtsrat im Vergütungssystem festzulegenden Maximalvergütung für Vorstandsmitglieder herabzusetzen. Die Mitwirkung der Aktionäre setzt allerdings die hinreichende Kenntnis über die Vorgänge innerhalb der Gesellschaft voraus, so dass **Informations-, Berichts- und Auskunftspflichten** im Zentrum der Organpflichten des Vorstands im Verhältnis zur Hauptversammlung stehen. Dazu gehört insbesondere auch die Rechenschaftslegung an die Hauptversammlung. Die ordnungsgemäße Organisation der Hauptversammlung, für die der Vorstand Sorge zu tragen hat, ist deshalb entscheidend für die Rechts- und Interessenwahrnehmung der Aktionäre.[2]

1031 Die Wahrung der Belange der Minderheitsaktionäre sind für den Vorstand in diesem Kontext vor allem insofern von Bedeutung, als eine Verletzung der Rechte Einzelner oder von Minderheiten die **Gefahr von Anfechtungs- und Nichtigkeitsklagen** gegen

1 *Pentz* in Fleischer, Hdb. Vorstandsrecht, § 17 Rz. 2. Im Einzelnen ist damit insbesondere auf Satzungsänderungen, Vermögensübertragungen und Umstrukturierungen (etwa Abschluss von Unternehmensverträgen) Bezug genommen.

2 Zur Aufgabe des Aufsichtsrats s. § 27 Rz. 1000 f.

Beschlüsse der Hauptversammlung, die auf Mängel der Einberufung oder der Durchführung der Hauptversammlung gestützt werden können, begründet. Unterlaufen dem Vorstand bei der Vorbereitung und Durchführung der Hauptversammlung Fehler, kann das einschneidende Konsequenzen haben und, sofern der Gesellschaft hieraus ein Vermögensschaden entsteht, in letzter Konsequenz auch Schadensersatzpflichten der Vorstandsmitglieder nach sich ziehen.

II. Entscheidung über die Einberufung

1032 Die Hauptversammlung bedarf der sehr sorgfältigen Vorbereitung, an dessen Anfang die Festlegung steht, wann die Hauptversammlung stattfinden soll oder muss. Die Einberufung der Hauptversammlung ist **eine Pflicht und ein Recht des Vorstands**. Er muss einberufen, wenn ein Einberufungsgrund nach § 121 AktG vorliegt; demgegenüber darf er nicht tätig werden, solange es an einem solchen Grund fehlt. Wenn der Vorstand diese Pflicht verletzt, weil er die Hauptversammlung **nicht oder nicht rechtzeitig** einberuft, kann das grundsätzlich zur persönlichen Haftung nach § 93 Abs. 2 AktG führen.[3] Darüber hinaus kann gem. § 407 AktG bei fehlender Einberufung der ordentlichen Hauptversammlung[4], die den alljährlich zu behandelnden Regelkatalog von Grundlagenentscheidungen zu behandeln hat, ein Zwangsgeld festgesetzt werden. Beruft der Vorstand umgekehrt die Hauptversammlung ein, **obwohl ein Einberufungsgrund fehlt**, kann er wegen der Kosten der Hauptversammlung nach § 93 Abs. 2 AktG in Anspruch genommen werden.[5]

1. Einberufungsgrund

1033 Nach § 121 Abs. 1 AktG ist die Hauptversammlung einzuberufen, wenn das Gesetz oder die Satzung dies bestimmt oder das Wohl der Gesellschaft es erfordert. Zur ersten Fallgruppe gehören die im **Gesetz** ausdrücklich bestimmten Einberufungsfälle, außerdem diejenigen, in denen das Gesetz einen Beschluss der Hauptversammlung erfordert und daher implizit die Einberufung der Hauptversammlung voraussetzt.[6] Während der Vorstand bei den ausdrücklich genannten Einberufungsgründen un-

---

3 Selten dürfte ein Schaden festzustellen sein. Allenfalls Gerichtskosten, wenn die Minderheit nach § 122 AktG vorgehen muss, kommen in Betracht, *Noack/Zetzsche* in KölnKomm/AktG, 3. Aufl. 2011, § 121 AktG Rz. 30.

4 Dazu Rz. 1036.

5 *Noack/Zetzsche* in KölnKomm/AktG, 3. Aufl. 2011, § 121 AktG Rz. 17. Die Wirksamkeit der gefassten Beschlüsse lässt dies jedoch unberührt, *Noack/Zetzsche* in KölnKomm/AktG, 3. Aufl. 2011, § 121 AktG Rz. 17; auch eine Anfechtbarkeit wird nach h.M. zu Recht verneint, s. *Kubis* in MünchKomm/AktG, 4. Aufl. 2018, § 121 AktG Rz. 14; *Reichert/Balke* in Semler/Volhard/Reichert, Arbeitshdb. Hauptversammlung, 4. Aufl. 2018, § 4 Rz. 21 und Rz. 65.

6 Begr. RegE *Kropff*, S. 168; *Hüffer/Koch*, § 121 AktG Rz. 3; *Ziemons* in K. Schmidt/Lutter, § 121 AktG Rz. 8, 10. Vgl. aber *Pentz* in Fleischer, Hdb. Vorstandsrecht, § 17 Rz. 17 (Sonstige Zuständigkeiten der Hauptversammlung fallen unter den Einberufungsgrund „Unternemenswohl").

verzüglich nach Eintritt des genannten Ereignisses zwingend tätig werden muss, steht ihm bei der Einberufung zum Zwecke der erforderlichen Beschlussfassung der Hauptversammlung insofern ein gewisser Ermessensspielraum zu, als er den konkreten Zeitpunkt der Beschlussfassung im Rahmen des sachlich Gebotenen beeinflussen kann.[7]

1034 **Explizit** ist eine Einberufungspflicht im Gesetz in den folgenden Fällen bestimmt:

- Unverzüglich nach Eingang des Berichts vom Aufsichtsrat (§ 175 Abs. 1 Satz 1 AktG), u.a. zum Zwecke des Beschlusses über die Verwendung des Bilanzgewinns (§ 174 AktG);
- Verlangen einer Aktionärsminderheit (§ 122 Abs. 1 Satz 1 AktG);
- Hauptversammlungsbeschluss über die Einberufung der Hauptversammlung (§ 124 AktG);
- Verlust in Höhe der Hälfte des Grundkapitals (§ 92 Abs. 1 AktG);
- Verlangen der Aufsichtsbehörde (§ 44 Abs. 5 KWG – Banken), § 3 BausparkG i.V.m. § 44 Abs. 5 KWG – Bausparkassen).

1035 Zu den **implizit im Gesetz** aufgeführten Anlässen für eine Einberufung gehören die in § 119 AktG genannten Hauptversammlungszuständigkeiten, aber auch sonstige, im Gesetz verstreut geregelte **Beschlusserfordernisse** wie insbesondere:[8]

- Überprüfung der Tätigkeit von Aufsichtsrat und Vorstand (Bestellung und Abberufung von Aufsichtsratsmitgliedern, §§ 101 Abs. 1, 103 AktG; Vertrauensentzug, § 84 Abs. 3 AktG; die Vorlage eines Geschäfts mit nahestehenden Personen, wenn der Aufsichtsrat die Zustimmung verweigert hat, nach § 111b Abs. 4 AktG i.d.F. des ARUG II; Entlastungsbeschlüsse, § 120 Abs. 1 AktG; Say on Pay, § 120a Abs.1 und Abs. 4 AktG i.d.F. des ARUG II; Wahl des Abschlussprüfers und des Konzernabschlussprüfers, § 318 Abs. 1 HGB; Bestellung von Prüfern zur Prüfung von Vorgängen bei der Gründung oder der Geschäftsführung; Verzicht und Vergleich über Ersatzansprüche, §§ 50, 93 Abs. 4, 116 AktG; Geltendmachung von Ersatzansprüchen, § 147 AktG).
- Kapitalmaßnahmen (Maßnahmen der Kapitalbeschaffung und der Kapitalherabsetzung; Vermögensübertragungen, § 179a Abs. 1 AktG; Erwerb eigener Aktien, § 71 Abs. 1 Nr. 8).
- Änderungen der Unternehmensstruktur (Satzungsänderungen; Unternehmensverträge, §§ 293, 295 Abs. 1 AktG; Eingliederungsbeschlüsse, §§ 319, 319, 320 Abs. 1 AktG; Umwandlungen, §§ 65, 73; §§ 174 ff.; §§ 226 ff. UmwG, § 327a Abs. 1 AktG;[9] Holzmüller-Grundsätze).

7 Vgl. *Noack/Zetzsche* in KölnKomm/AktG, 3. Aufl. 2011, § 121 AktG Rz. 21.
8 *Hüffer/Koch*, § 121 AktG Rz. 3.
9 *Ziemons* in K. Schmidt/Lutter, § 121 AktG Rz. 8.

- Zustimmung zu sonstigen Geschäftsführungsmaßnahmen, §§ 119 Abs. 3, 111 Abs. 4 Satz 3 AktG.
- Auflösung der Gesellschaft (Auflösungsbeschluss, § 262 Abs. 1 Nr. 2 AktG; Fortsetzungsbeschluss, § 274 AktG).

Die Einberufung zur Vorlage der Jahresrechnungsunterlagen nach § 175 Abs. 1 Satz 1 1036
AktG ist der praktisch wichtigste Einberufungsgrund, da infolgedessen zwingend einmal im Jahr in den ersten acht Monaten des Geschäftsjahres eine Hauptversammlung stattfinden muss (**ordentliche Hauptversammlung**), vgl. auch Grundsatz 8 DCGK 2020. Auf dieser Versammlung werden üblicherweise auch alle sonst regelmäßig zu behandelnden Gegenstände, wie insbesondere die Entlastung von Vorstand und Aufsichtsrat (§ 120 Abs. 1 AktG) und die Bestellung des Abschlussprüfers, zur Beschlussfassung vorgelegt.

Im Übrigen nennt § 121 Abs. 1 AktG zwei weitere Fälle, die eine Einberufungspflicht 1037
des Vorstands begründen, nämlich wenn eine entsprechende Satzungsbestimmung oder das Wohl der Gesellschaft die Einberufung erfordert. Ihnen kommt allerdings kaum praktische Bedeutung zu. Obwohl danach die **Satzung** weitere Einberufungsgründe bestimmen darf, hat sie dabei die zwingende Kompetenzverteilung in der Aktiengesellschaft einzuhalten, so dass die Regelungsbefugnis des Satzungsgebers äußerst eingeschränkt ist. In Betracht kommen etwa Satzungsbestimmungen, wonach die Hauptversammlung die Zustimmung zur Übertragung vinkulierter Namensaktien zu erteilen hat, oder die Befugnis, eine Einberufung verlangen zu können, an geringere Anforderungen als nach § 122 Abs. 1 AktG geknüpft ist.[10] Auch für die Einberufung zum **Wohl des Unternehmens** bleibt in der Praxis kaum ein Anwendungsbereich. Nur wenn man annimmt, dass die Einberufung der Hauptversammlung zur bloßen Information und Erörterung von Fragen der Geschäftsführung, also die **beschlusslose Hauptversammlung**, zulässig ist, darf der Vorstand unter Berufung auf das Wohl der Gesellschaft jederzeit zu einer Hauptversammlung einladen,[11] wobei sich dieses Recht nach teilweise vertretener Auffassung zur Einberufungspflicht verdichten soll, wenn die Wahrung der Aktionärsrechte dies gebietet (etwa § 53a AktG).[12] Demgegenüber spricht die Gegenauffassung dem Vorstand mit guten

10 Vgl. *Hüffer/Koch*, § 121 AktG Rz. 4; weitere Beispiele bei *Pentz* in Fleischer, Hdb. Vorstandsrecht, § 17 Rz. 16 (Bestellung von Beiräten) sowie vgl. *Noack/Zetzsche* in KölnKomm/AktG, 3. Aufl. 2011, § 121 AktG Rz. 25 (Regelung des Say-on-Pay § 120 Abs. 4 AktG).

11 *Noack/Zetzsche* in KölnKomm/AktG, 3. Aufl. 2011, § 121 AktG Rz. 28; *Ziemons* in K. Schmidt/Lutter, § 121 AktG Rz. 13; *Rieckers* in Spindler/Stilz, § 121 AktG Rz. 11.

12 *Ziemons* in K. Schmidt/Lutter, § 121 AktG Rz. 14. Wenn man davon ausgeht, dass jede Erörterung zum Wohle des Unternehmens geschieht, ist die Pflicht zur Einberufung die konsequente Folge, vgl. Begr. RegE *Kropff*, S. 168 f. („Dadurch wird (...) klargestellt, daß in diesem Fall nicht nur der Aufsichtsrat nach § 111 Abs. 3 sondern auch der Vorstand die Hauptversammlung einberufen muß.“).

Gründen das Recht ab, eine Hauptversammlung nur zum Zwecke der bloßen Information und Erörterung einzuberufen.[13]

2. Einberufungsentscheidung

1038 Der Vorstand entscheidet gem. § 121 Abs. 2 Satz 1 AktG über die Einberufung der Hauptversammlung durch einfachen Mehrheitsbeschluss. Die Entscheidungskompetenz liegt bei dem Vorstand als **Gesamtorgan.**[14] Aus Gründen der Rechtssicherheit wird gem. § 121 Abs. 2 Satz 2 AktG unwiderleglich vermutet,[15] dass diejenigen Vorstandsmitglieder, die als solche im Handelsregister eingetragen sind,[16] zur Mitwirkung an der Entscheidung des Vorstands über die Einberufung befugt sind. Damit wird die Entscheidungskompetenz der tatsächlich bestellten Vorstandsmitglieder,[17] auch wenn sie noch nicht als solche im Handelsregister eingetragen sind, nicht überspielt; sie sind an der Beschlussfassung zu beteiligen und können einen wirksamen Einberufungsbeschluss fassen.[18]

1039 Neben dem Vorstand gibt es weitere Einberufungsberechtigte. So ist der **Aufsichtsrat** ausnahmsweise nach § 111 Abs. 3 AktG zur Einberufung einer Hauptversammlung befugt, wenn es das Wohl der Gesellschaft erfordert (s. dazu Rz. 1037). Ferner ist den Aktionären gem. § 122 Abs. 1 AktG ein **Minderheitsverlangen** über die Einberufung möglich. Wird ein Einberufungsverlangen nach § 122 Abs. 1 AktG gestellt, muss der Vorstand dessen Zulässigkeit überprüfen und diesem, wenn die gesetzlichen Voraussetzungen erfüllt sind, auch Folge leisten.[19] Danach ist immer dann, wenn dies von einem Teil der Aktionäre schriftlich verlangt wird, deren Anteile zusammen mindestens 5 % des Grundkapitals ausmachen, eine Hauptversammlung einzuberufen. Die Satzung kann dieses Minderheitenquorum herabsetzen, nicht aber

---

13 *Hüffer/Koch*, § 121 AktG Rz. 5, mit Verweis auf § 111 AktG Rz. 30 ff.; *Pentz* in Fleischer, Hdb. Vorstandsrecht, § 17 Rz. 17; *Ruppert* in Schaaf, Praxis der Hauptversammlung, Rz. 85. Vgl. zu der parallelen Vorschrift des § 111 Abs. 3 AktG, *Habersack* in MünchKomm/AktG, 4. Aufl. 2018, § 111 AktG Rz. 103.

14 *Hüffer/Koch*, § 121 AktG Rz. 6; *Noack/Zetzsche* in KölnKomm/AktG, 3. Aufl. 2011, § 121 AktG Rz. 36; *Ziemons* in K. Schmidt/Lutter, § 121 Rz. 20. S. insbesondere zu dem Erfordernis der vollen Besetzung des Vorstands bei der Erfüllung seiner Kernaufgaben § 16 Rz. 416.

15 In Erweiterung des § 15 Abs. 2 HGB es kommt auf die fehlende Kenntnis des Dritten über die Eintragung nicht an, *Hüffer/Koch*, § 121 AktG Rz. 7.

16 Damit wird kein Teilnahmrecht des „Schein-Vorstands“ statuiert, vgl. *Noack/Zetzsche* in KölnKomm/AktG, 3. Aufl. 2011, § 121 AktG Rz. 39; *Kubis* in MünchKomm/AktG, 4. Aufl. 2018, § 121 AktG Rz. 20.

17 Damit wird keine Verpflichtung zur Teilnahme statuiert, vgl. *Noack/Zetzsche* in KölnKomm/AktG, 3. Aufl. 2011, § 121 AktG Rz. 39; so aber *Ruppert* in Schaaf, Praxis der Hauptversammlung, Rz. 93.

18 *Kubis* in MünchKomm/AktG, 4. Aufl. 2018, § 121 AktG Rz. 20; *Noack/Zetzsche* in KölnKomm/AktG, 3. Aufl. 2011, § 121 AktG Rz. 38; *Ruppert* in Schaaf, Praxis der Hauptversammlung, Rz. 90.

19 Ob der Vorstand auch einem gesetz- oder satzungswidrigen Einberufungsverlangen Folge leisten darf, wie es das OLG Düsseldorf v. 5.7.2012 – 6 U 69/11, AG 2013, 264 = GWR 2012, 536, angenommen hat, ist zweifelhaft.

verschärfen. Schließlich kann die **Satzung**, wovon in der Praxis aber selten Gebrauch gemacht wird, gem. § 121 Abs. 2 Satz 3 AktG **weitere Personen** ausdrücklich zur Einberufung ermächtigen, wozu auch einzelne Vorstandsmitglieder zählen können.[20]

III. Vorbereitung der Hauptversammlung als Vorstandspflicht

Wenn der Vorstand eine Hauptversammlung einberuft, obliegt ihm die Pflicht zur 1040 Vorbereitung.[21] Aber auch wenn ausnahmsweise etwa der Aufsichtsrat oder eine qualifizierte Minderheit die Hauptversammlung einberuft, treffen den Vorstand jedenfalls umfassende Mitwirkungspflichten, um die Ordnungsgemäßheit der Durchführung der Hauptversammlung sicherzustellen.

Der Vorstand muss bei der Vorbereitung nicht bei jedem Verfahrensschritt als Ge- 1041 samtorgan tätig werden. Erforderlich ist dies nur in den Fällen, in denen der Vorstand als Gesamtorgan vom Gesetz explizit als Normadressat genannt wird; dies ist etwa in §§ 124 Abs. 3 Satz 1, 125, 126 Abs. 4 AktG und § 83 Abs. 1 AktG der Fall. Insoweit handelt es sich um Kernaufgaben der Unternehmensleitung im Sinne von § 76 Abs. 1 AktG, über die zwingend der Gesamtvorstand entscheiden muss und bei denen eine Delegation ausgeschlossen ist.[22] Im Übrigen handelt es sich bei den Maßnahmen der Vorbereitung der Hauptversammlung lediglich um **einfache Geschäftsführungsaufgaben**, die der Gesamtvorstand ohne Weiteres an einzelne Vorstandsmitglieder oder auch an nachgeordnete Mitarbeiter delegieren kann, solange er durch die Etablierung eines funktionsfähigen Berichtswesens die ordnungsgemäße Überwachung und Auswahl dieser Personen sicherstellt.[23] Da die Konsequenzen einer fehlenden Bestandskraft von Beschlüssen sowie der Verantwortlichkeit wegen Ordnungswidrigkeiten gem. § 405 Abs. 3, Abs. 3a AktG und § 120 WpHG schwerwiegend sind, ist bei der Vorbereitung der Hauptversammlung ein strenger Maßstab an die Überwachungstätigkeit des Vorstands anzulegen.

1. Verfahrensschritte und Fristberechnung

Die Vorbereitung der Hauptversammlung beginnt regelmäßig mit der Aufstellung 1042 eines **Terminplans**, in den die zentralen Ereignisse aufgenommen und in dem die konkreten Daten abgebildet werden. Zu den wesentlichen Teilschritten gehören:

1) Zuleitung des Entwurfs der Tagesordnung an den Vorstand und Vorstandsbeschluss.

2) Zuleitung der Tagesordnung an den Aufsichtsrat und Aufsichtsratsbeschluss.

---

20 *Noack/Zetzsche* in KölnKomm/AktG, 3. Aufl. 2011, § 121 AktG Rz. 51.

21 *Noack/Zetzsche* in KölnKomm/AktG, 3. Aufl. 2011, Vor §§ 121 ff. AktG Rz. 14 und § 121 AktG Rz. 32.

22 Vgl. zu der Bedeutung von Kernaufgaben § 16 Rz. 414 ff.

23 Vgl. aber *Noack/Zetzsche* in KölnKomm/AktG, 3. Aufl. 2011, § 121 AktG Rz. 34 (An der Verantwortung des Vorstands nach allgemeinen Grundsätzen für die ordnungsgemäße Bekanntmachung ändere eine Delegation nichts).

3) Auslegung von Unterlagen in den Geschäftsräumen (Bsp. § 175 AktG).

4) Zuleitung der Einberufung zur Veröffentlichung an Medien, die die Information in der EU verbreiten (§ 121 Abs. 4a AktG, § 49 Abs. 1 Satz 1 Nr. 1 WpHG).

5) Einberufung der Hauptversammlung in den Gesellschaftsblättern bzw. per Brief (§§ 121 Abs. 4, 123 Abs. 1 Satz 1 und 2 AktG).

6) Veröffentlichung von Unterlagen im Internet (§ 124a AktG).

7) Frist für Tagesordnungsergänzungsverlangen (§ 122 Abs. 2 AktG und § 124 Abs. 1 Satz 1 AktG).

8) Mitteilung der Hauptversammlungseinladung an Intermediäre, die Aktien der Gesellschaft verwahren, Aktionäre und Intermediäre, die die MItteilung verlangt haben, und Intermediäre und Aktionärsvereinigungen, die die Mitteilung verlangt oder in der letzten Hautpversammlung Stimmrechte ausgeübt haben (§ 125 Abs. 1 Satz 1 und 2 AktG i.d.F. des ARUG II).

9) Nachweisstichtag für Aktienbesitz, „Record Date“ (§ 123 Abs. 3 Satz 3 AktG).

10) Ende der Gegenantragsfrist (§ 126 Abs. 1 Satz 1 und 2 AktG).

11) Letzter Anmeldetag für Aktionäre (§ 123 Abs. 2 Satz 2 bis 4 AktG).

12) Hauptversammlung.

§ 121 Abs. 7 AktG bestimmt für sämtliche Fristen und Termine der Einberufungsvorschriften (§§ 121–128 AktG)[24] den Berechnungsmodus. Dieser ist nur bei **börsennotierten AGs zwingend** zu beachten, während im Übrigen Satzungsautonomie besteht,[25] § 121 Abs. 7 Satz 4 AktG. Die Berechnungsvorschriften der §§ 187–193 BGB gelten nicht, § 121 Abs. 7 Satz 3 AktG.

1043 Ausgangspunkt ist das Datum, an dem die **Hauptversammlung stattfinden** soll. Dieser Tag ist bei der Berechnung von Fristen und Terminen nicht mitzurechnen, § 121 Abs. 7 Satz 1 AktG.[26] Davon ausgehend sind die Fristen **zurückzurechnen**, wobei es unerheblich ist, wenn das Ende auf einen Sonn- oder Feiertag fällt, § 121 Abs. 7 Satz 2 AktG.[27] Ergänzend enthalten die §§ 123 ff. AktG weitere spezielle Anordnungen, welche Tage nicht mitgerechnet werden dürfen. Dies betrifft den Tag der Einberufung (§ 123 Abs. 1 Satz 2 AktG), den Tag des Zugangs der Einberufung (§§ 122 Abs. 2 Satz 3 Halbs. 2; 123 Abs. 2 Satz 4, 123 Abs. 3 Satz 5, 126 Abs. 1 Satz 2

---

24 *Hüffer/Koch*, § 121 AktG Rz. 24.

25 Mögliche Satzungsregeln der nichtbörsennotierten Gesellschaften zielen vor allem auf die Einführung des Feiertagsschutzes oder einer Sonntagsruhe, RegE ARUG, BT-Drucks. 16/11642, S. 29.

26 Vor der Gesetzesänderung durch das ARUG war dies im Einzelnen umstritten, dazu *Ihrig/Wagner* in FS Spiegelberger, S. 722, 723 f.; *Mimberg*, ZIP 2006, 649, 650 f.

27 Zur Begründung des RegE ARUG, BT-Drucks. 16/11642, S. 29: Ein Feiertags- oder Freizeitschutz ist in einem modernen Aktienrecht, dessen Ziel es auch ist, die Rechte ausländischer Investoren zu stärken, nicht mehr zeitgemäß.

AktG) und den Tag der Mitteilung nach § 125 Abs. 1 Satz 1 AktG (§ 125 Abs. 1 Satz 2 AktG). **Beispiel**: Die Hauptversammlung soll am 31.05. stattfinden. Die Einberufung muss nach § 123 Abs. 1 AktG mindestens 30 Tage vorher erfolgen, was zum 01.05. führt. Ergänzend bestimmt § 123 Abs. 1 Satz 2 AktG aber, dass auch der Tag der Einberufung nicht mitzurechnen ist. Zwischen dem Tag der Hauptversammlung und dem Tag der Einberufung müssen deshalb 30 volle Tage liegen, daher muss die Hauptversammlung spätestens am 30.04. einberufen werden. Die Einberufungsfrist verlängert sich nach § 123 Abs. 2 Satz 5 AktG um die Tage der Anmeldefrist der Aktionäre.[28] Die Anmeldung muss sechs Tage vor der Versammlung zugehen, wobei der Tag des Zugangs nicht mitzurechnen ist. Die Einberufung muss deshalb spätestens am 37. Tag vor dem Tag der Hauptversammlung erfolgen. Die Einberufung muss im Beispielsfall daher spätestens am 24.04. bis 24 Uhr erfolgen.[29]

Im Rahmen einzelner Vorschriften ist auf den **Beginn eines Tages** zurückzurechnen; 1044
dies gilt für den Nachweis der Aktionärslegitimation (§ 123 Abs. 3 Satz 3 AktG), die Mitteilung (§ 125 Abs. 2 AktG) sowie deren Übermittlung nach § 128 Abs. 1 AktG. Der **Termin** erfasst die Sekunde, die auf den Beginn des errechneten Tages fällt (0 Uhr).[30] Nach § 123 Abs. 3 Satz 3 AktG hat sich der Nachweis des Aktienbesitzes auf den Beginn des 21. Tages vor der Versammlung zu beziehen („Record Date"), was ausgehend von dem obigen Beispiel dem 10.05. um 0 Uhr entspricht.[31]

Obwohl mit der Neuregelung des Fristenregimes durch das ARUG eine konsistente 1045
und abschließende Regelung geschaffen werden sollte, bleiben Unstimmigkeiten.[32] § 142 Abs. 2 Satz 2 AktG (i.V.m. § 122 Abs. 1 Satz 3 AktG) verlangt für die Bestellung von Sonderprüfern und die Einberufung der Hauptversammlung auf Verlangen einer Aktionärsminderheit den Nachweis eines relevanten Aktienbesitzes für einen Zeitraum **von mindestens drei Monaten**, der durch Rückrechnung vom Tag der Hauptversammlung zu ermitteln ist. Auch wenn § 121 Abs. 7 AktG pauschal auf Fristen Bezug nimmt, fehlt eine klare gesetzliche Vorgabe, wie ein Monat im Sinne des Aktienrechts zu bestimmen ist. Es stellt sich die Frage, ob ein Monat mit 30 Tagen gleichzusetzen ist oder ob auf den entsprechenden Tag im Vormonat (bspw. Mo-

---

28 Sofern die Satzung von der Ermächtigung des § 123 Abs. 2 Satz 3 AktG Gebrauch gemacht und eine kürzere Anmeldefrist vorgesehen hat, ist diese zu den 30 Tagen hinzuzurechnen, vgl. *Grobecker*, NZG 2010, 165, 166; *Wilm*, DB 2010, 1686, 1688. Dafür spricht, dass es in dem Falle ansonsten keine „Anmeldefrist des Satzes 2" gibt und nach Sinn und Zweck den Aktionären die vollen 30 Tage zur Vorbereitung zustehen sollen. Vorsichtshalber ist jedoch die Berechnung anhand der gesetzlichen 6-Tagesfrist zu empfehlen.

29 Vgl. *Butzke*, Die Hauptversammlung der Aktiengesellschaft, 5. Aufl. 2011, § 61 f.; zur Entwicklung der Diskussion s. *Ihrig/Wagner* in FS Spiegelberger, S. 722 ff.

30 RegE ARUG, BT-Drucks. 16/11642, S. 28; *Hüffer/Koch*, § 121 AktG Rz. 24.

31 Zum Zwecke der Vereinfachung und Vereinheitlichung der Zeitangaben in den Einberufungsunterlagen dürfte eine entsprechende Übersetzung der Zeitangabe auf 24 Uhr zulässig sein, weil es sachlich nichts verändert.

32 RegE ARUG, BT-Drucks. 16/11642, S. 29.

natsende) abgestellt werden muss.[33] Für Letzteres spricht trotz des explizit ausgeschlossenen Rückgriffs auf das BGB der Rechtsgedanke der Absätze 2 und 3 des § 188 BGB.

2. Festlegung von Zeit und Ort

1046 Wenn der Vorstand, wie im Regelfall, die Hauptversammlung einberuft, hat er Datum und Ort der Versammlung festzulegen. Dabei ist auf die Zumutbarkeit für die Aktionäre zu achten, denen die Wahrnehmung ihrer Rechte zu ermöglichen ist. Insbesondere **ein Wechsel von Ort und Zeit** ist ohne erneute Einberufung möglich, wenn die Teilnahmemöglichkeit der Aktionäre dadurch nicht beeinträchtigt wird;[34] im Übrigen ist eine erneute Einberufung erforderlich.[35]

1047 Nach § 121 Abs. 5 AktG soll der **Satzungssitz** als Ort der Hauptversammlung gewählt werden, bei in Deutschland börsennotierten Gesellschaften kommt alternativ der **Sitz der Börse** in Betracht, § 121 Abs. 5 Satz 2 AktG (vgl. aber die vorrangige Norm § 16 Abs. 4 WpÜG).[36] Obwohl es sich um eine Soll-Vorschrift handelt, begründet die Abweichung hiervon einen Anfechtungsgrund. Von der Gesetzesvorgabe kann allenfalls bei Vorliegen besonderer Sachgründe abgewichen werden. Der BGH hat dies für den Fall bejaht, dass der andere Versammlungsort für sämtliche Aktionäre günstiger ist.[37] Sinn und Zweck des § 121 Abs. 5 AktG ist es, zum Schutz der Aktionäre jede willkürliche Auswahl des Orts zu unterbinden.[38]

1048 Der **Tag sowie Beginn und Ende** einer Hauptversammlung müssen für die Aktionäre im Allgemeinen zumutbar sein und im Übrigen auch der Verkehrssitte entsprechen.[39] Welche Anforderungen konkret einzuhalten sind, wird hierbei maßgeblich durch die Aktionärsstruktur bestimmt, so dass ausnahmsweise – abhängig namentlich von der Zahl der Aktionäre – im Einzelfall auch eine Versammlung an einem Sonn- oder Feiertag zulässig sein kann.[40] Da insbesondere die Behandlung von

---

33 *Ziemons* in K. Schmidt/Lutter, § 121 AktG Rz. 115, § 122 AktG Rz. 10, die im Ergebnis eine teleologische Reduktion der Vorschrift befürwortet und daher zur Anwendung des BGB gelangt.

34 Dazu zählt etwa ein Wechsel der Lokalität, wenn der Weg von der alten zur neuen zumutbar ist; *Pentz* in Fleischer, Hdb. Vorstandsrecht, § 17 Rz. 46. Zeitliche Verschiebungen um 15 oder 30 Min. sollten ebenfalls möglich sein, *Hüffer/Koch*, § 121 AktG Rz. 18.

35 *Pentz* in Fleischer, Hdb. Vorstandsrecht, § 17 Rz. 46.

36 Dazu *Hüffer/Koch*, § 121 AktG Rz. 16b.

37 BGH v. 28.1.1985 – II ZR 79/84, AG 1985, 188, 189 (nur wenn für Aktionäre günstiger); *Hüffer/Koch*, § 121 AktG Rz. 12; *Pentz* in Fleischer, Hdb. Vorstandsrecht, § 17 Rz. 25.

38 Instruktiv zum Schutzzweck BGH v. 8.11.1993 – II ZR 26/93, NJW 1994, 320, 321 f. = AG 1994, 177, 179 (zur Wahl durch die Hauptversammlung); *Hüffer/Koch*, § 121 AktG Rz. 13.

39 Zwischen 8.00 Uhr und Mitternacht, s. *Hüffer/Koch*, § 121 AktG Rz. 17; *Pentz* in Fleischer, Hdb. Vorstandsrecht, § 17 Rz. 24; zu weitgehend – An- und Abreise soll möglich sein – *Ziemons* in K. Schmidt/Lutter, § 121 AktG Rz. 35.

40 In Bezug auf Sonn- und Feiertage *Hüffer/Koch*, § 121 AktG Rz. 17; *Pentz* in Fleischer, Hdb. Vorstandsrecht, § 17 Rz. 24; a.A. Sonn- und Feiertage generell unzulässig *Ziemons* in K. Schmidt/Lutter, § 121 AktG Rz. 34.

Strukturmaßnahmen in der Hauptversammlung viel Zeit in Anspruch nehmen kann, stellt sich gelegentlich die Frage, ob die Hauptversammlung vorsorglich auf **zwei Tage** angesetzt werden soll. Vor dem Hintergrund, dass teilweise von der Nichtigkeit von nach Mitternacht gefassten Beschlüssen ausgegangen wird,[41] mag dies ausnahmsweise, nämlich bei einem deutlich gesteigerten Informations- und Aussprachebedürfnis der Aktionäre, empfehlenswert sein.[42] Durch eine gründliche Informationspolitik vor der Hauptversammlung kann die für Fragen und Diskussion benötigte Zeit im Regelfall aber auf ein Maß reduziert werden, das eine zweitägige Hauptversammlung entbehrlich macht.

3. Erstellung der Hauptversammlungsdokumente

In einem weiteren Schritt sind die für die Einberufung notwendigen Unterlagen – 1049
Tagesordnung, Beschlussvorschläge und sonstige Einberufungsunterlagen – zu erstellen.

a) Tagesordnung

Bei der Tagesordnung handelt es sich um die Auflistung der Angelegenheiten in ei- 1050
ner geordneten Reihenfolge, die in der Hauptversammlung behandelt werden sollen.[43] Dabei sind nicht nur die Gegenstände anzugeben, über die die Hauptversammlung Beschluss fassen muss, sondern auch die beschlusslosen Verhandlungsgegenstände, wie etwa die Vorlage der Jahresabschlussunterlagen.[44]

Die Aufstellung der Tagesordnung ist primär Aufgabe des einberufenden Organs, 1051
wobei im Regelfall Vorstand und Aufsichtsrat über die Tagesordnung einen gemeinsamen Beschluss fassen. Der Tagesordnung kommt eine umfassende **positive und negative Bindungswirkung** zu,[45] so dass es sich dringend empfiehlt, diese inhaltlich erschöpfend zu gestalten. Sofern ein Tagesordnungspunkt in die Liste aufgenommen wird, muss dieser in der Hauptversammlung, sofern die Hauptversammlung nicht die Vertagung oder Absetzung beschließt, auch behandelt werden.[46] Umgekehrt darf die Hauptversammlung über Gegenstände, die nicht in der Tagesordnung enthalten sind, grundsätzlich keinen Beschluss fassen, vgl. § 124 Abs. 4 Satz 1 AktG (Beschluss-

---

41 So LG Düsseldorf v. 16.5.2007 – 36 O 99/06, ZIP 2007, 1859, 1860 = AG 2007, 797; a.A. zu Recht LG Mainz v. 14.4.2005 – 12 HKO 82/04, Der Konzern 2005, 525, 526 = AG 2005, 894; LG München I v. 12.7.2007 – 5 HKO 9543/07, AG 2008, 340, 342 (Anfechtbarkeit); *Hüffer/Koch*, § 121 AktG Rz. 17; dazu *Happ/Freitag*, AG 1998, 493 ff.

42 Es schließen sich dann allerdings Folgefragen an, etwa welcher Tag für die Fristberechnung zur Einberufung maßgeblich ist, dazu *Arnold/Carl/Götze*, AG 2011, 349, 350. Schon deshalb sollten zweitägige Hauptversammlungen tunlichst vermieden werden.

43 *Kubis* in MünchKomm/AktG, 4. Aufl. 2018, § 121 Rz. 44; *Pentz* in Fleischer, Hdb. Vorstandsrecht, § 17 Rz. 29.

44 Vgl. *Ziemons* in K. Schmidt/Lutter, § 121 AktG Rz. 40.

45 *Kubis* in MünchKomm/AktG, 4. Aufl. 2018, § 121 AktG Rz. 45. Die Bindungswirkung besteht lediglich in inhaltlicher Hinsicht und nicht bezogen auf die Reihenfolge der Tagesordnungspunkte; deren Bestimmung obliegt grundsätzlich dem Versammlungsleiter.

46 *Kubis* in MünchKomm/AktG, 4. Aufl. 2018, § 121 AktG Rz. 45.

verbot). Der Umfang der Anträge und Gegenanträge in der Hauptversammlung wird somit durch die bekanntgemachte Tagesordnung begrenzt.

1052 Es besteht ein **Ermessensspielraum**, wie die Tagesordnung inhaltlich gestaltet wird. Der Vorstand sollte sich dabei an die Zielsetzung orientieren, dass die Aktionäre sich anhand der ihnen gebotenen Informationen angemessen auf die Hauptversammlung vorbereiten können[47] und etwa Stimmrechtsvertreter anweisen oder eine Ergänzung der Tagesordnung verlangen können. Entscheidend ist insoweit auch die hinreichend genaue Formulierung der Verhandlungsgegenstände. So ist nach wohl vorherrschender Auffassung etwa vom Tagesordnungspunkt „Entlastung der Organe" nicht der Vertrauensentzug umfasst.[48] Regelmäßig genügt die schlagwortartige Bezeichnung des zu behandelnden Themas, zumindest bei regelmäßig wiederkehrenden Gegenständen wie der Entlastung der Organe.[49] Andererseits sind konkrete Angaben erforderlich, wenn ein Schlagwort nicht verdeutlicht, wozu die Hauptversammlung Stellung beziehen soll.[50]

1053 Besondere Anforderungen an den Inhalt der Tagesordnung stellen die Vorschriften über deren Bekanntmachung hinsichtlich einzelner Tagesordnungspunkte. Dies gilt zum einen für die **Wahl von Aufsichtsratsmitgliedern**, bei der gem. § 124 Abs. 2 Satz 1 AktG anzugeben ist, nach welchen gesetzlichen Vorschriften sich der Aufsichtsrat zusammensetzt und ob die Hauptversammlung an Wahlvorschläge gebunden ist. Soll die Hauptversammlung über eine **Satzungsänderung**, das **Vergütungssystem** für Vorstandsmitglieder, die **Vergütung des Aufsichtsrats**, den **Vergütungsbericht** oder einen **Vertrag** beschließen, der nur mit Zustimmung der Hauptversammlung wirksam wird, so ist nach § 124 Abs. 2 Satz 3 AktG i.d.F. des ARUG II bei einer Satzungsänderung der Wortlaut der vorgeschlagenen Satzungsänderung, bei einem zustimmungsbedürftigen Vertrag dessen wesentlicher Inhalt und im Übrigen der vollständige Inhalt der Unterlagen zu den jeweiligen Beschlussgegenständen bekanntzumachen. Dabei stellt sich regelmäßig die Frage, was bei einem zustimmungsbedürftigen Vertrag als wesentlich im Sinne dieser Norm anzusehen ist. Ziel der Vorschrift ist es, den Aktionären eine wohlinformierte Entscheidung über die Grundlagengeschäfte der Gesellschaft zu ermöglichen. Somit kommt es maßgeblich darauf an, welche Vertragsinhalte konkret für die Rechtsstellung der Aktionäre eine besondere Rolle spielen, aufgrund derer der Vertrag als Grundlagengeschäft einzuordnen ist. Zum Zwecke der übersichtlichen Darstellung kann bei einer Satzungsänderung eine synoptische Darstellung zweckgemäß sein.[51] Bei **Sachkapitalerhöhun-**

---

47 *Pentz* in Fleischer, Hdb. Vorstandsrecht, § 17 Rz. 30; *Kubis* in MünchKomm/AktG, 4. Aufl. 2018, § 121 AktG Rz. 43.

48 LG München I v. 28.7.2005 – 5 HK O 10485/04, NZG 2005, 818 ff. = AG 2005, 701; *Kubis* in MünchKomm/AktG, 4. Aufl. 2018, § 121 AktG Rz. 49; a.A. *Hüffer/Koch*, § 124 AktG Rz. 29; *Ziemons* in K. Schmidt/Lutter, § 124 AktG Rz. 83 (gradueller Unterschied).

49 *Pentz* in Fleischer, Hdb. Vorstandsrecht, § 17 Rz. 31.

50 OLG Brandenburg v. 10.11.2010 – 7 U 164/09, BeckRS 2010, 28564 = AG 2011, 418 (angekündigt war die Sonderprüfung; dieses sollte nicht ausreichen, um die Aufhebung des Beschlusses über die Sonderprüfung als Gegenstand zu benennen).

51 *Ruppert* in Schaaf, Praxis der Hauptversammlung, Rz. 167.

gen sind die nach § 183 Abs. 1 Satz 2 AktG (Gegenstand der Sacheinlage sowie Person, von der die Gesellschaft den Gegenstand erwirbt) und bei **Kapitalerhöhungen mit Bezugsrechtsausschluss** die gem. § 186 Abs. 4 Satz 1 AktG (ausdrückliche und ordnungsgemäße Bekanntmachung des Bezugsrechtsausschlusses) erforderlichen Angaben zu machen.

b) Beschlussvorschläge

Als Bestandteil der Tagesordnung sind **Beschlussvorschläge in Antragsform auszuformulieren**. Grundsätzlich müssen **Vorstand** und Aufsichtsrat zu jedem Beschlussgegenstand der Hauptversammlung nach § 124 Abs. 3 Satz 1 AktG einen Beschlussvorschlag vorlegen. Auch wenn in aller Regel die Beschlussvorschläge identisch sind, handelt es sich jeweils um eigenständige Beschlussvorschläge jedes der beiden Organe. Bestehen zwischen ihnen Differenzen, müssen Vorstand und Aufsichtsrat jeweils einen eigenen Beschlussvorschlag unterbreiten. Ausnahmsweise, nämlich bei Wahlen zum Aufsichtsrat und bei der Bestellung von Prüfern, insbesondere Abschlussprüfern und Sonderprüfern, ist allein der Aufsichtsrat zur Vorlage eines Beschlussvorschlags verpflichtet und berechtigt.[52] Der Vorstand muss als **Gesamtorgan** über seine Vorschläge an die Hauptversammlung Beschluss fassen.[53] Schließt sich der Aufsichtsrat dem Beschlussvorschlag des Vorstands nicht an, hat er einen eigenen Vorschlag zu unterbreiten, der gesondert in die Tagesordnung aufzunehmen ist.[54] Alternativvorschläge oder Eventualvorschläge sind zulässig.[55] Ausnahmen von der Vorschlagspflicht bestehen, wenn die Hauptversammlung bei der Wahl von Aufsichtsratsmitgliedern gebunden ist (§ 123 Abs. 3 Satz 3 AktG, § 6 MontanMitbestG) oder Tagesordnungspunkte auf Verlangen einer Minderheit auf die Tagesordnung gesetzt worden sind. 1054

Einzelne **inhaltliche Vorgaben** an die Beschlussvorschläge enthalten § 124 Abs. 3 Satz 2 und 4 AktG. Bei kapitalmarktorientierten Aktiengesellschaften (§ 264d HGB) ist der Vorschlag des Aufsichtsrats zur Wahl des Abschlussprüfers nach § 124 Abs. 3 Satz 2 HGB auf die Empfehlung des Prüfungsausschusses, sofern ein solcher eingerichtet ist, zu stützen. Bei dem Vorschlag zur Wahl von Aufsichtsratsmitgliedern oder Prüfern müssen Namen, ausgeübter Beruf und Wohnort angegeben werden. 1055

Die Beschlussvorschläge der Verwaltung binden die Hauptversammlung in ihrer Entscheidung nicht.[56] Davon zu sondern ist die Frage, ob von einer **Selbstbindung der Verwaltungsorgane** an die einmal veröffentlichten Beschlussvorschläge ausgegangen werden muss. Häufig wird angenommen, dem Vorstand sei eine Änderungsbefugnis nur zuzugestehen, wenn neue Tatsachen, die nach der Bekanntgabe 1056

---

52 Dazu eingeh. *Happ/Bednarz* in FS Marsch-Barner, S. 215 ff.

53 *Hüffer/Koch*, § 124 AktG Rz. 16; *Kubis* in MünchKomm/AktG, 4. Aufl. 2018, § 124 AktG Rz. 30.

54 *Hüffer/Koch*, § 124 AktG Rz. 16; *Ziemons* in K. Schmidt/Lutter, § 124 AktG Rz. 23.

55 *Hüffer/Koch*, § 124 AktG Rz. 17; *Ziemons* in K. Schmidt/Lutter, § 124 AktG Rz. 19 (a.A. für Alternativvorschläge).

56 *Pentz* in Fleischer, Hdb. Vorstandsrecht, § 17 Rz. 36.

der Beschlussvorschläge auftreten, dies rechtfertigen.[57] Demgegenüber soll der Vorstand nach anderer, vorzugswürdiger Ansicht den Beschlussvorschlag jederzeit abändern können, sofern dies den Interessen der Gesellschaft besser entspricht.[58] In der Praxis dürften beide Meinungen im Regelfall zu demselben Ergebnis führen.

c) Einberufungsunterlagen

1057 Die Tagesordnung und die Beschlussvorschläge werden, gegebenenfalls zusammen mit weiteren Informationen für die Aktionäre, zu den Einberufungsunterlagen zusammengefasst. Welche Informationen im Einzelnen aufzunehmen sind, bestimmt § 121 Abs. 3 Satz 1 AktG. Fehlen erforderliche Angaben, so droht gem. § 241 Nr. 1 AktG die **Nichtigkeit** der gefassten Beschlüsse. Das gilt nicht für unwesentliche Schreibfehler oder sonstige untergeordnete Formvorschriften (Bagatellverstöße).[59] Anzugeben sind danach jedenfalls:

- Firma;
- Sitz der Gesellschaft;
- Zeit und Ort der Hauptversammlung.[60]

1058 Des Weiteren sind solche Angaben zwingend, deren Fehlen einen **Anfechtungsgrund** nach § 243 Abs. 1 AktG darstellen würde. Dazu gehören:

- die Tagesordnung (§ 121 Abs. 3 Satz 2 AktG),[61]
- die Frist für Anmeldung zur Teilnahme an der Hauptversammlung sowie die dazu erforderliche Adresse für die Anmeldung zur Teilnahme an der Hauptversammlung, § 123 Abs. 2 Satz 2 und 3 AktG.

1059 Bei börsennotierten Gesellschaften verlangen § 49 Abs. 1 Satz 1 Nr. 1 WpHG (Gesamtzahl der Aktien und Stimmrechte im Zeitpunkt der Einberufung) und § 121 Abs. 3 Satz 3 AktG bei Einberufung durch den Vorstand oder den Aufsichtsrat **zusätzliche Angaben**.[62] Während das WpHG die Anfechtbarkeit von Beschlüssen in

57 *Kubis* in MünchKomm/AktG, 4. Aufl. 2018, § 124 AktG Rz. 49; *Ziemons* in K. Schmidt/Lutter, § 124 AktG Rz. 94.

58 *Pentz* in Fleischer, Hdb. Vorstandsrecht, § 17 Rz. 36.

59 *Strenger* aber *Ziemons* in K. Schmidt/Lutter, § 121 AktG Rz. 31; großzügiger demgegenüber OLG Düsseldorf v. 24.4.1997 – 6 U 20/96, ZIP 1997, 1159.

60 So genau, dass ohne Weiteres auffindbar, *Pentz* in Fleischer, Hdb. Vorstandsrecht, § 17 Rz. 25.

61 Vgl. RegE ARUG, BT-Drucks. 16/11642, S. 27: „Neu vorgesehen ist dabei, dass die Tagesordnung nicht mehr, wie derzeit in § 124 Abs. 1 Satz 1 AktG vorgesehen, ‚bei der Einberufung', sondern zwingend als integrierter Bestandteil der Einberufung selbst bekannt zu machen ist. Diese Vorgabe ergibt sich für börsennotierte Gesellschaften aus Artikel 5 Abs. 3 Buchstabe a der Aktionärsrechterichtlinie."

62 Mit rechtspolitischer Kritik zu dieser Zweiteilung *Ziemons* in K. Schmidt/Lutter, § 121 AktG Rz. 45; insbesondere auch für die Erstreckung der Vorschrift auf die Einberufung durch eine gerichtlich ermächtigte Minderheit *Ziemons* in K. Schmidt/Lutter, § 121 AktG Rz. 46.

§ 52 WpHG begrenzt, kann auf die Fehlerhaftigkeit der nach AktG erforderlichen Informationen die Anfechtung gestützt werden. Im Einzelnen gehören dazu folgende Angaben:

- Voraussetzungen für die Teilnahme an der Versammlung und die Ausübung des Stimmrechts sowie bei Inhaberaktien den Nachweisstichtag nach § 123 Abs. 3 Satz 3 AktG und dessen Bedeutung, § 121 Abs. 3 Satz 3 Nr. 1 AktG, und bei Namensaktien den Tag des Umschreibestopps;[63]
- Verfahren für die Stimmabgabe, insbesondere bei Stimmrechtsbevollmächtigten und Briefwahl bzw. elektronischer Kommunikation, § 121 Abs. 3 Satz 3 Nr. 2 AktG;[64]
- Rechte der Aktionäre nach § 122 Abs. 2 AktG (Ergänzung der Tagesordnung), § 126 Abs. 1 AktG (Veröffentlichung von Gegenanträgen), § 127 AktG (Veröffentlichung von Wahlvorschlägen), § 131 Abs. 1 AktG (Auskunft in der Hauptversammlung), vgl. § 121 Abs. 3 Satz 3 Nr. 3 AktG;
- Internetseite der Gesellschaft, § 121 Abs. 3 Satz 3 Nr. 4 AktG.

Gewisse Probleme bereitet die genaue Bestimmung von Inhalt und Umfang der **Angaben über die Rechte der Aktionäre.**[65] Die Begründung des Regierungsentwurfs zum ARUG weist darauf hin, dass die Fristen, innerhalb derer die Aktionärsrechte ausgeübt werden dürfen, konkret zu berechnen und Tag und Datum jeweils anzuführen sind.[66] Die inhaltliche Wiedergabe der Aktionärsrechte soll diese jedenfalls nennen und „gegebenenfalls [eine] allgemeinverständliche Darstellung des Regelungsgehalts“[67] präsentieren, ohne dass die Ausführungen rechtsberatende Qualität haben müssen. Angesichts der technischen, untereinander vernetzten Rechtsnormen der Aktionärsrechte dürfte dem Gebot der Allgemeinverständlichkeit regelmäßig gegenüber den Anforderungen an die Vollständigkeit und Exaktheit der Wiedergabe der Vorrang einzuräumen sein. Im Rahmen des § 122 AktG sollten auch die Grundlagenberechnung der **Vorbesitzzeit**[68] und Angaben zu § 70 AktG mitgeteilt werden. 1060

---

63 Umschreibestopp ist dort zwar nicht genannt, aber ebenso für die Ausübung der Aktionärsrechte relevant, *Ziemons* in K. Schmidt/Lutter, § 121 AktG Rz. 50; a.A. *Hüffer/Koch*, § 121 AktG Rz. 10.

64 Zu den Voraussetzungen im Einzelnen, insbesondere zu der Frage, ob zwingend Formulare oder die elektronische Kommunikation vorgeschrieben werden darf, s. *Ziemons* in K. Schmidt/Lutter, § 121 AktG Rz. 58 ff.

65 Umsetzung von Art. 5 Abs. 3 lit. b(i) der Aktionärsrechterichtlinie („die Rechte der Aktionäre gemäß Artikel 6 – soweit diese Rechte nach der Einberufung ausgeübt werden können – und gemäß Artikel 9 sowie die Fristen, bis zu denen diese Rechte ausgeübt werden können; die Einberufung kann sich auf die Angabe der Fristen, bis zu denen diese Rechte ausgeübt werden können, beschränken, sofern sie einen Hinweis darauf enthält, dass ausführliche Informationen über diese Rechte auf der Internetseite der Gesellschaft abrufbar sind.“).

66 RegE ARUG, BT-Drucks. 16/11642, S. 28; *Ziemons* in K. Schmidt/Lutter, § 121 AktG Rz. 67.

67 RegE ARUG, BT-Drucks. 16/11642, S. 28.

68 *Grobecker*, NZG 2010, 165, 167; *Wilm*, DB 2010, 1686, 1692.

Nicht erforderlich sind demgegenüber Ausführungen zu Dauer und Ablauf des Fragerechts in der Hauptversammlung.[69] Im Anschluss an die Beschreibung der Aktionärsrechte wird in der Literatur teilweise empfohlen, den Wortlaut der einschlägigen gesetzlichen Bestimmungen mitzuteilen. Dem ist nicht zu folgen; damit würden die Anforderungen des § 121 Abs. 3 Satz 3 Nr. 3 AktG überdehnt.[70]

1061 Soll der Umfang der Einberufungsunterlagen verringert werden, können Gesellschaften von der Möglichkeit Gebrauch machen, hinsichtlich der Darstellung der Aktionärsrechte auf die **Internetseite** zu verweisen. Teilweise wird insofern Zurückhaltung empfohlen, als die Internetverbindung unsicher sei und eine kontinuierliche Information der Aktionäre nicht gewährleistet werden könne.[71] Dieses Risiko sollte nicht unterschätzt werden, denn § 243 Abs. 3 AktG nimmt ausdrücklich einige Verfahrensfehler, die auf technische Störungen zurückzuführen sind, von den Anfechtungsgründen aus; § 121 Abs. 3 Nr. 3 AktG ist dort jedoch nicht genannt. Erwägen ließe sich zwar eine analoge Anwendung des § 243 Abs. 3 AktG, da hier wie dort die fehlende Einflussmöglichkeit der Aktiengesellschaft auf sämtliche technischen Bedingungen der Informationsverteilung das eigentliche Kernproblem der Regelung darstellt. Gegen einen Analogieschluss spricht jedoch, dass die Gesetzesbegründung zur Rechtfertigung des Anfechtungsausschlusses in § 243 Abs. 3 AktG auf die nach Ansicht des Gesetzgebers ausreichende Sanktionierung der fehlerhaften Information im Ordnungswidrigkeitenrecht (§ 405 Abs. 3a Nr. 3 AktG) verweist.[72] Eine vergleichbare Sanktionsnorm fehlt indes für die Einberufungsangaben im Internet, so dass die beiden Sachverhalte nicht ohne Weiteres vergleichbar sind.

IV. Informationspflichten bei Einberufung

1062 Im Fokus zahlreicher Reformen des Aktienrechts steht – angestoßen von europäischen Richtlinien[73] – die Transparenz der innergesellschaftlichen Vorgänge.[74] Die Aktionäre sollen in die Lage versetzt werden, ihre Rechte noch besser als bisher

---

69 *Grobecker*, NZG 2010, 165, 167.

70 *Ziemons* in K. Schmidt/Lutter, § 121 AktG Rz. 69.

71 *Grobecker*, NZG 2010, 165, 167; *Ziemons* in K. Schmidt/Lutter, § 121 AktG Rz. 68.

72 RegE ARUG, BT-Drucks. 16/11642, S. 40.

73 Richtlinie (EU) 2017/828 des Europäischen Parlaments und des Rates vom 17.5.2017 zur Änderung der Richtlinie 2007/36/EG im Hinblick auf die Förderung der langfristigen Mitwirkung der Aktionäre, ABl. EU Nr. L 132 v. 20.5.2017 (Aktionärsrechte-RL-Änderungs-RL, nachfolgend auch „2. ARRL"); Richtlinie 2007/36/EG des Europäischen Parlaments und des Rates vom 11.7.2007 über die Ausübung bestimmter Rechte von Aktionären in börsennotierten Gesellschaften, ABl. EU Nr. L 184 v. 14.7.2007, S. 17 (Aktionärsrechterichtlinie); Richtlinie 2004/109/EG des Europäischen Parlaments und des Rates vom 15.12.2004 zur Harmonisierung der Transparenzanforderungen in Bezug auf Informationen über Emittenten, deren Wertpapiere zum Handel auf einem geregelten Markt zugelassen sind, und zur Änderung der Richtlinie 2001/34/EG, ABl. EU Nr. L 390 v. 31.12.2004, S. 38 (Transparenzrichtlinie).

74 RegE ARUG, BT-Drucks. 16/11642, S. 1. Vgl. ferner RegE zum EHUG 2006, BT-Drucks. 16/960, S. 1; RegE zum TUG 2006, BR-Drucks. 579/06, S. 1.

selbstständig und wohl informiert wahrzunehmen. Mit dem ARUG II[75] hat der Gesetzgeber unter dem Slogan „know-your-shareholder" die Zielsetzung weiterverfolgt, die Möglichkeiten der börsennotierten Gesellschaften zur Kommunikation mit ihren Aktionären zu verbessern. Damit sind zum einen Neuregelungen über die Identifikationen der Aktionäre gegenüber Intermediären kodifiziert worden, zum anderen sind für Intermediäre, die Aktien der Gesellschaft verwahren, Verpflichtungen eingeführt worden, relevante Informationen zwischen Gesellschaft und Aktionären weiterzuleiten und zu übermitteln. Zuvor hatte schon das ARUG[76] das Anliegen verfolgt, die Unterrichtung der Aktionäre im Zuge der Vorbereitung der Hauptversammlung zu verbessern. Inzwischen ermöglicht die vermehrte Einbeziehung **elektronischer Kommunikationsmittel** die schnellere und günstigere Information mit größerer Streuwirkung. Die Regelungen des AktG werden bei börsennotierten Gesellschaften durch wertpapierrechtliche Veröffentlichungspflichten flankiert, bei denen neben der Effektivierung von Aktionärsrechten vor allem die Funktionsfähigkeit des Kapitalmarkts im Blickfeld steht. Die Informationspflichten lassen sich unterteilen in Auslage- und Übersendungspflichten (dazu Rz. 1063 ff.) sowie Melde- und Veröffentlichungspflichten (dazu Rz. 1067 ff.).

1. Auslage- und Übersendungspflichten

a) Rechnungsunterlagen

1063 Im Vorfeld der Hauptversammlung müssen eine Vielzahl von Unterlagen in den **Geschäftsräumen** der AG spätestens ab der Einberufung der Hauptversammlung ausgelegt werden.[77] Dies bestimmt § 175 Abs. 2 Satz 1 AktG ausdrücklich für die dort genannten Rechnungsunterlagen. Sie sind am Ort der Hauptverwaltung, nicht aber am Satzungssitz,[78] zur Einsicht der Aktionäre auszulegen, können aber **alternativ im Internet** zugänglich gemacht werden, § 175 Abs. 2 Satz 4 AktG.[79] Gem. § 175 Abs. 2 Satz 2 AktG ist jedem Aktionär auf Verlangen unverzüglich eine Abschrift der Vorlagen zu erteilen. Zu den auszulegenden Unterlagen zählen

- Jahresabschluss,
- vom Aufsichtsrat gebilligter Einzelabschluss nach § 325 Abs. 2a HGB,
- Lagebericht,
- Bericht des Aufsichtsrats,
- Vorschlag des Vorstands für die Verwendung des Bilanzgewinns,

75 BGBl. I 2019, 2637.

76 Gesetz zur Umsetzung der Aktionärsrechterichtlinie (ARUG) v. 30.7.2009, BGBl. I 2009, 2479.

77 *Pentz* in Fleischer, Hdb. Vorstandsrecht, § 17 Rz. 69.

78 *Pentz* in Fleischer, Hdb. Vorstandsrecht, § 17 Rz. 69. Ergänzend wird teilweise die Auslage in den Geschäftsräumen des Vorstands empfohlen, *Pentz* in Fleischer, Hdb. Vorstandsrecht, § 17 Rz. 69.

79 Bedenken wegen vermeintlicher Richtlinienwidrigkeit hiergegen aber bei *Ziemons* in K. Schmidt/Lutter, § 124a AktG Rz. 24.

– bei einem Mutterunternehmen die entsprechenden Konzernunterlagen.

1064 Die Auslegung von Rechnungsunterlagen ist ferner erforderlich, wenn die Hauptversammlung über bestimmte **Umstrukturierungen** beschließen soll: §§ 293f Abs. 1 Nr. 2, 295 Abs. 1 Satz 2 AktG (Zustimmung bzw. Änderung zum Unternehmensvertrag), § 319 Abs. 3 Satz 2 AktG (Eingliederung), § 327 Abs. 3 Nr. 2 AktG (Squeeze-Out), § 63 Abs. 1 Nr. 2 (§ 125) UmwG (Spaltung und Verschmelzung). Soweit diese Vorschriften auf den Jahresabschluss Bezug nehmen, ist die Auslage von Konzernunterlagen hiervon nicht umfasst.[80]

b) Verträge

1065 Verträge, über die die Hauptversammlung abstimmen soll, sind nur bei ausdrücklicher gesetzlicher Anordnung auszulegen. Dies betrifft namentlich Nachgründungsverträge (§ 52 Abs. 2 Satz 2 AktG), Verträge über Übertragung des gesamten Gesellschaftsvermögens (§ 179a Abs. 2 Satz 1 AktG) sowie Verschmelzungs- und Spaltungsverträge (§§ 63 Abs. 1 Nr. 1, 125 UmwG).[81]

c) Sonstige Unterlagen

1066 Auszulegen sind ferner Beschlussentwürfe, insbesondere bei Eingliederung, Squeeze-Out und Formwechsel, sowie Vorstandsberichte (s. sogleich).

2. Meldungs- und Veröffentlichungspflichten

1067 Zur weiten Verbreitung der für Aktionäre relevanten Informationen ist die Gesellschaft in zahlreichen Fällen zur Meldung und Veröffentlichung verpflichtet.

a) Keine Mitteilung über beabsichtigte Satzungsänderungen

1068 Die nach § 30c WpHG a.F.[82] noch bestehende Pflicht börsennotierter Gesellschaften, beabsichtigte Satzungsänderungen der **BaFin** und Zulassungsstellen der organisier-

80 BGH v. 16.3.2009 – II ZR 302/06, NJW-RR 2009, 828, 832 = AG 2009, 441, 445; KG v. 9.6.2008 – 2 W 101/07, ZIP 2009, 1223, 1230 = AG 2009, 30, 36; OLG Düsseldorf v. 5.2.2007 – 15 U 35/06, NJW-Spezial 2007, 481 (selbst bei einer Holdinggesellschaft); OLG Düsseldorf v. 14.1.2005 – 16 U 59/04, NZG 2005, 347, 350 = AG 2005, 293, 296; OLG Hamburg v. 8.8.2003 – 11 U 45/03, NZG 2003, 978, 980 = AG 2003, 698, 699 f.; *Grunewald* in MünchKomm/AktG, 4. Aufl. 2015, § 327c AktG Rz. 17; *Habersack* in Emmerich/Habersack, Aktien- und GmbH-Konzernrecht, § 327c AktG Rz. 14; *Hüffer/Koch*, § 327c AktG Rz. 6; *Kort*, NZG 2006, 604.

81 Wenn die Unterlagen fremdsprachig sind, müssen Original und Übersetzung ausgelegt werden, *Pentz* in Fleischer, Hdb. Vorstandsrecht, § 17 Rz. 65.

82 Auf Grundlage von Art. 19 Abs. 1 UAbs. 2 Transparenzrichtlinie.

ten Märkte sowie, falls eine solche nicht eingerichtet ist, den **Geschäftsführungen der Börsen** melden zu müssen, ist mit der Neufassung des WpHG durch das 2. FiMaNoG[83] ersatzlos weggefallen.

Einstweilen frei. 1069

b) Einberufung

Gem. § 123 Abs. 1 AktG ist die Hauptversammlung mindestens dreißig Tage vor dem Termin der Hauptversammlung einzuberufen; eine etwa bestimmte Anmeldefrist kommt hinzu.[84] Die **Einberufungsunterlagen** sind auf verschiedene Weise **bekannt zu machen**: Sie müssen über die Gesellschaftsblätter, auf der Internetseite der Gesellschaft und durch Versand an Kreditinstitute und Aktionärsvereinigungen verteilt werden. Ein Verstoß gegen die Vorschriften kann wegen § 243 Abs. 4 AktG die Anfechtung der in der Hauptversammlung gefassten Beschlüsse begründen. 1070

aa) Gesellschaftsblätter

Zunächst ist eine Bekanntmachung der Einberufung (zum Inhalt s. Rz. 1033 ff.) in den Gesellschaftsblättern erforderlich, § 121 Abs. 4 Satz 1 AktG.[85] Alternativ ermöglicht § 121 Abs. 4 Satz 2 AktG die Einberufung per eingeschriebenem Brief, wenn die **Aktionäre namentlich bekannt sind.**[86] Nach § 121 Abs. 4 Satz 3 AktG i.d.F. des ARUG II genügt insoweit die Mitteilung an die im Aktienregister Eingetragenen. 1071

Mit den Gesellschaftsblättern sind die in § 25 AktG genannten Publikationsmöglichkeiten gemeint, so dass primär auf den **Bundesanzeiger** Bezug genommen wird. Für die rechtzeitige Einreichung der Unterlagen beim Bundesanzeiger ist insbesondere die Nr. 5 der „Allgemeinen Geschäftsbedingungen für die entgeltliche Einreichung und Publikation im Bundesanzeiger" zu beachten.[87] 1072

bb) Medien zur Verbreitung in der EU

Bei börsennotierten Gesellschaften sind zusätzliche Besonderheiten in § 121 Abs. 4a AktG[88] und § 49 Abs. 1 Satz 1 Nr. 1 WpHG geregelt.[89] § 243 Abs. 3 Nr. 2 AktG und 1073

---

83 Zweites Gesetz zur Novellierung von Finanzmarktvorschriften auf Grund europäischer Rechtsakte (2. FiMaNoG) vom 23.6.2017 (BGBl. I 2017, 1693).

84 S. zur Berechnung Rz. 1043 ff.

85 Es sollte trotz Streichung des § 10 Abs. 2 HGB a.F. weiterhin für den Zeitpunkt der Bekanntmachung auf die zeitlich letzte Veröffentlichung ankommen, da die Aktionäre sich darauf verlassen dürfen, durch eins der in der Satzung genannten Gesellschaftsblätter informiert zu werden; a.A. *Ziemons* in K. Schmidt/Lutter, § 121 AktG Rz. 76.

86 In dem Fall hat sich die Bekanntmachung von Tagesordnungsergänzungsverlangen u.Ä. sich nach der gewählten Bekanntmachungsform zu richten, nach § 121 Abs. 4 Satz 3 AktG gelten die §§ 125–127 AktG sinngemäß.

87 Im Internet in der jeweils geltenden Fassung abrufbar unter www.bundesanzeiger.de.

88 Umsetzung von Art. 5 Abs. 2 Aktionärsrechterichtlinie.

89 Umsetzung von Artt. 17, 18 Transparenzrichtlinie.

§ 52 WpHG schließen die Anfechtung von Beschlüssen aufgrund einer Verletzung dieser Vorschriften jedoch explizit aus. Ein vorsätzlicher oder leichtfertiger Verstoß der Gesellschaft gegen die **wertpapierrechtliche Bekanntmachungsvorschrift** ist nach § 120 Abs. 2 Nr. 4 lit. b WpHG aber eine Ordnungswidrigkeit, wenn die Veröffentlichung nicht, nicht richtig, nicht vollständig, nicht in der vorgeschriebenen Weise oder nicht rechtzeitig vorgenommen oder nicht rechtzeitig nachgeholt wird. Entsprechendes gilt nach § 405 Abs. 3a Nr. 1 AktG.

1074 Die AG hat die **Einberufungsunterlagen** an die **Medien**, die die **Information voraussichtlich in der EU verbreiten**, weiterzuleiten, § 121 Abs. 4a AktG.[90] Nach der Gesetzesbegründung zum ARUG ist ein solches Medium insbesondere der Bundesanzeiger, „sofern der vom Gesetz geforderte Verbreitungsdienst angeboten wird".[91] Dass die Begründung somit im Ergebnis offen lässt, ob der Bundesanzeiger für eine Verbreitung genügt oder nicht, ist misslich. Dies hat zu einer Diskussion darüber geführt, wie der Begriff der europaweiten Verbreitung auszufüllen ist. So wird vertreten, dass lediglich „Push-Dienste" erfasst seien, bei denen die Information nicht konkret vom Aktionär abgefragt werden muss, wie es aber bei der bloßen Veröffentlichung im Internet der Fall ist.[92] Zur Begründung wird der im Ausgangspunkt wortgleiche § 3a Abs. 1 WpAV herangezogen.[93] Entscheidend muss demgegenüber die Schutzrichtung der Vorschrift sein, die einen schnellen und nicht ausländerdiskriminierenden Zugang zu den hier relevanten Informationen innerhalb der EU gewährleisten soll.[94] Dies bedingt zum einen, dass nicht zwingend nur Push-Medien gemeint sein können, da der technische Weg des Zugangs zu den jeweiligen Informationen für den Schutzzweck erkennbar ohne Belang ist, solange nur der Zugang als solcher für Investoren aus anderen EU-Mitgliedstaaten in gleicher Weise wie für Inländer eröffnet sein soll.[95] Eine Veröffentlichung im Bundesanzeiger ist deshalb nach richtiger Auffassung ausreichend, da er als zentrale Informationsplattform der deutschen Gesellschaften bekannt ist und über ihn Informationen im Internet weltweit

---

90 Teilweise wird die Einschränkung auf die Einberufung ohne postalische Versendung für richtlinienwidrig gehalten, *Ziemons* in K. Schmidt/Lutter, § 121 AktG Rz. 88.

91 RegE ARUG, BT-Drucks. 16/11642, S. 28.

92 *Ziemons* in K. Schmidt/Lutter, § 121 AktG Rz. 88. Eine Veröffentlichung im Bundesanzeiger genügt nach dieser Auffassung nicht, sofern nicht ein Zusatzpaket, das die Weiterleitung an die europäischen Zeitungen enthält, geordert wird.

93 Darauf verweist *Ziemons* in K. Schmidt/Lutter, § 121 AktG Rz. 88. § 3a Abs. 2 WpAV lautet: „Bei der Veröffentlichung der Information … ist zu gewährleisten, dass … die Information von Medien empfangen wird, zu denen auch solche gehören müssen, die die Information so rasch und so zeitgleich wie möglich in allen Mitgliedstaaten der Europäischen Union und in den übrigen Vertragsstaaten des Abkommens über den Europäischen Wirtschaftsraum *aktiv* verbreiten können …" [Hervorh. v. Verf.]. Für die Einschaltung von Finanzagenturen in diesem Kontext *Noack*, NZG 2008, 441, 442.

94 Vgl. Art. 5 Abs. 2 Aktionärsrechterichtlinie.

95 Die Abgrenzung zwischen Push- und Pull-Medien ist so nicht hilfreich, da auch ein Fernseher oder das Radio eingeschaltet werden muss, auch darin liegt ein Abfragevorgang.

zugänglich sind.[96] Der Anwendungsbereich des § 124 Abs. 4a AktG überschneidet sich daher größtenteils mit dem des § 124 Abs. 4 AktG.

1075 Gem. § 49 Abs. 1 Satz 1 Nr. 1 WpHG sind zudem die Einberufung der Hauptversammlung einschließlich der Tagesordnung, die **Gesamtzahl der Aktien und Stimmrechte** im Zeitpunkt der Einberufung der Hauptversammlung und die Rechte der Aktionäre bezüglich der Teilnahme an der Hauptversammlung „unverzüglich im Bundesanzeiger zu veröffentlichen". Da der Satz 2 der Vorschrift eine einmalige Veröffentlichung genügen lässt, falls sich der Inhalt mit aktienrechtlichen Veröffentlichungspflichten überschneidet, erlangt § 49 Abs. 1 Satz 1 Nr. 1 WpHG nur in einer Alternative Bedeutung. Es ist die Veröffentlichung der Gesamtzahl der Aktien und Stimmrechte verlangt, wobei eigene Aktien einzurechnen sind.[97]

cc) Internet

1076 Gem. § 124a AktG[98] haben börsennotierte Gesellschaften **alsbald nach der Einberufung** zahlreiche Informationen im Internet zu veröffentlichen. Da die Gesellschaft nicht das Risiko der fehlerhaften Internetverbindung tragen soll, ist eine Anfechtung wegen Verletzung der Norm nach § 243 Abs. 3 Nr. 2 AktG ausgeschlossen; § 405 Abs. 3a Nr. 2 AktG ermöglicht dafür jedoch die Festsetzung eines Bußgeldes. Folgende Informationen müssen auf der Internetseite der AG zugänglich sein:

- der Inhalt der Einberufung (vgl. Rz. 1033 ff.);
- eine Erläuterung, wenn zu einem Gegenstand der Tagesordnung kein Beschluss gefasst werden soll;
- die der Versammlung zugänglich zu machenden Unterlagen (vgl. Rz. 1062 ff.);
- die Gesamtzahl der Aktien und der Stimmrechte im Zeitpunkt der Einberufung, einschließlich getrennter Angaben zur Gesamtzahl für jede Aktiengattung (vgl. § 49 WpHG, Rz. 1059);
- gegebenenfalls die Formulare, die bei Stimmabgabe durch Vertretung oder bei Stimmabgabe mittels Briefwahl zu verwenden sind, sofern diese Formulare den Aktionären nicht direkt übermittelt werden (dazu Rz. 1080).

1077 In zeitlicher Hinsicht sollte sich die **Veröffentlichung im Internet** möglichst zeitnah an die Einberufung anschließen. Mit dem Begriff „alsbald" sollten lediglich Schwierigkeiten der betriebsinternen Abläufe und der Technik Rechnung getragen werden.[99] Da nicht auf § 121 Abs. 1 BGB („unverzüglich") zurückgegriffen werden kann, ist fraglich, ob auch sonstige Umstände, denen ein schuldhaftes Zögern nicht innewohnt, das Zuwarten rechtfertigen. Darüber hinaus wird auch vertreten, die Bestim-

---

96 Wohl h.M.: *Hüffer/Koch*, § 121 AktG Rz. 11i; *Noack*, NZG 2008, 441, 442; vgl. auch *Rieckers* in Spindler/Stilz, § 121 AktG Rz. 67.
97 Vgl. RegE ARUG, BT-Drucks. 16/11642, S. 30 für die Veröffentlichung nach § 124a Nr. 4 AktG.
98 Umsetzung von Art. 5 Abs. 4 der Aktionärsrechterichtlinie.
99 RegE ARUG, BT-Drucks. 16/11642, S. 30.

mung („alsbald") sei richtlinienwidrig, weil die Aktionärsrechterichtlinie von einem Gleichlauf der Einberufungsfrist und der Internetpublizität ausgehe.[100] Richtigerweise verlangt Art. 5 Abs. 4 Aktionärsrechterichtlinie indessen lediglich, dass die Informationen spätestens am 21. Tag vor der Hauptversammlung im Internet stehen.

dd) Versand von Unterlagen

1078 Die Einberufungsunterlagen sind nach § 125 Abs. 1 Satz 1 und 2 AktG den dort genannten Adressaten mitzuteilen. Während nach bisheriger Rechtslage die Einberufung der Hauptversammlung nur gegenüber Kreditinstituten und Vereinigungen von Aktionären, die in der letzten Hauptversammlung Stimmrechte für Aktionäre ausgeübt oder die die Mitteilung verlangt haben, mitgeteilt werden musste, haben nach der Neuregelung in § 125 Abs.1 Satz 1 AktG i.d.F. des ARUG II nun auch die Intermediäre, die Aktien der Gesellschaft verwahren, eine Mitteilung zu erhalten.

1079 Die Einberufung der Hauptversammlung ist nach § 125 Abs. 1 AktG i.d.F. des ARUG II mindestens 21 Tage vor dem Tag der Hauptversammlung allen Intermediären, die Aktien der Gesellschaft verwahren (Nr. 1), mitzuteilen, außerdem allen Aktionären und Intermediären, die die Mitteilung verlangt haben (Nr. 2) sowie an Vereinigungen von Aktionären, die die Mitteilung verlangt haben oder die in der letzten Hauptversammlung Stimmrechte ausgeübt haben (Nr. 3).[101] § 125 Abs. 2 AktG i.d.F. des ARUG II sieht die gleiche Mitteilung für Gesellschaften vor, die Namensaktien ausgegeben haben; damit soll eine Verdopplung der Mitteilung bei Gesellschaften mit Inhaber- und Namensaktien vermieden werden.[102] Zur Vereinheitlichung der Mitteilungsfrist ist deshalb nach neuer Rechtslage die Eintragung im Aktienregister zum Stichtag am Beginn des 21. Tages vor der Hauptversammlung maßgeblich.[103] Inhalt und Format der Mitteilung nach § 125 Abs. 1 Satz 1 und Abs. 2 AktG i.d.F. des ARUG II richten sich nach § 125 Abs. 5 Satz 1 AktG i.d.F. des ARUG II, welcher auf die ARRL-Durchführungsverordnung (EU) 2018/1212 verweist.

Anstelle der Weiterleitungspflicht der Kreditinstitute nach § 128 AktG, der ersatzlos aufgehoben worden ist, ist die neue Informationsweiterleitungspflicht nach § 67b Abs. 1 AktG i.d.F. des ARUG II getreten.

c) Vollmachtsformulare

1080 Gem. § 48 Abs. 1 Nr. 5 WpHG[104] haben börsennotierte AGs jeder **stimmberechtigten Person** zusammen mit der Einladung zur Hauptversammlung oder nach deren Anberaumung auf Verlangen ein Formular für die Erteilung einer Vollmacht für die

100 *Ziemons* in K. Schmidt/Lutter, § 124a AktG Rz. 24.

101 Dazu *Bork*, NZG 2019, 738.

102 RegE zum ARUG II, BT-Drucks. 19/9739, S. 96.

103 Gem. § 125 Abs. 2 Satz 1 AktG a.F. kam es bei Namensaktien bislang auf den Beginn des 14. Tages vor der Hauptversammlung an; vgl. *Bork*, NZG 2019, 738, 742.

104 Art. 17 Abs. 2 lit. b Transparenzrichtlinie.

Hauptversammlung in Textform (§ 126b BGB)[105] zu übermitteln. Ein Verstoß gegen § 48 Abs. 1 Nr. 5 WpHG ist weder als Ordnungswidrigkeit sanktioniert noch anfechtungsrechtlich relevant, vgl. § 52 WpHG. Jedoch ist die Veröffentlichung der Formulare im Internet nach § 124a Nr. 5 AktG erforderlich (vgl. dazu Rz. 1076). Regelmäßig werden die Formulare bereits der Einladung zur Hauptversammlung beigefügt.

d) Tagesordnungsergänzungsverlangen

Falls Aktionäre gem. § 122 Abs. 2 AktG die Ergänzung der vom Vorstand und Auf- 1081
sichtsrat erstellten Tagesordnung verlangen, hat der Vorstand diese nach § 124 Abs. 1 Satz 1 AktG bereits mit der Einberufung[106] oder andernfalls **unverzüglich** (§ 121 Abs. 1 BGB) nach Zugang des Verlangens **bekannt** zu machen.

Hinsichtlich der Kommunikationswege ist weitestgehend auf die Ausführungen zur 1082
Bekanntmachung der Einberufung zu verweisen (Rz. 1070 ff.). § 124 Abs. 1 Satz 2 AktG ordnet an, dass § 121 Abs. 4 und Abs. 4a AktG sinngemäß bzw. entsprechend gelten. Von dem im Rahmen der Einberufung **gewählten Veröffentlichungsweg** (etwa Brief) kann bei der Bekanntmachung von Tagesordnungsergänzungsverlagen nicht mehr abgewichen werden (§ 124 Abs. 1 Satz 3 AktG).[107] Zudem sind **Mitteilungen an Kreditinstitute und Aktionärsvereinigungen** nach § 125 Abs. 1 Satz 2 AktG erforderlich. Schließlich sind die Tagesordnungsergänzungsverlangen unverzüglich (§ 121 Abs. 1 BGB)[108] im **Internet** nach § 124a Satz 2 AktG zu veröffentlichen.

e) Gegenanträge

Auch Gegenanträge i.S.d. § 126 Abs. 1 AktG sind grundsätzlich vom Einberufenden 1083
zu veröffentlichen. Dabei handelt es sich um Anträge von Aktionären zu einzelnen Tagesordnungspunkten, die hinlänglich bestimmt darauf abzielen, einen **inhaltlich abweichenden Beschluss** herbeizuführen.[109] Ein ordnungsgemäßer Gegenantrag ist nach § 126 Abs. 1 AktG i.V.m. § 125 Abs. 1–3 AktG Kreditinstituten, Aktionärsvereinigungen sowie auf Verlangen Aktionären und Aufsichtsratsmitgliedern mitzutei-

---

105 *Mülbert* in Assmann/Uwe H. Schneider/Mülbert, Wertpapierhandelsrecht, 7. Aufl. 2019, § 48 WpHG Rz. 30.

106 Sofern diese der Gesellschaft 1–2 Tage vor der Bekanntmachung zugehen, *Ziemons* in K. Schmidt/Lutter, § 121 AktG Rz. 44.

107 Dies dürfte der einzige Anwendungsbereich der Vorschrift sein; dagegen ist die Vorschrift sinnentleert, wenn man die Bindung der AG an die Wahl zwischen Brief und sonstiger Einberufung ablehnt, so *Ziemons* in K. Schmidt/Lutter, § 124 AktG Rz. 9.

108 *Ziemons* in K. Schmidt/Lutter, § 124a AktG Rz. 25 (1–2 Tage).

109 *Hüffer/Koch*, § 126 AktG Rz. 2; enger *Ziemons* in K. Schmidt/Lutter, § 126 AktG Rz. 7 (Gegenantrag muss bestimmt sein); a.A. *Hüffer/Koch*, § 126 AktG Rz. 7, Fall des § 126 Abs. 2 AktG.

len.[110] § 126 Abs. 1 Satz 2 AktG verpflichtet börsennotierte Gesellschaften zur ausschließlichen Veröffentlichung der Information im Internet.

1084 Ausnahmen von der Veröffentlichungspflicht normiert § 126 Abs. 2 AktG. Sofern eine der dort geregelten Alternativen eingreift, darf der Vorstand von der Mitteilung absehen.[111] Die Vorschriften bezwecken zum einen den **Schutz des Vorstands** (§ 126 Abs. 2 Satz 1 Nr. 1 AktG Strafbarkeit); zum zweiten den **ordnungsgemäßen Ablauf der Hauptversammlung** (§ 126 Abs. 2 Satz 1 Nr. 2–3 AktG);[112] und drittens den **Schutz vor Querulanten** (§ 126 Abs. 2 Satz 1 Nr. 4–7 AktG). Auch § 126 Abs. 2 Satz 2 AktG ist im Lichte des letztgenannten Schutzzwecks zu verstehen. Die Begründung (jedoch nicht auch der Antrag sowie der Name des Aktionärs) braucht nicht zugänglich gemacht zu werden, wenn sie insgesamt mehr als 5000 Zeichen beträgt, wobei umstritten ist, ob Leerzeichen dazugezählt werden[113] oder nicht.[114] Sofern mehrere Aktionäre zu **demselben Gegenstand** der Beschlussfassung Gegenanträge stellen, ist der **Vorstand nach § 126 Abs. 3 AktG** berechtigt, die Anträge und ihre Begründungen zusammenfassen. Die Abgrenzung verschiedener Beschlussgegenstände läuft grundsätzlich parallel zu der Aufzählung unterschiedlicher Tagesordnungspunkte.[115] Bei der Umformulierung oder der Übernahme einzelner Anträge ist darauf zu achten, dass nichts Wesentliches weggelassen wird.[116] Unproblematisch sind demgegenüber die Kürzung von Wiederholungen sowie die Vornahme von sprachlichen Korrekturen; die Intention der Aktionäre sollte indes möglichst unverfälscht in der Zusammenfassung zum Ausdruck kommen.

V. Insbesondere: Berichtspflichten

1085 Bei einzelnen Tagesordnungspunkten genügt es nicht, dass die Aktionäre darüber unterrichtet werden, dass auf der Hauptversammlung Beschluss gefasst werden soll. Teilweise ist der Vorstand darüber hinaus zur Erläuterung der Beschlussgegenstände verpflichtet.

1. Gegenstände der Berichtspflicht

1086 Grundsätzlich besteht keine Berichtspflicht im Vorfeld der Hauptversammlung. Ausgehend von dem Zweck der möglichst ausführlichen Information der Anleger wird

110 Als notwendiger Inhalt ist ausdrücklich der Name des Aktionärs, Begründung und etwaige Stellungnahmen genannt. Teilweise wird vertreten, die Begründung sei nach der Aktionärsrechterichtlinie entbehrlich, *Ziemons* in K. Schmidt/Lutter, § 126 AktG Rz. 18.

111 Für § 126 Abs. 2 Satz 2 AktG *Hüffer/Koch*, § 126 AktG Rz. 9.

112 Zum Teil wird eine richtlinienkonforme Auslegung für notwendig gehalten, so dass einzig die Alternative der Strafbarkeit des Vorstands Bestand haben dürfte, *Ziemons* in K. Schmidt/Lutter, § 126 AktG Rz. 37 ff.

113 *Seibert*, AG 2006, 16, 21 Fn. 21; *Rieckers* in Spindler/Stilz, § 126 AktG Rz. 41.

114 *Hüffer/Koch*, § 126 AktG Rz. 9.

115 *Rieckers* in Spindler/Stilz, § 126 AktG Rz. 43. Zur Abgrenzung derselben s. Rz. 1050 ff.

116 *Hüffer/Koch*, § 126 AktG Rz. 10; *Rieckers* in Spindler/Stilz, § 126 AktG Rz. 44.

aber insbesondere bei folgenden Beschlussgegenständen indes eine **eingehendere Information** der Aktionäre für notwendig erachtet:

- Bezugsrechtsausschluss bei Kapitalerhöhungen (§ 186 Abs. 4 Satz 2 AktG; Ausnahme: bedingte Kapitalerhöhungen[117]);
- Erwerb eigener Aktien;
- Abschluss und Änderung von Unternehmensverträgen (§ 293a Abs. 1 AktG);
- Eingliederung;
- Verschmelzung, Spaltung, Formwechsel (§§ 8 [i.V.m. § 125], 192 UmwG);
- Holzmüller-Vorgänge.[118]
- Bei börsennotierten Gesellschaften ein erläuternder Bericht zu den Angaben nach § 289 Abs. 4 Nr. 1 bis 5 und Abs. 5 sowie § 315 Abs. 4 HGB (§ 176 Abs. 1 Satz 1 AktG).

2. Anforderungen an die Berichterstattung

Inhaltlich geben die einschlägigen Normen teilweise detaillierte Vorgaben. So ist etwa nach § 186 Abs. 4 Satz 2 AktG der vorgeschlagene Ausgabebetrag bei Bezugsrechtsausschluss zu begründen. Nach § 8 Abs. 1 UmwG müssen der Verschmelzungsvertrag oder sein Entwurf im Einzelnen und insbesondere das Umtauschverhältnis der Anteile oder die Angaben über die Mitgliedschaft bei dem übernehmenden Rechtsträger sowie die Höhe einer anzubietenden Barabfindung **rechtlich und wirtschaftlich erläutert und begründet** werden. Im Übrigen ist der Inhalt an dem Zweck der Berichtspflicht auszurichten, den Aktionären die ordnungsgemäße Beschlussfassung zu ermöglichen. Die Berichte müssen daher sämtliche Informationen beinhalten, die für eine abgewogene Entscheidung über den Beschlussgegenstand notwendig sind. 1087

In formaler Hinsicht wird die **schriftliche Abfassung** der Berichte verlangt. Sie müssen ähnlich wie im Rahmen des § 90 Abs. 4 AktG (dazu § 25 Rz. 868 f.) den Grundsätzen gewissenhafter Rechenschaft genügen, so dass sie vor allem übersichtlich und sachlich richtig zu erstellen sind. 1088

3. Veröffentlichung der Berichte

Der Vorstand hat die Berichte für Unternehmensverträge in § 293f Abs. 1 Nr. 3 AktG vor der Hauptversammlung in den Geschäftsräumen der AG **auszulegen** (dazu Rz. 1064). Im Übrigen sind die Berichte nach § 124a Satz 1 Nr. 3 AktG vor der Hauptversammlung auf der **Internetseite** zu veröffentlichen. 1089

---

117 *Hüffer/Koch*, § 192 AktG Rz. 16; a.A. *Fuchs* in MünchKomm/AktG, 4. Aufl. 2016, § 192 AktG Rz. 112 ff.

118 Streitig, dazu *Kort*, ZIP 2002, 685; zum Delisting etwa *Karakaya/Kretschmer*, WM 2002, 2494.

Ob der Bericht nach § 175 Abs. 2 AktG zu den Angaben im Anhang des Jahresabschlusses im Vorfeld der Hauptversammlung ausgelegt werden muss, ist unklar. Bis zum Inkrafttreten des ARUG am 1.9.2009 wurde vom Vorstand einer börsennotierten Aktiengesellschaft gem. § 175 Abs. 2 Satz 1 AktG zusätzlich ein „erläuternder Bericht zu den Angaben nach § 289 Abs. 4 Nr. 1 bis 5 und Abs. 5 sowie § 315 Abs. 4 des Handelsgesetzbuchs" verlangt. Art. 1 Nr. 22 lit. a ARUG vom 30.7.2009[119] hat die Berichtspflicht gestrichen. Inwiefern dies als unbeachtliches gesetzgeberisches Versehen zu behandeln ist, bleibt wegen der vorherigen Änderung durch das BilMoG v. 25.5.2009[120] unklar. Danach war mit Wirkung zum 29.5.2009 der Wortlaut der Vorschrift geändert worden, ohne dass die Änderungsanweisung des ARUG den neuen Wortlaut aufnahm. Die Gesetzesbegründung zum ARUG weist indes darauf hin, dass der Verzicht auf die Anlage des erläuternden Berichts bewusst erfolgte; der Erläuterungsbericht wird wegen der Einführung des § 124a AktG nicht mehr für erforderlich gehalten. Börsennotierte Gesellschaften müssen wegen § 124a Satz 1 Nr. 3 i.V.m. § 176 AktG den Jahresabschluss und die sonstigen in der ordentlichen Hauptversammlung zugänglich zu machenden Vorlagen alsbald ab der Einberufung über ihre Internetseite veröffentlichen.[121] Daher ist auf den Erläuterungsbericht lediglich § 124a Satz 1 Nr. 3 AktG anzuwenden.[122] Die Aktienrechtsnovelle 2012 sollte für Klarheit sorgen.[123] Richtigerweise sollte der Bezug auf den erläuternden Bericht auch in § 176 AktG gestrichen werden und die Pflicht zur Erläuterung stattdessen in den § 289 Abs. 4, § 315 Abs. 4 HGB verankert werden.[124] Die Aktienrechtsnovelle 2012 ist im Bundesrat gescheitert. Es bleibt abzuwarten, wann der Gesetzgeber das Thema neuerlich aufnimmt.

1090–1109 Einstweilen frei.

§ 29
Erläuterungs- und Auskunftspflichten in der Hauptversammlung

Literaturübersicht: *Angerer*, Die Beschränkung des Rede- und Fragerechts in der Hauptversammlung, ZGR 2011, 27; *Arnold/Carl/Götze*, Aktuelle Fragen bei der Durchführung der Hauptversammlung, AG 2011, 349; *Bungert*, Die UMAG-Hauptversammlung aus Sicht des

119 BGBl. I 2009, 2479, 2484.

120 BGBl. I 2009, 1102.

121 BT-Drucks. 16/11642, S. 35.

122 *Arnold/Carl/Götze*, AG 2011, 349, 350 (mit vorsichtiger anderweitiger Empfehlung für die Praxis); *Hüffer/Koch*, § 175 AktG Rz. 5.

123 S. Entwürfe zur „Aktienrechtsnovelle 2012" RegE, BT-Drucks. 17/8989, S. 8, 17; RegE, BR-Drucks. 852/11, S. 3 und Begr. RegE, BR-Drucks. 852/11, S. 18.

124 Dafür mit Recht *Handelsrechtsausschuss des DAV*, NZG 2012, 380, 382.

Praktikers, in VGR (Hrsg.), Gesellschaftsrecht in der Diskussion 2004, 2005, S. 59 ff.; *Decher*, Information im Konzern und Auskunftsrecht der Aktionäre gem. § 131 Abs. 4 AktG, ZHR 158 (1994), 473; *Ebenroth*, Das Auskunftsrecht des Aktionärs und seine Durchsetzung im Prozeß unter besonderer Berücksichtigung des Rechtes der verbundenen Unternehmen, 1970; *Franken/Heinsius*, Das Spannungsverhältnis der allgemeinen Publizität zum Auskunftsrecht des Aktionärs, in FS Budde, 1995, S. 214; *Geißler*, Der aktienrechtliche Auskunftsanspruch im Grenzbereich des Missbrauchs, NZG 2001, 539; *Groß*, Informations- und Auskunftsrecht des Aktionärs, AG 1997, 97; *Haggeney/Hausmanns*, Der Einfluss von Geheimhaltungsvereinbarungen auf die Informationsrechte des Aktionärs und des GmbH-Gesellschafters, NZG 2016, 814; *Hefermehl*, Umfang und Grenzen des Auskunftsrechts des Aktionärs in der Hauptversammlung, in FS Duden, 1977, S. 110; *Hoffmann-Becking*, Das erweiterte Auskunftsrecht des Aktionärs nach § 131 Abs. 4 AktG, in FS Rowedder, 1994, S. 155; *Hüffer*, Minderheitsbeteiligungen als Gegenstand aktienrechtlicher Auskunftsbegehren, ZIP 1996, 401; *Joussen*, Auskunftspflicht des Vorstandes nach § 131 AktG und Insiderrecht, DB 1994, 2485; *Kamprad*, Informations- und Auskunftspflicht über die steuerliche Tarifbelastung der Rücklagen im Jahresabschluss der AG?, AG 1991, 396; *Kersting*, Die aktienrechtliche Beschlussanfechtung wegen unrichtiger, unvollständiger oder verweigerter Erteilung von Informationen, ZGR 2007, 319; *Kersting*, Ausweitung des Fragerechts durch die Aktionärsrechterichtlinie, ZIP 2009, 2317; *Kocher*, Einschränkungen des Anspruchs auf gleiche Information für alle Aktionäre – Keine Angst vor § 131 Abs. 4 AktG, Der Konzern 2008, 611; *Kocher/Lönner*, Erforderlichkeit, Nachfrageobliegenheiten und Gremiumvertraulichkeit – Begrenzungen des Auskunftsrechts in der Hauptversammlung, AG 2014, 81; *Kubis*, Die „formunwirksame" schriftliche Auskunftserteilung nach § 131 AktG, in FS Kropff, 1997, S. 171; *Martens*, Die Reform der aktienrechtlichen Hauptversammlung, AG 2004, 238; *Lieder*, Auskunftsrecht und Auskunftserzwingung, NZG 2014, 601; *Merkner/Schmidt-Bendun*, Auskunftserteilung des Aufsichtsrates in der Hauptversammlung – ein weiteres Thema für die Aktienrechtsnovelle 2011/2012, AG 2011, 734; *Meyer-Landrut*, Der „Mißbrauch" aktienrechtlicher Minderheits- oder Individualrechte, insbesondere des Auskunftsrechts, in FS Schilling, 1973, S. 235; *Mutter*, Auskunftsansprüche des Aktionärs in der HV – Die Spruchpraxis der Gerichte von A-Z, 2002; *Pöschke*, Auskunft ohne Grenzen? Die Bedeutung der Aktionärsrechterichtlinie für die Auslegung des § 131 Abs. 1 Satz 1 AktG, ZIP 2010, 1221; *Karsten Schmidt*, Informationsrechte in Gesellschaften und Verbänden, 1984; *Seibert*, UMAG und Hauptversammlung – Der Regierungsentwurf eines Gesetzes zur Unternehmensintegrität und Modernisierung des Anfechtungsrechts (UMAG), WM 2005, 157; *Trescher*, Die Auskunftspflicht des Aufsichtsrats in der Hauptversammlung, DB 1990, 515; *Weißhaupt*, Informationsmängel in der Hauptversammlung: die Neuregelungen durch das UMAG, ZIP 2005, 1766; *Witt*, Das Informationsrecht des Aktionärs und seine Durchsetzung in den USA, Großbritannien und Frankreich, AG 2000, 257.

I. Grundlagen

Die Informations- und Auskunftspflichten des Vorstands auf der Hauptversamm- 1110
lung sind integraler Bestandteil des aktienrechtlichen Informationssystems. Sie befähigen die Aktionäre,[1] ihre Rechte, namentlich das Stimmrecht und das Anfechtungs-

1 Zum Verhältnis Hauptversammlung und Vorstand generell § 28 Rz. 1030 ff.; Begr. RegE *Kropff*, Aktiengesetz, 1965, S. 184 geht von einem vereinfachten Interessenkonflikt aus: Aktionäre Informationsbedürfnis und Vorstand Verweigerung im Interesse der Gesellschaft.

recht, effektiv auszuüben, und dienen so zugleich der (Selbst-)Kontrolle des Vorstands.[2] Prägend für die Informationserteilung in der Hauptversammlung ist der **Grundsatz der Mündlichkeit**. Während die Informationen im Vorfeld der Hauptversammlung (dazu § 28 Rz. 1062 ff.) den Aktionär in die Lage versetzen, sich auf die Hauptversammlung vorbereiten zu können, ist die Informationserlangung in der Hauptversammlung durch einen unmittelbaren Rede und Antwort-Dialog gekennzeichnet. Die Hauptversammlung dient darüber hinaus der zeitlichen und räumlichen Konzentration der Informationsgewinnung. Nur in der Hauptversammlung können die Aktionäre spezifische Informationen vom Vorstand gezielt und direkt einfordern.[3] Zwar ist dem Vorstand auch außerhalb der Hauptversammlung ein Dialog mit Aktionären, wie er häufig von aktiven institutionellen Investoren eingefordert wird, bei Wahrung des Gleichbehandlungsgrundsatzes und der Vertraulichkeitsbindungen grundsätzlich möglich; einen Rechtsanspruch hierauf haben die Aktionäre indessen nicht.[4] Informationsberechtigt sind im Übrigen ausschließlich die Aktionäre der AG; die teilweise zugleich verwirklichte Information des Kapitalmarkts ist lediglich Reflex.[5]

1111 Die gesetzlich vorgegebene, spezifische Informationsgewähr in der Hauptversammlung bringt Probleme mit sich. Das **Störpotential** einzelner Aktionäre ist beachtlich und eine korrekte und umfassende Information lässt sich bei mündlicher Kommunikation nur schwer verwirklichen.[6] Deshalb ist eine angemessene Eingrenzung der Informationsrechte der Aktionäre geboten; nur so wird zuweilen erst die sachgerechte Information ermöglicht.[7]

1112 Eine **aktive Informationspolitik** im Vorfeld der Hauptversammlung kann die Nachteile des Mündlichkeitsgrundsatzes relativieren.[8] In diesem Zusammenhang kann sich die AG zum einen die Möglichkeit der Vorabinformation im Internet nach § 131 Abs. 3 Satz 1 Nr. 7 AktG zunutze machen. Zum anderen treten neben die Auskunftspflichten in der Hauptversammlung umfangreiche sonstige gesellschaftsrechtliche Offenlegungspflichten (Auslegung von Unterlagen, Erläuterung, s. Rz. 1113 ff.). Ist eine Information den Aktionären bereits auf anderem Wege zugänglich, etwa im Geschäftsbericht oder in den Einberufungsunterlagen, besteht in der Hauptver-

2 Vgl. für § 131 AktG: Begr. RegE *Kropff*, Aktiengesetz, 1965, S. 184; *Decher* in Großkomm/AktG, 5. Aufl. 2019, § 131 AktG Rz. 11; *Hüffer/Koch*, § 131 AktG Rz. 1; *Kubis* in MünchKomm/AktG, 4. Aufl. 2018, § 131 AktG Rz. 1.

3 Begr. RegE *Kropff*, Aktiengesetz, 1965, S. 184 betont das individuelle Informationsbedürfnis der Aktionäre.

4 Zu den Konsequenzen des erweiterten Auskunftsrechts nach § 131 Abs. 4 AktG s. Rz. 1150 ff.

5 Zukünftige Anleger sind nicht Adressat der erteilten Informationen, vgl. *Decher* in Großkomm/AktG, 5. Aufl. 2019, § 131 AktG Rz. 18; *Kersting* in KölnKomm/AktG, 3. Aufl. 2010, § 131 AktG Rz. 12 ff.

6 Instruktiv zur extensiven Nutzung des Auskunftsrechts *Decher* in Großkomm/AktG, 5. Aufl. 2019, § 131 Rz. 35 ff.

7 Vgl. Begr. RegE UMAG, BT-Drucks. 15/5092, S. 17; vgl. auch BVerfG v. 20.9.1999 – 1 BvR 636/95, DB 1999, 2201, 2202 = AG 2000, 74.

8 *Kubis* in MünchKomm/AktG, 4. Aufl. 2018, § 131 AktG Rz. 5.

sammlung kein Auskunftsanspruch der Aktionäre mehr; es fehlt in diesem Fall an der Erforderlichkeit der Informationserteilung i.S.d. § 131 Abs. 1 AktG.[9]

II. Erläuterung, Auslegung und Unterrichtung

1113 Der Vorstand ist in zahlreichen Fällen kraft Gesetzes zur **Erläuterung von Dokumenten und Verträgen** verpflichtet. Erläuterungspflichten sind vorgesehen in § 176 Abs. 1 Satz 2 AktG (Jahresabschluss, Lagebericht und Gewinnverwendungsvorschlag), § 52 Abs. 2 Satz 6 AktG (Nachgründungsverträge), § 179a Abs. 2 Satz 5, § 293g Abs. 2 Satz 1 AktG (Unternehmensvertrag), § 64 Abs. 1 Satz 2 UmwG (Verschmelzung, Spaltung). Entsprechendes gilt wegen der ähnlichen Interessenlage für die Eingliederung und beim Squeeze-Out, obwohl §§ 319, 327d AktG eine vergleichbare Pflicht nicht explizit vorsehen.[10] Darüber hinaus hat der Vorstand nach der Rechtsprechung des BGH gegenüber der Hauptversammlung Bericht zu erstatten, wenn von der Möglichkeit zur Kapitalerhöhung aus genehmigtem Kapital Gebrauch gemacht hat.[11] Die Erläuterungspflichten treffen den Vorstand als **Kollegialorgan**, so dass er über den Inhalt der Erläuterung nach § 77 AktG Beschluss fassen muss, auch wenn die Erstattung des Berichts in der Hauptversammlung einem Vorstandsmitglied, häufig dem Vorstandsvorsitzenden oder dem für den Geschäftsbereich zuständigen Vorstandsmitglied, überlassen bleibt. Erforderlich ist jeweils ein zusammenhängender, mündlicher Bericht über den wesentlichen Inhalt der Dokumente und die Erläuterung der weiteren Hintergründe und Folgen.[12]

1114 Die Basis für die Erläuterung durch den Vorstand bildet nach § 176 Abs. 1 Satz 1 AktG die Auslegung der in § 175 Abs. 2 AktG genannten Unterlagen und des erläuternden Berichts nach § 289 Abs. 4 Nr. 1 bis 5 und Abs. 5 sowie § 315 Abs. 4 HGB. Die Aktionäre sollen die ihnen im Vorfeld bereits bekanntgemachten Unterlagen auch aktuell während der **gesamten Hauptversammlung** – unabhängig von der Behandlung des betreffenden Tagesordnungspunkts – **einsehen** können. Seit dem ARUG handelt es sich strenggenommen nicht mehr um eine Pflicht zur Auslegung im gegenständlichen Sinne, sondern um eine Pflicht, die Unterlagen „zugänglich" zu machen. Damit soll der Gesellschaft die Nutzung elektronischer Unterrichtungsformen ermöglicht werden.[13] Ein Textlaufband ist kein Zugänglichmachen in diesem

---

9 BGH v. 29.1.1985 – X ZR 54/83, BGHZ 93, 327, 330; *Decher* in Großkomm/AktG, 5. Aufl. 2019, § 131 AktG Rz. 28, 157; *Kersting* in KölnKomm/AktG, 3. Aufl. 2010, § 131 AktG Rz. 29; *Kubis* in MünchKomm/AktG, 4. Aufl. 2018, § 131 AktG Rz. 42. Eine Konkurrenz zu kapitalmarktrechtlichen Offenlegungspflichten besteht wegen der unterschiedlichen Schutzrichtung nicht, vgl. *Decher* in Großkomm/AktG, 5. Aufl. 2019, § 131 AktG Rz. 31.

10 *Pentz* in Fleischer, Hdb. Vorstandsrecht, § 17 Rz. 99, 100.

11 Vgl. BGH v. 10.10.2005 – II ZR 90/03, BGHZ 164, 249, 256 = AG 2006, 38 = NJW 2006, 374; zu den Einzelheiten *Bayer* in MünchKomm/AktG, 4. Aufl. 2016, § 203 AktG.

12 Beispielsweise die Beurteilung des laufenden Geschäftsjahres bei § 176 Abs. 1 Satz 2 AktG, *Hüffer/Koch*, § 176 AktG Rz. 3; Abfindungsregelung bei § 293g Abs. 2 AktG, *Hüffer/Koch*, § 293g AktG Rz. 2a.

13 BT-Drucks. 16/11643, S. 35 i.V.m. S. 25.

Sinne, wohl aber die Zurverfügungstellung der Unterlagen zur Einsichtnahme über Monitore. Die Anzahl der vorgehaltenen Monitore bemisst sich nach der Angemessenheit im Verhältnis zu der Zahl der Teilnehmer.[14]

1115 Eine besondere **Unterrichtungspflicht** des Vorstands normiert § 71 Abs. 3 Satz 1 AktG. Danach ist die jeweils nachfolgende Hauptversammlung über den **Erwerb eigener Aktien** zu informieren, sofern dieser erfolgte, um einen Schaden von der Gesellschaft abzuwenden, oder der Vorstand von einer Ermächtigung der Hauptversammlung zum Erwerb eigener Aktien Gebrauch gemacht hat (§ 71 Abs. 1 Nr. 1 und 8 AktG).[15] Zu informieren hat der Vorstand über die Gründe und den Zweck des Erwerbs, die Zahl der erworbenen Aktien, den auf sie entfallenden Betrag des Grundkapitals, deren Anteil am Grundkapital sowie den Gegenwert der Aktien.

III. Auskunft

1116 Neben den Informationsrechten der Hauptversammlung, die als „Bringschuld" des Vorstands ausgestaltet sind, ist es dem Aktionär in zahlreichen Vorschriften gestattet, auf eigene Initiative aktiv ergänzende Informationen einzuholen. Es handelt sich dabei um Auskunftsansprüche jedes einzelnen Aktionärs im Sinne eines **individuellen Mitgliedschaftsrechts.**[16] Im Zentrum steht insoweit der allgemeine Auskunftsanspruch nach § 131 Abs. 1 AktG (dazu Rz. 1117 ff. und Rz. 1126 ff.), der durch besondere Vorschriften flankiert wird (dazu Rz. 1145).

1. Vorstandspflicht aus § 131 AktG

1117 Gem. § 131 Abs. 1 Satz 1 AktG ist jedem Aktionär auf Verlangen in der Hauptversammlung vom Vorstand Auskunft über Angelegenheiten der Gesellschaft zu geben. Auch wenn **Schuldnerin** des Anspruchs **die Gesellschaft** ist, hat der Vorstand für dessen Erfüllung Sorge zu tragen.[17]

a) Vorbereitung

1118 Die Verpflichtung des Vorstands zur gewissenhaften Vorbereitung auf mögliche Frageschwerpunkte in der Hauptversammlung ist von besonderer Bedeutung. Der Vorstand muss auch auf solche Fragen von Aktionären reagieren können, deren Antwort

14 Deshalb sind nicht in jedem Fall stets mehrere Geräte erforderlich sind, vgl. *Arnold/Carl/Götze*, AG 2011, 349, 351.

15 *Pentz* in Fleischer, Hdb. Vorstandsrecht, § 17 Rz. 103.

16 Zu § 131 AktG: Begr. RegE *Kropff*, Aktiengesetz, 1965, S. 185; *Decher* in Großkomm/AktG, 5. Aufl. 2019, § 131 AktG Rz. 11; *Hüffer/Koch*, § 131 AktG Rz. 2; etwas anders *Kubis* in MünchKomm/AktG, 4. Aufl. 2018, § 131 AktG Rz. 2 (Auskunftsrecht ziele auf kollektive Willensbildung).

17 Begr. RegE *Kropff*, Aktiengesetz, 1965, S. 185; *Decher* in Großkomm/AktG, 5. Aufl. 2019, § 131 AktG Rz. 82 f.; *Hüffer/Koch*, § 131 AktG Rz. 6; *Kubis* in MünchKomm/AktG, 4. Aufl. 2018, § 131 AktG Rz. 19; *Spindler* in K. Schmidt/Lutter, § 131 AktG Rz. 16; ausführlich zum Problembereich auch *Merkner/Schmidt-Bendun*, AG 2011, 734, 735 ff.

er aus seinem aktuellen Wissensstand nicht *ad hoc* geben kann. Er ist deshalb zu einer **Vorbereitung und Organisation der Hauptversammlung verpflichtet**, die die kurzfristige Erarbeitung von Antworten ermöglicht.

1119 Dazu gehört einerseits, alle mit den Tagesordnungspunkten in Zusammenhang stehenden relevanten Informationen bereits im Vorfeld der Hauptversammlung aufzubereiten. Der Vorstand muss in der Hauptversammlung die Informationen verfügbar zu haben, die ein Durchschnittsaktionär vorhersehbar zu einem Tagesordnungspunkt verlangen wird (**Vorbereitungspflicht**).[18] Entscheidend für die Vorhersehbarkeit sind sämtliche Umstände, die ein entsprechendes Informationsbedürfnis wahrscheinlich machen, wie die allgemein zugängliche Berichterstattung der Medien sowie konkret der AG bekannte Gegenanträge und Ankündigungen einer Frage oder bestimmter Erörterungsschwerpunkte durch Aktionäre.[19]

1120 Zum zweiten ist der Vorstand verpflichtet, die personellen und technischen Grundlagen zu schaffen, um in der Hauptversammlung sonstige – auch nicht vorhersehbare – Anfragen schnell aufarbeiten und beantworten zu können (**Ausstattungspflicht**); er muss ein sog. Back-Office einrichten, das diese Aufgabe sachgerecht übernehmen kann.[20] Der Umfang des Back-Office sollte aber im angemessenen Verhältnis zur Größe der AG und zum von Aktionären vernünftigerweise zu erwartenden Detailgrad der Antworten stehen. Die Rechtsprechung fordert im Hinblick auf in der Hauptversammlung gestellte Auskunftsverlangen, dass solche Unterlagen beizuziehen sind, die sich der Vorstand „unschwer und ohne wesentliche Verzögerung der Hauptversammlung beschaffen kann".[21] Der Vorstand kann sich also nicht ohne Weiteres darauf zurückziehen, die gewünschte Auskunft ad hoc nicht geben zu können. Deshalb hat er auch sicherzustellen, dass die erforderlichen Informationsträger im Back-Office zur Verfügung stehen oder erreichbar sind.

b) Ausführung

1121 Die Antwort auf Auskunftsverlangen ist eine Geschäftsführungsmaßnahme, bei der der Vorstand als **Kollegialorgan** handelt und über die er nach § 77 AktG beschließen

18 Zur Ankündigung: *Hüffer/Koch*, § 131 AktG Rz. 10; *Kubis* in MünchKomm/AktG, 4. Aufl. 2018, § 131 AktG Rz. 92; *Kersting* in KölnKomm/AktG, 3. Aufl. 2010, § 131 AktG Rz. 418 f.; *Spindler* in K. Schmidt/Lutter, § 131 AktG Rz. 64.

19 *Kubis* in MünchKomm/AktG, 4. Aufl. 2018, § 131 AktG Rz. 92; vgl. *Decher* in Großkomm/AktG, 5. Aufl. 2019, § 131 AktG Rz. 282.

20 BGH v. 7.4.1960 – II ZR 143/58, BGHZ 32, 159, 165 f. = NJW 1960, 1150, 1152 (auch am Sonnabend); *Decher* in Großkomm/AktG, 5. Aufl. 2019, § 131 AktG Rz. 284; *Kubis* in MünchKomm/AktG, 4. Aufl. 2018, § 131 AktG Rz. 93; *Kersting* in KölnKomm/AktG, 3. Aufl. 2010, § 131 AktG Rz. 420; *Spindler* in K. Schmidt/Lutter, § 131 AktG Rz. 64; kritisch aber *Hüffer/Koch*, § 131 AktG Rz. 10; *Schlitt* in Semler/Volhard/Reichert, Arbeitshdb. für die Hauptversammlung, 4. Aufl. 2018, § 10 Rz. 124.

21 BGH v. 7.4.1960 – II ZR 143/58, BGHZ 32, 159, 165 = NJW 1960, 1150, 1152; aufgenommen bspw. in OLG Düsseldorf v. 17.7.1991 – 19 W 2/91, WM 1991, 2148, 2152 = AG 1992, 34.

muss.[22] Die Antwort wird dann von einem Vorstandsmitglied im Einvernehmen mit den anderen Mitgliedern gegeben.[23] Da das Gesetz keine formalen Anforderungen an die Willensbildung im Vorstand stellt, genügt insoweit jede Art von Einvernehmen, so dass regelmäßig der Vorstandsvorsitzende konkludent zur Antwort ermächtigt sein wird (s. dazu § 18 Rz. 500 ff.). In aller Regel stimmt sich der Vorstand bei der Vorbereitung der Hauptversammlung auch darüber ab, welche Mitglieder des Vorstands zu welchen Sachthemen die Beantwortung von hierzu gestellten Fragen in der Hauptversammlung übernehmen. Werden in der Hauptversammlung Fragen gestellt, die danach noch nicht einem Vorstandsmitglied zur Beantwortung zugeordnet sind, ist im Zweifel der Vorstandsvorsitzende zur Beantwortung berufen, sofern der Vorstand nicht ad hoc eine andere Abstimmung trifft. Der Vorstand kann die Erteilung der Auskunft auch an Dritte, etwa Mitarbeiter oder Beauftragte, **delegieren**; auch dann handelt es sich weiterhin um eine Auskunft des Vorstands. Es ist aber notwendig, dass sich der Vorstand – sei es vor der Auskunftserteilung, sei es danach – die Information durch einen Dritten erkennbar zu eigen macht.[24]

1122 Mit der funktionellen Zuweisung der Auskunftserteilung an den Vorstand ist es prima vista nicht zu vereinbaren, dass der Aufsichtsrat Auskunftsverlangen erfüllt. Gleichwohl werden in der Praxis nicht selten Fragen direkt an den **Aufsichtsrat** gestellt. Deren Beantwortung kann, wenn diese einen inhaltlichen Bezug zum Tätigkeitsbereich des Aufsichtsrats haben, direkt vom Aufsichtsratsvorsitzenden, der regelmäßig zugleich als Versammlungsleiter tätig ist, anstelle des Vorstands beantwortet werden.[25] Denkbar ist es auch, dass ein anderes Mitglied des Aufsichtsrats, etwa eine Ausschussvorsitzender bei die Ausschusstätigkeit betreffenden Fragen, in Abstimmung mit dem Aufsichtsrat die Beantwortung anstelle des Aufsichtsratsvorsitzenden übernimmt. Ein Widerspruch zu § 131 Abs. 1 Satz 1 AktG[26] besteht nicht, weil als Grundlage für die Beantwortung durch Mitglieder des Aufsichtsrats im Zweifel von einer zuvor konkludent erfolgten Delegation seitens des Vorstands auszugehen ist.[27] Im Übrigen kann sich der Vorstand die Auskunft des Aufsichtsrats auch anschließend zu eigen machen.[28] Dies kann auch konkludent geschehen, wofür

22 *Hüffer/Koch*, § 131 AktG Rz. 8; *Kubis* in MünchKomm/AktG, 4. Aufl. 2018, § 131 AktG Rz. 20; *Spindler* in K. Schmidt/Lutter, § 131 AktG Rz. 17. Als ausführende Person kommt insbesondere der Vorstandsvorsitzende oder das nach der Geschäftsverteilung für die von der Frage berührte Thematik zuständige Vorstandsmitglied in Betracht, vgl. *Kubis* in MünchKomm/AktG, 4. Aufl. 2018, § 131 AktG Rz. 20.

23 *Hüffer/Koch*, § 131 AktG Rz. 8; *Merkner/Schmidt-Bendun*, AG 2011, 734, 735.

24 *Kubis* in MünchKomm/AktG, 4. Aufl. 2018, § 131 AktG Rz. 21.

25 Vgl. zu dieser Problematik ausführlich *Merkner/Schmidt-Bendun*, AG 2011, 734, 737.

26 H.M., vgl. *Kubis* in MünchKomm/AktG, 4. Aufl. 2018, § 131 AktG Rz. 22; *Reger* in Bürgers/Körber, § 131 AktG Rz. 5; OLG Hamburg v. 12.1.2001 – 11 U 162/00, NZG 2001, 513, 515 = AG 2001, 359.

27 Zur Zulässigkeit der Delegation vgl. *Marsch-Barner* in Marsch-Barner/Schäfer, Hdb. börsennotierte AG, § 34 Rz. 34.34.

28 *Merkner/Schmidt-Bendun*, AG 2011, 734, 737.

es genügt, dass der Vorstand der vom Aufsichtsrat erteilten Auskunft nicht widerspricht.[29]

Wann der Vorstand die Fragen der Aktionäre beantwortet, hängt in erster Linie davon ab, wie der Versammlungsleiter den **Ablauf der Aussprache** organisiert.Die Anordnung einer zu allen behandelten Tagesordnungspunkten zu führenden **Generaldebatte** ist zulässig, in der Regel zweckmäßig und deshalb der Normalfall.[30] Dann kann der Vorstand die Beantwortung der gestellten Fragen in einem oder mehreren Antwortblöcken ordnen und sich bei der Reihenfolge von Sachgesichtspunkten leiten lassen. Eine bestimmte Reihenfolge der Fragebeantwortung ist nicht vorgegeben. Auch wenn jeweils zu den einzelnen Tagesordnungspunkten eine gesonderte Debatte stattfindet, hat der Vorstand bei der Reihenfolge der Antworterteilung einen Ermessensspielraum. Inhaltsähnliche Fragen dürfen beispielsweise zusammengefasst beantwortet werden; wird die Beantwortung einer Frage vorgezogen, können zurückgestellte Fragen obsolet werden.[31] Entscheidend ist, dass alle Auskünfte bis zum Schluss der Aussprache, jedenfalls aber vor der Abstimmung, gegeben sind. 1123

Inhaltlich bestimmt § 131 Abs. 2 Satz 1 AktG den gebotenen Umfang der vom Vorstand zu erteilenden Auskünfte. Diese haben den Grundsätzen einer **gewissenhaften und getreuen Rechenschaft** zu entsprechen. Das Gesetz formuliert die Anforderungen somit gleichlautend zu § 90 Abs. 4 AktG betreffend die Berichterstattung an den Aufsichtsrat. Jedoch sind die zu § 90 Abs. 4 AktG entwickelten Grundsätze nicht unbesehen zu übertragen, da schon wegen des in der Hauptversammlung maßgeblichen Mündlichkeitsgrundsatzes ein struktureller Unterschied besteht.[32] Zudem ist die Auskunft nicht allgemein auf Gegenstände der Geschäftsführung bezogen, sondern konkret im Zusammenhang mit der jeweils gestellten Frage zu beurteilen. Die mündliche Antwort sollte daher übersichtlich und strukturiert gegeben werden, vollständig und sachlich richtig sein.[33] 1124

29 Zutr. *Decker* in Großkomm/AktG, 5. Aufl. 2019, § 131 AktG Rz. 66; *Marsch-Barner* in Marsch-Barner/Schäfer, Hdb. börsennotierte AG, § 34 Rz. 34.35.

30 *Decher* in Großkomm/AktG, 5. Aufl. 2019, § 131 Rz. 271; *Kubis* in MünchKomm/AktG, 4. Aufl. 2018, § 131 AktG Rz. 82; *Pentz* in Fleischer, Hdb. Vorstandsrecht, § 17 Rz. 112; kritisch *Heidel* in Heidel, § 131 AktG Rz. 12/55i (Aktionäre könnten auf Einzelbearbeitung bestehen).

31 *Kubis* in MünchKomm/AktG, 4. Aufl. 2018, § 131 AktG Rz. 84; vgl. etwa bei BGH v. 16.2.2009 – II ZR 185/07, AG 2009, 285, 291.

32 *Decher* in Großkomm/AktG, 5. Aufl. 2019, § 131 AktG Rz. 262; *Hüffer/Koch*, § 131 AktG Rz. 22; *Kubis* in MünchKomm/AktG, 4. Aufl. 2018, § 131 AktG Rz. 81; *Kersting* in Köln-Komm/AktG, 3. Aufl. 2010, § 131 AktG Rz. 489; *Spindler* in K. Schmidt/Lutter, § 131 AktG Rz. 61.

33 Vgl. *Hüffer/Koch*, § 131 AktG Rz. 40 (vollständig und sachlich zutreffend); ebenso *Decher* in Großkomm/AktG, 5. Aufl. 2019, § 131 AktG Rz. 263; *Kubis* in MünchKomm/AktG, 4. Aufl. 2018, § 131 AktG Rz. 75; *Pentz* in Fleischer, Hdb. Vorstandsrecht, § 17 Rz. 112; *Spindler* in K. Schmidt/Lutter, § 131 AktG Rz. 59 (vollständig, zutreffend und sachgemäß).

1125 Insbesondere die Vollständigkeit der erteilten Antwort steht regelmäßig im Fokus von Streitigkeiten zwischen Aktionären und Vorstand. Wie detailliert die vom Vorstand zu gebende Antwort sein muss, hängt davon ab, wie konkret die Frage gestellt ist, gegebenenfalls obliegt es dem Aktionär, eine **Nachfrage** zu stellen.[34] Eine Verlesung von Urkunden kann nicht verlangt werden;[35] auch besteht **kein Anspruch auf Einsichtnahme** in Unterlagen, abgesehen von denen, die kraft Gesetzes der Hauptversammlung zugänglich zu machen sind.[36] Sofern konkrete Anhaltspunkte für die Unvollständigkeit der Auskünfte über Vertragsinhalte – insbesondere in Form von Erläuterungswidersprüchen – in der Hauptversammlung vorliegen, kann nach Auffassung des OLG München jedoch ein Anspruch auf Verlesung der einschlägigen Passagen bestehen; in Ausnahmefällen ist dabei auch der Anspruch auf Verlesung des gesamten Vertrages denkbar.[37]

Der Vorstand darf ausnahmsweise den Auskunftsanspruch durch Verweis auf auszulegende Unterlagen erfüllen, wenn die Informationserteilung auf diesem Wege schneller und besser möglich ist.[38] Einen speziellen Anspruch auf Einsichtnahme in Unterlagen enthält § 131 Abs. 1 Satz 3 AktG, wonach jeder Aktionär verlangen kann, dass ihm der vollständige Jahresabschluss vorgelegt wird, wenn die AG von den Abschlusserleichterungen der §§ 266 Abs. 1 Satz 3, 276 oder 288 HGB Gebrauch gemacht hat.

2. Grenzen der Auskunftspflicht aus § 131 AktG

1126 Der Auskunftsanspruch der Aktionäre besteht nur unter den Voraussetzungen des § 131 Abs. 1 AktG. Er findet seine Grenze in der **inhaltlichen und zeitlichen Möglichkeit** der Auskunftserteilung und ist in Extremfällen durch das Institut des **Rechtsmissbrauchs** begrenzt (dazu Rz. 1127–1139). Zudem hat der Vorstand nach § 131 Abs. 3 AktG das Recht, die Antwort in bestimmten Fällen zu verweigern (dazu

34 Vgl. *Decher* in Großkomm/AktG, 5. Aufl. 2019, § 131 AktG Rz. 264. Vgl. bspw. BGH v. 7.4.1960 – II ZR 143/58, NJW 1960, 1150, 1152; OLG Frankfurt v. 15.3.2001 – 20 W 147/00, AG 2001, 359, 360, keine Verweigerung, wenn nicht objektiv ungenügende Beantwortung der Frage und keine Nachfrage des Aktionärs; ebenso OLG Hamburg v. 12.1.2001 – 11 U 162/00, AG 2001, 359, 360; OLG Stuttgart v. 23.7.2003 – 20 U 5/03, AG 2003, 588, 590 (Frage nach Zahlung einer Abfindung umfasst nicht Information über Vereinbarung einer solchen); OLG Stuttgart v. 11.8.2004 – 20 U 3/04, AG 2005, 94, 96.

35 *Decher* in Großkomm/AktG, 5. Aufl. 2019, § 131 AktG Rz. 277; *Kubis* in MünchKomm/AktG, 4. Aufl. 2018, § 131 AktG Rz. 85.

36 *Decher* in Großkomm/AktG, 5. Aufl. 2019, § 131 AktG Rz. 280; *Kubis* in MünchKomm/AktG, 4. Aufl. 2018, § 131 AktG Rz. 86; *Spindler* in K. Schmidt/Lutter, § 131 AktG Rz. 61; a.A. *Heidel* in Heidel, § 131 AktG Rz. 25; vgl. auch *Siems* in Spindler/Stilz, § 131 AktG Rz. 67.

37 OLG München v. 11.6.2015 – 23 U 4375/14 (rkr.), AG 2015, 677, 678; so auch *Siems* in Spindler/Stilz, § 131 AktG Rz. 67; *Hüffer/Koch*, § 131 AktG Rz. 41 (Verlesung bei besonderer Bedeutung).

38 BGH v. 9.2.1987 – II ZR 119/86, NJW 1987, 3186, 3190 = AG 1987, 344; *Hüffer/Koch*, § 131 AktG Rz. 41; *Kubis* in MünchKomm/AktG, 4. Aufl. 2018, § 131 AktG Rz. 88; *Kersting* in KölnKomm/AktG, 3. Aufl. 2010, § 131 AktG Rz. 490; *Spindler* in K. Schmidt/Lutter, § 131 AktG Rz. 61.

Rz. 1140 ff.). Diese Grenzen sind jedoch nur dann beachtlich, wenn es tatsächlich um einen originären Bereich der in der Hauptversammlung zu erteilenden Auskunft durch den Vorstand geht; wenn dagegen Informationen von Aktionären erfragt werden, die bereits nach anderen Vorschriften auf anderem Wege hätten erbracht werden müssen, steht ihnen ein Auskunftsanspruch unabhängig von den Grenzen des § 131 AktG zu.[39]

a) Ordnungsgemäßes Verlangen

Der Auskunftsanspruch des Aktionärs ist bereits dem Grunde nach durch § 131 Abs. 1 Satz 1 AktG in dreierlei Hinsicht beschränkt: Erstens bedarf es eines **formgemäßen Verlangens** des Aktionärs. Zweitens muss die Frage Angelegenheiten der Gesellschaft betreffen und drittens muss sie zur sachgemäßen Beurteilung des Tagesordnungspunkts **erforderlich** sein. Fehlt eine dieser Voraussetzungen, darf der Vorstand zwar die Auskunft erteilen, ist hierzu aber nicht verpflichtet, so dass bei unrichtiger und unvollständiger Information (dazu Rz. 1164 ff.) die an § 131 AktG anknüpfenden Sanktionen nicht greifen.[40] 1127

In formeller Hinsicht ist zunächst festzustellen, ob es sich um eine **Frage** – in Abgrenzung zu sonstigen Redebeiträgen – handelt und worauf diese gerichtet ist. Dafür ist die **Auslegung nach dem objektiven Empfängerhorizont** im Sinne der §§ 133, 157 BGB entscheidend.[41] Ferner ist erforderlich, dass ein Aktionär[42] berechtigterweise an der Hauptversammlung teilnimmt[43] und auf dieser die Auskunft verlangt. Die Frage muss ferner an den Vorstand oder den Hauptversammlungsleiter gerichtet sein.[44] Einer Begründung für das Auskunftsverlangen bedarf es grundsätzlich nicht. Geht eine im Ausgangspunkt zulässige Frage aber nach Einschätzung des Vorstands zumindest teilweise über das Erforderliche hinaus und äußert der Vorstand deshalb Zweifel an der Erforderlichkeit, obliegt dem Aktionär eine Begründung dafür, warum er auf die Information angewiesen ist.[45] 1128

39 *Kubis* in MünchKomm/AktG, 4. Aufl. 2018, § 131 AktG Rz. 6 ff.

40 *Kubis* in MünchKomm/AktG, 4. Aufl. 2018, § 131 AktG Rz. 24; zur Verfassungsgemäßheit der Einschränkung des Fragerechts BVerfG v. 20.9.1999 – 1 BvR 636/95, DB 1999, 2201, 2202 = AG 2000, 74.

41 *Kubis* in MünchKomm/AktG, 4. Aufl. 2018, § 131 AktG Rz. 28; *Siems* in Spindler/Stilz, § 131 AktG Rz. 20.

42 Da die Berechtigung zur Teilnahme an der Hauptversammlung im Zentrum des Aktionärsrechts steht, ist die Ausübung durch Dritte im Falle von Stimmrechtsvertretern und Legitimationsaktionären zulässig, *Hüffer/Koch*, § 131 AktG Rz. 5; *Decher* in Großkomm/AktG, 5. Aufl. 2019, § 131 AktG Rz. 58; *Kubis* in MünchKomm/AktG, 4. Aufl. 2018, § 131 AktG Rz. 15 ff.

43 *Hüffer/Koch*, § 131 AktG Rz. 4; *Decher* in Großkomm/AktG, 5. Aufl. 2019, § 131 AktG Rz. 59.

44 *Kubis* in MünchKomm/AktG, 4. Aufl. 2018, § 131 AktG Rz. 26; *Spindler* in K. Schmidt/Lutter, § 131 AktG Rz. 23.

45 BGH v. 21.9.2009 – II ZR 223/08, ZIP 2009, 2204 (LS); *Spindler* in K. Schmidt/Lutter, § 131 AktG Rz. 34; *Decher* in Großkomm/AktG, 5. Aufl. 2019, § 131 AktG Rz. 77, 152; auch *Kubis* in MünchKomm/AktG, 4. Aufl. 2018, § 131 AktG Rz. 46, freilich mit dem

1129 Fraglich ist, ob die Frage **mündlich** gestellt werden muss oder ob eine schriftliche Fragestellung ausreicht. Teilweise wird vertreten, dass Fragen in beiderlei Form zulässig und vom Vorstand zu beantworten sind.[46] Die Zulässigkeit der schriftlichen Fragestellung ist aber schon deshalb zweifelhaft, weil die anderen Aktionäre bei einer nur schriftlichen Einreichung der Frage keine Möglichkeit haben, die Antwort des Vorstands mit der konkreten Frage abzugleichen.[47] Man müsste daher verlangen, dass der Versammlungsleiter oder das antwortende Vorstandsmitglied die Frage im Wortlaut vorliest, bevor die Antwort gegeben wird. Dafür gibt das Gesetz nichts her. Im Gegenteil behandelt § 131 Abs. 2 Satz 2 AktG Frage- und Redebeitrag seit der Neufassung durch das UMAG gleich. Seitdem dürfte die Unzulässigkeit der schriftlichen Fragestellung außer Zweifel stehen.[48] Davon unberührt bleibt die Befugnis des Vorstands, auch schriftlich gestellte Fragen aufzugreifen und zu behandeln. Er muss den genauen Inhalt der gestellten Frage dann aber allen Aktionären mitteilen, diese im Zweifel also im Wortlaut verlesen. Unstreitig ist umgekehrt im Übrigen, dass die Aktionäre nicht darauf verwiesen werden dürfen, ihre Fragen schriftlich einzureichen. Das kann weder durch Bestimmung in der Satzung oder einer Geschäftsordnung verlangt werden, noch kann der Versammlungsleiter dies anordnen.

1130 Nur im Einzelfall begrenzt § 131 Abs. 1 Satz 1 AktG den Auskunftsanspruch des Aktionärs inhaltlich.[49] Dabei handelt es sich um eine zulässige Maßnahme nach Art. 9 Abs. 2 Satz 1 Fall 2 der Aktionärsrechterichtlinie.[50] Das Tatbestandsmerkmal **„Angelegenheit der Gesellschaft"** ist nach allgemeiner Meinung weit auszulegen, so dass sämtliche Tätigkeiten der AG, einschließlich aller Beziehungen zu Dritten davon erfasst sind.[51] Grundsätzlich nicht vom Auskunftsrecht umfasst sind persönliche Ange-

---

Hinweis, dass sich in einem nachgelagerten Anfechtungs- oder Auskunftserzwingungsverfahren durchaus noch eine hinreichende (objektive) Beurteilungsrelevanz der gestellten Frage ergeben kann; kritisch zur Begründungspflicht *Heidel* in Heidel, § 131 AktG Rz. 14.

46 Vgl. OLG Hamburg v. 30.12.2004 – 11 U 98/04, AG 2005, 355, 356; *Decher* in Großkomm/AktG, 5. Aufl. 2019, § 131 AktG Rz. 74; *Heidel* in Heidel, § 131 AktG Rz. 11; *Spindler* in K. Schmidt/Lutter, § 131 AktG Rz. 24; wohl auch *Siems* in Spindler/Stilz, § 131 AktG Rz. 19; diff. *Kersting* in KölnKomm/AktG, 3. Aufl. 2010, § 131 AktG Rz. 474 (schriftlich, solange keine Beschränkung des Fragerechts nach § 131 Abs. 2 Satz 2 AktG).

47 *Kubis* in MünchKomm/AktG, 4. Aufl. 2018, § 131 AktG Rz. 29 (zu diesem Ergebnis gelangt er, da er das kollektive Element der Willensbildung in der Hauptversammlung betont); ebenso OLG Frankfurt v. 19.9.2006 – 20 W 55/05, AG 2007, 451, 452.

48 Vgl. OLG Frankfurt v. 19.9.2006 – 20 W 55/05, AG 2007, 451, 452; *Kubis* in MünchKomm/AktG, 4. Aufl. 2018, § 131 AktG Rz. 29; a.A. aber *Spindler* in K. Schmidt/Lutter, § 131 AktG Rz. 24; *Hüffer/Koch*, § 131 AktG Rz. 9.

49 Vgl. *Spindler* in K. Schmidt/Lutter, § 131 AktG Rz. 28 f.; weitergehend *Kersting* in KölnKomm/AktG, 3. Aufl. 2010, § 131 AktG Rz. 94; dagegen die praktische Bedeutung in Bezug auf die Angelegenheit der Gesellschaft hervorhebend, *Decher* in Großkomm/AktG, 5. Aufl. 2019, § 131 AktG Rz. 82, 85.

50 BGH v. 5.11.2013 – II ZB 28/12, AG 2014, 87 = NJW 2014, 541 (m. Anm. *Wachter*).

51 *Hüffer/Koch*, § 131 AktG Rz. 12; *Decher* in Großkomm/AktG, 5. Aufl. 2019, § 131 AktG Rz. 82 (bei fremden Angelegenheiten müsse eine Erheblichkeitsschwelle überschritten werden); *Kersting* in KölnKomm/AktG, 3. Aufl. 2010, § 131 AktG Rz. 91; *Spindler* in K. Schmidt/Lutter, § 131 AktG Rz. 28; vgl. aber *Kubis* in MünchKomm/AktG, 4. Aufl. 2018, § 131 AktG Rz. 35/37, der zu Recht darauf hinweist, dass der Aktionär bei Dritt-

legenheiten einzelner Vorstands- oder Aufsichtsratsmitglieder.[52] Je nach Situation kann sich jedoch etwas anderes ergeben, so dass etwa Nebentätigkeiten, Vorbildung und die Wahrnehmung konzernfremder Aufsichtsratsmandate einzelner Aufsichtsratsmitglieder Angelegenheit der Gesellschaft darstellen können, da sie Rückschlüsse über die Eignung der Mitglieder ermöglichen, ausnahmsweise können sogar persönliche Einkommensverhältnisse erfasst sein.[53] Konkrete Vorgänge in der Aufsichtsratssitzung gehören zwar zu den Angelegenheiten der Gesellschaft, gleichwohl besteht regelmäßig kein Auskunftsrecht nach § 131 AktG mangels Erforderlichkeit oder infolge eines Auskunftsverweigerungsrechts gem. § 131 Abs. 3 Satz 1 Nr. 1 AktG (s. Rz. 1140 ff.).[54] Keinesfalls vom Auskunftsrecht umfasst sind das Stimmverhalten und persönliche Erwägungen einzelner Mitglieder des Aufsichtsrats in Hinblick auf eine konkrete Beschlussfassung, ebensowenig ihre Einschätzung über etwaige Unregelmäßigkeiten im Unternehmen.[55]

Eine Information ist zur **Beurteilung eines Tagesordnungspunktes erforderlich**, wenn sie ein wesentliches Element der zugehörigen Gesamtinformation bildet, wofür es auf den Standpunkt eines objektiv denkenden Aktionärs ankommt.[56] Im Grundsatz ist nur über Vorfälle des behandelten Geschäftsjahres Auskunft zu geben.[57]

Im Übrigen bedarf es einer Würdigung der geforderten Information im Verhältnis zur Reichweite des Beschlusses der Hauptversammlung. Für die Aktionäre kommt es in diesem Zusammenhang entscheidend auf Informationen zum Zwecke der Entscheidung über das Stimmverhalten und nur sekundär auf die Vermögensinteressen an Beispielsweise bietet insbesondere der Entlastungsbeschluss der Hauptversammlung theoretisch Gelegenheit, sämtliche Vorstandsentscheidungen zu hinterfragen. Da die **Entlastungsentscheidung** der Hauptversammlung auf ein generelles Vertrauensvotum und nicht auf die Erklärung absoluter Übereinstimmung mit dem Vor- 1131

---

beziehungen der AG sein Auskunftsverlangen näher erläutern muss, um den Bezug herzustellen; ebenso *Siems* in Spindler/Stilz, § 131 AktG Rz. 23.

52 *Decher* in Großkomm/AktG, 5. Aufl. 2019, § 131 AktG Rz. 86 f.; *Hüffer/Koch*, § 131 AktG Rz. 13.

53 *Decher* in Großkomm/AktG, 5. Aufl. 2019, § 131 AktG Rz. 86 f.; *Kubis* in MünchKomm/AktG, 4. Aufl. 2018, § 131 AktG Rz. 37.

54 *Decher* in Großkomm/AktG, 5. Aufl. 2019, § 131 AktG Rz. 88; BGH v. 14.1.2014 – II ZB 5/12, AG 2014, 402, NZG 2014, 423. A.A. *Hüffer/Koch*, § 131 AktG Rz. 14. Interna sind schon keine Angelegenheit der Gesellschaft; so auch *Spindler* in K. Schmidt/Lutter, § 131 AktG Rz. 52.

55 *Decher* in Großkomm/AktG, 5. Aufl. 2019, § 131 AktG Rz. 88; BVerfG v. 20.9.1999 – 1 BvR 636/95 (Daimler-Benz AG), AG 2000, 74.

56 BGH v. 16.2.2009 – II ZR 185/07, AG 2009, 285, 291; *Hüffer/Koch*, § 131 AktG Rz. 22; *Decher* in Großkomm/AktG, 5. Aufl. 2019, § 131 AktG Rz. 126; *Kubis* in MünchKomm/AktG, 4. Aufl. 2018, § 131 AktG Rz. 39; *Spindler* in K. Schmidt/Lutter, § 131 AktG Rz. 30.

57 Zur zeitlichen Begrenzung insb. bei Vorfällen mit Dauerwirkung *Decher* in Großkomm/AktG, 5. Aufl. 2019, § 131 AktG Rz. 145; *Kersting* in KölnKomm/AktG, 3. Aufl. 2010, § 131 AktG Rz. 150; vgl. insb. BGH v. 7.4.1960 – II ZR 143/58, NJW 1960, 1150, 1152 (Behandlung des Jahresabschlusses und Frage zum laufenden Geschäftsjahr); aber OLG Frankfurt v. 18.3.2008 – 5 U 171/06, NZG 2008, 429, 431 = AG 2008, 417 (Führungsstruktur zuvor geändert, mgl. Verletzung der Leitungsfunktion des Vorstands dauert an).

standshandeln abzielt, kann es für die Beurteilung dieses Tagesordnungspunktes aber nicht auf sämtliche Detailfragen ankommen. Die Verweigerung der Entlastung von Vorstand und Aufsichtsrat kommt nur bei schwerwiegenden und eindeutigen Gesetzesverstößen in Betracht, so dass insbesondere Detailkontrollen von Personalentscheidungen dem Erforderlichkeitskriterium des Auskunftsverlangens nicht genügen.[58] Es muss eine **hinreichende Relevanz** der geforderten Information über Entscheidungen des Vorstands in Bezug auf Umsatz, Gewinn und Struktur des Unternehmens bestehen.[59] Nach diesen Grundsätzen bestimmt es sich, ob eine Frage zulässig und inwieweit der Vorstand zur Antwort verpflichtet ist.[60]

1132 Danach ist ein ordnungsgemäßes Auskunftsverlangen von den folgenden **Voraussetzungen** abhängig:

- Berechtigung zur Teilnahme an Hauptversammlung;
- Mündliche Fragestellung;
- Gerichtet an Vorstand oder Hauptversammlungsleiter;
- Einem Tagesordnungspunkt zuzuordnen;
- Frage zu behandeltem Geschäftsjahr;
- Angelegenheit der Gesellschaft;
- Zur Beurteilung TOP erforderlich;
- Begründung des Aktionärs, wenn Zweifel an Erforderlichkeit bestehen.

b) Unmöglichkeit

1133 Selbst wenn den Aktionären grundsätzlich ein Auskunftsanspruch zusteht, entfällt die Auskunftspflicht, wenn der **Vorstand eine Frage nicht beantworten** kann.[61] Ob dies der Fall ist, bestimmt sich auch nach der unter den konkreten Umständen bestehenden **Reichweite seiner Organisationspflichten** im Vorfeld der Hauptversammlung ab (§ 28 Rz. 1040 ff.). Sofern nach diesen Maßstäben alle erforderlichen Vorkehrungen getroffen worden sind, die Antwort aber gleichwohl nicht gegeben werden kann, muss der Vorstand auf die Unmöglichkeit der Beantwortung einer Frage

58 OLG Düsseldorf v. 13.7.2015 – 26 W 16/14 (AktE), AG 2015, 908 = NZG 2015, 1115.

59 Bspw. OLG Frankfurt v. 30.1.2006 – 20 W 56/05, AG 2006, 460, 461 (Gesamtvergütung eines neu geschaffenen Executive Committee); OLG Düsseldorf v. 17.7.1991 – 19 W 2/91, WM 1991, 2148 = AG 1992, 34; OLG Frankfurt v. 4.8.1993 – 20 W 295/90, NJW-RR 1994, 104, 105 = AG 1994, 39; OLG München v. 3.12.1997 – 7 U 1849/97, AG 1998, 238, 239 (Verlust i.H. des Vielfachen des Jahresgewinns).

60 Vgl. BGH v. 16.2.2009 – II ZR 185/07, AG 2009, 285, 291; *Spindler* in K. Schmidt/Lutter, § 131 AktG Rz. 28.

61 Zur Konstruktion über die Unmöglichkeit des Auskunftsanspruchs (§ 275 BGB) s. *Kubis* in MünchKomm/AktG, 4. Aufl. 2018, § 131 AktG Rz. 90 ff.; *Kersting* in KölnKomm/AktG, 3. Aufl. 2010, § 131 AktG Rz. 412 ff.; als „immanente Grenze“ des Auskunftsanspruchs bezeichnet von *Decher* in Großkomm/AktG, 5. Aufl. 2019, § 131 AktG Rz. 285.

hinweisen[62] und lediglich die Informationen mitteilen, die er kennt.[63] Eine Vereinbarung über die schriftliche Nachholung der Auskunftserteilung ist möglich; einen Anspruch hierauf hat der Aktionär aber nicht.[64] Wird im Nachgang zur Hauptversammlung einem Aktionär eine schriftliche Antwort erteilt, muss der Vorstand die Information nach Maßgabe des § 131 Abs. 4 AktG auch allen anderen Aktionären geben.[65]

c) Zeitliche Begrenzung

Die Satzung darf das Fragerecht grundsätzlich weder einschränken noch erweitern, § 23 Abs. 5 AktG.[66] § 131 Abs. 2 Satz 2 AktG gestattet es aber, in der Satzung oder einer Geschäftsordnung für die Hauptversammlung den Versammlungsleiter zu ermächtigen, das Frage- und Rederecht des Aktionärs zeitlich angemessen zu beschränken, und Näheres dazu zu bestimmen. Es ist daher denkbar, eine **Ermächtigung des Versammlungsleiters mit weitem Freiraum** vorzusehen oder dem Versammlungsleiter **Verfahrensschritte** vorzugeben, die sein Ermessen binden. 1134

Nach ganz h.M. kann der Versammlungsleiter auch dann eine Rede- und Fragezeitbeschränkung anordnen, wenn die **Satzung keine Regelung** nach § 131 Abs. 2 Satz 2 AktG enthält.[67] Ob das nach der Neufassung der Norm durch das UMAG so noch richtig ist, ist indessen nicht ganz zweifelsfrei,[68] richtigerweise aber nach wie vor anzunehmen.[69] Versteht man § 131 Abs. 2 Satz 2 AktG im Schwerpunkt als Ermächtigung an den Satzungsgeber, Näheres zu bestimmen, kann die Zulässigkeit einer Beschränkung zumindest des Rederechts aus der Ordnungskompetenz des Versammlungsleiters zum Zwecke der sachgemäßen Durchführung der Hauptversammlung hergeleitet werden. Die gesetzliche Ermächtigungsnorm stellt jedenfalls klar, dass die Entscheidung des Versammlungsleiters nicht durch einen Geschäftsordnungs- 1135

62 *Hüffer/Koch*, § 131 AktG Rz. 11; *Decher* in Großkomm/AktG, 5. Aufl. 2019, § 131 AktG Rz. 285.

63 *Kubis* in MünchKomm/AktG, 4. Aufl. 2018, § 131 AktG Rz. 90; a.A. Pflicht zur schriftlichen Nachholung *Heidel* in Heidel, § 131 AktG Rz. 20.

64 *Hüffer/Koch*, § 131 AktG Rz. 11; *Kubis* in MünchKomm/AktG, 4. Aufl. 2018, § 131 AktG Rz. 90.

65 *Kubis* in MünchKomm/AktG, 4. Aufl. 2018, § 131 AktG Rz. 89.

66 *Hüffer/Koch*, § 131 AktG Rz. 3; *Decher* in Großkomm/AktG, 5. Aufl. 2019, § 131 AktG Rz. 21 f.; *Kersting* in KölnKomm/AktG, 4. Aufl. 2018, § 131 AktG Rz. 183 f.; *Spindler* in K. Schmidt/Lutter, § 131 AktG Rz. 8; teilweise a.A. für Erweiterung des Auskunftsrechts *Heidel* in Heidel, § 131 AktG Rz. 4; *Siems* in Spindler/Stilz, § 131 AktG Rz. 4; vgl. *Kubis* in MünchKomm/AktG, 4. Aufl. 2018, § 131 AktG Rz. 178.

67 BGH v. 8.2.2010 – II ZR 94/08, NZG 2010, 423, 427 = AG 2010, 292; *Hüffer/Koch*, § 131 AktG Rz. 50; *Herrler*, DNotZ 2010, 331, 335; *Spindler* in K. Schmidt/Lutter, § 131 AktG Rz. 68; zur Konstruktion über die zeitliche Unmöglichkeit des Auskunftsanspruchs (§ 275 BGB) s. *Kubis* in MünchKomm/AktG, 4. Aufl. 2018, § 131 AktG Rz. 102.

68 Ablehnend vgl. *DAV-Handelsrechtsausschuss*, NZG 2005, 388, 390; diff. *Kersting* in Köln-Komm/AktG, 3. Aufl. 2010, § 131 AktG Rz. 284 f.; *Kersting*, NZG 2010, 446, 448 (nur bei Rederecht, nicht bei Fragerecht, Ausnahme bei Missbrauch des Fragerechts); *Heidel* in Heidel, § 131 AktG Rz. 13.

69 Überzeugend *Kubis* in MünchKomm/AktG, 4. Aufl. 2018, § 131 AktG Rz. 102.

beschluss der Hauptversammlung korrigiert werden kann. Die Einfügung einer Satzungsklausel empfiehlt sich dringend.[70]

1136 Problematisch ist, ob die **Satzung feste zeitliche Grenzen** des Fragerechts mit bindender Wirkung für den Versammlungsleiter festlegen kann. Möglich wäre es etwa, aus dem Zeitrahmen einer typischen Hauptversammlung mit regelmäßig wiederkehrenden Tagesordnungspunkten (TOP), die nach der Anregung in A.4 des DCGK 2020 nicht länger als vier bis sechs Stunden dauern soll, Rückschlüsse auf die Rede- und Fragezeit zu ziehen.[71] So wird hieraus teilweise abgeleitet, dass zumindest eine Beschränkung der Rede- und Fragezeit auf 10–15 Minuten rechtmäßig ist.[72] Die Satzung könnte demnach möglicherweise pauschal eine Rede- und Fragezeitbeschränkung in diesem Zeitrahmen erlauben, ohne dass dem Versammlungsleiter bei der Auswahl der Redezeitbeschränkung ein **Ermessensspielraum** zustünde. Das gleiche Problem der abstrakten Festlegung der Zeiten stellt sich, wenn der Versammlungsleiter bereits zu Beginn der Hauptversammlung eine Begrenzung anordnet.[73]

1137 Die **obergerichtliche Rechtsprechung** hat eine generelle Beschränkung des Rede- und Fragerechts indessen für **unzulässig** gehalten, da die Angemessenheit der Beschränkung nur im Einzelfall zu beurteilen sei.[74] Die Gesetzesbegründung zum UMAG, mit dem § 113 Abs. 2 Satz 2 AktG eingefügt wurde, ist insofern offen gefasst; sie betont lediglich, dass Rede- und Fragerecht zusammengenommen und für einen einzelnen Redner und einen einzelnen Tagesordnungspunkt beschränkt werden können.[75] Eine Satzungsregel steht in der Tat vor dem Problem, dass die Dauer einer Hauptversammlung vor allem von der Teilnehmerzahl und der tatsächlichen Beteiligung der Aktionäre an der Debatte abhängig ist, so dass sie allenfalls auf Erfahrungswerte aufbauen kann und nicht exakt das erforderliche Maß im Einzelfall treffen wird. Dennoch bevorzugt die abstrakte Festlegung nicht einseitig die Interessen des Vorstands, sondern dient zugleich den Aktionären: Diese können sich auf die

70 S. bereits *Ihrig* in FS Goette, S. 205, 216.

71 Dazu auch Begr. RegE UMAG, BT-Drucks. 15/5092, S. 17; *Hüffer/Koch*, § 131 AktG Rz. 45; *Kersting* in KölnKomm/AktG, 3. Aufl. 2010, § 131 AktG Rz. 273; für Fortführung auch nach Mitternacht: *Happ/Freitag*, AG 1998, 493, 497.

72 *Hüffer/Koch*, § 131 AktG Rz. 45; vgl. LG München I v. 11.12.2008 – 5 HK O 15201/08, ZIP 2009, 663, 664 = AG 2009, 382 (5 Min. nicht ausreichend).

73 Vgl. LG München I v. 11.12.2008 – 5 HK O 15201/08, ZIP 2009, 663, 664 = AG 2009, 382.

74 OLG Frankfurt v. 12.2.2008 – 5 U 8/07, AG 2008, 592, 593 (u.a. mit Verweis auf Art. 14 GG), aufgehoben durch BGH v. 8.2.2010 – II ZR 94/08, NZG 2010, 423 ff. = AG 2010, 292; ferner *Siems* in Spindler/Stilz, § 131 AktG Rz. 55; *Heidel* in Heidel, § 131 AktG Rz. 40. Vgl. zur Verfassungsgemäßheit des § 131 Abs. 1 AktG BVerfG v. 20.9.1999 – 1 BvR 636/95, DB 1999, 2201, 2202 = AG 2000, 74; die gleichen Erwägungen zur Rechtfertigung treffen auch auf § 131 Abs. 2 AktG zu.

75 „Dass er für das Rede- und Fragerecht zusammengenommen einen zeitlichen Rahmen für den ganzen Hauptversammlungsverlauf, für den einzelnen Tagesordnungspunkt und für den einzelnen Redner setzen darf, ist neu, aber wichtig, um jedenfalls die Möglichkeit zu schaffen, die inhaltliche Qualität der Hauptversammlung zu verbessern." Begr. RegE UMAG, BT-Drucks. 15/5092, S. 17; vgl. auch BGH v. 8.2.2010 – II ZR 94/08, NZG 2010, 423, 425 = AG 2010, 292.

Vorgabe einstellen und werden gleich behandelt, so dass ausufernden Beiträgen von vorneherein Einhalt geboten ist. Der **BGH** hat dieses Dilemma deshalb mit Recht dahin aufgelöst, dass die Satzung – oder der Versammlungsleiter zu Beginn der Hauptversammlung – einen **Zeitrahmen vorgeben darf**, der sodann durch den Versammlungsleiter im Einzelfall zu konkretisieren oder zu korrigieren ist.[76] Es sind nicht nur Satzungsklauseln, die eine Zeitspanne benennen (etwa: Rede- und Fragezeit jeweils zwischen 5 und 20 Minuten), erlaubt. Denkbar sind auch gestaffelte Vorgaben, bei denen je nach Anzahl der Wortmeldungen die Beschränkung durch den Hauptversammlungsleiter zugelassen wird (etwa: grundsätzlich 15 Minuten, bei mehr als drei gleichzeitigen Meldungen 10 Minuten).[77]

Darüber hinaus ist auch eine Festlegung in der Satzung zulässig, wonach die Begren- 1138
zung durch eine Entscheidung des Versammlungsleiters angeordnet werden muss. Die Satzung darf bereits nach dem Gesetzeswortlaut nicht unmittelbar zwingende Vorgaben machen, ohne dass eine ausführende Entscheidung des Versammlungsleiters erforderlich ist (vgl. „und").[78] Dieser muss entscheiden, ob er die Vorgabe der Satzung in Anspruch nehmen will oder nicht. Es gibt daher keine Beschränkung des Rede- und Fragerechts ohne konkrete Anordnung in der Hauptversammlung.

In jedem Fall – sei es bei bindender Festlegung der Frage- und Redezeit in der Sat- 1139
zung, sei es im Falle der Anordnung ohne Satzungsklausel – ist die **Entscheidung des Versammlungsleiters** gerichtlich **überprüfbar**. Selbst wenn sich diese innerhalb des in der Satzung Vorgesehenen bewegt, kann sich der Versammlungsleiter nicht auf einen gerichtsfreien Ermessensspielraum berufen,[79] da seine Entscheidung, ob er die Anordnung trifft, ordnungsgemäß sein muss. Der BGH betont, dass eine Ausübung der Ermächtigung durch den Versammlungsleiter ermessensfehlerfrei sein müsse, so dass eine willkürliche und nicht sachgerechte Handhabung unzulässig sei.[80] Dies gelte insbesondere für den **Zeitpunkt der Anordnung**, da eine Redezeitbeschränkung erst dann erforderlich sei, wenn hinreichende Anzeichen für eine überlange Dauer der Hauptversammlung dies gebieten.[81]

---

76 BGH v. 8.2.2010 – II ZR 94/08, NZG 2010, 423, 424/426 = AG 2010, 292; zust. *Decher* in Großkomm/AktG, 5. Aufl. 2019, § 131 AktG Rz. 302 ff.; kritisch *Kubis* in MünchKomm/AktG, 4. Aufl. 2018, § 131 AktG Rz. 104; s. auch *Arnold/Carl/Götze*, AG 2011, 349, 353 f.

77 Dieser Sachverhalt lag BGH v. 8.2.2010 – II ZR 94/08, NZG 2010, 423, 426 = AG 2010, 292 zugrunde.

78 So insbesondere auch *Kubis* in MünchKomm/AktG, 3. Aufl. 2013, § 131 AktG Rz. 104.

79 Zutr. *Kersting* in KölnKomm/AktG, 3. Aufl. 2010, § 131 AktG Rz. 281.

80 BGH v. 8.2.2010 – II ZR 94/08, NZG 2010, 423, 426 = AG 2010, 292. Teilweise soll auch eine Differenzierung zwischen Rede- und Fragerecht notwendig sein, vgl. *Herrler*, DNotZ 2010, 331, 338. Für möglich wird ferner die Differenzierung nach Stimmgewicht gehalten, dagegen zu Recht *Herrler*, DNotZ 2010, 331, 343.

81 BGH v. 8.2.2010 – II ZR 94/08, NZG 2010, 423, 426 = AG 2010, 292; *Spindler* in K. Schmidt/Lutter, § 131 AktG Rz. 66 ff. Kritisch zum Nutzen einer ausführlichen Satzungsregelung daher *Wilsing/von der Linden*, DB 2010, 1277 ff.; ebenso *Arnold/Gärtner*, GWR 2010, 288 ff.; *Arnold/Carl/Götze*, AG 2011, 349, 353 f.; a.A. *Wachter*, DB 2010, 829, 831, mit dem Argument, dass die Legitimation durch die Aktionäre zugunsten der Ent-

d) Auskunftsverweigerung

1140 Nach Maßgabe des § 131 Abs. 3 AktG kann der Vorstand die Auskunftserteilung verweigern. Es bedarf hierfür grundsätzlich eines **Beschlusses** des gesamten Vorstands.

aa) Verweigerungsgründe

1141 Die Gründe, aus denen der Vorstand die Auskunft verweigern darf, sind in § 131 Abs. 3 Satz 1 AktG abschließend **enumerativ** aufgeführt. Ihnen ist gemein, dass sie die Gesellschaft vor Nachteilen schützen sollen.[82] Neben der Strafbarkeit des Vorstands im Falle einer Auskunftserteilung (§ 131 Abs. 3 Satz 1 Nr. 5 AktG) ist als Verweigerungsgrund beispielsweise genannt, wenn die Information auf der Internetseite sieben Tage vor der Hauptversammlung durchgängig zugänglich war, § 131 Abs. 3 Satz 1 Nr. 7 AktG.[83] Insbesondere darf nach § 131 Abs. 3 Satz 1 Nr. 1 AktG die Auskunft verweigert werden, soweit deren Erteilung nach vernünftiger kaufmännischer Beurteilung geeignet ist, der Gesellschaft oder einem verbundenen Unternehmen einen nicht unerheblichen **Nachteil** zuzufügen. Es bedarf einer einigermaßen gewichtigen Beeinträchtigung des Gesellschaftsinteresses,[84] was im Rahmen einer Abwägung der Vor- und Nachteile der Auskunftserteilung für die Gesellschaft zu ermitteln ist.[85] Es müssen konkrete Hinweise bestehen, dass Nachteile möglicherweise entstehen. Unerheblich ist demgegenüber, ob Belange des Aktionärs für eine Auskunftserteilung sprechen und wie gewichtig diese sind.[86] Für das Recht nach § 131 Abs. 3 Satz 1 AktG, die Auskunft zu verweigern, kommt es also allein auf die Auswirkungen der Auskunftserteilung auf die Gesellschaft an; Aktionärsinteressen sind demgegenüber unbeachtlich. Deshalb kann sich eine von der öffentlichen Hand beherrschte Aktiengesellschaft, die Aufgaben der öffentlichen Daseinsvorsorge wahrnimmt, gegenüber

---

scheidung des Versammlungsleiters ins Gewicht falle; ähnlich *Jerczynski*, NJW 2010, 1566, 1568; *Herrler*, DNotZ 2010, 331, 341; zurückhaltend auch *Angerer*, ZGR 2011, 27, 37.

82 Begr. RegE *Kropff*, Aktiengesetz, 1965, S. 186; *Kubis* in MünchKomm/AktG, 4. Aufl. 2018, § 131 AktG Rz. 109.

83 Vgl. Ermächtigung zur Regelung in Art. 9 Abs. 2 Uabs. 2 Aktionärsrechterichtlinie.

84 *Hüffer/Koch*, § 131 AktG Rz. 55; *Kubis* in MünchKomm/AktG, 4. Aufl. 2018, § 131 AktG Rz. 115; *Decher* in Großkomm/AktG, 5. Aufl. 2019, § 131 AktG Rz. 364; *Siems* in Spindler/Stilz, § 131 AktG Rz. 38; diff. *Kersting* in KölnKomm/AktG, 3. Aufl. 2010, § 131 AktG Rz. 302; *Kersting*, ZIP 2009, 2317, 2322 (wegen der richtlinienkonformen Auslegung soll bei nicht für den TOP erforderlichen Informationen jeder Nachteil genügen).

85 *Kubis* in MünchKomm/AktG, 4. Aufl. 2018, § 131 AktG Rz. 116; vgl. *Decher* in Großkomm/AktG, 5. Aufl. 2019, § 131 AktG Rz. 368.

86 Explizit Begr. RegE *Kropff*, Aktiengesetz, 1965, S. 186; dies aufgreifend *Hüffer/Koch*, § 131 AktG Rz. 58; *Kersting* in KölnKomm/AktG, 3. Aufl. 2010, § 131 AktG Rz. 293. Die Erwägung findet sich dennoch im Ansatz in manchen Urteilen vgl. BGH v. 16.2.2009 – II ZR 185/07, AG 2009, 285, 291 (Überwiegen des Diskretionsinteresses im Vergleich zum öffentlichen Sensationsinteresse); BGH v. 7.4.1960 – II ZR 143/58, NJW 1960, 1150, 1153.

einem auf Presserecht gestützten Auskunftsanspruchs eines Journalisten nicht auf die Auskunftsverweigerungsgründe nach § 131 AktG berufen.[87]

bb) Pflicht zur Auskunftsverweigerung?

Grundsätzlich ist § 131 Abs. 3 AktG als Recht des Vorstands ausgestaltet. Eine 1142
Pflicht zur Geltendmachung der Einwendung kann sich indessen ausnahmsweise aus § 93 Abs. 1 AktG ergeben, wenn die Entscheidung zur Verweigerung der Auskunft die einzige ist, die der **Sorgfalt eines ordnungsgemäßen Geschäftsleiters** entsprechen würde. Das ist bei einer Information, die nach § 131 Abs. 3 Satz 1 Nr. 1 AktG nicht offengelegt werden muss, im Zweifel anzunehmen.

cc) Begründungspflicht

Rechtsprechung und Literatur gehen teilweise davon aus, dass der Vorstand zur Be- 1143
gründung der Verweigerung verpflichtet ist.[88] Nach anderer Ansicht ist die Begründung lediglich eine Obliegenheit zur Vermeidung nachteiliger Kostenfolgen im möglichen Auskunftserzwingungsverfahren nach § 132 AktG.[89] Jedenfalls hat das Fehlen einer Begründung unstreitig keine Auswirkungen auf die Rechtmäßigkeit der Auskunftsverweigerung.[90] Spätestens im **Auskunftserzwingungsverfahren** ist die Darlegung der Gründe für die Auskunftsverweigerung indessen unabdingbar.Deshalb empfiehlt sich eine Begründung schon in der Hauptversammlung, weil deren Fehlen in der Kostenentscheidung nach § 132 Abs. 5 AktG zu Lasten der Gesellschaft zu Buche schlagen kann.

e) Rechtsmissbrauch

Schließlich kann der Vorstand dem Auskunftsverlangen den Einwand des **Rechts-** 1144
missbrauchs entgegenhalten.[91] In der Praxis wird der Einwand des Rechtsmiss-

---

87 *Thelen*, NVwZ 2016, 554 in Anm. zu OLG Hamm v. 16.12.2015 – 11 U 5/14, NVwZ 2016, 551.

88 LG München v. 25.1.2001 – 5HK O 12702/00, AG 2001, 319, 321; *Hüffer/Koch*, § 131 AktG Rz. 70 (keine ausführliche Begründung erforderlich); *Kersting* in KölnKomm/AktG, 3. Aufl. 2010, § 131 AktG Rz. 50; *Heidel* in Heidel, § 131 AktG Rz. 60.

89 BGH v. 14.1.2014 – II ZB 5/12, AG 2014, 402 = NZG 2014, 423; *Decher* in Großkomm/AktG, 5. Aufl. 2019, § 131 AktG Rz. 358.

90 Gegen Begründungszwang vgl. BGH v. 23.11.1961 – II ZR 4/60, NJW 1962, 104, 107 (Begründung im Prozess nachgeschoben); offenlassend wegen fehlender Auswirkungen BGH v. 9.2.1987 – II ZR 119/86, NJW 1987, 3186, 3188 = AG 1987, 344; *Kubis* in MünchKomm/AktG, 4. Aufl. 2018, § 131 AktG Rz. 113; vgl. zur Beweislast OLG Düsseldorf v. 17.7.1991 – 19 W 2/91, WM 1991, 2148, 2152 = AG 1992, 34.

91 *Hüffer/Koch*, § 131 AktG Rz. 66 mit Kategorisierung in Rz. 67 [bei (1.) illoyaler, grob eigennütziger Rechtsausübung, (2.) übermäßiger Rechtsausübung und (3.) widersprüchlicher Rechtsausübung]; ebenso *Decher* in Großkomm/AktG, 5. Aufl. 2019, § 131 AktG Rz. 434 ff.; *Kersting* in KölnKomm/AktG, 3. Aufl. 2010, § 131 AktG Rz. 379; *Pentz* in Fleischer, Hdb. Vorstandsrecht, § 17 Rz. 116. Kritisch zur Notwendigkeit des Rechtsmissbrauchs, *Kubis* in MünchKomm/AktG, 4. Aufl. 2018, § 131 AktG Rz. 146 (häufig Lösung

brauchs indessen kaum relevant, da sich die Fälle regelmäßig über das Tatbestandsmerkmal der Erforderlichkeit oder mithilfe des § 131 Abs. 3 Satz 1 Nr. 3 AktG lösen lassen und der Rechtsmissbrauch allenfalls besonders gelagerte Extremfälle betrifft.

3. Besondere Auskunftspflichten

1145 Spezielle Auskunftspflichten des Vorstands sind in §§ 293g Abs. 3, 319 Abs. 3 Satz 4, 320 Abs. 4 Satz 3, 326 AktG, § 64 Abs. 2 UmwG geregelt. Die Vorschriften erstrecken das Auskunftsrecht der Aktionäre ausdrücklich auf für die Umstrukturierung wesentliche Angelegenheiten der **anderen beteiligten Gesellschaft**. Damit ist nicht zwingend eine Erweiterung des allgemeinen Auskunftsrechts aus § 131 Abs. 1 Satz 1 AktG verbunden, da die Angelegenheiten der anderen Gesellschaft – vermittelt über den Vertragsschluss – auch für die AG relevant sein können; jedoch muss dieser Bezug durch den Aktionär nicht mehr eigens dargelegt werden.[92] Wie die Begründung zum UMAG hervorhebt, sind die spezialgesetzlichen Regeln lediglich als **Klarstellungen** des sich aus § 131 Abs. 1 Satz 1 AktG ergebenden allgemeinen Auskunftsanspruchs der Aktionäre zu verstehen, so dass sich die zeitliche Begrenzung des Frage- und Rederechts gem. § 131 Abs. 2 Satz 2 AktG auch auf diese erstreckt.[93] Aus dem gleichen Grunde findet auch § 131 Abs. 3 AktG Anwendung.[94]

4. Folgen einer ungenügenden Auskunft

a) Handlungsmöglichkeiten der Aktionäre

1146 Im Falle einer ungenügenden oder zu Unrecht verweigerten Auskunft stellt das AktG dem Aktionär Folgerechte zur Verfügung. Er hat zunächst einen Anspruch nach § 131 Abs. 5 AktG auf **Niederschrift** von Frage und Grund der Verweigerung zu Beweiszwecken.[95] Dies umfasst trotz des engen Wortlauts nicht nur den klassischen Fall der Vorstandsverweigerung nach § 131 Abs. 3 AktG, sondern auch sonstige Situationen, infolge derer eine Auskunft nicht vollständig erteilt wird.[96] Dies verdeutlicht, dass die Grenzen zwischen Verweigerung i.S.d. § 131 Abs. 3 AktG oder sonstiger Nichterteilung, insbesondere wegen Rechtsmissbrauchs, fließend sind. Im

---

über die Erheblichkeit zur Beurteilung, § 131 Abs. 1 AktG); *Spindler* in K. Schmidt/Lutter, § 131 AktG Rz. 91; *Siems* in Spindler/Stilz, § 131 AktG Rz. 58.

92 Vgl. *Kersting* in KölnKomm/AktG, 3. Aufl. 2010, § 131 AktG Rz. 38 f.

93 Begr. RegE UMAG, BT-Drucks. 15/5092, S. 17. Ebenso für Klarstellung *Kersting* in KölnKomm/AktG, 3. Aufl. 2010, § 131 AktG Rz. 39.

94 So BayObLG v. 8.5.1974 – 2 Z 73/73, NJW 1974, 2094; *Kersting* in KölnKomm/AktG, 3. Aufl. 2010, § 131 AktG Rz. 288; diff. *Hüffer/Koch*, § 293g AktG Rz. 5 (nur im Falle des § 131 Abs. 3 Satz 1 Nr. 7 AktG).

95 *Kubis* in MünchKomm/AktG, 4. Aufl. 2018, § 131 AktG Rz. 168; *Decher* in Großkomm/AktG, 5. Aufl. 2019, § 131 AktG Rz. 492.

96 *Decher* in Großkomm/AktG, 5. Aufl. 2019, § 131 AktG Rz. 496; *Kersting* in KölnKomm/AktG, 3. Aufl. 2010, § 131 AktG Rz. 519.

Anschluss kann der Aktionär die Erteilung der Auskunft im **gerichtlichen Verfahren** nach § 132 AktG erzwingen.[97] Diese Option steht ihm nach richtiger Ansicht trotz des Gesetzeswortlauts („ob") nach dem Sinn und Zweck auch im Falle der falschen Auskunft zu.[98]

b) Folgen für Beschlüsse der Hauptversammlung

1147 Neben dem Klageerzwingungsverfahren nach § 132 AktG ist die **Anfechtung** der Beschlüsse der Hauptversammlung zulässig,[99] sofern diese auf der unzureichenden oder fehlerhaften Information beruhen. Nach § 243 Abs. 4 AktG ist die Anfechtung möglich, wenn die Information für die Ausübung der Mitgliedschaftsrechte relevant war. Bei nicht gerechtfertigter Verweigerung der Auskunft ist davon grundsätzlich auszugehen.[100] Zum Zwecke der Beurteilung der Relevanz ist die Zuordnung der fehlerhaften Information zu einem Tagesordnungspunkt notwendig, wobei eine unzureichend beantwortete Frage auch für mehrere Beschlüsse relevant sein kann.[101] Zur Anfechtungspflicht des Vorstands s. § 30 Rz. 1199 f.

c) Haftungsfragen

1148 Gegenüber der Gesellschaft muss der Vorstand nach § 93 Abs. 2 AktG für eine schuldhafte Verletzung der Auskunftspflicht einstehen. Da die richtige und vollständige Auskunft eine Vorstandspflicht ist, kann auch bei einer nicht zu rechtfertigenden Verweigerung ein **Schadensersatzanspruch** der Gesellschaft entstehen.[102] Inwiefern die Auskunftspflicht verletzt ist, unterfällt der gerichtlichen Überprüfung in vollem Umfang,[103] insbesondere kann sich der Vorstand insoweit nicht auf die Business Judgement Rule berufen, da es sich nicht um eine unternehmerische, sondern um eine rechtlich **gebundene Entscheidung** handelt. Allerdings wird ein Schaden der Gesellschaft, abgesehen von den Kosten des Auskunfts- und Erzwingungsverfahrens, nur selten festzustellen sein.[104] Schwerer fällt gegebenenfalls ins Gewicht, dass eine unrichtige oder verschleiernde Auskunft nach § 400 Abs. 1 Nr. 1 AktG zugleich als Ordnungswidrigkeit eingestuft ist.

---

97 Das Verfahren umfasst auch § 131 Abs. 1 Satz 3 AktG, vgl. OLG Düsseldorf v. 17.7.1991 – 19 W 2/91, WM 1991, 2148, 2151 = AG 1992, 34.

98 LG München I v. 28.5.2010 – 5 HK O 14307/07, ZIP 2010, 2148, 2149; a.A. KG v. 16.7.2009 – 23 W 69/08, ZIP 2010, 698, 699 = AG 2010, 254.

99 *Decher* in Großkomm/AktG, 5. Aufl. 2019, § 131 AktG Rz. 512.

100 *Hüffer/Koch*, § 243 AktG Rz. 47; *Kubis* in MünchKomm/AktG, 4. Aufl. 2018, § 131 AktG Rz. 174.

101 Vgl. OLG Brandenburg v. 6.6.2001 – 7 U 145/00, AG 2003, 328, 329 (sämtliche sechs Beschlüsse waren erfasst).

102 *Hüffer/Koch*, § 131 AktG Rz. 78.

103 *Decher* in Großkomm/AktG, 5. Aufl. 2019, § 131 AktG Rz. 350.

104 *Kubis* in MünchKomm/AktG, 4. Aufl. 2018, § 131 AktG Rz. 176; *Decher* in Großkomm/AktG, 5. Aufl. 2019, § 131 AktG Rz. 535; *Spindler* in K. Schmidt/Lutter, § 131 AktG Rz. 117.

1149 Gegenüber dem betroffenen Aktionär wird teilweise eine **unmittelbare Haftung** des Vorstands nach § 823 Abs. 2 BGB i.V.m. § 131 AktG befürwortet.[105] Demgegenüber ordnet eine andere Auffassung § 400 Abs. 1 Nr. 1 AktG zutreffend als spezielleres Schutzgesetz ein,[106] so dass der Vorstand nicht bereits für einfache Fahrlässigkeit nach Außen einstehen muss, eine unmittelbare Außenhaftung aber in Betracht kommt, wenn die Tatbestandsvoraussetzungen der Norm erfüllt sind. Als Vermögensschaden wird – ausnahmsweise – auch die nachteilige Anlage- oder Verkaufsentscheidung in Betracht kommen. Wegen der Zurechnung des Vorstandshandelns nach § 31 BGB können sich die Aktionäre gleichzeitig aber auch an die Gesellschaft halten.[107]

IV. Erweitertes Auskunftsrecht (§ 131 Abs. 4 AktG)

1. Allgemeines

1150 Obwohl grundsätzlich die Hauptversammlung der zentrale Ort der Informationsvermittlung zwischen der Gesellschaft und ihren Aktionären ist (s. Rz. 1110), findet mit einzelnen Aktionären häufig außerhalb der Hauptversammlung ein Dialog statt. Das ist im Hinblick auf Aktionäre, die herrschendes Unternehmen im Sinne des Konzernrechts sind, unproblematisch. Gewisse Probleme verbinden sich demgegenüber mit einem Informationsaustausch mit **institutionellen Großaktionären**, die ihre Funktion in zunehmendem Maße darin sehen, gleichsam stellvertretend für die Gesamtheit der Aktionäre die Wahrung der Aktionärsinteressen durch die Unternehmensleitung zu überwachen, zugleich aber auch auf Informationsgewinnung und gegebenenfalls auch auf Einflussnahme zielen. Institutionelle Investoren drängen in dieser Hinsicht verstärkt auf einen engen Dialog mit dem Vorstand und lassen sich in ihrem Informationsverlangen nicht mehr ohne weiteres allein auf ihr Fragerecht in der jährlich stattfindenden Hauptversammlung verweisen. Erteilt die Gesellschaft einem Aktionär Informationen außerhalb der Hauptversammlung, so wirft dies unweigerlich die Frage nach der **Gleichbehandlung aller Aktionäre** auf. Der Gesetzgeber hatte diesem Problem bereits im Zuge der Neufassung des Aktiengesetzes 1965 durch Erweiterung des Auskunftsrechts in § 131 Abs. 4 AktG einer Lösung zugeführt: Auskünfte, die einem Aktionär in seiner Eigenschaft als solcher außerhalb der Hauptversammlung gegeben werden, müssen auf Verlangen eines anderen Aktionärs in der Hauptversammlung wiederholt werden. Die Norm lässt sich damit als Konkretisierung des in § 53a AktG enthaltenen allgemeinen Gleichbehandlungsgrundsatzes für den Bereich der Informationstätigkeit der Gesellschaft einordnen.[108] Sie defi-

105 *Decher* in Großkomm/AktG, 5. Aufl. 2019, § 131 AktG Rz. 536; *Heidel* in Heidel, § 131 AktG Rz. 5; *Spindler* in K. Schmidt/Lutter, § 131 AktG Rz. 117.

106 *Kubis* in MünchKomm/AktG, 4. Aufl. 2018, § 131 AktG Rz. 177; ebenso *Kersting* in KölnKomm/AktG, 3. Aufl. 2010, § 131 AktG Rz. 565.

107 *Kubis* in MünchKomm/AktG, 4. Aufl. 2018, § 131 AktG Rz. 179.

108 Begr. RegE bei *Kropff*, Aktiengesetz, 1965, S. 187; *Kubis* in MünchKomm/AktG, 4. Aufl. 2018, § 131 AktG Rz. 147; *Kocher*, Der Konzern 2008, 611, 612; *Decher*, ZHR 158 (1994), 473, 474; *Hoffmann-Becking* in FS Rowedder, S. 155.

niert die Voraussetzungen und den Umfang des Anspruchs auf informationelle Gleichbehandlung der Aktionäre.

Die **Bedeutung der Norm in der Praxis ist allerdings gering.**[109] Aktionären fällt es nämlich mangels hinreichender Übersicht über die jeweiligen Informationskanäle schwer, mit dem von der Rechtsprechung geforderten Substantiierungsgrad (dazu Rz. 1161 f.) eine Informationsweitergabe an einen anderen Aktionär außerhalb der Hauptversammlung schlüssig darzulegen.[110] Der praktische Wert der Norm mag dadurch zweifelsohne bereits im Ansatz beschränkt sein. Sie ist dennoch – entgegen mancher Behauptung – nicht bedeutungslos.[111] Zum einen dürfte der Trend hin zu einem betont **aktivistischen Verhalten von institutionellen Großaktionären** die Bedeutung des erweiterten Auskunftsrechts zukünftig stärken. Daneben ist nicht zu verkennen, dass bereits der bloßen Existenz der Norm eine gewisse **Steuerungsfunktion** zukommt.[112] Der Vorstand muss bereits mit Aufnahme von i.d.R. vertraulichen Gesprächen mit Investoren die möglichen Folgen einer Geltendmachung des Auskunftsrechts durch andere Aktionäre in der Hauptversammlung berücksichtigen. Ein schlichtes Vertrauen auf eine vertragliche Geheimhaltungsabrede kann sich als trügerisch erweisen und im Extremfall sogar eine Haftung des Vorstands nach § 93 AktG herbeiführen, wenn der Vorstand vertrauliche Informationen wegen § 131 Abs. 4 AktG mit der Hauptversammlungsöffentlichkeit teilen muss. 1151

2. Keine allgemeine Informationspflicht

Nach ganz h.M. ist der Vorstand im Ausgangspunkt nicht verpflichtet, von sich aus die Aktionäre innerhalb oder außerhalb der Hauptversammlung über die Informationsweitergabe an einen Großaktionär zu unterrichten.[113] Der DCGK 2020 stellt in seinem Grundsatz 20 zwar unter dem Obertitel „Transparenz und externe Berichterstattung“ ausdrücklich fest, dass die Gesellschaft die Aktionäre bei Informationen (freilich nur „unter gleichen Voraussetzungen“) gleichbehandelt. Weder hieraus noch aus dem allgemeinen aktienrechtlichen Gleichbehandlungsgebot (§ 53a AktG) lässt sich jedoch eine derart weitreichende Informationspflicht ableiten.[114] Der Gesetzgeber hat vielmehr, in Kenntnis der Problematik, die Aktionäre auf ein Verlangen nach Auskunft in der Hauptversammlung durch Ausübung des in **§ 131 Abs. 1 und 4 AktG abschließend** geregelten Fragerechts verwiesen. Daneben ist **kein Raum** für ein weitergehendes Recht auf **„informationelle Gleichbehandlung“** sämtlicher Aktionäre. 1152

---

109 S. *Hoffmann-Becking* in FS Rowedder, S. 155 f.; *Kubis* in MünchKomm/AktG, 4. Aufl. 2018, § 131 AktG Rz. 147.

110 *Kubis* in MünchKomm/AktG, 4. Aufl. 2018, § 131 AktG Rz. 147.

111 S. *Hoffmann-Becking* in FS Rowedder, S. 155 f.; *Kocher*, Der Konzern 2008, 611.

112 Diesen Punkt betont *Hoffmann-Becking* in FS Rowedder, S. 155 f.

113 *Decher* in Großkomm/AktG, 5. Aufl. 2019, § 131 AktG Rz. 453; *Hoffmann-Becking* in FS Rowedder, S. 155, 157 ff.; *Hüffer/Koch*, § 131 AktG Rz. 76.

114 *Hoffmann-Becking* in FS Rowedder, S. 155, 157 ff.; a.A. *Grüner*, NZG 2000, 770.

3. Erweitertes Auskunftsrecht nach § 131 Abs. 4 AktG

1153 Um im Einzelfall entstehende Informationsasymmetrien abzumildern, hat der Gesetzgeber in § 131 Abs. 4 AktG ein gegenüber § 131 Abs. 1 AktG inhaltlich „erweitertes" Auskunftsrecht geschaffen. Die **„Erweiterung" des Anwendungsbereichs** im Verhältnis zum allgemeinen Auskunftsrecht in § 131 Abs. 1 AktG besteht dabei in erster Linie in den folgenden Punkten:

- Die Auskunft braucht nicht zur sachgemäßen **Beurteilung eines Tagesordnungspunktes erforderlich** zu sein und muss daher auch nicht in einem objektiven Zusammenhang mit den in der Hauptversammlung behandelten Gegenständen stehen.
- Der Vorstand kann die Auskunft im Rahmen des § 131 Abs. 4 Satz 2 AktG **nur sehr eingeschränkt verweigern**. Insbesondere steht ihm nicht das Argument zur Verfügung, die Auskunft drohe der Gesellschaft einen wesentlichen Nachteil zu bringen (vgl. § 131 Abs. 3 Nr. 1 AktG). Im Ergebnis sind die Verweigerungsmöglichkeiten auf den Einwand beschränkt, sich andernfalls strafbar zu machen (vgl. § 131 Abs. 4 Satz 2 i.V.m. Abs. 3 Nr. 5 AktG).

4. Begrenzungen des Tatbestands

1154 Weil § 131 Abs. 4 AktG zu einer im Vergleich mit § 131 Abs. 1 AktG erheblichen Ausweitung des Informationsanspruchs der Aktionäre führt, ist der Tatbestand der Norm – als Korrektiv – eng zu fassen:

- Das Auskunftsverlangen muss von einem Aktionär in der Hauptversammlung ausdrücklich geltend gemacht worden sein (**„Verlangen"**). Es muss sich dabei um einen Aktionär handeln, der die fragliche Information vorab nicht bekommen hat.[115] Es muss sich jedoch nicht zwangsweise um die zeitlich nächste Hauptversammlung handeln. Auch länger zurückliegende Informationen sind daher grundsätzlich noch abfragbar.
- Inhaltlich muss es sich – wie bei § 131 Abs. 1 AktG – um eine **Angelegenheit der Gesellschaft** handeln. Eine Verbindung zu einem Tagesordnungspunkt der Hauptversammlung ist jedoch nicht erforderlich. Der fragende Aktionär kann die Auskunft deshalb jederzeit verlangen, auch bereits zu Beginn der Hauptversammlung.[116]
- Es muss sich bei der begehrten Auskunft zudem um eine Informationsweitergabe an einen anderen Aktionär **außerhalb der Hauptversammlung** handeln. Dieses Merkmal ist funktional und nicht räumlich zu verstehen. Erfasst sind damit auch solche Informationen, die zwar während der Hauptversammlung erteilt wurden,

115 *Kubis* in MünchKomm/AktG, 4. Aufl. 2018, § 131 AktG Rz. 156.

116 BayObLG v. 17.7.2002 – 3Z BR 394/01, NZG 2002, 1020, 1021 = AG 2003, 499; *Kubis* in MünchKomm/AktG, 4. Aufl. 2018, § 131 AktG Rz. 156.

aber für die Gesamtheit der Aktionäre nicht zugänglich waren (Hinterzimmergespräche etc.).[117]

- Die Weitergabe der Information an den Aktionär muss gerade **wegen seiner Aktionärseigenschaft** erfolgt sein. Dies bereitet insbesondere bei einer Doppelfunktion des Informationsempfängers Schwierigkeiten. Bereits die Gesetzesbegründung schließt die Anwendung der Norm aus, wenn der Grund der Informationsweitergabe im Wesentlichen auf eine andere Funktion als die des Aktionärs zurückzuführen ist.[118] Das ist etwa bei Informationen an ein Kreditinstitut, das an der AG als Aktionär beteiligt ist, anzunehmen, wenn die Informationen in Erfüllung von Informationspflichten aus einem mit dem Kreditinstitut geschlossenen Kreditvertrag erteilt werden.

5. Kernprobleme im Umgang mit § 131 Abs. 4 AktG

Zu § 131 Abs. 4 AktG werden im Wesentlichen drei Fragen streitig erörtert: 1155

- Betrifft das Auskunftsrecht auch die Weitergabe von Informationen an ein (auch nur faktisch) **herrschendes Unternehmen** und an einen (institutionellen) **Großaktionär?**
- Muss der Vorstand in der Hauptversammlung die **„pauschal" gestellte Frage** beantworten, ob einem anderen Aktionär außerhalb der Hauptversammlung Auskünfte erteilt worden sind?
- **Wie konkret** muss die Frage gestellt sein, um den erweiterten Informationsanspruch nach § 131 Abs. 4 AktG zu begründen?

a) Anwendbarkeit im faktischen Konzern und auf Großaktionäre

In der Literatur wird die Auffassung vertreten, dass ein Großaktionär, auch wenn er 1156
keine beherrschende Stellung i.S.d. § 17 AktG ausübt, wie ein Konzernunternehmen zu behandeln sei.[119]

Ausdrücklich, aber nach überwiegender Ansicht nicht abschließend,[120] geregelt ist 1157
der Ausschluss des erweiterten Auskunftsanspruchs insoweit, als es um die Weitergabe von Informationen zwecks Einbeziehung in den Konzernabschluss der Muttergesellschaft (vgl. § 131 Abs. 4 Satz 3 AktG) geht. Die h.M. folgert hieraus, dass die **Informationsweitergabe im Konzern** von § 131 Abs. 4 AktG nicht erfasst ist.[121] Dies

117 *Kubis* in MünchKomm/AktG, 4. Aufl. 2018, § 131 AktG Rz. 150.

118 Begr. RegE bei *Kropff*, Aktiengesetz, 1965, S. 187; LG Frankfurt/M. v. 16.2.2016 – 3-05 O 132/15, AG 2016, 758, 759.

119 *Boesebeck*, AG 1963, 89, 93; weitere Nachw. bei *Hoffmann-Becking* in FS Rowedder, S. 155, 166.

120 Ausführlich *Decher*, ZHR 158 (1994), 473, 483 mit zahlr. weiteren Nachw.

121 *Decher*, ZHR 158 (1994), 473, 483; *Decher* in Großkomm/AktG, 5. Aufl. 2019, § 131 AktG Rz. 479; *Kubis* in MünchKomm/AktG, 4. Aufl. 2018, § 131 AktG Rz. 162 ff.; *Hoffmann-Becking* in FS Rowedder, S. 155, 166 f.; *Kocher*, Der Konzern 2008, 611, 612 f.; *Habersack*, AG 2003, 300; *Götz*, ZGR 1998, 524; LG München v. 4.9.1997 – 5HK O 14614/

ist zutreffend, da die Informationsweitergabe in diesem Fall aufgrund der durch die §§ 311 ff. AktG ausgestaltete Sonderrechtsbeziehung und nicht wegen der Stellung als Aktionär erfolgt.

1158 Auf **Großaktionäre ohne beherrschenden Einfluss** kann das nicht übertragen werden.[122]

b) Reaktion des Vorstands auf sog. „Ausforschungsfragen"

1159 Fraglich ist, wie der Vorstand auf sog. „Ausforschungsfragen" von Aktionären zu reagieren hat, also auf Fragen, die den Gegenstand der Information oder die Person des informationsbegünstigten Aktionärs nicht konkret benennen, sondern sich auf die Frage beschränken, ob es Treffen mit einzelnen Aktionären und in der Folge **Informationsweitergaben** an diese gegeben hat.

1160 Während ein Teil der Literatur entsprechende Fragen im Rahmen des § 131 Abs. 4 AktG für zulässig erachtet,[123] spricht sich die h.A. in der Literatur in Übereinstimmung mit der Rechtsprechung für deren Unzulässigkeit aus.[124] Die h.M. hat dabei insbesondere die Gesetzesmaterialien auf ihrer Seite. Daraus lässt sich entnehmen, dass der Gesetzgeber ursprünglich einen weitgehenden Informationsanspruch begründen wollte, hiervon jedoch wieder abgekommen ist und im Ergebnis davon ausging, dass das Informationsverlangen nach § 131 Abs. 4 AktG auf eine bestimmte, einem anderen Aktionär erteilte Auskunft gestützt sein müsse.[125] Dem folgt die Rechtsprechung. Der BGH hat in seinem einzigen Urteil zu dieser Problematik gefordert, dass der fragende Aktionär **substantiiert** vortragen und gegebenenfalls **unter Beweis stellen** müsse, dass ein anderer Aktionär die erbetene Auskunft erhalten habe. Dem wird die „pauschal" gestellte Frage nach Gesprächen mit anderen Aktionären und nach den dort mitgeteilten Informationen nicht gerecht.[126] In der Rechtsprechung ist seither anerkannt, dass derartige „Ausforschungsfragen", die überhaupt erst die tatbestandlichen Voraussetzungen für ein Auskunftsverlangen nach § 131 Abs. 4 AktG schaffen, unzulässig sind.[127]

96, AG 1999, 138 f.; LG Düsseldorf v. 25.3.1992 – 34 AktE 6/91, AG 1992, 461, 462; LG Saarbrücken v. 14.9.2005 – 7I O 7/04, AG 2006, 89, 90.

122 *Siems* in Spindler/Stilz, § 131 AktG Rz. 78; *Decher*, ZHR 158 (1994), 473, 490; *Hoffmann-Becking* in FS Rowedder, S. 166 mit zahlr. weiteren Nachw.

123 *Meilicke/Heidel*, DStR 1992, 113, 114; weitere Nachweise bei *Hoffmann-Becking* in FS Rowedder, S. 155, 160; wohl auch LG Frankfurt v. 21.2.2006 – 3-5 O 71/05, AG 2007, 48, 50.

124 *Decher* in Großkomm/AktG, 5. Aufl. 2019, § 131 AktG Rz. 484; *Hüffer/Koch*, § 131 AktG Rz. 75; *Siems* in Spindler/Stilz, § 131 AktG Rz. 80; BGH v. 29.11.1982 – II ZR 88/81, NJW 1983, 878; LG Düsseldorf v. 25.3.1992 – 34 AktE 6/91, AG 1992, 461; OLG Dresden v. 1.12.1998 – 7 W 426/98, AG 1999, 274.

125 *Hoffmann-Becking* in FS Rowedder, S. 155, 161 f., m.w.N.

126 BGH v. 29.11.1982 – II ZR 88/81, NJW 1983, 878, 880.

127 LG München I v. 24.4.2008 – 5HK O 23244/07, BeckRS 2008, 11391; LG Düsseldorf v. 25.3.1992 – 34 AktE 6/91, AG 1992, 461; OLG Dresden v. 1.12.1998 – 7 W 426/98, AG 1999, 274.

c) Anforderungen an den Konkretisierungsgrad

1161 Im Lichte dieser im Ausgangspunkt restriktiven Rechtsprechung, nach der „pauschal" gestellte „Ausforschungsfragen" nicht ausreichen, kommt der Frage besondere Bedeutung zu, wie konkret ein Aktionär fragen muss, um den Auskunftsanspruch des § 131 Abs. 4 AktG zu begründen. Nach h.M. ist erforderlich, dass ein **inhaltlich konkretisierter und abgrenzbarer Informationsvorgang** dargelegt wird, der sich nicht in der allgemeinen Behauptung erschöpft, dass *irgendwelche* Informationen erteilt worden sind.[128]

1162 Der **BGH** fordert einen **„substantiierten" Vortrag** des fragenden Aktionärs zum Gegenstand der erteilten Informationen.[129] Wie konkret der Vortrag sein muss, ist freilich weitgehend offen. Die Rechtsprechung tendiert zu einer eher strengen Betrachtung.[130] Nach dem OLG Dresden und dem LG Düsseldorf soll die Frage, ob anderen Aktionären außerhalb der Hauptversammlung Auskünfte erteilt wurden, zu pauschal sein.[131] Das OLG Dresden verlangt mindestens die Darlegung greifbarer Anhaltspunkte dafür, dass einem anderen Aktionär zu einem konkret genannten Gegenstand Auskünfte außerhalb der Hauptversammlung erteilt worden sind.[132] Auch das LG Braunschweig hat in einer Entscheidung sehr hohe inhaltliche Anforderungen an den Vortrag gestellt und selbst einigermaßen konkret umrissene Fragen als zu pauschal gewertet.[133] Diese in der Tendenz **strenge Rechtsprechung** ist jedoch nicht einheitlich. In einer Entscheidung aus dem Jahr 2002 hat es das BayObLG ausreichen lassen, wenn der Name des Aktionärs, dem die Auskunft erteilt wurde, genannt und der Gegenstand der Auskunft so genau angegeben wird, dass für den Vorstand zweifelsfrei zu erkennen ist, welche Auskunft gemeint ist.[134] Das BayObLG hat in dieser Entscheidung etwa die Frage, welche Auskünfte an den Großaktionär es in den Jahren 1999, 2000 und 2001 gegeben habe, die für die Bewertung der AG von Bedeutung sein könnten, nicht beanstandet und als zulässig angesehen, da der Antrag so präzise gefasst sei, wie es einem Aktionär, der bei der Auskunftserteilung nicht anwesend war, möglich ist.[135]

1163 In der **Literatur** werden überwiegend ebenfalls **keine überzogen hohen Anforderungen** gestellt. So soll z.B. die Benennung des Aktionärs, dem Informationen außerhalb der Hauptversammlung erteilt wurden, nicht erforderlich sein.[136] Darüber

128 *Kubis* in MünchKomm/AktG, 4. Aufl. 2018, § 131 AktG Rz. 158; *Decher* in Großkomm/AktG, 5. Aufl. 2019, § 131 Rz. 485; *Siems* in Spindler/Stilz, § 131 AktG Rz. 80; *Hüffer/Koch*, § 131 AktG Rz. 75.

129 BGH v. 29.11.1982 – II ZR 88/81, NJW 1983, 878, 880.

130 *Decher* in Großkomm. AktG, 5. 2017, § 131 Rz. 485.

131 LG Düsseldorf v. 25.3.1992 – 34 AktE 6/91, AG 1992, 461; OLG Dresden v. 1.12.1998 – 7 W 426/98, AG 1999, 274.

132 OLG Dresden v. 1.12.1998 – 7 W 426/98, AG 1999, 274, 276.

133 LG Braunschweig v. 6.4.1990 – 22 O 97/89, AG 1991, 36 = BB 1991, 856.

134 BayObLG v. 17.7.2002 – 3Z BR 394/01, NZG 2002, 1020, 1021 = AG 2003, 499.

135 BayObLG v. 17.7.2002 – 3Z BR 394/01, NZG 2002, 1020, 1021 = AG 2003, 499.

136 So explizit *Kubis* in MünchKomm/AktG, 4. Aufl. 2018, § 131 AktG Rz. 158; *Siems* in Spindler/Stilz, § 131 AktG Rz. 80.

hinaus wird z.T. eine Umkehr der Beweislast angenommen, wenn der Aktionär **zumindest in groben Zügen** diejenigen Umstände vorgetragen hat, die ihm bekannt sind.[137]

1164 Es zeigt sich, dass die Abgrenzung nach dem Konkretisierungsgrad des Aktionärsvortrags fließend ist. Man wird daher zur Vermeidung von Haftungsrisiken bereits dann von einer zulässigen Frage ausgehen müssen, wenn die Erteilung der Erstauskunft in der Hauptversammlung wenigstens **in ihren groben inhaltlichen Zügen dargelegt und notfalls bewiesen** wird.[138] Dies eröffnet das Feld für **„Zufallstreffer"** jeglicher Art. Die Aktionäre sind nämlich nicht daran gehindert, eine spezifische Information unter Hinweis auf eine zuvor erfolgte Auskunftserteilung an den Großaktionär auch dann zu erfragen, wenn sie nicht sicher belegen können, dass es zu einer Informationsweitergabe gekommen ist.[139] Bei einem institutionellen Großaktionär ist im Zweifel nämlich zu erwarten, dass Gespräche mit dem Vorstand regelmäßig gesucht werden. Dass es hierbei zu einem Informationsaustausch kommt, liegt auf der Hand, so dass sich greifbare Anhaltspunkte hierfür bereits aus der Natur der Sache ergeben dürften. Gab es tatsächlich im Vorfeld derartige Gespräche mit dem Großaktionär und wurde über das erfragte Thema eine Auskunft erteilt, so führt ein solcher „Zufallstreffer" des fragenden Aktionärs zu einer umfassenden und gewissenhaften Auskunftspflicht des Vorstands, ohne dass dieser die Frage nach § 131 Abs. 3 Nr. 1–4 AktG verweigern könnte.[140]

1165 Für den Auskunftsanspruch nach § 131 Abs. 4 AktG reicht es also richtigerweise aus, wenn der fragende Aktionär:

- den **Informationsgegenstand**, über den er eine Auskunft begehrt, **hinreichend konkret beschreibt**. Es reicht zwar nicht aus, wenn er nur nach *irgendwelchen* Informationen fragt. Demgegenüber dürfte es aber nicht zu beanstanden sein, wenn er einen konkreten Informationsgegenstand nur *grob inhaltlich* bezeichnet, wie etwa die Frage nach Informationen zu geplanten Übernahmen oder zur künftigen Unternehmensstrategie, und
- zweitens **hinreichende tatsächliche Anhaltspunkte** dafür liefert, dass es tatsächlich zu einem Informationsaustausch außerhalb der Hauptversammlung gekommen ist.

1166–1179 Einstweilen frei.

---

137 In diese Richtung vor allem *Decher* in Großkomm/AktG, 5. Aufl. 2019, § 131 Rz. 485; BayObLG v. 17.7.2002 – 3Z BR 394/01, NZG 2002, 1020 = AG 2003, 499.

138 Wie hier: *Kubis* in MünchKomm/AktG, 4. Aufl. 2018, § 131 AktG Rz. 158 a.E. und *Hoffmann-Becking* in FS Rowedder, S. 155, 162 ff.

139 *Hoffmann-Becking* in FS Rowedder, S. 155, 162 ff.

140 Tendenziell in diese Richtung auch *Decher* in Großkomm/AktG, 5. Aufl. 2019, § 131 AktG Rz. 478, der den Anwendungsbereich der Norm vor allem in den Fällen von institutionellen Großinvestoren für praxisrelevant hält.

§ 30
Nachbereitung der Hauptversammlung

Literaturübersicht: *Bork*, Die Regelungen zu „know-your-shareholder“ im Regierungsentwurf des ARUG II, NZG 2019, 738; *Evers/Fett*, Der Versand der Mitteilung nach § 125 AktG, NZG 2012, 530; *Fleischer*, Vorstandspflichten bei rechtswidrigen Hauptversammlungsbeschlüssen, BB 2005, 2025; *Haertlein*, Vorstandshaftung wegen (Nicht-)Ausführung eines Gewinnverwendungsbeschlusses mit Dividendenausschüttung, ZHR 168 (2004), 437; *Stein*, Rechtsschutz gegen gesetzwidrige Satzungsnormen bei Kapitalgesellschaften, ZGR 1994, 472; *Volhard*, Eigenverantwortlichkeit und Folgepflicht – Muss der Vorstand anfechtbare oder angefochtene Hauptversammlungsbeschlüsse ausführen und verteidigen?, ZGR 1996, 55.

I. Überblick

Im Nachgang zur Hauptversammlung treffen den Vorstand eine Reihe von Veröffentlichungs- und Meldepflichten. Außerdem ist er nach § 83 Abs. 2 AktG zur Ausführung der von der Hauptversammlung beschlossenen Maßnahmen verpflichtet. Insoweit ist der Vorstand nicht nur Leitungs-, sondern auch **Vollzugsorgan**.[1] Die gebotenen Meldungen dienen der **Information der Aktionäre**, um diese in die Lage zu versetzen, ihre Rechte ausüben zu können.[2] Im Einzelnen sind von börsennotierten Aktiengesellschaften namentlich die nachfolgenden, vom Vorstand zur Nachbereitung der Hauptversammlung einzuleitenden Maßnahmen zu beachten:[3] 1180

- Ggf. Dividendenbekanntmachung im Bundesanzeiger, § 49 Abs. 1 Satz 1 Nr. 2 WpHG
- Ggf. Bekanntmachung der Ermächtigung zum Aktienrückerwerb im Bundesanzeiger, § 49 Abs. 1 Satz 1 Nr. 2 WpHG
- Ggf. Bekanntmachung der Ermächtigungen zu den Kapitalerhöhungen im Bundesanzeiger, § 49 Abs. 1 Nr. 2 WpHG
- Ggf. Unterrichtung der BaFin über die Bestellung eines Sonderprüfers durch die Hauptversammlung nach § 142 Abs. 7 AktG

Für alle Gesellschaften, also auch diejenigen ohne Börsennotiz, gilt darüber hinaus:

- Einreichung der Niederschrift der Hauptversammlung zum Handelsregister, § 130 Abs. 5 AktG
- Veröffentlichung der festgestellten Abstimmungsergebnisse und der Angaben nach § 130 Abs. 2 Satz 2 AktG auf der Internetseite, § 130 Abs. 6 AktG (sieben Tage)

1 Zum Begriff *Fleischer*, BB 2005, 2025.
2 Vgl. *Noack/Zetzsche* in KölnKomm/AktG, 3. Aufl. 2011, § 125 AktG Rz. 178.
3 Vgl. *Schaaf* (Hrsg.), Praxis der Hauptversammlung, S. 400.

- Ggf. Bekanntmachung von Änderungen im Aufsichtsrat nach § 106 AktG durch Einreichung einer aktuellen Liste der Mitglieder zum Handelsregister
- Ggf. Veröffentlichung über die Erhebung einer Anfechtungs- oder Nichtigkeitsklage gegen gefasste Beschlüsse gem. §§ 246 Abs. 4 Satz 1, 249 Abs. 1 Satz 1 AktG

1181 Im Ausnahmefall trifft den Vorstand darüber hinaus die Verpflichtung, selbst Beschlüsse der Hauptversammlung mit der **Beschlussmängelklage** anzugreifen (dazu unten Rz. 1199 ff.).

II. Unterrichtungs- und Mitteilungspflichten

1182 Die verschiedenen Veröffentlichungspflichten unterscheiden sich nach ihrem Inhalt und dem Ort der Veröffentlichung. Neben dem **Handelsregister** und den Gesellschaftsblättern, namentlich dem **Bundesanzeiger**, wird inzwischen häufig das **Internet** als Informationsmedium vorgegeben. So wird im Aktiengesetz inzwischen verschiedentlich die Veröffentlichung auf der Internetseite der Gesellschaft zur Erfüllung der Publizitätspflichten explizit vorgeschrieben oder als ausreichend anerkannt, wie etwa in § 130 Abs. 6 und § 175 Abs. 2 Satz 4 AktG.

1. Einreichen der Niederschrift zum Handelsregister

1183 Unverzüglich nach der Hauptversammlung hat der Vorstand[4] nach § 130 Abs. 5 AktG **eine öffentlich beglaubigte (§ 129 BGB) Niederschrift** nebst Anlagen auf elektronischem Wege (§ 12 Abs. 2 HGB) zum Handelsregister einzureichen. Falls nichtbörsennotierte Gesellschaften von der Möglichkeit Gebrauch gemacht haben, eine vom Vorsitzenden des Aufsichtsrats unterzeichnete Niederschrift gem. § 130 Abs. 1 Satz 3 AktG zu erstellen, ist davon eine Abschrift einzureichen. Für die Erfüllung der Pflicht besteht nach § 121 Abs. 1 BGB („ohne schuldhaftes Zögern") ein gewisser Spielraum, wobei die vom Vorstand zu beachtende Sorgfalt insbesondere darauf gerichtet sein dürfte, den Aktionären die Erhebung einer Anfechtungsklage innerhalb der Monatsfrist des § 246 Abs. 1 AktG nicht durch ein zu langes Zuwarten mit der Veröffentlichung zu erschweren.[5]

1184 Die Einreichung bei dem Handelsregister, das nach Maßgabe des § 9 HGB von **jedermann einsehbar** ist, stellt sicher, dass sich bei Interesse jeder Aktionär und jeder potentielle Anleger Klarheit über die in der Versammlung gefassten Beschlüsse und den Ablauf der Hauptversammlung verschaffen kann. Die Einreichung der Nieder-

---

4 Pflichtadressat ist unbeschadet des Gesetzeswortlauts die Gesellschaft, die durch den Vorstand lediglich vertreten wird, *Kubis* in MünchKomm/AktG, 4. Aufl. 2018, § 130 AktG Rz. 76; *Wicke* in Spindler/Stilz, § 130 AktG Rz. 61.

5 Zur Anwendung des § 121 AktG *Wicke* in Spindler/Stilz, § 130 AktG Rz. 61; *Ziemons* in K. Schmidt/Lutter, § 130 AktG Rz. 66; vgl. außerdem *Noack/Zetzsche* in KölnKomm/AktG, 3. Aufl. 2011, § 130 AktG Rz. 370 (im Falle der vom Aufsichtsratsvorsitzenden unterzeichneten Niederschrift nicht später als 14 Tage nach der Hauptversammlung).

schrift kann, wenn der Vorstand untätig bleibt, durch Zwangsgeld von Amts wegen vom Registergericht nach § 14 HGB, §§ 388 ff. FamFG erzwungen werden.

2. Veröffentlichung auf der Internetseite der AG

Börsennotierte Gesellschaften müssen gem. § 130 Abs. 6 AktG innerhalb von sieben 1185
Tagen nach der Hauptversammlung die festgestellten **Abstimmungsergebnisse**[6] einschließlich der Angaben nach § 130 Abs. 2 Satz 2 AktG auf ihrer Internetseite veröffentlichen.[7] Zu den anzugebenden Tatsachen zählen somit:

- Wortlaut der Beschlüsse;[8]
- Abstimmungsergebnis;[9]
- Feststellungen des Vorsitzenden nach § 130 Abs. 2 Satz 2 AktG, also die Zahl der Aktien, für die gültige Stimmen abgegeben wurden (§ 130 Abs. 2 Satz 2 Nr. 1 AktG), den Anteil des durch die gültigen Stimmen vertretenen Grundkapitals (§ 130 Abs. 2 Satz 2 Nr. 2 AktG) und die Zahl der für einen Beschluss abgegebenen Stimmen, Gegenstimmen und gegebenenfalls die Zahl der Enthaltungen (§ 130 Abs. 2 Satz 2 Nr. 3 AktG).[10]

3. Mitteilungen an Aufsichtsrat und Aktionäre

Nach § 125 Abs. 4 AktG sind jedem Aufsichtsratsmitglied und jedem Aktionär un- 1186
abhängig von deren Teilnahme an der Hauptversammlung **auf Verlangen** die gefassten **Beschlüsse** mitzuteilen. Darüber hinaus kann nach § 129 Abs. 5 AktG i.d.F. des ARUG II jeder Abstimmende innerhalb eines Monats nach dem Tag der Hauptversammlung eine Bestätigung darüber verlangen, ob und wie seine Stimme gezählt worden ist. Schuldner dieser Informationsansprüche ist die Gesellschaft; der Vorstand muss zur Erfüllung tätig werden.[11] Bei Verletzung der Vorschrift kann ein Schadensersatzanspruch der Aktionäre gegen die Gesellschaft in Betracht kommen, die den Vorstand nach § 93 AktG in Regress nehmen kann.[12]

---

6 Nur Sachabstimmung und nicht Verfahrensanträge nach *Noack/Zetzsche* in KölnKomm/AktG, 3. Aufl. 2011, § 130 AktG Rz. 390. Vgl. zur parallelen Frage bei § 125 Abs. 4 AktG sogleich Rz. 1186.

7 Umsetzung von Art. 14 Abs. 2 Aktionärsrechterichtlinie.

8 Zum Zwecke der Verständlichkeit, *Noack/Zetzsche* in KölnKomm/AktG, 3. Aufl. 2011, § 130 AktG Rz. 391.

9 So *Noack/Zetzsche* in KölnKomm/AktG, 3. Aufl. 2011, § 130 AktG Rz. 391.

10 Unabhängig davon, ob in der Hauptversammlung von der vereinfachten Beschlussfeststellung nach § 130 Abs. 2 Satz 3 AktG Gebrauch gemacht worden ist, vgl. *Noack/Zetzsche* in KölnKomm/AktG, 3. Aufl. 2011, § 130 AktG Rz. 392.

11 *Rieckers* in Spindler/Stilz, § 125 AktG Rz. 33; *Noack/Zetzsche* in KölnKomm/AktG, 3. Aufl. 2011, § 125 AktG Rz. 180.

12 *Noack/Zetzsche* in KölnKomm/AktG, 3. Aufl. 2011, § 125 AktG Rz. 190; vgl. *Butzke* in Großkomm/AktG, 5. Aufl. 2017, § 125 AktG Rz. 73.

1187 Die Mitteilungspflicht umfasst den **Inhalt und das Ergebnis** der gefassten Beschlüsse unter Angabe des konkreten Beschlusstextes, nicht aber das zahlenmäßige Abstimmungsergebnis.[13] Die Mitteilung bloßer Verfahrensbeschlüsse zu in der Hauptversammlung gestellten Geschäftsordnungsanträgen ist nicht geboten.[14] Eine **zeitliche Grenze** für die Geltendmachung des Verlangens ist im Gesetz zwar nicht bestimmt; soweit sich die begehrte Auskunft aber nicht auf die letzte Hauptversammlung beschränkt, sondern weiter zurückreicht, wird das erforderliche rechtliche Interesse regelmäßig zu verneinen sein.[15] Wird das Verlangen gestellt, hat der Vorstand unverzüglich i.S.d. § 121 Abs. 1 BGB zu reagieren.[16] Der Vorstand muss die Mitteilung nicht postalisch übersenden, sondern kann auch auf **elektronische Kommunikationsformen** zurückgreifen.[17] Allerdings muss die tatsächliche Erreichbarkeit des Auskunftsstellers auch auf diesem Wege sichergestellt sein.[18] Zudem sind börsennotierte Gesellschaften an § 49 Abs. 3 WpHG gebunden, so dass insbesondere die Einwilligung der Aktionäre in die Übermittlung im Wege der Datenfernübertragung erforderlich ist.[19] Vor diesem Hintergrund darf der Vorstand den Aktionär nicht auf die Veröffentlichung der Beschlüsse im Internet nach § 130 Abs. 6 AktG verweisen.[20]

1188 Wurde von der Hauptversammlung ein Wortlautprotokoll angefertigt oder die Verhandlung auf Tonband festgehalten, soll den Aktionären nach der Rechtsprechung außerdem ein **Anspruch auf Aushändigung einer Abschrift** zustehen, die die eigenen Wortbeiträge sowie die Stellungnahmen des Vorstands hierauf umfasst.[21] Bei Umwandlungsmaßnahmen kann im Übrigen von jedem Aktionär eine Abschrift der

13 *Kubis* in MünchKomm/AktG, 4. Aufl. 2018, § 125 AktG Rz. 35; *Noack/Zetzsche* in Köln-Komm/AktG, 3. Aufl. 2011, § 125 AktG Rz. 184; *Butzke* in Großkomm/AktG, 5. Aufl. 2017, § 125 AktG Rz. 67; *Pluta* in Heidel, § 125 AktG Rz. 29. Zweifelnd zur Mitteilungspflicht hinsichtlich sog. negativer Beschlüsse, also abgelehnter Beschlussanträge, *Ziemons* in K. Schmidt/Lutter, § 125 AktG Rz. 53.

14 *Rieckers* in Spindler/Stilz, § 125 AktG Rz. 36; *Noack/Zetzsche* in KölnKomm/AktG, 3. Aufl. 2011, § 125 AktG Rz. 181; vgl. auch Begr. RegE NaStraG, BT-Drucks. 14/4051, S. 13: „Informationsanspruchs über die in der Hauptversammlung gefassten Beschlüsse zu Sachanträgen", a.A. aber *Kubis* in MünchKomm/AktG, 4. Aufl. 2018, § 125 AktG Rz. 35.

15 Generell für Beschränkung auf Auskunft über letzte Hauptversammlung *Kubis* in Münch-Komm/AktG, 4. Aufl. 2018, § 125 AktG Rz. 35; *Noack/Zetzsche* in KölnKomm/AktG, 3. Aufl. 2011, § 125 AktG Rz. 183; bei berechtigtem Interesse großzügiger *Rieckers* in Spindler/Stilz, § 125 AktG Rz. 35.

16 *Hüffer/Koch*, § 125 AktG Rz. 17; *Rieckers* in Spindler/Stilz, § 125 AktG Rz. 38; *Butzke* in Großkomm/AktG, 5. Aufl. 2017, § 125 AktG Rz. 68.

17 Begr. RegE NaStraG, BT-Drucks. 14/4051, S. 13: Mitteilen bedeute, „dass die Gesellschaft die organisatorischen Vorkehrungen zu treffen hat, damit die Information den Aktionär unter normalen Umständen erreicht"; vgl. *Hüffer/Koch*, § 125 AktG Rz. 8; *Rieckers* in Spindler/Stilz, § 125 AktG Rz. 37; *Ziemons* in K. Schmidt/Lutter, § 125 AktG Rz. 54.

18 Dies verlangt *Hüffer/Koch*, § 125 AktG Rz. 8, vgl. auch Begr. RegE NaStraG, BT-Drucks. 14/4051, S. 13.

19 Generell halten dies *Noack/Zetzsche* in KölnKomm/AktG, 3. Aufl. 2011, § 125 AktG Rz. 186 für notwendig; *Mülbert* in Assmann/Uwe H. Schneider/Mülbert, Wertpapierhandelsrecht, 7. Aufl. 2019, § 49 WpHG Rz. 40.

20 So aber wohl *Pluta* in Heidel, § 125 AktG Rz. 27.

21 BGH v. 19.9.1994 – II ZR 248/92, NJW 1994, 3094 ff. = AG 1994, 559.

Beschlussfassungen nach den Sondervorschriften der §§ 13 Abs. 3 Satz 3, 125, 193 Abs. 3 Satz 2 UmwG verlangt werden.[22]

4. Veröffentlichung nach WpHG

1189 Im Falle der Börsennotierung treten die Publizitätspflichten der Gesellschaft nach WpHG hinzu; sie erstrecken die **Publizität** der Hauptversammlungsbeschlüsse auf den **Bundesanzeiger**. Danach hat die Gesellschaft beispielsweise nach § 49 Abs. 1 Satz 1 Nr. 2 WpHG Mitteilungen über die Ausschüttung und Auszahlung von Dividenden, die Ausgabe neuer Aktien und die Vereinbarung oder Ausübung von Umtausch-, Bezugs-, Einziehungs- und Zeichnungsrechten unverzüglich im Bundesanzeiger zu veröffentlichen. Die wertpapierrechtlichen Veröffentlichungspflichten decken sich weitgehend mit den aktienrechtlichen Pflichten in Bezug auf einzelne Beschlussgegenstände.[23]

III. Ausführung von Hauptversammlungsbeschlüssen

1190 § 83 Abs. 2 AktG verpflichtet den Vorstand, die von der Hauptversammlung im Rahmen ihrer Zuständigkeit **beschlossenen Maßnahmen** auszuführen. Hiervon umfasst sind auch Maßnahmen, die der Vorstand der Hauptversammlung nach § 119 Abs. 2 AktG zur Entscheidung vorgelegt hat.

1. Ausführungshandlungen

1191 In welcher Form der Vorstand konkret tätig werden muss, ergibt sich aus dem jeweiligen Gegenstand der beschlossenen Maßnahme und dem konkreten Inhalt des hierzu getroffenen Beschlusses. Hauptanwendungsfall ist die **Anmeldung** von eintragungsbedürftigen Beschlüssen **zum Handelsregister**, wofür der Vorstand die notwendigen Dokumente zusammenzutragen und an dem Verfahren nach § 12 HGB mitzuwirken hat. Die Anmeldung ist etwa notwendig bei Satzungsänderungen (§ 181 AktG), bei Kapitalmaßnahmen (§§ 184 AktG) und bei Unternehmensverträgen (§ 294 AktG).[24] Ein weiterer Schwerpunkt der Nachbereitung der Hauptversammlung ist die **Verteilung des Bilanzgewinns** nach Maßgabe des Gewinnverwendungsbeschlusses der Hauptversammlung. Als Ausführungsmaßnahmen kommen auch die Abgabe von Willenserklärungen und unter Umständen auch ein Unterlassen in Betracht, sofern der Beschluss auf die Nichtvornahme einer bestimmten Maßnahme gerichtet war.[25]

1192 Demgegenüber besteht, abgesehen von Beschlüssen, die schon ihrem Inhalt nach nicht ausführungsbedürftig sind (z.B. der Entlastungsbeschluss), in Sonderkonstella-

22 Dazu *Noack/Zetzsche* in KölnKomm/AktG, 3. Aufl. 2011, § 130 AktG Rz. 388.
23 *Mülbert* in Assmann/Uwe H. Schneider/Mülbert, Wertpapierhandelsrecht, 7. Aufl. 2019, § 49 WpHG Rz. 11 ff.
24 Vgl. *Hüffer/Koch*, § 83 AktG Rz. 5; *Fleischer* in Spindler/Stilz, § 83 AktG Rz. 7.
25 *Seibt* in K. Schmidt/Lutter, § 83 AktG Rz. 11.

tionen **keine Ausführungspflicht** des Vorstands. So ist der Vorstand nicht verpflichtet und auch nicht berechtigt, Beschlüsse auszuführen, die sich gegen ihn selbst richten, wie zum Beispiel bei einer Beschlussfassung nach § 147 Abs. 1 AktG, wenn sich die in Rede stehenden Ansprüche der Gesellschaft gegen den Vorstand richten und deshalb nach § 112 AktG der Aufsichtsrat zur Vertretung der Gesellschaft berufen oder nach § 147 Abs. 2 AktG ein besonderer Vertreter bestellt ist.[26] Ferner ist dem Vorstand eine Ausführung untersagt, sofern eine einstweilige Verfügung diese verbietet.[27] Im Einzelfall kann anstelle der Ausführung auch eine **erneute Vorlage** an die Hauptversammlung notwendig sein, wenn sich die Umstände nach der Beschlussfassung geändert haben und sich eine Ausführung absehbar schädigend auf das Gesellschaftsvermögen auswirken würde.[28]

2. Ausführung von rechtswidrigen Beschlüssen

1193 Darüber hinaus muss der Vorstand vor einer Ausführung von Beschlüssen der Hauptversammlung deren Gesetz- und Satzungsmäßigkeit prüfen. Die Ausführungspflicht des Vorstands besteht dem Wortlaut des § 83 Abs. 2 AktG nach zwar grundsätzlich einschränkungslos. Bei rechtswidrigen Beschlüssen kollidiert die Vollzugspflicht aber mit der sich aus dem allgemeinen Sorgfaltsmaßstab des § 93 Abs. 1 AktG ergebenden **Legalitätspflicht des Vorstands**. Daraus wird von der h.M. zu Recht abgeleitet, dass die Ausführungspflicht des Vorstands grundsätzlich entfällt, wenn der Beschluss mit einem Nichtigkeits- oder Anfechtungsgrund behaftet ist.[29] Der Vorstand muss bei festgestellter Rechtswidrigkeit von einer Ausführung absehen und stattdessen gegebenenfalls Anfechtungsklage erheben, für die ihm nach § 245 Nr. 4 AktG die Klagebefugnis zukommt.

1194 Diese Pflichtenkollision kann, wenn die Rechtslage nicht eindeutig ist, zu einem Dilemma führen: Auf der einen Seite macht sich der Vorstand nach § 93 Abs. 2 AktG gegebenenfalls schadensersatzpflichtig, sofern er Beschlüsse nicht rechtzeitig, d.h. unverzüglich nach § 121 Abs. 1 BGB[30] ausführt. So kann es etwa liegen, wenn der Vorstand wegen Zweifeln an der Rechtmäßigkeit des Gewinnverwendungsbeschlusses die Dividende nicht sogleich auszahlt und die Gesellschaft in der Folge gegenüber den Aktionären in Verzug gerät.[31] Neben dem **Risiko einer Vorstandshaftung** ist

---

26 *Mertens/Cahn* in KölnKomm/AktG, 3. Aufl. 2010, § 83 AktG Rz. 11.

27 *Hüffer/Koch*, § 83 AktG Rz. 5.

28 *Seibt* in K. Schmidt/Lutter, § 83 AktG Rz. 12; *Spindler* in MünchKomm/AktG, 5. Aufl. 2019, § 83 AktG Rz. 25; *Mertens/Cahn* in KölnKomm/AktG, 3. Aufl. 2010, § 93 AktG Rz. 158; *Habersack* in Großkomm/AktG, 5. Aufl. 2015, § 83 AktG Rz. 13.

29 *Spindler* in MünchKomm/AktG, 5. Aufl. 2019, § 83 AktG Rz. 19 ff.; *Seibt* in K. Schmidt/Lutter, § 83 AktG Rz. 10; *Fleischer* in Spindler/Stilz, § 83 AktG Rz. 10; *Fleischer*, BB 2005, 2025, 2026; *Pentz* in Fleischer, Hdb. Vorstandsrecht, § 17 Rz. 132 f.; *Haertlein*, ZHR 168 (2004), 437, 446; differenzierend, keine Anmeldepflicht bei Nichtigkeit, sofern besondere Schwere des Rechtsverstoßes gegeben, grundsätzlich für Ausführungspflicht bei Anfechtbarkeit, aber Hinweispflicht gegenüber Registergericht, *Zetzsche* in KölnKomm/AktG, 3. Aufl. 2019, § 181 AktG Rz. 21 ff.

30 *Fleischer*, BB 2005, 2025; *Volhard*, ZGR 1996, 55, 56.

31 Dazu *Haertlein*, ZHR 168 (2004), 437, 447 ff.

auch die freilich nur in Extremfällen in Betracht kommende Möglichkeit der Abberufung des Vorstands aus wichtigem Grund (§ 84 Abs. 3 Satz 1 AktG) zu bedenken. Schließlich kann der Vorstand von der Gesellschaft, vertreten durch den Aufsichtsrat, auf Erfüllung verklagt werden.[32] Auf der anderen Seite muss der Vorstand nach § 93 Abs. 2 AktG für Handlungen einstehen, die gegen das Gesetz oder die Satzung verstoßen. Sofern er einen Beschluss ausführt, der rechtswidrig ist, begründet dies folglich ebenfalls ein Haftungsrisiko. Praktisch relevant könnte dies insbesondere bei Dividendenzahlungen werden, die sich im Nachhinein als rechtswidrig erweisen, weil hier ein Schaden der Gesellschaft auf der Hand liegt und insbesondere leicht zu berechnen ist. Die Problematik wird auch durch § 93 Abs. 4 Satz 1 AktG nicht aufgelöst. Danach trifft den Vorstand bei der **Ausführung von Beschlüssen** der Hauptversammlung zwar grundsätzlich keine Haftung. Voraussetzung dessen ist aber wiederrum die Rechtmäßigkeit des fraglichen Beschlusses.

a) Prüfungspflicht

Der grundsätzliche Vorrang der Legalitätspflicht verlangt vom Vorstand deshalb 1195
eine sorgfältige **Prüfung der Rechtmäßigkeit** der auszuführenden Hauptversammlungsbeschlüsse. Diese Prüfungspflicht kann dazu führen, dass der Vorstand im Einzelfall zur Feststellung eigener Fehlentscheidungen gezwungen ist. Insbesondere die Verletzung der Auskunftsrechte der Aktionäre nach § 131 AktG bei nicht gerechtfertigter Verweigerung der Auskunft oder Fehler bei der Vorbereitung der Hauptversammlung können die Anfechtung der Beschlüsse begründen und sind daher im Rahmen der vom Vorstand geforderten nachträglichen Prüfung zu berücksichtigen. Den zeitlichen Rahmen für eine Rechtmäßigkeitsprüfung steckt § 121 Abs. 1 BGB ab, da im Falle von rechtmäßigen Beschlüssen die **unverzügliche Ausführung** verlangt ist.[33] Abzuwägen ist danach, ob das Zuwarten durch Umstände des Einzelfalls gerechtfertigt werden kann.[34] Dies hängt insbesondere von der Komplexität des Sachverhalts und den Auswirkungen der Entscheidung über die Ausführung der Beschlussfassung ab. Sofern der Vorstand Zweifel an der Rechtmäßigkeit eines Beschlusses hat, wird die Einholung eines Rechtsgutachtens nicht nur zulässig, sondern zur Vermeidung schuldhaften Handelns regelmäßig auch geboten sein.[35] Eine absolute **zeitliche Grenze** für die Prüfung wird dem Vorstand zudem durch die Anfechtungsfrist von einem Monat nach Beendigung der Hauptversammlung (§ 246 Abs. 1 AktG) gesetzt, da der Vorstand innerhalb dieser Frist entscheiden muss, ob er gegen einen aus seiner Sicht anfechtbaren Beschluss Klage erhebt (zur Pflicht zur Klageerhebung s. Rz. 1200).

32 *Seibt* in K. Schmidt/Lutter, § 83 AktG Rz. 13. Es ist streitig, ob Ausführung auch von einem Aktionär eingeklagt werden darf, bejahend etwa *Seibt* in K. Schmidt/Lutter, § 83 AktG Rz. 14; verneinend *Hüffer/Koch*, § 83 AktG Rz. 6 jew. m.w.N. (Organklage).

33 Zur Unverzüglichkeit *Fleischer*, BB 2005, 2025; *Volhard*, ZGR 1996, 55, 56.

34 Vgl. zum § 121 BGB *Armbrüster* in MünchKomm/BGB, 8. Aufl. 2018, § 121 AktG Rz. 7.

35 Zu den Voraussetzungen eines schuldbefreienden Vertrauens auf Rechtsrat vgl. BGH v. 20.9.2011 – II ZR 234/09, ZIP 2011, 2097 = AG 2011, 876, sowie eingehend *Fleischer*, BB 2005, 2025.

b) Wegfall der Ausführungspflicht

1196 Kommt der Vorstand aufgrund seiner Prüfung zu der Einschätzung, dass der Hauptversammlungsbeschluss **rechtswidrig** ist, ist er zu dessen **Ausführung** grundsätzlich **nicht verpflichtet**. Anderes gilt nur dann, wenn der Beschlussmangel wegen Eintritts der Heilungswirkung nach § 242 AktG oder Ablaufs der Anfechtungsfrist nach § 246 Abs. 1 AktG nicht mehr geltend gemacht werden kann. Dann bleibt der Vorstand nach richtiger, allerdings streitiger Auffassung zur Ausführung verpflichtet.[36] Dies bedeutet für anfechtbare Beschlüsse, dass diese nach einem Monat, sofern keine Anfechtungsklage erhoben worden ist, grundsätzlich auszuführen sind. Davon unberührt bleibt aber das Risiko für den Vorstand, wegen pflichtwidrig unterlassener eigener Anfechtungsklage auf Schadenersatz in Anspruch genommen zu werden. Nach anderer Auffassung soll in diesem Fall die Ausführungspflicht trotz Heilung der Beschlüsse entfallen, da bei Vollzug des Beschlusses wegen der Verletzung der Klagepflicht eine Haftung aus § 93 Abs. 2 AktG begründet wäre.[37]

1197 Besonders undurchsichtig sind die Anforderungen an das Handeln des Vorstands in den Fällen, in denen die **Rechtslage nicht eindeutig** ist, insbesondere wenn eine Anfechtungsklage bereits anhängig ist. Das Gesetz nimmt in § 93 Abs. 4 AktG nur auf gesetzmäßige Beschlüsse Bezug und setzt dabei in objektiver Hinsicht eine klare Unterscheidbarkeit zwischen Rechtswidrigkeit und Rechtmäßigkeit voraus. Bei unklarer Rechtslage kommt es deshalb darauf an, ob der Vorstand die tatsächliche Rechtslage hätte erkennen müssen. Das ist regelmäßig eine Frage des **Verschuldens.**[38] Bei ernst zu nehmenden Zweifeln an der Rechtmäßigkeit der Beschlussfassung muss der Vorstand Rechtsrat einholen und die Beschlussausführung gegebenenfalls bis zur gerichtlichen Entscheidung aussetzen.[39]

1198 Richtigerweise handelt es sich in erster Linie um die Frage der Reichweite der dem Vorstand obliegenden Prüfungspflicht. Sofern der Vorstand alles Zumutbare veranlasst hat, um die Rechtslage aufzuklären, d.h. insbesondere ein unabhängiges Rechtsgutachten eingeholt hat, ist ihm kein Vorwurf zu machen. Sofern seine Entscheidung auf einer ungenügenden Aufklärung der Sach- und Rechtslage beruht, hat der Vorstand seine Prüfungspflicht verletzt und muss für sein Handeln einstehen. Falls auch nach ordnungsgemäßer Aufklärung erhebliche Zweifel an der Rechtmäßigkeit der Beschlussfassung verbleiben, darf der Vorstand den Beschluss nicht ausführen. Wenn die **Rechtswidrigkeit nicht evident** ist, ist abzuwägen, welcher

---

36 *Fleischer* in Spindler/Stilz, § 83 AktG Rz. 15; *Fleischer*, BB 2005, 2025, 2027 m.w.N.; *Hüffer/Koch*, § 242 AktG Rz. 7; *Haertlein*, ZHR 168 (2004), 437, 446.

37 *Spindler* in MünchKomm/AktG, 5. Aufl. 2019, § 83 AktG Rz. 21; *Pentz* in Fleischer, Hdb. Vorstandsrecht, § 17 Rz. 132; *Habersack* in Großkomm/AktG, 5. Aufl. 2015, § 83 AktG Rz. 13; a.A. *Fleischer* in Spindler/Stilz, § 83 AktG Rz. 15; *Fleischer*, BB 2005, 2025, 2027.

38 So zu Recht *Haertlein*, ZHR 168 (2004), 437, 447; *Fleischer*, BB 2005, 2025, 2026; wegen der Doppelfunktion des § 93 Abs. 1 AktG ist aber die Differenzierung zwischen objektivem Pflichtverstoß und Verschuldensmaßstab faktisch unerheblich, zur Doppelfunktion allgemein *Hüffer/Koch*, § 93 AktG Rz. 5.

39 *Spindler* in MünchKomm/AktG, 5. Aufl. 2019, § 83 AktG Rz. 20; vgl. auch *Fleischer* in Spindler/Stilz, § 83 AktG Rz. 12; *Fleischer*, BB 2005, 2025, 2026.

Schaden der Gesellschaft bei den Handlungsalternativen droht. Ist ein Beschluss wahrscheinlich rechtswidrig und ein Schaden der Gesellschaft im Falle der unterlassenen Ausführung gering (oder jedenfalls geringer als bei einer später rückgängig zu machenden Ausführung), sollte die Ausführung unterbleiben. Umgekehrt ist ein Beschluss auszuführen, wenn er nur möglicherweise rechtswidrig ist, der Schaden der Gesellschaft bei unterlassener Ausführung aber hoch wäre.

IV. Anfechtungs- und Nichtigkeitsklage

Die Überwachungspflicht des Vorstands betreffend die Rechtmäßigkeit der Haupt- 1199
versammlungsbeschlüsse manifestiert sich auch in seiner Rolle bei Anfechtungs- und Nichtigkeitsklagen. Der Vorstand[40] ist nach § 245 Nr. 4 AktG zur **Anfechtung** anfechtbarer Hauptversammlungsbeschlüsse und gem. § 249 Abs. 1 Satz 1 AktG zur **Erhebung der Nichtigkeitsklage** befugt. Darüber hinaus vertritt er die Gesellschaft **im Beschlussmängelverfahren** gemeinsam mit dem Aufsichtsrat, § 246 Abs. 2 Satz 2 AktG. Ist der Vorstand oder ein Vorstandsmitglied selbst der Kläger, wird die Gesellschaft indessen nur durch den Aufsichtsrat vertreten, § 246 Abs. 2 Satz 3 AktG.

1. Pflicht zur Klageerhebung?

Das Recht, Klage zu erheben, kann sich zu einer Pflicht verdichten. So liegt es aber 1200
nicht generell bei jedem rechtswidrigen Beschluss.[41] Richtigerweise ist mit der h.M. davon auszugehen, dass eine Pflicht zur Klageerhebung nur dann besteht, wenn die AG durch die **Ausführung** des Beschlusses wahrscheinlich **geschädigt wird**[42] bzw. der Beschluss, wenn er bestandskräftig wird, das **Gesellschaftsinteresse verletzt.**[43] Teilweise wird auch vertreten, dass unabhängig von einer Schadensabwendungspflicht bei **besonders schwerwiegenden Rechtsverstößen** eine Pflicht zur Klageerhebung als Ausfluss der Rechtswahrungsfunktion des Vorstands anzunehmen sei,[44] was zumindest zu einer Pflicht führt, bei erkannter Nichtigkeit eines Beschlusses Nichtigkeitsklage nach § 249 AktG zu erheben.

Richtschnur für das Vorstandshandeln ist insofern die **Ausrichtung am Unterneh-** 1201
mensinteresse. Danach muss die Erhebung der Anfechtungsklage erfolgen, wenn dies die einzige Handlungsalternative darstellt, bei der der Vorstand die Sorgfalt eines ordentlichen Geschäftsleiters wahrt. Da insbesondere die Abwendung von mit hinreichender Wahrscheinlichkeit drohenden **Schäden der Gesellschaft** im vom

---

40 Und unter den Voraussetzungen des § 245 Nr. 5 AktG (drohende Schadensersatzpflicht oder Strafbarkeit oder Ordnungswidrigkeit bei Ausführung des Beschlusses) auch jedes einzelne Vorstandsmitglied.

41 Strenger *Heidel* in Heidel, § 243 AktG Rz. 40.

42 *Seibt* in K. Schmidt/Lutter, § 83 AktG Rz. 12; *Hüffer/Koch*, § 245 AktG Rz. 36; *Haertlein*, ZHR 168 (2004), 437, 449; *Fleischer*, BB 2005, 2025, 2030.

43 *Volhard*, ZGR 1996, 55, 60.

44 *Fleischer*, BB 2005, 2025, 2030; vgl. auch *Volhard*, ZGR 1996, 55, 60 (eindeutiger Vorrang der Legalitätspflicht bei nichtigen Beschlüssen).

Vorstand vorrangig zu wahrenden Unternehmensinteresse liegt, wird das Schadensrisiko deshalb von der h.M. zu Recht für den zentralen Maßstab für die Bejahung einer Anfechtungspflicht gehalten.

2. Verfahrensfragen

1202 Ist eine Anfechtungs- oder Nichtigkeitsklage anhängig gemacht worden, hat der Vorstand nach § 246 Abs. 4 AktG bzw. § 249 Abs. 1 AktG die **Erhebung der Klage** und den **Termin zur mündlichen Verhandlung** unverzüglich, also entsprechend § 121 Abs. 1 Satz 1 BGB ohne schuldhaftes Zögern in den Gesellschaftsblättern bekannt zu machen.

1203 Hat der Vorstand nicht selbst Anfechtungs- oder Nichtigkeitsklage erhoben, wird uneinheitlich beurteilt, wie er sich verhalten muss bzw. darf, wenn er die Klage als zulässig und begründet erachtet. Ein Teil des Schrifttums bejaht eine **grundsätzliche Verteidigungspflicht** von Vorstand und Aufsichtsrat und lehnt deswegen die Zulässigkeit eines Anerkenntnisses oder eines Vergleiches ab.[45] Demgegenüber soll der Vorstand nach anderer Auffassung zum Anerkenntnis, nicht aber zum Vergleich berechtigt sein.[46] Für die letztgenannte Ansicht sprechen gute Gründe. Sie eröffnet dem Vorstand die Möglichkeit, auf die (nachträglich erkannte) Rechtswidrigkeit der Beschlüsse im Einklang mit seiner Legalitätspflicht angemessen zu reagieren, obwohl er selbst nicht aber rechtzeitig Klage erhoben hat. Insbesondere liegt das Anerkenntnis im Gesellschaftsinteresse, wenn die Kostenlast ansonsten wahrscheinlich die Gesellschaft treffen würde und diese wegen § 93 ZPO abgewendet werden kann. Demgegenüber kann die Gestaltungswirkung des Anfechtungs- oder Nichtigkeitsurteils nicht Gegenstand eines **Vergleichs** sein, weil sie der Parteidisposition entzogen ist.[47]

1204–1219 Einstweilen frei.

45 *Schwab* in K. Schmidt/Lutter, § 246 AktG Rz. 28; *Volhard*, ZGR 1996, 55, 75; *Dörr* in Spindler/Stilz, § 246 AktG Rz. 51; *K. Schmidt* in Großkomm/AktG, 4. Aufl. 1996, § 246 AktG Rz. 78.

46 *Hüffer/Koch*, § 246 AktG Rz. 17; *Bork*, ZIP 1992, 1205 ff.

47 *Hüffer/Koch*, § 246 AktG Rz. 16; *K. Schmidt* in Großkomm/AktG, 4. Aufl. 1996, § 246 AktG Rz. 74.

8. Abschnitt: Rechte und Pflichten des Vorstands im Unternehmensverbund

§ 31 Besonderheiten der konzernverbundenen AG

Literaturübersicht: *Bälz*, Einheit und Vielheit im Konzern, in FS Raiser, 1974, S. 287; *Decher*, Das Konzernrecht des Aktiengesetzes – Bestand und Bewährung, ZHR 171 (2007), 126; *Emmerich/Habersack*, Aktien- und GmbH-Konzernrecht, 9. Aufl. 2019; *Hommelhoff*, Die Konzernleitungspflicht, 1982; *Hommelhoff*, Konzernorganisation und Haftungsbeschränkung – zur Legitimität des faktischen Konzerns –, ZGR 2019, 379; *Liebscher*, Die GmbH als Konzernbaustein (GmbH-Konzernrecht), in MünchKomm/GmbHG, 3. Aufl. 2018, § 13 Anh.; *Lutter/Bayer* (Hrsg.), Holding-Handbuch, 5. Aufl. 2015; *Poelzig*, Angriffe auf das konzernrechtliche Trennungsprinzip und ihre Folgen für die Konzernleitung, in VGR, Gesellschaftsrecht in der Diskussion, 2017, Bd. 23, S. 83 ff.; *Schön*, Organisationsfreiheit und Gruppeninteresse im Europäischen Konzernrecht, ZGR 2019, 343.

I. Grundlagen

Unternehmensleitung und -kontrolle sind im vielgliedrigen Konzern eine ungleich 1220
größere Herausforderung als in der Einheitsgesellschaft. Neben die **Komplexität der gesetzlichen Regeln** tritt die namentlich auf dem Nebeneinander von Leitungs- und Überwachungsorganen bei den einzelnen Konzernunternehmen beruhende **faktische Verkomplizierung der Verhältnisse im Konzern.** Während sich im Konzern für den Vorstand der herrschenden AG der unternehmerische Handlungsspielraum – und damit einhergehend auch die Reichweite seiner Pflichtenbindung – erweitert, ist der Vorstand der abhängigen AG bei Fehlen eines Beherrschungsvertrags regelmäßig dem ständigen, mehr oder weniger deutlich formulierten Anliegen des herrschenden Unternehmens ausgesetzt, dem Konzerninteresse Vorrang vor den Belangen der abhängigen Gesellschaft einzuräumen. Zwischen der Einheit des Konzerns als ein Unternehmensverbund im wirtschaftlichen Sinn einerseits und der Vielheit der den Konzern konstituierenden rechtlichen Einheiten andererseits besteht ein Spannungsverhältnis. Rechtlich macht die Konzernverbindung die verschiedenen Konzernunternehmen nicht zu einem einheitlichen Unternehmen, und erst recht ist der Konzern **keine eigene Rechtsform.** Es verbleibt vielmehr bei der rechtlichen Selbstständigkeit der einzelnen Gruppengesellschaften und dem Vorrang der jeweils für sie geltenden rechtsformspezifischen Regeln, bei nach ausländischem Recht gegründeten

und im Ausland ansässigen Konzerngesellschaften namentlich des für sie geltenden ausländischen Rechts.[1]

1221 Im Konzern besteht die Gefahr, dass das abhängige Unternehmen zugunsten der Interessen der Obergesellschaft instrumentalisiert wird. Primäres gesetzgeberisches Anliegen im Konzern ist deshalb der **Schutz der Minderheitsgesellschafter** (die „außenstehenden“ Aktionäre) sowie der **Gläubiger** der abhängigen Gesellschaft.[2] Unbeschadet dessen ist die Zulässigkeit einer einheitlichen Führung durch den Vorstand der Obergesellschaft grundsätzlich anerkannt; die Wirtschaftlichkeit des Ausnutzens von Synergieeffekten über rechtliche Einheiten hinweg legitimiert die intensivere, über eine Kooperation auf Grund bloßer Austauschverträge hinausgehende unternehmerische Zusammenarbeit. Das Konzernrecht ist deshalb nicht nur Schutzrecht, sondern auch und insbesondere Organisationsrecht, das durch die Vorgabe von Informations-, Dokumentations- und Einflussnahmerechten im Unternehmensverbund die Grundlage und den Rahmen für die **legitime Konzernbildung** und die Ausübung von **Leitungsmacht** im Konzern schafft.[3] Verstärkend kommt die aktuelle Rechtsentwicklung namentlich auf Europäischer Ebene hinzu, die Muttergesellschaft unter Negierung der rechtlichen Selbständigkeit der nachgeordneten Konzerngesellschaften in eine umfassende, gruppenweite Generalverantwortung zu nehmen.[4] Es ist folgerichtig, dass damit die Frage nach Kontroll- und Einflussnahmerechten der Muttergesellschaft aufgeworfen ist, die diese in Stand setzen, der gruppenweiten Verantwortlichkeit auch tatsächlich gerecht zu werden und die mit der Gruppenbildung verbundenen Risiken angemessen kontrollieren zu können. Das stößt bei Fehlen eines Beherrschungsvertrags, also im lediglich faktischen Konzern (dazu Rz. 1228 ff.), in dem das herrschende Unternehmen kein Weisungsrecht gegenüber dem Vorstand der abhängigen AG hat, auf Schwierigkeiten. Die Antwort des deutschen Konzernrechts auf diese Entwicklung steht noch aus.[5]

1222 Für den Vorstand einer konzernverbundenen AG ergeben sich also eine Reihe von Besonderheiten im Vergleich zur Situation bei der unverbundenen, allein stehenden AG. Was den Vorstand einer herrschenden Gesellschaft anbelangt, so trifft ihn zwar richtigerweise **keine Verpflichtung zur umfassenden Konzernleitung** (dazu § 32 Rz. 1266 f.), er kann sich im Rahmen seines unternehmerischen Leitungsermessens auch für eine dezentrale Konzernorganisation entscheiden und den Leitungsorganen der Konzerngesellschaften die unternehmerische Entscheidungsfreiheit im Wesentli-

1 *Kindler* in MünchKomm/BGB, 7. Aufl. 2018, Band 12, Internationales Handels- und Gesellschaftsrecht Rz. 681 ff.; *Liebscher*, GmbH-Konzernrecht, Rz. 1230 ff.; grundlegend *Assmann* in Großkomm/AktG, 4. Aufl. 2004, Einl. Rz. 517 ff.

2 *Habersack* in Emmerich/Habersack, Aktien- und GmbH-Konzernrecht, Einl. Rz. 1.

3 Eing. *Habersack* in Emmerich/Habersack, Aktien- und GmbH-Konzernrecht, Einl. Rz. 1 ff.; § 311 AktG Rz. 1 ff., 8 ff.

4 Zusammenfassend *Hüffer/Koch*, § 1 AktG Rz. 21; aktuelle Bestandsaufnahme bei *Poelzig* in VGR, Gesellschaftsrecht in der Diskussion 2017, Bd. 23, S. 83 ff.

5 Plakativ die Formulierung bei *Hommelhoff*, Konzernorganisation und Haftungsbeschränkung – zur Legitimität des faktischen Konzerns –, ZGR 2019, 379, 387: „*Der faktische Konzern: eine in ihrer rechtlichen Existenz bedrohte Organisationsform*“.

chen uneingeschränkt überlassen. Der Vorstand der herrschenden AG muss aber dem Konzernsachverhalt im Rahmen seiner Überwachungsaufgabe Rechnung tragen und ist zur Etablierung und Aufrechterhaltung einer **sachgerechten Konzernorganisation** verpflichtet, namentlich im Hinblick auf das Konzern-Controlling sowie die Compliance und die Sicherstellung von hinreichenden Berichts- und Informationspflichten in der gesamten Unternehmensgruppe.[6]

Entsprechendes gilt mit umgekehrter Perspektive für den Vorstand der abhängig konzernverbundenen AG. Er bleibt zwar in der nur faktisch beherrschten AG der Leitung seiner Gesellschaft unter Orientierung an deren **Unternehmensinteresse** in eigener Verantwortung verpflichtet. Doch trifft ihn über die Sicherstellung der gegenüber dem herrschenden Unternehmen bestehenden Informations- und Rechnungslegungspflicht des § 294 Abs. 3 HGB hinaus die Verpflichtung, auch das **Konzerninteresse** zu berücksichtigen, und er hat einer Reihe von Folgepflichten Rechnung zu tragen, insbesondere derjenigen zur Vorlage eines Abhängigkeitsberichts nach § 312 AktG. Unter den Voraussetzungen der §§ 311 ff. AktG kann sich der Vorstand der abhängigen AG im Übrigen dafür entscheiden, dem Konzerninteresse weitgehend den Vorrang einzuräumen (näher § 320 AktG). 1223

II. Der Konzern und seine Typologie

1. Der Konzernverbund als Regelfall

Die große Mehrzahl der Aktiengesellschaften ist in einen **Unternehmensverbund** einbezogen, sei es als Obergesellschaft einer Unternehmensgruppe, sei es als nachgeordnete Gruppengesellschaft; im mehrstufigem Konzern trifft nicht selten beides zusammen mit der Folge, dass der Vorstand der als AG verfassten Zwischenholding mit Blick nach oben ein abhängiges und mit Blick nach unten ein herrschendes Unternehmen zu leiten hat. Aktiengesellschaften, die weder über rechtlich selbständige Tochtergesellschaften verfügen noch einen Mehrheitsaktionär haben, dem Unternehmenseigenschaft im Sinne des Konzernrechts zukommt, stellen die Ausnahme dar. Für den Konzern unter Beteiligung einer Aktiengesellschaft enthält das AktG in den §§ 15–22 AktG und §§ 291–238 AktG eine **umfassende Kodifizierung** des Rechts der konzernverbundenen Unternehmen. Für die SE mit Sitz in Deutschland sind die konzernrechtlichen Bestimmungen entsprechend anwendbar.[7] 1224

---

6 § 90 Abs. 1 Satz 2 AktG, wonach der Bericht des Vorstands an den Aufsichtsrat auch auf Tochterunternehmen und Gemeinschaftsunternehmen der AG einzugehen hat, bringt dies nur ansatzweise zum Ausdruck. Zur Reichweite der Vorschrift (eingefügt durch das Gesetz zur weiteren Reform des Aktien- und Bilanzrechts, zu Transparenz und Publizität (TransPuG) v. 26.7.2002, BGBl. I 2002, 2681) vgl. *Spindler* in MünchKomm/AktG. 5. Aufl. 2019, § 90 AktG Rz. 22 f.

7 *Habersack* in Emmerich/Habersack, Aktien- und GmbH-Konzernrecht, Einl. Rz. 46 f.

2. Unternehmen im Sinne des Konzernrechts

1225 Zentraler Anknüpfungspunkt der konzernrechtlichen Sonderregelungen ist der **Unternehmensbegriff**. Das Gesetz definiert den Begriff des Unternehmens nicht. Aus dem Schutzzweck des Konzernrechts, die abhängige Gesellschaft, deren außenstehenden Gesellschafter sowie die Gläubiger vor der Gefahr zu schützen, dass sich ein beteiligtes Unternehmen bei Ausübung seiner Beteiligungsrechte von seinen eigenen, anderweitigen unternehmerischen Interessen leiten lässt und diesen den Vorrang einräumt, folgt, dass zumindest im konzernrechtlichen Kontext die Unternehmenseigenschaft dann zu bejahen ist, wenn die Möglichkeit eines solchen **konzernspezifischen Interessenkonfliktes** besteht. Demnach muss für das herrschende und für das abhängige Unternehmen jeweils gesondert ermittelt werden, ob es sich – ausgehend von der konzerntypischen Gefahrenlage – um ein Unternehmen im konzernrechtlichen Sinne handelt.[8]

1226 Im Einzelfall muss der Vorstand der abhängigen Gesellschaft zur Identifizierung eines herrschenden Unternehmens prüfen, ob ein über eine **Mehrheitsbeteiligung verfügender Aktionär anderweitige unternehmerische Interessen** verfolgt, die so gewichtig sind, dass bei abstrakter Betrachtung das Risiko besteht, der Aktionär könne diesen Interessen bei Ausübung seiner Beteiligungsrechte den Vorrang einräumen.[9] Hierfür ist weder ein eigener Gewerbebetrieb noch eine sonstige institutionelle Organisation erforderlich. Ausreichend ist bereits, dass der beteiligte Gesellschafter anderweitige unternehmerische Interessen außerhalb seiner Beteiligung verfolgt. Die schlichte Beteiligung an einer anderen Aktiengesellschaft führt aber im Regelfall nicht zur Unternehmenseigenschaft. Erforderlich ist das Halten einer weiteren **maßgeblichen Beteiligung** an einem Unternehmen. Abgrenzungsprobleme können sich dabei namentlich bei Aktionären ergeben, die ihre Aktionärsrechte einheitlich ausüben, etwa auf der Grundlage eines Pool- oder Konsortialvertrages.[10]

---

8 Vgl. *Bayer* in MünchKomm/AktG, 5. Aufl. 2019, § 15 AktG Rz. 11, 48; *Koppensteiner* in KölnKomm/AktG, 3. Aufl. 2011, § 15 AktG Rz. 17; *Liebscher*, GmbH-Konzernrecht, Rz. 55; *Hüffer/Koch*, § 15 AktG Rz. 8; *Krieger* in MünchHdb. GesR AG, § 69 Rz. 5; *Bayer*, ZGR 2002, 933; jew. m.w.N. Zur SE als abhängiges oder herrschendes Unternehmen s. *Habersack* in Emmerich/Habersack, Aktien- und GmbH-Konzernrecht, Einl. Rz. 46f.; *Brandi*, NZG 2003, 889; *Ebert*, BB 2003, 1854; *Hommelhoff*, AG 2003, 179.

9 BGH v. 13.10.1977 – II ZR 123/76 (VEBA/Gelsenberg), BGHZ 69, 334, 337; BGH v. 8.5.1979 – KVR 1/78, BGHZ 74, 359, 364 f. = AG 1980, 50; BGH v. 17.3.1997 – II ZB 3/96, BGHZ 135, 107, 113 = AG 1997, 374; *Bayer* in MünchKomm/AktG, 5. Aufl. 2019, § 15 AktG Rz. 13; *Liebscher*, GmbH-Konzernrecht, Rz. 57 ff.; *Hüffer/Koch*, § 15 AktG Rz. 10; *Koppensteiner* in KölnKomm/AktG, 3. Aufl., § 15 AktG Rz. 29.

10 Vgl. zu einzelnen Aktionären BGH v. 18.6.2001 – II ZR 212/99, BGHZ 148, 123 = AG 2001, 588 m. Anm. *Cahn*, AG 2003, 179; *Kort*, EWiR 2001, 1079; OLG Karlsruhe v. 9.6.1999 – 1 U 288/98, NZG 1999, 953 = AG 2000, 79; ausführlich *Bayer* in MünchKomm/AktG, 4. Aufl. 2016, § 15 Rz. 17 ff.; *Bayer*, ZGR 2002, 933, 936 ff.; *Koppensteiner* in Köln-Komm. AktG, 3. Aufl., § 15 AktG Rz. 59, 67; vgl. aber *Hüttemann*, ZHR 156 (1992), 314 m. abw. M.

1227 Abhängige Unternehmen i.S.d. §§ 291 ff. AktG sind **stets Aktiengesellschaften.**[11] Für andere Vorschriften, namentlich die §§ 20, 21, 71d Satz 2, 89 Abs. 2, 136 Abs. 2 AktG sowie die §§ 290 ff. HGB ist dagegen eine am Normzweck ausgerichtete Definition des abhängigen Unternehmens maßgeblich. In den dort angesprochenen Konstellationen genügt wegen der bei einer Vielzahl von wirtschaftlichen Zusammenschlüssen bestehenden Gefahr der Beeinflussung durch externe Interessen jede rechtlich organisierte Vermögenseinheit ohne Rücksicht auf Rechtsform oder Geschäftsbetrieb, um als Unternehmen im konzernrechtlichen Sinne behandelt zu werden.[12]

III. Formen des Unternehmensverbunds

1228 Die unterschiedlichen Ausprägungen des Verbundes mehrerer Unternehmen zählt § 15 AktG auf; danach ist zu unterscheiden zwischen im Verhältnis zueinander in Mehrheitsbesitz stehenden Unternehmen und mit Mehrheit beteiligten Unternehmen (§ 16 AktG), abhängigen und herrschenden Unternehmen (§ 17 AktG), Konzernunternehmen (§ 18 AktG), wechselseitig beteiligten Unternehmen (§ 19 AktG) und Vertragsteilen eines Unternehmensvertrags (§§ 291, 292 AktG). Im Hinblick auf die Intensität der Konzernverbindung lassen sich der faktische Konzern (dazu Rz. 1229), der Vertragskonzern (dazu Rz. 1234) und die Eingliederung (dazu Rz. 1236) unterscheiden.

1. Faktischer Konzern

1229 Der so genannte faktische Konzern ist kein Rechtsbegriff, sondern hat im Sprachgebrauch Auffangfunktion für die Unternehmensverbindungen, die sich nicht als Vertragskonzern oder als Eingliederung darstellen. Zentrales Wesensmerkmal und Tatbestandsvoraussetzung des faktischen Konzerns ist die in § 17 Abs. 1 AktG definierte **Abhängigkeit** einer AG von einem anderen Unternehmen; sie ist notwendige, aber auch hinreichende Voraussetzung für die Anwendung der §§ 311 ff. AktG. Kommt noch die **einheitliche Leitung** durch das herrschende Unternehmen hinzu, entsteht in der Terminologie des Aktiengesetzes ein Unterordnungskonzern, ohne dass sich damit für die praktische Rechtsanwendung wesentliche Konsequenzen knüpfen. Die praktische Bedeutung des in § 18 Abs. 2 AktG angesprochenen **Gleichordnungskonzerns** schließlich ist gering.

a) Abhängigkeit i.S.d. § 17 AktG

1230 Besteht eine Mehrheitsbeteiligung i.S.v. § 16 Abs. 1 AktG, also eine Mehrheit der Kapitalanteile oder eine Mehrheit der Stimmrechte, knüpft das Gesetz hieran die **Vermutung der Abhängigkeit** nach § 17 Abs. 2 AktG. Diese Vermutung kann nament-

---

11 Die Vorschriften finden bei anderen Unternehmensformen teilweise analog Anwendung, s. etwa *Liebscher*, GmbH-Konzernrecht, Rz. 36 ff. für die GmbH.

12 *Bayer* in MünchKomm/AktG, 5. Aufl. 2019, § 15 AktG Rz. 48; *Hüffer/Koch*, § 15 AktG Rz. 19; *Liebscher*, GmbH-Konzernrecht, Rz. 88; *Koppensteiner* in KölnKomm/AktG, 3. Aufl., § 15 AktG Rz. 86.

lich durch Abschluss eines Entherrschungsvertrages widerlegt werden.[13] Daneben kommt eine Widerlegung der Abhängigkeitsvermutung etwa dann in Betracht, wenn qualifizierte Beschlussmehrheiten oder Stimmbindungsverträge bestehen, die dem Mehrheitsgesellschafter die Möglichkeit nehmen, sich bei der Beschlussfassung in der Hauptversammlung mit seinen Stimmen durchzusetzen.[14]

1231 Auch ohne Mehrheitsbeteiligung kann bei hinreichendem Aktienbesitz in Verbindung mit **weiteren Umständen** ein beherrschender Einfluss gem. § 17 Abs. 1 AktG auf die Unternehmensleitung gesichert sein. So liegt es, wenn zusätzlich zu der aktienrechtlichen Einflussnahme durch die Hauptversammlung auf Grund rechtlicher oder tatsächlicher Umstände eine Einflussnahme auf die Leitung der abhängigen Gesellschaft verlässlich gesichert ist.[15] Rein **wirtschaftliche Abhängigkeiten** scheiden aus dem Anwendungsbereich des § 17 Abs. 1 AktG demgegenüber aus, d.h. solche, die lediglich auf externen Austauschbeziehungen – beispielsweise Liefer- oder Kreditverträgen – beruhen; diese Umstände können aber im Zusammenspiel mit einer bestehenden gesellschaftsrechtlichen Position zu einem beherrschenden Einfluss beitragen.[16] In erster Linie kommen daher für die Begründung der einfachen Abhängigkeit die auf Grund der durchschnittlichen Präsenz bestehende **faktische Hauptversammlungsmehrheit**, gegebenenfalls auf der Grundlage von Stimmbindungsverträgen oder Stimmrechtskonsortien, in Betracht, daneben aber auch tatsächliche Gegebenheiten, die potentiell eine beständige Unterstützung durch andere Gesellschafter gewährleisten.[17] Demgegenüber ist eine Mitgliedschaft im Aufsichtsrat allein nicht ausreichend, da damit noch keine gesicherte Einflussnahmemöglichkeit auf die Entscheidungen des Vorstands verbunden ist.[18] Bei einem aus verschiedenen Rechtspositionen und Gegebenheiten abgeleiteten Einfluss sind ständig alle Veränderungen der Situation im Blick zu behalten: So kann etwa gegen die Annahme eines fortbestehenden beherrschenden Einflusses sprechen, wenn der Aktienbesitz verringert wird

---

13 Vgl. dazu *Krieger* in MünchHdb. GesR AG, § 69 Rz. 59.

14 *Hüffer/Koch*, § 15 AktG Rz. 21; *Liebscher*, GmbH-Konzernrecht, Rz. 114; *Koppensteiner* in KölnKomm/AktG, 3. Aufl. 2011, § 17 AktG Rz. 104; *Notthoff*, DZWiR 1998, 29.3.

15 *Bayer* in MünchKomm/AktG, 5. Aufl. 2019, § 17 AktG Rz. 21; *Emmerich* in Emmerich/Habersack, Aktien- und GmbH-Konzernrecht, § 17 AktG Rz. 18 ff.; *Hüffer/Koch*, § 17 AktG Rz. 4 f.; *Liebscher*, GmbH-Konzernrecht, Rz. 103.

16 BGH v. 26.3.1984 – II ZR 171/83, BGHZ 90, 381, 395 f. = AG 1984, 181; OLG Düsseldorf v. 25.3.2009 – 26 W 5/08 (AktE), AG 2009, 873 ff.; *Bayer* in MünchKomm/AktG, 5. Aufl. 2019, § 17 AktG Rz. 32; *Hüffer/Koch*, § 17 AktG Rz. 8; *Koppensteiner* in KölnKomm/AktG, 3. Aufl., § 17 AktG Rz. 59; a.A. BKartA v. 11.8.1994 – B 7 – 36 44 00 – U 56/94, AG 1995, 429.

17 BGH v. 17.3.1997 – II ZB 3/96, BGHZ 135, 107, 114 = AG 1997, 374; OLG Düsseldorf v. 25.3.2009 – 26 W 5/08 (AktE), AG 2009, 873 ff.; *Emmerich* in Emmerich/Habersack, Aktien- und GmbH-Konzernrecht, § 17 AktG Rz. 19; *Hüffer/Koch*, § 17 AktG Rz. 9; *Koppensteiner* in KölnKomm/AktG, 3. Aufl., § 17 AktG Rz. 40 ff.; vgl. *Küting*, DB 2009, 73 zu Hauptversammlungspräsenzen.

18 Vgl. BGH v. 9.5.2005 – II ZR 66/03, AG 2005, 617 ff. Dies ist wegen des Rechts zur Bestellung und Abberufung des Vorstands dann anders zu beurteilen, wenn die Mehrheit des Aufsichtsrats gesichert durch ein anderes Unternehmen bestimmt wird, vgl. dazu *Hoffmann-Becking* in MünchHdb. GesR AG, § 33 Rz. 8.

und weitere Umstände darauf hindeuten, dass ein Aktionär seine Interessen nicht mehr unternehmerisch verfolgt.[19]

Wird die Abhängigkeitsvermutung nicht widerlegt oder kann die Abhängigkeit i.S.d. 1232
§ 17 Abs. 1 AktG auch ohne das Bestehen einer gesicherten Mehrheit in der Hauptversammlung begründet werden, müssen die Vorstände der Ober- wie der Untergesellschaft im relevanten Zeitraum die Sonderregelungen der §§ 311–318 AktG über den faktischen Konzern berücksichtigen. Danach trifft den Vorstand der abhängigen Gesellschaft insbesondere die Verpflichtung zur Aufstellung eines **Abhängigkeitsberichts** nach § 312 AktG.

b) Einheitliche Leitung i.S.d. § 18 Abs. 1 Satz 1 AktG

Ein **Unterordnungskonzern** entsteht nur dann, wenn zur Abhängigkeit die Unter- 1233
stellung der abhängigen Gesellschaft unter einer „einheitlichen Leitung" gem. § 18 Abs. 1 Satz 1 AktG hinzutritt. Die Voraussetzungen der einheitlichen Leitung werden freilich uneinheitlich bestimmt. So wird teilweise verlangt, dass eine wirtschaftliche Einheit der Unternehmen in dem Sinne bestehen muss, dass alle wesentlichen unternehmerischen Leitungsfunktionen in wichtigen Bereichen der Unternehmenspolitik von dem herrschenden Unternehmen bestimmt werden (**enger Konzernbegriff**).[20] Nach anderer Auffassung, die den Vorzug verdient, genügt es, wenn in einem zentralen Bereich des Unternehmens maßgeblich Einfluss ausgeübt wird (**weiter Konzernbegriff**).[21] Die Bedeutung dieses Meinungsstreits ist jedoch gering: Die an den Begriff der einheitlichen Leitung anknüpfenden Normen sind insbesondere deswegen nicht sehr zahlreich, weil im HGB ein eigener, rechnungslegungsspezifischer Konzernbegriff gilt. Im Aktienrecht nehmen etwa nur §§ 97 Abs. 1 Satz 1, 100 Abs. 2 Satz 2, §§ 104 Abs. 1 Satz 3 Nr. 1, 250 Abs. 1 Satz 2 Nr. 1, 145 Abs. 3 AktG auf Konzernunternehmen Bezug, wobei einige dieser Normen zudem Konzernunternehmen mit abhängigen oder herrschenden Unternehmen gleichstellen (vgl. etwa § 145 Abs. 3 AktG).

2. Vertragskonzern

Ein vertraglicher Unterordnungskonzern entsteht bei Abschluss eines Beherr- 1234
schungsvertrages. Mit dem **Beherrschungsvertrag** unterstellt die Aktiengesellschaft ihre **Leitung** einem anderen Unternehmen, vgl. § 291 Abs. 1 Satz 1 AktG, so dass nach § 18 Abs. 1 Satz 2 AktG unwiderleglich ein Unterordnungskonzern vermutet wird. Damit wird eine intensivere Konzernbeziehung begründet, die insbesondere das herrschende Unternehmen berechtigt, dem Vorstand der abhängigen Gesellschaft hinsichtlich der Leitung der Gesellschaft **nachteilige Weisungen** zu erteilen.

19 BGH v. 26.3.1984 – II ZR 171/83, BGHZ 90, 381, 395 f. = AG 1984, 181.

20 *Hüffer/Koch*, § 18 AktG Rz. 9 f.; *Koppensteiner* in KölnKomm/AktG, 3. Aufl., § 18 AktG Rz. 17 ff.

21 *Bayer* in MünchKomm/AktG, 5. Aufl. 2019, § 18 AktG Rz. 33; *Emmerich* in Emmerich/Habersack, Aktien- und GmbH-Konzernrecht, § 18 AktG Rz. 12 ff.; *Hommelhoff*, Konzernleitungspflicht, S. 220 ff.; *Krieger* in MünchHdb. GesR AG, § 69 Rz. 70.

Den Vorstand der abhängigen Gesellschaft trifft im Vertragskonzern die Verpflichtung, den Weisungen des herrschenden Unternehmens zu folgen, vgl. § 308 AktG.

1235 Ob ein **Beherrschungsvertrag** gegeben ist, richtet sich nach dem **Inhalt des Vertrages**; ob er explizit als Beherrschungsvertrag bezeichnet ist oder nicht, ist unerheblich. Der herrschende Vertragspartner muss in die Lage versetzt werden, seine unternehmerischen Vorstellungen gegenüber dem Vorstand der beherrschenden Gesellschaft breitflächig und bis in Entscheidungen des Tagesgeschäfts hinein rechtlich durchzusetzen. Dagegen handelt es sich bei einer Vereinbarung eines **Gleichordnungskonzerns** i.S.d. § 18 Abs. 2 AktG nach § 291 Abs. 2 AktG nicht um einen Beherrschungsvertrag, da nur eine einheitliche Leitung mehrerer Unternehmen begründet wird, ohne dem einen Unternehmen über das andere eine Vormachtstellung einzuräumen.[22] Für die Annahme eines Beherrschungsvertrages ist es auch nicht erforderlich, die Weisungsbefugnis im Vertrag ausdrücklich vorzusehen. Dieses den Beherrschungsvertrag auszeichnende Element muss sich aber dem Vertrag im Wege der Auslegung entnehmen lassen.[23] Die Rechtsprechung verlangt hierfür, dass sich aus dem Vertrag die rechtlich gesicherte Möglichkeit zur Durchsetzung der Leitungsmacht im Sinne eines gegen die abhängige Gesellschaft durchsetzbaren Anspruchs des herrschenden Unternehmens ableiten lässt.[24] Im Einzelfall kann die **Abgrenzung** zwischen einem verdeckten Beherrschungsvertrag und einem nicht organisationsrechtlich wirkenden Schuldverhältnis schwierig sein.[25] Für den wirksamen Abschluss eines Beherrschungsvertrages bedarf es in formeller Hinsicht gem. § 293 AktG der Schriftform sowie der Zustimmung der Hauptversammlung aller beteiligten Unternehmen mit qualifizierter Mehrheit.[26] In inhaltlicher Hinsicht sind gem. § 304 AktG nähere Bestimmungen über einen angemessenen Ausgleich für außenstehende Aktionäre sowie nach § 305 AktG über die Möglichkeit, gegen eine angemessene Abfindung aus der Gesellschaft auszuscheiden, erforderlich.[27] Diese zwingenden Vor-

22 Näher dazu *Altmeppen* in MünchKomm/AktG, 4. Aufl. 2015, § 291 AktG Rz. 213 ff.; *Emmerich* in Emmerich/Habersack, Aktien- und GmbH-Konzernrecht, § 291 AktG Rz. 73; *Hüffer/Koch*, § 291 AktG Rz. 34 f.; *Koppensteiner* in KölnKomm/AktG, 3. Aufl., § 291 AktG Rz. 99.

23 OLG Schleswig-Holstein v. 27.8.2008 – 2 W 160/05, AG 2009, 374 ff.; *Emmerich* in Emmerich/Habersack, Aktien- und GmbH-Konzernrecht, § 291 AktG Rz. 11 ff.; *Hirte/Schall*, Der Konzern 2006, 243 ff.; *Hüffer/Koch*, § 291 AktG Rz. 10; *Koppensteiner* in KölnKomm/AktG, 3. Aufl., § 291 AktG Rz. 20; *Liebscher*, GmbH-Konzernrecht, Rz. 663, 672. Zur Beendigung des Vertrages s. etwa *Hentzen*, NZG 2008, 201 ff.

24 Nachweise bei *Emmerich* in Emmerich/Habersack, Aktien- und GmbH-Konzernrecht, § 291 AktG Rz. 14.

25 Eingeh. *Emmerich* in Emmerich/Habersack, Aktien- und GmbH-Konzernrecht, § 291 AktG Rz. 24 ff. mit umf. Nachw.

26 Zum Bericht und der Prüfung des Unternehmensvertrages, §§ 293a ff. AktG; näher zum Abschlussvorgang *Altmeppen*, DB 1994, 1273 ff.; *Liebscher*, GmbH-Konzernrecht, Rz. 724 ff.; *Schubel* in Henn/Frodermann/Jannott, Hdb. des Aktienrechts, 14. Kap. Rz. 169 ff.

27 Ausführlich *Schubel* in Henn/Frodermann/Jannott, Hdb. des Aktienrechts, 14. Kap. Rz. 157 ff.; *Koppensteiner* in KölnKomm/AktG, 3. Aufl., § 291 AktG Rz. 52 ff. Zur Nichtigkeit des Beherrschungsvertrages und zur Frage einer Anwendung der Grund-

gaben, insbesondere die Verpflichtung des herrschenden Unternehmens zur Gewährung eines Ausgleichs und die Abgabe eines Abfindungsangebots an die außenstehenden Aktionäre, haben die Kautelarpraxis veranlasst, die angestrebte enge unternehmerische Einbindung des abhängigen Unternehmens in den Gesamtkonzern auf der Grundlage innovativer Konzern-Koordinationsverträge zu erreichen, um auf rein schuldrechtlicher Grundlage der durch einen Beherrschungsvertrag vermittelten Leitungsmacht möglichst nahe zu kommen. Die rechtliche Einordnung solcher, nicht selten als „Business Combination Agreement" oder „Relationship Agreement" bezeichneten Vereinbarungen[28] zwischen herrschendem und abhängigem Unternehmen hängt von den im Vertrag im Einzelnen bestimmten Rechten und Pflichten der Parteien ab und ist anspruchsvoll; die Fallaufarbeitung durch die Gerichte ist noch im Fluss.[29] Für die Vorstände resultiert daraus sowohl auf Seiten der herrschenden wie der abhängigen Gesellschaft die Verpflichtung, mit besonderer Sorgfalt zu prüfen, ob die verabredete Intensität der Einflussnahmemöglichkeiten des herrschenden Unternehmens auf die Leitungsentscheidungen des abhängigen Unternehmens die Schwelle zum Beherrschungsvertrag überschreitet.

3. Eingliederung

Mit der Eingliederung, die in §§ 319–327 AktG geregelt ist, wird die **intensivste Form der Konzernierung** begründet: Sie führt dazu, dass die abhängige AG zur 100 % Tochter des herrschenden Unternehmens wird. Die Eingliederung begründet ein umfassendes Weisungsrecht der Hauptgesellschaft. Ist eine Gesellschaft eingegliedert, wird das Bestehen eines Konzerns i.S.d. § 18 Abs. 1 Satz 2 AktG unwiderleglich vermutet. 1236

Voraussetzung einer Eingliederung ist, dass beide Gesellschaften die Rechtsform der **Aktiengesellschaft** haben und im Inland ansässig sind. Für Aktiengesellschaften stehen – je nach Anteil des Aktienbesitzes – **zwei** verschiedene **Formen der Eingliederung** zur Verfügung. Hält eine AG bereits 100 % der Aktien eines einzugliedernden Unternehmens, kann sie nach § 319 AktG durch Beschlüsse der Hauptversammlung beider beteiligter Gesellschaften die Eingliederung beschließen.[30] Wenn das Un- 1237

---

sätze der fehlerhaften Gesellschaft *Altmeppen* in MünchKomm/AktG, 4. Aufl. 2015, § 291 AktG Rz. 193 ff.; *Emmerich* in Emmerich/Habersack, Aktien- und GmbH-Konzernrecht, § 291 AktG Rz. 28 ff.; *Ederle*, AG 2010, 273; *Hirte/Schall*, Der Konzern 2006, 243 ff.; *Hüffer/Koch*, § 291 AktG Rz. 20; *Kort*, NZG 2009, 364 ff.; s. auch OLG Schleswig-Holstein v. 27.8.2008 – 2 W 160/05, AG 2009, 374 ff.

28 Dazu eingeh. *Seibt* in FS K. Schmidt, 2019, S. 431 mit einer tendenziell großzügigen Perspektive.

29 Ausführliche Diskussion mit umf. Nachweisen des Meinungsstandes bei *Emmerich* in Emmerich/Habersack, Aktien- und GmbH-Konzernrecht, § 291 AktG Rz. 24, 24d ff.

30 Näher zum Verfahren *Grunewald* in MünchKomm/AktG, 4. Aufl. 2015, § 319 AktG Rz. 5 ff.; *Habersack* in Emmerich/Habersack, Aktien- und GmbH-Konzernrecht, § 319 AktG Rz. 10 ff.; *Hüffer/Koch*, § 319 AktG Rz. 3 ff.; *Koppensteiner* in KölnKomm/AktG, 3. Aufl., § 319 AktG Rz. 2 ff.; *Pfeiffer*, DZWiR 2005, 452; *Schubel* in Henn/Frodermann/Jannott, Hdb. des Aktienrechts, 14. Kap. Rz. 210 ff.

ternehmen mindestens 95 % der Aktien einer AG innehat,[31] findet § 320 AktG Anwendung; danach ist den außenstehenden Aktionären, die mit Wirksamwerden der Eingliederung ausscheiden, eine Abfindung in Geld oder in Aktien der Obergesellschaft anzubieten. Zum Schutze der Minderheitsaktionäre der einzugliedernden Gesellschaft sind bei der Mehrheitseingliederung weitere Vorgaben zu beachten.[32] Dabei hat vor allem die einzugliedernde Gesellschaft weitere Kautelen bei der Beschlussfassung der Hauptversammlung zur Zustimmung zu der Eingliederung zu beachten; außerdem ist nach § 320 Abs. 3 AktG ein Eingliederungsprüfer zu bestellen. Schließlich sind die Regelungen über eine angemessene Abfindung der ausscheidenden Aktionäre zu beachten, vgl. § 320b AktG.[33]

IV. Geschäfte mit nahestehenden Personen – Related Party Transactions

Literaturübersicht: *Bungert/Berger*, Say on Pay und Related Party Transactions: Der RefE des Gesetzes zur Umsetzung der zweiten Aktionärsrechterichtlinie (Teil 2), DB 2018, 2860; *Eisele/Oser*, RegE ARUG II: Ausgewählte Anwendungsfragen der neuen Zustimmungs- und Publizitätspflichten für Geschäfte mit nahestehenden Personen, DB 2019, 1517; *Grigoleit*, Regulierung von Related Party Transactions im Kontext des deutschen Konzernrechts, ZGR 2019, 412; *Lieder/Wernert*, Related Party Transactions nach dem Referentenentwurf eines ARUG II, ZIP 2018, 2441; *Lieder/Wernert*, Related Party Transactions: Ein Update zum Regierungsentwurf des ARUG II, ZIP 2019, 989; *Kleinert/Mayer*, Related Party Transactions nach dem Referentenentwurf zum ARUG II, EuZW 2019, 103; *Mörsdorf/Piroth*, Neue Aktionärsrechte-Richtlinie und Minderheitenschutz im deutschen Aktienrecht – Unlösbarer Konflikt oder friedliche Koexistenz, ZIP 2018, 1469; *Müller*, Related Party Transactions im Konzern, ZGR 2019, 97; *Mutter*, § 111b AktG i.d.F. durch das ARUG II im Lichte der „Schloss Eller"-Rechtsprechung des BGH, AG 2019, R196; *J. Schmidt*, Die Umsetzung der Aktionärsrechte-Richtlinie 2017: der Referentenentwurf für das ARUG II, NZG 2018, 1201; *J. Schmidt*, Related Party Transactions nach dem RegE zum ARUG II, EuZW 2019, 261; *Seidel*, Konzerninterne Related Party Transaction nach der Aktionärsrechte-Richtlinie II, AG 2018, 423; *Spindler/Seidel*, Die Zustimmungspflicht bei Related Party Transactions in der konzernrechtlichen Diskussion, AG 2017, 169; *Tarde*, Die verschleierte Konzernrichtlinie: Zu den neuen EU-Vorgaben für related party transactions und ihren Auswirkungen auf das deutsche Recht,

---

31 Fehlt es an der Beteiligung von mindestens 95 %, ist der Beschluss nchtig, vgl. *Habersack* in Emmerich/Habersack, Aktien- und GmbH-Konzernrecht, § 320 AktG Rz. 10; *Koppensteiner* in KölnKomm/AktG, 3. Aufl. 2004, § 320 AktG Rz. 8; *Grunewald* in MünchKomm/AktG, 4. Aufl. 2015, § 320 AktG Rz. 4.

32 Zur Verfassungsmäßigkeit BVerfG v. 7.8.1962 – 1 BvL 16/60 (Feldmühle), BVerfGE 14, 263, 273 ff.; BVerfG v. 27.4.1999 – 1 BvR 1613/94 (MotoMeter), BVerfGE 100, 289, 302 = AG 1999, 566. Zum Verfahren *Grunewald* in MünchKomm/AktG, 4. Aufl. 2015, § 320 AktG Rz. 5 ff.; *Habersack* in Emmerich/Habersack, Aktien- und GmbH-Konzernrecht, § 319 AktG Rz. 10 ff.; *Hüffer/Koch*, § 320 AktG Rz. 2 ff.; *Koppensteiner* in KölnKomm/AktG, 3. Aufl., § 320 AktG Rz. 9; *Pfeiffer*, DZWiR 2005, 452; *Santelmann/Hoppe* in Santelmann/Hoppe/Suerbaum/Bukowski, Squeeze out, S. 67 ff.; *Schubel* in Henn/Frodermann/Jannott, Hdb. des Aktienrechts, 14. Kap. Rz. 222 ff.

33 Für eine Rechtsprechungsübersicht zum Squeeze-Out s. *Hohl/Auerbach*, BB 2010, 902 ff.; zur Abfindung *Popp*, AG 2010, 1.

ZGR 2017, 360; *Tarde*, Geschäfte mit nahestehenden Personen nach dem ARUG II-Regierungsentwurf, NZG 2019, 488; *Veil*, Transaktionen mit Related Parties im deutschen Aktien- und Konzernrecht, NZG 2017, 521.

1. Grundlagen

Mit dem Gesetz zur Umsetzung der zweiten Aktionärsrechterichtlinie[34] (ARUG II[35]) 1238
hat der Gesetzgeber für börsennotierte Gesellschaften verfahrensmäßige Sonderregelungen für Geschäfte mit nahestehenden Personen kodifiziert. Für diese hat sich die Bezeichnung als ***Related Party Transactions*** („RPT") etabliert. Dabei geht es um die Einführung eines zwingenden **Zustimmungsvorbehalts zugunsten des Aufsichtsrats**[36] sowie spezifische **Publizitätspflichten** für wesentliche Transaktionen der Gesellschaft mit nahestehenden Personen. Zielrichtung der neuen Bestimmungen ist es, den Risiken einer Schädigung der Gesellschaft zu begegnen, die aufgrund einer Einflussnahme von Gesellschaftern, Organmitgliedern oder anderen Personen entstehen können, die sich individuelle Vorteile zu Lasten der Gesellschaft verschaffen wollen.[37] Diese Schutzrichtung überschneidet sich mit dem Anliegen des deutschen Konzernrechts, der Anwendungsbereich der RPT-Bestimmungen geht aber in verschiedener Hinsicht über das konzernrechtliche Schutzkonzept hinaus: einbezogen sind nämlich auch **Transaktionen mit Privatpersonen**, die nicht als Unternehmen im Sinne des Konzernrechts qualifizieren. Des Weiteren wird als relevante beteiligungsbedingte Einflussnahmemöglichkeit bereits eine Schwelle von 20 % als ausreichend definiert. Über das Konzernrecht hinaus greift das neue Konzept auch insoweit, als nicht nur Anteilseigner berührt sind, sondern auch das Innehaben einer **Organfunktion** eine RPT begründen kann. Damit einher geht es, dass die RPT-Schutzmechanismen nicht allein auf das Risiko einer Beherrschung fokussiert sind, sondern die RPT-Regulierung auch bei Vermögenstransaktionen der börsennotierten Gesellschaft mit nachgeordneten Unternehmen im Verhältnis nach unten relevant ist.

Die §§ 111a bis 111c AktG i.d.F. des ARUG II enthalten für RPT ein Regelungs- 1238a
regime, welches den Anwendungsbereich, Zustimmungserfordernisse und -verfahren sowie die Veröffentlichungspflichten regelt. Von den Regelungen erfasst sind nach § 111b Abs. 1 Satz 1 AktG i.d.F. des ARUG II **börsennotierte Aktiengesellschaften**, börsennotierte Kommanditgesellschaften auf Aktien (über § 278 Abs. 3 AktG) und börsennotierte SE.[38] Unerheblich ist dabei, ob die Börsennotierung im In- oder Aus-

34 Richtlinie (EU) 2017/828 des Europäischen Parlaments und des Rats vom 17.5.2018 zur Änderung der Richtlinie 2007/36/EG im Hinblick auf die Förderung der langfristigen Mitwirkung der Aktionäre (2. ARRL).

35 BGBl. I 2019, 2637.

36 Zustimmungsvorbehalte nach § 111 Abs. 4 Satz 2 AktG (dazu § 20 Rz. 560, § 27 Rz. 1006) gelten auch für nicht nahestehende Personen und bleiben unberührt; für sie sind die besonderen Bestimmungen des § 111b AktG i.d.F. des ARUG II nicht einschlägig, diese betreffen nur RPT.

37 RegE ARUG II,BT-Drucks. 19/9739, S. 35.

38 Vgl. RegE ARUG II, BT-Drucks. 19/9739, S. 79; vgl. *Habersack* in Emmerich/Habersack, Aktien- und GmbH-Konzernrecht, § 311 AktG Rz. 98.

land besteht.[39] § 26 EGAktG i.d.F. des ARUG II sieht für die Bestimmungen des RPT-Regimes keine Übergangsregelung vor. Die § 111a bis 111c AktG i.d.F. des ARUG II sind also unmittelbar ab Inkrafttreten des Gesetzes zu erfüllen. Jedoch können richtigerweise nur solche Transaktionen als „Geschäft mit einer nahestehenden Person" qualifiziert werden, die nach Inkrafttreten des Gesetzes erfolgen;[40] das hat Relevanz namentlich für den Zeitraum der gebotenen Aggregation von Einzelgeschäften (dazu Rz. 1242), der erst mit dem Inkrafttreten des Gesetzes beginnen kann, auch wenn das Gesetz auf das jeweils laufende Geschäftsjahr abstellt.

1238b Für den Vorstand der börsennotierten Gesellschaft, bei der RPT in Betracht kommen, ergeben sich aus dem neuen Regelungsregime substanzielle Folgepflichten. Insbesondere muss der Vorstand die **Beachtung des Zustimmungsvorbehaltes** des Aufsichtsrats durch die Implementierung eines geeigneten **Monitoring-Systems** zur Erfassung von RTP sicherstellen.[41]

2. Geschäfte mit nahestehenden Personen

a) Anwendungsbereich

1239 Die „*Geschäfte mit nahestehenden Personen*", welche dem Regelungsregime unterfallen, werden in § 111a AktG i.d.F. des ARUG II definiert. Der Begriff des **Geschäfts** ist dabei in einem weiten, funktionalen Sinn zu verstehen; er umfasst neben Rechtsgeschäften auch Maßnahmen, die die entgeltliche oder unentgeltliche Übertragung oder Überlassung eines Vermögenswertes zum Gegenstand haben.[42] Erfasst wird grundsätzlich sowohl das schuldrechtliche als auch das dingliche Rechtsgeschäft, wobei richtigerweise eine einheitliche Zustimmung für beide Geschäfte ausreichend ist.[43] Unwesentliche Änderungen, die nach der Zustimmung zu dem schuldrechtlichen Geschäft erfolgen, lösen keine erneute Zustimmungs- und Veröffentlichungspflicht aus.[44] Ein **Unterlassen** nach § 111a Abs. 1 Satz 3 AktG i.d.F. des ARUG II fällt **nicht** unter die RPT-Bestimmungen.[45]

---

39 *Kleinert/Mayer*, EuZW 2019, 103, 104.

40 S. hierzu mit beispielhafter Darstellung der denkbaren Fallvarianten *Eisele/Oser*, DB 2019, 1517, 1524.

41 Zu den Haftungsrisiken für den Vorstand *Mutter*, AG 2019, R196; s. zu den Rechtsfolgen bei Verstößen Rz. 1248.

42 Vgl. *Habersack* in Emmerich/Habersack, Aktien- und GmbH-Konzernrecht, § 311 AktG Rz. 100.

43 Vgl. RegE ARUG II, BT-Drucks. 19/9739, S. 79.

44 RegE ARUG II, BT-Drucks. 19/9739, S. 79.

45 Zustimmend *Lieder/Wernert*, ZIP 2018, 2241, 2443 (m.w.N.), da im Einklang mit der herrschenden Meinung zu IAS 24 und aufgrund der aktienrechtlichen Funktionstrennung und Kompetenzverteilung unverzichtbar; kritisch dagegen *Grigoleit*, ZGR 2019, 412, 419 f. wegen eines möglichen Widerspruchs zu den allgemeinen Regeln des Gesellschaftsrechts, welche auch ein schädigendes Unterlassen bei Verletzung von Organpflichten sanktioniert – plädiert wird für eine einschränkende Auslegung der „Unterlassen-Ausnahme"; diese sei dann nicht anzuwenden, wenn dem Unterlassen eine konkrete Meinungsbildung auf Vorstandsebene zugrunde liegt, weil dieses kontrollfähige Verhalten als positives Tun qualifiziert werden kann.

Für die Bestimmung der **„nahestehenden Personen"** verweist § 111a Abs. 1 Satz 2 AktG i.d.F. des ARUG II auf die internationalen Rechnungslegungsstandards. An die Stelle einer Definition im Gesetz tritt also ein dynamischer Verweis auf die jeweils geltende Fassung der IAS-Standards.[46] Maßgeblich ist hierbei IAS 24.9 sowie die dort referenzierten IFRS 10, IFRS 11 und IAS 28.[47] Als zentraler Ausgangspunkt differenziert IAS 24.9 zwischen nahestehenden natürlichen Personen und nahestehenden juristischen Personen und Personenhandelsgesellschaften (Unternehmen).[48] 1239a

Als *„nahestehend"* gelten Personen, welche **aufgrund ihrer Stellung oder Funktion** in der Gesellschaft einflussreich sind, insbesondere beherrschende oder über maßgeblichen Einfluss verfügende Gesellschafter.[49] Maßgeblicher Einfluss ist nach IAS 28.3 die Möglichkeit, an den finanz- und geschäftspolitischen Entscheidungen des Beteiligungsunternehmens mitzuwirken. Nach IAS 28.5 wird ab einer (gegebenenfalls auch nur mittelbaren) Beteiligung von **20 % der Stimmrechte** ein maßgeblicher Einfluss und somit ein Nahestehen, allerdings widerlegbar, vermutet.[50] Nach den Rechnungslegungsstandards genügt schon die Möglichkeit der Einflussnahme, eine tatsächliche Einflussnahme ist nicht erforderlich.[51] Des Weiteren sind nahestehende Personen natürliche Personen mit „Schlüsselposition" in der Gesellschaft oder Muttergesellschaften, also jene, die direkt oder indirekt für die Planung, Leitung und Überwachung der Tätigkeit des Unternehmens zuständig und verantwortlich sind, insbesondere auch (einfache) Mitglieder von Aufsichtsorganen.[52] Nahe **Familienangehörige** von Personen, die eine vorstehende Verbindung aufweisen, sind ebenfalls nahestehende Personen, vgl. IAS 24.9. Darüber hinaus können dienstvertragliche oder gesellschaftsrechtliche Verhältnisse für die Begründung einer relevanten Nähebeziehung in Betracht kommen.[53] 1239b

Auch alle **Unternehmen einer Unternehmensgruppe** (Mutter-, Töchter- und Schwesterunternehmen) gelten nach IAS 24.9 im Verhältnis zueinander als „nahestehend". Ein Mutter-Tochterverhältnis ist bei einer Beherrschung gegeben, in der Regel ab der Überschreitung einer Beteiligungsschwelle von 50 % (IFRS 10, Anhang A; IFRS 10, Anhang B35).[54] Bezüglich Tochterunternehmen sind jedoch die Ausnahmeregelungen des § 111a Abs. 3 AktG i.d.F. des ARUG II zu beachten. Ein Nahestehen zwischen zwei Unternehmen liegt im Übrigen nicht nur bei Beherrschung, sondern 1239c

46 Vgl. *Bungert*, DB 2018, 2860, 2861.

47 Vgl. *J. Schmidt*, NZG 2018, 1201, 1208; *Lieder/Wernert*, ZIP 2018, 2241, 2444; *Lieder/Wernert*, ZIP 2019, 989, 991; *Habersack* in Emmerich/Habersack, Aktien- und GmbH-Konzernrecht, § 311 AktG Rz. 99.

48 Vgl. *Bungert/Berger*, DB 2018, 2860; *Grigoleit*, ZGR 2019, 412, 428.

49 *Grigoleit*, ZGR 2019, 412, 428.

50 Vgl. *Habersack* in Emmerich/Habersack, Aktien- und GmbH-Konzernrecht, § 311 AktG Rz. 99.

51 RegE ARUG II, BT-Drucks. 19/9739, S. 80.

52 *Grigoleit*, ZGR 2019, 412, 428.

53 Vgl. *Bungert/Berger*, DB 2018, 2860; RegE ARUG II, BT-Drucks. 19/9739, S. 80.

54 *Grigoleit*, ZGR 2019, 412, 429.

auch bei maßgeblichem Einfluss des einen Unternehmens über das andere Unternehmen vor (zur Begrifflichkeit vgl. Rz. 1239b).[55]

1239d Kapitalgeber, Gewerkschaften, Behörden usw. sind grundsätzlich nicht als nahestehende Personen anzusehen, solange das Verhältnis zur Gesellschaft nicht über eine **gewöhnliche Geschäftsbeziehung** hinausgeht.[56] Bei überschneidender Organmitgliedschaft einzelner Mitglieder innerhalb der Organe zweier Unternehmen ist kein Nahestehen der Unternehmen allein aus diesem Grund gegeben, vgl. IAS 24.11. Ein Vor- und Nachwirken des Näheverhältnisses soll in der Regel anzunehmen sein, wenn ein relevantes Verhältnis etwa bis zu sechs Monate vor oder nach Abschluss des Geschäfts bestand oder aufgrund begründeter Erwartungen bestehen wird.[57] Grundsätzlich ist bei der Beurteilung des Nahestehens auf den wirtschaftlichen Gehalt der spezifischen Beziehung abzustellen.[58]

b) Ausnahmeregelungen

1240 § 111a Abs. 2 und 3 AktG i.d.F.des ARUG II enthalten **Ausnahmeregelungen** zum RPT-Regime: nach § 111a Abs. 2 Satz 1 AktG i.d.F. des ARUG II sind Geschäfte, die im **ordentlichen Geschäftsgang** und zu **marktüblichen Bedingungen** mit nahestehenden Personen getätigt wurden, aus dem Anwendungsbereich herauszunehmen.[59] Für die Beurteilung entscheidend sind hierbei Inhalt, Umfang, und Häufigkeit der Geschäfte.[60] Marktüblichkeit ist grundsätzlich im Wege des Drittvergleichs festzustellen: Leistung und Gegenleistung müssen also in einem angemessenen Verhältnis stehen.[61] Das Erfordernis des Abschlusses im ordentlichen Geschäftsgang dient dazu, Geschäfte auszuschließen, die zwar zu marktüblichen Bedingungen erfolgen, aber aufgrund des Umfangs und der Bedeutung für die Gesellschaft gleichwohl außergewöhnlich sind.[62] Geschäfte im ordentlichen Geschäftsgang sind zum Beispiel sich wiederholende Alltagsgeschäfte und insbesondere vergleichbare konzerninterne Geschäfte.[63] Grundstückserwerbe mit nicht unwesentlichem Umfang sind dagegen in der Regel einmalige Vorgänge und deshalb außergewöhnlich; Gleiches gilt für die Aufnahme eines Darlehens zur Grundstücksfinanzierung.[64] Zur regelmäßigen Überwachung und Bewertung, ob die Voraussetzungen dieser Ausnahme eingreifen, ist ein internes Verfahren einzurichten, § 111a Abs. 2 Satz 2 AktG i.d.F. des ARUG II (dazu Rz. 1247). Nach Satz 3 des Absatzes kann die Satzung jedoch bestimmen, diese Ausnahmeregelung nicht anzuwenden.

---

55 Vgl. *Grigoleit*, ZGR 2019, 412, 430.
56 RegE ARUG II, BT-Drucks. 19/9739, S. 80.
57 RegE ARUG II, BT-Drucks. 19/9739, S. 80.
58 RegE ARUG II, BT-Drucks. 19/9739, S. 80; *Habersack* in Emmerich/Habersack, Aktien- und GmbH-Konzernrecht, § 311 AktG Rz. 99.
59 Für konkrete Beispiele s. *Eisele/Oser*, DB 2019, 1517, 1519 f.
60 *Eisele/Oser*, DB 2019, 1517, 1519.
61 RegE ARUG II, BT-Drucks. 19/9739, S. 81.
62 RegE ARUG II, BT-Drucks. 19/9739, S. 81.
63 RegE ARUG II, BT-Drucks. 19/9739, S. 81.
64 Vgl. *Eisele/Oser*, DB 2019, 1517, 1519.

§ 111a Abs. 3 AktG i.d.F. des ARUG II enthält einen **Ausnahmenkatalog** für Geschäfte, bei denen der Schutz der Aktionäre aufgrund bestimmter Umstände nicht erforderlich oder auf andere Weise sichergestellt ist. Die Vorschrift ist abschließend, jedoch nach allgemeinen Regeln auslegungsfähig.[65] Nummer 1 enthält eine Ausnahme für Geschäfte mit 100%igen Tochterunternehmen, Geschäfte mit Tochterunternehmen, an der keine der Gesellschaft nahestehende Person beteiligt ist, sowie Geschäfte mit in der EU börsennotierten Tochterunternehmen. Bei den Fällen der Nummern 2 bis 5 ist der Schutz der Aktionäre schon durch die Einbindung der Hauptversammlung, den Vorschriften über die Vergütungspolitik oder die Einbeziehung einer zuständigen Behörde sichergestellt.[66] Nummer 6 enthält eine Ausnahme für Geschäfte, die allen Aktionären zu gleichen Bedingungen angeboten werden. 1240a

Eine Ausnahmeregelung für den **faktischen Konzern** ist nicht vorgesehen.[67] § 311 Abs. 3 AktG i.d.F. des ARUG II stellt vielmehr klar, dass §§ 111a bis 111c AktG i.d.F. des ARUG II auch bei faktischer Konzernabhängigkeit unberührt bleiben.[68] Das Regelungsregime der §§ 111a bis 111c AktG i.d.F. des ARUG II bleibt also vollständig anwendbar.[69] Die allgemeinen Ausnahmen des § 111a Abs. 2 und 3 AktG i.d.F. des ARUG II sind jedoch zu berücksichtigen. 1240b

65 RegE ARUG II, BT-Drucks. 19/9739, S. 81.

66 Vgl. *J. Schmidt*, NZG 2018, 1201, 1210; RegE ARUG II, BT-Drucks. 19/9739, S. 82.

67 Umstritten ist die Frage, ob die zugrunde liegende Richtlinie eine solche Ausnahme gestattet hätte. Hierbei wird auf eine mögliche Ausnahme nach Art. 9c Abs. 6 lit. a Var. 3 ARRL verwiesen. Grundsätzlich besteht Einigkeit darüber, dass Art. 9c Abs. 6 lit. a ARRL, auf Grund seines klaren Wortlauts, grundsätzlich nur auf Downstream-Geschäfte anwendbar ist (*Lieder/Wernert*, ZIP 2018, 2441, 2446; *Müller*, ZGR 2019, 97, 118 f.; *Mörsdorf/Piroth*, ZIP 2018, 1469, 1478; *J. Schmidt*, EuZW 2019, 261, 262 f.; *J. Schmidt*, NZG 2018, 1201, 1211; *Trade*, ZGR 2017, 260, 384). Einige Autoren fordern eine teleologische Reduktion des Art. 9c Abs. 6 lit. a Var. 3 ARRL dahingehend, dass dieser auch auf Upstream-Geschäfte anwendbar sei, da bei einem ausreichend nationalen Schutz die Richtung des Geschäfts nicht entscheidend sei (*Mörsdorf/Piroth*, ZIP 2018, 1469, 1478). Die wohl herrschende Meinung lehnt dies jedoch ab (*Lieder/Wernert*, ZIP 2018, 2441, 2446; *J. Schmidt*, EuZW 2019, 261, 262 f.; *J. Schmidt*, NZG 2018, 1201, 1211).

68 Die Mehrheit der Autoren scheint die fehlende Ausnahmeregelung durch den deutschen Gesetzgeber zu begrüßen, da unter der 2. ARRL nur Downstream-Geschäfte erfasst wären und dies eine einheitliche Regelung im faktischen Konzern unmöglich machen würde, sowie ferner, weil der Schutz der Regelungen im faktischen Konzern gerade kein ausreichendes Schutzniveau biete, vgl. (bezüglich der einheitlichen Regelung) *J. Schmidt*, EuZW 2019, 261, 262 f.; *J. Schmidt*, NZG 2018, 1201, 1211; sowie (bezüglich des Schutzniveaus) *Lieder/Wernert*, ZIP 2018, 2441, 2448; vgl. *Spindler/Seidel*, AG 2017, 169, 170; für eine uneinheitliche Regelung *Müller*, ZGR 2019, 97, 224.

69 *J. Schmidt*, EuZW 2019, 261, 262; *Habersack* in Emmerich/Habersack, Aktien- und GmbH-Konzernrecht, § 311 AktG Rz. 95; vgl. *Bungert/Berger*, DB 2018, 2860, 2863; *J. Schmidt*, NZG 2018, 1201, 1210.

3. Zustimmungserfordernis nur bei Wesentlichkeit des Geschäfts

1241 Nur für den Abschluss **wesentlicher Geschäfte**[70] mit nahestehenden Personen ist grundsätzlich die **vorherige Zustimmung des Aufsichtsrates** nach § 111b Abs. 1 AktG i.d.F.des ARUG II erforderlich. Ein wesentliches Geschäft liegt vor, wenn der wirtschaftliche Wert des Geschäfts **1,5 % des Anlage- und Umlaufvermögens** im Sinne von § 266 Abs. 2 lit. A und B HGB übersteigt. Bezüglich des Werts des Geschäfts ist auf den am Markt zu erzielenden Zeitwert des zu übertragenden Gegenstands abzustellen[71] – der Aufsichtsrat kann sich auf eine realistische Schätzung verlassen; es bedarf nicht notwendig der Einholung eines Wertgutachtens.[72] Zu Schwierigkeiten kann es bei der Bewertung von Dauerschuldverhältnissen, wie Mietverträgen oder Darlehen, dahingehend kommen, ob auf den Zeitwert des überlassenen/übertragenen Vermögenswerts oder auf den Zeitwert der zukünftigen (Miet-)Zinszahlungen abzustellen ist. Sachgerecht erscheint es, bei Mietverhältnissen den Barwert der künftigen Mietzinsen und bei Darlehensverhältnissen den Zeitwert des Darlehens heranzuziehen.[73]

1241a Hinsichtlich der bilanziellen Bezugsgröße ist der zuletzt festgestellte Jahresabschluss heranzuziehen. Handelt es sich bei der Gesellschaft um ein Mutterunternehmen im Sinne von § 290 Abs. 1 und 2 HGB, ist § 111b Abs. 3 AktG i.d.F. des ARUG II zu beachten. Die Zustimmung muss vor Abschluss des Verpflichtungsgeschäfts erfolgt sein. Eine Zustimmungspflicht besteht **in Aggregationsfällen** nur bezüglich des letzten die Schwelle überschreitenden Geschäfts. In materieller Hinsicht wird der Aufsichtsrat bei seiner Angemessenheitsprüfung aber auch Leistung und Gegenleistung der in die Aggregation einbezogenen Geschäfte berücksichtigen müssen. Zur Reichweite der Veröffentlichungspflicht s. Rz. 1246.

4. Aggregation von Einzelgeschäften

1242 Geschäfte mit derselben nahestehenden Person innerhalb eines Geschäftsjahres vor Abschluss des einschlägigen Geschäfts sind **volumenmäßig zu aggregieren**. Nicht zu berücksichtigen sind dabei Geschäfte, für die bereits die Zustimmung des Aufsichtsrats erteilt wurde.[74] Grundsätzlich gilt bezüglich der Aggregierung das Trennungsprinzip.[75] Bei Transaktionen mit unterschiedlichen Rechtsträgern findet deshalb auch dann keine Aggregation statt, wenn diese durch den gleichen ausschließlichen bzw. maßgeblichen Anteilseigner geprägt sind. Es besteht insofern ein offensichtliches **Umgehungspotential**, welches keine Berücksichtigung im Gesetzentwurf und der Entwurfsbegründung gefunden hat.[76] Deshalb ist dem von *Grigoleit* vor-

---

70 Vgl. Richtlinie (EU) 2017/828, S. 22 (zu Art. 9c Abs. 1).

71 Für konkrete Beispiele s. *Eisele/Oser*, DB 2019, 1517, 1520 f.

72 RegE ARUG II, BT-Drucks. 19/9739, S. 83.

73 Vgl. hierfür mit ausführlicher Darstellung *Eisele/Oser*, DB 2019, 1517, 1520 f.

74 RegE ARUG II, BT-Drucks. 19/9739, S. 84; gegenüber einer jeweils von Neuem startenden Aggregation kritisch aber *Eisele/Oser*, DB 2019, 1517, 1522.

75 Dem Wortlaut der Vorschrift sowie der Entwurfsbegründung zu entnehmen (vgl. RegE ARUG II, BT-Drucks. 19/9739, S. 84; vgl. *Grigoleit*, ZGR 2019, 412, 425).

76 *Grigoleit*, ZGR 2019, 412, 425.

geschlagenen Ansatz, wonach alle Geschäfte der Gesellschaft mit solchen nahestehenden Personen zu aggregieren sind, deren Nähe zur Gesellschaft durch dieselbe nahestehende Person vermittelt wird, in Anbetracht einer in anderem Zusammenhang in der Entwurfsbegründung geforderten wirtschaftlichen Betrachtungsweise, zu folgen.[77] Für den Vorstand empfiehlt es sich jedenfalls, vorsichtshalber diese Methode der Aggregation anzuwenden, um Haftungsrisiken vorzubeugen. Nach der Entwurfsbegründung sollen auch Geschäfte einer Tochtergesellschaft mit nahestehenden Personen der börsennotierten Muttergesellschaft außer Betracht bleiben und nur im Zusammenhang mit der Veröffentlichungspflicht nach § 111c AktG i.d.F. des ARUG II berücksichtigt werden.[78] Dies läuft dem zuvor aufgezeigten Ansatz nicht zuwider, da die Gesellschaft selbst nicht Partei des einschlägigen Geschäfts ist.[79]

5. Zustimmung des Aufsichtsrats

Liegen die Voraussetzungen einer RPT vor, ist vor Abschluss der Vereinbarung über die Transaktion grundsätzlich die **vorherige Zustimmung** durch den **Aufsichtsrat** oder durch einen von ihm hierfür etablierten Ausschuss (Rz. 1244) erforderlich. Ein gleichwohl abgeschlossenes Geschäft ist im Außenverhältnis aber auch ohne eine solche Zustimmung wirksam.[80] In diesem Fall handeln die Vorstandsmitglieder indessen pflichtwidrig (näher Rz. 1248). Bei der monistisch verfassten SE fällt die Zustimmung in den Aufgabenbereich des Verwaltungsrats.[81] Gem. § 111b Abs. 2 AktG i.d.F. des ARUG II können bei der Beschlussfassung diejenigen Mitglieder des Aufsichtsrats ihr Stimmrecht nicht ausüben, die an dem Geschäft als nahestehende Person beteiligt sind oder bei denen die Besorgnis eines Interessenkonflikts aufgrund ihrer Beziehung zu der nahestehenden Person besteht. Die Teilnahme eines Aufsichtsratsmitglieds an der Abstimmung über ein Geschäft, bei dem es nach § 111b Abs. 2 AktGi.d.F. des ARUG II sein Stimmrecht nicht ausüben dürfte, hat grundsätzlich nicht die Unwirksamkeit des Geschäfts zur Folge.[82] 1243

Für die **Besorgnis eines Interessenkonflikts** aufgrund der Beziehung zu der nahestehenden Person ist es ausreichend, wenn nicht ausgeschlossen werden kann, dass die Entscheidung des betroffenen Mitglieds des Aufsichtsrats über die RPT durch die Beziehung zur nahestehenden Person beeinflusst werden könnte.[83] Die Beurteilung, ob bei einem Ausschussmitglied die Besorgnis eines Interessenkonflikts besteht, er- 1243a

77 Ausführlich hierzu *Grigoleit*, ZGR 2019, 412, 425 f.
78 RegE ARUG II, BT-Drucks. 19/9739, S. 84.
79 Vgl. *Grigoleit*, ZGR 2019, 412, 426.
80 RegE ARUG II, BT-Drucks. 19/9739, S. 84. *Habersack* in Emmerich/Habersack, Aktien- und GmbH-Konzernrecht, § 311 AktG Rz. 103.
81 *J. Schmidt*, NZG 2018, 1201, 1212.
82 RegE ARUG II, BT-Drucks. 19/9739, S. 85.
83 RegE ARUG II, BT-Drucks. 19/9739, S. 77.

folgt durch den Gesamtaufsichtsrat.[84] Maßgeblich ist eine **objektive Betrachtungsweise**; die Business Judgement Rule greift dabei nicht.[85] Nicht erforderlich ist, dass eine Beeinflussung der Entscheidung des Aufsichtsratsmitglieds wahrscheinlich ist oder tatsächlich vorliegt: es soll bereits jeder Anschein einer Beeinflussung der Entscheidung des Aufsichtsrats vermieden werden.[86] Die Tatsache, dass ein Aufsichtsratsmitglied mit den Stimmen des Mehrheitsgesellschafters gewählt wurde, spricht allein aber noch nicht für eine schädliche Beziehung.[87] Die Entscheidung des Aufsichtsratsmitglieds beeinflussen können insbesondere konkrete Beziehungen geschäftlicher (bei Leistungsaustausch in nicht nur unerheblichem Maße), finanzieller (bspw. eine mitgliedschaftliche Beteiligung) oder persönlicher (familiärer oder emotionaler) Natur.[88] Maßgeblich sind die Umstände des Einzelfalls; eine schematische Lösung scheidet aus.[89]

6. Zustimmung durch einen Ausschuss

1244 Gem. § 107 Abs. 3 Satz 4 AktG i.d.F. des ARUG II kann der Aufsichtsrat einen Ausschuss bestellen, der dazu ermächtigt wird, über Zustimmungen nach § 111b Abs. 1 AktG i.d.F. des ARUG II Beschluss zu fassen. Es besteht **keine Verpflichtung** des Aufsichtsrats, das Geschäft dem Ausschuss **vorzulegen**;[90] er kann die Entscheidung über die Zustimmung zu dem Geschäft jederzeit auch unmittelbar an sich ziehen.[91] An dem Geschäft beteiligte nahestehende Personen dürfen nicht Mitglieder des Ausschusses sein, § 107 Abs. 3 Satz 5 AktG i.d.F. des ARUG II. Die Mitgliedschaft wird demgegenüber nicht durch Besorgnis eines Interessenskonflikts aufgrund der Beziehung zu einer nahestehenden Person ausgeschlossen (vgl. dazu § 111b Abs. 2 AktG i.d.F. des ARUG II).[92] Jedoch muss der Ausschuss **mehrheitlich** mit Aufsichtsratsmitgliedern besetzt sein, bei denen keine solche **Besorgnis** eines **Interessenkonflikts** besteht, § 107 Abs. 3 Satz 5 AktG i.d.F. des ARUG II. Auch hier gilt eine objektive Betrachtungsweise.[93] Somit sind nur die unmittelbar an dem Geschäft beteiligten Mitglieder von der Mitgliedschaft im Ausschuss ausgeschlossen. Bei fehlerhafter Besetzung des Ausschusses kann ein ordnungsgemäßer Beschluss nicht gefasst werden. Dann hat der Gesamtaufsichtsrat zu entscheiden.[94]

---

84 Vgl. *Habersack* in Emmerich/Habersack, Aktien- und GmbH-Konzernrecht, § 311 AktG Rz. 104.
85 RegE ARUG II, BT-Drucks. 19/9739, S. 76, 85.
86 RegE ARUG II, BT-Drucks. 19/9739, S. 77.
87 RegE ARUG II, BT-Drucks. 19/9739, S. 77.
88 RegE ARUG II, BT-Drucks. 19/9739, S. 77.
89 RegE ARUG II, BT-Drucks. 19/9739, S. 77 f.
90 RegE ARUG II, BT-Drucks. 19/9739, S. 76.
91 RegE ARUG II, BT-Drucks. 19/9739, S. 84.
92 RegE ARUG II, BT-Drucks. 19/9739, S. 76; *Habersack* in Emmerich/Habersack, Aktien- und GmbH-Konzernrecht, § 311 AktG Rz. 105.
93 RegE ARUG II, BT-Drucks. 19/9739, S. 76.
94 RegE ARUG II, BT-Drucks. 19/9739, S. 76.

Der Ausschuss kann sowohl als **ständiger Ausschuss** als auch ad hoc, also in Ansehung eines bestimmten Geschäfts, eingerichtet werden.[95] Die Aufgabe kann auch an einen bereits bestehenden Ausschuss übertragen werden, solange die Anforderungen des § 107 Abs. 3 AktG i.d.F. des ARUG II erfüllt sind. Eine Weiterdelegation an einen Unterausschuss ist nicht gestattet.[96] Um die Möglichkeit ordnungsgemäßer Beschlüsse des Ausschusses zu erhalten, kann dessen Besetzung jederzeit verändert oder es können von vornherein für den Fall, dass eine Inkompatibilität auftritt, Ersatzmitglieder bestellt werden.[97] 1244a

7. Zustimmung durch die Hauptversammlung

Gem. § 111b Abs. 4 Satz 1 AktG i.d.F. des ARUG II ist die Hauptversammlung **subsidiär zuständig**, wenn der Aufsichtsrat seine Zustimmung verweigert und der Vorstand verlangt, dass stattdessen die Hauptversammlung über die Zustimmung beschließt. Nach Satz 2 dürfen die an dem Geschäft beteiligten nahestehenden Personen ihr Stimmrecht bei der Beschlussfassung in der Hauptversammlung weder für sich noch für einen anderen ausüben. 1245

8. Veröffentlichung

Prozedural begleitend sieht das Gesetz spezifische Publikationspflichten für RPTs vor. Angaben zu zustimmungspflichtigen Geschäften im Sinne des § 111b Abs. 1 AktG i.d.F. des ARUG II sind nach § 111c Abs. 2 AktG i.d.F. des ARUG II **unverzüglich zu veröffentlichen**, § 111c Abs. 1 Satz 1 AktG i.d.F. des ARUG II. Ist die Zustimmungspflicht durch eine Aggregation mehrerer Geschäfte mit derselben Person innerhalb der letzten zwölf Monate ausgelöst worden, so sind auch diese Geschäfte zu veröffentlichen, § 111c Abs. 1 Satz 2 AktG i.d.F. des ARUG II. Zu den zu veröffentlichen Angaben gehören alle **wesentlichen Informationen**, die erforderlich sind, um zu bewerten, ob das Geschäft aus Sicht der Gesellschaft und der Aktionäre, die keine nahestehende Person sind, angemessen ist, mindestens jedoch die Art des Verhältnisses zu den nahestehenden Personen, deren Namen, das Datum und der Wert des Geschäfts, vgl. § 111c Abs. 2 Satz 3 und 4 AktG i.d.F. des ARUG II. Die Veröffentlichungspflicht knüpft an die Zustimmungspflicht an und ist auch dann einschlägig, wenn das Geschäft ohne vorherige Zustimmung des Aufsichtsrats abgeschlossen worden ist.[98] Eine unverzügliche Veröffentlichung liegt in der Regel bei einer Veröffentlichung innerhalb von spätestens **vier Handelstagen** vor.[99] Gem. § 111c Abs. 4 AktG i.d.F. des ARUG II erstrecken sich die Transparenzpflichten auch auf Geschäfte von nahestehenden Personen mit Tochterunternehmen im Sinne der IFRS-VO,[100] um zu verhindern, dass Vermögensgegenstände an Tochterunter- 1246

95 RegE ARUG II, BT-Drucks. 19/9739, S. 76.
96 RegE ARUG II, BT-Drucks. 19/9739, S. 76.
97 RegE ARUG II, BT-Drucks. 19/9739, S. 76.
98 RegE ARUG II, BT-Drucks. 19/9739, S. 86.
99 RegE ARUG II, BT-Drucks. 19/9739, S. 86.
100 Für eine ausführliche Anwendungserläuterung sowie -beispiel des § 111c Abs. 4 AktG-E s. *Eisele/Oser*, DB 2019, 1517, 1522.

nehmen transferiert werden und anschließend das Geschäft mit der Tochtergesellschaft abgeschlossen wird, um Veröffentlichungspflichten zu umgehen.[101]

1246a Die Veröffentlichung hat in einer der Öffentlichkeit leichten Zugang zu den Angaben gewährenden Art und Weise zu erfolgen. Die Bestimmungen des WpAV finden entsprechende Anwendung, vgl. § 111c Abs. 2 AktG-E. Darüber hinaus sind gem. § 111c Abs. 2 Satz 5 AktG i.d.F. des ARUG II die Angaben zusätzlich auf der Internetseite der Gesellschaft für einen Zeitraum von mindestens fünf Jahren öffentlich zugänglich zu machen. Nach § 111c Abs. 3 AktG i.d.F. des ARUG II sind, wenn zusätzlich eine Veröffentlichungspflicht nach Art. 17 MAR ausgelöst wurde, die nach dieser Vorschrift erforderlichen Angaben in der insiderrechtlichen Veröffentlichung mitaufzunehmen. Eine gesonderte Veröffentlichung kann entbehrlich sein, wenn alle nach § 111c Abs. 2 AktG i.d.F. des ARUG II zu veröffentlichen Angaben in der Veröffentlichung nach Art. 17 MAR bereits enthalten sind. Beim Vorliegen der Voraussetzungen einer Selbstbefreiung nach Art. 17 Abs. 4 und 5 MAR ist eine Veröffentlichung wesentlicher Geschäfte nach § 111c Abs. 2 AktG i.d.F. des ARUG II zunächst entbehrlich.[102]

9. Monitoring

1247 Gem. § 111a Abs. 2 Satz 2 AktG i.d.F. des ARUG II hat die Gesellschaft ein **internes Verfahren** zur regelmäßigen Bewertung, ob die Voraussetzungen der Ausnahmeregelungen des Absatz 2 Satz 1 vorliegen (Geschäft im ordentlichen Geschäftsgang und zu marktüblichen Bedingungen), einzurichten. Für die Einrichtung hat der Vorstand Sorge zu tragen. Die an dem Geschäft beteiligten nahestehenden Personen müssen vom internen Verfahren ausgeschlossen werden, § 111a Abs. 2 Satz 2 AktG i.d.F. des ARUG II; d.h. die jeweils nahestehende Person darf nicht in der Überprüfung des Geschäfts involviert sein, an dem sie selbst beteiligt ist.[103] Nach der Entwurfsbegründung kann das Unternehmen bereits bestehende Verfahren, wie etwa für den Abhängigkeitsbericht, nutzen.[104] Inwieweit dies möglich ist, bleibt abzuwarten, weil die Informationssammlung für Zwecke des Abhängigkeitsberichts retroperspektiv erfolgen kann, während das **RPT-Monitoring** eine **vorgängige Identifikation** einschlägiger Transaktionen verlangt, um die rechtzeitige Einholung der Zustimmung des Aufsichtsrats sicherzustellen.

1247a Der Vorstand der Gesellschaft ist außerdem angehalten, ein Verfahren einzurichten, welches die Geschäftsvorfälle mit nahestehenden Personen innerhalb eines Geschäftsjahres im Hinblick auf die **Aggregationsregel** im Sinne von § 111b Abs. 1 AktG i.d.F. des ARUG II erfasst. Zwar ergibt sich eine solche Verpflichtung nicht unmittelbar aus dem Gesetzentwurfswortlaut, und die Entwurfsbegründung spricht lediglich davon, dass eine „entsprechende Erfassung der Geschäftsvorfälle und Berechnung des Schwellenwertes [...] im Rahmen einer modernen, computergestützten

101 Vgl. *J. Schmidt*, NZG 2018, 1201, 1213; RegE ARUG II, BT-Drucks. 19/9739, S. 87.
102 Vgl. RegE ARUG II, BT-Drucks. 19/9739, S. 87.
103 RegE ARUG II, BT-Drucks. 19/9739, S. 81.
104 RegE ARUG II, BT-Drucks. 19/9739, S. 81.

Buchführung einer börsennotierten Gesellschaft unproblematisch möglich [ist]“[105], jedoch können komplizierte Bewertungsfragen und rechtliche Unsicherheiten aufkommen,[106] die ein zusätzliches Verfahren neben den bereits bestehenden Systemen erforderlich machen.

10. Rechtsfolgen bei Verstößen

Entsteht bei Nichterfüllung der gesetzlichen Vorgaben, insbesondere bei nicht ordnungsgemäßer Einbindung des Aufsichtsrats, ein Schaden für die Gesellschaft durch ein für sie nachteiliges Geschäft, so kommt, vorbehaltlich des Einwands des rechtmäßigen Alternativverhaltens, eine **Schadensersatzpflicht** der Vorstandsmitglieder nach § 93 Abs. 2 AktG sowie, bei Missachtung ihrer Aufsichts- und Mitwirkungspflichten, auch der Aufsichtsratsmitglieder nach § 116 Satz 1 AktG in Betracht.[107] Verletzungen der Veröffentlichungspflicht nach § 111c Abs. 1 AktG i.d.F. des ARUG II sind gem. § 405 Abs. 2a Nr. 6 AktG i.d.F. des ARUG II **bußgeldbewährt**. Der Bußgeldrahmen erstreckt sich in solchen Fällen nach § 405 Abs. 4 AktG i.d.F. des ARUG II auf bis zu 500.000 Euro. 1248

11. Verdrängung des zeitlich gestreckten Nachteilsausgleich im faktischen Konzern?

Noch offen ist die Frage des Verhältnisses des RPT-Regimes zu dem Privileg des zeitlich gestreckten Nachteilsausgleichs im faktischen Konzern nach § 311 Abs. 2 Satz 1 AktG. Überwiegend wird die Auffassung vertreten, dass das Privileg des zeitlich gestreckten Nachteilsausgleichs bei Maßnahmen, die dem RPT-Regime unterliegen, vollständig verdrängt wird, da die Beurteilung der Angemessenheit vor Geschäftsabschluss dem Aufsichtsrat bei einer erst nachfolgenden, späteren Ausgleichsbestimmung nicht möglich sei.[108] Nach anderer, vorzugswürdiger Auffassung bewendet es demgegenüber bei einer grundsätzlichen Anwendbarkeit der RPT-Regelungen neben dem gestreckten Nachteilsausgleich: Die Nachteilsausgleichsverpflichtung müsse lediglich dem Grunde nach bei Durchführung der Transaktion vereinbart werden und könnte dann bei der Bewertung des Geschäfts berücksichtigt werden.[109] Dafür spricht namentlich, dass sich der Gesetzgeber mit den **Überschneidungen zum faktischen Konzern** ausdrücklich auseinandergesetzt[110] und klargestellt hat, dass die Ergänzung in dem neuen Absatz 3 zu § 311 AktG i.d.F. des ARUG II nicht nur die Anwendbarkeit des RPT-Regimes im faktischen Konzern bestätigen soll, sondern auch außer Streit stellen soll, dass die bisherigen Grundsätze im Recht des faktischen 1249

105 RegE ARUG II, BT-Drucks. 19/9739, S. 84.
106 Vgl. *Grigoleit*, ZGR 2019, 412, 426.
107 Vgl. *Kleinert/Mayer*, EuZW 2019, 103, 107.
108 *Tarde*, NZG 2019, 488, 495; *Tarde*, ZGR 2017, 360, 382; *Habersack* in Emmerich/Habersack, Aktien- und GmbH-Konzernrecht, § 311 AktG Rz. 107; *Müller*, ZGR 2019, 97, 122; *Grigoleit*, ZGR 2019, 456 f.
109 *Seidel*, AG 2018, 423, 427; vgl. *J. Vetter*, ZHR 179 (2015), 273, 313.
110 Vgl. RegE ARUG II, BT-Drucks. 19/9739, S. 77, 115.

Konzerns zur Vornahme nachteiliger Geschäfte und zum Nachteilsausgleich unberührt bleiben.[111]

§ 32
Der Vorstand der herrschenden AG

Literaturübersicht: S. auch Literaturübersicht zu § 31. *Altmeppen*, Die Haftung des Managers im Konzern, 1998; *Altmeppen*, Zum Vorstandsdoppelmandat in einer beherrschten AG & Co. KG, ZIP 2008, 437; *Altmeppen*, Zur Vermögensbindung in der faktisch abhängigen AG, ZIP 1996, 693; *Aschenbeck*, Personenidentität bei Vorständen in Konzerngesellschaften (Doppelmandat im Vorstand), NZG 2000, 1015; *Baetge/Heumann*, Value Reporting in Konzernlageberichten, IRZ 2006, 38; *Böcking/Eibelshäuser*, Die Erklärung zur Unternehmensführung nach BilMoG (§ 289a HGB), Der Konzern 2009, 563; *Böttcher/Kautzsch*, Vorstandsdoppelmandate im Personengesellschaftskonzern, NZG 2009, 819; *Brebeck/Herrmann*, Zur Forderung des KonTraG-Entwurfs nach einem Frühwarnsystem und zu den Konsequenzen für die Jahres- und Konzernabschlußprüfung, WPg 1997, 381; *Canaris*, Hauptversammlungsbeschlüsse und Haftung der Verwaltungsmitglieder im Vertragskonzern, ZGR 1978, 207; *Decher*, Personelle Verflechtungen im Aktienkonzern, 1990; *Dittmar*, Weitergabe von Informationen im faktischen Aktienkonzern, AG 2013, 498; *Ebenroth*, Konzernbildungs- und Konzernleitungskontrolle – ein Beitrag zu den Kompetenzen von Vorstand und Hauptversammlung, 1987; *Ekkenga/Weinbrenner/Schütz*, Einflusswege und Einflussfolgen im faktischen Unternehmensverbund – Ergebnisse einer empirischen Untersuchung, Der Konzern 2005, 261; *Elsner*, Die laufende Kontrolle der Tochtergesellschaften durch die Verwaltung der Muttergesellschaft, 2004; *Emmerich*, Zur Organhaftung im Vertragskonzern, in GS Sonnenschein, 2003, S. 651; *Eschenbruch*, Konzernhaftung, 1996; *Eversberg*, Doppelvorstände im Konzern, 1992; *Fischbach*, Die Haftung des Vorstands im Aktienkonzern, 2009; *Fleischer*, Konzernhaftung und Leitungssorgfalt der Vorstandsmitglieder im Unternehmensverbund, DB 2005, 759; *Fonk*, Zur Vertragsgestaltung bei Vorstandsdoppelmandaten, NZG 2010, 368; *Geßler*, Leitungsmacht und Verantwortlichkeit im faktischen Konzern, in FS Harry Westermann, 1974, S. 145; *Görling*, Die Konzernhaftung in mehrstufigen Unternehmensverbindungen, 1998; *Götz*, Corporate Governance multinationaler Konzerne und deutsches Unternehmensrecht, ZGR 2003, 1; *Götz*, Leitungssorgfalt und Leitungskontrolle der Aktiengesellschaft hinsichtlich abhängiger Unternehmen, ZGR 1998, 524; *Grigoleit*, Wettbewerbsverbot und Vorstandsdoppelmandat in der AG & Co. KG, ZGR 2010, 662; *Habersack/Verse*, Zum Auskunftsrecht des Aktionärs im faktischen Konzern, AG 2003, 300; *Habersack/Zickgraf*, Deliktsrechtliche Verkehrs- und Organisationspflichten im Konzern, ZHR 182 (2018), 252; *Heller*, Unternehmensführung und Unternehmenskontrolle unter besonderer Berücksichtigung der Gesamtverantwortung des Vorstands, 1998; *Hofstetter*, Corporate Governance im Konzern, in FS Forstmoser, 2003, S. 301; *Hommelhoff*, Die Konzernleitungspflicht, 1982; *Hommelhoff/Mattheus*, Risikomanagement im Konzern – ein Problemaufriss, BFuP 2000, 217; *Hüffer*, Die Leitungsverantwortung des Vorstands in der Managementholding, in Liber amicorum Happ, 2006, S. 93; *Jungkurth*, Konzernleitung bei der GmbH, 2000; *Kalss*, Auskunftsrechte und -pflichten für Vorstand und Aufsichtsrat im Konzern, Der Gesellschafter 39 (2010), 137; *Kla-*

111 RegE ARUG II, BT-Drucks. 19/9739, S. 115.

hold/Kremer, Compliance-Programme in Industriekonzernen, ZGR 2010, 113; *Koch*, Compliance-Pflichten im Unternehmensverbund?, WM 2009, 1013; *Korts*, Die Vereinbarung von Kontrollwechselklauseln in Vorstandsverträgen, BB 2009, 1876; *Krauel/Klie*, Lenkungsmöglichkeiten im Konzern unter besonderer Berücksichtigung des Aufsichtsrechts für Kreditinstitute und Versicherungen, WM 2010, 1735; *Kronstein*, Die Anwendbarkeit der §§ 311 ff. über die Verantwortlichkeit im „faktischen" Konzern bei mehrstufigen Unternehmensverbindungen, BB 1967, 637; *Kropff*, Der konzernrechtliche Ersatzanspruch – ein zahnloser Tiger?, in FS Bezzenberger, 2000, S. 233; *Kropff*, Zur Konzernleitungsmacht, ZGR 1984, 112; *Leuering/Rubner*, Doppelmandate von Vorstandsmitgliedern und Geschäftsführern, NJW-Spezial 2008, 495; *Liebscher*,- Die GmbH als Konzernbaustein in MünchKomm/GmbHG, 3. Aufl. 2018, § 13 Anh. (zit. „GmbH-Konzernrecht"); *Löbbe*, Unternehmenskontrolle im Konzern: die Kontrollaufgaben von Vorstand, Geschäftsführer und Aufsichtsrat, 2003; *Lutter*, Stand und Entwicklung des Konzernrechts in Europa, ZGR 1987, 324; *Luchterhandt*, Leitungsmacht und Verantwortlichkeit im faktischen Konzern, ZHR 133 (1970), 1; *Nodoushani*, Das Doppelmandat-Urteil des BGH aus der konzernrechtlichen Perspektive, GWR 2009, 30; *Martens*, Die Organisation des Konzernvorstands, in FS Heinsius, 1991, S. 523; *Passarge*, Vorstands-Doppelmandate – ein nach wie vor aktuelles Thema!, NZG 2007, 441; *Pellens*, Aktionärsschutz im Konzern, 1994; *Reuter*, Die Konzerndimension des KonTraG und ihre Umsetzung in Konzernobergesellschaften, DB 1999, 2250; *Rottnauer*, Kompetenzielle Schranken der Leitungsmacht im GmbH-Vertragskonzernrecht, NZG 1999, 337; *Rothweiler*, Der Informationsfluss vom beherrschten zum herrschenden Unternehmen im Gesellschafts- und Kapitalmarktrecht, 2008; *Uwe H. Schneider/Sven H. Schneider*, Konzern-Compliance als Aufgabe der Konzernleitung, ZIP 2007, 2061; *Uwe H. Schneider*, Compliance im Konzern, NZG 2009, 1321; *Sven H. Schneider/Uwe H. Schneider*, Vorstandshaftung im Konzern, AG 2005, 57; *Schönbrod*, Die Organstellung von Vorstand und Aufsichtsrat in der Spartenorganisation: eine aktien- und konzernrechtliche Untersuchung, 1987; *Semler*, Die Rechte und Pflichten des Vorstands einer Holding-Gesellschaft im Lichte der Corporate Governance-Diskussion, ZGR 2004, 631; *Semler*, Die Rechte und Pflichten des Vorstands einer Holdinggesellschaft im Lichte der Corporate Governance-Diskussion, ZGR 2004, 631; *Sina*, Grenzen des Konzern-Weisungsrechts nach § 308 AktG, AG 1991, 1; *Singhof*, Zur Weitergabe von Insiderinformationen im Unterordnungskonzern, ZGR 2001, 146; *Streyl*, Zur konzernrechtlichen Problematik von Vorstands-Doppelmandaten, 1992; *Veelken*, Der Betriebsführungsvertrag im deutschen und im amerikanischen Aktien- und Konzernrecht, 1975; *Veil*, Unternehmensverträge, 2003; *Veit/Denzer*, Konzerndimensionale Beendigung der Vorstands- und Geschäftsführerstellung, 2005; *Voigt*, Haftung aus Einfluss auf die Aktiengesellschaft (§§ 117, 309, 317 AktG), 2004; *Wackerbarth*, Der Vorstand der abhängigen Aktiengesellschaft und die §§ 311 ff. AktG in der jüngeren Rechtsprechung des II. Senats, Der Konzern 2010, 261; *Wagner*, Ungeschriebene Kompetenzen der Hauptversammlung, 2007; *Wardenbach*, Weisung auf Unterstützung der Due Diligence im Konzern, in FS Lüer, 2008, S. 303; *Wilsing/Ogorek*, Kündigung des Geschäftsführer-Anstellungsvertrags wegen unterlassener Konzernkontrolle, NZG 2010, 216; *Wirth*, Vorstands-Doppelmandate im faktischen Konzern, in FS Bauer, 2010, S. 1147; *Wittmann*, Informationsfluss im Konzern, 2008; *Wolf*, Zur Anforderung eines internen Kontroll- und Risikomanagementsystems im Hinblick auf den (Konzern-)Rechnungslegungsprozess gemäß BilMoG, DStR 2009, 920.

I. Konzernbildung und -strukturierung

Der Vorstand der herrschenden AG muss bei dem Aufbau von Konzernstrukturen 1250
die Grenzen beachten, die ihm das Gesetz, die Satzung sowie ungeschriebene Mitwir-

kungsbefugnisse der Hauptversammlung nach Maßgabe der höchstrichterlichen Rechtsprechung ziehen. Dabei sind namentlich die Interessen der Aktionäre der herrschenden AG in den Blick zu nehmen, deren Teilhaberechte und Mitwirkungsbefugnisse aufgrund der Mediatisierung berührt sein können, die sich bei Verfolgung der Geschäftstätigkeit in selbstständigen Tochtergesellschaften einstellt.

1. Voraussetzungen der Konzernbildung

1251 Die Zulässigkeit der Entscheidung, einen Unternehmensverbund zu schaffen, sei es durch die Errichtung von Tochtergesellschaften, sei es durch den Erwerb von Beteiligungen, bedarf der sorgfältigen Prüfung. Entsprechende Maßnahmen sind nur im Rahmen der Satzung zulässig; der satzungsmäßig festgelegte **Unternehmensgegenstand** darf durch die Maßnahme der Gruppenbildung ohne eine entsprechende Ermächtigung in der Satzung weder über- noch unterschritten werden.[1] Dabei ist davon auszugehen, dass die Gesellschaft im Rahmen des statutarischen Unternehmensgegenstandes grundsätzlich selbst tätig werden und den Gesellschaftszweck unmittelbar verfolgen muss. Unternehmerische Aktivitäten unter Einsatz von Tochtergesellschaften bedürfen deshalb einer Ermächtigung in der Satzung, die im Rahmen einer so genannten **Konzernklausel** auch das mittelbare Tätigwerden unter Einsatz von Konzerngesellschaften und damit die Bildung einer Unternehmensgruppe ausdrücklich gestattet.[2] Soll die Konzernbildung durch Ausgliederung der unternehmerischen Aktivitäten erfolgen, wird eine weitere Grenze durch § 179a AktG gezogen, wonach Verträge, die in der Sache auf eine vollständige Übertragung des Gesellschaftsvermögens hinauslaufen, der Zustimmung der Hauptversammlung nach § 179 AktG bedürfen. Das gilt auch dann, wenn der satzungsgemäße Unternehmensgegenstand unberührt bleibt.[3] Außerdem stellt sich stets die Frage, ob wegen der Besonderheiten der Maßnahme im Einzelfall besondere, ungeschriebene Mitwirkungsbefugnisse der Hauptversammlung nach Maßgabe der sog. **Holzmüller/Gelatine-Rechtsprechung** des BGH[4] bestehen.

a) Zustimmung der Hauptversammlung

1252 Auf Grund der Rechtsprechung des BGH zu ungeschriebenen Hauptversammlungskompetenzen, die mit der *Holzmüller*-Entscheidung[5] ihren Ausgang genommen und

---

1 *Habersack* in Emmerich/Habersack, Aktien- und GmbH-Konzernrecht, Vorb. zu § 311 AktG Rz. 31.

2 Näher zur Gestattung der Konzernbildung auf der Grundlage einer statutarischen Konzernklausel *Liebscher*, GmbH-Konzernrecht, Rz. 1074 ff.; *Habersack* in Emmerich/Habersack, Aktien- und GmbH-Konzernrecht, Vorb. zu 311 AktG Rz. 31.

3 Erforderlich ist mithin ein Beschluss mit qualifizierter Mehrheit i.S.d. § 179 Abs. 2 AktG; vgl. *Habersack* in Emmerich/Habersack, Aktien- und GmbH-Konzernrecht, Vorb. zu § 311 AktG Rz. 32.

4 Eingehend dazu *Wagner*, Ungeschriebene Kompetenzen der Hauptversammlung, 2007, S. 27 ff.; *Habersack* in Emmerich/Habersack, Aktien- und GmbH-Konzernrecht, Vorb. zu § 311 AktG Rz. 33 ff.

5 BGH v. 25.2.1982 – II ZR 174/80 (Holzmüller), BGHZ 83, 122 ff. = AG 1982, 158.

in den Urteilen *Gelatine I und II*[6] eine weitere Konkretisierung erfahren hat, muss der Vorstand im Einzelfall die **Zustimmung der Hauptversammlung für** die Ausgestaltung des Konzerns betreffende **Strukturentscheidungen** einholen.[7]

In der *Holzmüller*-Entscheidung hatte der BGH über die Wirksamkeit einer Ausgliederung zu entscheiden, infolge derer etwa 80 % des Unternehmensvermögens auf eine Tochtergesellschaft transferiert wurde. Während der BGH im Außenverhältnis von der Wirksamkeit einer solchen Maßnahme ausging, stellte er fest, dass der Vorstand im Innenverhältnis verpflichtet gewesen wäre, die Zustimmung der Hauptversammlung einzuholen, weil sich sein nach § 119 Abs. 2 AktG grundsätzlich eingeräumtes Vorlageermessen in concreto zu einer Pflicht zur Vorlage an die Hauptversammlung verdichtet habe. Es wäre daher erforderlich gewesen, einen Hauptversammlungsbeschluss herbeizuführen, für den eine ¾-Mehrheit erforderlich sei.[8] Diese Grundsätze hat der BGH in den sog. *Gelatine*-Entscheidungen konkretisiert und auf weitere Umstrukturierungsmaßnahmen im Unternehmensverbund ausgeweitet. Konkret ging es im *Gelatine*-Fall um den Transfer einer Tochtergesellschaft auf eine weitere Konzernstufe mit der Folge, dass diese zu einer Enkelgesellschaft wurde. Auch in dieser Konstellation bejaht der BGH die Notwendigkeit der **Zustimmung der Hauptversammlung** mit einer ¾-Mehrheit, da die Umstrukturierung zu einer **Mediatisierung** ihrer Beteiligungsrechte führe und deshalb in ihrer Wirkung einer Satzungsänderung gleichkomme.[9] Dies soll aber nur gelten, wenn die Mediatisierung in ihrer wirtschaftlichen Tragweite dem der Holzmüller-Entscheidung zugrundeliegenden Sachverhalt gleichsteht.[10] Mit Recht betont der BGH, dass ungeschriebene Mitwirkungsbefugnisse der Hauptversammlung nur ausnahmsweise und in engen Grenzen anzuerkennen sind. 1253

Dass die Zustimmung der Hauptversammlung bei (Um-)Bildungsmaßnahmen im Konzern erforderlich sein kann, ist heute weitgehend anerkannt. Umstritten ist im Detail indessen nach wie vor, welche Formen der Konzernbildung von den Grundsätzen der Rechtsprechung konkret erfasst sind und ab welcher wirtschaftlichen Bedeutung die *Holzmüller*-Grundsätze eingreifen. Die Beurteilung von Grenzfällen hat sich an dem in der *Gelatine*-Entscheidung herausgearbeiteten **Sinn und Zweck** der 1254

---

6 BGH v. 26.4.2004 – II ZR 155/02 (Gelatine I), BGHZ 159, 30 ff. = AG 2004, 384; BGH v. 26.4.2004 – II ZR 154/02 (Gelatine II), ZIP 2004, 1001.

7 *Liebscher*, GmbH-Konzernrecht, Rz. 261.

8 BGH v. 25.2.1982 – II ZR 174/80, BGHZ 83, 122 ff. = AG 1982, 158.

9 Der Mediatisierungseffekt ist dabei Ausdruck einer allgemeinen Gefährdung der Aktionärsrechte, die in erster Linie darin zu sehen ist, dass mit der Gruppenbildung eine Zuständigkeitsverlagerung zugunsten des Vorstands der herrschenden AG einhergeht, der nunmehr an Stelle der Aktionäre die Kontrolle über den „ausgelagerten" Teil des Unternehmensvermögens ausübt. Im Kern droht mit der Durchführung einer derartigen Strukturmaßnahme folglich eine Verschärfung des Prinzipal-Agenten-Konflikts. Vgl. hierzu *Habersack* in Emmerich/Habersack, Aktien- und GmbH-Konzernrecht, Vorb. zu § 311 AktG Rz. 34.

10 BGH v. 26.4.2004 – II ZR 155/02 (Gelatine I), BGHZ 159, 30 ff. = AG 2004, 384; außerdem BGH v. 26.4.2004 – II ZR 154/02 (Gelatine II), ZIP 2004, 1001 (Gelatine II) und BGH v. 25.11.2002 – II ZR 133/01 (Macrotron), BGHZ 153, 47 = AG 2003, 273.

Hauptversammlungskompetenz zu orientieren:[11] Die Kompetenzen der Hauptversammlung dürfen nicht ausgehöhlt und ihre in § 119 AktG aufgeführten Rechte nicht übermäßig mediatisiert werden. Das gilt insbesondere für die Entscheidungen über die Verwendung des Bilanzgewinns (§ 119 Abs. 1 Nr. 2 AktG) sowie über die Bestellung von Prüfern zur Prüfung von Vorgängen bei der Geschäftsführung (§ 119 Abs. 1 Nr. 7 AktG). Der Einflussbereich der Aktionäre des herrschenden Unternehmens muss insoweit nicht nur formell, sondern auch materiell betrachtet in dem bislang bestehenden Umfang erhalten bleiben.[12]

1255 Richtigerweise kann es deshalb auf die konkrete Art der Umstrukturierung nicht ankommen, sondern es ist auf die **Auswirkungen auf die Aktionäre** des herrschenden Unternehmens abzustellen.[13] Deren Einflussmöglichkeiten können nicht nur durch eine Ausgliederung, sondern auch bei dem Erwerb von Beteiligungen sowie der Abgabe eines Übernahmeangebots beschränkt werden, da die dem Unternehmen bis dahin unmittelbar zugeordneten Mittel anderweitig gebunden werden.[14] Auch die Veräußerung von Beteiligungen kann u.U. einer Zustimmung bedürfen, sobald wesentliche Teile des Unternehmensvermögens betroffen sind.[15] Es ist darüber hinaus aber in jedem Einzelfall zu überprüfen, ob der Einfluss der Aktionäre vor und nach der Umstrukturierungsmaßnahme überhaupt eine Änderung erfahren hat.[16]

1256 Auch hinsichtlich des erforderlichen Ausmaßes des Einflussverlustes gilt es, sich an der BGH-Rechtsprechung zu orientieren. Auch wenn im Schrifttum eine erhebliche Bandbreite von einschlägigen Schwellenwerten existiert,[17] so muss doch entscheidend sein, dass der BGH die Zustimmungspflichtigkeit in *Gelatine I* zu einer **absolu-**

---

11 Dazu ausführlich *Habersack* in Emmerich/Habersack, Aktien- und GmbH-Konzernrecht, Vorb. zu § 311 AktG Rz. 34.

12 Ausführlich zur Veränderung der Aktionärsrechte durch Konzernbildung *Pellens*, Aktionärsschutz im Konzern, S. 52 ff.

13 *Habersack* in Emmerich/Habersack, Aktien- und GmbH-Konzernrecht, Vorb. zu § 311 AktG Rz. 34; *Liebscher*, GmbH-Konzernrecht, Rz. 1132 f.; *Pentz* in Fleischer, Hdb. Vorstandsrecht, § 17 Rz. 157; *Kubis* in MünchKomm/AktG, 4. Aufl. 2018, § 119 AktG Rz. 45 jew. m.w.N. zur Literatur.

14 Ausf. zur Reichweite *Habersack* in Emmerich/Habersack, Aktien- und GmbH-Konzernrecht, Vorb. zu § 311 AktG Rz. 41 ff.

15 A.A. *Liebscher*, GmbH-Konzernrecht, Rz. 1136 m.w.N., da es an einem Mediatisierungseffekt fehle.

16 Nach OLG Hamm v. 19.11.2007 – 8 U 216/07, ZIP 2008, 832 = AG 2008, 421 ist die Herabsetzung einer Beteiligung an einer Tochtergesellschaft jedenfalls dann nicht erheblich, sofern den Leitungsorganen der Enkelgesellschaft der Rahmen für ihr Handeln auch bislang von einem organschaftlichen Vertreter der zwischengeschalteten Tochtergesellschaft vorgegeben wurde und eine beabsichtigte Umstrukturierung schon deshalb zu keiner Herabsetzung des Einflusses der Hauptversammlung der Muttergesellschaft führt, weil diese auch zuvor nur beschränkten Einfluss hatte.

17 *Liebscher*, GmbH-Konzernrecht, Rz. 1148; *Habersack* in Emmerich/Habersack, Aktien- und GmbH-Konzernrecht, Vorb. zu § 311 AktG Rz. 46 (80 %); *Hüffer/Koch*, § 119 AktG Rz. 18 (75 %); *Kubis* in MünchKomm/AktG, 4. Aufl. 2018, § 119 AktG Rz. 51 (80 %); *Pentz* in Fleischer, Hdb. Vorstandsrecht, § 17 Rz. 157 jew. m.w.N. zur umfangreichen Literatur.

ten Ausnahme erklärt hat. Davon lässt sich aber noch nicht sprechen, solange lediglich bis zu ¾ des in der jeweils aktuellen Bilanz abgebildeten[18] Unternehmensvermögens betroffen sind, weswegen eine Zustimmung der Hauptversammlung erst bei einer Betroffenheit von **mehr als 80 % der Bilanzsumme** einzuholen ist.[19] Mit Recht hat es der BGH in einem kurzen Nichtannahmebeschluss abgelehnt, bereits bei einer Veräußerung einer Tochtergesellschaft, die lediglich rund 73 % des Umsatzes, 30 % des Jahresüberschusses und 30 % des Aktivvermögens des (Teil-)Konzernergebnisses erreichte, eine Zustimmung der Hauptversammlung zu verlangen,[20] während das OLG Köln von maßgeblichen Schwellenwerten ab 70–80 % des Unternehmenswertes ausgeht.[21] Anstelle einer rein schematischen Herangehensweise ist eine alle Umstände der konkreten Situation einbeziehende Einzelfallbetrachtung geboten.[22]

Die **Rechtsfolgen** der Holzmüller-Rechtsprechung bestehen in erster Linie in dem Erfordernis eines Zustimmungsbeschlusses der Hauptversammlung zu der vom Vorstand beabsichtigten Strukturmaßnahme. Wegen der tief in die mitgliedschaftlichen Rechte der Aktionäre eingreifenden Auswirkungen von Holzmüller-Maßnahmen bedarf es der für Satzungsänderungen (§ 179 Abs. 2 AktG) erforderlichen Mehrheit von **¾ des vertretenen Grundkapitals**.[23] Erforderlich ist dabei stets die Zustimmung zu der konkret beabsichtigten Maßnahme. Eine Berufung auf eine satzungsmäßige Konzernklausel, die die Konzernbildung grundsätzlich erlaubt, ist in „Holzmüller"-Fällen demgegenüber wegen der Beeinträchtigung der Mitgliedschaftsrechte der Aktionäre nicht ausreichend.[24] Übergeht der Vorstand die Zustimmungskompetenz der Hauptversammlung, betrifft dies allerdings nur das Innenverhältnis. Die Maßnahme ist **im Außenverhältnis gleichwohl wirksam**. Einschränkungen ergeben sich allenfalls aus dem Grundsatz des Missbrauchs der Vertretungsmacht,[25] wobei der Rechtsverkehr vorbehaltlich besonderer Anhaltspunkte im Einzelfall grundsätzlich davon ausgehen kann, dass die internen Entscheidungskompetenzen eingehalten wurden. Allerdings handelt der Vorstand pflichtwidrig. 1257

18 Zur maßgeblichen Bezugsgröße der aktuellen Bilanzsumme s. ausf. *Kubis* in MünchKomm/AktG, 4. Aufl. 2018, § 119 AktG Rz. 50; diff. *Habersack* in Emmerich/Habersack, Aktien- und GmbH-Konzernrecht, Vorb. zu § 311 AktG Rz. 47, der als maßgebliche Bezugsgröße primär auf den Ertrag und nur sekundär auf die Bilanzsumme abstellen will.

19 Umf. zum Meinungsstand s. *Habersack* in Emmerich/Habersack, Aktien- und GmbH-Konzernrecht, Vorb. zu § 311 AktG Rz. 46 f.

20 BGH v. 20.11.2006 – II ZR 226/05, ZIP 2007, 24 = AG 2007, 203; vorgehend OLG Stuttgart v. 13.7.2005 – 20 U 1/05, ZIP 2005, 1415 = AG 2005, 693. Ähnlich OLG Hamm v. 19.11.2007 – 8 U 216/07, ZIP 2008, 832 = AG 2008, 421 (10 % des Unternehmenswertes).

21 OLG Köln v. 15.1.2009 – 18 U 205/07, ZIP 2009, 1469 = AG 2009, 416.

22 So zu Recht *Habersack* in Emmerich/Habersack, Aktien- und GmbH-Konzernrecht, Vorb. zu § 311 AktG Rz. 47.

23 BGH v. 26.4.2004 – II ZR 155/02 (Gelatine I), BGHZ 159, 30, 45 f. = AG 2004, 384; *Habersack* in Emmerich/Habersack, Aktien- und GmbH-Konzernrecht, Vorb. zu § 311 AktG Rz. 50.

24 *Habersack* in Emmerich/Habersack, Aktien- und GmbH-Konzernrecht, Vorb. zu § 311 AktG Rz. 51.

25 Dazu *Habersack* in Emmerich/Habersack, Aktien- und GmbH-Konzernrecht, Vorb. zu § 311 AktG Rz. 53.

b) Grenzen der Satzung

1258 Der Vorstand muss auch prüfen, welche Grenzen sich für die Konzernbildung aus der Satzung ergeben. Der statutarisch festgelegte **Unternehmensgegenstand** ist in zweifacher Hinsicht zu beachten: Zum einen muss dem Vorstand die Verfolgung der unternehmerischen Tätigkeit der Gesellschaft in einer Tochtergesellschaft erlaubt sein. Zum anderen muss die Tätigkeit einer gegebenenfalls im Wege des Beteiligungserwerbs zu etablierenden Tochtergesellschaft von dem Unternehmensgegenstand gedeckt sein.

1259 Grundsätzlich muss der Vorstand den Unternehmensgegenstand also durch eine **unmittelbare Tätigkeit** der Gesellschaft verfolgen. Will er die unternehmerischen Zwecke (auch) durch Konzerngesellschaften verfolgen, bedarf es in der Satzung zumindest einer Konzernklausel, die die mittelbare Verfolgung der Unternehmenszwecke erlaubt.

1260 Eine unzulässige **Satzungsunterschreitung** kann deshalb nur vermieden werden, wenn die Satzung eine Konzernklausel enthält.[26] Deren Reichweite kann unterschiedlich sein; von einer reinen Beteiligungsklausel bis hin zur ausdrücklichen Holdingklausel sind verschiedene Gestaltungen denkbar,[27] wobei der im Einzelfall zulässige Umfang der Tätigkeit durch die Tochtergesellschaften von der konkreten Formulierung der Klausel abhängt. Eine einfache Konzernklausel gestattet zwar die Verfolgung des Unternehmensgegenstandes auch durch Tochtergesellschaften. Sie genügt nach ganz h.M. aber nicht, damit die Gesellschaft fortan nur noch als Holding tätig werden kann.[28] Im Detail sind die Anforderungen an eine Holdingklausel streitig; richtigerweise reicht es für die Etablierung einer Holdingstruktur, auch einer echten, aus, wenn der Unternehmensgegenstand es erlaubt, die unternehmerische Betätigung „ganz oder teilweise" auf die Tochterunternehmen auszugliedern,[29] weitergehend wird teilweise ausdrücklich die Tätigkeit der Gruppenleitung als Konzernholding einschließlich der Aufzählung der Geschäftstätigkeit der einzelnen Tochtergesellschaften für erforderlich gehalten.[30]

1261 Außerdem darf es nicht zu einer **Satzungsüberschreitung** infolge einer nicht von dem Unternehmenszweck gedeckten Tätigkeit der Tochtergesellschaft kommen. Ist

---

26 Dazu ausführlich OLG Köln v. 15.1.2009 – 18 U 205/07, ZIP 2009, 1469 = AG 2009, 416; *Liebscher*, GmbH-Konzernrecht, Rz. 1148 m.N. aus der Literatur.

27 *Stephan* in Lutter/Bayer, Holding-Handbuch, § 3 Rz. 168 ff.; *Winner* in MünchKomm/AktG, 4. Aufl. 2016, § 179 AktG Rz. 244. Nicht erforderlich ist eine solche Satzungsbestimmung hingegen, solange ein bloß untergeordneter Erwerb von Unternehmensanteilen zur reinen Finanzanlage in Rede steht, *Winner* in MünchKomm/AktG, 4. Aufl. 2016, § 179 AktG Rz. 244.

28 *Habersack* in Emmerich/Habersack, Aktien- und GmbH-Konzernrecht, Vorb. zu § 311 AktG Rz. 31; *Stephan* in Lutter/Bayer, Holding-Handbuch, § 3 Rz. 168 ff.; *Stein* in MünchKomm/AktG, 4. Aufl. 2016, § 179 AktG Rz. 113; a.A. *Hommelhoff*, Konzernleitungspflicht, 1982, S. 273 f.; wohl auch *Mertens/Cahn* in KölnKomm/AktG, 3. Aufl., § 76 AktG Rz. 61.

29 *Habersack* in Emmerich/Habersack, Aktien- und GmbH-Konzernrecht, Vorb. zu § 311 AktG Rz. 31.

30 *Hüffer/Koch*, § 23 AktG Rz. 24a.

die Tätigkeit der Tochtergesellschaften nicht von dem Unternehmensgegenstand des herrschenden Unternehmens gedeckt, handelt der Vorstand bei dem die Konzernstruktur begründenden Rechtsgeschäft pflichtwidrig.[31]

c) Mitteilungspflichten

1262 Entscheidet sich der Vorstand für den Erwerb oder den Ausbau der Beteiligung an einer anderen Gesellschaft, muss er bei Überschreitung von bestimmten, im Gesetz im Einzelnen benannten Schwellen den **Anteilserwerb offenlegen.** § 20 Abs. 1 und 4 AktG nennen als maßgebliche Schwellenwerte 25 % und 50 % des Aktienbesitzes durch ein Unternehmen im konzernrechtlichen Sinne. Die Mitteilungspflicht besteht nicht nur bei derivativem Beteiligungserwerb, sondern auch bei Errichtung einer Tochtergesellschaft. Dass sich die Beteiligungshöhe des Gründers aus dem Gründungsprotokoll ergibt, macht die Mitteilung nicht entbehrlich.[32]

1263 An die Stelle der aktienrechtlichen Mitteilungspflichten treten bei dem Erwerb von Aktien an **börsennotierten Aktiengesellschaften** die Regelungen über die Offenlegungspflichten nach dem WpHG (dazu näher § 24 Rz. 750 ff.).

2. Konzernkontrollpflichten

1264 Im Konzern kann der Vorstand der herrschenden AG die Führung der verbundenen Unternehmen unterschiedlich intensiv handhaben; die Handlungsmöglichkeiten erstrecken sich von einem **bloßen Halten der Beteiligung** über eine **dezentrale Konzernorganisation** bis hin zu einer engen Einbeziehung der Untergesellschaft in den Konzern durch umfassende Einflussnahme auf deren Unternehmensführung. Dem insoweit grundsätzlich bestehendenErmessensspielraum des Vorstands sind allerdings die nachfolgend erläuterten Grenzen gesetzt:

a) Konzernleitungspflicht

1265 Im Unternehmensverbund tritt der Vorstand der Obergesellschaft in Konkurrenz mit dem Leitungsorgan der abhängigen **Gesellschaft.** Insoweit besteht im Ausgangspunkt kein Zweifel daran, dass sich die **Kontroll- und Leitungspflichten** des Vorstands der Obergesellschaft auch **auf die Konzernunternehmen** erstrecken. Das folgt schon daraus, dass die Beteiligung in der jeweiligen Konzerngesellschaft ein Vermögenswert ist, dessen Erhaltung und wirtschaftliche Entwicklung die wirtschaftliche Situation der Obergesellschaft unmittelbar mitbestimmt. Der Vorstand der Obergesellschaft muss deshalb im Rahmen des rechtlich Möglichen sicherstellen, dass die Beteiligungen und das unternehmerische Geschehen in den Beteiligungsgesellschaften zum **Nutzen der Unternehmensgruppe** eingesetzt werden.

31 *Liebscher*, GmbH-Konzernrecht, Rz. 1069.

32 BGH v. 24.4.2006 – II ZR 30/05, BGHZ 167, 204, 208 = AG 2006, 501; *Koppensteiner* in KölnKomm/AktG, 3. Aufl., § 20 AktG Rz. 22.

1266 Die **konzernweite Erstreckung der Leitungspflichten, deren Erfüllung dem Vorstand der Obergesellschaft obliegt**, ist dem Grunde nach deshalb auch unstreitig. Uneinigkeit besteht aber hinsichtlich des Umfangs und der gebotenen Intensität ihrer Ausübung. Am weitesten reicht insoweit die These einer umfassenden Konzernleitungspflicht des Muttervorstands.[33] Sie hält vorbehaltlich einer in der Satzung verankerten Beschränkung auf die bloße Beteiligungsverwaltung den Muttervorstand für verpflichtet, das gesamte Konzerngeschehen bis in alle Details der Unternehmensaktivitäten der Tochtergesellschaften durch eigene Vorgaben zu leiten, die Umsetzung dieser Vorgaben zu kontrollieren und gegebenenfalls lenkend einzugreifen.

1267 Diese Auffassung hat sich mit Recht bislang nicht durchgesetzt,[34] weil die Annahme eines zwingenden Gebots intensiver Konzernführung weder mit der Systematik der §§ 15 ff. AktG in Einklang zu bringen ist, wonach die bloße Abhängigkeit eines Unternehmens nicht zwangsläufig zur Konzernbildung führen muss, und weil je nach Lage des Einzelfalles auch eine dezentrale Konzernführung für den wirtschaftlichen Erfolg des Unternehmens gegenüber einer zentralen Konzernführung vorteilhaft sein kann, jedenfalls aber insoweit ein unternehmerischer Ermessensspielraum besteht. Die **herrschende Auffassung** geht deshalb mit Recht davon aus, dass der Vorstand der Obergesellschaft im Rahmen seines **unternehmerischen Ermessens** darüber entscheiden kann, mit welcher Reichweite und Intensität er von der ihm zustehenden Leitungsmacht gegenüber den nachgeordneten Konzernunternehmen Gebrauch macht.[35]

1268 Die Obergesellschaft trifft also, sofern nicht ein Beherrschungsvertrag besteht, keine Verpflichtung zur umfassenden Konzernleitung gegenüber der abhängigen Konzerntochter.[36] Der Vorstand kann sich im Rahmen seines pflichtgemäßen Ermessens auch für eine **dezentrale Konzernführung** entscheiden.

---

33 *Hommelhoff*, Die Konzernleitungspflicht, 1982, S. 43 ff.; sympathisierend *Götz*, ZGR 1998, 524, 526 (den Beherrschungsvertrag und die Eingliederung betreffend); *Uwe H. Schneider/Sven H. Schneider*, ZIP 2007, 2061, 2065.

34 *Altmeppen* in MünchKomm/AktG, 4. Aufl. 2015, § 309 AktG Rz. 52; *Denzer*, S. 117; *Emmerich* in Emmerich/Habersack, Aktien- und GmbH-Konzernrecht, § 308 AktG Rz. 34 f.; *Fleischer* in Fleischer, Hdb. Vorstandsrecht, § 18 Rz. 10; *Hüffer/Koch*, § 76 AktG Rz. 17; *Koch*, WM 2009, 1013, 1015; *Koppensteiner* in KölnKomm/AktG, 3. Aufl., § 308 AktG Rz. 60; *Krieger* in MünchHdb. GesR AG, § 71 Rz. 160; *Kropff*, ZGR 1984, 112, 120 ff.; *Liebscher*, GmbH-Konzernrecht, Rz. 263; *Martens* in FS Heinsius, S. 523, 531; *Spindler* in MünchKomm/AktG, 5. Aufl. 2019, § 76 AktG Rz. 49; *Wilsing/Ogorek*, NZG 2010, 216, 217.

35 *Mertens/Cahn* in KölnKomm/AktG, 3. Aufl., § 76 AktG Rz. 65; *Altmeppen* in MünchKomm/AktG, 4. Aufl. 2015, § 309 AktG Rz. 54; *Bayer* in MünchKomm/AktG, 5. Aufl. 2019, § 18 AktG Rz. 21; *Fleischer* in Fleischer, Hdb. Vorstandsrecht, § 18 Rz. 14; *Hüffer/Koch*, § 76 AktG Rz. 17; *Altmeppen* in MünchKomm/AktG, 4. Aufl. 2015, § 311 AktG Rz. 390 ff.; *Reuter*, DB 1999, 2250, 2251; *Semler*, Leitung und Überwachung, Rz. 278 Fn. 410; Rz. 280; *Götz*, ZGR 1998, 524, 530.

36 *Altmeppen* in MünchKomm/AktG, 4. Aufl. 2015, § 308 AktG Rz. 29; *Fleischer* in Fleischer, Hdb. Vorstandsrecht, § 18 Rz. 17; *Emmerich* in Emmerich/Habersack, Aktien- und GmbH-Konzernrecht, § 308 AktG Rz. 34; *Spindler* in MünchKomm/AktG, 5. Aufl. 2019, § 76 AktG Rz. 48. So aber namentlich *Uwe H. Schneider*, ZHR 143 (1979), 485, 506 ff., der

b) Konzernstrukturierung

1269 Die Pflichten des Vorstands der Konzernobergesellschaft ergeben sich zwar aus § 93 Abs. 1 Satz 1 AktG, sind aber unter Berücksichtigung der Konzernsituation zu konturieren und haben deshalb konzernweite Wirkung.[37] Das ist auch die Perspektive des deutschen Corporate Governance Kodex. Nach seinem Grundsatz 1 DCGK 2020 leitet der Vorstand das *Unternehmen* in eigener Verantwortung im *Unternehmensinteresse*. Mit dem Begriff „Unternehmen" meint der Kodex ausweislich seiner Präambel die Gesellschaft und ihre Konzernunternehmen.[38] Danach muss der Vorstand der Obergesellschaft zumindest die Strukturen des Konzerns kontinuierlich überprüfen und bei Bedarf an veränderte Umstände anpassen (**Konzernorganisation**), die Konzernziele und die zu ihrer Verfolgung dienende Geschäftspolitik für den Konzern definieren (**Konzernzielbestimmung**), im Rahmen einer konzernweiten Planung eine umfassende Strategie entwickeln (**Konzernplanung**), ein konzernweites Risikomanagement- und Compliancesystem etablieren (**Konzernüberwachung**) sowie die Führungsstellen im Konzern besetzen (**Führungskoordination**).[39] Darüber hinaus verpflichtet die konzernweite Geltung des Legalitätsprinzips den Vorstand der Obergesellschaft dazu, im Rahmen des ihm rechtlich Möglichen für die konzernweite Einhaltung der rechtlichen Vorgaben Sorge zu tragen.

aa) Konzernorganisation

1270 Die Entscheidung über die konkrete Ausgestaltung des Konzerns beginnt mit der Wahl der rechtlichen Form der Unternehmensverbindung, nach der sich der Umfang der Einflussnahmerechte des herrschenden Unternehmens maßgeblich bestimmt. Während im faktischen Konzern dem Vorstand des herrschenden Unternehmens keine Weisungsbefugnis zukommt, sehen die Regelungen zum Beherrschungsvertrag und zur Eingliederung ein derartiges Recht vor.[40] Daneben sind **per-**

---

aus der Entscheidung BGH v. 5.2.1979 – II ZR 210/76, AG 1980, 47 = WM 1979, 937 einen allgemeinen Rechtsgrundsatz dahin ableiten will, dass derjenige, der die Leitung über ein Unternehmen übernimmt, diese mit der Sorgfalt eines ordentlichen und gewissenhaften Geschäftsleiters auch auszuüben habe. Die ganz vorherrschende Auffassung folgt dem mit Recht nicht.

37 Zur Delegation von Leitungsaufgaben im Konzern ausführlich *Hüffer* in Liber amicorum Happ, S. 93, 104 ff.

38 Vgl. Absatz 5 der Präambel zum DCGK 2020.

39 *Fleischer* in Fleischer, Hdb. Vorstandsrecht, § 18 Rz. 18 (der die Bereiche der Planungs- und Steuerungsverantwortung, Organisationsverantwortung, Finanzverantwortung und Informationsverantwortung identifiziert); *Götz*, ZGR 1998, 524, 531; *Hüffer* in Liber amicorum Happ, S. 93, 100; *Martens* in FS Heinsius, S. 523, 532; vgl. auch *Uwe H. Schneider/Sven H. Schneider*, ZIP 2007, 2061, 2062 (Konzerngründung, Konzernorganisation, Konzernleitung i.e.S.); *Semler*, Leitung und Überwachung, Rz. 273; vgl. außerdem *v. Schenk* in Lutter/Bayer, Holding-Handbuch, § 5 Rz. 4 ff.; *Spindler* in MünchKomm/AktG, 5. Aufl. 2019, § 76 AktG Rz. 50.

40 S. Rz. 1308 ff., 1336; zu Besonderheiten des Beherrschungsvertrages bei Kreditinstituten und Versicherungsunternehmen *Krauel/Klie*, WM 2010, 1735, 1737.

sonelle Verflechtungen ein häufig genutztes Mittel zur Einflussnahme auf die abhängige Gesellschaft.

1271 Im Übrigen besteht ein grundsätzlich breiter Spielraum für die Entscheidung zwischen einem zentralen und dezentralen Konzernmanagement: Für die Reichweite der Kontrollpflichten als Teil der dem Vorstand obliegenden Leitungsaufgaben muss der Vorstand deshalb prüfen, ob und in welchem Umfang die **zentrale** Erbringung von **Administrations- und Dienstleistungen** für die Konzernunternehmen durch die Obergesellschaft, wie z.B. ein zentrales Cash-Management, oder die Steuerung von gemeinsamen Einkaufs- und Vertriebsaktivitäten zur Nutzung von Synergieeffekten vorteilhaft ist oder ob eine dezentrale Aufgabenwahrnehmung eher im Konzerninteresse liegt.[41] Es ist seine Aufgabe, die rechtlichen Strukturen des Konzerns mit dem Ziel einer betriebswirtschaftlich **effizienten Organisation** in Einklang zu bringen.

1272 Die **Optimierung der Konzernorganisation** folgt aus der Sorgfaltspflicht des Vorstands der Obergesellschaft, die diesen zu einer kontinuierlichen Überprüfung der Aufgabenverteilung im Konzernverbund zwingt.[42] Für die Ermittlung der Vor- und Nachteile der Ressourcenallokation kann die Einrichtung eines Vertreters der Ober- wie der Untergesellschaft zusammenführenden Gremiums, in dem auch externe Fachkräfte hinzugezogen werden dürfen, eine sinnvolle Maßnahme sein.[43] Die Einrichtung eines **zentralen Konzerncontrollings** ist im Regelfall unerlässlich.[44]

bb) Konzernüberwachung

1273 Der Vorstand der herrschenden AG hat die Vorgänge im Konzern grundsätzlich zu überwachen, auch wenn sie primär Tochtergesellschaften betreffen. Die Einrichtung eines **konzernweiten Überwachungs- und Informationssystems** ist unerlässlich.[45] Dagegen gibt es in rechtlicher Hinsicht lediglich punktuell eine Pflicht zur Implementierung eines umfassenden Risikomanagementsystems und einer Compliance-Überwachung. Der Regierungsentwurf zum KonTraG geht davon aus, dass insbesondere § 91 Abs. 2 AktG im Konzern Anwendung findet: „Beim Mutterunternehmen

---

41 *Götz*, ZGR 1998, 524, 528.

42 Eingeh. *Habersack* in Emmerich/Habersack, Aktien- und GmbH-Konzernrecht, § 311 AktG Rz. 87.

43 Zu den Möglichkeiten und Grenzen gemeinsamer Sitzungen von Aufsichtsorganen innerhalb eines Konzerns s. *Schnorbus/Ganzer*, AG 2013, 445 ff.

44 Vgl. *Habersack* in Emmerich/Habersack, Aktien- und GmbH-Konzernrecht, § 311 AktG Rz. 87. Vgl. auch die Umfrage bei *Ekkenga/Weinbrenner/Schütz*, Der Konzern 2005, 261, 265. Darüber hinaus kommt es auf den Informationsfluss im Konzern an, ob Optimierungsmöglichkeiten identifiziert werden; die Pflicht zur effizienten Konzernorganisation bedingt daher, dass Abläufe im Tochterunternehmen, die zugleich etwaige Ineffizienzen in der Konzernkoordinierung betreffen, der Konzernmutter zugetragen werden. Zumindest insofern erscheint ein konzernweites Informationssystem als Grundlage eines umfassenden Controllingsystems unverzichtbar.

45 In der Praxis haben Konzerne weit überwiegend eine Konzerncontrollingeinheit etabliert, *Ekkenga/Weinbrenner/Schütz*, Der Konzern 2005, 261, 267 f.

i.S.d. § 290 HGB ist die Überwachungs- und Organisationspflicht im Rahmen der bestehenden gesellschaftsrechtlichen Möglichkeiten konzernweit zu verstehen, sofern von Tochtergesellschaften den Fortbestand der Gesellschaft gefährdende Entwicklungen ausgehen können."[46] § 315 Abs. 2 Nr. 1 HGB verpflichtet die Konzernmutter, die **Risikomanagementziele und -methoden im Konzernlagebericht** darzustellen.[47] Schließlich hält der DCGK 2020 in Grundsatz 5 ausdrücklich fest, dass der Vorstand für die Einhaltung der gesetzlichen Bestimmungen und der internen Richtlinien zu sorgen hat und auf deren Beachtung im Unternehmen, d.h. auch durch die Konzernunternehmen, hinwirkt.[48]

Der nach wie vor im Schrifttum vertretenen Ansicht, nach der ein konzernweites Überwachungssystem generell nicht erforderlich ist,[49] kann vor diesem Hintergrund nicht zugestimmt werden; jedenfalls ein konzernweites Überwachungssystem i.S.d. § 91 Abs. 2 AktG ist rechtlich geboten; lediglich Umfang und Intensität des Überwachungssystems sind je nach Risikoprofil der Unternehmensgruppe im Einzelfall unterschiedlich ausgestaltbar. Das erklärte Ziel von § 91 Abs. 2 AktG ist es, alle von den Tochtergesellschaften ausgehende Entwicklungen frühzeitig zu identifizieren, die für die herrschende AG **existenzgefährdende Wirkung** haben können.[50] Die danach gebotene Überwachung der Konzerngesellschaften erstreckt sich im Ausgangspunkt auch auf deliktisches Verhalten der Tochtergesellschaft, jedenfalls soweit im Einzelfall hierdurch eine (Mit-)Haftung des herrschenden Unternehmens folgen kann; dies 1274

46 Gesetz zur Kontrolle und Transparenz im Unternehmensbereich, BT-Drucks. 13/9712, S. 15; dazu *Brebeck/Herrmann*, WPg 1997, 391 ff.; *Hommelhoff/Mattheus*, BFuP 2000, 217, 218 ff.; *Reuter*, DB 1999, 2250 ff.

47 Eine Pflicht zur Schaffung eines Kontrollsystems sollte damit dem Vorstand aber nicht auferlegt werden: „Es bleibt den geschäftsführenden Organen überlassen, ein internes Kontrollsystem oder ein internes Risikomanagementsystem nach den vorhandenen Bedürfnissen unter Berücksichtigung der Unternehmensstrategie, des Geschäftsumfangs und anderer wichtiger Wirtschaftlichkeits- und Effizienzgesichtspunkte einzurichten"; BT-Drucks. 16/10067, S. 76; dazu *Böcking/Eibelshäuser*, Der Konzern 2009, 565, 566; *Wolf*, DStR 2009, 920.

48 Auch vor dem Hintergrund einer etwaigen Verantwortlichkeit des Vorstands im Außenverhältnis aus § 130 OWiG und den Regelungen des § 25a KWG, § 15 GWG ist dies zu empfehlen, dazu *Koch*, WM 2009, 1013, 1015 ff.; *Uwe H. Schneider/Sven H. Schneider*, ZIP 2007, 2061, 2063; *Uwe H. Schneider*, NZG 2009, 1321, 1324.

49 So aber *Kort* in Großkomm/AktG, 5. Aufl. 2015, § 91 AktG Rz. 118; *Spindler* in MünchKomm/AktG, 5. Aufl. 2019, § 91 AktG Rz. 80, die meinen, durch die Pflicht zur Schaffung eines Compliance-Systems werde eine umfassende Konzernleitungspflicht statuiert. Da aber auch nach dieser Ansicht solche Entwicklungen beobachtet werden müssen, die in die Konzernbilanz Eingang finden müssen, unterscheiden sich die Auffassungen im Ergebnis nicht wesentlich; vgl. auch *Reuter*, DB 1999, 2250, 2251, nach dem es einen Mindeststandard nicht gibt.

50 Vgl. *Klahold/Kremer*, ZGR 2010, 113, 119; *Koch*, WM 2009, 1013, 1014; *Mertens/Cahn* in KölnKomm/AktG, 3. Aufl., § 91 AktG Rz. 18; *Uwe H. Schneider/Sven H. Schneider*, ZIP 2007, 2061, 2063 (bezeichnen dies als Insellösung); *Wilsing/Ogorek*, NZG 2010, 216, 217. *Elsner*, S. 7 verwendet treffend den Begriff der „gefahrenerkennenden Tochterkontrolle".

gilt namentlich für Kartellrechtsverstöße.[51] Allerdings kommt eine deliktsrechtliche Haftung der Muttergesellschaft nicht schon aufgrund des Konzerntatbestandes, sondern nur ausnahmsweise auf der Grundlage spezifischer Zurechnungsnormen in Betracht.[52] Immer im Blick zu behalten sind mögliche **Reputationsschäden** der Konzernmutter, die auf rechtswidrigem Verhalten oder einer imageschädlichen Geschäftspolitik der Tochter beruhen.[53] Und schließlich ist auch zu berücksichtigen, dass die Beteiligungserträge für die Existenz der Obergesellschaft durchaus von erheblicher Bedeutung sein können.[54]

1275 Abgesehen von den vorstehend beschriebenen existenzgefährdenden Entwicklungen wird im Übrigen die Implementierung von besonderen Informationsstrukturen im Konzern durch genuin aktienrechtliche Vorschriften nicht verlangt, wenn auch solche angesichts der Pflicht zur Konzernberichterstattung und der Entsprechenserklärung nach § 161 AktG mittlerweile praktisch zu einer Notwendigkeit geworden sind. Im Einzelfall kann es darüber hinaus durchaus der Sorgfalt eines Geschäftsleiters i.S.d. § 93 Abs. 1 AktG entsprechen, sonstige die herrschende AG belastende Maßnahmen der Tochtergesellschaften rechtzeitig zu ermitteln und zu unterbinden. Der konkrete Pflichtenumfang wird sich insoweit nach dem **Grad der wirtschaftlichen Abhängigkeit** des herrschenden Unternehmens von dem unternehmerischen Erfolg der Tochtergesellschaften bemessen. Je stärker einzelne Maßnahmen in der abhängigen Gesellschaft die Gefahr begründen, sich wirtschaftlich nachteilig auf das Mutterunternehmen auszuwirken, desto engmaschiger muss die Kontrolle durch den Vorstand der Muttergesellschaft ausfallen.[55] Dagegen kann der Vorstand des herrschenden Unternehmens grundsätzlich nicht angehalten sein, lückenlos auch solche Vorgänge in den Tochtergesellschaften zu überwachen und zu dokumentieren, die das herrschende Unternehmen nicht oder nur geringfügig berühren. Eine solche „aktive konzernweite Organisationspflicht"[56] käme im Ergebnis einer umfassenden Konzernleitungspflicht gleich, die dem Vorstand aus den bereits eingangs genannten Gründen nicht auferlegt ist.

1276 Welche **organisatorischen Maßnahmen im Einzelfall** erforderlich aber auch ausreichend sind, lässt sich nur situationsbedingt abschließend entscheiden. Wesentliche Kernpunkte sind dabei die nach außen kommunizierte klare Entscheidung des Vorstands für ein Compliance- und Risikomanagementsystem, beispielsweise durch Konzernrichtlinien und präventive Schulung der Mitarbeiter, die Sicherstellung des

---

51 EuGH v. 10.9.2009 – C-97/08, ECLI:EU:C:2009:536 (AKZO Nobel); ferner auch BKartA v. 9.2.2009 – Az. B1-200/06 (Etex).

52 Vgl. Eingeh. *Habersack* in Emmerich/Habersack, Aktien- und GmbH-Konzernrecht, § 311 AktG Rz. 87, 92.

53 *Koch*, WM 2009, 1013, 1014.

54 Dazu *Elsner*, S. 9 ff.; eine Gefährdung der Muttergesellschaft sei aber nicht der Regelfall meint *Koch*, WM 2009, 1013, 1014.

55 Vgl. dazu monographisch *Elsner*, S. 148 ff.; ferner *Koch*, WM 2009, 1013, 1014.

56 *Uwe H. Schneider*, NZG 2009, 1321, 1326; *Uwe H. Schneider/Sven H. Schneider*, ZIP 2007, 2061, 2063, die dem Vorstand eine solche Pflicht auferlegen möchten. Sehr weitgehend auch *Götz*, ZGR 1998, 524, 528; *Hommelhoff/Mattheus*, BFuP 2000, 217, 224.

Informationsflusses von „unten nach oben“ durch ein Berichtssystem sowie die umgehende Realisierung von eigenen Entscheidungen, falls ein Eingriff der Konzernleitung notwendig erscheint.[57] Ein wesentlicher Faktor für die Bestimmung der Intensität der erforderlichen Maßnahmen ist die **konkrete Organisationsform** des Konzerns: Bei einer dezentralen Konzernleitung hat das herrschende Unternehmen vor allem sicherzustellen, dass die Tochtergesellschaften eine funktionsfähige Compliance-Organisation einrichten und auf diesem Wege die ermittelten Informationen infolge von Berichtspflichten auch der Muttergesellschaft zukommen lassen.[58] Bei einer zentralen Konzernleitung müssen mit der insoweit gebotenen gesteigerten Kontrolle auch größere Anforderungen an das Informationssystem einhergehen, so dass ein eigenes konzernweites Pflichtenprogramm durchzusetzen ist. Daneben kommt es entscheidend auf die **tatsächlichen Möglichkeiten der Einflussnahme** an; namentlich im faktischen Konzern ist zu berücksichtigen, dass hier anders als im Vertragskonzern dem herrschenden Unternehmen nur in eingeschränkter Weise Möglichkeiten zur Beeinflussung der abhängigen Gesellschaft zur Verfügung stehen.[59] § 131 Abs. 4 Satz 1 AktG (erweitertes Auskunftsrecht in der Hauptversammlung)[60] und Art. 10 MAR stehen Berichtspflichten des abhängigen Unternehmens gegenüber der Obergesellschaft demgegenüber nicht, jedenfalls nicht per se, entgegen.[61]

cc) Sonderfall: Mehrstufiger Unternehmensverbund

Im mehrstufigen Unternehmensverbund erstreckt sich die konzernweite Leitungsaufgabe und Kontrollverantwortung des Muttervorstandes nicht nur auf die unmittelbaren Tochtergesellschaften, sondern auch auf die **nachgeordneten Konzerngesellschaften** der weiteren Konzernebenen. 1277

dd) Folgen einer Verletzung der konzernweiten Kontrollpflichten

Verletzt der Vorstand seine gegenüber der herrschenden AG bestehende, auf die Konzernunternehmen bezogene Kontrollpflicht, kann darin ein **wichtiger Grund** i.S.d. § 626 Abs. 1 BGB liegen, der die herrschende Gesellschaft zur Kündigung des 1278

57 Vgl. *Hommelhoff/Mattheus*, BFuP 2000, 217, 224; *Klahold/Kremer*, ZGR 2010, 113, 122 ff.

58 *Uwe H. Schneider*, NZG 2009, 1321, 1326; *Uwe H. Schneider/Sven H. Schneider*, ZIP 2007, 2061, 2065.

59 Vgl. *Hommelhoff/Mattheus*, BFuP 2000, 217, 224; *Reuter*, DB 1999, 2250, 2251. *Elsner*, S. 114 ff. geht indes davon aus, dass das Drohpotential im faktischen Konzern den rechtlichen Möglichkeiten im Vertragskonzern gleichsteht; hinsichtlich des Vertrags- und Eingliederungskonzerns geht *Elsner*, S. 63 ff. von einer „Gleichbehandlung von Tochtergesellschaften und eigenen Geschäftsbereichen in Kontrollfragen“ aus. Zu den Informationsmöglichkeiten ausführlich *Rothweiler*, S. 7 ff.; *Wittmann*, passim.

60 S. hierzu § 29 Rz. 1150 ff.

61 Vgl. eingeh. *Assmann* in Assmann/Uwe H. Schneider/Mülbert, Wertpapierhandelsrecht, Art. 10 VO Nr. 596/2014 Rz. 37 ff.

Anstellungsvertrages zwischen ihr und dem Vorstand berechtigt.[62] Daneben ermöglicht ein solcher Pflichtverstoß auch die **Abberufung des Vorstandes** nach § 84 Abs. 3 Satz 1 AktG, sofern die Pflichtverletzung unter Abwägung mit dem Grad des Verschuldens und den Folgen für die Gesellschaft hinreichend schwer wiegt.[63] Zudem sieht sich der Vorstand u.U. der **Haftung** nach § 93 Abs. 2 AktG ausgesetzt.

c) Treuepflichten

1279 Soweit der Vorstand als Vertreter der herrschenden Gesellschaft in deren Rolle als Aktionär der abhängigen Gesellschaft auftritt, ist die den Mehrheitsaktionär gegenüber der Gesellschaft und gegenüber den Mitaktionären treffende **„Treuepflicht"** zu beachten.[64] Dies gilt insbesondere auch bei der Stimmrechtsausübung in der Hauptversammlung der Untergesellschaft.

3. Informationspflichten

1280 Dem herrschenden Unternehmen steht gegenüber den nachgeordneten Gesellschaften kein allgemeines Auskunftsrecht zu; namentlich kann ein solches nicht mit Zwecken der (gebotenen) Konzernleitung begründet werden. Ein Auskunftsrecht nach unten und spiegelbildlich eine Auskunftspflicht nach oben besteht nur dort, wo der Vorstand der herrschenden Gesellschaft auf bestimmte Informationen zur Erfüllung seiner gesetzlichen Pflichten angewiesen ist.[65] Das findet namentlich in § 294 Abs. 3 HGB gesetzliche Anerkennung. Umgekehrt bestehen auch Auskunftspflichten des herrschenden Unternehmens gegenüber der Tochtergesellschaft. Im Übrigen ist der Vorstand der herrschenden AG **gegenüber dem Aufsichtsrat der eigenen Gesellschaft** zur Berichterstattung verpflichtet, die gem. § 90 Abs. 1 AktG auch auf Tochterunternehmen und auf Gemeinschaftsunternehmen i.S.v. § 310 Abs. 1 HGB einzugehen hat. Die dafür benötigten Informationen kann der Vorstand von der Tochtergesellschaft verlangen. Inwieweit wegen des Ausnahmecharakters der gesetzlichen Regelungen eine Ausweitung des Auskunftsrechts im Wege der Analogie in Betracht kommt, wird uneinheitlich beurteilt.[66]

1281 Der **Informationsanspruch der Aktionäre** in der Hauptversammlung bezieht sich nach Maßgabe des § 131 Abs. 1 Satz 2 AktG auch auf die Beziehungen zu verbundenen Unternehmen. Die allgemeine Auskunftspflicht des Vorstands führt jedoch nicht zu einem unbeschränkten **Auskunftsrecht** der Aktionäre hinsichtlich aller An-

---

62 OLG Jena v. 12.8.2009 – 7 U 244/07, NZG 2010, 226 = AG 2010, 376 (zum GmbH-Konzern); zustimmend *Wilsing/Ogorek*, NZG 2010, 216; vgl. ferner *Koch*, WM 2009, 1013, 1015.

63 Dazu monographisch *Denzer*, S. 128 ff.

64 S. aber zum streitigen Verhältnis von Treuepflicht und den §§ 311 ff. AktG *Altmeppen* in MünchKomm/AktG, 4. Aufl. 2015, § 311 AktG Rz. 15 ff.; *Habersack* in Emmerich/Habersack, Aktien- und GmbH-Konzernrecht, § 311 AktG Rz. 4 f., 87.

65 *Altmeppen* in MünchKomm/AktG, 4. Aufl. 2015, § 311 AktG Rz. 424 m.w.N.

66 Verneinend *Götz*, ZGR 1998, 524, 527; *Hoffmann-Becking*, ZHR 159 (1995), 325, 337; *Mertens/Cahn* in KölnKomm/AktG, 3. Aufl., § 90 AktG Rz. 43; tendenziell offener wohl *Altmeppen* in MünchKomm/AktG, 4. Aufl. 2015, § 311 AktG Rz. 424; *Semler*, S. 178 ff.

gelegenheiten der Konzerngesellschaften, sondern ist nach § 131 Abs. 1 Satz 1 AktG auf solche Informationen beschränkt, die zur sachgemäßen Beurteilung des Gegenstands der Tagesordnung erforderlich sind.[67]

II. Faktischer Konzern

1282 Im faktischen Konzern ist der Vorstand der Obergesellschaft grundsätzlich auf eine **dezentrale Konzernführung** verwiesen, sofern das abhängige Unternehmen sich nicht selbst auf eine enge Konzernbindung einlässt. Eine straffere Anbindung der abhängigen Gesellschaft kann die Obergesellschaft nur bei Abschluss eines Beherrschungsvertrages durchsetzen. Das muss der Vorstand schon bei der Konzernbildung berücksichtigen.

1. Wege und Umfang der Einflussnahme

1283 Ist das herrschende Unternehmen mit einem anderen Unternehmen nach Maßgabe der Regelungen des faktischen Konzerns verbunden, ist der Vorstand der herrschenden AG bei der Einflussnahme auf das abhängige Unternehmen auf die im Folgenden beschriebenen **Maßnahmen** beschränkt.

a) Weisungen und Empfehlungen

aa) Formen der Einflussnahme

1284 Im faktischen Konzern gibt es keine rechtliche Grundlage für die Beeinflussung der Geschäftspolitik durch Weisungen, d.h. Vorgaben, die für den Empfänger verpflichtend sein sollen.[68] Zwar unterbindet das Gesetz nicht die Möglichkeit, die abhängige Gesellschaft „anzuweisen"; eine verpflichtende Wirkung hat dies indes nicht. Die herrschende Gesellschaft ist primär auf ihren **faktischen Einfluss** verwiesen, der sich insbesondere aus einer Mehrheitsbeteiligung i.S.d. § 16 Abs. 1 AktG und der damit regelmäßig einhergehenden Dominanz im Aufsichtsrat ergeben kann. Daneben sind stets unverbindliche Empfehlungen und Ratschläge möglich, die jedoch keine gesetzliche Ausgestaltung erfahren haben.

1285 **Adressat der Veranlassung** ist die abhängige Gesellschaft, nicht zwingend aber deren Vorstand. Der Vorstand der abhängigen Gesellschaft muss es aber nicht hinnehmen, wenn das herrschende Unternehmen an ihm vorbei eine dem Vorstand nachgeordnete Unternehmensebene adressiert. Am Charakter einer „Veranlassung" des abhängigen Unternehmens i.S.v. § 311 Abs. 1 AktG ändert dies allerdings nichts.[69] Es ist Aufgabe des Vorstands der abhängigen Gesellschaft, sein Unternehmen so zu organisieren, dass er über derartige Anweisungen informiert wird.

---

67 OLG Frankfurt v. 6.1.2003 – 20 W 449/93, NZG 2003, 224, 226 = AG 2003, 335.

68 *Fleischer* in Fleischer, Hdb. Vorstandsrecht, § 18 Rz. 73; *Geßler* in FS Harry Westermann, S. 145, 151.

69 Allg. M., vgl. nur *Habersack* in Emmerich/Habersack, Aktien- und GmbH-Konzernrecht, § 311 AktG Rz. 27 m.w.N.

bb) Die Grenze des § 311 Abs. 1 AktG

1286 Im faktischen Konzern muss § 311 Abs. 1 AktG zum Schutze der abhängigen Gesellschaft ihrer Aktionäre und der Gläubiger[70] beachtet werden. Danach darf im faktischen Konzern das herrschende Unternehmen seinen Einfluss nicht dazu benutzen, eine abhängige Aktiengesellschaft zu veranlassen, ein für sie **nachteiliges Rechtsgeschäft** vorzunehmen oder Maßnahmen zu ihrem Nachteil zu treffen oder zu unterlassen, sofern die damit verbundenen Nachteile für das abhängige Unternehmen nicht ausgeglichen werden. Umgekehrt folgt daraus, dass nachteilige Weisungen oder Maßnahmen im faktischen Konzern zulässig sind, sofern ein **Nachteilsausgleich** sichergestellt ist. Es obliegt dem Vorstand der abhängigen Gesellschaft, für den etwa erforderlichen Nachteilsausgleich zu sorgen, wenn er der nachteiligen Veranlassung, wozu er nicht verpflichtet ist, nachgeben will. Der Nachteilsausgleich hat bis zum Ende des Geschäftsjahres zu erfolgen; bis dahin sind die §§ 57 ff. AktG durch die §§ 311 ff. AktG verdrängt.[71]

1287 Der **Begriff der Veranlassung** nach § 311 AktG ist **weit** gefasst.[72] Es genügt **grundsätzlich jede Form der Einflussnahme** auf die abhängige Gesellschaft, sei es in Form einer Vereinbarung, eines Wunsches, eines Ratschlags oder einer Anregung, solange daraus nur der Wille der herrschenden Gesellschaft hervorgeht, die abhängige Gesellschaft zu einer bestimmten Maßnahme zu veranlassen.[73] Eine „Veranlassung" i.S.v. § 311 AktG kann sowohl durch Ausübung des Stimmrechts in der Hauptversammlung als auch durch Stellungnahmen von dem herrschenden Unternehmen nahestehenden Mitgliedern des Aufsichtsrats erfolgen, aber auch über Wege außerhalb der aktienrechtlichen Zuständigkeitsordnung, wie etwa Konzerntagungen, Konzernrundschreiben und sog. „Kamingespräche".[74] In prozessualer Hinsicht wird die weite Auslegung durch die Annahme eines **Anscheinsbeweises** für das Vorliegen des Merkmals unterstützt.[75]

1288 Von einer rechtlich relevanten Veranlassung kann angesichts des Schutzzwecks des § 311 AktG jedoch nur dann die Rede sein, wenn die Veranlassung **kausal** auf den **gesellschaftsrechtlich vermittelten Einfluss** des herrschenden Unternehmens zu-

---

70 Begr. RegE *Kropff*, S. 407; dazu *Geßler* in FS Harry Westermann, S. 145, 148 f.

71 BGH v. 1.12.2008 – II ZR 102/07 (MPS), NZG 2009, 107, 109 = AG 2009, 81; *Altmeppen* in MünchKomm/AktG, 4. Aufl. 2015, § 311 AktG Rz. 458.

72 Vgl. Begr. RegE, *Kropff*, S. 408 (Ausübung des Stimmrechts falle grds. darunter); *Altmeppen* in MünchKomm/AktG, 4. Aufl. 2015, § 311 AktG Rz. 76; *Fleischer* in Fleischer, Hdb. Vorstandsrecht, § 18 Rz. 75; *Habersack* in Emmerich/Habersack, Aktien- und GmbH-Konzernrecht, § 311 AktG Rz. 22 ff.

73 Wohl allg. Ansicht; vgl. nur *Habersack* in Emmerich/Habersack, Aktien- und GmbH-Konzernrecht, § 311 AktG Rz. 23; *Hüffer/Koch*, § 311 AktG Rz. 13, jew. m.w.N.

74 Vgl. *Altmeppen* in MünchKomm/AktG, 4. Aufl. 2015, § 311 AktG Rz. 405; *Kropff* in MünchKomm/AktG, 2. Aufl. 2000, § 311 AktG Rz. 282.

75 *Altmeppen* in MünchKomm/AktG, 4. Aufl. 2015, § 311 AktG Rz. 91; *Habersack* in Emmerich/Habersack, Aktien- und GmbH-Konzernrecht, § 311 AktG Rz. 32 f.; *Koppensteiner* in KölnKomm/AktG, 3. Aufl., § 311 AktG Rz. 6, 10; *J. Vetter* in K. Schmidt/Lutter, § 311 AktG Rz. 30.

rückführbar ist. Das herrschende Unternehmen muss anders gewendet gerade seine faktisch beherrschende Stellung einsetzen, um das abhängige Unternehmen zu einer bestimmten Maßnahme zu bewegen.[76] Daran kann es fehlen, wenn die Gründe der Weisung nicht im gesellschaftsrechtlichen Beherrschungsverhältnis, sondern z. Bsp. im öffentlichen Recht liegen.[77]

Der Nachteilsbegriff umfasst **jede Minderung oder konkrete Gefährdung der Vermögens- und Ertragslage** der Gesellschaft, wie sie im Zeitpunkt der Veranlassung voraussehbar ist – ohne Rücksicht auf ihre Quantifizierbarkeit.[78] Nach der h.M. ist der Begriff zudem vor dem Hintergrund der faktischen Abhängigkeit zu lesen, so dass man von einem Nachteil nur sprechen kann, soweit dieser **als Abhängigkeitsfolge** eintritt, während ein ordentlicher und gewissenhafter Geschäftsleiter einer nicht abhängigen Gesellschaft sich anders verhalten hätte.[79] Resultiert eine Folge dagegen nicht zwingend aus dem Abhängigkeitsverhältnis, weil ein gewissenhafter Geschäftsleiter die fragliche Maßnahme auch ohne Weisung durchgeführt oder unterlassen hätte, fehlt es an einem Nachteil.[80] 1289

Eine **Nachteilszufügung** ist dann **zulässig**, sofern sie ausgleichbar ist und von der herrschenden Gesellschaft innerhalb des in § 311 Abs. 2 AktG bestimmten Zeitraums der Nachteil auch **tatsächlich ausgeglichen** wird. Die Funktionsfähigkeit dieses Schutzsystems steht allerdings unter dem Vorbehalt, dass die jeweilige Maßnahme tatsächlich einem Einzelausgleich zugänglich ist. Es bedarf mithin der **Gewährung eines Vermögensvorteils** zumindest in Gestalt eines Rechtsanspruchs durch das herrschende Unternehmen (vgl. § 311 Abs. 2 Satz 2 AktG), der geeignet ist, den 1290

76 H.M., vgl. *Habersack* in Emmerich/Habersack, Aktien- und GmbH-Konzernrecht, § 311 AktG Rz. 22; *J. Vetter* in K. Schmidt/Lutter, § 311 AktG Rz. 23; a.A. *Altmeppen* in MünchKomm/AktG, 4. Aufl. 2015, § 311 AktG Rz. 80, 162 ff.

77 Vgl. *Habersack*, ZIP 2006, 1327, 1329 (Beispiel: UMTS Auktion).

78 BGH v. 3.3.2008 – II ZR 124/06 (UMTS, insb. zur *ex ante* Betrachtung), NJW 2008, 1583 f. = AG 2008, 375; BGH v. 1.12.2008 – II ZR 102/07 (MPS, insb. zu den Anhaltspunkten für ein Ausfallrisiko), NZG 2009, 107, 109 = AG 2009, 81; OLG Köln v. 27.4.2006 – 18 U 90/05, NZG 2006, 547 = AG 2006, 586; *Fleischer* in Fleischer, Hdb. Vorstandsrecht, § 18 Rz. 76; *Geßler* in FS Harry Westermann, S. 145, 153; *Habersack* in Emmerich/Habersack, Aktien- und GmbH-Konzernrecht, § 311 AktG Rz. 39 ff.; *Luchterhandt*, ZHR 133 (1970), 1, 16; *J. Vetter*, ZHR 171 (2007) 342, 353; etwas anders *Altmeppen* in MünchKomm/AktG, 4. Aufl. 2015, § 311 AktG Rz. 156, der nicht zwischen Nachteil und Schaden differenzieren möchte und daher einen tatsächlich eingetretenen Nachteil fordert. Zu Messmethoden, insbesondere dem Drittvergleich ausführlich *Altmeppen* in MünchKomm/AktG, 4. Aufl. 2015, § 311 AktG Rz. 207 ff.; der Drittvergleich wurde indes durch BGH v. 1.12.2008 – II ZR 102/07 (MPS), NZG 2009, 107, 109 = AG 2009, 81 in Frage gestellt.

79 *Hüffer/Koch*, § 311 AktG Rz. 25; *Koppensteiner* in KölnKomm/AktG, 3. Aufl., § 311 AktG Rz. 36 ff.; *J. Vetter* in K. Schmidt/Lutter, § 311 AktG Rz. 40; *Habersack* in Emmerich/Habersack, Aktien- und GmbH-Konzernrecht, § 311 AktG Rz. 40; a.A. mit beachtlichen Gründen *Altmeppen* in MünchKomm/AktG, 4. Aufl. 2015, § 311 AktG Rz. 162 ff., 171, der diesen Aspekt beim Verschulden im Rahmen des § 317 Abs. 2 AktG hält.

80 *Habersack* in Emmerich/Habersack, Aktien- und GmbH-Konzernrecht, § 311 AktG Rz. 40.

entstandenen Nachteil zu neutralisieren.[81] Daraus folgt, dass Nachteile, die aus tatsächlichen oder rechtlichen Gründen nicht ausgeglichen werden können – etwa die Existenzgefährdung sowie **nicht quantifizierbare**[82] oder nicht isolierbare[83] **Risiken** – generell dem Veranlassungsverbot des § 311 Abs. 1 AktG unterfallen. Ferner legitimiert § 311 AktG lediglich punktuelle Eingriffe, nicht aber breitflächige und dauerhafte nachteilige Veränderungen der abhängigen Gesellschaft.[84] Diese Grenze ist überschritten, wenn dieser überhaupt kein Spielraum für eigenständige unternehmerische Entscheidungen mehr zukommt.[85] Unzulässig sind schließlich auch solche Nachteile, deren Veranlassung nicht im Konzerninteresse liegt.[86]

1291 Welche Formen der Ausgleich im Einzelnen haben kann, wird den betroffenen Unternehmen überlassen.[87] Der Ausgleich muss nur entweder während des Geschäftsjahrs tatsächlich erfolgen, oder es muss bis zum Ende des Geschäftsjahres zumindest verbindlich bestimmt sein, wann und durch welche Vorteile der Nachteil ausgeglichen werden soll.[88] Dazu bedarf es des Abschlusses eines Vertrages, der dem abhängigen Unternehmen einen **durchsetzbaren Rechtsanspruch** auf den Nachteilsausgleich gewährt.

b) Vorstandsdoppelmandate

1292 Doppelmandate, also die Wahrnehmung von Organfunktionen in der Ober- und in der Untergesellschaft durch dieselbe Person, sind im Konzern weit verbreitet[89] und

81 *Fleischer* in Fleischer, Hdb. Vorstandsrecht, § 18 Rz. 77; *Habersack* in Emmerich/Habersack, Aktien- und GmbH-Konzernrecht, § 311 AktG Rz. 59 ff.

82 *Krieger* in MünchHdb. GesR AG, § 70 Rz. 91.

83 Dazu BGH v. 14.12.1987 – II ZR 170/87, BGHZ 103, 1, 5 = AG 1988, 133.

84 Ausdrücklich *Mülbert*, Aktiengesellschaft, Unternehmensgruppe und Kapitalmarkt, 1996, S. 281; vgl. auch OLG Düsseldorf v. 29.1.1999 – 16 U 193/97, NJW-RR 2000, 1132, 1133 = AG 2000, 567.

85 Die Thematik wurde früher unter dem Begriff des sog. „qualifiziert faktischen" Konzerns behandelt, bei dem auf der Rechtsfolgenseite die Verlustausgleichspflicht nach § 302 AktG entsprechende Anwendung finden sollte. An die Stelle dessen wird inzwischen überwiegend ein deliktsrechtlicher Ansatz, namentlich eine Haftung wegen existenzvernichtenden Eingriffs, bejaht. An der in Ermangelung eines Beherrschungsvertrags anzunehmenden Rechtswidrigkeit vergleichbarer Sachlagen ändert dies indessen nicht; zum Ganzen vgl. eingeh. *Habersack* in Emmerich/Habersack, Aktien- und GmbH-Konzernrecht, Anh. § 317 AktG Rz. 1 ff., 17 ff.

86 *Hüffer/Koch*, § 311 AktG Rz. 43; *Koppensteiner* in KölnKomm/AktG, 3. Aufl., § 311 AktG Rz. 102; *Habersack* in Emmerich/Habersack, Aktien- und GmbH-Konzernrecht, § 311 AktG Rz. 60; einschränkend *Altmeppen* in MünchKomm/AktG, 4. Aufl. 2015, § 311 AktG Rz. 309.

87 *Geßler* in FS Harry Westermann, S. 145, 161.

88 *Altmeppen* in MünchKomm/AktG, 4. Aufl. 2015, § 311 AktG Rz. 369 verlangt allerdings, dass der Nachteilsausgleich nur in den Fällen herausgeschoben werden darf, in denen eine frühere Bestimmung nicht möglich ist; anders etwa *Hüffer/Koch*, § 311 AktG Rz. 46; *Koppensteiner* in KölnKomm/AktG, 3. Aufl., § 311 AktG Rz. 126.

89 *Martens* in FS Heinsius, S. 523, 524; dazu empirisch *Ekkenga/Weinbrenner/Schütz*, Der Konzern 2005, 261, 264.

ein **effektives Instrument** der Ausübung der Konzernleitung und Konzernkontrolle. Die Einflussnahme in Verfolgung der eigenen Interessen erfolgt unmittelbar auf der Ebene der Untergesellschaft. Auch der Informationsfluss kann schnell und einfach realisiert werden.

aa) Zulässigkeit

Die rechtliche **Zulässigkeit von Doppelmandaten** im Konzern ist im Ausgangspunkt **unbestritten.**[90] Das folgt für die Mitgliedschaft von Vorstandsmitgliedern der Obergesellschaft im Aufsichtsrat der Untergesellschaft schon im Umkehrschluss aus § 100 Abs. 2 Satz 1 AktG: Danach ist lediglich die gleichzeitige Mitgliedschaft im Aufsichtsrat der Obergesellschaft und im Vorstand der abhängigen Gesellschaft (vgl. § 100 Abs. 2 Nr. 2 AktG), sowie die sog. Überkreuzverflechtung verboten, also der Fall, dass derjenige, der Aufsichtsratsmitglied einer AG werden soll, zugleich der gesetzliche Vertreter einer anderen Kapitalgesellschaft ist, deren Aufsichtsrat ein Vorstandsmitglied der Aktiengesellschaft angehört (vgl. § 100 Abs. 2 Nr. 3 AktG). Dahinter steht der Gedanke, dass derjenige, der überwachen soll, selbst nicht in einer anderen Gesellschaft einer Überwachung durch den Überwachten unterliegen soll.[91] Im Übrigen können Vorstandsmitglieder der Obergesellschaft ohne weiteres Aufsichtsratsmandate bei der abhängigen Gesellschaft wahrnehmen. Auch die **gleichzeitige Mitgliedschaft** sowohl **im Vorstand** der Obergesellschaft als auch im Vorstand der Untergesellschaft ist nach ganz herrschender Auffassung zulässig.[92] 1293

bb) Begründung des Doppelmandats

Soll ein Vorstand der Obergesellschaft als Vorstand der Untergesellschaft bestellt und dienstvertraglich verpflichtet werden, ist die **Zustimmung der Aufsichtsräte beider Gesellschaften** zu der Doppeltätigkeit erforderlich (§§ 84 Abs. 1, 88 Abs. 1 Satz 2 AktG).[93] 1294

In Bezug auf den Dienstvertrag kommt der Abschluss zweier Verträge in Betracht, entweder dergestalt, dass die vertraglich von der Tochtergesellschaft erbrachten Vergütungen auf den Vertrag mit der Muttergesellschaft angerechnet werden, oder so,

90 BGH v. 9.3.2009 – II ZR 170/07, NZG 2009, 744 f. = AG 2009, 500; *Habersack* in Emmerich/Habersack, Aktien- und GmbH-Konzernrecht, § 311 AktG Rz. 28; *Fleischer* in Fleischer, Hdb. Vorstandsrecht, § 18 Rz. 127 m.w.N. zu Vorschlägen *de lege ferenda*, die Zulässigkeit einzuschränken; *Passarge*, NZG 2007, 441; *Spindler* in MünchKomm/AktG, 5. Aufl. 2019, § 76 AktG Rz. 53. Anders formuliert *Wackerbarth*, Der Konzern 2010, 261, 265 (Fn. 23): Grundsätzlich verboten, mit Zustimmung der Aufsichtsräte jedoch erlaubt.

91 *Hüffer/Koch*, § 100 AktG Rz. 14 und Textausgabe Ausschussbericht *Kropff*, S. 136.

92 *Löbbe*, S. 64 m.w.N.

93 BGH v. 9.3.2009 – II ZR 170/07, NZG 2009, 744 f. = AG 2009, 500; näher zum Verhältnis des Doppelmandats zum Wettbewerbsverbot in einer KG *Böttcher/Kautzsch*, NZG 2009, 819; *Grigoleit*, ZGR 2010, 662; *Hellgardt*, ZIP 2007, 2248. *Wackerbarth*, Der Konzern 2010, 261, 265 verlangt weitergehend auch die Zustimmung der von dem herrschenden Unternehmen unabhängigen Mitglieder des Aufsichtsrats.

dass die Vergütungen separat berechnet werden.[94] Dabei ist das **Angemessenheitsgebot** des § 87 AktG zu beachten, das nach h.M. den Aufsichtsrat der herrschenden Gesellschaft in die Verantwortung für die Angemessenheit der **Gesamtbezüge** – d.h. unter Einschluss der von der abhängigen Gesellschaft geleisteten Bezüge – nimmt.[95]

cc) Besonderheiten bei der Interessenbindung

1295 Für den Doppelmandatsträger folgt aus seiner Doppelrolle eine **zweifache Interessenbindung**. Einen daraus entstehenden Konflikt kann er nur so auflösen, dass er sich bei Ausübung seiner Organfunktion **an dem jeweils einschlägigen Pflichtenkreis orientiert**.[96] In seiner Eigenschaft als Vorstand der Obergesellschaft ist deshalb der Doppelmandatsträger allein dem Konzerninteresse verpflichtet, während er als Vorstand oder Aufsichtsrat der abhängigen Gesellschaft ausschließlich deren Interessen wahrzunehmen hat. Eine Pflichtverletzung gegenüber der einen Gesellschaft kann der Doppelmandatsträger nicht unter Hinweis auf eine gebotene Pflichterfüllung gegenüber der anderen Gesellschaft rechtfertigen.[97]

1296 Die aus der mehrfachen Interessenbindung resultierenden Anforderungen an das Verhalten des Vorstands können im Einzelfall zu einem nur schwer **lösbaren Interessenkonflikt** führen,[98] der nicht nur den betroffenen Vorstand vor große Schwierigkeiten stellt, sondern auch die rechtliche Nachprüfung des Geschehens verkompliziert. Es droht dem Vorstand nicht nur eine Haftung wegen § 93 Abs. 2 AktG gegenüber jeder einzelnen Gesellschaft, sondern auch eine **konzernspezifische Verantwortlichkeit** etwa infolge der §§ 311, 317 und 318 AktG. Ansätze in der Literatur, aus den konzernrechtlichen Regelungen einen grundsätzlichen Vorrang des Konzerninteresses bei der Bestimmung des Pflichtenkreises des Doppelmandatsträgers abzuleiten, haben sich bislang ebenso wenig durchgesetzt,[99] wie Stimmen, die es in das unternehmerische Ermessen des Doppelmandatsträgers stellen wollen, ob im Konfliktfall dem Konzerninteresse oder dem Interesse der abhängigen Gesellschaft der Vorrang eingeräumt wird.[100]

---

94 Näher zur Vertragsgestaltung *Fonk*, NZG 2010, 368, 372 ff.; *Passarge*, NZG 2007, 441, 443.

95 *Fonk*, NZG 2010, 368, 372; a.A. etwa *Traugott/Grün*, AG 2007, 761, 769. S. ausführlich § 12 Rz. 216 f.

96 BGH v. 9.3.2009 – II ZR 170/07, NZG 2009, 744, 745 = AG 2009, 500; *Fonk*, NZG 2010, 368, 369; *Kort*, ZIP 2008, 716, 719; *Martens* in FS Heinsius, S. 523, 524; *Passarge*, NZG 2007, 441, 442.

97 BGH v. 21.12.1979 – II ZR 244/78 (Schaffgotsch), NJW 1980, 1629, 1630 = AG 1980, 111; *Ulmer*, NJW 1980, 1603.

98 *Passarge*, NZG 2007, 441, 443 weist insbesondere auf die Geheimhaltungspflicht des § 93 Abs. 1 Satz 3 AktG hin. Weitere Konstellationen führt *Martens* in FS Heinsius, S. 523, 526 f. auf.

99 Dazu *Decher*, Personelle Verflechtungen, S. 134; *Eversberg*, Doppelvorstände, S. 130 f., 25 ff.; wohl auch *Nodoushani*, GWR 2009, 309; *Martens* in FS Heinsius, S. 523, 533 für den Beherrschungsvertrag.

100 So aber *Poelzig/Thole*, ZGR 2010, 836, 965.

Soweit die dem Doppelmandatsträger auferlegten Pflichten im Einzelfall kollidieren, ist der Loyalitätskonflikt durch **Ruhen des Stimmrechts**[101] bzw. durch **Stimmenthaltung** unter Hinweis auf den Interessenwiderstreit[102] oder, bei dauerhafter Kollision, mit der Pflicht zur **Amtsniederlegung** aufzulösen. Unter Umständen kann eine besondere Geschäftsordnung für den Konzernvorstand unter Berücksichtigung konkreter Verhaltensanweisungen für Doppelvorstände die Sachlage erleichtern.[103] Der Anwendungsbereich und die Reichweite möglicher Beschränkungen sind im Einzelnen stark umstritten; sie können aber jedenfalls nicht so weit gehen, dass die grundsätzliche Zulässigkeit der Gestaltung von Doppelmandaten sinnentleert wird. Somit kann es nicht darum gehen, jegliche Einflussnahme im Interesse des herrschenden Unternehmens zum Schutz des abhängigen Unternehmens zu unterbinden. Vielmehr besteht im Rahmen der *Business Judgment Rule* ein Ermessensspielraum des Doppelvorstands, welcher dort seine Grenze findet, wo der Vorstand vernünftigerweise nicht mehr annehmen durfte, zum Wohle der Gesellschaft zu handeln. 1297

c) Sonstige personelle Verflechtungen

Wird ein Zwischengremium etwa in Form eines **Executive Committee** etabliert, das Entscheidungen nach unten vermittelt, kann dies die faktische Einflussmacht erhöhen.[104] Bei der konkreten Ausgestaltung der Zuständigkeiten muss jedoch die Einhaltung der aktienrechtlichen Aufgabenverteilung gewahrt bleiben. Insbesondere dürfen derartige Gremien nicht selbst Aufgaben wahrnehmen, die originär dem Vorstand zugewiesen und von diesem nicht ausdrücklich weiterdelegiert worden sind; ihr Aufgabenbereich dürfte sich daher regelmäßig in einer Beratungs- und Vermittlungsleistung erschöpfen.[105] 1298

Eine weitere Möglichkeit bildet die **Entsendung von einfachen Angestellten** in die Organe der Tochtergesellschaft, vgl. §§ 84 Abs. 1, 101 Abs. 1 AktG.[106] Des Weiteren ist es denkbar, ein Vorstandsmitglied als Generalbevollmächtigten für mehrere Tochtergesellschaften einzusetzen,[107] was jedoch nur zulässig ist, wenn der Vorstand 1299

101 Die h.M. lehnt ein generelles Stimmverbot nach § 34 BGB analog ab; verbreitet ist aber die Auffassung, in eigener Sache könne ein Vorstand nicht entscheiden, etwa über die Entscheidung zur Stimmabgabe bei der Frage der Entlastung des anderen Vorstands, LG Köln v. 17.12.1997 – 91 O 131/97, NZG 1998, 193 = AG 1998, 240; *Aschenbeck*, NZG 2000, 1015; *Fleischer* in Fleischer, Hdb. Vorstandsrecht, § 18 Rz. 130; *Kort*, ZIP 2008, 716, 719 m.w.N.

102 *Fleischer* in Fleischer, Hdb. Vorstandsrecht, § 18 Rz. 131. Dies kollidiert u.U. mit dem Grundsatz der Gesamtverantwortung aller Vorstandsmitglieder für die Vorstandsbeschlüsse; sobald der Vorstand als Organ nicht mehr funktionsfähig ist, darf von dem Recht auf Stimmenthaltung nicht Gebrauch gemacht werden, *Passarge*, NZG 2007, 441, 443; *Spindler* in MünchKomm/AktG, 5. Aufl. 2019, § 76 AktG Rz. 55.

103 Dazu ausführlich *Martens* in FS Heinsius, S. 523, 544.

104 *Ekkenga/Weinbrenner/Schütz*, Der Konzern 2005, 261, 265; *Götz*, ZGR 2003, 1, 8 ff.; *Krauel/Klie*, WM 2010, 1735, 1740.

105 *Götz*, ZGR 2003, 1, 10.

106 Vgl. *Elsner*, S. 139.

107 *Krauel/Klie*, WM 2010, 1735, 1739.

der abhängigen Gesellschaft ein Letztentscheidungsrecht behält; die auf den jeweiligen Angestellten ausgestellte Vollmacht muss folglich widerruflich ausgestaltet ist.[108]

d) Rechte als Aktionär

1300 Als Aktionär der Untergesellschaft stehen der herrschenden AG **sämtliche Aktionärsrechte** zur Verfügung, die von dem Vorstand der Muttergesellschaft in der Hauptversammlung der Tochtergesellschaft ausgeübt werden können. Falls das beherrschte Unternehmen in der Rechtsform einer GmbH organisiert ist, steht der Obergesellschaft insbesondere das Weisungsrecht nach § 37 Abs. 1 GmbHG zur Verfügung.

2. Verantwortlichkeit für rechtswidrige Beeinflussung

a) Haftungsgrundsätze

Leistet das herrschende Unternehmen entgegen § 311 AktG keinen angemessenen Nachteilsausgleich in der vorgesehenen Art und Weise, war die Ausübung des Einflusses im Ergebnis rechtswidrig. Die privilegierende Sperrwirkung von § 311 AktG entfällt und § 57 AktG wird uneingeschränkt anwendbar. Daneben tritt die konzernrechtliche Verantwortlichkeit des herrschenden Unternehmens und der für es handelnden Organwalter nach § 317 AktG.[109] § 317 Abs. 1 Satz 1 AktG begründet einen **Schadensersatzanspruch der abhängigen Gesellschaft** gegen das herrschende Unternehmen. § 317 Abs. 1 Satz 2 AktG gewährt darüber hinaus den Aktionären einen Schadensersatzanspruch gegen das herrschende Unternehmen, wenn diese einen Schaden erlitten haben, der sich nicht ausschließlich in der Wertminderung des Gesellschaftsvermögens erschöpft.[110] In prozessualer Hinsicht ist zu berücksichtigen, dass der Schadensersatzanspruch der abhängigen Gesellschaft auch durch deren Gläubiger bzw. durch ihre Aktionäre geltend gemacht werden kann (§§ 317 Abs. 4, 309 Abs. 4 AktG). Insgesamt besteht daher ein weit ausdifferenziertes und prozessual leicht durchsetzbares **Haftungsregime**. Die praktische Bedeutung der Norm ist freilich, wie die geringe Zahl an einschlägigen Urteilen belegt, eher gering.[111] Das ändert aber nichts daran, dass das Haftungsrisiko eine verhaltenssteuernde Wirkung hat und insofern durchaus präventiv wirkt. Jedenfalls empfiehlt es sich für den Vorstand des herrschenden Unternehmens, wegen der strengen persönlichen Haftungsfolgen von vornherein für einen angemessenen Nachteilsausgleich zu sorgen.

---

108 *Hüffer/Koch*, § 78 AktG Rz. 10; *Krauel/Klie*, WM 2010, 1735, 1739; *Mertens/Cahn* in KölnKomm/AktG, 3. Aufl., § 78 AktG Rz. 78.

109 Vgl. *Habersack* in Emmerich/Habersack, Aktien- und GmbH-Konzernrecht, § 311 AktG Rz. 4 ff.

110 *Habersack* in Emmerich/Habersack, Aktien- und GmbH-Konzernrecht, § 311 AktG Rz. 13.

111 *Altmeppen* in MünchKomm/AktG, 4. Aufl. 2015, § 317 AktG Rz. 3. S. etwa LG Kiel v. 20.3.2009 – 14 O 90/05 (abrufbar bei juris).

b) Konzernrechtliche Haftung des Vorstands gem. § 317 Abs. 3 AktG

1301 Wenn das herrschende Unternehmen eine abhängige Gesellschaft, mit der kein Beherrschungsvertrag besteht, veranlasst hat, ein für diese Gesellschaft nachteiliges Rechtsgeschäft vorzunehmen oder zu ihrem Nachteil eine Maßnahme zu treffen oder zu unterlassen, ohne dass es den Nachteil bis zum Ende des Geschäftsjahres tatsächlich ausgeglichen oder der abhängigen Gesellschaft einen Rechtsanspruch auf einen zum Ausgleich bestimmten Vorteil gewährt hat, treten ohne weiteres die **Haftungsfolgen nach § 317 AktG** ein. Nach § 317 Abs. 3 AktG haften neben dem herrschenden Unternehmen als Gesamtschuldner auch die **gesetzlichen Vertreter** des herrschenden Unternehmens, die die Gesellschaft zu der Maßnahme oder deren Unterlassung veranlasst haben.

1302 Die Haftung des Vorstands der herrschenden Gesellschaft gegenüber der abhängigen Gesellschaft aus § 317 Abs. 3 AktG knüpft unmittelbar an die Vorschrift des § 311 AktG an. Dem Grunde nach ist sie gegeben, sobald der **Vorstand als gesetzlicher Vertreter** eine Maßnahme veranlasst hat, die gegen § 311 AktG verstößt, wobei der weite Veranlassungsbegriff nach § 311 AktG gilt (dazu Rz. 1287), ohne dass der Nachteil ausgeglichen worden ist. Die Haftung ist im Übrigen verschuldensunabhängig.[112] Ein unternehmerisches Ermessen im Rahmen der *Business Judgment Rule* steht dem Vorstand nicht zu; es ist nur im Rahmen der Feststellung, ob ein ausgleichsbedürftiger Nachteil zugefügt worden ist, beachtlich.[113]

1303 Zu ersetzen hat der Vorstand – in Gesamtschuldnerschaft mit dem herrschenden Unternehmen – den aus der nachteiligen Veranlassung entstehenden **Schaden der abhängigen Gesellschaft**. Dabei stellt sich die Frage, wie der Schaden in Abgrenzung zum Nachteilsbegriff aus § 311 Abs. 1 AktG zu bestimmen ist. So kann zur Berechnung des Schadens an den Schaden aus dem veranlassten nachteiligen Geschäft oder etwa an den Schaden aus dem Nichtausgleich des Nachteils angeknüpft werden.[114] Nach heute herrschender Meinung ist der jeweils höhere Schaden zu ersetzen.[115] Da die Haftung an die Unterlassung des geschuldeten Nachteilsausgleichs anknüpft, ist es konsequent, den Schaden nach Maßgabe der allgemeinen zivilrechtlichen Grundsätze in den §§ 249 BGB zu berechnen. Danach ist primär die **Wiederherstellung des ursprünglichen Zustands**, also etwa Rückgängigmachung des nachteiligen Rechtsgeschäfts geschuldet. Soweit keine Naturalrestitution in Betracht kommt, geht der **Schadensersatz** nach § 251 BGB auf **Geld**. Sofern sich der Schaden aufgrund ei-

112 *Habersack* in Emmerich/Habersack, Aktien- und GmbH-Konzernrecht, § 317 AktG Rz. 24.

113 *Habersack* in Emmerich/Habersack, Aktien- und GmbH-Konzernrecht, § 317 AktG Rz. 24.

114 Dazu ausführlich *Altmeppen* in MünchKomm/AktG, 4. Aufl. 2015, § 317 AktG Rz. 35 ff.

115 *Habersack* in Emmerich/Habersack, Aktien- und GmbH-Konzernrecht, § 317 AktG Rz. 17 m.w.N.; *Hüffer/Koch*, § 317 AktG Rz. 7.

nes günstigen weiteren Kausalverlaufs geringer ist als der zugefügte Nachteil, ist als Mindestschaden der Betrag des Nachteils zu leisten.[116]

c) § 117 AktG und deliktische Haftung

1304 Nach herrschender Meinung ist § 311 AktG lex specialis zu § 117 AktG.[117] Dies gilt aber nur, soweit der Nachteilsausgleich nach § 311 AktG auch tatsächlich erfolgt. Sonst tritt neben die spezifisch konzernrechtlichen Regelungen gegebenenfalls die freilich Vorsatz voraussetzende Haftung des Beeinflussenden aus § 117 AktG und die verschuldensabhängige Verantwortlichkeit infolge **deliktischer Ansprüche** (§ 823 Abs. 2 BGB i.V.m. § 266 StGB, § 826 BGB) der abhängigen Gesellschaft[118] gegen den Vorstand der herrschenden AG.

d) Kündigung und Abberufung

1305 Die rechtswidrige Einflussnahme auf die abhängige Gesellschaft mit der Folge einer Schadensersatzpflicht des herrschenden Unternehmens kann darüber hinaus, wenn sie, etwa bei **dauerhaftem Ermessensfehlgebrauch** oder der Entstehung eines **erheblichen Schadens** für die Obergesellschaft, von Gewicht ist, auch eine Abberufung des Vorstands rechtfertigen.[119] Ein Schaden bei der Untergesellschaft allein kann eine Pflichtverletzung im Verhältnis des Vorstands der herrschenden AG zu seiner AG dagegen im Regelfall nicht begründen. Entsprechendes gilt für die Kündigung des Anstellungsvertrages.

III. Beherrschungsvertrag

1306 Bei Bestehen eines Beherrschungsvertrages i.S.d. § 291 Abs. 1 Satz 1 Alt. 1 AktG sind dem Vorstand des herrschenden Unternehmens weitaus größere Einflussmöglichkeiten eröffnet als im faktischen Konzern. Die Regelungen des §§ 308 f. AktG erweitern die Rechte des herrschenden Unternehmens, auf das abhängige Unternehmen Einfluss auszuüben, insbesondere erlauben sie die Durchsetzung auch **nachteiliger Weisungen**. Allerdings schuldet der Vorstand der herrschenden AG bei der Erteilung von Weisungen die Sorgfalt eines ordentlichen und gewissenhaften Kaufmanns; verletzt er dabei seine Sorgfaltspflichten, haftet er nach Maßgabe von § 309 Abs. 2 AktG der abhängigen Gesellschaft auf Schadensersatz.

116 Zutr. und eingeh. *Habersack* in Emmerich/Habersack, Aktien- und GmbH-Konzernrecht, § 317 AktG Rz. 15 ff.; abw. demgegenüber *Altmeppen* in MünchKomm/AktG, 4. Aufl. 2015, § 317 AktG Rz. 35.

117 *J. Vetter* in K. Schmidt/Lutter, § 311 AktG Rz. 124 m.w.N.

118 *Fleischer* in Fleischer, Hdb. Vorstandsrecht, § 18 Rz. 68; *J. Vetter* in K. Schmidt/Lutter, § 317 AktG Rz. 45 m.w.N.

119 *Denzer*, S. 131.

1. Wege und Umfang der Einflussnahme

a) Weisungsrecht

Ein wirksamer Beherrschungsvertrag ermöglicht es dem herrschenden Unternehmen, insbesondere wegen der in § 308 Abs. 1 AktG normierten Weisungsbefugnis, die Geschicke des Konzerns **umfassend zu leiten**. § 308 AktG strukturiert zugleich die Art und Weise sowie die Grenzen der rechtmäßigen Ausübung des Weisungsrechts. Sobald eine Maßnahme der herrschenden AG darauf gerichtet ist, die abhängige Gesellschaft mit verbindlicher Wirkung zu beeinflussen, handelt es sich um eine Weisung im Sinne des Aktiengesetzes (arg. e § 308 Abs. 2 AktG).[120] Für die Abgrenzung zu einer bloß unverbindlichen Empfehlung kommt es nicht allein auf die Bezeichnung der Maßnahme durch den Anweisenden an, sondern auf die objektiv zum Ausdruck gebrachte Erwartung der Befolgung. 1307

aa) Die Weisungserteilung

Bei der Erteilung einer Weisung sind formale und inhaltliche Voraussetzungen zu beachten. So ist die Person des Weisungsberechtigten und des Weisungsempfängers, aber auch die Reichweite des Einflusses durch die §§ 308 ff. AktG gesetzlich vorgegeben. 1308

(1) Weisungsberechtigter und -empfänger

Das Gesetz bestimmt in § 308 Abs. 1 Satz 1 AktG den Weisungsberechtigten und den Weisungsempfänger. Auch wenn ausweislich § 308 Abs. 1 Satz 1 AktG das herrschende Unternehmen Träger des Weisungsrechts ist, überantwortet § 309 Abs. 1 AktG die Rechtsausübung den gesetzlichen Vertretern desselben, also gem. § 78 AktG dem Vorstand.[121] Zur Ausübung können sodann sowohl einzelne **Vorstandsmitglieder**, als auch nach heute ganz h.M. **auch leitende Angestellte** und sogar Dritte bevollmächtigt werden.[122] Der Delegation des Weisungsrechts an Dritte liegt ne- 1309

120 *Altmeppen* in MünchKomm/AktG, 4. Aufl. 2015, § 308 AktG Rz. 9; *Emmerich* in Emmerich/Habersack, Aktien- und GmbH-Konzernrecht, § 308 AktG Rz. 23; *Hüffer/Koch*, § 308 AktG Rz. 10; *Koppensteiner* in KölnKomm/AktG, 3. Aufl., § 308 AktG Rz. 22; *Langenbucher* in K. Schmidt/Lutter, § 308 AktG Rz. 3. Zur Qualifizierung eines Zustimmungsvorbehalts im Beherrschungsvertrag ausführlich *Altmeppen* in MünchKomm/AktG, 4. Aufl. 2015, § 308 AktG Rz. 10 ff.; *Koppensteiner* in KölnKomm/AktG, 3. Aufl., § 308 AktG Rz. 23.

121 *Emmerich* in Emmerich/Habersack, Aktien- und GmbH-Konzernrecht, § 308 AktG Rz. 11; *Fleischer* in Fleischer, Hdb. Vorstandsrecht, § 18 Rz. 38; *Hüffer/Koch*, § 308 AktG Rz. 3. Für den Fall der Insolvenz des herrschenden Unternehmens ist zum einen umstritten, ob der Beherrschungsvertrag suspendiert ist, und zum anderen ob der Insolvenzverwalter gegebenenfalls zur Ausübung des Weisungsrechts befugt ist, vgl. *Koppensteiner* in KölnKomm/AktG, 3. Aufl., § 308 AktG Rz. 9 m.w.N.

122 *Altmeppen* in MünchKomm/AktG, 4. Aufl. 2015, § 308 AktG Rz. 35, 41; *Emmerich* in Emmerich/Habersack, Aktien- und GmbH-Konzernrecht, § 308 AktG Rz. 13, 15; *Fleischer* in Fleischer, Hdb. Vorstandsrecht, § 18 Rz. 39 f.; *Koppensteiner* in KölnKomm/AktG, 3. Aufl., § 308 AktG Rz. 11, 13; *Langenbucher* in K. Schmidt/Lutter, § 308 AktG

ben dem Vertretungsrecht ein Geschäftsbesorgungsverhältnis oder ein Auftrag zugrunde, welches dem Vorstand infolge des § 665 BGB ein Letztentscheidungsrecht zusichert.[123] Demgegenüber ist eine Übertragung des Weisungsrechts im Sinne einer **Zession ausgeschlossen**, allenfalls wäre sie im Wege einer Vertragsübernahme, die die Grundlagen des Beherrschungsvertrages verändert, denkbar.[124]

1310 Diese Gestaltungsmöglichkeiten tragen dem Interesse des herrschenden Unternehmens an einer dezentralen Organisation Rechnung, ohne zugleich dem abhängigen Unternehmen die gebotene Eigenkontrolle zu versagen: Dem Interesse der abhängigen Gesellschaft, die Identität der weisungsberechtigten Personen vor allem im Hinblick auf Haftungsfragen sowie die Überprüfung der Weisung nachvollziehen zu können, ist mit den Rechtsinstituten der Vertretung, der Geschäftsbesorgung und der Vertragsübernahme hinreichend Rechnung getragen. **Empfänger** einer Weisung muss grundsätzlich der **Vorstand der abhängigen AG** sein, wovon nur in engen Grenzen eine Ausnahme zulässig ist, sofern dem Vorstand der abhängigen AG die ihm obliegende Prüfung der Weisung uneingeschränkt möglich bleibt.[125] Ist diese Prüfungsmöglichkeit sichergestellt, kann im Einvernehmen mit dem Vorstand der abhängigen AG auch einem dem Vorstand nachgeordneten Mitarbeiter die Weisung erteilt werden.[126]

(2) Form

1311 Bei der Weisung handelt es sich um eine **rechtsgeschäftsähnliche Handlung**, für die die Vorschriften des BGB über die Abgabe und den Zugang von Willenserklärungen

---

Rz. 13; *Liebscher*, GmbH-Konzernrecht, Rz. 814. Zum Meinungsstand zur Ermächtigung Dritter insb. *Altmeppen* in MünchKomm/AktG, 4. Aufl. 2015, § 308 AktG Rz. 52 ff. Differenzierend *Hüffer/Koch*, § 308 AktG Rz. 5 f. (die Delegation auf Dritte sei deswegen ausgeschlossen, weil Mitwirkungsbefugnisse der Untergesellschaft unterlaufen würden). Zum Problem der Haftung des Vorstandes Rz. 1329.

123 *Altmeppen* in MünchKomm/AktG 4. Aufl. 2015, § 308 AktG Rz. 56; *Koppensteiner* in KölnKomm/AktG, 3. Aufl., § 308 AktG Rz. 13; *Langenbucher* in K. Schmidt/Lutter, § 308 AktG Rz. 15.

124 *Fleischer* in Fleischer, Hdb. Vorstandsrecht, § 18 Rz. 41; *Koppensteiner* in KölnKomm/AktG, 3. Aufl., § 308 AktG Rz. 15; *Hüffer/Koch*, § 308 AktG Rz. 6; *Emmerich* in Emmerich/Habersack, Aktien- und GmbH-Konzernrecht, § 308 AktG Rz. 16 unter Hinweis auf § 295 AktG, der bei Änderung des Beherrschungsvertrages zu beachten ist.

125 *Kropff*, RegE, S. 403; *Fleischer* in Fleischer, Hdb. Vorstandsrecht, § 18 Rz. 42; *Hüffer/Koch*, § 308 AktG Rz. 7; *Koppensteiner* in KölnKomm/AktG, 3. Aufl., § 308 AktG Rz. 16; *Langenbucher* in K. Schmidt/Lutter, § 308 AktG Rz. 18.

126 *Emmerich* in Emmerich/Habersack, Aktien- und GmbH-Konzernrecht, § 308 AktG Rz. 20; *Götz*, ZGR 2003, 1, 4; *Koppensteiner* in KölnKomm/AktG, 3. Aufl., § 308 AktG Rz. 18; *Liebscher*, GmbH-Konzernrecht, Rz. 817; weitergehend *Altmeppen* in MünchKomm/AktG, 4. Aufl. 2015, § 308 AktG Rz. 76 ff. (ein Weisungsrecht dürfe auch im Vertrag selbst eingeräumt werden). Enger dagegen *Kropff*, RegE, S. 403; *Hüffer/Koch*, § 308 AktG Rz. 8; *Langenbucher* in K. Schmidt/Lutter, § 308 AktG Rz. 18, der Vorstand der abhängigen Gesellschaft müsse nachgeordnete Mitarbeiter zur Befolgung von Weisungen anhalten.

(§ 130 BGB) sowie alle sonstigen Regelungen über Willenserklärungen gelten.[127] An besondere Formerfordernisse ist ihre Wirksamkeit im Übrigen nicht geknüpft. Im Beherrschungsvertrag kann aber eine bestimmte Form vereinbart werden.

(3) Inhalt

Inhaltlich begrenzt § 308 Abs. 1 AktG die Weisungsbefugnis auf sämtliche Angelegenheiten der „Leitung der Gesellschaft". Damit knüpft das Gesetz an die dem Vorstand in § 76 Abs. 1 AktG überantwortete **Leitungsbefugnis** an. Die Weisung kann sich also inhaltlich auf alle Angelegenheiten beziehen, die von der Leitungs- und Geschäftsführungskompetenz des Vorstands der abhängigen Gesellschaft umfasst ist.[128] Die zwingenden Zuständigkeiten der **Hauptversammlung** und des **Aufsichtsrats** der abhängigen Gesellschaft bleiben demgegenüber vom Weisungsrecht **unberührt** und sind vom weisungsberechtigten Vorstand der herrschenden Gesellschaft zu respektieren.[129] Soweit der Vorstand der abhängigen Gesellschaft zur Leitung seiner Gesellschaft berechtigt ist, darf der übergeordnete Vorstand umfassend lenkend eingreifen. Insbesondere spielt bei Bestehen eines Beherrschungsvertrages die Frage der für das abhängige Unternehmen mit der Weisung gegebenenfalls verbundenen Nachteile gem. § 308 Abs. 1 Satz 2 AktG grundsätzlich keine Rolle.[130] 1312

Weisungen können sich danach sowohl auf die **operative Tätigkeit** der Gesellschaft als auch auf das korporative **Innenverhältnis** beziehen.[131] Die operative Tätigkeit umfasst dabei insbesondere die Planung, Organisation und Zielsetzung des Unternehmens. Daneben sind aber auch konkrete Vorgaben mit Bezug auf einzelne Geschäfte möglich.[132] Der Vorstand der herrschenden Gesellschaft kann also auch die Entscheidung von Fragen des Tagesgeschäftes, gegebenenfalls umfassend, an sich ziehen. Im **Innenverhältnis** erstreckt sich das Weisungsrecht auch auf Angelegenheiten wie die Einberufung der Hauptversammlung, die Ausgabe neuer Aktien oder die 1313

---

127 *Altmeppen* in MünchKomm/AktG, 4. Aufl. 2015, § 308 AktG Rz. 9; *Emmerich* in Emmerich/Habersack, Aktien- und GmbH-Konzernrecht, § 308 AktG Rz. 26; *Langenbucher* in K. Schmidt/Lutter, § 308 AktG Rz. 3; a.A. Willenserklärung *Koppensteiner* in Köln-Komm/AktG, 3. Aufl., § 308 AktG Rz. 20.

128 *Kropff*, RegE, S. 403; *Altmeppen* in MünchKomm/AktG, 4. Aufl. 2015, § 308 AktG Rz. 84; *Emmerich* in Emmerich/Habersack, Aktien- und GmbH-Konzernrecht, § 308 AktG Rz. 38; *Hüffer/Koch*, § 308 AktG Rz. 12; *Koppensteiner* in KölnKomm/AktG, 3. Aufl., § 308 AktG Rz. 27; *Langenbucher* in K. Schmidt/Lutter, § 308 AktG Rz. 21; *Sina*, AG 1991, 1; vgl. für die abhängige GmbH *Liebscher*, GmbH-Konzernrecht, Rz. 791.

129 Zum GmbH-Konzern OLG Stuttgart v. 29.10.1997 – 20 U 8/97, NZG 1998, 601 = AG 1998, 585, m. zust. Anm. *Rottnauer*, NZG 1999, 337; darüber hinaus *Krauel/Klie*, WM 2010, 1735, 1736 (insb. zu der Ausnahme des § 308 Abs. 3 AktG); für die abhängige GmbH *Liebscher*, GmbH-Konzernrecht, Rz. 794, 797.

130 *Fleischer* in Fleischer, Hdb. Vorstandsrecht, § 18 Rz. 45, s. aber zu den Grenzen Rz. 1315.

131 *Fleischer* in Fleischer, Hdb. Vorstandsrecht, § 18 Rz. 43 f.

132 *Emmerich* in Emmerich/Habersack, Aktien- und GmbH-Konzernrecht, § 308 AktG Rz. 39; *Fleischer* in Fleischer, Hdb. Vorstandsrecht, § 18 Rz. 43; *Koppensteiner* in Köln-Komm/AktG, 3. Aufl., § 308 AktG Rz. 28 f. m.w.Bsp.

Aufstellung des Jahresabschlusses.[133] Von dem Weisungsrecht ist nach zutreffender und vorherrschender Auffassung das Recht zur Einberufung der Hauptversammlung nach § 111 Abs. 4 Satz 3 AktG (Verweigerung der Zustimmung des Aufsichtsrats zu einer seinem Zustimmungsvorbehalt unterliegenden Maßnahme) und nach § 119 Abs. 2 AktG (Vorlage von Geschäftsführungsmaßnahmen zur Entscheidung durch die Hauptversammlung) ausgenommen, um keine Umgehungsmöglichkeiten für die Haftung des herrschenden Unternehmens nach § 309 AktG zu schaffen.[134] Zulässig ist aber eine Weisung, eine Vorlage nach § 119 Abs. 2 AktG an die Hauptversammlung zu unterlassen.

bb) Grenzen des Weisungsrechts

1314 Das Weisungsrecht unterliegt **inhaltlichen Grenzen**, die sich aus dem Gesetz, der Satzung, dem Beherrschungsvertrag oder der Bindung an das Unternehmensinteresse ergeben können.

(1) Gesetz

1315 Ausdrücklich verbietet § 299 AktG, im Wege der Weisung auf den Unternehmensvertrag selbst Einfluss zu nehmen. **Weisungen**, den Vertrag zu **ändern, aufrechtzuerhalten oder zu beendigen** sind danach **unzulässig**. Auch alle sonstigen zwingenden Vorschriften des Aktienrechts sind zu beachten, Weisungen, die auf ein sich damit in Widerspruch setzendes Verhalten des Vorstands der abhängigen Gesellschaft zielen, sind unzulässig. Demgemäß kann keine Weisung ergehen, etwa den Anspruch auf Verlustausgleich nach § 302 AktG nicht geltend zu machen, verbotswidrig eigene Aktien zu erwerben, entgegen § 66 AktG Aktionäre von ihren Leistungspflichten zu befreien oder gesetzwidrige Verträge mit Aktionären oder Mitgliedern von Vorstand und Aufsichtsrat abzuschließen.[135] Aus der strikten Unterscheidung des Gesetzes zwischen Beherrschungsvertrag und Gewinnabführungsvertrag folgt zudem, dass der Vorstand des herrschenden Unternehmens bei Bestehen eines isolierten Beherrschungsvertrags **nicht die Abführung von Gewinnen** anweisen darf.[136] Weitere zwingende Schranken des Weisungsrechts können sich insbesondere aus dem Wettbewerbs-, Steuer- und Aufsichtsrecht ergeben.[137]

---

133 *Altmeppen* in MünchKomm/AktG, 4. Aufl. 2015, § 308 AktG Rz. 89; *Emmerich* in Emmerich/Habersack, Aktien- und GmbH-Konzernrecht, § 308 AktG Rz. 40; *Fleischer* in Fleischer, Hdb. Vorstandsrecht, § 18 Rz. 44.

134 *Altmeppen* in MünchKomm/AktG, 4. Aufl. 2015, § 308 AktG Rz. 91; *Emmerich* in Emmerich/Habersack, Aktien- und GmbH-Konzernrecht, § 308 AktG Rz. 41; *Fleischer* in Fleischer, Hdb. Vorstandsrecht, § 18 Rz. 44; *Koppensteiner* in KölnKomm/AktG, 3. Aufl., § 308 AktG Rz. 34; *Langenbucher* in K. Schmidt/Lutter, § 308 AktG Rz. 23.

135 *Altmeppen* in MünchKomm/AktG, 4. Aufl. 2015, § 308 AktG Rz. 95; *Fleischer* in Fleischer, Hdb. Vorstandsrecht, § 18 Rz. 48; *Hüffer/Koch*, § 308 AktG Rz. 14.

136 *Altmeppen* in MünchKomm/AktG, 4. Aufl. 2015, § 308 AktG Rz. 99; *Emmerich* in Emmerich/Habersack, Aktien- und GmbH-Konzernrecht, § 308 AktG Rz. 43.

137 *Kropff*, RegE, S. 403; *Altmeppen* in MünchKomm/AktG, 4. Aufl. 2015, § 308 AktG Rz. 101; *Emmerich* in Emmerich/Habersack, Aktien- und GmbH-Konzernrecht, § 308

Eine besondere Bedeutung kommt der Zulässigkeit von **nachteiligen Weisungen** zu. § 308 Abs. 1 Satz 2 AktG erlaubt sie unter der Voraussetzung, dass sie den Belangen des herrschenden Unternehmens oder der mit diesem und der abhängigen Gesellschaft konzernverbundenen Unternehmen liegen, für die Weisung also ein **Konzerninteresse** ins Feld geführt werden kann. Der Vorstand der herrschenden AG muss bei der Erteilung von Weisungen also das Konzerninteresse im Blick behalten. Dabei ist umfassend auf die Auswirkungen einer Maßnahme für sämtliche Unternehmen im Konzernverbund abzustellen, so dass es prinzipiell genügt, wenn ein Vorteil für ein verbundenes Unternehmen anderweitige Nachteile vollständig ausgleicht.[138] Ist die AG Obergesellschaft einer Gruppe von abhängigen Unternehmen, kann das Unternehmensinteresse der herrschenden Gesellschaft aber ohne Berücksichtigung der Belange der abhängigen Gesellschaften, insbesondere ihrer wirtschaftlichen Lage und Entwicklung, nicht bestimmt werden. Das **Unternehmensinteresse** der herrschenden AG ist deshalb regelmäßig mit dem Konzerninteresse deckungsgleich.[139] 1316

Eine weitere Grenze des Weisungsrechts ergibt sich aus der von der vorherrschenden Auffassung bejahten **Doppelfunktion des § 309 Abs. 1 AktG.** Nach dieser Bestimmung haben die gesetzlichen Vertreter des herrschenden Unternehmens gegenüber der abhängigen Gesellschaft bei der Erteilung von Weisungen die Sorgfalt eines ordentlichen und gewissenhaften Geschäftsleiters anzuwenden. Daraus wird mit guten Gründen der Schluss gezogen, dass auch Weisungen, die nicht gegen § 308 Abs. 1 AktG, ein spezielles Gesetz oder die Satzung verstoßen, sich als sorgfaltswidrig darstellen können[140] mit der Folge, dass sie unzulässig sind.[141] Allerdings sind Konstellationen, in denen Weisungen, die die Vorgaben des § 308 AktG beachten und na- 1317

AktG Rz. 58; *Fleischer* in Fleischer, Hdb. Vorstandsrecht, § 18 Rz. 48; *Koppensteiner* in KölnKomm/AktG, 3. Aufl., § 308 AktG Rz. 30; *Liebscher*, GmbH-Konzernrecht, Rz. 823; *Sina*, AG 1991, 1, 4.

138 *Altmeppen* in MünchKomm/AktG, 4. Aufl. 2015, § 308 AktG Rz. 107; *Koppensteiner* in KölnKomm/AktG, 3. Aufl., § 308 AktG Rz. 44; *Langenbucher* in K. Schmidt/Lutter, § 308 AktG Rz. 26; *Sina*, AG 1991, 1, 5.

139 *Altmeppen* in MünchKomm/AktG, 4. Aufl. 2015, § 308 AktG Rz. 103; s. auch *Hüffer/Koch*, § 308 AktG Rz. 16 (der Begriff „Konzerninteresse" könne zumindest als Abkürzung gebraucht werden); dazu *Denzer*, S. 61.; krit. demgegenüber *Koppensteiner* in KölnKomm/AktG, 3. Aufl., § 308 AktG Rz. 38: da der Konzern kein rechtliches Zuordnungsobjekt sei, könne ein eigenständiges Konzerninteresse nicht gebildet werden.

140 *Emmerich* in GS Sonnenschein, S. 651, 655 f.; *Hüffer/Koch*, § 309 AktG Rz. 14; *Mertens*, AcP 168 (1968), 225, 230; auch *Fleischer* in Fleischer, Hdb. Vorstandsrecht, § 18 Rz. 56 (unter Betonung, dass dem Vorstand des herrschenden Unternehmens im Rahmen des zulässigen Weisungsraumes ein breiter Ermessensspielraum zukommt); a.A. *Altmeppen* in MünchKomm/AktG, 4. Aufl. 2015, § 309 AktG Rz. 72; *Koppensteiner* in KölnKomm/AktG, 3. Aufl., § 309 AktG Rz. 11; nach dieser Gegenansicht ist § 309 Abs. 1 AktG lediglich ein Verschuldensmaßstab zu entnehmen, während die Haftung als zusätzlichen Haftungstatbestand stets voraussetze, dass eine gegen § 308 AktG verstoßende Weisung vorliegt.

141 *Emmerich* in Emmerich/Habersack, Aktien- und GmbH-Konzernrecht, § 308 AktG Rz. 55.

mentlich im Konzerninteresse liegen, gleichwohl sorgfaltswidrig sein können, praktisch kaum je denkbar.

(2) Satzung

1318 Auch die Satzung der abhängigen Gesellschaft setzt dem Vorstand des herrschenden Unternehmens bei der Konzernleitung **Grenzen**. Insbesondere dürfen Weisungen nicht auf Maßnahmen zielen, die vom statutarischen Unternehmensgegenstand der abhängigen Gesellschaft nicht gedeckt sind.[142]

(3) Beherrschungsvertrag

1319 Der Vorstand des herrschenden Unternehmens muss bei der Ausübung des Weisungsrechts außerdem die Grenzen beachten, die sich aus dem Beherrschungsvertrag selbst ergeben können. § 308 Abs. 1 Satz 2 AktG weist explizit auf die Möglichkeit hin, für das abhängige Unternehmen **nachteilige Weisungen** im Beherrschungsvertrag aus dem Bereich der zulässigen Weisungen **auszunehmen**. Darüber hinaus ist es auch zulässig, einzelne abgrenzbare Leitungsaufgaben des Vorstandes von der Weisungsbefugnis des herrschenden Unternehmens auszunehmen.[143] Auch kann der Beherrschungsvertrag die Wirksamkeit der Weisung von einer Zustimmung anderer Aktionäre der abhängigen Gesellschaft abhängig machen.[144]

1320 Ist eine Gesellschaft nicht nur mit einem Unternehmen durch einen Beherrschungsvertrag verbunden, sondern wird es durch mehrere Muttergesellschaften kontrolliert, besteht die Gefahr **widersprüchlicher Weisungen**. Widersprechen sich die Weisungen, so heben sie sich gegenseitig auf und haben keine Bindungswirkung.[145]

(4) Bindung an das Unternehmensinteresse der abhängigen Gesellschaft

1321 Grenzen findet das Weisungsrecht schließlich aufgrund der Verpflichtung des herrschenden Unternehmens, die **Lebensfähigkeit der abhängigen Gesellschaft** zu respektieren. Weisungen, die die Existenz der Gesellschaft gefährden oder im Falle ihrer Durchführung gar zur Vernichtung der abhängigen Gesellschaft führen, sind nach herrschender Auffassung unzulässig.[146] Dem ist mit der Maßgabe zu folgen, dass bei der Prüfung, ob ein existenzgefährdender oder gar -vernichtender Eingriff in Rede steht, die Verlustausgleichspflicht des herrschenden Unternehmens zu berücksichti-

142 Vgl. *Emmerich* in Emmerich/Habersack, Aktien- und GmbH-Konzernrecht, § 308 AktG Rz. 56a; *Fleischer* in Fleischer, Hdb. Vorstandsrecht, § 18 Rz. 49; *Koppensteiner* in KölnKomm/AktG, 3. Aufl., § 308 AktG Rz. 55; *Sina*, AG 1991, 1, 2.

143 *Altmeppen* in MünchKomm/AktG, 4. Aufl. 2015, § 308 AktG Rz. 137; *Fleischer* in Fleischer, Hdb. Vorstandsrecht, § 18 Rz. 50; *Liebscher*, GmbH-Konzernrecht, Rz. 822.

144 *Kropff*, RegE, S. 403.

145 *Emmerich* in Emmerich/Habersack, Aktien- und GmbH-Konzernrecht, § 308 AktG Rz. 7.

146 *Langenbucher* in K. Schmidt/Lutter, § 308 AktG Rz. 31; *Hüffer/Koch*, § 308 AktG Rz. 19; *Liebscher*, GmbH-Konzernrecht, Rz. 830; *Sina*, AG 1991, 1, 7 jew. m.w.N.

gen ist.[147] Das Weisungsrecht stößt also erst dann an Grenzen, wenn auch die Verlustausgleichspflicht des herrschenden Unternehmens nach § 302 AktG den Existenzerhalt des abhängigen Unternehmens nicht mehr sicherstellen kann.[148] Der Gegenansicht, die unter Hinweis auf die wirtschaftliche Einheit der Konzernunternehmen und den abschließenden Charakter von § 308 AktG auch existenzgefährdende Weisungen zulassen will,[149] ist nicht zu folgen.

cc) Sonderfall: Mehrstufige Unternehmensverbindungen

Auch bei der mehrstufigen Unternehmensverbindung bleibt es im Ausgangspunkt dabei, dass der Vorstand des herrschenden Unternehmens Weisungen nur an den Vorstand des beherrschungsvertraglich gebundenen Tochterunternehmens erteilen kann.[150] Ein direkter **Durchgriff auf Enkelgesellschaften, also Tochtergesellschaften** des abhängigen Unternehmens, ist dagegen nach zutreffender und h.M. auch dann **unzulässig**, wenn eine durchgehende Kette von Beherrschungsverträgen besteht, da dem Vorstand der jeweils abhängigen Gesellschaft die Prüfung möglich bleiben muss, ob die erteilte Weisung die dem Weisungsrecht gezogenen Grenzen beachtet.[151] Der Vorstand des herrschenden Unternehmens ist also darauf verwiesen, den Vorstand der Tochtergesellschaft anzuweisen, seinerseits von dem ihm zustehenden Weisungsrecht gegenüber der Tochtergesellschaft Gebrauch zu machen und die Enkelgesellschaft zu einer bestimmten Maßnahme anzuweisen. 1322

Zulässig ist aber eine Delegation des Weisungsrechts auf das Mutterunternehmen.[152] 1323
Der Vorstand der Muttergesellschaft kann den Vorstand der Tochtergesellschaft deshalb anweisen, ihm die **Direktionsgewalt** über die Enkelgesellschaft **zu überlassen.**[153] Dagegen spricht nicht die Verlustausgleichspflicht aus § 302 AktG, die weiterhin die Tochtergesellschaft tragen muss, ohne indes die Möglichkeit zu haben, hin-

---

147 *Emmerich* in Emmerich/Habersack, Aktien- und GmbH-Konzernrecht, § 308 AktG Rz. 63.

148 *Altmeppen* in MünchKomm/AktG, 4. Aufl. 2015, § 308 AktG Rz. 122 ff.; *Emmerich* in Emmerich/Habersack, Aktien- und GmbH-Konzernrecht, § 308 AktG Rz. 64.

149 *Koppensteiner* in KölnKomm/AktG, 3. Aufl., § 308 AktG Rz. 50.

150 *Emmerich* in Emmerich/Habersack, Aktien- und GmbH-Konzernrecht, § 308 AktG Rz. 6; *Koppensteiner* in KölnKomm/AktG, 3. Aufl., § 308 AktG Rz. 6.

151 *Emmerich* in Emmerich/Habersack, Aktien- und GmbH-Konzernrecht, § 308 AktG Rz. 6; *Koppensteiner* in KölnKomm/AktG, 3. Aufl., § 308 AktG Rz. 6; a.A. *Altmeppen* in MünchKomm/AktG, 4. Aufl. 2015, § 308 AktG Rz. 29; *Mülbert* in Großkomm/AktG, 4. Aufl. 2012, § 291 AktG Rz. 110.

152 Jedoch behält das delegierende Unternehmen infolge des § 665 BGB weiterhin die Direktionsgewalt, weil die Delegation auf Dritte als Geschäftsbesorgungsvertrag verstanden wird, *Altmeppen* in MünchKomm/AktG, 4. Aufl. 2015, § 308 AktG Rz. 56; *Langenbucher* in K. Schmidt/Lutter, § 308 AktG Rz. 15.

153 *Altmeppen* in MünchKomm/AktG, 4. Aufl. 2015, § 308 AktG Rz. 58; *Mülbert* in Großkomm/AktG, 4. Aufl. 2013, § 291 AktG Rz. 111; a.A. *Koppensteiner* in KölnKomm/AktG, 3. Aufl., § 308 AktG Rz. 14.

reichend Einfluss nehmen zu können.[154] Die Tochtergesellschaft ist ihrerseits durch den Verlustausgleichsanspruch gegen die Muttergesellschaft geschützt.

b) Sonstige Einflussmöglichkeiten

1324 Eine Bevollmächtigung des herrschenden Unternehmens, umfassend Rechtsgeschäfte im Namen der abhängigen Gesellschaft abschließen zu können, läuft auf eine **Umgehung** der Vorschriften der §§ 308 f. AktG hinaus und ist deshalb **unzulässig**;[155] darauf darf infolgedessen eine Weisung ebenfalls nicht gerichtet sein. Der Vorstand des herrschenden Unternehmens kann aber wie im faktischen Konzern auf unverbindliche Maßnahmen und Aktionärsrechte zurückgreifen und Maßnahmen der personellen Verflechtungen nutzen, ohne die besonderen Begrenzungen der §§ 311 ff. AktG beachten zu müssen.

2. Folgen der rechtswidrigen Beeinflussung

1325 Bei rechtswidriger oder sorgfaltswidriger Einflussnahme auf die abhängige Gesellschaft sieht sich der Vorstand der herrschenden AG zahlreichen denkbaren **Schadensersatzansprüchen** der abhängigen Gesellschaft ausgesetzt.

a) Haftung nach § 309 Abs. 2 Satz 1 AktG

1326 Die zentrale Haftungsnorm für den Beherrschungsvertrag (und die Eingliederung, s. Rz. 1337) ist in § 309 Abs. 2 AktG normiert, der als zwingendes Recht nicht ausgeschlossen werden kann[156] und auf den die abhängige Gesellschaft gem. § 309 Abs. 3 AktG nur eingeschränkt verzichten darf.

aa) Erteilung von Weisungen

1327 Die Bezugnahme des § 309 Abs. 2 AktG auf Sorgfaltspflichtverletzungen nach Abs. 1 beschränkt dem Wortlaut nach die Haftung der gesetzlichen Vertreter des herrschenden Unternehmens grundsätzlich auf die pflichtwidrige Einflussnahme auf die abhängige Gesellschaft im Wege von Weisungen. Nach zutreffender und ganz herrschender Auffassung ist die Norm aber auch auf **unverbindliche Empfehlungen** zu erstrecken.[157]

---

154 So aber *Koppensteiner* in KölnKomm/AktG, 3. Aufl., § 308 AktG Rz. 14.

155 Dazu OLG München v. 11.7.1979 – 15 U 1532/78, AG 1980, 272; *Koppensteiner* in KölnKomm/AktG, 3. Aufl., § 308 AktG Rz. 24; *Hüffer/Koch*, § 308 AktG Rz. 9 (Nichtigkeit nach § 134 BGB).

156 *Fleischer* in Fleischer, Hdb. Vorstandsrecht, § 18 Rz. 53.

157 *Altmeppen* in MünchKomm/AktG, 4. Aufl. 2015, § 309 AktG Rz. 48; *Hüffer/Koch*, § 309 AktG Rz. 12 (Analogie bei unverbindlichen Maßnahmen); noch weitergehend *Emmerich* in Emmerich/Habersack, Aktien- und GmbH-Konzernrecht, § 309 AktG Rz. 32 ff.; *Emmerich* in GS Sonnenschein, S. 651, 655: § 309 Abs. 2 AktG sei nicht nur im Zusammenhang mit Abs. 1 zu lesen, sondern umfasse sämtliche Pflichten des Vorstands. Insbesondere die Unterlassung von Weisungen und die Verstöße gegen die Grundsätze

bb) Haftender

Grundsätzlich ist der gesetzliche Vertreter, in der AG also der Vorstand, in der Verantwortung. Möglicherweise haftet er jedoch dann nicht, wenn die Befugnisse zur Beeinflussung des abhängigen Unternehmens innerhalb des herrschenden Unternehmens delegiert wurden, so dass der Vorstand nicht selbst aktiv tätig geworden ist.[158] Insoweit ist zu unterscheiden: Im Falle einer zulässigen **Delegation** beschränkt sich die Haftung nach einer Ansicht auf Pflichtverletzungen des Vorstands wegen Auswahl- und Überwachungsverschulden, da § 278 BGB mangels Sonderverbindung zwischen dem Vorstand und dem beherrschten Unternehmen keine Anwendung findet.[159] Dagegen wird eingewandt, dass ausweislich des § 309 AktG ein gesetzliches Schuldverhältnis zwischen dem Vorstand und dem abhängigen Unternehmen bestehe, in das der aufgrund der Delegation Handelnde als Erfüllungsgehilfe des Vorstands i.S.d. § 278 BGB einbezogen werden könne.[160] Die letztgenannte Ansicht hat den Vorteil, willkürlich geschaffene Haftungslücken von vornherein zu verhindern. Sie ist jedoch dogmatisch nicht haltbar. Das von den Vertretern dieser Ansicht angeführte **gesetzliche Schuldverhältnis** aus § 309 AktG entsteht nämlich erst in dem Moment, in dem feststeht, dass der Vorstand seine Pflichten der abhängigen Gesellschaft gegenüber verletzt hat. Um dies begründen zu können, bedarf es wegen der erfolgten Delegation wiederum eines Rückgriffs auf § 278 BGB, der jedoch seinerseits ohne rechtliche Sonderverbindung nicht anwendbar ist. Als rechtliche Sonderverbindung kann zu diesem Zeitpunkt nur auf den Beherrschungsvertrag zurückgegriffen werden, der jedoch lediglich zwischen der herrschenden und der abhängigen Gesellschaft besteht. Das Abstellen auf § 309 AktG als für die Anwendung von § 278 BGB erforderliches gesetzliches Schuldverhältnis ist folglich in seiner Begründung zirkulär. § 278 BGB ist daher richtigerweise auf das Verhältnis der abhängigen Gesellschaft zum Vorstand der herrschenden Gesellschaft nicht anwendbar. 1328

Des Weiteren entspricht die Haftung dem Bestreben des Konzernrechts, eine Einheit von Verantwortlichkeit für und Recht zur Weisungserteilung herbeizuführen, da die Delegation nichts an der ursprünglichen Zuordnung des Weisungsrechts zu den gesetzlichen Vertretern zu ändern vermag, sondern nur eine parallele Zuständigkeit des Vertreters kreiert. Im Falle der **rechtswidrigen Delegation** lässt sich die Verantwortung des Vorstands unmittelbar aus dem Organisationsverschulden herleiten. 1329

---

ordnungsgemäßer Konzerngeschäftsführung könnten so erfasst werden. Enger demgegenüber *Koppensteiner* in KölnKomm/AktG, 3. Aufl., § 309 AktG Rz. 7.

158 Zur Zulässigkeit Rz. 1310.

159 *Koppensteiner* in KölnKomm/AktG, 3. Aufl., § 308 AktG Rz. 12 u.a. unter Berufung auf BGH v. 31.3.1954 – II ZR 57/53, BGHZ 13, 61; *Altmeppen* in MünchKomm/AktG, 4. Aufl. 2015, § 309 AktG Rz. 152 ff.; *Liebscher*, GmbH-Konzernrecht, Rz. 838.

160 *Emmerich* in Emmerich/Habersack, Aktien- und GmbH-Konzernrecht, § 309 AktG Rz. 15; *Hüffer/Koch*, § 309 AktG Rz. 4.

cc) Pflichtverletzung und Verschulden

1330 Für eine Haftung gem. § 309 Abs. 2 Satz 1 AktG besteht, wenn die Weisung mit § 308 AktG in Einklang steht, erst bei einer **Überschreitung** des dem Vorstand des herrschenden Unternehmens zukommenden **Ermessensspielraums** durch geschäftspolitisch in keiner Weise mehr zu rechtfertigende Maßnahmen, bei denen elementare kaufmännische Vorsichtsmaßnahmen vernachlässigt werden.[161] Ist die Sorgfaltspflicht verletzt, genügt **Fahrlässigkeit** des Vorstands, um die Haftung zu begründen.[162] Das Privileg der *Business Judgment Rule* ist anwendbar.[163]

dd) Schaden

1331 Ob der abhängigen Gesellschaft ein Schaden entstanden ist und in welcher Höhe, bestimmt sich nach den Grundsätzen des §§ 249 ff. BGB.[164] Nach h.M. sind die vom herrschenden Unternehmen nach § 302 Abs. 1 AktG geschuldete Verlustausgleichspflicht und die von der abhängigen Gesellschaft gem. § 291 Abs. 1 Satz 1 AktG gegebenenfalls geschuldete Gewinnabführungspflicht nicht als Vorteilsausgleichung oder im Rahmen des **Einwandes eines rechtmäßigen Alternativverhaltens** zu berücksichtigen.[165] Dagegen beruft sich die Gegenansicht darauf, dass die Entlastung des Schädigers die persönliche Verantwortlichkeit leerlaufen lasse.[166]

b) § 117 AktG und deliktische Ansprüche

1332 In Anspruchskonkurrenz zu § 309 Abs. 2 AktG kann eine Haftung nach § 117 AktG stehen, falls v**orsätzlich nachteiliger Einfluss** auf die abhängige Gesellschaft genommen worden ist.[167]

Eine echte Anspruchskonkurrenz kommen ferner zu **deliktischen Ansprüchen** (§ 823 Abs. 2 BGB i.V.m. § 266 StGB, § 826 BGB) gegenüber der abhängigen Gesellschaft in Betracht.[168]

c) Kündigung und Abberufung

1333 Bei rechtswidriger Einflussnahme kann, wenn sie **hinreichend schwer** wiegt – etwa bei dauerhaftem Ermessensfehlgebrauch oder der Entstehung eines erheblichen

---

161 *Altmeppen* in MünchKomm/AktG, 4. Aufl. 2015, § 309 AktG Rz. 72 f.; *Fleischer* in Fleischer, Hdb. Vorstandsrecht, § 18 Rz. 56.

162 *Fleischer* in Fleischer, Hdb. Vorstandsrecht, § 18 Rz. 58; *Hüffer/Koch*, § 309 AktG Rz. 15.

163 *Altmeppen* in MünchKomm/AktG, 4. Aufl. 2015, § 309 AktG Rz. 74.

164 *Fleischer* in Fleischer, Hdb. Vorstandsrecht, § 18 Rz. 59; *Hüffer/Koch*, § 309 AktG Rz. 17.

165 *Altmeppen* in MünchKomm/AktG, 4. Aufl. 2015, § 309 AktG Rz. 87, 98; *Emmerich* in GS Sonnenschein, S. 651, 657 f.; *Fleischer* in Fleischer, Hdb. Vorstandsrecht, § 18 Rz. 59; *Koppensteiner* in KölnKomm/AktG, 3. Aufl., § 309 AktG Rz. 14.

166 *Emmerich* in Emmerich/Habersack, Aktien- und GmbH-Konzernrecht, § 309 AktG Rz. 40 ff.; *Hüffer/Koch*, § 309 AktG Rz. 18; *Mertens*, AcP 168 (1968), 225, 231 f.

167 *Fleischer* in Fleischer, Hdb. Vorstandsrecht, § 18 Rz. 68; *Koppensteiner* in KölnKomm/AktG, 3. Aufl., § 309 AktG Rz. 61.

168 *Fleischer* in Fleischer, Hdb. Vorstandsrecht, § 18 Rz. 68.

Schadens für die Obergesellschaft – eine Abberufung des Vorstands in Betracht kommen.[169] Ein Schaden bei der Untergesellschaft allein kann eine Pflichtverletzung im Verhältnis des herrschenden Vorstands zu seiner AG freilich nicht begründen. Entsprechendes gilt für die Kündigung des Anstellungsvertrages.

IV. Eingliederung

Für die Eingliederung kann weitgehend auf die **Grundsätze** für das Konzernverhält- 1334
nis auf der Grundlage eines **Beherrschungsvertrages** verwiesen werden kann. Die Möglichkeiten für das herrschende Unternehmen, das abhängige zu beeinflussen, gehen bei der Eingliederung aber noch weiter als dies bei Bestehen eines Beherrschungsvertrages der Fall ist. Insoweit gelten folgende Besonderheiten:

1. Wege und Umfang der Einflussnahme

Gegenüber dem Vorstand einer eingegliederten Gesellschaft ist eine Weisung auch 1335
dann zulässig, wenn diese dafür weder das Interesse der herrschenden Gesellschaft noch dasjenige der abhängigen angeführt werden kann.[170] Dennoch müssen die Mitglieder des Vorstandes gem. § 323 Abs. 1 Satz 2 i.V.m. § 309 Abs. 1 AktG bei der Erteilung von Weisungen die **Sorgfalt eines ordentlichen und gewissenhaften Geschäftsleiters** einhalten, was aber lediglich sinnlos schädliche und gesetzwidrige Weisungen ausschließt.[171] Bei der Eingliederung ist insbesondere die Frage obsolet, ob existenzgefährdende Weisungen unzulässig sind; die Gesellschaften bilden wirtschaftlich eine Einheit und es gibt keine Minderheitsaktionäre der eingegliederten Gesellschaft, die eines besonderen Schutzes bedürften.[172]

2. Folgen der rechtswidrigen Einflussnahme

§ 323 Abs. 1 Satz 2 AktG verweist bezüglich der **Haftung** des Vorstandes der herr- 1336
schenden AG wegen **rechtswidriger Einflussnahme** auf § 309 Abs. 2 AktG; auch bezüglich der übrigen Folgen einer rechtswidrigen Maßnahme kann daher auf die Ausführungen zum Beherrschungsvertrag (s. Rz. 1326 ff.) verwiesen werden.

Einstweilen frei. 1337–1349

169 *Denzer*, S. 131.
170 *Fleischer* in Fleischer, Hdb. Vorstandsrecht, § 18 Rz. 69.
171 *Fleischer* in Fleischer, Hdb. Vorstandsrecht, § 18 Rz. 71; *Grunewald* in MünchKomm/AktG, 4. Aufl. 2015, § 323 AktG Rz. 5.
172 *Grunewald* in MünchKomm/AktG, 4. Aufl. 2015, § 323 AktG Rz. 3.

§ 33
Der Vorstand der abhängigen AG

Literaturübersicht: S. Literaturübersicht zu § 31. *Bertram*, Der Abhängigkeitsbericht der KGaA: Wer ist eigentlich abhängig und wer berichtet?, WPg 2009, 411; *Bode*, Abhängigkeitsbericht und Kostenlast im einstufigen faktischen Konzern, AG 1995, 261; *Crezelius*, Faktischer Konzern und steuerrechtliche Organschaft, in FS Kropff, 1997, S. 37; *Döllerer*, Der Abhängigkeitsbericht und seine Prüfung bei einem Vorstandswechsel, in FS Semler, 1993, S. 441; *Friedl*, Abhängigkeitsbericht und Nachteilsausgleich zwischen erfolgreicher Übernahme und Abschluss eines Beherrschungsvertrags, NZG 2005, 875; *Götz*, Der Abhängigkeitsbericht der 100 %igen Tochtergesellschaft, AG 2000, 498; *Götz*, Zeitliche Begrenzung der Verpflichtung zur Erstellung eines Abhängigkeitsberichts, 314, NZG 2001, 68; *Habersack/Verse*, Zum Auskunftsrecht des Aktionärs im faktischen Konzern, AG 2003, 300; *Holle*, Legalitätskontrolle im Kapitalgesellschafts- und -konzernrecht, 2014; *Hommelhoff*, Praktische Erfahrungen mit dem Abhängigkeitsbericht – Ergebnisse einer rechtstatsächlichen Umfrage, ZHR 156 (1992), 225; *Kuntz*, Zur Frage der Verantwortlichkeit der Geschäftsleiter der abhängigen Gesellschaft gegenüber dem herrschenden Unternehmen, Der Konzern 2007, 802; *Luchterhandt*, Leitungsmacht und Verantwortlichkeit im faktischen Konzern, ZHR 133 (1970), 1; *Mertens*, Abhängigkeitsbericht bei „Unternehmenseinheit" in der Handelsgesellschaft KGaA?, in FS Claussen, 1997, S. 297; *Pentz*, Schutz der AG und der außenstehenden Aktionäre in mehrstufigen faktischen und unternehmensvertraglichen Unternehmensverbindungen, NZG 2000, 1103; *Petersen*, Berichterstattungspflichten im Zusammenhang mit natürlichen Personen: nahestehende Personen und Abhängigkeitsbericht, BB 2009, 1854; *Rauch*, Betriebswirtschaftliche Beurteilungsmaßstäbe im Abhängigkeitsbericht gemäß §§ 311 ff. AktG, 2004; *Richardt*, Der aktienrechtliche Abhängigkeitsbericht unter ökonomischen Aspekten, 1974; *Sina*, Grenzen des Konzern-Weisungsrechts nach § 308 AktG, AG 1991, 1; *Singhof*, Zur Weitergabe von Insiderinformationen im Unterordnungskonzern, ZGR 2001, 146; *Sparfeld*, Der Abhängigkeitsbericht nach tschechischem und nach deutschem Recht, RIW 2002, 754; *Strieder*, Der aktienrechtliche Abhängigkeitsbericht bei der kapitalistischen Kommanditgesellschaft auf Aktien, DB 2004, 799; *E. Vetter*, Interessenkonflikte im Konzern – vergleichende Betrachtungen zum faktischen Konzern und zum Vertragskonzern, ZHR 171 (2007), 342; *Wackerbarth*, Der Vorstand der abhängigen Aktiengesellschaft und die §§ 311 ff. AktG in der jüngeren Rechtsprechung des II. Senats, Der Konzern 2010, 261.

I. Pflichten des Vorstands der abhängigen AG bei der Konzernbildung

1350 Die Begründung eines Abhängigkeitsverhältnisses und weitergehend der Abschluss eines Beherrschungsvertrages bringen für den Vorstand der abhängigen Gesellschaft regelmäßig eine Vielzahl von rechtlichen Fragen und Herausforderungen mit sich. Während sich die originäre Neugründung einer abhängigen Gesellschaft mangels schutzwürdiger Interessen von außenstehenden Dritten, die auf die Unabhängigkeit der Gesellschaft vertrauen, als unproblematisch darstellt,[1] müssen bei der „Übernahme" einer bis dahin unabhängigen Gesellschaft die **Interessen ihrer Aktionäre** ange-

1 *Liebscher*, GmbH-Konzernrecht, Rz. 268.

messen geschützt werden. Für den Vorstand der abhängigen Gesellschaft stellt sich daher die Frage, ob er bei der Entstehung eines Konzerns unterstützend mitwirken darf oder ob er konkrete **Gegenmaßnahmen** ergreifen kann, um die Unabhängigkeit der Gesellschaft aufrecht zu erhalten.

1. Abschluss eines Beherrschungsvertrages

Entsteht die Unternehmensverbindung durch den Abschluss eines Beherrschungs- 1351
vertrages, obliegt dem Vorstand des Zielunternehmens gem. § 93 Abs. 2 AktG im Rahmen der Vertragsverhandlungen eine Pflicht zur **Konzerneingangskontrolle**. Dabei steht insbesondere die **Prüfung der Bonität** des Vertragspartners im Vordergrund, mit dem Ziel, möglichst weitgehend Klarheit über die Fähigkeit zur zukünftigen Erfüllung der Verlustausgleichspflicht nach § 302 AktG zu erlangen.[2] Die **§§ 291 ff. AktG** regeln insoweit detailliert das bei Abschluss eines Beherrschungsvertrages einzuhaltende Verfahren.[3] Von besonderer Bedeutung ist dabei das in § 293 Abs. 1 Satz 1 AktG enthaltene **Zustimmungserfordernis der Hauptversammlung** des Zielunternehmens, welches einen mindestens mit qualifizierter ¾ Mehrheit gefassten zustimmenden Beschluss voraussetzt.

2. Entstehung eines faktischen Konzerns

Abgesehen von kartellrechtlichen Vorschriften existieren für die Eingangskontrolle 1352
im faktischen Konzern demgegenüber keine besonderen Verfahrensregeln.[4] Forderungen nach einer Konzernierungserklärung des herrschenden Unternehmens[5] oder dem Erfordernis eines Hauptversammlungsbeschlusses der abhängigen Gesellschaft[6] haben sich zu Recht nicht durchgesetzt. Bei der Ergreifung von **Abwehrmaßnahmen gegen feindliche Übernahmen** ist stets zu berücksichtigen, dass der Vorstand der abhängigen Gesellschaft aufgrund seiner ihm auch außerhalb von § 33 WpÜG[7] obliegenden **Neutralitätspflicht** gegenüber den Aktionären, deren Freiheit zur eigenen Entscheidungsfindung über die Veräußerung ihrer Aktien er grundsätzlich zu respektieren hat, nur in begrenztem Umfang gegen die Übernahme tätig werden darf.[8]

---

2 *Fleischer* in Fleischer, Hdb. Vorstandsrecht, § 18 Rz. 101; *Koppensteiner* in KölnKomm/AktG, 3. Aufl., § 308 AktG Rz. 73.

3 Dazu bereits oben im Überblick, § 31 Rz. 1235.

4 Vgl. BGH v. 25.6.2008 – II ZR 133/07, DStR 2008, 2077 = AG 2008, 779, den Konzerngefahren werde nicht durch eine präventive Kontrolle, sondern durch verhaltensorientierte Regelungen entgegengewirkt; vgl. auch *Altmeppen* in MünchKomm/AktG, 4. Aufl. 2015, Vorb. § 311 AktG Rz. 33 f.; *Habersack* in Emmerich/Habersack, Aktien- und GmbH-Konzernrecht, Vorb. § 311 AktG Rz. 1. Nachweise zur rechtspolitischen Kritik dieses Ansatzes bei *Altmeppen* in MünchKomm/AktG, 4. Aufl. 2015, Vorb. § 311 AktG Rz. 35; *Binnewies*, Konzerneingangskontrolle, S. 217 ff.

5 *Hommelhoff*, Die Konzernleitungspflicht, S. 408 ff.

6 *Binnewies*, Konzerneingangskontrolle, S. 355 ff.

7 § 33 WpÜG ist eine Sondervorschrift für *öffentliche* Übernahmeangebote.

8 Vgl. *Altmeppen* in MünchKomm/AktG, 4. Aufl. 2015, Vorb. § 311 AktG Rz. 61; *Habersack* in Emmerich/Habersack, Aktien- und GmbH-Konzernrecht, Vorb. § 311 AktG Rz. 4; *Mertens/Cahn* in KölnKomm/AktG, 3. Aufl., § 76 AktG Rz. 26.

1353 Unter Berücksichtigung dieser Einschränkung stehen ihm gleichwohl folgende Abwehrinstrumente zur Verfügung:

1354 (i) Die Einleitung einer Kapitalerhöhung, ggf. aus genehmigtem Kapital bei gleichzeitigem Bezugsrechtsausschluss (§ 186 AktG), bietet einem anderen befreundeten Unternehmen (sog. „White Knight") ggf. die Möglichkeit, Aktien an Stelle des Dritten zu erwerben; grundsätzlich erfordert der Bezugsrechtsausschluss jedoch einen ihn zulassenden Beschluss der Hauptversammlung mit einer entsprechenden qualifizierten Mehrheit (§ 186 Abs. 3 Satz 2 AktG).[9] Weitere Einschränkungen ergeben sich bei öffentlichen Übernahmen durch die Vorschriften des WpÜG.[10] Insbesondere folgt aus § 33 WpÜG für den Vorstand der Zielgesellschaft die Pflicht, keine Maßnahmen vorzunehmen, durch die der Erfolg eines bereits veröffentlichten Angebots verhindert werden könnte, es sei denn, dies entspricht der Sorgfalt eines gewissenhaften Geschäftsleiters.

1355 (ii) Eine weitere Möglichkeit zur Verhinderung einer feindlichen Übernahme besteht in der generellen Begrenzung der Anteilsübertragung durch Satzungsbestimmungen,[11] insbesondere durch die **Vinkulierung bei Namensaktien** nach § 68 AktG[12] oder die **Begrenzung des Stimmrechts** gem. § 134 Abs. 1 Satz 2 bis 4 AktG[13] sowie durch den im Rahmen des § 71 AktG zulässigen **Erwerb eigener Aktien.**

1356 (iii) Demgegenüber lässt sich gegen eine feindliche Übernahme durch einen Wettbewerber ein aus § 112 HGB sowie der Treuepflicht der Aktionäre zu entwickelndes **gesellschaftsrechtliches Wettbewerbsverbot** regelmäßig nicht anführen. Im Recht der AG – anders als in dem der GmbH -[14]kann man hieraus keinen Ausschluss der

---

9 Vgl. *Altmeppen* in MünchKomm/AktG, 4. Aufl. 2015, Vorb. § 311 AktG Rz. 56; vgl. ferner *Liebscher*, GmbH-Konzernrecht, Rz. 277 für die abhängige GmbH. Nach wohl h.M. soll ein Bezugsrechtsausschluss oder der Erwerb eigener Aktien grundsätzlich zur Abwehr eines Abhängigkeitsverhältnisses gerechtfertigt sein, *Hüffer/Koch*, § 186 AktG Rz. 32; *Ekkenga* in KölnKomm/AktG, 3. Aufl., § 186 AktG Rz. 130 jew. m.w.N.; kritisch dazu wegen der Konzernoffenheit der AG, *Altmeppen* in MünchKomm/AktG, 4. Aufl. 2015, Vorb. § 311 AktG Rz. 59.

10 Dazu im Überblick *Habersack* in Emmerich/Habersack, Aktien- und GmbH-Konzernrecht, Vorb. § 311 AktG Rz. 10 ff.

11 Dazu ausführlich *Altmeppen* in MünchKomm/AktG, 4. Aufl. 2015, Vorb. § 311 AktG Rz. 62 ff.; *Habersack* in Emmerich/Habersack, Aktien- und GmbH-Konzernrecht, Vorb. § 311 AktG Rz. 2 f.

12 Allerdings bedarf die nachträgliche Vinkulierung oder deren nachträgliche Verschärfung der Zustimmung der betroffenen Aktionäre (vgl. § 180 Abs. 2 AktG).

13 Das ist aber nur bei nichtbörsennotierten Gesellschaften möglich. Bei börsennotierten Gesellschaften wurde diese Möglichkeit durch das KonTraG beseitigt, vgl. *Habersack* in Emmerich/Habersack, Aktien- und GmbH-Konzernrecht, Vorb. § 311 AktG Rz. 3. Die Einführung von Mehrfachstimmrechten wurde durch das KonTraG sogar gänzlich abgeschafft.

14 Dazu *Liebscher*, GmbH-Konzernrecht, Rz. 282 ff.

Konzernierungsmöglichkeiten ableiten.[15] Die Begründung eines faktischen Abhängigkeitsverhältnisses ist durch die §§ 311 ff. AktG grundsätzlich anerkannt und darf weder durch die Treuepflicht im Allgemeinen noch durch die Annahme eines Wettbewerbsverbots im Besonderen wieder ausgehebelt werden.[16] Davon zu sondern ist die Frage, ob negative Auswirkungen für das Zielunternehmen, die auf der Konkurrenztätigkeit des Übernehmers beruhen, Nachteile i.S.v. § 311 AktG sind, die von dem Übernehmer auszugleichen sind. Das wird im Regelfall zu verneinen sein, weil es sich dabei um lediglich passive Konzerneffekte handelt, die nicht ausgleichspflichtig sind.[17]

II. Pflichten des Vorstands der abhängigen AG im faktischen Konzern

Die auf den faktischen Konzern anwendbaren Regelungen der §§ 311 ff. AktG sind 1357
darauf ausgerichtet, die abhängige AG vor einem nachteiligen Einfluss durch die herrschende Gesellschaft zu schützen und ihre Organe in die Lage zu versetzen, den ausgeübten Einfluss systematisch zu überprüfen und soweit erforderlich zu begrenzen. Hierzu ist der Vorstand der abhängigen Gesellschaft nicht nur berechtigt, sondern auch verpflichtet. Das Gesetz bringt das durch die in den §§ 311 ff. AktG enthaltenen **Prüfungs-, Dokumentations- und Informationspflichten**, aus denen sich unter Umständen auch eine Haftung des Vorstands der abhängigen AG ergeben kann, zum Ausdruck.

1. Primat des Unternehmensinteresses

a) Grundsatz

Im faktischen Konzern bleibt der Vorstand im Ausgangspunkt dem **Interesse seiner** 1358
Gesellschaft verpflichtet. Wie sich aus den §§ 311 ff. AktG ergibt, ist dem Unternehmensinteresse im faktischen Konzern Vorrang vor dem Konzerninteresse eingeräumt. Der Vorstand muss sich deshalb bei der Wahrnehmung seiner Leitungs- und Kontrollaufgaben grundsätzlich am Unternehmensinteresse der abhängigen Gesellschaft und nicht am Konzerninteresse orientieren.[18] Nur unter der Voraussetzung, dass der abhängigen Gesellschaft von vornherein kein Nachteil droht oder der Nach-

---

15 BGH v. 25.6.2008 – II ZR 133/07, DStR 2008, 2077 = AG 2008, 779. Auch in der Satzung ist eine derartige Regelung ausgeschlossen, *Altmeppen* in MünchKomm/AktG, 4. Aufl. 2015, Vorb. § 311 AktG Rz. 77.

16 Vgl. *Altmeppen* in MünchKomm/AktG, 4. Aufl. 2015, Vorb. § 311 AktG Rz. 51 ff.; *Hüffer/Koch*, § 311 AktG Rz. 52; *Koppensteiner* in KölnKomm/AktG, 3. Aufl., Anh. § 318 AktG Rz. 8 f.; a.A. *Habersack* in Emmerich/Habersack, Aktien- und GmbH-Konzernrecht, Vorb. § 311 AktG Rz. 7 mit Ausnahme der börsennotierten Aktiengesellschaften.

17 Vgl. zur Abgrenzung passiver Konzerneffekte von ausgleichspflichten Nachteilen *Habersack* in Emmerich/Habersack, Aktien- und GmbH-Konzernrecht, § 311 AktG Rz. 52.

18 KG v. 3.12.2002 – 1 W 363/02, NZG 2003, 441, 446 = AG 2003, 500; *Altmeppen* in MünchKomm/AktG, 4. Aufl. 2015, § 311 AktG Rz. 443; *Habersack* in Emmerich/Habersack, Aktien- und GmbH-Konzernrecht, § 311 AktG Rz. 78; *Krieger* in MünchHdb. GesR AG, § 70 Rz. 31.

teilsausgleich ex ante sichergestellt ist, darf der Vorstand der abhängigen Gesellschaft dem Konzerninteresse den Vorrang einräumen. In beiden Fällen liegt die Entscheidung, welchem Interesse er den Vorzug gibt, aber allein in seinem unternehmerischen Ermessen. Eine Verpflichtung zur vorrangigen Verfolgung des Konzerninteresses besteht auch in diesem Fall nicht.[19] Wenn also das herrschende Unternehmen das abhängige Unternehmen etwa veranlassen möchte, einen bestimmten Rohstoff zukünftig aus einer anderen Quelle, etwa von dem herrschenden Unternehmen selbst, zu beziehen, und dies für das abhängige Unternehmen mit erhöhten Transportkosten gegenüber den bisherigen Bezugswegen verbunden ist, darf sich der Vorstand der abhängigen Gesellschaft für die ungünstigere Einkaufsquelle entscheiden, sofern das herrschende Unternehmen die damit verbundenen Mehrkosten trägt, also Nachteilsausgleich leistet. Der Vorstand des abhängigen Unternehmens ist aber auch dann, wenn das herrschende Unternehmen diesen Nachteilsausgleich zusichert, **nicht verpflichtet, der Veranlassung zu folgen**; vielmehr kann sich der Vorstand für die Beibehaltung der bisherigen Bezugsquelle entscheiden, auch wenn die vom herrschenden Unternehmen gewünschte Veränderung im Konzerninteresse liegt.

b) Konzerninteresse als Handlungsmaßstab?

1359 Im Schrifttum wird demgegenüber die Ansicht vertreten, dass die eigenverantwortliche Leitung der abhängigen Gesellschaft nicht völlig losgelöst von dem Unternehmensverbund erfolgen dürfe, sondern stets den durch die einheitliche Konzernleitung gezogenen Rahmen einhalten müsse.[20] Der Vorstand habe danach zu berücksichtigen, dass seine Gesellschaft in einen Konzern eingebunden sei und dass die wirtschaftliche und finanzielle **Verflechtung der Konzernunternehmen** das Schicksal der abhängigen Gesellschaft positiv wie negativ an die Entwicklung des Konzerns binde. Dies soll in der Regel zu einem weitgehenden Gleichlauf von Gesellschafts- und Konzerninteresse führen. Der Vorstand der abhängigen Gesellschaft habe insoweit seine Unternehmensplanung an der Konzernplanung auszurichten und seine Geschäftsführung in die Konzernpolitik einzuordnen.[21] Er dürfe aber nicht den Status eines autonomen Unternehmensträgers preisgeben.[22] Die Gesellschaft müsse stets in der Lage bleiben, aufgrund selbstgewählter unternehmerischer Zielsetzungen eigenständig einer erwerbswirtschaftlichen Tätigkeit nachgehen zu können.[23]

1360 Diese Ansicht basiert ersichtlich auf der Annahme, dass mit der Integration der abhängigen Gesellschaft in den Konzern das Interesse der Gesellschaft mit den Interessen des Konzerns regelmäßig parallel läuft, weil der Konzernerfolg auch der abhängigen Gesellschaft zugutekommt. Ob das in jedem Fall zutrifft, ist indessen fraglich.

---

19 Vgl. *Habersack* in Emmerich/Habersack, Aktien- und GmbH-Konzernrecht, § 311 AktG Rz. 77.

20 *Altmeppen* in MünchKomm/AktG, 4. Aufl. 2015, § 311 AktG Rz. 444; *Crezelius* in FS Kropff, S. 37, 47; a.A. Unabhängigkeit vom Konzerninteresse *Fleischer* in Fleischer, Hdb. Vorstandsrecht, § 18 Rz. 104.

21 In diese Richtung *Altmeppen* in MünchKomm/AktG, 4. Aufl. 2015, § 311 AktG Rz. 444.

22 *Altmeppen* in MünchKomm/AktG, 4. Aufl. 2015, § 311 AktG Rz. 443 ff.

23 Vgl. *Mülbert*, Aktiengesellschaft, Unternehmensgruppe und Kapitalmarkt, 1996, S. 281.

Andernfalls hätte der Gesetzgeber von der Verlustausgleichspflicht in § 311 AktG absehen können. Richtigerweise ist dem Vorstand der abhängigen Gesellschaft deshalb nur dann die **Berücksichtigung des Konzerninteresses** anstelle des Unternehmensinteresses zu erlauben, wenn die Interessen der abhängigen Gesellschaft hierdurch von vornherein nicht beeinträchtigt werden. Die Verlustausgleichspflicht nach § 311 AktG alleine ist zur Kompensation der Nachteile, die aus einer Ausrichtung auf das Konzerninteresse folgen können, nicht ausreichend, da sie nur dann zu einem Ausgleich führt, wenn der Vorstand des abhängigen Unternehmens von dem herrschenden Unternehmen kausal zu einer bestimmten Maßnahme veranlasst wurde.

2. Behandlung von Weisungen der herrschenden Gesellschaft

a) Grundsätzlich keine Pflicht zur Befolgung von Weisungen

Nach § 76 Abs. 1 AktG hat der Vorstand die Gesellschaft unter **eigener Verantwortung** zu leiten. Das Vorliegen eines faktischen Konzerns ändert hieran nichts. Der Vorstand der abhängigen Gesellschaft ist deshalb nach ganz überwiegender und richtiger Ansicht nicht verpflichtet, einer **Veranlassung durch das herrschende Unternehmen** Folge zu leisten.[24] 1361

Eine Befolgungspflicht besteht auch dann nicht, wenn der Inhalt der Weisung **keine** Nachteile für die Gesellschaft mit sich bringt.[25] Etwas anderes kann sich allenfalls bei für die abhängige Gesellschaft ausschließlich vorteilhaften Maßnahmen ergeben, wenn diese unter allen denkbaren Alternativen die einzige im Gesellschaftsinteresse liegende Handlung darstellt und sich somit das Vorstandsermessen ohnehin auf die Vornahme dieser Handlung reduziert. In diesem Fall resultiert die Befolgungspflicht des Vorstands aber nicht aus einer Verpflichtung auf das Konzerninteresse, sondern aus seiner Verpflichtung, die Interessen seiner Gesellschaft zu fördern. Demgemäß besteht sie auch nicht gegenüber dem herrschenden Unternehmen, sondern allein gegenüber der eigenen, abhängigen Gesellschaft.[26] Im Übrigen können weder in der Geschäftsordnung für den Vorstand noch in der Satzung der abhängigen Gesellschaft **Zustimmungsvorbehalte** zugunsten des herrschenden Unternehmens wirksam statuiert werden.[27] 1362

---

24 KG v. 3.12.2002 – 1 W 363/02, NZG 2003, 441, 446 = AG 2003, 500; *Altmeppen* in MünchKomm/AktG, 4. Aufl. 2015, § 311 AktG Rz. 403; *Fleischer* in Fleischer, Hdb. Vorstandsrecht, § 18 Rz. 106; *Habersack* in Emmerich/Habersack, Aktien- und GmbH-Konzernrecht, § 311 AktG Rz. 78; *Krieger* in MünchHdb. GesR AG, § 70 Rz. 31; *Singhof*, ZGR 2001, 146, 159; *J. Vetter* in K. Schmidt/Lutter, § 311 AktG Rz. 132.

25 Vgl. *Fleischer* in Fleischer, Hdb. Vorstandsrecht, § 18 Rz. 106; *Koppensteiner* in KölnKomm/AktG, 3. Aufl., § 311 AktG Rz. 90.

26 Vgl. *Fleischer* in Fleischer, Hdb. Vorstandsrecht, § 18 Rz. 106; *Habersack* in Emmerich/Habersack, Aktien- und GmbH-Konzernrecht, § 311 AktG Rz. 78.

27 Das Aktiengesetz sieht die Möglichkeit zur Begründung von Zustimmungsvorbehalten lediglich in § 111 Abs. 4 Satz 2 AktG für den Aufsichtsrat des eigenen Unternehmens vor. Zustimmungsvorbehalte zugunsten Dritter sind im Umkehrschluss hierzu unzulässig; vgl. *Habersack* in Emmerich/Habersack, Aktien- und GmbH-Konzernrecht, § 311 AktG Rz. 78 in Fn. 301.

b) Zulässigkeit der Befolgung von Weisungen

aa) Prüfungspflichten

1363 Will der Vorstand der abhängigen Gesellschaft einer Weisung des herrschenden Unternehmens Folge leisten, muss er zunächst deren **Zulässigkeit** prüfen. Er muss sich dabei an den folgenden fünf Prüfungspunkten orientieren:[28]

(i) Der Vorstand der abhängigen Gesellschaft hat zunächst zu prüfen, ob die veranlasste Maßnahme für das abhängige Unternehmen **nachteilig** ist. Kommt er dabei zu dem Schluss, dass aus der von dem herrschenden Unternehmen gewünschten Maßnahme keine Nachteile für die abhängige Gesellschaft drohen, darf er der Veranlassung folgen.[29]

Kommt er zu dem Ergebnis, dass die veranlasste Maßnahme nachteilig ist, oder dass sich zumindest die Entstehung eines Nachteils nicht ganz ausschließen lässt, muss der Vorstand (ii) prüfen, ob der **Nachteil ausgleichsfähig** ist.[30] Ist das bereits per se nicht der Fall oder ist eine Ausgleichsfähigkeit jedenfalls zweifelhaft, insbesondere weil der Nachteil nicht hinreichend quantifizierbar ist, darf er die Weisung nicht befolgen; er muss die Vornahme der Maßnahme also ablehnen.[31]

Stellt der Vorstand fest, dass die gewünschte Maßnahme nachteiligen Charakter hat, sich der Nachteil aber ausgleichen lässt, so hat er (iii) das herrschende Unternehmen vor Durchführung der Maßnahme auf den drohenden Nachteil und dessen Umfang hinzuweisen und sich die **Bereitschaft zum Nachteilsausgleich** erklären zu lassen (Informations- und Vergewisserungspflicht).[32] Bestreitet das herrschende Unternehmen den nachteiligen Charakter der Maßnahme oder erklärt es sich nicht bereit, den Ausgleich zu leisten, muss die Maßnahme unterbleiben.[33] Der Vorstand der abhängigen Gesellschaft ist nach überwiegender Ansicht nicht verpflichtet, die Vornahme der veranlassten Maßnahme von einer vertraglichen Festlegung über Art und Betrag des Ausgleichs abhängig zu machen.[34] Besteht Ausgleichsbereitschaft, so hat der

28 *Habersack* in Emmerich/Habersack, Aktien- und GmbH-Konzernrecht, § 311 AktG Rz. 78; *Krieger* in MünchHdb. GesR AG, § 70 Rz. 31; *Koppensteiner* in KölnKomm/AktG, 3. Aufl., § 311 AktG Rz. 91; In der Praxis scheint die Ablehnung der Befolgung von Weisungen tatsächlich vorzukommen nach *Hommelhoff*, ZHR 156 (1992), 295, 301.

29 Vgl. KG v. 3.12.2002 – 1 W 363/02, NZG 2003, 441, 446 = AG 2003, 500; *Altmeppen* in MünchKomm/AktG, 4. Aufl. 2015, § 311 AktG Rz. 464; *Koppensteiner* in KölnKomm/AktG, 3. Aufl., § 311 AktG Rz. 91; *Krieger* in MünchHdb. GesR AG, § 70 Rz. 31.

30 *Fleischer* in Fleischer, Hdb. Vorstandsrecht, § 18 Rz. 108; *Habersack* in Emmerich/Habersack, Aktien- und GmbH-Konzernrecht, § 311 AktG Rz. 78; *Krieger* in MünchHdb. GesR AG, § 70 Rz. 31.

31 S. bereits § 32 Rz. 1290.

32 Vgl. OLG Hamm v. 10.5.1995 – 8 U 59/94, AG 1995, 512, 516; *Altmeppen* in MünchKomm/AktG, 4. Aufl. 2015, § 311 AktG Rz. 465; *Habersack* in Emmerich/Habersack, Aktien- und GmbH-Konzernrecht, § 311 AktG Rz. 78.

33 Vgl. OLG Hamm v. 10.5.1995 – 8 U 59/94, AG 1995, 512, 516; *Geßler* in FS Westermann, 1974, S. 145, 157; *Habersack* in Emmerich/Habersack, Aktien- und GmbH-Konzernrecht, § 311 AktG Rz. 78.

34 *Fleischer* in Fleischer, Hdb. Vorstandsrecht, § 18 Rz. 111; *Habersack* in Emmerich/Habersack, Aktien- und GmbH-Konzernrecht, § 311 AktG Rz. 71; *Koppensteiner* in KölnKomm/

Vorstand (iv) die **Bonität des herrschenden Unternehmens** zu prüfen. Er muss ermitteln, ob mit einem Ausgleich tatsächlich zu rechnen ist, ob also das herrschende Unternehmen tatsächlich zum Ausgleich in der Lage ist, oder ob Anhaltspunkte für ein Ausfallrisiko ersichtlich sind.[35]

Der Vorstand soll (v) nach einer beachtlichen Auffassung im Schrifttum zudem dazu verpflichtet sein zu prüfen, ob die **nachteilige Maßnahme auch im Konzerninteresse** liegt.[36] Dem ist auf der Grundlage der ganz h.M. zuzustimmen, wonach nachteilige Einflussnahmen im faktischen Konzern unzulässig sind, wenn sie sich nicht durch das Konzerninteresse, sondern lediglich durch das Interesse eines Dritten legitimieren lassen.[37] Unter dem maßgeblichen Konzerninteresse ist entsprechend § 308 Abs. 1 Satz 2 AktG das Interesse des herrschenden Unternehmens oder eines mit diesem konzernverbundenen Unternehmens zu verstehen.[38]

bb) Entscheidungsfindung des Vorstands

Kommt der Vorstand nach erfolgter Prüfung zu dem Ergebnis, dass aus einer vom 1364
herrschenden Unternehmen veranlassten Maßnahme kein Nachteil droht oder der Ausgleich sichergestellt ist und dass die Maßnahme zudem im Konzerninteresse liegt, fällt es in das Ermessen des Vorstands, sich für oder gegen die Durchführung

AktG, 3. Aufl., § 311 AktG Rz. 96; *J. Vetter* in K. Schmidt/Lutter, § 311 AktG Rz. 102; a.A. *Altmeppen* in MünchKomm/AktG, 4. Aufl. 2015, § 311 AktG Rz. 359; *E. Vetter*, ZHR 171 (2007), 342, 362 zumindest *de lege ferenda*; *Würdinger*, DB 1973, 45, 46.

35 BGH v. 1.12.2008 – II ZR 102/07 (MPS), NZG 2009, 107, 109 = AG 2009, 81, wonach eine Besicherung des Ausgleichsanspruchs aber nicht in jedem Fall erforderlich ist; vgl. *Altmeppen* in MünchKomm/AktG, 4. Aufl. 2015, § 311 AktG Rz. 465; *Fleischer* in Fleischer, Hdb. Vorstandsrecht, § 18 Rz. 108; *Habersack* in Emmerich/Habersack, Aktien- und GmbH-Konzernrecht, § 311 AktG Rz. 78; *Koppensteiner* in KölnKomm/AktG, 3. Aufl., § 311 AktG Rz. 93; *Krieger* in MünchHdb. GesR AG, § 70 Rz. 31. Kritisch *Wackerbarth*, Der Konzern 2010, 271, 261, da damit eine fortlaufende Solvenzkontrolle erforderlich werde; vgl. auch *J. Vetter* in K. Schmidt/Lutter, § 311 AktG Rz. 102, die abhängige Gesellschaft habe die Möglichkeit Zweifel im Abhängigkeitsbericht darzulegen.

36 So etwa *Altmeppen* in MünchKomm/AktG, 4. Aufl. 2015, § 311 AktG Rz. 465; *Fleischer* in Fleischer, Hdb. Vorstandsrecht, § 18 Rz. 108; *Habersack* in Emmerich/Habersack, Aktien- und GmbH-Konzernrecht, § 311 AktG Rz. 78; *Hüffer/Koch*, § 311 AktG Rz. 43.

37 Vgl. etwa *Habersack* in Emmerich/Habersack, Aktien- und GmbH-Konzernrecht, § 311 AktG Rz. 60; *Hüffer/Koch*, § 311 AktG Rz. 43; *Koppensteiner* in KölnKomm/AktG, 3. Aufl., § 311 AktG Rz. 61.

38 Vgl. *Altmeppen* in MünchKomm/AktG, 4. Aufl. 2015, § 308 AktG Rz. 107; *Emmerich* in Emmerich/Habersack, Aktien- und GmbH-Konzernrecht, § 308 AktG Rz. 47; differenzierend *Koppensteiner* in KölnKomm/AktG, 3. Aufl., § 308 AktG Rz. 24 f. und *Hüffer/Koch*, § 308 AktG Rz. 16; *J. Vetter* in K. Schmidt/Lutter, § 311 AktG Rz. 110. *Hommelhoff*, Die Konzernleitungspflicht, S. 148, spricht von den Belangen des Gesamtkonzerns.

der veranlassten Maßnahme zu entscheiden.[39] Maßstab für seine **Ermessensentscheidung** ist dabei allein das Interesse der abhängigen Gesellschaft.[40]

c) Organisationspflichten

1365 **Adressat** nachteiliger Veranlassungen können neben dem Vorstand der abhängigen Gesellschaft grundsätzlich auch deren nachgeordneten Angestellte sein.[41] Das verpflichtet den Vorstand der abhängigen Gesellschaft dazu, den Informationsfluss innerhalb seiner Gesellschaft bzw. seines (Teil-)Konzerns so zu organisieren, dass er von allen nachteiligen Veranlassungen auch auf Ebenen unterhalb des Vorstands Kenntnis erlangt, bei denen die Bereitschaft zum Nachteilsausgleich nicht gesichert ist.[42] Hierfür ist es sachgerecht, eine Stelle zur zentralen **Erfassung** und Dokumentation der einzelnen Veranlassungen und gegebenenfalls **nachteiligen Maßnahmen** einzurichten und darüber hinaus individuelle Meldepflichten leitender Mitarbeiter zu begründen.[43]

3. Folgepflichten bei Durchführung von veranlassten Maßnahmen

1366 Dem Vorstand der abhängigen Gesellschaft obliegen, wenn er sich zur Durchführung von nachteiligen Maßnahmen auf Veranlassung des herrschenden Unternehmens entscheidet, diverse **Folgepflichten**. Dazu zählen (i) die **Pflicht zur Dokumentation** der durchgeführten Maßnahme sowie (ii) die **Pflicht zur Durchsetzung des Anspruchs auf Ausgleich** des entstehenden Nachteils. Die Dokumentationspflicht folgt implizit aus der Gesetzessystematik. § 312 AktG ordnet die Erstattung eines Abhängigkeitsberichtes an (dazu Rz. 1373 ff.) und regelt seinen näheren Inhalt. Der Bericht lässt sich aber nur mit Hilfe umfangreicher Informationen über die erfolgten Veranlassungen erstellen. Der Vorstand muss daher für eine Erfassung und Dokumentation aller berichtserheblichen Vorgänge sorgen. Das umfasst notwendigerweise alle Maßnahmen, die auf Veranlassung des herrschenden Unternehmens getroffen oder unterlassen wurden.[44] Ferner hat der Vorstand dafür Sorge zu tragen, dass er seine Dokumentationspflicht auch hinsichtlich solcher Veranlassungen erfüllen

---

39 *Altmeppen* in MünchKomm/AktG, 4. Aufl. 2015, § 311 AktG Rz. 467; *Fleischer* in Fleischer, Hdb. Vorstandsrecht, § 18 Rz. 109. Kritisch zu dieser Aussage *Wackerbarth*, Der Konzern 2010, 261, 269, da die Haftungsrisiken zu hoch wären.

40 Anders *Altmeppen* in MünchKomm/AktG, 4. Aufl. 2015, § 311 AktG Rz. 466, der auf der Grundlage seiner Ansicht zu den konzernweiten Treuepflichten des Vorstands konsequenterweise auch das Konzerninteresse anstelle des Unternehmensinteresses bei der hier vorzunehmenden Ermessensentscheidung in den Vordergrund stellt.

41 Vgl. nur *Habersack* in Emmerich/Habersack, Aktien- und GmbH-Konzernrecht, § 311 AktG Rz. 27.

42 *Habersack* in Emmerich/Habersack, Aktien- und GmbH-Konzernrecht, § 311 AktG Rz. 80; *Koppensteiner* in KölnKomm/AktG, 3. Aufl., § 311 AktG Rz. 95.

43 Vgl. *Adler/Düring/Schmaltz*, Rechnungslegung und Prüfung der Unternehmen, § 311 AktG Rz. 97 f.

44 *Fleischer* in Fleischer, Hdb. Vorstandsrecht, § 18 Rz. 112.

kann, deren Adressat nicht der Vorstand selbst, sondern eine diesem nachgeordnete Stelle in der Gesellschaft oder im (Teil)Konzern ist.[45]

Hat der Vorstand der abhängigen Gesellschaft eine vom herrschenden Unternehmen veranlasste nachteilige Maßnahme durchgeführt, muss er auf den **Nachteilsausgleich hinwirken**. Nach der h.M. hat es dabei sein Bewenden. Die Modalitäten des Ausgleichs (z.B. Art und Höhe) können vom herrschenden Unternehmen einseitig festgesetzt werden, soweit nur objektiv feststeht, dass der Nachteil durch den vom herrschenden Unternehmen angebotenen und geleisteten Ausgleich vollständig kompensiert wird.[46] Auf ein Einverständnis oder gar den Abschluss eines Vertrages kommt es demgegenüber nicht an. Erfolgt indessen bis zum Ende des Geschäftsjahres kein oder jedenfalls kein ausreichend hoher Ausgleich, entsteht zwar nicht ohne weiteres eine „Ausfallhaftung" des Vorstands der abhängigen Gesellschaft. Er ist jedoch verpflichtet, den Anspruch aus §§ 311, 317 AktG gegen das herrschende Unternehmen (§ 317 Abs. 1 AktG), bzw. (ggf. als Gesamtgläubiger) gegen dessen Vorstandsmitglieder (§ 317 Abs. 3 AktG) geltend zu machen.[47] Einen vom herrschenden Unternehmen angebotenen Ausgleich hat er dabei auf Eignung und Vollwertigkeit hin zu überprüfen.[48] 1367

4. Informations- und Berichtspflichten

a) Information des herrschenden Unternehmens

§ 294 Abs. 3 HGB verpflichtet die abhängige Gesellschaft, dem herrschenden Unternehmen die dort näher bezeichneten Publizitätsträger (z.B. Jahresabschluss, Lageberichte etc.) zur Verfügung zu stellen (§ 294 Abs. 3 Satz 1 HGB) sowie darüber hinaus alle vom Mutterunternehmen verlangten Aufklärungen und Nachweise zu erstatten (§ 294 Abs. 3 Satz 2 HGB), welche an dortiger Stelle zur Aufstellung des Konzernabschlusses und -lageberichts benötigt werden **(Konsolidierungskreis)**. Richtigerweise ist die abhängige Gesellschaft auch dazu verpflichtet, diejenigen Unterlagen und Informationen zu erteilen, die der Vorstand der Obergesellschaft zur Aufstellung der Konzernplanung benötigt, zu der er nach § 90 Abs. 1 Satz 1 und Satz 2 AktG verpflichtet ist. Der Vorstand der abhängigen Gesellschaft wird in diesem Zusammenhang insbesondere seine eigene Planung vorlegen müssen.[49] 1368

45 Vgl. *Adler/Düring/Schmaltz*, Rechnungslegung und Prüfung der Unternehmen, § 311 AktG Rz. 97; *Habersack* in Emmerich/Habersack, Aktien- und GmbH-Konzernrecht, § 311 AktG Rz. 80.

46 Vgl. nur *Habersack* in Emmerich/Habersack, Aktien- und GmbH-Konzernrecht, § 311 AktG Rz. 71 m.w.N.; *Hüffer/Koch*, § 311 AktG Rz. 41; a.A.: Pflicht zum Eintritt in Verhandlungen mit dem Zweck des Abschlusses eines Vertrages über den Ausgleich; vgl. *Altmeppen* in MünchKomm/AktG, 4. Aufl. 2015, § 311 AktG Rz. 359 ff.; *Koppensteiner* in KölnKomm/AktG, 3. Aufl., § 311 AktG Rz. 97, 123 ff.

47 *Habersack* in Emmerich/Habersack, Aktien- und GmbH-Konzernrecht, § 311 AktG Rz. 79; *Altmeppen* in MünchKomm/AktG, 4. Aufl. 2015, § 311 AktG Rz. 472.

48 *Altmeppen* in MünchKomm/AktG, 4. Aufl. 2015, § 311 AktG Rz. 471.

49 Vgl. etwa *Götz*, ZGR 1998, 524, 528; *Hoffmann-Becking*, ZHR 159 (1995), 325, 327.

1369 Dabei hat es nach der zutreffenden h.M. sein Bewenden. Es existiert mit anderen Worten **kein** allgemeines, ungeschriebenes **Auskunftsrecht des herrschenden Unternehmens** für den Zweck der Konzernleitung.[50] Dies folgt bereits daraus, dass sich der Vorstand der abhängigen Gesellschaft im faktischen Konzern generell der Einflussnahme durch das herrschende Unternehmen verweigern darf.[51]

1370 Umgekehrt ist jedoch der **Vorstand der abhängigen Gesellschaft** gegenüber dem herrschenden Unternehmen nach seinem Ermessen **zu einer weitergehenden Informationserteilung berechtigt.**[52] Dies gilt nach herrschender Auffassung auch dann, wenn es sich um Informationen handelt, deren Weitergabe an Dritte auf Grund der Verschwiegenheitspflicht des § 93 Abs. 1 Satz 2 AktG an sich unzulässig ist.[53]

1371 Ganz unbeschränkt darf die **Informationsweitergabe** jedoch nicht erfolgen, wobei im Einzelnen umstritten ist, welchen Maßstab der Vorstand anlegen muss: Während teilweise allein das Interesse der abhängigen AG an der Informationsweitergabe für entscheidend gehalten wird,[54] darf der Vorstand nach anderer Auffassung auch die Bedeutung der Information zur Abstimmung und Koordination im Konzern, also das Konzerninteresse, in seine Entscheidung mit einfließen lassen.[55] Die Grenze verläuft richtigerweise dort, wo sich die Informationsweitergabe sachlich vor dem Hintergrund der Interessen der abhängigen Gesellschaft nicht mehr rechtfertigen lässt, etwa weil die Weitergabe die naheliegende Gefahr begründet, die Interessen der abhängigen Gesellschaft zu beeinträchtigen. Anders gewendet dürfen der abhängigen Gesellschaft durch die Informationsweitergabe **keine Nachteile** entstehen, die später

---

50 Vgl. *Altmeppen* in MünchKomm/AktG, 4. Aufl. 2015, § 311 AktG Rz. 424; *Fabritius* in FS Huber, S. 705, 710; *Götz*, ZGR 1998, 524, 527; *Hoffmann-Becking*, ZHR 159 (1995), 325, 337; *Menke*, NZG 2004, 697; *Mertens/Cahn* in KölnKomm/AktG, 3. Aufl., § 90 AktG Rz. 40; a.A. *Löbbe*, S. 154 ff.; *Semler*, S. 178 ff.; wohl auch *Uwe H. Schneider/Burgard* in FS Ulmer, S. 579, 598, die einen Auskunftsanspruch zumindest bejahen, soweit die Information zur Führung des Konzerns notwendig ist.

51 *Fabritius* in FS Huber, S. 705, 710; *Lutter*, Information und Vertraulichkeit im Aufsichtsrat, 3. Aufl. 2006, Rz. 179.

52 *Altmeppen* in MünchKomm/AktG, 4. Aufl. 2015, § 311 AktG Rz. 428; *Fabritius* in FS Huber, S. 705, 711 f.; *Hoffmann-Becking*, ZHR 159 (1995), 325, 337; *Koppensteiner* in KölnKomm/AktG, 3. Aufl., § 311 AktG Rz. 147; *Krieger* in MünchHdb. GesR AG, § 70 Rz. 28; *Lutter*, AG 1997, 613, 617; *Lutter*, Information und Vertraulichkeit im Aufsichtsrat, 3. Aufl. 2006, Rz. 178; *Menke*, NZG 2004, 697, 699. Auch ist das Recht zur Weitergabe von Informationen nicht auf das Vorliegen eines Konzernverhältnisses beschränkt, sondern es reicht eine einfache Abhängigkeitslage, *Koppensteiner* in KölnKomm/AktG, 3. Aufl., § 312 AktG Rz. 8; *Löbbe*, S. 163 f. jew. m.w.N.

53 *Krieger* in MünchHdb. GesR AG, § 70 Rz. 28; *Lutter*, Information und Vertraulichkeit im Aufsichtsrat, 3. Aufl. 2006, Rz. 178; *Altmeppen* in MünchKomm/AktG, 4. Aufl. 2015, § 311 AktG Rz. 426 ff.; *Hoffmann-Becking* in FS Rowedder, S. 155, 167; *Singhof*, ZGR 2001, 146, 159.

54 *Krieger* in MünchHdb. GesR AG, § 70 Rz. 28.

55 *Altmeppen* in MünchKomm/AktG, 4. Aufl. 2015, § 311 AktG Rz. 428; *Habersack* in Emmerich/Habersack, Aktien- und GmbH-Konzernrecht, § 311 AktG Rz. 77. Letztlich konkretisiert sich iniesem Punkt die allgemeine Streitfrage, inwiefern das Konzerninteresse generell im faktischen Konzern berücksichtigt werden muss bzw. darf (dazu Rz. 1359).

ggf. nicht mehr vollständig ausgeglichen werden können.[56] Dies ergibt sich jedenfalls bei durch die Muttergesellschaft angeforderten Informationen richtigerweise bereits unmittelbar aus § 311 AktG, da auch das Auskunftsverlangen der herrschenden Gesellschaft eine kausale „Veranlassung" im Sinne dieser Norm ist. Nach einer zunehmend vertretenen Auffassung kann der potentiell nachteilige Charakter einer Informationsweitergabe durch eine Verpflichtungserklärung des herrschenden Unternehmens ausgeschlossen werden, die erhaltenen Informationen ausschließlich zur Erfüllung der gebotenen konzernweiten Kontrolle und im Konzern bestehender Berichts- und Offenlegungspflichten und nicht für Zwecke der eigenen unternehmerischen Tätigkeit zu nutzen.[57] Dabei bleibt allerdings fraglich, ob und wie im konkreten Einzelfall die Grenzziehung möglich und für das abhängige Unternehmen auch nachvollziehbar ist. Jedenfalls aber empfiehlt es sich für den Vorstand der abhängigen Gesellschaft dringend, eine derartige Verpflichtung in einem die Informationsweitergabe und -verwendung detailliert regelnden Vertrag mit dem herrschenden Unternehmen zu verankern und die Verletzung der Vertragspflichten in geeigneter Form, etwa durch eine angemessene Vertragsstrafe, zu sanktionieren.

Eine **Informationserteilung an das herrschende Unternehmen** außerhalb der Hauptversammlung zieht nicht die Verpflichtung nach sich, gem. § 131 Abs. 4 AktG auf Verlangen auch die anderen Aktionäre in der Hauptversammlung entsprechend zu informieren (s. auch § 29 Rz. 1156 f.).[58] Zu beachten ist allerdings, dass der Vorstand der abhängigen Gesellschaft die Veranlassung zur Erteilung von Informationen im Abhängigkeitsbericht (§ 312 AktG) dokumentieren muss.[59] 1372

56 *Altmeppen* in MünchKomm/AktG, 4. Aufl. 2015, § 311 AktG Rz. 429; *Habersack* in Emmerich/Habersack, Aktien- und GmbH-Konzernrecht, § 311 AktG Rz. 78; *Koppensteiner* in KölnKomm/AktG, 3. Aufl., § 311 AktG Rz. 142 ff.; *Krieger* in MünchHdb. GesR AG, § 69 Rz. 29; *Singhof*, ZGR 2001, 146, 159.

57 *Habersack* in Emmerich/Habersack, Aktien- und GmbH-Konzernrecht, § 311 AktG Rz. 51a; *Holle*, Legalitätskontrolle im Kapitalgesellschafts- und -konzernrecht, S. 123 ff., jew. m.w.N.

58 Jedenfalls bei herrschendem Einfluss i.S.v. § 18 AktG; vgl. *Kersting* in KölnKomm/AktG, 3. Aufl., § 131 AktG Rz. 446; *Altmeppen* in MünchKomm/AktG, 4. Aufl. 2015, § 311 AktG Rz. 431 f.; *Kubis* in MünchKomm/AktG, 4. Aufl. 2018, § 131 AktG Rz. 165; *Siems* in Spindler/Stilz, § 131 AktG Rz. 78; *Spindler* in K. Schmidt/Lutter, § 131 AktG Rz. 100; *Reger* in Bürgers/Körber, § 131 AktG Rz. 32; *Herrler* in Grigoleit, § 131 AktG Rz. 58; *Butzke*, Die Hauptversammlung der Aktiengesellschaft, 5. Aufl. 2011, S. 293 f.; *Hoffmann-Becking* in FS Rowedder, 1994, S. 155, 168, weitergehend, d.h. auch bereits bei einfacher Abhängigkeit i.S.v. §§ 16, 17 AktG, *Decher* in Großkomm/AktG, 5. Aufl. 2019, § 131 AktG Rz. 471; *Hüffer/Koch*, § 131 AktG Rz. 72; *Habersack* in Emmerich/Habersack, Aktien- und GmbH-Konzernrecht, § 312 AktG Rz. 5; *Kocher*, Der Konzern 2008, 611, 614; *Geßler/Hefermehl*, 1974, § 131 AktG Rz. 148 (nur wenn Auskunftserteilung auf vertraglicher oder spezialgesetzlicher Grundlage verpflichtend ist).

59 Dazu nachfolgend Rz. 1384.

b) Erstattung des Abhängigkeitsberichts

1373 Besteht zwischen der herrschenden und der abhängigen Gesellschaft kein Beherrschungsvertrag, so hat der Vorstand der abhängigen Gesellschaft nach § 312 Abs. 1 AktG in den ersten drei Monaten des Geschäftsjahres einen Bericht über die Beziehung der Gesellschaft zu verbundenen Unternehmen aufzustellen, den sog. **Abhängigkeitsbericht.**[60] Diese Berichtspflicht besteht jährlich für das abgelaufene Geschäftsjahr, sofern in diesem, und sei es nur teilweise, die Abhängigkeitslage bestand. Der Zweck des Berichts besteht darin, **nachteilige Veranlassungen** mit Blick auf die Ansprüche gegen das herrschende Unternehmen und die Organe der abhängigen Gesellschaft aus §§ 311, 317, 318 AktG zu dokumentieren, den Vorstand mittelbar zur präventiven Selbstkontrolle zu zwingen und dem Abschlussprüfer sowie dem Aufsichtsrat insoweit die Kontrolle der Vorgänge zu ermöglichen.[61] Ob darüber hinaus auch die auf der Grundlage von § 317 Abs. 4 AktG (i.V.m. § 309 Abs. 3 AktG) grundsätzlich anspruchsberechtigten Aktionäre und Gläubiger des abhängigen Unternehmens in den Schutzzweck einzubeziehen sind, erscheint mangels Publizität des Berichts hingegen fernliegend.[62]

aa) Erkundigungspflicht des Vorstands

1374 Der Vorstand der abhängigen Gesellschaft muss kontinuierlich prüfen, ob die Voraussetzungen des Abhängigkeitsverhältnisses gegeben sind. Ihm obliegt im Einzelfall eine Erkundigungs- und Nachforschungspflicht, wenn die **Voraussetzungen einer faktischen Konzernbeziehung** zweifelhaft sind. Der Vorstand der abhängigen Gesellschaft kann sich nicht darauf zurückziehen, zuzuwarten, bis ihm nach § 20 AktG oder § 21 WpHG das Vorliegen einer Mehrheitsbeteiligung mitgeteilt wird. Er muss vielmehr selbst, sofern er Anlass zur Annahme hat, dass ein Abhängigkeitsverhältnis eingetreten sein könnte, Klarheit schaffen und sich gegebenenfalls bei den in Betracht kommenden Anteilseignern erkundigen. Diesen obliegt insoweit auch eine

---

60 Die Kosten des hierfür erforderlichen Dokumentations- und Berichtssystems sind nicht unerheblich. Geht man davon aus, dass die §§ 311 ff. AktG darauf gerichtet sind, die abhängige Gesellschaft so zu stellen, als sei sie unabhängig, ließe sich eine Ausgleichspflicht des herrschenden Unternehmens hinsichtlich dieser Kosten aus §§ 311, 317 AktG analog konstruieren, so *Bode*, AG 1995, 261 ff.; die ganz vorherrschende Auffassung verneint demgegenüber – mit unterschiedlichen Begründungsansätzen – einen Anspruch des abhängigen Unternehmens auf Erstattung der mit der Berichterstattung verbundenen Kosten, vgl. *Altmeppen* in MünchKomm/AktG, 4. Aufl. 2015, § 312 AktG Rz. 56 (es fehle an der Rechtswidrigkeit); *Habersack* in Emmerich/Habersack, Aktien- und GmbH-Recht, § 312 AktG Rz. 17 (es fehle an der Veranlassung); inzwischen auch *Hüffer/Koch*, § 312 AktG Rz. 40; *Strieder*, DB 2004, 799, 800; *J. Vetter* in K. Schmidt/Lutter, § 312 AktG Rz. 21; zum Abhängigkeitsbericht der KGaA s. *Bertram*, WPg 2009, 411 ff.; *Mertens* in FS Claussen, S. 297 ff.

61 Zutr. *Habersack* in Emmerich/Habersack, Aktien- und GmbH-Konzernrecht, § 312 AktG Rz. 3, der dem Bericht eine „Schlüsselfunktion“ im System der §§ 311 ff. AktG zuweist, s. auch *Fleischer* in Fleischer, Hdb. Vorstandsrecht, § 18 Rz. 116.

62 Kritisch *Habersack* in Emmerich/Habersack, Aktien- und GmbH-Konzernrecht, § 312 AktG Rz. 2.

Auskunftspflicht, etwa wenn es darum geht, inwieweit sie relevante anderweitige unternehmerische Interessen verfolgen oder inwieweit ihnen Stimmrechte zuzuordnen sind, kraft derer sie zu herrschenden Unternehmen werden.

bb) Informationsbeschaffung

Weil der Vorstand im Rahmen der Berichterstattung im Abhängigkeitsbericht eine 1375
gewissenhafte und getreue Rechenschaftslegung schuldet, muss er folglich auch die erforderlichen organisatorischen Voraussetzungen schaffen, um alle für die Berichterstattung im Rahmen des Abhängigkeitsberichts relevanten Informationen vollständig und zutreffend zu erhalten. Es bedarf daher der Etablierung eines **Kontroll-Systems** im Unternehmen, das die Erfassung, Dokumentation und Meldung der berichtspflichtigen Vorgänge sicherstellt. Hierfür ist es erforderlich, alle zur Erfassung relevanter Vorgänge in Betracht kommenden Personen und Bereiche über Existenz und Umfang der Berichtspflichten zu informieren, ihnen Anweisungen zum Umgang mit berichtspflichtigen Sachverhalten zu geben und ein zuverlässiges und umfassendes System zur lückenlosen Meldung aller berichtspflichtigen Vorgänge zu etablieren. Dessen Einhaltung ist kontinuierlich sicherzustellen. Für die Erfüllung dieser Organisationspflichten trifft den Vorstand die Beweislast, wenn wegen Verletzung der Berichtspflicht Ersatzansprüche geltend gemacht werden. Es ist deshalb unverzichtbar, dass der Vorstand die Etablierung eines umfassenden Erfassungs- und Meldesystems hinreichend dokumentiert, um im Zweifelsfall darlegen zu können, dass er sorgfaltsgemäß gehandelt hat.

Im Regelfall empfiehlt sich für den Vorstand die Etablierung einer **zentralen Clearing-Stelle**, die die berichtspflichtigen Vorgänge erfasst, ordnet und für die Aufnahme in den Abhängigkeitsbericht vorbereitet. In vielschichtigen Konzernen bietet es sich an, für bestimmte Regionen und/oder Unternehmensbereiche jeweils gesonderte, zentrale Sammelstellen einzurichten, die dann für den ihnen zugewiesenen Bereich an die zentrale Sammelstelle berichten. Da im **Abhängigkeitsbericht** auch Maßnahmen „auf Veranlassung oder im Interesse" des herrschenden Unternehmens aufzuführen sind, und zwar auch dann, wenn diese *„at arms length's"* (d.h. zu üblichen Marktkonditionen) erfolgen, empfiehlt es sich, bei berichtspflichtigen Dispositionen alle für die Entscheidung zur Durchführung maßgeblichen Gesichtspunkte schriftlich festzuhalten, wobei auf die Verhältnisse zum Zeitpunkt der Vornahme oder der Unterlassung der Maßnahme zu rekurrieren ist. 1376

cc) Inhalt der gesetzlichen Berichtspflicht

Im Abhängigkeitsbericht sind alle Geschäfte aufzuführen, die die Gesellschaft im vergangenen Geschäftsjahr mit dem herrschenden Unternehmen oder einem mit diesem verbundenen Unternehmen oder auf Veranlassung oder im Interesse dieser Unternehmen vorgenommen hat, sowie alle anderen Maßnahmen, die die abhängige Gesellschaft auf Veranlassung oder im Interesse dieser Unternehmen im vergange- 1377 nen Geschäftsjahr getroffen oder unterlassen hat (§ 312 Abs. 1 Satz 2 AktG).[63] Dabei sind sowohl **Leistung und Gegenleistung**, als auch bei den Maßnahmen die **Gründe der Maßnahme** sowie deren Vorteile und Nachteile für die Gesellschaft anzugeben (§ 312 Abs. 1 Satz 4 AktG). Ist ein Nachteilsausgleich durch das herrschende Unternehmen erfolgt, so ist im Einzelnen anzugeben, wie der Ausgleich während des Geschäftsjahres tatsächlich erfolgt ist, oder, falls der Gesellschaft lediglich ein Rechtsanspruch gewährt wurde, auf welche Vorteile sich dieser Rechtsanspruch bezieht.

(1) Mehrfache und mehrstufige Abhängigkeit

1378 Im Abhängigkeitsbericht ist insbesondere über die Beziehung des abhängigen Unternehmens zum jeweils herrschenden Unternehmen zu berichten. Besteht eine **mehrfache Abhängigkeit** (z.B. bei Gemeinschaftsunternehmen), ist über die Beziehungen zu allen herrschenden Unternehmen zu berichten, wobei die Erstellung eines einzigen Abhängigkeitsberichts genügt, soweit daraus hervorgeht, auf wessen Veranlassung eine Maßnahme vorgenommen wurde.[64] Besteht ein **mehrstufiges Abhängigkeitsverhältnis**, weil das unmittelbar herrschende Unternehmen seinerseits von einem anderen Unternehmen beherrscht wird, muss im Abhängigkeitsbericht des Enkelunternehmens sowohl über die Beziehung zum unmittelbar beherrschenden Tochterunternehmen als auch zu der mittelbar beherrschenden Konzernmuttergesellschaft berichtet werden.[65] Auch im Fall einer solchen mehrstufigen Abhängigkeit kann ein einheitlicher Bericht der Enkel-AG erstellt werden, solange dort das jeweils veranlassende und begünstigte Unternehmen klar identifiziert wird.[66] Berichtspflichtig sind auch Beziehungen der abhängigen Gesellschaft mit nachgeordneten Unternehmen, weil diese als mit dem herrschenden Unternehmen verbunden anzusehen sind und § 312 Abs. 1 Satz 2 AktG die Berichtspflicht auf alle Rechtsgeschäfte mit dem herrschenden Unternehmen oder einem mit diesem verbundenen Unternehmen oder auf Veranlassung oder im Interesse dieser Unternehmen vorgenommene oder unterlassene Maßnahmen erstreckt. Der **Kreis** der so adressierten **verbundenen Unternehmen** ist nach den allgemeinen Vorschriften, also einschließlich § 16 Abs. 4 AktG, vorzunehmen. Das führt zu dem Ergebnis, dass der Vorstand des abhängigen Unternehmens sicherstellen muss, dass auch bei Begründung der Abhängigkeitslage bereits bestehende Dauerschuldverhältnisse mit nachrangig verbundenen Unternehmen, die nach Eintritt der Abhängigkeitssituation fortgeführt werden, ebenfalls dokumentiert und erfasst werden müssen.

63 Wurden keine Rechtsgeschäfte i.d.S. abgeschlossen, ist dennoch ein Bericht zu erstellen, der sog. Negativbericht, statt aller *Altmeppen* in MünchKomm/AktG, 4. Aufl. 2015, § 312 AktG Rz. 28; *Hüffer/Koch*, § 312 AktG Rz. 8.

64 *Habersack* in Emmerich/Habersack, Aktien- und GmbH-Konzernrecht, § 312 AktG Rz. 9; *Altmeppen* in MünchKomm/AktG, 4. Aufl. 2015, § 312 AktG Rz. 127.

65 *Altmeppen* in MünchKomm/AktG, 4. Aufl. 2015, § 312 AktG Rz. 129; *Habersack* in Emmerich/Habersack, Aktien- und GmbH-Konzernrecht, § 312 Rz. 9; *J. Vetter* in K. Schmidt/Lutter, § 312 AktG Rz. 9.

66 *Altmeppen* in MünchKomm/AktG, 4. Aufl. 2015, § 312 AktG Rz. 129; *Habersack* in Emmerich/Habersack, Aktien- und GmbH-Konzernrecht, § 312 AktG Rz. 9.

1379 Rechtsgeschäfte und Maßnahmen von Tochterunternehmen der berichtspflichtigen Gesellschaft sind nicht berichtspflichtig, solange die abhängige Gesellschaft selbst hieran nicht beteiligt ist.[67] Allerdings kann eine berichtspflichtige Maßnahme vorliegen, wenn die Repräsentanten der berichtspflichtigen Gesellschaft aktiv oder durch Nichtausübung von Einwirkungsmöglichkeiten das Rechtsgeschäft gefördert haben.[68] Eine **unterlassene Maßnahme** ist danach beispielsweise dann anzunehmen, wenn die Tochtergesellschaft die nachteilige Veranlassung der Mutter auf die Enkelgesellschaft kannte und nicht von einer ihr eröffneten Möglichkeit Gebrauch macht, das Geschäft oder die Maßnahme zu verhindern, z.B., indem der Vorstand in der Gesellschafterversammlung der nachrangigen GmbH einen entsprechenden Weisungsbeschluss fasst, oder indem er im Rahmen einer Aufsichtsratszustimmung die Zustimmung versagt.

(2) Rechtsgeschäfte

1380 In den Abhängigkeitsbericht muss der Vorstand zunächst alle Rechtsgeschäfte aufnehmen, welche die abhängige Gesellschaft mit dem **herrschenden Unternehmen** oder einem **mit diesem verbundenen Unternehmen** vorgenommen hat,[69] wobei es unerheblich ist, ob diese Geschäfte von diesen Unternehmen veranlasst oder in deren Interesse vorgenommen wurden.

1381 Rechtsgeschäfte in diesem Sinne sind alle auf einen rechtlichen Erfolg gerichteten Willenserklärungen, an die die Rechtsordnung den Eintritt des gewollten rechtlichen Erfolges knüpft.[70] Der Begriff erfasst nicht nur **Verträge**, sondern auch **einseitige Rechtsgeschäfte**, zum Beispiel Gestaltungserklärungen und geschäftsähnliche Handlungen wie Anfechtung, Rücktritt, Aufrechnung oder Kündigung, wenn sie gegenüber dem herrschenden oder einem mit dem herrschenden Unternehmen verbundenen Unternehmen abgegeben werden.[71] Umgekehrt ist die Abgabe einer einseitigen Willenserklärung bei einem zweiseitigen Rechtsgeschäft, z.B. die Angebotserklärung im Rahmen eines Vertrages, für sich genommen noch nicht berichtspflichtig, da sich insoweit die Berichtspflicht nur im Falle der Annahme entsteht und sich dann auf den Vertrag erstreckt, während ein einseitig gebliebenes Vertragsangebot (im Unterschied zu einseitigen Rechtsgeschäften oder Gestaltungserklärungen) noch keine

---

67 *Krieger* in MünchHdb. GesR AG, § 70 Rz. 106; *Koppensteiner* in KölnKomm/AktG, 3. Aufl., § 312 AktG Rz. 47; *Hüffer/Koch*, § 312 AktG Rz. 15; *Habersack* in Emmerich/Habersack, Aktien- und GmbH-Konzernrecht, § 312 AktG Rz. 27.

68 Vgl. *Döllerer* in FS Semler, S. 441, 443; *Habersack* in Emmerich/Habersack, Aktien- und GmbH-Konzernrecht, § 312 AktG Rz. 27.

69 OLG München v. 10.4.2002 – 7 U 3919/01, AG 2003, 452; ausführlich dazu *Altmeppen* in MünchKomm/AktG, 4. Aufl. 2015, § 312 AktG Rz. 98 ff.; *J. Vetter* in K. Schmidt/Lutter, § 312 AktG Rz. 38 ff. jew. m.w.N.

70 *Habersack* in Emmerich/Habersack, Aktien- und GmbH-Konzernrecht, § 312 AktG Rz. 23.

71 H.M., vgl. nur *Koppensteiner* in KölnKomm/AktG, 3. Aufl., § 312 AktG Rz. 45; *Habersack* in Emmerich/Habersack, Aktien- und GmbH-Konzernrecht, § 312 AktG Rz. 23.

rechtlichen Wirkungen entfaltet.[72] Bei den Rechtsgeschäften sind im Bericht Angaben über **Leistung und Gegenleistung** notwendig (§ 312 Abs. 1 Satz 3 AktG). Sofern es sich um ein einseitig verpflichtendes Rechtsgeschäft handelt, ist zunächst das Fehlen einer Gegenleistung und darüber hinaus das wirtschaftliche Äquivalent, das das Geschäft gleich oder als angemessen erscheinen lässt, anzugeben.

1382 Berichtspflichtig sind auch Rechtsgeschäfte des abhängigen Unternehmens mit den von dem abhängigen Unternehmen nachrangig abhängigen Unternehmen (§ 312 Abs. 1 Satz 2 Var. 2 AktG). In den Abhängigkeitsbericht muss der Vorstand außerdem Rechtsgeschäfte aufnehmen, die das abhängige Unternehmen mit **Dritten**, d.h. nicht mit dem herrschenden Unternehmen oder einem mit dem herrschenden Unternehmen verbundenen Unternehmen, vorgenommen hat, sofern dieses Geschäft von dem herrschenden oder einem mit diesem verbundenen Unternehmen veranlasst wurde, oder sofern das Rechtsgeschäft im Interesse eines dieser Unternehmen vorgenommen wurde (§ 312 Abs. 1 Satz 2 Var. 3 AktG).

1383 Die Berichterstattung muss den Grundsätzen der Klarheit und Übersichtlichkeit genügen. Bei komplexen Konzernstrukturen ist deshalb die Beifügung eines Gruppenorganigramms geboten. Zwischen Tatsachenwiedergabe und Bewertungen ist deutlich zu unterscheiden. Welcher Detaillierungsgrad bei den Angaben zu den getätigten Rechtsgeschäften im Einzelnen erforderlich ist, hängt von den konkreten Umständen des Einzelfalls ab. Eine **zusammenfassende Darstellung** kann ausreichend sein, vorausgesetzt, die Angaben reichen aus, um den Aufsichtsrat und den Abschlussprüfer bei kritischen Geschäften zur Einsichtnahme in die Geschäftsunterlagen zu veranlassen (Alarmierungsfunktion).[73] Bei derartigen Zusammenfassungen ist jedoch Zurückhaltung geboten, da der Bericht ein vollständiges Bild über die Abhängigkeit abgeben soll.[74] Dem Schutzzweck des Berichts, der in erster Linie darin besteht, über die Ansprüche nach §§ 311, 317, 318 AktG Klarheit zu schaffen (Dokumentationsfunktion), muss jedenfalls umfassend Rechnung getragen werden.

(3) Sonstige Maßnahmen

1384 In den Abhängigkeitsbericht sind neben den Rechtsgeschäften nach § 312 Abs. 1 Satz 2 AktG schließlich auch **„andere Maßnahmen“** aufzunehmen, die auf Veranlassung oder im Interesse des herrschenden Unternehmens oder eines mit diesem verbundenen Unternehmens getroffen oder unterlassen wurden. Davon sind alle Dispositionen umfasst, die sich auf die Vermögens- oder Ertragslage der abhängigen Ge-

---

72 *Altmeppen* in MünchKomm/AktG, 4. Aufl. 2015, § 312 AktG Rz. 85; *Habersack* in Emmerich/Habersack, Aktien- und GmbH-Konzernrecht, § 312 AktG Rz. 23.

73 OLG München v. 10.4.2002 – 7 U 3919/01, AG 2003, 452; zustimmend *J. Vetter* in K. Schmidt/Lutter, § 312 AktG Rz. 56. In jedem Fall ist eine Gruppenbildung bei gleichartigen Geschäften zulässig, vgl. *Altmeppen* in MünchKomm/AktG, 4. Aufl. 2015, § 312 AktG Rz. 139.

74 Begr. RegE, *Kropff*, S. 411.

sellschaft auswirken können, **ohne rechtsgeschäftlichen Charakter** zu haben.[75] Damit will das Gesetz der Funktion des Berichts, ein möglichst weitreichendes Bild der faktischen Konzernbeziehungen zu zeichnen, Rechnung tragen.[76] Die „anderen Maßnahmen" im Sinne des Gesetzes können daher viele unterschiedliche Ausprägungen haben; erfasst werden Vorgänge wie z.B. Investitionsentscheidungen, Produktionsumstellungen, Personalmaßnahmen, Umstrukturierungen etc. Auch das **Unterlassen von Rechtsgeschäften** kann als Maßnahme berichtspflichtig sein. Außerdem sind die Gründe für die Maßnahme und die mit ihr verbundenen Vor- und Nachteile im Abhängigkeitsbericht aufzuführen (§ 312 Abs. 1 Satz 3 AktG).

(4) Schlusserklärung

Der Abhängigkeitsbericht muss mit der **Schlusserklärung des Vorstands** schließen, 1385
§ 312 Abs. 3 AktG. Darin hat der Vorstand zu erklären, dass die Gesellschaft im Zusammenhang mit den abgeschlossenen Rechtsgeschäften eine angemessene Gegenleistung erhalten hat oder bei der Vornahme von einzelnen Maßnahmen auf Weisung der herrschenden Gesellschaft nicht benachteiligt worden ist. Ist es zu einer Benachteiligung gekommen, ist anzugeben, ob diese durch das herrschende Unternehmen ausgeglichen wurde. Der für die Beurteilung der Kenntnis des Vorstands maßgebliche Zeitpunkt ist dabei die Vornahme oder Unterlassung des Rechtsgeschäfts oder der sonstigen Maßnahme.[77] Der **Zweck** der Schlusserklärung liegt darin, den Vorstand zu einer zusammenfassenden Evaluierung des Berichtsinhalts anzuhalten.[78] Die Schlusserklärung ist zudem in den Lagebericht nach §§ 264 Abs. 1, 289 HGB aufzunehmen (§ 312 Abs. 3 Satz 3 AktG) und unterliegt damit der Jahresschlusspublizität nach §§ 325 ff. HGB.

---

75 Begr. RegE, *Kropff*, S. 411 (z.B. „die Einstellung einer bestimmten Erzeugung oder die Aufgabe eines Marktes"); vgl. auch *Altmeppen* in MünchKomm/AktG, 4. Aufl. 2015, § 312 AktG Rz. 89; *Habersack* in Emmerich/Habersack, Aktien- und GmbH-Konzernrecht, § 312 AktG Rz. 34; *Luchterhandt*, ZHR 133 (1970), 1, 28 f.; *J. Vetter* in K. Schmidt/Lutter, § 312 AktG Rz. 35. Zur praktischen Handhabung vgl. *Hommelhoff*, ZHR 156 (1992), 295, 298.

76 *Habersack* in Emmerich/Habersack, Aktien- und GmbH-Konzernrecht, § 312 AktG Rz. 34.

77 *Hüffer/Koch*, § 312 AktG Rz. 36; *Döllerer* in FS Semler, S. 441, 444; *Krieger* in MünchHdb. GesR AG, § 70 Rz. 112 heben hervor, dass zur Frage des Kennenmüssens des Vorstands nicht Stellung genommen werden muss, da der Vorstand nicht verpflichtet sei, sich selbst zu bezichtigen; i.E. auch *J. Vetter* in K. Schmidt/Lutter, § 312 AktG Rz. 67; a.A. aber *Altmeppen* in MünchKomm/AktG, 4. Aufl. 2015, § 312 AktG Rz. 146.

78 *Habersack* in Emmerich/Habersack, Aktien- und GmbH-Konzernrecht, § 312 AktG Rz. 44.

dd) Berichtsschuldner und -adressaten

1386 Zur Berichterstattung verpflichtet ist der **Vorstand der abhängigen Gesellschaft**. Der Abhängigkeitsbericht fällt in die Gesamtverantwortung des Vorstands. Er muss von allen Vorstandsmitgliedern unterzeichnet werden.[79]

1387 Der Abhängigkeitsbericht ist dem Aufsichtsrat und dem Abschlussprüfer zum Zwecke der Prüfung und der Information zugänglich zu machen. Zeitlich versetzt müssen sich folglich zunächst der Vorstand, sodann der **Abschlussprüfer**, der **Aufsichtsrat** und gegebenenfalls der **Sonderprüfer** gem. § 315 AktG[80] mit dem Abhängigkeitsbericht auseinandersetzen. Der Bericht muss nicht veröffentlicht werden;[81] einer Publizitätspflicht unterliegt allein die Schlusserklärung des Vorstands.[82]

ee) Berichtszeitraum

1388 Der Abhängigkeitsbericht muss sich auf das jeweils **abgelaufene Geschäftsjahr** beziehen. Treten die tatbestandlichen Voraussetzungen für die Berichtspflicht, also insbesondere das Bestehen eines Beherrschungsverhältnisses ohne Vorliegen eines Beherrschungsvertrages, im Laufe des Geschäftsjahres ein, so besteht die Berichtspflicht bezogen auf den Zeitraum nach Einritt der tatbestandlichen Voraussetzungen der Berichtspflicht.[83] Erhält also ein Aktionär während des laufenden Geschäftsjahres mit Erwerb der Stimmrechtsmehrheit einen beherrschenden Einfluss, so besteht die Berichtspflicht gem. § 312 Abs. 1 Satz 1 AktG für den Zeitraum ab Erlangung der beherrschenden Stellung.[84] Wird unterjährig ein Beherrschungsvertrag wirksam, entfällt die Berichtspflicht für das gesamte Geschäftsjahr, weil sich auch die Verlustausgleichspflicht des herrschenden Unternehmens auf den Jahresfehlbetrag des Gesamtjahres bezieht. Die Berichtspflicht entfällt nicht mit der Feststellung des Jahresabschlusses (§§ 170 ff. AktG), weil andernfalls dem Vorstand der abhängigen Gesellschaft die Vermeidung der Berichtspflicht durch eine frühe Feststellung des Jahresabschlusses ermöglicht würde.[85]

---

79 *Altmeppen* in MünchKomm/AktG, 4. Aufl. 2015, § 312 AktG Rz. 51; *Hüffer/Koch*, § 312 AktG Rz. 2. Zur Erstellung des Abhängigkeitsberichts bei der KGaA s. *Bertram*, WPg 2009, 411 ff.; *Mertens* in FS Claussen, S. 297 ff.; bei Vorstandswechsel innerhalb des Berichtsjahres s. *Döllerer* in FS Semler, S. 441, 448 ff.

80 Sofern ein Aktionär die Sonderprüfung unter Beachtung der in § 315 Satz 1 AktG aufgeführten Voraussetzungen bei Gericht beantragt.

81 Begr. RegE, *Kropff*, S. 411; *Altmeppen* in MünchKomm/AktG, 4. Aufl. 2015, § 312 AktG Rz. 7. Hintergrund ist, dass der Vorstand dazu bewegt werden soll, offen über Geschäfte zu berichten; kritisch dazu *E. Vetter*, ZHR 171 (2007), 342, 365.

82 Dazu Rz. 1385.

83 *Altmeppen* in MünchKomm/AktG, 4. Aufl. 2015, § 312 AktG Rz. 30 f.; *Hüffer/Koch*, § 312 AktG Rz. 6; *Koppensteiner* in KölnKomm/AktG, 3. Aufl., § 312 AktG Rz. 11 f.; *J. Vetter* in K. Schmidt/Lutter, § 312 AktG Rz. 11.

84 Zu den Besonderheiten des Zeitraums zwischen Übernahme und Abschluss eines Beherrschungsvertrages s. *Friedl*, NZG 2005, 875 ff.

85 BGH v. 17.3.1997 – II ZB 3/96, NJW 1997, 1855 = AG 1997, 374; OLG Braunschweig v. 27.2.1996 – 2 W 166/95, ZIP 1996, 875, 876 = AG 1996, 271.

ff) Sorgfaltspflichten bei der Berichterstattung

§ 312 Abs. 2 AktG verlangt, dass der Abhängigkeitsbericht den Grundsätzen einer **gewissenhaften und getreuen Rechenschaft** entspricht. Dabei muss sich der Vorstand richtigerweise vom **Zweck des Abhängigkeitsberichts** leiten lassen, die sachgemäße Überprüfung der Beziehungen zu Konzernunternehmen durch den Aufsichtsrat und den Abschlussprüfer, insbesondere im Hinblick auf die Durchsetzung von Ersatzansprüchen, zu ermöglichen.[86] Der Abhängigkeitsbericht muss folglich den Geboten der Wahrheit und Vollständigkeit genügen.[87] 1389

Aus dem Vollständigkeitsgebot folgt eine **Dokumentations- und Organisationspflicht** des Vorstands.[88] Dies bedeutet im Einzelnen: (i) Die im Bericht enthaltenen Angaben müssen aus den Unterlagen der Gesellschaft nachvollziehbar sein. Dazu dienen insbesondere zeitnah zu den jeweiligen Maßnahmen erstellte Niederschriften. Wenn absehbar ist, dass wegen der hohen Zahl der zu berichtenden Maßnahmen eine umfangreiche Berichterstattung erforderlich werden wird, kann die ordentliche Buchführung als Grundlage für die Vorbereitung des Berichts allein nicht mehr genügen. Dann ist es (ii) erforderlich, dass der Vorstand der abhängigen Gesellschaft ein **Organisations- und Berichtswesen** aufbaut, das in der Lage ist, lückenlos sämtliche rechtlich relevanten Sachverhalte, die berichtspflichtig sein können, zu erfassen, insbesondere auch alle Maßnahmen ohne rechtsgeschäftlichen Charakter.[89] 1390

Welche **Anforderungen an die Dokumentationspflicht** konkret zu stellen sind, richtet sich im Übrigen nach der Unternehmensorganisation im Einzelfall. Im Regelfall ist es zweckmäßig, Rechtsgeschäfte nach dem jeweiligen Vertragspartner, dem Gegenstand, der Art der Rechtsgrundlagen und nach der zeitlichen Reihenfolge ihrer Vornahme zu ordnen. Vorgänge, die nicht nur berichts- sondern auch ausgleichspflichtig sind, sollten gesondert erfasst und dargestellt werden. Auf eine besondere Aufzeichnung der berichtspflichtigen Vorgänge kann nur im Einzelfall und ausnahmsweise verzichtet werden, sofern die Aufstellung der Buchungsunterlagen in Verbindung mit dem Kontenplan der Gesellschaft einen klaren und übersichtlichen Aufschluss über den Umfang und die Wertverhältnisse der berichtspflichtigen Vorgänge gibt. Die Buchhaltung liefert demgegenüber keine Beurteilungsmaßstäbe hinsichtlich der wirtschaftlichen Angemessenheit der zwischen den Konzernunternehmen ausgetauschten Leistungen. Der Vorstand der abhängigen Gesellschaft muss deshalb auch Vorkehrungen für eine laufende Überprüfung der Angemessenheit von 1391

86 Begr. RegE, *Kropff*, S. 411.

87 *Adler/Düring/Schmaltz*, Rechnungslegung und Prüfung der Unternehmen, § 312 AktG Rz. 82; *Hüffer/Koch*, § 312 AktG Rz. 31; *Koppensteiner* in KölnKomm/AktG, 3. Aufl., § 312 AktG Rz. 15 ff.

88 *Adler/Düring/Schmaltz*, Rechnungslegung und Prüfung der Unternehmen, § 312 AktG Rz. 101 f.; *Hüffer/Koch*, § 312 AktG Rz. 32; *Koppensteiner* in KölnKomm/AktG, 3. Aufl., § 312 AktG Rz. 17; vgl. auch Begr. RegE, *Kropff*, S. 411.

89 So etwa *Hüffer/Koch*, § 312 AktG Rz. 32.

Leistung und Gegenleistung zur Sicherstellung des etwa gebotenen Nachteilsausgleichs treffen.[90]

c) Information der Aktionäre der abhängigen Gesellschaft

1392 Der **Informationsanspruch der Aktionäre** der abhängigen Gesellschaft gem. § 131 Abs. 1 Satz 2 AktG erstreckt sich nach ganz h.M. auch im faktischen Konzern, auf die vertraglichen und geschäftlichen Beziehungen der Gesellschaft zu den mit ihr konzernrechtlich verbundenen Unternehmen, ohne dass die Berichtspflicht des Vorstands nach § 312 AktG den Auskunftsanspruch verdrängt.[91] Die allgemeine Auskunftspflicht des Vorstands in der Hauptversammlung ist nach § 131 Abs. 1 Satz 1 AktG aber auf solche Informationen beschränkt, die zur sachgemäßen Beurteilung des Gegenstands der Tagesordnung erforderlich sind.[92] Den Aktionären steht demnach insbesondere dann ein Auskunftsrecht zu, wenn die im Zusammenhang mit dem Abhängigkeitsbericht zu erlangenden Informationen für die Entscheidung über die Entlastung des Vorstands und des Aufsichtsrats erforderlich sind, was lediglich bei **groben Verstößen** gegen die Berichtspflicht der Fall ist, die sich nicht lediglich in einem Formalverstoß erschöpfen und auch im konkreten Einzelfall Gewicht haben.[93] Zu berücksichtigen ist zudem, dass die grundsätzliche **Vertraulichkeit des Abhängigkeitsberichts** einer detaillierten Fragestellung in der Hauptversammlung nach Maßgabe des § 131 Abs. 3 Satz 1 Nr. 1 AktG grundsätzlich entgegengehalten werden kann.[94] Andererseits ist zu berücksichtigen, dass der Auskunftsanspruch nach § 131 Abs. 1 AktG auch das zentrale Instrument der Aktionäre ist, um Informationsasymmetrien zwischen der Unternehmensführung und den Eigentümern des Unternehmens abzubauen . Zwar werden die Aktionäre bereits durch die Ausführungen des Aufsichtsrates in seinem Bericht nach § 171 Abs. 2 AktG, in den nach § 314 Abs. 2 Satz 1 AktG auch das Ergebnis der Prüfung des Abhängigkeitsberichtes durch den Aufsichtsrat aufzunehmen ist, mittelbar über den Inhalt des Abhängigkeitsberichts

---

90 Vgl. *Adler/Düring/Schmaltz*, Rechnungslegung und Prüfung der Unternehmen, § 312 AktG Rz. 101.

91 OLG Stuttgart v. 11.8.2004 – 20 U 3/04, NZG 2004, 966 = AG 2005, 94; *Altmeppen* in MünchKomm/AktG, 4. Aufl. 2015, § 312 AktG Rz. 16; *Habersack* in Emmerich/Habersack, Aktien- und GmbH-Konzernrecht, § 312 AktG Rz. 5; *Habersack/Verse*, AG 2003, 300; *Hüffer/Koch*, § 312 AktG Rz. 39; *Koppensteiner* in KölnKomm/AktG, 3. Aufl., § 312 AktG Rz. 6; *J. Vetter* in K. Schmidt/Lutter, § 312 AktG Rz. 8; a.A. soweit ersichtlich nur KG v. 11.2.1972 – 1 W 1672/71, NJW 1972, 2307, 2309 f. sowie OLG Frankfurt v. 6.1.2003 – 20 W 449/93, NZG 2003, 224 = AG 2003, 335: §§ 312 ff. AktG als lex spezialis zu § 131 Abs. 1 AktG, soweit über die Vorgänge bereits im Abhängigkeitsbericht zu berichten ist.

92 OLG Frankfurt v. 6.1.2003 – 20 W 449/93, NZG 2003, 224, 226 = AG 2003, 335.

93 Nach der insoweit zu berücksichtigenden Wertung des § 243 Abs. 4 Satz 1 AktG ist das zudem nur dann der Fall, wenn ein objektiv urteilender Aktionär die Informationserteilung als Voraussetzung für die sachgerechte Wahrnehmung seines Teilnahme- und Mitgliedschaftsrechts ansieht; vgl. ausführlich BGH v. 10.7.2012 – II ZR 48/11 (Fresenius), BGHZ 194, 14 = NJW 2012, 3235 Rz. 28 = AG 2012, 712, m. Anm. v. *Ihrig*, ZGR 2013, 417; BGH v. 14.5.2013 – II ZR 196/12, NZG 2013, 783 = AG 2013, 643; OLG Stuttgart v. 11.8.2004 – 20 U 3/04, NZG 2004, 966, 968 = AG 2005, 94.

94 Darauf verweist bereits die Begr. RegE zu § 312 AktG, *Kropff*, S. 411.

informiert. Der Aufsichtsratsbericht kann jedoch Anlass zu Nachfragen geben, insbesondere wenn der Aufsichtsrat oder der Abschlussprüfer einzelne Elemente des Abhängigkeitsberichts beanstandet hat. In diesem Fall ist davon auszugehen, dass das **Informationsinteresse der Aktionäre** das Interesse der Gesellschaft an einer Geheimhaltung des Abhängigkeitsberichts überwiegt, sodass zumindest über die im Aufsichtsratsbericht problematisierten Fälle vom Vorstand in der Hauptversammlung Auskunft zu geben ist.[95]

5. Haftung des Vorstands

a) Kritik am geltenden Regelungsmodell

Gemessen an der „Schlüsselfunktion",[96] die dem Abhängigkeitsbericht als Dokumentationsgrundlage für das System der Haftung aus §§ 311, 317, 318 AktG zukommt, halten einzelne Literaturstimmen die konkrete gesetzliche Ausgestaltung der Haftungsregeln für ineffizient und rechtspolitisch verfehlt.[97] Vor allem die **fehlende Publizität** des Abhängigkeitsberichts sowie die häufig bestehende personelle Verflechtung innerhalb der Organe der Konzerngesellschaften[98] erschweren zwar die Überwachung und Kontrolle und steigern die Kosten des abhängigen Unternehmens immens.[99] Dem internen Berichtssystem ist jedoch zuzubilligen, dass von ihm auf Grund der schadensersatzbewehrten Pflicht zur ordnungsgemäßen Erstellung des Abhängigkeitsberichts in § 318 AktG (dazu sogleich Rz. 1394 f.) eine **präventive Abschreckungswirkung** ausgeht.[100] An diesem Befund ändert der Umstand, dass die 1393

95 Würde die Auskunft in diesem Fall verweigert werden, hätte das unweigerlich zur Folge, dass die Aktionäre den Vorgang als prinzipiell „verdächtig" einordnen und sich zudem die Meinung herausbilden könnte, dass hier etwas „verheimlicht" werden soll.

96 Vgl. *Habersack* in Emmerich/Habersack, Aktien- und GmbH-Konzernrecht, § 312 AktG Rz. 3.

97 S. zur Kritik ausführlich *Hommelhoff*, Gutachten G zum 59. DJT, 1992, S. 167 ff.; *Koppensteiner* in KölnKomm/AktG, 3. Aufl., Vor § 291 AktG Rz. 141; mit Recht sieht demgegenüber *Habersack* (von der auch von ihm kritisch gesehenen fehlenden Offenlegung des Abhängigkeitsberichts abgesehen) grundsätzlich keinen Grund, an der Funktionsfähigkeit des Berichtssystems zu zweifeln, s. *Habersack* in Emmerich/Habersack, Aktien- und GmbH-Konzernrecht, § 312 AktG Rz. 3.

98 Diesen Nachteil versucht das Gesetz dadurch auszugleichen, dass es explizit auch den Aktionären und sogar den Gläubigern der abhängigen Gesellschaft in § 309 Abs. 4 AktG, auf den die §§ 317 Abs. 4, 318 Abs. 4 AktG jeweils verweisen, ein eigenständiges Klagerecht zubilligt; s. hierzu auch *Altmeppen* in MünchKomm/AktG, 4. Aufl. 2015, § 318 AktG Rz. 18f.

99 Vgl. ausführlich *Hommelhoff*, Gutachten G zum 59. DJT, 1992, S. 167 ff.; *Koppensteiner* in KölnKomm/AktG, 3. Aufl., Vor § 291 AktG Rz. 141; vor allem bei einer 100%igen Tochtergesellschaft wird diese Problematik virulent, dazu *Götz*, AG 2000, 498, 499 ff., der daher *de lege ferenda* eine Befreiung der 100%igen Tochtergesellschaft von einer Berichtspflicht vorschlägt.

100 S. insb. *Habersack* in Emmerich/Habersack, Aktien- und GmbH-Konzernrecht, § 312 AktG Rz. 3. Die Praxis scheint der präventiven Wirkung der Berichtspflichten eine nicht unerhebliche Wirkung zu bescheinigen; s. etwa *Hommelhoff*, ZHR 156 (1992), 295, 313; so auch *E. Vetter*, ZHR 171 (2007), 342, 363; *Wackerbarth*, Der Konzern 2010, 261, 264.

Geltendmachung der Haftung nach § 318 AktG praktisch kaum begegnet, nichts. Auf eine eingeschränkte Effektivität der Präventionsfunktion kann daraus nicht ohne weiteres zurückgeschlossen werden.

b) Spezielle Haftungsregelung in § 318 AktG

1394 Eine spezielle Vorschrift über die **Verantwortlichkeit** der Mitglieder der Verwaltung der abhängigen Gesellschaft findet sich in § 318 AktG. Die Bestimmung setzt voraus, dass das herrschende Unternehmen wegen seiner Einflussnahme auf das abhängige Unternehmen den Tatbestand des § 317 AktG verwirklicht hat.[101] Dann haften die Mitglieder des Vorstands des abhängigen Unternehmens neben dem herrschenden Unternehmen als Gesamtschuldner, wenn sie es unter Verletzung ihrer Pflichten unterlassen haben, das nachteilige Rechtsgeschäft oder die nachteilige Maßnahme in dem Abhängigkeitsbericht nach § 312 AktG aufzuführen oder anzugeben, dass die Gesellschaft durch das Rechtsgeschäft oder die Maßnahme benachteiligt wurde und der Nachteil nicht ausgeglichen worden war.[102]

1395 Da § 318 AktG nach dem Wortlaut nur bei Verwirklichung von § 317 AktG greift, müssen die Voraussetzungen dieser Norm, also insbesondere eine nachteilige Veranlassung, gegeben sein.[103] § 318 AktG setzt sodann die **Verletzung der Berichtspflicht**, d.h. eine fehlende oder unrichtige Erstellung des Abhängigkeitsberichts voraus. Auf der subjektiven Tatbestandsseite ist zudem Vorsatz oder Fahrlässigkeit erforderlich.[104] Der Vorschrift des § 318 AktG kommt damit die Funktion zu, den Vorstand der abhängigen Gesellschaft zur **ordnungsgemäßen Erfüllung** seiner Berichts- und Prüfungspflichten anzuhalten, was wiederum erforderlich ist, um der abhängigen Gesellschaft sowie deren Aktionären und Gläubigern (s. den Verweis auf § 309 Abs. 4 AktG in § 318 Abs. 4 AktG) die sachverständige Überprüfung des Vorstandshandelns mit Blick auf die einschlägigen Konzernsachverhalte zu ermöglichen.[105]

---

101 Das ergibt sich bereits aus dem Wortlaut des § 318 Abs. 1 Satz 1 AktG, wonach die Mitglieder des Vorstands „neben den nach § 317 AktG Ersatzpflichtigen als Gesamtschuldner" haften; vgl. hierzu *Habersack* in Emmerich/Habersack, Aktien- und GmbH-Konzernrecht, § 318 AktG Rz. 4; *Altmeppen* in MünchKomm/AktG, 4. Aufl. 2015, § 318 AktG Rz. 8.

102 Dazu bereits Rz. 1385.

103 OLG Köln v. 13.4.2006 – 7 U 31/05, ZIP 2007, 28 = AG 2007, 371; *Altmeppen* in MünchKomm/AktG, 4. Aufl. 2015, § 318 AktG Rz. 8; *Fleischer* in Fleischer, Hdb. Vorstandsrecht, § 18 Rz. 118; *Habersack* in Emmerich/Habersack, Aktien- und GmbH-Konzernrecht, § 318 AktG Rz. 4; *Hüffer/Koch*, § 318 AktG Rz. 3; *J. Vetter* in K. Schmidt/Lutter, § 318 AktG Rz. 4 f.

104 *Altmeppen* in MünchKomm/AktG, 4. Aufl. 2015, § 318 AktG Rz. 11; *Fleischer* in Fleischer, Hdb. Vorstandsrecht, § 18 Rz. 118; *Hüffer/Koch*, § 318 AktG Rz. 4; *J. Vetter* in K. Schmidt/Lutter, § 318 AktG Rz. 6.

105 Zu weitgehend ist die Auffassung, § 317 Abs. 2 AktG wolle verhindern, dass die abhängige Gesellschaft schlechter gestellt ist als die unabhängige Gesellschaft, so *Bode*, AG 1995, 261; *Döllerer* in FS Semler, S. 441, 442. § 317 Abs. 2 AktG enthält keine positive Anordnung eines Sorgfaltsmaßstabs, sondern einen Ausschluss der Haftung; in positiver Hin-

Der Anspruch der abhängigen Gesellschaft lässt sich infolge des Verweises in § 318 Abs. 4 AktG auf § 309 Abs. 3 AktG rechtsgeschäftlich praktisch nicht ausschließen. Auch die in § 318 Abs. 3 AktG vorgesehene **Haftungserleichterung**, wonach die Ersatzpflicht gegenüber der Gesellschaft und gegenüber deren Aktionären ausgeschlossen ist, wenn die Handlung auf einem gesetzmäßigen Beschluss der Hauptversammlung beruht, spielt in der Praxis keine Rolle, da die Haftung an die Verletzung der gesetzlich zwingenden Berichtspflicht in § 312 AktG anknüpft, die nicht zur Disposition der Hauptversammlung steht.[106] 1396

c) Allgemeine Haftungsregeln der §§ 93, 116 AktG

Neben der speziellen Haftungsnorm in § 318 AktG bleibt die allgemeine Haftungsregelung des § 93 AktG auch hinsichtlich der Verletzung von Pflichten, die sich aus der Abhängigkeit der Gesellschaft ergeben, grundsätzlich anwendbar. § 318 AktG „sperrt" den Rückgriff auf § 93 AktG nach ganz h.M. folglich nicht.[107] 1397

Nach § 93 AktG haftet der Vorstand, wenn er andere als die in § 318 AktG explizit genannten Pflichten verletzt. So macht er sich insbesondere nach § 93 Abs. 2 AktG schadensersatzpflichtig, wenn er auf Veranlassung des herrschenden Unternehmens eine nachteilige Maßnahme durchführt, obwohl der Nachteilsausgleich nach den jeweiligen Umständen zum Zeitpunkt der Vornahme der Maßnahme nicht sichergestellt war, etwa weil das herrschende Unternehmen keine Bereitschaft zum Nachteilsausgleich erklärt hatte.[108] Der **Anwendungsbereich der allgemeinen Haftungsregeln** erlangt somit stets dann Bedeutung, wenn eine nachteilige Maßnahme durchgeführt und diese im Abhängigkeitsbericht auch angegeben wurde, mit der Folge, dass die speziellere Haftung aus § 318 AktG nicht in Betracht kommt. 1398

Dennoch ist nach h.M. § 93 Abs. 2 AktG im konzernrechtlichen Sinne zu modifizieren, soweit es sich gerade um die Verletzung von aus der Abhängigkeit der Gesellschaft ergebenden Pflichten handelt. § 93 Abs. 2 AktG wird insoweit **durch § 318 AktG überlagert**.[109] Die nach § 93 AktG haftenden Mitglieder des Vorstands und die nach § 317 AktG Ersatzpflichtigen haften demnach (i) wie bei § 318 AktG als 1399

---

sicht knüpft die Haftung lediglich an die Verletzung der Berichtspflicht an, so dass die Information des Aufsichtsrats im Vordergrund steht.

106 *Fleischer* in Fleischer, Hdb. Vorstandsrecht, § 18 Rz. 122; *Habersack* in Emmerich/Habersack, Aktien- und GmbH-Konzernrecht, § 318 AktG Rz. 8; *Koppensteiner* in KölnKomm/AktG, 3. Aufl., § 318 AktG Rz. 8; *Krieger* in MünchHdb. GesR AG, § 70 Rz. 139.

107 BGH v. 1.12.2008 – II ZR 102/07 (MPS), BGHZ 179, 71 bei Rz. 14 = NJW 2009, 850 = AG 2009, 81; aus der Literatur *Altmeppen* in MünchKomm/AktG, 4. Aufl. 2015, § 318 AktG Rz. 23; *Habersack* in Emmerich/Habersack, Aktien- und GmbH-Konzernrecht, § 318 AktG Rz. 10; *Fleischer* in Fleischer, Hdb. Vorstandsrecht, § 18 Rz. 124; *Hüffer/Koch*, § 318 AktG Rz. 9; *J. Vetter* in K. Schmidt/Lutter, § 318 AktG Rz. 15.

108 OLG Hamm v. 10.5.1995 – 8 U 59/94, AG 1995, 512, 516.

109 *Habersack* in Emmerich/Habersack, Aktien- und GmbH-Konzernrecht, § 318 AktG Rz. 11 f.; *Hüffer/Koch*, § 318 AktG Rz. 10; *Koppensteiner* in KölnKomm/AktG, 3. Aufl., § 318 AktG Rz. 11; *Krieger* in MünchHdb. GesR AG, § 70 Rz. 140; *J. Vetter* in K. Schmidt/Lutter, § 318 AktG Rz. 16.

Gesamtschuldner.[110] Sie haben darüber hinaus (ii) einen wegen Verletzung einer abhängigkeitsspezifischen Sorgfaltspflicht eintretenden Eigenschaden der Aktionäre, der nicht durch Ersatzleistung in das Gesellschaftsvermögen ausgeglichen werden kann, zu ersetzen.[111] Schließlich bleibt dem Aufsichtsrat der abhängigen Gesellschaft (iii) die Möglichkeit, den Vorstand wegen einer groben Pflichtverletzung abzuberufen und zu kündigen.

III. Pflichten des Vorstands der abhängigen AG im Vertragskonzern

1400 Bei Bestehen eines Beherrschungsvertrages (§§ 308 ff. AktG) ist die Einbeziehung des abhängigen Unternehmens in den Unternehmensverbund wesentlich intensiver als im faktischen Konzern. Insbesondere muss der Vorstand der abhängigen Gesellschaft grundsätzlich die **Ersetzung seiner Leitungsmacht** durch das herrschende Unternehmen dulden und ist den Weisungen des herrschenden Unternehmens unterworfen. Das gilt auch dann, wenn die Weisung für die abhängige Gesellschaft nachteilig ist.

1. Primat des Konzerninteresses

1401 Der Beherrschungsvertrag gestattet dem herrschenden Unternehmen die **Durchsetzung des Konzerninteresses** auch gegen den Willen des Vorstands der abhängigen AG. Namentlich steht dem herrschenden Unternehmen die Befugnis zu, der Tochtergesellschaft Weisungen zu erteilen, die aus Sicht der abhängigen Gesellschaft nachteilig sind, vorausgesetzt, die Weisungen dienen dem Konzerninteresse, vgl. § 308 Abs. 1 Satz 2 AktG.

1402 Gleichwohl bleibt der Vorstand der Tochtergesellschaft auch im Vertragskonzern[112] dem Unternehmensinteresse seiner Gesellschaft verpflichtet. Das gilt jedenfalls, soweit das herrschende Unternehmen passiv bleibt.[113] Solange er keine anderslautenden Weisungen erhält, hat der Vorstand der abhängigen Gesellschaft diese eigenverantwortlich und primär unter Berücksichtigung ihres eigenen Unternehmensinteresses zu führen. Es obliegt dem herrschenden Unternehmen, im Einzelfall durch **Erteilung von Weisungen** abweichend hiervon dem Konzerninteresse Vorrang zu verschaffen, das der entsprechend angewiesene Vorstand der abhängigen Gesellschaft dann zu berücksichtigen hat. Grundsätzlich sollte sich der Vorstand der abhängigen Gesellschaft bei Bestehen eines Beherrschungsvertrages jedoch stets konzernfreundlich verhalten. Daraus kann sich im Einzelfall, etwa bevor für das abhängige Unter-

---

110 *Altmeppen* in MünchKomm/AktG, 4. Aufl. 2015, § 318 AktG Rz. 24.

111 *Habersack* in Emmerich/Habersack, Aktien- und GmbH-Konzernrecht, § 318 AktG Rz. 12.

112 Gleiches gilt für die Eingliederung nach §§ 319 ff. AktG.

113 Begr. RegE bei *Kropff*, S. 403; *Fleischer* in Fleischer, Hdb. Vorstandsrecht, § 18 Rz. 100; *Hüffer/Koch*, § 308 AktG Rz. 20; *Koppensteiner* in KölnKomm/AktG, 3. Aufl., § 308 AktG Rz. 71; *Krieger* in MünchHdb. GesR AG, § 71 Rz. 151; *Sina*, AG 1991, 1, 8.

nehmen weitreichende Entscheidungen getroffen werden, auch eine **Konsultationspflicht** gegenüber dem herrschenden Unternehmen ergeben.[114]

2. Umgang mit Weisungen der herrschenden Gesellschaft

Das Gesetz ermöglicht die Durchsetzung des Konzerninteresses gegenüber dem abhängigen Unternehmen in § 308 Abs. 2 AktG, wonach die abhängige Gesellschaft **Weisungen** des herrschenden Unternehmens **Folge zu leisten** hat. Das danach bestehende Weisungsrecht des Vorstands der herrschenden Gesellschaft nach § 308 Abs. 1 AktG ist mit der Folgepflicht des Vorstands der abhängigen Gesellschaft derart verbunden, dass bei einer Überschreitung der Grenzen des Weisungsrechts grundsätzlich auch die Folgepflicht entfällt.[115] Weisungsrecht und Folgepflicht teilen somit rechtlich dasselbe Schicksal. Der Vorstand der abhängigen AG ist folglich **lediglich bei rechtmäßigen Weisungen** gehalten, diese zwingend zu befolgen. 1403

Bevor einer Weisung Folge geleistet wird, hat der Vorstand der abhängigen AG deshalb die Pflicht, deren **Rechtmäßigkeit** zu prüfen.[116] Zudem hat er sicherzustellen, dass ihm diese Prüfung selbst bei solchen Weisungen möglich ist, die nicht direkt an den Geschäftsleiter des abhängigen Unternehmens gerichtet sind, sondern an nachgeordnete Mitarbeiter adressiert werden. Angesprochen ist damit die bereits angesprochene Organisationspflicht des Vorstands der abhängigen Gesellschaft (dazu Rz. 1365). 1404

Auch wenn die Befolgung der Weisung für das abhängige Unternehmen nachteilig ist, muss dieses der Weisung Folge leisten, solange die Weisung nur insgesamt mit dem Konzerninteresse gerechtfertigt werden kann. Zugunsten des herrschenden Unternehmens sieht § 308 Abs. 2 AktG vor, dass **die Folgepflicht** nur ausnahmsweise dann **entfällt**, wenn die Weisung „offensichtlich" **nicht im Konzerninteresse** liegt. Damit erleichtert das Gesetz zugleich dem Vorstand der abhängigen AG, der mangels Informationen über die Vor- und Nachteile anderer mit dem Mutterunternehmen verbundener Gesellschaften das Konzerninteresse kaum zu bestimmen vermag,[117] die Prüfung der Rechtmäßigkeit der Weisung. Anders gewendet darf die Be- 1405

114 Vgl. *Hüffer/Koch*, § 308 AktG Rz. 20; *Koppensteiner* in KölnKomm/AktG, 3. Aufl., § 308 AktG Rz. 71; *Langenbucher* in K. Schmidt/Lutter, § 308 AktG Rz. 42.

115 Vgl. *Altmeppen* in MünchKomm/AktG, 4. Aufl. 2015, § 308 AktG Rz. 144; *Emmerich* in Emmerich/Habersack, Aktien- und GmbH-Konzernrecht, § 308 AktG Rz. 52a; *Fleischer* in Fleischer, Hdb. Vorstandsrecht, § 18 Rz. 86; *Hüffer/Koch*, § 308 AktG Rz. 20; *Koppensteiner* in KölnKomm/AktG, 3. Aufl., § 308 AktG Rz. 61; *Krieger* in MünchHdb. GesR AG, § 71 Rz. 161.

116 *Altmeppen* in MünchKomm/AktG, 4. Aufl. 2015, § 308 AktG Rz. 144; *Emmerich* in Emmerich/Habersack, Aktien- und GmbH-Konzernrecht, § 308 AktG Rz. 66; *Fleischer* in Fleischer, Hdb. Vorstandsrecht, § 18 Rz. 86; *Hüffer/Koch*, § 308 AktG Rz. 20; *Koppensteiner* in KölnKomm/AktG, 3. Aufl., § 308 AktG Rz. 61; *Krieger* in MünchHdb. GesR AG, § 71 Rz. 161; *Sina*, AG 1991, 1, 9.

117 *Emmerich* in Emmerich/Habersack, Aktien- und GmbH-Konzernrecht, § 308 AktG Rz. 66; *Fleischer* in Fleischer, Hdb. Vorstandsrecht, § 18 Rz. 88; *Koppensteiner* in KölnKomm/AktG, 3. Aufl., § 308 AktG Rz. 52.

folgung einer nachteiligen Weisung nur dann abgelehnt werden, wenn ihre Unvereinbarkeit mit dem Konzerninteresse für einen sachkundigen Dritten ohne weitere Nachforschungen auf der Hand liegt.[118]

1406 Umstritten ist aber, ob damit zugleich eine **Vermutung der Rechtmäßigkeit der Weisung** verbunden ist. Mit der zutreffenden h.M. ist dies abzulehnen.[119] Es bleibt bei der **Beweislast des abhängigen Unternehmens**, die behauptete Rechtswidrigkeit der Weisung auszuräumen, wenn das abhängige Unternehmen die Befolgung der Weisung ablehnt, bzw. deren Rechtmäßigkeit positiv darzulegen, wenn der Vorstand der abhängigen Gesellschaft im Zweifel darüber ist, ob die Weisung rechtmäßig ist und er ihr Folge zu leisten hat.

3. Informationspflichten

1407 Besteht ein Beherrschungsvertrag, ergibt sich eine weitreichende **Informationspflicht** des abhängigen Unternehmens gegenüber dem herrschenden Unternehmen bereits aus der Pflicht des abhängigen Unternehmens, sich am Konzerninteresse zu orientieren und Weisungen zu befolgen. Allerdings sind die soeben (Rz. 1403 ff.) dargestellten Grenzen der Befolgungspflicht bei auf Informationsweitergabe gerichtete Weisungen ebenfalls zu beachten.

1408 Daneben bestehen in einigen **Sonderkonstellationen** Pflichten des Vorstands der abhängigen Gesellschaft, von sich aus tätig zu werden und die herrschende AG auf einzelne sich abzeichnende Entscheidungsnotwendigkeiten oder Problemlagen hinzuweisen, weil im Vertragskonzern eine Pflicht zum konzernfreundlichen Verhalten besteht: So muss der Vorstand der abhängigen Aktiengesellschaft das herrschende Unternehmen auf Nachteile hinweisen, die dem abhängigen Unternehmen infolge der Befolgung einer Weisung entstehen können, sofern Grund zu der Annahme besteht, dass deren Eintritt oder Umfang der Konzernleitung nicht bekannt sind.[120] Versagt der Aufsichtsrat seine Zustimmung nach § 111 Abs. 4 Satz 2 AktG oder erteilt er sie nicht innerhalb einer angemessenen Frist, so hat der Vorstand das herrschende Unternehmen hierüber zu informieren,[121] um diesem die Möglichkeit zu ge-

118 *Altmeppen* in MünchKomm/AktG, 4. Aufl. 2015, § 308 AktG Rz. 152; *Emmerich* in Emmerich/Habersack, Aktien- und GmbH-Konzernrecht, § 308 AktG Rz. 53; *Fleischer* in Fleischer, Hdb. Vorstandsrecht, § 18 Rz. 89; *Hüffer/Koch*, § 308 AktG Rz. 22; *Sina*, AG 1991, 1, 9.

119 *Altmeppen* in MünchKomm/AktG, 4. Aufl. 2015, § 308 AktG Rz. 155; *Fleischer* in Fleischer, Hdb. Vorstandsrecht, § 18 Rz. 89; *Fett* in Bürgers/Körber, § 308 AktG Rz. 26; *Hüffer/Koch*, § 308 AktG Rz. 22; *Koppensteiner* in KölnKomm/AktG, 3. Aufl., § 308 AktG Rz. 66; *Krieger* in MünchHdb. GesR AG, § 71 Rz. 161; a.A. aber *Emmerich* in Emmerich/Habersack, Aktien- und GmbH-Konzernrecht, § 308 AktG Rz. 53c.

120 *Altmeppen* in MünchKomm/AktG, 4. Aufl. 2015, § 308 AktG Rz. 149; *Fleischer* in Fleischer, Hdb. Vorstandsrecht, § 18 Rz. 90; *Hüffer/Koch*, § 308 AktG Rz. 21; *Koppensteiner* in KölnKomm/AktG, 3. Aufl., § 308 AktG Rz. 86; *Krieger* in MünchHdb. GesR AG, § 71 Rz. 161.

121 *Fleischer* in Fleischer, Hdb. Vorstandsrecht, § 18 Rz. 91; *Hüffer/Koch*, § 308 AktG Rz. 23; *Koppensteiner* in KölnKomm/AktG, 3. Aufl., § 308 AktG Rz. 76.

ben, die Zustimmung des Aufsichtsrats durch eine Wiederholung der Weisung nach § 308 Abs. 3 Satz 2 AktG entbehrlich werden zu lassen. Gegenüber den Aktionären der abhängigen Gesellschaft besteht schließlich eine **Auskunftspflicht** gem. § 131 AktG, die nach Abs. 1 Satz 2 das Verhältnis zu den konzernverbundenen Unternehmen mitumfasst.[122]

4. Haftungsgefahren für den Vorstand der abhängigen Gesellschaft

1409 Der Vorstand der abhängigen Gesellschaft sieht sich **aus** zwei Richtungen einer Haftungsgefahr ausgesetzt: Sowohl bei **Nichtbefolgung** einer (i) rechtmäßigen Weisung als auch bei **Befolgung** einer (ii) rechtswidrigen Weisung läuft der Vorstand der abhängigen Gesellschaft potentiell Gefahr, der herrschenden Gesellschaft gegenüber schadensersatzpflichtig zu werden. Dieses Spannungsfeld wird indes teilweise durch die in § 308 Abs. 2 AktG enthaltene Wertung aufgelöst, wonach sich das herrschende Unternehmen im Zweifel mit seiner Weisung durchsetzt.[123]

a) Nichtbefolgung einer rechtmäßigen Weisung

1410 Die ganz h.L. geht davon aus, dass dem herrschenden Unternehmen, neben Ansprüchen gegen das abhängige Unternehmen, auch gegenüber dem Vorstand der abhängigen Gesellschaft **Erfüllungs- und Schadensersatzansprüche** zustehen, falls dieser eine für ihn verbindliche Weisung nicht ausführt.[124] Demgegenüber lehnt ein Teil der Literatur diese Auffassung ab, da es für eine persönliche Haftung des Vorstands an einer gesetzlichen Grundlage fehle.[125] Dem lässt sich entgegenhalten, dass § 308 Abs. 2 Satz 1 AktG den Vorstand des abhängigen Unternehmens konkret in Bezug nimmt und sich nicht etwa nur an das abhängige Unternehmen als solches richtet, sodass man durchaus von einer gesetzlichen Sonderverbindung zwischen Vorstand und herrschendem Unternehmen ausgehen kann.[126] Auch wenn die Gesetzesbegründung zu dieser Frage schweigt, bringt sie doch das Anliegen zum Ausdruck, „dem Weisungsrecht des herrschenden Unternehmens Nachdruck zu geben",[127] so dass eine zusätzliche Anreizoptimierung des Vorstands ganz im Sinne des Gesetzgebers liegen dürfte. Letztlich wird aber bereits der faktische Einfluss des herrschenden Un-

122 Zu deren Reichweite s. Rz. 1392.

123 S. Rz. 1405.

124 *Emmerich* in Emmerich/Habersack, Aktien- und GmbH-Konzernrecht, § 308 AktG Rz. 67 f.; *Fleischer* in Fleischer, Hdb. Vorstandsrecht, § 18 Rz. 87; *Koppensteiner* in KölnKomm/AktG, 3. Aufl., § 308 AktG Rz. 62; *Krieger* in MünchHdb. GesR AG, § 71 Rz. 163. Dieser folgt jedoch nicht aus einer Treuepflicht der Organe gegenüber den Gesellschaftern, vgl. *Kuntz*, Der Konzern 2007, 802, 803 f. m.w.N.

125 *Altmeppen* in MünchKomm/AktG, 4. Aufl. 2015, § 308 AktG Rz. 67 ff.; vgl. auch *Kuntz*, Der Konzern 2007, 802, 805, der eine Durchsetzung der Weisungen auf diesem Wege wegen des tatsächlichen Einflusses für obsolet hält.

126 *Emmerich* in Emmerich/Habersack, Aktien- und GmbH-Konzernrecht, § 308 AktG Rz. 67; *Koppensteiner* in KölnKomm/AktG, 3. Aufl., § 308 AktG Rz. 62.

127 Begr. RegE, in *Kropff*, S. 403.

ternehmens regelmäßig genügen, um den Vorstand der abhängigen Gesellschaft zur Befolgung der Weisungen zu veranlassen.[128]

b) Befolgung einer rechtswidrigen Weisung

1411 Der Vorstand der abhängigen AG steht gegenüber „seiner Gesellschaft" nach § 310 AktG in der Verantwortung, wenn er **rechtswidrige Weisungen** – etwa, wenn diese auf eine Verletzung des statutarischen Unternehmensgegenstands hinauslaufen oder offensichtlich nicht im Konzerninteresse liegen (vgl. die mit § 308 Abs. 2 AktG korrelierende Einschränkung in § 310 Abs. 3 AktG) – befolgt, sofern und soweit daneben auch der Tatbestand des § 309 AktG erfüllt ist.[129]

1412 Da dieser Innenanspruch sich regelmäßig mit der aus § 93 Abs. 2 AktG folgenden Haftung deckt, beschränkt sich die Bedeutung des § 310 AktG (wie die des § 318 AktG) auf die Anordnung eines **Gesamtschuldverhältnisses** zwischen dem Vorstand der abhängigen Gesellschaft und dem der herrschenden AG.[130] Gegenüber § 117 Abs. 2 AktG ist § 310 AktG indes die speziellere Vorschrift.[131] Nicht ausgeschlossen sind darüber hinaus weitere sekundäre Sanktionsinstrumente des abhängigen Unternehmens, wie etwa die Abberufung des Vorstands und die Kündigung aus wichtigem Grund.

IV. Pflichten des Vorstands der abhängigen AG bei der Eingliederung

1413 Weitgehend parallel zu den Regeln im Unternehmensverbund aufgrund eines Beherrschungsvertrages ist gem. § 323 Abs. 1 Satz 1 AktG die Konzernierung infolge einer Eingliederung zu behandeln, so dass auf die vorstehenden Ausführungen zum Vertragskonzern verwiesen werden kann. Im **Unterschied zum Vertragskonzern** ist bei der Eingliederung aber jedwede nachteilige Weisung zulässig und zu befolgen, unabhängig davon, ob diese im Konzerninteresse liegt oder nicht. Ihr ist ohne weiteres vom Vorstand der abhängigen AG Folge zu leisten.

1414–1429 Einstweilen frei.

---

128 *Kuntz*, Der Konzern 2007, 802, 805.

129 Zu § 309 AktG s. § 32 Rz. 1327 ff.

130 *Kuntz*, Der Konzern 2007, 802, 803. § 310 AktG geht daher in ihrem Anwendungsbereich einem Schadensersatzanspruch aus § 93 AktG vor, *Fleischer* in Fleischer, Hdb. Vorstandsrecht, § 18 Rz. 99; *Hüffer/Koch*, § 310 AktG Rz. 1; *Koppensteiner* in KölnKomm/AktG, 3. Aufl., § 310 AktG Rz. 11.

131 Nach der Begr. RegE, in *Kropff*, S. 406, entspricht § 310 AktG im Wesentlichen § 110 AktG, ohne dass jedoch ein Beschluss der Hauptversammlung die Ersatzpflicht ausschließen könne. Vgl. *Fleischer* in Fleischer, Hdb. Vorstandsrecht, § 18 Rz. 99; *Koppensteiner* in KölnKomm/AktG, 3. Aufl., § 310 AktG Rz. 10. *Canaris*, ZGR 1978, 207, 213, befürwortet die Anwendung des § 93 Abs. 4 Satz 1 AktG neben § 310 AktG, so dass Hauptversammlungsbeschlüsse durchaus die Haftung ausschließen könnten.

9. Abschnitt: Vorstandspflichten in der Krise

Literaturübersicht: *Adensamer/Oelkers/Zechner*, Unternehmenssanierung zwischen Gesellschafts- und Insolvenzrecht, 2006; *Altmeppen*, Insolvenzverschleppungshaftung Stand 2001, ZIP 2001, 2201; *Altmeppen*, Das neue Recht der Gesellschafterdarlehen in der Praxis, NJW 2008, 3601; *Bitter/Hommerich*, Die Zukunft des Überschuldungsbegriffs, 2012; *Bitter/Hommerich/Reiß*, Die Zukunft des Überschuldungsbegriffs, ZIP 2012, 1201; *Bork*, Pflichten der Geschäftsführung in Krise und Sanierung, ZIP 2011, 101; *Brinkmann/Zipperer*, Die Eigenverwaltung nach dem ESUG aus Sicht von Wissenschaft und Praxis, ZIP 2011, 1337; *Bunting*, Das Früherkennungssystem des § 91 II AktG in der Prüfungspraxis – eine kritische Betrachtung des IDW PS 340, ZIP 2012, 357; *Drenckhan*, Gläubigerschutz in der Krise der GmbH, 2006; *Ehlers*, Die Überschuldungssituation einer GmbH, ihre Rechtsfolgen und deren Abwendung, DStR 1998, 1756; *Fachausschuss Sanierung und Insolvenz des Instituts der Wirtschaftsprüfer*, Der neue PS 800 und die Ermittlung der Zahlungsunfähigkeit nach § 17 InsO, ZIP 2009, 201; *Haas*, Reform des gesellschaftsrechtlichen Gläubigerschutzes, Gutachten E zum 66. DJT, 2006; *Fischer*, Fortbestehensprognose und Sanierung, NZI 2016, 665; *Göcke*, Die Absage einer zur Anzeige eines Verlusts der Hälfte des Grundkapitals einberufenen Hauptversammlung, AG 2014, 119; *Goette*, Zur Frage, welche Anforderungen an die Geschäftsleitung und ihre Berater bei der Fertigung einer Fortführungsprognose zu stellen sind (Teil 1), DStR 2016, 1684; *Goette*, Zur Frage, welche Anforderungen an die Geschäftsleitung und ihre Berater bei der Fertigung einer Fortführungsprognose zu stellen sind (Teil II), DStR 2016, 1752; *Hirte*, Ad-hoc-Publizität und Krise der Gesellschaft, ZInsO 2006, 1289; *Hüffer*, Bewertungsprobleme in der Überschuldungsbilanz, in FS H. Wiedemann, 2002, S. 1047; *Hüttemann*, Überschuldung, Überschuldungsstatus und Unternehmensbewertung, in FS Karsten Schmidt, 2009, S. 761; *Hölzle*, Eigenverwaltung im Insolvenzverfahren nach ESUG – Herausforderungen für die Praxis, ZIP 2012, 158; *Hölzle*, Insolvenzplan auf Initiative des vorläufigen Sachwalters im Schutzschirmverfahren – Oder: Wer erstellt und wer bezahlt den Insolvenzplan im Verfahren nach § 270b InsO?, ZIP 2012, 855; *Hölzle*, Gesellschaftsrechtliche Veränderungssperre im Schutzschirmverfahren, ZIP 2012, 2427; *Kerz*, Sanierungsbescheinigungen als neues Tätigkeitsfeld, DStR 2012, 204; *Kessler*, Die Aktiengesellschaft in der Eigenverwaltung, 2006; *Klein*, Anforderungen an Sanierungskonzepte, 2008; *Knof*, Die neue Insolvenzverursachungshaftung nach § 64 Satz 3 RegE-GmbHG (Teil II), DStR 2007, 1580; *Knolle/Tetzlaff*, Zahlungsunfähigkeit und Zahlungsstockung, ZInsO 2005, 897; *Kropff*, Die Unternehmensplanung im Aufsichtsrat, NZG 1998, 613; *Krystek/Klein*, Erstellung von Sanierungskonzepten (Teil 1): Kritische Würdigung bestehender Standards, speziell IDW S 6, DB 2010, 1769; *Kühnberger*, Verlustanzeigebilanz – zu Recht kaum beachteter Schutz für Eigentümer?, DB 2000, 2077; *Lutter*, Unternehmensplanung und Aufsichtsrat, AG 1991, 249; *W. Müller*, Der Verlust der Hälfte des Grund- oder Stammkapitals, ZGR 1985, 191; *W. Müller*, Der Überschuldungsstatus im Lichte der neueren Gesetzgebung, in FS Hüffer, 2010, S. 701; *Niesert/Hohler*, Die Haftung des Geschäftsführers für die Rückzahlung von Gesellschafterdarlehen und ähnliche Leistungen – Zugleich ein Beitrag zur Auslegung des § 64 S. 3 GmbHG, NZI 2009, 345; *Noack*, Reform des deutschen Kapitalgesellschaftsrechts: Das Gesetz zur Modernisierung des GmbH-Rechts und zur Bekämpfung von Missbräuchen, DB 2006, 1475; *Picoth/Aleth*, Unternehmenskrise und Insolvenz, 1999; *Plagemann*, Beseitigung des Verlusts gem. § 92 I AktG vor Durchführung der Hauptversammlung, NZG 2014, 207; *Schäfer*, Suhrkamp und die Folgen – Konsequenzen aus dem vorläufigen Abschluss des Suhrkamp-Insolvenzverfahrens, ZIP 2015, 1208; *Priester*, Verlustanzeige und Eigenkapitalersatz, ZGR 1999, 533; *Prütting*, Der neue IDW-Standard zur Erstellung von Sanierungskonzepten (IDW S 6) in der rechtlichen Beurteilung, ZIP 2013, 203; *Rubel*, Erfüllung von WpHG-Pflichten in der Insolvenz durch Insolvenzverwalter oder Vorstand, AG 2009, 615; *Schäfer*, Unzulässige Umgestaltung von Gesellschaftsanteilen im Insolvenzplan, ZIP 2014, 2417; *Schäfer*, „Girmes" wiedergelesen: Zur Treupflicht des Aktionärs im Sanierungsfall, in FS Hommelhoff, 2012, S. 939; *Schelo*, Der neue § 270b InsO – Wie stabil ist das Schutzschirmverfahren in der Praxis? Oder: Schutzschirmverfahren versus vorläufige Eigenverwaltung, ZIP 2012, 712; *Schluck-Amend/Walker*, Neue Haftungsrisiken für GmbH-Geschäftsführer durch Pflicht zur Erstellung eines Insolvenzplans?, GmbHR 2001, 375; *A. Schmidt/Linker*, Ablauf des sog. Schutzschirmverfahrens nach § 270b InsO, ZIP 2012, 963; *K. Schmidt*, Möglichkeiten der Sanierung von Unternehmen durch Maßnahmen im Unternehmens-, Arbeits-, Sozial- und Insolvenzrecht, Gutachten D zum 54. DJT, 1982; *K. Schmidt*, Verbotene Zahlungen in der Krise von Handelsgesellschaften und die daraus resultierenden Ersatzpflichten, ZHR 168 (2004), 637; *K. Schmidt*, Überschuldung und Insolvenzantragspflicht nach dem Finanzmarktstabilisierungsgesetz, DB 2008, 2467; *K. Schmidt*, Entbehrlicher Rangrücktritt im Recht der Gesellschafterdarlehen? – Kritik an § 19 Abs. 2 E-InsO im MoMiG-Entwurf, BB 2008, 461; *K. Schmidt*, GmbH-Reform auf Kosten der Geschäftsführer? Zum (Un-)Gleichgewicht zwischen Gesellschaftsrisiko und Geschäftsführerrisiko im Entwurf eines MoMiG und in der BGH-Rechtsprechung, GmbHR 2008, 453; *K. Schmidt*, Überschuldung und Unternehmensfortführung oder: per aspera ad astra, ZIP 2013, 485; *K. Schmidt/Uhlenbruck*, Die GmbH in Krise, Sanierung und Insolvenz, 5. Aufl. 2016; *Seibt/Bulgrin*, Strategische Insolvenz: Insolvenzplanverfahren als Gestaltungsinstrument zur Überwindung bestandsgefährdender Umstände, ZIP 2017, 353; *Strohn*, Organhaftung im Vorfeld der Insolvenz, NZG 2011, 1161; *Uhlenbruck*, Chancen und Risiken eines plangesteuerten Insolvenzverfahrens als Eigenverwaltung, in FS Metzler, 2002, S. 85; *Veil*, Krisenbewältigung durch Gesellschaftsrecht, ZGR 2006, 374; *Weber*, Die Funktionsteilung zwischen Konkursverwalter und Gesellschaftsorganen im Konkurs der Kapitalgesellschaft, KTS 1970, 73; *Weber/Brügel*, Die Haftung des Managements in der Unternehmenskrise: Insolvenz, Kapitalerhaltung und existenzvernichtender Eingriff, DB 2004, 1923; *Wortberg*, Holzmüller und die Stellung eines Insolvenzantrags wegen drohender Zahlungsunfähigkeit, ZInsO 2004, 707; *Zabel/Pütz*, Beurteilung der Insolvenzeröffnungsgründe nach IDW S 11, ZIP 2015, 912.

§ 34
Krise, Früherkennung und Sanierung

I. Krise und Sanierung

1430 Aus gesellschaftsrechtlicher Sicht beginnt eine „Krise" klassischerweise beim **Verlust des halben Grundkapitals**, also erst mit Eintritt einer qualifizierten Unterbilanz. Der Vorstand ist dann gem. § 92 Abs. 1 AktG verpflichtet, unverzüglich eine außerordentliche Hauptversammlung einzuberufen und dort eine **Verlustanzeige** zu erstatten. Diese Pflicht ist nicht gläubigerschützend, sondern dient allein der Information der Aktionäre, damit diese ggf. Sanierungsmaßnahmen ergreifen können (dazu unter § 35 Rz. 1452).[1] Eine – gläubigerschützende – Pflicht zum **„Marktaustritt"**

1 Unstr. vgl. nur *Hüffer/Koch*, § 92 AktG Rz. 1; *Mertens/Cahn* in KölnKomm/AktG, 3. Aufl. 2010, § 92 AktG Rz. 4, 6.

entsteht erst bei Insolvenzreife i.S.v. § 15a InsO, also im Falle einer Überschuldung oder Zahlungsunfähigkeit (dazu unter § 36 Rz. 1460 ff.). Seit dem KonTraG 1998 kennt das Aktienrecht darüber hinaus eine explizite **Bestandssicherungsverantwortung** des Vorstands in Gestalt seiner Pflicht, ein Risikofrüherkennungs- und Überwachungssystem zu schaffen; dieses zielt auf die frühzeitige Identifizierung bestandsgefährdender Risiken, so dass entsprechende Organisationspflichten bereits zu einem viel früheren Zeitpunkt eingreifen (dazu Rz. 1432 mit Verweis auf § 21 Rz. 573 ff.). Außerdem wird praeter legem aufgrund von § 93 Abs. 1 AktG eine **Pflicht des Vorstands zur Einleitung von Sanierungsmaßnahmen** (dazu § 35 Rz. 1452 f.) in Krisensituationen anerkannt,[2] und diese, als solche nicht zweifelhafte Pflicht knüpft offensichtlich ebenfalls an einen anderen, nicht gesetzlich fixierten Krisenbegriff an. *Bork* spricht in diesem Kontext von **betriebswirtschaftlicher Krise**, worunter eine kritische Entwicklung verstanden wird, die den Fortbestand eines Unternehmens bedroht und wesentliche Ziele und Werte des Unternehmens unmittelbar gefährdet.[3] Sie beginne mit schleichenden Übergängen bei der strategischen Krise und entwickle sich sodann von der Ergebniskrise (Verlustphase) bis hin zur Liquiditätskrise. Der Sache nach geht es also um den sukzessiven Eintritt **bestandsgefährdender Risiken**, zu deren Früherkennung § 91 Abs. 2 AktG anhält (dazu § 21 Rz. 573 ff.). In Anlehnung an österreichische Regelungen zur Restrukturierung außerhalb einer Insolvenz (§§ 1 Abs. 3, 23 f. öUnternehmensreorganisierungsG) schlägt *Veil* konkreter vor, den (pflichtauslösenden) Kriseneintritt bei einer Eigenkapitalquote von weniger als 8 % und einer fiktiven Schuldentilgungsdauer (Quotient aus Fremdkapital abzgl. liquider Mittel und dem Mittelüberschuss aus der gewöhnlichen Geschäftstätigkeit) von mehr als 15 Jahren anzunehmen.[4]

Die erwähnte **Pflicht** des Vorstands **zur Sanierung** bezieht sich richtigerweise so- 1431
wohl auf das Unternehmen wie auch den Unternehmensträger, also die Gesellschaft, wie sich aus der Rechtsgrundlage (§ 93 Abs. 1 AktG) ergibt, mithin aus der organschaftlichen Verpflichtung des Vorstands auf das Gesellschaftsinteresse (dazu allgemein § 1 Rz. 8 ff.).[5] Sanierung meint daher (auch) die Restrukturierung der Gesellschaft, die erreicht ist, wenn sowohl die Ertragsfähigkeit als auch die (rechnerische) Überschuldung des Unternehmens beseitigt wird. Regelmäßig wird es überdies erforderlich sein, eine Unterbilanz zu beseitigen, zumal dies Voraussetzung für die erfolgreiche Durchführung einer effektiven Kapitalerhöhung ist, also für die Beschaffung zusätzlichen Eigenkapitals im Wege des sog. Kapitalschnitts.[6]

---

2 *Karsten Schmidt*, Gutachten D zum 54. DJT, 1982, S. D 123; *Veil*, ZGR 2006, 374, 378; *Bork*, ZIP 2011, 101.

3 *Bork*, ZIP 2011, 101 u.a. mit Verweis auf *Drenckhan*, Gläubigerschutz in der Krise der GmbH, 2006, S. 34 ff.

4 *Veil*, ZGR 2006, 374, 397 mit Hinweis auf *Adensamer/Oelkers/Zechner*, Unternehmenssanierung zwischen Gesellschafts- und Insolvenzrecht, 2006, S. 98 ff., allerdings ohne definitive Festlegung.

5 S. nur *Bork*, ZIP 2011, 101; *Veil*, ZGR 2006, 374, 378.

6 Dazu nur *Oechsler* in MünchKomm/AktG, 3. Aufl. 2011, § 229 AktG Rz. 5; vgl. (in Bezug auf Zustimmungspflichten der Gesellschafter) auch *Schäfer* in FS Hommelhoff, 2012,

II. Pflicht zur Krisenfrüherkennung

1432 Schon allgemein gilt, dass der Vorstand die finanzielle Lage der Gesellschaft laufend zu kontrollieren hat,[7] zumal die gesetzlichen Rechnungslegungspflichten (§ 150 AktG, §§ 242, 264 HGB) ursprünglich als reines Instrument der Selbstkontrolle aufgefasst wurden (zu den Rechnungslegungspflichten vgl. § 23).[8] Diese **Pflicht zur ständigen wirtschaftlichen Selbstprüfung** umfasst die Pflicht zur Aufstellung einer Zwischenbilanz, spätestens sobald sich Anzeichen für eine krisenhafte Entwicklung ergeben (das zeigt auch § 92 Abs. 1 AktG, dazu unter Rz. 1433),[9] sowie die Pflicht zur fortlaufenden Finanzplanung, über die dem Aufsichtsrat gem. § 90 Abs. 1 Nr. 1 AktG zu berichten ist und die über einen ständigen Soll-/Istvergleich der Identifizierung aktueller Fehlentwicklungen dient.[10] Ferner ist der Vorstand gehalten, das Umfeld des Unternehmens zu beobachten, um politische, finanzielle und rechtliche Risiken frühzeitig zu erkennen[11] und regelmäßige **Solvenzprognosen** vorzunehmen,[12] zumal nach § 92 Abs. 2 Satz 3 AktG Zahlungen an Aktionäre verboten sind, die zur Zahlungsunfähigkeit der Gesellschaft führen „mussten"; denn dieses Verbot greift naturgemäß schon im Vorfeld einer späteren Zahlungsunfähigkeit ein[13] (dazu unter § 36 Rz. 1471 ff.). Die Pflicht zur Selbstkontrolle hat im Aktienrecht durch das KonTraG von 1998 eine organisationsrechtliche Flankierung in **§ 91 Abs. 2 AktG** erhalten, der den Vorstand zur Einrichtung eines **Früherkennungs- und Überwachungssystems** verpflichtet, um bestandsgefährdende Risiken rechtzeitig aufzuspüren (dazu näher § 21).[14]

S. 939 ff.; aus der Rspr. nur BGH v. 19.6.2012 – II ZR 243/11, NZG 2012, 940 Rz. 11; zur GmbH.

7 Unstr., s. nur *K. Schmidt* in K. Schmidt/Uhlenbruck, Die GmbH in Krise, Sanierung und Insolvenz, 5. Aufl. 2016, Rz. 1.35, *Schluck-Almend* in K. Schmidt/Uhlenbruck, Die GmbH in Krise, Sanierung und Insolvenz, 5. Aufl. 2016, Rz. 1.121 ff.; *Bork*, ZIP 2011, 101, 102 (jew. zur GmbH); *Haas*, Gutachten E zum 66. DJT, 2006, S. E 105.

8 Vgl. BGH v. 13.4.1994 – II ZR 16/93, BGHZ 125, 366, 377 = ZIP 1994, 867 = GmbHR 1994, 390; *Bork*, ZIP 2011, 101, 102.

9 BGH v. 6.6.1994 – II ZR 292/91, BGHZ 126, 181, 199 = ZIP 1994, 1103 = GmbHR 1994, 539; BGH v. 20.2.1995 – II ZR 9/94, ZIP 1995, 560 = GmbHR 1995, 299; *Ehlers*, DStR 1998, 1756; *Bork*, ZIP 2011, 101, 102; *Veil*, ZGR 2006, 374, 377; *Sailer-Coceani* in K. Schmidt/Lutter, § 92 AktG Rz. 1, alle m.w.N.

10 Zur Finanzplanung als Rechtspflicht des Vorstands vgl. nur *Sailer-Coceani* in K. Schmidt/Lutter, § 90 AktG Rz. 12; *Hüffer/Koch*, § 90 AktG Rz. 12; *Kropff*, NZG 1998, 613, 614; *Lutter*, AG 1991, 249, 250, alle m.w.N.; zum Finanzplan auch *Knof*, DStR 2007, 1580.

11 *Bork*, ZIP 2011, 101, 103; *Picot/Aleth*, Unternehmenskrise und Insolvenz, 1999, Rz. 173.

12 Vgl. nur BGH v. 14.5.2007 – II ZR 48/06, ZIP 2007, 1265 = AG 2007, 548 Rz. 16 und BGH v. 5.2.2007 – II ZR 51/06, ZIP 2007, 1501 = GmbHR 2007, 936 Rz. 5 (jew. GmbH).

13 Dazu nur *Hüffer/Koch*, § 92 AktG Rz. 14c.

14 Zur Behandlung des Früherkennungssystems in der Prüfungspraxis (nach IDW PS 340) vgl. (kritisch) *Bunting*, ZIP 2012, 357 ff.

III. Pflicht zur Verlustanzeige (§ 92 Abs. 1 AktG)

Ergibt die Jahresbilanz oder eine Zwischenbilanz, dass ein **Verlust in Höhe des halben Grundkapitals** entstanden ist, so hat der Vorstand nach § 92 Abs. 1 AktG unverzüglich eine Hauptversammlung einzuberufen und hierüber zu berichten. Entsprechendes gilt, wenn der Vorstand bei „pflichtgemäßem Ermessen" den Verlust hätte erkennen können. Das bestätigt die Pflicht zur Krisenfrüherkennung, die den Vorstand u.a. zwingt, laufend auf eingetretene Verluste zu achten und bei Anzeichen hierfür eine Zwischenbilanz aufzustellen (Rz. 1432). Die Einberufungspflicht entsteht bereits dann, wenn der Vorstand den **Verlust** bei gehöriger Sorgfalt **hätte erkennen müssen**, so dass er sich jedenfalls nicht darauf berufen kann, dass die Jahres- (oder Zwischen-)Bilanz noch nicht aufgestellt sei.[15] Wie schon unter Rz. 1430 erwähnt, dient die Anzeigepflicht allein der Information der Aktionäre, damit diese rechtzeitig Gegenmaßnahmen zur Restrukturierung beschließen können; die Pflicht ist also **nicht gläubigerschützend**[16] und wohl aus diesem Grund (obwohl strafbewehrt gem. § 401 AktG) praktisch weitgehend bedeutungslos, was zu beklagen ist.[17] Zwar führt die Pflichtverletzung grundsätzlich zum Schadensersatzanspruch der Gesellschaft nach § 93 Abs. 2 AktG; ein hierauf beruhender Schaden der Gesellschaft wird sich jedoch allenfalls ausnahmsweise nachweisen lassen.[18] 1433

Für die **Feststellung des Verlusts** sind die Ansätze und Bewertungsregeln der Jahresbilanz maßgeblich (§§ 252 ff. HGB), zumal § 92 Abs. 1 AktG ausdrücklich auf diese Bezug nimmt.[19] Nach ganz h.M. bedeutet dies aber nicht, dass unter „Verlust" bereits ein (einmaliger) Jahresfehlbetrag in Höhe des halben Grundkapitals zu verstehen wäre, zumal § 92 Abs. 1 AktG diesen Begriff nicht verwendet.[20] Wegen der Bezugnahme auf die allgemeinen Bewertungsvorschriften können insbesondere **stille Reserven** nur gehoben werden, soweit dies auch für den Jahresabschluss zulässig wäre (insbes. bei Wertaufholung nach Abschreibungen).[21] Allerdings können wegen Maßgeblichkeit des Einzelabschlusses stille Reserven im Konzern dadurch realisiert werden, dass die betreffenden Gegenstände auf andere Konzerngesellschaften übertragen werden.[22] Aus der Maßgeblichkeit der Regeln für den Jahresabschluss folgt auch, dass grundsätzlich mit **„going-concern"-Werten** (Buchwerten) gerechnet werden darf (§ 252 Abs. 1 Nr. 2 HGB). Sollte sich allerdings für die Gesellschaft eine **negative** 1434

---

15 *Mertens/Cahn* in KölnKomm/AktG, 3. Aufl. 2010, § 92 AktG Rz. 13; *Priester*, ZGR 1999, 533, 539.

16 S. nur *Sailer-Coceani* in K. Schmidt/Lutter, § 92 AktG Rz. 12.

17 *Kühnberger*, DB 2000, 2077; *Veil*, ZGR 2006, 374, 375.

18 *Sailer-Coceani* in K. Schmidt/Lutter, § 92 AktG Rz. 12.

19 Ganz h.M., s. nur *Hüffer/Koch*, § 92 AktG Rz. 3; *Sailer-Coceani* in K. Schmidt/Lutter, § 92 AktG Rz. 4.

20 *Hüffer/Koch*, § 92 AktG Rz. 2; *W. Müller*, ZGR 1985, 191, 206 f.; *Sailer-Coceani* in K. Schmidt/Lutter, § 92 AktG Rz. 3; a.A. *Habersack/Foerster* in Großkomm/AktG, 5. Aufl. 2015, § 92 AktG Rz. 15 ff.

21 Ausführlich *Mertens/Cahn* in KölnKomm/AktG, 3. Aufl. 2010, § 92 AktG Rz. 9; vgl. ferner *Sailer-Coceani* in K. Schmidt/Lutter, § 92 AktG Rz. 5; *Hüffer/Koch*, § 92 AktG Rz. 4.

22 *Hüffer/Koch*, § 92 AktG Rz. 4; *Sailer-Coceani* in K. Schmidt/Lutter, § 92 AktG Rz. 5.

Fortbestehensprognose ergeben, so müssen Liquidationswerte angesetzt werden.[23] Ist die Fortbestehensprognose weder eindeutig positiv noch eindeutig negativ, hat der Vorstand die Einschätzung nach pflichtgemäßem Ermessen vorzunehmen;[24] im Zweifel wird er zu Fortführungswerten neigen. Eine durch das MoMiG neu akzentuierte Frage lautet, ob **Gesellschafterdarlehen** bei der Feststellung der Verluste zu passivieren sind. Für den Überschuldungsstatus ist dies gem. § 19 Abs. 2 Satz 3 InsO, vorbehaltlich eines Rangrücktritts, der Fall. Dennoch schlagen *Mertens/Cahn* vor dem Hintergrund des Informationszwecks des § 92 Abs. 1 AktG vor, die Passivierung davon abhängig zu machen, ob dem teilweisen Verlust des Grundkapitals tatsächlich eine Krise zugrundeliegt, weil anderenfalls durch die Verlustanzeige (letztlich unzutreffende) Krisensignale ausgesendet würden. Denn seit dem MoMiG sei automatisch *jedes* Gesellschafterdarlehen in der Insolvenz verstrickt (§ 39 Abs. 1 Nr. 5 InsO), so dass die Finanzlage einer partiell darlehensfinanzierten Gesellschaft ausreichend gesichert sei.[25] Dieser Vorschlag ist plausibel, bislang allerdings noch ungesichert.

1435 Hat der Vorstand einen Verlust festgestellt (Rz. 1434), muss er **unverzüglich die Hauptversammlung einberufen**, und zwar zu einem frühen Termin,[26] ferner den **Aufsichtsratsvorsitzenden** nach § 90 Abs. 1 Satz 3 AktG informieren;[27] handelt es sich um eine börsennotierte Gesellschaft, bedarf es zudem einer Meldung nach § 26 WpHG i.V.m. Art. 17 MAR. „Unverzüglich" (= ohne schuldhaftes Zögern) lässt nach h.M. Raum für **Sanierungsverhandlungen**, die durch eine Anzeige nach § 92 Abs. 1 AktG erschwert werden können. Zwar nimmt § 92 Abs. 1 AktG dies grundsätzlich in Kauf, doch darf der Vorstand dennoch von einer Anzeige absehen, wenn er sich in konkreten Verhandlungen befindet, die binnen kurzer Zeit Erfolg versprechen.[28] Wie mit Recht gesagt wird, ist die Verzögerung insbesondere dann nicht schuldhaft, wenn zu erwarten ist, dass der Vorstand nach Fertigstellung des Sanierungskonzepts der Hauptversammlung bereits konkrete Maßnahmen zur Behebung der Krise vorschlagen kann.[29] Denn in diesem Falle kann der Vorstand die Verlustanzeige mit konkreten Maßnahmen verbinden und in *einer* Hauptversammlung beschließen lassen, was in jeder Hinsicht sinnvoll ist. Allerdings darf der Vorstand im Hinblick auf die Informationsfunktion des § 92 Abs. 1 AktG (Rz. 1430) eine bereits **einberufene Hauptversammlung** bei zwischenzeitlicher Sanierung **nicht wieder absagen**, da die Aktionäre regelmäßig ein berechtigtes Informationsinteresse an der

---

23 *Mertens/Cahn* in KölnKomm/AktG, 3. Aufl. 2010, § 92 AktG Rz. 10; *Hüffer/Koch*, § 92 AktG Rz. 4; *Sailer-Coceani* in K. Schmidt/Lutter, § 92 AktG Rz. 5.

24 *Sailer-Coceani* in K. Schmidt/Lutter, § 92 AktG Rz. 5; *W. Müller*, ZGR 1985, 191, 203.

25 *Mertens/Cahn* in KölnKomm/AktG, 3. Aufl. 2010, § 92 AktG Rz. 11.

26 *Hüffer/Koch*, § 92 AktG Rz. 5.

27 *Sailer-Coceani* in K. Schmidt/Lutter, § 92 AktG Rz. 7; *Wiesner* in MünchHdb. GesR AG, § 25 Rz. 103.

28 *Mertens/Cahn* in KölnKomm/AktG, 3. Aufl. 2010, § 92 AktG Rz. 12; *Hüffer/Koch*, § 92 AktG Rz. 6; *Fleischer* in Spindler/Stilz, 4. Aufl. 2019, § 92 AktG Rz. 12; nach *Habersack/Foerster* in Großkomm/AktG, 5. Aufl. 2015, § 92 AktG Rz. 28 soll die Höchstfrist nach dem Vorbild des § 15a InsO drei Wochen betragen; das erscheint zu rigide.

29 *Sailer-Coceani* in K. Schmidt/Lutter, § 92 AktG Rz. 9.

Lage der Gesellschaft und weiteren Sanierungsmöglichkeiten haben.[30] Musste andererseits bereits Insolvenzantrag gestellt werden, erledigt sich damit auch die Einberufungspflicht nach § 92 Abs. 1 AktG.

Hinsichtlich der **Form der Einberufung** gelten die allgemeinen Regeln der §§ 121 ff. AktG (dazu § 28 Rz. 1040 ff.), so dass die Anzeige insbesondere auf der Tagesordnung anzukündigen ist (§ 124 Abs. 1 AktG).[31] Dass ohne ordnungsgemäße Ankündigung keine Beschlüsse gefasst werden dürfen (§ 124 Abs. 4 AktG), spielt allerdings insofern keine Rolle, als die Hauptversammlung über die Anzeige selbst keinen Beschluss zu fassen hat.[32] Die Anzeige braucht nicht der einzige TO-Punkt zu sein, insbesondere ist es selbstverständlich zulässig, wenn Vorstand und Aufsichtsrat weitere Maßnahmen zur Restrukturierung (insbes. einen Kapitalschnitt) ankündigen.[33] 1436

Einstweilen frei. 1437–1449

§ 35
Krisenbewältigung außerhalb des Insolvenzverfahrens

I. Sanierungspflicht und Sanierungskonzept

Dass der Vorstand sich mit Eintritt der Krise – nicht erst bei Verlust des halben Grundkapitals – um eine Sanierung zu bemühen hat, ist anerkannt; hierauf wurde bereits hingewiesen (§ 34 Rz. 1430); die Pflicht ergibt sich aus § 93 Abs. 1 AktG.[1] Der Vorstand hat die Sanierungsfähigkeit der Gesellschaft zu prüfen sowie konkrete Sanierungsmaßnahmen vorzubereiten. Die Erarbeitung eines **Sanierungskonzepts** stellt eine **unternehmerische Entscheidung** dar, die dem Vorstand ein weites Ermessen vermittelt (§ 93 Abs. 1 Satz 2 AktG).[2] Es versteht sich deshalb, dass der Vorstand die Sachlage sorgfältig aufklären und sich hierfür ggf. auch sachverständigen Rats bedienen muss.[3] Dies dient sowohl der Ursachenermittlung, der Feststellung der Sanie- 1450

30 *Plagemann*, NZG 2014, 207, 209; *Göcke*, AG 2014, 119, 122 f., (auch zum Aspekt des „Zuwartens").

31 Dazu *Wiesner* in MünchHdb. GesR AG, § 25 Rz. 104: „Bericht nach § 92 Abs. 1 AktG" zu unkonkret.

32 *Sailer-Coceani* in K. Schmidt/Lutter, § 92 AktG Rz. 8; missverständlich *Hüffer/Koch*, § 92 AktG Rz. 5.

33 Unstr., s. nur *Hüffer/Koch*, § 92 AktG Rz. 5.

1 Vgl. *Karsten Schmidt*, ZIP 1988, 1497, 1504; *Karsten Schmidt*, Gutachten D zum 54. DJT, 1982, S. D 123; *Schluck-Amend/Walker*, GmbHR 2001, 375, 376; *Bork*, ZIP 2011, 101, 106; *Veil*, ZGR 2006, 374, 378.

2 *Veil*, ZGR 2006, 374, 379; *Bork*, ZIP 2011, 101, 106.

3 Vgl. BGH v. 6.6.1994 – II ZR 292/91, BGHZ 126, 181, 199 = ZIP 1994, 1103 = GmbHR 1994, 539 (in Bezug auf die Feststellung der Überschuldung); BGH v. 14.5.2007 – II ZR

rungsfähigkeit wie auch der Vorbereitung von Abhilfemaßnahmen,[4] bedeutet aber nicht, dass stets ein Restrukturierungskonzept nach einem bestimmten Format zu erstellen wäre (etwa nach IDW S 6).[5] Folgende Merkmale eines Sanierungskonzepts erscheinen gleichsam wesensimmanent:[6] Beschreibung und Analyse des Unternehmens, Analyse der Krisenursachen, Lagebeurteilung, Leitbild des sanierten Unternehmens, geplante Sanierungsmaßnahmen und Planverprobungsrechnung. Die **Rechtsprechung**[7] hat im Übrigen auch in Hinblick auf Stimmpflichten der Aktionäre in Bezug auf Sanierungsbeschlüsse lediglich verlangt, dass das Sanierungskonzept bei objektiver Betrachtung nachhaltigen Erfolg versprechen müsse und nicht durch eine aus Sicht der Aktionäre weniger einschneidende Maßnahme ersetzbar sein dürfe.[8] In seiner späteren Entscheidung zur Publikumspersonengesellschaft „Sanieren oder Ausscheiden" hat der BGH betont, dass die Fortführung der Gesellschaft bei Umsetzung des Sanierungskonzepts nicht von vornherein sinnlos sein dürfe,[9] und hat dies im konkreten Fall bejaht, weil „der Versuch, die Klägerin unter Aufbringung neuen Kapitals zu sanieren – verglichen mit den Folgen der ansonsten unstreitig unvermeidlichen Zerschlagung – wirtschaftlich sinnvoll" gewesen sei. Das Konzept sah Eigenleistungen der Gesellschafter i.H.v. ca. 60 % des Festkapitals vor, bei deren Erreichen sich Gläubigerbanken zu einem Forderungsverzicht i.H.v. ca. 30 % des gesamten Sanierungsbedarfs (ca. 6,7 Mio. Euro) verpflichtet hatten. Angesichts der sehr guten Vermietungssituation des Immobilienfonds und des mit der Fortführung der Gesellschaft verbundenen Erhalts öffentlicher Fördermittel sei die Fortführung, gemessen an den Zerschlagungsfolgen, „nicht von vornherein sinnlos" gewesen. Das Konzept ist in diesem Sinne also dann erfolgversprechend, wenn es einen Maßnah-

---

48/06, ZIP 2007, 1265 = AG 2007, 548 (Rz. 16 – in Bezug auf die Feststellung der Insolvenz); *Veil*, ZGR 2006, 374, 380; *Bork*, ZIP 2011, 101, 106.

4 Zum Ganzen auch *Drenckhan*, Gläubigerschutz in der Krise der GmbH, 2006, S. 67 f.; s. auch *Klein*, Anforderungen an Sanierungskonzepte, 2008, S. 101 und *Krystek/Klein*, DB 2010, 1769, 1770 f.

5 Der IDW S 6 wurde am 11.12.2012 in einer Neufassung bekannt gemacht (s. IDW-Fachnachrichten, Heft 12/2012 bzw. WPg-Supplement 4/2012). Dazu aus juristischer Sicht kritisch *Prütting*, ZIP 2013, 203 ff.

6 Nach OLG Köln v. 24.9.2009 – 18 U 134/05, ZInsO 2010, 238 („Zusammenfassung einleuchtender Vernunfterwägungen, die bei jeder geplanten Sanierung angestellt werden müssen").

7 Umfassende Hinweise zur Rechtsprechung in Bezug auf Sanierungskonzepte bei *Prütting*, ZIP 2013, 203, 205 ff. – Außer OLG Köln v. 24.9.2009 – 18 U 134/05, ZInsO 2010, 238 = GmbHR 2010, 251 (in Bezug auf das Sanierungsprivileg i.S.v. § 32a Abs. 3 Satz 3 GmbHG a.F. (= § 39 Abs. 4 Satz 2 InsO) ist bemerkenswert vor allem BGH v. 4.12.1997 – IX ZR 47/97, ZIP 1998, 248, 251 (zur Vorsatzanfechtung nach § 133 InsO [n.F.]; durchführbares und schlüssiges Konzept auf der Basis einer tatsächlichen Analyse von Unternehmen [Vermögens-, Ertrags- und Finanzlage] und Insolvenzursachen erforderlich – dort verneint).

8 BGH v. 20.3.1995 – II ZR 205/94 (Girmes), BGHZ 129, 136, 153 f. = AG 1995, 368; eingehend zu den Stimmpflichten von Aktionären bei Sanierungsbeschlüssen *Schäfer* in FS Hommelhoff, 2012, S. 939, 941 ff.

9 BGH v. 19.10.2009 – II ZR 240/08, BGHZ 183, 1–13 = ZIP 2009, 2289, 2291 = GmbHR 2010, 32 Rz. 23 ff.

menkatalog enthält, bei dessen Umsetzung die Insolvenz- bzw. Krisengründe mit überwiegender Wahrscheinlichkeit beseitigt werden und die Gesellschaft finanziell stabilisiert wird, oder anders gewendet: Die Sanierungsprüfung muss (in Verbindung mit dem Konzept) eine **positive Fortbestehensprognose** ergeben (vgl. schon § 34 Rz. 1432).[10] Auch **im Rahmen der Vorsatzanfechtung** (§ 133 InsO) hat sich der BGH wiederholt mit den Anforderungen an Sanierungskonzepte befasst, weil die durch Kenntnis der unzureichenden Liquidität vermittelte Vermutung eines Benachteiligungsvorsatzes durch einen Sanierungsplan widerlegt sein kann. Dieser müsse keinen bestimmten formalen Voraussetzungen genügen, aber ein inhaltlich schlüssiges Konzept zu der Zeit der angefochtenen Handlung enthalten, das von den tatsächlichen Gegebenheiten ausgehe, mindestens in den Anfängen in die Tat umgesetzt sei und die ernsthafte und begründete Aussicht auf Erfolg rechtfertige; die bloße Hoffnung des Schuldners genüge nicht. Bei einem Sanierungsvergleich müssten weiter Art und Zahl der Gläubiger, die erforderliche Quote des Erlasses der Forderungen, die erforderliche Zustimmungsquote und die Behandlung nicht verzichtender Gläubiger festgelegt werden. Ggf. seien Art und Höhe einzuwerbenden frischen Kapitals und die Chance, dieses zu gewinnen, darzustellen.[11] **Nicht eindeutig geklärt** ist in diesem Zusammenhang, ob der **Plan darauf zielen** muss, dass das zu sanierende Unternehmen **wieder eine marktübliche Rendite** erwirtschaftet, was etwa nach IDW S 6 für eine Sanierungsfähigkeit erforderlich ist.[12] Nach der Gegenansicht genügt es für die Sanierungsfähigkeit, wenn die Insolvenzreife beseitigt werden soll.[13] In seiner Grundsatzentscheidung von 2016 hatte der BGH recht allgemein darauf abgestellt, dass das Konzept darauf abzielen müsse, die Rentabilität der unternehmerischen Tätigkeit wiederherzustellen, und dass die Maßnahmen eine positive Fortführungsprognose begründen könnten.[14] In der aktuellen Entscheidung scheint der IX. Senat nun die dauerhafte Abwendung der Insolvenzreife genügen lassen zu wollen, so dass weder ein dauerhafter Fortführungswille noch die Herstellung einer Ertragsfähigkeit erforderlich zu sein scheinen.[15] Man sollte diese Aussagen zwar nicht überbewerten, zumal der Senat das Sanierungskonzept zur Widerlegung des Vorsatzes gerade für unzureichend befand. Dennoch wird man es als offen anzusehen haben, ob es aus Rechtsgründen für die Sanierungsfähigkeit ausreicht, wenn der Plan darauf abzielt, dass die Ansprüche auch künftiger Gläubiger dauerhaft bedient werden können, oder ob er darüber hinaus die Wiederherstellung der Rentabilität vorsehen muss

---

10 *Bork*, ZIP 2011, 101, 107.

11 Zuletzt BGH v. 14.7.2018 – IX ZR 22/15, ZIP 2018, 1794.

12 So etwa *Steffan/Solmecke*, KSI 2018, 5 ff.; zur Auslegung des IDW S 6 s. Mitgliedermagazin IDW Life 12/2016, 1041, 1052.

13 So *Sax/Andersch/Philipp*, ZIP 2017, 710, 712 f.

14 BGH v. 12.5.2016 – IX ZR 65/14, BGHZ 210, 249 = ZIP 2016, 1235.

15 Bei BGH v. 14.7.2018 – IX ZR 22/15, ZIP 2018, 1794 Rz. 12 heißt es: „Die Gründe der angefochtenen Entscheidung lassen aber weder erkennen, welche Verbindlichkeiten gegenüber dem nicht in den Sanierungsplan einbezogenen Großgläubiger konkret bestanden, noch wie diese außerhalb einer Insolvenz hätten befriedigt werden sollen und ob und inwieweit die zugunsten dieses Gläubigers bestehende Sicherheit hätte dazu beitragen können, das Schuldnerunternehmen zu sanieren, die Insolvenzreife also dauerhaft abzuwenden." [Hervorhebung durch Verf.]).

(was betriebswirtschaftlich allemal sinnvoll ist). Einstweilen spricht immerhin einiges dafür, dass ein Sanierungskonzept nicht allein deshalb untauglich ist, weil das bilanzielle Eigenkapital (noch) nicht innerhalb des Planungszeitraums wiederhergestellt werden soll.[16] Das fügt sich auch eher in die noch allgemeineren Aussagen des II. Senats des BGH in gesellschaftsrechtlichen Zusammenhängen (s. oben).

1451 Besondere (= nicht verallgemeinerungsfähige) Voraussetzungen an ein Sanierungskonzept stellt § 270b Abs. 1 Satz 3 InsO für den Antrag auf **Eigenverwaltung im Schutzschirmverfahren**,[17] der wiederum einen frühzeitigen Antrag auf Eröffnung des Insolvenzverfahrens voraussetzt (wg. drohender Zahlungsunfähigkeit oder Überschuldung). Auch hier besteht die materielle Voraussetzung zwar lediglich darin, dass „die **angestrebte Sanierung nicht offensichtlich aussichtslos**" ist (§ 270b Abs. 1 Satz 3 InsO); dies ist aber durch „eine mit Gründen versehene Bescheinigung eines in Insolvenzsachen erfahrenen Steuerberaters, Wirtschaftsprüfers oder Rechtsanwalts oder einer Person mit vergleichbarer Qualifikation" nachzuweisen, aus der sich zugleich ergeben muss, dass die Gesellschaft nicht zahlungsunfähig ist (ohne dass insofern IDW PS 800 einzuhalten wäre).[18] Der Aussteller der Bescheinigung muss unabhängig sein und darf deshalb weder zum (vorläufigen) Sachwalter bestellt werden noch derselben Sozietät angehören.[19] Der Gesetzgeber verlangt aber auch hier – vor allem aus Kostengründen – **kein umfassendes IDW-Gutachten** (nach IDW S 6).[20]

II. Einleitung von Sanierungsmaßnahmen

1452 Selbstverständlich muss der Vorstand nicht nur ein Sanierungskonzept erstellen, sondern die darin vorgesehenen Maßnahmen auch unverzüglich umsetzen. Weil hierzu regelmäßig, namentlich wenn eine externe Kapitalbeschaffung bzw. Beschaffung von Gesellschafterdarlehen nicht in Betracht kommt, auch eine **finanzielle Restrukturierung der Gesellschaft**, insbesondere durch **Kapitalschnitt**, gehören wird, muss der Vorstand zudem dafür sorgen, dass die erforderlichen Beschlüsse (nominelle Herabsetzung + effektive Erhöhung des Grundkapitals) rechtzeitig auf die Tagesordnung einer (ggf.) außerordentlichen Hauptversammlung gesetzt werden; bei dieser Hauptversammlung kann es sich um dieselbe handeln, auf der die Anzeige

---

16 *Sax/Andersch/Philipp*, ZIP 2017, 710, 712 f.

17 Dazu etwa *Brinkmann/Zipperer*, ZIP 2011, 1337 ff.; *Hölzle*, ZIP 2012, 158 ff.; *Hölzle*, ZIP 2012, 855 ff.; *Schelo*, ZIP 2012, 712 ff.; *Schmidt/Linker*, ZIP 2012, 963.

18 Näher *Schmidt/Linker*, ZIP 2012, 963 f.

19 *Hölzle*, ZIP 2012, 158, 162.

20 Begr. RegE ESUG, BT-Drucks. 17/5712, S. 40; näher zum Inhalt der Bescheinigung *Hölzle*, ZIP 2012, 158, 160 ff. mit Hinweis auf die Entwicklung eines speziellen IDW-Standards zur Bescheinigung nach § 270b InsO (sowie zur persönlichen Qualifikation des Ausstellers); aus richterlicher Sicht *Schmidt/Linker*, ZIP 2012, 963 f.; vgl. auch *Kerz*, DStR 2012, 204, 205 ff.; krit. zur befürchteten geringen Begründungstiefe der Bescheinigung und der damit gleichwohl einhergehenden Beschränkung gerichtlicher Erkenntnisquellen auf den Fall der offensichtlichen Aussichtslosigkeit der Sanierung *Brinkmann/Zipperer*, ZIP 2011, 1337, 1344.

nach § 92 Abs. 1 AktG erstattet wird (dazu § 34 Rz. 1435). Wie der BGH in seiner **„Girmes"-Entscheidung** festgestellt hat, dürfen die Aktionäre eine sinnvolle und aussichtsreiche Sanierung aufgrund ihrer Treupflicht nicht blockieren.[21] Der Vorstand (und der Aufsichtsrat) sollten auf eine solche mögliche Blockadesituation sowie auf Abhilfemöglichkeiten des Versammlungsleiters schon bei der Beschlussfeststellung[22] vorbereitet sein. Im Übrigen sind selbstverständlich auch **Maßnahmen der „internen" Sanierung** zu erwägen und, wo sinnvoll, durchzuführen, also etwa im Personalbereich, bei Produktion und Vertrieb etc.[23]

Anders als im GmbH-Recht ist im Aktienrecht für solche internen Maßnahmen (z.B. 1453 Personalabbau, Produktionsverlagerungen, Änderungen bei den Geschäftsfeldern, Aufnahme von Sanierungskrediten) jeweils der (gesamte) **Vorstand** aufgrund seiner Leitungs- und Geschäftsführungsverantwortung (dazu §§ 1, 2) **zuständig**, bedarf zu einzelnen Maßnahmen aber ggf. gem. § 111 Abs. 4 Satz 2 AktG der Zustimmung des Aufsichtsrats (dazu § 27 Rz. 1006). Außerdem muss er dem Aufsichtsrat nach § 90 Abs. 1 Satz 1 Nrn. 1, 3 AktG über die getroffenen Maßnahmen und deren Fortgang berichten bzw. (wenn sich bei der Umsetzung unvorhergesehene Störungen zeigen) den Aufsichtsratsvorsitzenden nach § 90 Abs. 1 Satz 3 AktG hierüber informieren (dazu näher § 25).

Einstweilen frei. 1454–1459

§ 36
Insolvenzantragspflicht und Zahlungsverbote

I. Insolvenzantragspflicht (§ 15a InsO)

1. Insolvenzgründe

a) Zahlungsunfähigkeit

Gem. § 15a Abs. 1 Satz 1 InsO hat der (Gesamt-)Vorstand binnen drei Wochen In- 1460 solvenzantrag zu stellen, wenn die Gesellschaft zahlungsunfähig ist; in der Praxis werden Insolvenzanträge zumeist aus diesem Grund gestellt. Nach § 17 Abs. 2 InsO ist der Schuldner zahlungsunfähig, wenn er nicht in der Lage ist, die fälligen Zahlungspflichten zu erfüllen. Zahlungsunfähigkeit ist in der Regel anzunehmen, wenn der Schuldner seine Zahlungen eingestellt hat. Zahlungsunfähigkeit ist somit der

21 BGH v. 20.3.1995 – II ZR 205/94 (Girmes), BGHZ 129, 136, 153 f. = AG 1995, 368.
22 Dazu eingehend *Schäfer* in FS Hommelhoff, 2012, S. 939, 941 ff., m.w.N.
23 Dazu *K. Schmidt* in K. Schmidt/Uhlenbruck, Die GmbH in Krise, Sanierung und Insolvenz, 5. Aufl. 2016, Rz. 2.16 ff., 2.31 ff.; *Drenckhan*, Gläubigerschutz in der Krise der GmbH, 2006, S. 71 f.; *Bork*, ZIP 2011, 101, 107.

kurzfristig (d.h. binnen 2–3 Wochen) **nicht behebbare Mangel an Zahlungsmitteln.**[1] Die Rechtsprechung beurteilt einen geringfügigen Schuldenrest (weniger als 10 % der fälligen Verbindlichkeiten) als unerheblich, vermutet aber die Zahlungsunfähigkeit widerleglich, wenn mindestens 10 % der (bereits) fälligen Verbindlichkeiten nicht bedient werden können, sofern nicht ausnahmsweise mit an Sicherheit grenzender Wahrscheinlichkeit zu erwarten ist, dass die Liquiditätslücke (fast) vollständig beseitigt wird und den Gläubigern ein Zuwarten nach den besonderen Umständen im Einzelfall zuzumuten ist.[2] Keine Zahlungsunfähigkeit ist die bloße **Zahlungsstockung** (zeitweilige Einstellung einiger Zahlungen)[3] sowie eine sog. **Zeitraum-Illiquidität**, das ist die (zukünftige) Unfähigkeit, die in einem bestimmten Zeitraum fällig werdenden Verbindlichkeiten zu befriedigen; sie ist unter den Begriff der drohenden Zahlungsunfähigkeit gem. § 18 Abs. 2 InsO zu fassen und löst demgemäß keine Antragspflicht aus.[4] Eine drohende Zahlungsunfähigkeit gilt aber als Beweisanzeichen für einen Benachteiligungsvorsatz im Rahmen der Vorsatzanfechtung gem. § 133 InsO.[5]

1461 Hat die Gesellschaft ihre **Zahlungen eingestellt**, könnte der Vorstand die hieran geknüpfte Vermutung der Zahlungsunfähigkeit (§ 17 Abs. 2 Satz 2 InsO) zwar theoretisch widerlegen; in der Praxis dürfte das aber regelmäßig ausscheiden.[6] Liegt keine Zahlungseinstellung vor, so ist genauer zu prüfen, ob die Gesellschaft ihre schon fälligen Verbindlichkeiten erfüllen kann (**Zeitpunktilliquidität**). Nach IDW S 11, der den früheren IDW PS 800 ersetzt und aktuelle Rechtsprechung berücksichtigt,[7] erfolgt die Ermittlung auf Basis eines stichtagsgerechten Liquiditätsstatus und eines daran anknüpfenden Finanzplans. Zeigen diese Instrumente, dass die Gesellschaft dauerhaft (d.h. länger als 3 Wochen) nicht in der Lage sein wird, mindestens 91 % ihrer bis zum Ende dieser Frist fälligen Geldschulden zu erfüllen, so liegt Zahlungsunfähigkeit vor, sofern ein Zuwarten der Gläubiger nicht ausnahmsweise zuzumuten ist (s. Rz. 1460). Bei bereits eingetretener Zahlungsunfähigkeit kommt die Einleitung eines **Schutzschirmverfahrens** nach § 270b InsO **nicht** mehr in Betracht; sie ist nur möglich, wenn der Insolvenzantrag wegen drohender Zahlungsunfähigkeit (dazu sogleich) oder Überschuldung gestellt wurde (s. schon § 35 Rz. 1451, zur Überschuldung näher unter Rz. 1464).

---

1 S. nur *Hüffer/Koch*, § 92 AktG Rz. 8, 11; eingehend *Zabel/Pütz*, ZIP 2015, 912, 914 ff.

2 BGH v. 19.12.2017 – II ZR 88/16, ZIP 2018, 283, 284 = NZG 2018, 343 Rz. 10; BGH v. 24.5.2005 – IX ZR 123/04, BGHZ 163, 134, 139 ff. = NJW 2005, 3062 = GmbHR 2005, 1117; BGH v. 21.6.2007 – IX ZR 231/04, ZIP 2007, 1469, Rz. 37 f. und BGH v. 19.7.2007 – IX ZB 36/07, BGHZ 173, 286 = ZIP 2007, 1666 Rz. 13 ff.

3 Dazu BGH v. 24.5.2005 – IX ZR 123/04, BGHZ 163, 134 = NJW 2005, 3062 = GmbHR 2005, 1117: Wenn Schuldner Liquiditätslücke binnen drei Wochen schließen kann, liegt nur Zahlungsstockung vor, vgl. auch *Knolle/Tetzlaff*, ZInsO 2005, 897.

4 *Hüffer/Koch*, § 92 AktG Rz. 12; *Sailer-Coceani* in K. Schmidt/Lutter, Anh. § 92 AktG Rz. 9.

5 BGH v. 5.12.2013 – IX ZR 93/11, ZIP 2014, 183 = NZG 2014, 273.

6 *Sailer-Coceani* in K. Schmidt/Lutter, Anh. § 92 AktG Rz. 5.

7 Dazu *Zabel/Pütz*, ZIP 2015, 912.

b) Drohende Zahlungsunfähigkeit

Nach § 18 Abs. 2 InsO ist der Vorstand *berechtigt*, nicht aber verpflichtet, schon im Falle einer drohenden Zahlungsunfähigkeit Insolvenzantrag zu stellen; nach § 18 Abs. 3 InsO müssen hierbei die Vertretungsregeln der Gesellschaft beachtet werden, weshalb bei Gesamtvertretungsmacht alle Mitglieder den Antrag zu stellen haben. Drohende Zahlungsunfähigkeit ist gleichbedeutend mit der sog. **Zeitraum-Illiquidität**, bei der auch die noch nicht fälligen, aber in einem bestimmten Zeitraum fällig werdenden Verbindlichkeiten betrachtet werden. Zahlungsunfähigkeit droht also, wenn diese künftig fällig werdenden Verbindlichkeiten voraussichtlich nicht erfüllt werden können.[8] Im Falle drohender Zahlungsunfähigkeit kann der Vorstand die Durchführung eines **Schutzschirmverfahrens** gem. § 270b InsO beantragen, das nicht nur die – durch einen Sachwalter beaufsichtigte – Eigenverwaltung gestattet, sondern den Schuldner, wie einen „starken" vorläufigen Insolvenzverwalter, auch zur Begründung von Masseverbindlichkeiten ermächtigt (§ 270b Abs. 3 InsO). Daneben tritt eine Art **„faktisches Moratorium"**, weil die Nichterfüllung offener Verbindlichkeiten keine unmittelbaren Konsequenzen zeitigt.[9] Ferner kann das Gericht auf Antrag des Schuldners Vollstreckungsverbote und ähnliche Maßnahmen zur Erreichung eines auch rechtlichen Moratoriums anordnen.[10] Hierdurch soll die frühzeitige Erstellung eines Insolvenzplans ermöglicht werden, was innerhalb von maximal drei Monaten zulässig ist (§ 270b Abs. 1 InsO).[11] 1462

Unklar ist, ob der Vorstand im Falle nur drohender Zahlungsunfähigkeit den Insolvenzantrag erst nach **Zustimmung der Hauptversammlung** stellen darf. Im Schrifttum ist dies unter Hinweis auf „Holzmüller"-Grundsätze vertreten worden.[12] Dass freilich die Stellung eines Insolvenzantrags der Ausgliederung wesentlicher Unternehmensteile vergleichbar wäre, will auf den ersten Blick nicht recht einleuchten. Bei Personengesellschaft und GmbH nimmt indessen die mittlerweile wohl h.M. eine Zustimmungspflicht der Gesellschafter unter dem Aspekt des **Grundlagengeschäfts** an, weil der Gesellschaftszweck durch die Antragstellung geändert werde.[13] Hintergrund sind nicht zuletzt die erheblichen Ingerenzrechte der Gesellschaftsgläubiger im **Insolvenzplanverfahren**, in welches die Gesellschaftsanteile grundsätzlich ein- 1463

---

8 Zur Prüfung der drohenden Zahlungsunfähigkeit vgl. BGH v. 5.12.2013 – IX ZR 93/11, ZIP 2014, 183, Rz. 10; BGH v. 22.5.2014 – IX ZR 95/13, ZIP 2014, 941 Rz. 24 ff.

9 Insbes. kann das Schutzschirmverfahren trotz mittlerweile eingetretener Zahlungsunfähigkeit fortgesetzt werden, vgl. *Hölzle*, ZIP 2012, 158, 160.

10 *Hölzle*, ZIP 2012, 158, 162 f.

11 Wg. der Einzelheiten zum Schutzschirmverfahren vgl. die Nachweise in § 35 Rz. 1451 und nachfolgende Fn. Zu möglichen Vorteilen der vorläufigen Eigenverwaltung nach § 270a InsO gegenüber dem Schutzschirmverfahren vgl. etwa *Schelo*, ZIP 2012, 712, 714 f.

12 *Wortberg*, ZInsO 2004, 707 ff.

13 OLG München v. 21.3.2013 – 23 U 3344/12, ZIP 2013, 1121 = GmbHR 2013, 590 (GmbH & Co. KG); *Wertenbruch*, DB 2013, 1592, 1593 ff. und ZIP 2013, 1693, 1703; *Leinekugel/Skauradszun*, GmbHR 2011, 1121, 1121 f. (GmbH); *Schäfer*, ZIP 2013, 2237, 2241; tendenziell weitergehend *Thole*, ZIP 2013, 1937, 1944.

bezogen werden können (§ 225a InsO).[14] Dieser Position ist auch für die AG beizutreten, zumal auch hier die Eröffnung des Insolvenzverfahrens zur **Auflösung der Gesellschaft** führt (§ 262 Abs. 1 Nr. 3 AktG), und die Auflösung, sofern sie nicht erzwungenermaßen erfolgt, Sache der Hauptversammlung ist (§ 262 Abs. 1 Nr. 2 AktG). Aufgrund der erheblichen Gefahren, denen auch Aktionäre im Insolvenzplanverfahren ausgesetzt sind, weil dort prinzipiell jede gesellschaftsrechtlich zulässige Maßnahme durch die Mehrheit der Gläubiger durchgesetzt werden kann (§§ 225a Abs. 3, 245 InsO), sprechen jedenfalls seit Inkrafttreten des **ESUG** auch bei der AG die besseren Gründe für eine Zustimmungsbedürftigkeit des freiwilligen Insolvenzantrags, so dass sich der Vorstand **schadensersatzpflichtig** macht, wenn er nicht vor Antragstellung die Hauptversammlung um Zustimmung bittet.[15]

c) Überschuldung

1464 Zunächst nur bis Ende 2013,[16] seit 5.12.2012 unbefristet,[17] gilt wieder der **zweistufige Überschuldungsbegriff**, der schon bis zur Reform der InsO im Jahre 1999 maßgeblich war. Das Finanzmarktstabilisierungsgesetz 2008 begründete dies damit, dass ökonomisch unbefriedigende Ergebnisse vermieden werden sollen, nämlich Insolvenzverfahren bei Unternehmen, die mit überwiegender Wahrscheinlichkeit auch weiterhin im Markt erfolgreich sein werden.[18] Weil diese Einsicht aber nicht auf die Zeit bis 2013 begrenzt ist, war rechtspolitisch mit Recht gefordert worden, dauerhaft zum zweistufigen Überschuldungsbegriff zurückzukehren.[19] Nachdem auch das Ergebnis einer vom BMJ u.a. beim Mannheimer ZIS in Auftrag gegebenen empirischen (und rechtspolitischen) Studie entsprechend ausgefallen war,[20] versagte sich der Gesetzgeber diesem Ansinnen nicht und entfristete den zweistufigen Begriff schon Ende 2012. Danach muss zur **rechnerischen Überschuldung** stets eine **negative Fortführungsprognose** hinzutreten.[21] Dass der Vorstand allerdings völlig auf einen Überschuldungsstatus verzichten kann, wenn er die Fortführung des Unternehmens

---

14 Dazu nur *Hirte* in Uhlenbruck, 14. Aufl. 2015, § 225a InsO Rz. 40 ff.; und einerseits *Schäfer*, ZIP 2013, 2237 f.; *Schäfer*, ZIP 2014, 2417, 2418 ff.; *Schäfer*, ZIP 2015, 1208, 1209 ff.; andererseits etwa *Seibt/Bulgrin*, ZIP 2017, 353, 357 ff. – alle m.w.N. (zum Fall Suhrkamp).

15 Um die Schadensersatzpflicht ging es auch im Fall von OLG München v. 21.3.2013 – 23 U 3344/12, ZIP 2013, 1121 = GmbHR 2013, 590, der eine Publikums-KG betraf.

16 Aufgrund Gesetz zur Erleichterung der Sanierung von Unternehmen (FMStGÄndG) v. 24.9.2009 (BGBl. I 2009, 3151).

17 Gesetz zur Einführung einer Rechtsbehelfsbelehrung im Zivilprozess und zur Änderung anderer Vorschriften v. 5.12.2012, BGBl. I 2012, 2418.

18 Begr. FraktionsE, BT-Drucks. 16/10600, 21.

19 *K. Schmidt*, DB 2008, 2467, 2470; *W. Müller* in FS Hüffer, 2010, S. 701, 706; *Hüffer/Koch*, § 92 AktG Rz. 13.

20 *Bitter/Hommerich*, Die Zukunft des Überschuldungsbegriffs, 2012; Kurzfassung von *Bitter/Hommerich/Rieß*, ZIP 2012, 1201. Zur Entfristung ferner insbes. *Karsten Schmidt*, ZIP 2013, 485 ff.

21 Zu den maßgeblichen Kriterien hier nur *Karsten Schmidt*, ZIP 2013, 485, 489 ff.; zur Fortführungsprognose aus praktischer Sicht *Fischer*, NZI 2016, 665 sowie *Goette*, DStR 2016, 1684 und DStR 2016, 1752 (s. zu den Anforderungen an ein Sanierungskonzept auch Rz. 1450.

für überwiegend wahrscheinlich hält,[22] erscheint deshalb ausgeschlossen, weil ohne Prüfung des Überschuldungsgrades eine – objektiv nachprüfbare – Aussage über die Fortführung des Unternehmens nur schwer möglich sein wird.[23] Nur wenn **Klarheit über die Finanzlage** des Unternehmens besteht, kann letztlich eine Aussage darüber getroffen werden, ob die Finanzkraft des Unternehmens mittelfristig zur Fortführung des Unternehmens – auf der Basis eines Sanierungskonzepts – ausreichen wird; denn es muss ermittelt werden, ob das Unternehmen mittelfristig wieder in der Lage sein wird, seine gegenwärtigen und künftigen Verbindlichkeiten aus den Erträgen zu bedienen.[24] Um Klarheit zu erlangen, muss der Vorstand daher bei Anzeichen für eine Krise **unverzüglich eine Überschuldungsbilanz** aufstellen, zumal er die Darlegungs- und Beweislast für die positive Fortbestehensprognose trägt.[25]

Die **Überschuldungsbilanz** ist eine **Sonderbilanz** mit eigenen Bewertungsregeln, 1465
nicht lediglich eine um die Eigenkapitalposition bereinigte Jahresbilanz. Eine aus der Jahresbilanz ersichtliche buchmäßige Überschuldung hat demgemäß lediglich indizielle Bedeutung.[26] Bei der Aufstellung gilt das Gebot vorsichtiger Bewertung; bestrittene Forderungen dürfen nicht aktiviert werden.[27] Stille Reserven dürfen hingegen durch Neubewertung aufgelöst,[28] immaterielle Vermögensgegenstände dürfen allgemein aktiviert werden.[29] Eigene Aktien dürfen grundsätzlich angesetzt werden, es sei denn, es ergibt sich eine negative Fortbestehensprognose.[30] Auf der **Passivseite** sind nur die Verbindlichkeiten, nicht auch Grundkapital, Rücklage, Gewinnvortrag oder Jahresüberschuss zu buchen. Sonderposten mit Rücklagenanteil sind um diesen zu kürzen.[31] **Gesellschafterdarlehen** dürfen gem. § 19 Abs. 2, 3 InsO nur bei Nach-

22 So *Hüffer/Koch*, § 92 AktG Rz. 16.

23 Vgl. *Karsten Schmidt*, ZIP 2013, 485, 489: Aus praktischen Gründen ist Überschuldungsbilanz unverzichtbar – jedenfalls für die Unterlegung einer überzeugenden Finanzplanung durch ein Zahlenwerk.

24 *Sailer-Coceani* in K. Schmidt/Lutter, Anh. § 92 AktG Rz. 7; zur Fortführungsprognose s. auch Begr. FraktionsE FMStG, BT-Drucks. 16/10600, 12 f.; BGH v. 13.7.1992 – II ZR 269/91, BGHZ 119, 201, 213 f. = NJW 1992, 2891 = GmbHR 1992, 659; BGH v. 20.3.1995 – II ZR 205/94, BGHZ 129, 136, 154 = NJW 1995, 1739 = AG 1995, 368; zur Dokumentierung der Überlebensfähigkeit auch BGH v. 9.10.2006 – II ZR 303/05, ZIP 2006, 2171 = GmbHR 2006, 1334 Rz. 3, ferner KG v. 1.11.2005 – 7 U 49/05, ZInsO 2006, 437, 438 = GmbHR 2006, 374.

25 BGH v. 9.10.1006 – II ZR 303/05, ZIP 2006, 2171 = GmbHR 2006, 1334, Rz. 3.

26 H.M., vgl. *Hüffer/Koch*, § 92 AktG Rz. 17; *Habersack/Foerster* in Großkomm/AktG, 5. Aufl. 2015, § 92 AktG Rz. 70; *Fleischer* in Spindler/Stilz, 4. Aufl. 2019, § 92 AktG Rz. 58; *Sailer-Coceani* in K. Schmidt/Lutter, Anh. § 92 AktG Rz. 8; *Hüttemann* in FS Karsten Schmidt, 2009, S. 761, 769 f.; abweichend aber *Mertens/Cahn* in KölnKomm/AktG, 3. Aufl. 2010, Anh. § 92 AktG Rz. 15.

27 OLG Hamburg v. 13.10.2017 – 11 U 53/17, ZIP 2017, 2199 = DStR 2017, 2621.

28 BGH v. 20.3.1995 – II ZR 205/94 (Girmes), BGHZ 129, 136, 154 = AG 1995, 368; BGH v. 2.4.2001 – II ZR 261/99, WM 2001, 959, 960; *Hüffer* in FS Wiedemann, 2002, S. 1047, 1057 ff. und *Hüffer/Koch*, § 92 AktG Rz. 18 m.w.N.

29 BGH v. 13.7.1992 – II ZR 269/91, BGHZ 119, 201, 214 = GmbHR 1992, 659; *Sailer-Coceani* in K. Schmidt/Lutter, Anh. § 92 AktG Rz. 8.

30 *Sailer-Coceani* in K. Schmidt/Lutter, Anh. § 92 AktG Rz. 8.

31 *Hüffer/Koch*, § 92 AktG Rz. 19.

rangvereinbarung außer Betracht gelassen werden, sind im Allgemeinen also zu passivieren.[32]

1466 Demgegenüber hatte nach dem **einstufigen Überschuldungsbegriff**, der ursprünglich zum 1.1.2014 wieder in Kraft treten sollte, mittlerweile aber endgültig obsolet ist, die rechnerische Überschuldung genügt. Diese lag gem. § 19 Abs. 2 Satz 1 InsO (i.d.F. 1.1.2001) vor, wenn bei Aufstellung der Überschuldungsbilanz die Aktiva geringer waren als die Passiva (vorige Rz.). Eine positive Fortbestehensprognose war (nur) insofern relevant, als sie den Ansatz von Fortführungswerten erlaubte; überwog die Wahrscheinlichkeit einer Einstellung des Unternehmens, waren Liquidationswerte anzusetzen.[33] Der Vorstand musste daher zunächst eine Fortführungsprognose erstellen, und zwar so schnell wie möglich auf der Grundlage eines aussagefähigen Fortführungskonzepts und eines lege artis aufgestellten Ertrags- und Finanzplans.[34] Positiv war die Prognose, wenn auf dieser Grundlage die Fortführung mindestens für einen Zeitraum von ein bis zwei Jahren wahrscheinlich war.[35]

2. Erfüllung und Verletzung der Antragspflicht

a) Erforderliche Handlungen

1467 Nach § 15a Abs. 1 Satz 1 InsO haben **sämtliche Vorstandsmitglieder** ohne schuldhaftes Zögern, **spätestens aber drei Wochen** nach Eintritt von Zahlungsunfähigkeit oder Überschuldung Insolvenzantrag zu stellen. Die Dreiwochenfrist darf nur ausgenutzt werden, um ernsthafte Sanierungsbemühungen durchzuführen, zu denen der Vorstand verpflichtet ist (§ 34 Rz. 1430), aber auch im Falle solcher Bemühungen nicht überschritten werden.[36] Umstritten ist, ob der **Fristbeginn** erst mit positiver Kenntnis bzw. böswilliger Unkenntnis oder schon mit der bloßen **Erkennbarkeit** der Insolvenzreife beginnt. Auch hinsichtlich der Überschuldung nimmt die wohl h.M. inzwischen letzteres an;[37] bei Eintritt einer – regelmäßig leicht ersichtlichen – Zahlungsunfähigkeit kommt ein vom Vorstand zu führender Gegenbeweis fehlender Erkennbarkeit ohnehin kaum in Betracht.[38] Bei Anzeichen für eine Krise muss der Vorstand daher einen **Überschuldungsstatus** erstellen, zur Beurteilung der Insolvenzrei-

32 Näher *Altmeppen*, NJW 2008, 3601, 3607; *Karsten Schmidt*, BB 2008, 461, 462 f.

33 *Hüffer/Koch*, § 92 AktG Rz. 10a; *Krieger/Sailer-Coceani* in K. Schmidt/Lutter², Anh. § 92 AktG Rz. 7.

34 *Krieger/Sailer-Coceani* in K. Schmidt/Lutter², Anh. § 92 AktG Rz. 7 f.; *Weber/Brügel*, DB 2004, 1923, 1924.

35 BGH v. 13.7.1992 – II ZR 269/91, BGHZ 119, 201, 214 f. = GmbHR 1992, 659.

36 *Sailer-Coceani* in K. Schmidt/Lutter, Anh. § 92 AktG Rz. 10; *Hüffer/Koch*, § 92 AktG Rz. 9, 13; vgl. auch BGH v. 9.7.1979 – II ZR 118/77, BGHZ 75, 96, 108.

37 BGH v. 16.3.2009 – II ZR 280/07, AG 2009, 404, 405; *Habersack/Foerster* in Großkomm/AktG, 5. Aufl. 2015, § 92 AktG Rz. 86; *Fleischer* in Spindler/Stilz, 4. Aufl. 2019, § 92 AktG Rz. 68; *Sailer-Coceani* in K. Schmidt/Lutter, Anh. § 92 AktG Rz. 10; *Hüffer/Koch*, § 92 AktG Rz. 23; a.A. noch BGH v. 9.7.1979 – II ZR 118/77, BGHZ 75, 96, 110 f.; sowie mit unverändert guten Gründen *Mertens/Cahn* in KölnKomm/AktG, 3. Aufl. 2010, Anh. § 92 AktG Rz. 21.

38 *Hüffer/Koch*, § 92 AktG Rz. 23.

fe kann er sich dabei aber auf den Rat sachverständiger Personen verlassen.[39] Richtigerweise beginnt die Dreiwochenfrist erst, nachdem der pflichtgemäß erstellte Überschuldungsstatus die Insolvenzreife ergeben hat; denn anderenfalls könnte die Frist ihr Ziel, Sanierungsbemühungen zu fördern, nicht erreichen.[40] Reagiert der Vorstand pflichtgemäß auf Krisenanzeichen mit Erstellung einer Verschuldungsbilanz, darf mit anderen Worten die hierfür benötigte Zeit nicht zur Fristverkürzung führen. Unterlässt es der Vorstand hingegen, sich Klarheit über die Situation zu verschaffen, so kann ihm dies selbstverständlich nichts nützen. Nur in diesem Sinne ist der Hinweis daher berechtigt, dass die Pflicht zur Antragstellung nicht davon abhängt, dass eine Überschuldungsbilanz aufgestellt wird.[41] Spätestens nach Ablauf von drei Wochen muss der Insolvenzantrag gestellt werden, wenn es nicht gelungen ist, die Überschuldung bis dahin zu beseitigen.[42]

Die Pflicht zur Antragstellung trifft den **Gesamtvorstand**, also sämtliche noch be- 1468
stellten, nach h.M. auch die bloß faktischen (d.h. nicht bestellten, aber nach außen auftretenden) Mitglieder (s. § 15 Abs. 2 InsO).[43] Durch Amtsniederlegung kann sich kein Mitglied den Folgen einer verletzten Antragspflicht entziehen;[44] auch wenn es nach Erlöschen der Organstellung nur noch auf eine rechtzeitige Antragstellung durch die Kollegen hinwirken kann. Beschließt der Vorstand, keinen Antrag zu stellen, so entlastet dies seine einzelnen Mitglieder nicht, zumal nach § 15 Abs. 2 InsO auch jedes einzelne Mitglied antragsberechtigt ist (Zahlungsunfähigkeit oder Überschuldung müssen dann glaubhaft gemacht werden). Vor der eigenen Antragstellung

39 BGH v. 14.5.2007 – II ZR 48/06, NJW 2007, 2118, 2120 = AG 2007, 548; *Sailer-Coceani* in K. Schmidt/Lutter, Anh. § 92 AktG Rz. 10. – Zur Haftung von Steuerberatern wg. unrichtiger Aussagen zur Insolvenzreife s. BGH v. 14.6.2012 – IX ZR 145/11, BGHZ 193, 297 = ZIP 2012, 1353 = GmbHR 2012, 1009 (Einbeziehung des Gesellschafters und des Geschäftsführers in den Schutzbereich eines Vertrags der GmbH mit dem Steuerberater über Prüfung der Insolvenzreife); BGH v. 7.3.2013 – IX ZR 64/12, ZIP 2013, 829 = GmbHR 2013, 543 (keine Pflicht des Steuerberaters zum Hinweis auf Insolvenzreife bei einem steuerberatenden Dauermandat „üblichen Zuschnitts"); und – besonders brisant – BGH v. 6.6.2013 – IX ZR 204/12, ZIP 2013, 1332 = GmbHR 2013, 934 (Haftung auch ohne besonderen Prüfauftrag, sofern fehlerhafte Aussage über „rein bilanzielle" Überschuldung gemacht wird).

40 Jedenfalls insofern zutr. *Mertens/Cahn* in KölnKomm/AktG, 3. Aufl. 2010, Anh. § 92 AktG Rz. 21.

41 BGH v. 3.2.1987 – VI ZR 268/85, BGHZ 100, 19, 22 = NJW 1987, 2433 = GmbHR 1987, 260.

42 OLG Koblenz v. 5.11.2004 – 5 U 875/04, AG 2005, 446, 448; *Hüffer/Koch*, § 92 AktG Rz. 24.

43 Zur Antragspflicht faktischer Organmitglieder BGH v.11.7.2005 – II ZR 235/03, NZG 2005, 816 sowie zuvor schon BGH v. 25.2.2002 – II ZR 196/00, BGHZ 150, 61, 69 (jeweils zur GmbH); a.A. *Mertens/Cahn* in KölnKomm/AktG, 3. Aufl. 2010, Anh. § 92 AktG Rz. 34, die aber zumindest eine Haftung wegen Beihilfe über § 830 Abs. 2 BGB annehmen; nach h.M. ist folgerichtig die verspätete Antragstellung auch für das faktische Organmitglied strafbar gem. § 15a Abs. 4 InsO, vgl. BGH v. 18.12.2014 – 4 StR 323/14, NZG 2015, 246.

44 BayObLG v. 15.6.1999 – 3Z BR 35/99, DB 1999, 1748 = GmbHR 1999, 980; differenzierend *Mertens/Cahn* in KölnKomm/AktG, 3. Aufl. 2010, Anh. § 92 AktG Rz. 26.

muss das Mitglied allerdings regelmäßig versuchen, die Kollegen von der Erforderlichkeit eines Antrags zu überzeugen.[45] Hat ein Vorstandsmitglied den Antrag gestellt, entlastet dies auch die übrigen Mitglieder; denn die Gesellschaft kann den Antrag dann nur noch mit seiner Zustimmung zurücknehmen (arg. § 15 Abs. 1 InsO).[46] Im Falle eines **Gläubigerantrags** erlischt die Antragspflicht des Vorstands erst mit Eröffnung des Verfahrens.[47]

b) Rechtsfolgen bei Pflichtverletzung

1469 Nach § 15a Abs. 4, 5 AktG ist – auch die fahrlässig – verspätete Antragstellung **strafbar**. Hinzu kommt eine zivilrechtliche **Schadensersatzhaftung** nach § 823 Abs. 2 BGB i.V.m. § 15a InsO, und zwar sowohl gegenüber den Altgläubigern (aus der Zeit vor Insolvenzreife) als auch gegenüber denjenigen **Gläubigern**, die erst nach Eintritt der Insolvenzreife mit der Gesellschaft kontrahieren. Während letztere die Vorstandsmitglieder wegen ihres Gesamtausfalls (negatives Interesse) unmittelbar in Anspruch nehmen können,[48] sind erstere auf die Geltendmachung des sog. **Quotenverschlechterungsschadens** beschränkt, für dessen Berechnung die tatsächliche Quote mit derjenigen verglichen wird, die bei rechtzeitiger Antragstellung erreicht worden wäre. Der Anspruch wird als Gesamtgläubigerschaden vom Insolvenzverwalter geltend gemacht, spielt aber in der Praxis wegen Nachweisschwierigkeiten im Verhältnis zur Haftung nach § 92 Abs. 2 AktG (dazu Rz. 1471 ff.) eine nur untergeordnete Rolle. Auch nichtvertragliche Neugläubiger sind auf den Quotenverschlechterungsschaden beschränkt.[49]

1470 **Kein Schutzgesetz** stellt § 15a InsO **gegenüber Aktionären** dar, die ihre Aktien nach Insolvenzreife erworben haben, allerdings steht diesen ein Anspruch aus § 97 WpHG zu, sofern der Vorstand den Insolvenzgrund nicht rechtzeitig mitteilt.[50] Solange der Vorstand die Dreiwochenfrist des § 15a InsO ausnutzen darf (Rz. 1467), ist er aber von der Veröffentlichungspflicht gem. Art. 17 Abs. 4 MAR befreit.[51]

---

45 *Mertens/Cahn* in KölnKomm/AktG, 3. Aufl. 2010, Anh. § 92 AktG Rz. 27; *Spindler* in MünchKomm/AktG, 5. Aufl. 2019, § 92 AktG Rz. 83.

46 *Mertens/Cahn* in KölnKomm/AktG, 3. Aufl. 2010, Anh. § 92 AktG Rz. 31; vgl. auch LG Dortmund v. 19.7.1995 – 20 AktE 10/95, ZIP 1995, 1677 f. = AG 1995, 518; AG Potsdam v. 11.4.2000 – 35 IN 110/00, NZI 2000, 328.

47 BGH v. 28.10.2008 – 5 StR 166/08, NZG 2009, 33, 34 f. = GmbHR 2009, 205.

48 BGH v. 21.10.2014 – II ZR 113/13, ZIP 2015, 267 = NZG 2015, 227; BGH v. 6.6.1994 – II ZR 292/91, BGHZ 126, 181, 197 ff. = GmbHR 1994, 539; BGH v. 30.3.1998 – II ZR 146/96, BGHZ 138, 211 = GmbHR 1998, 594.

49 *Hüffer/Koch*, § 92 AktG Rz. 28 f.; *Sailer-Coceani* in K. Schmidt/Lutter, Anh. § 92 AktG Rz. 12; tendenziell auch BGH v. 25.7.2005 – II ZR 390/03, NZG 2005, 886 = GmbHR 2005, 1425; a.A. *Habersack/Foerster* in Großkomm/AktG, 5. Aufl. 2015, § 92 AktG Rz. 109 ff.; *Fleischer* in Spindler/Stilz, 4. Aufl. 2019, § 92 AktG Rz. 80.

50 Dazu näher *Sailer-Coceani* in K. Schmidt/Lutter, Anh. § 92 AktG Rz. 4.

51 Jeweils zur Vorgängerregelung des § 15 Abs. 3 WpHG zutr. *Hirte*, ZInsO 2006, 1289, 1292; *Sailer-Coceani* in K. Schmidt/Lutter, Anh. § 92 AktG Rz. 4.

II. Zahlungsverbote nach § 92 Abs. 2 AktG

1. Das Zahlungsverbot bei Zahlungsunfähigkeit und Überschuldung (§ 92 Abs. 2 Satz 1, 2 AktG)

a) Tatbestand

Nach Eintritt von Zahlungsunfähigkeit oder Überschuldung darf der Vorstand keine Zahlungen mehr leisten (§ 92 Abs. 2 Satz 1 AktG), es sei denn, sie sind mit der Sorgfalt eines ordentlichen und gewissenhaften Geschäftsleiters vereinbar (§ 92 Abs. 2 Satz 2 AktG). Das Verbot **dient dem öffentlichen Interesse** an einer ordnungsgemäßen Verwertung des Unternehmens und somit vor allem Gläubigerinteressen.[52] Der Begriff der **Zahlung** ist nach h.M. weit zu verstehen;[53] neben Geldleistungen und Einreichen von Kundenschecks auf ein debitorisches Gesellschaftskonto (als Zahlung an die Bank)[54] fallen hierunter auch alle sonstigen die Masse schmälernden Leistungen an einzelne Gläubiger und mithin namentlich auch Warenlieferungen, Dienstleistungen und die Gewährung von Sicherheiten, nicht jedoch die Begründung neuer Verbindlichkeiten, die noch nicht zu einem Liquiditätsabfluss führt und somit keinen unmittelbaren Einfluss auf die Masse hat.[55] Keine Zahlung stellen danach somit Überweisungen von einem **debitorischen Konto** dar (bloßer Gläubigertausch),[56] während die Duldung von Überweisungen Dritter auf ein debitorisches Konto als Zahlung an die Bank gewertet wird. Die besondere Schärfe der hierdurch eintretenden Haftung beruht darauf, dass der BGH im Ansatz isoliert auf **jede einzelne Zahlung** abstellt und es trotz erheblicher Kritik an dem so ausgelösten Haftungsexzess bislang ablehnt, eingehende Zahlungsein- und -ausgänge im maßgeblichen Zeitpunkt ab Insolvenzreife zu saldieren und die Haftung auf den Saldo zu beschränken, also nur den Nettoabfluss zu erfassen (s. noch Rz. 1474). Zwar will auch der BGH in bestimmten Fällen eine „Gesamtschau“ zulassen,[57] gerade im praktisch wohl wichtigsten Fall, dass Ein- und Auszahlungen über ein debitorisches Konto abgewickelt wer- 1471

52 *Hüffer/Koch*, § 92 AktG Rz. 1.

53 Vgl. nur *Hüffer/Koch*, § 92 AktG Rz. 33 und *Sailer-Coceani* in K. Schmidt/Lutter, § 92 AktG Rz. 14, jew. m.w.N.; Nachw. zur Rspr. in den folgenden Fn.

54 BGH v. 29.11.1999 – II ZR 273/98, BGHZ 143, 184, 186 = GmbHR 2000, 182 (GmbH); BGH v. 11.9.2000 – II ZR 370/99, NZG 2000, 1222, 1223; a.A. offenbar *Mertens/Cahn* in KölnKomm/AktG, 3. Aufl. 2010, § 92 AktG Rz. 25, die den Fall der Begründung einer Verbindlichkeit (dazu sogl.) gleichstellen wollen.

55 H.M., vgl. BGH v. 30.3.1998 – II ZR 146/96, BGHZ 138, 211, 217 = GmbHR 1998, 594 (GmbH); *Habersack/Foerster* in Großkomm/AktG, 5. Aufl. 2015, § 92 AktG Rz. 128 ff.; *Mertens/Cahn* in KölnKomm/AktG, 3. Aufl. 2010, § 92 AktG Rz. 25; *Sailer-Coceani* in K. Schmidt/Lutter, § 92 AktG Rz. 14; a.A. *Altmeppen*, ZIP 2001, 2201, 2206 ff. m.w.N.

56 BGH v. 29.11.1999 – II ZR 273/98, BGHZ 143, 184, 187 f. = NJW 2000, 668 = GmbHR 2000, 182; BGH v. 25.1.2010 – II ZR 258/08, ZIP 2010, 470 = GmbHR 2010, 428 Rz. 10.

57 Dazu *Haas* in Baumbach/Hueck, § 64 GmbHG Rz. 70 mit Hinweis u.a. auf BGH v. 25.1.2011 – II ZR 196/09, ZIP 2011, 422, 424 = GmbHR 2011, 367 (keine Haftung wegen Abführung von Steuern und Sozialabgaben, dazu sogleich Rz. 1473); näher zum Unmittelbarkeitserfordernis *Habersack/Foerster*, ZGR 2016, 153, 173 ff.

den, soll dies aber grundsätzlich ausgeschlossen sein.[58] Allerdings scheint der Senat diese Linie in neueren Entscheidungen relativieren zu wollen; danach liegt nämlich trotz Einzug auf ein debitorisches Konto dann keine masseschmälernde Zahlung vor, wenn die eingezogene Forderung bereits vor Insolvenzreife sicherungshalber abgetreten war[59] oder wenn die als Gegenleistung an den Forderungsschuldner gelieferte Ware bereits im Sicherungseigentum der Bank stand,[60] weil er solche Zahlungen wegen der Vorrechte zu Recht als masseneutral ansieht. Außerdem gilt: Fließt infolge der Zahlung eine unmittelbare **Gegenleistung** in die Masse (Leistung gegen Zahlung oder Zahlung gegen Lieferung, sog. „ausgleichender Massezufluss" oder „Aktivtausch"), so ist diese immerhin haftungsmildernd zu berücksichtigen, wobei der zeitliche Zusammenhang zwischen Zu- und Abfluss großzügig gehandhabt wird,[61] wobei freilich Dienstleistungen, weil nicht aktivierbar, nicht berücksichtigt werden.[62] Für die Bewertung des zugeflossenen Gegenstands kommt es auf den Zeitpunkt des Massezuflusses an, der Ausgleich muss also nicht notwendigerweise bei Eröffnung des Insolvenzverfahrens noch (wertmäßig) vorhanden sein.[63] Darüber hinausgehend wird auch die **Darlehensgewährung** (an einen Aktionär) nicht als haftungsauslösend angesehen, sofern ihr ein vollwertiger Rückforderungsanspruch gegenübersteht.[64] Das ist allerdings nicht zweifelsfrei, weil die Gegenleistung naturgemäß nicht liquiditätswirksam wird. Insgesamt hat sich die Rechtsprechung damit den Kritikern im Ergebnis mittlerweile deutlich angenähert, auch wenn sie am Ausgangspunkt noch unverändert festhält (s. noch Rz. 1474). Nach h.M. **beginnt** das Zahlungsverbot nicht erst mit Ablauf der Dreiwochenfrist des § 15a Abs. 1 AktG, sondern schon mit erkennbarem Eintritt der Insolvenzreife.[65]

---

58 Neuerlich bestätigt durch BGH v. 3.6.2014 – II ZR 100/13, ZIP 2014, 1523, 1524 f. = NZG 2014, 1069, 1070 Rz. 16; BGH v. 29.11.1999 – II ZR 273/98, BGHZ 143, 184, 187 f. = NJW 2000, 668 = GmbHR 2000, 182; BGH v. 26.3.2007 – II ZR 310/05, ZIP 2007, 984 = GmbHR 2007, 596; zu Recht kritisch dazu namentlich *Karsten Schmidt*, ZHR 168 (2004), 637, 655 ff.; *Karsten Schmidt*, ZIP 2008, 1401, 1408; *Bitter*, WM 2001, 666, 670 ff.; ähnlich auch *Altmeppen*, ZIP 2001, 2201, 2206; kritisch zur Behandlung von Zahlungen, die über debitorisches Konto abgewickelt werden, auch *Haas* in Baumbach/Hueck, § 64 GmbHG Rz. 70; *Casper* in Ulmer/Habersack/Löbbe, § 64 GmbHG Rz. 106 f.

59 BGH v. 23.6.2015 – II ZR 366/13, BGHZ 206, 52 = NZG 2015, 998.

60 BGH v. 8.12.2015 – II ZR 68/14, NZG 2016, 225 = ZIP 2016, 364.

61 BGH v. 4.7.2017 – II ZR 319/15, ZIP 2017, 1619 = NZG 2017, 1034; ferner BGH v. 14.10.1985 – II ZR 276/84, ZIP 1986, 456, 457 = GmbHR 1986, 113; *Mertens/Cahn* in KölnKomm/AktG, 3. Aufl. 2010, § 92 AktG Rz. 25; *Sailer-Coceani* in K. Schmidt/Lutter, § 92 AktG Rz. 14, tendenziell sogar weitergehend BGH v. 18.3.1974 – II ZR 2/72, NJW 1974, 1088, 1089 = GmbHR 1974, 131 (nur mittelbarer Liquidationszufluss durch Gegenleistung).

62 BGH v. 4.7.2017 – II ZR 319/15, ZIP 2017, 1619, 1621 = NZG 2017, 1034, 1036 Rz. 18.

63 BGH v. 18.11.2014 – II ZR 231/13, BGHZ 203, 218 = AG 2015, 122 = NZG 2015, 149 unter ausdrücklicher Aufgabe von BGH v. 18.10.2010 – II ZR 151/09, ZIP 2010, 2396 Rz. 21.

64 *Karsten Schmidt*, GmbHR 2008, 453; *Niesert/Hohler*, NZI 2009, 345, 349.

65 S. nur BGH v. 16.3.2009 – II ZR 280/07, WM 2009, 851 = AG 2009, 404, Rz. 12; *Hüffer/Koch*, § 92 AktG Rz. 33 m.w.N.; a.A. *Mertens/Cahn* in KölnKomm/AktG, 3. Aufl. 2010, § 92 AktG Rz. 27.

Fraglich ist, wann eine Zahlung **durch den Vorstand** vorliegt, wenn dieser, wie typischerweise, den Leistungsvorgang nicht selbst vorgenommen oder unmittelbar veranlasst hat. Auch wenn dieser Punkt bislang kaum thematisiert wird, kann doch nicht davon ausgegangen werden, dass jedes Mitarbeiterversäumnis zur Haftung des Vorstands führt. Vielmehr sind Zahlungen durch Mitarbeiter dem Vorstand nur dann als eigene zurechenbar, wenn dieser es nach Eintritt der Insolvenzreife versäumt hat, unternehmensweit auf das Zahlungsverbot hinzuweisen und wirksame Kontroll- und Überwachungsmaßnahmen einzurichten.[66] Auch der **BGH** hat in einer neueren Entscheidung betont, dass die persönliche Verantwortung aller Geschäftsführer (in der AG also der Vorstandsmitglieder) für die Einhaltung des Zahlungsverbots arbeitsteiliges Handeln bzw. eine Ressortverteilung auf Geschäftsführungsebene nicht ausschließe, was allerdings eine wirksame Geschäftsverteilungsregel voraussetze, die ihrerseits zu den nicht delegierbaren Leitungsaufgaben gehöre und die Zuständigkeit des Gesamtorgans für Leitungsaufgaben unberührt lassen müsse (dazu im Haftungskontext Rz. 1507 und allgemein Rz. 410 ff., 430 ff.).[67] 1472

Zahlungen, die auch nach Eintritt der Insolvenzreife mit der **Sorgfalt eines ordentlichen** und gewissenhaften **Geschäftsleiters** vereinbar sind (Beweislast beim Vorstand), unterfallen nicht dem Zahlungsverbot (§ 92 Abs. 2 Satz 2 AktG). Abgesehen von den schon erwähnten Zahlungen, die zu gleichwertigen Massezuflüssen führen (Rz. 1471), trifft dies insbesondere auf Zahlungen im Rahmen von Sanierungsbemühungen zur Abwendung der Insolvenz innerhalb der Dreiwochenfrist zu (einschl. Arbeitslöhne, Miete, Wasser und sonstige laufenden Kosten für die Aufrechterhaltung des Betriebs, aber auch Entgelte für die Leistungen von Sanierungsberatern).[68] In Hinblick darauf, dass die Nichtabführung von **Sozialversicherungsbeiträgen** strafbar ist, hat der BGH mittlerweile anerkannt, dass auch Zahlungen an die Sozialkassen auf fällige Forderungen nicht dem Zahlungsverbot unterfallen,[69] so dass die Strafbarkeit nach § 266a StGB (bzw. dessen Anwendung durch die Strafsenate des BGH)[70] letztlich zu einem schwer zu rechtfertigenden Vorabbefriedigungsrecht der Sozialversicherungsträger führt. Ein ähnliches Vorabbefriedigungsrecht soll nach der finanzgerichtlichen Rechtsprechung auch zugunsten des Fiskus in Hinblick auf **Steuerzahlungen** bestehen.[71] Während der BGH dies zunächst mit Recht allgemein zurückgewiesen hatte,[72] hat er in einer späteren Entscheidung zum Verhältnis von 1473

66 Zutr. *Mertens/Cahn* in KölnKomm/AktG, 3. Aufl. 2010, § 92 AktG Rz. 26.

67 BGH v. 6.11.2018 – II ZR 11/17, WM 2019, 265 Rz. 14 ff.

68 *Sailer-Coceani* in K. Schmidt/Lutter, § 92 AktG Rz. 16; *Hüffer/Koch*, § 92 AktG Rz. 34c; s. auch OLG Celle v. 23.12.2003 – 9 U 176/03, ZIP 2004, 1210 f. = GmbHR 2004, 568.

69 BGH v. 15.5.2007 – II ZR 48/06, NJW 2007, 218 = AG 2007, 548; BGH v. 2.6.2008 – II ZR 27/07, ZIP 2008, 1275, = GmbHR 2008, 815 Rz. 7 (anders noch BGH v. 8.1.2001 – II ZR 88/99, BGHZ 146, 264, 274 = AG 2001, 303).

70 BGH v. 30.7.2003 – 5 StR 221/03, BGHSt 48, 307, 310 ff.: Nach Ablauf der Antragsfrist genieße § 266a StGB Vorrang vor dem Zahlungsverbot, so dass abzuführen sei.

71 Vgl. BFH v. 1.8.2000 – VII R 110/99, GmbHR 2000, 1215, 1216 (m.w.N.).

72 BGH v. 8.1.2001 – II ZR 88/99, BGHZ 146, 264, 274 f. = AG 2001, 303; BGH v. 31.3.2003 – II ZR 150/02, ZIP 2003, 1005 f. = GmbHR 2003, 664.

§ 266a StGB und § 92 Abs. 2 AktG[73] hinsichtlich der **Lohnsteuer** *der Arbeitnehmer* ebenfalls ausgesprochen, dass diese ohne Haftungsfolge abgeführt werden könnte. Ob dieser Vorrang auf die (eigenen) Steuerpflichten der Gesellschaft übertragbar ist,[74] erschien zwar nicht zweifelsfrei, weil es (nur) insofern sogar in materieller Hinsicht zu einem Vorabbefriedigungsrecht des Steuerstaates käme. Außerdem stützte sich der Senat zentral auf die gefestigte Rechtsprechung des 5. Strafsenats, angesichts derer man die Organmitglieder nicht einem unauflösbaren Pflichtendilemma aussetzen dürfe; und diese Rechtsprechung bezieht sich allein auf § 266a StGB. Gleichwohl konnte man schon in der Ausgangsentscheidung eine gewisse Tendenz zur Aufgabe der – allerdings unverändert zutreffenden – Annahme erkennen, der insolvenzrechtliche Rang der Steuerschulden rechtfertige keinen Vorrang mit den Mitteln des § 92 Abs. 2 AktG. Diese Aufgabetendenz sieht sich durch eine Entscheidung des BGH bestätigt, welche die Grundsätze mit Blick auf die Bußgeldbewehrung einer Nichtabführung ohne weiteres auf fällige **Umsatzsteuer** bzw. -vorauszahlungen erstreckt.[75] Zu folgen ist dem freilich nicht.

b) Rechtsfolgen bei Verletzung

1474 Verstößt der Vorstand gegen das Zahlungsverbot, haftet er der Gesellschaft gem. § 93 Abs. 3 Nr. 6 AktG auf **Schadensersatz**. Daneben stellt § 92 Abs. 2 AktG nach h.M. ein Schutzgesetz zugunsten der Gläubiger dar, was zu einer Außenhaftung nach § 823 Abs. 2 BGB führen soll,[76] die aber im eröffneten Insolvenzverfahren vom Verwalter geltend zu machen ist (§ 92 InsO).[77] Während richtigerweise nur Ersatz der Masseschmälerung verlangt werden dürfte (gezahlter Betrag bzw. Wert abzgl. Insolvenzquote und in die Masse gelangter und dort verbliebener Gegenleistung, s. schon Rz. 1471),[78] stellt der BGH im Ansatz allein auf den nach Insolvenzreife abgeflossenen Betrag ab und verweist den Vorstand darauf, die abzuziehende Quote gegen den Insolvenzverwalter geltend zu machen; Ansprüche der Masse gegen Dritte seien lediglich an das Vorstandsmitglied abzutreten.[79] Diese inkonsistente Rechtsprechung wird im Schrifttum zu Recht kritisiert.[80] Nach der Rechtsprechung des BGH können die Vorstandsmitglieder auch nicht einwenden, dass der Insolvenzverwalter nach In-

73 BGH v. 14.5.2007 – II ZR 48/06, NJW 2007, 2118, 2120 = AG 2007, 548; in der Folge ebenfalls BGH v. 25.1.2011 – II ZR 196/09, ZIP 2011, 422 = GmbHR 2011, 367, Rz. 17 f. (auch Beitragsrückstände).

74 So *Mertens/Cahn* in KölnKomm/AktG, 3. Aufl. 2010, § 92 AktG Rz. 29; anders anscheinend *Sailer-Coceani* in K. Schmidt/Lutter, § 92 AktG Rz. 16.

75 BGH v. 25.1.2011 – II ZR 196/09, ZIP 2011, 422 = GmbHR 2011, 367 Rz. 12 f.

76 BGH v. 9.7.1979 – II ZR 118/77, BGHZ 75, 96, 107; *Mertens/Cahn* in KölnKomm/AktG, 3. Aufl. 2010, § 92 AktG Rz. 37; *Sailer-Coceani* in K. Schmidt/Lutter, § 92 AktG Rz. 17; differenzierend hinsichtlich der Reichweite des Schutzes *Hüffer/Koch*, § 92 AktG Rz. 41 i.V.m. 26, 29.

77 *Mertens/Cahn* in KölnKomm/AktG, 3. Aufl. 2010, § 92 AktG Rz. 37.

78 S. nur *Hüffer/Koch*, § 92 AktG Rz. 41.

79 BGH v. 8.1.2001 – II ZR 88/99, BGHZ 146, 264, 278 f. = AG 2001, 303; BGH v. 31.3.2003 – II ZR 150/02, NJW 2003, 2316 = GmbHR 2003, 664.

80 S. *Karsten Schmidt*, ZHR 168 (2004), 637, 643; *Sailer-Coceani* in K. Schmidt/Lutter, § 92 AktG Rz. 17.

solvenzrecht (§§ 129 ff. InsO) hätte anfechten können. Das gilt nicht nur, wenn die Anfechtungsfrist abgelaufen ist.[81] Vielmehr soll demnach auch eine noch realisierbare Anfechtung keine Anspruchskürzung rechtfertigen.[82] Wie schon in Rz. 1471 dargestellt, hat sich allerdings die aktuelle Rechtsprechung des II. Senats durch Auflockerung des Unmittelbarkeitserfordernisses und Herausnahme masseneutraler Vorgänge den Kritikern und mithin einer bloßen Masseschmälerungshaftung im Ergebnis deutlich angenähert (dabei zugleich aber auch an Kontur verloren).[83]

2. Das Verbot der Zahlung an Aktionäre (§ 92 Abs. 2 Satz 3 AktG)

a) Tatbestand

Die mit dem MoMiG vom 23.10.2008 eingeführte Insolvenzverursachungshaftung der Vorstandsmitglieder nach § 92 Abs. 2 Satz 3 AktG (i.V.m. § 93 Abs. 3 Nr. 6 AktG) soll die (richterrechtliche) Existenzvernichtungshaftung der Gesellschafter ergänzen[84] und speziell Vermögensverschiebungen an Aktionäre unterbinden, die zur Insolvenz der Gesellschaft führen. **Zahlung** ist im gleichen weiten Sinne zu verstehen wie bei § 92 Abs. 2 Satz 1 AktG (Rz. 1471), und überdies sind auch Leistungen an Dritte einzubeziehen, soweit diese dem Aktionär zurechenbar sind, insbesondere also an konzernzugehörige Gesellschaften, an Treugeber oder Vertreter des Aktionärs.[85] Die Zahlung „musste" zur **Zahlungsunfähigkeit** der Gesellschaft führen (zum Begriff der Zahlungsunfähigkeit s. Rz. 1460). Die Formulierung bringt zum einen zum Ausdruck, dass das Verbot im Vorfeld der Zahlungsunfähigkeit eingreift (es soll diese ja verhindern), zum anderen muss die Zahlung als solche „ohne Hinzutreten weiterer Kausalbeiträge" zur Zahlungsunfähigkeit der Gesellschaft führen,[86] und zwar mit **überwiegender Wahrscheinlichkeit**.[87] Andererseits braucht die Zahlungsunfähigkeit nicht schon im Zeitpunkt der Zahlung einzutreten; vielmehr reicht 1475

81 BGH v. 18.15.1995 – II ZR 277/94, BGHZ 131, 325, 328 ff. = NJW 1996, 850 = GmbHR 1996, 211 (GmbH).

82 BGH v. 8.1.2001 – II ZR 88/99, BGHZ 146, 264, 278 f. = NJW 2001, 1280 = AG 2001, 303; OLG Jena v. 11.12.2001 – 8 U 741/01, NZG 2002, 1116, 1117; OLG Schleswig v. 10.4.2003 – 5 U 62/02, WM 2003, 2473, 2475 ff. (Vorstandsmitgliedern ist die Geltendmachung ihrer Rechte gegen den Insolvenzverwalter vorzubehalten; ggf. können sie entspr. § 255 BGB von der Gesellschaft im Gegenzug die Abtretung von deren Ansprüchen gegen den Empfänger verlangen); a.A. (mit beachtlichen Gründen) *Mertens/Cahn* in KölnKomm/AktG, 3. Aufl. 2010, § 92 AktG Rz. 33; *Habersack/Foerster* in Großkomm/AktG, 5. Aufl. 2015, § 92 AktG Rz. 139; ebenso auch noch OLG Hamm v. 25.1.1993 – 8 U 250/91, GmbHR 1993, 584, 585; OLG Düsseldorf v. 20.6.1985 – 6 U 78/84, AG 1985, 276, 280.

83 *Casper*, ZIP 2016, 793; *Altmeppen*, NZG 2016, 521; *Altmeppen*, ZIP 2017, 1833; *Habersack/Foerster*, ZGR 2016, 153; *Karsten Schmidt*, NZG 2015, 129.

84 Begr. RegE, BT-Drucks. 16/6140, 46 mit Hinweis auf BGH v. 16.7.2007 – II ZR 3/04 (Trihotel), AG 2007, 657.

85 S. nur *Mertens/Cahn* in KölnKomm/AktG, 3. Aufl. 2010, § 92 AktG Rz. 50; *Sailer-Coceani* in K. Schmidt/Lutter, § 92 AktG Rz. 20.

86 Begr. RegE, BT-Drucks. 16/6140, 47.

87 *Sailer-Coceani* in K. Schmidt/Lutter, § 92 AktG Rz. 24 m.w.N.; zu streng (den Anwendungsbereich zu sehr einschränkend) dagegen *Mertens/Cahn* in KölnKomm/AktG, 3. Aufl. 2010, § 92 AktG Rz. 52 (Eintritt der Zahlungsunfähigkeit muss gewiss sein).

es, wenn diese sich klar abzeichnet, einen normalen Verlauf der Ereignisse unterstellt. Außergewöhnliche Ereignisse, die zum Eintritt der Zahlungsunfähigkeit beigetragen haben, mit denen aber im Zahlungszeitpunkt niemand rechnen konnte, bleiben demnach außer Betracht.[88] Der Vorstand muss also auf der Basis der gegenwärtigen Liquiditätssituation im Zahlungszeitpunkt eine Prognose treffen, und zwar über die Folgen der Zahlung und über den gewöhnlichen Verlauf der Dinge. Wenn danach der Eintritt der Zahlungsunfähigkeit überwiegend wahrscheinlich ist, muss die Zahlung unterbleiben.

1476 Nach einer neueren, überzeugend begründeten Entscheidung des BGH[89] zur Parallelnorm des § 64 Satz 3 GmbHG hat das Zahlungsverbot in der Praxis nur einen sehr **schmalen Anwendungsbereich**, weil es danach zum einen an den allgemeinen Begriff der Zahlungsunfähigkeit anknüpft und dieser Begriff auch die noch nicht fälligen, aber demnächst fällig werdenden und durchsetzbaren (einredefreien) Forderungen umfasst (Rz. 1460), und weil zum anderen grundsätzlich auch Forderungen der Gesellschafter in den Status einzubeziehen sind, sofern sie nicht mit einem Rangrücktritt versehen sind oder nicht eingefordert werden.[90] Ist demnach grundsätzlich **jede Forderung bereits im Liquiditätsstatus** zu berücksichtigen, so kann ihre Erfüllung durch den Vorstand die Zahlungsunfähigkeit nicht mehr herbeiführen. Dies kommt vielmehr nur dann in Betracht, wenn Forderungen erfüllt werden, die im Liquiditätsstatus nicht zu berücksichtigen sind, weil sie entweder nicht ernsthaft eingefordert werden oder mit einem Rangrücktritt versehen sind. Ebenso kann die Zahlungsunfähigkeit dadurch herbeigeführt werden, dass infolge der Zahlung eine schon bestehende, aber noch unwesentliche Deckungslücke (<10 %) – durch vollständige Erfüllung – zur wesentlichen Deckungslücke wird.[91] In allen anderen Fällen greift das Verbot nicht. Eine Lücke ist durch diese Interpretation schon wegen des im Falle schon bestehender Zahlungsunfähigkeit eingreifenden Verbots gem. § 92 Abs. 2 Satz 1, 2 AktG nicht zu befürchten. Entschieden hat der BGH überdies, dass das Zahlungsverbot des § 64 Satz 3 GmbHG (= § 92 Abs. 2 Satz 3 AktG) dem Geschäftsführer (Vorstand) ein **Leistungsverweigerungsrecht** gewährt,[92] was man konsequenterweise auf das – gleich strukturierte – Zahlungsverbot nach § 64 Satz 1 GmbHG bzw. § 92 Abs. 2 Satz 1 AktG (Rz. 1471) wird übertragen müssen.

88 *Hüffer/Koch*, § 92 AktG Rz. 39; *Sailer-Coceani* in K. Schmidt/Lutter, § 92 AktG Rz. 22.

89 BGH v. 9.10.2012 – II ZR 298/11, ZIP 2012, 2391 = GmbHR 2013, 31.

90 BGH v. 9.10.2012 – II ZR 298/11, ZIP 2012, 2391 = GmbHR 2013, 31 Rz. 7 ff., 10 ff. In diesem Sinne auch bereits OLG München v. 6.5.2010 – 23 U 1564/10, ZIP 2010, 1236, 1237 = GmbHR 2010, 815; *Altmeppen* in Roth/Altmeppen, § 64 GmbHG Rz. 72; *Verse* in Scholz, § 29 GmbHG Rz. 93, alle m.w.N.; abweich. etwa *Karsten Schmidt* in Scholz, § 64 GmbHG Rz. 77; *Haas* in Baumbach/Hueck, § 64 GmbHG Rz. 129 f.; *Casper* in Ulmer/Habersack/Winter, ErgBd. MoMiG, § 64 GmbHG Rz. 114.

91 Vgl. nur *Strohn*, NZG 2011, 1161, 1169; *Kleindiek* in Lutter/Hommelhoff, § 64 GmbHG Rz. 56, 58; *Haas* in Baumbach/Hueck, § 64 GmbHG Rz. 129 f.

92 BGH v. 9.10.2012 – II ZR 298/11, ZIP 2012, 2391 = GmbHR 2013, 31 Rz. 18.

b) Rechtsfolgen bei Verletzung

Veranlasst der Vorstand eine Zahlung entgegen dem Verbot des § 92 Abs. 2 Satz 3 AktG, macht er sich schadensersatzpflichtig, sofern er nicht gem. § 92 Abs. 2 Satz 2 AktG nachweisen kann, dass ihm die hierdurch wahrscheinlich eintretende Zahlungsunfähigkeit oder die Aktionärseigenschaft des Empfängers nicht erkennbar war.[93] Ein solcher **Entlastungsbeweis** setzt in Bezug auf die Zahlungsunfähigkeit voraus, dass der Vorstand einen ausreichenden Zahlungsplan vorlegen kann, aus dem sich nachvollziehbar die Erwartung ergibt, dass die Liquiditätslage der Gesellschaft den Mittelabfluss gut würde verkraften können, dass also ihre Fähigkeit, die Verbindlichkeiten termingerecht zu erfüllen, nicht in Gefahr geraten würde.[94] Ist die Zahlungsunfähigkeit gleichwohl eingetreten (und gelingt der Entlastungsbeweis nicht), so schulden alle Vorstandsmitglieder, denen die Zahlung zuzurechnen ist (dazu Rz. 1472), **Schadensersatz** (§ 93 Abs. 3 Nr. 6 AktG) und damit insbesondere die Erstattung der ausgezahlten Beträge sowie sämtlicher weiterer Einbußen der Gesellschaft infolge der Zahlungsunfähigkeit.[95] Zum **Verhältnis** dieses Anspruchs **zu Anfechtungsmöglichkeiten des Insolvenzverwalters** vgl. Rz. 1474. Auch allgemein kann das Vorstandsmitglied die Gesellschaft nicht auf etwaige Erstattungsansprüche gegen die Zahlungsempfänger verweisen; vielmehr steht ihm entsprechend § 255 BGB nur das Recht zu, Zug um Zug gegen die eigene Leistung, Abtretung der Ansprüche der Gesellschaft gegen den Empfänger zu verlangen.[96] Bleibt die Gesellschaft trotz der Zahlung wider Erwarten zahlungsfähig, so ändert dies zwar nichts an der Pflichtverletzung (Rz. 1475), lässt aber einen Schaden entfallen, sofern die Gesellschaft aufgrund der Zahlung von einer Verbindlichkeit befreit wird.[97] 1477

III. Vorstandspflichten im eröffneten Insolvenzverfahren (Überblick)

Über die Vorstandspflichten im eröffneten Insolvenzverfahren kann hier nur ein Überblick gegeben werden; der Pflichtenstatus hängt maßgeblich von der jeweiligen Verfahrensart ab. Im **Regelinsolvenzverfahren** geht die Verwaltungs- und Verwertungsbefugnis über das gesamte Gesellschaftsvermögen vom Vorstand auf den Insolvenzverwalter über (§ 80 InsO), der das Vermögen in Besitz nimmt (§ 148 InsO) und eine Vermögensübersicht erstellt (§ 153 InsO). Der Vorstand bleibt als solcher zwar im Amt und nimmt im Insolvenzverfahren auch die Verfahrensrechte und 1478

93 Zum Entlastungsbeweis näher *Mertens/Cahn* in KölnKomm/AktG, 3. Aufl. 2010, § 92 AktG Rz. 56.

94 *Noack*, DB 2006, 1475, 1479; *Knof*, DStR 2007, 1580 ff.

95 *Mertens/Cahn* in KölnKomm/AktG, 3. Aufl. 2010, § 92 AktG Rz. 57; *Sailer-Coceani* in K. Schmidt/Lutter, § 92 AktG Rz. 25.

96 Vgl. BGH v. 8.1.2001 – II ZR 88/99, BGHZ 146, 264, 278 f. = NJW 2001, 1280 = AG 2001, 303; OLG Jena v. 11.12.2001 – 8 U 741/01, NZG 2002, 1116, 1117; OLG Schleswig v. 10.4.2003 – 5 U 62/02, WM 2003, 2473, 2475 ff.

97 *Mertens/Cahn* in KölnKomm/AktG, 3. Aufl. 2010, § 92 AktG Rz. 57.

-pflichten der AG wahr[98] (ohne dass er zum Liquidator i.S.v. § 265 AktG würde),[99] seine Leitungsbefugnis geht jedoch auf den Insolvenzverwalter über, wodurch sich naturgemäß auch seine Pflichtenstellung erheblich verändert.[100] Der Verwalter bedarf deshalb zwar einerseits nicht der Zustimmung der Gesellschaftsorgane für Vermögensverfügungen und wird im Übrigen auch nicht vom Aufsichtsrat überwacht,[101] ist andererseits aber etwa buchführungs- und rechnungslegungspflichtig (§ 155 Abs. 1 Satz 2 InsO). Demgegenüber bleiben sämtliche Kompetenzen in der **„gesellschaftsinternen" Sphäre** erhalten und damit namentlich sämtliche Pflichten im Verhältnis zu Hauptversammlung und Aufsichtsrat, zumal die Hauptversammlung im Rahmen ihrer allgemeinen Kompetenzen zuständig bleibt und daher insbesondere grundsätzlich auch Satzungs- und Strukturänderungen sowie namentlich Kapitalmaßnahmen beschließen kann (und muss).[102] Der Vorstand muss diese Versammlungen so vorbereiten wie außerhalb der Insolvenz;[103] er vertritt die Gesellschaft auch (gemeinsam mit dem Aufsichtsrat) bei Anfechtungs- und Nichtigkeitsklagen von Aktionären, sofern die Masse dadurch nicht nachteilig betroffen ist.[104] Demgemäß bleibt der Vorstand auch bei Anfechtungsklagen gegen Entlastungsbeschlüsse schon deshalb zuständig, weil die Entlastung im Aktienrecht keine Verzichtswirkung hat (§ 120 Abs. 2 Satz 2 AktG). Außerdem obliegen dem Vorstand weiterhin die allgemeinen Mitteilungs- und Meldepflichten (z.B. nach §§ 33 ff. WpHG).[105] Auch für die Zustimmung zur Übertragung vinkulierter Namensaktien bleibt der Vorstand zuständig, sofern diese voll eingezahlt sind.[106] – Für die

---

98 Rechte: z.B. Beschwerdebefugnis gegen Eröffnungsbeschluss gem. § 34 Abs. 2 InsO; Rechte nach § 99 InsO bzw. die Unterrichtungsansprüche gegen Insolvenzverwalter (§§ 158, 160, 161 InsO); Pflichten: z.B. Auskunftserteilung gem. §§ 20, 97 InsO, eidesstattliche Versicherung gem. § 153 Abs. 2 InsO.

99 BGH v. 28.3.1996 – IX ZR 77/95, NJW 1996, 2035.

100 Allgemein zur Kompetenzabgrenzung, jeweils im Anschluss an *Weber*, KTS 1970, 73, 77 ff., der zwischen Verdrängungsbereich (ausschließliche Zuständigkeit des Verwalters), Schuldnerbereich (Organkompetenz bleibt bestehen) und Überschneidungsbereich unterschied, etwa *Hüffer/Koch*, § 264 AktG Rz. 10 und *Koch* in MünchKomm/AktG, 4. Aufl. 2016, § 264 AktG Rz. 43 ff.; *Bachmann* in Spindler/Stilz, § 264 AktG Rz. 17 ff.; s. auch (vor dem Hintergrund des Schutzschirmverfahrens) *Hölzle*, ZIP 2012, 2427, 2428 f.

101 Allgemein etwa *Koch* in MünchKomm/AktG, 4. Aufl. 2016, § 264 AktG Rz. 46; speziell zur Zuständigkeit des Verwalters für ein Delisting vgl. VGH Hess. v. 3.9.2007 – 6 UZ 179/07, AG 2007, 877 = ZIP 2007, 1999.

102 Näheres bei *Koch* in MünchKomm/AktG, 4. Aufl. 2016, § 264 AktG Rz. 71 ff.

103 Für kostenverursachende Folgemaßnahmen (z.B. Saalmiete) ist hingegen der Insolvenzverwalter zuständig, wenn die Kosten aus der Masse beglichen werden sollen, *Koch* in MünchKomm/AktG, 4. Aufl. 2016, § 264 AktG Rz. 69. Eine Abstimmung ist daher unerlässlich.

104 Im letzteren Fall ist der Verwalter prozessführungsbefugt, vgl. *Koch* in MünchKomm/AktG, 4. Aufl. 2016, § 264 AktG Rz. 53, 67.

105 Zu den Vorgängerregelungen der §§ 21 ff. WpHG BVerwG v. 13.4.2005 – 6 C 4.04, BVerwGE 123, 203 = ZIP 2005, 1145; *Rubel*, AG 2009, 615 ff.; *Koch* in MünchKomm/AktG, 4. Aufl. 2016, § 264 AktG Rz. 68.

106 Demgegenüber gehört die Zustimmung teileingezahlter Aktien – wie etwa auch die Änderung der Firma – zum Überschneidungsbereich (Doppelzuständigkeit Verwalter, Vorstand), h.M., vgl. *Koch* in MünchKomm/AktG, 4. Aufl. 2016, § 264 AktG Rz. 78 m.w.N.

Kündigung des Anstellungsverhältnisses (anders als für den Widerruf der Bestellung, für die der Aufsichtsrat kompetent bleibt) ist nicht der Aufsichtsrat, sondern der Verwalter zuständig (s. § 87 Abs. 3 AktG, § 113 Abs. 1 InsO);[107] bis dahin ist die Vergütungsforderung Masseverbindlichkeit gem. § 55 Abs. 1 Nr. 2 InsO.

1479 Grundsätzlich anders stellt sich die Lage bei **Eigenverwaltung** gem. § 270 InsO dar, die seit dem ESUG[108] gem. § 270a InsO auch im Eröffnungsverfahren (als vorläufige Eigenverwaltung), jeweils unter Aufsicht eines (letzterenfalls vorläufigen) Sachwalters (§ 270c InsO), angeordnet werden kann und fester Bestandteil des **Schutzschirmverfahrens** nach § 270b InsO zur Vorbereitung der Sanierung ist (s. schon die Hinweise bei § 35 Rz. 1451). Im Schutzschirmverfahren kann die Gesellschaft selbst den (vorläufigen) Sachwalter benennen; das Gericht darf hiervon nur abweichen, wenn die vorgeschlagene Person „offensichtlich für die Übernahme des Amtes nicht geeignet" ist (§ 270b Abs. 2 Satz 2 InsO). Die Kompetenzen des Vorstands – und damit auch seine Pflichten – bleiben bei der (vorläufigen) Eigenverwaltung also grundsätzlich unberührt, zumal der (vorläufige) Sachwalter nicht befugt ist, die Insolvenzmasse nach den §§ 148 ff. InsO in Besitz und Verwaltung zu nehmen. Schon nach alter Rechtslage sollte der Vorstand (wie ein Insolvenzverwalter) Vermögensverfügungen nach verbreiteter Auffassung auch in „Holzmüller"-Konstellationen ohne Zustimmung der Hauptversammlung durchführen können. Diese (Streit-)Frage war allerdings weniger praktisch als die Beteiligung des Aufsichtsrats im Rahmen eines Zustimmungsvorbehalts gem. § 111 Abs. 4 Satz 2 AktG, für die Entsprechendes gelten sollte.[109] Der Gesetzgeber hat die Position der h.L. durch Einfügung des § 276a InsO im Jahre 2011 bestätigt, wonach der **Aufsichtsrat und die Hauptversammlung keinen Einfluss auf die Geschäftsführung** des Schuldners haben. Die Beschneidung der ohnehin nur eingeschränkten (Geschäftsführungs-)Kompetenz des Aufsichtsrats und der Hauptversammlung ist also geltendes Recht.

1480 Die **Rechtsstellung des Sachwalters** ergibt sich aus §§ 274–285 InsO, ist dort aber nur bruchstückhaft geregelt. Bei der vorläufigen Eigenverwaltung, die auch beim Schutzschirmverfahren eingreift, richtet sich die Rechtsstellung des vorläufigen Sachwalters gem. § 270a Abs. 1 Satz 2 InsO allein nach §§ 274, 275 InsO, so dass die folgenden Ausführungen hier nur mit entsprechender Einschränkung gelten. Nach den §§ 274 ff. InsO werden die laufenden Geschäfte (einschließlich Rechnungslegung, s. § 281 Abs. 3 InsO) vom Schuldner geführt, während der Sachwalter die Geschäftsführung kontrolliert und unterstützt (§ 274 Abs. 2 InsO), zugleich aber exklusiv bestimmte Aufgaben im Gläubigerinteresse wahrnimmt, insbesondere die Führung der Tabelle (§ 270 Abs. 3 Satz 2 InsO) sowie die Anfechtung gläubigerbenachteiligender Handlungen (§ 280 InsO). Obligatorisch ist die Mitwirkung des Sachwalters gem. § 279 Satz 3 InsO nur für die Rechte aus §§ 120, 122, 126 InsO, im

107 *Koch* in MünchKomm/AktG, 4. Aufl. 2016, § 264 AktG Rz. 58.

108 ESUG v. 7.12.2011 (BGBl. I 2011, 2582).

109 So früher etwa *Hüffer* in MünchKomm/AktG, 3. Aufl. 2011, § 264 AktG Rz. 82; *Bachmann* in Spindler/Stilz, § 264 AktG Rz. 14; *Uhlenbruck* in FS Metzeler, 2002, S. 85, 95 ff.; a.A. AG Duisburg v. 1.9.2002 – 62 IN 167/02, ZIP 2002, 1636, 1640; *Kessler*, Die Aktiengesellschaft in der Eigenverwaltung, 2006, S. 221 ff.

Übrigen sieht das Gesetz für die Erfüllungswahl bei gegenseitigen Verträgen gem. §§ 103 ff. InsO lediglich eine „Soll-Mitwirkung“ vor (§ 279 Satz 2 InsO), so dass die Zustimmung des Sachwalters insofern keine Wirksamkeitsvoraussetzung ist.[110] Entsprechend ist gem. § 275 Abs. 1 InsO die Beteiligung des Sachwalters am Abschluss ungewöhnlicher Geschäfte geregelt sowie gem. § 282 Abs. 2 InsO an der Verwertung von Gegenständen, an denen Absonderungsrechte bestehen. Nach § 275 Abs. 2 InsO kann der Sachwalter darüber hinaus aber die gesamte Kassenführung an sich ziehen und damit sämtliche Zahlungsein- und -ausgänge kontrollieren. Seit 2011 ausdrücklich in § 276a Satz 2 InsO geregelt ist, dass die **Abberufung und Neubestellung von Vorstandsmitgliedern** (durch den Aufsichtsrat) nur wirksam ist, wenn der Sachwalter zustimmt. Die Zustimmung ist aber zu erteilen, „wenn die Maßnahme nicht zu Nachteilen für die Gläubiger führt“.

1481 Sofern die Gläubigerversammlung ihm diesen Auftrag erteilt, ist der Sachwalter gem. § 284 Abs. 1 InsO auch für die **Planerstellung** zuständig (die Zuständigkeit zur Planüberwachung gem. § 284 Abs. 2 InsO besteht unabhängig hiervon). Fraglich ist, ob die Gläubigerversammlung auch im Schutzschirmverfahren gem. § 270b InsO (dazu allgemein Rz. 1479) den nur vorläufigen Sachwalter mit der Planerstellung beauftragen kann. Das läge freilich nur bedingt in der Logik eines Verfahrens, das explizit der Vorbereitung einer Sanierung dient, zumal der Schuldner mit dem Antrag auch eine Bescheinigung vorzulegen hat, aus der sich ergibt, dass die „angestrebte Sanierung“ nicht offensichtlich aussichtslos ist. Andererseits ist die Vorlage eines Planentwurfs nicht Antragsvoraussetzung, und in der Praxis dürfte ein ausschließlich vom Schuldner selbst erstellter Plan nicht selten auf Vorbehalte stoßen. Das Gesetz sieht aber ohnehin vor, dass der vorläufige Sachwalter die Planerstellung überwachend zu begleiten hat (§ 274 Abs. 2 InsO). Zweifelhaft ist deshalb, ob der vorläufige Gläubigerausschuss darüber hinaus den vorläufigen Sachwalter auch gem. § 284 Abs. 1 Satz 1 InsO mit der *Erstellung* des Plans beauftragen kann, zumal nicht einmal einem vorläufigen Insolvenzverwalter ein Planinitiativrecht nach § 218 Abs. 1 InsO zukommt.[111] Das Gesetz ist im Grunde eindeutig; denn es erklärt bei der vorläufigen Eigenverwaltung lediglich die §§ 274, 275 InsO für anwendbar. Gleichwohl zu § 284 InsO im Wege „dynamisch-extensiver Auslegung“ zu gelangen,[112] ist daher zumindest methodisch problematisch, darüber hinaus aber (wohl) auch aus sachlichen Gründen abzulehnen.

1482–1499 Einstweilen frei.

110 *Koch* in MünchKomm/AktG, 4. Aufl. 2016, § 264 AktG Rz. 81.
111 *Eidenmüller* in MünchKomm/InsO, 2. Aufl. 2008, § 218 InsO Rz. 179 m.w.N.
112 So *Hölzle*, ZIP 2012, 855, 857 ff.

10. Abschnitt: Haftung des Vorstands

Literaturübersicht zu §§ 37–40: *Altmeppen*, Grenzen der Zustimmungsvorbehalte des Aufsichtsrats und die Folgen ihrer Verletzung durch den Vorstand, in FS Karsten Schmidt, 2009, S. 23; *Bachmann*, Reformbedarf bei der Business Judgment Rule?, ZHR 177 (2013), 1; *Bauer/Arnold/Kramer*, Schiedsvereinbarungen mit Geschäftsführern und Vorstandsmitgliedern, AG 2014, 677; *Baums*, Managerhaftung und Verjährung, ZHR 174 (2010), 593; *Baums*, Gutachten F zum 63. DJT, 2000; *Bayer*, Legalitätspflicht der Unternehmensleitung, nützliche Gesetzesverstöße und Regress bei verhängten Sanktionen, in FS Karsten Schmidt, 2009, S. 85; *Beckmann* in Beckmann/Matusche-Beckmann, Versicherungsrechts-Handbuch, 3. Aufl. 2015, § 28 Rz. 26; *Berger/Scholl*, Materiell- und verfahrensrechtliche Fragen der Haftung von Bankvorständen, ZBB 2016, 237; *Bezzenberger*, Der Vorstandsvorsitzende der Aktiengesellschaft, ZGR 1996, 661; *Bieder*, Grund und Grenzen der Verfolgungspflicht des Aufsichtsrats bei pflichtwidrigem Vorstandshandeln, NZG 2015, 1178; *Bosch/Lange*, Unternehmerischer Handlungsspielraum des Vorstandes zwischen zivilrechtlicher Verantwortung und strafrechtlicher Sanktion, JZ 2009, 225; *Boujong*, Pflicht des Aufsichtsrats zur Geltendmachung von Schadensersatzansprüchen gegen den Aufsichtsrat, DZWiR 1997, 326; *Brommer*, Folgen einer reformierten Aktionärsklage für die Vorstandsinnenhaftung, AG 2013, 121; *Casper*, Hat die grundsätzliche Verfolgungspflicht des Aufsichtsrats i.S. des ARAG/Garmenbeck-Urteils ausgedient?, ZHR 176 (2012), 617; *Dauner-Lieb/Tettinger*, Vorstandshaftung, D&O-Versicherung, Selbstbehalt, ZIP 2009, 1555; *Dietz-Vellmer*, Hauptversammlungsbeschlüsse nach § 119 II AktG – geeignetes Mittel zur Haftungsvermeidung für Organe?, NZG 2014, 721; *Dreher*, Die selbstbeteiligungslose D&O-Versicherung in der Aktiengesellschaft, AG 2008, 429; *Dreher*, Die kartellrechtliche Bußgeldverantwortlichkeit von Vorstandsmitgliedern. Vorstandshandeln zwischen aktienrechtlichem Legalitätsprinzip und kartellrechtlicher Unsicherheit, in FS Konzen, 2006, S. 85; *Dreher*, Die Rechtsnatur der D&O-Versicherung – Der Fremd- und Haftpflichtversicherungscharakter der D&O-Versicherung – Zugleich Besprechung von OLG München vom 15.3.2005 – 5 U 3940/04, DB 2005, 1669; *Dreher*, Der Abschluss der D&O-Versicherungen und die aktienrechtliche Zuständigkeitsordnung, ZHR 165 (2001), 293; *Dreher*, Das Ermessen des Aufsichtsrats – der Aufsichtsrat in der Aktiengesellschaft zwischen Verbandsautonomie und Richterkontrolle, ZHR 158 (1994), 614; *Dreher/Thomas*, Die D&O-Versicherung nach der VVG-Novelle 2008, ZGR 2009, 31; *Druey*, Standardisierung der Sorgfaltspflicht? Fragen zur Business Judgment Rule, in FS Goette, 2011, S. 57; *v. Falkenhausen*, Enthaftung durch Hauptversammlungsbeschluss, NZG 2016, 601; *v. Falkenhausen*, Die Haftung außerhalb der Business Judgment Rule, NZG 2012, 644; *Fest*, Darlegungs- und Beweislast bei Prognoseentscheidungen im Rahmen der Business Judgment Rule, NZG 2011, 540; *Fleischer*, Vergleiche über Organhaftungs-, Einlage- und Drittansprüche der Aktiengesellschaft, AG 2015, 133; *Fleischer*, Verjährung von Organhaftungsansprüchen: Rechtspraxis – Rechtsvergleichung – Rechtspolitik, AG 2014, 457; *Fleischer*, Rechtsrat und Organwalterhaftung im Gesellschafts- und Kapitalmarktrecht, in FS Hüffer, 2010, S. 187; *Fleischer*, Aktuelle Entwicklungen der Managerhaftung, NJW 2009, 2337; *Fleischer*, Kartellrechtsverstöße und Vorstandsrecht, BB 2008, 1070; *Fleischer*, Vorstandspflichten bei rechtswidrigen Hauptversammlungsbeschlüssen, BB 2005, 2025; *Fleischer*, Die „Business Judgment Rule“: Vom Richterrecht zur Kodifizierung, ZIP 2004, 685; *Fleischer*, Zur Verantwortlichkeit einzelner Vorstandsmitglieder bei Kollegialentscheidungen im Aktienrecht, BB 2004, 2645; *Fleischer*, Zum Grundsatz der Gesamtverantwortung im Aktienrecht, NZG 2003, 449; *Fleischer*, Zur Leitaufgabe des Vorstands im Aktienrecht, ZIP 2003, 1; *Foerster*, Beweislastverteilung und Einsichtsrecht bei Inanspruchnahme ausgeschiedener Organmitglieder, ZHR 176 (2012), 221; *Gädtke/Wax*, Konzepte zur Versicherung des D&O-Selbstbehalts – Eine kritische Bestandsaufnahme,

AG 2010, 851; *Gädtke/Wax*, Konzepte zur Versicherung des D&O-Selbstbehalts – Eine kritische Bestandsaufnahme, AG 2010, 851; *Gaul*, Regressansprüche bei Kartellbußen im Lichte der Rechtsprechung und der aktuellen Debatte über die Reform der Organhaftung, AG 2015, 109; *Goette*, Grundsätzliche Verfolgungspflicht des Aufsichtsrats bei sorgfaltswidrig schädigendem Verhalten im AG-Vorstand?, ZHR 176 (2012), 588; *Goette*, Zur ARAG/Garmenbeck-Doktrin, in Liber amicorum *M. Winter*, 2011, S. 153; *Goette*, Gesellschaftsrechtliche Grundfragen im Spiegel der Rechtsprechung, ZGR 2008, 436; *Goette*, Zur Verteilung der Darlegungs- und Beweislast der objektiven Pflichtwidrigkeit bei der Organhaftung, ZGR 1995, 648; *Götz*, Die Pflicht des Aufsichtsrats zur Haftbarmachung von Vorstandsmitgliedern, NJW 1997, 3275; *Grooterhorst*, Die ARAG/Garmenbeck-Prozesse – eine Gesamtschau im Rückblick, ZIP 1999, 1117; *Groß*, Deliktische Außenhaftung des GmbH-Geschäftsführers, ZGR 1998, 551; *Habersack*, 19 Jahre „ARAG/Garmenbeck" – und viele Fragen offen, NZG 2016, 321; *Habersack*, Perspektiven der aktienrechtlichen Organhaftung, ZHR 177 (2013), 782; *Habersack*, Staatliche und halbstaatliche Eingriffe in die Unternehmensführung, Gutachten E zum 69. Deutschen Juristentag 2012, S. 91; *Habersack*, Gesteigerte Überwachungspflichten des Leiters eines „sachnahen" Vorstandsressorts? – Kritische Bemerkungen zum Urteil des VG Frankfurt a.M. vom 8.7.2004 = WM 2004, 2157, WM 2005, 2360; *Habersack/Wasserbäch*, Organhandeln vor Schiedsgerichten, AG 2016, 2; *Happ*, Vom besonderen Vertreter zur actio pro socio – Das Klagezulassungsverfahren des § 148 AktG auf dem Prüfstand, in FS Westermann, 2008, S. 971; *Harbarth/Höfer*, Beginn der Dreijahresfrist des § 93 IV 3 AktG bei nicht abgeschlossener Schadensentstehung, NZG 2016, 686; *Harbarth/Jaspers*, Verlängerung der Verjährung von Organhaftungsansprüchen durch das Restrukturierungsgesetz, NZG 2011, 368; *Hasselbach*, Haftungsfreistellung für Vorstandsmitglieder, NZG 2016, 890; *Heermann*, Wie weit reicht die Pflicht des Aufsichtsrats zur Geltendmachung von Schadensersatzansprüchen gegen Mitglieder des Vorstands?, AG 1998, 201; *v. Hein*, Vom Vorstandsvorsitzenden zum CEO?, ZHR 166 (2002), 464; *Heinrich*, Wann machen Schiedsklauseln in Gesellschaftsverträgen Sinn und worauf ist dabei zu achten?, NZG 2016, 1406; *Hellgardt*, Die deliktische Außenhaftung von Gesellschaftsorganen für unternehmensbezogene Pflichtverletzungen, WM 2006, 1514; *Hellwig*, Die Finanzkrise – Fragen und Anmerkungen, in FS Maier-Reimer, 2010, S. 201; *Hemeling* in Verhandlungen des 69. DJT, 2012, Bd. II, S. N 31; *Hemeling*, Organisationspflichten des Vorstands zwischen Rechtspflicht und Opportunität, ZHR 175 (2011), 368; *Henssler* in Henze/Hoffmann-Becking, Gesellschaftsrecht, 2001, S. 131; *Henze*, Pünktlich zur Hauptversammlungssaison: ein Rechtsprechungsüberblick zu Informations- und Auskunftsrechten, BB 2002, 893; *Herresthal*, Die Wirksamkeit von Schiedsabreden mit Vorständen und Geschäftsführern bei Organhaftungsstreitigkeiten, ZIP 2014, 345; *Horn*, Die Haftung des Vorstands der AG nach § 93 AktG und die Pflichten des Aufsichtsrats, ZIP 1997, 1129; *Ihlas*, Directors & Officers Liability, 2. Aufl. 2009, S. 656; *Ihrig*, Reformbedarf beim Haftungstatbestand des § 93 AktG, WM 2004, 2098; *van Kann*, Zwingender Selbstbehalt bei der D&O-Versicherung – Gut gemeint, aber auch gut gemacht? – Änderungsbedarf an D&O-Versicherungen durch das VorstAG, NZG 2009, 1010; *Kerst*, Haftungsmanagement durch die D&O-Versicherung nach Einführung des aktienrechtlichen Selbstbehaltes in § 93 Abs. 2 Satz 3 AktG, WM 2010, 594; *Kerst*, Industrieversicherung D&O-Selbstbehalt: Klare Antworten auf bohrende Fragen, Versicherungswirtschaft 2010, 102; *Kindler*, Vorstands- und Geschäftsführerhaftung mit Augenmaß – Über einige neuere Grundsatzentscheidungen des II. Zivilsenats des BGH zu §§ 93 AktG und 43 GmbHG in FS Goette, 2011, S. 231; *Kindler*, Unternehmerisches Ermessen und Pflichtbindung, ZHR 162 (1998), 101; *Kleindiek*, Deliktshaftung und juristische Person, 1997, S. 374; *Kling*, Der besondere Vertreter im Aktienrecht, ZGR 2009, 190; *Koch*, Regressreduzierung im Kapitalgesellschaftsrecht – eine Sammelreplik, AG 2014, 513; *Koch*, Beschränkung der Regressfolgen im Kapitalgesellschaftsrecht, AG 2012, 429; *Koch*, Beschränkungen des gesellschaftsrechtlichen Innenregresses bei Bußgeldzahlungen, in Liber amicorum *M. Winter*, 2011, S. 327; *Koch*, Einführung eines obligatorischen Selbstbehalts in der D&O-Versicherung durch das VorstAG, AG 2009, 637; *Koch*, Keine Ermessensspielräume bei der Entscheidung über die Inanspruchnahme von Vorstandsmitgliedern, AG 2009, 93; *Koch*, Aktuelle und zukünftige Entwicklungen in der D&O-Versicherung, WM 2007, 2173; *Koch*, Das Gesetz zur Unternehmensintegrität und Modernisierung des Anfechtungsrechts (UMAG), ZGR 2006, 769; *Kocher*, Zur Haftung der Organmitglieder einer kapitalsuchenden Gesellschaft gegenüber Anlegern aus culpa in contrahendo, BB 2008, 1980; *Kocher/Lönner*, Anforderungen an Bestimmtheit und Verdachtsmomente bei Beschlüssen über die Bestellung eines besonderen Vertreters nach § 147 AktG, ZIP 2016, 653; *Krebs*, BGH: Zustimmungserfordernis der Hauptversammlung bei Übernahme der einem Vorstandsmitglied auferlegten Geldbuße durch die Gesellschaft, BB 2014, 2509; *Lange*, Die Selbstbehaltsvereinbarungspflicht gem. § 93 Abs. 2 S. 3 AktG n.F., VersR 2009, 1011; *Leuering*, Organhaftung und Schiedsverfahren, NJW 2014, 657; *Lutter*, Zur Durchsetzung von Schadensersatzansprüchen gegen Organmitglieder, in FS Uwe H. Schneider, 2011, S. 763; *Mayer*, Die aktienrechtliche Organhaftung – Reform durch juristische Methodik oder gesetzgeberisches Handeln?, NZG 2014, 1208; *Medicus*, Deliktische Außenhaftung der Vorstandsmitglieder und Geschäftsführer, ZGR 1998, 570; *Mock*, Informationsbeschaffung durch den besonderen Vertreter, ZHR 181 (2017), 688; *Mock*, Berichts-, Auskunfts- und Publizitätspflichten des besonderen Vertreters, AG 2008, 839; *Notthoff*, Rechtliche Fragestellungen im Zusammenhang mit dem Abschluss einer Director's & Officer's-Versicherung – Effektiver Schutz von Vorständen und Aufsichtsräten gegen Haftungsrisiken, NJW 2003, 1350; *Oechsler*, Die Haftung der Vorstandsmitglieder für verbotene Ausschüttungen zwischen Kontrollübernahme und Verschmelzung – Zum Einfluss der verschmelzungsbedingten Universalsukzession auf den Anspruch aus § 93 Abs. 3 Nr. 1 AktG, in FS Hüffer, 2010, S. 735; *Paefgen*, Die Darlegungs- und Beweislast bei der Business Judgment Rule, NZG 2009, 891; *Paefgen*, Die Inanspruchnahme pflichtvergessener Vorstandsmitglieder als unternehmerische Ermessensentscheidung des Aufsichtsrats, AG 2008, 761; *Paefgen*, Dogmatische Grundlagen, Anwendungsbereich und Formulierung einer Business Judgment Rule im künftigen UMAG, AG 2004, 245; *Pammler*, Die gesellschaftsfinanzierte D&O-Versicherung, 2006, S. 47; *Peltzer*, Mehr Ausgewogenheit bei der Vorstandshaftung, in FS Hoffmann-Becking, 2013, S. 861; *Peltzer*, Das Zulassungsverfahren nach § 148 AktG wird von der Praxis nicht angenommen! Warum? Was nun?, in FS Uwe H. Schneider, 2011, S. 953; *Redeke*, Zur Verlängerung der Verjährungsfristen für Organhaftungsansprüche, BB 2010, 910; *Reichert*, „ARAG/Garmenbeck" im Praxistest, ZIP 2016, 1189; *Reichert*, Das Prinzip der Regelverfolgung von Schadensersatzansprüchen nach „ARAG/Garmenbeck" – eine kritische Würdigung, in FS Hommelhoff, 2012, S. 907; *Schäfer*, Die Binnenhaftung von Vorstand und Aufsichtsrat nach der Renovierung durch das UMAG, ZIP 2005, 1253; *K. Schmidt*, Keine Haftung bei Insolvenzverschleppung für ausgefallene Beiträge zur Sozialversicherung, ZIP 2003, 1715; *Schmolke*, Die Aktionärsklage nach § 148 AktG, ZGR 2011, 398; *Uwe H. Schneider*, Die Haftung von Mitgliedern des Vorstands und der Geschäftsführer bei Vertragsverletzungen der Gesellschaft in FS Hüffer, 2010, S. 905; *Uwe H. Schneider*, „Unternehmerische Entscheidung" als Anwendungsvoraussetzung für die Business Judgment Rule, DB 2005, 707; *Uwe H. Schneider*, Unentgeltliche Zuwendungen durch Unternehmen, AG 1983, 205; *Schnorbus/Klormann*, Verzicht des Vorstands auf die Einrede der Verjährung nach § 93 VI AktG und die Verfolgungspflicht des Aufsichtsrats nach ARAG/Garmenbeck, NZG 2015, 938; *Scholz/Weiß*, Schiedsverfahren zur Vermeidung der Vorstandshaftung?, AG 2015, 523; *Schöne/Petersen*, Regressansprüche gegen (ehemalige) Vorstandsmitglieder – quo vadis?, AG 2012, 700; *Schulze/Koch*, Industrieversicherung: Die Versicherung der obligatorischen Selbstbeteiligung in der D&O, Versicherungswirtschaft 2010, 424; *Seibert*, Aktionärsforum und Aktionärsforumsverordnung nach § 127a AktG, AG 2006, 16; *Seibt*, Die Reform des Verfolgungsrechts nach § 147 AktG und des Rechts der Sonderprüfung, WM 2004, 2137; *Seibt/Saame*, Geschäftsleiterpflichten bei der Entscheidung über D&O-Versicherungsschutz, AG 2006, 901; *Spindler*, Schiedsfähigkeit von Vorstandsverträgen und Haftungsansprüchen, in FS Baums, 2017, S. 1205; *Streck/Mack/Schwedhelm*, AG 2002, 287 zu BMF v. 24.1.2002 – IV C 5 - S 2332 – 8/02; *Thole*, Managerhaftung für Gesetzesverstöße, ZHR 173 (2009), 504; *Thomas*,

Haftpflichtrechtliche Verjährungsverlängerung und D&O-Deckung, AG 2016, 473; *Thümmel*, Organhaftung nach dem Referentenentwurf des Gesetzes zur Unternehmensintegrität und Modernisierung des Anfechtungsrechts (UMAG) – Neue Risiken für Manager?, DB 2004, 471; *Thümmel*, Zu den Pflichten des Aufsichtsrats bei der Verfolgung von Haftungsansprüchen gegenüber dem Vorstand der AG, DB 1997, 1117; *Thüsing/Traut*, Angemessener Selbstbehalt bei D&O-Versicherungen – Ein Blick auf die Neuerungen nach dem VorstAG, NZA 2010, 140; *Ulmer*, Strikte aktienrechtliche Organhaftung und D&O-Versicherung – zwei getrennte Welten?, in FS Canaris, 2007, S. 451; *Ulmer*, Haftungsfreistellung bis zur Grenze grober Fahrlässigkeit bei unternehmerischen Fehlentscheidungen von Vorstand und Aufsichtsrat?, DB 2004, 859; *Ulmer*, Die Aktionärsklage als Instrument zur Kontrolle des Vorstands- und Aufsichtsratshandelns, ZHR 163 (1999), 290; *Verhoeven*, Der Besondere Vertreter nach § 147 AktG: Erwacht ein schlafender *Riese*?, ZIP 2008, 245; *Verse*, Organwalterhaftung und Gesetzesverstoß, ZHR 168 (2006), 398; *E. Vetter*, Aktienrechtliche Probleme der D & O Versicherung, AG 2000, 453; *J. Vetter*, Reformbedarf bei der Aktionärsklage nach § 148 AktG?, in FS Hoffmann-Becking, 2013, S. 1317; *Weller*, Die Existenzvernichtungshaftung im modernisierten GmbH-Recht – eine Außenhaftung für Forderungsvereitelung (§ 826 BGB), DStR 2007, 1166; *v. Werder*, Wirtschaftskrise und persönliche Managementverantwortung: Sanktionsmechanismen aus betriebswirtschaftlicher Sicht, ZIP 2009, 500; *Westermann*, Der besondere Vertreter im Aktienrecht, AG 2009, 237; *Wirth*, Der „besondere Vertreter" nach § 147 Abs. 2 AktG – Ein neuer Akteur auf der Bühne?, in FS Hüffer, 2010, S. 1129; *Wolf*, Wider eine Misstrauenspflicht im Kollegialorgan „Vorstand", VersR 2005, 1042.

§ 37
Gesamtverantwortung

I. Grundlagen

1. Haftungsgrundlagen und Grundlagen der Gesamtverantwortlichkeit

1500 Nach § 93 Abs. 2 Satz 1 AktG haften Vorstandsmitglieder, die ihre Pflichten (Sorgfalts- oder Treupflichten, dazu § 38) verletzen, der Gesellschaft auf Ersatz des daraus entstandenen Schadens (sog. Binnenhaftungskonzept). Das in §§ 76, 77 AktG verankerte Prinzip der Gesamtverantwortung des Vorstands, das hier nur hinsichtlich seiner haftungsrechtlichen Auswirkungen interessiert, darf nicht dahin missverstanden werden, dass jedem Vorstandsmitglied die Pflichtverletzung seiner Kollegen ohne Weiteres zuzurechnen wäre. Im Gegenteil sind die allgemeinen Zurechnungsnormen des Zivilrechts (§§ 31, 278, 831 BGB) auf das Verhältnis der Vorstandsmitglieder untereinander nicht anwendbar. Es gilt unstreitig, dass jedes Vorstandsmitglied **nur für die eigene Pflichtverletzung** einzustehen hat.[1] Nichts anderes lässt sich aus der in § 93 Abs. 2 Satz 1 AktG angeordneten gesamtschuldnerischen Haftung herleiten (dazu näher unter Rz. 1511); denn Voraussetzung hierfür bleibt die

1 S. nur *Mertens/Cahn* in KölnKomm/AktG, 3. Aufl. 2010, § 93 AktG Rz. 48; *Hüffer/Koch*, § 93 AktG Rz. 43; *Löbbe/Fischbach*, AG 2014, 717.

eigene Haftung und damit die eigene Pflichtverletzung: Nur wer haftet, haftet als Gesamtschuldner. Andererseits kann sich der Vorstand nach ständiger Rechtsprechung **nicht** mit der Begründung auf ein **Mitverschulden der Gesellschaft** berufen, dass ihn der Aufsichtsrat hätte besser kontrollieren und den Schadenseintritt dadurch verhindern können.[2] Der BGH betont grundsätzlich zu Recht, dass jedes Organmitglied der Gesellschaft selbst für die Erfüllung seiner Pflichten verantwortlich sei. Ein Vorstandsmitglied kann sich demnach **weder auf eine Aufsichtspflichtverletzung des Aufsichtsrats noch anderer Vorstandsmitglieder** berufen, um ein Mitverschulden der Gesellschaft zu begründen. Der apodiktische Ausschluss des Mitverschuldenseinwands vermag zwar in der GmbH nicht zu überzeugen; vielmehr sind hier durchaus Konstellationen denkbar, bei denen vieles dafür spricht, dass sich die Gesellschaft ein Verschulden der Gesellschafterversammlung anrechnen lassen muss.[3] Bei dem – in Geschäftsführungsangelegenheiten nicht weisungsbefugten – Aufsichtsrat der AG kommt dies aber nicht in Betracht.[4]

Im Übrigen ergeben sich aus dem Prinzip der Gesamtverantwortung indirekt eigen- 1501
ständige Pflichten der einzelnen Vorstandsmitglieder: Sie zeigen sich insbesondere bei einer Ressortverteilung. Mit der (zulässigen) **Delegation** einer Aufgabe an ein Ressortmitglied endet die Verantwortlichkeit nicht; jedes einzelne Vorstandsmitglied bleibt für die Auswahl des „Delegierten" ebenso persönlich (mit-)verantwortlich wie für dessen Überwachung. Eine Ressortaufteilung führt also nicht zur völligen Entbindung von Organpflichten (näher dazu unter Rz. 1507 ff.).

Die Frage der Gesamtverantwortung kann sich aber auch bei den zwingenden **Ge- 1502
meinschaftsaufgaben** – also bei Leitungsentscheidungen i.S.v. § 76 AktG – stellen, hier jedoch in anderer Weise: Wo notwendig sämtliche Mitglieder des Vorstands an der Willensbildung des Gesamtorgans mitwirken müssen, geht es vor allem um die Haftung derjenigen, die an konkreten **Entscheidungen nicht teilgenommen oder gegen sie gestimmt** haben. Ferner können auch zwingende Gemeinschaftsaufgaben, namentlich die gesetzlichen Pflichtaufgaben des Vorstands (z.B. im Rahmen der Rechnungslegung, dazu § 23), zur Vorbereitung auf einzelne Vorstandsmitglieder übertragen werden, während die Entscheidung als solche zwingend beim Gesamtgremium verbleibt. In abgewandelter Form stellt sich deshalb auch hier die Frage, ob dies zur Reduktion der Verantwortlichkeit der übrigen Mitglieder führt. Hierauf ist sogleich unter Rz. 1503 näher einzugehen.

---

2 BGH v. 20.11.2014 – III ZR 509/13, NZG 2015, 38, 39 f. (zur Stiftung) mit zust. Anm. *Segna*, ZIP 2015, 1561; zuvor bereits BGH v. 14.3.1983 – II ZR 103/82, GmbHR 1983, 300, 301; BGH v. 14.2.1985 – IX ZR 145/83, AG 1985, 165 = ZIP 1985, 529; kritisch zu dieser „rigorosen" Rechtsauffassung aus GmbH-rechtlicher Sicht *Bayer/Scholz*, GmbHR 2016, 841.

3 *Bayer/Scholz*, GmbHR 2016, 841, 843 ff.

4 In diesem Sinne auch *Bayer/Scholz*, GmbHR 2016, 841, 850 f.; vgl. ferner *Hüffer/Koch*, § 93 AktG Rz. 57; a.A. *Habersack* in MünchKomm/AktG, 5. Aufl. 2019, § 116 AktG Rz. 78; *Segna*, ZIP 2015, 1561, 1566 f.

2. Gesamtverantwortung bei Gemeinschaftsaufgaben

a) Einführung

1503 Im Folgenden geht es um die Haftung bei Erfüllung der – nicht delegierbaren – Leitungsaufgaben, zu denen auch alle gesetzlich dem Vorstand zugewiesenen Aufgaben gehören. Die Details hierzu sind in § 1 (Rz. 5, 15) und § 16 (Rz. 414 ff.) dargestellt. Soweit der Vorstand als Gesamtgremium zu entscheiden hat, erfolgt dies (bei mehreren Mitgliedern) im **Beschlusswege** (zur Willensbildung näher § 18). Ein besonderes Quorum zur Beschlussfähigkeit ist nur erforderlich, wenn die Geschäftsordnung dies verlangt (§ 18 Rz. 507). In diesem Rahmen kann es also geschehen, dass sich einzelne Vorstandsmitglieder nicht an einer Entscheidung beteiligt haben, mit denen der Vorstand – und damit seine Mitglieder je persönlich – seine Pflichten gegenüber der Gesellschaft verletzt. Dann stellt sich die Frage, ob diese Mitglieder wegen der Gesamtverantwortung gleichwohl zur Rechenschaft gezogen werden können. Sofern der Vorstand durch Mehrheitsbeschluss entscheidet – dies ist kraft Gesetzes für die Entscheidung über die Einberufung der Hauptversammlung der Fall (§ 121 Abs. 2 Satz 1 AktG), im Übrigen sofern Satzung oder Geschäftsordnung es vorsehen (vgl. § 77 Abs. 1 Satz 2 AktG und dazu § 18 Rz. 512 f.) – stellt sich die gleiche Frage hinsichtlich solcher Mitglieder, die gegen die fragliche Entscheidung gestimmt oder sich enthalten haben. Sie werden hier als **„überstimmte Mitglieder“** zusammengefasst (dazu unter Rz. 1504). – Außerdem ist fraglich, inwiefern die Vorstandsmitglieder auf Entscheidungsvorlagen vertrauen dürfen, mit deren Erstellung einzelne Mitglieder beauftragt worden sind (dazu unter Rz. 1505). Endlich kann man fragen, welche Pflichten die verbleibenden Vorstandsmitglieder im Falle einer Unterbesetzung treffen, sofern diese (nach h.M.) zur Handlungsunfähigkeit des Vorstands führt (dazu § 7 Rz. 107 f.).

b) Pflichten des überstimmten Vorstandsmitglieds

1504 Wer **gegen** eine pflichtwidrige Maßnahme **stimmt** oder sich der Stimme **enthält**,[5] ist damit noch nicht frei von jeder Haftung. Ist der Beschluss gesetz- oder satzungswidrig, wird vielmehr auch dem Überstimmten angesonnen, angemessene Versuche zu unternehmen, um seine Kollegen auf den rechten Weg zurückzubringen.[6] Zu den zumutbaren Maßnahmen gehören jedenfalls **Gegenvorstellungen** gegenüber den Kollegen, bei evidenter Rechtswidrigkeit auch Appelle an den Aufsichtsrat, nicht jedoch die Einschaltung Dritter bzw. der Öffentlichkeit oder gar Anzeigen bei Behörden.[7] Entgegen einer verschiedentlich geäußerten Ansicht des BFH[8] ist ein überstimmtes

---

5 Dazu *Spindler* in MünchKomm/AktG, 5. Aufl. 2019, § 93 AktG Rz. 191: Enthaltung entbindet nicht von Haftung.

6 BGH v. 6.7.1990 – 2 StR 549/89, BGHSt 37, 106, 131 f. = NJW 1990, 2560; *Mertens/Cahn* in KölnKomm/AktG, 3. Aufl. 2010, § 77 AktG Rz. 50.

7 *Mertens/Cahn* in KölnKomm/AktG, 3. Aufl. 2010, § 77 AktG Rz. 50; *Hüffer/Koch*, § 77 AktG Rz. 15a („notfalls durch Information des AR“).

8 BFH v. 25.4.1989 – VII S 15/89, BFH/NV 1989, 757; BFH v. 9.1.1996 – VII B 189/95, BFH/NV 1996, 589; BFH v. 12.10.1999 – VII B 54/99, GmbHR 2000, 395, 398.

Mitglied zwar berechtigt,[9] nicht aber verpflichtet, bei Versagen der erforderlichen Maßnahmen zurückzutreten, um eigener Haftung zu entgehen.[10] Vorstandsmitglieder, die – wegen Verhinderung oder dergleichen – an der fraglichen Beschlussfassung **nicht mitgewirkt** haben, bleiben dennoch verpflichtet, den gefassten Beschluss eigenständig zu prüfen und ggf. die beschriebenen Maßnahmen zur Unterbindung seiner Ausführung zu treffen, zu denen hier auch ein Hinwirken auf erneute Beschlussfassung gerechnet werden kann.[11]

c) Reduktion der Verantwortlichkeit durch delegierte Vorbereitung?

Insbesondere in Bezug auf Rechnungslegungspflichten hat die Rechtsprechung wiederholt entschieden, dass die (zulässige)[12] Delegation auf einzelne Vorstandsmitglieder zu Zwecken der Entscheidungsvorbereitung **nicht zur Entlastung** der übrigen Mitglieder führt;[13] das gilt namentlich auch, soweit es um die Vorbereitung eines Insolvenzantrags nach § 15a InsO geht.[14] Die (übrigen) Vorstandsmitglieder bleiben zur Überprüfung, ob die Entscheidungsgrundlage lege artis angefertigt wurde, eigenständig verpflichtet. 1505

d) Pflichten bei Unterbesetzung des Vorstands

Sofern der Vorstand infolge Unterbesetzung nicht handlungsfähig ist (§ 1 Rz. 26), was allerdings durch geschickte Formulierung der Satzung in Bezug auf die Zahl der Vorstandsmitglieder weithin vermieden werden kann (§ 7 Rz. 108),[15] müssen die verbliebenen Vorstandsmitglieder den Aufsichtsrat hierüber umgehend **informieren**, damit dieser gem. § 84 Abs. 3 AktG für Neubestellung sorgen kann.[16] 1506

3. Gesamtverantwortung und Ressortaufteilung

a) Grundsätze

Jenseits der zwingenden Gemeinschaftsaufgaben (Leitung bzw. gesetzliche Aufgabenzuweisung, dazu unter Rz. 1503 f.) können Aufgaben auf einzelne Vorstandsmitglieder (durch Ressortbildung) bzw. auf nachgeordnete Mitarbeiterebenen **übertragen** werden. Die Einzelheiten hierzu werden in § 16 dargestellt (s. auch schon § 1 Rz. 15). 1507

---

9 BGH v. 26.6.1995 – II ZR 109/94, NJW 1995, 2850 = AG 1996, 32 (GmbH); *Mertens/Cahn* in KölnKomm/AktG, 3. Aufl. 2010, § 77 AktG Rz. 50; *Spindler* in MünchKomm/AktG, 5. Aufl. 2019, § 93 AktG Rz. 188; *Fleischer*, BB 2004, 2645, 2649.

10 *Mertens/Cahn* in KölnKomm/AktG, 3. Aufl. 2010, § 77 AktG Rz. 50; *Hopt/Roth* in Großkomm/AktG, 5. Aufl. 2015, § 93 AktG Rz. 372; *Fleischer*, NZG 2003, 449, 457.

11 *Spindler* in MünchKomm/AktG, 5. Aufl. 2019, § 93 AktG Rz. 191.

12 Vgl. schon § 23 Rz. 610 ff.; ferner *Fleischer*, ZIP 2003, 1, 6.

13 BGH v. 8.7.1985 – II ZR 198/84, NJW 1986, 54, 55 = GmbHR 1986, 19; BGH v. 26.6.1995 – II ZR 109/94, NJW 1995, 2850, 2851 = AG 1996, 32 (jew. GmbH).

14 BGH v. 1.3.1993 – II ZR 61/92 (II ZR 81/94), NJW 1994, 2149 = GmbHR 1994, 460.

15 Dazu auch *Henze*, BB 2002, 893, 896 und BGH v. 6.12.2001 – III ZR 296/00, NJW 2002, 817.

16 *Fleischer*, NZG 2003, 449, 451.

Auch insofern verbleiben den (nicht zuständigen) Vorstandsmitgliedern jedoch eigene Pflichten, namentlich Organisationspflichten (dazu unter Rz. 1508), Auswahl- und Überwachungspflichten (dazu unter Rz. 1509). – Damit eine Geschäftsverteilung tatsächlich zu einer **Modifikation der Verantwortung** der nicht ressortzuständigen Vorstandsmitglieder führt, muss sie allerdings, wie der **BGH** im Zusammenhang mit der Haftung gem. § 64 Abs. 2 GmbHG (a.F. – heute § 64 Satz 1 GmbHG, dazu Rz. 1472) betont hat, die Geschäftsführungsaufgaben „eindeutig und klar" voneinander abgrenzen, und zwar in Form einer von sämtlichen Mitgliedern getragenen vollständigen Zuweisung sämtlicher Aufgaben, welche die nicht delegierbaren Aufgaben dem Gesamtorgan belasse.[17] Die wirksame (auch vertikale) Delegation setze zudem voraus, dass der jeweils Zuständige persönlich und fachlich geeignet sei. Wenn diese Voraussetzungen erfüllt seien, dürften die nicht ressortzuständigen Mitglieder darauf vertrauen, dass sie von dem zuständigen Mitglied „*zuverlässig und rechtzeitig diejenigen Informationen erhalten, die für die Wahrnehmung der jedem Geschäftsführer persönlich obliegenden Aufgaben erforderlich sind*".[18]

b) Organisationspflichten im Rahmen der Geschäftsverteilung

1508 Pflichtverletzungen im Zusammenhang mit der Geschäftsverteilung können sich zum einen daraus ergeben, dass **nicht delegationsfähige** zwingende Gemeinschaftsaufgaben (Rz. 1503) einzelnen Vorstandsmitgliedern zur Entscheidung zugewiesen werden.[19] Für die Pflichtwidrigkeit der von diesen getroffenen Maßnahmen haften die übrigen Kollegen dann schon aufgrund der fehlerhaften Zuweisung mit. Entsprechendes gilt nach der Rechtsprechung für eine formlose und deshalb **unwirksame Geschäftsverteilung** (s. § 77 Abs. 1 Satz 2 AktG und dazu § 15 Rz. 360 ff.): Eine solche bloß faktische Aufgabenverteilung lässt demnach die originäre Verantwortlichkeit jedes einzelnen Vorstandsmitglieds unberührt.[20] Dahinter steht der auch in § 77 Abs. 1 Satz 2 AktG verankerte Gedanke, dass nur bei eindeutiger und nachweisbarer (schriftlicher) Fixierung die Verantwortungsbereiche im voraus klar zugeordnet werden, wodurch wirksam vermieden wird, dass sich die Vorstandsmitglieder die Verantwortlichkeit im Nachhinein gegenseitig zuschieben. Diese Position ist freilich nicht unbestritten geblieben. So wird insbesondere geltend gemacht, dass möglicherweise vorliegende Beweisprobleme durch die Beweislastverteilung zugunsten der

---

17 BGH v. 6.11.2018 – II ZR 11/17, WM 2019, 265 Rz. 17 ff.

18 BGH v. 6.11.2018 – II ZR 11/17, WM 2019, 265 Rz. 21. – Konkret stand die Erkennbarkeit der Insolvenzreife in Frage.

19 BGH v. 6.11.1018 – II ZR 11/17, WM 2019, 265 Rz. 17 ff.; *Fleischer*, NZG 2003, 449, 453; *Hüffer/Koch*, § 93 AktG Rz. 46.

20 RG v. 5.12.1884 – III 213/84, RGZ 12, 74, 76; RG v. 3.2.1920 – II 272/19, RGZ 98, 98, 100; BGH v. 6.11.1018 – II ZR 11/17, WM 2019, 265 Rz. 17 ff. (betr. GmbH, für die der II. Senat aber kein Formgebot anerkennt); BFH v. 26.4.1984 – V R 128/79, BFHE 141, 443, 447 f.; BFH v. 23.6.1998 – VII R 4/98, BFHE 186, 132; BFH v. 21.10.2003 – VII B 353/02, BFH/NV 2004, 157; zust. *Fleischer*, NZG 2003, 439, 449, 453; *Mertens/Cahn* in KölnKomm/AktG, 3. Aufl. 2010, § 93 AktG Rz. 93.

Gesellschaft in § 93 Abs. 2 AktG hinreichend gelöst seien.[21] – Zur Compliance-Verantwortlichkeit als Organisationspflicht des Gesamtvorstands vgl. näher § 22 Rz. 590 ff.

c) Auswahl- und Überwachungspflichten

Soweit eine zulässige bzw. wirksame Ressortverteilung (horizontale Delegation) vorliegt, reduzieren sich die Pflichten der nicht zuständigen Vorstandsmitglieder zum einen auf eine ordnungsgemäße **Auswahl** des zuständigen Mitglieds – erkennbar dafür ungeeigneten Personen darf kein bestimmtes Ressort zugewiesen werden[22] –, zum anderen auf eine ordnungsgemäße **Überwachung** des zuständigen Mitglieds; sie trifft also nicht die volle Verantwortlichkeit für das jeweilige Arbeitsgebiet.[23] Trotz Ressortaufteilung bleibt das einzelne Vorstandsmitglied für die Geschäftsleitung insgesamt verantwortlich, so dass sich jedes Mitglied einen **Überblick** darüber verschaffen muss, ob auch in den **anderen Ressorts** ordentlich gearbeitet wird.[24] Diese Gesamtverantwortung beinhaltet auch die Organisation eines funktionierenden **Berichterstattungssystems** innerhalb des Vorstands, so dass die Vorstandsmitglieder über wichtige Punkte in ihren Nachbarressorts auch tatsächlich informiert werden (§ 16 Rz. 449 f.).[25] Näher ist die verbleibende Verantwortung des Gesamtvorstands in § 16 Rz. 444 ff. dargestellt; hierauf ist zu verweisen. 1509

Theoretisch umstritten ist, ob ungeachtet dieser Gesamtverantwortung jedes Vorstandsmitglieds bis zum Auftreten gegenteiliger Anhaltspunkte darauf vertrauen darf, dass die Kollegen die ihnen zugewiesenen Aufgaben erfüllen.[26] Im Ergebnis dürfte es hierauf aber kaum je einmal ankommen. Denn selbst wenn man ein solches **Vertrauensprinzip** ablehnt, ist der Beweis fehlender Pflichtwidrigkeit jedenfalls dann erbracht, wenn weder konkrete Anhaltspunkte dafür vorliegen, dass das zuständige Mitglied seine Pflichten verletzt, noch sich die Gesellschaft insgesamt in einer krisenhaft zugespitzten Lage[27] befindet.[28] Es schadet also regelmäßig nicht, wenn man sich an der Rechtsprechung orientiert, die eine Pflichtverletzung im Ergebnis immer nur dann bejaht hat, wenn **Anhaltspunkte** dafür vorlagen, dass ein Vor- 1510

---

21 So *Spindler* in MünchKomm/AktG, 5. Aufl. 2019, § 93 AktG Rz. 171, der aber die fehlende Schriftlichkeit als Indiz für eine Pflichtverletzung gewertet wissen will.

22 *Fleischer*, NZG 2003, 439, 453; *Hüffer/Koch*, § 93 AktG Rz. 46.

23 S. nur *Mertens/Cahn* in KölnKomm/AktG, 3. Aufl. 2010, § 93 AktG Rz. 92.

24 *Mertens/Cahn* in KölnKomm/AktG, 3. Aufl. 2010, § 93 AktG Rz. 92; s. auch *Kort* in Großkomm/AktG, 5. Aufl. 2015, § 77 AktG Rz. 35 f., 40; *v. Hein*, ZHR 166 (2002), 464, 487.

25 Anschaulich etwa *Fleischer*, NZG 2003, 449, 455.

26 So etwa *Hopt/Roth* in Großkomm/AktG, 5. Aufl. 2015, § 93 AktG Rz. 375; *Kort* in Großkomm/AktG, 5. Aufl. 2015, § 77 AktG Rz. 40; *Spindler* in MünchKomm/AktG, 5. Aufl. 2019, § 93 AktG Rz. 174, jew. unter Berufung auf RG v. 18.10.1917 – VI 143/17, RGZ 91, 72, 76; tendenziell auch *Fleischer* in Spindler/Stilz, 4. Aufl. 2019, § 77 AktG Rz. 55; a.A. *Mertens/Cahn* in KölnKomm/AktG, 3. Aufl. 2010, § 93 AktG Rz. 92.

27 Vgl. etwa BGH v. 15.10.1996 – VI ZR 319/95, BGHZ 133, 370, 378 f. = AG 1997, 37 – als Folge einer finanziellen Schieflage werden keine Arbeitnehmerbeiträge zur Sozialversicherung abgeführt.

28 Zutr. *Hüffer/Koch*, § 93 AktG Rz. 42.

standskollege den seinem Ressort zugewiesenen Aufgaben nicht ordnungsgemäß nachkommt.[29] Eine zur Haftungsverschärfung führende Sonderrolle der Inhaber sog. **sachnaher Vorstandsressorts**, wie sie das VG Frankfurt einmal angenommen hat,[30] ist allerdings umstritten und wird im Schrifttum überwiegend abgelehnt;[31] näher dazu § 16 Rz. 445 f. Den **Vorstandsvorsitzenden** trifft nicht per se eine besondere Überwachungspflicht gegenüber seinen Kollegen; soweit ihm allerdings die Geschäftsordnung bestimmte Organisationsaufgaben zuweist – etwa für ein Informations- und Berichterstattungssystem innerhalb des Vorstands zu sorgen –, ist er für dessen Installation und Durchführung in besonderer Weise verantwortlich.[32]

II. Haftung als Gesamtschuldner

1511 Nach § 93 Abs. 2 Satz 1 AktG haften die Vorstandsmitglieder als Gesamtschuldner, aber, wie die Vorschrift auch ausdrücklich sagt, eben nur diejenigen, die ihre Pflichten verletzen. Der schon betonte Grundsatz, dass kein Vorstandsmitglied sich die Pflichtverletzung seiner Kollegen zurechnen lassen muss (Rz. 1500 ff.), wird also durch die gesamtschuldnerische Haftung nicht berührt. Vielmehr tritt diese nur dann ein, **wenn mehrere** Vorstandsmitglieder **ihre Pflichten verletzt** haben und der Gesellschaft hieraus ein Schaden erwachsen ist. Gesamtschuldnerische Haftung bedeutet, dass jeder der haftenden Vorstandsmitglieder auf Ersatz des gesamten Schadens von der Gesellschaft in Anspruch genommen werden kann (§ 421 Satz 1 BGB), von den übrigen aber vor Erfüllung anteilige Freistellung, nach Erfüllung anteiligen **Regress** fordern kann (§ 426 BGB). Im Innenverhältnis zwischen den Vorstandsmitgliedern bestimmen sich die Haftungsanteile nach Verursachungs- bzw. Verschuldensbeiträgen (§ 254 BGB analog).[33] Deshalb trägt im Innenverhältnis derjenige, der – als primär zuständiges Vorstandsmitglied – durch eigenes Handeln oder Unterlassen den Schaden unmittelbar zu verantworten hat, einen höheren Anteil am Gesamtschaden als diejenigen Mitglieder, die lediglich ihre Kontroll- und Aufsichtspflichten verletzt haben.[34] Der Regressanspruch **verjährt selbständig**, was wegen der unterschiedlichen Frist (drei Jahre [Regressanspruch aus § 426 Abs. 1 BGB, § 199 BGB]

29 BGH v. 15.10.1996 – VI ZR 319/95, BGHZ 133, 370, 378 f. = AG 1997, 37; BGH v. 20.3.1986 – II ZR 114/85, ZIP 1987, 1050 = GmbHR 1986, 302; BGH v. 8.7.1985 – II ZR 198/84, NJW 1986, 54, 55 = GmbHR 1986, 19; OLG Hamburg v. 18.2.2000 – 11 U 213/98, AG 2001, 141, 144; OLG Köln v. 31.8.2000 – 18 U 42/00, NZG 2001, 135, 136 = AG 2001, 363.

30 VG Frankfurt v. 8.7.2004 – 1 E 7363/03 (1), WM 2004, 2157, 2161 = AG 2005, 264.

31 *Habersack*, WM 2005, 2360, 2363; *Wolf*, VersR 2005, 1042; *Hüffer/Koch*, § 93 AktG Rz. 42.

32 *Mertens/Cahn* in KölnKomm/AktG, 3. Aufl. 2010, § 84 AktG Rz. 102; *Fleischer* in Spindler/Stilz, 4. Aufl. 2019, § 91 AktG Rz. 47 f.; *Fleischer*, NZG 2003, 449, 455; *v. Hein*, ZHR 166 (2002), 464, 487 ff.; tendenziell weitergehend *Spindler* in MünchKomm/AktG, 5. Aufl. 2019, § 93 AktG Rz. 183 („gesteigerte Pflicht zur Überwachung der gesamten Unternehmensleitung"); *Bezzenberger*, ZGR 1996, 661, 673.

33 S. etwa *Hüffer/Koch*, § 93 AktG Rz. 57; *Guntermann*, AG 2017, 606, 607 f.

34 *Mertens/Cahn* in KölnKomm/AktG, 3. Aufl. 2010, § 93 AktG Rz. 50.

gegen mindestens fünf Jahre [Schadensersatzanspruch der Gesellschaft, § 93 Abs. 6 AktG]) zu Problemen beim Innenausgleich führen kann, die durch den Zessionsregress gem. § 426 Abs. 2 BGB zwar abgemildert, aber nicht vollständig behoben werden.[35] Strittig ist, ob die **Beweislastverteilung** des § 93 Abs. 2 Satz 2 AktG auch im Regressprozess gilt, die von ihren Kollegen in Anspruch genommenen Vorstandsmitglieder also nachweisen müssen, dass sie keine Pflichtverletzung begangen haben oder sie jedenfalls kein Verschulden trifft.[36] Die besseren Gründe dürften gegen eine Erstreckung auf den Anspruch aus § 426 Abs. 1 BGB sprechen; anderes gilt naturgemäß für den Zessionsregress aus § 426 Abs. 2 BGB. Die Beweislastverteilung umfasst jeweils auch die Voraussetzungen der Business Judgment Rule (§ 93 Abs. 1 Satz 2 AktG, dazu § 38 Rz. 1522 ff.) sowie die Rechtswidrigkeit einer Schädigung der Gesellschaft.[37]

Die Haftung aus Gesamtschuld gilt **auch im Verhältnis zu Arbeitnehmern** mit der 1512
Folge, dass eine Aufteilung des Schadens zwischen ihnen nach Verursachungsbeiträgen erfolgt.[38] Paradigmatisch sind Compliance-Verstöße von Mitarbeitern, die mit einer Organisationspflichtverletzung seitens des Vorstands zusammenfallen (dazu § 22 Rz. 590 ff., 601 ff.). Wendet man freilich den Rechtsgedanken des § 840 Abs. 2 BGB an, wonach im Innenverhältnis grundsätzlich frei bleibt, wer (im Außenverhältnis) wegen einer Aufsichtspflichtverletzung für fremdes Verschulden einzustehen hat,[39] so trifft den Arbeitnehmer konsequentermaßen im Innenverhältnis die volle Verantwortlichkeit (sofern er zu seiner Tätigkeit nicht durch den Vorstand angewiesen war).[40] Wendet man nun die allgemeinen Regeln der **gestörten Gesamtschuld** an, wonach der „Zweitschädiger" (= Vorstand) in Höhe des Verantwortungsanteils des „Erstschädigers" (= Arbeitnehmer) im Außenverhältnis freigestellt wird,[41] so müssten Vorstandsmitglieder wegen dieser Außenwirkung des Haftungsprivilegs letztlich nach den gleichen Grundsätzen (teilweise) entlastet werden wie Arbeitnehmer. Indessen wird diese Konsequenz im Schrifttum angegriffen, weil sie zu einer weitgehenden Enthaftung von Vorstands- und Aufsichtsratsmitgliedern führen könnte.[42] Hierbei wird auch auf die Diskussion zur Beschränkung der Vorstandshaf-

---

35 Näher dazu (mit praktischen Lösungsvorschlägen insbes. durch rechtzeitigen Abschluss einer Verjährungsvereinbarung) *S. Fischer*, ZIP 2014, 406.

36 So *Mertens/Cahn* in KölnKomm/AktG, 3. Aufl. 2010, § 93 AktG Rz. 50 m.w.N.; a.A. (mit guten Gründen) etwa *Guntermann*, AG 2017, 606, 608; *Hopt/Roth* in Großkomm/AktG, 5. Aufl. 2015, § 93 AktG Rz. 467 ff.; *Hüffer/Koch*, § 93 AktG Rz. 57.

37 Zu letzterem BGH v. 4.11.2002 – II ZR 224/00, BGHZ 152, 280, 284 f. = AG 2003, 381; vgl. ferner nur *Mertens/Cahn* in KölnKomm/AktG, 3. Aufl. 2010, § 93 AktG Rz. 140 f.; *Hüffer/Koch*, § 93 AktG Rz. 47.

38 S. nur *Mertens/Cahn* in KölnKomm/AktG, 3. Aufl. 2010, § 93 AktG Rz. 51; *Bayer/Scholz*, ZGR 2016, 619, 622 f.

39 Vgl. nur *Bydlinski* in MünchKomm/BGB, 7. Aufl. 2016, § 426 BGB Rz. 21 m.w.N.

40 *Bayer/Scholz*, ZGR 2016, 619, 623.

41 So BGH v. 22.1.2008 – VI ZR 17/07, NJW 2008, 2116 Rz. 11 (zu §§ 104 f. SGB VII); zur Übertragbarkeit auf den „innerbetrieblichen Schadensausgleich" s. nur *Bydlinski* in MünchKomm/BGB, 7. Aufl. 2016, § 426 BGB Rz. 64.

42 *Mertens/Cahn* in KölnKomm/AktG, 3. Aufl. 2010, § 93 AktG Rz. 51; *Bayer/Scholz*, ZGR 2016, 619, 626 ff.

tung de lege ferenda verwiesen: Eine solche Beschränkung müsse auf spezifischen Wertungsgrundlagen beruhen und dürfe nicht kurzerhand durch indirekte Übertragung der Regeln für Arbeitnehmer gewissermaßen implizit eingeführt werden.[43] In der Rechtsprechung hat diese Diskussion allerdings noch keinen Niederschlag gefunden; und es stellt sich auch die Frage, ob nicht umgekehrt das bislang ungelöste Problem einer Entschärfung der Vorstandshaftung (dazu näher § 38 Rz. 1537 f.) durch Anwendung anerkannter [!] zivilrechtlicher Grundsätze zur gestörten Gesamtschuld bereits de lege lata relativiert werden kann. Die „Strenge der aktienrechtlichen Organhaftung“[44] ergibt jedenfalls, für sich gesehen, noch keine hinreichende Rechtfertigung, die Grundsätze der gestörten Gesamtschuld hier zu durchbrechen, weil die Frage ihrer Angemessenheit bislang eben noch nicht klar beantwortet wurde.

1513–1519 Einstweilen frei.

§ 38
Haftungstatbestände

I. Haftung gegenüber der Gesellschaft – die Generalklausel des § 93 Abs. 2 AktG

1. Pflichtverletzung

1520 **Jedes Vorstandsmitglied**, das seine Sorgfalts- oder Loyalitätspflichten gegenüber der Gesellschaft verletzt, haftet ihr nach § 93 Abs. 2 Satz 1 AktG auf Ersatz des daraus entstandenen Schadens, wobei nach Eintritt eines entsprechenden Schadens das jeweilige Vorstandsmitglied **nachzuweisen** hat, dass dieser Schaden nicht auf einer ihm anzulastenden Pflichtverletzung beruht (§ 93 Abs. 2 Satz 2 AktG, s. schon § 37 Rz. 1511). § 93 AktG betrifft allein die Verletzung der Organpflichten und stellt insofern eine gesetzliche Haftungsgrundlage dar; auf die Wirksamkeit des Anstellungsvertrages kommt es somit nicht an. Sie erfasst sämtliche Vorstandsmitglieder – auch die stellvertretenden (§ 94 AktG) oder gerichtlich bestellen (§ 85 AktG), und zwar jeweils zwischen Bestellung und deren Widerruf bzw. dem Ablauf der Amtszeit (dazu §§ 6, 7); auf die **Wirksamkeit der Bestellung** kommt es **nicht** an.[1]

1521 Zentrale Haftungsvoraussetzung ist eine **Pflichtverletzung** des Vorstandsmitglieds. Nach dem Binnenhaftungskonzept des deutschen Kapitalgesellschaftsrechts ist der Vorstand im Verhältnis zur Gesellschaft für die Erfüllung sämtlicher Pflichten ver-

---

43 Deutlich *Bayer/Scholz*, ZGR 2016, 619, 630 f.

44 So das Argument bei *Bayer/Scholz*, ZGR 2016, 619, 629 f.

1 BGH v. 6.4.1964 – II ZR 75/62, BGHZ 41, 282, 287; *Hüffer/Koch*, § 93 AktG Rz. 37. – Zur Haftung von faktischen Vorstandsmitgliedern s. schon § 6 Rz. 81a sowie aus der Rspr. etwa auch OLG Hamm v. 28.2.2014 – 9 U 152/13, GmbHR 2014, 821, 822 (GmbH).

antwortlich, welche die AG im Verhältnis zu Dritten (Vertragspartner und sonstige Gläubiger der Gesellschaft, Fiskus etc.) treffen, gleichgültig, ob diese Pflichten auf Gesetz oder Vertrag beruhen. Für die ordnungsgemäße Erfüllung dieser Pflichten zu sorgen, obliegt dem Vorstand kraft seiner Leitungsverantwortung (§ 76 Abs 1 AktG, dazu § 1 Rz. 1 ff.), bei deren Wahrnehmung er die allgemeine **Sorgfaltspflicht** des § 93 Abs. 1 Satz 1 AktG zu beachten hat (dazu näher unter Rz. 1522 f.). Daneben kommen selbstverständlich auch die den Vorstand unmittelbar treffenden Pflichten aus **Satzung, Geschäftsordnung oder Anstellungsvertrag** in Betracht (dazu Rz. 1524); für sie gilt ebenfalls der Sorgfaltsmaßstab des § 93 Abs. 1 AktG. Als Verstoß gegen die Satzung und damit als pflichtwidrig sind auch sämtliche *vom Unternehmensgegenstand nicht gedeckte Geschäfte* anzusehen.[2] Auch Pflichten, die der Vorstand gegenüber anderen Organen zu erfüllen hat – z.B. die Berichtspflicht gegenüber dem Aufsichtsrat, § 90 AktG –, bestehen grundsätzlich im Verhältnis zur Gesellschaft,[3] so dass dieser hieraus Schadensersatzansprüche erwachsen können. Derzeit stark diskutiert wird, ob dem von der Gesellschaft in Regress genommenen Vorstand qualitative oder quantitative Haftungserleichterungen aufgrund von Fürsorgepflichten der Gesellschaft zuzubilligen sind (dazu näher Rz. 1534 f.). Der Vorstand muss nicht nur seine (Sorgfalts-)Pflichten ordnungsgemäß i.S.v. § 91 Abs. 1 AktG erfüllen, er schuldet der Gesellschaft auch Loyalität (Treue). Die (organschaftliche) **Treuepflicht** gebietet ihm, das Gesellschaftswohl über eigene Interessen zu setzen; sie findet etwa im Wettbewerbsverbot des § 88 AktG sowie in der Geschäftschancenlehre (dazu § 13 Rz. 309) ihren Ausdruck. Ferner ist in diesem Zusammenhang auf die sich aus der Gesamtverantwortung ergebenden **Überwachungspflichten** hinzuweisen, auf die bereits in § 37 Rz. 1500. eingegangen wurde; in diesem Kontext wurde auch auf die Haftung überstimmter Vorstandsmitglieder bei Gemeinschaftsentscheidungen hingewiesen (§ 37 Rz. 1504). Schließlich folgt aus § 76 AktG auch die allgemeine Pflicht zu eigenem **regelkonformem Verhalten** und eine Verantwortlichkeit für regelkonformes Verhalten der Mitarbeiter (zur **Compliance-Verantwortung** vgl. § 22 Rz. 590 ff.). – Zur Haftung wegen **Verstößen gegen die Kompetenzordnung** s. Rz. 1530.

2. Der Pflichtenmaßstab des § 93 Abs. 1 AktG, insbesondere aufgrund der Business Judgment Rule (§ 93 Abs. 1 Satz 2 AktG)

§ 93 Abs. 1 Satz 1 AktG verlangt in Anknüpfung an die Pflichten aus § 76 Abs. 1 AktG („bei ihrer Geschäftsführung"), dass die Vorstandsmitglieder die Sorgfalt eines „ordentlichen und gewissenhaften Geschäftsleiters" beachten. Es handelt sich daher um einen objektiven Maßstab, der von einem nicht mit eigenen Mitteln wirtschaftenden Geschäftsleiter ausgeht, der wie ein **Treuhänder** fremde Vermögensinteres- 1522

2 So zuletzt BGH v. 15.1.2013 – II ZR 90/11, ZIP 2013, 455 = AG 2013, 259, Rz. 16 ff. – Corealcredit Bank (Abschluss von Zinsderivategeschäften, die nicht der Absicherung von Zinsrisiken aus Haupt- oder Nebengeschäften einer Hypothekenbank dienten, sind nicht von deren Unternehmensgegenstand gedeckt). – Zur Pflichtwidrigkeit von Geschäften außerhalb des Unternehmensgegenstands zuvor bereits BGH v. 5.10.1992 – II ZR 172/91, BGHZ 119, 305, 332 = ZIP 1992, 1542 = AG 1993, 125.

3 *Spindler* in MünchKomm/AktG, 5. Aufl. 2019, § 93 AktG Rz. 166.

sen zu beachten hat.[4] Es wird dabei unterstellt, dass der Leiter über ausreichende Fähigkeiten oder Kenntnisse verfügt, die für die Leitung des konkreten Unternehmens *erforderlich* sind; individuelle eigene Unfähigkeit ist somit ebenso wenig Entlastungsgrund wie eine in der Gesellschaft übliche nachlässige Pflichtauffassung.[5]

1523 Nach der mit dem UMAG 2005 geschaffenen Vorschrift des § 93 Abs. 1 Satz 2 AktG liegt eine Pflichtverletzung nicht vor, wenn das Vorstandsmitglied eine unternehmerische Entscheidung getroffen oder daran mitgewirkt hat, und hierbei annehmen durfte, auf der Basis angemessener Information zum Wohle der AG zu handeln. Es handelt sich um eine Adaption der US-amerikanischen **Business Judgment Rule**,[6] die der BGH in seiner ARAG-Entscheidung in ähnlicher Form schon zuvor als eine dem geltendem Recht entsprechende Haftungsprivilegierung bezeichnet hatte;[7] sie kompensiert die vom ARAG-Urteil unterstrichene Verfolgungspflicht des Aufsichtsrats bei Pflichtverletzungen sowie das erleichterte Verfolgungsrecht der Aktionäre nach § 148 AktG.[8] Die privilegierende Wirkung besteht darin, dass bloße Fehlschläge und Irrtümer bei der Unternehmensführung nicht zur individuellen Haftung führen sollen. Denjenigen Bereich, für den dies angemessen ist, weil er naturgemäß von unsicheren Prognosen über die künftige Entwicklung abhängig ist, bezeichnet das Gesetz mit dem Begriff der **unternehmerischen Entscheidung**. In diesem Bereich wirkt § 93 Abs. 1 Satz 2 AktG wie ein „safe harbour", weil der Rückgriff auf den allgemeinen Sorgfaltsmaßstab des ordentlichen und gewissenhaften Geschäftsleiters hier nicht mehr in Betracht kommt, sofern die dort geregelten speziellen Pflichten erfüllt wurden. Neuerdings wird sogar dafür plädiert, die Haftung bei unternehmerischen Entscheidungen allgemein auf grobe Fahrlässigkeit zu beschränken und die Worte „vernünftigerweise annehmen durfte" in diesem Sinne zu interpretieren (dazu näher Rz. 1525, 1528).[9] Insgesamt ist dreierlei wesentlich für den Begriff der unternehmerischen Entscheidung, nämlich *erstens*, dass die Entscheidung nicht von vornherein gegen Gesetz oder Satzung verstößt; *zweitens*, dass sie Prognosecharakter hat, also in *tatsächlicher* Hinsicht ungewiss ist, wie sich die Dinge entwickeln werden; sowie schließlich *drittens*, dass die Entscheidung in ein Handeln oder Unterlassen mündet, zu dem das Organmitglied nicht verpflichtet ist.[10]

1524 Eine Prognoseunsicherheit besteht per se *nicht* in Bezug auf die **Rechtslage**, illegales Verhalten stellt mit anderen Worten a limine keine Risikoverwirklichung dar. Verstößt daher etwa das Vorstandsmitglied mit dem Abschluss eines Vertrages gegen

---

4 BGH v. 20.2.1995 – II ZR 143/93, BGHZ 129, 30, 34 = AG 1995, 274; *Hüffer/Koch*, § 93 AktG Rz. 6.

5 Unstr., s. nur *Mertens/Cahn* in KölnKomm/AktG, 3. Aufl. 2010, § 93 AktG Rz. 137.

6 Näheres dazu bei *Mertens/Cahn* in KölnKomm/AktG, 3. Aufl. 2010, § 93 AktG Rz. 14.

7 BGH v. 21.4.1997 – II ZR 175/95, BGHZ 135, 244, 253 = NJW 1997, 1926 = AG 1997, 377; vgl. auch BGH v. 3.3.2008 – II ZR 124/06 (UMTS), ZIP 2008, 785 = AG 2008, 375.

8 *Ihrig*, WM 2004, 2098, 2101 f.; *Ulmer*, DB 2004, 859; *Schäfer*, ZIP 2005, 1253, 1254; *Hüffer/Koch*, § 93 AktG Rz. 8 f.

9 *Bachmannn* in FS Stilz, 2015, S. 25, 28 ff.

10 Näher *Schäfer*, ZIP 2005, 1253, 1255; *Ihrig*, WM 2004, 2098, 2103; ferner etwa *Hüffer/Koch*, § 93 AktG Rz. 16; und eingehend *Mertens/Cahn* in KölnKomm/AktG, 3. Aufl. 2010, § 93 AktG Rz. 17 ff.

das Kartellverbot oder bewegt es sich mit dem Kauf eines Betriebes außerhalb des Unternehmensgegenstandes, so handelt es sich um *keine* unternehmerische Entscheidung.[11] Entsprechendes gilt auch für einen **Vertragsverstoß**, also etwa für die verspätete Erfüllung einer Forderung.[12] Die Business Judgment Rule bewahrt demnach nicht davor, dass die Rechtslage im Entscheidungszeitpunkt *fahrlässig* verkannt wird (s. dazu aber Rz. 1532), und erst recht ermöglicht sie keinen *kalkulierten* Rechtsverstoß, also etwa eine Abwägung zwischen dem Entdeckungsrisiko bei einem Kartell und dem rechtswidrig zu erlangenden Gewinn.[13] Auch **Verfahrens- und Kompetenzverstöße** versperren den Weg in den „sicheren Hafen", insbesondere die Nichtbeachtung von **Zustimmungsvorbehalten** in Satzung oder Geschäftsordnung bzw. einer dort geregelten Pflicht, bei bestimmten risikobehafteten Entscheidungen einen Risikoausschuss einzuschalten.[14] Dies hat der BGH unlängst in einer vielbeachteten **Grundsatzentscheidung** klargestellt und dabei betont, dass der Vorstand einen **ausdrücklichen Zustimmungsbeschluss** des Aufsichtsrats ***vor* Durchführung** der zustimmungsbedürftigen Maßnahme einholen muss und eine Genehmigung nur ausnahmsweise in Betracht kommt.[15] Zugleich ließ der BGH jedoch den Einwand rechtmäßigen Alternativverhaltens – entgegen der bis dahin wohl h.L. – auch bei Kompetenzverstößen zu (naher Rz. 1530). Der Fall war insofern bemerkenswert, als es sich um eine zu 100 % im Eigentum der Stadt Düsseldorf stehende AG handelte, deren Oberbürgermeister der strittigen Maßnahme (Erwerb einer Schlossanlage von der Stadt Düsseldorf und deren anschließende Sanierung) in seiner Funktion als Vorsitzender des Aufsichtsrates zuvor zugestimmt hatte. Dies erklärte der Senat ebenso für unbeachtlich wie die Zustimmung des Alleinaktionärs, letzteres weil § 93 Abs. 4 Satz 1 AktG die Haftung nur bei einem gesetzmäßigen Hauptversammlungsbeschluss entfallen lasse und diese Anforderung nicht durch Anerkennung auch der formlosen Zustimmung umgangen werden dürfe. Hinzu komme, dass die Haftung nur wegen der Befolgungspflicht gem. § 83 Abs. 2 AktG entfalle, diese Pflicht aber durch eine formlose Erklärung des Alleinaktionärs nicht ausgelöst werde.[16] Nicht nur in diesem Punkt überzeugt das sorgfältig begründete Urteil; vielmehr erscheint auch die Grundannahme zutreffend, dass der **Beschluss des Gesamtaufsichtsrats**[17]

---

11 *Ihrig*, WM 2004, 2098, 2104 f.; *Schäfer*, ZIP 2005, 1253, 1255 f.; *Hüffer/Koch*, § 93 AktG Rz. 16; ferner *Paefgen*, AG 2004, 245, 251 f.; *Thümmel*, DB 2004, 471, 472; *Uwe H. Schneider*, AG 1983, 205, 212; *Mertens/Cahn* in KölnKomm/AktG, 3. Aufl. 2010, § 93 AktG Rz. 21.

12 *S. Schneider*, DB 2005, 707, 711; a.A. *Uwe H. Schneider* in FS Hüffer, 2010, S. 905, 911 f.

13 *Schäfer*, ZIP 2005, 1253, so im Ergebnis auch *Ihrig*, WM 2004, 2098, 2104 (mit Beispiel in Fn. 74 f.); *Paefgen*, AG 2004, 245, 251; *S. Schneider*, DB 2005, 707, 710.

14 Vgl. *Hopt*, ZIP 2013, 1793, 1797 f.

15 BGH v. 10.7.2018 – II ZR 24/17, BGHZ 219, 193 = AG 2018, 841 mit zust. Anm. *Priester*, EWiR 2018, 645 und *Haarmann*, BB 2018, 2515.

16 BGH v. 10.7.2018 – II ZR 24/17, BGHZ 219, 193 = AG 2018, 841 = ZIP 2018, 1923 Rz. 26 ff.

17 Sofern die Zustimmungserteilung nicht einem Ausschuss überwiesen ist, was durch § 107 Abs. 3 Satz 4 AktG nicht ausgeschlossen wird, s. nur *Habersack* in MünchKomm/AktG, 5. Aufl. 2019, § 111 AktG Rz. 142; *Hüffer/Koch*, § 111 AktG Rz. 46.

i.d.R. (vorbehaltlich eines Eilfalls[18]) *vor* Durchführung der Maßnahme einzuholen ist, weil der Zustimmungsvorbehalt gem. § 111 Abs. 4 Satz 2 AktG ein Instrument vorbeugender Kontrolle durch den Aufsichtsrat darstellt.[19] Bemerkenswert ist aber auch die gegenläufige Aussage, wonach der Einwand, der Aufsichtsrat hätte der Maßnahme zugestimmt, wenn er gefragt worden wäre, nur dann definitiv ausgeschlossen ist, wenn eine Zustimmung des Aufsichtsrats ihrerseits pflichtwidrig wäre (dazu Rz. 1530). Hierdurch wird das Erfordernis vorheriger Einwilligung nicht unerheblich relativiert, weil eine Genehmigung in aller Regel als starkes Indiz zu werten ist, dass der Aufsichtsrat der Maßnahme auch von vornherein zugestimmt hat, wäre er rechtzeitig eingeschaltet worden.[20]

1524a Die Entscheidung des BGH zu Fragen der Erteilung einer gem. § 111 Abs. 4 Satz 1 AktG erforderlichen Zustimmung des Aufsichtsrats hat am Rande auch einen Blick auf die Frage gelenkt, wann der Vorstand eine geplante Maßnahme dem Aufsichtsrat **erneut zur Zustimmung** vorlegen muss, obwohl bereits ein zustimmender Beschluss vorliegt. In dem in Rz. 1524 geschilderten Fall war dies im Ergebnis eindeutig, weil die schließlich durchgeführte Maßnahme wesentlich von der ursprünglichen Planung abwich und die Kostensteigerung eine zur Zustimmungsbedürftigkeit führende Wertgrenze zweifellos überschritt. Der Senat konnte sich daher ohne weitere Begründung auf den im Schrifttum geprägten Satz berufen, dass der Vorstand bei „wesentlichen inhaltlichen Änderungen des Geschäfts" den Aufsichtsrat erneut um Zustimmung bitten müsse.[21] Allerdings sollte diese Aussage nicht dahin missverstanden werden, dass jede „wesentliche" Abweichung von der ursprünglichen Planung stets zur erneuten Befassung des Aufsichtsrats nötigte. Entscheidend kann vielmehr nur die **Auslegung**[22] **des Zustimmungsbeschlusses** sein, die wiederum unter Rückgriff auf den Beschlussantrag zu erfolgen hat. Aus dem Gebot ausdrücklicher Beschlussfassung (§ 108 Abs. 1 AktG) folgt insofern keine Beschränkung. Vielmehr kann bei der Auslegung des (ausdrücklichen) Beschlusses auch ein immanenter (konkludenter) Erklärungsgehalt berücksichtigt werden,[23] wie er sich bspw. aus Vorstands-

18 Ob die Einholung einer vorherigen Zustimmung in Eilfällen entbehrlich ist, lässt der Senat offen (Rz. 18); die Frage ist str. (in engen Grenzen bejahend z.B. *Hüffer/Koch*, § 111 AktG Rz. 47; generell verneinend *Habersack* in MünchKomm/AktG, 5. Aufl. 2019, § 111 AktG Rz. 141 (vorbehaltlich abweichender Zustimmungsregelung durch Satzung oder Aufsichtsrat).

19 BGH v. 10.7.2018 – II ZR 24/17, BGHZ 219, 193 = AG 2018, 841 = ZIP 2018, 1923 Rz. 15 ff.; s. auch die ganz h.L., s. nur *Hüffer/Koch*, § 111 AktG Rz. 46 m.w.N.

20 Näher *Schäfer* in FS E. Vetter, 2019, S. 645, 648.

21 *Hopt/Roth* in Großkomm/AktG, 5. Aufl. 2019, § 111 AktG Rz. 766; *Mertens/Cahn* in KölnKomm/AktG, 3. Aufl. 2012, § 111 AktG Rz. 114; *Fleischer*, DB 2018, 2619 (unter IV. 1).

22 Zur (parallelen) objektiven Auslegung von HV-Beschlüssen s. nur *Arnold* in MünchKomm/AktG, 4. Aufl. 2018, § 133 AktG Rz. 6; ferner BGH v. 19.5.2015 – II ZR 176/14, AG 2015, 633 = NZG 2015, 867 Rz. 32; BGH v. 30.1.1995 – II ZR 132/93, AG 1997, 465 = NJW 1995, 2656 (betr. Zulässigkeit der Berücksichtigung von Vorstandsberichten für die Auslegung).

23 BGH v. 19.12.1988 – II ZR 74/88, AG 1989, 129 = NJW 1989, 1928, 1929; BGH v. 16.2.2009 – II ZR 282/07, AG 2009, 327, 328; BGH v. 21.6.2010 – II ZR 24/09, AG 2010,

berichten an den Aufsichtsrat ergibt, und demgemäß ist der Beschluss auch ergänzender Auslegung zugänglich. In demselben Rahmen, in dem der Aufsichtsrat seine **Einwilligung generalisieren** kann,[24] kann er den Vorstand mit der Zustimmung im Übrigen auch zu Abweichungen von der ursprünglichen Planung **ermächtigen** bzw. sich auf die Billigung bestimmter Grundzüge beschränken, weil beispielsweise Details noch offen sind, und dem Vorstand hierdurch einen Gestaltungsspielraum bei der konkreten Ausführung einräumen.[25] Der Aufsichtsrat hat es bei seinem Zustimmungsbeschluss also in der Hand, die Dinge klarzustellen und die Voraussetzungen einer erneuten Vorlage zu definieren. Nur bei Fehlen einer solchen, ihrerseits auslegungsfähigen expliziten Regelung kann es also auf die „Wesentlichkeit" der Abweichung zur Ermittlung des **hypothetischen Willens** im Rahmen einer ergänzenden Auslegung des Beschlusses ankommen. Allgemein lässt dieser sich in der Tat dahin bestimmen, dass eine erklärte Zustimmung stets die Befugnis zu unwesentlichen Abweichungen von der beschlossenen Fassung der Maßnahme umfasst, solche Abweichungen also mit abdeckt. Hierfür ist vor allem maßgeblich, ob die Planänderung zu einer wesentlichen Risikosteigerung für die Gesellschaft führt, was auch dann der Fall ist, wenn die Wirtschaftlichkeit der Maßnahme, wie im BGH-Fall, durch die Planänderung erheblich verschlechtert wird. Entgegen einer im Schrifttum vertretenen (prominenten) Stimme[26] kommt eine solche nur unwesentliche Abweichung auch bei (unvorhergesehenen) Kostensteigerungen in Betracht, und führt nicht jede (noch so geringe) Kostenerhöhung automatisch zu einer Vorlagepflicht an den Aufsichtsrat, soweit der Zustimmungskatalog eine Wertgrenze enthält, welche (schon) durch den ursprünglichen Umfang der Maßnahme überschritten war.[27]

Entscheidungen, zu denen Gesetz, Satzung oder Vertrag[28] anhalten oder ausschließen (Rz. 1524), sind in diesem Sinne **„gebunden"**, so dass die Business Judgment Rule **keine Anwendung** findet, weil (und soweit) die Vorstandsmitglieder keine Auswahlentscheidung treffen können, die sich erst in der Zukunft als richtig oder falsch erweist; sie sind vielmehr schon im Zeitpunkt der Entscheidung entweder geboten 1524b

632 = ZIP 2010, 1437 Rz. 14; *Mertens/Cahn* in KölnKomm/AktG, 3. Aufl. 2012, § 108 AktG Rz. 15; *Habersack* in MünchKomm/AktG, 5. Aufl. 2019, § 107 AktG Rz. 13.

24 Dazu BGH v. 26.11.2015 – 3 StR 17/15 (Nürburgring), AG 2016, 501 = ZIP 2016, 966 Rz. 117 f.; *Habersack* in MünchKomm/AktG, 5. Aufl. 2019, § 111 AktG Rz. 143; *Mertens/Cahn* in KölnKomm/AktG, 3. Aufl. 2012, § 111 AktG Rz. 109. Ob eine solche (beschränkte) Generalisierung sinnvoll ist, steht auf einem anderen Blatt, s. *Fonk*, ZGR 2006, 841, 868.

25 Deutlich etwa BGH v. 26.11.2015 – 3 StR 17/15, AG 2016, 501 = ZIP 2016, 966 Rz. 121: Die Zustimmung zu einem Projekt („Nürburgring 2009") umfasse auch die Zustimmung in dafür als „in vertretbarer Weise als erforderlich angesehene" Finanzierungsvereinbarungen bei nur in Grundzügen beschriebener Finanzierung (konkret: Übernahme der Gründungskosten einer Projektgesellschaft).

26 *Habersack* in MünchKomm/AktG, § 111 AktG Rz. 146.

27 Näher dazu *Schäfer* in FS E. Vetter, 2019, S. 645, 654 f.

28 Insofern aufschlussreich BGH v. 18.6.2013 – II ZR 86/11, NZG 2013, 1021 Rz. 28 f. = GmbHR 2013, 1044 (GmbH & Co. KG): Der mündliche Abschluss eines Anwaltsvertrages (mit gesetzlichen Gebühren) hindert nicht, noch nachträglich eine Honorarvereinbarung zu treffen; auch hinsichtlich Vertragsänderung liegt unternehmerische Entscheidung vor.

oder verboten. In **stark regulierten Bereichen** ist die Business Judgment Rule daher stark zurückgedrängt, etwa im Banksektor aufgrund der CRD IV-Regulierung (§§ 25a-e, 36, 60b KWG).[29] Es sind freilich Entscheidungen denkbar, die sowohl gesetzesgebundene als auch prognoseabhängige Elemente enthalten (Bsp.: Insolvenzantragspflicht nach § 15a InsO, bei der eine Fortführungsprognose zu treffen ist); § 93 Abs. 1 Satz 2 AktG gilt dann nur in Bezug auf die prognoseabhängigen Entscheidungsteile.[30]

1525 Liegt eine unternehmerische Entscheidung im genannten Sinne vor, so wird unwiderleglich vermutet, dass das Vorstandsmitglied pflichtgemäß gehandelt hat, *wenn* die Entscheidung auf angemessener Tatsachengrundlage und zum Wohl der Gesellschaft getroffen wurde. Zunächst zur **angemessenen Tatsachengrundlage**: Schon der BGH hatte in seiner ARAG-Entscheidung betont, dass die unternehmerische Entscheidung auf einer „sorgfältig" ermittelten Tatsachengrundlage beruhen muss.[31] Damit ist nach wohl herrschender Lesart der allgemeine Sorgfaltsmaßstab angesprochen,[32] den das Gesetz mit der Formulierung „annehmen durfte" in Bezug nimmt. Neuerdings wird jedoch in Hinblick auf die sonst zu starke Relativierung der Business Judgment Rule auch eine großzügigere Auslegung der Worte „vernünftigerweise annehmen durfte" vertreten und namentlich, dass der Vorstand nur für grobe Fahrlässigkeit bei der Ermittlung der Tatsachengrundlage einzustehen habe.[33] Dem wird allerdings entgegengehalten, dass dies den Vorstand tendenziell zu stark von seiner Informationsverantwortung befreie und die Entscheidung zur Ermittlung der ausreichenden Tatsachengrundlage – anders als die inhaltliche Bewertung („zum Wohle der Gesellschaft") – deshalb einer **gerichtlichen Plausibilitätskontrolle** bedürfe.[34] Dies dürfte im Wesentlichen auch der Auffassung des BGH entsprechen (s. sogleich). Weitgehend unstreitig dürfte zudem sein, dass sich die Angemessenheit (der Informationsgrundlage) ausschließlich auf den Zeitpunkt ex ante, also die konkrete Entscheidungssituation, bezieht.[35] Hierbei kann z.B. auch ein gewisser Zeitdruck mitberücksichtigt werden, so dass bei entsprechender Eile geringere Anforderungen an die Sachverhaltsaufklärung bestehen können.[36] Etwas missverständlich spricht der **BGH** zwar davon, dass das Vorstandsmitglied „in der konkreten Situation alle verfügbaren Informationsquellen tatsächlicher und rechtlicher Art" ausschöpfen müs-

---

29 Dazu im vorliegenden Kontext nur *Hopt*, ZIP 2013, 1793, 1796 f., 1798.

30 Deutlich *Mertens/Cahn* in KölnKomm/AktG, 3. Aufl. 2010, § 93 AktG Rz. 19; *Hüffer/Koch*, § 93 AktG Rz. 18; so auch schon *Schäfer*, ZIP 2005, 1253, 1256.

31 BGH v. 21.4.1997 – II ZR 175/95, BGHZ 135, 244, 253 f. = NJW 1997, 1926 = AG 1997, 377.

32 *Schäfer*, ZIP 2005, 1253, 1258; seither eingehend *Goette*, ZGR 2008, 436, 448; *Fleischer* in FS Hüffer, 2010, S. 187, 199 f.

33 So dezidiert und eingehend *Bachmann* in FS Stilz, 2014, S. 25, 41 ff.; s. auch *Grigoleit*, Gesellschafterhaftung für interne Einflussnahme im Recht der GmbH, 2006, S. 368 ff.

34 *Hüffer/Koch*, § 93 AktG Rz. 21; *Redeke*, ZIP 2011, 59, 61 ff.

35 Vgl. dazu auch BGH v. 14.7.2008 – II ZR 202/07, NJW 2008, 3361 = GmbHR 2008, 1033.

36 *Mertens/Cahn* in KölnKomm/AktG, 3. Aufl. 2010, § 93 AktG Rz. 34.

se.[37] Das auf den ersten Blick sehr weitgehende Attribut „alle" ist indessen durch den Bezug auf die konkrete Entscheidungssituation wesentlich determiniert, weshalb keineswegs anzunehmen ist, dass der BGH die Berücksichtigung sämtlicher objektiv verfügbarer Informationen verlangt.[38] Vielmehr kann es nur auf die (subjektive) **Erreichbarkeit einer Information in einer konkreten Entscheidungssituation** ankommen[39]. Freilich ist diese Aussage auch abhängig vom eingegangenen Risiko: Ist eine großvolumige Transaktion mit erheblichem bzw. **nicht klar einzuschätzendem Risiko** verbunden, so darf der Vorstand sie nicht schon deshalb trotz spärlicher Tatsachenbasis durchführen, weil für die Entscheidung nur kurze Zeit zur Verfügung steht; hier muss ggf. auf die Durchführung verzichtet werden. Strategische Entscheidungen müssen stets sorgfältig vorbereitet werden. Wie die Gesetzesmotive ausführen, wird sich das Organmitglied im Allgemeinen aber auf die betriebswirtschaftlichen Schwerpunkte wie Rentabilität, Risikobewertung, Investitionsvolumen und Finanzierung beschränken können. Als pflichtwidrig brandmarkt die Begründung demgegenüber die bloß formale Absicherung durch routinemäßig eingeholte Sachverständigengutachten, Beratervoten oder externe Marktanalysen.[40] Der BGH hat es etwa als pflichtwidrig bezeichnet, einen wesentlichen Kredit zu vergeben, ohne sich zuvor über die Fähigkeit des Kunden vergewissert zu haben, den Kredit bedienen zu können.[41]

Das Vorstandsmitglied muss des Weiteren **zum Wohl der Gesellschaft**, also loyal, handeln. Das wird zwar regelmäßig auch der Zielsetzung seines Handelns entsprechen; eine entsprechende Ausrichtung fehlt aber, wenn die Entscheidung die Gesellschaft mit erkennbar **unverhältnismäßigen Risiken** belastet, woraus aber nicht gefolgert werden kann, dass der Vorstand niemals existenzgefährdende Risiken eingehen dürfte; unter bestimmten Voraussetzungen kommt dies vielmehr durchaus in Betracht.[42] In der neueren Literatur wird zudem im Ansatz zutr. betont, dass insofern **nur eine völlig unvertretbare Risikobeurteilung** aus dem sicheren Hafen hinausführt.[43] Nicht zum Wohl der Gesellschaft handelt das Vorstandsmitglied ferner aber auch dann, wenn es **nicht unbefangen** ist, durch die Entscheidung also eigene Interessen oder diejenige naher Angehöriger bzw. von Unternehmen, an denen das Vorstandsmitglied beteiligt ist, berührt werden und dies dem Vorstandsmitglied auch 1526

37 BGH v. 14.7.2008 – II ZR 202/07, ZIP 2008, 1675 Rz. 11 = GmbHR 2008, 1033 (GmbH); BGH v. 18.6.2013 – II ZR 86/11, NZG 2013, 1021 Rz. 30 = GmbHR 2013, 1044 (GmbH & Co. KG). – S. aber auch Fn. 50.

38 So aber tendenziell *Hopt*, ZIP 2013, 1793, 1801.

39 So deutlich auch BGH v. 12.10.2016 – 5 StR 134/15 (HSH/Nordbank), NZG 2017, 116 Rz. 3 = ZIP 2016, 2467; ferner nur *Bachmann*, WM 2015, 105, 110; *Baur/Holle*, AG 2017, 597, 604; *Spindler*, AG 2013, 889, 893; *Hüffer/Koch*, § 93 AktG Rz. 20.

40 Begr. RegE, ZIP 2004, 2455; dazu auch *Fleischer*, ZIP 2004, 685, 689.

41 BGH v. 3.11.2008 – II ZR 236/07, ZIP 2009, 223 Rz. 3 = AG 2009, 117.

42 Zutr. *Binder*, AG 2012, 885, 894 f., ihm folgend *Hopt*, ZIP 2013, 1793, 1798 (gegen *T. Fischer* in Bankrechtstag 2012, 2013, S. 129, 147 – aus strafrechtlicher Sicht); ferner *Schmitz-Remberg*, BB 2014, 2701, 2702.

43 *Koch*, ZGR 2006, 769, 770; *Hüffer/Koch*, § 93 AktG Rz. 23; *Bachmann*, ZHR 177 (2013), 1, 9; *Bachmann* in FS Stilz, 2014, S. 25, 28 ff. („grob fahrlässig").

bewusst ist.[44] Nach verbreiteter Auffassung reicht entgegen der Regierungsbegründung in einem solchen Fall die bloße Offenlegung des Konflikts[45] nicht aus; das befangene Vorstandsmitglied müsse vielmehr eine **Entscheidung des Gesamtorgans** herbeiführen, ohne hierbei selbst mitzuwirken, bzw. in schweren Fällen oder bei allseitigem Konflikt den Aufsichtsrat um Zustimmung bitten.[46] So nachvollziehbar es indessen erscheinen mag, der naheliegenden Schutzbehauptung vorzubeugen, dass der **Interessenkonflikt** zwar vorgelegen, aber die Entscheidung nicht beeinflusst habe, so wenig ist doch der – gesetzlich nicht definierte – Begriff des Interessenkonflikts geeignet, um daraus ein Stimm- oder gar Mitberatungsverbot herzuleiten.[47] Ein solches besteht vielmehr nur im Bereich der gesetzlichen Stimmverbote, die sich im Falle einer Fremdorganschaft zu einem Teilnahmeverbot erweitern.[48] Unabhängig hiervon gilt: Hinsichtlich der *übrigen*, also nicht befangenen Mitglieder bleibt freilich die Business Judgment Rule selbst dann anwendbar, wenn der Konflikt nicht offengelegt oder zwar offengelegt worden ist, das befangene Mitglied aber dennoch an der Beratung teilgenommen hat.[49] – Soweit es um Rechtsgeschäfte mit dem Vorstandsmitglied selbst geht, ist ohnehin allein der Aufsichtsrat zur Vertretung der Gesellschaft befugt (§ 112 AktG).

1527 **Fehlt** es an den beschriebenen Voraussetzungen der Business Judgment Rule, so muss zwar im Rahmen des **§ 93 Abs. 2 Satz 1 AktG** eine Pflichtverletzung noch eigens festgestellt werden.[50] Handelt allerdings das Vorstandsmitglied aus eigensüchtigen Motiven (= Verstoß gegen Loyalitätspflichten) oder auf fahrlässig lückenhaft ermittelter Tatsachengrundlage (= Verstoß gegen Sorgfaltspflichten), so sollte eine **Pflichtverletzung** – zumal angesichts der Beweislastregel des § 93 Abs. 2 Satz 2 AktG – jedenfalls **im Regelfall feststehen.**[51] Streiten mag man allenfalls darüber, ob

---

44 *Mertens/Cahn* in KölnKomm/AktG, 3. Aufl. 2010, § 93 AktG Rz. 27; *Schäfer*, ZIP 2005, 1253, 1257.

45 RegE UMAG, BT-Drucks. 15/5092, 11 und dazu *Koch* in FS Säcker, 2011, S. 403, 415.

46 Vgl. *Fleischer* in Spindler/Stilz, § 93 AktG Rz. 68, aber auch *Mertens/Cahn* in KölnKomm/AktG, 3. Aufl. 2010, § 93 AktG Rz. 30, die zu Recht darauf hinweisen, dass die Befangenheit mehrerer Vorstandsmitglieder nicht zur Beschlussunfähigkeit des Vorstands führen kann; ferner eingehend *Koch*, ZGR 2014, 697, 701 ff.; *Koch* in FS Säcker, 2011, S. 403, 415 ff.

47 *Schäfer*, ZGR 2014, 731, 746 f.; *Löbbe/Fischbach*, AG 2014, 717, 727 f.; a.A. *Hüffer/Koch*, § 93 AktG Rz. 26 m.w.N. – Die weitergehende Formulierung aus der 1. Auflage wird aufgegeben.

48 Näher *Schäfer*, ZGR 2014, 731, 746 f.; zur Geltung des gesetzlichen Stimmverbots (hier § 34 BGB) auch für Organbeschlüsse ebd. S. 741 f. (mit Hinweis auf *Zöllner*, Die Schranken mitgliedschaftlicher Stimmrechtsmacht, 1963, S. 266 f.).

49 *Mertens/Cahn* in KölnKomm/AktG, 3. Aufl. 2010, § 93 AktG Rz. 29; *Koch*, ZGR 2014, 697, 708 f.; *Löbbe/Fischbach*, AG 2014, 717, 725 f.; *Schäfer*, ZGR 2014, 731, 746 f.; a.A. insbes. *Lutter* in FS Canaris, 2007, Bd. II, S. 245, 248 ff.

50 S. etwa OLG München v. 12.1.2017 – 23 U 3582/16, BB 2017, 722, 724; *Bachmann*, WM 2015, 105, 107; *Hüffer/Koch*, § 93 AktG Rz. 12; *Mertens/Cahn* in KölnKomm/AktG, 3. Aufl. 2010, § 93 AktG Rz. 15; a.A. *Scholz*, AG 2015, 222, 223 ff.

51 *Mertens/Cahn* in KölnKomm/AktG, 3. Aufl. 2010, § 93 AktG Rz. 25 ff., Rz. 32 ff.; *Spindler* in MünchKomm/AktG, 5. Aufl. 2019, § 93 AktG Rz. 47; s. auch *Schäfer*, ZIP 2005, 1253,

ein Organwalter, der unter einem **Interessenkonflikt** leidet und deshalb nicht das „Privileg" des § 93 Abs. 1 Satz 2 AktG genießt, schon dann pflichtwidrig handelt, wenn er gleichwohl an der Entscheidung teilnimmt.[52] Auch jenseits des § 93 Abs. 1 Satz 2 AktG unterliegt das Organmitglied zwar keiner „Erfolgshaftung", man wird das Mitwirken an der Entscheidung aber jedenfalls dann als pflichtwidrig i.S.v. § 93 Abs. 1 Satz 1 AktG anzusehen haben, wenn der Interessenkonflikt nicht offengelegt wird, und zwar unabhängig von der anders gelagerten Frage, ob die abgegebene Stimme – mangels Stimmverbots[53] – auch in diesem Fall als wirksam anzusehen ist.[54] Denn in diesem Falle nimmt das befangene Vorstandsmitglied seinen Kollegen die Möglichkeit, noch einmal kritisch zu überprüfen, ob die Entscheidung trotz der Befangenheit tatsächlich dem Wohl der Gesellschaft dient, zumal die Frage nur relevant wird, wenn sich nachträglich herausstellt, dass die Entscheidung nicht im Interesse der Gesellschaft lag.

Ob und in welchem Umfang dem § 93 Abs. 1 Satz 2 AktG aufgrund dieser Zusammenhänge tatsächlich eine **Privilegierungsfunktion** zukommt, wird im neueren Schrifttum gelegentlich **bezweifelt**: Berücksichtige man, dass Organmitglieder auch im Rahmen des § 93 Abs. 1 Satz 2 AktG aus Gründen der Beweislast gut beraten seien, die Entscheidungsfindung – d.h. vor allem Informationsgrundlagen und die leitenden Erwägungen – zu dokumentieren, so ergebe sich, dass im Bereich unternehmerischen Handelns Sorgfaltspflichten und Haftungsmaßstab innerhalb und außerhalb des § 93 Abs. 1 Satz 2 AktG im Ergebnis mehr oder weniger übereinstimmten.[55] In dogmatischer Hinsicht mögen die Unterschiede zwischen § 93 Abs. 1 Satz 1 und Satz 2 AktG nicht allzu gravierend sein, wenn man die jeweils dem Vorstandsmitglied obliegende Darlegungs- (also Dokumentations-) und Beweislast betrachtet (dazu Rz. 1533). Dennoch dürfte § 93 Abs. 1 Satz 2 AktG mit seiner Pflichtenkonkretisierung bei unternehmerischen Entscheidungen ein eindeutiges und dort – ungeachtet einzelner Übertreibungen – auch vernommenes **Signal** an die Praxis **zur Zurückhaltung** gesandt haben.[56] Im Übrigen hat der Ansatz *Bachmanns*, der die Worte 1528

1255. – Eine andere Frage ist, wie der Schadensersatz bei interessewidrigem und deshalb treuwidrigem Handeln zu bestimmen ist, dazu *Schäfer*, ZGR 2014, 731, 748 ff.

52 So *Spindler* in MünchKomm/AktG, 5. Aufl. 2019, § 93 AktG Rz. 47; *Mertens/Cahn* in KölnKomm/AktG, 3. Aufl. 2010, § 93 AktG Rz. 15; a.A. *Sailer-Coceani* in K. Schmidt/Lutter, § 93 AktG Rz. 19; *Habersack*, ZHR 177 (2013), 782, 797 f.

53 Dazu *Spindler* in MünchKomm/AktG, 5. Aufl. 2019, § 77 AktG Rz. 22.

54 A.A. insoweit *Habersack*, ZHR 177 (2013), 782, 798: Entscheidend sei auch hier allein, dass die Entscheidung auch vom befangenen Mitglied aus sachlichen Erwägungen zum Wohle der Gesellschaft getroffen worden sei.

55 *Druey* in FS Goette, 2011, S. 57, 68 ff.; *Cahn*, WM 2013, 1293, 1295; *v. Falkenhausen*, NZG 2012, 644, 649; sympathisierend *Habersack*, ZHR 177 (2013), 782, 799; abweichend aber *Bachmann*, ZHR 177 (2013), 1, 9 f. (nur „unverantwortliche" Fehleinschätzungen und Fehlgewichtungen führen zur Haftung) und eingehend *Bachmann* in FS Stilz, 2014, S. 25, 28 ff.

56 Zweifelnd unter Hinweis auf die vielfach kritisierte IKB-Entscheidung des OLG Düsseldorf v. 9.12.2009 (6 W 45/09, ZIP 2010, 28 = AG 2010, 126) aber *Hopt*, ZIP 2013, 1793, 1801; zur Kritik an der Entscheidung auch *Fleischer*, NJW 2010, 1505; *Spindler*, NZG 2010, 284.

„vernünftigerweise annehmen durfte“ generell im Sinne grober Fahrlässigkeit interpretiert,[57] auf den ersten Blick zwar eine deutlich haftungsentschärfende Wirkung. Weil aber auch die h.M. Risikoeinschätzungen des Vorstands nur auf ihre völlige Unvertretbarkeit hin untersuchen will (Rz. 1526), dürften sich Unterschiede allein bei der Frage der angemessenen Informationsgrundlage zeigen. Auch dies ist freilich nicht ausgemacht, weil die h.M. hier (nur) eine gerichtliche Plausibilitätskontrolle für angezeigt hält (Rz. 1525). Unabhängig von dieser Auslegungsfrage gilt: Mag auch schon seit jeher theoretisch festgestanden haben, dass unternehmerischer Misserfolg, für sich gesehen, keine Pflichtverletzung darstellt, so hat die Praxis doch gleichwohl dazu geneigt, aus einem eingetretenen Misserfolg auf dessen Vorhersehbarkeit zu schließen. Insofern liegt die wichtige Lenkungsfunktion des § 93 Abs. 1 Satz 2 AktG also gerade darin, den Blick vom Ergebnis unternehmerischen Handelns ab- und auf die Vorbereitung der Entscheidung und namentlich die ausreichende Ermittlung der Tatsachengrundlage und das Fehlen von Interessenkonflikten hinzulenken. Zugleich hat § 93 Abs. 1 Satz 2 AktG auf diese Weise gewiss zur Rationalisierung der Entscheidungsprozesse und ihrer Dokumentation beigetragen.[58]

3. Schaden und Kausalität

1529 Naturgemäß tritt auch im Falle einer Pflichtverletzung die Schadensersatzpflicht nach § 93 Abs. 2 AktG nur dann ein, wenn der Gesellschaft selbst hieraus ein **Vermögensschaden** (§ 251 BGB) entstanden ist. Es gelten die allgemeinen Prinzipien der Naturalrestitution und der Totalkompensation nach §§ 249 ff. BGB. Der Schaden ist durch einen Vergleich der aktuellen Vermögenslage mit derjenigen zu ermitteln, die ohne die Pflichtwidrigkeit eingetreten wäre, so dass die Gesellschaft so zu stellen ist, als wäre das pflichtwidrige Geschäft etc. nicht abgeschlossen worden.[59] Ersatzpflichtig ist jede eingetretene Vermögensminderung, unabhängig davon, ob sie dem Unternehmenszweck widerspricht.[60] Als ersatzfähiger Schaden kommen grundsätzlich auch **Geldbußen** und -strafen in Betracht, die der Gesellschaft als solcher auferlegt werden (sofern nicht wegen derselben Sache zusätzlich auch die Organmitglieder persönlich belangt werden).[61] Schäden sind ferner Kompensationszahlungen, welche die Gesellschaft unmittelbar geschädigten Dritten leisten muss.[62] Umgekehrt muss sich die Gesellschaft aber nach den Grundsätzen der **Vorteilsausgleichung** aus

---

57 *Bachmann* in FS Stilz, 2014, S. 25, 28 ff. – s. dazu schon Rz. 1525.

58 *Hemeling*, ZHR 175 (2011), 368, 379 f.

59 St. Rspr., zuletzt etwa BGH v. 15.1.2013 – II ZR 90/11, ZIP 2013, 455 = AG 2013, 259, Rz. 21 ff. (Schaden sind sämtliche Verluste aus pflichtwidrigen Geschäften; dort auch zur Darlegungs- und Beweislast).

60 *Hüffer/Koch*, § 93 AktG Rz. 47; *Spindler* in MünchKomm/AktG, 5. Aufl. 2019, § 93 AktG Rz. 192 ff.; *Mertens/Cahn* in KölnKomm/AktG, 3. Aufl. 2010, § 93 AktG Rz. 59.

61 *Mertens/Cahn* in KölnKomm/AktG, 3. Aufl. 2010, § 93 AktG Rz. 56; vgl. auch *Bayer* in FS Karsten Schmidt, 2009, S. 85, 95 ff. Für **Kartellgeldbußen** zu Recht zweifelnd freilich *Goette*, ZHR 176 (2012), 588, 603 f.; für umfangsmäßige Beschränkung *Hüffer/Koch*, § 93 AktG Rz. 48.

62 *Hüffer/Koch*, § 93 AktG Rz. 48; einschränkend *Uwe H. Schneider* in FS Hüffer, 2010, S. 905, 910 ff. (Anwendung der Business Judgment Rule).

pflichtwidrigen Geschäften entstandene Gewinne anrechnen lassen, wofür freilich das in Anspruch genommene Vorstandsmitglied darlegungs- und beweispflichtig ist.[63]

Der Vermögensschaden muss **kausal** auf die Pflichtwidrigkeit des Vorstandsmitglieds zurückzuführen sein. Damit sind auch Fragen der schadensrechtlichen Zurechnung sowie nach einem **rechtmäßigen Alternativverhalten** verbunden, das den Schaden ebenfalls herbeigeführt hätte. Dies ist zwar grundsätzlich ein tauglicher Verteidigungseinwand des Vorstandsmitglieds, wird von der bislang wohl h.L. aber dann nicht akzeptiert, wenn die Pflichtverletzung gerade in der **Kompetenzwidrigkeit** einer Maßnahme besteht, der Vorstand also insbesondere bestehende **Zustimmungsvorbehalte zugunsten des Aufsichtsrats** missachtet hat, weil die Schadensersatzpflicht dann einzige denkbare Sanktion mit Präventivcharakter sei.[64] Dem hat sich der **BGH** in der schon erwähnten Grundsatzentscheidung (Rz. 1524) nicht angeschlossen. Dem Vorstand den Einwand rechtmäßigen Alternativverhaltens generell auszuschließen, überdehne den Schutzzweck des § 93 Abs. 2 AktG, der sich in allgemeine schadensersatzrechtliche Grundsätze einfügen müsse. Die Gegenansicht führe zu einem mit deutschen Prinzipien grundsätzlich unvereinbaren Strafschadensersatz.[65] Der Einwand scheide nur dann per se aus, falls die vor der Maßnahme einzuholende Zustimmung (Rz. 1524) ihrerseits pflichtwidrig wäre, also nicht mehr vom unternehmerischen Ermessen des Aufsichtsrats gedeckt wäre, und nicht etwa schon deshalb, weil der Aufsichtsrat nicht zur Zustimmung verpflichtet gewesen sei.[66] Allerdings müsse, damit die Entlastung gelinge *„der sichere Nachweis erbracht werden, dass der Schaden auf jeden Fall eingetreten wäre. Die bloße Möglichkeit und selbst die Wahrscheinlichkeit, dass er auch bei pflichtgemäßem Verhalten entstanden* 1530

63 BGH v. 15.1.2013 – II ZR 90/11 (Corealkredit Bank), ZIP 2013, 455 = AG 2013, 259 Rz. 26 ff.: Haben unternehmensgegenstandswidrige Geschäfte (Macro-Hedging) teils zu Gewinnen, teils zu Verlusten geführt, so muss zwar wegen des schadensrechtlichen Bereicherungsverbots aufgrund eines entsprechenden Vortrags des Vorstands im Ergebnis saldiert werden, obwohl kein unmittelbarer Zusammenhang zwischen den verschiedenen Geschäften besteht; die Gesellschaft wird ihrer Darlegungslast aber schon dadurch gerecht, dass sie ihre Verluste vorträgt, ohne selbst eine Saldierung vorzunehmen. – Vgl. zur Darlegungslast in Bezug auf die Vorteilsausgleichung auch BGH v. 31.5.2010 – II ZR 30/09, ZIP 2010, 1397 Rz. 26; BGH v. 20.9.2011 – II ZR 234/09, ZIP 2011, 2097 = AG 2011, 876 Rz. 34.

64 *Hopt/Roth* in Großkomm/AktG, 5. Aufl. 2015, § 93 AktG Rz. 416; *Spindler* in MünchKomm/AktG, 5. Aufl. 2019, § 93 AktG Rz. 196; *Fleischer* in Spindler/Stilz, § 93 AktG Rz. 203; a.A. aber *Hüffer/Koch*, § 93 AktG Rz. 50; *Altmeppen* in FS Karsten Schmidt, 2009, S. 23, 31 ff.; *Fleischer*, DStR 2009, 1204, 1208 f.

65 BGH v. 10.7.2018 – II ZR 24/17, BGHZ 219, 193 = AG 2018, 841 = ZIP 2018, 1923 mit zust. Anm. *Fleischer*, DB 2018, 2619; *Haarmann*, BB 2018, 2515; *Holle/Mörsdorf*, NJW 2018, 3555; *Priester*, EWiR 2018, 645, 646; *Geißler*, DZWiR 2018, 586, 595; s. auch *Schäfer* in FS E. Vetter, 2019, S. 645, 648. Zuvor für die GmbH bereits BGH v. 11.12.2006 – II ZR 166/05, ZIP 2007, 268 Rz. 12 und BGH v. 18.6.2013 – II ZR 86/11, BGHZ 197, 304 Rz. 32 f.

66 BGH v.10.7.2018 – II ZR 24/17, BGHZ 219, 193 = AG 2018, 841 = ZIP 2018, 1923 Rz. 52 ff.

wäre, genügen nicht.“ Weise der Vorstand aber nach, dass der Aufsichtsrat in die betreffende Maßnahme mehrheitlich eingewilligt hätte, und hierfür reicht es nach allgemeinen Regeln, dass ein Nachweis zur Überzeugung des Gerichts gelingt, so könnten ihm die Folgen des Kompetenzverstoßes nicht als Schaden zugerechnet werden.[67] Die sorgfältig begründete Entscheidung vermag auch in diesem Punkt zu überzeugen (s. schon Rz. 1524), so dass der **Einwand rechtmäßigen Alternativverhaltens künftig generell** und namentlich auch bei Missachtung von Kompetenz- oder Verfahrensregeln eröffnet ist.

4. Verschulden

1531 Das Vorstandsmitglied muss seine Pflichten schuldhaft – d.h. vorsätzlich oder fahrlässig – verletzt haben; das wird allerdings vermutet (sogleich unter Rz. 1533). Außerdem ist nach dem typisierten Sorgfaltsmaßstab des § 93 Abs. 1 AktG (Rz. 1522) individuelle Unfähigkeit kein Entschuldigungsgrund; vielmehr müssen Vorstandsmitglieder stets für das Vorhandensein der ihrer Leitungsaufgabe entsprechenden Kenntnisse und Fähigkeiten einstehen.[68] Andererseits erfolgt keine Zurechnung von Fremdverschulden nach § 278 BGB; sie erfolgt vielmehr ausschließlich der Gesellschaft gegenüber (§ 37 Rz. 1500).

1532 Sehr streng verfährt die Rechtsprechung bei der Anerkennung eines **schuldausschließenden Verbotsirrtums**. Wird die Rechtslage gar nicht ermittelt, so trägt in aller Regel das Vorstandsmitglied das Risiko der Rechtswidrigkeit.[69] Aber auch die Einholung eines Rechtsrats entlastet den Vorstand nur unter bestimmten Voraussetzungen. In seiner **ISION-Entscheidung**[70] hat der BGH diese Grundsätze noch einmal zusammengefasst und auf den Fall angewandt, dass der Vorstand (unzutreffenden) **Expertenrat** für die rechtliche Beurteilung einholt und sich auf diesen verlässt. Demnach muss ein Organmitglied – wie jeder Schuldner – die Rechtslage sorgfältig prüfen, soweit erforderlich Rechtsrat einholen und die höchstrichterliche Rechtsprechung sorgfältig beachten.[71] Das Risiko, die Rechtslage zu verkennen, liege beim Or-

---

67 BGH v.10.7.2018 – I ZR 24/17, BGHZ 219, 193 = AG 2018, 841 = ZIP 2018, 1923 Rz. 45 und Rz. 54: Der Nachweis einer hypothetischen Zustimmung könne insbesondere dann gelingen, wenn durch die Maßnahme langfristige Vorteile zu erwarten seien, wozu auch die Förderung von *Gemeinwohlbelangen* rechne (konkret: Sanierung eines denkmalgeschützten Gebäudes).

68 *Mertens/Cahn* in KölnKomm/AktG, 3. Aufl. 2010, § 93 AktG Rz. 136 f.; *Hüffer/Koch*, § 93 AktG Rz. 43.

69 Speziell zum Rechtsirrtum in den „Cum-EX“-Fällen *Florstedt*, NZG 2017, 601, 605 ff.

70 BGH v. 20.9.2011 – II ZR 234/09, ZIP 2011, 2097 = AG 2011, 876 (betr. die unzulässige Verwendung eigener Aktien als Sacheinlage).

71 So zuvor bereits BGH v. 11.1.1984 – VIII ZR 255/82, BGHZ 89, 296, 303; BGH v. 14.6.1994 – XI ZR 210/93, ZIP 1994, 1350, 1351; BGH v. 4.7.2001 – VIII ZR 279/00, WM 2001, 2012, 2014; BGH v. 12.7.2006 – X ZR 157/05, WM 2006, 2011 Rz. 19; BGH v. 25.10.2006 – VIII ZR 102/06, NJW 2007, 428 Rz. 13; BGH v. 29.6.2010 – XI ZR 308/09, ZIP 2010, 1335 Rz. 3.

ganmitglied.[72] Zwar müsse es sich ein Verschulden von Rechtsanwälten etc. grundsätzlich nicht zurechnen lassen, weil diese regelmäßig nicht in die Erfüllung einer *eigenen* Verbindlichkeit des Vorstands eingeschaltet würden, sondern im Pflichtenkreis der Gesellschaft tätig werden sollten. Wohl aber dürfe sich das Vorstandsmitglied nicht ohne Weiteres auf den Expertenrat verlassen. Eine schlichte Anfrage bei einer vom Vorstand für fachkundig gehaltenen Person durch die Gesellschaft reiche nicht aus; erforderlich sei vielmehr, dass sich der Vorstand, wenn er nicht selbst über die erforderliche Sachkunde verfüge, unter **umfassender Darstellung der Verhältnisse der Gesellschaft** und Offenlegung der erforderlichen Unterlagen von einem **unabhängigen**, für die zu klärende Frage fachlich qualifizierten **Berufsträger** beraten lasse und die erteilte Rechtsauskunft einer sorgfältigen **Plausibilitätskontrolle** unterziehe.[73] In einer neueren Entscheidung hat der BGH aber zu Recht klargestellt, dass der **Prüfungsauftrag** nicht in Form einer bestimmten Rechtsfrage[74] gestellt werden muss; es reiche, dass „die Prüfung aus der Sicht des nicht fachkundigen Organs die zweifelhafte Frage umfasst."[75] Die Plausibilitätsprüfung bestehe auch nicht in einer rechtlichen Überprüfung der erhaltenen Rechtsauskunft.[76] Im Übrigen führt aber nach der ISION-Entscheidung eine (unzutreffende) Beratung durch den Aufsichtsrat ebenso wenig zur Entlastung des Vorstands wie in der Regel die nur **mündliche** Auskunft eines Rechtsanwalts, die keiner Plausibilitätskontrolle unterzogen werden kann. Anderes will der BGH nur in einfach gelagerten, besonders eilbedürftigen Fäl-

72 BGH v. 21.12.1995 – V ZB 4/94, BGHZ 131, 346, 353; BGH v. 29.6.2010 – XI ZR 308/09, ZIP 2010, 1335 Rz. 3; BGH v. 20.9.2011 – II ZR 234/09, ZIP 2011, 2097 = AG 2011, 876 Rz. 16; abweichend, eine „legal judgment rule" befürwortend *Hasselbach/Ebbinghaus*, AG 2014, 873; *Cahn*, Der Konzern 2015, 105, 106 ff., *Fleischer* in Spindler/Stilz, § 93 AktG Rz. 29 ff.; *Spindler* in MünchKomm/AktG, 5. Aufl. 2019, § 93 AktG Rz. 105 ff.; dagegen wiederum *Paefgen*, AG 2014, 554, 559 f.; *Holle*, AG 2016, 270; *Verse*, ZGR 2017, 174, 184 ff.; *Hüffer/Koch*, § 93 AktG Rz. 19.

73 So BGH v. 20.9.2011 – II ZR 234/09, ZIP 2011, 2097 = AG 2011, 876 Rz. 18 unter Hinweis auf BGH v. 14.5.2007 – II ZR 48/06, ZIP 2007, 1265 = AG 2007, 548 Rz. 16 ff. (zur Prüfung der Insolvenzreife durch einen Wirtschaftsprüfer); OLG Stuttgart v. 25.11.2009 – 20 U 5/09, ZIP 2009, 2386, 2389 = AG 2009, 133; *Fleischer*, NZG 2010, 121.

74 Konkret ging es um die aus Sicht der Vorinstanz „naheliegende Frage", ob der Vorstand aufgrund einer persönlichen Betroffenheit möglicherweise nach § 112 AktG generell von der Vertretung der Klägerin bei dem Vertragsschluss ausgeschlossen war, BGH v. 28.4.2015 – II ZR 63/14, NZG 2015, 792, 794 Rz. 29 = AG 2015, 535 = ZIP 2015, 1220.

75 BGH v. 28.4.2015 – II ZR 63/14, NZG 2015, 792, 794 Rz. 28 ff. = AG 2015, 535 = ZIP 2015, 1220 (im Fall hatte der Vorstand nach entsprechender Rechtsberatung selbst über einen Vertrag mit einer vom Vorstandsmitglied beherrschten Gesellschaft beschlossen und durch dieses kompetenzwidrige Verhalten seine Pflichten verletzt [dazu schon Rz. 180]; die offenbar von einem arbeitsrechtlichen Anwalt erteilte fehlerhafte Auskunft zur Zuständigkeit des Vorstands hätte durch „einen Blick in einen aktienrechtlichen Standardkommentar zu § 112 AktG" als solche erkannt werden können, wie die Revision vortrug; das überspanne die Anforderungen jedoch, wie der BGH zutr. befand); näher *Bayer*, ZIP 2015, 1853; *Dieckmann/Punte*, WM 2016, 681, 687; *E. Vetter*, NZG 2015, 889; *Kort*, AG 2015, 535; *Hirte*, NJW 2016, 1216; *Buck-Heeb*, BB 2016, 1347, 1351 (mit allgemeinen Anmerkungen zum Prüfungsumfang).

76 BGH v. 28.4.2015 – II ZR 63/14, NZG 2015, 792, 794 Rz. 33 = AG 2015, 535 = ZIP 2015, 1220.

len akzeptieren. Das Vertrauen in die Fachkompetenz einer Anwaltskanzlei ersetze die Plausibilitätskontrolle nicht. Diese Ausführungen haben die Frage aufgeworfen, ob auch die **eigene Rechtsabteilung** in der Lage sei, unabhängigen Rechtsrat zu erteilen, was überwiegend – auch von einem Senatsmitglied – zu Recht bejaht wird, sofern der Prüfende mit der Sache nicht vorbefasst war und seine Beurteilung ausschließlich auf fachliche Aspekte stützt.[77] Eine weitere Frage ist, ob die Obliegenheit zur **Plausibilitätskontrolle** eine höchstpersönliche ist, wie die Formulierung des Urteils nahelegen könnte, oder aber ihrerseits – auf die Rechtsabteilung – delegierbar ist, sofern es um die Beurteilung eines externen (Rechts-)Gutachtens geht. Richtigerweise ist das abzulehnen. Die Plausibilitätskontrolle durch eine facheinschlägige Abteilung ist mindestens ebenso gut wie diejenige durch ein nicht fachkundiges Vorstandsmitglied, und eine **Höchstpersönlichkeit** lässt sich nicht begründen, zumal es um den individuellen Pflichtenkreis des einzelnen Vorstandsmitglieds, nicht um Leitungsaufgaben geht. Allerdings muss das Vorstandsmitglied sich in diesem Falle das Verschulden der von ihm eingeschalteten Rechtsabteilung zurechnen lassen. Im Übrigen muss die Verletzung der Kontroll-Obliegenheit **kausal** geworden sein: War ein Rechtsrat „richtig", also lege artis erteilt, so hängt die Entlastung des Vorstands nicht davon ab, ob er eine Plausibilitätskontrolle vorgenommen hat; denn der zutreffend erteilte Rat hält jeder Plausibilitätskontrolle stand. Entsprechendes gilt nach einer neuen Entscheidung des VI. Zivilsenats für den Fall, dass auch eine ausreichende Erkundigung durch den Vorstand bei der zuständigen Aufsichtsbehörde kein anderes Ergebnis geliefert hätte.[78] Auch insofern bleibt also der Einwand rechtmäßigen Alternativverhaltens möglich (dazu schon Rz. 1530).

5. Beweislast

1533 Nach § 93 Abs. 2 Satz 2 AktG wird das pflichtwidrige Verhalten des Vorstandsmitglieds vermutet. Die Gesellschaft hat daher – im Falle des Bestreitens – lediglich darzulegen und zu beweisen, dass ihr durch das Verhalten (Handeln/Unterlassen) des Vorstandsmitglieds ein Vermögensschaden (in bestimmter Höhe) entstanden ist.[79] Hierfür ist es nicht immer erforderlich, ein konkretes Handeln (oder Unterlassen) vorzutragen; vielmehr kann sich auch aus der konkreten Art des Schadens eine tatsächliche Vermutung ergeben, dass dieser auf ein pflichtwidriges Verhalten des Vorstands zurückgeht.[80] Das beinhaltet nach der zutr. Ansicht des OLG Nürnberg die

77 *Fleischer*, ZIP 2009, 1397; *Junker/Biederbeck*, AG 2012, 898, 900; *Kiefner/Krämer*, AG 2012, 498, 501; *Krieger*, ZGR 2012, 496, 500; *Klöhn*, DB 2013, 1535, 1537 ff.; *Wagner*, BB 2012, 651, 656, *Redeke*, AG 2017, 289, 291; *Müller*, DB 2014, 1301, 1303, alle m.w.N.

78 BGH v. 27.6.2017 – VI ZR 424/16, ZIP 2017, 1568.

79 S. nur *Hüffer/Koch*, § 93 AktG Rz. 53; Analyse der älteren Rspr. bei *Goette*, ZGR 1995, 648 ff., 671 ff.; s. auch BGH v. 4.11.2002 – II ZR 224/00, BGHZ 152, 280, 284 = AG 2003, 381 (GmbH) und BGH v. 8.1.2007 – II ZR 304/04, ZIP 2007, 322 (Genossenschaft).

80 BGH v. 9.6.1980 – II ZR 187/79, WM 1980, 1190 = GmbHR 1980, 298 (erhebliche Kassenfehlbestände); OLG Nürnberg v. 28.10.2014 – 12 U 567/13, AG 2015, 91; *Hüffer/Koch*, § 93 AktG Rz. 55; *Mertens/Cahn* in KölnKomm/AktG, 3. Aufl. 2010, § 93 AktG Rz. 142 (Vorhandensein „toxischer" Wertpapiere in erheblichem Umfang; Existenz von Zweckgesellschaften, mit deren Hilfe die Bankenaufsicht unterlaufen wird).

substantiierte Darlegung einer **potentiell pflichtwidrigen Handlung**.[81] Sodann muss das Vorstandsmitglied darlegen und beweisen, dass es die Sorgfalt eines ordentlichen und gewissenhaften Geschäftsleiters angewendet hat oder, soweit der Einwand rechtmäßigen Parallelverhaltens zulässig ist (dazu unter Rz. 1530), dass der Schaden auch dann eingetreten wäre, wenn es seine Pflichten nicht verletzt hätte. Auch für die Anrechnung von Gewinnen der Gesellschaft nach den Grundsätzen der **Vorteilsausgleichung** trägt das Vorstandsmitglied die Darlegungs- und Beweislast.[82] Im Rahmen des § 93 Abs. 1 Satz 2 AktG muss das Vorstandsmitglied die tatsächlichen Voraussetzungen für das Eingreifen der **Business Judgment Rule** (sorgfältige Sachverhaltsaufklärung und Handeln zum Wohl der Gesellschaft) darlegen und ggf. beweisen.[83] Die Beweislastverteilung des § 93 Abs. 2 Satz 2 AktG trifft das Vorstandsmitglied selbst dann, wenn ihm die Hauptversammlung bereits **Entlastung** erteilt hat (s. § 120 Abs. 2 Satz 2 AktG). Andererseits wird mit guten Gründen erwogen, **ausgeschiedene Vorstandsmitglieder** von der Beweislastverteilung auszunehmen, soweit ihnen kein ungehinderter Zugang mehr zu den Informationsquellen möglich ist.[84] Der BGH hat sich dem freilich bislang noch nicht angeschlossen.[85]

6. Begrenzung der materiellen Haftung aufgrund von Fürsorgepflichten der Gesellschaft?

In letzter Zeit mehren sich die Stimmen für eine Beschränkung des Regresses der 1534
Gesellschaft bei den verantwortlichen Vorstandsmitgliedern.[86] Zunächst wurde vor allem mit Blick auf **Kartellbußen** eine Limitierung des Anspruchs vertreten; denn

---

81 OLG Nürnberg v. 28.10.2014 – 12 U 567/13, AG 2015, 91; ebenso *Bachmann*, BB 2015, 771, 774; *Hüffer/Koch*, § 93 AktG Rz. 53; krit. hingegen *Fleischer/Bauer*, ZIP 2015, 1901, 1907 f.

82 S. dazu BGH v. 15.1.2013 – II ZR 90/11 (Corealkredit Bank), ZIP 2013, 455 = AG 2013, 259 Rz. 26 ff. (kein „cherry picking" beim Macro-Hedging); zur Darlegungslast in Bezug auf die Vorteilsausgleichung ferner BGH v. 31.5.2010 – II ZR 30/09, ZIP 2010, 1397 Rz. 26; BGH v. 20.9.2011 – II ZR 234/09, ZIP 2011, 2097 = AG 2011, 876 Rz. 34.

83 BGH v. 22.2.2011 – II ZR 146/09, ZIP 2011, 766 = AG 2011, 378 Rz. 19 ff.; BGH v. 15.1.2013 – II ZR 90/11, ZIP 2013, 455 = AG 2013, 259 Rz. 14; BGH v. 18.6.2013 – II ZR 86/11, NZG 2013, 1021 = GmbHR 2013, 1044 Rz. 28 (GmbH & Co. KG); Begr. RegE, BR-Drucks. 3/05, 21; *Hüffer/Koch*, § 93 AktG Rz. 54; *Mertens/Cahn* in KölnKomm/AktG, 3. Aufl. 2010, § 93 AktG Rz. 141; *Fleischer*, ZIP 2004, 685, 688; *Fest*, NZG 2011, 540, 541 f.; *v. Falkenhausen*, NZG 2012, 644, 650 f.; a.A. *Paefgen*, NZG 2009, 891 ff.; kritisch auch *Kindler* in FS Goette, 2011, S. 231, 234 f.

84 Vgl. *Foerster*, ZHR 176 (2012), 221, 230 ff.; *Mertens/Cahn* in KölnKomm/AktG, 3. Aufl. 2010, § 93 AktG Rz. 147 (m.w.N.); *Hopt*, ZIP 2013, 1793, 1803; zumindest de lege ferenda auch *Habersack*, ZHR 177 (2013), 782, 803 f.; a.A. *Hüffer/Koch*, § 93 AktG Rz. 56; *Freund*, NZG 2015, 1419.

85 BGH v. 4.11.2002 – II ZR 224/00, BGHZ 152, 280, 285 = AG 2003, 381; BGH v. 15.1.2013 – II ZR 90/11, ZIP 2013, 455 = AG 2013, 259 Rz. 14 (ohne Diskussion, aber in Bezug auf ausgeschiedene Vorstände). Vgl. ferner *Spindler* in MünchKomm/AktG, 5. Aufl. 2019, § 93 AktG Rz. 212; *Fleischer* in Spindler/Stilz, § 93 AktG Rz. 211 m.w.N.

86 Die Frage der Haftungsbeschränkung war zentrales Thema der wirtschaftsrechtlichen Abteilung des 70. DJT; vgl. nur *Bachmann*, Gutachten E zum 70. DJT, 2014, und die Anmerkungen zu den Beschlüssen des 70. DJT von *Hopt* in FS Roth, 2015, S. 225.

deren Höhe werde mit Rücksicht auf das Unternehmen und dessen Finanzkraft festgesetzt, weshalb der Regress gegen das Vorstandsmitglied entweder ganz auszuschließen oder jedenfalls auf eine Höhe zu begrenzen sei, in der das Bußgeld maximal gegenüber dem Organwalter hätte verhängt werden können.[87] Eine Reihe von Autoren haben diese Tendenz aufgegriffen und verallgemeinert, plädieren also für eine **allgemeine summenmäßige Beschränkung** des Regresses, und zwar aufgrund der Treu- bzw. Fürsorgepflicht der Gesellschaft gegenüber ihren Organwaltern.[88] Demgegenüber weist *Habersack* darauf hin, dass sich die Möglichkeit zu einer Beschränkung des Regresses schon aus der „ARAG"-Entscheidung (dazu näher § 40 Rz. 1590 f.) herleiten lasse und darüber hinaus nicht anzuerkennen sei.[89] Demnach obliege es dem Aufsichtsrat ohnehin, Existenz und Beitreibbarkeit des Regressanspruchs zu prüfen und von der Geltendmachung nicht durchsetzbarer Ansprüche abzusehen.[90] Ferner lasse es die Entscheidung zu, ausnahmsweise auch die sozialen Konsequenzen der Regressnahme zu berücksichtigen, auch wenn dies bislang auf Fälle gemünzt sei, in denen das pflichtwidrige Verhalten nicht allzu schwerwiegend und die der Gesellschaft zugefügten Nachteile verhältnismäßig gering seien.[91]

---

87 So die inzwischen wohl h.L., *Dreher* in FS Konzen, 2006, S. 85, 105 f.; *Mertens/Cahn* in KölnKomm/AktG, 3. Aufl. 2010, § 93 AktG Rz. 56; zustimmend auch *Goette*, ZHR 176 (2012), 588, 603 f.; *Hüffer/Koch*, § 93 AktG Rz. 51; *Bayer*, NJW 2014, 2546, 2548 f.; *Bachmann*, ZIP 2017, 841 ff.; *Fleischer*, DB 2014, 345; *Wilhelmi*, NZG 2017, 681 ff., alle m.w.N. – Die Frage steht zur gerichtlichen Klärung im Fall des Schienenkartells an, nachdem das ArbG Essen v. 19.12.2013 – 1 Ca 657/13, NZKart 2014, 193 und das LAG Düsseldorf v. 20.1.2015 – 16 Sa 459/14, ZIP 2015, 829 die Abwälzbarkeit der Bußgelder auf Vorstandsmitglieder generell verneint hatten, BAG v. 29.6.2017 – 8 AZR 189/15, AG 2018, 108 = ZIP 2017, 2429 jedoch wegen fehlerhaft festgestellter Zuständigkeit in Kartellrechtsfragen eine Verweisung an die ordentliche Justiz veranlasst hatte. – Dazu bereits die Hinweise in § 22 Rz. 82.

88 Vgl. mit Unterschieden im Detail *Bayer* in FS Karsten Schmidt, 2009, S. 85, 96 f.; *Bayer*, NJW 2014, 2546, 2548; *Bayer/Scholz*, NZG 2014, 926, 929 ff.; *Brommer*, AG 2013, 121, 127 ff.; *Casper*, ZHR 176 (2012), 617, 636 ff.; *Gaul*, AG 2015, 109; *Grunewald*, NZG 2016, 1121, 1122; *Koch* in Liber amicorum *M. Winter*, 2011, S. 327, 338 ff. und *Koch*, AG 2012, 429, 433 ff., *Koch*, AG 2014, 513, 515 ff. sowie *Hüffer/Koch*, § 93 AktG Rz. 51 f.; *Peltzer* in FS Hoffmann-Becking, 2013, S. 861, 865; *Thole*, ZHR 173 (2009), 504, 533 f.; *Hopt*, ZIP 2013, 1793, 1804; grds. zust. auch *Reichert*, ZHR 177 (2013), 756, 775 ff.; insgesamt ablehnend *Schöne/Petersen*, AG 2012, 700 ff.; *Hauger/Palzer*, ZGR 2015, 33, 70 ff.; *Fehrenbach*, AG 2015, 761, 769 ff.; insbes. für Möglichkeit einer Haftungsbeschränkung auf grobe Fahrlässigkeit durch die Satzung *Paefgen*, AG 2014, 554, 568 ff.; *E. Vetter*, NZG 2014, 921, 922 ff. – Origineller (aber letztlich nicht überzeugender) Ansatz de lege ferenda bei *Seibt*, NZG 2015, 1097 (in „präventiver Anwendung der ARAG/Garmenbeck-Grundsätze" könne die Haftung des Vorstands im Anstellungsvertrag auf die Hälfte seines Vermögens begrenzt werden); ablehnend *Habersack*, NZG 2015, 1297 (dazu wiederum *Seibt*, NZG 2016, 361).

89 *Habersack*, ZHR 177 (2013), 782, 801 f., zu einem korrigierenden Verständnis der ARAG-Entscheidung auch *Reichert*, ZHR 177 (2013), 756, 762 ff. (der aber zugleich für eine Begrenzung des Regresses plädiert [Fn. 5]); vgl. ferner *Seibt*, NZG 2015, 1097 (und dazu schon vorherige Fn.).

90 Ausdrücklich BGH v. 21.4.1997 – II ZR 175/95, BGHZ 135, 244, 253 = AG 1997, 377.

91 BGH v. 21.4.1997 – II ZR 175/95, BGHZ 135, 244, 255 = AG 1997, 377.

In der Tat ist unsicher, ob man in Bezug auf Vorstandsmitglieder auf die Grundsätze über die betrieblich veranlasste Tätigkeit von Arbeitnehmern[92] zurückgreifen kann,[93] zumal diese nicht zu einer summenmäßigen, sondern quotalen Begrenzung der Haftung in Abhängigkeit vom Verschuldensgrad führen.[94] Nicht ganz zu Unrecht wird auch vorgetragen, dass die Berücksichtigung einer besonderen Verschonungspflicht die Entscheidung des Aufsichtsrats über die Durchsetzung des Anspruchs weiterkompliziere.[95] Gleichwohl spricht der Aspekt fremdnütziger Tätigkeit bei erheblichem Schadensrisiko selbst infolge leichtester Fahrlässigkeit grundsätzlich für eine Begrenzung der Haftung. Auch wenn es somit **gute Gründe für eine Regressbeschränkung** gibt und diese im Schrifttum inzwischen zahlreiche Anhänger gefunden hat, muss ohne eine Bestätigung durch den Gesetzgeber noch als fraglich angesehen werden, ob diese sich nicht auch mit Hilfe der allgemein für die Haftungsdurchsetzung geltenden Grundsätze durchsetzen lässt (dazu unter § 40 Rz. 1592). Wie das (derzeit noch offene) Verfahren um das Schienenkartell zeigt (s. dazu in Rz. 1534 mit Fn.), lassen sich in Hinblick auf die Abwälzung von Bußgeldern allerdings schon de lege lata Besonderheiten des jeweiligen Bußgeldtatbestands für eine Regressbeschränkung nutzen. 1535

II. Haftung gegenüber der Gesellschaft – die Sondertatbestände des § 93 Abs. 3 AktG

1. Überblick

§ 93 Abs. 3 AktG hebt einige Tatbestände hervor, bei denen die Vorstandsmitglieder insbesondere („namentlich“) zum Schadensersatz verpflichtet sind; es handelt sich um schwere Pflichtverstöße, die eine gesetzeswidrige Minderung des Gesellschaftsvermögens zur Folge haben, in erster Linie durch Verstoß gegen Kapitalschutzbestimmungen; die Anwendung der Business Judgment Rule (§ 93 Abs. 1 Satz 2 AktG) scheidet hier deshalb von vornherein aus. § 93 Abs. 3 AktG modifiziert insofern den allgemeinen **Schadensbegriff**, als er schon den Abfluss (Nrn. 1–3, 5–9) bzw. das Vorenthalten von Mitteln (Nr. 4) als Schaden behandelt, so dass namentlich Rückzahlungs- und Einlageansprüche der Gesellschaft gegen den Aktionär den Schaden nicht etwa entfallen lassen (sog. Mindestschaden in Höhe des Abflusses).[96] Dies geschieht vielmehr nur dann, wenn die Zahlungen tatsächlich in das Gesellschaftsvermögen erfolgt sind.[97] Im Übrigen setzt § 93 Abs. 3 AktG schuldhaftes Verhalten i.S.v. § 93 Abs. 2 AktG voraus; wird der Mindestschaden überschritten, gilt insofern 1536

92 Dazu nur *Henssler* in MünchKomm/BGB, 7. Aufl. 2016, § 619a BGB Rz. 8 ff., 32 ff.
93 So *Casper*, ZHR 176 (2012), 617, 638 f.; *Koch*, AG 2012, 429, 435 ff.
94 *Habersack*, ZHR 177 (2013), 782, 802.
95 So *Schöne/Petersen*, AG 2012, 700, 705 f.
96 *Hüffer/Koch*, § 93 AktG Rz. 68.
97 BGH v. 29.9.2008 – II ZR 234/07, Der Konzern 2009, 113 = GmbHR 2008, 1319 Rz. 17; *Hüffer/Koch*, § 93 AktG Rz. 68.

nicht die Schadensvermutung von § 93 Abs. 3 AktG, der aber seine Funktion als Anspruchsgrundlage auch insofern beibehält.[98]

2. Einzelne Tatbestände

1537 **§ 93 Abs. 3 Nr. 1 AktG** betrifft die durch § 57 AktG generell verbotenen Ausschüttungen an Aktionäre, auch „verdeckte" Ausschüttungen sowie verbotene Rückzahlungen bei vereinfachter Kapitalherabsetzung (§ 230 AktG). Der Anspruch bleibt trotz Verschmelzung erhalten.[99] **§ 93 Abs. 3 Nr. 2 AktG** erfasst Zins- und Gewinnzahlungen an die Aktionäre unter Verstoß gegen § 57 Abs. 2 und 3 (nur Bilanzgewinn ist ausschüttungsfähig), § 58 Abs. 4 (Definition des ausschüttungsfähigen Gewinns), § 60 (gleichmäßige Gewinnverteilung), § 233 AktG (keine Gewinnverteilung i.H. der gesetzlichen Rücklage). **§ 93 Abs. 3 Nr. 3 AktG** unterfallen Verstöße gegen §§ 56, 71–71e AktG (Zeichnung, Erwerb, Inpfandnahme, Einziehung eigener Aktien). **§ 93 Abs. 3 Nr. 4 AktG** betrifft die vorzeitige Ausgabe von Inhaberaktien; Namensaktien dürfen hingegen gem. § 10 Abs. 2 AktG schon vor der vollen Leistung des Nennbetrags ausgegeben werden. Ein Fall von § 93 Abs. 3 Nr. 4 AktG liegt auch vor, wenn verdeckt eine Sacheinlage anstelle der Bareinlage erbracht wird (vgl. § 27 Abs. 3 Satz 1 AktG); der Schaden entfällt allerdings in Höhe des Anrechnungsbetrages gem. § 27 Abs. 3 Satz 3 AktG. **§ 93 Abs. 3 Nr. 5 AktG** stellt die Schadensersatzpflicht bei „Verteilung von Gesellschaftsvermögen" fest; das ist recht unklar, zumal die Ausschüttungsverbote schon von § 93 Abs. Nrn. 1–4 AktG erfasst werden, üblicherweise werden hier – teilweise überschneidend – §§ 61, 225 Abs. 2, 237 Abs. 2, 271, 272 AktG genannt.[100] **§ 93 Abs. 3 Nr. 6 AktG** nimmt § 92 Abs. 2 AktG in Bezug, der jede Zahlung aus dem Gesellschaftsvermögen nach Eintritt der Insolvenzreife verbietet (dazu ausf. § 36 Rz. 1471 ff.). Verstößt der Vorstand hiergegen, entfällt seine Haftung nicht schon dadurch, dass der Insolvenzverwalter es schuldhaft versäumt, die Zahlungen (insolvenzrechtlich) anzufechten, sondern erst dann, wenn die Leistungen ins Gesellschaftsvermögen zurückgeflossen sind. Ferner werden auch Zahlungen *vor* Insolvenzreife erfasst, sofern sie die Insolvenz herbeiführen (§ 92 Abs. 2 Satz 3 AktG). Zahlungsverbot und Ersatzpflicht stellen eine Art Gehilfenhaftung des Vorstands bei existenzvernichtenden Leistungen an die Gesellschafter dar,[101] gehen tatbestandlich aber insofern über die Haftung (der Gesellschafter) aus sog. **existenzvernichtendem Eingriff** hinaus,[102] als jede insolvenzverursachende Zahlung an Aktionäre erfasst wird und die entsprechende Vermögensminderung als Mindestschaden anzusehen ist.[103] Gleichwohl kommt § 92 Abs. 2 Satz 3 AktG nur ein schmaler Anwendungsbereich zu (§ 36 Rz. 1476). **§ 93 Abs. 3 Nr. 7 AktG** erfasst Verstöße gegen §§ 113, 114 AktG, also die Festsetzung einer gesetzwidrigen Ver-

98 *Spindler* in MünchKomm/AktG, 5. Aufl. 2019, § 93 AktG Rz. 263.

99 *Oechsler* in FS Hüffer, 2010, S. 735, 739 f.

100 S. nur *Hüffer/Koch*, § 93 AktG Rz. 70.

101 *Weller*, DStR 2007, 1166, 1167.

102 S. dazu BGH v. 16.7.2007 – II ZR 3/04 (Trihotel), BGHZ 173, 246 = AG 2007, 657 (GmbH); zur Übertragbarkeit der Haftung auf die AG s. nur *Hüffer/Koch*, § 1 AktG Rz. 29 f.

103 Vgl. *Mertens/Cahn* in KölnKomm/AktG, 3. Aufl. 2010, § 93 AktG Rz. 59.

gütung der Aufsichtsratsmitglieder oder den Abschluss von Verträgen mit diesen ohne Zustimmung des (gesamten) Aufsichtsrats. **§ 93 Abs. 3 Nr. 8 AktG** betrifft Verstöße gegen § 89 AktG und § 115 AktG, der insbesondere die Kreditgewährung an Vorstandsmitglieder und leitende Angestellte bzw. an Aufsichtsratsmitglieder nur aufgrund eines Beschlusses des (gesamten) Aufsichtsrats gestattet. Endlich sanktioniert **§ 93 Abs. 3 Nr. 9 AktG** die unzulässige Ausgabe von (Bezugs-)Aktien bei bedingter Kapitalerhöhung; nach § 199 AktG dürfen diese nur gem. dem Beschlussinhalt und nach vorheriger Einlageleistung ausgegeben werden.

3. Rechtsfolgen

Wird einer der Tatbestände des § 93 Abs. 3 AktG verwirklicht, ist das jeweilige Vor- 1538
standsmitglied zum Ausgleich des verbotswidrig verwendeten Gesellschaftsvermögens verpflichtet; dessen Abfluss stellt den **Mindestschaden** der Gesellschaft dar. Nur wenn die Gesellschaft den Fehlbetrag zurückerhalten hat, was das Vorstandsmitglied ggf. zu beweisen hat, entfällt dieser Mindestschaden.[104] Darüber hinaus ist das Vorstandsmitglied auch zum Ersatz eines eventuellen weiteren Schadens verpflichtet (s. schon Rz. 1536), für dessen Eintritt trägt aber die Gesellschaft nach allgemeinen Regeln die Beweislast.[105]

III. Haftung gegenüber Gläubigern der Gesellschaft und sonstigen Dritten

1. Haftung nach 93 Abs. 5 AktG

Haben Gläubiger Ansprüche aus Vertrag oder Gesetz gegen die Gesellschaft, so kön- 1539
nen sie sich naturgemäß grundsätzlich nur an diese halten. Unter den in § 93 Abs. 5 AktG genannten Voraussetzungen (dazu Rz. 1540) haben die Gläubiger jedoch einen zusätzlichen **eigenen Anspruch** gegen die betreffenden Organmitglieder, die im Übrigen ja nur ihrer Gesellschaft gegenüber haften würden (Rz. 1536, 1538).[106] Zwar kann ein Gläubiger ohnehin den Ersatzanspruch der Gesellschaft gegen ihr Vorstandsmitglied pfänden und sich überweisen lassen; § 93 Abs. 5 AktG will seine Situation aber insofern verbessern, als danach nicht erst Klage gegen die Gesellschaft erhoben oder gar Vollstreckungsversuche unternommen werden müssen, bevor sich der Gläubiger an das Vorstandsmitglied wenden kann. Andererseits kann das Vorstandsmitglied sich stets durch Leistung an die Gesellschaft befreien, wodurch der Anspruch erlischt. Deshalb hat § 93 Abs. 5 AktG in der Praxis kaum Bedeutung gewinnen können; üblicherweise wird dem Gläubiger der erstgenannte Weg über den vollstreckungsweisen Zugriff auf die Ersatzansprüche der Gesellschaft gegen ihr Vorstandsmitglied angeraten.[107]

104 RG v. 30.11.1938 – II 39/38, RGZ 159, 211, 230.
105 *Mertens/Cahn* in KölnKomm/AktG, 3. Aufl. 2010, § 93 AktG Rz. 134.
106 Heute h.M., vgl. *Hüffer/Koch*, § 93 AktG Rz. 80 f. m.w.N.; früher wurde § 93 Abs. 5 AktG tw. auch als Prozessstandschaft gedeutet.
107 *Mertens/Cahn* in KölnKomm/AktG, 3. Aufl. 2010, § 93 AktG Rz. 179.

1540 Die **Voraussetzungen** des Anspruchs sind: Der Gläubiger muss eine auf Zahlung gerichtete Forderung, die Gesellschaft muss gegen ihr Vorstandsmitglied einen Ersatzanspruch nach § 93 Abs. 2 oder 3 AktG haben. Im Übrigen besteht der Anspruch nur, wenn der Gläubiger von der Gesellschaft keine Befriedigung erlangen kann, wofür kein Vollstreckungsversuch erforderlich, die bloße Zahlungsunwilligkeit (z.B. bei Bestreitung des Anspruchs) aber unzureichend ist. Erforderlich ist, dass die **Gesellschaft nicht zahlen** kann.[108] Sofern die Gesellschaft gegen ihr Vorstandsmitglied keinen Anspruch aus einem der Sondertatbestände nach § 93 Abs. 3 AktG hat, sondern aufgrund der allgemeinen Haftungsregel nach § 93 Abs. 2 AktG, muss das Vorstandsmitglied seine Pflichten außerdem „gröblich" verletzt, also grob fahrlässig gehandelt haben. Auch insofern gilt allerdings die Beweislastumkehr des § 93 Abs. 2 Satz 2 AktG, d.h. der Vorstand hat ggf. nachzuweisen, dass er nicht grob fahrlässig gehandelt hat.

1541 Anders als im Allgemeinen (dazu § 39 Rz. 1570 ff.) befreit ein vorheriger **Beschluss** der Hauptversammlung das Vorstandsmitglied im Rahmen des § 93 Abs. 5 AktG ebenso wenig von der Ersatzpflicht wie ein mit der Gesellschaft geschlossener Verzicht oder **Vergleich** (§ 93 Abs. 5 Satz 3 AktG). Im **Insolvenzverfahren** über das Vermögen der Gesellschaft kann der Gläubiger nicht mehr aus § 93 Abs. 5 Satz 1 AktG vorgehen; die Rechtsverfolgung obliegt dann allein dem Insolvenzverwalter (§ 93 Abs. 5 Satz 4 AktG).

2. Haftung aus culpa in contrahendo (§§ 280, 311 Abs. 3 i.V.m. § 241 Abs. 2 BGB)

1542 Die Haftung eines Vertreters gegenüben Dritten aus culpa in contrahendo (c.i.c.), seit 2002 auf §§ 280, 311 Abs. 3 BGB zu stützen, kommt nur ausnahmsweise in Betracht. Normalerweise haftet nur die vertretene Gesellschaft, die sich nach § 31 BGB das Verhalten ihrer Organe – namentlich also des Vorstands – zurechnen lassen muss. Eine Eigenhaftung des Vorstandsmitglieds als Vertreter der AG kommt nur in Betracht, wenn dieser im Vorfeld eines Vertragsschlusses ein **besonderes persönliches Vertrauen** in Anspruch genommen hat (§ 311 Abs. 3 Satz 2 BGB). Eine eigene Haftung für die Verletzung vorvertraglicher Pflichten setzt voraus, dass das Vorstandsmitglied in besonderem Maße, d.h. über das gewöhnliche Verhandlungsvertrauen hinaus, persönliche Gewähr für den Vertrag und seine Erfüllung übernimmt.[109] Es reicht nicht aus, dass das Vorstandsmitglied lediglich seine besondere Qualifikation bzw. Sachkunde herausstreicht,[110] vielmehr muss er gleichsam persönlich die **Garantie** für Abschluss bzw. Durchführung des Geschäfts übernommen haben.[111] Eine weitere von der Rechtsprechung seit Langem anerkannte, in § 311 Abs. 3

108 *Hüffer/Koch*, § 93 AktG Rz. 82.

109 S. z.B. BGH v. 7.11.1994 – II ZR 138/92, WM 1995, 108, 109; *Mertens/Cahn* in KölnKomm/AktG, 3. Aufl. 2010, § 93 AktG Rz. 221.

110 BGH v. 7.12.1992 – II ZR 179/91, ZIP 1993, 363, 365 f.

111 BGH v. 6.6.1994 – II ZR 292/91, BGHZ 126, 181, 189 = NJW 1994, 2220, 2222 = GmbHR 1994, 539; s. auch BGH v. 2.6.2008 – II ZR 210/06, NZG 2008, 661, 662 = AG 2008, 662, wonach schon der persönliche Kontakt eines Vorstandsmitglieds mit poten-

BGB allerdings nicht erwähnte Fallgruppe der Vertreterhaftung aus c.i.c. betrifft das unmittelbare **wirtschaftliche Eigeninteresse** des Vertreters am Geschäftsabschluss. Hierfür reicht es indessen weder aus, dass das Vorstandsmitglied über seine variablen Vergütungsanteile von dem Geschäft indirekt profitiert, noch ist seine maßgebliche Beteiligung an der AG hinreichende Bedingung;[112] der Vertreter muss gleichsam in eigener Sache gehandelt haben. Daraus ist im Schrifttum mit Recht die Folgerung gezogen worden, dass im Aktienrecht **kaum Fallgestaltungen denkbar** sind, in denen eine Vertreterhaftung allein mit einem wirtschaftlichen Eigeninteresse begründet werden könnte. Vielmehr könne ein Eigeninteresse lediglich als Indiz für die Inanspruchnahme besonderen persönlichen Vertrauens gewertet werden.[113]

3. Haftung aus Delikt (§§ 823 ff. BGB)

Selbstverständlich haftet ein Vorstandsmitglied, das in Ausübung seiner Organtätig- 1543
keit **absolute**, nach § 823 Abs. 1 BGB geschützte **Rechte** (z.B. Eigentum) oder **Rechtsgüter** (Leben, Gesundheit) Dritter verletzt, hierfür auch persönlich, zum Beispiel also derjenige, der auf einer Dienstfahrt fahrlässig einen Verkehrsunfall verursacht. Andererseits besteht die Pflicht, das Unternehmen derart zu organisieren, dass nicht die deliktisch geschützten Interessen Dritter verletzt werden (Organisations- und Kontrollpflicht), allein der Gesellschaft gegenüber; im Außenverhältnis trifft deshalb nur sie die Pflicht und damit im Verletzungsfalle die deliktische Haftung.[114] Allerdings haben verschiedene Senate des BGH weitgehende Ausnahmen von diesem Grundsatz zugelassen. So hat der VI. Senat in seinem **„Baustoff-Urteil“**[115] judiziert, dass der Geschäftsführer einer GmbH persönlich für eine Eigentumsverletzung einstehen müsse, wenn er nicht dafür Sorge trage, dass die vertraglich mit der GmbH vereinbarten Bedingungen des Vorbehaltseigentums eines Lieferanten eingehalten würden. Ein Mitarbeiter hatte die Baustoffe an einen Bauherrn mit der Folge weiterveräußert, dass dieser kraft Verbindung (§ 946 BGB) zu Lasten des Lieferanten Eigentum erwarb. Die Abgrenzung zu dem Grundsatz, dass für die Verletzung von Organisations- und Kontrollpflichten nicht persönlich gehaftet wird,

---

tiellen Anlegern im Rahmen einer Präsentationsveranstaltung für die Inanspruchnahme persönlichen Vertrauens ausreichen soll, kritisch dazu *Fleischer*, NJW 2009, 2337, 2340 f.; *Kocher*, BB 2008, 1980 f.; *Mertens/Cahn* in KölnKomm/AktG, 3. Aufl. 2010, § 93 AktG Rz. 221.

112 BGH v. 6.6.1994 – II ZR 292/91, BGHZ 126, 181, 186 f. = NJW 1994, 2220 = GmbHR 1994, 539; BGH v. 7.11.1994 – II ZR 138/92, WM 1995, 108; BGH v. 1.3.1993 – II ZR 292/91, WM 1993, 1882, 1884 f. = GmbHR 1994, 539; BAG v. 20.3.2014 – 8 AZR 45/13, GmbHR 2014, 1199, 1202 Rz. 22.

113 *Hopt/Roth* in Großkomm/AktG, 5. Aufl. 2015, § 93 AktG Rz. 654; *Mertens/Cahn* in KölnKomm/AktG, 3. Aufl. 2010, § 93 AktG Rz. 222.

114 Vgl. nur BGH v. 13.4.1994 – II ZR 16/93, BGHZ 125, 366, 375 = GmbHR 1994, 390 (keine Anwendung des § 831 Abs. 2 BGB zur Begründung einer Vorstandshaftung); *Groß*, ZGR 1998, 551, 563.

115 BGH v. 5.12.1989 – VI ZR 335/88, BGHZ 109, 297 = GmbHR 1990, 207; kritisch dazu die h.L., vgl. nur *Mertens/Cahn* in KölnKomm/AktG, 3. Aufl. 2010, § 93 AktG Rz. 224 und *Hüffer/Koch*, § 93 AktG Rz. 66, jew. m.w.N.

blieb unklar, zumal der Geschäftsführer nicht persönlich gehandelt hatte und daher lediglich eine mittelbare Eigentumsverletzung vorlag.[116]

1544 Ebenfalls recht weitgehend ist eine Entscheidung des XI. Senats aus dem Jahre 2006 in Sachen **„Kirch/Deutsche Bank bzw. Breuer“**,[117] die sich ausdrücklich auf das Baustoff-Urteil beruft. Darin hat der BGH den ehemaligen Vorstandssprecher der Deutschen Bank, Breuer, persönlich für einen Eingriff in den Gewerbebetrieb einiger Kirch-Gesellschaften verantwortlich gemacht, obwohl das Gericht die in solchen Fällen besonders festzustellende Rechtswidrigkeit des Eingriffs aus einem Vertragsverhältnis zwischen der Deutschen Bank und den Kirch-Gesellschaften herleitete. Anders als im Baustoff-Fall handelte es sich allerdings nicht um eine bloß mittelbare Verletzungshandlung. Vielmehr hatte Rolf Breuer selbst in einem Interview auf die Frage nach weiteren Hilfen für den Kirch-Konzern im Frühjahr 2002 gesagt: *„Was man alles darüber lesen und hören kann, ist ja, dass der Finanzsektor nicht bereit ist, auf unveränderter Basis noch weitere Fremd- oder gar Eigenmittel zur Verfügung zu stellen. Es können also nur Dritte sein, die sich ggf. für eine – wie Sie gesagt haben – Stützung interessieren.“* Der Senat begründete die dem Grunde nach bestehende Schadensersatzpflicht wie folgt: Die Äußerungen Breuers stellten eine der Deutschen Bank nach § 31 BGB zurechenbare Verletzung der aus dem Darlehensvertrag folgenden Interessenwahrungs-, Schutz- und Loyalitätspflicht dar. Der Senat ging dabei davon aus, dass Breuer die Tatsachen zutreffend wiedergegeben habe, weshalb kein Fall von § 824 BGB (Kreditgefährdung durch Verbreitung unwahrer Tatsachen) vorliege. Es bleibe aber ein Anspruch aus § 823 Abs. 1 BGB wegen **Eingriffs in den eingerichteten und ausgeübten Gewerbebetrieb** derjenigen Kirch-Gesellschaften, mit denen die Deutsche Bank in Vertragsbeziehung stand. Das Recht zur freien Meinungsäußerung (Art. 5 Abs. 1 Satz 1 GG) komme nicht in Betracht, weil es kein vertragswidriges Verhalten erlaube. Dass das Vertragsverhältnis nur mit der Deutschen Bank bestehe, nicht aber mit Herrn Breuer, sei unerheblich, denn diesen treffe als Organ der Deutschen Bank die organschaftliche Verpflichtung, alles zu unterlassen, was die Deutsche Bank habe schädigen, insbesondere einem Schadensersatz der Kirch-Gesellschaft aussetzen können. Es gelte: *„Was der juristischen Person aufgrund der vertraglichen Treupflicht untersagt ist, ist daher zwangsläufig auch dem oder den für sie handelnden Organen verboten.“* (Rz. 127 des Urteils).

1545 Eine weitere Ausweitung der persönlichen Haftung von Organmitgliedern für die Verletzung von **Verkehrs(sicherungs)pflichten** der Gesellschaft ist von der strafrechtlichen Rechtsprechung ausgegangen. Namentlich im Bereich der Produkthaftung hat das sog. **„Lederspray-Urteil“** des BGH Organmitglieder persönlich in die (Garanten-)Pflicht genommen, die einen Rückruf gesundheitsgefährdender Schuhpflegeprodukte unterlassen hatten.[118] Im Schrifttum wird diese, konsequentermaßen

116 Dazu *Kleindiek*, Deliktshaftung und juristische Person, 1997, S. 374; *Medicus*, ZGR 1998, 570, 584 f.

117 BGH v. 24.1.2006 – XI ZR 384/03, BGHZ 166, 84, 93 ff. = ZIP 2006, 317; kritisch dazu *Hellgardt*, WM 2006, 1514, 1516 ff.; *Mertens/Cahn* in KölnKomm/AktG, 3. Aufl. 2010, § 93 AktG Rz. 224 a.E. m.w.N.

118 BGH v. 6.7.1990 – 2 StR 549/89, BGHSt 37, 106, 113 ff. = NJW 1990, 2560, 2562 ff.

auch zu zivilrechtlicher Haftung führende Entscheidung gebilligt, soweit das betreffende Vorstandsmitglied eine konkrete Verantwortung für die Abwendung von Gefahren für Leib und Leben Dritter übernommen habe.[119] Zur fehlenden allgemeinen Garantenpflicht eines Compliance-Beauftragten vgl. § 22 Rz. 598).

Eine (Außen-)Haftung wegen **vorsätzlicher sittenwidriger Schädigung** nach § 826 BGB kommt zum einen wegen gezielter Gläubigerbenachteiligung in Betracht. So hat der BGH die Hinauszögerung eines (unabwendbaren) „Todeskampfes" unter Billigung einer Schädigung der Gesellschaftsgläubiger als sittenwidrige Schädigung eingeordnet;[120] häufig wird jedoch in diesen Fällen eine Haftung wegen Insolvenzverschleppung eintreten (dazu unter Rz. 1547); sie erfasst auch eine Haftung gegenüber Neugläubigern wegen Abschlusses eines Vertrages trotz Insolvenzreife. – Eine weitere wichtige Fallgruppe des § 826 BGB stellt die Haftung für **fehlerhafte Kapitalmarktinformation** dar, namentlich für unzutreffende Ad-hoc-Mitteilungen. In einer Vielzahl von Entscheidungen hat der BGH seit 2004 die Haftung der Vorstandsmitglieder für fehlerhafte oder unterlassene Ad hoc-Mitteilungen konkretisiert; eine Haftung der Gesellschaft ergibt sich in diesen Fällen bereits aus §§ 97, 98 WpHG[121]. Eine bewusst unwahre Ad hoc-Mitteilung ist allemal sittenwidrig i.S.v. § 826 BGB.[122] Allerdings beharrt die Rechtsprechung darauf, dass der Anleger ggf. nachweisen muss, dass seine Anlageentscheidung (Erwerb, Veräußerung der Aktien) auf der fehlerhaften oder unterlassenen Mitteilung beruhte.[123] Liegen die Voraussetzungen der Haftung vor, kann der Anleger vom Vorstandsmitglied insbesondere die Erstattung des von ihm gezahlten Kaufpreises Zug um Zug gegen Übertragung der erworbenen Aktien verlangen. Alternativ kommt dann auch der Ausgleich des Kursdifferenzschadens in Betracht.[124] 1546

4. Haftung wegen Verletzung von Schutzgesetzen, insbes. durch Insolvenzverschleppung

Schutzgesetze zugunsten eines jeden betroffenen Dritten sind zunächst die **Strafnormen** des Aktienrechts (§§ 399, 400 AktG – Falschangaben, insbes. bei Gründung oder Kapitalerhöhung; unrichtige Darstellung der Lage der Gesellschaft). Entsteht einem Dritten durch die Verletzung eines der dort genannten Verbote ein Schaden, so haftet ihm das Vorstandsmitglied persönlich nach § 823 Abs. 2 BGB. Gleiches gilt 1547

119 *Mertens/Cahn* in KölnKomm/AktG, 3. Aufl. 2010, § 93 AktG Rz. 224; *Hüffer/Koch*, § 93 AktG Rz. 66.

120 BGH v. 26.6.1989 – II ZR 289/88, BGHZ 108, 134, 142 = NJW 1989, 3277, 3278 f. = GmbHR 1990, 69 (GmbH).

121 Vgl. dazu die Darstellung ausgewählter BGH-Entscheidungen seit 2013 von *Buck-Heeb*, NZG 2016, 1125.

122 BGH v. 19.7.2004 – II ZR 402/02 (Infomatec I), BGHZ 160, 149, 157 = AG 2004, 546; BGH v. 19.7.2004 – II ZR 217/03 (Infomatec II), NJW 2004, 2668, 2670 f.

123 BGH v. 19.7.2004 – II ZR 218/03 (Infomatec III), BGHZ 160, 134, 144 = AG 2004, 543; auch in Extremfällen könne hierauf nicht verzichtet werden, BGH v. 4.6.2007 – II ZR 147/05, NZG 2007, 708, 709 f. = AG 2007, 620; BGH v. 3.3.2008 – II ZR 310/06, NZG 2008, 386, 387 = AG 2008, 377.

124 BGH v. 9.5.2005 – II ZR 287/02, NJW 2005, 2450, 2453 f. = AG 2005, 609.

für sonstige drittschützende Strafgesetze, etwa § 263 StGB.[125] Ein praktisch bedeutsames Schutzgesetz ist ferner § 266a StGB, der die **Nichtabführung der Sozialversicherungsbeiträge** für Arbeitnehmer unter Strafe stellt. Hieraus ergibt sich nach h.M. eine zivilrechtliche Haftung gegenüber den Sozialversicherungsträgern sowohl für die Nichtabführung des Arbeitnehmer- als auch des Arbeitgeberanteils.[126] Strafrechtliche Verantwortlichkeit und zivilrechtliche Haftung treffen hier wegen des Vorsatzerfordernisses allerdings nur die intern zuständigen Vorstandsmitglieder.[127] Zum Spannungsverhältnis zwischen dem Zahlungsverbot des § 92 Abs. 2 Satz 1 AktG und § 266a StGB sowie ähnlichen strafrechtlichen Privilegien für bestimmte Gläubiger s. Rz. 1552 und näher § 36 Rz. 1473.

1548 Besondere Bedeutung kommt der **Insolvenzantragspflicht** gem. § 15a InsO zu, die nach ganz h.M. sowohl im Verhältnis zu Altgläubigern als auch zu Neugläubigern, die erst nach Eintritt der Insolvenzreife einen Vertrag mit der Gesellschaft abschließen,[128] als Schutzgesetz i.S.v. § 823 Abs. 2 BGB anzuerkennen ist.[129] Verletzen die Vorstandsmitglieder schuldhaft die Insolvenzantragspflicht, sind sie folglich sowohl Alt- wie auch Neugläubigern persönlich zum Ersatz verpflichtet. **Altgläubiger**, also solche, die bereits vor Eintritt der Insolvenzreife mit der Gesellschaft kontrahiert bzw. einen gesetzlichen Anspruch gegen sie erworben haben, erhalten jedoch nur ihren sog. Quotenverringerungsschaden ersetzt, mithin die Differenz zwischen der (evtl.) erhaltenen tatsächlichen Zahlung aus der Masse und derjenigen Quote auf ihre Forderungen, die sie bei rechtzeitiger Antragstellung noch erhalten hätten.[130] Der Schaden wird ausschließlich durch den Insolvenzverwalter geltend gemacht, sofern das Verfahren eröffnet, der Antrag also nicht mangels Masse abgewiesen wird. Demgegenüber können **Neugläubiger** nicht nur von vornherein unmittelbar gegen die Vorstandsmitglieder vorgehen. Sie haben auch Anspruch auf vollen Ersatz ihres die Insolvenzquote übersteigenden Forderungsverlustes.[131] Näher zu Insolvenz-

125 OLG Karlsruhe v. 19.2.2014 – 13 U 108/13, BeckRS 2014, 05226.

126 BGH v. 15.10.1996 – VI ZR 319/95, BGHZ 133, 370, 374 = AG 1997, 37; *Krieger/Sailer-Coceani* in K. Schmidt/Lutter, § 93 AktG Rz. 83; *Verse*, ZHR 168 (2006), 398, 412; *Medicus*, ZGR 1998, 570, 582 f.; a.A. z.B. *Mertens/Cahn* in KölnKomm/AktG, 3. Aufl. 2010, § 93 AktG Rz. 232; *Spindler* in MünchKomm/AktG, 5. Aufl. 2019, § 93 AktG Rz. 366.

127 *Hopt/Roth* in Großkomm/AktG, 5. Aufl. 2015, § 93 AktG Rz. 674.

128 Gläubiger mit gesetzlichen Ansprüchen sind insofern ausgenommen (str.), s. BGH v. 25.7.2005 – II ZR 390/03, BGHZ 164, 50, 61 f. = GmbHR 2005, 1425; *Hüffer/Koch*, § 93 AktG Rz. 66; a.A. *Mertens/Cahn* in KölnKomm/AktG, 3. Aufl. 2010, Anh. § 92 AktG Rz. 42 m.w.N.

129 Grundlegend zum doppelten Schutzzweck BGH v. 6.6.1994 – II ZR 292/91, BGHZ 126, 181, 190 = NJW 1994, 2220 = GmbHR 1994, 539; ferner nur *Mertens/Cahn* in KölnKomm/AktG, 3. Aufl. 2010, Anh. § 92 AktG Rz. 36.

130 Stg. Rspr., BGH v. 16.12.1958 – VI ZR 245/57, BGHZ 29, 100, 103 f.; BGH v. 6.6.1994 – II ZR 292/91, BGHZ 126, 181, 190 ff. = NJW 2004, 2220 = GmbHR 1994, 539.

131 BGH v. 6.6.1994 – II ZR 292/91, BGHZ 126, 181, 192 ff. = NJW 2004, 2220 = GmbHR 1994, 539; BGH v. 30.3.1998 – II ZR 146/96, BGHZ 138, 211, 214 = GmbHR 1998, 594; BGH v. 25.7.2005 – II ZR 390/03, BGHZ 164, 50, 60 = GmbHR 2005, 1425; zur Berechnung des Schadens in Bezug auf entgangenen Gewinn BGH v. 27.4.2009 – II ZR 253/07,

antragspflicht und Haftung § 36 Rz. 1467 ff. Zur praktisch noch gravierenderen Haftung wegen Verletzung von **Zahlungsverboten** § 36 Rz. 1471 ff.

5. Haftung für Steuerschulden

Erwartungsgemäß sorgt der Fiskus auch gegenüber einer AG für die bestmögliche Durchsetzung seiner Interessen und ordnet die persönliche Haftung der Vorstandsmitglieder für offene Steuerschulden der Gesellschaft an, und zwar sowohl in **zivilrechtlicher** Hinsicht durch § 69 i.V.m § 34 AO als auch in **strafrechtlicher** Hinsicht durch §§ 370, 380 AO, wonach das Unterlassen von Steuerzahlungen als Straftrat bzw. Ordnungswidrigkeit sanktioniert wird. Nach der Rechtsprechung des BFH ist zudem ***jedes* Vorstandsmitglied** für die Erfüllung steuerlicher Pflichten verantwortlich, sofern nicht die Verantwortung einem Mitglied durch eine schriftliche Geschäftsordnung explizit zugewiesen wird;[132] die Verantwortlichkeit der übrigen Vorstandsmitglieder reduziert sich dann auf die Überwachung des zuständigen Mitglieds. Die Einschaltung eines – sorgfältig ausgesuchten und überwachten – Steuerberaters entbindet die Vorstandsmitglieder von ihrer persönlichen Haftung.[133] 1549

Die Haftung nach **§ 69 AO** kommt nur bei **Pflichtverletzung** des Organmitglieds in Betracht, so dass es nicht allein für die Zahlungsunfähigkeit der Gesellschaft einzustehen hat. Wohl aber soll die Bevorzugung privater Gläubiger als Pflichtverletzung anzusehen sein,[134] in der Regel auch die Nichtabführung der Lohnsteuer; im Mangelfall müssen ggf. die ausgezahlten Löhne gekürzt werden, damit die Lohnsteuer abgeführt werden kann.[135] Ebenso wie die Abführung von Sozialversicherungsabgaben (§ 36 Rz. 1473) behandelt der BGH seit 2007 konsequentermaßen auch abgeführte Lohnsteuer nicht als Verstoß gegen das Zahlungsverbot des § 92 Abs. 2 AktG (näher § 36 Rz. 1473).[136] 1550

IV. Haftung gegenüber Aktionären

Für die Haftung gegenüber Aktionären gelten – im Verhältnis zu sonstigen Dritten – **keine Besonderheiten**. Der Vorstand haftet ihnen nicht aus § 93 Abs. 2 AktG, weil diese Vorschrift das Binnenhaftungskonzept verwirklicht, womit sich ein unmittel- 1551

ZIP 2009, 1220, 1221 = GmbHR 2009, 817; kritisch hierzu insbes. *Karsten Schmidt*, ZIP 2003, 1715 ff. (und öfter).

132 BFH v. 26.4.1984 – V R 128/79, GmbHR 1985, 30, 31 f.

133 BFH v. 4.5.2004 – VII B 318/03, GmbHR 2004, 1244, 1245.

134 BFH v. 31.3.2000 – VII B 187/99, GmbHR 2000, 1211, 1213.

135 BFH v. 27.2.2007 – VII R 67/05, NZG 2007, 953 f. = GmbHR 2007, 999; vgl. auch BFH v. 1.8.2000 – VII R 110/99, GmbHR 2000, 1215, 1216.

136 BGH v. 14.5.2007 – II ZR 48/06, NJW 2007, 2118 = AG 2007, 548; das gilt auch in der Dreiwochenphase der Insolvenzantragspflicht (§ 15a InsO), s. BFH v. 23.9.2008 – VII R 27/07, ZIP 2009, 122, 123 = GmbHR 2009, 222.

barer Aktionärsschutz von vornherein verbietet; sie stellt also **kein Schutzgesetz** i.S.v. § 823 Abs. 2 BGB dar.[137]

1552 **Schutzgesetze**, die (auch) zugunsten der Aktionäre wirken können, sind die §§ 399, 400 AktG, die vor Täuschungen schützen (dazu schon Rz. 1547), nicht hingegen § 401 Abs. 1 Nr. 1 (Einberufungspflicht bei Verlust des halben Grundkapitals) und § 92 Abs. 2 AktG (Zahlungen nach Eintritt der Insolvenz).[138] Umstritten ist, ob **§ 266 StGB** (Untreue) als Schutzgesetz zugunsten der Aktionäre in Betracht kommt.[139] Auch soweit dies – überwiegend – befürwortet wird,[140] ist jedoch zu berücksichtigen, dass nur derjenige Aktionär (dann allerdings mit seinem aktuellen Aktienbesitz) ersatzberechtigt sein kann, der bereits im Zeitpunkt der schädigenden Handlung (bzw. Schadenseintritts) Aktionär war.

1553 Nur von theoretischem Interesse ist eine Haftung aus § 823 Abs. 1 BGB wegen Verletzung der **Mitgliedschaft** als solcher. Diese ist zwar prinzipiell als **„sonstiges Recht"** i.S.v. § 823 Abs. 1 BGB anzuerkennen.[141] Auch lässt sich ein zu einem Individualschaden führender Eingriff in das „Substrat" der Mitgliedschaft bei kompetenzwidriger Geschäftsführung („Holzmüller"), bei Verletzung des Gleichbehandlungsgrundsatzes (z.B. durch verdeckte Ausschüttungen an einzelne Aktionäre) oder durch ungerechtfertigten Bezugsrechtsausschluss denken.[142] Die Rechtsprechung hatte indessen bislang nicht über solche Klagen zu entscheiden, und nach h.L. sind derartige Ansprüche in der AG auch abzulehnen, weil sie nicht mit dem engmaschigen Rechtsschutzsystem in Einklang zu bringen sind – dieses sieht Direktansprüche gegen die Organmitglieder nur in eng begrenzten Ausnahmefällen vor (§§ 117 Abs. 2, 309 Abs. 4, 317 Abs. 4, 318 Abs. 4 AktG).[143]

---

137 Unstr., s. schon RG v. 10.11.1926 – II 117/26, RGZ 115, 289, 296; ferner nur LG Bonn v. 15.5.2001 – 11 O 181/00, AG 2001, 484, 486; *Mertens/Cahn* in KölnKomm/AktG, 3. Aufl. 2010, § 93 AktG Rz. 207; *Sailer-Coceani* in K. Schmidt/Lutter, § 93 AktG Rz. 78.

138 *Mertens/Cahn* in KölnKomm/AktG, 3. Aufl. 2010, § 93 AktG Rz. 209; *Sailer-Coceani* in K. Schmidt/Lutter, § 93 AktG Rz. 80; *Hüffer/Koch*, § 93 AktG Rz. 61; a.A. *Spindler* in MünchKomm/AktG, 5. Aufl. 2019, § 93 AktG Rz. 344.

139 Verneinend *Spindler* in MünchKomm/AktG, 5. Aufl. 2019, § 93 AktG Rz. 346; *Sailer-Coceani* in K. Schmidt/Lutter, § 93 AktG Rz. 80; LG Wiesbaden v. 13.8.2015 – 9 O 286/14, AG 2015, 833 = ZIP 2015, 2028; a.A. h.M. (Nachweise in der folgenden Fn.).

140 OLG Celle v. 21.12.2005 – 9 U 100/05, GmbHR 2006, 377, 378; OLG Frankfurt v. 6.3.2003 – 3 U 57/97, NJW-RR 2003, 1532, 1537; *Spindler* in MünchKomm/AktG, 5. Aufl. 2019, § 93 AktG Rz. 345; s. auch *Habersack* in MünchKomm/AktG, 5. Aufl. 2019, § 116 AktG Rz. 83; a.A. *Hüffer/Koch*, § 93 AktG Rz. 61.

141 BGH v. 12.3.1990 – II ZR 179/89, BGHZ 110, 323, 327 f. = NJW 1990, 2877 (Verein); eingehend *Habersack*, Die Mitgliedschaft – subjektives und sonstiges Recht, 1996, S. 62 ff., 143 ff.

142 S. nur *Mertens/Cahn* in KölnKomm/AktG, 3. Aufl. 2010, § 93 AktG Rz. 210 f.

143 *Spindler* in MünchKomm/AktG, 5. Aufl. 2019, § 93 AktG Rz. 341; *Habersack* in MünchKomm/AktG, 5. Aufl. 2019, § 116 AktG Rz. 83; *Sailer-Coceani* in K. Schmidt/Lutter, § 93 AktG Rz. 79.

Auf die auf § **826 BGB** gestützte Haftung wegen **fehlerhafter Kapitalmarktinformation** ist bereits unter Rz. 1546 hingewiesen worden.[144] Sie kann nicht nur in Bezug auf neue Anleger praktisch werden, die in Hinblick auf unrichtige Ad-hoc-Mitteilungen Aktien zeichnen.[145] Vielmehr kommt auch eine Haftung gegenüber schon beteiligten Aktionären in Betracht, sofern diese in Hinblick auf eine falsche Mitteilung ihre Aktien veräußern. Der Schaden besteht im ersten Fall im gezahlten Kaufpreis selbst (wahlweise in einem Kursdifferenzschaden), im zweiten Fall kommt naturgemäß nur ein Kursdifferenzschaden in Betracht (bei Verkauf unter Wert).[146] 1554

Grundsätzlich kann ein Aktionär, sofern Vorstandsmitglieder ihm **unmittelbar** haften, nur denjenigen **Schaden** gelten machen, der ihn unmittelbar und ausschließlich trifft, nicht hingegen diejenigen Vermögensnachteile, die lediglich einen Schaden der Gesellschaft reflektieren, sich also bloß mittelbar (in einem geringeren Wert seiner Beteiligung) in seinem Vermögen niederschlagen (sog. Doppelschaden oder mittelbarer Schaden). Der mittelbare Schaden wird nämlich durch Leistung in das Gesellschaftsvermögen voll ausgeglichen und diese Leistung ist nach dem Grundsatz der Kapitalerhaltung und aufgrund der Zweckbestimmung des Gesellschaftsvermögens vorrangig (zur Geltendmachung von Ersatzansprüchen durch Aktionäre s. § 40 Rz. 1599 ff.). Nur im Falle eines Individualschadens (unmittelbaren Schadens) kann der Aktionär demgemäß Zahlung an sich selbst verlangen.[147] 1555

Einstweilen frei. 1556–1569

§ 39
Ausschluss der Haftung; Erlass; Verjährung

I. Ausschluss der Haftung durch Beschluss der Hauptversammlung

Nach § 93 Abs. 4 Satz 1 AktG wird die Ersatzpflicht ausgeschlossen, wenn die Handlung auf einem „gesetzmäßigen Beschluss der Hauptversammlung beruht". § 93 Abs. 4 Satz 2 AktG stellt demgegenüber ausdrücklich klar, dass dies nicht auch für die Billigung des Aufsichtsrats gilt; hierdurch bleibt die Haftung also unberührt. Die haftungsausschließende Wirkung des Hauptversammlungsbeschlusses hängt damit 1570

144 Weitere Beispiele einer auf § 826 BGB gestützten Haftung gegenüber Aktionären: BGH v. 11.11.1985 – II ZR 109/84, BGHZ 96, 231, 243 = AG 1986, 76 (durch Kapitalerhöhung verschleppte Insolvenz; Haftung gegenüber neuen Aktionären).

145 Vgl. hier nur BGH v. 4.6.2007 – II ZR 147/05 (Comroad IV), ZIP 2007, 1560 = AG 2007, 620 (m.w.N.).

146 Zum Ganzen *Spindler* in MünchKomm/AktG, 5. Aufl. 2019, § 93 AktG Rz. 368 f.

147 BGH v. 20.3.1995 – II ZR 205/94 (Girmes), BGHZ 129, 136, 165 = AG 1995, 368; *Hüffer/Koch*, § 93 AktG Rz. 63; *Sailer-Coceani* in K. Schmidt/Lutter, § 93 AktG Rz. 81.

zusammen, dass der Vorstand zur Ausführung rechtmäßiger Beschlüsse nach § 82 Abs. 2 AktG verpflichtet ist. Demgemäß führt auch eine **nachträgliche Billigung** der Maßnahme durch die Hauptversammlung **nicht** zum Haftungsausschluss, es bedarf also stets der vorherigen Beschlussfassung.[1] Keine nachträgliche Billigung in diesem Sinne liegt aber vor, wenn der Vorstand die Maßnahme von vornherein unter den Vorbehalt der Billigung durch die Hauptversammlung gestellt hat.[2]

1571 Nur der **förmlich gefasste** Beschluss entlastet; die außerhalb der Hauptversammlung erfolgte Billigung des Hauptaktionärs oder einzelner Aktionäre führt nicht zum Haftungsausschluss.[3] Der Hauptversammlungsbeschluss ist nur gesetzmäßig, wenn er weder nichtig (s. § 241 AktG) noch anfechtbar (§ 243 AktG) ist. Regelmäßig kann und muss der Vorstand aber nicht rechtzeitig, d.h. binnen Monatsfrist (§ 246 Abs. 1 AktG), **angefochtene** Beschlüsse ohne Haftungsrisiko ausführen. Ausnahmsweise kann er allerdings selbst **zur Anfechtung verpflichtet** sein, wenn nicht nur ein Anfechtungsgrund ersichtlich, sondern auch erkennbar ist, dass die Ausführung des Beschlusses zu einem schweren Schaden der Gesellschaft führen wird, was bei bloßen Verfahrensverstößen im Zweifel nicht der Fall ist.[4] Darüber hinaus ist aber richtigerweise auch bei Eintritt von Vermögensnachteilen der Gesellschaft Zurückhaltung bei der Annahme einer Anfechtungspflicht geboten, weil Aktionäre zur Selbstschädigung – hier durch Nichterhebung der Klage – grundsätzlich berechtigt sind, so dass eine Klagepflicht vor allem dort plausibel ist, wo den Aktionären die Kompetenz zur Herbeiführung bestandskräftiger Beschlüsse entzogen ist, also in Fällen (inhaltlicher) Nichtigkeit.[5] **Nichtige** Beschlüsse wirken jedenfalls nach Eintritt der Heilung gem. § 242 AktG entlastend.[6] Nichtig ist insbesondere auch jeder Hauptversammlungsbeschluss in Geschäftsführungsfragen, sofern er ohne Verlangen des Vorstands ergangen ist (§ 119 Abs. 2 AktG).[7] Dennoch empfiehlt die Praxis die **Herbeiführung von Hauptversammlungsbeschlüssen** zum Zwecke des Haftungsausschlusses **nur in Ausnahmefällen.**[8] Wie in Bezug auf Anfechtungsgründe kann der Vorstand auch

---

1 Unstr., s. nur OLG München v. 27.8.2008 – 7 U 5678/07, ZIP 2008, 1916, 1918 = AG 2008, 864; *Hüffer/Koch*, § 93 AktG Rz. 73; *Sailer-Coceani* in K. Schmidt/Lutter, § 93 AktG Rz. 59.

2 *Hüffer/Koch*, § 93 AktG Rz. 73.

3 *Hüffer/Koch*, § 93 AktG Rz. 73.

4 *Hüffer/Koch*, § 245 AktG Rz. 36; *Spindler* in MünchKomm/AktG, 5. Aufl. 2019, § 93 AktG Rz. 267; *Sailer-Coceani* in K. Schmidt/Lutter, § 93 AktG Rz. 61; *Fleischer*, BB 2005, 2025.

5 Überzeugend *Noack/Zetzsche* in KölnKomm/AktG, 3. Aufl. 2017, § 245 AktG Rz.138 f.; ähnlich *v. Falkenhausen*, NZG 2016, 601, 604; stark zurückhaltend auch *Dietz-Vellmer*, NZG 2014, 721, 727 f.

6 H.M., BGH v. 6.10.1960 – II ZR 150/58, BGHZ 33, 175, 178 f.; *Hopt/Roth* in Großkomm/AktG, 5. Aufl. 2015, § 93 AktG Rz. 482 f.; *Spindler* in MünchKomm/AktG, 5. Aufl. 2019, § 93 AktG Rz. 268; *Hüffer/Koch*, § 93 AktG Rz. 73; *Sailer-Coceani* in K. Schmidt/Lutter, § 93 AktG Rz. 61; a.A. *Mertens/Cahn* in KölnKomm/AktG, 3. Aufl. 2010, § 93 AktG Rz. 155.

7 *Hüffer/Koch*, § 93 AktG Rz. 73.

8 *Sailer-Coceani* in K. Schmidt/Lutter, § 93 AktG Rz. 63 (zum einen entlaste die Business Judgment Rule, zum anderen setze die Entlastungswirkung vollständige und richtige Aufklärung der Hautversammlung voraus); s. auch *Fleischer*, BB 2005, 2025, 2028; anders

bei erkennbarer Nichtigkeit und Schadensneigung verpflichtet sein, die Nichtigkeit im Klagewege geltend zu machen und dadurch den Eintritt der Heilung zu verhindern.[9] Generell keine entlastende Wirkung kommt hingegen fehlerhaften Beschlüssen zu, die der Vorstand selbst pflichtwidrig veranlasst hat, etwa durch unrichtige oder unvollständige Information.[10] Auch Beschlüsse, die auf einer inzwischen in wesentlichen Punkten überholten Tatsachengrundlage beruhen, haben keine Entlastungswirkung (mehr).[11]

II. Verzicht und Vergleich

§ 93 Abs. 4 Satz 3 und 4 AktG lässt es nur unter sehr einschränkenden Voraussetzungen zu, dass die Gesellschaft auf Ersatzansprüche verzichtet oder sich darüber vergleicht. Dies gilt für **sämtliche Rechtsgeschäfte** mit entsprechender Wirkung, also namentlich für Erlass, negatives Schuldanerkenntnis, gerichtlichen oder außergerichtlichen Vergleich, einschl. Anwaltsvergleich (§§ 796a ff. ZPO), wie auch für eine Ausgleichsklausel in Aufhebungs- oder Abfindungsvereinbarungen, für eine Freistellung des Vorstandsmitglieds durch die Gesellschaft (nicht aber durch Dritte) sowie endlich für die Stundung des Anspruchs.[12] Im Falle einer Aufrechnung mit Gegenansprüchen des Vorstandsmitglieds müssen diese vollwertig sein, da sich anderenfalls die handelnden Organmitglieder schadensersatzpflichtig machen.[13] Außerdem soll nach einer neueren Entscheidung des II. Zivilsenats auch die **Übernahme von Bußgeldern und sonstigen Sanktionen** durch die Gesellschaft nur mit Zustimmung der Hauptversammlung zulässig sein, sofern die Sanktion mit einer Pflichtverletzung gegenüber der Gesellschaft zusammenfällt.[14] Das ist zwar im Ansatz einleuchtend, sofern die Pflichtverletzung evident ist. Gerade in dem entschiedenen Fall – es ging um eine Geldauflage bei Einstellung eines Ermittlungsverfahrens gem. § 153a StPO – zwingt diese rigide Position den Aufsichtsrat aber selbst dort zur vollen Sachverhaltsaufklärung, wo die staatlichen Verfolgungsbehörden hierfür keinen Bedarf sehen. Hier sollte dem Aufsichtsrat daher ein Ermessen eingeräumt werden, ob eine Übernahme der Auflage im Interesse der Gesellschaft liegt, was insbesondere 1572

aber *Dietz-Vellmer*, NZG 2014, 721 (mit Plädoyer für Ausweitung der Nutzung von HV-Beschlüssen zur Enthaftung).

9 Näher *Noack/Zetzsche* in KölnKomm/AktG, 3. Aufl. 2017, § 245 AktG Rz. 139; *v. Falkenhausen*, NZG 2016, 601, 604.

10 BGH v. 15.1.2001 – II ZR 124/99, BGHZ 146, 288, 294 = AG 2001, 261; *Hüffer/Koch*, § 93 AktG Rz. 74; *Sailer-Coceani* in K. Schmidt/Lutter, § 93 AktG Rz. 63.

11 *Spindler* in MünchKomm/AktG, 5. Aufl. 2019, § 93 AktG Rz. 275; *Sailer-Coceani* in K. Schmidt/Lutter, § 93 AktG Rz. 63.

12 S. nur *Hüffer/Koch*, § 93 AktG Rz. 76; *Sailer-Coceani* in K. Schmidt/Lutter, § 93 AktG Rz. 41.

13 *Spindler* in MünchKomm/AktG, 5. Aufl. 2019, § 93 AktG Rz. 297.

14 BGH v. 8.7.2014 – II ZR 174/13, BGHZ 202, 26 = ZIP 2014, 1728, 1729 Rz. 11, 13 ff. = AG 2014, 751 m. zust. Anm. *Mayer*, NZG 2014, 1208 und kritisch Anm. *Krebs*, BB 2014, 2509, 2512.

dann anzunehmen ist, wenn die Gesellschaft ein (eigenes) Interesse an der Einstellung des Ermittlungsverfahrens hatte.[15]

1573 Alle diese Geschäfte sind nur wirksam, wenn seit Entstehung des Ersatzanspruchs der Gesellschaft **drei Jahre** vergangen sind; zur Entstehung gehört grundsätzlich auch der Eintritt eines Schadens. Allerdings ist der Fristlauf richtigerweise mit dem Beginn der Verjährungsfrist abzustimmen, und für diesen reicht es aus, dass der Anspruch im Wege der Feststellungsklage geltend gemacht werden könnte. Das ist der Fall, wenn er dem Grunde nach entstanden ist und ersetzbare Schadensposten sicher zu erwarten sind.[16] Das Erfordernis eines vollständigen Schadensbildes wäre mit der starren Dreijahresfrist hingegen unvereinbar. Die Frist berechnet sich nach §§ 187 f. BGB. Die Dreijahresfrist braucht nach § 93 Abs. 4 Satz 4 AktG dann nicht eingehalten zu werden, wenn der **Ersatzpflichtige zahlungsunfähig** ist und sich zur Abwendung eines Insolvenzverfahrens vergleicht bzw. die Ersatzpflicht im Insolvenzplan geregelt wird; der Vergleich kann auch außergerichtlich mit einzelnen Gläubigern geschlossen werden.[17] Befindet sich die **Gesellschaft im Insolvenzverfahren**, so braucht der Insolvenzverwalter für einen Vergleich weder die Zustimmung der Hauptversammlung einzuholen noch den Ablauf der dreijährigen Frist oder den fehlenden Widerspruch der Minderheit abzuwarten;[18] im Übrigen gilt § 93 Abs. 4 Satz 3 AktG auch hier.

1574 Außerdem muss in jedem Falle (also auch bei Insolvenz) die **Hauptversammlung** dem Verzicht oder Vergleich mindestens mit einfacher Mehrheit (§ 133 AktG) zustimmen; sie unterliegt dabei aber keinen materiellen Beschränkungen[19]. Ist ein ersatzpflichtiges Vorstandsmitglied zugleich Aktionär, so ist es nach § 136 Abs. 1 AktG von der Abstimmung ausgeschlossen. Die Zustimmung der Hauptversammlung führt dann nicht zur Wirksamkeit des Verzichts etc., wenn eine Minderheit, deren Anteile 10 % des Grundkapitals (unter Einrechnung der Vorzugsaktien) erreichen, **Widerspruch** zur Niederschrift erklärt hat. Der Widerspruch muss zur Niederschrift des den Beschluss beurkundenden Notars (§ 130 AktG) erklärt werden.

1575 Fehlen die Voraussetzungen des § 93 Abs. 4 Satz 3 AktG, ist der Verzicht oder Vergleich **nichtig**; eine (nachträgliche) Genehmigung vermag diesen Mangel auch dann nicht mehr zu heilen, wenn sie erst nach Ablauf der Dreijahresfrist erfolgt.

---

15 Abweichend *Hüffer/Koch*, § 84 AktG Rz. 23: nur wenn nach ARAG-Grundsätzen (BGH v. 21.4.1997 – II ZR 175/95, BGHZ 135, 244, 256 = AG 1997, 377) Nichtgeltendmachung des Schadens möglich wäre.

16 Überzeugend *Harbarth/Höfer*, NZG 2016, 686, 688 f. (m.w.N.); ebenso auch *Hüffer/Koch*, § 93 AktG Rz. 76; *Fleischer*, AG 2015, 133, 138.

17 *Hüffer/Koch*, § 93 AktG Rz. 79; *Sailer-Coceani* in K. Schmidt/Lutter, § 93 AktG Rz. 66.

18 *Karsten Schmidt*, KTS 2001, 373, 379; *Sailer-Coceani* in K. Schmidt/Lutter, § 93 AktG Rz. 64.

19 *Fleischer*, AG 2015, 133, 137; *Bayer/Scholz*, ZIP 2015, 149, 150; *Hasselbach*, NZG 2016, 890, 891 f.

III. Verjährung der Ansprüche (§ 93 Abs. 6 AktG)

Ersatzansprüche gegen Vorstandsmitglieder aus § 93 AktG verjähren nach § 93 Abs. 6 AktG bei **börsennotierten Gesellschaften** (seit 2010) in **zehn Jahren**,[20] sonst in **fünf Jahren**; das gilt sowohl für die Verantwortlichkeit gegenüber der Gesellschaft als auch gegenüber deren Gläubigern. Demgegenüber verjähren Ansprüche aus unerlaubter Handlung (§§ 823 f., 826 BGB) selbständig nach §§ 195, 199 Abs. 1 BGB.[21] Die dort vorgesehene dreijährige Verjährungsfrist ist zwar kürzer, kann aber dennoch später als die fünfjährige Frist des § 93 Abs. 6 AktG enden, weil ihr Beginn von subjektiven Voraussetzungen abhängig ist (Kenntnis bzw. grobfahrlässige Unkenntnis der anspruchsbegründenden Tatsachen, § 199 BGB). Demgegenüber richtet sich der Beginn der Frist nach § 93 Abs. 6 AktG allein nach der (objektiven) **Entstehung des Anspruchs** (§ 200 BGB), wofür es ausreicht, dass einzelne Schadensposten sicher zu erwarten sind (Rz. 1573).[22] Dies soll u.a. den Abschluss von D&O-Versicherungen erleichtern.[23] Für das Entstehen des Anspruchs muss zwar auch bereits ein Schaden eingetreten sein; dieser braucht aber noch nicht endgültig bezifferbar zu sein.[24] Selbständigkeit der Verjährung bedeutet, dass sich der Ablauf der Verjährungsfrist nur auf den jeweiligen Anspruch bezieht. Dass deliktische Ansprüche verjährt sind, lässt also die Durchsetzbarkeit der Ansprüche aus § 93 AktG unberührt (und vice versa). Bei schon entstandenen Ansprüchen können die Parteien die Länge der Verjährungsfrist dadurch beeinflussen, dass sie einen Verzicht auf Erhebung der Verjährungseinrede vereinbaren; demgemäß sollte auch die **Vereinbarung** einer (unmittelbaren) **Fristverlängerung** (nur) in solchen Fällen möglich sein.[25] 1576

Für die **Hemmung** der Verjährungsfrist gelten die allgemeinen Vorschriften (§§ 203 ff. BGB); eine Hemmung durch die AG (z.B. durch Klageerhebung) wirkt sich auch zugunsten des Verfolgungsrechts der Gläubiger aus, § 93 Abs. 5 AktG (dazu § 38 Rz. 1539 ff.). Umgekehrt wirkt eine Hemmung durch den Gläubiger nach h.M. wegen §§ 429 Abs. 3, 425 Abs. 2 BGB nur für diesen.[26] 1577

Einstweilen frei. 1578–1589

---

20 Mit Recht kritisch zu dieser extremen Verschärfung etwa *DAV-Handelsrechtsausschuss*, NZG 2010, 897; *Baums*, ZHR 174 (2010), 593; *Hopt*, ZIP 2013, 1793, 1801; *Hüffer/Koch*, § 93 AktG Rz. 85.

21 BGH v. 17.3.1987 - VI ZR 282/85, BGHZ 100, 190, 200 = AG 1987, 284; *Hüffer/Koch*, § 93 AktG Rz. 85.

22 BGH v. 29.9.2008 - II ZR 234/07, Der Konzern 2009, 113 = GmbHR 2008, 1319 Rz. 16; *Fleischer*, AG 2014, 457, 460 (auch zu „Ansätzen zur Auflockerung der objektiven Fünfjahresfrist" de lege ferenda); *Hüffer/Koch*, § 93 AktG Rz. 87.

23 Begr. RegE, BT-Drucks. 15/3653, S. 12.

24 BGH v. 23.3.1987 - II ZR 190/86, BGHZ 100, 228, 231 = AG 1987, 245.

25 Näher *Schnorbus/Klormann*, NZG 2015, 938, 939 ff.; *Thomas*, AG 2016, 473, 474 ff.; *Hüffer/Koch*, § 93 AktG Rz. 88 m.w.N.

26 *Mertens/Cahn* in KölnKomm/AktG, 3. Aufl. 2010, § 93 AktG Rz. 205; *Sailer-Coceani* in K. Schmidt/Lutter, § 93 AktG Rz. 77.

§ 40
Geltendmachung von Schadensersatzansprüchen

I. Selbständige Geltendmachung durch den Aufsichtsrat

1590 Die Zuständigkeit des Aufsichtsrats zur Vertretung der Gesellschaft nach § 112 AktG umfasst zweifellos auch die gerichtliche und außergerichtliche Geltendmachung von Schadensersatzansprüchen. Nicht eindeutig war hingegen lange Zeit, ob dies den Aufsichtsrat auch zur Geltendmachung verpflichtet oder ob ihm insofern ein gerichtlich nicht nachprüfbarer Beurteilungsspielraum zukommt. Der BGH hat ein solches Ermessen in seiner **ARAG/Garmenbeck-Entscheidung von 1997** verneint,[1] und seither ist die Frage im Grundsatz geklärt. Der Vorstand hatte durch unseriöse Kreditgeschäfte einen Schaden i.H.v. mehr als 80 Mio. DM verursacht; zwei Aufsichtsratsmitglieder klagten gegen einen Aufsichtsratsbeschluss, mit dem die Durchsetzung von Schadensersatzansprüchen gegen zwei Vorstandsmitglieder abgelehnt worden war.[2] Aus der Zusammenschau von § 111 Abs. 1 und § 112 AktG entwickelte der BGH[3] ein gestuftes Pflichtenprogramm für den Aufsichtsrat, bestehend aus

- der Pflicht, das Bestehen von Schadensersatzansprüchen in tatsächlicher und rechtlicher Hinsicht und unter Beachtung der Business Judgment Rule (§ 93 Abs. 1 Satz 2 AktG) zu prüfen;
- der Pflicht, das Prozessrisiko und die Durchsetzbarkeit der Forderung sorgfältig zu analysieren;
- der grundsätzlich bestehenden Pflicht, einen durchsetzbaren Anspruch auch tatsächlich geltend zu machen, wenn sich aufgrund vorgehender Prüfung ergibt, dass durch Verfolgung des Anspruchs ein Ausgleich für den Schaden der Gesellschaft zu erreichen ist.

1591 **Ausnahmsweise** billigt der BGH dem Aufsichtsrat die **Möglichkeit** zu, wegen zumindest gleichgewichtiger Gesellschaftsbelange **von Verfolgung abzusehen**;[4] (nur) insofern stehe dem Aufsichtsrat ein „begrenzter Beurteilungsspielraum" zu.[5] Ein Ab-

1 BGH v. 21.4.1997 – II ZR 175/95, BGHZ 135, 244 = NJW 1997, 1926 = AG 1997, 377.

2 Ausführliche Analyse *Dreher*, ZHR 158 (1994), 614, 637; zur anschließenden Schadensersatzklage OLG Düsseldorf v. 24.4.1997 – 6 U 20/96, ZIP 1997, 1153, 1155.

3 BGH v. 21.4.1997 – II ZR 175/95, BGHZ 135, 244, 253 f. = AG 1997, 377.

4 BGH v. 21.4.1997 – II ZR 175/95, BGHZ 135, 244, 255 = AG 1997, 377.

5 Zur gerichtlichen Überprüfbarkeit der Abwägungsentscheidung näher *Goette* in Liber amicorum *M. Winter*, 2011, S. 153, 159 ff.; *Habersack* in MünchKomm/AktG, 5. Aufl. 2019, § 111 AktG Rz. 44 m.w.N. Für volle Überprüfbarkeit *Koch*, AG 2009, 93, 96 ff.; dagegen *Dreher*, ZHR 158 (1994), 614, 638; *Paefgen*, AG 2008, 761 ff.; *Reichert* in FS Hommelhoff, 2012, S. 907, 922 ff. – Für Anwendung der Business Judgment Rule auf die AR-Entscheidung *Reichert*, ZIP 2016, 1189, 1194 f.:, dagegen (im Ergebnis aber ähnlich) *Habersack*, NZG 2016, 321; für „volles Ermessen" (entgegen BGH) hingegen *Bieder*, NZG 2015, 1178, 1182.

sehen von der Verfolgung könne bei negativen Auswirkungen auf die Geschäftstätigkeit oder das Ansehen der *Gesellschaft* (nicht des Vorstandsmitglieds) in der Öffentlichkeit, bei gravierender Behinderung der Vorstandsarbeit durch erhebliche Beeinträchtigung des Betriebsklimas zulässig sein. Auch persönliche Belange des Vorstandsmitglieds dürften in die Abwägung ausnahmsweise einbezogen werden, sofern die Pflichtverletzung nicht gravierend und die Schäden eher gering seien; insofern sind also ausnahmsweise auch andere Aspekte maßgeblich als die des Unternehmenswohls (Schonung eines verdienten Vorstandsmitglieds; soziale Konsequenzen der Beitreibung für das Mitglied und seine Familie).[6] Die Vorinstanz[7] hatte noch genau entgegengesetzt entschieden, d.h. sowohl eine Entscheidungsprärogative bei Prüfung der Erfolgsaussichten als auch die begrenzte Überprüfbarkeit der Entscheidung des Aufsichtsrats über eine Geltendmachung bejaht. Hinsichtlich der Gründe, die den Aufsichtsrat bewogen haben, von einer Anspruchsverfolgung abzusehen, steht den Aktionären ein **Auskunftsanspruch** im Rahmen des § 131 AktG zu.[8] Die Auswirkungen der Entscheidung auf die Aufsichtsratspraxis bei der Verfolgung von Ansprüchen gegen Vorstandsmitglieder waren daher erheblich.[9] Sie ist demgemäß auf ein erhebliches, überwiegend allerdings positives Echo im Schrifttum gestoßen.[10] Kritik beschränkte sich zunächst auf Detailfragen. So ist dem Urteil einerseits vorgehalten worden, zu wenig Rücksicht auf prognostische Elemente im nur vermeintlich rein kognitiven Erkenntnisbereich (z.B. Rechtsfragen) genommen zu haben,[11] andererseits wurde aber auch ein zu weites Entscheidungsermessen auf der letzten Prüfungsstufe kritisiert.[12] Zum Teil wird auch erwogen, das Absehen von einer Verfolgung der Ansprüche entgegen dem BGH nur mit Zustimmung der Hauptversammlung zuzulassen (analog § 93 Abs. 4 Satz 3 AktG).[13]

Im Schrifttum sind die Anforderungen des ARAG-Urteils an das Absehen von einer Rechtsdurchsetzung tendenziell etwas **großzügiger interpretiert** worden. Zu nennen sind insbes. Beiträge des ehemaligen Senatsmitglieds *Goette*,[14] der sich im Übrigen gegen die aus der später eingefügten Vorschrift des § 148 Abs. 1 Satz 2 Nr. 4 AktG im Schrifttum gezogene Konsequenz wendet, dass die gegen die Verfolgung sprechenden Belange die dafür sprechenden Gesichtspunkte *überwiegen* müssten.[15] Auch 1592

---

6 Zustimmend etwa *Habersack* in MünchKomm/AktG, 5. Aufl. 2019, § 111 AktG Rz. 41 m.w.N.; a.A. *Kindler*, ZHR 162 (1998), 101, 113 f.

7 OLG Düsseldorf v. 22.6.1995 – 6 U 104/94, NJW-RR 1995, 1371 = AG 1995, 416.

8 OLG Düsseldorf v. 23.2.2015 – 26 W 14/14, ZIP 2015, 925.

9 S. auch *Lutter/Krieger/Verse*, Rechte und Pflichten des Aufsichtsrats, § 7 Rz. 459 ff.

10 Z.B. *Boujong*, DZWiR 1997, 326; *Götz*, NJW 1997, 3275; *Grooterhorst*, ZIP 1999, 1117; *Horn*, ZIP 1997, 1129; *Thümmel*, DB 1997, 1117; *Heermann*, AG 1998, 201; *Kindler*, ZHR 162 (1998), 101; *Ulmer*, ZHR 163 (1999), 290, 294 ff.

11 *Götz*, NJW 1997, 3275, 3276.

12 *Kindler*, ZHR 162 (1998), 101, 113; *Thümmel*, DB 1997, 1117, 1119; vgl. auch *Ulmer*, ZHR 163 (1999), 290, 296 m.w.N. zur Verneinung einer regelmäßigen Verfolgungspflicht.

13 *Gaul*, AG 2015, 109, 112 f.; *Koch*, AG 2014, 513, 520 f. und *Hüffer/Koch*, § 93 AktG Rz. 77; dagegen mit Recht etwa *Reichert*, ZIP 2016, 1189, 1196 f.

14 *Goette*, ZHR 176 (2012), 588, 599 f.

15 So *Koch*, AG 2009, 93, 96 ff.; *Habersack* in MünchKomm/AktG, 5. Aufl. 2019, § 111 AktG Rz. 39; *Cahn*, WM 2013, 1293, 1297; *Reichert*, ZHR 177 (2013), 756, 763 ff. (Gesellschafts-

werden Fälle reklamiert, in denen der Aufsichtsrat sogar **verpflichtet sein könne, von der Anspruchsverfolgung abzusehen**, etwa um die Irritationen des Kapitalmarkts zu vermeiden oder die Kooperationsbereitschaft des Vorstandsmitglieds im Rahmen eines Kronzeugenprogramms oder auch eines gewöhnlichen Kartellverfahrens zu gewährleisten oder zu verhindern, dass durch kartellrechtswidriges Verhalten geschädigte Dritte oder fehlerhafte Kapitalmarktinformation geschädigte Anleger zusätzliche Munition erhielten.[16] Betont wird weiter, dass der Aufsichtsrat keine besondere **Prüfungsreihenfolge** einzuhalten habe, sich also beispielsweise mit der Frage der Anspruchsdurchsetzung nicht weiter zu beschäftigen brauche, wenn ausreichende Anhaltspunkte für ein Absehen von der Verfolgung vorlägen.[17] Andererseits übt sich auch das neuere Schrifttum – zu Recht – in Zurückhaltung bei der Frage, welche Belange der Aufsichtsrat im Einzelnen im Rahmen des Unternehmenswohls berücksichtigen darf.[18] Immerhin wird man den von *Casper* diskutierten Fall,[19] dass der Einstieg eines rettenden Investors in ein krisenhaftes Unternehmen durch die Anspruchsdurchsetzung konkret gefährdet würde, als Beispiel für ein zulässiges Absehen von einer Rechtsverfolgung ansehen können. In einer jüngeren Entscheidung, die sich mit der Aufsichtsratshaftung wegen Verjährenlassens von Ansprüchen gegen den Vorstand befasst, scheint der II. Zivilsenat allerdings von einer Relativierung der in ARAG geprägten Verfolgungspflicht nichts wissen zu wollen; die Entscheidung wird vielmehr mehrfach ohne Einschränkungen in Bezug genommen und die Pflicht zur Geltendmachung von Schadensersatzansprüchen betont.[20]

1593 Infolge der Einführung des § 148 AktG n.F. ist bei der Geltendmachung durch den Aufsichtsrat auch **§ 148 Abs. 3 AktG** und damit das Verhältnis zur **Aktionärsklage** und dem ihr vorgeschaltetem Zulassungsverfahren zu berücksichtigen; im Verhältnis zur Haftungsdurchsetzung durch den Aufsichtsrat ist die Aktionärsklage subsidiär. Selbst wenn Aktionäre nach § 148 AktG zur Durchsetzung der Ansprüche ermächtigt worden sind, kann die Gesellschaft (also für sie der Aufsichtsrat) nach § 148 Abs. 3 AktG entweder selbst klagen oder eine bereits anhängige Klage übernehmen,[21] und zwar mit der Folge, dass die Aktionärsklage unzulässig wird. Demgegenüber er-

---

interesse darf nicht auf Wiederherstellung des Vermögens verengt werden); Reserve gegenüber solchen Überlegungen bei *Hopt*, ZIP 2013, 1793, 1803.

16 Dafür *Goette* in Liber amicorum M. Winter, 2011, S. 153, 159 ff.; zustimmend *Habersack*, ZHR 177 (2013), 782, 787; *Habersack*, NZG 2016, 321; ähnlich auch *Reichert*, ZHR 177 (2013), 756, 764; *Reichert*, ZIP 2016, 1189, 1194.

17 *Goette* in Liber amicorum M. Winter, 2011, S. 153, 162 ff.; zustimmend *Habersack*, ZHR 177 (2013), 782, 787.

18 Dazu *Casper*, ZHR 176 (2012), 617, 632 ff. (Zurückhaltung bei schwer bezifferbaren Reputationsschäden [die aber prinzipiell beachtlich sind]; keine Relevanz der [pauschalen] Behauptung, Gesellschaft erscheine bei Anspruchsdurchsetzung in schlechtem Licht bei potentiellen Bewerbern um Spitzenposten; grds. keine Relevanz der Erwartung, dass das Vorstandsmitglied aufgrund seiner herausragenden Talente den Schaden wieder erwirtschaften werde [sog. Supermann-Argument; erwogen bei *Mertens* in FS Karsten Schmidt, 2009, S. 1183, 1193 f.]).

19 *Casper*, ZHR 176 (2012), 617, 634.

20 BGH v. 18.9.2018 – II ZR 152/17, ZIP 2018, 2117 Rz. 15, 27, 31.

21 Dazu näher *Hüffer/Koch*, § 148 AktG Rz. 13 f.

lischt die Pflicht bzw. die Zuständigkeit des Aufsichtsrats zur Anspruchsdurchsetzung, wenn die Hauptversammlung (oder das Gericht) einen **besonderen Vertreter** nach § 147 Abs. 2 AktG bestellt hat (dazu sogleich).[22]

II. Geltendmachung von Ersatzansprüchen aufgrund Hauptversammlungsbeschluss bzw. durch besonderen Vertreter nach § 147 AktG

Nach § 147 Abs. 1 AktG muss der Aufsichtsrat Ansprüche gegen Vorstandsmitglie- 1594
der – namentlich solche wegen Verletzung der Organpflichten (§ 93 Abs. 2 AktG) – geltend machen, wenn die **Hauptversammlung** dies mit einfacher Mehrheit beschließt. Die Hauptversammlung kann hierfür gem. § 147 Abs. 2 AktG einen **besonderen Vertreter** bestellen; (erst) in diesem Falle endet die Zuständigkeit des Aufsichtsrats zur Anspruchsdurchsetzung im Rahmen des Aufgabenkreises des Vertreters (Rz. 1593). Daher kann aus § 147 AktG auch nichts gegen eine Pflicht des Aufsichtsrats zur Anspruchsdurchsetzung hergeleitet werden.[23] Beantragt dies eine Aktionärsminderheit (10 % oder 1 Mio. Euro Nennbetrag), so kann das Amtsgericht am Sitz der Gesellschaft auch einen Dritten als besonderen Vertreter bestellen und damit Aufsichtsratsmitglieder ausschließen, wenn ihm dies „zweckmäßig" erscheint (§ 147 Abs. 2 Satz 2 AktG), es also davon ausgeht, dass im konkreten Fall eine wirksame Verfolgung der Ansprüche durch den Aufsichtsrat nicht ausreichend gewährleistet ist, insbes. weil Zweifel an dessen Unabhängigkeit und Neutralität bestehen,[24] und sie deshalb in dritte Hände gelegt werden sollte. „Zweckmäßig" ist eine Anspruchsverfolgung durch Dritte zudem immer dann, wenn Ansprüche gegen Vorstand *und* Aufsichtsrat geltend gemacht werden sollen.[25] Auch im Falle der Bestellung eines besonderen Vertreters, bleibt allein die Gesellschaft Anspruchsteller, die im Rahmen seines Aufgabenbereichs vom besonderen Vertreter (gesetzlich) vertreten wird.[26] Die über lange Zeit nur spärlich beleuchtete **Rechtsstellung des besonderen Vertreters** war Gegenstand des Verfahrens HVB/Unicredit.[27] Die Rechtsstellung

22 *Lutter/Krieger/Verse*, Rechte und Pflichten des Aufsichtsrats, § 7 Rz. 459; *Bezzenberger* in GroßkommAktG, 4. Aufl. 2008, § 147 AktG Rz. 36 u. 52; *Hüffer/Koch*, § 147 AktG Rz. 13 (Vertreter verdrängt im Rahmen seines Aufgabenkreises Vorstand und Aufsichtsrat).

23 BGH v. 21.4.1997 – II ZR 175/95 (ARAG), BGHZ 135, 244, 250 = NJW 1997, 1926, 1927 = AG 1997, 377.

24 Näher *Arnold* in MünchKomm/AktG, 4. Aufl. 2018, § 147 AktG Rz. 97 f.

25 *Spindler* in K. Schmidt/Lutter, § 147 AktG Rz. 18.

26 BGH v. 18.12.1980 – II ZR 140/79, ZIP 1981, 178, 179 = AG 1981, 223; *Arnold* in MünchKomm/AktG, 4. Aufl. 2018, § 147 AktG Rz. 67.

27 OLG München v. 27.8.2008 – 7 U 5678/07, ZIP 2008, 1916 = AG 2008, 864; LG München v. 6.9.2007 – 5HK O 12570/07, AG 2007, 756; eingehend zur Rechtsstellung auch *Kling*, ZGR 2009, 190; *Mock*, AG 2008, 839; *Westermann*, AG 2009, 237; *Wirth* in FS Hüffer, 2010, S. 1129; *Verhoeven*, ZIP 2008, 245.

hat in den letzten Jahren sowohl die Rechtsprechung[28] als auch das Schrifttum[29] große Aufmerksamkeit erfahren. In erster Linie stehen dem besonderen Vertreter Informationsrechte zu, soweit sie zur Durchsetzung der Ersatzansprüche erforderlich sind.

1595 Die Vorschrift bezweckt eine **Effektuierung der Anspruchsdurchsetzung** im Gesellschaftsinteresse zur Verhaltenssteuerung der Organmitglieder, zumal nicht in allen Situationen gewährleistet erscheint, dass der Aufsichtsrat seine Durchsetzungspflicht ordnungsgemäß wahrnimmt; sie verstärkt damit die Präventionswirkung der Haftungsdrohung.[30] An die Stelle des früheren Minderheitsverlangens, die Gesellschaft zur Geltendmachung zu verpflichten (§ 147 Abs. 1 Satz 1, Fall 2 AktG a.F.), und der Sonderregelung zur erleichterten Vertreterbestellung nach § 147 Abs. 3 und 4 AktG a.F. ist seit dem UMAG von 2005 das Klagezulassungsverfahren nach § 148 AktG getreten (dazu Rz. 1599 ff.).

1596 Der Hauptversammlungsbeschluss nach § 147 Abs. 1 AktG hat die **Verfolgungspflicht** für Aufsichtsrat bzw. besonderen Vertreter zur Folge, und zwar unabhängig vom Ergebnis einer vorherigen Prüfung durch den Aufsichtsrat;[31] dem besonderen Vertreter kommt ohnehin kein eigenes Prüfungsrecht zu.[32] Allerdings ist letzterer – im Rahmen seiner Aufgabe – nicht weisungsgebunden, weder gegenüber dem Aufsichtsrat noch gegenüber der Minderheit oder der Hauptversammlung,[33] die ihn freilich jederzeit durch Mehrheitsbeschluss **abberufen** kann.[34] Der herrschende Aktionär unterliegt hierbei von vornherein **keinem Stimmverbot**, sofern die antragstellende Minderheit mittlerweile durch Squeeze out ausgeschieden und der herrschende daher zum Alleinaktionär geworden ist.[35] Bei Vorliegen eines wichtigen Grundes kommt nur die gerichtliche Abberufung in Betracht; antragsberechtigt sind hier au-

---

28 Zur Interventionsbefugnis im Beschlussanfechtungsprozess BGH v. 28.4.2015 – II ZB 19/14, AG 2015, 564, 565 (besonderer Vertreter kann Anfechtungsklage gegen Beschluss über die Verfolgung von Ersatzansprüchen und über seine Bestellung auf Seiten der Gesellschaft als Nebenintervenient beitreten, nicht jedoch Anfechtungsklage gegen Sonderprüfungsbeschluss); zu den Informationsrechten etwa LG Duisburg v. 9.6.2016 – 22 O 50/16, AG 2016, 795; LG Heidelberg v. 4.12.2016 – 11 O 37/15 (KfH), AG 2016, 182 (Einsichtsrecht, soweit für die Wahrnehmung der Aufgabe notwendig; inklusive Einsicht in Sitzungsprotokolle des Vorstands und Aufsichtsrats); LG Heidelberg v. 6.4.2016 – 12 O 14/16 (KfH), AG 2016, 868 (Einsichtsrecht, soweit für Wahrnehmung der Aufgaben notwendig; kein Einsichtsrecht in Sitzungsprotokolle).

29 *Binder*, ZHR 176 (2012), 380, 397 ff.; *Mock*, ZHR 181 (2017), 688 (zu weitgehend in Bezug auf Informationsanspruch); *Löbbe* in VGR, Gesellschaftsrecht in der Diskussion 2016, S. 25, 47 ff.; *Lochner/Beneke*, ZIP 2015, 2010; s. auch *Hüffer/Koch*, § 147 AktG Rz. 15 ff.; *Humrich*, NZG 2014, 441 (der sich gegen eigenständiges Informationsrecht ausspricht).

30 *Arnold* in MünchKomm/AktG, 4. Aufl. 2018, § 147 AktG Rz. 16; *Hüffer/Koch*, § 147 AktG Rz. 1.

31 *Arnold* in MünchKomm/AktG, 2. Aufl. 2004, § 147 AktG Rz. 50.

32 *Spindler* in K. Schmidt/Lutter, § 147 AktG Rz. 24.

33 *Spindler* in K. Schmidt/Lutter, § 147 AktG Rz. 27.

34 OLG München v. 3.3.2010 – 7 U 4744/09, ZIP 2010, 725, 728 = AG 2010, 673.

35 OLG München v. 3.3.2010 – 7 U 4744/09, ZIP 2010, 725, 728 = AG 2010, 673; *Spindler* in K. Schmidt/Lutter, § 147 AktG Rz. 39.

ßer der Aktionärsminderheit, die den Antrag auf Bestellung gestellt hatte, auch Vorstand und Aufsichtsrat als Vertreter der Gesellschaft.[36]

Die Verfolgungspflicht „soll" vom Aufsichtsrat oder besonderen Vertreter innerhalb von 6 Monaten erfüllt werden (§ 147 Abs. 1 Satz 2 AktG); die **Frist** ist jedoch keine Ausschlussfrist; ihr Ablauf ändert auch nichts an der Zuständigkeitsverteilung; im Falle ihrer Versäumung kann sich das zur Geltendmachung berufene Organ jedoch schadensersatzpflichtig machen.[37] 1597

Wegen des **Verhältnisses zur Sonderprüfung (§ 142 AktG)** gilt Folgendes: Die Geltendmachung von Schadensersatzansprüchen setzt Kenntnis der tatsächlichen Vorgänge voraus; diese zu Tage zu fördern, ist Ziel einer Sonderprüfung,[38] die ihrerseits von der Hauptversammlung (mehrheitlich) beschlossen oder gerichtlich angeordnet werden kann (§ 142 Abs. 1, 2 AktG). Die Sonderprüfung kann deshalb auch ein Vorgehen nach § 147 AktG vorbereiten. Dies ist auch erforderlich, sofern der Sachverhalt noch nicht hinreichend präzise absehbar ist; denn für einen Beschluss nach § 147 AktG wird mit gutem Grund verlangt, dass der Lebenssachverhalt, aus dem Ersatzansprüche hergeleitet werden, so genau bezeichnet wird, dass im Fall einer späteren Klageerhebung durch den besonderen Vertreter festgestellt werden kann, ob der Gegenstand der Klage mit den von der Hauptversammlung behandelten Ansprüchen übereinstimmt.[39] Es bedarf daher Angaben dazu, welcher Art der Schaden sein soll, worin die Pflichtverletzung und der Tatbeitrag der Anspruchsgegner bestehen sollen. Nach der Konzeption des § 147 AktG ist es nicht Aufgabe des besonderen Vertreters, über die gegebenenfalls erforderliche Präzisierung eines in den Grundzügen umrissenen Sachverhalts hinaus die Voraussetzungen nur möglicher Schadensersatzansprüche erst festzustellen; denn hierfür sieht das Gesetz eben die Sonderprüfung nach § 142 AktG vor.[40] Im Übrigen ist die Sonderprüfung vor allem im Zusammenhang mit der Aktionärsklage nach § 148 Abs. 4 AktG relevant.[41] Durch das UMAG wurden die Schwellenwerte der Minderheitenrechte aus § 142 Abs. 2 AktG und § 148 Abs. 1 AktG einander angeglichen (dazu noch Rz. 1599 f.).[42] 1598

---

36 *Bezzenberger* in Großkomm/AktG, 4. Aufl. 2008, § 147 AktG Rz. 62; *Spindler* in K. Schmidt/Lutter, § 147 AktG Rz. 40; dagegen *Arnold* in MünchKomm/AktG, 4. Aufl. 2018, § 147 AktG Rz. 101.

37 *Arnold* in MünchKomm/AktG, 4. Aufl. 2018, § 147 AktG Rz. 56.

38 *Arnold* in MünchKomm/AktG, 4. Aufl. 2018, § 142 AktG Rz. 5, 7; *Hüffer/Koch*, § 142 AktG Rz. 1.

39 S. nur OLG Karlsruhe v. 14.3.2018 – 11 U 35/17, AG 2018, 367, 370; OLG Köln v. 9.3.2017 – 18 U 19/16, AG 2017, 315, 354; jew. m.w.N.

40 OLG Karlsruhe v. 14.3.2018 – 11 U 35/17, AG 2018, 367, 370; *Rieckers/Vetter* in KölnKomm/AktG, 3. Aufl. 2015, § 147 AktG Rz. 69 f.; *Kocher/Lönner*, ZIP 2016, 653.

41 *Hüffer/Koch*, § 148 AktG Rz. 15.

42 *Hüffer/Koch*, § 142 AktG Rz. 22 mit Nachweisen zur Gesetzgebungsgeschichte.

III. Geltendmachung durch Aktionäre (nach §§ 148 f. AktG)

1. Allgemeines

1599 Nach Vorarbeiten in der Literatur[43] und heftiger Kritik an dem durch das KonTraG eingeführten Minderheitenrecht aus § 147 AktG a.F. schuf das **UMAG** 2005 eine **Aktionärsklage** mit vorgeschaltetem Klagezulassungsverfahren zur Verhinderung missbräuchlicher Klagen. Die Klage selbst kann erst erhoben werden, wenn das Gericht dem Zulassungsantrag einer Minderheit (1 % oder 100 000 Euro Nennwert) nach § 148 Abs. 1 AktG stattgibt, was voraussetzt, dass Verdachtstatsachen für eine „Unredlichkeit" oder „grobe Verletzung des Gesetzes oder der Satzung" vorliegen. Auch nach Klageerhebung bleibt die Gesellschaft (gegenüber dem Vorstand also der Aufsichtsrat) befugt, die Ansprüche selbst zu verfolgen, wodurch die Aktionärsklage unzulässig wird (§ 148 Abs. 3 AktG).

1600 Von dieser Neuregelung erhoffte sich der Gesetzgeber, dass es „Hindernisse, welche die bisherige Regelung der Durchsetzung von Ersatzansprüchen durch eine Minderheit in den Weg stellte, und die falschen Anreize, die sie vermittelte", möglichst beseitigt und zugleich der Gefahr missbräuchlicher Klagen Rechnung trägt.[44] Zwar gewährt er in § 148 Abs. 1 Satz 2 Nr. 4 AktG der Gesellschaft trotz verdachtsbegründender Tatsachen i.S.v. § 148 Abs. 1 Satz 2 Nr. 3 AktG die Möglichkeit, „im Sinne der Grundsätze der ARAG/Garmenbeck-Entscheidung des Bundesgerichtshofs einzuwenden, dass Gründe des Gesellschaftswohls dem Schadensersatzprozess entgegenstehen",[45] so dass sich diese Gründe also auch gegen die Minderheit durchsetzen. Gleichwohl ging der Gesetzgeber ersichtlich davon aus, dass § 148 AktG die „Beißhemmung" des Aufsichtsrats zumindest teilweise kompensiere. **Der – ernüchternde – Befund** *Habersacks* hierzu lautet indessen:[46] *„Heute steht fest, dass sich diese Erwartung des Gesetzgebers nicht erfüllt hat: Von ganz vereinzelten Ausnahmen abgesehen sind – Stand Ende 2010 – Klagezulassungsverfahren nicht betrieben worden, und zwar auch nicht im zeitlichen Zusammenhang mit der – durchaus Anlass für die Überprüfung von Organhandeln bietenden – Finanzkrise, was nur den Schluss erlaubt, dass § 148 AktG alles andere als ein ‚scharfes Schwert' ist und von den Aktionären nicht angenommen wird."*[47] Auch die 2010 verlängerte Verjährungsfrist der §§ 93 Abs. 6, 116 Satz 1 AktG[48] werde an diesem Befund ebenso wenig ändern wie eine denkbare Effektuierung des Aktionärsforums. Der Grund für das Versagen des § 148 AktG sei in den „Hürden und Krücken" insbesondere des Klagezulassungsverfahrens

---

43 Vgl. *Baums*, Gutachten F zum 63. DJT, 2000; *Ulmer*, ZHR 163 (1999), 290.

44 Begr. RegE, BT-Drucks. 15/5092, S. 20.

45 Begr. RegE, BT-Drucks. 15/5092, S. 20.

46 *Habersack*, ZHR 177 (2013), 782, 790 sowie bereits *Habersack*, Staatliche und halbstaatliche Eingriffe in die Unternehmensführung, Gutachten E zum 69. Deutschen Juristentag 2012, S. 91 ff.; s. auch *Hüffer/Koch*, § 148 AktG Rz. 2.

47 Ebenso auch *Lutter* in FS Uwe H. Schneider, 2011, S. 763, 765 f.; *Peltzer* in FS Uwe H. Schneider, 2011, S. 953, 954 ff.; *Hellwig* in FS Maier-Reimer, 2010, S. 201, 212 ff.; *Bosch/Lange*, JZ 2009, 225, 226; *Schmolke*, ZGR 2011, 398, 402 ff.

48 Gesetz vom 9.12.2010, BGBl. I 2010, 1900; dazu *Baums*, ZHR 174 (2010), 593 ff.; *Harbarth/Jaspers*, NZG 2011, 368 ff.; *Redeke*, BB 2010, 910 ff.

zu erblicken.[49] Neben dem Quorum seien insbesondere das Recht der Gesellschaft, das eingeleitete Verfahren zu übernehmen, sowie eine Kostenregelung (§ 148 Abs. 6 Satz 1 AktG) zu nennen, die dem Aktionär jeglichen Anreiz zur Verfolgung von Ansprüchen nähmen. *Habersack* hat deshalb in seinem Gutachten zum Münchener Juristentag 2012[50] empfohlen, diese Hürden zu beseitigen und das **Quorum abzuschaffen**, zumal das AktG in §§ 309 Abs. 4, 310 Abs. 4, 317 Abs. 4, 318 Abs. 4 für Konzernlagen seit jeher ein Klagerecht eines jeden einzelnen Aktionärs der abhängigen Gesellschaft kenne, ohne dass insofern im nennenswerten Umfang Missbrauchsfälle bekannt geworden wären.[51] Auch wenn der DJT sich dem – weitgehenden – Votum zur Schaffung einer Individualklage (anders als einzelnen Vorschlägen zur Reform des § 148 AktG) seinerzeit nicht anzuschließen vermochte, bleibt der Vorschlag insgesamt auf der rechtspolitischen Agenda.

2. Voraussetzungen der Klagezulassung (§ 148 Abs. 1 AktG)

Die Aktionärsklage kann nur nach vorherigem Zulassungsverfahren und nur im Umfang der dort erreichten Klagezulassung erhoben werden. Das **Zulassungsverfahren** kann nur von einer Minderheit betrieben werden, die zusammen mindestens 1 % des Grundkapitals oder Aktien im Nennwert (bzw. anteiligen Betrag) von 100 000 Euro hält; dies entspricht § 142 Abs. 2 AktG. Als problematisch wird teilweise angesehen, dass das **Quorum** (nur) im Zeitpunkt der Antragsstellung verlangt wird,[52] so dass eine später erhobene Klage durch Anteilsveräußerung nicht unzulässig wird.[53] Zwar verliert der veräußernde Aktionär seine Prozessführungsbefugnis, wenn er Klage nach § 148 Abs. 4 AktG erhoben hat. Erforderlich ist dies aber nicht; denn hat die Minderheit das Klagezulassungsverfahren erfolgreich durchlaufen, so ist jeder daran beteiligte Aktionär **individuell prozessführungsbefugt**.[54] Wenn einzelne Aktionäre ihr Prozessführungsrecht verlieren, bleibt dasjenige der übrigen somit unberührt. Hilfe zur Erreichung des Quorums bietet das vom Bundesanzeiger organisierte Aktionärsforum nach § 127a AktG.[55] 1601

Die antragstellenden Aktionäre müssen **„Altaktionäre"** sein, nämlich nachweisen, dass sie ihre Aktien vor Kenntnis vom behaupteten Pflichtverstoß oder Schaden erworben haben (§ 148 Abs. 1 Satz 2 Nr. 1 AktG). Der Kenntnis steht jedenfalls eine entsprechende Veröffentlichung der Gesellschaft gleich.[56] Demgegenüber wird man 1602

---

49 *Habersack*, ZHR 177 (2013), 782, 790, vgl. ferner *Lutter* in FS Uwe H. Schneider, 2011, S. 763, 765 f.; *Peltzer* in FS Uwe H. Schneider, 2011, S. 953, 954 ff.; *Peltzer* in FS Hoffmann-Becking, 2013, S. 861, 867 ff.; *Schmolke*, ZGR 2011, 398, 402 ff.; *J. Vetter* in FS Hoffmann-Becking, 2013, S. 1317, 1320 ff.

50 *Habersack*, Gutachten E zum 69. Deutschen Juristentag 2012, S. 91 ff.

51 *Habersack*, ZHR 177 (2013), 782, 790 ff., m.w.N.

52 *Seibt*, WM 2004, 2137, 2142.

53 *Hüffer/Koch*, § 148 AktG Rz. 16.

54 Deutlich *Spindler* in K. Schmidt/Lutter, § 148 AktG Rz. 41; so wohl auch *Hüffer/Koch*, § 148 AktG Rz. 4 (Quorum braucht nur bei Stellung des Zulassungsantrags vorliegen).

55 Vgl. zum Aktionärsforum und zur (dort mit Begründung abgedruckten) AktFoV, *Seibert*, AG 2006, 16.

56 *Hüffer/Koch*, § 148 AktG Rz. 5.

hinsichtlich der Veröffentlichung durch Dritte zurückhaltender sein müssen, was die – zur fahrlässigen Unkenntnis führende – Annahme einer Obliegenheit zur Kenntnisnahme betrifft. Ferner müssen die Aktionäre nachweisen, dass sie die Gesellschaft – beim Vorgehen gegen den Vorstand also den Aufsichtsrat[57] – vergeblich aufgefordert haben, binnen angemessener Frist (ca. 2 Monate) ihrerseits Klage zu erheben (**Subsidiarität**, § 148 Abs. 1 Satz 2 Nr. 2 AktG).

1603 Die Aktionäre müssen gem. § 148 Abs. 1 Satz 2 Nr. 3 AktG Tatsachen vortragen, aus denen sich der **Verdacht einer „Unredlichkeit"** (= gravierender, ins Kriminelle reichender Treupflichtverstoß) oder eines **groben Pflichtverstoßes** ergibt.[58] Diese Abweichung vom materiellen Sorgfaltsmaßstab des § 91 Abs. 1 Satz 2 AktG rechtfertigt sich nach Einschätzung des Gesetzgebers durch den Ausnahmecharakter der Aktionärsklage und das Ziel eines hinreichenden **Schutzes vor missbräuchlichen Klagen**. Endlich lässt das Gericht die Klage nur dann zu, wenn keine „überwiegenden Gründe des Gesellschaftswohls" der Klageerhebung entgegenstehen (§ 148 Abs. 1 Satz 2 Nr. 4 AktG). Demnach stellt die Nichtzulassung eine begründungspflichtige Ausnahme dar,[59] während der Aufsichtsrat nach der ARAG-Rechtsprechung schon bei gleichwertigen („gewichtigen") Interessen der Gesellschaft von einer Anspruchsverfolgung absehen kann (Rz. 1591 f.).[60] Unter die Vorschrift fallen daher vor allem Mehrfachanträge mit identischem Streitgegenstand, weil von ihnen nichts Neues zu erwarten ist und sie nur um der Anwaltsgebühren wegen erhoben werden.[61]

3. Zum Zulassungsverfahren

1604 Das Zulassungsverfahren nach § 148 Abs. 2 AktG ist ein reines **ZPO-Verfahren** (eigener Art); das Gericht ermittelt daher nicht von Amts wegen, vielmehr gilt der Beibringungsgrundsatz.[62] Der Zulassungsantrag hat verjährungshemmende Wirkung. Wer **Antragsgegner** ist, wird durch § 148 Abs. 2 Satz 4 AktG nicht klar bestimmt. Die AG selbst scheidet insofern aus, weil sie nach § 148 Abs. 2 Satz 7 AktG beizuladen ist (was für den Gegner naturgemäß nicht in Frage kommt). Weil das Klageerzwingungsverfahren der Aktionärsklage vorgeschaltet ist, die als solche gegen die (angeblichen) Haftungsschuldner zu richten ist, hier also gegen **einzelne Vorstandsmitglieder**, sind diese richtigerweise bereits im Zulassungsverfahren Antragsgegner.[63] Das Verfahren kann auch durch **Vergleich** enden (vgl. § 149 Abs. 2 AktG), doch müssen dann die materiellen Voraussetzungen nach § 93 Abs. 4 Satz 3, 4 AktG

---

57 Ggf. muss der Vorstand eine ihn erreichende Aufforderung an den Aufsichtsrat weiterleiten, s. *Hüffer/Koch*, § 148 AktG Rz. 6 m.w.N.

58 Vgl. Begr. RegE, BT-Drucks. 15/5092, S. 22.

59 Begr. RegE, BT-Drucks. 15/5092, S. 22; *Spindler* in K. Schmidt/Lutter, § 148 AktG Rz. 29; *Hüffer/Koch*, § 148 AktG Rz. 9.

60 *Hüffer*, 10. Aufl. 2012, § 148 AktG Rz. 9a.

61 Begr. RegE, BT-Drucks. 15/5092, S. 22 f.; *Spindler* in K. Schmidt/Lutter, § 148 AktG Rz. 30.

62 Näher *Hüffer/Koch*, § 148 AktG Rz. 10; *Koch*, ZGR 2006, 769, 775.

63 *Happ* in FS Westermann, 2008, S. 971, 978; *Hüffer/Koch*, § 148 AktG Rz. 11.

eingehalten werden.[64] Allerdings hebt § 148 Abs. 6 Satz 4 AktG bei Klagerücknahme die Sperrfrist auf.[65]

4. Haftungsklage der Aktionäre (§ 148 Abs. 4 AktG)

Lässt das Gericht die Klage zu, können (nur) die antragstellenden Aktionäre binnen drei Monaten in eigenem Namen auf Leistung an die Gesellschaft Klage erheben, sofern der Aufsichtsrat trotz erneuter Aufforderung weiterhin untätig bleibt. Es handelt sich um den gesetzlichen Fall einer actio pro socio (also Gesellschafterklage) und mithin um den Fall einer **gesetzlichen Prozessstandschaft**. Nach überzeugender Ansicht kann jeder Aktionär für sich Klage erheben, sofern er am Zulassungsverfahren beteiligt war (Rz. 1602); mehrere Kläger sind wegen § 148 Abs. 5 Satz 1 AktG (Urteilswirkung gegenüber allen Aktionären) prozessual notwendige Streitgenossen. 1605

5. Eigene Klage der Gesellschaft bzw. Klageübernahme (§ 148 Abs. 3 AktG)

Spätestens nach einem erfolgreichen Klagezulassungsverfahren dürfte regelmäßig die Gesellschaft selbst Klage erheben, gegenüber Vorstandsmitgliedern vertreten durch den Aufsichtsrat. Hierzu ist sie weiterhin befugt, wie § 148 Abs. 3 AktG klarstellt, und zwar entweder durch Erhebung einer neuen Klage (§ 148 Abs. 3 Satz 1 AktG), wodurch Zulassungsantrag oder Aktionärsklage unzulässig werden, oder durch Übernahme einer schon erhobenen Aktionärsklage (§ 148 Abs. 3 Satz 2 AktG), wodurch sie an die bisherigen Prozessergebnisse gebunden wird (gesetzlicher Parteiwechsel). Das Urteil (oder ein Vergleich) entfaltet gem. § 148 Abs. 5 AktG Rechtskraft auch gegenüber der Gesellschaft und den übrigen Aktionären. Die **Rechtskrafterstreckung** auch bei klageabweisendem Urteil dient dem Schutz des vermeintlichen Haftungsschuldners; § 148 Abs. 5 AktG gilt auch für die Klage der Gesellschaft nach erfolgreicher Durchführung eines Klagezulassungsverfahrens.[66] 1606

Wegen der **Kosten** des gesamten Verfahrens enthält § 148 Abs. 6 AktG eine differenzierende Sonderregelung. Er enthält in Satz 5 einen materiell-rechtlichen Ersatzanspruch der Minderheit gegen die AG auch dann, wenn die Klage ganz oder teilweise abgewiesen wird und den Klägern daher prozessual die Kosten auferlegt werden. Demgegenüber tragen die Kläger ihre Kosten selbst, wenn schon der Zulassungsantrag scheitert (es sei denn, er scheitert an überwiegenden Gründen des Gesellschaftswohls). 1607

6. Die Bekanntmachungen zur Haftungsklage (§ 149 AktG)

Sobald die Klage rechtskräftig zugelassen wurde, sind der Zulassungsantrag und alle Formen der Verfahrensbeendigung in den „Gesellschaftsblättern" bekannt zu machen; hierbei sind von der Gesellschaft vergleichsweise übernommene Leistungen besonders zu beschreiben, da anderenfalls die Vereinbarung nichtig ist. Wichtigster 1608

64 *Hüffer/Koch*, § 149 AktG Rz. 3.
65 *Hüffer/Koch*, § 148 AktG Rz. 20 f.
66 *Hüffer/Koch*, § 148 AktG Rz. 19.

Zweck der Vorschrift ist demgemäß die **Verhinderung missbräuchlicher Zulassungsanträge und Haftungsklagen** durch Transparenz. Die Vorschrift gilt auch für die vergleichsweise (etc.) Beendigung des Zulassungsverfahrens (vgl. § 149 Abs. 3 AktG). Der genaue Inhalt der Bekanntgabe wird durch § 149 Abs. 2 Satz 1 und 2 AktG bestimmt.

IV. Zur Schiedsfähigkeit von Organhaftungsansprüchen

1609 Als vermögensrechtliche Ansprüche sind Organhaftungsansprüche schiedsfähig,[67] doch müssen die Anforderungen des § 93 Abs. 4 Satz 3 AktG eingehalten werden, so dass ein (Schieds-)**Vergleich**, nicht jedoch ein Schiedsspruch, erst nach Ablauf der Dreijahresfrist in Betracht kommt.[68] Erforderlich (und allemal zulässig) ist eine Schiedsklausel im **Anstellungsvertrag** (nach herrschender Praxis in der Form des § 1031 ZPO[69]), woraus sich zugleich die Zuständigkeit des Aufsichtsrats ergibt. Ob sie empfehlenswert ist, muss im Einzelfall unter Abwägung der Vorteile (Diskretion, Abschwächung der Beweisregel des § 93 Abs. 2 Satz 2 AktG, Fachkompetenz der Richter, Beschränkung auf eine Instanz) gegen die Nachteile (keine Einbeziehung Dritter in das Verfahren, ggf. Erhöhung des Verfolgungsdrucks und Probleme im Verhältnis zur D&O-Versicherung) entschieden werden.[70] Die h.L. bejaht darüber hinaus (zu Recht) auch die Zulässigkeit einer **Satzungsregelung**;[71] doch fehlt es hierfür bislang an ausreichender Sicherheit.

1610–1619 Einstweilen frei.

§ 41 D&O-Versicherung

Literaturübersicht: *Armbrüster*, Interessenkonflikte in der D&O-Versicherung, NJW 2016, 897; *Baur/Holle*, Anwendung des § 93 Abs. 2 Satz 2 AktG im Direktprozess gegen den D&O-Versicherer, AG 2017, 141; *Bayer/Scholz*, Haftungsbegrenzung und D&O-Versicherung im

---

67 Ganz h.M., *Hüffer/Koch*, § 93 AktG Rz. 90; *Habersack/Wasserbäch*, AG 2016, 2, 12 f.; *Herresthal*, ZIP 2014, 345; *Leuering*, NJW 2014, 657; *Bauer/Arnold/Kramer*, AG 2014, 677, 681.

68 OLG München v. 30.3.2017 – 23 U 3159/16, AG 2017, 631 erstreckt das Erfordernis eines Fristablaufs auch auf ein Schiedsgutachten.

69 OLG Hamm v. 18.7.2007 – 8 Sch 2/07, AG 2007, 910, 911; kritisch etwa *Hüffer/Koch*, § 84 AktG Rz. 25.

70 *Habersack/Wasserbäch*, AG 2016, 2; *Heinrich*, NZG 2016, 1406 ff.; *Leuering*, NZW 2014, 657, 659; *Scholz/Weiß*, AG 2015, 523.

71 *Bauer/Arnold/Kramer*, AG 2014, 677, 681 ff.; *Habersack/Wasserbäch*, AG 2016, 2, 6; *Spindler* in FS Baums, 2017, S. 1205, 1207 ff.; *Herresthal*, ZIP 2014, 345, 347; *Hüffer/Koch*, § 93 AktG Rz. 90; a.A. *Berger/Scholl*, ZBB 2016, 237, 248.

Recht der aktienrechtlichen Organhaftung, NZG 2014, 926; *Brinkmann*, Die prozessualen Konsequenzen der Abtretung des Freistellungsanspruchs aus einer D&O-Versicherung, ZIP 2017, 301; *Dauner-Lieb/Tettinger*, Vorstandshaftung, D&O-Versicherung, Selbstbehalt, ZIP 2009, 1555; *Dreher*, Die Rechtsnatur der D&O-Versicherung, DB 2005, 1669; *Dreher*, Die selbstbeteiligungslose D&O-Versicherung in der Aktiengesellschaft, AG 2008, 429; *Dreher*, Der Abschluss von D&O-Versicherungen und die aktienrechtliche Zuständigkeitsordnung, ZHR 165 (2001), 293; *Dreher/Thomas*, Die D&O Versicherung nach der VVG-Novelle 2008, ZGR 2009, 31; *Fassbach/Wettich*, Die D&O-Versicherung in der Hauptversammlung, GWR 2016, 199; *Gädtke/Wax*, Konzepte zur Versicherung des D&O-Selbstbehalts, AG 2010, 851; *Grooterhorst/Looman*, Rechtsfolgen der Abtretung des Freistellungsanspruchs gegen den Versicherer im Rahmen der D&O-Versicherung, NZG 2015, 215; *Harzenetter*, Abtretung des Freistellungsanspruchs aus einer D&O-Versicherung nach den BGH-Urteilen vom 13.4.2016, NZG 2016, 728; *Ihlas*, Directors & Officers Liability, 2. Aufl. 2009; *van Kann*, Zwingender Selbstbehalt bei der D&O-Versicherung – Gut gemeint, aber auch gut gemacht? – Änderungsbedarf an D&O-Versicherungen durch das VorstAG, NZG 2009, 1010; *Kerst*, Haftungsmanagement durch die D&O-Versicherung nach Einführung des aktienrechtlichen Selbstbehaltes in § 93 Abs. 2 Satz 3 AktG, WM 2010, 594; *R. Koch*, Abtretung des Freistellungsanspruchs in D&O-Innenhaftungsfällen, VersR 2016, 765; *R. Koch*, Einführung eines obligatorischen Selbstbehalts in der D&O-Versicherung durch das VorstAG, AG 2009, 637; *R. Koch*, Aktuelle und zukünftige Entwicklungen in der D&O-Versicherung, WM 2007, 2173; *Lange*, Die verbrauchte Versicherungssumme in der D&O-Versicherung, VersR 2014, 1413; *Lüneborg/Resch*, Ausgewählte Probleme des D&O-Versicherungsschutzes aus Aufsichtsratsperspektive: Versicherungsabschluss, Rückwärtsdeckung, Nachmeldefristen und Umstandsmeldung, AG 2017, 691; *Mesch*, Die Verfassungsmäßigkeit des zwingenden Selbstbehalts in der D&O-Versicherung nach § 93 Abs. 2 S. 3 AktG, VersR 2015, 813; *Pammler*, Die gesellschaftsfinanzierte D&O-Versicherung, 2006; *Seibt/Saame*, Geschäftsleiterpflichten bei der Entscheidung über D&O-Versicherungsschutz, AG 2006, 901; *Thüsing/Traut*, Angemessener Selbstbehalt bei D&O-Versicherungen – Ein Blick auf die Neuerungen nach dem VorstAG, NZA 2010, 140; *Ulmer*, Strikte aktienrechtliche Organhaftung und D&O Versicherung – zwei getrennte Welten?, in FS Canaris Bd. II, 2007 S. 451.

I. Allgemeines; aktienrechtliche Zulässigkeit

Die D&O-Versicherung („Directors & Officers") ist eine freiwillige Versicherung, welche die Gesellschaft – in der Regel als sog. Gruppenversicherung[1] – zugunsten ihrer Vorstands- und Aufsichtsratsmitglieder und regelmäßig auch zugunsten leitender Angestellter abschließt, um sich gegen Vermögensschäden durch deren Pflichtverletzungen abzusichern. Es handelt sich um eine **Vermögensschaden-Haftpflichtversicherung**, die typischerweise sowohl Haftungsansprüche der Gesellschaft als auch solche Dritter gegen die Organmitglieder abdeckt.[2] Auch Kosten für die außer- 1620

1 Aktuelle rechtstatsächliche Hinweise (mit Weiterverweis) bei *Hopt*, ZIP 2013, 1793, 1800; zur Problematik der Gruppenversicherung ebd. S. 1804.

2 *Mertens/Cahn* in KölnKomm/AktG, 3. Aufl. 2010, § 93 AktG Rz. 241; *van Kann*, NZG 2009, 1010; s. auch OLG München v. 15.3.2005 – 25 U 3940/04, WM 2006, 452, 453 = AG 2005, 817. – Zur Frage der Deckungsaufteilung, wenn ein versichertes Organmitglied mehrere Haftungsfälle verursacht bzw. mehrere Organmitglieder für einen Haftungsfall verantwortlich sind, *Lange*, VersR 2014, 1413; *Armbrüster*, NJW 2016, 897 f.

gerichtliche und gerichtliche Abwehr von Schadensersatzansprüchen werden abgedeckt.[3] Mag deshalb die Gesellschaft zwar durchaus ein Eigeninteresse an der Versicherung haben, insbesondere wegen des zahlungskräftigen Haftungsschuldners und der mitabgesicherten eigenen Inanspruchnahme wegen der Pflichtverletzung durch Dritte,[4] so liegt diese doch überwiegend im Interesse der versicherten Organmitglieder, deren Privatvermögen so geschützt wird. Gleichwohl wird man schon wegen der nur begrenzten Deckungssummen und auch wegen des naturgemäß nicht abzudeckenden Reputationsschadens nicht davon ausgehen können, dass die D&O-Versicherung die **verhaltenssteuernde Wirkung der Organhaftung** maßgeblich herabsetzt.[5] Hinzu kommt, dass die Existenz einer D&O-Versicherung vielfach erst zur Geltendmachung von Ersatzansprüchen und damit zur Gefahr einer persönlichen Inanspruchnahme der Vorstandsmitglieder (und dann auch jenseits der Deckungssumme) führen wird.[6] Außerdem greift die Versicherung von vornherein nicht ein bei Vorsatz (bzw. „wissentlicher Pflichtverletzung") und „wegen oder infolge von Strafen, Geldbußen oder Entschädigungen mit Strafcharakter", und auch die Maßgeblichkeit des Zeitpunkts der Geltendmachung, nicht der Entstehung der Forderung („claims made", dazu Rz. 1624) dürfte dazu beitragen, dass Zahlungen tatsächlich in nur 25 % der Fälle erfolgen.[7]

1621 Eine spezielle Regelung der D&O-Versicherung im **VVG** fehlt,[8] es gelten die allgemeinen Regeln der Haftpflichtversicherung für fremde Rechnung gem. §§ 100, 43 ff. VVG.[9] Die VVG-Novelle 2008 hat die unmittelbare Inanspruchnahme der Versicherung durch die Gesellschaft ermöglicht (vgl. insbes. §§ 105, 108 Abs. 2 VVG) und vermeidet so wirksam, dass Haftungs- und Deckungsfragen in unterschiedlichen Prozessen behandelt werden müssen.[10] Der Anspruch aus dem Versicherungsverhältnis steht dem versicherten Organmitglied zu und ist auf Haftungsfreistellung und Rechtsschutz gerichtet.[11] Durch – gem. § 108 Abs. 2 VVG[12] – zwingend mögliche Abtretung des Freistellungsanspruchs an die Gesellschaft ist auch eine direkte

3 *Seibt/Saame*, AG 2006, 901, 902.

4 So h.M., vgl. *Mertens/Cahn* in KölnKomm/AktG, 3. Aufl. 2010, § 93 AktG Rz. 242; *Casper*, ZHR 176 (2012), 617, 647; kritisch aber *Ulmer* in FS Canaris, 2007 S. 451, 471.

5 *Habersack*, ZHR 177 (2013), 782, 796.

6 *Hemeling* in Verhandlungen des 69. DJT, 2012, Bd. II, S. N 31, N 38; zu den Auswirkungen einer D&O-Versicherung auf die Entscheidung des Aufsichtsrats über die Durchsetzung von Haftungsansprüchen vgl. ferner *Casper*, ZHR 176 (2012), 617, 622, 646 ff.

7 Vgl. nur *Hopt*, ZIP 2013, 1793, 1800 f.; weitere Nachw. auch bei *Ihlas*, Directors & Officers Liability, 2. Aufl. 2009, S. 363 f.

8 Zu den Musterbedingungen des GDV vgl. *Ihlas*, Directors & Officers Liability, 2. Aufl. 2009, S. 656 ff.

9 *Fleischer* in Spindler/Stilz, § 93 AktG Rz. 230; *Mertens/Cahn* in KölnKomm/AktG, 3. Aufl. 2010, § 93 AktG Rz. 241; *Dreher*, DB 2005, 1669, 1670 (zu OLG München v. 15.3.2005 – 25 U 3940/04, WM 2006, 452 = AG 2005, 817).

10 Näher *Dreher/Thomas*, ZGR 2009, 31, 41 ff.; *Koch*, WM 2007, 2173, 2177 ff.

11 Näher etwa *Brinkmann*, ZIP 2017, 301, 303.

12 Danach kann die Abtretung des Freistellungsanspruchs an den Dritten nicht durch die AVB ausgeschlossen werden. – Zur weiten Auslegung des Begriffs des Dritten i.S.v. § 108 Abs. 2 VVG: BGH v. 13.4.2016 – IV ZR 304/13, BGHZ 209, 373 = AG 2016, 497; BGH v.

Leistungsklage gegen die Versicherung möglich.[13] Sinnvoll ist dies freilich nur, sofern man die Beweislastumkehr gem. § 93 Abs. 2 Satz 2 AktG auch im Verhältnis zur Versicherung anwendet, was allerdings als nicht gesichert gelten muss.[14] Im Übrigen wird die Versicherung durch § 93 Abs. 2 Satz 3 AktG, der seit dem VorstAG 2009 einen zwingenden Selbstbehalt vorschreibt, inzident als aktienrechtlich **zulässig** anerkannt, so dass sich der Streit um eine unzulässige Beeinträchtigung der Steuerungsfunktion der Haftung erledigt hat.[15] Durch den zwingenden Selbstbehalt, aber auch durch Deckungsgrenzen, bleibt eine ausreichende Präventivwirkung des selbst zu tragenden Haftungsrisikos erhalten.[16] Zehn Jahre nach Inkrafttreten des VorstAG kann der **DCGK** in seiner aktuellen Fassung von 2020 folglich auf eine Regelung hinsichtlich D&O-Versicherung und Selbstbehalt des Vorstands verzichten, zumal eine entsprechende Kodexempfehlung vor dem VorstAG nur wenig Gehör fand (Befolgungsquoten von ca. 50 %).[17]

II. Der Abschluss der D&O-Versicherung für den Vorstand

1. Kompetenzfragen

Wegen § 78 AktG ist unstreitig, dass der **Vorstand** die Gesellschaft **beim Abschluss** des Versicherungsvertrages gegenüber der Versicherung vertritt. Sehr **umstritten** ist demgegenüber, ob er auch über Abschluss und Ausgestaltung einer Versicherung für sich **selbst zu entscheiden** hat. Nach der wohl überwiegend vertretenen Ansicht sind die Versicherungsprämien Teil der Gesamtvergütung des Vorstands gem. § 87 Abs. 1 AktG, so dass aus diesem Grund der Aufsichtsrat zuständig ist, so dass der Vertragsschluss seiner Zustimmung bedarf.[18] Auch die Gegenauffassung wird jedoch im Schrifttum stark vertreten; sie verweist darauf, dass die Versicherung (angeblich) 1622

13.4.2016 – IV ZR 51/14, AG 2016, 395 mit zust. Anm. *Harzenetter*, NZG 2016, 728; *Koch*, VersR 2016, 765.

13 Näher *Brinkmann*, ZIP 2017, 301, 302 f.

14 Dazu – gegen die wohl noch h.M. [*Brinkmann*, ZIP 2017, 306 ff. m.w.N.] zu Recht bejahend – *Baur/Holle*, AG 2017, 141; *Grooterhorst/Looman*, NZG 2015, 215, 217; tendenziell auch *Hüffer/Koch*, § 93 AktG Rz. 58e.

15 Zum Streitstand vgl. nur *Mertens/Cahn* in KölnKomm/AktG, 3. Aufl. 2010, § 93 AktG Rz. 244 sowie einerseits *Ulmer* in FS Canaris, 2007, S. 451, 468; *Pammler*, Die gesellschaftsfinanzierte D&O-Versicherung, 2006, S. 47 ff., 80 f.; andererseits *Dreher*, AG 2008, 429, 432. Kritik am geltenden Recht bei *Bayer/Scholz*, NZG 2014, 926, 927 f.

16 S. *Hüffer/Koch*, § 93 AktG Rz. 58; zur Position des Gesetzgebers BT-Drucks. 16/13433, S. 11; (nicht überzeugende) Kritik am Selbstbehalt bei *Mesch*, VersR 2015, 813, 816 ff. (der angeblichen Verstoß gegen Art. 3 GG rügt).

17 Vgl. *v. Werder*, ZIP 2009, 500, 505; *Mertens/Cahn* in KölnKomm/AktG, 3. Aufl. 2010, § 93 AktG Rz. 247.

18 *Armbrüster*, NJW 2016, 897, 900; *Spindler* in MünchKomm/AktG, 5. Aufl. 2019, § 87 AktG Rz. 26 ff.; *Ulmer* in FS Canaris, 2007, S. 451, 471; *Fassbach/Wettich*, GWR 2016, 199; *Pammler*, Die gesellschaftsfinanzierte D&O-Versicherung, 2006, S. 170 ff.; *Beckmann* in Beckmann/Matusche-Beckmann, Versicherungsrechts-Handbuch, 3. Aufl. 2015, § 28 Rz. 26; *Henssler* in Henze/Hoffmann-Becking, Gesellschaftsrecht, 2001, S. 131, 152 f.

überwiegend im Interesse der Gesellschaft liege.[19] Sie kann sich hierfür auch auf die Praxis der Finanzverwaltung berufen, die unter bestimmten Voraussetzungen die Versicherungsprämien bei den einzelnen Vorstandsmitgliedern nicht der Einkommensteuerpflicht unterwirft.[20] Wegen des offensichtlichen Interessenkonflikts wäre eine alleinige Vorstandszuständigkeit freilich bedenklich und wertungswidersprüchlich: Wenn sich nämlich der Vorstand eine Versicherung im Anstellungsvertrag zusagen lässt, ist hierfür – unstreitig – der **Aufsichtsrat zuständig** (vgl. § 84 Abs. 1 Satz 5 AktG). Es wäre deshalb nicht leicht nachvollziehbar, wenn sich der Vorstand ohne eine solche Zusage sollte selbst versichern dürfen, also gerade in einem Fall, in dem die AG ihm gegenüber keine Pflicht hierzu begründet hat. Letztlich folgt die Kompetenz des Aufsichtsrats deshalb als Annex aus derjenigen zum Abschluss des Anstellungsvertrages. Besondere Bedeutung dürfte der Frage allerdings nicht zukommen; denn in jedem Falle wäre der Vorstand wegen des offensichtlichen Interessenkonflikts als verpflichtet anzusehen, die Angelegenheit mit dem Aufsichtsrat abzustimmen, und müsste man den Aufsichtsrat zumindest für gut beraten halten, einen **Zustimmungsvorbehalt** nach § 111 Abs. 4 Satz 2 AktG vorzusehen.[21]

2. Ausgestaltung des Selbstbehalts

1623 § 93 Abs. 2 Satz 3 AktG verlangt die Vereinbarung eines Selbstbehalts (nur) für den Versicherungsvertrag einer D&O-Versicherung für Vorstandsmitglieder, und zwar bei Vereinbarung einer **„Konzernpolice“** auch für solche von Konzern(tochter)unternehmen.[22] Der Selbstbehalt muss sowohl Fälle der Innenhaftung (gegenüber der Gesellschaft) als auch der Außenhaftung (gegenüber Dritten) erfassen,[23] nach h.M. nicht jedoch die – üblicherweise mitversicherten – **Rechtsverteidigungskosten**.[24] Dem ist zuzustimmen, weil Verteidigungskosten auch bei unberechtigter Inanspruchnahme entstehen und der von § 93 Abs. 2 Satz 3 AktG verfolgte Präventionsgedanke insofern sinnlos ist. Zugleich dürfte es technisch unmöglich sein, den Selbstbehalt auf solche Verteidigungskosten zu erstrecken, bei denen sich die Inanspruchnahme im Nachhinein als berechtigt herausgestellt hat, was im Übrigen nur bei rechtskräftig entschiedenen Fällen denkbar wäre, während die meisten Prozesse im

---

19 *Mertens/Cahn* in KölnKomm/AktG, 3. Aufl. 2010, § 93 AktG Rz. 246; *Fleischer* in Spindler/Stilz, § 93 AktG Rz. 234; *Lüneborg/Resch*, AG 2017, 691, 694; *v. Schenck*, NZG 2015, 494, 497; *Wiesner* in MünchHdb. GesR AG, § 26 Rz. 76; *Dreher*, ZHR 165 (2001), 293, 304; *E. Vetter*, AG 2000, 453, 457; *Hüffer/Koch*, § 93 AktG Rz. 58a.

20 *Streck/Mack/Schwedhelm*, AG 2002, 287 zu BMF v. 24.1.2002 – IV C 5 - S 2332 – 8/02; dazu auch *Notthoff*, NJW 2003, 1350, 1354.

21 So zu Recht *Sailer-Coceani* in K. Schmidt/Lutter, § 93 AktG Rz. 56.

22 S. nur *Fleischer* in Spindler/Stilz, § 93 AktG Rz. 244; *Sailer-Coceani* in K. Schmidt/Lutter, § 93 AktG Rz. 54; *Lange*, VersR 2009, 1011, 1014; insbes. zur dienstvertraglichen Gestaltung *Hemeling* in FS Hoffmann-Becking, 2013, S. 491, 506 ff.

23 *Fleischer* in Spindler/Stilz, § 93 AktG Rz. 244.

24 *Sailer-Coceani* in K. Schmidt/Lutter, § 93 AktG Rz. 54; *Lange*, VersR 2009, 1011, 1020; *Dauner-Lieb/Tettinger*, ZIP 2009, 1555, 1556; a.A. *van Kann*, NZG 2009, 1010, 1012.

Vergleichswege enden.[25] Rechtsverteidigungskosten brauchen daher insgesamt nicht in den Selbstbehalt einbezogen zu werden.

Die **Höhe des Selbstbehalts** wird von § 93 Abs. 2 Satz 3 AktG dahin bestimmt, dass zum einen eine prozentuale Quote von mindestens 10 % *eines* Schadensfalles vorzusehen ist, zum anderen eine absolute Obergrenze für alle Schadensfälle in einem Jahr, die mindestens dem Eineinhalbfachen der Jahresfestvergütung entspricht und schon durch einen einzigen Schadensfall erreicht werden kann.[26] Demnach muss bei einer Änderung der Festvergütung der Versicherungsvertrag jeweils angepasst werden, falls der Vertrag nicht auf das „jeweilige Festgehalt" verweist.[27] Nach der Vorstellung des Gesetzgebers sind **alle Pflichtverletzungen innerhalb eines Jahres** einzubeziehen, also nicht alle Versicherungsfälle, die erst durch Anspruchserhebung beginnen („**claims made**"-Prinzip – Bestehen eines gültigem Versicherungsvertrages bei Geltendmachung).[28] Welches „Jahr" die richtige Bezugsgröße abgibt, ist umstritten. Aus Gründen der Praktikabilität sprechen die besseren Gründe dafür, nicht vom Kalenderjahr, sondern vom Vergütungsjahr des jeweiligen Vorstandsmitglieds auszugehen, dem im Zweifel das Jahr der Tätigkeit entspricht.[29] Der Selbstbehalt muss auch wirksam werden, wenn der Fall durch **Vergleich** beendet wird.[30] 1624

3. Folgen eines unzureichenden Selbstbehalts

Nach ganz überwiegender Ansicht sind Versicherungsverträge, die **keinen oder einen unzureichenden Selbstbehalt** enthalten, deshalb **nicht unwirksam**, weil § 93 Abs. 2 Satz 3 AktG allein auf das Innenverhältnis der AG zielt.[31] Hieraus ergibt sich aber zugleich, dass Vorstand und Aufsichtsrat eine **Pflichtverletzung** begehen, wenn sie am Abschluss eines solchen Versicherungsvertrages mitwirken.[32] Nach den allgemeinen Regeln der §§ 249 ff. BGB würde sich hieraus ein ersatzfähiger Schaden 1625

25 Vgl. *Mertens/Cahn* in KölnKomm/AktG, 3. Aufl. 2010, § 93 AktG Rz. 251 a.E.

26 Näher *Mertens/Cahn* in KölnKomm/AktG, 3. Aufl. 2010, § 93 AktG Rz. 251; *Lange*, VersR 2009, 1011, 1013; *Kerst*, WM 2010, 594, 604.

27 So der Vorschlag bei *van Kann*, NZG 2009, 1010, 1012.

28 Rechtsausschuss, BT-Drucks. 16/13433, S. 11; vgl. auch *Fleischer* in Spindler/Stilz, § 93 AktG Rz. 248; *Thüsing/Traut*, NZA 2010, 140, 142; zu Gestaltungsproblemen *Hemeling* in FS Hoffmann-Becking, 2013, S. 491, 497 ff.; *Lüneborg/Resch*, AG 2017, 691, 692 ff.

29 So *van Kann*, NZG 2009, 1010, 1012; für Tätigkeitsjahr *Mertens/Cahn* in KölnKomm/AktG, 3. Aufl. 2010, § 93 AktG Rz. 251, Fn. 811; *Lange*, VersR 2009, 1011, 1019; a.A. (Kalenderjahr) *Fleischer* in Spindler/Stilz, § 93 AktG Rz. 248 m.w.N. (wg. allgemeinen Sprachgebrauchs).

30 *Mertens/Cahn* in KölnKomm/AktG, 3. Aufl. 2010, § 93 AktG Rz. 251; *Lange*, VersR 2009, 1011, 1021 f.

31 Vgl. nur *Mertens/Cahn* in KölnKomm/AktG, 3. Aufl. 2010, § 93 AktG Rz. 249; *Sailer-Coceani* in K. Schmidt/Lutter, § 93 AktG Rz. 55 m.w.N.; *Hüffer/Koch*, § 93 AktG Rz. 59.

32 Unstr., s. nur *Fleischer* in Spindler/Stilz, § 93 AktG Rz. 253; *Sailer-Coceani* in K. Schmidt/Lutter, § 93 AktG Rz. 55; *Thüsing/Traut*, NZA 2010, 140, 142.

allerdings regelmäßig nur in Höhe einer etwaigen Prämiendifferenz ergeben.[33] Hierbei handelte es sich aber um eine mit dem Schutzzweck des § 93 Abs. 2 Satz 3 AktG nur schwer vereinbare Sanktion. Zu erwägen ist deshalb, von einem normativen Schaden der Gesellschaft (mindestens) in Höhe der beim Vorstandsmitglied ersparten Prämien für eine Selbstbehaltversicherung (dazu sogleich Rz. 1626) auszugehen.[34]

4. Versicherung des Selbstbehalts

1626 Nach ganz h.M. schließt § 92 Abs. 2 Satz 3 AktG nicht aus, dass das einzelne Vorstandsmitglied seinen Selbstbehalt persönlich absichert, solange gewährleistet wird, dass die Gesellschaft nicht direkt oder indirekt für die Prämien aufkommt.[35] Unproblematisch ist insofern jedenfalls die **individuelle Selbstbehaltversicherung** des einzelnen Vorstandsmitglieds, während die Versicherung des Selbstbehalts als Annex zur D&O-Versicherung (zumal beim selben Unternehmen) ähnliche Probleme wie bei der sog. **Poolversicherung** ergeben kann.[36] Als Poollösung kommen insbesondere Verträge in Betracht, die durch einen Kollektivrahmenvertrag verknüpft werden, welcher die übereinstimmenden Bedingungen für den einzelnen Vertrag enthält.[37] Eine solche Kollektivversicherung ist nicht prinzipiell bedenklich, problematisch aber dann, wenn Leistungen aus der Selbstbehaltversicherung auf die D&O-Versicherung der Gesellschaft angerechnet werden, weil die (niedrigeren) Versicherungsprämien für die Selbstbehaltversicherung dann letztlich von der Gesellschaft finanziert werden.[38] Eine solche Anrechnung ist daher auszuschließen.

33 Vgl. *Mertens/Cahn* in KölnKomm/AktG, 3. Aufl. 2010, § 93 AktG Rz. 249; *Dauner-Lieb/Tettinger*, ZIP 2009, 1555, 1557, für andere Schadensberechnung aber *Thüsing/Traut*, NZA 2010, 140, 141.

34 Ähnlich in der Tendenz, aber mit anderem Vorschlag *van Kann*, NZG 2009, 1010, 1012; *Kerst*, Versicherungswirtschaft 2010, 102, 105: Persönliche Haftung des Vorstandsmitglieds im Schadensfall und korrespondierender Kürzungsanspruch der Versicherung (zw., sofern dies nicht zu einer rückwirkenden Prämienanpassung führt).

35 *Fleischer* in Spindler/Stilz, § 93 AktG Rz. 254; *Hüffer/Koch*, § 93 AktG Rz. 59; *Thüsing/Traut*, NZA 2010, 140, 142 f.; *Kerst*, WM 2010, 594, 601 f.; *Dauner-Lieb/Tettinger*, ZIP 2009, 1555, 1557; *van Kann*, NZG 2009, 1010, 1012.

36 *Gädtke/Wax*, AG 2010, 851, 865 f. (zu Vor- und Nachteilen der Poollösung); *Franz*, DB 2011, 2019, 2023 ff.

37 *Gädtke/Wax*, AG 2010, 851, 864.

38 Vgl. *Schulze/Koch*, Versicherungswirtschaft 2010, 424, 426; *Gädtke/Wax*, AG 2010, 851, 865 f.

Stichwortverzeichnis

Verfasserin: Natalie Hemberger

Die Zahlen verweisen auf die Randzahlen des Textes.